湖北省学术著作
Hubei Special Funds for 出版专项资金
Academic Publications

辨伪研究书系

百年文献辨伪学研究菁华集成

（上册）

司马朝军　主编

曾　志　平　协编

WUHAN UNIVERSITY PRESS

武汉大学出版社

图书在版编目(CIP)数据

百年文献辨伪学研究菁华集成.全二册/司马朝军主编;曾志平协编.
—武汉:武汉大学出版社,2021.9
辨伪研究书系
湖北省学术著作出版专项资金资助项目
ISBN 978-7-307-21798-0

Ⅰ.百…　Ⅱ.①司…　②曾…　Ⅲ.文献—辨伪—研究　Ⅳ.G256.22

中国版本图书馆 CIP 数据核字(2020)第 179179 号

责任编辑:朱凌云　　责任校对:李孟潇　　版式设计:马　佳

出版发行:**武汉大学出版社**　(430072　武昌　珞珈山)
(电子邮箱:cbs22@whu.edu.cn　网址:www.wdp.whu.edu.cn)
印刷:武汉中远印务有限公司
开本:787×1092　1/16　印张:45　字数:1095 千字　插页:4
版次:2021 年 9 月第 1 版　　2021 年 9 月第 1 次印刷
ISBN 978-7-307-21798-0　　定价:268.00 元(全二册)

目　录

经 部

易 类

王家台秦简《归藏》出土的易学价值

林忠军

1993 年，湖北省江陵县荆州镇王家台 15 号秦墓出土了一大批竹简，其中关于《易》占的竹简 164 支，未编号的残简 230 支，共计 394 支，总计 4000 余字。这批《易》占的竹简，有卦画、卦名、卦辞三部分。每卦卦画皆由一∧组成，为六画别卦。70 组卦画，重复者不计，有 54 个卦画。70 个卦名，重复者不计，有 53 个卦名。卦名下的卦辞，有许多与保留在古书书中的《归藏》佚文相同。故有的学者据此推断，王家台出土的秦简《易》占为《归藏》，更有学者进一步考定为《归藏·郑母经》。2000 年 11 月底至 12 月初本人参加于武汉举行的第二届海峡两岸青年易学论文发表会，有幸得荆州市博物馆王明钦先生大作《王家台秦墓竹简概述》，而见《易》占全部释文。秦简《归藏》的出土，石破天惊，对于《归藏》本身乃至整个易学有着重要的意义，为揭开易学千古之悬案提供了全新的证据。笔者管见，秦简《归藏》出土的学术价值主要表现在以下几个方面：

一、传本《归藏》不是伪书

《归藏》之书名，先秦已有之。《山海经》曰："黄帝得河图，商人因之曰《归藏》。"[①]《周礼·春官·太卜》曰："太卜掌三《易》之法：一曰《连山》，二曰《归藏》，三曰《周易》。"汉代学者承认《归藏》为商《易》，且有人见过此书。东汉桓谭

[①] 今本无，《玉海》本引。此引自马国翰《玉函山房辑佚书》，见王兴业《三坟易探微·附篇》，以下引文未详明出处者均出于此。

曰："《连山》八万言，《归藏》四千三百言。"又云："《连山》藏于兰台，《归藏》藏于太卜。"(《新论》) 张衡云："列山氏得河图，夏后因之，曰《连山》。归藏氏得河图，殷人因之，曰《归藏》。伏羲氏得河图，周人因之，曰《周易》。"(《论衡·正说》)《礼记》引孔子之言云："我欲观殷道，是故之宋，而不足征也，吾得《坤乾》焉。"郑玄注曰："得殷阴阳之书。其书存者《归藏》。"晋代《归藏》未失，存于《中经》。有人见过，也有人为之作过注。阮孝绪曰："《归藏》载卜筮之杂事。"刘勰云："《归藏》之经，大明迂怪，乃称弈羿十日，常娥奔月。"(《文心雕龙》)。《隋书·经籍志》云："《归藏》十三卷，晋太尉参军薛贞撰。"又说："《归藏》汉初已亡。按晋《中经》有之，惟载卜筮，不似圣人之旨。"《旧唐书·艺文志》有：《归藏》十三卷，注云："殷《易》，司马膺注。"《新唐书·艺文志》有：司马膺注《归藏》十三卷。《宋书·艺文志》有：薛贞注《归藏》三卷。《崇文总目》有：《归藏》三卷。《中兴书目》有：《归藏》薛贞注。然自唐开始，有人以《汉书·艺文志》未著录《归藏》和《隋书·经籍志》关于"《归藏》汉初已亡"的记载，怀疑汉晋时所见的《归藏》是伪作，而隋代著录的十三卷《归藏》也不是汉晋时的《归藏》，即是伪中之伪。如隋书作者认为存于《中经》的《归藏》已不是汉初《归藏》。孔颖达认为："《归藏》伪妄之书，非殷《易》也。"①(《左传·襄公九年正义》)，《崇文总目》谓："汉初有《归藏》，以非古经，今书三篇，不可究矣。"《中兴书目》谓："今但存《初经》《齐母经》《本著》三篇，文多缺乱不可训。"吴莱云："《归藏》今杂见他书，颇类《易林》，非古《易》也。"(引自《经义考》) 明儒马端临指出："《连山》《归藏》乃夏、商之《易》，本在《周易》之前，然《归藏》《汉志》无之，《连山》《隋志》无之，盖二书至晋、隋间始出，而《连山》出于刘炫伪作，《比②史》明言之。度《归藏》之为书，亦此类尔。"皮锡瑞云："桓谭《新论》曰《连山》八万言，《归藏》四千三百言。不应夏《易》数倍于殷，疑皆出于依托。《连山》刘炫伪作，《北史》明言之，《归藏》虽出隋、唐以前，亦非可信为古书。"(《经学通论》) 此种见解一直影响到现代的古史辨派。余永梁云："其实，所谓真的《连山》《归藏》亦是汉人伪作。"(《易卦爻辞的时代及其作者》)

但宋以后也有持反对意见者。如宋郑樵曾提出："《归藏》唐有司马膺注十三卷，今亦亡。隋有薛贞注十三卷，今所存者《初经》《齐母经》《本著》三篇而已。言占筮事，其辞质，其义古。后学以其不文，则疑而弃之。往往《连山》所以亡者，且过于此矣。独不知后之人能为此文乎。"杨慎承认汉时《归藏》未失，"《连山》藏于兰台，《归藏》藏于太卜，见桓谭《新论》，则后汉时《连山》《归藏》犹存，未可以《艺文志》不列其目而疑之"。隋时《归藏》为伪书。清儒朱彝尊云："《归藏》隋时尚存，至宋犹有《初经》《齐母》《本著》三篇，其见于传注所引者。"(《经义考》卷三) 马国翰云："殷《易》而载武王枚占、穆王筮卦，盖周太卜掌其法者，推记占验之事，附入篇中，其文非汉以后人所能作也。"(《三坟易探微·附篇》) 今人于豪亮通过研究帛书《周易》和传本《归藏》卦名，提出"《归藏》成书决不晚于战国，并不是汉以后的人所能伪造的"(《帛书周易》)。近期，王兴业撰《三坟易探微》一书、金景芳撰《周易系辞新编详解》

---

① 此条《伪书通考》引作《周易正义》，误也。
② 比，王兴业先生疑作"此"，而清儒皮锡瑞引作"北"，当以皮氏为是。

一书也主张《归藏》不伪。

关于《归藏》真伪的讨论，主要集中在这样几个问题上：（1）汉、晋所见的《归藏》是否为汉人作品？（2）汉以前是否有《归藏》？（3）《归藏》是否为商《易》？秦简的出土，为揭开这些悬案提供了新的证据。王明钦先生撰文《试论归藏的几个问题》通过比较古书引用的《归藏》佚文和出土的秦简《易》占，指出出土的简文即是《归藏》。连劭名撰文《江陵王家台秦简与〈归藏〉》、李家浩撰文《王家台秦简〈易〉占为〈归藏〉考》、王宁撰文《秦墓〈易〉占与〈归藏〉之关系》以简报①公布的三卦卦辞为主要根据，广泛引证《归藏》佚文，进一步论定王家台秦简《易》占就是失传已久的《归藏》或《归藏·郑母经》，从而反过来又推断古书引用《归藏》佚文的真实性。其实，出土《易》占还有许多卦与古书引《归藏》相同或相近。此再以三卦证之：

（一）《易》占之《师卦》记录了周穆天子卜西征之事。秦简：“师曰：昔者穆天子卜出师而支（枚）占□□□□龙降于天而□□远飞而中天苍□。”② 此事《穆天子传》和《史记·周本纪》皆有记载。也见于传本《归藏》之辞：

1. 穆王猎于弋之野。（《太平御览》卷八百三十一）

2. 昔穆王子筮卦于禺强。（《庄子释文》，《汉艺文志考》卷一）

3. 昔穆王天子筮西出于征，不吉。曰：“龙降于天，而道里修远；飞而冲天，苍苍其羽。”（《太平御览》卷八十五）

其中第三条，除个别字不同外（如“筮”秦简本作“卜”。又秦简有阙字），行文与秦简本完全一致。

（二）秦简《易》占之《明夷》记录了夏启梦见乘龙飞天之事。秦简：“明夷曰：昔者夏后启卜乘飞龙以登于天而支（枚）占□□☒。”③ 此也见于传本《归藏》：

1. 夏后启筮，御飞龙登于天，吉。（郭璞《山海经注》引《归藏·郑母经》）

2. 昔夏后启上乘龙飞，以登于天。皋陶占之曰吉。（《太平御览》卷九百二十九引《归藏》）

3. 明夷曰：昔夏后启筮，乘飞龙而登天，而枚占四华，皋陶曰吉。（《博物志·杂说上》）

秦简中的“支”，即“攴”，与“枚”通。王明钦说：“秦简中支为枚之省文。”④《说文》云：“枚，干也。从木支，可为杖也。”后，即君王。《泰·象》：“后以财成天地

① 荆州地区博物馆：《江陵王家台15号秦墓》，《文物》1995年第1期。

② 王明钦：《王家台秦墓竹简概述》，武汉大学海峡两岸青年易学论文发表会论文，2001。

③ 王明钦：《归藏与夏启的传说——兼论台与祭坛的关系及钓台的地望》，《华学》1998年第3辑。

④ 王明钦：《归藏与夏启的传说——兼论台与祭坛的关系及钓台的地望》，《华学》1998年第3辑。

之道。"虞翻注："后，君也。"《尔雅·释诂》云："后，君也。"《周礼·量人》云："营后宫。"《礼记·内侧》："后王命冢宰。"郑玄皆注云："后，君也。"故夏后启，指夏王启。咎陶，即皋陶。"咎"通"皋"。《列子·天瑞》："望其圹，咎如也。"《孔子家语·困誓》："自望其广，则咎如也。"《荀子·大略》作"皋如"。

（三）：《易》占之《归妹》记录了嫦娥偷吃长生药、卜奔月之事。秦简："归妹曰：昔者恒我窃毋死之□□，□□□奔月而支占□□□□。"① 此见于传本《归藏》之辞：

　　1. 昔常娥以不死之药奔月。（谢希逸《月赋注》，载《文选》卷十三；《太平御览》卷九百八十四）
　　2. 昔常娥以西王母不死之药服之，遂奔月，为月精。（《汉艺文志考》）

不同的是"嫦娥"之名，秦简作"恒我"。"恒"即"常"，《说文》："恒，常也。"汉人因避讳文帝刘恒，"恒"多作"常"。"我"与"娥"音同而相通。《说文》："娥，从女我声。"又"恒"通"姮"，"姮娥"即"嫦娥"。《淮南子·览冥训》："姮娥窃以奔月。"高诱注云："逮吉：按'姮娥'诸本皆作'恒'，唯《意林》作'姮'。《文选注》引此作'常'，淮南王当讳'恒'，不应作'恒'，疑《意林》是也。"

值得注意的是在马国翰辑《连山》中也有嫦娥奔月之辞：

　　有冯羿者，得不死之药于西王母，姮娥窃之以奔月。将往，枚筮于有黄，有黄占之曰："吉，翩翩归妹，独将西行，逢天晦芒，无恐无惊，后且大昌。"姮娥托身于月。

此为马国翰误辑。对于这个问题李家浩考之甚详，兹不再论述。

由以上考辨可以得出以下结论：出土的秦简《易》占为《归藏》；汉初《归藏》未遗失；汉晋人所见到的《归藏》不是伪书。这就为几千年易学界关于《归藏》真伪争讼作了结案。至于出土秦简《归藏》是否为商《易》，则在《归藏》和《周易》的关系中加以讨论。

二、《归藏》早于《周易》

郑玄曰："夏曰《连山》，殷曰《归藏》。"桓谭《新论》曰："《连山》八万言，《归藏》四千三百言。夏《易》烦，而殷《易》简。"梁元帝云："按《礼记》'吾欲观殷道，得《坤乾》焉'。今《归藏》，先坤后乾，则知是殷明矣。"邢昺云："《归藏》者，成汤之所作，是三《易》之一也。"郭雍、程大昌、马端临、吴澄、郑樵等人皆主此说。高明说："今按《周礼》，《连山》《归藏》与《周易》并举，称为三《易》，且同掌于太卜之官，则周时《连山》《归藏》与《周易》并行可知。是《连山》《归藏》最迟亦应为周时书。"（《〈连山〉〈归藏〉考》）今人在研究了出土的《归藏》之后，多认为不是商代作

① 王明钦：《王家台秦墓竹简概述》，武汉大学海峡两岸青年易学论文发表会论文，2001。

品。李家浩说："秦简《归藏》有可能是战国晚期秦人的抄本。"① 李零说："现在发现的王家台秦简《归藏》和前人所辑《归藏》佚文，其繇辞提到周武王和周穆王，当然不会是商代的内容。"② 王明钦说："《归藏》的成书年代，当在西周末年到春秋初期，这与《周易》经的年代也相差不远。"（《试论〈归藏〉的几个问题》）

笔者认为，《归藏》成书应早于《周易》。理由如下：

其一，今以《周易》通行本、帛书本、竹简本和《归藏》的传本、竹简本作比较，可以发现《归藏》和《周易》的卦名，有许多相同和相近者。相同者如下：

通行本《周易》	帛本《周易》	阜阳竹简本《周易》	竹简本《归藏》	传本《归藏》
屯	屯	肫	肫	屯
讼	讼		讼	讼
师	师	市	师	师
比	比	比	比	比
履	礼	履	履	履
同人	同人	同人	同人	同人
大过	泰过	大过	大过	大过
明夷	明夷	明□	明夷	明夷
萃	卒		卒	卒
井	井	井	井	井
归妹	归妹		归妹	归妹
节	节		节	节

以上有的使用了通假字。如《周易》通行本和帛本及传本《归藏》作"屯"，竹简本《周易》和竹简本《归藏》作"肫"。按《说文》"肫"读作"屯"，则"屯""肫"通。通行本《周易》和传本《归藏》及竹简本《归藏》作"履"，而帛本《周易》作"礼"，"履""礼"通。《说文》云："礼，履也。"《尔雅·释言》云："履，礼也。"《荀子·大略》云："礼者，人之所履也。"王弼《周易略例》引《序卦》云："履者，礼也。"而从这些卦画和卦名相同看，二者绝不可能是同时产生，必有先后继承关系。

那么，二者谁先谁后？关于这一点可以从一些卦名看出。如竹简本《归藏》有一卦为"恒我"，《周易》通行本、帛本、竹简本和传本《归藏》皆作"恒"。竹简本《归藏》

① 李家浩：《王家台秦简〈易〉占为归藏考》，《传统文化与现代化》1997年第1辑。

② 李零：《跳出〈周易〉看〈周易〉——数字卦的再认识》，《传统文化与现代化》1997年第6辑。

的"我",绝非衍文,如前所言,"恒我"又见于竹简本《归藏·归妹》卦辞,是"嫦娥"原始称呼。而出土《归藏》是秦简,早于出土的汉代抄本——帛书和竹简《周易》。通行本《周易》和传本《周易》是经过后人整理的版本。在卦画相同的条件下,我们没有理由能说明秦简《归藏》"恒我"源于《周易》各种版本及传本《归藏》的"恒"。相反,说《周易》各种版本和传本《归藏》本之于竹简本《归藏》,是对竹简本《归藏》的简化则显得更为合理。

又如,竹简本《归藏》又有"散"卦,传本作"散家人"。而各种版本的《周易》皆作"家人"。黄宗炎云:"'家人'为'散家人',则义不可考。"按:两个版本的《归藏》皆有"散",竹简本卦辞中也有"散"字,可见,"散"也非衍文。"家人"从"散"和"散家人"而来,也比较明显。

另外竹简本《归藏》有一些卦名,其意义比《周易》卦名更为原始。如劳卦、丽卦、毋亡卦。各种《周易》版本分别为坎卦、离卦、无妄卦。毋亡,作为卦名出现在秦简《归藏》卦辞中。今本《周易》作"无妄",是后起文字。从文字学角度讲"毋""亡"要早于"无"。在殷代甲骨文中已有"毋""亡"。无妄之"无"是后起的字。李孝定云:"有无之'无',古无正字,卜辞假'亡'为之。"(《甲骨文字集释》第十二)《史记·春申君传》作"毋望",仍保留了古"毋"。后多作无妄。先儒多释"无妄"为不妄行和无希望。马融、郑玄、王肃皆云:"妄犹望,谓无所希望也。"《汉书·谷永传》"遭无妄之卦"。应劭曰:"无妄者,无所望也。万物无所望于天,灾异之最大者也。"只有虞氏释义与众不同。虞氏注《无妄·象》曰:"与谓举。妄,亡也。谓雷以动之,震为反生,万物出震,无妄者也,故曰物与无妄。《序卦》曰:'复则不妄矣,故受之以无妄。'而京氏及俗儒,以为'大旱之卦,万物皆死,无所复望',失之远矣。"虞氏释义合乎秦简,秦简《毋亡》有"安藏毋亡"之辞,此"毋亡"指未亡失。又虞氏曾言"《归藏》卦名之次亦多异"(《周易正义·杂卦疏》引)。知虞氏见过《归藏》,故此为虞氏用原初《归藏》释《周易》之例证。

劳,传本《归藏》作"荦";《周易》今本作"坎",帛本作"赣",汉石经本作"欿"。按,李过曰:"谓坎为荦,荦者,劳也,以万物劳乎坎也。"黄宗炎曰:"坎为劳卦,故从劳谐声而省,物莫劳于力,故从牛。"则知劳、荦、坎通。坎、赣、欿通,今人已考证,此略之。按,《说卦》云:"坎者,水也。正北方之卦也,劳卦也,万物之所归也。故曰劳乎坎。"《周易·坎卦》爻辞言"入于坎窞""坎有险""来之坎坎险且枕"等皆取陷、险之义,无"劳"之义,而《归藏》作劳,《说卦》训坎为劳,显然是在追溯坎之本义。

秦简《归藏》丽卦,传本《归藏》、《周易》通行本和竹简本作"离",帛书作"罗"。"离"和"罗"古相通。《方言》曰:"罗谓之离。""离谓之罗。"《彖传》《序卦》《说卦》并云:"离者,丽也。"故离、丽、罗三者通。然而,从文字起源看,丽的含义更符合卦画,离当来自丽。甲骨文中有"丽室"之辞。鲁实先解释曰:"其据以会意者为二室相临,二人相俪,是以其本义,为两为偶,即丽与俪之初文。《说文》以旅行训丽者,乃其引申义也。所谓丽室者,谓二室相偶,中介一堂,即《礼记·杂记下》之夹室,亦即《国策燕策》之历室与《史记·乐毅传》之历室。夫室不相临而曰丽者,是犹先民画卦以两阳介一阴而名之离,亦取附丽为义也。"(《甲骨文字集释》第十)由此可知,丽,本是指两室相临和二人相俪，有依附之义。卦画☲为一阴依附二阳，别卦则是两个相同的经卦相依附，因两个经卦离外阳内阴、外实内虚，故与同两室一样，相互依附。故别卦离卦卦画有依附之义。如《彖》释《离》云："离，丽也。日月丽乎天；百谷草木丽乎土；重明以丽乎正，乃化成天下；柔丽乎中正，故亨。"因此，丽比离更能反映卦象的特点，恐为离本丽之例证。

其二，竹简《归藏》卦辞皆用"卜"字，带有浓厚龟卜的痕迹。而《周易》今本和帛本则未使用"卜"字，蒙卦用过"筮"字。卜筮是不同的。《礼记·曲礼上》云："龟为卜，策为筮。"更为重要的是卜早于筮。从行文上看，《归藏》修辞造句不讲究，无多大的文学价值。而《周易》则不同，它有简古清丽的语言，明朗而形象的描写，爽朗而和谐的音节，亲切而有味的比兴，存有大量的远古的谣谚，"是一部最古的有组织有系统的散文作品"，具有相当高的文学价值。从卜早于筮、《归藏》带有龟卜痕迹和《周易》卦辞比《归藏》卦辞更为精致两个方面看，《周易》晚于《归藏》。

其三，按文献记载，《归藏》是以坤为首，殷墟出土的数字卦有崇尚坤之倾向。在出土的文物中，有两件特别应当引起我们注意。一是刻在甲骨上的"上甲田⚍"，另一块是父戊卤上的"⚍父戊"。周立升先生指出："上甲、父戊都是殷商的先公名号，如果契数⚍是坤卦（后人将其横置作《《，正是坤之古文），当可推知殷人是贵坤的。称《归藏》首列坤，为殷《易》，是有一定道理的。"（《春秋哲学》）此为《归藏》早于《周易》之又一证。

其四，《周礼》言太卜掌三《易》之法，其经卦和别卦虽然一致，但从其排列次序看，将《连山》《归藏》置于《周易》之前，这种排列决非偶然，当视为《归藏》早于《周易》的重要证据。有的学者提出，桓谭言《连山》八万言、《归藏》四千言，前者繁后者简，推断夏《连山》殷《归藏》不可信。其实，从整个人类认识发展看，是由繁而简、由具体而抽象，这是认识发展的规律。因此，在通常情况下，先繁后简未必不可信。

然而，从卦辞看，大多反映的是夏、商和夏、商以前的事（包括神话传说）。当然也有商、周和商、周以后的事。最晚几条有：《师卦》周穆王占卜西征之事；《右卦》平公占卜邦国吉凶之事；《鼎卦》宋君占卜之事。后两者反映的是春秋之事。这可能有两种情况：一是卦画卦名较早，大约在周之前。卦辞写成的晚，在春秋平公和宋君之后。一是卦辞与卦画、卦名和卦辞同时较早，大约周之前。而反映周代和周代以后的卦辞则是后人修补的。这两种情况后者可能性较大。因从卦辞看，大多是反映夏、商和夏、商以前的事（包括神话传说）。有反映周和周以后史事的卦辞，并不奇怪，"古代数术之书有不断改写的习惯"①，《周易》就是如此，有被修改的痕迹。比较马王堆帛书《周易》与今本《周易》，无论是卦序、卦辞、卦名及文字都存有一定的差异。帛本《系辞》和今本《系辞》差别更明显。除了通假字外，帛本比今本缺少若干章。如帛书缺今本上篇第九章，下篇的第五章的一部分，第六、第七、第八、第九章的一部分，第十、第十一章也不见于今本。另外，今本"《易》有太极""显诸仁藏诸用""开物成务""盖取诸《夬》"，帛本分别作"《易》有大恒""圣者仁壮者勇""古物定命""盖取者《大有》"。又出土的阜阳双

---

① 李零：《跳出〈周易〉看〈周易〉——数字卦的再认识》，《传统文化与现代化》1997年第6辑。

古堆汉简《周易》，也与各种版本不同。除了文字歧异外，在卦爻辞之后又有卜辞，这是其他版本所没有的。① 这充分说明《周易》经传的确被改写过。与《周易》相同，人们在应用《归藏》的过程中，曾不断地对那些已过时的卦辞进行改写，补充影响大且应验的卦辞，则在情理之中。

王明钦先生以三《易》"其经卦皆八、其别卦皆六十四"和春秋三《易》并用提出，"《连山》《归藏》《周易》古同出一源。为《易》之三大派别"（《试论〈归藏〉的几个问题》），这种说法恐难以成立。"其经卦皆八、其别卦皆六十四"是言史官当时掌握三部《易》书，这三部书卦画相同，未及其他，而仅卦画相同并不能说明三者是同一时期不同地域的作品。春秋时三《易》并用不能说明这个问题，就像卜筮并用不能说卜筮是同一时期产生一样。因此，在没有其他史证和出土文献证明的情况下，古人关于夏、商、周三《易》之说不能轻易否定。

三、文王演易不是重卦

关于重卦问题，也是易学史上长期争论的焦点。共有四种观点：（1）伏羲重卦。《淮南子·要略篇》："八卦可以识吉凶，知福祸矣。然而伏羲为之六十四变，周室增以六爻。"王弼也主此说，认为伏羲重八卦。（《周易正义》引）（2）神农重卦。郑玄曰："神农重卦。"（《周易正义》引）淳于俊曰："包羲因燧皇之图而制八卦，神农演之为六十四。"（同上）（3）夏启重卦。孙盛认为，夏禹重卦。（4）文王重卦。司马迁云："西伯盖即位五十年，其囚羑里，盖益《易》之八卦为六十四卦。"（《史记·周本纪》）"文王演三百八十四爻。"（《史记·日者列传》）扬雄云："《易》始八卦，而文王六十四，其益可知也。"（《法言》）班固、王充等皆主此说。其中第四种观点影响最大。这些观点在《系辞》中基本上可以找到根据。如《系辞》"观象制器"一节则是伏羲、神农重卦的根据。《易》之兴也，其于中古乎，作《易》者其有忧患乎，是故履……""《易》之为书也……兼三才而两之，故六。"是文王重卦的根据。禹重卦不知何据。孔颖达对四种观点进行了辨析。他说：

> 其言夏禹及文王重卦者，案《系辞》神农之时已有，盖取《益》与《噬嗑》，以此论之不攻自破。其言神农重卦亦未为得，今以诸文验之。案《说卦》云："昔者圣人之作《易》也，幽赞于神明而生蓍。"凡言作者创造之谓也，神农以后便是述修不可谓之作也。则幽赞用蓍谓伏羲矣。故《乾凿度》云："垂皇策者牺。"《上系》论用蓍云："四营而成《易》，十有八变而成卦。"既言圣人作《易》十八变成卦，明用蓍在六爻之后，非三画之时伏羲用蓍，即伏羲已重卦矣。《说卦》又云："昔者圣人之作《易》也，将以顺性命之理，是以立天之道曰阴与阳，立地之道曰柔与刚，立人之道曰仁与义。兼三才而两之，故《易》六画而成卦。"既言圣人作《易》兼三才而两，又非神农始重卦矣。又《上系》云："《易》有圣人之道四焉，以言者尚其辞，以动者尚其变，以制器者尚其象，以卜筮者尚其占。"此之四事皆在六爻之后。何者？三画之时，未有象繇，不得有尚其辞。因而重之，始有变动，三画不动，

---

① 胡平生：《阜阳汉简〈周易〉概述》，《简帛研究》1998 年第 3 辑。

不得有尚其变。揲蓍布爻方用之卜筮，蓍起六爻之后，三画不得有尚其占。自然中间以制器者尚其象，亦非三画之时。今伏羲结绳而为罔罟则是制器，明伏羲已重卦矣。……若言重卦起自神农，其为功也，岂比《系辞》而已哉！何因《易纬》等数所历三圣，但云伏羲、文王、孔子，竟不及神农，明神农但有"盖取诸《益》"不重卦矣。故今依王辅嗣以伏羲既画八卦，即自重为六十四卦为得其实。（《周易正义》卷首）

孔氏主要以《系辞》为据说明了伏羲重卦。是否真为伏羲重卦有待进一步考证。而他否定了文王和其他人重卦则值得肯定。虽然经过孔氏考辨，但文王重卦说仍很盛行。如宋儒朱熹有时也认为"文王重卦作繇辞"（《朱子语类》卷六十六）。而且几乎成了学界的定论，一直延续今日。随着考古的发现，这个问题越来越明朗化了。1978 年张政烺先生确认周原新出土的甲骨上的数字为《周易》符号，并发表了《试释周初青铜器铭文中的易卦》文章。张亚初、刘雨通过分析商周时甲骨文金文出现的《易》符，驳斥了文王重卦说。指出："材料说明，在文王之前或同时，从商王都城到边远地区都广泛地流行着这种重卦的占筮方法，因此，说重卦是文王发明的，是不太可能的。""重卦的筮法首先出现在商，后来才推广到周，也就是'周因殷礼'，这倒是十分可能的事。"① 数字卦的发现，把重卦推到商、周以前，据文献记载，在商、周以前，筮书只有《连山》《归藏》。那么，这些数字卦显然是与《连山》《归藏》相关。秦简出土重新印证了此说。如前所言，《周易》许多卦名和卦画来自《归藏》。有的是直接继承了《归藏》的卦名和卦画，如《屯》《讼》《师》《比》《同人》《明夷》等卦。有的改造了《归藏》的卦名。如《家人》《恒》《坎》《离》《无妄》等卦。既然出土《归藏》的这些重卦卦画和卦名早于《周易》，那么，流传已久、貌似定论的文王重卦说不攻自破。《系辞》关于伏羲观重卦之象以制器具的说法，虽不能成立，但其时已有重卦则不容怀疑。宋儒李过在比较传本《归藏》和《周易》卦名后指出："六十四卦不在文王时重，自伏羲以来至于夏、商，其卦已重矣。"此说不伪。既然文王没有重卦，其演《易》指什么？这恐怕是指在卦名、卦序、卦辞等方面付出了劳动。

四、《周易》原为卜筮之书

《周易》为卜筮之书，历史上早有定论。春秋时期《周易》多用于占筮，《左传》和《国语》记载的《周易》筮例则为明证。孔子重视《周易》的德行修养，并未否认《易》为卜筮之书，也曾用《周易》占过。帛书《要》引孔子话云："《易》，我后②亓祝卜矣，我观亓德义耳也。""吾百占而七十当，唯周梁山之占也，亦必从亓多者而已矣。"今本《系辞》指出："圣人设卦观象，系辞焉而明吉凶。""圣人有以见天下之动，而观其会通，

---

① 张亚初、刘雨：《从商周八卦数字符号谈筮法的几个问题》，《考古》1981 年第 2 期。

② 后，为"末"，池田知久注〈要〉"祝巫卜筮亓后乎"说："这'后'的意思，就像孙奇逢《四书近指》所言，是'夫后之为言，末也。'"《马王堆汉墓帛书〈周易〉之〈要〉篇释文》，见《周易研究》1997 年第 3 期。此为动词，为"视为后"。

以行其典礼，系辞焉以断吉凶。”“《易》有圣人之道四焉：以言者尚其辞，以动者尚其变，以制器者尚其象，以卜筮者尚其占。”从《系辞》解释看，显然视《周易》为一本筮书。《汉书·艺文志》云：“及秦燔书，而《易》为筮卜之事，传者不绝。”宋儒朱熹认为：“《易》乃卜筮之书。古者则藏于太史，太卜以占吉凶。亦未有许多说话。”（《朱子语类》卷六十六）他从解经角度反对把易学研究仅仅停留在卜筮上，但从未排斥《周易》本来卜筮的性质和以卜筮研究《周易》。他说：“《易》本为卜筮之书，后人以为止于卜筮。至于王弼用老庄解，后人便只认为理，而不认为卜筮，亦非。”（《朱子语类》卷六十六）到了近现代，一些学者对于这一论断提出异议。如李景春认为，《周易》经文含有哲学思想，“并不是专为占筮用的”（《周易哲学时代及其性质》）。刘惠孙提出《周易》是卜筮之书，更重要的是一部哲学著作。“《周易》之为卜筮之书，仅是它从先天带来的一层保护色，其实久已不复是卜筮之专书。”（《易的思想内容的发展及易经和易传的关系》）更具有挑战性的是把《周易》视为史书。胡朴安认为，《周易》是宇宙演化至殷周时的历史：“《乾》《坤》两卦是绪论，《既济》《未济》两卦是导论。自《屯卦》至《离卦》草昧时代至殷末之史，自《咸卦》至《小过卦》为周初文、武、成代之史。”（胡朴安《周易古史观·自序一》）黎子耀认为，《周易》“是一部殷周奴婢起义史”（黎子耀《周易秘义·绪言》）。李大用指出：“《周易》卦文辞是周文王、武王、周公、成王兴周灭商的历史进程及其成败因由的记录，不是‘筑辞的堆砌’，更非‘迷信的典籍’。”谢宝笙说：《周易》“上经是周克殷的历史哲学”，“下经是作者自传”（《易经之谜打开了》）。凡此种种，在今天随着大量文献的出土，将越发显示出其纰漏。

今人我国台湾学者屈万里曾用易卦卦画与甲骨刻辞顺序、易卦阴阳和卜辞相间为文等大量的事实说明了易卦因袭龟卜（《易卦源于龟卜考》）。余永梁从句法和成语两个角度比较易辞和卜辞，认为易辞仿卜辞而成（《易卦爻辞的时代及其作者》）。从今天出土的文献看，屈氏和余氏之说可信。

出土的《归藏》卦辞多用“卜”字，大约有 30 多个。卜，指龟卜。《说文》云：“卜，灼剥龟也，象灸龟之形，一曰象龟兆之纵横也。”《归藏》用“卜”字，说明《归藏》卦辞带有卜辞的痕迹，有的可能因袭了卜辞，即把当时或以前记录下来的一些应验的、典型的龟卜例子变为《归藏》之辞，用于筮占。《周易》卦画卦名多原于《归藏》，故《周易》与《归藏》一样当属于卜筮之书。

《归藏》《周易》皆有卦，卦辞言“占”，言“贞”。从文字学讲，卦、占、贞皆与龟卜相关。《说文》云：“卦，筮也。从卜。”“占，视兆也，从卜从口。”“贞，卜问也。”由此可以看出《归藏》《周易》与龟卜的渊源关系。

1977 年出土的阜阳双古堆《周易》卦文辞后有卜辞，“其卜事之辞为固定的格式，指出各种天象和人事的吉凶，如清雨、田渔（田猎和捕鱼）、征战、事君、求官、行旅、出亡、嫁娶、疾病等等”[①]。如《同人》九三后有：“兴卜有罪者凶，战斗适（敌）强不得

---

① 文物局古文献研究室安徽省阜阳地区博物馆阜阳汉简整理组：《阜阳汉简简介》，《文物》1983年第 2 期。

志卜病者不死乃瘳。"上九下有："卜居法（废）免。"《离》初九爻辞下有："卜临官立（莅）众敬其下乃吉。"[1] 据考证这些"卜辞成文的时代大约为春秋晚期到战国早期"[2]，这无可争辩地说明了当时作为筮的《周易》与龟卜是同类。胡平生以《汉书·艺文志》记载和《系辞》"定天下之吉凶，成天下之亹亹者，莫大乎蓍龟"之言，提出"竹书《周易》当属于此种数术类蓍龟家实用性很强的书籍"[3]，此说极是。再次证明了《周易》为卜筮之书，其他说法不足以信。

原载《周易研究》2001 年第 2 期。

————————

① 胡平生：《阜阳汉简〈周易〉概述》，《简帛研究》1998 年第 3 辑。

② 胡平生：《阜阳汉简〈周易〉概述》，《简帛研究》1998 年第 3 辑。

③ 胡平生：《阜阳汉简〈周易〉概述》，《简帛研究》1998 年第 3 辑。

书 类

伪《古文尚书》案之反控与再鞫

张荫麟

今世言《尚书》者几莫不宗阎若璩辈之说，以梅赜所献羡于《今文》之二十五篇为晋人伪作（至伪作之人则或云梅赜，或云皇甫谧，或云王肃，或云王肃之徒）。然阎氏《尚书古文疏证》出后，起而反驳之者亘有清二百余年不绝。除毛奇龄《古文尚书冤词》著录于《四库》者外，尚有十数种，都百数十，其立论颇与阎辈之说针锋相对。则吾人在下最后判断之前，宜不能不覆勘其言。然今之持阎说者，竟未暇为此。例如往年梁任公先生在燕京大学讲"古书之真伪及其年代"，其论及《古文尚书》有云："但很不幸，那被告（伪《古文尚书》）的罪状昭著，确乎应得死刑的处分，毫不冤枉，所以虽有毛奇龄那么有名，那么卖力的律师，也不能救活他的生命。所以从清初到清末只有许多人帮助阎氏找证据定案，却很少人帮助毛氏找证据翻案。只道光间有位吴光耀，著一部《古文尚书正辞》，光绪间有位洪良品，著一部《续古文尚书冤辞》，想从坟墓中掘出死囚的骷髅，附上皮肉，穿起衣裳再来扰人惑世。但是哪里有丝毫效验呢？"按：助毛氏翻案者，实不止吴、洪两家。而吴氏乃与洪氏同时，非道光间人，洪氏书亦不名《续古文尚书冤辞》。不知是梁先生记忆之误，抑其门弟子记述之误耶？然此犹枝叶之事，无关宏旨。以吴、洪二家五十余卷之书，未加析辨，而欲轻轻以一隽妙之"暗喻"抹杀之，其安足以服反对者之心乎？则谓伪《古文尚书》之案，今尚虚悬可也。

吾人不欲坐视此案久悬不决。爰于本篇，传集两造律师，使各将其理由，定为最后之形式，两相对质；然后加以裁判，以了缪辘千年之恶讼。此亦一极饶兴趣之事也。

兹于审判之前，宜先略叙本案之原委（以下但叙与本案有直接关系之事实，余从略）。

东晋以前《古文尚书》之历史，其本身即为聚讼之问题。秦火以后，经籍堙晦。汉文帝时求治《尚书》者，惟故秦博士济南伏生家有其书，存者二十九篇，即后世所传《今文尚书》也（或云伏生本传二十八篇，后又得《泰誓》一篇，其辩论详后）。西汉末有一别本《尚书》出现，以其所书字体与《今文》不同，谓之《古文》，此书出现之时代及原委亦成问题。《史记·儒林传》记此事云："孔氏有《古文尚书》，而安国以今文读之，因起其家，逸《书》得十余篇。"刘歆《移太常博士书》则云："鲁恭王坏孔子宅（《汉书·艺文志》记此事在汉武末），欲以为宫，得《古文》于坏壁之中，逸《礼》有三十九篇，《书》十六篇……天汉之后，孔安国献之。遭巫蛊仓猝之难，未及施行，藏于秘府，伏而未发。孝成皇帝愍学残文缺，稍离其真，乃陈发秘藏，校理旧文，得此三事（合《左氏传》），以考学官所传经，或脱简，或脱编。博问人间，则有鲁国桓公、赵国贯公、胶东庸生之遗学与此同，抑而未施。"刘歆言《古文尚书》发现之历史如是。顾或以为《古文》乃刘歆所伪造，而《史记》之文乃歆党所附益。孰是孰非，今且不辨。然西汉末有《古文尚书》出现于世，则为一事实。此本视《今文》（二十八篇或二十九篇，其辨论详后）多十六篇，其与《今文》同具诸篇，以较欧阳、大小夏侯三家经文，《酒诰》脱简一，《召诰》脱简二，文字异者七百余，脱字数十。方成帝征治《古文》者时，有东莱张霸，分析合二十九篇，以为数十，又采《左氏传》《书序》，为作首尾，凡百二篇，篇或数简，献之。校以中书，知其非是。或劝帝存之。旋终见黜。平帝时《古文尚书》始立于学官。此后东汉至东晋间《古文尚书》之历史，攻梅书者与卫梅书者各为一词。前者又分三说。一说谓壁《书》在东汉虽未立学官，然颇行于世。"卫宏撰《训旨》于前，贾逵撰《古文同异》于后；马融作传，郑氏作注，而孔氏一家之学粲然矣。"（《尚书古文疏证》第二）一说谓卫、贾、马、郑诸家所注《古文》，惟《今文》所具者二十九篇，其增多十六篇绝无师说。然二说皆承认卫、贾、马、郑等得见增多之十六篇，此十六篇在东晋永嘉之乱以后亡佚，东晋元帝时梅赜所献《古文尚书》并孔《传》乃伪作。一说谓梅赜并无献《古文》之事，其书在齐梁时始出现。卫梅书者则谓卫、贾、马、郑诸儒所传乃杜林得自西州之《古文》，与壁《书》异，而无壁《书》之增多篇。是时"秘府《古文》，伏而未发；民间《古文》，传而未广"。卫宏诸儒始终未见壁《书》，郑玄所据《古文》乃张霸《百两篇》耳。秘府《古文》经至东晋犹存，梅赜以民间所传孔安国注本上之，始立于学官。以上二派四说其真伪，读者至本案判决时自明，今且不先为左右祖。

梅氏所上孔《传》缺《舜典》一篇，时以王肃注颇类孔氏，乃取王注从《尧典》"慎徽五典"以下为《舜典》以续之。唐初陆德明撰《经典释文》，于《书》宗梅本。其后孔颖达奉敕撰《五经正义》，于《书》亦采用梅本，认为孔壁原物；注用孔《传》，复为之疏。盖自梅赜献书后八百余年间，无对之发生问题者。至南宋，朱熹始疑孔《传》之伪，谓"只是孔丛子等做出来"。于经文则明晚出二十五篇与余篇文体难易之别。然为之说曰："书有二体：有极分晓者，有极难晓者。……诸命皆分晓，盖如今制诰，是朝廷做底文字，诸诰皆难晓，盖是时与民下说话，后来追录而成之。"后赵汝谈撰《南塘诗说》，始疑《古文》非真，为论五则，其说视朱子为决，惜其书今佚。又吴棫亦疑晚出二十五篇为伪，其所撰《书经纂言》，以二十八篇为伏生之旧，余二十五篇则自为卷帙，附录于后。其致疑之理由，盖全在文体之差异。谓"安国所增多之《书》，今书目具在，皆文从字顺。非若伏生之书，屈曲聱牙有不可读者。夫四代之书，作者不一，乃至二人之手，而遂定为二体乎？其亦难言矣"。是则吴氏尚认东晋所出为安国原本，而疑安国原本为伪耳。此后元吴澄《书纂言》、王充耘《读书管见》及明郑瑗（成化）《井观琐言》中，皆疑及晚出二十五篇文词体裁不似真作，然亦皆疑为壁《书》之伪，而未疑为梅赜所献本之伪也。正德间征德梅鷟撰《尚书考异》，始坚决攻击晚出二十五篇为东晋人伪作。谓："东晋有高士曰皇甫谧者，见安国书摧弃，人不省惜，造书二十五篇、《大序》及《传》，冒称安国《古文》，以授外弟梁柳；柳授臧曹，臧曹授梅赜，遂献上而施行焉，人遂信为真安国书。前此诸儒，如王肃、杜预，晋初人；郑冲、何晏、韦昭，三国人；郑玄、赵岐、马融、班固，后汉人；刘向、刘歆、张霸，前汉人；皆未见，不曰'逸《书》'，则曰'今亡'。《史》《汉》所载，绝无二十五篇影响，其曰郑冲、苏愉，皆诬之耳。"（《尚书考异·序》）又谓："梅赜所增二十五篇，体制如出一手。采辑补缀，虽无一字无所本；而平缓卑弱，殊不类先汉以前之文。夫千年古书，最晚乃出，而字画略无脱误，文势累无龃龉，不亦大可疑乎？"（《尚书考异》卷一）盖后此攻晚《书》者所持主要理由，已尽具于梅鷟书中矣。是书出后，《古文尚书》在学界之地位遂大降。崇祯十六年，国子助教邹镛疏请分今古文《尚书》，而专以《今文》取士。会京师戒严，不及报。然晚《书》之真伪，在明末清初之学界已成为公开争辨之问题矣。稍后太原阎若璩著《尚书古文疏证》，主要见解本梅鷟而视之加详，加密。与阎氏同时而为所掩者，休宁姚际恒，不谋而著书攻东晋《古文》。姚之《尚书通论》见采于阎书中。是时学界盖倾向于阎辈之说。康熙三十六年，且有人（漳浦县学生蔡衍锽）上疏请分今古文，而征《尚书》于海外，其疏以非例见格。于是毛奇龄著《古文尚书冤词》，为晚《书》辨护。其后惠栋著《古文尚书考》，助阎若璩张目，程廷祚著《晚书订疑》，李绂著《古文尚书冤词后补说》（李尚有《古文尚书考》，并佚，惟见崔述《古文尚书辨伪》所引），皆反驳毛氏《冤词》。纪昀修《四库目录》，著毛氏《冤词》于录而驳斥之。继是，崔述著《古文尚书辨伪》，王鸣盛著《尚书后案》，附《后辨》，第申前说，创获较少。其他回声，未易悉数。盖乾隆一朝，为汉学全盛时代，亦阎说成为威权之时代。其威权之大，使后此反控之声微弱无闻。然王鸣盛《后案》出后不久，同时人仁和茹敦柔著《尚书未定稿》，拥护晚《书》，于王氏已有微讽。至道咸间，巴西王劼著《尚书后案驳正》，乃明目抨击王说。同时丹徒张崇兰著《古文尚书私议》，遍驳阎若璩以下攻晚《书》诸家。光绪间，黄冈（湖北）洪良品、江夏吴光耀、弘农张谐之同时独立著书，为东晋《古文》作大规模而亦最后之辨护。洪所著书最多，而以《尚书古文辨惑》为主，吴则有《古文尚书正辞》，张书则与洪书同名。以上乃本案事故之大略也。

本案之原委既明，可进而审判两方面之理由。吾人第一步须立定审判之标准。本案之中心问题，即东晋梅赜所上《古文尚书》中增多于《今文》之二十五篇之真伪。换言之，即此二十五篇（以下省称晚《书》），是否即刘歆所谓出自孔壁之逸《书》（以下省称壁《书》）。故欲使反面之主张确立，必须证明壁《书》非晚《书》，或《晚》书作于壁《书》出现之后。欲更进一步证明晚《书》为东晋人所伪造，必须证明东晋以前无其书。此外下列各种反面所常用之理由，吾人认为无效。

（一）孔安国《传》之伪。孔《传》虽附于梅赜所献经文，然二者非绝不可分离之一体，不能假定其有连带关系。故卫晚《书》者亦有承认孔《传》之伪，逻辑上极可通也。

（二）此外涉及晚《书》之内容者。

（甲）文体上之可疑。此点自宋朱熹已注意之，实为本案之导火线。崔述论此点最详尽。兹综其说如下。（《古文尚书辨伪》卷一）

（子）《大禹谟》与《皋陶谟》不类（《皋陶谟》高古谨严，《大禹谟》则平衍浅易），篇末誓词亦与《甘誓》不类。

（丑）《五子之歌》《胤征》，除与经传所引同者外，皆浅陋不成文理。

（寅）《泰誓》三篇，誓也，与《汤誓》《牧誓》《费誓》皆不类。《汤》《牧》二誓和平简切，《泰誓》三篇，则繁冗愤激，而章法亦杂乱。

（卯）《仲虺之诰》《汤诰》《武成》《周官》，皆诰也，与《盘庚》《大诰》《多士》《多方》皆不类。《盘庚》诸诰诘屈聱牙之中，具有委婉恳挚之意，《仲虺》三诰，则皆浅易平直。

（辰）《伊训》《太甲》《咸有一德》《旅獒》，皆训也，与《高宗肜日》《西伯戡黎》《无逸》《立政》皆不类。训在商者简动切实，在周者则周详笃挚，迥然两体也。《伊训》《太甲》诸篇，在《肜日》《戡黎》前数百余年，乃反冗乏平弱，固已异矣。而《周书》之《旅獒》，乃与《伊训》等篇如出一手，何也？

（巳）《说命》《微子之命》《蔡仲之命》《君陈》《毕命》《君牙》《冏命》等九篇，皆命也，与《顾命》《文侯之命》皆不类，而浅陋尤甚。且三十一篇中，命止二篇；而二十五篇，命乃居其九。岂非因命词中无多事迹可叙，易于完局，故尔多为之乎？

以上论晚《书》与《今文》文体上之差异，吾人对之大体上无间言。然若用作晚《书》伪造之证据则不能成立。盖吾人之中心问题乃"晚《书》是否即是壁《书》"？晚《书》文体虽不类古，安知非因壁《书》本来如是。吾人不能保证壁《书》必真（无论是否刘歆伪造），其文体必与《今文》契合也。

（乙）凑集古籍，引用逸文，显露破绽。而所从凑集之书，成于壁《书》出现之前者。搜寻晚出二十五篇文词之来源，并指出其凑集之破绽，此实占攻晚《书》者之工作之大部分。惠栋之《古文尚书考》，程廷祚之《晚书订疑》，王鸣盛之《古文尚书后辨》，皆耗过半之篇幅，为此种工作。崔述之弟崔迈有《读伪古文尚书黏签标记》（附《古文尚书辨伪》后）一卷，所标记皆文语之来历，彼等所指为凑集之材料，可分三种：

（子）古书中明言引《尚书》之文且著篇名者。

（丑）明言为引《尚书》之文，而未著篇名者。

（寅）古书中非引用之文。

末一种之相同者有三种可能的原因：

（1）《古文》袭用他书；

（2）他书袭用《古文》；

（3）《古文》与他书同用现成文语。

但就其相同，而不能证明其由于第（1）种原因，或无第（2）第（3）两种原因之可能者，不能断定晚《书》之凑集。例如阎若璩因晚《书》有"火炎昆冈，玉石具焚"之语，与陈琳《檄吴将校部曲文》所言"大兵一发，玉石俱碎"，钟会《移蜀将士吏民檄》所言"大兵一发，玉石俱碎"相同，遂以为晚《书》作于魏晋间之证（《尚书古文疏证》第六十四）。若然，反之，卫晚《书》亦可谓为二檄作于晚《书》后之证耳。

无论（子）、（丑）或（寅）种之相同，即使能证明其为晚《书》之凑集，而所从集凑之书成于壁《书》发现之前者，则亦不能断定晚《书》之伪。何也？因吾人不能证明壁《书》之必为信史，而无成于凑集之可能也。准此，下例所示之一类之证据，吾人认为不切合于中心问题。例如《左传》庄八年有《夏书》曰"皋陶迈种德德乃降"之语。"皋陶迈种德"，乃《夏书》本文，"德乃降"一语，乃引者承上而言，且与上文"郕师降于齐师"及经文"郕降于齐师"相应。本书宣公十二年"《诗》曰'乱离瘼矣，爰其适归'，归于怙乱故也"；襄三十一年"《诗》曰'靡不有初，鲜克有终'，终之实难"；昭十年"《诗》曰'德音孔昭，视民不佻'，佻之谓甚矣"；又如《中庸》卒章"《诗》曰'德辖如毛'，毛犹有伦"，皆其例也。而晚《书·皋陶谟》乃有"皋陶迈种德，德乃降"之言，明系拓自《左传》引《夏书》语而误属入《左传》本文。（阎书第十一）

（丙）与先秦古籍引用不合。例如《论语》引《书》云"孝乎惟孝，友于兄弟"，晚《书·君陈》篇作"惟孝友于兄弟"，此文字句读之不同也。（阎书第十）又如《墨子·非命》中引《仲虺之诰》曰："我闻有双人矫天命布命于下，帝式是恶，用爽厥师。"按《墨子》下文解释，"爽"为丧败之意。（《非命》三篇同引此文，句语略有参差，而意义则一。）今晚《书·仲虺之诰》作"式商受命，用爽厥师"，"爽"为吉利之意（孔《传》，爽，明也），此意义之不同也。（阎书第十二）但就彼此之差异，不能断定孰得孰失。即使为晚《书》之失，亦不能证明壁《书》必非尔尔也。

（丁）先秦古籍所引二十九篇以外之文，不见于晚《书》。例如《墨子·尚同篇》引《泰誓》曰："小人见奸巧乃闻不言也，发罪钧。"今晚《书·泰誓》无此语（阎书第七），此亦只能证明晚《书》非先秦之旧，而不能证明其非壁《书》之旧，而《墨子》所引又不能无误也。

（戊）二十八篇之文，《史记》所引甚多，并无今《书》二十五篇一语。此论崔述始发之，其言曰："按真《古文尚书》二十八篇，《史记》全载其文者十篇，载其半者四篇，略载其大意者八篇，其未载者，《周书》六篇而已。盖此十四篇者诰体为多，文词繁冗而罕涉于时事，故或摘其略时载之，或竟不载从省之也。然所载者，亦不可谓少矣。伪《书》二十五篇乃无一篇载者何也？《皋陶谟》载矣，《大禹谟》何以反不载？《甘誓》《汤誓》《牧誓》皆载矣，《泰誓》何以独不载？《吕刑》衰世之法犹载之，《周官》开国之制，而反不载。至于《武成》，乃纪武王伐商之事，尤不容以不载。然则司马氏之未尝见此书也明矣。夫迁既知有《古文》而从安国问故矣，何以不尽取而观之？安国既出二十八篇以示迁矣，即何吝此二十五篇，而秘不以示也？然则此二十五篇不出于安国显而易见。"（《古文尚书辨伪》卷一）崔氏之怀疑，极为敏锐，然此论仅足以攻壁《书》，仅足以明安国得壁《书》献之，或史迁从安国习《古文尚书》之事为不可信，而壁《书》之来历为不明，惟与壁《书》与晚《书》是否为一之问题了不相关。何也？因史迁亦未引据所谓壁《书》十六篇也。惠栋《古文尚书考》（上）谓"孔氏逸《书》有《汤诰》篇，司马迁从安国问学，采入《殷本纪》"。程廷祚《晚书订疑》（上）谓"《史记》所载有《汤征》《汤诰》诸篇。……其为十六篇之书无疑也"。而崔述亦谓《殷本纪》中"《汤诰》颇载有数十言"。予按《史记·殷本纪》但云："汤始迁亳，从先王居，作《帝诰》。汤征诸侯，葛伯不祀，汤始伐之。……作《汤征》。"其于《帝诰》，但以二语说明制作之源，安得谓史迁载录其文，更无从悬断其曾见原文与否也。至《汤征》一篇，固壁《书》之所无也。（详后）

（己）不合"圣道"。例如晚《书·君陈》篇载成王言："尔有嘉谋嘉猷，入告尔后于内，女乃顺之于外。"阎若璩曰："（此）等语出于臣工之相告诫则为爱君，出于君之告臣则为导谀，导谀中主所不为，而谓三代令辟如成王为之乎？"（阎书第二十七）其尤可笑者，如谓："尝读《文中子·述史篇》'太熙之后，述史者几乎骂矣，故君子没称焉'。曰：'嗟乎！骂史尚不可，况经乎？而谓真出自圣人口哉！'……晚出《泰誓》篇疑者固众，予独怪'古人有言曰'以下，如'独夫受，洪惟作威，乃汝世仇'。当时百姓仇纣间往往而有，何至武王深文之为世仇？……'肆予小子诞，以尔众士，殄歼乃仇。'若当时百姓亦未知仇纣，而武王实嗾使之者，噫，其甚矣！夫时际三代，动关圣人，而忽有此诟厉之言，群且习为当然。先儒曰：'不识圣贤气象，乃后世学者一大病。'道之不明，厥由于此。予每读之三叹焉!"（阎书第九十八）其他类此者不遑悉举。无论所谓"三代令辟"所不当为，所谓"圣贤气象"，皆属空中楼阁，且何以明晚《书》云云，壁《书》必不能尔哉？

（庚）不合古史例。例如阎若璩曰："朱子有古史例不书时之说。以二十八篇考之，如《康诰》'惟三月哉生魄'，《多方》'惟五月丁亥'，《书》三月、五月皆不冠以时。《洪范》'惟十有三祀'，《金縢》'既克商二年'，《书》十三祀、十二年，皆不继以时。确哉朱子见也！唐孔氏谓《春秋》主书动事，编次为文，于法日月时年皆具。其不具者，史阙耳。《尚书》惟记言语，直指设言之日；如《牧誓》等篇，皆有日无月。史意不必编次，故不具也。更以逸《书》考之：《伊训》'惟太甲乙年十有二月乙丑朔'，《毕命》'惟十有二年六月庚午胐'；书年、书月、书日，并书朔、胐，绝不系以时。不益见朱子确耶？大抵史各有体，文各有例。《书》不可以为《春秋》，《春秋》不可以为《书》。今晚出《泰誓》上开卷大书曰'惟十有三年春'，岂古史例耶？"（阎书第五十四）此不能证明晚《书》之伪者，因吾人不能断定壁《书》之必不能如是也。

（辛）不合训诂。例如晚《书·五子之歌》曰，"郁陶乎予心，颜厚有忸怩"，以郁陶作忧解。而《尔雅·释诂》，"郁、陶、繇，喜也"，适相背驰。然即为晚《书》之失，亦不能证明晚《书》之伪，因吾人不能断定壁《书》必无此失也。

（壬）不合事实。

（子）不合历法。例如晚《书·胤征》"惟仲康肇位四海……告于众曰：'……乃季秋月朔，辰弗集于房。'"辰弗集于房谓日食也。阎若璩以历法推算结果，谓"仲康始即位之岁，乃五月丁亥朔日食，非季秋月朔也。食在东井，非房宿也。在位十三年中，惟四年九月壬辰朔日有食之。却又与经文'肇位四海'不合，且食在氐末度，亦非房宿也"。按共和以前年历，吾人无从确知。阎氏推算所根据，谓"仲康四年乙丑岁，距元至元辛巳积三千四百三十六年"。其基础已欠稳固，故其结论亦无效力。且即晚《书》所纪不合天象，亦不能证明其伪，因吾人不能断定壁《书》必合天象也。

（丑）不合地理。例如阎若璩谓："今文《牧誓》篇：'王朝至于商郊牧野，乃誓。'牧野在朝歌之南，即商郊地，犹有扈氏之郊名甘云尔，非二地也。故誓师之辞曰于商郊，不必复言牧野。《诗·大雅》曰'矢于牧野'，又曰'牧野洋洋'，即不必言商郊。伪作《武成》者昧于此义，叙'武王癸亥陈于商郊，俟天休命；甲子昧爽，受率其旅若林，会于牧野'。似武王于癸亥，仅顿兵商郊，次日甲子始及牧野誓师，誓已而战。一地也，分作两地用之，可乎？……曾谓当日史臣如尹佚辈亲从征伐，一动一言，莫不纪述，乃独不察于地理如此哉？"（阎书第八十五）阎氏论理上之错误，在以为晚《书》若不出于当日史臣手，则为魏晋间人伪作，而不容许有别种可能。不知吾人之问题乃晚《书》与壁《书》是否为一，而壁《书》固不必出当日史臣手，固未必无当日史臣所不应有之错误也。

（寅）不合史事。例如下。晚《书·五子之歌》，言太康出畋"厥弟五人，御其母以从"。阎若璩谓启"寿九十五而终，窃以是时其元妃未必存。况又历太康十九年，岁辛亥，方有失国之祸。使启若存，寿一百一十四岁。古者男三十而娶，女子二十嫁，此盖言其大限。若国君则十五生子，礼也。妃定与之齐年，天子何独不然？是仲康等御其母以从，母年当一百一十有四矣"。因断定其事不可能。（阎书第一百四）无论其考定启卒年所根据之史料不甚可靠，无论其推想启妃与启齐年之理由极为脆弱，即认定晚《书》所纪为不可能，亦与晚《书》是否即壁《书》之问题无涉。其理由与上二项同。

以上言无效之证据。读者当注意：吾人非谓上述各项无讨论之价值，惟必待晚《书》与壁《书》是否为一之问题既解决，然后讨论之，方有意义。若用为解决本问题之根据，则毫无效果。吾前言之矣，欲使反面之主张确立，必须证明壁《书》与晚《书》之不同，或晚《书》作于壁《书》出现之后。以下即进而审判此类之证据。

（一）壁《书》与晚《书》之不同

（甲）篇数及篇目之不同

反面（攻晚《书》者）之证据。晚《书》增多于二十八篇之《今文》者，为《大禹谟》《益稷》《五子之歌》《胤征》《仲虺之诰》《汤诰》《伊训》《太甲上》《太甲中》《太甲下》《咸有一德》《说命上》《说命中》《说命下》《泰誓上》《泰誓中》《泰誓下》《武成》《旅獒》《微子之命》《蔡仲之命》《周官》《君陈》《毕命》《君牙》，凡二十五篇；而壁《书》逸篇，为数十六，两汉诸儒见之者所言皆同。十六篇之目，今尚可考，与晚《书》大相径庭。其证据如下：

1. 《史记·儒林传》（《汉书·儒林传》同）："孔氏有《古文尚书》，而安国以今文读之，多得十余篇。盖《尚书》滋多于是矣。"

2. 刘歆《移太常博士书》："及鲁共王坏孔子宅，欲以为宫，而得《古文》于坏壁之中，逸《礼》有三十九篇，《书》十六篇。"

3. 《汉书》

（a）《艺文志》："鲁共王坏孔子宅，得《古文尚书》及《礼记》《论语》《孝经》凡数十篇，皆古字。孔安国……悉得其书，以考二十九篇，得多十六篇。"

（b）《楚元王传》："鲁共王坏孔子宅，欲以为宫，而得《古文》于坏壁之中。逸《礼》有三十九篇，《书》十六篇。"

4. 马融《书序》："逸十六篇，绝无师说。"

5. 郑康成注《书序》，引于孔颖达《尚书疏》。据郑注，《古文》逸篇，为数十六，其目如下：《舜典》《汩作》《九共》《大禹谟》《益稷》《五子之歌》《胤征》《典宝》《汤诰》《咸有一德》《伊训》《肆命》《原命》《武成》《旅獒》《囧命》（即《毕命》）（《九共》凡九篇，故十六篇亦称二十四篇。）以较晚《书》二十五篇差异显然：

（a）壁《书》中《汩作》《九共》《典宝》《肆命》《原命》等篇，为晚《书》所无。

（b）晚《书》中《仲虺之诰》、《太甲》三篇、《说命》三篇、《微子之命》、《蔡仲之命》、《周官》、《君陈》、《君牙》等篇，皆壁《书》所无。

正面之辨护

1. 谓各书所记壁《书》篇数与晚《书》不同，或由于记录之讹，或由于分并去取之异。

（a）讹误之可能。例如《汉书·艺文志》曰："礼古经者出于鲁淹中及孔氏。学七十篇文多相似，多三十九篇。"刘敞曰："孔氏，则孔安国所得壁中书也。'学七十篇'当作'与十七篇文相似'。五十六卷除十七，正多三十九也。"然《礼记·奔丧》，《正义》引郑云："逸礼者，《汉书·艺文志》云：'汉兴，始于鲁淹中得古《礼》五十七篇。其十七篇与合《仪礼》正同，其余四十篇藏在秘府，谓之《逸礼》。'其《投壶礼》亦此类也。"又《六艺论》云:"汉兴,高堂生得礼十七篇。后孔子壁中得古文礼五十七篇。其十七篇与前同,而字多异。"皆与今《艺文志》篇数不合。(吴光耀《古文尚书正辞》卷六)此可见《汉志》或他书有本身讹误或传抄讹误之可能也。

按:谓一书本身有讹误,或传抄讹误之可能,可也。然谓《史记·儒林传》《汉书·艺文志》《儒林传·楚元王传》三处,刘歆《移太常博士书》,马融《书序》,并作同一之讹误,世间无此巧事也。且郑玄所举《古文》逸篇之目,明明为数十六,则又何说?

(b)十六篇之数与桓谭《新论》及刘向《别录》不合,可见壁《书》增多篇,原可彼此分并,因而数目不同。洪良品曰:"刘向在宣帝神雀五凤间亲校《中古文》,已云《古文》五十八篇著之于《别录》(班《志》引云五十七篇,郑康成谓后亡一篇)则二十九篇,去伪《泰誓》一篇计之,当云得多三十篇。何以云得多十六篇也?盖实为同序同卷,异序异卷之故,班志略而不言耳。且班亦注为五十七篇,郑赞释以后亡其一篇,是亦仍用安国五十八篇之数而序(晚《书》孔安国《序》)云增多二十五篇,此云多得十六篇,要均为四十六卷,盖彼此分并,各有不同。亦如《今文》有二十八篇、二十九篇、三十篇、三十一篇、三十三篇、三十四篇之异。此自古书常例,不足怪耳。"(《古文尚书辨惑》卷一)

按:《别录》及班志言《古文》篇数,乃并其与《今文》相同之篇,及增多篇浑括言之。班志下文但云"经(今文经)二十九卷",未云二十九篇。故此五十八篇中,与今文相同之篇数,不必为二十九。故洪氏"二十九篇去伪《泰誓》一篇计之,当云多得三十篇"之说,不能成立。十六篇中,《九共》有九篇,故亦可分为二十四篇,合与今文同者三十四篇,适符五十八篇之数。看阎若璩《古文尚书疏证》,及王鸣盛《古文尚书后案辨》、《汉书·艺文志》十六篇可分为二十四篇;《今文尚书》亦有二十九、三十一、三十四等篇数;因分并而篇数不同,诚属可能。然其分并之迹,章章可考。兹即置郑玄所举十六篇之目不论,彼卫晚《书》者如何说明晚《书》增多之二十五篇能合并为十六之数欤?

又洪良品曰:"案(桓谭)《新论》,'《古文》四十五卷为十八篇'。诸家皆谓文有脱误,毛奇龄改五为六,惠栋改十八为五十八,阎若璩亦谓五当作六,十上脱五,并两字改之,余独以为非也。诸家徒见律书十误作七,妄意亦从此例。不知十与七以古字形相近而误。若五之与六,字形悬殊;且此纪数之字,两句皆有脱误亦无此理。诸家特泥于《汉志》之四十六卷,刘向《别录》之五十八篇耳,不知古书为卷,分并各有不同。一《今文》也,为二十八篇,为二十九篇,为三十篇,为三十一篇,为三十三篇,为三十四篇,分并无定,岂亦有误字耶?其云四十五卷者乃举总计之数,其云十八篇者,乃举增多之数。总计之数今不可考。分篇之数,毛奇龄尝定之,其言曰:'五十八篇既以一序为一篇,作四十六卷矣。兹又除伏《书》三十三篇,但以孔壁二十五篇就序分之,《太甲》《说命》《泰誓》九篇共三序,应去六篇;《伊尹》《咸有一德》,以无序语,不成序,当附于《太甲》篇内,与咎单作《明居》、周公作《立政》同,又去一篇,计二十五篇,共去七篇,为十八篇。'"

按:《新论》但云:"《古文经》四十五卷,为十八篇。"而洪氏等谓"四十五卷乃举总计之数,其云十八篇者,乃举增多之数","增字解经",任情附会,可谓无理取闹之极。信如是,则《汉书·艺文志》"《尚书古文经》四十六卷",班氏自注曰"为五十七篇",然则五十七篇亦当为增多之数矣,可乎?不可乎?十八篇既非指增多之篇,又不合古文之篇数（无论依任何一说），且与上文所举卷数亦不相称。其为脱误，殆无可疑。正反两方，皆不当引以为据。

洪氏又曰："凡伪书未有不先考其篇数而造之者。《汉书·艺文志》《楚元王传》，马融《书序》，皆云多得十六篇，东晋人非不读《汉书》，非不见《书序》，苟欲造伪，则必将依其篇数以为之，如《正义》所云，张霸之徒伪造，以足郑注之数，此固事之易知也。乃逸《书》只十六篇，东晋人必多造数篇以明与之抵牾。为计之拙，当不至此。观于桓谭《新论》云'《尚书》四十五卷，为十八篇'，始知竹简之物，分并不同，各有取义，唯其篇数之不齐，益见不关伪造之迹。余读《四库书目》，所载古今篇卷数目，前后不齐者十之七八，皆非伪书，余不及多引。今汉学家主郑氏说，即就郑氏书引一条以明之。如《郑司农集·尚书大传序》云'因经属指，名之曰传。刘子政校书得而上之，凡四十一篇。至玄始次为八十三篇'。案四十一篇与《汉书·艺文志》合。而康成所诠次者乃有八十三篇。则是数目悬绝。必是康成所得已增于前。然康成不以此议《尚书大传》之伪也。康成考书平允如此，何师康成之学者，乃区区以篇数之多寡定《古文》之真伪，岂康成犹不识数耶？"（《古文尚书辨惑》卷六）

按：谓东晋人非不读《汉书》，非不见《书序》，必不致多造篇数，以明其为抵牾，实为"丐辞"（begging the question at issue）。从反面之立足点观之，二十五篇与十六篇之抵牾，即伪作者不读《汉书》《书序》（或读而未留意，等于未读）之证。桓谭《新论》之不足据为典要，前已言之。按郑司农之言，明明郑玄取四十一篇而诠次为八十三篇，非"康成所得已增于前"也。反面之谓晚《书》为伪，非仅"区区以篇数之多寡"，乃因晚出增多二十五篇，不能合并以符十六篇之数；且看正面对此一点如何解答。

（c）谓增多之二十五篇原可合并或删弃为十六篇。

（I）上引洪良品采毛奇龄之说，谓："（《古文》）五十八篇……除伏《书》三十三篇，但以孔壁二十五篇就序分之。《太甲》《说命》《泰誓》九篇，共三序，应去六篇。《伊尹》《咸有一德》，以无序语，不成序，当附《太甲》篇内。……又去一篇。凡二十五篇，共去七篇，为十八篇。"毛氏又曰："《大禹谟》与《皋》《益》三篇同序，则一序不当两出。又二十九篇内本有《泰誓》，则此增多之《泰誓》，又当以抵伏《书》篇数。去此两序，则十六篇矣。"

按：毛说之牵强难立处有三：（1）《别录》以五十八篇为四十六卷，是否依《书序》划分无从证明。（2）既依《别录》为论据，《别录》以五十八篇为四十六卷，则二十五篇当云十六卷，而云十六篇何也？（3）既以《大禹谟》合于《皋》《益》为一"篇"。则此十六"篇"并包括《今文》中之篇（《皋陶谟》《益稷》），而《汉书》云"以考二十九篇多得十六篇"，云"（逸）《书》十六篇"。马融《书序》云"逸十六篇绝无师说"。岂非不符事实？可见毛说不能成立。

（II）吴光耀曰："二十五篇其实数。刘歆、班固作十六篇者，自著录家各以意并弃，定名为十六篇可，谓二十五篇亦可。何与经义？颜师古曰'壁中《书》多以考见行世，二十九篇之外，更得十六篇'。吾以为但有见行世者莫定孰是，皆不计。何止区区考二十九篇？《家语》孔安国后叙'元封之时，吾仕京师。窃惧先人之典辞，将遂泯灭，于是因诸公卿士大夫，私以人事募求其副悉得之。乃以事类相次，撰集为四十四篇。又有《曾子·问礼》一篇，自别属《曾子问》，故不复录。其诸弟子所称引孔子之言，本不存乎

《家语》，亦以其已自有所存也，是以皆不取也。将来君子不可不鉴'。然则有见行世者即不复著录，此亦旁证。《舜典》《益稷》《康王之诰》见在《今文》中，既不数十二、十五篇矣，《泰誓》三篇与今文《泰誓》辞义虽不同，《今文》固见有其篇；《史记》有《汤诰》一篇，必当时有见行世者，史迁乃得采入，著录家莫定孰是。故皆不计。如是则去四篇。《太甲》三篇为一篇，《说命》三篇为一篇，犹《九共》九篇为一篇，如是又去四篇。又亡一篇，正所谓十六篇，郑谓《武成》逸书建武之际亡。歆移书时去建武不远，或其时已亡。又谓《咸有一德》今亡。二者必有一亡。即不然，或他逸篇亡，如扬雄所谓《酒诰》今亡之类，皆未可知。况《艺文志》曰：'《尚书古文经》四十六卷。'班固自注曰：'为五十七篇。'师古曰：'孔安国《序》云"凡五十九篇，为四十六卷。承诏作传，引序各冠其篇首，定五十八篇"。郑玄《序赞》云："后又亡一篇，故五十七"。'然则《艺文志》与《大序》都数既合。此都数中有一亡篇，又有郑《叙赞》之证，乌知必非亡逸一篇，此二十五篇，可名十六篇，又何疑焉。"（《古文尚书正辞》卷六）

按：吴氏之说，有四大漏洞：（1）吴氏引颜师古云云，一若所言为颜师古之意见者。不知《汉书·艺文志》明云"以考二十九篇，多得十六篇"，明非"但见有行世者，莫定孰是者，皆不计"也。（2）《史记》并无采录《汤诰》，更不能证明其时有《汤诰》行世。（3）郑谓《武成》逸书亡于建武之际，未云亡于刘歆移书大常博士前，不能任意揣测。且既承认《武成》此时已亡，何以安国世传之二十五篇中却有此篇，岂非自相矛盾？（4）《艺文志》自注，明当时所存，其云"得多十六篇"（《艺文志序》），"逸……《书》十六篇"（《楚元王传》），乃记原初所获，其言五十七篇乃亡去一篇后之事，其言十六篇，乃指彼篇未亡时之事，何得混为一谈？

2. 谓郑玄《书序》注所举十六篇目，非壁《书》增多篇之目。

按孔颖达《尧典》疏云："孔君所传二十五篇值巫蛊不行，以终前汉。诸儒知孔本有五十八篇，不见孔传，遂有张霸之徒于郑注之外，伪造《尚书》凡二十四篇，以足郑注三十四篇为五十八篇。其数虽与孔同，其篇有异。孔则于伏生所传二十九篇内，无古文《泰誓》。除序，尚有二十八篇。分出《舜典》、《益稷》、《盘庚》二篇、《康王之诰》为三十三。增二十五篇，为五十八篇。郑玄则于伏生二十九篇之内，分出《盘庚》二篇，《康王之诰》又《泰誓》三篇，为三十四篇（荫按：二十九篇当作二十八），更增益伪书二十四篇，为五十八篇。所增益二十四篇者，则郑注《书序》：《舜典》……（二十四篇二目，见上引兹略。）以《九共》九篇共卷，除八篇，故为十六。《艺文志》，刘向《别录》云五十八篇。《艺文志》又云：'孔安国者，孔子后也。悉得其书。'以古文又多十六篇，篇即卷也，即是伪书二十四篇也。刘向作《别录》，班固作《艺文志》并云此言，不见孔《传》也。……郑玄亦不见之，故……古文有《仲虺之诰》《太甲》《说命》等见在，而云亡。其《汩作》《典宝》等一十三篇，见亡，时云已逸。"吾人细玩此文以可得下列各点：

（1）郑玄注《书序》以《舜典》等（十六篇或二十四篇其目见上）足三十四篇，为壁《书》五十八篇之数，以此十六篇，为孔壁逸篇之目。

（2）此十六篇（或二十四篇）孔颖达以为乃伪造，并以为伪造于班固作《艺文志》，刘向作《别录》之前，故又谓彼等所言十六篇皆指此。又伪作者为"张霸之徒"。

无论"张霸之徒"为指《汉书·儒林传》所称成帝时伪造《百两篇》之张霸或其后

继者，其事既在刘向作《别录》之前，伪作者何从预知郑玄之注而足其数？故无论攻晚《书》或卫晚《书》者，皆斥孔颖达为梦中说梦。然细按上下之意，孔氏盖谓张霸之徒伪造二十四篇，以足后来郑玄所注三十四篇之数，为五十八篇。似非谓伪作者曾见郑注而足之，吾人不必以辞害意也。

反面据上文证明郑玄所知逸《书》之十六篇，且与晚《书》大异，因断定晚《书》之伪。且看正面之辨析如何。

（a）承认上述（1）（2）两点之解释，而谓郑所举二十四篇，乃据东汉初扶风杜林所传《漆书》。此书原非壁《书》，而郑未见壁《书》，信以为真。主此说者为毛奇龄，其言曰："贾（逵）、马（融）、郑（玄）三人原非孔学。虽贾逵父贾徽曾受学涂恽，是《古文》正派。而其后逵与马、郑则皆受杜林《漆书》之学。虽名为《古文》，而实与孔壁不同，一是漆书，一是壁经也。"又曰："是时或不得真《古文》本，见似而喜，容亦有之。"

按：《后汉书·杜林传》，林"于西州得漆书《古文尚书》一卷"。未言其内容如何。他处亦未之及，其仅有与《今文》相同之篇欤？抑兼有增多之篇欤？今无从考定。由前之说，则毛说不能成立；由后之说，倘其增多篇与壁《书》异，当不致被认为真。何也？考《汉书·儒林传》载壁《书》传授之源流云："安国……授都尉朝。……朝授胶东庸生。庸生授清河胡常少子。常授虢徐敖，敖授王璜，平陵涂恽子真……"《后汉书·贾逵传》云："父徽受《古文尚书》于涂恽，逵悉传父业。"而同书《儒林传》云："扶风杜林传《古文尚书》，同郡贾逵为之作训，马融作传，郑玄作注。"贾逵传习壁《书》者也。使漆书为伪，逵方摈斥之不暇，曷为为之作注乎？

（b）不承认上述（1）（2）两点之解释，谓郑康成未尝认二十四篇为真书。此说吴光耀主之，其言曰："马、郑传漆书古文三十四篇而已，未尝增益《汩作》等二十四篇，强合《汉志》五十八篇之数，不以增益，故其本别行。唐时马、郑、王漆书古文皆存，独整整亡此二十四篇。故孔冲远等仅得其目于郑注《书叙》。其文亦止略见引于郑注《书叙》，《毛诗笺》。盖马、郑本百篇之叙合为一卷，《今文》所无者，注曰'逸'，已亡者注曰'亡'。此二十四篇下注曰'逸'，故知伪书是此二十四篇。《正义》又驳郑注《书叙》曰，'又《古文》有《仲虺之诰》，《太甲》《说命》等见在，而云亡，其《汩作》《典宝》等一十三篇见亡，而云已逸'是也。《正义》所谓郑本更增益伪书二十四篇为五十八者，乃冲远等从后追合《汉志》之数臆度之如此，非事实。"又曰："《正义》谓张霸之徒伪造（二十四篇）。吾则疑为霸书之残缺者适得二十四篇。《论衡·佚文篇》'故百二篇书传在民间'；《正说篇》'故百两之篇传在世间。闻见之人，则谓《尚书》本有百两篇矣'。《感类篇》又引伊尹死大雾事。此《百两篇》东汉犹存之证。然则《毕命》一篇，郑玄既已非之矣，《正义》载伪佚篇目，'《肆命》二十'山井鼎《考文》曰，'宋枚作《伊陟》二十'，是伪佚篇目有误之证。《咸有一德》及《武成》明在马、郑伪逸《书》二十四篇内，何以《礼记·缁衣》郑注曰：'尹告，伊尹之告也，《书序》以为《咸有一德》，今亡。'《武成》《正义》郑玄云：'《武成》逸书，建武之际亡。'郑盖言与经传合之真逸《书》亡。霸书于《左氏传》《书叙》外，必不能更多采辑。《礼记》《孟子》所载，未免不遗。故班固等以为文意浅陋，此康成不信二十四篇之证也。"（《古文尚书正辞》卷六）

　　按：郑玄《书序注》今亡。惟据《正义》知：（1）郑玄更增益上举之二十四篇为五十八篇。（2）二十四篇中其目为晚《书》所无者十三篇，郑谓为"逸"。（3）晚《书》中，其目为二十四篇及三十四篇中所无者，如《仲虺之诰》《太甲》《说命》等，郑谓为亡。此外无从悬断。

　　由此观之，则上述正面之反辨，有数大漏洞：①谓"盖马、郑本百篇之叙……今所无者注曰'逸'，已亡者注曰'亡'，此二十四篇下注曰'逸'"，此为臆测，毫无根据。②据上引《论衡》，《百两篇》并无残阙。即其后有残阙，何适剩可与三十四合为五十八之二十四数？且又为何并作十六之二十四篇？天下乌有此巧事。③《正义》引郑玄言："《毕命》逸篇与序不相应，非。"非与伪乃截然两事，不能混为一谈，增多篇在东汉未立学官，传习者希，不为世重；非如天经地义，不容致议者也。且如吴氏之说，二十四篇既为张霸之伪造，据《汉书·儒林传》之《百两篇》，实采《左氏传》《书序》作首尾。此吴氏所承认也。何以其中《毕命》一篇反与《书序》不合？④谓"见存之逸《书》（《武成》《咸有一德》）何以又以为亡？虽百喙莫能辨矣！"按吾人并无郑注《书序》以《武成》《咸有一德》为"见存逸《书》"之证据。吴氏因臆断"此二十四篇下注曰逸"之前提，故有此结论，不知其前提根本不能成立也。即郑玄于此二篇下注曰亡，与其以二十四篇足五十八篇之数，并无矛盾，因可解作前者记后来之情形，后者明本来之面目也。

　　（c）谓郑康成不知有二十四篇，乃张霸之徒所伪造出于康成之后。

　　洪良品之说曰："汉为伪《古文》者有二，其一为张霸《百两篇》，分析合二十九篇，以为数十，又采《左氏传》《书序》，作为首尾。篇或数简，文义浅陋。刘向以《中古文》较之非是，乃黜其书。此其为伪，人无异辞，无待辨也。乃有书非张霸，袭张霸之故智而为之者，孔《疏》斥为张霸之徒伪造《古文》二十四篇是也。彼其审定《汉志》知为十六篇，又依《书序》厘为同序同卷，异序异卷，自以为无瑕可指矣，而岂知其前后歧出之间，往往龃龉不合。请试言之。《九共》九篇既以同卷计，此依《书序》同序同卷例也。而《书序》，《汩作》《九共》同序，《大禹谟》《益稷》同序，《伊训》《肆命》同序，亦当以同卷计，则篇数不得另算。除此数篇，数即不符。其伪一。（原注：案孔书以同卷计数合十六篇，伪书以同卷计数反不合十六篇，说见后）汉人初行民间伪《泰誓》；马融历引传记所述，知《古文》有真《泰誓》，而二十四篇尤之。阎若璩知其如此，辄私自补入，又与原目不合，其伪二。《周礼·保氏》《序官》，《疏》引郑氏曾与赵商论师保之文；则《古文》有《周官》郑已知之。二十四篇果为郑所注，何以无此一篇？其伪三。二十四篇既云是郑注，其出于康成之后可知。何以郑注《书序·武成》云"建武之际亡"，注《缁衣》引《尹吉》"《书序》以为《咸有一德》，今亡"，而二十四篇有之，则非郑所述明矣。其伪四。《九共》寥寥三语，见于《尚书大传》，至今尚存；若煌煌九篇，岂有出而复亡之理？且《九共》数语，郑尚注之；九篇全文，郑果有注，何以不存一字？其伪五。（张谐之《古文尚书辨惑》主张与此同，而举证视此为略，兹不复引）

　　洪氏所提出五点，兹逐一判决如下：《尚书大传》引《九共》三语存而《九共》九篇亡，并非"岂有……之理"。古书全部亡佚，而仅存他人零章断句之称引者何限。以此为证，殊可笑也。郑注《尚书大传》，中引《九共》三语，故不能不注，非特别注此《九共》三语，不能因此谓其有连带注《九共》九篇之必要也。故所谓"其伪五"者不能成立。郑玄以二十四篇足五十八篇之数，乃以明壁《书》本来之篇数，其注《书序》《礼记·缁衣》，于《武成》《咸有一德》云亡者，明后来之情形，其间并无矛盾，前已言之矣。孔《疏》明谓"郑……更增益二十四篇"，又据郑注《书序》而知其二十四篇之目。是至少二十四篇之目为康成所知，何得云出于康成后，其云以足郑注，乃言语之病，不容以辞害意。故所谓"其伪四"者不能成立。《郑志》乃玄之玄孙郑小同所辑，其时晚《书》已行，不无误收依托之语之可能，故所谓"其伪三"者不足据。《九共》九篇因同一题目，故可合为一篇，初不必依《书序》同序同卷之例。且晚《书》之真伪，正为现在争辩之问题，不能执以为准。故所谓"其伪一"者不能成立。至于二十四篇中何以无《泰誓》，则因壁《书》增多十六篇中本无《泰誓》。何以明之？按王充《论衡》云"伏生二十八篇，孝宣显帝之时，河内女子发老屋得逸《易》《礼》《尚书》各一篇，奏之，宣帝示博士。然后《易》《礼》《尚书》各益一篇。而《尚书》二十九篇始定矣"。又《后汉书》献帝建安十四年，黄门侍郎房宏等说，云"宣帝本始元年，河内女子坏老屋得古文《泰誓》三篇"，是以为（1）伏生所传只有十八篇；（2）宣帝时新发现《泰誓》一篇（或三篇）。然刘歆《移太常博士书》云："《泰誓》后得，博士集而赞之。及鲁恭王坏孔子宅欲以为宫，而得《古文》于坏壁之中。"不云《泰誓》得于何时，而总在壁《书》出现之前，是《论衡》及《后汉书》之说皆不足信。且《史记》成于武帝泰初以前，而其《儒林传》云"伏生求其书，亡数十篇，独得二十九篇"。（《汉书·艺文志》亦云然）据此，则《泰誓》为伏生所本有矣，以叙述距事实发生时之远近为准，吾人毋宁信《史记》。或谓《史记》二十九篇或书文二十八篇，而《书序》一篇。不知伏生曾否见《书序》尚为一问题。若伏生所传除《泰誓》外有二十九篇，则后益一篇，当云三十篇，何以两汉言及《今文》者皆不见有举此数？窃尝疑《泰誓》一篇，不见于先秦故籍称引，且其言又多神怪，如武王伐纣白鱼入舟之事，不类"真书"（谓真伏生所传），因被疑为晚出，至后汉且被斥为伪（如马融《书序》）。然在西汉本信为真，且为博士所习也。无论《泰誓》是否伏生所传，其出于壁《书》发现之前，殆无可疑。

《汉书·艺文志》曰："孔安国，孔子后也，得其书（壁《书》）以考二十九篇，多得十六篇。"然则（1）十六篇乃在二十九篇之外，其中无《泰誓》可知也。而（2）言以考二十九篇，有多不言二十九篇中，有壁《书》所无或大相径庭者，则二十九篇当为壁《书》所具而相同，而《泰誓》当非例外。尤有一反证，《汉志》言："刘向以《中古文》校欧阳、大小夏侯三家经文（二十九篇，据上文），《酒诰》脱简一，《召诰》脱简二。率简二十五字者，脱亦二十五字；简二十二字者，脱亦二十二字。文字异者七百余。脱字数十。"夫一简只字之差，犹且备言，岂有全篇缺佚或全篇不同，而不加注意者？且刘向即未注意，其他两汉得见壁《书》确可知者，如刘歆、都尉朝、胶东庸生、胡常、徐敖、王璜、涂恽、桑钦、贾徽、贾逵。又王莽时壁《书》之于学官，习之者不乏人，两汉校书中秘而获见之者亦不乏人。苟壁《书》视二十九篇，有全篇差异者，宁能不见？何为独无一言？又马融《书序》怀疑今文《泰誓》。若壁《书》《泰誓》与《今文》不同，融即未见壁《书》，亦当得之传述，正宜引为反证。何不出此！而但言其文浅露，但言其与经传所引不合？总结上文可得两结论：

（a）壁《书》增多十六篇中，不包括《泰誓》。

（b）壁《书》中有《泰誓》与《今文》同。

　　由是观之，则郑注二十四篇中无《泰誓》，又以二十四篇足三十四篇为五十八篇之数并无不合，而洪氏以此点攻二十四篇之目为失败。（参看洪良品：《古文尚书剩言》，稿本）

　　茹敦和之说曰："至所谓郑注《书序》二十四篇者，敦和敢即以郑注证之。《舜典》之序，据《疏》所引有郑注四字，所谓'入麓伐木'是也。其余据《释文》，据《疏》所引《舜典》郑注，不一而足。又《疏》于《益稷》篇言'马、王、郑所据《书序》，此篇名为《弃稷》'，是马、郑、王无《益稷》之篇，而有《弃稷》之篇也。据《释文》《疏》所引《弃稷》郑注亦不一而足。郑有《舜典》，有《弃稷》，是郑之篇不阙二篇。郑注在今日之见于《释文》者，见于《疏》者，且不一而足。如此，则当日之不阙《益》可知也。郑既有《舜典》，而复列之曰《舜典》一；郑既有《弃稷》，而复列之曰《弃稷》十三，将以补不阙之郑注。是其人原未尝见郑注也。故二十四篇之目，必当删去此二篇，删此二篇，则二十四篇止二十二篇。与孔《传》之五十八篇不相应。所谓十六篇者止十四篇，又与刘向、刘歆、班固、马融之十六篇不相应。亦何取于二十四篇？则此二十四篇将不去而自去也。又《礼记·缁衣》引《尹吉》曰：'惟尹躬暨汤《咸有一德》。'郑彼注：'吉当为告。告，古文诰字之误也。《尹吉》，伊尹之诰也。《书序》以为《咸有一德》，今亡。'是《咸有一德》之篇，郑已判亡，今二十四篇中复有《咸有一德》。此注彼注，何以自相乖反乎？"（《尚书未定稿》卷上）

　　按《舜典序》郑注之"入麓伐木"四字，《正义》乃引自郑玄《书序注》。《益稷》篇之异名，《正义》亦但取征郑等所据之《书序》，盖《书序》中各篇目之下，郑皆有注，不独此二篇为然。此与郑所注《尚书》无涉。《弃稷》者，《书序》中一篇之名，不能据是谓马、郑、王所注《尚书》有《弃稷》之篇。晚《书》中之《舜典》即《今文》之《尧典》之后半，《益稷》即由《今文》《皋陶谟》之后半。孔《疏》《释文》于《舜典》《益稷》之引郑注，乃引自郑所注三十四篇中之《尧典》及《皋陶谟》。非郑书别有《舜典》及《益稷》。且孔颖达曾见郑注三十四篇者也，倘郑书亦分出《舜典》及《益稷》，则颖达何得云"郑玄则于伏生二十九篇之内分出《盘庚》二篇、《康王之诰》又《泰誓》三篇为三十四篇"乎？至郑注《礼记·缁衣》云"《咸有一德》"亡，与其以二十四篇为壁《书》逸篇，并无冲突。前已详判，兹不赘。

　　总结上文：晚《书》之增多篇数及篇目，与两汉诸儒所见或所知之壁《书》不符。其伪作之证据一。

　　（乙）内容之不同

　　反面之证据。

　　（1）据孔安国注《论语》，知壁《书》与晚《书》不同。

　　（a）《论语·尧曰章》："虽有周亲，不如仁人。"孔安国注曰："亲而不贤不忠则诛之，管、蔡是也。仁人谓微子、箕子，来则用之（据何晏《论语集解》引）。"崔述曰："按此注，是以此言为泛论周之事，以周亲指周之公族，以仁人指商之贤臣也。今伪《书》（《泰誓》中）此文乃武王誓师之辞，不惟管、蔡未叛，微、箕亦尚未来。"夫安国既亲校壁《书》，使壁《书》如晚《书》然，安国何为作此解？孔颖达《正义》为之说曰："此文与彼正同，而孔《注》与此异者，盖孔意以彼为伐纣誓众之词，此泛言周家政治之法。"崔述驳之曰："夫圣人之言一也，岂得忽以为彼忽以为此，安国宁有此一口两

舌之事？此理显而易见，而颖达曲全伪《传》之说，抑亦异矣。"（《古文尚书辨伪》卷一）

（b）《论语·尧曰章》："呼小子履，敢用玄牡，敢昭告于皇皇后帝。"晚《书》《汤诰》有此文。若孔安国所见壁《书》如此，孔安国注此当云，出古文逸篇。何安国不独不言此而反注曰："《墨子》引《汤誓》其辞若此。"明壁《书》逸篇中无之也。且安国以此二句为汤伐桀告天之语，而在晚《书》中乃汤克夏归亳之言。是又安国不见晚《书》之证也。

（c）同上章："天之历数在尔躬。允执其中，四海困穷，天禄永终"，其文见今晚《书·大禹谟》。然孔《注》亦不云出壁《书》，可见壁《书》无此文也。

（2）据刘歆《三统历》所引，知壁《书》与晚《书》不同。

刘歆极力拥护壁《书》者也。其作《三统历》，引壁《书》逸篇数处。（见《汉书·律历志》）

（a）引《伊训》曰："惟大甲元年十有二月乙丑朔，伊尹祀于先王，诞资有牧方明。"与晚《书·伊训》"惟元祀十有二月乙丑伊尹祠于先王，奉嗣王祗见厥祖"相差大远。

（b）引《武成》云："粤若来三月既死霸。粤五日甲子，咸刘商王讨。"又引云："惟四月既旁生霸。粤六日甲戌，武王燎于周庙。翌日辛亥，祀于天位。粤五日元卯，乃以庶国祀馘于周庙。"其文皆为晚《书·武成》所无。

（3）依郑康成所引据知壁《书》与晚《书》不同。

（a）《尧典》《正义》引郑注《禹贡》引《胤征》云："厥篚玄黄，昭我周王。"今晚《书·胤征》无此文，而《武成》有之。又"征是三朡"乃晚《书·伊训》所无。注《胤征》以"胤征"为臣名，注《咸有一德》云"伊陟臣扈曰"，皆与晚《书》不合。又注《典宝》引《伊训》"载孚在亳"。

（b）《旅獒》《正义》引郑康成曰："獒，读为豪。西戎无君，名绝大有政者为遒豪。国人遣其遒豪来献，见于周。"而晚《书》孔《传》谓"犬高四尺曰獒"，又谓"西戎远国贡大犬"，而经文有"不贵异物贱用物，民乃足。犬马非其土性不畜，珍禽奇兽，不育于国"云云，与孔《传》相应。使康成所见《古文》若此，何致以犬为人？此又壁《书》与晚《书》不同之证也。

（c）郑所传逸《书》有《胤征》，而《周礼·觐礼》"啬夫承命"，郑注引《春秋传》"啬夫驰"，不引《胤征》，则今晚书《胤征》中"辰不集于房"四句，为真《书》所无可知矣。

正面之辨析。

（1）关于孔安国《论语注》之辨析。

（a）《论语》"虽有周亲，不如仁人"二句，孔《注》与晚《书·泰誓》不合。张谐之辨之曰："自秦燔诗书，儒士隐匿。汉兴，《论语》先出，学者稍稍习之。故孔安国之注《论语》最早。其后鲁共王坏孔子宅，于壁中得《古文尚书》，时科斗书人不能识，孔氏乃以所闻伏生之书考论文义，而《尚书》始出，盖在武帝之季世，而孔氏已老矣。惟《论语》与《尚书》有早晚，故注与传所解有异同。乃《论语》孔《注》之误，非《尚书》孔《传》之过也……若《泰誓》之孔《传》，则亲见《古文书》矣。故虽朱子疑为伪书，而解'周亲'二句，独得其本义。不能因《注》与《传》之不同，而谬谓《泰誓》亦成伪书也。夫儒者之传注所以解经也，得其解则尊而用之，失其解则弃而不用可也。若因传注之迥异而疑经文之为伪，天下岂有此情理乎？况以《论语》之误注而诟及《泰誓》之文，得非如酷吏罗织人罪者耶？又因孔《注》'管蔡'，欲移经之时，以就误注，亦所谓非意相干者。吾不意《泰誓》之誓师，何以在诛管、蔡之后也？夫《论语》之言'兴灭继绝'，即《乐记》所谓'武王克殷，而封舜之后于陈，封夏后之后于杞，封殷之后于宋'者也。《论语》之言'重食丧祭'也，即《武成》所谓'重民五教，惟食丧祭'者也。乃孔《注》则误以二帝三王之所以治。……亦将移此书于前古乎？夫移此事于前古，何以有祝、陈、杞、宋之可封？即《武成》一篇亦当在唐、虞、夏、商之世耶？"（张谐之：《古文尚书辨惑》卷十二）

　　按：张氏于"朱子疑为伪书"以下，愈说愈糊涂。《论语·尧曰章》"兴灭国，继绝世"及"重民丧祭"，乃说理之言，而非叙事之言。张氏言"兴灭继绝"乃指《乐记》所载武王之事，殊无根据。至《武成》一篇之真伪，正为现所争辩之点。张氏先认定其为真而谓《论语》"重食丧祭"乃本于《武成》，根本不合论理。又以经文为衡量一切之标准，尤为迷信可笑。吾人固不必以现今之思想，讥嘲昔人，然即如昔人之尊经，《泰誓》之真伪既成问题，何能反以其文为准，且以上所论皆为支出题外。吾人所讨论者非晚《书》孔《传》与《论语》孔《注》之优劣是非，而为孔安国曾否见晚《书·泰誓》。若其见之，则不当以"周亲"指管、蔡，以仁人指箕子、微子。张氏谓此因安国注《论语》在壁《书》发现之前，此假定已乏证据。且安国既注晚《书》之后，当知其误，何为不改正之？

　　洪良品之辨护，则视张氏更进一步，其言曰："此其例郑康成、高诱亦有之。康成注《礼记》以'维申及甫'为仲山甫及申伯。而其笺《诗》则云'申、甫之地为形势控扼之要'。高诱注《吕览·大汾冥厄解》云：'大汾处未闻，冥厄，荆、阮、方城，皆在楚。'而其注《淮南子》则云'大汾'在晋，冥厄，《淮南》作渑厄，今弘农渑池是也。其余不可枚举。阎氏非不知之，故亦云'训故家于两书相同者，皆各为诠释'是矣。乃何以又云'虽有小同异，不致悬绝'。试思同一申甫，《礼》则注为人名，《诗》则注为地名；同一地冥厄，《吕览》则注为在楚，《淮南》则注为在弘农。此皆一人之手笔也，亦何悬绝若此？盖书之义例不同，传注亦因之以异。同文异解，前后错出而不相害。康成、高诱如是，安国亦何独不然。何得独诬其非一人之手笔乎？"（洪良品：《古文尚书辨惑》）

　　按：此类偶尔之自相矛盾为例极罕，直可谓为例外。《毛诗笺》与《礼记注》，可确定同出郑玄之手。《吕览注》及《淮南子注》，可确定同出高诱手。故其例外可以承认。至若晚《书》之真伪既成问题，孔安国既未必获见其书，故其与孔注《论语》之冲突，不能假定为由于上述之例外。

　　（b）安国注《论语》"予小子履"数语，不云出壁《书·汤诰》，而云《墨子》引《汤誓》之辞，洪良品辨之曰："按今《汤诰》文第三节云：'肆台小子，天命明威，不敢赦。敢用玄牡，敢昭告于上天神后，请罪有夏。'末节云：'尔有善，朕弗敢蔽；罪当朕躬，弗敢自赦。惟简在上帝之心。其尔万方有罪，在予一人。予一人有罪，无以尔万方。'此《汤诰》之文，分见两处者。而《论语》之辞则曰：'予小子履，敢用玄牡，敢昭告于皇皇后帝。有罪不敢赦，帝臣不蔽，简在帝心。朕躬有罪，无以万方。万方有罪，罪在朕躬。'合《汤诰》两节文为一篇，语多窜易，与《汤诰》迥别。惟《墨子》所引稍与《论语》相近。两首有'汤曰'二字，其词曰：'汤曰：惟予小子履，敢用玄牡，告于上天后曰：今天大旱，即当朕身。履未知得罪于上下。有善不敢蔽，简在帝心。万方有罪，即当罪朕身。朕身有罪，无及万方。'故注《论语》引之。不曰文见《汤誓》，而必曰'《墨子》引《汤誓》，其辞若此'。正见《墨子》引《汤誓》之文，非吾所见《汤誓》之文也。不然，孔安国现有《汤誓》《汤诰》，何乃舍之引《墨子》耶？文在《汤诰》而注作《汤誓》，用《商书》卷首名也。"（洪良品：《古文尚书辨惑》卷七）

　　按：兹先假设《汤诰》为真，孔安国及见之，《论语》及《墨子》所引，虽各有差异及节略，其同本《汤诰》，则一望而知也。而《墨子》后于孔子，此又曾读二书者之所当知也。注引书之来源，著其本书，而但著后人与之略同之引用，有是理耶？且《墨子》之引此文，谓为"汤说"，不云《汤誓》，是安国据其所见《书》篇名以名之，明《墨子》引《汤誓》有此文，而今文《汤誓》无之也。使安国曾见晚书《汤诰》，而其中有此文，则至少当云"《墨子》引《汤诰》其辞若此"，不当举《汤誓》也。若谓本指《汤诰》，而用《商书》首篇之名以代，则除虞、夏、商、周书之首篇外，其余各篇之名皆可废矣。有是理乎？

　　至张谐之之辨则曰："（《古文尚书》及《论语》）两书见有早晚。汉儒之注经，前后矛盾者非一，恐未可执此以为据也。若《古文经》二十五篇，则义理之精纯，文辞之简洁，决非三代以下小儒所能伪作。如《汤诰》'惟皇上帝'四句，开古今圣学之源，立君师建极之准。其理闳深，其言肃括，虽汉之董广川、扬子云尚不能知，而岂魏晋间之贸儒所能梦见乎？……（按张氏此类糊涂之论极多，本无一辨之价值。特引此以见一斑。以下凡引张氏文凡有删节处，除特别注明者外，皆是此类。为惜篇幅也。）夫《墨子·兼爱篇》之引《书》也，本为《汤说》，不名《汤誓》也。《汤誓》自属《今文》，安国早经受读，以诸儒注经例之，当云今《汤誓》无此言。孔氏乃不知《汤誓》之无此语乎？况《墨子》此篇亦无《汤誓》之名，孔氏何所据而知为《汤誓》之辞也？且考《墨子》之书及大旱祷雨之词，孔氏又何所据而知为伐桀告天之文也？凡此《论语》之注，皆凭虚臆造之言，与所引《墨子》既不相符，则所言《汤誓》岂可为据？……且孔氏《论语》注之未及《古文》，又自有说。当汉之初兴也，《鲁论》即行，孔氏诵习已久。以训诂作注，则易为力。若《古文》则离析之久无人能识，非以《今文》参校，不能明其字句，则难为功。其事有难易，其书成即有先后。观天汉之后，始献《古文》；则《论语》注在前，《尚书古文》在后，不待智者而后知之矣。……王凤喈（鸣盛）以为明明在《尚书》，而反远引《墨子》乎？是不知《论语》《尚书》之有早晏也。以为明明《汤诰》，而反云《汤誓》乎？则《汤誓》者孔氏臆造之名，而《尚书》不任其咎也。以为明明克夏，归亳告万方，而反云将伐桀而告天乎？则伐桀告天者孔之臆造之词；而'将'之一言，又王凤喈私意舞文之字，于《尚书》无涉也。"（张谐之：《古文尚书辨惑》卷六）

　　按：孔《注》乃谓《论语》中"予小子履"等语，乃指伐桀告天之词，而其文见《墨子》引《汤誓》云尔，非谓《墨子》以此为伐桀告天之词也，则与其引《墨子》并无冲突。其不从《墨子》作《汤说》者，以所见《尚书》无《汤说》之篇也。举《墨子》引《汤誓》，明今文《汤誓》无之也。至其以撰《论语》注与发现《古文》之先后，为孔《注》与《古文》不合辨解，其说不能成立前已言之矣。

（c）关于《大禹谟》之辨析。安国注《论语》"天之历数在尔躬"一节，不注云出《大禹谟》。张谐之亦以注《论语》在壁《书》出现前之说解之（张氏《古文尚书辨惑》），其说羌无确据。吴光耀之辨护则曰："《潜夫论·五德志篇》：'尧乃禅位曰：格尔舜，天之历数在尔躬，允执厥中。四海困穷，天禄永终。受终于文祖也。'《说苑·辨物篇》：'故尧曰：咨尔舜，天之历数在尔躬，允执其中，四海困穷。'《汉书·律历志》：'其后以授舜，曰，咨尔舜，天之历数在尔躬。舜亦以命禹。'《叙传》班彪《王命论》：'昔在帝尧之禅曰：咨尔舜，天之历数在尔躬。舜亦以命禹。'……刘向、刘歆、班彪、班固、王充（按当云王符）引此皆不言出《论语》，可得谓非《论语》本文耶？"（《古文尚书正辞》卷八）

按：刘向等直叙事实，故无注明引用《论语》之必要。而安国乃注《论语》，与述事不同也。

惟洪良品之辨，其理由最强。其言曰："至安国不注出逸《书》某篇，考安国所注《论语》引《诗》《书》之文，亦有不明其来历者。如遇'如切如磋'句，不注为《淇澳》之诗；遇'深则厉'句，不注为《匏叶》之诗；遇'高宗谅阴'句，不注为《无逸》之文。岂安国之善忘？"按此于安国《论语注》本身举出反证，极当。故关于《大禹谟》一条，反面之证据，失其效力。然读者须注意：此证之失效，无助于正面主张之肯定也。

（2）关于刘歆《三统历》之辨析。

（a）关于《三统历》引《伊训》之辨析。洪良品谓《三统历》引《伊训》与晚《书》不同，乃"刘歆变抄之辞也。曰，子谓刘歆抄变，有据乎？曰，此易知也。商以前称祀不称年，《尔雅》'商曰祀'是也。以君讳冠于年上，《左传》始有之，商以前无是也。《尚书》他篇皆无此例，而谓《伊训》有之乎？此自用《书序》'太甲元年'语而抄变为之者。'诞资有牧方明'，朱子曰'方当作乃，即所谓乃明言列祖之成德也'"。（洪氏《古文尚书辨惑》卷十七）

按："太甲元年"之作"惟元祀"，谓由于刘歆之抄变，理尚可通。顾何以处"诞资有牧方明"一句？朱子之言全为臆测，其改"方"为"乃"，绝无本子上之根据。其以"诞资有牧"，解作列祖之成德，"明"解作明言，绝无训诂学上之根据。

吴光耀等之辨析，则更进一步。其言曰："毛大可谓'诞资有牧方明'非《书》文；或古语、古礼文，先引之以证伊尹祀先王之义，而复以越莽配享重为解之。其说甚通。引经说为经，古人之常。如《易纬·通卦验》，'故正其本而万物理。失之毫厘，差之以千里；故君子慎始'，此《易》说也。《礼记·经解》《大戴礼·礼察篇》《保傅篇》《史记·太史公自序》《汉书·杜钦传》《东方朔传》《后汉书·范升传》《贾谊新书·教篇》《说苑·建本篇》《风俗通义·正失篇》皆引作'《易》曰''《易》称'。止《汉书·匡衡传》，衡上疏戒妃匹，劝经学威仪之则，及《列女传·贞顺传》引作'传曰'。《五经异义》古尚书说云'仁覆愍下，则称旻天'，此《尚书》说也。《说文·曰部》'旻'下引作'《虞书》曰'。《木部》檋下引《虞书》曰：'予乘四载：水行乘舟，陆行乘车，山行乘檋，泽行乘𬲙。'止'予乘四载，为《益稷》文，余皆《书》说。《口部》圛下引《商书》'曰圛，圛者升云半有半无'。止'曰圛'为《洪范》文，余皆《书》说，此类甚众。即以《律历志》证之，曰：'是以《春秋》曰：举正于中。'又曰：'闰月不告朔，非礼也。闰月以正时，时以作事，事以厚生，生民之道于是乎在矣。不告闰朔，弃时正也；何以为民。'师古曰：'自此以上，《左氏》之辞也。'上引'举正于中'，明曰传，《左传》，传也；《春秋》，经也。乃引曰传，曰春秋。乌知'诞资'句，非先儒《尚书·伊训》说，即引为《伊训》？不独此也。又曰：'故传曰"五年春正月辛亥朔，日南至。八月甲午，晋侯围上阳。童谣云：'丙子之辰，龙尾伏辰。初服振振，取虢之旗。鹑之贲贲，天策焞焞。火中成军，虢公其奔。'卜偃曰：'其九月、十月之交乎？丙子旦，日在尾，月在策，鹑火中，必是时也。'冬十二月灭虢。'五年春'三字乃经非传。'正'字并非经文。此以经为传，以意增文，又一例也。'八月甲午'云云者，是'冬晋人执虞公'传文。童谣云云者，是晋侯问卜偃，而卜偃所对也。刘歆节删其辞，又移卜偃于童谣云云下，一若童谣非偃所述。又曰：'是岁十二月戊辰晦，周公以反政。故《洛诰》篇曰：戊辰王在新邑，烝祭岁命作策。惟周公诞保文武受命。''惟七年十二月'字乃经文，今与经前删在用之。此约引经传，又或删取文字先用之又一例也。又曰：'故传曰，晋侯使寺人披伐蒲，重耳奔狄。董因曰，君之行，岁在大火。'董因语见《国语》。歆于上引《国语》多曰《春秋外传》，此及下文'故传曰，董因云，君以辰出而以参入，必获诸侯'，统曰传。此杂引两书又一例也。"（《古文尚书正辞》卷十四）

按：吴氏及毛氏之解释，谓"惟太甲元年……祀于先王"为《伊训》本文，而"诞资有牧方明"之语，为"先儒《尚书·伊训》说"。换言之，即谓刘歆引《伊训》，以经文与注释连为一气，不加分别。并欲证明古人引书有此例。而其所举《礼记经解》等引《易传》，刘歆引《左传》"举正于中……""闰月不告朔……"乃以传为经之例，非以经与传混合之例也。其所举刘歆引《春秋外传》作"传曰"，乃前后引二书，因其性质相同，而以一名该之，更非以经与传混合之例也。又刘歆引《左传》晋侯灭虢之事，其"五年春王正月……"正为《左传》原文。吴氏谓"五年春"三字，乃经非传，直不检原书，妄为瞽说。夫《左传》本与经分离，若无此首三字，岂不成一本糊涂账耶？以此为引经与传混合之例，更不能成立。其似为经传混合者，惟许氏《说文》引《商书》一例（四载以下有四句，《史记》所述同，或古本如此，非传文也）。然此许书之例，不能以律刘歆《三统历》也。且"诞资有牧方明"一语之决非为"先儒《尚书·伊训》说"，盖有二理由：（1）逸十六篇在东汉尚绝无师说（晚出孔《传》之伪已不成问题，即卫晚《书》者亦多承认之），刘歆何从见先儒训说？（2）刘歆于引《伊训》后即加申释曰："言虽有成汤、太子、外丙之服，以冬至越茀祀先王于方明。"可见，"诞资"一语乃与其上之叙述联成一气，不可分离。略之则意义不完，其非传文明甚。

（b）关于《三统历》引《武成》之辨护。张谐之曰："阎百诗以《三统历》所引为《古文·武成》篇，而不知刘歆颠倒五经之不可信。故其悖理害义之端有不可更仆数者。试历历言之。去古既远，经籍散失，孔冲远当隋唐之际，书籍尚多，又经疏旁及逸事，尚赖以少见原委。考《武成》疏云'《汉书·律历志》引《武成》篇与此经不同。彼是焚书之后，有人伪为。汉世谓之逸《书》'，其后亡。郑康成云：'《武成》逸《书》建武之际亡。谓彼伪《武成》也。'以今考之，大抵本之《逸周书》。故颜师古注《汉志》以为《今文尚书》之辞，犹注伪《泰誓》为今文《泰誓》之辞也。"（张谐之《古文尚书辨惑》卷十三）

按刘歆之颠倒五经，及其颠倒之程度，至今为争讼不决之问题，吾人姑承认此事实。

而《古文尚书》则刘歆所承认为真而为之辨护宣传，欲便人信为真者，此无可否认之事实也。《三统历》所引《武成》与晚书《武成》不同，此亦无可否认之事实也。谓刘歆舍其所为辨护宣传之真书不据，而别据一伪书，有是理乎？孔颖达信晚《书》为真经，凡与之不合者皆曲为之说。甚且因刘向《别录》、班固《艺文志》言逸《书》十六篇，与晚《书》增多篇数不符，遂谓刘向、班固未见壁经。吾人亦将信其言乎？至《逸周书·世俘篇》之与《三统历》所引同，不能作《三统历》所引《武成》为伪之证，其说详下。

洪良品之辨曰："郑康成谓'《武成》建武之际亡、孔颖达《正义》谓'亡者刘歆所引之伪《武成》'。汉世伪书盛行，刘歆特著之以明历法耳，非考定《武成》也。《武成》'式商容闾'，《乐记》引之为'行商容而复其位'。康成注容为礼乐之官，故王应麟谓其不见古文《武成》。则其注《武成》为建武之际亡者，孔氏以伪《武成》当之，其说良允。案刘歆所引《武成》见《逸周书·世俘篇》，《世俘解》云：'惟一月丙辰旁生魄，若翼日丁巳，王乃步自于周，征代商王纣。时四月既旁生魄，越六日庚戌，武王朝至燎于庙。若翼日，辛亥，祀于位，用篇于天位。越五日乙卯，武王乃以庶国鹹于周庙。'其辞大致略同。惟'壬辰'作'丙辰'，'癸巳'作'丁巳'，当是传述异文。"（洪良品《古文尚书辨惑》卷八）又曰"（《三统历》所引）此文，见汲冢《周书·世俘解》，疑当时亦号《武成》，如《泰誓》之有二本也。曰，刘歆何以舍壁中本而引之？曰古人引书每多异文杂说，不独《武成》也。请以今文证之。《左传·僖十二年》引《康诰》曰：'父不慈，子不祇，兄不友，弟不恭，不相及也。'《尚书大传》引《康诰》曰：'王若曰，封唯若曰圭璧。'今《康诰》无此文。《白虎通》引《无逸》曰'厥兆天子爵'，今《无逸》无此文。《说文·木部》引《虞书》曰：'予乘四载：水行乘舟，陆行乘车，山行乘檋，泽行乘𬨎。'今《虞书》无此四句，而《史记》有之，微异。非左氏、伏生、班固、许慎不见《今文》也。刘歆之引亦犹是也。"（同上卷十七）

按孔颖达《武成》疏引郑康成云"《武成》建武之际亡"。而颜师古注《汉书·艺文志》引郑康成云："本五十八篇，后又亡一篇。则所亡之《武成》乃壁《书》五十八篇中之一也。"康成注《乐记》"行商容而复其位"，谓"容为礼乐之官"，而不提及晚《书·武成》"式商容闾"之文，即晚《书》伪作之证。盖《武成》建武之际已亡，郑康成何从见之也？孔颖达笃信晚《书》，凡与之不合者，皆指为伪，一面之辞，绝不足据，前已言之矣。刘歆所引见今《逸周书·世俘解》而稍异。此因《世俘》与壁《书》《武成》有相同之处，使刘歆所引，本为《世俘解》则何不称之曰"《世俘篇》曰"，又何为易以壁《书》篇名，而与前后所引《伊训》《洛诰》侪列耶？洪氏亦知其言之难成理也，则为之说曰："《世俘解》疑当时亦号《武成》，如《泰誓》之有二本也。"试问此种臆测之辞何足为立说之基础？且《泰誓》在汉世号为晚出者，犹立于学官，博士犹集而赞之。果别有《武成》一篇，何不以与《泰誓》并立于学官，并为博士所习，以益二十九篇为三十篇？何以两汉诸儒反绝无称及之者？若《左传·僖十二年》及《尚书大传》之引《康诰》，《白虎通》之引《无逸》，《说文》之引《虞书》，其为今《书》本所无者，至多不过十余字。若刘歆所引《武成》，为晚《书》所无者两节五十八字，且与其余晚《书·武成》之文冲突。同是一篇，而差异若此，古书中盖罕其例。且凡晚《书》遇困难之地位，辄以罕见之例外解释之，何晚《书》如此多例外也！

　　吴光耀之辨护与洪良品大同而稍进。其言曰："《汉志》引《武成篇》，师古注曰：'此《今文尚书》之辞。'《尚书大传》有《武成说》，今文有《武成》佚文，此其确证。然《汉志》引后二截乃《逸周书·世俘解》。《世俘解》首有'武王成辟四方'四句。汉世或亦名《武成》，未可知也。《三统历》引书无定例：或杂引左氏《内外传》成文，或颠倒其文，或杂《春秋》经文，或引《书叙》易其文，或引《佚周书》《礼记》，易其篇名，考见前。恶知此非杂引今古文，如杂引《春秋》经左氏《内外传》之例？恶知非引《世俘解》如引《逸周书·月令》，易其篇名曰《月采》，引《礼记·祭法》易其篇名曰《祭典》之例？此例见于周、秦古书，不胜数。"（《古文尚书正辞》卷十九）

　　按：《今文尚书》无《武成》篇。颜师古谓《三统历》所引《武成》为《今文尚书》之辞，羌无证验，不足据为典要。《尚书大传》、新旧《唐书·经籍志》皆不见著录，盖其时已亡，其篇名之可考见于今者（看孔广森及马国翰所辑《尚书大传》）并无《武成》之目。且其书乃"伏生终后，数子各论所闻，以己意弥缝其间，之……特撰其大义。因经属指，名之曰传"。（《通德堂遗书·所见录》卷三十三，《尚书大传》辑本）未尝辑集二十九篇外之佚文也。吴氏所谓"《今文》有《武成》佚文，此其确证"者，实空中之楼阁。既不能证明《今文》有《武成》逸文，则即所谓"恶知此非杂引今古文"之悬测，亦属无根游谈矣。《月令》之与《月采》，《祭典》之与《祭法》，乃一名之变异，其相同之处犹有可考见（典与法可互训）。非若《武成》与《世俘》截然迥异，而《武成》又为《尚书》中著名之篇（见《孟子》所引），不易误记也。

　　（3）关于郑康成引《书》之辨析。

　　（a）关于郑引《胤征》《伊训》等之辨护。郑康成引《胤征》之文，而晚《书》在《武成》，张谐之欲轻轻以一语掠过曰："其注《禹贡》也，则引'筐厥玄黄，昭我周王'，是以《武成》之文为《允征》（即《胤征》）之文也（原注谓引《允征》）。"（张谐之《古文尚书辨惑》卷四）不知若明明为《武成》之文，康成何改在《胤征》？若云误耶，何其误之巧？而凡足证晚《书》之伪者，恰恰皆是错误也？故吴光耀、洪良品等不得不进一步谓康成所引为伪，并其所引《伊训》等等之与晚《书》不同，亦以同样方法解释之，是卫晚《书》者已自阋墙。兹先引吴光耀之辞如下："《尚书·虞书》题篇，《正义》谓'玄不见真逸《书》'，其注《禹贡》引《胤征》云：筐厥玄黄，昭我周王，注《典宝训》引《伊训》云'载孚在亳'，又曰：'征是三朡'等文可为证。盖郑引者即所不注之二十四篇伪逸《书》。'载孚在亳'即《孟子·万章篇》'朕载自亳'。'征是三朡'即《典宝叙》'遂代三朡'。班固所谓采《左氏传》《书叙》为作首尾者也。《孟子·滕文公》引'有攸不为臣东征，于厥士女。筐厥玄黄，绍我周王见休，惟臣附于大邑周'。曰周王，曰大邑周，其为《周书》何疑？赵岐注亦解为武王东征安天下，乃窜改作《夏书》，吾不知周字何解？然郑犹称引之奈何？盖此四语有依托，不尽虚造。或当时《孟子》及《书叙》尚有此异文。然终不信此二十四篇伪逸《书》；故此四语外未多称引，且不注也。"（《古文尚书正辞》卷十九）

　　洪良品之辨护曰："至郑康成则有不可解者。谓为不见《古文》而'入麓伐木'何以知注于《舜典》？'避乱洛、汭，何以知注于《五子之歌》？'载孚在亳'何以知引《伊训》？（张崇兰以'载孚在亳'为'朕载自亳'异文）谓康成见《古文》，何以注《禹贡》引'筐厥玄黄，昭我周王'，以《武成》为《胤征》之文？注《咸有一德》，何以有'伊陟、臣扈’之文？注《典宝》，何以引‘征是三朡’为《伊训》之文？注《胤征》，何以云‘《胤征》臣名’？注《旅獒》，何以云‘獒读曰豪’？《仲虺之诰》《太甲》《说命》等篇见在，何以云亡？《汩作》《典宝》等篇见亡，何以云逸？是知康成所据者必张霸《百两篇》之文也。曰张霸伪书，康成何为据之？曰不见王充《论衡》所云乎？充云：‘孝成帝时征为《古文尚书》学，东海张霸案百篇之序，空造百两之秘，献之。成帝出秘一百篇以校之，皆不相应。于是下霸于吏，罪当至死。成帝高其才而不诛，亦惜其文而不灭。故百两之篇传在世间者，传见之人，则谓《尚书》有百两篇矣。’据充之言，霸书虽黜不立学官，成帝高其才，惜其文，汉世传其本。康成见而引之，亦其常也。彼于《纬书·中候》尚注之，何有于《百两篇》之盲从哉？不然康成所引书从何而来？若《正义》所云伪造足《注》之二十四篇，则明在康成分三十四篇之后，亦康成所不及见耳。”（洪氏《古文尚书辨惑》卷二）又曰：“郑康成作《书论》依《尚书纬》云：‘孔子求《书》，得黄帝玄孙帝魁之书，迄于秦穆公凡三千三百四十篇。断远取近定可为世法者百二十篇。以百二篇为《尚书》，十八篇为《中候》。’夫‘百二篇’者，即张霸之《百两篇》也，与《中候》纬书并存。郑以为《尚书》特著之于《六艺论》。则引其文以注经，犹其以纬注经也。乃解之者曰：郑有《古文》二十四篇，此百二十篇，郑岂不识数？不知郑所注者《书序》也，所引《百两篇》文也，非二十四篇文也。二十四篇有郑注为亡者，郑未之见，安得引之，而其注为亡逸者，何也？必《百两篇》至东汉有亡有逸者，故以注之于序。……今之为郑学者以……谓与郑注亡逸不符，斥孔为伪。不知孔颖达亦为郑学者也。今郑注存者，大半出于《正义》。张霸之书，唐犹有存，颖达亲验其词，证之郑注，知其所引在是，而以为未见《古文》，学者不信，谓郑何至不能辨伪？夫郑非不能辨也，特其时未见真《书》耳。……其注为亡者，东汉实未尝亡。如注《武成》亡，而《武成》引于王充。注《毕命》亡，而《毕命》引于班固；注《周官》亡，而《周官》问于赵商，引于仲长统；注《蔡仲之命》亡，而《命》词引于徐幹。他如袭用《古文》词语者，不计其数。岂得因郑注为亡遂谓篇目非今所有乎？至其注为逸者，他无可考；今就孔《疏》参之，所引虽止数条，已可概见，东汉贾逵、班固亲见《古文》，其验《古文》之法必曰：‘《古文》与经传相应。’乃‘篚厥玄黄，昭我周王’，孟子引作周事，而郑注以为《胤征》之文，此与经传不相应者也。又必曰‘古文与《尔雅》训诂相应’，乃‘犬高四尺曰獒’，《尔雅》训‘獒’为‘犬’，而郑乃云‘獒读曰豪’，是豪酋之长，此与《尔雅》训诂不相应者也。不合如此，夫吴于贾、班所目验者，而乃据其所注之逸以为真《古文》乎？”（同上卷三）

综观吴、洪二氏之辨护，有互相矛盾者二点：

（1）吴氏谓郑康成注《书序》所引《尚书》，乃在其所不注之二十四篇中。而洪氏则谓二十四篇乃郑康成以后，张霸之徒所伪作以足郑注者。

（2）吴氏谓康成本不信其所引之书。洪氏则谓康成信伪书为真。

然吴氏以郑所不注之二十四篇，乃张霸《百两篇》之残遗，洪氏亦以郑注注《百两篇》。其最后归宿点则同也。二氏以郑注所据为《百两篇》之理由，不出下列各点：

（1）谓孔颖达之言为可信，因“张霸之书，唐犹有存，颖达亲验其词，证之郑注，知其所引在是”。

（2）郑康成信纬书，应并信《百两篇》。

（3）郑康成不见真《古文》。

兹为逐项审判如下：

（1）孔颖达作《正义》，在晚《书》成为权威之世，而孔氏又为崇信晚《书》之人，凡与晚《书》不合者皆斥为伪，乃以晚《书》为衡量之标准，而别无证据举出。一面之辞，可足为据？至谓"张霸之书，唐犹有存，颖达亲验其词"，尤为謷言。张霸伪《百两篇》，隋、唐两《志》，皆不著录，久已亡佚。洪氏何从知颖达得见其书耶？

（2）《尚书纬》载原初《尚书》篇数，与张霸伪书篇数同。其为张霸据纬书，抑纬书据张霸，今不可知。郑玄《六艺论》，据《书纬》以言《尚书》篇数，而未尝据霸书，更未尝言霸书即《尚书纬》之所谓'百二篇'也。霸书始献，即证明为伪，当世学者未尝受其欺。王充谓"百两之篇传在世间者，传见之人，则谓《尚书》本有百两篇也"。此乃指当时世俗之人而言。王充生郑玄前几二百年，不能据其言断定东汉一代学者皆如是也。霸书之伪，既早经证明，且壁《书》见在，一校可知；初非因王充独智，始知俗误。何以证明王充所能辨者，郑玄独不能辨耶？将谓明知其伪，而故以之与真经相混耶？于是护晚《书》者不得不谓郑玄未见壁《书》而误以伪为真。

（3）《后汉书·杜林传》："林于西州得漆书《古文尚书》一卷。"其中有无壁《书》之增多篇不可知。（卫晚《书》者谓郑玄所传杜林《尚书》无增多篇，此言无从证明，吾人亦无从反证，姑存而不论）而贾徽、贾逵直绍安国《古文尚书》之传，则壁《书》增多篇之流传于东汉，凿然可据。虽如马融《书序》所言，绝无师说，而其文固未尝灭也。《古文》在东汉虽不立学官，"建初中……又诏高才生授《古文尚书》《毛诗》《穀梁》《左氏春秋》。虽不立学官，然皆擢高第为讲郎，给事近署，所以网罗遗逸博存众家"。（《后汉书·儒林传序》）夫曰《古文尚书》，曰"网罗遗逸"，则逸篇亦必在流传之列可知矣。《后汉书》所举传习《古文尚书》者凡十余人。洪良品曰："肃宗诏高才生受《古文尚书》，不立学官。已无平帝时立学之增多篇。"（洪氏《古文尚书辨惑》卷一）按肃宗之诏，于《古文尚书》等，明言在立学官者之外，且以网罗遗逸，与学官所立之无增多篇，有何关涉？洪氏又谓"于是孙期、尹敏、周防、杨伦、周槃、张楷、丁鸿、张恭祖（皆见《后汉书·儒林传》）等，皆习此《古文》（谓无增多篇之《古文》），而范史别之于《孔僖传》外，独于孔僖明著安国之传。以诸儒所受《古文》无孔氏之增多篇也"，（同上）此尤为謷言。按《孔僖传》云"自安国以下世传《古文尚书》《毛诗》"。信如洪氏所言，则孔家世传以外，当无人习《毛诗》矣，何以肃谓高才生所受又有《毛诗》耶？荀悦《汉纪》言"中兴以后，经学曰《古文尚书》《毛诗》。……学者通人多，好尚多"。而《孔僖传》亦谓僖子"季彦守其家业，门徒数百人"。则壁《书》传世之广可知。郑玄除注杜林《汉书》以外，又"从东郡张恭祖受……《古文尚书》"。（《后汉书·郑玄传》）于《书赞》中又自言"我先师棘子下生安国"。则其曾习壁《书》必矣。至洪氏所举郑玄不见壁《书》之证：（a）谓注《武成》亡，而《武成》引于王充。按王充《论衡·语增篇》引《武成》血流漂杵之事，与《孟子》所引同。不能据此反证《武成》之未亡也。（b）谓注《毕命》亡，而《毕命》引于班固。按，郑玄未尝注言《毕命》亡。彼注《毕命》序且云"今其逸篇有册命霍侯之事"。盖《毕命》即孔颖达所引二十四篇中之《冏命》也。《汉书·律历志》引《毕命》乃采刘歆《三统历》，非班固引也。（c）谓注《周官》亡，而《周官》问于赵商，引于仲长统。按赵商问《周官》事，出魏郑小同之《郑志》，其不可据，前已言之。仲长统引《尚书》曰"冢宰掌邦治"，未举篇名，不能证明其为引《周官》。至晚《书》之《周官》其真伪正为现在所讨论之问题，不能取以为证也。(d) 谓注《蔡仲之命》亡，而《命》词引于徐幹。按徐幹《中论》"慎始而敬终，终以不困"，未言为引《尚书》何篇，其不能明《蔡仲之命》未亡，与上例同理。(e) 谓贾逵、班固亲见《古文》，其验《古文》，必曰与《经传》《尔雅》相应。而郑玄引"篚厥玄黄……"为《胤征》文，不合《孟子》；以豪为獒，不合《尔雅》。按《后汉书·贾逵传》"逵数为帝言《古文尚书》与经传、《尔雅》诂训相应"。逵欲《古文》得立学官，故力言其合于当时所承认之权威，其言不容拘泥。至班固《艺文志》云"古文应读《尔雅》，故解古今语而可知"，亦不过班氏之意见。贾、班之言之当否，尚待证明。不能据为前提，以施演译，遂谓与经传不合者遂为伪也。

(b) 郑注《书序·旅獒》与晚《书》不合，乃郑所见《古文》与晚《书》不同之证。吴光耀轻轻以一语了之曰："马、郑未见真《古文》经传，破字为豪，何足怪。"此真《四库提要》所谓"巧于颠倒也"。郑康成之获见真《古文》，既如上所断定，则吴氏之言根本推翻矣。张谐之之辨护，一半与吴同，其余一半则视此为进步（洪良品《古文尚书辨惑》卷九之辨护，理由与张同，不重引）。其说曰："即以《书序》言之，亦有不可通者，《书序》云：'西旅献獒，太保作《旅獒》。'若獒读为豪，将西旅献其方物乎？抑只献其国之豪酋？恐不能以其国之酋豪抵作方物也。郑氏知文义之不可通也，则增一'见'字，而委曲以解之。谓国人遣其酋豪来献见于周，不知献与见不同；信如郑注，则《序》当云'西旅獒来见'，不当倒为'西旅献獒'也。况四夷之入贡也，皆酋豪遣其倍臣敬献方物，未有国人而遣其酋豪，且即以豪为方物者。于理既有所不合，于文亦有所难通。"（张氏《古文尚书辨惑》卷十四）

案：郑氏之注诚不合于《书序》。然《书序》又不必合于壁《书》也。郑注《毕命》引当时"逸篇有册命霍侯之事"与《序》不同。晚《书》合于《书序》，而郑所据不合。此亦可见郑所见《古文》与晚《书》不同也。

(c) 晚书《胤征》之文，为郑所见增多篇所无。吴光耀辨之曰："此正郑不见真逸《书》之证。"（《古文尚书正辞》卷十一）张谐之辨之曰："考孔《疏》，孔《传》值巫蛊之不行，遂有张霸之徒于郑注三十四篇之外，伪造《尚书》二十四篇，以足五十八篇。……然只有篇目。而张霸之伪书久已不行，故郑康成之注《书序》以'胤征为臣名'，以'篚厥玄黄，昭我周王'，为《胤征》之文，皆未见《古文》时之妄说也。及晚见《古文》则其说已行而不及改矣。乃王氏（鸣盛）则以《觐礼》'啬夫承命'为难……是梦中说梦，妄之内又生妄也。"（《古文尚书辨惑》卷四）

按：郑所述二十四篇之非伪，郑之及见真《古文》，郑注之不据张霸书，前已辨明。吴、张二氏之说，已不攻自破。谐之之辨护，在诸家中为最粗，然彼常能见及别家所不见之困难。彼知谓康成不见《古文》真经之必难自圆其说也，乃妙想天开，谓康成注《书序》时未见真经，晚乃见。不知 (1) 康成何为在某时期不见真经，而某时期忽见之？(2) 何以知康成之注《书序》乃在其所假定之时期？(3) 何以后来知其错而不改？凡此已皆无法说明，不必言举证也。

总结上文，反面所举证据极为充分，正面之辨护完全失败。吾人可下一最后之结论曰：晚《书》不是《古文尚书》原本，换言之，即属伪作。

（二）晚《书》出现之年代

晚《书》，既属伪作，果作于何时乎？欲解决此问题，宜先明下列两原则：

第（一），在晚《书》流行以前，载籍中文句或事实与晚《书》增多篇合，而属于下列三种性质者，不能为作者已见晚《书》之证。

（a）载籍中文句或事实未声言为引用任何书者。因此类文句或事实之与晚《书》合，有由于伪作晚《书》者于自觉或不自觉中袭用现成句语或事实之可能也。

（b）载籍中文句或事实，声明为引据《尚书》，而不言引《尚书》何篇者，或（c）言明某篇，而此篇为真《古文》所本有者。——因此类文句或事实，或为作者引直接或间接自真《古文尚书》，而伪作晚《书》者于自觉或不自觉中袭用之。此可能性，亦吾人所当承认也。若此诸类可据为作者引用晚《书》之证，则反面又何尝不可谓为伪作者凑集之证乎？

惟文句或事实之属于下一种性质者始可借以断定作者曾见晚《书》：

（d）作者声明为引自《尚书》或引自《尚书》之某篇，而其文或其文所附丽之部分，可证明为真《古文》所无者。

据此原则，则下列一类正面为用晚《书》辩护之证据，可得而判断也。

第一，吴光耀谓今晚《书·武成》为真，为两汉人所见，其证有十二：（1）刘歆《三统历》引《武成》第一条，与今合。（2）崔篆《易林》用"血流漂杵"。（3）崔骃《北巡颂》用"轼商容闾"。（4）—（9）董仲舒《春秋繁露》，《汉书·王莽传》上奏，扬雄《剧秦美新》，班彪对隗嚣，班固《地理志》，《白虎通》引缔书，皆用"列爵惟五，分土惟三"文义。（10）张衡《东巡诰》用"敢祗上帝"。（11）《风俗通义》引《尚书》"纣为发逋逃薮"，不据《左传》。（12）《隶续》载《汉严发碑》，用《武成》"丁未越三日庚戌"句法。（《古文尚书正辞》卷十九）

按（1）属上述（b）类；（2）属（b）类，且已见《孟子》所引；（3）属（a）类，且又见《尚书大传》（《后汉书·郎颛传》注引）；（4）—（9）、（10）、（12）皆属（a）类；（11）属（b）类。皆不能证明作者曾见晚《书》。

第二，洪良品证晚《书》见于东汉，其言曰："至《古文尚书》（指晚《书》）之引于东汉人者。（1）《孔丛子·执节篇》云：'其在《商书》，《太甲》篇司立而干冢宰之政。伊尹曰：惟王旧行不义，习与性成，予不狎于不顺。王始即桐，迩于先王，其训罔以后人迷。王往居忧，允思厥祖之明德。'其所述太甲事与今《太甲》篇同。（2）王符生于安和之世，其著《潜夫论》，如《五德志》篇引《说命》云：'武丁即位，默以不言。思梦三年，而梦获贤人为师。乃使以梦像求四方侧陋。得傅说，方以胥靡筑于傅岩。拜以为太公，而使朝夕规谏。恐其有惮急也，则救曰：若金，用汝作砺；若济巨川，用汝作舟楫；若时大旱，用汝作霖雨。启乃心，沃朕心。若药不瞑眩，厥疾弗瘳；若跣不视地，厥足用伤。尔交修，余无弃。故能中兴。'是皆东汉引《古文》之确证。（3）其余袭用辞语，如班固《汉书·于定国传》引经曰：'万方有罪，罪在朕躬。'即古文《汤诰》也，徐幹《中论》引《书》云：'慎始而敬终，终以不困。'《书》即古文《蔡仲之命》也。仲长统引《尚书》曰'冢宰掌邦治'，《尚书》即古文《周官》篇也。他若《风俗通》之引'纣为逋逃渊薮'，《白虎通》之引'必立赏罚以定厥躬'，《谷永传》之引经云'亦惟先正克左右'，《孔融传》之引'纣斮朝涉之胫'，《地理志》原注之引'周爵五等而土三等'，然则马、郑而外，见《古文》者不少矣。（按以上汉人所引，皆今二十五篇之文，无正义伪书二十四篇一语。）由汉末沿至三国，王粲《七释》，'浚哲文明，允恭允塞'，则用《舜典》语；陈琳《檄吴将校步曲文》，'大兵一放，玉石俱碎'，则用《胤征》语；蜀后主《策丞相亮诏》，'浚哲文明，允恭允塞'，则用《武成》语。又如魏明帝问博士曰'周公、管、蔡之事，此亦《尚书》所载'，此明指《太甲》篇为言。又（4）《士燮传》云'《尚书》兼通古今，大义详备，闻京师古今之学忿争，欲条《尚书》上义上之'。其所谓'《尚书》兼通古今'者，有孔氏《古文》在内；'大义详备'者，有《古文》之传在内。而其'古今之学忿争'者，即指孔、郑二家传注为言，足证古文孔《传》在其时已大行。"

按：第（1）《孔丛子》之真伪今且不论，其所引书乃属于前所列（b）类，不足为证。第（2）如洪氏所称，一若《潜夫论》明言为引《尚书·说命》篇也者。吾人覆检原书，不独此处，未言为引自《尚书》，并未言为引用任何书。实当属于前所列（a）类，更不足为证。洪氏之"掩眼法"有如此者。第（3）段中除徐幹、仲长统所引为属于（b）类外，余皆属于（a）类。其言即晚《书》某篇，皆洪氏凭空代定，羌无根据也。至汉人所引无郑所述二十四篇一语，尤为可笑。此二十四篇已佚，洪氏何由知无其中一语耶？《于定国传》之引经"万方有罪，罪在朕躬"，安知其非指《论语》？周公、管、蔡之事，今文《金縢》及《大诰》载之，则魏明帝谓其事为《尚书》所载者，不必包含有引据晚书《蔡仲之命》之意味。至第（4）段引《士燮传》言及《古文尚书》，欲明晚《书》之大行于三国，尤毫无意义；夫使一言及《古文尚书》，辄可谓为指晚《书》之古文，则但据两汉《儒林传》晚《书》之真，早成铁案矣。又何待洪氏等之争辨耶？而无如事实不如此简单也。

第三，张谐之则谓晚《书》不独显于三国、东汉，且已显于西汉。其所举证除见于上者外，有：（1）刘向《说苑·贵德篇》引《书》曰"与其杀不辜，宁失不经"，谓此《大禹谟》之文也。（2）"一人三失，怨岂在明？不见是图"，谓此《五子之歌》之文也。（3）《敬慎篇》曰"天作孽，犹可违；自作孽，不可逭"，谓此《太甲》之文也。（4）孙竦为陈崇草奏，称莽功德云："事事谦退，动而固辞。《书》曰'舜让于德不嗣'，公之谓矣。"谓此引《舜典》之文也。其古文见于东汉之证。（5）邓皇后诏曰"面墙术学"谓此用《周官》之文也。（6）班固《汉书·百官表》曰："夏、殷亡闻焉，《周官》则备矣。天官冢宰，地官司徒，春官宗伯，夏官司马，秋官司寇，冬官司空，是为六卿。各有徒属职分，用于百事。太师、太傅、太保，是为三公。盖参天子，座而议政，无不总统，故不以一职为官名。又立三少为之副，少师、少傅、少保。是为孤卿，与六卿为九焉。记曰'三公无官'，言有其人然后完之；周公、召公是也。"谓此皆用《周官》之文也。（7）傅毅《迪志诗》之"二迹阿衡，克光其用"，谓此用《说命》"罔俾阿衡，专美有商"之文也。（8）前诗又曰："爰作股肱，万邦是纪"，谓此用《说命》"股肱惟人，四海仰德"之文也。（9）梁竦《悼骚赋》云："殷伊尹之协德兮，暨《太甲》而俱宁"，谓此用《咸有一德》"德无常，协于一克"之文也。（10）王充《论衡·答侯篇》云："刑故无小，宥过无大"，谓此引《大禹谟》之文也。（11）张衡《思玄赋》云"咎繇迈而种德兮，德树茂乎英六"，谓此用《大禹谟》之文也。（12）谓"马融《书序》辨今文《泰誓》云：'我武惟扬，侵于之疆。取彼凶残，我伐用张，于汤有光。'皆用《泰誓》之文，非《孟子》引《书》之文。其见《古文尚书》尤为确据。至其引《荀子》'独夫受'及《礼记》'予克受',皆用《泰誓》本文,不用所引纣字,均可概见"。其《古文》见于三国之证。(13)魏文帝《让禅表》云:"尧将禅舜,询事考言,然后乃命。然犹执让于德不嗣。"谓此用《古文·舜典》之文也。(14)曹植《求通亲表》云"伊尹耻其君不为尧舜",谓此用《说命》之文也。(15)阮籍《乐论》引《书》云"予欲闻六律五声八音在治忽以出纳五言女听",谓此《古文·益稷》之文也。(16)荀勖《食举乐歌》《时雍》云"西旅献獒",谓此用《旅獒》之文也。

按第(3)、第(5)、第(6)、第(7)、第(8)、第(9)、第(10)、第(11)、第(13)、第(14)及第(16)皆属于前所称之(a)类。其中第(7)、第(8)、第(9)三条,与晚《书》同者各只有二字,而以为作者见晚《书》之证,则今人之书,其可指为古人已见者可胜数哉?第(3)条见《孟子》所引。第(11)条"咨汝迈种德"之语,已见《左传》引。第(16)条则见《书序》。第(13)条更无用为证据之价值,事见今文《尧典》。(晚《书·舜典》由今文《尧典》分出)其余属于前所称为(b)类者,第(12)条马融明举《书》传所引《泰誓》五事与当时所传之《泰誓》不同,以证明其伪,而不言此五事,文见古文《泰誓》中,亦并未言此《泰誓》与古文《泰誓》有其他不合之处。正可见古文与今文不同之《泰誓》也。(其说见前)而张氏反谓马融所引乃据晚《书》。真所谓'掩耳盗钟,而自云无觉"矣。第(15)条所引乃今文《皋陶谟》之文,晚《书·益稷》乃由今文《皋陶谟》分出,更何得用为作者引晚《书·益稷》之证!

第(二),言晚《书》在梅赜奏献以前之历史,而其书作于晚《书》显行之后(或其书来历不明者),不宜置信。因晚《书》自梅赜奏献后,以至南宋朱熹、吴棫辈以前,学者皆信为真,以晚《书》伪孔《序》所言为事实,作者以之为衡量一切之标准,实等于一面之辞也。

梅赜献书事之本身,亦有致疑之者。此事今存最初之记载有(伪孔《序》除外):

(1)《隋书·经籍志》云:"东晋豫章内史梅赜始得安国之传奏之。时又阙《舜典》一篇。齐建武中吴姚兴方于大桁市得其书奏上,比马、郑所注多二十八字,于是始传国学。"

(2)陆德明《经典释文》:"江左中兴,元帝时豫章内史梅赜奏上孔传《古文尚书》,亡《舜典》一篇,购不能得。乃取王肃注《尧典》从'慎徽五典'以下分为《舜典》篇以续之,学徒遂盛。"

其不明言梅赜上书,而似指其事者一处。

(3)《晋书·荀崧传》:"元帝践祚……时方修学校,简省博士,置《周易》王氏,《尚书》郑氏,《古文尚书》孔氏,《毛诗》郑氏,《周官》《礼记》郑氏,《春秋左传》杜氏、服氏,《论语》《孝经》郑氏,博士各一人,凡九人。"

崔述怀疑此数种记载不可据,其理由有三:

(1)今《晋书》不言梅赜献书事。"梅赜果尝奏上此书,《本纪》即不之载,《儒林传》中,岂得并无一言及之?"(《古文尚书辨伪》卷一)按《晋书》成于唐贞观,其时晚《书》早已成威权,《晋书》之不载献书事,盖由于作者之疏略,非由于作者不信有其事也。

(2)《荀崧传》载元帝时学官所立有孔氏《古文尚书》,乃由于作者误衍——"……

传中记简省博士事内云《尚书》郑氏，《古文尚书》孔氏，似当时已有此伪书者。然按传中所载，《春秋左传》二家，《易》《诗》《周官》《礼记》《论语》《孝经》各一家，加以《尚书》二家，当为博士十人，何以但云九人？前后不符，其为误衍孔氏一家无疑。且考《职官志》，称晋承魏制，置博士十九人，江左减为九人，魏既未尝以孔《传》列学官矣，晋安得而有之？而《隋书》亦称齐建武中孔《传》始列国学。合观诸书，'孔氏'之文为误衍，不待问者。"（《古文尚书辨伪》卷一）此可反证东晋晚《书》已立学官之说，不能反证梅氏献书之说也。

（3）齐梁以前，晚《书》未显。"王坦之东晋人也，范蔚宗东晋人也。藉令此书果已奏上行世，坦之、蔚宗必无不见之者。而坦之《废庄论》引'人心''道心'二语，不言为《虞书》，是坦之未尝见此书也。蔚宗著《后汉书·儒林传》但云贾逵作训，马融作传，郑玄注解，由是《古文尚书》遂显于世。若不知别有二十五篇者，是蔚宗亦未见此书也。直至刘勰作《文心雕龙》始引此二十五篇之文。然则元嘉以前，此书初未尝行于世。至齐梁之际始出于江左也。"（《古文尚书辨伪》卷一）此崔述之说也。程廷祚亦尝举同类证据，曰"东晋有李氏撰《集解尚书》十一卷。（见《隋志》，李氏字长林，江夏人，为本郡太守。）其书所解，乃汉之伪《泰誓》，又每引孔安国注。此见颖达《疏》中。若谓渡江之初，孔书已出，则某为《集解》时，必无取于伪《泰誓》，安国既为二十五篇作传矣，何由复有伪《泰誓》之注？此东晋不见晚《书》与传之确证也"。（《晚书订疑》卷上）

按：最后一证，似极坚强。然郭璞注《尔雅·释畜》"犬，四尺为獒"，引《尚书》孔氏传曰"犬高四尺曰獒"；注同书《释鸟》"鸟鼠同穴"，引孔氏《尚书传》"共为雌雄"。此皆可确定为孔《传》者。此处孔《传》无晚《书》则无所附丽，可明郭璞已见晚《书》也。"犬高四尺曰獒"一条，程廷祚及段玉裁曾指为后人窜入，程氏之理由谓"郭氏注例，凡有所引，必为本书所无而足以相发明者。孔《传》所言与《尔雅》无异，而本书亦无他艰奥难通，何必见引而复以'即此义'之语承之乎？"段氏之理由谓"单疏本标起止云：注'公羊'至'之獒'，是邢氏所据，郭注无此（引孔《传》之）一十五字。"其言皆似持之有故。然程氏所言郭书义例，郭氏初未明言，不能断定其有自觉之规定，段氏寻本子上之根据，然安知其必为郭氏原本？且"犬高四尺曰獒"一条，纵可除去，而"共为雌雄"一条，终无法证明为后人窜入。于是程氏为之说曰"其（窜入之）'鸟鼠同穴'一条，犹无形迹"。夫既无形迹，乌知其为窜入乎？因证据与吾说不合，无充分理由而指为后人窜入，此实晚近考证家之大病，吾人所宜切戒也。由上观之，郭璞注《尔雅》引据晚《书》之事实，殆可成立。试再进一步考定郭璞注《尔雅》之时代。洪良品谓"其注虎鯫则曰'永嘉四年所得'，注貀，则曰'元康八年所得'，是《尔雅》注一书，始于永嘉未乱，成于永嘉既乱。"按书中纪元康、永嘉时事，只能证明其作于元康、永嘉以后，不能断定其属始及告竣在何时。又观其书于草木虫鱼多引江东名物为证，则其书当成渡江以后（程廷祚说），约略与梅赜献书同时也。郭璞既于东晋初得见伪《古文尚书》，则东晋初梅赜奏上《古文》之事，大略可信。顾何以齐、梁前人，如上述崔述、程廷祚所举者，皆不见其书。曰，梅书初奏上，然未立国学（据《隋志》），殆不行于世。其时既无印刷术，流传不易。王坦之、范蔚宗诸人之不及见，并非不可解释之事。

至梅赜以前伪《古文尚书》之历史，孔颖达所称引者，皆不可信。《正义》引《晋

书》曰："晋太保郑冲以《古文》授扶风苏愉，愉字休预。预授天水梁柳，字洪季，即
（皇甫）谧之外弟也。季授城阳臧曹，字彦始。始授郡守子汝南梅赜，字仲真，又为豫章
内史。"又引《晋书·皇甫谧传》："姑子外弟梁柳边得《古文尚书》，故作《帝王世纪》，
往往载孔《传》五十八篇之书。"以上两段，其文其事皆不见今《晋书》。其来历不明。
卫晚《书》者谓其出于旧史，然无证据也。其言郑冲、皇甫谧传晚《书》，皆与事实不
符，他可知矣。

　　（1）郑冲与何晏同纂《论语集解》，其于《尧曰》章"予小子履，敢用玄牡，敢昭
告于皇皇后帝"，及"虽有周亲，不如仁人"二节，采孔安国注（见前），皆与晚《书》
冲突（见前）。又于《书》云："孝乎惟孝"一章，采包咸说曰："孝乎惟孝，美大孝之
词。……施，行也。所行有政道，与为政同。"是以"孝乎惟孝"为句，而以"施于有
政"为一家之政。今晚《书》此文，无"孝乎"二字。而"施于有政"作"克施有政"，
指治民而言，与包说迥异。若冲果传晚《书》，岂容复采包说？（崔述《古文尚书辨伪》
卷一）

　　（2）据孔颖达所引《晋书》，孔传《古文尚书》，自郑冲至梅赜，一脉相承。皇甫谧
既传五十八篇，当并传孔《传》。何以"孔《传》称尧寿百一十七岁，而谧所撰《帝王
世纪》，尧年百一十八岁；孔《传》称舜寿百一十二岁，而《世纪》云舜年百岁；孔
《传》释'文命'为'外布文德教命'，而《世纪》云'足文履已，故名文命，字高密'；
孔《传》谓禹代鲧为崇伯，而《世纪》云'尧封禹为夏伯'；孔《传》谓成汤没而太甲
立，《世纪》云汤崩之后有外丙、仲壬，仍用史迁之说。"（《晚书订疑》卷上）至于事实
之有相同，不能证明孰为袭用者（直接或间接袭用），孰为被袭用者，前已言之矣。

　　（3）又陆德明《经典释文》言："王肃亦注《今文》，而解大与《古文》相类，或肃
私见孔《传》而秘之乎？"后来攻晚《书》之人，遂有谓晚《书》为王肃所伪撰，而卫
晚《书》者则谓王肃本传孔氏《古文》。按两说皆不能成立。王肃注经，固与郑玄相冰炭
者也。而晚《书》多合于肃说，而不合于郑氏者也。肃诚伪造或传受其书，正可举为利
器，何为反秘匿之，而无一言及之乎？

　　总结本文：伪《古文尚书》大略出现于东晋初元帝时，为梅赜所奏上。其以前之历
史则不可考。

　　注：
　　（1）此文初属草时，梁先生尚在世，今当重校付印，先生已下世，竟无从请问以决
所疑矣，作者极不愿于此时举其素所尊敬之学者之言为错误之例，唯以爱真理故无法避免
耳。
　　（2）参看本学报第三期，伦明：《续书楼读书记》。

原载《燕京学报》1929 年 6 月第 5 期。

古文《尚书》真伪与病态学术

张 岩

一、本文撰写背景（上）

房德邻先生在《清史研究》2011 年第 2 期发表题为《驳张岩先生对〈尚书古文疏证〉的"甄别"》一文。笔者撰写本文的直接原因，是要对房德邻先生的反驳作出响应。这里有必要做一些背景介绍，主要包括：什么想法促使我对古文《尚书》真伪问题展开研究，本文标题中为什么要说"病态学术"以及除了房德邻先生之外为什么还要与姜广辉先生和钱宗武先生商榷。

在我二十余年治学中，对古文《尚书》的研究是一个不期而遇的"插曲"。我的主要研究方向包括彼此关联的三个部分：（1）通过对部落社会宗教和制度的深入研究，重探人类社会的起源（从动物性群体到人类社会的过渡环节）。[1]（2）考察中国古代文明在部落制度基础上的形成以及礼乐制度的构成与功能。[2]（3）在《诗经·国风》中至少有三十余首比雅、颂诗篇更早的祭祀乐歌，我的工作是借助部落社会和其他古代文明的祭祀仪式和遗俗的经验线索重新认识这些诗篇的本义并证明其性质。[3]

上述第一项工作是严格意义上的人类学基础研究，后两项工作则需要对先秦两汉文献的反复阅读和深入研究。在这个过程中，我注意到以往的疑古结论存在问题。

真正重要的先秦文献不足十部，其中非常重要的两部被划入另册，一部是《周礼》，另一部是《尚书》。清代学者将古文《尚书》二十五篇"定案"为"伪书"，民国以来的新疑古派又将《尧典》《舜典》《禹贡》等今古文《尚书》共有篇章"定案"为战国时的"赝品"。

在上述文献中，制度性内容含量很高。故事容易编造，制度很难"作伪"，这是因为制度性内容有其自在的严密性和维持政权存在、运转以及权力实施的实用性。从这个角度考察，我感到以往的疑古结论似乎过于草率。清代阎若璩对古文《尚书》的"证伪"被认为是"辨伪学"最重要的成果。那么，一个并不坚实的结论何以"铁案如山"？

于是，我对此事的来龙去脉产生浓厚兴趣，决定改变计划，拿出时间对古文《尚书》

---

[1] 张岩：《文明起源：从原始群到部落社会》，科学出版社 2012 年版。

[2] 张岩：《〈山海经〉与古代社会》，文化艺术出版社 1999 年版；《从部落文明到礼乐制度》，上海三联书店 2004 年版。

[3] 张岩：《简论汉代以来〈诗经〉学中的误解》，《文艺研究》1991 年第 1 期；《原始社会的收获祭礼与〈诗经〉中有关篇章》，《文艺研究》1992 年第 6 期；《诗经国风祭词研究》上中下三篇（《诗经学认知困境》《祭祀仪式基本特征》《国风祭词选释》），将分三期刊载于高雄师范大学《经学研究集刊》。

问题作更完整的文献阅读。阅读结果是注意到三个问题：（1）在严格学理意义上，古文《尚书》的辨伪结论不成立。（2）古文《尚书》疑案的形成与两汉间党同伐异的今古文之争有直接关系。（3）在古文《尚书》的辨伪工作中，贯穿着一种酷吏般强横的气势，包含了过多的捕风捉影，真正缺少的恰恰是确凿的证据。

古文《尚书》的文本质量远好于今文《尚书》。当刘歆争立古文经时，今文博士把持局面的学阀体制已经形成。刘歆的争立虽有理有据，但他的失败也是情势使然。这是一场强弱悬殊的权势、利禄之争，是被当事者私欲所污染的病态学术局面。学者官僚化、学术官场化是两汉学术的主要弊端之一。如果没有今文博士对古文《尚书》及其传人的长期排斥，在两汉历史中也就不会出现古文《尚书》篇目和流传方面扑朔迷离的悬案。这种学术史中的恶劣学风似乎从未得到客观的评论和反省。

阎若璩（1636—1704）的《尚书古文疏证》中存在大量无法成立的举证，毛奇龄（1623—1713）《古文尚书冤词》已经指出其中许多不合理处。纪昀（1724—1805）等四库馆臣旗帜鲜明地支持阎若璩，对毛奇龄的见解则一概否定："阎若璩之所辨，毛奇龄百计不能胜。"① 在阎、毛之争充其量是旗鼓相当的情况下②，四库馆臣为什么会有如此分明的评判？此事颇有些唐突、费解。

究其原因，可以注意到如下事实。（1）乾隆的祖父康熙说过："阎若璩学问甚优。"③（2）乾隆之父雍正与阎若璩有特殊关系。雍正为太子时，得知阎氏命其子跪迎康熙"恳请御书"④，写信请他入京，设法代求御书。阎氏不顾年老病衰，赶赴京城，被雍正请进府邸，尊为上宾，不日病重辞世。雍正"遣使经纪其丧"，并"亲制挽诗……复为文祭之"，其祭文有："下笔吐辞，天惊石破。读书等身，一字无假。……孔思周情，旨深言大。"⑤ 其挽诗有："一万卷书维子读，三千里路为余来。"⑥

由于两代清最高统治者对阎若璩的推崇、表彰，阎毛之争的天平发生不可逆转的倾斜。随阎若璩继续"证伪"古文《尚书》（包括孔《传》）者趋之若鹜，如顾栋高（1679—1759）的《尚书质疑》，程廷祚（1691—1767）的《晚书订疑》，惠栋（1697—1758）的《古文尚书考》，江声（1721—1799）的《尚书集注音疏》，王鸣盛（1722—1797）的《尚书后案》，戴震（1723—1777）的《尚书今文古文考》，段玉裁（1724—1815）的《古文尚书撰异》，宋鉴（1727—1790）的《尚书考辨》，崔述（1740—1816）的《古文尚书辨伪》，孙星衍（1753—1818）的《尚书今古文注疏》，魏源（1794—

---

① 纪昀主编：《四库全书总目》，中华书局 1987 年版。

② 杭大宗（世骏）谓："阎氏书多微文刺讥时贤，如王士祯、魏禧、乔莱、朱彝尊、何焯，表表在艺林者，皆不能免，惟固陵毛氏为古文《尚书》著《冤词》，专以攻击《疏证》，气慑于其锋焰，而不敢出声，喙虽长而才怯也。"张宗泰《鲁岩所学集》卷九《跋潜邱札记》亦谓："潜邱诋诃汪氏钝翁，不留余地。汪氏于所指驳处，辄改己从人，亦非真护前自是，何事逼人太甚。西河毛氏为《冤词》攻《疏证》，昌言排击，不遗余力，使移其诋汪者以御毛，岂不足以伸其旗鼓相当之气？何以遇大敌则瑟缩不前，遇小敌则鼓勇直前也？"见钱穆：《中国近三百年学术史》，商务印书馆 1997 年版，第 250 页。

③ 张穆：《阎潜邱先生若璩年谱》，台北"商务印书馆"1978 年版，第 279 页。

④ 张穆：《阎潜邱先生若璩年谱》，台北"商务印书馆"1978 年版，第 280 页。

⑤ 张穆：《阎潜邱先生若璩年谱》，台北"商务印书馆"1978 年版，第 290 页。

⑥ 张穆：《阎潜邱先生若璩年谱》，台北"商务印书馆"1978 年版，第 292 页。

1857）的《书古微》，丁晏（1794—1875）的《尚书余论》等等。对阎若璩提出正面反驳者，一时之间后继乏人。

四库馆臣是阎非毛的评判，是同一个过程的同一个结果。乾隆是编纂《四库全书》最高主持者，其进程由他一手掌控。乾隆之父（雍正）和祖父（康熙）对阎若璩的表彰（"学问甚优""一字无假"）已经为四库馆臣定下评判基调，他们别无选择。在《四库提要》（二十余处提及此事）中存在一个协调一致的统一口径，四库馆臣多次直接出面代阎若璩反驳毛奇龄。

《四库全书·尚书考异》提要说："国朝阎若璩撰《尚书古文疏证》出，条分缕析，益无疑义，论者不能复置一词。"《四库提要》在《尚书》类文献总论部分说："夫古文之辨，至阎若璩始明。"这是对古文《尚书》的"定案"。《四库提要·庙制考议》径称"伪古文《尚书》"。崔述弟子陈履和为崔氏《古文尚书辨伪》作《跋》提到："伏思我朝《四库全书总目提要》一书，皆奉高宗纯皇帝钦定，刊布海内，古文二十五篇之伪，朝廷早有定论，非草茅下士一人一家之私言也。"[1]

于是我们又一次看到学术之外的混浊成分污染进来，又是一场不清不楚的病态学术闹剧。与此相呼应，上述学者的"辨伪"并没有在阎若璩基础上有什么实质性进展，只是出现更多的捕风捉影。三百年来疑古之风一脉相承，阎若璩对古文《尚书》的"证伪"是这一过程的重要起点。此后，更多古文献被判定为"伪书"，乃至整个中国历史被"缩短"。

那么，这些经典古文献实际上是一个什么"角色"呢？从一个或然性起点上说，如果《尧典》《舜典》《禹贡》等《尚书》篇章是真史料，则这些篇章保留了中国文明形成期的一些重要历史，记录了一个伟大文明开创者们极具创造性的、非凡的开创历程，记录了之所以会有中国这个概念和这个实体的一些基本事实。如果《周礼》是西周王朝制订并推行过的官制法典，则这部文献在中国古史研究中便具有极为重要的认识价值。古文《尚书》亦作如是观。

疑古者为自己规定的任务是分辨古代史料的真伪，"五四"新文化人的"整理国故"又与"打倒孔家店"的非学术性诉求有着不解之缘。这是又一个新的学术污染成分。这里有必要强调，对学术研究只应该有一个评判标准，那就是方法是否有效、结论是否为真。古史辨者由此开始对古文献的太范围证伪，正如徐旭生先生所说："由于他们处理史料这样地不审慎，手里又拿着古人好造谣的法宝，所以所至皆破，无坚不摧！"[2]

基于上述读书观感，我认为有必要对疑古学派的理论、方法、证据、证明步骤和主要结论进行一次严格意义上的重新甄别。所有这些"疑古"研究及其结论均以阎氏《尚书古文疏证》为其盖底之薪，因此我决定对古文《尚书》作一番专题研究。我从 2003 年正面接触古文《尚书》问题，包括阅读相关文献，考察先秦两汉文献对古文《尚书》的引文情况，对今古文《尚书》和一些参照文献的字频分析，辑录今古文《尚书》于汉、唐之间流传情况的相关史料。

---

[1]　陈履和：《古文尚书辨伪跋》，见顾颉刚编订：《崔东壁遗书》，上海古籍出版社 1983 年版，第 608 页。

[2]　徐旭生：《中国古史的传说时代》，文物出版社 1985 年版，第 24 页。

这是一个"自向证明"的过程。我的基本态度是：古文《尚书》可能真，也可能伪，具体如何，要由文献中的相关事实来决定。分析结论是："作伪"难度达到不可能实现的程度。然后开始针对阎若璩《尚书古文疏证》的正面研究，先在国学网发表长文《阎若璩〈疏证〉伪证考》（2005），再将其扩充为一部30余万字的专著《审核古文〈尚书〉案》（中华书局，2006）。

二、本文撰写背景（下）

在清代，也有一些学人对古文《尚书》"定案"持不同见解，其人数不多，但不绝如缕。近些年来，已经有许多学者从不同角度对古文《尚书》的"定案"提出了质疑乃至否定。具体如：王保德先生的两篇长文《〈古文尚书〉非伪作的新考证》和《再论〈古文尚书〉非伪作的新考证》①，黄肃先生的《梅赜〈尚书〉古文真伪管见》②，刘建国先生的《古文〈尚书〉伪书辨正》，杨善群先生近年来发表的一系列文章《古文〈尚书〉与旧籍引语的比较研究》和《论古文〈尚书〉的学术价值》等③，离扬先生的长文《〈尚书〉辑佚辩证》④，杨朝明先生的《说说那部著名的伪书》⑤，郑杰文先生的《〈墨子〉引〈书〉与历代〈尚书〉传本之比较——兼议"伪古文〈尚书〉"不伪》⑥，丁鼎先生的《"伪〈古文尚书〉案"平议》等⑦。

还有一些学者通过战国时期出土文献与古文《尚书》相关内容的对勘，提出了同样见解。如郭沂先生依据简本《缁衣》（《郭店楚墓竹简》和《战国楚竹书》）所引多条古文《尚书》的文字认为："这足以证明《古文尚书》不伪。"⑧吕绍纲先生则认为："郭店简本《缁衣》征引的《咸有一德》《君牙》《君陈》三篇四条古文《尚书》，从中多少能看出一点问题。至少，阎若璩的结论从此不是那么板上钉钉，不可以讨论了。……清人关于晚出古文《尚书》乃东晋人伪作的结论并非无懈可击，仍可以再作讨论。"⑨刘义峰先生在《也谈郭店楚简引〈书〉问题》一文中通过文献对比，认为：所谓古文《尚书》剽窃先秦引文成书的观点是靠不住的，古文《尚书》来自先秦的可能性是非常大的。⑩

---

①　王保德：《〈古文尚书〉非伪作的新考证》，《文坛》124—129期，1970年10月—1971年3月；《再论〈古文尚书〉非伪作的新考证》，《建设》26卷8期—27卷3期，1978年1—8月。

②　黄肃：《梅赜〈尚书〉古文真伪管见》，《许昌师专学报》（社会科学版）1987年第3期。

③　离扬：《〈尚书〉辑佚辩证》，国学网。

④　刘建国：《古文〈尚书〉伪书辨正》，见《先秦伪书辨正》，陕西人民出版社2004年版。

⑤　杨朝明：《说说那部著名的伪书》，见《出土文献与儒家学术研究》，台湾古籍出版有限公司2007年版。

⑥　郑杰文：《〈墨子〉引〈书〉与历代〈尚书〉传本之比较——兼议"伪古文〈尚书〉"不伪》，《孔子研究》2006年第1期。

⑦　丁鼎：《"伪〈古文尚书〉案"平议》，《古籍整理研究学刊》2010年第2期。

⑧　郭沂：《郭店竹简与中国哲学论纲》，见《郭店楚简国际学术研讨会论文集》，湖北人民出版社2000年版。

⑨　吕绍纲：《〈郭店楚墓竹简〉辨疑两题》，见《纪念孔子诞辰2550周年国际学术讨论会论文集》，国际文化出版公司2000年版。

⑩　刘义峰：《也谈郭店楚简引〈书〉问题》，见《中国古代文明研究与学术史：李学勤教授伉俪七十寿庆纪念文集》，河北大学出版社2006年版，第120~124页。

　　阎毛之争原本是学人之间的讨论，这很正常。史料甄别固然繁琐艰深，但并不是一件非人力所能做好的工作。通过学人之间在学理范畴内的正常讨论，通过彼此修正对方的见解，可以逐渐进入审慎、客观和严谨的学术正道。什么是捕风捉影，什么是有的放矢，什么样的工作足以支持一个坚实的结论，在什么情况下只能后退一步，在存疑的同时留下探索余地。学术进取需要一个纯净的空间。至少在阎毛之争的当时，古文《尚书》真伪是一个开放的问题，是一项有可能被做好的研究工作。

　　但是，当"朝廷早有定论"的污染因素进入学术，原本尚属正常的学术讨论随即改变状态。在"打倒孔家店"的非学术性诉求支配下，"朝廷早有定论"的古文《尚书》证伪被乔装为具有大无畏学术勇气的重大科学成就，被拿来作为古史辨运动的主要理论支撑物。这样的学术局面也就一发不可收拾。一片高分贝捕风捉影的呐喊很容易将许多人搞胡涂，由此引发矮人观场的效应，还有世代相传、挥之不去的思维惰性。

　　从这个意义上说，近年来一些学者重新提出古文《尚书》真伪问题，这是迟早总要发生的学术走向。它表明中国学者有能力发现并解决我们自己的学术问题。如果没有发生，那才是真正的悲剧。

　　既然讨论已经开始，就有必要在严格的学理层面和学术规范中去推动研究的进展。令人遗憾的是，持相反见解的学者之间目前还缺少在关键问题上的正面讨论。比如，我的文章《阎若璩〈疏证〉伪证考》于 2005 年年初发在国学网的首页，直到当年年底，才看到一篇有些迂回曲折的反驳文章。题目是《〈梅氏书平〉与丁若镛〈尚书〉学》，署名钱宗武、刘绪义，是由清华大学举办的"首届中国经学国际学术研讨会"的会议论文。

　　我的文章是对《尚书古文疏证》主要举证的甄别，结论是阎若璩的研究远不足以支撑其结论。在钱宗武先生等的反驳文章中，有不足千字直接涉及我的文章。并在只涉及 90 字的情况下，否定我的全文（六万余字）。这在学术规范上很成问题。钱文主旨是"巩固《疏证》的辨伪成就"。其论证思路：阎若璩的研究确有缺陷，朝鲜学者丁若镛（1762—1836）的《梅氏书平》超越了《尚书古文疏证》并足以支持其结论。这是用丁若镛的论证来反驳我的文章。

　　我很快写出《回应〈尚书〉专家钱宗武》一文（三万余字），甄别钱文中提到丁若镛的举证，结论是无一条确凿可信。文章发在国学网首页（2005 年 12 月）。本想与《尚书》学专家作些深入有益的讨论，可是钱先生再无应对。最近又读到钱先生一篇文章，题为《孔〈传〉或成于汉末晋初》。该文主要内容：（1）充分肯定梅鷟和阎若璩等人在古文《尚书》辨伪方面"取得巨大的成就"（2）"运用语言学方法……采取以斑窥豹的方法，通过《尚书》孔传、《诗经》毛亨传与郑玄的笺对于范围副词'咸''胥'的训解来论证《孔传》之伪和伪《孔传》的大致形成时代。"[①]

　　钱先生此文至少存在两个问题：

　　（1）笔者在《审核古文〈尚书〉案》中也运用语言学方法，在今、古文《尚书》与其他先秦两汉参照文献之间进行字频方面的统计和分析。我选出的《尚书》用字量特征字群是 108 个字，语料分析范围是五十余部文献一千余万字。前者是钱文"咸""胥"的 50 倍左右，后者是其语料篇幅的 100 倍左右。钱先生用两个字来"以斑窥豹"，是否可以

[①]　钱宗武：《孔〈传〉或成于汉末晋初》，《南京师范大学文学院学报》2011 年第 1 期。

得出有效结论？

（2）钱文中的三个主要语料之一（汉末《郑笺》）用的是宋代乃至清代学者的辑佚本。钱先生是否考虑过如下问题：辑佚本与原本之间会有多大的失真程度？连一块"豹斑"都"窥"不端详就敢于下结论，勇气十分可嘉。中国汉语文化研究会学术委员会主席、国际《尚书》学会会长钱宗武先生又给我们开了一个国际水平的学术玩笑。

最近刚读到姜广辉先生一篇文章，题为《梅鷟〈尚书考异〉考辨方法的检讨——兼谈考辨〈古文尚书〉的逻辑基点》。① 该文采用与钱先生相同的撰写策略，钱先生用丁若镛支持阎若璩，姜先生用梅鷟。钱先生充分肯定丁若镛，姜先生则找到一个"逻辑基点"，并有限否定、充分肯定梅鷟的古文《尚书》结论。姜、钱两位先生都是文章中的评判者，这是以逸代劳的办法（不需要自行寻找任何新证据）。

近日又读到一篇文章，题为《丁若镛考辨古文〈尚书〉的基本理路——〈梅氏书平〉的逻辑基点》。② "逻辑基点"的叙述创意又被该文借鉴到对丁若镛的肯定。二百年前粗通经学的朝鲜学者丁老先生若是地下有知，想必已被反复利用搞得不胜其烦。如此陈陈相因、自言自语的疑古表态可以反复说下去，既无新意，也无助于问题的解决。

有必要强调，我在《回应〈尚书〉专家钱宗武》中已对《梅氏书平》主要举证进行过甄别，在《审核古文〈尚书〉案》中已对《尚书古文疏证》作出全面甄别（涉及历代古文《尚书》研究中全部主要问题）。钱先生和姜先生为什么不在这个平台上讨论问题？二位先生的"自言自语写作方法"（几年来有多篇此类文章）是否体现了当代疑古派传人的底气不足和退避三舍？就是在这个意义上，我对房德邻先生非常敬重。房德邻先生不同意我的见解，于是直截了当撰写文章：《驳张岩先生对〈尚书古文疏证〉的"甄别"》。

真正重要的科学创造往往是科学家独立工作的结果，他们出类拔萃，其智慧在云端飞翔，我们只能瞠乎其下。所幸，古文《尚书》的真伪问题还没有复杂到这个程度。我们完全有条件在严格的学理范畴内通过讨论乃至争论去按部就班解决问题。当然，还需要尽最大可能排除与学术无关的污染成分。这是一个需要理性、内省和自重的场合。

以往辨伪学者常称其工作为审案，称其结论为定案。从这个意义上说，疑古学者辨伪工作的最大问题就是缺少质证和认证环节。在当代司法程序中，质证由控方辩方和法官三方参与，控辩双方谁主张谁举证，质证是对"证据能力"的甄别。认证是法官的职能：通过对控辩双方举证和质证的审查判断最终决定具体证据的是否采信。未经质证的证据不得采信，这是程序正义的基本要求。

疑古学者在大多数情况下既是举证者又是定案者，没有质证者的制衡和采信者的仲裁。其必然结果就是举证质量的每况愈下，所谓捕风捉影。如果由赵禹举证、张汤定案，其效果可想而知。当年四库馆臣的是阎非毛即属此类。张荫麟先生在《伪古文〈尚书〉案之反控与再鞫》③ 一文中的法官角色存在同样问题。姜广辉先生在文章中也试图充当客

① 姜广辉：《梅鷟〈尚书考异〉考辨方法的检讨——兼谈考辨〈古文尚书〉的逻辑基点》，《历史研究》2007 年第 5 期。

② 崔冠华：《丁若镛考辨古文〈尚书〉的基本理路——〈梅氏书平〉的逻辑基点》，《湖南大学学报（社会科学版）》2009 年第 3 期。

③ 张荫麟：《伪古文〈尚书〉案之反控与再鞫》，《燕京学报》1929 年第 5 期。

观、中立的法官角色，不知是否考虑过程式正义问题。

房德邻先生的文章由三个部分组成。第一部分题为"孔安国《大序》之伪"，主要侧重古文《尚书》文献流传方面的问题；第二部分题为"孔安国《传》之伪"，主要侧重孔《传》地名方面的问题；第三部分题为"《尚书》古文二十五篇之伪"，主要侧重引文方面的问题。我在《审核古文〈尚书〉案》一书中用三十余万字对《尚书古文疏证》的全部重要举证作出完整甄别。房先生选择其中不足六分之一的内容进行反驳，不及其余。这些条目应该是房先生精选出来最有把握驳倒我的内容。

我注意到，房德邻先生的反驳文章很讲究谋篇布局，也就是将其自认为最强的举证和论证放到文章的最前面，等而次之者降幂排列。这是房先生将"篇数不合"问题置于文章开篇的原因所在。对于引文方面的问题，姜广辉先生指出："真正的问题并不在于发现了多少蹈袭雷同的证据，而是需要为《古文尚书》辨伪确立一个有说服力的逻辑基点。"① 姜先生的逻辑基点主要是指所谓"篇数不合"问题。

房德邻、姜广辉、钱宗武三位先生是当代经学研究中屈指可数的一流学者，其文章意图都是"巩固《疏证》的辨伪成就"，故撰此文向三位请教。

三、所谓"篇数不合"问题

这里从房先生文章第一部分（题为：孔安国《大序》之伪）的第一个问题（题为：古文《尚书》多二十五篇问题）开始，逐条加以甄别。

下面是房先生对这个问题的背景交代（有所省略）。孔安国《大序》提到，孔壁本古文《尚书》比伏生本今文《尚书》多出二十五篇。"阎若璩就此揭发其伪指出，《汉书》之《儒林传》《艺文志》记孔安国所得孔壁出书比伏生所传《尚书》二十八篇（或称二十九篇）多十六篇。东汉马融为杜林所得的一卷漆书古文《尚书》作《书序》称'逸十六篇'。这几条记载说明两汉人所见到的古文《尚书》是多十六篇。可是到了东晋元帝时豫章内史梅赜所献《尚书》却多出二十五篇，此二十五篇'无论其文辞格制迥然不类，而只此篇数之不合，伪为可知也'。"②

房先生上文存在两个问题：（1）《汉书·儒林传》原文是"逸《书》得十余篇"，不是"十六篇"。（2）《汉书》中《儒林传》《艺文志》原文记伏生本今文《尚书》的篇幅都是"二十九卷"或"二十九篇"，没有房先生所谓"二十八篇"。此处阎若璩没有错，而是房先生搞错了（这里不讨论搞错的原因）。因此，阎若璩和房先生关于"十六篇"的主要证据来自《汉书·艺文志》。按《汉书·刘歆传》也提到"十六篇"。

我的主要见解是：《汉书·艺文志》的"十六篇"实为"十六卷"。这是史家叙事不严格的结果。房先生的主要反驳围绕同一个问题。在《审核古文〈尚书〉案》一书（第三章第一节）中我引述了孔颖达《疏》一段话：以此二十四（篇）为十六卷，以《九共》九篇共卷，除八篇，故为十六（卷）。引文括号中的篇、卷是我所加。房先生的反驳由此入手。

---

① 姜广辉：《梅鷟〈尚书考异〉考辨方法的检讨——兼谈考辨〈古文尚书〉的逻辑基点》，《历史研究》2007 年第 5 期。

② 房德邻：《驳张岩先生对〈尚书古文疏证〉的"甄别"》，《清史研究》2011 年第 2 期。

　　房先生说："引文中的两个括号是张先生加上的，'在二十四'之后加一'篇'字，在'十六'之后加一'卷'字。于是张先生就算出了'24 篇减去 8 篇等于 16 卷'的一道题。'篇'减'篇'等于'卷'！张先生未免马虎。其实孔颖达这段话讲得很明白，他是说：郑玄注逸书《书序》十六卷，一卷即一篇，故此十六卷又称十六篇，但十六卷中有一卷（即有一篇）题为《九共》，它分为九篇，若将《九共》看作九篇，则总计为二十四篇，若将《九共》看作一篇，则要除掉八篇，总计为十六篇。"

　　实际上不存在我"马虎"的问题。请房先生细读孔《疏》上文：前面说的是"二十四为十六卷"，后文是"故为十六"。二十四是指"篇"而非"卷"，十六是指"卷"而非"篇"。在孔《疏》中还有一段具体说明"四十六卷"和"五十八篇"关系的文字："五十八篇内有《太甲》《盘庚》《说命》《泰誓》皆三篇共卷，减其八，又《大禹谟》《皋陶谟》《益稷》又三篇同序共卷，其《康诰》《酒诰》《梓材》亦三篇同序共卷，则又减四，通前十二，以五十八减十二，非四十六卷而何？"①

　　孔《疏》上文"五十八"是"篇"，"十二"也是"篇"；"五十八减十二"等于"四十六卷"。很明显，这也是房先生所谓"'篇'减'篇'等于'卷'"的一道算数应用题。将问题限定在汉唐之间今古文《尚书》的篇卷划分范畴内，则《尚书》中有一篇为一卷者，有多篇共卷者。故《尚书》的卷数是约简其篇数的结果。这就是孔颖达《疏》中"'篇'减'篇'等于'卷'"的计算原理。在孔颖达这里篇卷分明，原本风平浪静。

　　房先生文章这个部分一直在抹煞和弱化"卷"的概念，甚至使用所谓"篇题"来取代"卷"。房先生有必要澄清如下问题：（1）给"篇题"一个相对完整的"名词解释"。包括这一词何时出现、具体含义、使用场合等等。（2）具体说明一定要引入一个新名词"篇题"来取代"卷"的必要性。孔《疏》对《汉书·艺文志》"多十六篇"的具体说明是："篇即卷也。"实际上，我与房先生似乎都不存在马虎问题。因为顺着这个思路很容易将问题搞清楚：《汉书·艺文志》"多十六篇"实为"十六卷"之误。

　　我在《审核古文〈尚书〉案》（第三章第一节）中对这个问题的主要论证如下：《汉书·艺文志》于"《尚书》古文经四十六卷"下自注"为五十七篇"，于伏生本今文《尚书》曰"《经》二十九卷"。《艺文志》后文："鲁共王坏孔子宅，欲以广其宫。而得古文《尚书》……孔安国……悉得其书，以考二十九篇，得多十六篇。"此"二十九篇"就是《艺文志》上文所说"二十九卷"，故"得多十六篇"实为十六卷。《汉书·刘歆传》（《让太常博士书》）"《书》十六篇"由此而来。这是史书叙事不够严格的结果。

　　我原本认为，讲到这个程度足以说清楚。看来对房先生（包括姜广辉先生和钱宗武先生）还须作更加具体的说明。这里存在两个问题：（1）十六篇还是十六卷的计数问题。（2）十六卷的由来。

　　先说第一个问题。刘向于西汉成帝时奉诏校理皇家秘府藏书经传诸子诗赋，在此基础上撰《别录》。刘向之子刘歆在汉哀帝时奉诏"卒父业"，于是约减《别录》而成《七略》。东汉初班固又删减《七略》写成《汉书·艺文志》（"今删其要，以备篇籍"）。《汉书·艺文志》的《尚书》部分凡四百二十余字，其基本内容来自刘向《别录》。以往

---

　　①　孔颖达：《尚书正义》，李学勤主编：《十三经注疏》（标点本），北京大学出版社 1999 年版，第 16~17 页。下文所引十三经均出自此版本。

学者对此无争议。我们在这个范围内考察十六篇还是十六卷的计数问题。

《汉书·艺文志》(《尚书》部分)提到两个《尚书》版本。一是孔壁本古文《尚书》"经四十六卷",二是伏生本今文《尚书》"经二十九卷"。班固于古文《尚书》"经四十六卷"下自注"为五十七篇"。颜师古注《汉书》引证孔安国《大序》(有所省略):"凡五十九篇,为四十六卷。承诏作传,引《序》各冠其篇首,定五十八篇。"颜师古注又引郑玄《叙赞》:"后又亡其一篇",以此说明班固自注"为五十七篇"的由来(58-1 = 57)。孔颖达《疏》提到:"刘向《别录》云'五十八篇'。"

孔颖达时刘向的《别录》见在,佚于唐中晚期。因此,孔颖达《疏》引《别录》"五十八篇"是可靠史料(其内容并可与班固自注"五十七篇"和郑玄《叙赞》"后又亡其一篇"相契合)。下面是阎若璩在《尚书古文疏证》中关于"篇数之不合"的主要证据。《汉书·艺文志》(《尚书》部分):"孔安国……悉得其书,以考二十九篇,得多十六篇。"按在《汉书·艺文志》(《尚书》部分)中,前文提到孔壁本古文《尚书》"经四十六卷。(班固自注)为五十七篇",还提到伏生本今文《尚书》"经二十九卷"。

研究者如果是在没有被"捉贼动机"搞乱方寸的情况下,可以平心静气对勘上文,由此不难得出两个初步判断。判断一:在"以考二十九篇,得多十六篇"一语中使用了严格意义上的两个"篇"字。判断二:由于《汉书·艺文志》(《尚书》部分)前面文字中说的是"经二十九卷"故"以考二十九篇,得多十六篇"的两个"篇"字可能都是"卷"字误写。对此,需要通过进一步分析去检验两个或然性判断中哪个更加合理。阎若璩选择判断一。对判断一的甄别焦点就是前面所说"十六篇还是十六卷的计数问题"。

依据阎若璩的判断逻辑(使用了严格意义上的两个"篇"字),这道"应用题"的减数应是孔壁本多出的"十六篇",被减数则是《汉书·艺文志》(《尚书》部分四百二十余字范围内)前面文字中说的孔壁本"五十七(八)篇"。需要具体说明:依据孔《疏》引《别录》,刘向校书时实为"五十八篇"。如果阎氏判断合理,那么用孔壁本篇数(58)减去孔壁本多出伏生本的篇数(16)就应该等于伏生本篇数(29)。实际情况是:58 篇减去 16 篇等于 42 篇。于是出现 13 篇之差。这个误差太大,得不到合理解释。

有必要强调:阎若璩就是在《汉书·艺文志》(《尚书》部分)的四百二十余字中找到此条"证据"。我在撰写《审核古文〈尚书〉案》一书时从未低估阎若璩的智力和精明,房先生更不会。我与房先生一同检验此"证据"提出过程。阎氏很清楚 42 篇不等于 29 篇。换言之,这里并不存在"篇数之不合"的有效证据。还有一种情况可以支持阎氏判断:刘向、刘歆和班固都是糊涂人,不具备正确计算两位数加减法的能力。于是出现 58-16=29 的计算错误。那么,这种情况是否可能发生?据此,判断一没有合理性。

我们再来检验判断二。对判断二的甄别焦点就是前面所说"十六卷的由来"。依据判断二,则准确的叙述应当是:"以考二十九卷,得多十六卷。"在这种情况下,这道题的减数应是孔壁本多出的十六卷,被减数则是《汉书·艺文志》(《尚书》部分)前面文字所说孔壁本的"经四十六卷"。如果判断二合理,那么用孔壁本卷数(46)减去其多出伏生本的卷数(16)就应该等于伏生本卷数(29)。实际情况是:46 卷减去 16 卷等于 30 卷。于是出现 1 卷之差。

下面具体考察十六卷的由来。《汉书·艺文志》(《尚书》部分)记两汉秘府藏书共有两个《尚书》版本(孔壁本和伏生本)。这里有一个具体情况:在伏生本今文《尚书》

"经二十九卷"与孔壁本古文《尚书》"经四十六卷"中各有一《泰誓》，二者题名相同但内容完全不同。二者都是上、中、下三篇，合为一卷。为便于区分，我们将伏生本中的《泰誓》称为《今文泰誓》，将孔壁本中的《泰誓》称为《古文泰誓》。前者已佚，后者即今传本《尚书》中的《泰誓》三篇。

《汉书·艺文志》所记伏生本的"经二十九卷"原本是二十八卷。孔《疏》引刘向《别录》提到："武帝末，民有得《泰誓》书于壁内者，献之。与博士使读说之，数月皆起，传以教人。"在《汉书·刘歆传》的《移让太常博士书》中，也提到同一件事："《泰誓》后得，博士集而读之。故诏书称曰：'礼坏乐崩，书缺简脱，朕甚闵焉。'时汉兴（前202）已七八十年，离于全经，固已远矣。"

由《汉书·武帝纪》可知，刘歆《移让太常博士书》提到"礼坏乐崩"的诏书发自汉武帝，具体时间在元朔五年（前124）。因此，是汉武帝将民间所献《今文泰誓》"与博士使读说之"，并在"博士集而读之"的注释工作完成（数月皆讫）后，令博士学官将《今文泰誓》"传以教人"。整个过程由汉武帝主持，包括将《今文泰誓》纳入伏生本《尚书》。这是伏生本今文《尚书》"经二十九卷"的构成情况（28+1=29）。

前面提到，班固（于东汉初）撰《汉书·艺文志》的基本内容是来自刘歆《七略》（西汉哀帝时，前7—前1），并可进而上溯到刘向《别录》（西汉成帝时，前33—前7）。刘向和刘歆父子典校中秘书的时间大约在汉成帝河平三年（前26）到汉哀帝即位（前7）后的二十余年间。此时距离汉武帝将《今文泰誓》纳入伏生本已有百年。在这百年之间，伏生本今文《尚书》"经二十九卷"一直是今文博士"传以教人"的钦定《尚书》版本。

在这种情况下，当刘向、歆父子在《别录》以及《七略》中交待两个不同《尚书》版本的篇幅差异时，就会直接面对今、古文《泰誓》的取舍问题。在伏生本今文《尚书》"经二十九卷"中包含《今文泰誓》，在孔壁本古文《尚书》"经四十六卷"中包含《古文泰誓》（二者都是三篇合为一卷）。前者是由汉武帝钦定的版本。后者"遭巫蛊事，未列于学官"，被藏于秘府，束之高阁。

当时的今文博士权势甚盛，把持官学，抱残守缺，党同伐异。因此，刘向和刘歆父子的选择只能是：计伏生本"经二十九卷"中汉武帝钦定的《今文泰誓》，而不计孔壁本"经四十六卷"中的《古文泰誓》。四十六卷不计《古文泰誓》（一卷）是四十五卷。用孔壁本古文《尚书》的四十五卷（不计《古文泰誓》）减去伏生本今文《尚书》的二十九卷（计《今文泰誓》），正是孔壁本多出伏生本的十六卷。

这就是十六卷的由来。刘向、刘歆父子和班固绝对不会想到，其篇卷一字之误，会在一千多年后导致这么严重的后果。

四、孔安国献书问题（上）

孔安国《大序》中相关内容：（1）鲁恭王坏孔子宅，得古文《尚书》《论语》等先秦（古文）文献，将其归还孔子后人（悉以书还孔氏）。（2）安国将所得古文《尚书》改写为"隶古定"，并在竹简上重新抄写后"悉上送官，藏之书府"。（3）安国"承诏为五十九篇作传"，完成后"会国有巫蛊事，经籍道息，用不复以闻"，于是只能"传之子孙，以贻后代"。

阎若璩指控《大序》有关安国献书内容是后人作伪。其理由：《史记》提到孔安国

"蚤卒"，但《汉书·艺文志》记此事作"安国献之"。阎若璩认为在两段史料间存在矛盾："安国献书，遭巫蛊之难，计其年必高，与司马迁所云'蚤卒'者不合。"为此他引证《前汉纪·成帝纪》内容："武帝时孔安国家献之，会巫蛊事，未列于学官。"据此指出：《前汉纪》于"安国"下增一"家"字，可以弥补《汉书》的漏洞，表明此时孔安国已经过世，献书者是其家人。阎氏结论：《大序》"作传毕，会国有巫蛊"等内容不可能出自孔安国，故为后人伪作。① 阎氏在此提出两个著名"证据"：一是"蚤卒"，二是"家献"。

我对第一个问题（蚤卒）的讨论大致如下：② （1）针对阎氏的论证（《疏证》第十七："以二十余岁之博士，越三十五六年始献《书》，即甫献《书》而即死，其年已五十七八，且望六矣，安得为'蚤卒'乎"），指出汉武帝用人不拘，超迁之事历历可数。他罢黜百家，独尊儒术，孔子为儒家宗师，安国为孔子嫡孙，故超迁安国（18 岁至 20 岁）为博士的可能性极高。（2）阎氏在《疏证》另一处（第一百四），为说明相反问题，引《庄子》"人上寿百岁，中寿八十，下寿六十"。既然"下寿六十"，那么五十七八岁为什么不能说"蚤卒"？（3）概述蒋善国先生在《尚书综述》中对同一个问题的四点论证（包括毛奇龄《古文尚书冤词》的见解），蒋善国先生的结论："足见孔安国献《书》在天汉以后和遭'巫蛊之难，未及施行'，均是事实。"

我对第二个问题（家献）的讨论内容大致如下：③ （1）《汉书·艺文志》记此事作"安国献之"，《汉书·刘歆传》作"孔安国献之"，《后汉纪》作"安国献之"，只有荀悦（147—209）的《前汉纪》中多出一个"家"字。《后汉书·荀悦传》记：汉献帝"常以班固《汉书》文繁难省，乃令悦（荀悦）依《左氏传》体以为《汉纪》三十篇"。荀悦在《前汉纪·序》中提到，他撰写编年体《前汉纪》是奉诏行事，是通过"抄撰"也就是缩编《汉书》（略举其要）而成。由此可知《前汉纪》取材不出《汉书》范围。（2）"孔安国家献之"出自《前汉纪》讲学术源流一段，其中 24 个"家"字含义均与学术有关。（3）《汉书·儒林传》所说"孔安国以今文字读之"指孔安国为古文《尚书》作章句训诂，也就是撰写孔《传》，所说"因以起其家"指的是"起"孔氏"《尚书》古文学"的"师说""家法"。因此，《前汉纪》"孔安国家献之"，实指孔安国完成以学名"家"的训传之后的第二次献书。此即荀悦在《前汉纪》中增一"家"字的原因及其含义。

在房先生的反驳中，对前人（指毛奇龄和蒋善国先生）以及我关于"蚤卒"问题的讨论未置一语。此种反驳不足效法。房先生认为我的讨论中存在一个重要失误："张先生发明了'两次献书'说，他说：'孔氏献书共有两次，前次只有经文，后次有经有传。'此说源于前引《大序》，但有误解。《大序》说孔安国只献过一次书，即在初步整理古文《尚书》后献上的'隶古定'，至于第二次献书则是欲献而未献，对此《大序》说：'奉诏为五十九篇作传……既毕，会国有巫蛊事，经籍道息，用不复以闻。传之子孙，以贻后

---

① 阎若璩：《尚书古文疏证》第十七，见《四部要籍注疏丛刊·尚书》中册，中华书局 1998 年版。本文引《尚书古文疏证》均出此版本。

② 张岩：《审核古文〈尚书〉案》，中华书局 2006 年版，第 15~18 页。

③ 张岩：《审核古文〈尚书〉案》，中华书局 2006 年版，第 18~20 页。

代。'用不复以闻'即未献上，但是张先生把它解释为献上了，所请'后次有经有传'。《大序》这一段话的语意甚明，一向无人误解。如阎若璩《尚书古文疏证》说：'是献《书》者一时，作《传》毕而欲献者又一时也。是第二次'欲献'而未献。孔颖达《疏》说得更明白：'然此本承诏而作，作毕当以上奏闻知俱会，值国家有巫蛊之事，好爱经籍之道灭息，假奏亦不能行用，为此之故，不复以此《传》奏闻，亦以既传成不得闻上……以遗与后世之人使行之。'……张先生写道：'毛奇龄《冤词》已经指出，孔安国第二次献书"遭巫蛊，未立于学官"一事，并非安国《书大序》自家所云，而是《汉书》《前汉纪》等史书多处提到的内容。'这里，张先生误读了《冤词》。《冤词》未说第二次献上《书》和《传》，而说'……及安国献书，武帝命安国作传，传毕，将上之，而巫蛊事发，遂不得上'，这里明明说了'遂不得上'，怎么能说毛奇龄说过'孔安国第二次献书'呢?"①

按房先生上面引文中存在一个小问题。"作毕当以上奏闻知俱会，值国家有巫蛊之事"引自李学勤先生主编的《十三经注疏·尚书正义》（北京大学出版社简体横排版，第18页）。原文是"作毕当以上奏闻知，俱会值国家有巫蛊之事"。中华书局 1980 年影印阮元本《十三经注疏》（第 116 页）原文是（繁体无标点）"作毕当以上奏闻知俱会值国家有巫蛊之事"，考诸别本，"俱"是讹字，正字是"但"，当作"作毕当以上奏闻知，但会值国家有巫蛊之事"。李学勤本（以阮本《十三经注疏》为基础）未改讹字，但点断无误，房先生引文同样未改讹字，且点断有误。

回到正题。我在《审核古文〈尚书〉案》一书中用较大篇幅讨论孔安国第二次献书时"遭巫蛊，未立于学官"一事，其中从未提到孔安国第二次献书是"献上了"。不仅如此，我在书中明确提到："孔安国二次献书未果。"② 此处，"献书未果"就是没有献上。换言之，房先生用较大篇幅反驳乃至奚落的对象，实际上不是我的失误，而是因为房先生的误解而产生的一个根本不存在的"假象。"

房先生文章指明是对拙书《审核古文〈尚书〉案》的反驳，但因为读书不细导致如此结果（这比断章取义更加不妥）。房先生文章中指责我"对阎若璩的误解实在是太深了"③。回过头去看，至少拙书行文中多了几分不应有的火气。这里对行文风格作出调整，但仍有必要提醒房先生，这种对"假象"的反驳很容易引起对方的误解（认为是刻意所为）。读书（尤其是要撰文反驳的书）一定要仔细。

房先生认为，在我对第二个问题（家献）的讨论当中"处处都是错误"并提出多条反驳。下面对房先生的反驳逐条给予响应。其一，房先生说："《前汉纪》的'孔安国家献之'的'家'字不是荀悦添加的，是他引刘向的。这一句见于《成帝纪》如下的一段中：'河平三年八月乙卯：光禄大夫刘向校中秘书，谒者陈农使使求遗书于天下，故典籍益博矣。刘向典校经传，考集异同。云：《易》始自……《尚书》本自济南伏生，为秦博士，及秦焚书，乃壁藏其书……鲁恭王坏孔子宅，以广其宫，得古文《尚书》，多十六篇，及《论语》《孝经》。武帝时孔安国家献之，会巫蛊事，未列于学官……'从行文看，

---

①　房德邻：《驳张岩先生对〈尚书古文疏证〉的"甄别"》，《清史研究》2011 年第 2 期。

②　张岩：审核古文〈尚书〉案》，中华书局 2006 年版，第 13 页。

③　房德邻：《驳张岩先生对〈尚书古文疏证〉的"甄别"》，《清史研究》2011 年第 2 期。

'孔安国家献之'一事乃根据'刘向典校经传，考集异同'中的内容写成的，而不是荀悦添加了一个'家'字。清代朱彝尊《经义考》、宋鉴《尚书考辨》均说《汉纪》的'孔安国家献之'一语乃出自刘向，他们都肯定了刘向的这个说法，认为古文《尚书》是'安国已逝，而其家献之'。"①

在房先生所引《前汉纪》上文中，存在一个字义理解和语句点断方面的问题。如果采用房先生的点断和字义理解，上文"云"是"曰"也就是"说"的意思，则这段内容的整体框架在"云"字之后共有七个部分（下面用序号和下画线来表示）："光禄大夫刘向校中秘书，谒者陈农使使求遗书于天下，故典籍益博矣。刘向典校经传，考集异同。云：'(1)《易》，始自鲁商瞿子木……(2)《尚书》，本自济南伏生……(3)《诗》，始自鲁申公作古训……(4)《礼》，始于鲁高堂生，传士礼十八篇……(5)《乐》，自汉兴，制氏以知雅乐声律……(6)《春秋》，鲁人穀梁赤、齐人公羊高……(7) 及《论语》，有齐、鲁之说，又有古文。凡经皆古文。"（《前汉纪·成帝纪》）

如果采用房先生的字义理解和点断，那么"云"字之后七个部分都应在刘向所"云"范围之内。只有在这种情况下，房先生才有理由认定第二部分有关《尚书》的内容是荀悦"引刘向的"。实际情况是，在上述七个部分之内存在一些对刘向死后（如"平帝时""王莽时"）事的叙述。因此，房先生（包括清代朱彝尊和宋鉴）的判断不成立。

房先生说："从行文看，'孔安国家献之'一事乃根据'刘向典校经传，考集异同'中的内容写成的。"② 首先，这句话本身存在文法上的问题——"刘向典校经传，考集异同"既不是一部书也不是一篇文章，房先生让荀悦怎样从其中寻找"内容"并写进《前汉纪》？其次，在房先生认为是出自刘向所"云"的内容中存在不可能出自刘向笔下的内容。

因此，从行文看，这个"云"字只是一个位于句尾且没有意义的助词，其用法类似上面一句"故典籍益博矣"中的"矣"。这里举例说明。《汉书·刑法志》："武帝平百粤，内增七校，外有楼船，皆岁时讲肄，修武备云。"如果我们采用房先生的点断和字义理解，就会将"云"字之后的内容说成是"乃根据'武帝平百粤，内增七校，外有楼船，皆岁时讲肄，修武备'中的内容写成的"。有必要说明，房先生并非这一字义理解和语句点断失误的始作俑者，而是因错就错。请房先生阅读《前汉纪·成帝纪》原文并细加思量。

如果细读《前汉纪》，并将上述七个部分的内容与《汉书》中《儒林传》和《艺文志》等相关内容进行对比，不难注意到《前汉纪》（上述七部分内容）主要来自荀悦对《汉书》内容的"撮要举凡，存其大体"。如果房先生的对比足够细致，不仅可以看到荀悦进行缩编的具体轨迹（缩编前后的对应语句），还可以看到《汉书》中的哪些语句在荀悦缩编后失去了原有的准确含义，以及由于对《汉书》语句的误解和抄写的笔误而出现的错误。一旦房先生的学问做到这一步，也就有条件反思：在《汉书》与《前汉纪》之间，哪个在记史质量方面更加完整、准确，对《前汉纪》中多出一个"家"字大做文章是不是一种客观、严谨的治学态度。

---

① 房德邻：《驳张岩先生对〈尚书古文疏证〉的"甄别"》，《清史研究》2011 年第 2 期。
② 房德邻：《驳张岩先生对〈尚书古文疏证〉的"甄别"》，《清史研究》2011 年第 2 期。

五、孔安国献书问题（下）

其二，房先生说："张先生引述《汉纪·成帝纪》一段中的'家'字，如'儒家''墨家''法家''公羊家'……施、孟、梁丘'此三家者'，高氏、费氏'此二家者'等等，以说明这些'家'字与'孔安国家献之'之'家'同义，是学派创始人的意思。其实，恰恰相反，所引这些'家'字都反证'孔安国家献之'的'家'字不是'学以名家'的'家'。古人称学派为'家'时，并不以某人的全名来名家。古文献中未见有称'儒家'为'孔丘家'、'墨家'为'墨翟家'、'公羊家'为'公羊高家'的例子。故因此不能把'儒家''墨家'之'家'套用到'孔安国家献之'的'家'上，后者只是'家属'的意思。"①

当我们对他人的见解提出反驳时，首先要搞清楚对方在说什么。在没有把握的情况下，最好将被反驳者的原文作相对完整的引述，然后对之加以反驳。我要明确提醒房先生，在我的书中，从未说过"孔安国家献之"的"家"字"是学派创始人的意思"。在"孔安国家献之"一语中，"孔安国家"并不是一个相对独立的语义单元。知此，无须再辨。

其三，房先生说："《汉书·儒林传》'孔安国以今文读之，因以起其家'是源自《史记·儒林传》，它是说孔安国参考伏生的今文《尚书》来认读古文《尚书》，而不是说参考今文《尚书》来作《传》。"② 下面是《史记·儒林传》原文："孔氏有古文《尚书》，而安国以今文读之，因以起其家。"

或许我的分析有所不周详。我们来看王国维先生对《史记》上文的理解："起，兴起也；家，家法也。汉世《尚书》多用今文，自孔氏治古文经，读之说之，传以教人，其后遂有古文家。是古文家法自孔氏兴起也，故曰'因以起其家'。"③ 据此，"因以起其家"是指"起"孔氏"《尚书》古文学"的"师说""家法"。换言之，就是撰写孔《传》。要知道，没有"师说"，不成"家法"。

其四，房先生说：《大序》的欲献而未献之说虽然解决了于史无征的矛盾，却制造了如下一个更尖锐的矛盾：《史记》中有大量的语句与孔《传》相同或相近，如：《尚书·尧典》有'钦若昊天'，《史记》引作'敬顺昊天'，孔《传》也作'敬顺昊天'。《尧典》有'绩用弗成'，《史记》引作'功用不成'……这些相同或相近的语句说明《史记》和孔《传》之间有原创和袭用的关系。那么谁为原创，谁为袭用呢？按照《大序》的说法，孔《传》欲献而未献，直到梅赜献上才为世人知晓，既然如此，则司马迁撰《史记》时就未见过孔《传》，其所引《尚书》的语句是源于《尚书》而不是孔《传》……孔《传》晚出，它采用《史记》的浅白语句来解释《尚书》经文。因此《传》乃托名孔安国。"④

我在《审核古文〈尚书〉案》第四章第一节中专门讨论"《史记》多古文说"的问

---

① 房德邻：《驳张岩先生对〈尚书古文疏证〉的"甄别"》，《清史研究》2011 年第 2 期。
② 房德邻：《驳张岩先生对〈尚书古文疏证〉的"甄别"》，《清史研究》2011 年第 2 期。
③ 王国维：《史记所谓古文说》，《观堂集林》卷七，河北教育出版社 2001 年版，第 189 页。
④ 房德邻：《驳张岩先生对〈尚书古文疏证〉的"甄别"》，《清史研究》2011 年第 2 期。

题。房先生上文提到《史记》与孔《传》之间语句相同或相近的内容，就是抄自这一节中对相关数据的完整辑录。此前无人做过这方面的工作，不知房先生是否看懂我这样说的用意。我在这一节用较大篇幅讨论《史记》与孔《传》相关内容"谁抄谁"的问题，其中提到最重要的证据来自《汉书·儒林传》："孔氏有古文《尚书》，孔安国以今文字读之，因以起其家……遭巫蛊，未立于学官。安国为谏大夫，授都尉朝，而司马迁亦从安国问故。迁书载《尧典》《禹贡》《洪范》《微子》《金縢》诸篇，多古文说。"

　　第一，孔安国在撰写《大序》时没有义务一定要向房先生具体汇报司马迁曾经向他请教过古文《尚书》方面的问题。第二，班固在《汉书·儒林传》（上面所引内容中）明确提及此事，并清楚（不会引起任何误解）地表明："迁书载《尧典》……诸篇，多古文说"正是"司马迁亦从安国问故"的结果。这是孔安国《传》不伪的重要证据。房先生对此熟视无睹，其论证中不置一语。此乃十分不可取的反驳策略。

　　房先生认为，孔安国《大序》所述第二次献书是"欲献而未献"。我的见解与房先生略有不同。我所说"二次献书未果"具体是指：有献书的行动，但无献上的结果。陆德明在《经典释文·序录》中指出："安国又受诏为古文《尚书》传，值武帝末巫蛊事起，经籍道息，不获奏上，藏之私家。"陆德明对于《汉书·艺文志》相关内容的理解是："安国献《尚书》传，遭巫蛊事，未列于学官。"（见《经典释文·序录》）所请"不获奏上"是说，有上奏的行动，但没有得到（不获）奏上的结果。毛奇龄在《古文尚书冤词》中所说的"遂不得上"也在表述类似的见解：作出努力，但没有成功。

　　孔安国《大序》"用不复以闻"中的"以闻"多见于《史记》《汉书》，意思相当于上奏，"不复以闻"是不再上奏。进一步说是"不获奏上"之后的不再上奏。故房先生"欲献而未献"不能成立。这是由于房先生读书不细而出现的又一个"假象"。下面是房先生对这一"假象"的批判："《大序》……说什么奉诏作《传》却欲献而未献，那就更加荒唐。孔安国奉诏作《传》，却又自作主张作毕而不上，竟敢不复命！有此道理吗？……孔安国身历武帝之世，他若奉诏作《传》，则当撰毕即上，而不能静心观察是否'经籍道息'然后再决定是否复命。张先生发明第二次献书献《传》说，也表明他不相信《大序》的欲献而未献说。"①

　　房先生上文最后一句话展示一种具有审美意味的吊诡情境。这里存在两个"假象"。假象一：我从未发明过"第二次献书献《传》说"（具体指"献上了"）。假象二：《大序》中也根本不存在"欲献而未献说"。于是两个"假象"在房先生行文中不期而遇。二者相互支持，成为他信手拈来的反驳理由。此种"反驳"极其罕见。

　　为搞清孔安国第二次献书"不获奏上"的原因，有必要大致了解当时的历史背景，也就是巫蛊之祸。汉武帝刘彻晚年多病，疑为他人巫蛊（巫术）所致。巫蛊之祸就是此种病态猜忌心理的爆发。汉武帝令江充"穷治其事"。征和元年（前92）冬，"大搜上林，闭长安城门索，十一日乃解"（《汉书·武帝纪》）。江充指使其属下胡巫以各种栽赃手段陷人于罪，收捕之后再以酷刑逼供："烧铁钳灼，强服之。"（《汉书·江充传》）于是"民转相诬以巫蛊，吏辄劾以大逆亡道，坐而死者前后数万人"（《汉书·江充传》）。

　　次年，江充将栽赃的矛头指向太子刘据及其母卫皇后。在找不到解脱机会的情况下，

① 房德邻：《驳张岩先生对〈尚书古文疏证〉的"甄别"》，《清史研究》2011年第2期。

刘据被迫矫诏发兵捕杀江充。汉武帝随即发兵镇压，双方于长安城中"合战五六日，死者数万人，流血入沟中"（《前汉纪·武帝纪》）。刘据战败后于逃亡中自杀，卫皇后亦自杀。巫蛊之祸在江充被杀之后并没有停止，又有一大批皇族贵戚、文臣武将因太子事被以腰斩等方式诛杀或是灭族。汉武帝自始至终主导其事，他当时的状态可用八个字来概括：丧心病狂，残暴酷毒。巫蛊之祸波及天下，绵延数年。在此期间，国家重臣牵连而被杀者十有二三，居官为政者人人自危，中央政权行政系统处在半瘫痪状态。

这就是孔安国第二次献书"不获奏上"的历史背景（遭巫蛊事）。在中国历史中，类似巫蛊之祸的社会以及政权的破坏性大动荡并不多见。"文革"初期的情况与其多少有些相似。因此，经历过"文革"初期的人可以更准确地理解此种社会大动荡中的状态和局面。孔安国是奉诏作《传》，此事至少用去其十余年心血（研精覃思）。完成后他当然会上奏复命于汉武帝。但在当时的具体情况下，主事官员人人自危，任何与追查巫蛊无关的作为都有可能激怒丧心病狂且残暴酷毒的汉武帝刘彻，并引来杀身之祸。

于是上奏渠道发生堵塞。在作出许多努力但仍"不获奏上"的情况下，孔安国只好于失望乃至绝望之中写道："会国有巫蛊事，经籍道息，用不复以闻。"在当时的历史背景下，上述过程尽在情理之中。由此反观房先生对孔安国《大序》的斥责："说什么奉诏作《传》却欲献而未献，那就更加荒唐。孔安国奉诏作《传》，却又自作主张作毕而不上，竟敢不复命！有此道理吗？……孔安国身历武帝之世，他若奉诏作《传》，则当撰毕即上，而不能静心观察是否'经籍道息'然后再决定是否复命。"①

在房先生上述斥责中存在两个空白，一是历史知识的空白（巫蛊之祸），二是人生经验的空白（"文革"初期）。房先生是北京大学年过花甲的资深历史学教授，这两个空白都不该有。

六、孔《传》地名"金城"问题

下面进入房先生文章的第二部分（题为：孔安国《传》之伪）。

我在《审核古文〈尚书〉案》第五章第一节专门讨论"金城"问题。② 下面是背景情况。孔《传》注《尚书·禹贡》"浮于积石"曰："积石山在金城西南，河所经也。"阎若璩指出"金城"二字是作伪证据："考《汉昭帝纪》始元六年庚子……置金城郡。《地理志》金城郡，班固注并同。不觉讶孔安国为武帝时博士，计其卒，当于元鼎末、元封初，方年不满四十，故太史公谓其蚤卒。何前始元庚子三十载，辄知有金城郡名？传《禹贡》曰积石山在金城西南耶？或曰：郡名安知不前有所因，如陈、鲁、长沙之类。余曰：此独不然。应劭曰：初筑城得金，故名金城。臣瓒曰：称金，取其坚固。……则始元庚子以前，此地并未有此名矣。而安国《传》突有之，固《注》积石山在西南羌中，《传》亦云在西南，宛出一口。殆安国当魏晋，忘却身系武帝时人耳。"③

《尚书古文疏证》后文又提出两条"补充论证"。其一："《史记·大宛列传》元狩二年庚申'金城、河西，西并南山，至盐泽'，是时已有金城之名，然《通鉴》胡三省注：

---

① 房德邻：《驳张岩先生对〈尚书古文疏证〉的"甄别"》，《清史研究》2011年第2期。

② 张岩：《审核古文〈尚书〉案》，中华书局2006年版，第118~126页。

③ 阎若璩：《尚书古文疏证》第八十七，《四部要籍注疏丛刊·尚书》中册，中华书局1998年本。

'金城郡，昭帝于始元六年方置，史追书也。'余亦谓骞（张骞）卒元鼎三年丁卯，尤先始元庚子三十三载，安得有金城郡乎？果属追书。"其二："黄子鸿误信伪孔《传》者，向胡朏明（胡渭）难余曰：安知《传》所说金城非指金城县而言乎？朏明曰：不然。安国卒于武帝之世。昭帝始取天水、陇西、张掖郡各二县，置金城郡。此六县中不知有金城县否。班《志》积石山系河关县下，而金城县无之。观'羌中塞外'四字，则积石山不可谓在金城郡界明矣，况县乎？且郦（道元）注所叙金城县在郡治允吾县东……即今临洮府之兰州也。与积石山相去悬绝。《传》所谓金城，盖指郡言，而郡非武帝时有。此岂身为博士具见图籍者之手笔与？"①

关于《史记》孔安国"蚤卒"问题，前面有简要介绍。阎氏上文的主要证据：《汉书》记金城郡设于始元六年（前81），此时安国已辞世。故孔《传》是后人伪作。这里存在一个问题：孔《传》说的是"金城"而非"金城郡"。《史记·大宛列传》元狩二年（前121）记事提到："金城、河西西并南山，至盐泽。"这表明，金城县在安国撰写孔《传》时已经存在。换言之，阎氏在提出证据后立刻面对一个无法回避的相反证据。于是，攻击转化为防守。在"此独不然"之后，他一直在试图自圆其说，但都不能令人信服。

他第一个辩解的结论是："则始元庚子以前，此地并未有此名矣。"第二个辩解的前提是承认"是时已有金城之名"，这是对第一个辩解结论的自我否定。第二个辩解是依据是胡三省（1230—1302，宋元间史家）《资治通鉴》注释。我在书中指出：胡氏注文犯了一个概念错误，将《通鉴》正文"金城"（本《史记》）误解为"金城郡"，并据此认为是后人的"追书"。阎氏因错就错，也说是"金城郡"，是"追书"。

阎氏很清楚，如此狡辩无法自圆其说，于是引出第三个辩解（由胡渭提供）。胡渭（1633—1714）《禹贡锥指》（卷十）提及此事："阎百诗据金城郡为汉昭帝所置，以辨孔《传》之伪。黄子鸿难之曰：'安知《传》所说金城非指金城县而言乎？'百诗未有以应也。"我在书中（针对胡渭的辩解）指出：没人说金城邻近积石山，二者间距离一直很远，武帝时的确没有金城郡，这些理由无法构成"《传》所谓金城，盖指郡言"的有效依据。我的结论是：《史记》元狩二年已有金城地名，此时距巫蛊事起还有三十年，孔安国在世。因此，孔《传》提到金城不存在作伪问题。

完整地说，《史记》和孔《传》的"金城"都是指金城县，《汉书·昭帝纪》"取天水、陇西、张掖郡各二县置金城郡"的六个县中便有金城县，金城郡名因金城县而来，金城郡设立以后金城县为其属县。《汉书·地理志》呼应并证实了上述情况。这个"证据链"提供的事实线索简单明确，具有很高的可靠性。阎若璩、胡渭对此没有任何正面辩解余地。

房先生就是在这种情况下提出"反驳"，实际上仍属辩解。房先生将问题限定在《史记·大宛列传》的"金城"是县还是郡："认为是金城郡而不是金城县。"② 由于阎若璩、胡渭的辩解无法自圆其说，故房先生只能另行提出新的举证和论证。为此，房先生提出一

① 阎若璩：《尚书古文疏证》第八十七附录按语，《四部要籍注疏丛刊·尚书》中册，中华书局1998年本。
② 房德邻：《驳张岩先生对〈尚书古文疏证〉的"甄别"》，《清史研究》2011年第2期。

个比阎、胡更加大胆的证明标的：阎、胡只是认为《大宛列传》中"金城"地名是后人"追书"，房先生则要彻底剥夺司马迁对《大宛列传》的著作权。

唐代学者司马贞认为《大宛列传》出自褚少孙的补写（《史记索隐》卷三十）。清末的崔适则认为是后人对《汉书·张骞李广利传》的抄录（《史记探源》卷八）。由于他们并未拿出任何有效证据，故很少有学者认同其说法。房先生文章提到，司马贞的说法因证据不足"不成定论"并指出：他本人关于"《大宛传》的'金城'为'金城郡'的举证和论证"足以"证明了司马贞的补写说"。①

《史记·大宛列传》开篇提到："大宛之迹，见自张骞。"其结束部分："太史公曰：《禹本纪》言'河出昆仑。昆仑其高二千五百余里，日月所相避隐为光明也。其上有醴泉、瑶池'。今自张骞使大夏之后也，穷河源，恶睹《本纪》所说昆仑者乎？故言九州山川，《尚书》近之矣。至《禹本纪》《山海经》所有怪物，余不敢言之也。"由上文可以看出，《大宛列传》首尾呼应，表明其通篇出自太史公手笔。再者，褚少孙补写《史记》一般都冠以"褚先生曰"，他没有必要在这里冒用"太史公曰"进行作伪。

在证据学中有一个重要概念，叫作证明力。在历史学中，研究者为寻找和确定历史事实的真实情况，也会经常运用举证和论证的研究方法。从"证明力"的角度看，历史学研究中同样存在证据的质量和资格问题：有强证据、弱证据，还有不是证据的所谓证据。其主要甄别标准是：客观性（真实性）和相关性（关联性）。如果在房先生的举证和论证中包含高质量的"强证据"，并果真足以"证明了司马贞的补写说"，那么他的此项研究就是一个重大科研成果，其效果一箭双雕：既证明了《史记·大宛列传》是后人假冒司马迁的伪作，同时也证明了孔《传》是后人假冒孔安国的作伪。下面对房先生此项研究的主要论证进行甄别。

房先生说："《史记》在《大宛传》和《匈奴传》中都记载了汉武帝元狩二年匈奴大规模退走事。"② 下面是《史记》相关内容。（1）《大宛列传》："（元狩二年）浑邪王率其民降汉。而金城、河西，西并南山，至盐泽，空无匈奴。"（2）《匈奴列传》："（元狩二年）浑邪王杀休屠王，并将其众降汉……于是汉已得浑邪王，则陇西、北地、河西益少胡寇，徙关东贫民处所夺匈奴河南新秦中以实之，而减北地以西戍卒半。"

房先生指出二者（《大宛列传》和《匈奴列传》）间的不同之处（这是房先生对金城问题的主要举证）："《匈奴传》为司马迁所著，其叙述元狩元年和二年匈奴事详于《大宛传》，可见他详知其事。《匈奴传》所写的匈奴退出的地区是'陇西、北地、河西'，而不是《大宛传》所写的'金城、河西，西并南山，至盐泽'。两者最大的不同是起点不同，《匈奴传》起于陇西，《大宛传》起于金城。"③ 房先生后文又引述了《史记》中几段内容，以此说明"武帝时匈奴曾南达于陇西（中部）"④。

房先生对起点不同的具体论证是："既然司马迁写到匈奴南下侵扰曾达陇西，那么他在写匈奴退走的地区时也相应就从陇西写起，前后呼应，所以陇西是司马迁所写。但是，

---

①　房德邻：《驳张岩先生对〈尚书古文疏证〉的"甄别"》，《清史研究》2011 年第 2 期。

②　房德邻：《驳张岩先生对〈尚书古文疏证〉的"甄别"》，《清史研究》2011 年第 2 期。

③　房德邻：《驳张岩先生对〈尚书古文疏证〉的"甄别"》，《清史研究》2011 年第 2 期。

④　房德邻：《驳张岩先生对〈尚书古文疏证〉的"甄别"》，《清史研究》2011 年第 2 期。

是否也有可能司马迁在《大宛传》中又改写为‘金城（县）、河西，西并南山，至盐泽’了呢？不能。因为如果这样写，则金城（县）与河西四郡（武威、张掖、酒泉、敦煌）相连，如此，这个金城（县）就在北地郡的西南，而不在陇西，它与匈奴南下的地区远不能呼应。司马迁当不会写出两个相距甚远的起点。"①

在历史地理方面，如果不是专家而研究相关问题，除了尽可能全面、细致地查阅文献，还有必要参照和借助历史地理方面的工具书（历史地图）。后者是专家为我们提供的研究结果，可以让我们相对准确地了解西汉时期的具体政区划分和郡县位置。我在研究与孔《传》有关的地名（金城、驹丽、河南等）问题之前，曾认真比较了几种已出版的历史地图集，最终选定（水平最高也是公认最有权威性的）由谭其骧先生主编的《中国历史地图集》，②并在研究过程中对该图集（具体是第二册）进行了自认为还算是细致的查证。

如果房先生也能做到这一点，就会少一些草率。比如，由《中国历史地图集》（第二册，第33~34页）西汉时期"凉州刺史部"的图示可知，金城县的位置就在紧邻陇西郡的正北方。这表明金城县原属陇西郡，在设立金城郡时将其从陇西郡划分出来作为组建金城郡的六个县之一。在设立金城郡之前，金城县是陇西郡最北端的一个县，是匈奴南下侵入陇西郡的门户。在这种情况下，当司马迁在写匈奴退走的地区时，完全有可能以金城县作为一个表述区域范围的起点。两种表述无矛盾，且金城县更加准确。如果具体了解金城县的位置，房先生在决定是否提出这一条反驳时一定会更加慎重。

房先生关于起点不同的论证中存在两个问题。其一，如果房先生认真查看历史地图就很容易发现：您所说的"金城县就在北地郡的西南"是将其实际位置向东南方向移动了至少200公里。其二，表述一个地区的起点，既可用郡（陇西），也可用县（金城），只要两种表述不存在实质性矛盾，房德邻先生也就没有道理强行要求两千多年前的司马迁必须采用由房先生指定的规范用语。

除"起点不同"问题外，房先生提出的另一个"规范"是只能郡与郡相连，不能县与郡相连，并采用此"规范"作为判定文献真伪的尺度。具体说，房先生将《匈奴列传》的"陇西、北地、河西"指定为规范用语，并据此将《大宛列传》的"金城、河西，西并南山，至盐泽"认定为后人作伪的破绽。这是对同一个证据资源的充分利用。

其具体论证如下："无论谁写匈奴退走的地区，也不会以一个县为起点，再去与河西四郡相连，而必然写郡与郡相连的一片广大的地区。所以‘金城’必是金城郡，而不是金城县。金城郡与河西四郡合称为‘河西五郡’，连成一片广大的地区，与匈奴南下的地区相呼应。所以，《匈奴传》是司马迁写的。《大宛传》是昭帝始元六年设立金城郡之后的人追写的。"③

同一件事在《史记》中被提到两次（或更多次）的情况很多，其间往往会有或详或略、遣词用语等表述方式的各种不同。在这种情况下，二者之间的表述不同并不足以构成判定一方为"司马迁所写"而另一方则不是的有效证据。如果我们的唯一目标只是将问

①　房德邻：《驳张岩先生对〈尚书古文疏证〉的"甄别"》，《清史研究》2011年第2期。

②　谭其骧主编：《中国历史地图集》，中国地图出版社1982年版。

③　房德邻：《驳张岩先生对〈尚书古文疏证〉的"甄别"》，《清史研究》2011年第2期。

题搞清楚，如果我们心中没有一定要把问题说成"必是"如何的主观预设，很容易想明白这个浅近道理。房先生则不然。

在《大宛列传》"金城、河西，西并南山，至盐泽"一语中，房先生否定"金城"是县的主要理由是其后面的"河西"是郡，是"河西四郡（武威、张掖、酒泉、敦煌）"。"河西四郡"是房先生论证中最重要的核心证据。"河西"的含义有两种可能，一是泛指黄河以西地区，二是确指河西四郡。若为前者，房先生的理由也就不攻自破：不存在"必然写郡与郡相连"的争辩依据。

这里存在如下四个问题。

第一，在两种可能（泛指、确指）并存的情况下，将"河西"直接说成是"河西四郡"已有强词夺理（偷换概念）之嫌。

第二，从语义分析的角度看，"金城、河西，西并南山，至盐泽"是在描述一个具体区域的范围。金城县是该区域南端的起点；河西是东面的起点（黄河以西）；"西并南山"指这一区域向西延伸包括了（并）南山（祁连山脉东段），这里具体指祁连山脉东段北面的河西走廊；"至盐泽"指该区域继续向西延伸，最西端到达盐泽。房先生最好对照《中国历史地图集》（第二册）阅读上述内容。

第三，如果"必然写郡与郡相连"，那么"南山"和"盐泽"是不是也应该是"南山郡"和"盐泽郡"呢？

第四，实际情况是：当时并不存在"河西四郡"。

从时间顺序看，元狩元年（前122）汉武帝"遣骠骑破匈奴西域数万人，至祁连山"，元狩二年（前121）"浑邪王率其民降汉"，其结果是《大宛列传》所指一个既定区域内"空无匈奴"（《史记·大宛列传》）。此后，汉帝国开始向这一地区移民、屯兵乃至陆续设立郡县。由《汉书·地理志》可知，河西四郡的陆续设立过程开始于该地区"空无匈奴"的十余年后："张掖郡，故匈奴昆邪王地，武帝太初元年（前104）开。"最终结束于三十余年之后："敦煌郡，武帝后元年（前88）分酒泉置。"① 也就是说，在"空无匈奴"这一时间位置上，河西四郡尚未设立。故《大宛列传》的"河西"不是指"河西四郡"。

因此，房先生每强调一次"河西四郡"都是在挖掘自我否定的陷阱，直到以"必然写郡与郡相连"为理由作出结论。于是房先生掉进坑中。到此，我们已经完成对这个问题的甄别，结论是：房先生的举证和论证并不足以"证明了司马贞的补写说"。《大宛列传》著作权仍然属于司马迁。这一重大科研成果不过是又一个"假象"而已。当一个历史学家满脑子都是"必是"如何的主观预设时，这样的结果无法避免。而这恰恰就是"辨伪学"群体的基本特征。

---

① 按：自20世纪中期以后，一些现代学者（如张维华、黄文弼、劳干、陈梦家和日本学者日比野丈夫等）对河西四郡的设立时间作过专题研究。下面是各家关于河西四郡设置年代的具体观点（括号中是各家关于设立河西四郡起始年代和结束年代的不同见解）张维华（前115—前79），黄文弼（前115—前103），劳干（前122—前78），施之勉（前111—前87），陈梦家（前111—前68），日比野丈夫（前111—前78）。详见沈颂金：《河西四郡设置年代讨论综述》，《中国史研究动态》1992年第3期。这些现代学者的代表性见解虽各有不同，但都不支持房先生关于"河西四郡"的举证。

七、孔《传》地名"驹骊"问题

下面是清代学者朱彝尊（1629—1709）提出"驹骊"问题的背景情况。《书序》："成王既伐东夷，肃慎来贺……作《贿肃慎之命》。"孔《传》对上文的注释：'海东诸夷，驹（句）丽（骊）、扶余、轩貊之属，武王克商，皆通道焉。成王即政而叛，王伐而服之，故肃慎氏来贺。"朱彝尊认为孔安国不应提到"驹骊"，这是后人作伪的破绽。其具体论证："考《逸周书·王会》篇，北有稷慎、东则涉良而已，此时未必即有驹骊、扶余之名，且驹骊主朱蒙以汉元帝建昭二年始建国号，载《东国史略》，安国承诏作书《传》时，恐驹骊、扶余之称尚未通于上国，况武王克商之日乎？"①

我在《审核古文〈尚书〉案》一书中对朱彝尊举证是否成立作了简要的讨论：《汉书·武帝纪》（元封三年）："朝鲜斩其王右渠降，以其地为乐浪、临屯、玄菟、真番郡。"《汉书·地理志》记"武帝元封四年"设玄菟郡，下属三县有高句骊县。县名由高句骊族而来，族名更要早于县名。元封四年（前107）距巫蛊事起（前92）还有十六年，孔安国在世。因此，他注释《书序》提到"驹骊"不存在作伪问题。②

房先生说："此论似表明张先生不清楚玄菟郡的沿革。"然后讲述玄菟郡的沿革：《汉书·武帝纪》记元封四年设立乐浪、临屯、玄菟、真番四郡，"在今朝鲜境内"，玄菟郡治所在沃沮。这是第一玄菟郡。《后汉书·东夷列传》：至昭帝始元五年（前82）罢临屯、真番，以并乐浪、玄菟，玄菟复徙居句骊。自单单大领已东，沃沮、涉貊悉属乐浪"。徙居后是第二玄菟郡。房先生在此强调《汉书·地理志》所记高驹骊等三县属第二玄菟郡。③

在上一节讨论的"金城"问题中，当有人提出《大宛列传》中的相反证据（金城）后，阎、胡二人的辩解是：《大宛列传》的"金城"乃后人"追书"。由于他们的辩解无法自圆其说，房先生改变策略，干脆将《大宛列传》说成是后人的伪作。其主要论证方法是偷换概念（将"河西"直接说成"河西四郡"和无中生有（当时还没有设立"河西四郡"）。在这一节，房先生转而为朱彝尊的举证漏洞展开辩解，其主要方法则是来自阎、胡二人的"追书"套路。

完整地说，历史中的"高句骊"至少包含四个概念：高句骊族、高句骊县、高句骊国、高句骊城。我在书中指出："县名由高句骊族而来，族名更要早于县名。"④ 这里的主要问题是，只要四者（高句骊族、县、国、城）之一在汉武帝时期已经存在，就可以排除朱彝尊举证的合理性。房先生的辩护思路是在汉武帝时代结束点上划一条线，然后证明此前没有"高句骊"。进一步说，如果文献中在此之前出现了"高句骊"那么房先生就必须设法证明这些"高句骊"不是"实书"而是"追书"，这是房先生给自己出的一道世界级难题。

下面，我们来甄别房先生关于"追书"的举证和论证方法。在《后汉书·东夷列传》

---

① 朱彝尊：《经义考》卷七十六，中华书局1998年版。

② 张岩：《审核古文〈尚书〉案》，中华书局2006年版，第128~129页。

③ 房德邻：《驳张岩先生对〈尚书古文疏证〉的"甄别"》，《清史研究》2011年第2期。

④ 张岩：《审核古文〈尚书〉案》，中华书局2006年版，第128页。

中提到:(1)"玄菟复徙居句骊",(2)"徙(玄菟)郡于高句骊西北"。房先生说:"依此,似朝鲜玄菟的居民徙居辽东居住时那里已经有'句骊'或'高驹骊'这一地名了。而其实不然,'句骊''高驹骊'乃追书。"[1] 这里"高驹骊"的含义有四种可能(族、县、国、城)。与上一节的情况如出一辙,在四种可能并存的情况下,房先生未作任何说明,直接将"高驹骊"说成地名,后文进而说成"高驹骊城"。

房先生为自己找到一个化复杂为简单的"捷径",接下来的举证和论证只需针对"高句骊城"。比如房先生引述《汉书·昭帝纪》内容后说:"既然元凤六年(前75)始筑玄菟城,则此处原无城,更不称高句骊城。朝鲜境内玄菟居民内迁是在昭帝始元五年(前82),其时辽东尚无玄菟城,更何况高句骊城?所以'玄菟复徙居句骊'的'句骊'乃是追书。"[2]

这里的主要问题不在证据方面,而在逻辑方面。我们不妨举个例子,具体向房先生展示一下偷换概念的论证轨迹。文献原文说:这里原来有一棵树(句骊),房先生说这棵树是阔叶树(高句骊城),然后证明这里没有阔叶树(高句骊城),结论是:这里根本没有树(句骊)。且不论房先生的证据是否有效,关键问题是即使证据有效也不足以支持其最终结论。

房先生后面的论证采用同一个套路:"另一句'徙郡于高句骊西北'若为实书,则在后来筑玄菟城地方之东南已有高驹骊了。此高驹骊当指高驹骊的都城所在地,即今辽宁省桓仁县五女山山城。但是五女山山城在朱蒙于汉元帝建昭二年(前37)建号高驹骊之前并不称高驹骊,而称'纥升骨城'。《魏书·高句丽传》记朱蒙建国事说……'至纥升骨城遂居焉,号高句丽,因以为氏焉'。……学者考定此地即'纥升骨城'。由此可知,称纥升骨城一带为'高骊'当在汉元帝建昭二年以后。因此《东夷列传》'徙郡于高句骊西北'的'高句骊'乃是追书。西汉在玄菟郡下设高句骊县应当在朱蒙建号高句骊之后,而不会在此之前。"[3]

通过前面的举例和说明,我想读者应该可以看出上述论证的逻辑问题。《后汉书·东夷列传》中这两句话的语义明确:在第二玄菟郡设立之前,当地已有"高驹骊"(或简称"句骊")。这是房先生在为朱彝尊的举证漏洞展开辩护之前已经面对的无法克服的困境。实际上,在正史(《史记》《汉书》《后汉书》和《三国志》)中提到"高驹骊"(或"句骊")存在于汉武帝时代结束前的史料并非只有《后汉书·东夷列传》的两条。仅此两条已经让房先生捉襟见肘。

高句骊的早期历史,是我国史学中一个老课题。到目前为止,仍并存多种彼此矛盾的见解。我国正史中与高句骊早期情况有直接关系的史料不足十条。上述多种见解都是在这些史料之间取舍的结果。关于高句骊县的具体设立时间,《后汉书·高句骊传》提到:"武帝灭朝鲜,以高句骊为县,使属玄菟。"《汉书·地理志》:"玄菟、乐浪,武帝时置,皆朝鲜、涉貉、句骊蛮夷。"所谓"句骊蛮夷"指高句骊族;所谓"以高句骊为县",指以高句骊族的所在地域作为县级政区的设置范围。此县就是《汉书·地理志》隶属玄菟

① 房德邻:《驳张岩先生对〈尚书古文疏证〉的"甄别"》,《清史研究》2011年第2期。
② 房德邻:《驳张岩先生对〈尚书古文疏证〉的"甄别"》,《清史研究》2011年第2期。
③ 房德邻:《驳张岩先生对〈尚书古文疏证〉的"甄别"》,《清史研究》2011年第2期。

郡（武帝时置）的高句骊县。上述史料彼此呼应，具有很强的合理性和可信度，因此至今为止被多数学者所采信。

对于"玄菟郡的沿革"目前也是处在三四种见解并存的局面。房先生说第一玄菟郡"在今朝鲜境内"是其中之一。至今为多数学者所接受的另一种见解与之有较大区别："玄菟郡初置时面积广大：东临日本海。东北至今图们江流域。西北包括今辽宁省新宾、清原二县辖境，西南则约以今朝鲜境内昌城、熙川、宁远、定平一线与辽东、乐浪二郡为界。"①

在谭其骧先生主编的《中国历史地图集》（第二册）中，有一幅历史地图题为"幽州刺史部"②是对上述文字说明的直观展示。其内容不支持房先生的辩解。在对高句骊早期历史的研究中，虽然古今中外许多学者提出过许多彼此矛盾的见解，甚至基于民族和国家的不同立场把问题搞得比实际情况更加复杂，但所有这些学者都有一个基本共识，那就是高句骊族的存在要远早于汉武帝时代。这是立在房先生面前穿不过去的一堵墙。

八、孔《传》地名"河南"问题

我在《审核古文〈尚书〉案》第五章（史地篇）第二节（瀍水、孟津、驹骊问题）第一部分专门讨论这个问题。我将此称为"瀍水问题"，房先生称为"河南"问题，后者更准确。故这一节标题定为"孔《传》地名河南问题"，下面是这个问题的背景情况。孔《传》注《尚书·禹贡》提到："伊出陆浑山，洛出上洛山，涧出沔池山，瀍出河南北山，四水合流而入河。"

阎若璩认为"河南"二字是作伪破绽："《前汉·志》：'河南郡穀城县。'注曰：'《禹贡》瀍水出潜亭北。'《后汉·志》：'河南尹，穀城县，瀍水出。'注引《博物记》：'出潜亭山。'至晋省穀城入河南县，故瀍水为河南所有。作孔《传》者亦云'瀍出河南北山'，此岂身为武帝博士者乎？抑出魏晋间、魏已并二县为一乎？实胡胐明（胡渭）教余云尔。或难余：河南安知其不指郡言？余则证以上文'伊出陆浑山，洛出上洛山，涧出沔池山'皆县也，何独瀍出而郡乎？"③

阎若璩、胡渭（见《禹贡锥指》卷八）这一条举证的要点：由于晋代"省穀城（县）入河南县"，故瀍水在晋代"为河南（县）所有"。由于"作孔《传》者亦云瀍出河南北山"，故其非武帝博士，而是魏晋间人。我在书中指出："这里存在一条不容忽视的相反证据。郭璞注《山海经》提到'穀城县'，表明穀城县在郭璞的时代仍然存在。郭璞（276—324）生当西晋（265—316）、东晋（317—420）之交，杨守敬据此认为'则晋犹有此县（穀城县），《晋志》脱'，并进一步认为穀城县'并入河南'的时间'盖在太康（280—289）后也'。（《水经注疏》卷十六）郭璞注《山海经》早于《晋书》成书二百余年，故前者是更加可靠的史料。郭璞注《尔雅》引及古文《尚书》和孔《传》。皇甫谧（215—282）撰《帝王世纪》多处引《古文尚书》和孔《传》内容。太康之后皇甫

---

①　谭其骧主编：《中国历史地图集·释文汇编》东北卷，中央民族学院出版社 1988 年版，第 16 页。

②　谭其骧主编：《中国历史地图集》第二册，中国地图出版社 1982 年版，第 27~28 页。

③　阎若璩：《尚书古文疏证》第九十六，《四部要籍注疏丛刊·尚书》中册，中华书局 1998 年本。

谧已故去。也就是说，在'西晋省（榖城县）并入河南'之前，孔传古文《尚书》已经存在。因此，'作伪者'没有'作案时间'。"①

我对阎、胡二人此条举证的甄别结论是：如果孔《传》"瀔出河南北山"条不是"作伪"结果，还有两种可能存在的情况：一是孔《传》的注释错误；二是孔《传》"河南"指河南郡。这两种情况均与文献真伪无关。由于在逻辑上无法排除这两种情况的存在可能，又由于存在不容忽视的相反证据，故这一条"证据"的或然性很高，不能构成确凿的证伪依据。安国作孔《传》当在临淮太守任上，此时已没有"具见图籍"的条件，因此出现的注释错误与文献真伪无关。②

房先生就是在这种背景下提出"反驳"。下文表明，房先生很清楚，如果我提出的反证有效，就可以得出如下证明结果："活动于西晋东晋之交的郭璞注《山海经》时尚有榖城县，则榖城县并入河南县一定在郭璞注《山海经》之后，当在西晋太康后，而死于太康前的皇甫谧在其所著的《帝王世纪》中已经引用过古文《尚书》和孔《传》，因此孔《传》中的'河南'必定不是合并了榖城县的河南县。"③

我在书中提到，阎、胡二人"精于地理之学"，不可能未看到郭璞注的"榖城县"，但有意隐瞒，从而炮制出"河南县"这一伪证。④ 房先生同意我的见解："他们不应该不对郭璞注中的'榖城县'做出说明，不做说明就有隐瞒反证的嫌疑，其正面立论也就不能成立。"⑤ 阎、胡二人规避反证的原因，是无法找到足以自圆其说的辩解。房先生提出一个新的辩解理由（误注）："郭璞注其实不是一条反证，因为它是郭璞的误注，误将济北国之榖城县注为河南郡之榖城县了。"⑥

房先生在此又一次铤而走险。其主要论证步骤如下：⑦

（1）"在东汉时期，有两个（与本题有关的）榖城县：一在河南尹下（河南榖城县），一在东郡下（济北榖城县）。"

（2）"至晋，据《晋书·地理志》记，济北国下有榖城县，而河南郡下无榖城县，是晋已废河南榖城县。"郭璞《山海经》注中两次提到榖城县，都是济北榖城县，但误注到河南境内去了。

（3）"第一次是注《山海经·中次六经》'缟羝山之首曰平逢之山，南望伊、洛，东望榖城之山'句，说：'在济北榖城县西，黄石公石在此山下，张良取以合葬尔。'郭璞够糊涂的。平逢山即北邙山，在今河南洛阳北，它可以南望伊水和洛河，东望榖城山。此榖城山在西汉时属河南郡榖城县，在东汉时属河南尹榖城县。郭璞却以为这座与北邙山相连的榖城山就是济北榖城县的黄石山了。《山海经广注》已注意到郭注的错误，特在郭注后加按语纠正说：'《一统志》榖城山在河南府西北五十里，连孟津县界，旧名潜亭山，瀔水出此。'此榖城山即河南的潜亭山，它不是济北的黄石山。"

① 张岩：《审核古文〈尚书〉案》，中华书局 2006 年版，第 127 页。
② 张岩：《审核古文〈尚书〉案》，中华书局 2006 年版，第 127 页。
③ 房德邻：《驳张岩先生对〈尚书古文疏证〉的"甄别"》，《清史研究》2011 年第 2 期。
④ 张岩：《审核古文〈尚书〉案》，中华书局 2006 年版，第 127~128 页。
⑤ 房德邻：《驳张岩先生对〈尚书古文疏证〉的"甄别"》，《清史研究》2011 年第 2 期。
⑥ 房德邻：《驳张岩先生对〈尚书古文疏证〉的"甄别"》，《清史研究》2011 年第 2 期。
⑦ 房德邻：《驳张岩先生对〈尚书古文疏证〉的"甄别"》，《清史研究》2011 年第 2 期。

（4）"第二次是郭注《山海经·中次六经》'榖水出焉而东流注于洛'句，说：'今榖水出榖阳谷东北，至榖城县入洛河。此未说明'榖城县'是河南还是济北，但可以断定是济北，因为此注与前注都在《中次六经》一卷中，方位相同，前者注山，后者注水，前者有南望洛河，后者有流入洛河，前者为首出，所以前面加'济北'，后者随出，所以承前省略'济北'。"

下面对房先生的举证、论证进行甄别。这里先要与房先生讨论两个逻辑方面的小问题。当上述相反证据提出后，"晋已废河南榖城县"成为一个本身有待证明的问题，将本身有待证明的结论放在论证的前提之中，这样的论证在逻辑方面是否有些不大妥当？再者，郭璞在一个地方出现注释错误，是否可以构成他在另一个地方必定出错的有效证据？更不要说郭璞关于济北榖城县的注释不一定是一个错误。此事与主要问题无关，这里没有讨论的必要。房先生的有效论证只存在于第四部分。

在第四部分，房先生承认郭璞的注释（今榖水出榖阳谷东北，至榖城县入洛河）中没有说明榖城县"是河南还是济北"。但他说："可以断定是济北。"其理由即上文"因为此注与前注都在……所以承前省略济北"。表面看，这些理由好像很有道理。细加甄别，问题很大。我们要确定这个"榖城县"的位置，首先要在郭璞的注释内容（今榖水出榖阳谷东北，至榖城县入洛河）中寻找认识线索。如果这里没有足以搞清问题的线索，房先生才有理由舍近求远，兜一个大圈去旁敲侧击地猜测（不足以"断定"）"是河南还是济北"。

在郭璞这一小段注释中存在三个地理位置的判定条件：（1）在这个榖城县附近要有榖水。（2）在这个榖城县附近还要有洛河，即洛（雒）水。（3）榖水在经过这个榖城县附近之后汇入洛河。在三个条件中，济北榖城县一个条件都无法满足。与之相反，河南榖城县可以同时满足这三个判定条件。到此，答案已经揭晓（而且没有任何辩解余地）：这个榖城县就是河南榖城县。

房先生后文说："孔《传》写了魏晋时才有的'河南县'，则孔《传》的作者只能是魏晋时人。其伪作的时间可能早于皇甫谧和郭璞，所以这两人的著作中能够引孔《传》和古文《尚书》，这在时间上并无矛盾。但是皇甫谧和郭璞的书中所引晚书也可能是后人窜入的，刘起釪先生等对此有详辨，我赞成他们的观点。如果皇甫谧和郭璞未见过孔《传》和古文二十五篇，则孔《传》作伪的时间可能晚一些，当在皇甫谧之后。"[1]

既然郭璞注指的是"河南榖城县"，则房先生上文"河南县"（按孔《传》原文是河南，不是河南县）的"证据能力"等于零。房先生上文真正令人反感的是两头说都有理的蛮横：如果皇甫谧和郭璞的确引用了古文《尚书》和孔《传》内容，那么"伪作的时间可能早于皇甫谧和郭璞"。如果"伪作的时间"晚于皇甫谧和郭璞，那么"皇甫谧和郭璞的书中所引晚书也可能是后人窜入的"。

如果我没有理解错，房先生的意思是：不管怎么说，反正是伪作。证据有效是作伪结果，证据无效还是作伪结果，所谓"反复颠倒无所不可"。如此讲道理，天下还有道理可讲吗？不知房先生是否注意到这是一种刀笔吏风格（有罪推定）。在皇甫谧《帝王世纪》和郭璞注《尔雅》《山海经》中，至少有十余处引用古文《尚书》和孔《传》内容。请

---

[1]　房德邻：《驳张岩先生对〈尚书古文疏证〉的"甄别"》，《清史研究》2011年第2期。

教房先生：如何"详辩"才足以构成"后人窜入"的有效证据？

九、引文、用文问题

房先生文章由三部分组成。到此，本文已经完成对前两个部分的正面甄别。第三部分主要侧重引文和用文方面的问题。下面简要分析对引文和用文现象进行"辨伪"操作必须具备的两个基本前提。第一个前提是此项操作的方法论前提。

我在《审核古文〈尚书〉案》一书中的基本见解为：古文《尚书》证伪者主要方法之一，是在文献中寻找古文篇章引文和用文例证，将其用为作伪证据。具体思路是魏晋间某人遍查群书，广泛收集引文、用文的文献内容，在此基础上连贯字句、拼凑伪造"二十五篇"。这里的问题是，古文篇章引文、用文种种情况于今文篇章中同样存在。在今文篇章，人们知道这是原文和引文、用文的关系，这一现象恰可证明原文的存在和影响；同样的现象对古文篇章也应具有相同的证明意义。相同的素材和思路不应得出相反结论。这一证伪途径存在明显逻辑错误，不能构成有效的证伪依据。《尚书古文疏证》约有一半内容走此一路，深文周纳，强词夺理。①

房先生反驳说："张先生没搞清楚辨伪方法的要点。诚然，今文《尚书》和古文《尚书》同样都有与旧籍对应的语句，但却不能说这种现象对于今、古文《尚书》具有相同的证明意义，因为两者与旧籍的对应关系是很不相同的。比较今文《尚书》与旧籍的对应语句，可以看到，两者之间或许有文字的不同，但无文意的不同，这说明今文《尚书》和旧籍的引语两者来源相同，都来自真经，两者的文字不同是在传写的过程中形成的。而古文《尚书》与旧籍的对应语句之间不仅有文字的不同，而且有文意的不同，之所以有文意的不同，是因为古文《尚书》在袭用旧籍引文时为屈就己意而进行了修改。"②

不难看出，"文意的不同"是房先生文章第三部分"辨伪"操作的方法论前提，即房先生所谓"辨伪方法的要点"。如果存在相反情况（指今文篇章与旧籍的对应语句之间也有"文意的不同"），这个前提也就不攻自破。这种情况当然存在。兹举一例如下。《荀子·君子》："圣王在上，分义行乎下，则士大夫无流淫之行，百吏官人无怠慢之事，众庶百姓无奸怪之俗……世晓然皆知夫为奸则虽隐窜逃亡之由不足以免也，故莫不服罪而请。《书》云：'凡人自得罪。'此之谓也。"

上文"《书》云"引自《尚书·康诰》（今文），原文是："凡民自得罪，寇攘奸宄，杀越人于货。"唐人杨倞对《荀子》引《书》"凡人自得罪"的注释："言人人自得其罪，不敢隐也。与今《康诰》义不同，或断章取义欤？"这里既有"文字的不同"，同时还有"文意的不同"。也就是说，房先生文章第三部分的全部"辨伪"操作已经失去其方法论前提的合理性。有必要说明：上文"今文篇章"具体指今传本古文《尚书》中"今文古文皆有"的篇章。

第二个前提来自姜广辉先生文章中的"逻辑基点"。姜先生认为，在针对引文和用文现象进行"辨伪"的过程中，存在"究竟'谁抄谁'的循环论证"："真正的问题并不在于发现了多少蹈袭雷同的证据，而是需要为《古文尚书》辨伪确立一个有说服力的逻辑

---

①　张岩：《审核古文〈尚书〉案》，中华书局 2006 年版，第 28 页。
②　房德邻：《驳张岩先生对〈尚书古文疏证〉的"甄别"》，《清史研究》2011 年第 2 期。

基点。"① 姜先生的"逻辑基点"就是阎若璩对"篇数不合"的举证。姜先生强调指出："有了这一逻辑基点，梅鷟等人所抉发的蹈袭雷同之迹才可避免究竟'谁抄谁'的循环论证。而只有有了这一逻辑基点，所谓'作伪举证'方显示其应有的价值。"②

假如我的理解未发生误差，那么姜广辉先生的意思是：如果没有这个前提（逻辑基点），也就无法解决"究竟'谁抄谁'的循环论证"问题，进而此类"作伪举证"也就因此失去"应有的价值"。姜先生说："清代阎若璩之《古文尚书》考辨，其逻辑基点正是认同刘向、刘歆、班固所记述之《古文尚书》十六篇为真，而东晋梅赜所上之《古文尚书》二十五篇为假。阎氏考辨《古文尚书》的成就之所以高于梅鷟，正在于他把两部《古文尚书》的'来历'问题作为一个基点性的问题来考察。"③ 在钱宗武先生文章中，也着重强调了阎若璩的同一个举证。④

前面提到，房先生的反驳文章很讲究谋篇布局，也就是将自认为最强的举证和论证放到文章最前面，等而次之者降幂排列。这是房先生将"篇数不合"问题置于文章开篇的原因所在。阎若璩也将同一个论证置于《尚书古文疏证》开篇（第一）。阎氏自谓这是他撰写《尚书古文疏证》全书的"根柢"（等同于姜广辉先生的逻辑基点）。在张荫麟先生《伪古文〈尚书〉案之反控与再鞫》一文中，这是他强调的第一个"中心问题"。⑤ 在四库馆臣支持阎若璩的论证中，同样强调了阎氏的"根柢"，且其强调的行文与姜广辉先生关于"篇数不合"的具体论证大同小异。⑥

本文开篇跟随房先生讨论同一个问题，进一步论证了我的原有结论：《汉书·艺文志》中的"十六篇"实为"十六卷"之误。因此，房德邻、姜广辉、钱宗武三位先生似乎需要另行寻找古文《尚书》"辨伪"的所谓"逻辑基点"。这是针对古文《尚书》与旧籍引语进行"辨伪"操作是否具有合理性的第二个前提。综上所述，房先生文章第三部分对引语现象进行"辨伪"操作的两个基本前提都不成立。据此，本文对房文这部分内容无须再作具体甄别。

结　　语

在《审核古文〈尚书〉案》一书中，我选择阎若璩《尚书古文疏证》为甄别对象的主要原因如下：（1）历代学者（纪昀等四库馆臣、江藩、梁启超、胡适、顾颉刚等）公认他是"定案"古文《尚书》问题的主角。比如胡适说《尚书古文疏证》"遂定了伪古

---

① 姜广辉：《梅鷟〈尚书考异〉考辨方法的检讨——兼谈考辨〈古文尚书〉的逻辑基点》，《历史研究》2007 年第 5 期。

② 姜广辉：《梅鷟〈尚书考异〉考辨方法的检讨——兼谈考辨〈古文尚书〉的逻辑基点》，《历史研究》2007 年第 5 期。

③ 姜广辉：《梅鷟〈尚书考异〉考辨方法的检讨——兼谈考辨〈古文尚书〉的逻辑基点》，《历史研究》2007 年第 5 期。

④ 钱宗武：《孔〈传〉或成于汉末晋初》，《南京师范大学文学院学报》2011 年第 1 期。

⑤ 张荫麟：《伪古文〈尚书〉案之反控与再鞫》，《燕京学报》1929 年第 5 期。

⑥ 可对照《四库全书总目·古文尚书冤词》与《梅鷟〈尚书考异〉考辨方法的检讨》第二节"历史文献关于《古文尚书》记载真实性的再审查"中的具体内容。这里提示姜广辉先生：是否应该考虑对四库馆臣（直接出面代阎若璩反驳毛奇龄）的工作给予尊重。

文《尚书》的铁案"。（2）阎氏《尚书古文疏证》对清代学术走向具有极大影响；直接推动汉学的形成；开三百年来疑古之风，由疑诸子传注进而疑经。（3）《尚书古文疏证》被认为是"《尚书》学史上集辨伪之大成的著作"。此后的相关著述，十有八九是对该书论证的变相重复。张荫麟先生的《伪古文〈尚书〉案之反控与再鞫》被认为是现代学者对"伪古文《尚书》案"的又一次"定案"。有鉴于此，我对张荫麟先生的文章也作了比较完整的证据甄别。① 上述两项甄别的结论相同：他们的举证和论证远远不足以支撑其结论。

房德邻先生的反驳文章试图重建古文《尚书》"辨伪"的证据链。本文的甄别（质证）结论是：此次尝试很不成功。如果房德邻、姜广辉、钱宗武三位先生仍然坚持承担"巩固《疏证》辨伪成就"的历史任务，还需要重振旗鼓、继续努力。通过本文的质证，我们对房先生的举证质量已经有了一个清楚的了解。因此，有理由向房先生提出一些善意的建议。

对于古文《尚书》的真伪问题，我本人至少用了一年的时间完成"自向证明"，包括阅读相关文献，考察先秦两汉文献对古文《尚书》的引文和用文情况，对今古文《尚书》和一些参照文献的字频分析，辑录今古文《尚书》于汉唐之间流传情况的相关史料。房先生似乎也应该做一些这样的工作：在不抱任何主观偏见的情况下，静下心来，通过一次足够全面、细致和严谨的独立研究，重新定位学术见解。否则，很难摆脱今天这样一个勉为其难、捉襟见肘的举证状态。此建议适用于所有当代疑古派传人。

古文《尚书》问题贯穿两汉以来的中国学术史。其中有许多需要反省的病态学术现象。这里有三个方面的学术史评价标准：一是学者内在的学术良知；二是规范一个学术社会良性运转的基本规则；三是支持学术从业者获得正确结论的研究方法。今天是过去的延续，我们反省历史不是对古人的苛责，而是要为今天相关学科的学术社会和学者们找到一面自我认识和评价的镜子。我们的每一个学术行为随时都在定义着我们这个民族的学术能力。

中国人脑后的辫子已经剪掉整整一个世纪，这场清"朝廷早有定论"的学术闹剧该收场了。

【附录】

简要甄别清华简《尹诰》的证据资格

本文完成后，看到《北京日报》（2012 年 1 月 6 日）《清华简证实：古文〈尚书〉确系"伪书"》一文。文中援引刘国忠先生的话："从清华简提供的这些证据来看，传世两千多年的古文《尚书》确实是一部伪书。"读后颇感慨。刘先生所谓"传世两千多年"不知从何说起？我一直关注清华简的整理和研究动态。在已发表的两册《清华大学藏战国竹简》中，我没有看到足以证伪古文《尚书》的有效证据。刘国忠先生所说"证据"指《尹诰》和《傅说之命》。后者尚未发表，无从置评。这里择其大端对清华简《尹诰》的证据资格作简要甄别。

---

① 　张岩：《审核古文〈尚书〉案》，中华书局 2006 年版，第 301~311 页。

从判断起点上说，有四支清华简记载一篇无名短文。其整理和研究步骤包括：隶定、训字、句读以及对照其他文献去拟定篇题和考察其性质。展开这些工作的判断前提有三种选择：（1）无条件接受阎若璩等人的传统疑古结论（古文《尚书》是伪书）；（2）采用近年来一些学者的研究结论（很可能不伪）；（3）再退一步，采用更加严谨的中立态度（可能真，也可能伪）。

下面是这篇短文的内容：惟尹既及汤咸有一德。尹念天之败西邑夏，曰："夏自绝其有民，亦惟厥众，非民亡与守邑。厥辟作怨于民，民复之用离心。我捷灭夏，今后胡不监？"挚告汤曰："我克协我友。今惟民远邦归志。"汤曰："呜呼！吾何祚于民，俾我众勿违朕言？"挚曰："后其赉之，其有夏之金玉实邑，舍之吉言。"乃致众于亳中邑。①

下面是主要相关文献及其内容：古文《尚书》的《咸有一德》"惟尹躬暨汤咸有一德"和《太甲》"惟尹躬先见于西邑夏，自周有终，相亦惟终"。《礼记·缁衣》两段《尹吉》引文："惟尹躬及汤咸有一德"和"惟尹躬天（先）见于西邑夏，自周有终，相亦惟终"。郭店简和上博简《缁衣》引《尹诰》"惟尹允及汤咸有一德"。按黄怀信先生读作"惟尹躬暨汤咸有一德"。②

目前有三种针对清华简《尹诰》的代表性见解，一是清华简整理者李学勤先生③（包括刘国忠和廖名春先生④等）的见解：清华简《尹诰》就是《缁衣》所引《尹吉（诰）》，是真《咸有一德》，其内容与孔传本《咸有一德》"全然不同"，由此证明后者"系后世伪作"。⑤ 二是黄怀信先生的相反见解："还不能证明简书《尹诰》就是《缁衣》所引之《尹诰》，更不能证明简书《尹诰》就是真《咸有一德》。"⑥ 三是房德邻先生认为是今人伪作（限于篇幅，这里暂不讨论）。⑦ 在这篇无名短文的整理和研究中，存在一些相互纠缠的复杂现象。在这种情况下，研究者有必要秉持审慎、客观和严谨的科学态度，在作出结论之前，对每一个不可忽略的重要事实给予充分论证。

黄怀信先生的文章比较客观、平实，先从解读文意和文献对勘开始，然后对阎若璩《咸有一德》晚出之证作逐条甄别："其证据皆不能成立。"通过将这篇短文与其他文献相对照，黄先生提到《礼记·缁衣》中非常重要的相关内容（《尹吉》曰17字）："惟尹躬天（先）见于西邑夏，自周有终，相亦惟终。"郑玄注"尹吉"为"尹诰"。黄先生指出此语原出《太甲》。在《太甲》中，此语与前后文构成一段完整且具有内在关联

---

① 清华大学出土文献研究与保护中心编、李学勤主编：《清华大学藏战国竹简（壹）》，中西书局2010年版，第133页。

② 黄怀信：《由清华简〈尹诰〉看〈古文尚书·咸有一德〉》，简帛网，2011年3月25日。

③ 李学勤：《清华简与〈尚书〉〈逸周书〉的研究》，《史学史研究》2011年第2期；《清华简九篇综述》，《文物》2010年第5期。

④ 廖名春：《清华简与〈尚书〉研究》，《文史哲》2010年第6期。

⑤ 清华大学出土文献研究与保护中心编、李学勤主编：《清华大学藏战国竹简（壹）》，中西书局2010年版，第132页。

⑥ 黄怀信：《由清华简〈尹诰〉看〈古文尚书·咸有一德〉》，简帛网，2011年3月25日。

⑦ 房德邻：《〈清华大学藏战国竹简（壹）〉收录的〈尹诰〉是一篇伪作》，北京大学历史系网站，2011年3月10日。

的"有机文字"。故"郑玄作《尹诰》当是误书"①，这是黄先生得出相反结论的重要依据。

李学勤先生拟定短文篇题和确定其性质的主要论证："'惟尹躬及汤咸有壹德'这一句，郭店、上博简作'惟尹允及汤（上博简作康）咸有一德'。清华简《尹诰》这乃是首句，作'惟尹既及汤咸有一德'，说明简文即是《尹诰》。"李学勤先生选择上述第一种判断前提："《孔传》本《尚书》的《咸有一德》是后人伪作，自宋代以来历经学者讨论，已成定谳。"② 按李先生"是后人伪作"的所指范围实际上囊括古文《尚书》25篇："东晋的伪古文《尚书》。"③ 对于《礼记·缁衣》引语（17字）的后8字（自周有终，相亦惟终），李先生指出"或许是后来阑入"。其理由是此8字"注疏都讲不通"。④

这里存在五个问题。

（1）在李学勤先生的研究中存在双重循环论证。其一，古文《尚书》原有《咸有一德》，其内容睿智、典雅，是一篇垂范百世的道德文章。清华简这篇无名短文的文意粗浅、敷衍成篇，其文章质量与前者不可同日而语。李先生以传统疑古结论（已成定谳）为依据，将这篇无名短文判定为"真"的《咸有一德》。然后使其反客为主作为证据与古文《尚书》原有的《咸有一德》相比照，依据二者内容的不同证明后者"系后世伪作"。不难看出，其前提（是伪书）与结论（还是伪书）完全相同。

其二，在拟定短文篇题和确定其性质时，必须考虑古文《太甲》与《礼记·缁衣》的对应内容（这是非常重要的相反证据：清华简所谓《尹诰》无此文，却存在于古文《尚书》中）。李先生这里的大前提：古文《尚书》"是后人伪作……已成定谳"，其最终结论："清华简足以说明东晋以后的古文《尚书》没有历史根据。"⑤ 不难看出，其前提与结论还是相同。循环论证的判别标准：一是论证的前提就是论证的结论，二是用来证明结论的论据本身的真实性要依靠结论来证明。论据的真实性不能依赖于结论的真实性，这是逻辑论证基本规则，违反此规则的论据不具有作为证据的资格。

（2）李先生认为，《礼记·缁衣》引《尹吉》语17字的后8字（自周有终，相亦惟终）"或许是后来阑入"（"阑入"指别处的文字搀杂进去）。廖名春先生持同一见解："《礼记·缁衣》篇所引《尹诰》，其'自周有终，相亦惟终'字不见于清华简《尹诰》篇，颇为难解。笔者怀疑此8字……因错简混入《尹诰》篇引文……之后。"⑥ 在李先生局部论证的论据（注疏都讲不通）与结论（后来阑入）之间不存在必然联系，廖先生的"颇为难解"更加无法构成其"混入"的理由。由于理由十分牵强，李学勤先生和廖名春先生只能提出一个或然性判断（李是或许、廖是怀疑）。依据一个或然性判断，不可能得到一个有价值的证据。

① 黄怀信：《由清华简〈尹诰〉看〈古文尚书·咸有一德〉》，简帛网，2011年3月25日。
② 李学勤：《清华简九篇综述》，《文物》2010年第5期。
③ 李学勤：《清华简与〈尚书〉〈逸周书〉的研究》，《史学史研究》2011年第2期。
④ 李学勤：《清华简九篇综述》，《文物》2010年第5期。
⑤ 李学勤：《清华简与〈尚书〉〈逸周书〉的研究》，《史学史研究》2011年第2期。
⑥ 廖名春：《清华简〈尹诰〉研究》，《史学史研究》2011年第2期。

（3）《礼记·缁衣》这一章①由两部分构成，一是孔子对慎言守德主题的论述，二是引《尚书》四段内容（两段《太甲》、一段《兑命》和一段《尹吉》）呼应孔子论述。如"自周有终，相亦惟终"是"后来阑入""混入"，则剩下的"惟尹躬天见于西邑夏"乃是半句话。这半句话放在《缁衣》此章中毫无来由（与慎言守德主题无关）。

（4）李学勤先生判断的理由（注疏都讲不通）不成立。首先，在《太甲》②原文中，《礼记·缁衣》所引内容与前后文构成一段完整的"有机文字"（据《太甲》可知《缁衣》误先为天）。李先生不提《太甲》内容仍有隐瞒相反证据之嫌。其次，对照《太甲》原文和《缁衣》引文，这17字语义明朗，两处注释均比较合理、分明。在孔安国传（周，忠信也。言身先见夏君臣用忠信有终）与郑玄注（见夏之先君臣皆忠信以自终）之间，并无实质性矛盾。郑注中一个失误由孔疏加以订正（此语中"先"非指"伊尹之先祖"）。因此，并不存在"注疏都讲不通"的情况。

（5）上述相反证据的逻辑指向是：古文《尚书》很可能不伪。细读《礼记·缁衣》这一章内容可知，与另外三段《尚书》引文的情况相同，完整的《尹吉》引文是对孔子论述慎言守德主题的恰当、合理的呼应。元代学者陈澔据此指出："凡四引《书》，皆明不可不慎之意。"（《陈氏礼记集说》卷九）再加上相同内容存在于古文《尚书》中的《太甲》篇及其在《太甲》中是一段"有机文字"的组成部分，这些现象构成古文《尚书》不伪的重要证据。这些证据的指向性非常明确。即使采用更加严谨的中立态度考察问题，这些证据仍然顽强地指向古文《尚书》不伪的结论。

这里可以得出结论：清华简所谓《尹诰》（整理者关于其篇题和性质的论证过于牵强、武断，结论无法成立）没有证据资格，其证明力等于零。实际情况是：上述相反证据表明，古文《尚书》很可能不伪。至于这篇短文的具体撰写年代及其性质，仍然是一个有待于深入探究的问题。

原载《孔子学刊》2012年。

---

① 《礼记·缁衣》（第十六章）子曰："小人溺于水，君子溺于口，大人溺于民，皆在其所亵也。夫水近于人而溺人，德易狎而难亲也，易以溺人。口费而烦，易出难悔，易以溺人。夫民闭于人而有鄙心，可敬不可慢，易以溺人。故君子不可以不慎也。"《大甲》曰："毋越厥命以自覆也。""若虞机张，往省括于厥度则释。"《兑命》曰："惟口起羞，惟甲胄起兵，惟衣裳在笥，惟干戈省厥躬。"《大甲》曰："天作孽，可违也；自作孽，不可以逭。"《尹吉》曰："惟尹躬天（先）见于西邑夏，自周有终，相亦惟终。"

② 《尚书·太甲上》（古文）相关内容："惟嗣王不惠于阿衡。伊尹作书曰：'先王顾諟天之明命，以承上下神祇。社稷宗庙，罔不只肃。天监厥德，用集大命，抚绥万方。惟尹躬，克左右厥辟，宅师。肆嗣王丕承基绪。惟尹躬先见于西邑夏，自周有终，相亦惟终。其后嗣王，罔克有终，相亦罔终。嗣王戒哉，只尔厥辟，辟不辟，忝厥祖。'"

近九十年《尚书·洪范》作者及著作时代考证与新证

丁四新

《洪范》是《尚书》中的一篇重要著作,对于中国古代思想的影响极为深刻。自汉代至民国之前,学者对于该篇《尚书》的作者及著作时代基本上无异议;但是自从1928年刘节(1901—1977)发表《洪范疏证》否定传统说法①,而断定它是战国末季的著作以来,《洪范》在著作时代上的史据即受到了持久的怀疑或否定,学者们由此展开了长达八九十年的辩论。也因此,在现在中国哲学史上,《洪范》能否成为表达周代政治哲学的一个重要文本也成为严重的问题。由于受到疑古风气的影响,学者们往往裹足不前,不敢深掘该篇《尚书》的思想。或者说,人们意识到了《洪范》思想的深刻性和重大性,但是鉴于它在考证上的问题,要么不敢将其推至周初时期,要么点到为止,只作非常匆忙而平浅的论述。

一、《洪范》的作者

关于《洪范》的作者,由于篇首有明确的交代,所以直至民国以前历代学者基本上无异议,都认为它是箕子之作。《书序》所谓"以箕子归,作《洪范》",首先以他者的口吻提出此说。孔颖达在《尚书正义·洪范》中对此再作肯定,认为"必是箕子自为之"。《正义》曰:"此经文旨异于余篇,非直问答而已,不是史官叙述,必是箕子既对武王之问,退而自撰其事,故传特云'箕子作之'。"又曰:"此经开源于首,覆更演说,非复一问一答之势,必是箕子自为之也……此条说者,当时亦以对王,更复退而修撰,定其文辞,使成典教耳。"② 此后,学者或小有异议,但大意保持不变③。民国初期,疑古思潮大开,学者们于是提出了一些散漫而大胆的想法。例如,郭沫若在20世纪30年代说:"《洪范》那篇文章其实是子思氏之儒所作的,其出世的时期在《墨子》之后和《吕氏春

---

① 刘节:《洪范疏证》,顾颉刚编著:《古史辨》第5册,上海古籍出版社1982年版,第309页。
② 阮元校刻:《十三经注疏·尚书正义》卷十二,中华书局2009年版,第397页。
③ 宋人林之奇认为《洪范》之作,"盖以箕子为武王陈之,退而自录其答问之辞以为书"(参见林之奇:《尚书全解》卷24,文渊阁《四库全书》本)。这其实是继承了孔颖达的意见。宋人夏僎抓住"录"字做文章,批评林氏的说法,云:"岂有武王访箕子,其事如此之大,史乃不录,而箕子自录之理?则此篇必是周史所录。"(参见夏僎:《夏氏尚书详解》卷17,文渊阁《四库全书》本)现在看来,还是孔颖达的说法最为通达。武王与箕子的问对,史官固然当场笔录,但是这样一篇鸿篇巨制,又关涉治理天下和巩固王权的大经大法,箕子如若没有"更复退而修撰,定其文辞",那么这是难以想象的。因此,夏氏以为史官的当场笔录即是该篇的定本,这一判断显然缺乏写作常识。不过,从实质的意义上来看,夏氏并不反对《洪范》为箕子之作。

秋》之前。"① 他有两个根据或理由，其一，五行与子思的关系。根据《荀子·非十二子篇》，子思有五行说；郭沫若认为荀子所批评的思孟五行"一定是金、木、水、火、土的五行"，保存在《洪范》篇中，并说："《洪范》那篇一定是子思所作的文章，就文笔和思想的内容上看来，《尧典》《皋陶谟》《禹贡》也当得是他作的。"② 其二，郭沫若认为"《洪范》的根本思想是以中正为极，和《中庸》一篇正相为表里"；《中庸》肯定人格神的"天"或"上帝"，乃是受到了墨家的影响，子思的天道观采取了老子的思想③。综合这两个论证，郭沫若还认为，子思的思想"是应该把《中庸》《洪范》《尧典》《皋陶谟》《禹贡》等篇来一并研究的"④。现在看来，郭氏提供的论据并不严谨、踏实，他的论证也过于随意，富于诗人般的想象。郭氏认为《洪范》是子思著作的观点，这显然是经不起反驳的。而在暗中，他的论证和结论也都受到了当时疑古思潮及刘节《洪范疏证》的影响。

二、《洪范》的著作时代

（一）从归类的角度来看

与作者问题相较，民国以还，学界对于《洪范》著作时代的讨论，其兴趣明显要浓厚得多。不过，几经辩驳，最近二三十年来，中国学术界逐渐形成了非常一致的意见，重新肯定和论证了它是周初的著作。而这同时意味着或者肯定了箕子乃《洪范》的作者。

通观近半个世纪以来学者们对《洪范》著作时代的考证，可知他们的相关叙述递相因袭，大同小异。最近十年，又形成了《洪范》研究的一个小高潮，这就是《桑公盨》铭文的释读和研究，及多篇相关博士学位论文的发表。⑤ 虽然如此，但是徐复观和刘起釪二位，对于相关问题的解决起了关键作用；并且，依笔者陋见，前者的学术贡献实际上超过了后者。现以最近发表或出版的张华的博士学位论文《〈洪范〉与先秦思想》及黄忠慎的《〈尚书·洪范〉考辨与解释》一书为基础⑥，再作简要的复述，以见其大体。

张、黄二人在他们的著作中都对民国以来的各种相关观点，按照诸氏所断定的《洪范》著作时代之先后作了详细的梳理和分别。张华分别出六类：（1）夏商说，见于张怀

① 郭沫若：《青铜时代》，中国人民大学出版社 2005 年版，第 6 页。
② 郭沫若：《青铜时代》，中国人民大学出版社 2005 年版，第 40~41 页。
③ 郭沫若：《青铜时代》，中国人民大学出版社 2005 年版，第 41~42 页。
④ 郭沫若：《青铜时代》，中国人民大学出版社 2005 年版，第 42 页。
⑤ 2002 年年初，桑公盨出现在香港文物市场上，后由保利艺术博物馆收藏。该盨铭文涉及《尚书·禹贡》《吕刑》和《洪范》的内容，它立即引起了学者们的研究兴趣。参见《中国历史文物》2002 年第 6 期所刊李学勤、裘锡圭、朱凤瀚、李零四文（第 4~45 页），及邢文主编的 The X Gong Xu: A Report and Papers form the Dartmouth Workshop, A Special Issue of International Research on Bamboo and Silk Documents: Newsletter（Dartmouth College, 2003）。近十年发表的与《洪范》相关的博士学位论文有李军靖的《〈洪范〉与古代政治文明》（郑州大学，2005 年）、张兵的《〈洪范〉诠释研究》（山东大学，2005 年）和张华的《〈洪范〉与先秦思想》（吉林大学，2011 年）；同时，中国台湾黄忠慎的《〈尚书·洪范〉考辨与解释》（花木兰文化出版社，2011 年）也在此期出版了。
⑥ 另外，李军靖在《〈洪范〉与古代政治文明》（郑州大学博士学位论文，2005 年）第二章中，也对此前的相关考证做了详细的综述和评论（第 21~24 页）。张华的综述与之相近，不过更为全面，并吸纳了李氏的新观点。

通的论述。① （2）商代说，见于刘起釪②、曹松罗③的论述。（3）西周时代说，王国维首创周初说④，其后陈蒲清对周初说作了系统的论证⑤；而李军靖、李行之⑥则分别认为作于西周中期和后期。（4）春秋时代说，刘起釪又认为《洪范》经过后来的"层累地加工"，不过这个加工过的著作"至迟不晚于春秋前期"⑦，而杜勇则认为《洪范》"成书于春秋中叶"⑧。（5）战国时代说⑨，童书业主张战国初期说⑩，张西堂主张战国中世说⑪，刘节主张战国末季说⑫。（6）汉初说，这是汪震的主张，他认为"《洪范》大约是伏生伪造的"⑬。

黄忠慎则别作五类：（1）"有谓作于西周之初者"，西汉至清末民初儒者均同于此说。（2）"有谓作于康王之后，战国之前，或春秋时代，孔子之世者"，李泰棻主此说。⑭ （3）"有谓作于战国初年者"，屈万里主此说。⑮ （4）"有谓作于秦统一之前，战国以后者"，刘节主此说。（5）"有谓战国末年晚出者"，钱穆、于省吾主此说。⑯ 在分类叙述之下，张、黄二氏随文作了批评，其中黄忠慎的批评篇幅更大。黄氏同意徐复观先生的意见⑰，

---

① 张怀通：《由"以数为纪"看〈洪范〉的性质与年代》，《东南文化》2006 年第 3 期。

② 刘起釪：《〈尚书〉研究要论》，齐鲁书社 2007 年版。

③ 曹松罗：《论〈洪范〉之五事》，《扬州教育学院学报》2005 年第 2 期；曹松罗：《〈尚书·洪范〉尚五商代说》，《扬州教育学院学报》2006 年第 4 期；曹松罗：《〈尚书·洪范〉尚五商代说续证》，《广西教育学院学报》2007 年第 5 期。按，曹氏继承和肯定了刘起釪"《洪范》的原本最初当是商代的"的观点。

④ 王国维：《古史新证》，清华大学出版社 1994 年版。

⑤ 陈蒲清：《〈尚书·洪范〉作于周朝初年考》，《湖南师范大学社会科学学报》2003 年第 1 期。

⑥ 李军靖：《〈洪范〉著作时代考》，《郑州大学学报（哲社版）》2004 年第 2 期；李军靖：《洪范与古代政治文明》，郑州大学博士学位论文，2005 年，第 37~38 页；李行之：《〈尚书·洪范〉是中国历史上的第一部宪法》，《求索》1985 年第 4 期。

⑦ 刘起釪：《〈尚书〉研究要论》，齐鲁书社 2007 年版，第 405 页。

⑧ 杜勇：《〈洪范〉制作年代新探》，《人文杂志》1995 年第 3 期。

⑨ 陈梦家推测《洪范》为战国时代的著作，没有分早、中、晚期，也没有作考证。参见陈梦家：《尚书通论》，中华书局 2005 年版，第 108 页。

⑩ 童书业：《五行说起源的讨论——评顾颉刚先生〈五德终始说下的政治和历史〉》，顾颉刚编著：《古史辨》第 5 册，上海古籍出版社 1982 年版，第 665 页。

⑪ 张西堂：《尚书引论》，陕西人民出版社 1958 年版，第 190 页。此外，蒋善国认为："《洪范》的成书当在墨子卒年（公元前 383 年）前后。"这是以《洪范》作于战国早中期之交。参见蒋善国：《尚书综述》，上海古籍出版社 1988 年版，第 232 页。

⑫ 刘节：《洪范疏证》，顾颉刚编著：《古史辨》第 5 册，上海古籍出版社 1982 年版。

⑬ 汪震：《尚书洪范考》，《北平晨报》1931 年 1 月 24 日。

⑭ 李泰棻：《今文尚书正伪》，《莱熏阁刻本》（1931），台湾力行书局印行。

⑮ 屈万里：《尚书释义》，台湾中国文化大学出版部 1984 年版。《屈万里全集》有《尚书集释》一书，但没有收《尚书释义》。

⑯ 钱穆说"《洪范》乃战国末年晚出伪书"。参见钱穆：《西周书文体辨》，《新亚学报》第 3 卷第 1 期。于省吾说："《洪范》乃晚周人所作，决非西周之文。"参见于省吾：《双剑誃尚书新证·洪范》，中华书局 2009 年版，第 100~101 页。

⑰ 黄忠慎：《〈尚书·洪范〉考辨与解释》，花木兰文化出版社 2011 年，第 50 页。

而张氏认为它是周初史官所作。①

比较张、黄二氏的综述，可知张氏虽然比较全面地梳理了中国大陆的相关观点，但是对于中国台港地区的成果则无一述及（李军靖的综述也是如此）；黄氏则正好相反，虽然综述了中国台港地区的学人成果，但是对于30余年的中国大陆的相关成果则无一提及。张、黄二氏的欠缺，皆因未能勤查图书的缘故；其中，黄书的写作时间可能较早②，在本次出版时他又未能加以补充。

综合起来看，分类综述，固然条理清晰，但是容易导致叙述的平均化，在不同程度上掩盖了论证的重点，难以显示出近八九十年《洪范》的考证线索来。

（二）从发展的角度来看

学者对于《洪范》著作时代的考证，在近八九十年中是不断发展的。通过阅读相关文献，笔者完全可以确定，《洪范》在现代史上的考证运动实际上是以刘节1928年在《东方杂志》上发表的《洪范疏证》一文为起点和支点的。③ 刘节论证的要点包括：（1）否定《洪范》"惟十有三祀，王访于箕子"的叙述，并说箕子不可能于一岁之中往返于朝鲜和周京之间，因此武王不可能在十三祀那年"访于箕子"；（2）据梁启超有关阴阳五行说的论述，在断定《洪范》包含阴阳五行说的基础上，刘节认为"《洪范》与《五行传》本出一派人之手"，并据《荀子·非十二子》的思孟五行说，认为"此非荀子以前无《洪范》，即荀氏此语失所依据"；（3）认为肃、乂、哲、谋、圣五义皆有所本，"出自《诗·小雅·小旻》"；（4）认为"八政之目盖隐括《王制》之义"；（5）"王省惟岁"一段文本与《诗经》用韵不合，"师尹"在周为三公之官，而《洪范》"置之卿士之下"；（6）"王道荡荡"数句，墨子称引为《周诗》，"且其词与《小雅·大东篇》略同"；（7）"皇"训为君为王者，其义非古，"在春秋以前，皇决无训王、训君之说"，"亦可证《洪范》非春秋以前之作矣"；（8）《左传》著作之时代无定，且其"引《书》之句亦未必旧在《洪范》"。依照这些论据和论证，刘节最后认为《洪范》的著作时代"当在秦统一中国以前，战国之末"。又说"当在《王制》既出，《吕氏春秋》未成之际"，更谓"《洪范》为秦统一中国之前，战国以后阴阳五行家托古之说"④。刘文当时即得到了梁任公的高度肯定和大力表彰，立刻引起轰动，并对此后延绵不断的《洪范》考证施加了持久的

---

① 张华：《〈洪范〉与先秦思想》，吉林大学博士学位论文，2011年，第50页。

② 按，黄书前《序》末有"黄忠慎识于台中自宅"的识语，可知此书乃黄氏旧文。又，黄书正文每页下的注释及书尾所列《参考书目》几乎没有出版年份，注释体例未严，由此可知它也是黄氏早年的著作。黄氏1984年获得博士学位。综合起来看，黄书大概是30多年前写成的。

③ 按，1923年年底，顾颉刚先生在与胡适的一封书信中，简略地谈到了自己关于今文《尚书》之著作时代的一些想法。他将二十八篇分为三组，《洪范》归属第二组，并说："这一组，有的是文体平顺，不似古文，有的是人治观念很重，不似那时的思想。这或者是后世的伪作，或者是史官的追记，或者是真古文经过翻译，均说不定。不过决是东周间的作品。"参见顾颉刚：《论〈今文尚书〉著作时代书》，载《古史辨》第1册，上海古籍出版社1982年版，第201页。

④ 刘节：《洪范疏证》，顾颉刚编著：《古史辨》第5册，上海古籍出版社1982年版，第402~403页。

影响①。

　　刘节《洪范疏证》的重要学术史意义，乃在于其基本论点和论证即构成了此后《洪范》考证的焦点。对于《洪范》的考证焦点，张华有很好的概括："第一，主要思想是神治为主还是德治为主，抑或是兼而有之。第二，五行内容，是原始五行还是受阴阳五行家影响下的五行。第三，与《诗经》里《小旻》《大东》等篇的因袭关系。第四，语言文字符合哪一时期的特点。第五，卜筮方法体现的时代特点。第六，先秦文献对《洪范》的称引所反映出的断代讯〈信〉息。"② 除第一点外，余皆首先为刘文所设难、提出。

　　纵观八九十年来的《洪范》考证史，刘节以下、1960 年以前为一大阶段。在此一阶段，学者们的考证既受到刘文的激励，又明显地受其左右。不论是战国早期说（如童书业、屈万里），还是战国中期说（如张西堂），虽然对刘说有所批评，但是都呈现出一种折中、调和的态势。1961 年，徐复观先生写成《阴阳五行观念之演变及若干有关文献的成立时代与解释的问题》的长文③，将学术批评的矛头对准梁启超、刘节和屈万里三人，完全突破了他们的限囿，对三人的相关观点和论证作了全面而彻底的批驳④。这篇文章的发表具有划时代的意义，正式标志着《尚书·洪范》著作时代问题的考证迈入了一个崭新的时期。徐复观先生说："它（指《洪范》——引者注）经过了箕子及周室的两重整理。又其次是由于传承的学者所作的小整理。"⑤ 这肯定了《洪范》基本上为周初之作。现在看来，徐复观先生的批评绝大多数是有效的。

　　大约 20 年后，顾颉刚的高徒、《尚书》学研究专家刘起釪先生写成《〈洪范〉成书时代考》一文⑥。刘起釪这篇长文毫无疑问也是针对刘节而发的，批驳可谓甚力，可以说完

---

　　① 参见梁启超跋语："《洪范》问题之提出，则自刘君此文始。刘君推定《洪范》为战国末年作品……凡此皆经科学方法研究之结果，令反驳者极难容喙。其余诸条，亦多妙解，可谓空前一大发明。亟宜公表之，供全世界学者之论难也。"参见《古史辨》第 5 册，上海古籍出版社 1982 年版，第 403 页。

　　② 张华：《〈洪范〉与先秦思想》，吉林大学博士学位论文，2011 年，第 35 页。

　　③ 该文原载《民主评论》第 12 卷 20 期，后作为附录，题为《阴阳五行及其有关文献的研究》，收入徐著《中国人性论史·先秦篇》，台北"商务印书馆"1963 年版；现参见李维武编：《徐复观文集》（修订本）三卷《中国人性论史·先秦篇》，湖北人民出版社 2009 年版，第 277~316 页。

　　④ 徐氏批判的对象除刘节的《洪范疏证》外，还包括梁启超的《阴阳五行说之来历》，屈万里的《尚书释义》书及其《尚书中不可尽信的材料》文。梁文，载《古史辨》第 5 册，上海古籍出版社 1982 年版，第 343~362 页；原发表于《东方杂志》第 20 卷第 10 号。屈氏《尚书释义》，今《屈万里先生全集》未收，但有《尚书集释》一书，其观点未变。参见屈万里：《尚书集释》，联经出版事业公司 1983 年版，第 114~116 页。

　　⑤ 徐复观：《阴阳五行及其有关文献的研究》，李维武编：《徐复观文集》（修订本）三卷《中国人性论史·先秦篇》，湖北人民出版社 2009 年版，第 287 页。

　　⑥ 这篇文章定稿于 1979 年，发表于《中国社会科学》1980 年第 3 期，现收入《尚书研究要论》（齐鲁书社 2007 年版），第 396~424 页。赵俪生 1993 年发表一文，也专门批驳刘节的《洪范疏证》，但是结论比较笼统，论述也比较感性。该文说："《尚书·洪范》篇，就它的原型说，它是夏、商、周三代传递下来的一件文化珍宝。就它用小篆或隶书在竹片或木片上写成前年代说，就说成是战国初、中期也可以。"参见赵俪生：《〈洪范疏证〉驳议——为记念顾颉刚先生诞辰 100 周年而作》，《齐鲁学刊》1993 年第 6 期。

全否定了后者的观点。他的结论是这样的："现在所见到的《洪范》，正是经过层累地加工，经过周代史官粉饰过的，所以其中有他们加工润饰时顺手带进去的东西。不过大多是西周或东周初期所加，至迟不晚于春秋前期。"① 在其中也可以看出，刘起釪的这一结论仍在一定程度上受到了乃师顾颉刚先生的"层累地加工"说的影响。此后，中国大陆还发表了许多相关考证文章，但是成绩均未能超过此文。总之，自徐复观、刘起釪两篇长文发表后，关于《尚书·洪范》篇的作者及著作时代，汉语学界逐步回归理性及传统说法②。自刘文在 1980 年发表后，中国大陆再也没有人著文说《洪范》是战国时期的著作了。

通过徐复观、刘起釪等人的考论，其中特别重要的是，作为证明《洪范》早出的《诗·小雅·小旻》的相关文句及《左传》文公五年、成公六年二条引"《商书》曰"的有效性，重新得到了有力的肯定。此外，伪孔《传》、孔《疏》、蔡《传》以《吕刑》之"三德"（"惟敬五刑，以成三德"）为《洪范》之"三德"③，这个注解在中国大陆学界得到了大多数人的赞成。

（三）对刘节观点的具体批驳

既然《洪范》著作时代的问题完全是由刘节的《洪范疏证》一文挑起的，那么除了在上文中综述诸家的批评意见和结论之外，笔者认为实有必要在此再费笔墨，对刘氏的论点和论证作出简明扼要的直接批驳，以便让读者直观地见其错误所在（下面的批驳，综合了徐复观、刘起釪等人的论述，但为了行文的简洁，笔者一般不再作引证。请径直参看他们的相关著作）。

其一，刘节否定《洪范》"惟十有（又）三祀，王访于箕子"的说法，这其实是由他对《史记·殷本纪》《周本纪》和《宋微子世家》相关材料故作误解造成的。《宋微子世家》曰："武王既克殷，访问箕子。"《殷本纪》曰："周武王伐纣，释箕子之囚。"《周本纪》曰："（文王受命之十二年二月）命召公释箕子囚。"第一条材料没有指明武王"访问箕子"的具体时间，第二、三两条材料说明了武王在克殷之当年即命令召公"释箕子囚"，由此推断册封箕子亦当在此年。可是刘节却将第一条与第二、三条史料搅和起来，于是得出了所谓"武王访问箕子正当克殷之年，其时正当十二祀之二月也"的说法。《周本纪》又曰："武王既克殷后二年，问箕子殷所以亡。"刘节认为此所谓"后二年"指"十四祀"，而非《洪范》所谓"十三祀"。其实，此"既克殷后二年"实包武王克殷之当年而言之，正指"十三祀"。在以上误解的基础上，刘节又认为箕子封于朝鲜，去京城数千里，"能于一岁之中往而返，来朝于周，此说之必不可通者也"④。这其实是他的穿凿，司马迁哪里说过箕子受封之后，随即前往封地朝鲜的？

其二，刘节认为"《洪范》与《五行传》本出一派人之手"⑤，这是滥用著名学者梁启超观点的结果。梁启超认为阴阳五行说起于战国以后，大体说来是不错的。可是刘

① 刘起釪：《〈尚书〉研究要论》，齐鲁书社 2007 年版，第 405 页。

② 张华提出《洪范》为"周史官所记录"的观点，但是从其论述来看，他仍然认为箕子是《洪范》的实质作者。参见张华：《〈洪范〉与先秦思想》，吉林大学博士学位论文，2011 年，第 25、50 页。

③ 参看《十三经注疏（清嘉庆刊本）·尚书正义》卷 19，中华书局 2009 年版，第 530 页；蔡沈：《书经集传》卷 6，载《四书五经》，中国书店 1985 年版，第 134 页。

④ 刘节：《洪范疏证》，顾颉刚编著：《古史辨》第 5 册，上海古籍出版社 1982 年版，第 389 页。

⑤ 刘节：《洪范疏证》，顾颉刚编著：《古史辨》第 5 册，上海古籍出版社 1982 年版，第 390 页。

节先认为《洪范》的五行说即为此种阴阳五行说，然后根据梁说，又结合《荀子·非十二子》篇，进而断定"荀子以前无《洪范》"①。然而问题正在于《洪范》的五行说真的即是战国兴起的那种阴阳五行说吗？刘节对于《洪范》五行说性质的判断是错误的。在笔者看来，《洪范》的五行说尚处于初步阶段，即处于五材说的阶段，春秋至战国时期逐步发展起来的那些丰富内容，不但从《洪范》本文看不出来，而且在那时也是没有的。

其三，刘节认为肃、乂、哲、谋、圣五义"出自《诗·小雅·小旻》"，进而认定《洪范》晚出。他说："肃、乂、哲、谋、圣，五义亦有所本，盖出于《诗·小雅·小旻》。其诗曰：'国虽靡止，或圣或否；民虽靡膴，或哲或谋，或肃或艾；如彼泉流，无沦胥以败！'此所言，并无时雨休征之义。且《诗》义有六，此节其五，其为袭《诗》，显然有据。"②《洪范》"五事"畴与《诗·小旻》的关系，毛《传》、郑《笺》、孔《疏》已发其覆，宋人朱熹、王应麟等亦都肯定《诗·小旻》为《洪范》之学③。不过，由于刘节的意见受到梁启超先生的高度肯定，因此在现代产生了巨大影响④。其实，刘节的论证十分简陋、脆弱，等同于武断地得出结论。而刘说之不可信，学者已多加驳正⑤。总之，应当是《小旻》袭自《洪范》⑥。

其四，刘节又据《墨子·兼爱下》引"皇极"畴作"《周诗》曰"，推断《洪范》晚出。《墨子·兼爱下》云："《周诗》曰：'王道荡荡，不偏不党，王道平平，不党不偏。'‘其直若矢，其易若底，君子之所履，小人之所视。'"前四句，见于《洪范》"皇极"畴⑦，但不见于《诗经》；后四句，见于《诗·小雅·大东》篇⑧。刘节即据此评论道：

---

① 刘节：《洪范疏证》，顾颉刚编著：《古史辨》第 5 册，上海古籍出版社 1982 年版，第 392 页。

② 刘节：《洪范疏证》，顾颉刚编著：《古史辨》第 5 册，上海古籍出版社 1982 年版，第 393 页。

③ 王应麟《困学纪闻》卷二："《诗》：'或圣或否，或哲或谋，或肃或艾。'《庄子》：'天有六极五常，帝王顺之则治，逆之则凶。九洛之事，治成德备。'皆为《洪范》之学。"翁元圻案："《小旻》正义曰："毛'五事'皆准《尚书》为说，故笺引'书曰'以证之。"朱子《诗集传》曰："为此诗者，亦传箕子之学也与？"又曰："荆公解'聪明文思'，牵合《洪范》五事，却是穿凿。如《小旻》诗云'国虽靡止，或圣或否；民虽靡膴，或哲或谋，或肃或艾'，恰合《洪范》五事。"参见王应麟撰、翁元圻等注：《困学纪闻》，上海古籍出版社 2008 年版，第 222 页。

④ 刘节：《洪范疏证》，顾颉刚编著：《古史辨》第 5 册，上海古籍出版社 1982 年版，第 403 页。

⑤ 刘起釪：《〈尚书〉研究要论》，齐鲁书社 2007 年版，第 414 页；徐复观：《阴阳五行及其有关文献的研究》，李维武编：《徐复观文集》（修订本）三卷《中国人性论·先秦篇》，湖北人民出版社 2009 年版，第 292~293 页。

⑥ 此外，《论语·季氏》："（孔子曰）君子有九思：视思明，听思聪，色思温，貌思恭，言思忠，事思敬，疑思问，忿思难，见得思义。"学者或说孔子的"九思"与《洪范》有关。按，这个"九思"与"洪范"在思想上有一定的关联，但是在文本上还没有形成比较严格的对应。

⑦ 传世文献引《洪范》本章文本，还见于《左传》襄公三年引《商书》曰："无偏无党，王道荡荡。"《荀子·修身·天论》引《书》曰："无有作好，遵王之道。无有作恶，遵王之路。"《韩非子·有度》引"先王之法"曰："臣毋或作威，毋或作利，从王之指；无或作恶，从王之路。"《吕览·贵公》引《鸿范》曰："无偏无党，王道荡荡；无偏无颇，遵王之义；无或作好，遵王之道；无或作恶，遵王之路。"

⑧ 《墨子·兼爱下》引"其直若矢"下四句，基本上同于《诗经·小雅·大东》文字。《大东》曰："周道如砥，其直如矢。君子所履，小人所视。"

"惟《墨子·兼爱篇》称引'王道荡荡'等四句曰'《周诗》'，显见此数语为春秋战国间颇流行之诗。墨子于《书》最熟，且所引皆历举篇名，如言《泰誓》《禹誓》《汤说》之类。假使此数语确在《洪范》，《墨子》决不名之为诗。且其与《小雅·大东篇》略同……其为古诗，当无疑义也。"① 进而，他否定《洪范》早出。现在看来，这个意见是不对的。因为孙诒让早已指出，"古《诗》《书》亦多互称""古书《诗》《书》多互称""古者《诗》《书》多互称"②。另外，在笔者看来，《墨子·兼爱下》引《周诗》之前四句与后四句，不当归之于同篇（刘节认为此八句皆属《诗·大东篇》），因为二者不同韵，文意也有别。

其五，刘节否定《左传》引述《洪范》文本的证明效力，但其论证无疑沾染上了浓重的"莫须有"的色彩。《左传》三引《洪范》，一曰："（宁嬴曰）以刚。《商书》曰：'沈渐刚克，高明柔克。'夫子壹之，其不没乎！天为刚德，犹不干时，况在人乎？"（文公五年）二曰："（或谓栾武子曰）圣人与众同欲，是以济事，子盍从众？子为大政，将酌于民者也。子之佐十一人，其不欲战者三人而已，欲战者可谓众矣。《商书》曰：'三人占，从二人。'众故也。"（成公六年）三曰："君子谓祁奚于是能举善矣。称其雠，不为诌；立其子，不为比；举其偏，不为党。《商书》曰：'无偏无党，王道荡荡。'其祁奚之谓矣。"（襄公三年）前两条，为史官所记；宁嬴、或人引《商书》，分别在公元前622年、公元前585年。后一条，出现在"君子曰"的评论中。通常认为，《左传》的"君子曰""君子谓"等为后来编入的，代表了作者的意见，不是当时史记的实录或再编。但是，它们到底是在什么时候写入的，学界尚有争议。此姑且不论。不管怎样，根据前两条引"《商书》曰"，完全可以断定《洪范》应作于春秋中期以前。可是，刘节却说："《左传》著作之时代无定说，且引《书》之句亦未必旧在《洪范》。"③ 以此莫须有的理由来否定《洪范》出于春秋之前，足见刘节的论证实在不够高明、诚实。春秋时期，各国都有史记（多称《春秋》），《左传》出于鲁春秋旧史，这是没有什么疑义的。且它的编定下限，距离汲冢竹书《师春》的抄写还有一段较长时间。汲冢下葬于魏襄王二十年（公元前299年）稍后，而《师春》乃"纯集疏《左氏传》卜筮事，上下次第及其文义皆与《左传》同"④。据此，刘节将《洪范》判定为战国末季的著作，是十分荒唐的。

此外，刘节说"王省惟岁"一段文本与《诗经》用韵不合⑤。这个意见是不正确的，他其实不通《诗经》押韵之例。刘氏又说"皇"在春秋、战国以前"决无训王、训君之

① 刘节：《洪范疏证》，顾颉刚编著：《古史辨》第5册，上海古籍出版社1982年版，第396~397页。

② 黄忠慎：《〈尚书·洪范〉考辨与解释》，花木兰文化出版社2011年版，第39~40页；徐复观：《阴阳五行及其有关文献的研究》，李维武编：《徐复观文集》（修订本）三卷《中国人性论史·先秦篇》，湖北人民出版社2009年版，第293页；（清）孙诒让：《墨子间诂》卷四，中华书局2001年版，第124，88，238页。

③ 刘节：《洪范疏证》，顾颉刚编著：《古史辨》第5册，上海古籍出版社1982年版，第402页。

④ （晋）杜预：《春秋经传集解后序》，《十三经注疏·春秋左传正义》卷六十，中华书局2009年版，第4751页。

⑤ 刘节：《洪范疏证》，顾颉刚编著：《古史辨》第5册，上海古籍出版社1982年版，第394页。

说"①。这也是不对的，他大概没有遍检《诗》《书》故训。刘氏又说"八政之目盖隐括《王制》之义"②。这里，他的论说几近信口雌黄，并无证据，只是单凭己意预先颠倒文本制作时间之先后而已。刘氏又说《洪范》所谓卜之五法与钻灼之法不同，并据此认为它们大概是"战国时阴阳五行家附会"的结果③。这其实也是无稽之辞，所谓"曰雨，曰霁，曰蒙，曰驿，曰克"乃指五类兆象，根本不能与钻灼之法相比类。

由以上批驳可知，刘节否定箕子作《洪范》的传统看法，而强行将其著作时代拉至战国末季的做法，除了迎合当时的疑古思潮而故作惊世骇俗之异论外，实际上并没有提供什么真实、可靠的证据和论证！

三、《洪范》作于周初新证

（一）新证据：叔多父盘和爯公盨铭文

近来，叔多父盘和爯公盨铭文的相关证据得到了学者们的重视。

刘节曾在《洪范疏证》中说："师尹，三公之官也……周初卿士与尹氏、大师，同为三公之官。而《洪范》置之卿士之下。《周礼》大师为下大夫之职，亦可证二书皆非殷周间之作。"④ 屈万里在《尚书释义》中先赞同刘说，后来在《尚书集释》中又怀疑刘说，云："按：本篇'师尹'二字，似应作'众官长'解；而非'师氏''尹氏'之合称。刘氏此说，尚有商讨之余地。"⑤ 而屈氏抛弃刘说，其实是受到徐复观先生批评的结果。⑥ 如此，作"众官长"解的"师尹"自可列之于"卿士"之下矣。关于此点，最新的证据来自叔多父盘铭文。李学勤在《帛书〈五行〉与〈尚书·洪范〉》一文中说："按金文有卿士、师尹并列的，有叔多父盘，系西周晚期器，铭云'利于辟王、卿事、师尹'（原注：《小校经阁金文拓本》9.79.1），恰与《洪范》相合。这证明《洪范》肯定是西周时期的文字。"⑦ 后来，李氏在《叔多父盘与〈洪范〉》一文中又据盘铭"利于辟王、卿事、师尹"与《洪范》"王省惟岁，卿士惟月，师尹惟日"所言官制次序一致，进一步否定了刘节对于"师尹"一词的解释，并说："这样看来，《洪范》为西周作品是完全可能的。"⑧ 确实，刘节以"师尹"在《洪范》篇中居于"卿士"之下，进而断定《洪范》晚出的意见，是无法成立的。

---

① 刘节：《洪范疏证》，顾颉刚编著：《古史辨》第 5 册，上海古籍出版社 1982 年版，第 403 页。

② 刘节：《洪范疏证》，顾颉刚编著：《古史辨》第 5 册，上海古籍出版社 1982 年版，第 393 页。

③ 刘节：《洪范疏证》，顾颉刚编著：《古史辨》第 5 册，上海古籍出版社 1982 年版，第 398 页。

④ 刘节：《洪范疏证》，顾颉刚编著：《古史辨》第 5 册，上海古籍出版社 1982 年版，第 394~395 页。

⑤ 屈万里：《尚书集释》，联经出版事业公司 1983 年版，第 115 页。

⑥ 徐复观：《阴阳五行及其有关文献的研究》，李维武编：《徐复观文集》（修订本）三卷《中国人性论史·先秦篇》，湖北人民出版社 2009 年版，第 295~296 页。

⑦ 李学勤：《帛书〈五行〉与〈尚书·洪范〉》，《学术月刊》1986 年第 11 期。

⑧ 李学勤：《叔多父盘与〈洪范〉》，饶宗颐主编：《华学》第 5 辑，中山大学出版社 2001 年版，第 109~110 页。

另一新的证据见于燹公盨铭文。燹公盨铭文如下（引文从宽式）：①

　　　天命禹敷土，随山濬川，迺畴方设征②。降民监德，迺自作配，卿（飨）民③。成父母，生我王；作臣，厥贵唯德。民好明德，顾在天下，用厥昭好。益敬懿德，康亡（无）不懋，孝友□（讦）明。经齐（斋）好祀，无愧心；好德婚媾，亦唯协天；釐用考神，复用□（发）禄，永御于宁。燹公曰：民唯克用兹德，亡（无）悔。

李学勤认为"成父母"句"指禹有大功于民，成为民之父母"，并指出《洪范》"曰：天子作民父母，以为天下王"与铭文意思近似④。裘锡圭更说"成父母，生我王"与《洪范》此文"若合符节"⑤。从总体上来看，裘锡圭的论证意图是很明确的，这就是力求疏通燹公盨铭文与《禹贡》《洪范》，特别是后者的关系。他说："燹公盨铭中的一些词语和思想需要以《洪范》为背景来加以理解。这说明在铸造此盘的时代（大概是恭、懿、孝时期），《洪范》已是人们所熟悉的经典了。由此看来，《洪范》完全有可能在周初已基本写定。"⑥ 朱凤瀚也说："由于铭文的遣词用句及某些思想与《尚书》中的《吕刑》《洪范》及《禹贡》等多有相近处，对于了解这些文献形成的年代及其思想渊源都是有帮助的。"⑦ 李零则说"德"在此盨铭文中"处于中心位置"，并具体指出："铭文所说'好德'，《洪范》三言之，《论语》两言之。"总结四氏的论述，他们都认为此盨铭文与《洪范》具有或多或少的关系。其中，裘氏的倾向性最为明显，且事关重大；而李零的指证则很具体、有力。

在此，首先需要申明，裘锡圭对于此盨铭文的一些理解及相关论断，笔者不是完全同意的。例如"▓方设征"一句，他认为"畴方"就是将法分为九类，相当于《洪范》篇的"洪范九畴"；将"设征"之"征"，读为"正"，训为"官长"，指"五行之官的正"⑧。对于这些训释和理解，笔者即抱怀疑态度。不过，裘先生认为燹公盨铭文与《洪范》有很大的关系，笔者认为这个判断在较大程度上是可取的。从铭文来看，燹公盨铭文毫无疑问与《禹贡》《吕刑》有关，但是与《洪范》篇也颇有关系。该篇铭文从臣民

---

① 此处所引燹公盨铭文及断句，笔者综合了诸家意见，参见《中国历史文物》2002 年第 6 期所刊李学勤、裘锡圭、朱凤瀚、李零四文（第 4~45 页），及刘雨的考释。参见刘雨：《燹公考》, in the X Gong Xu: A Report, and Papers form the Dartmouth Workshop, A Special Issue of International Research on Bamboo and Silk Documents: Newsletter, Dartmouth College, 2003, pp. 6-15。

② "▓", 从裘锡圭读, 朱凤瀚读作"奏", 李学勤读作"差"。参见裘锡圭：《燹公盨铭文考释》,《中国历史文物》2002 年第 6 期; 朱凤瀚:《燹公盨铭文初释》,《中国历史文物》2002 年第 6 期; 李学勤:《论燹公盨及其重要意义》,《中国历史文物》2002 年第 6 期。

③ 卿", 除裘锡圭读作"向"外, 其他均读作"飨"。参见裘锡圭：《燹公盨铭文考释》,《中国历史文物》2002 年第 6 期。

④ 李学勤：《论燹公盨及其重要意义》,《中国历史文物》2002 年第 6 期。

⑤ 裘锡圭：《燹公盨铭文考释》,《中国历史文物》2002 年第 6 期。

⑥ 裘锡圭：《燹公盨铭文考释》,《中国历史文物》2002 年第 6 期。

⑦ 朱凤瀚：《燹公盨铭文考释》,《中国历史文物》2002 年第 6 期。

⑧ 裘锡圭：《燹公盨铭文考释》,《中国历史文物》2002 年第 6 期。

的角度，倡导他们"贵德""好德"的思想，并以之作为赏罚的主要依据，这与《洪范》第五畴的思想完全契合。而且，"好德"一词，在今文《尚书》28 篇中唯见于《洪范》篇，共 2 次。虽然裘锡圭的具体论证未必尽是，但是也有可取之处，他的结论获得了不止一个论证或证据的支持①。总之，燹公盨铭文可以证明《洪范》乃周初著作的观点。

（二）对一些质疑的回应

今年五月，笔者曾以《〈尚书·洪范〉的文本叙述及其政治哲学》（当时为未完稿，并附有"综述"）一文参加在普林斯顿大学东亚系召开的"《书经》与中国政治哲学的起源"（Workshop：the Classic of Documents and the Origins of Chinese Political Philosophy）的学术会议。轮到笔者作报告的时候，我顺便介绍了一下近九十年《洪范》著作时代的考证情况，并表明了我的态度，赞成《洪范》为周初著作的传统说法。整个报告讲完后，似乎在座诸位只对其著作时代问题很感兴趣，他们不由自主地反对周初说，而赞成战国说。会前，我不曾料到古史辨派的观点会在海外具有如此大的影响力，他们的反应好像条件反射似的。其中，尤锐（Yuri Pines，耶路撒冷大学）、李峰（Li Feng，哥伦比亚大学）、史嘉柏（David Schaberg，加州大学洛杉矶分校）和朱渊清（上海大学）四位教授对拙见发表了评论，并提出了若干疑问。史嘉柏的评论很宽泛，仿佛只是为了表达他的怀疑态度罢了，因此笔者不打算在此回应。

尤锐很激动，他首先发表一通批评，紧接着表明自己的观点。他相信《洪范》作于战国时期，而不会太早。他的论证主要有两条：其一，《洪范》的用语很抽象，例如"王道"，不是具体指实的名词，这表明它的制作时代很晚；其二，《左传》引《洪范》都是"君子曰"，而"君子曰"是后来加上去的，因此不能作为《洪范》作于春秋以前的证据。在辩驳阶段，我当即找出《洪范》第五畴的相关文本，将其投影在屏幕上："无有作好，遵王之道；无有作恶，遵王之路；无偏无党，王道荡荡；无党无偏，王道平平；无反无侧，王道正直。"其中的"道"与"路"相对，很明显"道"首先是一个具有实指意义的名词，其次它还具有比喻义，乃是两种含义的综合。通常，殷至西周的名词应当从指实的方面来理解，但是也不尽然。关于《左传》引《洪范》的问题，一共有三例（参见上文），但只有一例为"君子曰"，见襄公三年。《左传》"君子曰"的评论，大家通常认为是战国时期加进去的，这一点我并不反对。但是另外两条"《商书》曰"文献出自文公五年和成公六年，是由当时的士大夫们加以引用的。这两条引文当然可以证明《洪范》的成篇时代当在春秋中期之前，但是总有人偏偏只相信刘节的诬说，这就不知是何道理了！

李峰说，西方汉学家普遍认为《尚书·洪范》等的著作时代比较晚。他具体提出了两个批评意见，一是《洪范》通俗易懂，而西周金文多难懂，因此它不可能是西周的东西；二是裘锡圭关于《燹公盨》的理解和论断，大多数学者并不能同意。我回答的大意

---

①　刘起釪在读到裘锡圭《燹公盨铭文考释》一文后，欣喜若狂。在 2003 年 1 月作的一个《补记》中，他说："这一论断真是太好了。我考定《洪范》原本成于商代，流传至周代其内容文字会按不同时期逐步增订写定。现裘先生阐明是西周初基本写定，正是符合这一流传写定情况的。"参见刘起釪：《五行原始意义及其分歧蜕变大要》，载《尚书研究要论》，齐鲁书社 2007 年版，第 357 页。

是这样的（现在作了补充）：首先，一个文本在后世的反复抄写过程中，它的语言特征是会发生变化的，纯用语言学的方法来作考证，这不一定可靠。殷盘周诰固然难懂，"诘屈聱牙"，但是这其中也存在一定的特殊性。《盘庚》篇的写作很早，而周诰则使用了一些岐周方言，增加了阅读的难度。典、谟是两类最为重要的《尚书》典籍，它们应当最为雅正和通达。而且，从周初到战国末季，时间相距八百余年，这两类文本肯定被传抄多次，而每传抄一次，就发生了不同程度的转写，以适应语言的历时性变化。它们的通俗性，肯定随着时间的推移而在不断增加。楚简可以与今本《尚书》对照的篇目，我们姑且不论。这里，《尚书·洪范》篇本身即是一个很好的例子。比较今本《尚书·洪范》与《史记·宋微子世家》所引文本，可知后者通俗易懂得多。这突出地表现在"序论"部分。《宋微子世家》所载《洪范》曰："武王既克殷，访问箕子。武王曰：'於乎！维天阴定下民，相和其居，我不知其常伦所序。'箕子对曰：'在昔鲧陻鸿水，汩陈其五行，帝乃震怒，不从鸿范九等，常伦所斁。鲧则殛死，禹乃嗣兴。天乃锡禹鸿范九等，常伦所序。'"史公在此作了比较明显的改写，其中运用了许多合乎汉人阅读习惯的训诂字和通假字，从而使得本节文本阅读起来变得容易得多。这里，设使《尚书·洪范》在汉代以后即不传，那么难道我们今天就能够仅凭司马迁的抄本，然后作一番语言学上的考证，进而断定它不是先秦的东西，而是汉代才写作出来的吗？当然不能！回过头来看，通常西周金文之所以难读、难看，主要是因为它们没有经过反复的传抄（即没有经过后代通假字和训诂字的改写）和成熟的训释。但是，一旦读通，其内容其实也没有那么高深，那么重要，其价值通常远远不及今文《尚书》。《大诰》篇在此也是一个很好的例子。在目前可见的先秦西汉文献中，它完全没有被引用过，直到王莽时才模仿《大诰》作了一篇也叫作《大诰》的文本。① 这说明它的存旧情况可能很好，因此《尚书·大诰》篇的阅读难度可想而知。而由《大诰》篇在西汉以前的流传情况（特别是引用情况），我们能够据此即断定它不是周初的著作吗？或者干脆认定它就是汉代的著作吗？当然不能！至于《洪范》《尧典》等篇是不是真的像某些人所说的，读起来像《论语》《孟子》等书一样平易呢？我不这么认为。《论语》是对话体，语录体，流传又广，它很平易，这很自然。但是，今文《洪范》，依笔者的阅读经验，不但比《论语》要难看得多，而且比《左传》也要难看得多。

　　至于裘锡圭对于《燹公盨》的具体解释，有许多意见我是不赞同的。笔者之所以赞成他的一个重要判断，即燹公盨铭文可以作为一个重要证据来证明《洪范》作于周初的观点，是从这一角度来说的："该篇铭文从臣民的角度，倡导'贵德''好德'的思想，并以之作为赏罚的主要依据，与《洪范》第五畴的思想完全契合。而且，'好德'一词，在今文《尚书》二十八篇中唯见于《洪范》篇，共 3 次。② 据此，裘锡圭的说法是可信的。"这段话，从思想脉络和语言特征两个方面论证了《洪范》早出的观点，其中也运用

---

① 《汉书》卷 84《翟方进传》、卷 99《王莽传》。

② "3 次"，应当作"2 次"。《洪范》一曰"予攸好德"，二曰"于其无好德"，三曰"四曰攸好德"。其中第二条的"德"字，据王引之说，乃衍文。参见王引之：《经义述闻》卷 3，江苏古籍出版社 2000 年版，第 87 页。

了古史辨派经常要弄的考证手法。

朱渊清发言时很激动。他说,《洪范》肯定是战国晚期的著作,因为"八政"的"司空""司徒""司寇"在金文中还没有这样的官职名。这是硬证据。石破天惊!当时听了他的话,我吓了一跳。不过,会间小憩的时候,我上网查证了一下,其实金文已经有了这三个官职名了。开完会返回武汉后,我又查阅了张亚初、刘雨的《西周金文官制研究》一书①,收获较大。现将此书的相关内容抄录如下:

> (甲)嗣土,即嗣徒,西周早期和中期作嗣土,西周晚期才出现嗣徒。嗣文献作司。嗣土、嗣徒就是文献上的司徒。东周沿置此官。(第 8 页)……司徒简单说来就是农官。金文作铜土、嗣徒都是主农之意。司土就是管理土地,司徒就是管理在土地上从事劳作的农业生产者。(第 9 页)
>
> (乙)嗣工文献上作司空,在西周铭文中均作嗣工。东周铭文中有作嗣工或嗣攻的,但从未见有写成嗣空的,可见典籍上的司空之空应是工字的同音假借。(第 22 页)……在西周铭文中,有关司工的材料共有十二条,都是西周中期和晚期的材料,西周早期的材料尚缺。(第 24 页)
>
> (丙)嗣寇即司寇……可知司寇是刑官之长。《左传》定公四年传:"武王之母弟八人……康叔为司寇。"《尚书·立政》有司寇苏公。据传周初已设此职,但这一点在铭文中尚未找到确切的证据。西周早期目前还没有发现关于司寇的铭文材料。目下所知最早的带有司寇的铭文是恭王时的南季鼎。(第 24 页)

这三条引文,足以否定朱渊清的说法。司空(嗣工)、司徒(嗣土)、司寇(嗣寇)三名,在西周早期或中期已经存在。从道理上来说,王官的分工应该很早。自盘庚迁殷之后,商人的版图不断扩张;而为了管理王国,建立比较系统的官制乃势在必行之事。由此而言殷人已经产生像嗣工、嗣土、嗣寇这样的职务分工,这是很可能的;但是,其时是不是就已经形成了此等官制呢?这还需要更多地下材料的新发现。不管怎样,设想周初已出现司空、司寇的官制,这个看法仍然是可能的,不应轻加否定。

总之,我们除了可以像徐复观一样下"刘节《洪范疏证》一文中的论证,混乱牵附,无一说可以成立"的判断外②,还有更充分的正面材料证明《洪范》的确为周初著作,它是箕子站在"王道"(或"天道")的高度对殷代政治思想作了一次哲学上的大总结。

原载《中原文化研究》2013 年第 5 期。

---

①　张亚初、刘雨:《西周金文官制研究》,中华书局 1986 年版,第 8~9, 22~24 页。
②　徐复观:《阴阳五行及其有关文献的研究》,李维武编:《徐复观文集》(修订本)《中国人性论史·先秦篇》,湖北人民出版社 2009 年版,第 292 页。

伪《古文尚书》案平议

丁 鼎

　　《尚书》是我国最古老、最重要的一部上古文献总集，是儒家六经之一。在中国学术史上，历代学者围绕《尚书》一书一直聚讼纷纭，其中既有今、古文《尚书》之争，更有真、伪《尚书》之争。自从宋代吴棫、朱熹等学者怀疑传世《古文尚书》为伪书之后，就逐步形成经学史上最受人关注、最令人困惑的"伪《古文尚书》案"。至清代阎若璩作《尚书古文疏证》，集历代怀疑传世《古文尚书》为伪书之大成。阎若璩的观点虽然遭到清代毛奇龄及其他著名学者的驳难，但在疑古思潮影响下，阎氏的观点几乎被清代与近现代学术界视为定谳。不过，20世纪后期以来，随着学术思想的活跃，尤其是随着一些战国简帛文献的问世，学术界在《尚书》学研究方面出现了新的气象，人们对阎若璩等学者判定《古文尚书》为伪书的观点提出了新的质疑和挑战。目前，关于"伪《古文尚书》案"的争议还在继续，人们对《古文尚书》的真伪问题仍然见仁见智，众说纷纭，迄无定论。有鉴于此，笔者在本文中对"伪《古文尚书》案"的历史和现状进行一番考察和总结，间下按断，以资备览。

一、《尚书》在先秦两汉时期的传授与今、古文之争

　　《尚书》这部书本来是孔子为教育弟子而选编的一部历史文选性质的教材。周王朝及当时各诸侯国的史官都收藏了许多虞夏商周时期的文献档案。作为伟大教育家和思想家的孔子，充分认识到这些先代文献档案的思想价值和文献价值，因而便广泛搜集这些流传于世的先代文献档案，并将它们整理选编成集，用以教授学生。此后，《书》或《尚书》便成了孔子所编订的这部上古文献总集的专称。

　　孔子整理编定《尚书》后，即将其用来作为教授学生的主要教材之一，从而使《尚书》在社会上得到了广泛传播。春秋战国时期的儒家和其他诸子的著作，如《左传》《论语》《墨子》《孟子》《荀子》等，都曾大量引用《尚书》中的文字就可充分说明这一点。

　　秦始皇统一全国后，建立起高度集权的专制王朝。为了加强思想控制、巩固专制统治，秦王朝实行焚书坑儒政策，规定除了博士所掌管的图书和医药、卜筮、种树等内容的图书，其他所有《诗》《书》和诸子百家均在焚毁之列，甚至规定有敢谈论《诗》《书》者处死，官吏知情不举者与之同罪。从而使古代长期积累的典籍遭到空前破坏。此后不久，陈胜、吴广领导农民起义推翻了秦王朝的统治，接着又发生了持续数年之久的楚汉战争。济南地区成为楚汉战争的战场，曾经担任过秦博士的济南人伏生，为了躲避战乱而只好逃亡外地。逃亡之前他将自己当博士时所保留的一部《尚书》藏到家中的屋壁中。几年后，刘邦打败项羽，建立汉王朝，社会秩序逐渐稳定下来，伏生便回到家中找出这部当年藏于屋壁的《尚书》。但遗憾的是这部《尚书》已断烂了一部分，佚失了数十篇，只剩

下 29 篇。于是伏生就用这 29 篇《尚书》在齐鲁地区教授学生。①

汉王朝初年由于战乱过后，百废待举，还顾不上文化建设。到汉文帝时社会得到休养生息，国家开始重视文化典籍的整理和保存工作。当时朝廷既无《尚书》这部重要典籍，更无能讲授这部书的人。于是便向天下征求对《尚书》有专门研究的学者，终于打听到专治《尚书》的秦博士伏生还活在人间。不过，这时伏生已 90 多岁，年老体衰，不能出行。于是朝廷便派遣晁错到伏生家中去学习《尚书》。伏生口授讲解，晁错用笔记下来，带回朝廷。② 从此，伏生所传授的《尚书》29 篇便成了官方定本。

伏生壁藏的《尚书》文本原来当是用秦朝通行的小篆字体写成。由于伏生在汉初传授时又改用汉代通行的隶书写定，等到西汉中期出现了用六国古文字写成的《尚书》后，伏生传授系统的《尚书》便被称为《今文尚书》。

伏生所传授的用汉代隶书写的《尚书》流传于世之后，汉代又出现了几部"《古文尚书》"，即用先秦古文字写成的《尚书》。所谓古文就是指秦朝统一文字前六国所使用的大篆或籀文。据《史记·儒林列传》《汉书·鲁共王传》《汉书·艺文志》等记载，汉景帝、武帝时期陆续发现了几批用先秦古文字书写的《尚书》残本。其中最重要的是所谓"孔壁古文本"。汉武帝时鲁共王为了扩建宫殿而拆了孔子的一座故居，在这座故居的墙壁中发现了几部用先秦古文字书写的古书，其中一部就是《尚书》，其他几部是《左传》《论语》《孝经》等。这些古书可能是孔子后裔当年为了躲避秦朝焚书令而藏起来的。鲁共王把这些从孔子故宅壁中发现的古书交还给孔家。恰好当时孔家有一位著名学者叫孔安国，他是孔子的 12 世孙（或曰 11 世孙），曾师从伏生学习《尚书》。孔安国把这部用先秦古文字书写的《尚书》与他原先跟伏生所学的《今文尚书》进行了一番比较研究，发现这部《尚书》比伏生所传的《尚书》29 篇多出 16 篇，而相同的 29 篇在文字上也有些出入。③ 由于孔安国是一位精通古文字的学者，于是他便将这部以先秦古文字书写的《尚书》改写为当时通行的隶书字体，即所谓的"隶古定"。这部孔壁《尚书》虽经孔安国隶古定，但因它原来是由先秦古文字书写，因而就被称为"《古文尚书》"。

据记载，汉代还出现过几部《古文尚书》，其中与"孔壁古文本"同源的大概还有"河间献王本"和"中秘本"。据《汉书·河间献王传》记载，河间献王刘德（汉武帝之弟）"修学好古"，喜欢收集购求先秦经典，河间献王所收集的古籍中就有一部以先秦古文字写成的《尚书》。又据《汉书·艺文志》记载，西汉末年刘向曾用"中秘本"《古文尚书》与伏生所传授的《今文尚书》进行对校，发现一些脱简和文字相异之处。所谓"中秘本"，即是指当时皇家图书馆所收藏的《古文尚书》。实际上，这个"中秘本"也可能就是"孔壁古文本"，因为据刘歆《移让太常博士书》记载，孔安国曾在汉武帝时将自己收藏、研习的"孔壁古文本"《尚书》献给朝廷。④

伏生所传授的《今文尚书》之学捷足先登，早在西汉时期就被立于学官，设博士，垄断了学界的利禄之途。这些《今文尚书》博士当然不愿意后来流传于世的《古文尚书》

① 司马迁：《史记·儒林列传》，中华书局 1959 年版。
② 司马迁：《史记·晁错列传》，中华书局 1959 年版。
③ 班固：《汉书·艺文志》，中华书局 1962 年版。
④ 班固：《汉书·刘向（附子歆）传》，中华书局 1962 年版。

之学染指他们所垄断的利禄之途，因而在西汉时期《古文尚书》一直未被立于学官，而只能在民间传授。于是研治《古文尚书》的学者与研治《今文尚书》的学者之间便出现了矛盾和纷争。形成了经学史上著名的今、古文经学之争。二者的矛盾和纷争虽然从学术层面上看是由不同的文本和不同的家法、师承及治学理路而形成的，但从社会层面上看却反映了二者之间在利禄诉求方面的深层矛盾。

至东汉末年，对今、古文《尚书》进行综合研究的学者越来越多。其中最有代表性的是著名的经学大师郑玄。郑玄本是今文经学家第五元先的学生，后师从古文经学家马融学习古文经典，是一位学识渊博的集大成式的学者。他在马融古文经学的基础上，兼采今文之说，为《古文尚书》作注解①，熔《古文尚书》学与《今文尚书》学于一炉，逐渐平息结束了纷扰约二百年之久的今、古文学派之间的纷争。此后，郑玄的《尚书注》便成为《尚书》的权威注本，《古文尚书》便逐步取代了《今文尚书》的地位，至魏晋时甚至被立于国学，设博士。由于东汉灵帝时期所刻"熹平石经"中的《尚书》只有今文而无古文，且已毁于汉末战乱之中，于是曹魏政权便于正始年间将当时立于国学的《古文尚书》刻于石碑。因为这批石经是由先秦古文、秦代小篆和汉代通行的隶书三种字体刊刻的，因而叫做"三体石经"。学官的设立和"三体石经"的刻立，标志着《古文尚书》在曹魏时期完全取代了《今文尚书》的权威地位。

二、"伪《古文尚书》案"的由来

《尚书》学史上，曾先后出现过两次影响较大的"伪《古文尚书》"问题。第一次是西汉成帝时东莱张霸所献 102 篇的《百两尚书》；第二次是东晋豫章内史梅赜所献 58 篇的《古文尚书》，即传世至今的《十三经注疏》本《尚书》。

据《汉书·儒林传》与《论衡·佚文篇》记载，汉成帝诏求能治《古文尚书》的学者，张霸便乘机编造一部《百两尚书》献给朝廷。这部《尚书》乃是离析伏生本 29 篇为数十篇，又杂采《左传》《书序》作为首尾，凑成 102 篇。成帝命以宫廷所藏《尚书》对校，当即发现这是一部伪造的《尚书》，张霸也差一点被以"大不谨敬罪"杀掉。其所献《百两尚书》当然也被废黜了。

西晋永嘉之乱，朝廷从汉、魏中秘所接受的文物典籍大都毁于战火，今、古文《尚书》也散亡殆尽，连曹魏刻立的"三体石经"也毁坏了。据陆德明《经典释文·叙录》和《隋书·经籍志》记载，司马氏逃到江南建立东晋后，豫章内史（太守）梅赜（或作"颐"）向东晋元帝献出一部自称是孔安国作传的《古文尚书》（后世称为梅本《古文尚书》或孔传《古文尚书》）。梅赜自称，这部《古文尚书》是魏末晋初的著名经学家郑冲所传授，郑冲传授给扶风人苏愉，苏愉传授给天水人梁柳，梁柳传授给城阳人臧曹，臧曹传授给梅赜。

梅本《古文尚书》共有四部分内容：（1）经文 58 篇，其中包括与西汉《今文尚书》基本相同的 28 篇，但把它析为 33 篇（分《尧典》下半为《舜典》，分《皋陶谟》下半为《益稷》，分《顾命》下半为《康王之诰》，分《盘庚》为上、中、下 3 篇）；另有《今文尚书》所无的 25 篇（后人称为《晚书》）。（2）百篇《书序》，也叫做"小序"，其中

---

① 范晔：《后汉书·儒林传》，中华书局 1965 年版。

42 篇有序无经文，凡有经文的序都分别列在各篇经文之前，没有经文的序则按照次序分插在各篇之间。（3）孔安国的注解，即所谓的孔《传》。（4）第四部分是一篇据说是孔安国所作的序，记述孔安国得书和作传的经过，它列于全书之前。为了与百篇《书序》（"小序"）相区别，人们称其为《孔传序》或"大序"。需要说明的是，根据孔颖达《尚书正义》记载，梅赜所献的这部《古文尚书》缺了《舜典》一篇的孔《传》。①

直到南齐建武四年（497），吴兴人姚方兴在大航头（今南京地名）发现一篇有孔安国注解的《舜典》，献给了朝廷。①

这部所谓的孔传《古文尚书》出现后很快即获得东晋朝廷的认可，并被立于学官。直到南北朝末年孔《传》和郑《注》在学术界的影响基本上平分南北，南朝多研究孔《传》，北朝多研究郑《注》。隋代经学家刘炫、刘焯即根据这部孔《传》作《尚书述议》。于是这部孔传《古文尚书》也就在全国推行起来了。唐太宗时命颜师古考订五经，编定标准的读本，这就是"新定五经"。《尚书》所采用的定本就是刘炫编的孔传《古文尚书》。后来，唐太宗又命孔颖达等人撰集《五经正义》，其中的《尚书正义》也是采用孔传《古文尚书》为标准经文②，然后选录唐代以前费甝、刘炫、刘焯等人注解孔传《古文尚书》的著作而作成《疏》。而且这部《尚书正义》的经文于唐文宗开成年间刻立于"开成石经"。此后，这部《尚书》便成为法定标准文本通行并流传后世。

然而这部梅本《古文尚书》到宋代被怀疑为伪书。最先提出怀疑的是南宋初年的吴棫。他在《书裨传》中指出这部《古文尚书》中与伏生《今文尚书》相同的 33 篇文辞古奥，很难读懂；而比《今文尚书》多出的 25 篇则文从字顺，很容易理解。因此他对这 25 篇《古文尚书》的真实性提出怀疑。③ 其后，南宋著名学者朱熹也"疑孔安国《书》是假书"，其理由是"孔壁所出《尚书》，如《大禹谟》《五子之歌》《胤征》《泰誓》《武成》《冏命》《微子之命》《蔡仲之命》《君牙》等篇，皆平易；伏生所传皆难读。如何伏生偏记得难底？至于易底全记不得？此不可晓"。他还怀疑孔《传》和《孔传序》说："《尚书》决非孔安国所注，盖文字软善不是西汉人文章。安国，汉武帝时，文章岂如此？但有大粗处，决不如此软善也。如《书序》做得甚弱，亦非西汉人文章也。"④

宋代吴棫、朱熹既开怀疑孔传《古文尚书》之先河，此后学术界怀疑此书的人越来越多。其中最有代表性的是明代学者梅鷟和清代学者阎若璩。梅鷟作《尚书考异》⑤ 和《尚书谱》⑥，认定孔传《古文尚书》就是作伪者从有关古籍中采辑《尚书》旧文补缀而成。梅氏的《古文尚书》辨伪工作在学术史上影响很大，但在论证方面多有武断之处。对于梅鷟的《古文尚书》辨伪工作，明代著名学者陈第《尚书疏衍》卷一批评说："近世旌川梅鷟拾吴、朱三子之绪余，而诪张立论。直断谓古文晋皇甫谧伪也，集合诸传记所引

①　孔颖达《尚书正义》卷 2《舜典》"曰若稽古帝舜"正义曰，中华书局 1980 年影印《十三经注疏》本。

②　蒋善国：《尚书综述》，上海古籍出版社 1988 年版，第 131 页。

③　吴棫所著《书裨传》今已不传。其说见于梅鷟《尚书考异》卷 1《古文二十五篇》所引，上海古籍出版社 1987 年影印文渊阁《四库全书》本。

④　朱熹：《朱子语类》卷 78，上海古籍出版社 1987 年影印文渊阁《四库全书》本。

⑤　梅鷟：《尚书考异》5 卷，上海古籍出版社 1987 年影印文渊阁《四库全书》本。

⑥　梅鷟：《尚书谱》5 卷，《续修四库全书》第 43 册，上海古籍出版社影印清孔氏藤梧馆抄本。

而补缀为之。"① 甚至对梅氏《古文尚书》辨伪工作多所肯定的四库馆臣也于明陈第《尚书疏衍》卷首提要曰："梅鷟《尚书考异》虽多所厘订，颇胜前人；而其《尚书谱》则蔓语枝词，徒为嫚骂，亦不足以关辨者之口。"② 并因而未将其《尚书谱》收入《四库全书》之中，而只把它放在"存目"之中。

清代学者阎若璩在梅鷟《古文尚书》辨伪工作的基础上撰《尚书古文疏证》，对孔传《古文尚书》进行了全面的辨伪工作，判定孔传《古文尚书》和孔《传》均为魏晋人伪造的伪书。阎若璩的《尚书古文疏证》指责孔传《古文尚书》经文本身存在与古籍不合、与史例不合、与古史不合、与古代典礼不合、与古代历法不合、与古代地理不合、与训诂不合、与文理不合等八个方面的问题，因而论定这部孔传《古文尚书》为伪书。作伪者就是东晋献书者梅赜。他认为这部孔传《古文尚书》中与汉初伏生所传《今文尚书》内容相同的 33 篇实际上就是从《今文尚书》抄录而来，而比《今文尚书》多出来的 25 篇，就是把一些先秦古书中所引用的《尚书》语句辑录起来，联缀而成。

阎若璩的《古文尚书疏证》问世后，很快就风靡学术界，博得了当时许多著名学者的信从和支持。针对这种情况，以博学著称的毛奇龄便起而抗争。他针对阎若璩的《尚书古文疏证》，撰写出《古文尚书冤词》，力辨《古文尚书》不伪。

阎若璩的《尚书古文疏证》共 8 卷 128 条，从多方面论证《古文尚书》为伪书；而毛奇龄的《古文尚书冤词》共 6 卷，对阎若璩的观点进行了针锋相对的辩驳。由于阎、毛二位都是当时极有名望的学者之一，同是清代"汉学开山者"③，因而他们的论争轰动一时。他们都在自己的论著中广征博引，以雄辩的才能论证自己的观点，令人眼花缭乱！不过，平心而论，虽然阎若璩的《古文尚书疏证》博得了当时许多著名学者的信从和支持，但毛奇龄《古文尚书冤词》的许多驳难确实击中了阎若璩《尚书古文疏证》及其他判定《古文尚书》为伪书者的软肋。兹姑举二例，用概其余。

（1）梅赜所献的《古文尚书》前有一篇孔安国所作的序，即《书大序》。孔安国在《书大序》中说，他为《古文尚书》作传后二次向朝廷献书，但由于遇到"巫蛊之难"而未能立于学官。

阎若璩在《尚书古文疏证》十七条中论证《书大序》为伪作。其理由是"巫蛊之难"发生于汉武帝征和元年（前 92），而司马迁在《史记》自序中说"予述黄帝以来，至太初（前 104）而讫。"而《史记·孔子世家》又说："安国为今皇帝博士，至临淮太守早卒。"则在太初年孔安国早已去世。而自太初至征和相去八年，从而证明《书大序》为伪作，进而可以证明孔安国献《古文尚书》事也是子虚乌有。而毛奇龄则在《古文尚书冤词》中以《史记》所记史事为内证，无可辩驳地证明《史记》记事并非终于太初年间，而是记载了许多太初之后直到征和年间的史事，其中也包括多处与巫蛊之难有关的史事，因而他得出结论说："《史记》不必终太初；安国虽早卒，不必不死于征和之后。"从而说明阎氏的推论在事理逻辑上是不能成立的。显然，毛奇龄的反驳是符合情理的。

（2）《古文尚书》中有《武成》一篇，而《今文尚书》没有这一篇。阎若璩就论定

---

① 陈第：《尚书疏衍》卷 1《尚书考》，上海古籍出版社 1987 年影印文渊阁《四库全书》本。

② 纪昀等：《〈尚书疏衍〉提要》，上海古籍出版社 1987 年影印文渊阁《四库全书》本。

③ 钱穆：《中国近三百年学术史》，商务印书馆 1977 年版，第 278 页。

这一篇是"伪书"。《武成》篇记载周武王率领军队伐商纣王时，在商郊牧野打败了商纣王的部队，"血流漂杵"。而阎若璩在《尚书古文疏证》第 119 条中根据《孟子·尽心下》的有关记述证明今本《武成》篇是伪书。《孟子·尽心下》载：

> 孟子曰："尽信《书》则不如无《书》。吾于《武成》取二三策而已。仁人无敌于天下。以至仁伐不仁，而何其血之流杵也？"

阎氏根据这段记述得出了两点结论：其一，孟子已不相信《武成》。其二，今本《武成》篇中的"血流漂杵"是后人作伪。他说："'而何其血之流杵也'，此孟子语，似当日《书》辞仅'血流杵'三字，未必增有'漂'字。只缘赵岐注云尔。晚出书与之同，故可验其出赵氏后。"

实际上，阎氏的推理似是而非，在逻辑上是难以成立的。"似""未必"只能推出或然性判断，而他却得出"只缘"的必然性判断。因而其结论首先在逻辑上是站不住脚的。此外，从文献学的角度看，阎氏的结论也是靠不住的。因而毛奇龄在《古文尚书冤词》卷六批驳阎氏说：《国策》武安君与韩魏战于伊阙，有"流血漂卤"语。此本《武成》"血流漂杵"语而习用之。古有不引经而习用其语者，此类是也。若《孟子》"何其血之流杵也"，则引经而反不用其语。此又一例。……旧注《孟子》杵或作卤，盾也。与《国策》语同。据此则益信《国策》用《书》词耳。①

（3）今本《古文尚书》中有《微子之命》一篇，记述周成王分封商纣王庶兄微子于宋的诰命。由于本篇为伏生本《今文尚书》所无，于是有人便断定本篇为伪书，其理由是既然周王朝"封微子于宋，当名《宋公之命》"，而不应命名此篇为《微子之命》。对此，毛奇龄批驳说：

> 又杜撰矣。凡封有新旧，既有旧封，则虽当新封而亦称旧号。箕子只称箕，周公只称周，是也。不读《康诰》乎？康叔初封康，与微子初封微同。乃康叔封卫不称《卫诰》，而谓微子当称宋。吾不解也。岂《康诰》伪书耶？②

显而易见，毛奇龄的批驳有理有据，尤其是以成王、周公封康叔于卫时所作的《康诰》为例很有说服力。由于《今文尚书》与《古文尚书》均有《康诰》这一篇，因而以卫康叔封卫不称《卫诰》而仍称《康诰》来类比微子封宋不称《宋公之命》而称《微子之命》，使断《微子之命》为伪书者无言以对。

毛奇龄的上述论断皆言之成理，能自圆其说，指出了阎若璩及其他论定《古文尚书》为伪书者的种种疏误。

阎若璩的《尚书古文疏证》原本共有 8 卷，128 条，但在后来行世的刻本中却只有 99 条，缺了将近 1/4 的内容。据钱穆先生考证，缺文原因有二：一是见毛奇龄《古文尚

---

① 毛奇龄：《古文尚书冤词》卷 6，上海古籍出版社 1987 年影印文渊阁《四库全书》本。
② 毛奇龄：《古文尚书冤词》卷 6，上海古籍出版社 1987 年影印文渊阁《四库全书》本。

书冤词》的驳难确实有理有据，便自行删去；二是内容调整，移入他卷。① 前述毛奇龄在《古文尚书冤词》所驳以周王朝"封微子于宋"而疑《微子之命》为伪书的观点，不见于今本《尚书古文疏证》，有可能即为阎氏见毛氏所驳理据充分，因而便自行删去。由此可见毛氏《古文尚书冤词》的学术价值不能低估，更不应否定。

乾嘉以降，虽然这部《古文尚书》遭到空前的普遍怀疑，但相信本书是真古文献并为其进行辩护者也一直代不乏人，不绝如缕。如方苞撰《读古文尚书》，赵翼撰《陔余丛考》，郝懿行撰《尚书通论》，陈逢衡撰《逸周书补注》，洪良品撰《古文尚书辨惑》《续古文尚书冤词》等等，支持毛奇龄的观点，力辩《古文尚书》是真古文献。但更有惠栋著《古文尚书考》，王鸣盛著《尚书后案》，段玉裁著《古文尚书撰异》，崔述著《古文尚书辨伪》，丁晏著《尚书余论》，支持阎若璩的观点，尤其是乾嘉年间负责编纂《四库全书》的纪昀及其他四库馆臣旗帜鲜明地支持阎若璩，而反对毛奇龄的观点，致使阎若璩的观点最终占了上风，把这部《古文尚书》断为伪书的观点几乎成为定论。

至于这部梅本《古文尚书》及孔《传》的作伪者究竟是谁，历代辨伪者言人人殊，说法不一。明人梅鷟认为是皇甫谧伪造；清人丁晏则认为作伪者当是王肃；王鸣盛则认为作伪者不是皇甫谧就是王肃，二者必居其一；阎若璩、惠栋等认为作伪者就是东晋献书者梅赜；陈寿祺《左海经辨》与近人陈梦家《尚书通论》以为作伪者当是东晋人孔安国；清代末年，康有为撰《新学伪经考》，认为作伪者是西汉末年的刘歆。近人蒋善国《尚书综述》则推论是西晋五经博士孔晁所作。……然而这种种推论都存在着漏洞，难以自圆其说，没有一种能够得到学术界的公认。《尚书·尧典》正义引十八家《晋书》佚文，清楚地记载着晋代《古文尚书》自郑冲到梅赜的传承统绪。李学勤先生对此已经作过论证，认为东汉中晚期，梅本《古文尚书》已逐渐传播流行，这种传本的《古文尚书》的出现要早于被怀疑为作伪者的王肃、皇甫谧、梅赜等人所处的朝代，因而王肃、皇甫谧、梅赜等人均不可能是作伪者。② 因而对于梅本《古文尚书》的作伪者到底是谁这一问题，甚至连当代怀疑《古文尚书》为伪书的刘起釪先生也只能在《尚书学史》中认为："这是一件在已有文献条件下实在无法解决的问题。"③ 原因何在？是不是这部《古文尚书》根本就不是伪书，根本就没有作伪者呢？这个可能恐怕难以排除。

三、当代学术界对"伪《古文尚书》案"的重新审视

在清代至近代一浪高过一浪的疑古辨伪思潮的巨大影响下，现当代学术界在很长时期里几乎众口一辞地判定这部孔传《古文尚书》是伪书。许多实际上对《古文尚书》并无深入研究的学者也对阎若璩的《尚书古文疏证》发出了"矮子观场"般的阵阵喝彩，甚至把毛奇龄的《古文尚书冤词》视为学术"败笔"。近现代学术界甚至在称引这部《古文尚书》时径称为《伪古文尚书》，其注解亦被称为"伪孔传"。

20世纪进入民国后的半个多世纪里，在疑古思潮的影响下，这部孔传《古文尚书》被判定为伪书几乎成了定论，几乎听不到为其辩护的声音了。只有符定一在1927年撰写

① 钱穆：《中国近三百年学术史》，商务印书馆1997年版，第268页。
② 李学勤：《失落的文明》，上海文艺出版社1987年版，第329~331页。
③ 刘起釪：《尚书学史》，中华书局1996年版，第361页。

《新学伪经考驳谊》对康有为论定孔传《古文尚书》为刘歆伪造的观点进行了有理有力的驳斥。① 直到 1970 年才再度出现了为《古文尚书》辩护的呼声。中国台湾的王保德先生连续发表了《〈古文尚书〉非伪作的新考证》② 和《再论〈古文尚书〉非伪作的新考证》③ 两篇长文。但学术界对他的呼声反应较为冷淡。到 20 世纪末,随着郭店战国楚墓竹简的出土和上海博物馆藏《战国楚竹书》的问世,人们对这部《古文尚书》的真伪问题有了新的认识。《郭店楚墓竹简》和上海博物馆藏《战国楚竹书》中均有《缁衣》篇,此篇见于小戴《礼记》,为今本《礼记》第三十三篇。两个简本的《缁衣》篇与今本《礼记·缁衣》的内容大同小异,应视为同一篇的不同传本。简本《缁衣》征引《尚书》多条:其中不仅有今、古文《尚书》都有的《吕刑》《康诰》《君奭》等篇目的文字,而且有《今文尚书》二十八篇所没有的《尹诰》(今本《古文尚书》无此篇名,该条引文在今本《咸有一德》篇内)、《君牙》和《君陈》三篇“晚书”的文字。现在传世的被判定为魏晋人所伪造的“晚书”内容竟在战国时期的楚墓中被发现,其学术意义无疑是非常重要的。据整理者研究,这两批竹简书写的时间下限是战国中期。由此可见,简本《缁衣》所征引的多条《古文尚书》的文字肯定是未经汉魏人改动的真《古文尚书》。郭沂先生据此认为:“这足以证明《古文尚书》不伪。”④ 吕绍纲先生则认为:“郭店简本《缁衣》征引的《咸有一德》《君牙》《君陈》三篇 4 条《古文尚书》,从中多少能看出一点问题。至少,阎若璩的结论从此不是那么板上钉钉,不可以讨论了。……清人关于晚出《古文尚书》乃东晋人伪作的结论并非无懈可击,仍可以再作讨论。”⑤

王世舜先生通过对这 4 条引文与今本《古文尚书》进行对比分析,得出结论说:“如果将郭店楚简的年代定为战国中期,那么,简本既然引用了……《古文尚书》中一些篇章的文字,可证《古文尚书》……于战国中期已在流行。由此也就有理由认为两汉及魏晋时代的《古文尚书》很可能就是战国时代《古文尚书》的传本。……如果《古文尚书》在战国中期就已在流传,那么,《古文尚书》的伪造者当是战国中期或战国中期以前的人,而决不可能是晚至东晋时代的梅赜。”⑥

杨善群先生近年来也发表了系列文章,支持毛奇龄的观点,认为《古文尚书》并非伪书,指斥阎若璩《尚书古文疏证》“证伪”的八种手法是:一、主观武断,强词夺理;二、颠倒先后,混淆是非;三、吹毛求疵,故意找碴;四、信口雌黄,胡乱拉扯;五、门户之见,意气用事;六、自相矛盾,莫名其妙;七、虚张声势,乱凑条目;八、二难推理,反正是“伪”。并批评《尚书古文疏证》一书“证伪运用了八种手法,但绝大部分证

① 符定一:《新学伪经考驳谊》,商务印书馆 1927 年版,第 14 页。
② 王保德:《〈古文尚书〉非伪作的新考证》,《文坛》1970 年 10 月—1971 年 3 月 124—129 期。
③ 王保德:《再论〈古文尚书〉非伪作的新考证》,《建设》1978 年 1 月—8 月 26 卷 8 期—27 卷 3 期。
④ 郭沂:《郭店竹简与中国哲学论纲》,《郭店楚简国际学术研讨会论文集》,湖北人民出版社 2000 年版。
⑤ 吕绍纲:《〈郭店楚墓竹简〉辨疑两题》,《纪念孔子诞辰 2550 周年国院学术讨论会论文集》,国际文化出版公司 2000 年版。
⑥ 王世舜:《略论〈尚书〉的研究和整理》,《聊城师范学院学报》2000 年第 1 期。

据都似是而非，不能成立"①。历代把孔传《古文尚书》"证伪"的一条重要理由，是由于先秦两汉许多古文献中有许多引用《古文尚书》的文句，因而证伪者便认为孔传《古文尚书》就是作伪者在广泛收集这些"引文""用文"的基础上，连缀成文，伪造出《古文尚书》25 篇。应该说这样的证伪方法，在逻辑上是有问题的。

因为先秦两汉许多古文献中所引用的《古文尚书》的文句，固然有可能成为作伪者的作伪材料，但也有可能根本不存在作伪问题，这些文句本来就是从这部《古文尚书》引用而来。显然，这样的证伪思路存在明显的逻辑漏洞，因而当代学者姜广辉先生虽然同意梅鷟、阎若璩把孔传《古文尚书》判定为伪书的观点，但却并不认同这样的证伪思路。他说："虽然找到了《古文尚书》与其他文献蹈袭雷同的证据，但却不能判定两者究竟是谁抄谁。梅鷟以及其他许多考辨者已经先入为主地认定《古文尚书》是伪作，从此点出发，将所有发现的蹈袭雷同之处皆作为《古文尚书》缀辑逸《书》而造伪的证据。但《古文尚书》是伪作的预设立场恰恰是应该检讨的。"② 杨善群先生则专门撰写《古文尚书与旧籍引语的比较研究》一文，"通过对《古文尚书》与旧籍引语的比较研究，得出六条反证，阐明《古文尚书》决非编自旧籍引语，而是别有来源的真古文献。"③

刘建国先生则撰写《古文尚书伪书辨正》，通过对《古文尚书》证伪者所列举的先秦旧籍中引用的《古文尚书》的文句的分析，批驳了证伪者的观点，得出结论说："由上述可见，所有先秦诸子引《古文尚书》之文，皆证明《古文尚书》是真书，而非伪书。所谓抄书伪造《古文尚书》一说的根据可以休矣。"④

郑杰文先生则通过对《墨子》所引《今文尚书》、孔壁《古文尚书》、汉代新出"百两《尚书》"、东晋梅赜《古文尚书》等 40 条文字的比较研究，认为流传至今的伏生《今文尚书》确为战国古本；孔壁《古文尚书》仅是战国所传多种《尚书》选本中一种流传很不广的思孟学派的选本；梅赜《古文尚书》不但与《墨子》之《尚书》引文不同，而且与 16 种先秦文籍中 163 次《尚书》引文也不同，所以"梅赜抄袭前世古籍中《尚书》引文而伪造《古文尚书》的传统观点应重新研究；或许梅赜《古文尚书》是一个民间所传《古文尚书》的真实传本，孔颖达《尚书正义》所引《晋书》中所述的《尚书》在魏晋时的传授系统及梅赜所献《尚书》事件，乃至梅赜所献之《古文尚书》的可靠性等，便不能简单否定，而应重新研究。或许，梅赜所献《古文尚书》是一个民间所藏、所传的《古文尚书》的战国选本"。⑤

特别应该注意的是，2005 年，国学网站先后发表了张岩的《阎若璩〈疏证〉伪证考》和离扬的《〈尚书〉辑佚辩证》两篇长文，揭示了阎若璩论证上的致命缺陷，得出《古文尚书》不是伪作的观点。后来，张岩先生又在中华书局出版了《审核古文〈尚书〉案》一书，全面系统地批驳了阎若璩等人判定《古文尚书》为伪书的观点，指出阎氏书

① 杨善群：《辨伪学的歧途——评〈尚书古文疏证〉》，《淮阴师范学院学报》2005 年第 3 期。
② 姜广辉：《梅鷟〈尚书考异〉考辨方法的检讨——兼谈考辨〈古文尚书〉的逻辑基点》，《历史研究》2007 年第 5 期。
③ 杨善群：《古文尚书与旧籍引语的比较研究》，《齐鲁学刊》2003 年第 5 期。
④ 刘建国：《古文尚书伪书辨正》（上），《先秦伪书辨正》，陕西人民出版社 2004 年版，第 43 页。
⑤ 郑杰文：《〈墨子〉引〈书〉与历代〈尚书〉传之比较——兼议"伪古文〈尚书〉"不伪》，《孔子研究》2006 年第 1 期。

中使用了“许多刻意捏造的伪证”，并认为“阎若璩的研究远远不足以支撑其结论”①。本书不仅从文献学、逻辑学、历史地理学、历法学等多方面对阎若璩《尚书古文疏证》中判定《古文尚书》为伪书的主要理由进行了条分缕析的考证和批驳，而且还对清代纪昀主持编撰的《四库全书总目》中赞同证伪孔传《古文尚书》的论点进行了认真、缜密的辨析和反驳。四库馆臣在《尚书正义提要》中说：“国朝阎若璩作《尚书古文疏证》，其事（指判定孔传《古文尚书》为伪书之事）愈明。其灼然可据者：梅鷟《尚书考异》攻其注《禹贡》‘瀍水出河南北山’一条，‘积石山在金城西南羌中’一条，地名皆在安国后。朱彝尊《经义考》攻其注《书序》‘东海驹骊、扶余、馯貊之属’一条，谓驹骊王朱蒙至汉元帝建昭二年始建国。安国武帝时人，亦不及见。若璩则攻其注《泰誓》‘虽有周亲，不如仁人’与所注《论语》相反。又安国《传》有《汤誓》，而注《论语》‘予小子履’一节乃以为《墨子》所引《汤誓》之文。皆证佐分明，更无疑义。”张岩先生在《审核古文〈尚书〉案》中对这四条“证据”进行了详细精到的考证，断言“其提出过程明显存在捕风捉影、深文周纳的‘作弊’现象，没有一条可以构成证据，都是‘灼然不可据’；并且，其中还包含一条不容忽视的相反证据。”其说甚是。②

此外，张岩先生还在《审核古文〈尚书〉案》中利用现代计算机检索、统计技术对今、古文《尚书》与其他二十余种先秦两汉时期的参照文献的“字频”进行了统计分析，选出《尚书》与其他参照文献万字含量（或多或少）明显不同的 108 个常用字，作为“《尚书》用字量特征字群”。然后对这 108 个字在《今文尚书》与《古文尚书》中进行对比分析，结果发现这 108 个常用字在今、古文《尚书》中的平均万字含量（字频）基本一致（今文 47%；古文 53%）。于是从如此接近的字频得出结论说：《古文尚书》“‘作伪’难度太高，高到不可能实现的程度”③。应该说张岩先生的《审核古文〈尚书〉案》是迄今为止对《古文尚书》证伪者批驳最全面、最系统、最深刻的著作，许多论断击中了以阎若璩为代表的孔传《古文尚书》证伪者在学理和逻辑方面所存在的漏洞和软肋，足以证明阎若璩等人的《古文尚书》证伪工作确实存在着“旁搜曲引，吹毛索瘢，锻炼成狱”④ 的弊端。

综上所述，可知阎若璩等人将传世本《古文尚书》判定为伪书的结论已经发生了动摇。虽然目前彻底推翻阎氏的结论为时尚早，但起码说明阎氏的结论远非定论，是可以继续探讨的；而毛奇龄等人对阎若璩等人的驳难以及为传世本《古文尚书》所作的论证和辩护日益显示出其学术价值，是难以简单否定的。

[附记]

2008 年 7 月，清华大学获得校友捐赠的从境外拍卖所得的两千余枚竹简。经过专家鉴定，这批“清华简”属于战国中晚期，距今 2300—2400 年，当是出土于古代的楚国境内。据报道其中发现有多篇《尚书》，都是焚书坑儒以前的写本。甚至网上有传言说其中

---

① 张岩：《审核古文〈尚书〉案·序言》，北京中华书局 2006 年版。
② 张岩：《审核古文〈尚书〉案》，中华书局 2006 年版，第 251 页。
③ 张岩：《审核古文〈尚书〉案》，中华书局 2006 年版，第 29~33 页。
④ 毛奇龄：《古文尚书冤词》卷 3，上海古籍出版社 1987 年影印文渊阁《四库全书》本。

发现了《古文尚书》中的《武成》篇。诚如是，则庶几有望解决聚讼千年的"伪《古文
尚书》案。2009 年 1 月 14 日笔者趁去北京出差的机会专程去清华大学拜访主持这批竹简
保护和考释工作的历史学家李学勤先生，向他求证网上传言的真伪。他告诉我：这批竹简
中确实发现了一些《尚书》篇章，但并未发现《古文尚书·武成》，网上传言不实。至于
这批竹简中究竟是否有传世本《古文尚书》的篇章，现在还难以断言。因为对这批竹简
的考释研究工作现在才刚刚开始，估计整个考释研究工作至少要十年以上才能完成。

　　原载《古籍整理研究学刊》2010 年第 2 期。

《古文尚书》晚出词语考

杨柳岸

杨伯峻先生说:

> 从汉语史的角度来鉴定中国古书的真伪以及它的写作年代应该是科学方法之一。这道理是容易明白的。生在某一时代的人,他的思想活动不能不以当日的语言为基础,谁也不能摆脱他所处的时代的语言的影响。尽管古书的伪造者在竭尽全力地向古人学舌,务使他的伪造品足以乱真,但在摇笔成文的时候,无论如何仍然不可能完全阻止当日的语言的向笔底侵袭。这种侵袭不但是不自觉的,甚至有时是不可能自觉的。因为极端谨慎地运用语言,避免在语言上露出作伪的痕迹,这一种观念未必是所有古书的伪造者人人都具有的,或者非常敏感地、强烈地具有的。纵使这一种观念是他们都具有的,甚至非常敏感地、强烈地具有的,然而那些古书的伪造者未必是,也难以是汉语史专家,精通每一个词、每一词义、每一语法形式的历史沿革,能够选择恰合于所伪的时代的语言,避免产生在那所伪的时代以后的语言。这种能力和高度的自觉性都不是古人所能完全具有的。纵是有,也都不能完全阻止他所处的时代的语言的向笔底侵袭。由此,我们可以肯定,如果我们精通汉语史,任何一部伪造的古书,不管伪造者如何巧妙,都能在语言上找出其破绽来。我们根据这些破绽,便可以判明它是伪书,甚至鉴定它的写作年代。所以我说,从汉语史角度来鉴定古籍是科学方法之一。可惜的是,这一种方法并未被以前的学者所高度重视,广泛地、充分地运用。虽然如此,凡真能科学地运用这一方法的,其所得结论经常是正确的,并且是使任何狡辩者无法逞其狡辩的。①

这个道理其实很好理解。如果一篇文章中出现了大量诸如"三忠于""四无限""红宝书"之类"文革"时期的词语,以及"菜鸟""吐槽""不明觉厉""压力山大"之类的网络新词,而声称该文为抗战时期的作品,任谁也不会相信。如果这是篇长文,而这类词语只出现了几处,还可辩称是后来抄写者的"窜入";如果这类词语大量出现,却无论如何说不过去。传世的《古文尚书》中的《大禹谟》《五子之歌》《胤征》《仲虺》《汤诰》等,就存在这种问题。

韩愈《进学解》云:"周诰殷《盘》,佶屈聱牙。"但《古文尚书》中确有好些明白晓畅的句子,如《大禹谟》的"帝德广运,乃圣乃神,乃武乃文"。有些还对仗工整,如

---

① 杨伯峻:《从汉语史的角度来鉴定中国古书写作年代的一个实例——〈列子〉著述年代考》,载《列子集释》,龙门书局1958年版,第220~221页。

《毕命》的"政贵有恒，辞尚体要"。这些都不能不启人疑窦。所以宋代吴棫开始怀疑其是否真为上古文献①。林之奇的《尚书全解序》说伏生之《书》"艰深聱牙而难晓"，孔壁晚出之《书》却"坦然明白而易晓"。朱熹对此亦有疑问："凡易读者皆古文……又却是伏生记得者难读，此尤可疑。"② 继元代吴澄、明代梅鷟之绪余，至清代阎若璩撰《尚书古文疏证》，此二十五篇为伪作似乎已成定谳③。但是，随着近年来学术界对"伪书""辨伪"态度的有所改变，有些学者认为《古文尚书》并非伪书④。从这些学者的论著看，杨伯峻先生所慨叹的"从汉语史角度来鉴定古籍""这一种方法并未被以前的学者所高度重视，广泛地、充分地运用"，在今日似乎并没有全面的改变，时至今日仍然对《尚书》"每一个词、每一词义、每一语法形式的历史沿革"缺乏全面深入的考察。因此，运用汉语史方法证明《古文尚书》之伪仍然具有相当学术价值。

王力先生说：

> 从前的文字学家……有一种很大的毛病是我们所应该极力避免的，就是"远绍"的猜测。所谓"远绍"，是假定某一种语义曾于一二千年前出现过一次，以后的史料毫无所见，直至最近的书籍或现代方言里才出现。这种神出鬼没的怪现状，语言史上是不会有的。⑤

如果某些词语在《古文尚书》中出现，然后终周秦之世杳无踪迹，直到汉代以后文献才出现，"这种神出鬼没的怪现状"，语言史上当然也"是不会有的"。如果确实找出若干这类词语，无疑有助于《古文尚书》的辨伪。下文指出的，就是若干这样的词语，涉及《大禹谟》《五子之歌》《胤征》《仲虺之诰》《伊训》《说命》《武成》《微子之命》《君牙》等九篇。

1. 《大禹谟》"野无遗贤"

遗贤，始见于汉代文献。扬雄《司空箴》："昔在季叶，班禄遗贤。"后世文献渐较多见：《后汉书·循吏列传》："怀我风爱，永载遗贤。"《晋书·列传第六十四·隐逸》："其子久侍父疾，名德著茂，不加叙用，深为朝廷惜遗贤之讥也。"《宋书·志第十一·乐三》："伯夷叔齐，古之遗贤。"

2. 《大禹谟》"惠迪吉，从逆凶，惟影响"

影响，始见于汉代文献。《史记·淮南衡山列传》："心有所怀，威动万里，下之应上，犹影响也。"影响，意谓如影之随形，如回响之迅疾。该词语似从"景从""响应"

---

① 刘起釪：《尚书学史》，中华书局 1989 年版，第 279 页。

② （宋）朱熹：《朱子语类》卷七九，中华书局 1986 年版，第 2051 页。

③ 刘起釪：《尚书学史》，中华书局 1989 年版，第 325、327、344~352 页。

④ 张岩：《审核古文〈尚书〉案》，中华书局 2006 年版；张富祥：《古文尚书辨伪方法异议》，《古籍整理研究与中国古典文献学学科建设国际学术研讨会论文集》，山东大学文史哲研究院古典文献研究所出版，第 355~373 页。

⑤ 王力：《新训诂学》，载《王力语言学论文集》，商务印书馆 2000 年版，第 507 页。

而来（景、影古今字），显系后起。贾谊《过秦论》："斩木为兵，揭竿为旗，天下云合响应，赢粮而景从，山东豪杰并起而亡秦族矣。"班固《东都赋》："登玉辂，乘时龙，凤盖棽丽，鯀銮玲珑，天官景从，寝威盛容。"

3. 《五子之歌》"其一曰""其二曰""其三曰""其四曰""其五曰"

周秦时代表达序数的方式之一是"一曰""二曰""三曰"。《洪范》："一曰水，二曰火，三曰木，四曰金，五曰土。"《左传》昭公七年："故政不可不慎也，务三而已：一曰择人，二曰因民，三曰从时。"这一表达序数的方式，汉代以后文献逐渐演变成了"其一曰""其二曰""其三曰"，等等。《大戴礼记·帝系》："其一曰樊，是为昆吾；其二曰惠连，是为参胡；其三曰籛，是为彭祖；其四曰莱言，是为云郐人；其五曰安，是为曹姓；其六曰季连，是为芈姓。"《史记·五帝本纪》："其一曰玄嚣，是为青阳，青阳降居江水；其二曰昌意，降居若水。"《卫康叔世家》："太子伋同母弟二人：其一曰黔牟，黔牟尝代惠公为君，八年复去；其二曰昭伯。"必须注意，《左传》成公十年："其一曰：'居肓之上，膏之下，若我何？'""其一曰"意谓其中一说，不是作为序数。

4. 《五子之歌》"畋于有洛之表"

"有洛之表"这一格式周秦文献未之见，只见于汉代以后文献。《论衡·谈天》："极天之广，穷地之长，辨四海之外，竟四山之表。"《后汉书·儒林列传》："至如张温、皇甫嵩之徒，功定天下之半，声驰四海之表。"皇甫谧《三都赋序》："大者罩天地之表，细者入毫纤之内。"按，皇甫谧生于汉末建安年间，死于西晋。托名李陵的《答苏武书》："徒失贵臣之意，到身绝域之表。"《列子·汤问》："朕亦焉知天地之表不有大天地者乎？"《后汉书·儒林列传》："老母寡妻设虚祭，饮泣泪，想望归魂于沙漠之表，岂不哀哉！"

5. 《胤征》"昏迷于天象"

"昏迷"又见于《大禹谟》："蠢兹有苗，昏迷不恭。"迟至西晋以后才又出现。张景阳《杂诗十首》之五："流俗多昏迷，此理谁能察？"《晋书·文苑》："然则侵弱昏迷，以至绝灭。""天象"则始见于汉代。《汉书·五行志》："两宫亲属将害国家，故天象仍见。"

6. 《仲虺之诰》"予恐来世以台为口实"

来世，始见于汉代文献。《越绝书·绝德序外传记》："为之立祠，垂之来世，传之万载。"《汉书·王莽传》："众言曰吕氏、少帝复出，纷纷为天下所疑，难以示来世，成襁褓之功。"

7. 《伊训》"检身若不及"

"检"的约束、限制义甚晚出，而首见于《论衡·程材》："案世间能建蹇蹇之节，成三谏之议，令将检身自救，不敢邪曲者，率多儒生。"《孟子·梁惠王上》："狗彘食人食而不知检"，《汉书·食货志》引作"狗彘食人食而不知敛"。杨逢彬先生《孟子新译注》

据"检"的约束义晚出而认为"检"应读为"敛"。

8. 《说命》"事不师古，以克永世，匪说攸闻"

"师古"也甚晚起。《史记·秦始皇本纪》："事不师古而能长久者，非所闻也。"《项羽本纪》："自矜功伐，奋其私智而不师古。"

9. 《武成》"放牛于桃林之野"

放牛，始见于汉代文献。《史记·周本纪》："放牛于桃林之虚。"《留侯世家》："放牛桃林之阴，以示不复输积。"《淮南子·要略》："故纵马华山，放牛桃林。"《说苑·指武》："纵马华山，放牛桃林，示不复用。"

10. 《武成》"至于大王肇基王迹"

肇基，始见于西晋文献。《三国志·魏书·王卫二刘傅传》："神武拨乱，肇基皇祚，扫除凶逆。"《魏书·武帝纪》之"夏五月，天子进公爵为魏王"裴松之注："昔我圣祖受命，创业肇基，造我区夏。"

11. 《武成》"大统未集"

大统，始见于汉代文献。《史记·伯夷列传》："示天下重器，王者大统，传天下若斯之难也。"《汉书·王莽传》："建平、元寿之间，大统几绝，宗室几弃。"

12. 《武成》"前途倒戈"

倒戈，始见于西晋文献。《三国志·魏书·王毌丘诸葛邓钟传》："牧野之师，商旅倒戈，有征无战。"《吴书·是仪胡综传》："昔武王伐殷，殷民倒戈。"《三国志·魏书·王卫二刘傅传》"表卒，粲劝表子琮，令归太祖"之裴松之注："将军能听粲计，卷甲倒戈，应天顺命，以归曹公，曹公必重德将军。"

13. 《武成》"万姓悦服"

悦服，也即"说服"，始见于《仪礼》《礼记》《汉书》《新书》等汉代文献。《礼记·学记》："近者说服，而远者怀之，此大学之道也。"《仪礼·士昏礼》："主人说服于房，媵受；妇说服于室，御受。"《汉书·赵尹韩张两王传》："奸邪销释，吏民说服。"《新书·先醒》："乃与晋人战于两棠，大克晋人，会诸侯于汉阳，申天子之辟禁，而诸侯说服。"《新书·匈奴》："帝之威德，内行外信，四荒悦服。"《盐铁论·本议》："是以近者亲附而远者悦服。"《孔子家语·相鲁》："民怀其德，近者悦服，远者来附。"《风俗通义·宋均令虎渡江》："于是欣然悦服。"

14. 《武成》"崇德报功"

报功，始见于《礼记》《白虎通》《汉书》《论衡》等汉代文献。《礼记·大传》："一曰治亲，二曰报功，三曰举贤，四曰使能，五曰存爱。"《白虎通·社稷》："王者所以有社稷何？为天下求福报功。"《汉书·郊祀志》："神祇功德至大，虽修精微而备庶物，犹不足以报功。"《论衡·祀义篇》："今所祭者报功，则缘生人为恩义耳，何歆享之有？"《三国志·魏书二·文帝纪》："斯岂所谓崇礼报功，盛德百世必祀者哉！"

15.《微子之命》"德垂后裔"

后裔，始见于汉代文献。《孔子家语·致思》："终而有大名，以显闻四方，流声后裔者，岂非学之效也？"《三国志·蜀书一·刘二牧传》："刘焉字君郎，江夏竟陵人也，汉鲁恭王之后裔。"

16.《君牙》"涉于春冰"

季节名修饰"冰"始见于《淮南子·说林训》："冬冰可折，夏木可结。""春冰"则始见于陆机《豪士赋》："念负重于春冰，怀御奔于秋驾。"陆机早于献《古文尚书》的梅赜几十年。按，《墨子·非攻》有"夏冰"，夏日结冰之谓，"冰"作谓语，不是季节名修饰"冰"。

以上16处晚出词语之见于《古文尚书》，具体说来，如何有助于辨伪呢？由于这些词语数量较多，且与其上下文条理连贯，因而不大可能是"窜入"。如此，理论上就只存在两种可能：1.《古文尚书》不伪，这些词语不见于周秦文献而只见于汉代以后文献，纯属巧合；2.《古文尚书》是伪作，这些词语只见于汉代以后文献，乃是因为作伪者"不能完全阻止他所处的时代的语言的向笔底侵袭"。第一种可能，即王力先生所谓"神出鬼没的怪现状"，当然"语言史上是不会有的"。那么只能是第二种可能了。

还有若干词语始见于战国晚期的文献。如《伊训》的"忠直"，始见于《韩非子》；《泰誓》的"厚赏"，始见于《管子》《吕氏春秋》《韩非子》；《武成》的"偃武""垂拱"，始见于《管子》。这些，当然也是辨伪的好材料。限于篇幅，就不再赘述了。

本文在成文以后得到了台湾高雄师范大学蔡根祥教授的指正，笔者依蔡先生意见做了相应的修改，特此致谢。

诗 类

《诗序》考

徐有富

关于《诗序》的作者与写作时代约有 20 种不同说法①，被《四库全书总目》经部诗类《诗序提要》称为"说经之家第一争诟之端"②，至今尚无定论。顾颉刚在《古史辨自序》中说，他于 1922 年提出一个假设——"古史是层累地造成的"③，并将此假设付诸古史与古代传说的科研实践。胡适于 1924 年发表了《古史讨论的读后感》对顾氏的这一假设作了充分的肯定，称之为"用历史演进的见解来观察历史上的传说"④。我们认为《诗序》也是"层累地造成的"，也应当"用历史演进的见解"来研究它。

一、周太师与《诗序》

我们觉得应当对《诗序》加以分析，区别对待。就《毛诗序》而言，以《关雎》为例，可以分为五个部分，一是篇题，如《关雎》。二是章句数，如"五章，章四句"。三是序，即序中开头的那句话，如"后妃之德也"。四是对序加以解释的话，如："风之始也，所以风天下而正夫妇也。故用之乡人焉，用之邦国焉。"五是大序，也就是《关雎》序中从"风，风也"到序末的那段文字。我们认为在讨论《诗序》作者与写作时代时，对这五个部分要区别对待。

在上述五个部分中，篇题、章句数、大序相对独立，容易区别。比较难以理解的是将每首诗的序分成"序"和"对序加以解释的话"（也即"续申之词"）两个部分，而残存的三家诗序可以说明这一点。朱彝尊指出："《诗》之有《序》不特《毛传》为然，说《韩诗》《鲁诗》者亦莫不有序。如《关雎》'刺时也'。《芣苢》'伤夫有恶疾也'。《汉广》'悦人也'。《汝坟》'辞家也'。《蟋蟀》'刺奔女也'。……此韩诗之序也。"⑤

鲁诗也有序，蔡邕《独断》卷上罗列了一批《诗经·商颂》之《诗序》，今录四则为例：

> 《维天之命》一章八句，告太平于文王之所歌也。《维清》一章五句，奏象武之歌也。《烈文》一章十三句，成王即政，诸侯助祭之所歌也。《天作》一章七句，祝

① 《诗序》，《四库全书总目》，中华书局 1965 年版，第 119 页。
② 顾颉刚：《顾颉刚集》，中国社会科学出版社 2001 年版，第 60 页。
③ 顾颉刚：《顾颉刚集》，中国社会科学出版社 2001 年版，第 60 页。
④ 胡适：《胡适文集》，北京大学出版社 1998 年版，第 83 页。
⑤ 朱彝尊：《诗论二》，《曝书亭集》，影印文渊阁四库全书本（1318 册），第 302 页。

先王公之所歌也。

朱彝尊指出："蔡邕书《石经》悉本《鲁诗》"①，则蔡邕《独断》所录当为《鲁诗序》。
《齐诗》早佚，《齐诗序》引者甚少，魏源尝云："《齐诗》最残缺，而张楫魏人，习
《齐诗》，其《上林赋》注曰：'贤者不遇明王也。'句例亦与《毛诗》首序正同。是即
《齐诗序》也。"②

现存《诗》三家序的共同特点是都只有一句话，可见原序的体例只有一句话。后面
的续申之词显然是后人加上去的。《四库全书总目》也赞成将每首诗的《毛诗序》分成两
部分，其于《诗序》二卷提要云："今参考诸说，定序首二语为毛苌以前经师所传，以下
续申之词为毛苌以下弟子所附。"③

我们认为每首诗的篇题、章句数，以及原序，基本上是由周代历任太师写的，各诸侯
国的太师在采集整理诗的过程中，也起了很大作用。《汉书·艺文志·六艺略·诗》类序
云："古有采诗之官，王者所以观风俗，知得失，自考正也。"周代的采诗之官就是太师，
《礼记·王制》云："天子五年一巡狩。岁二月，东巡狩……命大师陈诗以观民风。"《汉
书·食货志》亦云："孟春之月，群居者将散，行人振木铎循于路，以采诗献之大师，比
其音律，以闻于天子。故曰：王者不窥牖户而知天下。"

篇题实际上是在采诗、献诗、整理诗、演出诗的过程中产生的。因为所收集到的诗歌
很多，为了将所收集到的诗歌彼此加以区分，不得不在每首诗歌中找一两个字，或三四个
字或一句诗作为题目，宋人戴埴指出：

> 《诗》篇名之例不一，《关雎》《葛覃》之类，取其首章；《权舆》《驺虞》之类，
> 取其末章；《召旻》《韩奕》之类，取一章之义合而成文；《泯》《丰》《荡》《缘》
> 之类，取章中一事；《维天之命》《昊天有成命》则取章中一句。惟《雨无正》《酌》
> 《赉》于诗亦无取。④

可见为《诗》取篇名随意性较大，不需要多少学问，太师们当然都是胜任愉快的。
为诗篇确定题目的主要任务是为了将每首诗区分开来，便于指称，所以《诗》三百篇的
题目都彼此不同。

太师们还有个任务就是对收集上来的诗歌进行挑选，再"比其音律，以闻于天子"。
除对诗歌进行音乐加工外，还要根据演唱的需要对歌词进行加工，有些诗歌由一段变成了
两段、三段，甚至四段，所以为歌词分章句，以免错乱，也是太师们的分内工作。

再就是为诗篇写序。既然"命大师陈诗以观民风"，太师自然要弄清楚每篇诗说些什
么，所以太师们还要为每首诗写一个简短的内容提要。如《魏风·伐檀》："刺贪也。"

---

① 朱彝尊：《经义考》，中华书局 1998 年版，第 544 页。
② 魏源：《诗古微》，《齐鲁汉毛异同论》，续修四库全书本（77 册），第 16 页。
③ 《诗序》，《四库全书总目》，中华书局 1965 年版，第 119 页。
④ 戴埴：《诗书篇名·鼠璞》卷上，影印文渊阁四库全书本（854 册），第 302 页。

《硕鼠》："刺重敛也。"① 由于篇题旨在给每首诗一个指称符号，过于简单，往往与诗的内容无关，所以为每首诗写一个反映内容的提要是必要的。正如叶梦得所说："吾谓古者，凡有是诗，则有是序，如今之题目者，故太师陈之则可以观风俗，遒人采之则可以知训戒，学者颂之则可以兴、可以观、可以群、可以怨。"②

说《诗序》是周太师写的，还因为其内容代表了周朝的观点。宋人叶适就指出了这一点：

> 周以诗为教，置学立师。比辑义类，必本朝廷。况颂者乃其宗庙之乐乎？诸侯之风，上及京师，列于学官，其所去取，亦皆当时朝廷之意，故《匪风》之思周道，《下泉》之思治，《简兮》思西方之人，皆自周言之也。③

每首诗歌的性质与功能是不同的，有的是在庙堂演出的，有的是在宫廷演出的，有的是为了让人娱乐而演出的，所以太师们还要将所有的诗歌分成风、雅、颂几大类。

太师还承担着演出的教学与组织工作，如《周礼》卷二十三《大师》云："大师……教六诗：曰风、曰赋、曰比、曰兴、曰雅、曰颂。"④ 太师们组织乐工在各种场合演出的诗歌经过整理，自然都保存在太师那儿，这也就是孔子的七世祖要到周太师那儿校勘《商颂》的原因。有些诸侯国的太师也需要演出这些诗歌，所以他们那儿也保存了这些诗歌及其演出方法，这也就是季札能够观赏鲁国的太师让乐工们比较完整地演奏风、雅、颂诗的乐曲的原因。

而且培养统治阶级接班人的工作历来都是由乐官承担的。如《尚书·虞书·舜典》云："帝曰：夔，命汝典乐，教胄子。"周代自然也一样，《周礼·春官·宗伯下》云："大司乐掌成均之法，以治建国之学政，而合国之子弟焉。"董仲舒云："成均，五帝之学。成均之法者，其遗礼可法者。国之子弟，公卿大夫之子弟当学者谓之国子。"⑤ 《礼记·王制》说得更明白：

> 命乡论秀士，升之司徒，曰选士。司徒论选士之秀者，而升之学，曰俊士。升于司徒者，不征于乡。升于学者，不征于司徒，曰造士。乐正崇四术，立四教，顺先王《诗》《书》《礼》《乐》以造士。春秋教以《礼》《乐》，冬夏教以《诗》《书》。王大子、王子、群后之大子，卿大夫元士之适子，国之俊选皆造焉。⑥

郑玄注云："乐正，乐官之长，掌国子之教。"在《礼》《乐》《诗》《书》四教中，至少前三教与音乐密切相关，所以让乐官负责国子们的教学工作，自然是非常恰当的。

---

① 《十三经注疏》，中华书局 1980 年版，第 358~359 页。
② 马端临：《文献通考》卷 178，中华书局 1986 年版，第 1538 页。
③ 叶适：《习学记言》卷 6，影印文渊阁四库全书本（849 册），第 376 页。
④ 《十三经注疏》，中华书局 1980 年版，第 796 页。
⑤ 《十三经注疏》，中华书局 1980 年版，第 787 页。
⑥ 《十三经注疏》，中华书局 1980 年版，第 1342 页。

　　既然要教学生，当然得有教材，所以经过太师们整理过的《诗》自然而然就成了他们的教材。

二、鲁太师与《诗》三百篇

　　鲁国的太师，特别是师挚也为《诗》三百篇的整理编辑做出了突出贡献。首先，鲁国较为完整地保存着《诗》三百篇及其演奏方法。《左传·襄公二十九年》记载了吴公子季札应聘拜访鲁国，见到了鲁之宗卿叔孙穆子：

　　　　请观于周乐。使公为之歌《周南》《召南》。曰："美哉！始基之矣，犹未也。然勤而不怨矣。"为之歌《邶》《鄘》《卫》。曰："美哉！渊乎，忧而不困者也。吾闻卫康叔、武公之德如是，是其《卫风》乎！"为之歌《王》。曰："美哉！思而不惧，其周之东乎！"为之歌《郑》。曰："美哉！其细已甚，民弗堪也，是其先亡乎？"为之歌《齐》。曰："美哉！泱泱乎！大风也哉！表东海者，其太公乎？固未可量也。"为之歌《豳》。曰："美哉！荡乎，乐而不淫，其周公之东乎？"为之歌《秦》。曰："此之谓夏声，夫能夏则大，大之至也，其周之旧乎？"为之歌《魏》。曰："美哉！沨沨乎，大而婉，险而易行，以德辅此，则明主也。"为之歌《唐》。曰："思深哉！其有陶唐氏之遗民乎！不然，何其忧之远也？非令德之后，谁能若是？"为之歌《陈》，曰："国无主，其能久乎？"自《郐》以下无讥焉。为之歌《小雅》。曰："美哉！思而不贰，怨而不言，其周德之衰乎？犹有先王之遗民焉。"为之歌《大雅》，曰："广哉！熙熙乎，曲而有直体，其文王之德乎？"为之歌《颂》。曰："至矣哉！直而不倨，曲而不诎，迩而不逼，远而不携，迁而不淫，复而不厌，哀而不愁，乐而不荒，用而不匮，广而不宣，施而不费，取而不贪，处而不底，行而不流，五声和，八风平，节有度，守有序，盛德之所同也。"①

　　如果将鲁乐工所歌唱的《豳》风移至风诗的最后，再将《秦》风移至《唐》风的后面，其顺序就同现在通行的《诗经》一模一样。季札观周乐的时间是公元前544年，孔子已经7岁，这表明他能见到《诗经》定本的可能性非常大。而季札到鲁国请观周乐，表明其他诸侯国不一定都能完整地保存与演奏周乐。

　　其次，《隋书·经籍志·经部·诗》类小序曾明确地指出师挚编次过诗：

　　　　夏、殷已上，诗多不存。周氏始自后稷，而公刘克笃前烈，太王肇基王迹，文王光昭前绪，武王克平殷乱，成王、周公化至太平，诵美盛德，踵武相继。幽、厉板荡，怨刺并兴。其后王泽竭而诗亡，鲁太师挚次而录之。孔子删诗，上采契，下取鲁，凡三百篇。

　　这种说法是有道理的，因为《诗经》中有《鲁颂》四篇，与《周颂》《商颂》并列，《商颂》还可以说是前朝遗留下来的，至于《鲁颂》若非鲁国的太师所编，其他还有谁来

---

　　① 《十三经注疏》，中华书局1980年版，第2006~2007页。

做这件事呢？

　　孔子也表扬过师挚，如《论语·泰伯》云："子曰：师挚之始，《关雎》之乱，洋洋乎盈耳哉。"① 这说明孔子亲自欣赏过师挚组织乐工演奏《诗》三百篇，否则他要为《诗》三百篇做正乐工作几乎是不可能的。由于他担任过鲁国的高官，所以他从鲁国的太师那里获得《诗》三百篇当也不是什么难事。上面那段引文也明确指出孔子编辑《诗》三百篇时，"下取鲁"，充分利用了鲁国太师们所编次的《诗》。

三、孔子与《诗》三百篇

　　在新的形势下，《诗》的教学目的、教学内容与教学方式都起了很大变化。由于春秋战国时代，各诸侯国之间的斗争加剧，诸侯国之间的斗争实际上是人才的竞争，而传统的人才培养模式已经不适应时代的需要，于是以孔子为代表的私家教育事业获得了蓬勃的发展，因为他们注意培养一些适应各国需要的实用性人才。当时可以说出现了百家争鸣、诸子腾跃的局面，孔子作为儒家学派的创始人与杰出代表是历来为人们所公认的，如《墨子·公孟》篇说："今孔子博于《诗》《书》，察于《礼》《乐》。"《庄子·天运》篇也称："孔子谓老聃曰：丘治《诗》《书》《礼》《乐》《易》《春秋》六经，自以为久矣。孰知其故矣。"作为传授《礼》《乐》《诗》《书》的代表人物，需要有一本较为稳定的教材，他对《诗》三百篇的编辑整理作出了贡献，应当在情理之中。

　　首先，孔子家族为整理《诗》作出过贡献。《国语·鲁语下》记载了鲁大夫闵马父对景伯说的一段话："昔正考甫校商之名《颂》十二篇于周太师，以《那》为首。"《毛诗序》云："《那》，祀成汤也。微子至于戴公，其间礼乐废坏，有正考甫者得《商颂》十二篇于周之太师，以《那》为首。"孔颖达《毛诗正义》云：

> 　　《国语》云："校商之名《颂》十二篇。"此云"得《商颂》十二篇"，谓于周之太师校定真伪，是从太师而得之也。言得之太师，以《那》为首，则太师先以《那》为首矣。②

　　孔颖达还引用《世本》对孔子家世的记述，指出"正考甫是孔子七世之祖"③。如果将正考甫校商之名《颂》十二篇于周太师说成是在宋戴公时，而宋戴公是在公元前799年至前766年当政。孔子出身于公元前551年，与七世祖正考甫相距约250年，未免过长。《史记·宋微子世家》云："襄公之时，修行仁义，欲为盟主。其大夫正考甫美之，故追道契、汤、高宗，殷所以兴，作《商颂》。"宋襄公当政的时间是公元前650年至前637年。孔子与七世祖正考甫相距约一百年，因为古人结婚早，在时间上还是比较符合的。但是说《商颂》就是正考甫创作的，可能性不大。因为从商朝灭亡到宋襄公当权的时代已经过去了将近四百年，再来写歌颂商朝祖先的诗献给周太师，由周太师整理后，交给诸侯国的太师让学生学习，似不合常情。如果说正考甫校商之名《颂》十二篇于周太

---

①　《十三经注疏》，中华书局1980年版，第2487页。

②　《十三经注疏》，中华书局1980年版，第620页。

③　《十三经注疏》，中华书局1980年版，第620页。

师，那倒是合情合理的，因为如前所说，"襄公之时，修行仁义"，而正考甫作为商之遗民的后裔，自然对前朝的礼乐制度也很感兴趣。可见此时就已经出现了《诗》的篇名，并分类编排了顺序，而从事这项工作最有权威的人是周太师，所以正考甫校《商颂》十二篇要到周太师那里寻找依据。值得注意的是现在通行的以《那》为首的《商颂》只剩下了五篇，可见当时周太师所整理的《诗》与现在通行的《诗》三百篇的面貌是不尽相同的。

《史记·孔子世家》明确指出：

> 孔子语鲁大师："乐其可知也。始作翕如，纵之纯如，皦如，绎如也，以成。吾自卫反鲁，然后乐正，《雅》《颂》各得其所。"古者《诗》三千余篇，及至孔子，去其重，取可施于礼义，上采契后稷，中述殷周之盛，至幽厉之缺，始于衽席，故曰"《关雎》之乱以为《风》始，《鹿鸣》为《小雅》始，《文王》为《大雅》始，《清庙》为《颂》始。三百五篇，孔子皆弦歌之，以求合《韶》《武》《雅》《颂》之音。礼乐自此可得而述，以备王道，成六艺。"

照司马迁的这段话，现在通行的《诗经》应当是孔子编辑整理的，《诗》三百篇是他删定的，并且将这些诗分成了风、小雅、大雅、颂四个部分，而且还为属于各部分的诗编排了先后顺序。司马迁说孔子将《诗》三千余篇删成三百五篇，确实不能成立，但是要说现行的《诗》三百零五篇是他在前人的基础上最后确定的则是符合实际情况的。因为季札在鲁国观乐的顺序与现在流行的三百篇顺序毕竟有所不同，而鲁国太师师挚所编次的《诗》，如果不是孔子加以整理，用作教材，则也很难作为定本在社会上广为流传。

孔子编诗与《诗》三百篇的时间下限也是吻合的。周朝大约在什么时候停止了采诗活动呢？明人何楷研究了这个问题，他在《诗经世本古义·序》中指出："今以世考之，诗亡于《下泉》正当敬王之时，《春秋》之作适有感是时耳。盖至是而周不复兴矣。"[1]公元前520年，周景公去世，为了争夺王位，周朝上层斗争非常剧烈，当时的盟主晋国在帮助姬匄成为周敬王方面起了很大的作用，而其中尤以荀砾出力最多。曹国始终参与了勤王活动，因此写了这首诗。诗的最后一章云："芃芃黍苗，阴雨膏之。四国有王，郇伯劳之。"何楷分析道：

> 晋以盟主纠合四国效力成周，所谓阴雨也。四国，四方诸侯之国。王，指周天子。"四国有王"者，言四国共戴一王，皆以王之事为事也。"郇伯"晋荀砾也。徐鉉云：按今人姓荀氏本郇侯之后，宜用郇字，后人去邑为荀。按郇侯本文王子。[2]

也就是说，大约在春秋晚期，周朝便再也没有能力开展征诗活动了。当然周朝的太师也就不再做征诗，对诗做挑选、加工整理的工作了。而孔子去世于公元前479年，即周敬王41年，与《诗》三百篇的时间下限是吻合的，也就是说在孔子编辑整理以后，《诗》三

---

① 何楷：《诗经世本古义》，影印文渊阁四库全书本（81册），第3页。
② 何楷：《诗经世本古义》，影印文渊阁四库全书本（81册），第849页。

百篇中再也没有更晚的诗出现了。故明人何楷分析《下泉》一诗时指出："自是而后，列国不复知有王矣，故夫子之删诗终于此。"①

此外，出于教学需要，孔子也必须对《诗》三百篇作编辑整理工作。周朝的采诗活动虽然终止了，但是周朝与各诸侯国学习《礼》《乐》《诗》《书》的活动还照常进行，正如朱彝尊所说：

> 诗者掌之王朝，班之侯服，小学、大学之所讽诵，冬、夏之所教，莫之有异，故盟会聘问燕享，列国之大夫赋诗见志，不尽操其土风。②

因为随着周王朝的衰落、诸侯国的兴盛，周王朝与诸侯国，以及诸侯国之间的交往更加频繁。由于各国多使用方言，彼此沟通起来十分困难，而各国知识分子运用"雅言"（相当于现在的普通话）所共同学习的《诗》《书》就成了他们彼此交流的工具。春秋时期，《诗》的功能不仅没有削弱，相反还扩大了。孔子在《论语·阳货》篇就说过："小子何莫学夫《诗》？《诗》可以兴、可以观、可以群、可以怨。迩之事父，远之事君。多识于鸟兽草木之名。"随着周王朝的衰落，各诸侯国的兴盛，当时方言盛行，三百篇成了诸侯各国间相互间交流的工具，所以《论语·季氏》指出："不学《诗》，无以言。"孔子还强调学以致用，《论语·子路》篇复云："诵《诗》三百，授之以政，不达；使于四方，不能专对，虽多，亦奚以为？"而当时孔子教学采用的就是雅言，如《论语·述而》云"子所雅言，《诗》《书》、执礼，皆雅言也。"郑玄注："读先王典法，必正言其音，然后义全。"这表明孔子在教学《诗》《书》与主持礼仪时用的都是官话而非方言。

正因为大家在引用《诗》时，使用的都是雅言，所以《诗》的作用在《左传》中，表现得十分明显，如夏承焘说：

> 春秋时代，《诗》三百篇在政治上的作用，详见于《左传》。《左传》引《诗》，共一百三四十处；其中关于卿大夫赋诗的，共三十一处。他们有的拿《诗》来作为办国际交涉的辞令，有的拿它作为官僚士大夫间互相讽刺和规劝的工具，也有拿它揭发政治阶层的昏庸丑恶，为人民作呼吁、控诉的武器。③

在什么样的场合演奏什么样的诗歌是有规定的，如《左传·襄公四年》记载穆叔使晋，"晋侯享之，金奏《肆夏》之三，不拜；工歌《文王》之三，又不拜；歌《鹿鸣》之三，三拜。"晋人问其何故，穆叔回答道：

> 《三夏》，天子所以享元侯也，使臣弗敢与闻。《文王》，两君相见之乐也，使臣不敢及。《鹿鸣》，君所以嘉寡君也，敢不拜嘉！《四牡》，君所以劳使臣也，敢不重

---

① 何楷：《诗经世本古义》，影印文渊阁四库全书本（81册），第848页。
② 朱彝尊：《经义考》，中华书局1998年版，第533页。
③ 夏承焘：《采诗和赋诗》，《中华文史论丛》1962年第1期。

拜！《皇皇者华》君教使臣曰："必谘于周。"……敢不重拜！①

从中可见，晋侯自视强大，采取了一些无礼的做法，而穆叔来自礼仪之邦，对各种诗歌的乐曲、含义、使用场合都非常熟悉。要做到这一点当然需要学习。《汉书》卷三十六《楚元王传》云：

> 博士江公世为鲁《诗》宗，至江公，著《孝经说》，心嫉式，谓歌吹诸生曰："歌《骊驹》。"（伏虔曰"逸《诗》篇名也。客欲去，歌之"）式曰："闻之于师，客歌《骊驹》，主人歌《客毋庸归》。今日诸君为主人，日尚早，未可也。"

此事发生虽然在汉代，从中也可以看出在什么样的场合歌什么样的诗是有规定的，而这些规定显然也是春秋战国时代经师们的教学内容。这也迫使经师们注意对《诗》的内容以及如何运用进行较为深入的探讨。

四、毛亨、毛苌与《毛诗序》

《汉书·艺文志·六艺略·诗》类小序云：

> 孔子纯取周诗，上采殷，下取鲁，凡三百五篇，遭秦而全者，以其讽诵，不独在竹帛故也。汉兴，鲁申公为《诗》训故，而齐辕固、燕韩生皆为之传。或取《春秋》，采杂说，咸非其本义。与不得已，鲁最为近之。三家皆列于学官。又有毛公之学，自谓子夏所传，而河间献王好之，未得立。

三家皆列于学官，《毛诗》未被中央政府列于学官与河间献王刘德有关，因为刘德是废太子刘荣的同母弟弟。另外，更重要的原因是中央政府主张郡县制，而诸侯王国当然主张封建制，河间献王刘德显然是他们的代表人物之一，他所从事的古籍整理活动也是为此服务的，如《汉书·河间献王刘德传》云：

> 河间献王德以孝景前二年立，修学好古，实事求是。从民间得善书，必为好写与之，留其真，加金帛赐以招之。繇是四方道术之人不远千里，或有先祖旧书，多奉以奏献王者，故得书多，与汉朝等。是时，淮南王安亦好书，所招致率多浮辩。献王所得书皆古文先秦旧书，《周官》《尚书》《礼》《礼记》《孟子》《老子》之属，皆经传说记，七十子之徒所论。其学举六艺，立《毛氏诗》《左氏春秋》博士。修礼乐，被服儒术，造次必于儒者。山东诸儒（者）[多]从而游。

这是我们讨论《诗序》问题的社会背景。

我们在前面已经说过三家《诗》均有《诗序》。王先谦指出："三家遗说，凡《鲁诗》如此者，《韩》必同之，《韩诗》如此者，《鲁》必同之。《齐诗》存十一于千百，而

---

① 《十三经注疏》，中华书局1980年版，第1932页。

《鲁》《韩》必同之。苟非同出一原，安能重规叠矩?"① 可见《诗》三家序基本上保存了古序的原貌，都来自周太师们所作的原序，而《毛诗序》则对周太师们所作原序，作了较大的改动，并加上了续申之词。

我们将残存的《周南·韩诗序》与《毛诗序》加以比较，就可以清楚地看出这一点。如《周南·汉广·韩诗序》云："悦人也。"② 应当说这三个字极其准确地概括了诗的内容，但是到了毛亨的笔下，却变成了"德广所及也"。再看后面的续申之词："文王之道被于南国，美化行乎江汉之域，无思犯礼，求而不可得也。"不仅文词罗嗦，而且牵强附会。

如果我们再将《周南》十一首诗的《诗序》的发题之词集中在一起，就会发现，其为后人刻意改写的痕迹特别明显，如："《关雎》，后妃之德也。""《葛覃》，后妃之本也。""《卷耳》，后妃之志也。""《樛木》，后妃逮下也。""《螽斯》，后妃子孙众多也。""《桃夭》，后妃之所致也。《兔罝》，后妃之化也。""《芣苢》，后妃之美也。""《汉广》，德化所及也。""《汝坟》，道化行也。""《麟之趾》，《关雎》之应也。"这十一首诗本来与后妃没有什么关系，结果被《毛诗序》弄得几乎全与后妃挂起钩来，而且居然还首尾呼应。

如何解释这一现象呢? 徐复观分析道："《毛诗》与三家《诗》最大的出入，在三家《诗》以《关雎》为衰世之诗，而《毛诗》则由正面加以肯定，并通过《周南》以特别强调后妃在政治上的重大作用，这虽在周初有其根据，我怀疑也有受吕后专政的冲击，因而思《周南》之古，以讽汉初吕后专政几覆汉室之今的用意在里面。"③ 这段话颇能给人以启发，但是也存在着明显的问题。因为这些《诗序》对后妃非"讽"乃颂。当然颂的不是周文王的后妃，也不是吕后，而是窦太后。《汉书·窦太后传》云："窦太后好黄帝、老子言，景帝及诸窦不得不读《老子》，尊其术。太后后景帝六岁，凡立五十一年，元光六年崩，合葬霸陵。"窦太后对文帝、景帝与武帝都长时间发生过影响。因为《毛诗诂训传》是要献给中央政府的，所以在《诗》的一开头，写上许多赞美后妃的话来讨好窦太后，以博得她的支持。因为河间献王刘德坚持封建制，在中央政府中所要争取和依靠的主要对象当然是大权在握的窦太后。

我们认为现行《毛诗序》中的原序，一部分是周朝太师写的，另一部分是由毛亨在前人的基础上改写的，序中对古序加以解释的话以及《诗大序》出现较晚，应当是毛苌撰写的。郑玄《诗谱》云："鲁人大毛公为诂训，传于其家，河间献王得而献之，以小毛公为博士。"④ 根据这段话，则《汉书·艺文志》所著录的《毛诗诂训传》当是毛亨所为，他还将原先独立存在的《诗序》分别置于各篇诗之首。而《诗序》中的续申之词与《诗大序》应当是毛苌写的。因为其中的许多话都来自于经过汉人整理与加工的先秦典籍与汉人著作，而毛苌作为河间献王的博士，可以充分利用河间献王的丰富藏书，否则难以做到这一点。前人早已考出了《诗大序》以及部分《诗序》续申之词的资料来源，如宋

---

① 　王先谦：《序例》，《诗三家义集疏》，续修四库全书本（77 册）。
② 　《文选》卷 34，中华书局 1977 年版，第 487 页。
③ 　徐复观：《徐复观论经学史二种》，上海书店 2002 年版，第 128 页。
④ 　《十三经注疏》，中华书局 1980 年版，第 128 页。

章如愚指出：

> "诗有六义，一曰'风'"至"六曰颂"，则见于《周官》太史之所掌；"情动于中而形于言"至"亡国之音哀以思，其民困"，则见于戴经之《乐记》；"成王未知周公之志，公乃为诗以遗王，名之曰《鸱鸮》焉"，则见之于《金滕》；"古者长民衣服不贰，从容有常，以齐其民"，则见于戴《记》之《缁衣》，"文公不能使高克将兵而御狄于境"，则见于《春秋》之《左氏传》，"正考甫得《商颂》十二篇于周之太师，以《那》为首"，则见于左氏之《国语》。持辞引援，往往杂出于传记之文，而谓一人为之可乎？……《诗序》非子夏所作，实出于汉之诸儒也。①

文中所提到的《诗序》资料来源有《尚书》《周礼》《礼记》《春秋左氏传》《国语》等。从上面所引《汉书·河间献王刘德传》中可以清楚的看出来，这些书都为河间献王所藏，并与河间献王有着密切的关系。其中《公孙尼子》指《礼记》中的《缁衣》，郑玄引刘瓛的话说："公孙尼子所作也。"② 文中提到"子曰：长民者，衣服不贰，从容有常，以齐其民，则民德壹。《诗》云：彼都人士，狐裘黄黄。……"③ 所以经师们很自然地依据这段话为《小雅·都人士》写了一篇《诗序》："《都人士》，周人刺衣服无常也。古者长民，衣服不贰，从容有常，以齐其民，则民德归壹。伤今不复见古人也。"④ 从"周人"二字也可以看出来此序是后人补写的。

特别值得注意的是河间献王与《乐记》的关系。《汉书·艺文志·六艺略·乐》类序云："武帝时，河间献王好儒，与毛生等共采《周官》及诸子言乐事者，以作《乐记》，献八佾之舞。"而《毛诗》大序中的"情动于中而形于言""治世之音安以乐，其政和；乱世之音怨以怒，其政乖；亡国之音哀以思，其民困"显然都引自《乐记》。此外，其诗歌可以"美教化，移风俗"的思想与《乐记》中音乐可以"移风易俗"的思想也是一致的。那么与河间献王一起作《乐记》的是谁呢？当为博士毛苌。因为毛苌是河间献王《毛氏诗》博士，自然能充分地利用河间献王丰富的资料。

所以从《诗序》的资料来源、刘德的政治倾向，以及文献整理的条件来看，应当说《诗序》是河间献王刘德在位时完成的，《诗序》的申续之词以及《诗大序》当为毛苌所为。

五、卫宏与《毛诗序》

范晔《后汉书·儒林传》云："卫宏字敬仲，东海人。少与郑兴俱好古学。初九江谢曼卿善《毛诗》，乃为其《训》。宏从曼卿受学，因作《毛诗序》，善得《风》《雅》之旨，于今传于世。"如前所说，《诗序》包括五个部分，周太师、鲁太师、孔子、毛亨、毛苌等都在《诗序》的撰写过程中作出过贡献，将《毛诗序》的著作权只归于卫宏一个

---

① 章如愚：《经籍门·诗》，《群书考索别集》，影印文渊阁四库全书本（938 册），第 772 页。
② 《十三经注疏》，中华书局 1980 年版，第 1647 页。
③ 《十三经注疏》，中华书局 1980 年版，第 1648 页。
④ 《十三经注疏》，中华书局 1980 年版，第 493 页。

人是不恰当的。但是在传经的过程中，每位有作为的经师，在撰写自己的讲稿时，都会在前人的基础上加进一些自己的东西，范晔言之凿凿，说卫宏是《毛诗序》的作者之一，也不是没有道理的。

就《毛诗》的传授源流而言，《汉书·儒林传》云："毛公，赵人也。治《诗》，为河间献王博士，授同国贯长卿。长卿授解延年，延年为阿武令，授徐敖。敖授九江陈侠，为王莽讲学大夫。由是言《毛诗》者本之徐敖。"清初朱轼对《毛诗》传授作了系统总结，今摘录部分内容如下：

> 苌授同国贯长卿。长卿授解延年，延年为阿武令，授徐敖。敖授九江陈侠。侠授同郡谢曼卿。曼卿善毛诗，又为之训。东海卫敬仲受学于曼卿。先儒相承谓《诗序》子夏所创，毛公及敬仲又加润益。①

从上面几条材料，可以清楚地看到，在王莽当政时期，出于政治上的需要，曾经大力提倡过毛诗与古文经书。所以《毛诗》被正式立为学官，学位地位大为提高。于是又出现一个学习、整理、研究《毛诗》的高潮，卫宏在前人的基础上，写出了一个《毛诗序》的定本也是可以理解的。

原载《中国韵文学刊》2008 年第 1 期。

---

① 朱轼：《毛苌·史传三编》，影印文渊阁四库全书本（459 册），第 11 页。

《诗序》的主体部分写定于《毛传》之前的文献依据

王承略

关于《诗小序》的写作年代，我用追溯性的研究方法，写成了系列论文共四篇。第一篇《从〈序〉〈传〉的关系论〈诗序〉的写作年代》（载《第四届诗经国际学术研讨会论文集》），通过考察《传》《序》之间固有的四种关系，得出了《序》的主体部分写定于毛《传》之前的结论，本文是第二篇，拟就有关文献记载，对该结论作进一步的补充论证。第三篇《论〈毛诗序〉在荀子之前而在〈左传〉〈国语〉〈论语〉〈缁衣〉流传之后》，第四篇《论〈毛诗序〉的主体部分极有可能出自战国中后期的孟子学派》。后二篇将陆续发表，我期待着大家对我的论证方法和结论批评指正。

从《传》《序》的关系可以证明《诗序》在毛《传》之前，从现在文献记载看，也完全可以得出同样的结论。

一、郑《笺》明确认定《诗序》在毛《传》之前

《小雅》之《南陔》《白华》《华黍》三《诗序》下《笺》云："此三篇者……遭战国及秦之世而亡之，其义则与众篇之义合编，故存。至毛公为《诂训传》，乃分众篇之义，各置于其篇端云。"在这里郑玄明确指出，《诗序》在《诂训传》之前就已存在，而且单独成编，毛公作《传》时，才区分众篇之义，各置篇端。今按，郑玄的说法是符合事实的。

首先，《诗序》单独成编，符合先秦两汉典籍流传的一般规律。大凡部头较大的著作，在以竹帛为载体的条件下，流传至为不易，为防止佚失和错乱，人们往往特作一题解性质的目录，以统辖全书。如《书·序》《周易·序卦传》《淮南子·要略》《史记·太史公自序》《汉书·叙传》即是如此。《诗经》有此一编，亦是情理中事。

其次，大毛公分众篇之义，各置篇端，留下了明显的痕迹，表现在以下两个方面：

第一，大毛公寻绎旁证少量地修改了在他以前就业已存在的《诗序》。郑玄《大小雅谱》云："问曰：'《小雅》之臣何也，独无刺厉王？'曰：'有焉。《十月之交》《雨无正》《小旻》《小宛》之诗是也。汉兴之初，师移其第耳。'"又《小雅·十月之交·序》郑《笺》云："当为刺厉王，作《诂训传》时移其篇第，因改之耳。"郑玄说得凿凿有据，谅必不诬。我在《〈毛诗〉的时代性质及其传授渊源考略》（载《第三届诗经国际学术研讨会论文集》）一文中指出，毛《传》是一部广采先秦旧籍中《诗》说和先儒《诗》解，并酌取三家《诗》合理成分的《诗经》集解本。大毛公见到的《诗序》，于《十月之交》篇为"刺厉王"，这与某些先儒《诗》解及当时流行的三家《诗》不符，也与实际推论的结果不合，于是大毛公本着求实的精神修改了其《序》。他作修改后一定留

下了必要的说明，并传给了他的后学，其后治《毛诗》学者代代相传，故直到东汉末年的郑玄仍可得而言。可惜郑玄迷信古说，不相信大毛公的修正，将四篇一一回改，确实追随并恢复了古《序》，但却与事实不符。按，今以郑《笺》为据，大毛公修订古《序》，仅此四篇而已，把他有限的修订过分夸大，甚至径说他创作了全部《诗序》，是完全错误的。

第二，大毛公分众篇之义时，无可避免地出现了统序现象，并无意间保留了《序》与《序》之间的衔接词。《诗序》本来单独成编，行文灵活，时有通论一国之诗或通论数篇之诗的情形。一旦打乱《诗序》，各置篇端，通论性质的《序》也只能放在某一篇之首，这样就出现了统序现象。例如《关雎·序》云："是以《关雎》乐得淑女以配君子，忧在进贤，不淫其色，哀窈窕，思贤才，而无伤善之心焉，是《关雎》之义也。"即通论《关雎》《葛覃》《卷耳》三篇而言。"乐得淑女以配君子，不淫其色，哀窈窕"，指《关雎》《葛覃》；"忧在进贤，思贤才，而无伤善之心"，指《卷耳》。《卷耳·序》云："又当辅佐君子求贤审官，知臣下之勤劳，内有进贤之志，而无险诐私谒之心，朝夕思念，至于忧勤也。"其云"求贤审官，朝夕思念，至于忧勤"，即"忧在进贤"；其云"内有进贤之志，而无险诐私谒之心"，即"思贤才，而无伤善之心"。段玉裁《毛诗故训传定本》云："玩'又当'二字，知古各《序》合为一篇，故蒙上而言。"是则此三篇之《序》或通下言，或蒙上言，非专就一篇立文。《序》中类似的例子还有《樛木》兼《螽斯》《桃夭》，《葛屦》兼《汾沮洳》《园有桃》，《采薇》兼《出车》《杕杜》等。

基于以上分析，完全可以论断郑《笺》的记载是真实可信的。大毛公从他先师那里接受了与经别行的《诗序》，他修正了其中的四篇，然后分置各篇之首，这些再加上作《传》时对《序》的补充、修订和服从，就构成了大毛公与《诗序》全部关系的总和。大毛公保存、传播、研究《诗经》古《序》，无疑可视为《诗序》流传过程中最关键的环节。

二、六"笙诗"各存篇义说明《诗序》在毛《传》之前

《小雅》六"笙诗"，今皆有《序》义而无诗辞。《华黍·序》《由仪·序》后两言"有其义而亡其辞"。郑《笺》以此六篇"遭战国及秦之世而亡之，其义则与众篇之义合编，故存"。六"笙诗"本来有无诗辞，即使原有诗辞，到底因何而亡，皆姑且不论，但郑玄指出"其义则与众篇之义合编"，是符合事实的。试想，六篇既无诗辞，后人何以参知每一篇的旨意？今六篇《序》能够赫然具在，正是由于它们与众篇之义合编的缘故。也幸亏大毛公特录存之，未作删弃，故至今有其篇名和《小序》，这对于理解《仪礼》的用诗情况是大有帮助的。毛公的做法，正是恪守孔子"述而不作，信而好古"，"于其所不知，盖阙如也"的治学精神。当时传《鲁诗》的申培也持同样的治学态度，而传《齐诗》的辕固宁愿与猪搏斗也要捍卫儒家学说的尊严。在经学尚未成为利禄的惟一手段之前，汉初的儒者继承春秋、战国以来的儒学传统，其治学特色表现为厚重、执著和严谨。那种认为六"笙诗"的《序》乃汉初儒者根据篇名伪造出来的观点，是对汉初儒者的极大亵渎。

三、《六月·序》保存有古《序》的原貌

《小雅·六月·序》云:"宣王北伐也。《鹿鸣》废,则和乐缺矣;《四牡》废,则君臣缺矣;《皇皇者华》废,则忠信缺矣;《常棣》废,则兄弟缺矣;《伐木》废,则朋友缺矣;《天保》废,则福禄缺矣;《采薇》废,则征伐缺矣;《出车》废,则功力缺矣;《杕杜》废,则师众缺矣;《鱼丽》废,则法度缺矣;《南陔》废,则孝友缺矣;《白华》废,则廉耻缺矣;《华黍》废,则蓄积缺矣;《由庚》废,则阴阳失其道理矣;《南有嘉鱼》废,则贤者不安,下不得其所矣;《崇丘》废,则万物不遂矣;《南山有台》废,则为国之基队矣;《由仪》废,则万物失其道理矣;《蓼萧》废,则为国之基队矣;《由仪》废,则万物失其道理矣;《蓼萧》废,则恩泽乖矣;《湛露》废,则万国离矣;《彤弓》废,则诸夏衰矣;《菁菁者莪》废,则无礼仪矣。《小雅》尽废,则四夷交侵,中国微矣。"

这篇《序》旨在阐明宣王北伐的背景,并表明《小雅》所体现的先王政治方略和思想,一旦被废弃,就会产生严重的社会后果。《序》中一一缕数《小雅》二十二篇的不同作用,其二十二篇的顺序是:①《鹿鸣》,②《四牡》,③《皇皇者华》,④《常棣》,⑤《伐木》,⑥《天保》,⑦《采薇》,⑧《出车》,⑨《杕杜》,⑩《鱼丽》,⑪《南陔》,⑫《白华》,⑬《华黍》,⑭《由庚》,⑮《南有嘉鱼》,⑯《崇丘》,⑰《南山有台》,⑱《由仪》,⑲《蓼萧》,⑳《湛露》,㉑《彤弓》,㉒《菁菁者莪》。

这样的顺序与今本《毛诗》的顺序不同。今本《毛诗》二十二篇顺序为:

①到⑬同上,⑭《南有嘉鱼》,⑮《南山有台》,⑯《由庚》,⑰《崇丘》,⑱《由仪》,⑲到㉒同上。

为什么二者有不同,郑《笺》的解释是,毛公作《传》时,"阙其亡者,以见在为数,故推改什首,遂通耳"。根据郑《笺》之说,今本的顺序是毛公重新调整过的,调整以后毛公又重定了篇什。毛公要以见在为数,就最好把"笙诗"相对集中,故而他作了适当的改易。他作改易以后又不愿湮没古本的顺序,体现了他的良苦用心。一则他想让后人知道他的处置,就像让后人知道他修正了《十月之交》古《序》那样;二则古本的顺序更符合《仪礼》的乐次,他保存古本的顺序,可以为研读《仪礼》所取资,因为大毛公深明《礼》学,而以《礼》言《诗》本来就是《诂训传》的特色之一。正由于毛公为保留古本顺序而特意录存了古《序》的一段文字,就提供了他见到古《序》的最强有力的证据。范处义《诗补传》曰:"《六月》之《序》,《由庚》之后继以《南有嘉鱼》,《崇丘》之后继以《南山有台》,皆古诗之次第也。今亡诗之篇次乃合《由庚》《崇丘》《由仪》为一,此秦火之后经生为之也。使《六月》之《序》果作于毛、卫之徒,则二人者皆生于秦火之后,当如亡诗之次矣。且其诗既亡,其次既乱,毛、卫之徒何由知古诗之次第,为《六月》之《序》哉?"孔广森《经学卮言》亦云:"《正雅》廿二篇,《六月·序》具有其次。古本《鹿鸣之什》终于《鱼丽》,而《南陔之什》以《南陔》《白华》《华黍》《由庚》《南有嘉鱼》《崇丘》《南山有台》《由仪》《蓼萧》《湛露》为次,与朱子所据《仪礼》乐次初不相远,毛公引《序》分置各篇时始错其次耳。所以《鱼丽》独不依乐次者,盖欲使'笙诗'三篇相聚,故不割《南陔》以附前什也。《汉艺

文志》录《鲁、齐、韩诗》皆二十八卷，独《毛诗》经二十九卷。计毛所多于三家一卷者，正以《小雅》有七什八什之辨耳。借非《小序》几不复见《小雅》八什之旧，就此一端，足定《序》果出于毛公之前。"按，古本《毛诗·小雅》是否八什，果真是八什，是否又有像段玉裁那样的不同分法，还是像王引之所说是因为《毛诗》多出《小序》一卷，等等问题，皆可以另当别论，但范处义、孔广森断定《六月·序》为古《序》，进而推出《诗序》出于毛公之前的结论，则可谓目光如炬，卓有见地，确然不移。

以上从有关文献的记载论证说明了《诗序》的主体部分写定于大毛公之前。称"《诗序》的主体部分"，言外之意就是现存《诗序》里，也有大毛公之后《毛诗》后学的附饰成分。当然这样的提法并无铁证，只是从两汉经学积淀发展的特点、两汉著述每有后人增饰的成书规律及《诗序》的某些特例推知固当如此。例如《鄘风·载驰·序》："许穆夫人作也。闵其宗国颠覆，自伤不能救也。"至此，实际上已经把诗意表述得十分清楚了。但其后又说："卫懿公为狄人所灭，国人分散，露于漕邑。许穆夫人闵卫之亡，伤许之小，力不能救，思归唁其兄，又义不得，故赋是诗也。"卫懿公以下云云，显然是对前部《序》的解释，似不是《小序》所原有。再如《郑风·有女同车·序》："刺忽也。郑人刺忽之不昏于齐。太子忽尝有功于齐，齐侯请妻之，齐女贤而不取，卒以无大国之助，至于见逐，故国人刺之。"按《序》义明显地分为三层，而一层比一层具体，太子忽以下云云，显然是对"郑人刺忽之不昏于齐"的解释，似为古《序》所无。如果其为古《序》所有，则古《序》不会有"郑人刺忽之不昏于齐"一语。又如《豳风·东山·序》："周公东征也。周公东征，三年而归，劳归士。大夫美之，故作是诗也。"至此已将诗意概括殆尽。其下却又云："一章言其完也，二章言其思也，三章言其室家之望女也，四章乐男女之得及时也。君子之于人，序其情而闵其劳，所以说也。说以使民，民忘其死，其唯《东山》乎?"按分别章意及语用反诘，概于《序》例不类，疑非古《序》所当有。像《载驰》《有女同车》《东山》三《序》的情形，在《诗序》中绝不多见，今颇疑三《序》中有毛氏后学的增饰成分，其间或有卫宏《毛诗序义》之类的内容也未可知。总之因缺乏真凭实据，只能姑作以上的分析与推论。需要特别指出的是，即使在郑《笺》流行之后，《诗序》仍有个别人为的或无意的文字改易。如《魏风·伐檀·序》："刺贪也。在位贪鄙，无功而受禄，君子不得进仕尔。"诗首章首三句郑《笺》："是谓君子之人不得进仕也。"次四句郑《笺》："是谓在位贪鄙，无功而受禄也。"很显然，郑玄见到的《诗序》，"君子"之后有"之人"二字。这二字不知何时也不知被何人有意地还是无意地删弃了。

《诗序》中有毛公后学的增饰成分及个别字句的改易，不妨碍《诗序》主体部分成书于大毛公之前这一结论，也不妨碍我们追溯《诗序》早期的写作状态，甚至《诗序》的写作源头。

本文既论定《诗序》出于大毛公之前，则卫宏作《序》之说不值一驳。卫宏作《序》，只有《后汉书·儒林列传》一条孤证，其文云："九江谢曼卿善《毛诗》，乃为其训。宏从曼卿受学，因作《毛诗序》，善得《风》《雅》之旨，于今传于世。"范晔《后汉书》纪传以"属词丽密"而见称，今数语之间出现两"善"字，似为不伦。疑后

"善"字乃"义"字之误。《大雅·文王》"宣昭义问",毛《传》:"义,善也。"是善、义二字义同而形近,故极易混误。则卫宏所作,乃《毛诗义》,而不是《毛诗序》。又《毛诗序义》之作,非止卫宏一种。《隋书·经籍志》著录有雷次宗《毛诗序义》二卷,孙畅之《毛诗序义》七卷,刘王献《毛诗序义疏》一卷等,大概皆取法卫宏而与其书性质相同。

原载《诗经研究集刊》2000 年第 2 辑。

礼 类

从社会制度及政治制度论《周官》成书年代

蒙文通

《周官》成书时代问题，疑信二千余年不得决。然一时代之制度，自有一时代之背景，以今日历史研究之方法衡之，似六国阴谋、刘歆伪作之说皆不可信。虽未必即周公之书，然必为西周主要制度，而非东周以下之治，有可断言者。《周官》之制，阶级最为不平，不得谓为美善。自后儒释《周官》不晰，以为致太平之书，可以垂法无穷，则惑矣！齐、晋霸制，为变西周以入战国之渐，易封建诸侯以入于王权扩张，先后殊而治各有别，若曰此六国阴谋，则岂惟不知战国之社会，亦未晓然于《周官》之制度也。今文家何休之徒，以其与博士之说相乖违而疑之，诚不足异，居今日而沿何氏之说，则邻于不思。甚者归狱王莽、刘歆，是则更不知汉之历史时代，而又惑于王莽之所以为社会政策也。今姑以西周战国之变言之。

晋以韩原之败，始作州兵、作爰田，杜预之徒妄以《周官》之制为之说，此大误也。《地理志》："商君制辕田，开阡陌。"释者谓辕与爰同，然则晋之作爰田，即开阡陌，宜井田之废，自晋始也。《春秋》宣十五年："初税亩。"《公羊传》言："履亩而税也。"若井田为什一之税，鲁奚必新为履亩之税？井田废，一夫不必限于百亩，此鲁之税亩为鲁始废井田耳。鲁已废井田于春秋之中，何疑晋人废井田于春秋之始？后人徒以开阡陌、令民得卖买始于商君，因谓废井田必始于秦者，俗儒之惑也。服虔、孔晁释"爰，易也，易其缰畔"，固显见其为开阡陌。苟释爰田即《周官》之不易、一易、再易之田，是则明为井田之制，商君制辕田诚若此，则行井田自商君始，不自商君废也。因后世不明《周官》井田之实际，疑井田为最善之法，疑周世文物未盛，不得有井田。惜未晓然于周不得有井田，则财产私有制已先于西周而确立，是疑周之文物幼稚者，翻误以周代文化更已早为高度之发展也，孰明周代井田之制即一最不善之制哉！

井田之不善，于晋作州兵而益足明之。《周官·载师》注引《司马法》曰："王国百里为郊，二百里为州，三百里为野，四百里为县，五百里为都。"郑司农云："百里内为六乡，外为六遂。"则百里者，乡遂之限也。《管子·揆度》言："州者谓之遂。"是晋作州兵者，遂之人始为兵也。若《周官》《孟子》所说井田出兵之事，迥与此殊。《孟子》谓"夏后氏五十而贡，殷人七十而助，周人百亩而彻"，又曰："由此观之，虽周亦助也。"既曰殷助周彻，又曰周亦助法，孟子之说，于是最为难解。又曰："治地莫善于助。"又曰："请野九一而助，国中什一使自赋。"此意弥复难知。夫滕壤地褊小，绝长补短将五十里，而孟子既谓治地莫善于助，乃欲以五十里之国，彻助并行，国野异制，是果何说耶？若考之《周官》，乃知其意符孟子。《周官》之言造都鄙也，小司徒经之，其职云："乃经土地而井牧其田野。"郑氏注《礼》，主以国中当乡遂用贡，而野当都鄙用助，斯孟子之意与《周官》同，周固彻助并行也。然又何以必别助彻为殷周？大司徒之职曰："五州为乡，凡万二千五百家，凡六乡。"六乡军法在小司徒之职曰：五师为军，军万二千五百人，出于乡，家一人也，六乡而六军，大司马之职所谓王六军者也。《周官》建学，亦止于六乡。六乡者，彻之所行，即军之所出，又为建学以登庸焉。野则助之所行，不出兵，不建学，此无他，周既克殷，周人居国中，而放逐殷人于野耳！周世用彻法，自公刘而彻田为粮，于夏殷之世已然也。殷则世用助法，既丧其国家，退居于野，尚仍其助法焉，入周而不改，此所以虽周亦助耶？又曰："将为君子焉，将为野人焉，无君子莫治野人，无野人莫养君子。"君子为统治阶级，野人为被统治阶级者也。又曰："方里而井，九井百亩，其中为公田，公事毕，然后敢治私事，所以别野人也。"是井田所在者为野人，则彻法所行者为君子。夫越有君子六千人者，兵士也；楚有都君子王马之属，亦兵士也。此何异秃发高欢所谓鲜卑任战伐，而汉人为汝作奴，夫为汝耕、妻为汝织者乎？叶适言："六乡于王畿为近，而皆为君子，故使之什一自赋，其粟则藏于仓人。六遂于王畿为远，而皆为野人，故使之九一而助，其粟则聚于旅师，遂人以兴锄利甿，里宰合耦于锄，旅师掌聚野之耡粟。"耡即助字，助字惟见于六遂之官，是六遂用助法之明证。本师左庵以王莽用《周官》，其制有六乡、六队，六乡在长安，六队在洛阳。六队即《周官》之六遂，知《周官》旧说六遂在成周，正所谓居殷顽者也，为助法之所行，是助之所行为殷人又审矣。郑氏注载师云："周税轻近而重远。"此即轻周而重殷耳。管子治齐，见诸《国语》者曰："参国伍鄙。"参国，贝士乡十五以立三军者也。伍鄙不出军而曰井田畴均，是亦伍鄙用助而乡用彻。乡之进贤有三选之法，而鄙无之，则所以别君子、野人者，事亦犹然。此见周之旧制，管子治齐，未之或异也。自秦开阡陌，急于富强，荀卿言其五甲首而隶五家，盖韩非之所为富贵皆出于兵。于是有父子低首，奴事富人，躬率妻孥，为之服役者也。夫周则贵贱之悬殊，秦则贫富之迥绝，而《公羊》家之言井田也则又异，何休谓："一夫一妇，受田百亩，公田十亩，八家而九顷，共为一井，十井共出兵车一乘，一里八十户，中里为校室。"包氏解《论语》云："千乘之国者，百里之国也。"夫然则今文家所论井田通国皆助，通国出兵出车，亦通国立学，而君子野人之隔泯矣。则今文家之论井田，既以夷周人贵贱之殊，亦以绝秦人贫富之辨，夫如是而后井田始为一善美之制。先儒不明周代事实之井田与今文家理想之井田绝不侔，而谓为太平之治，又乃疑于周不得有井田，皆未深究于史者之过也。

周之井田，与今文说之井田又有其异者，《地官》比长："徙于国中及郊，则从而授之。若徙他邑，则为之旌节而行之。若无授无节，则唯圜土内之。"注："过所则呵问，系之圜土，圜土者狱城也。"此为周之农民不得自由离开土地。《地官》邻长亦云："徙于他邑，则从而授之。"此六乡六遂之人，不得任意迁徙，而官为管理之，否则收入狱中。故《周语》曰："犹有散迁懈慢，而著在刑辟，流在裔土，于是乎有蛮夷之国，有斧钺刀墨之民。"是散迁有罚，懈慢亦有禁也。《周语》又言："土不备垦，辟在司寇。"又言："王则大徇，耨获亦如之，民用莫不震动，恪恭于农，修其疆畔，日服其镈，不解于时。"其监农之急也。孟子曰："死徙无出乡，乡田同井。"惟农民不得离其土，故为农奴，以土地与人民同为领主之财产耳。王者始起，封诸父昆弟，示与共财之义，故可以共土也，故封建者，分财之说也。《左氏传》定四年载：成王分鲁公以殷民六族，分康叔以殷民七族，聃季授土，陶叔授民，以土与民皆所分之财也，故人民不得离其地，不得怠其时。

《礼·王度记》曰："有分土，无分民也。"是非周初之制。自晋、鲁开阡陌而后，农奴已变而为自耕农，淳于髡辈之说，农民可自由与土地相离，得离其土则非农奴，由西周以至于战国，私有财产之制立，土田可买卖，而举国之人皆为兵，事变之亟，不可思议，若以《周官》之书为战国以下之事，倘亦邻于不辨黑白者也。

明乎《周官》之井田，事至卑陋不足观，而周公之处殷人，事至惨刻不足取，昔人以此为致太平之书诚诬，今人信此为太平之迹不应为周制更为愚。以愚诬之见衡《周官》之真伪，事之可笑，宁过于斯！由田制以观兵制，足明事之相因。由田制、兵制以明学校之制，而事理之贯，巧若符合。今专就《周官》经文考之，不取注说，则周代学惟贵游，不及民庶，乌有选士之制？言选举之义者，皆儒家之理想，非周代之史迹，二千余载之经说，真长夜梦梦也！《地官》师氏："掌以媺诏王，以三德教国子，居虎门之左，司王朝，掌国得失之事，以教国子弟，凡国之贵游子弟学焉。"保氏："掌谏王恶，而养国子以道，乃教之六艺，教之六仪。"郑注："国子，公卿大夫之子弟，师氏教之，而世子亦齿焉。"《春官》大司乐："掌成均之法，以治国之学政，而合国之子弟焉，凡有道者有德者使教焉，以乐德、乐语、乐舞教国子。"郑注："国之子弟，公卿大夫之子弟当学者，谓之国子。"此《周官》师、保、成均之教，入学者以贵游子弟为限也。至《地官》所言六乡州党之制，族凡百家，族师书其有学者；党五百家，党有序，党正书其德行、道艺；州二千五百家，州有序，州长考其德行、道艺；乡万二千五百家，乡大夫三年大比，考其德行、道艺，而兴贤者、能者。此德行、道艺之士，党正书之，州长考之，乡大夫宾兴之。秦蕙田言："古者取士于乡有二法，一则由乡而升司徒，而升大学，学成然后用之，《王制》所谓造士是也。一则三年大比，兴其贤能直达于王，不复令入国学，《周礼》所谓宾兴是也。"是《周官》州党之序、六乡之士，不复入成均；而师氏、保氏所教，止于贵游国子，为贵胄，为世族，六乡之士不得与之侪，秦氏已明见及此也。至秦氏谓六遂之学与乡同，则大不然。《地官》言遂人掌邦之野，由遂师、遂大夫、县正、鄙师、酂长无庠序之文，无考校宾兴之说，皆言各掌其政令；由乡师、乡大夫、州长、党正皆言各掌其教治政令，族师言掌其戒令政事；则六遂与六乡之族师以下皆不言教，则其无学可知也。六乡大比，宾兴贤能，六遂大比，则行诛赏，乡、遂二者，治绝不同，言六遂以下有学者，经师之过也。刘彝言："古者乡学教庶人，国学教国子，乡学所升，不过用为乡遂之吏，国学所升，则命为朝廷之官，此乡学、国学教选之异，所以为世家编户之别也。"是其区辨世庶，厘然不惑，而乡遂之异，则犹未及论，是说礼之不晰亦久矣。既由兵制、田制知周代君子与小人之殊，由学制更见贵族与编民之别，此周世截然不平等之三阶级，而其所以为封建社会者也，谓为良法美意可乎？

于此论井田、兵制、学校诸端，已见《周官》所表见之时代，决非战国之社会，至王莽所行之政策，与《周官》更已霄壤之殊，乃今世学者，已知王莽之政治意义为社会政策，而尚疑《周官》为莽、歆之作者何耶？叶水心、马端临已言《周官》为封建时代之治，决不可施之于秦汉以后郡县之世，以难王安石，岂今人之智，反出叶、马之下耶？致世之究心于社会经济史者，于此一大丰富史料之宝藏，胥以疑伪之故，屏弃而不取，言及周之社会制度，皆别采《诗》《书》影响牵附之文以立言，东海学者虽能取用《周官》，乃又困于二千余年经师之瞀说，不能明《周官》所表示之社会，诚可惜也。然《周官》一书虽为西周时代之主要制度，而书未必为西周之旧作，当改定于东迁以后惠王、襄王之时，诚以卓卓大纲，已非前事，犹晋之东迁、宋之南渡，宏纲巨典，不能不权宜而更张，至于细节繁文，尚存饩羊于废纸，兹已论《周官》之社会实况，请再陈周人官制之更张。

《十月之交》诗曰："皇甫卿士，番维司徒，家伯维宰，仲允膳夫，棸子内史，蹶维趣马，楀维师氏。"《云汉》之诗曰："鞫哉庶正，疚哉冢宰，趣马师氏，膳夫左右。"是厉、宣、幽之世，冢宰在司徒之下。《王度记》曰："天子冢宰一人，爵禄如天子之大夫。"以其为大夫，故与膳夫、趣马为列，皆大夫也。《常武》之诗曰："王命卿士，南仲太祖，太师皇甫。"合《十月之交》观之，宣、幽之世，卿士最尊，执政权，冢宰犹卑。《周语》言："荣夷公好利，为厉王卿士。"《郑语》："虢石夫好谗谄，为幽王卿士。"《左氏传》隐三年言："郑武公、庄公为平王卿士，王贰于虢，郑伯怨王。"此自厉、宣、幽、平以来，皆卿士执政之证，郑伯亦卿士执政者也。隐之八年，虢公忌父始作卿士于周，桓之五年，王夺郑伯政，郑伯不朝。自隐之八年，至桓之五年凡九年间，郑伯未夺政尚为卿士，而虢公已为卿士，明厉、幽以来皆卿士二人夹辅天子，位居太师、司徒之上。而隐之九年，《左氏》言："宋公不王，郑伯为王左卿士，以王命讨之，伐宋。"郑伯为左卿士，则虢公为右卿士可知，此尤卿士恒二人执政之确证，无一人执政之说也。推西周言之，《书序》言："召公为保，周公为师，相成王为左右。"此周、召二人辅政也，陕以东周公治之，陕以西召公治之，故《乐记》言："周公左、召公右。"周公既殁，命毕公保釐东郊，则毕公实继周公之任。于《顾命》曰："太保率西方诸侯入应门左，毕公率东方诸侯入应门右。"此召公、毕公之二人辅政也。爰之难，周公、召公相与和而修政，知成康以降，皆以二公辅政，卿士辅政则周、召二公为元老，尸虚崇，及国难而元老暂再出，《常武》之诗则治定而卿士又秉国居太师之上也。西周一代，不闻有一人辅政之制，而冢宰之秩尤卑，更无冢宰一人辅政之说，下及平、桓，亦无此制也。《公羊传》隐五年："天子三公何？天子之相也。天子之相何以三？自陕而东，周公主之，自陕而西，召公主之，一相处乎内。"周、召为傅、保兼二伯，此所谓周公入为三公出为二伯也。一相处内，自太师也。《金縢》言周公乃召二公，亦见周初之为三公也。《顾命》乃同召太保奭、芮伯、彤伯、毕公、卫侯、毛公、召、毕率东西诸侯，以二伯兼三公，毛公称公，此一相处内，自太师也。《节南山》之诗曰："尹氏太师，维周之氐，秉国之钧，天子是毗。"此太师之一相处内，周初则太公任之，实主兵，故《乐记》言："发扬蹈厉，太公之志也；武乱皆坐，周、召之治也。"《诗·大明》亦言："维师尚父，时维鹰扬。"而宣王之世，王命卿士在先，太师皇甫在下，则卿士已跻太师之上，则西周辅政，虽曰周、召相成王为左右若二人，而实并太公为三人，东迁前后，卿士辅政为二人，冢宰一人辅政，《周官》之制，其事又在后也。

《春秋》隐元年："天王使宰咺来归惠公仲子之赗。"杜注："此天子大夫。"桓四年："天王使宰渠伯纠来聘。"《公羊传》言："天子之大夫也。"于时虢、郑方为卿士执政，则宰之不为卿士可知。僖九年："公会宰周公于葵丘。"《公羊传》曰："宰周公，天子之为政者也。"隐、桓之世，卿士为政，而宰居其下，僖之世，宰已跻卿士之列而为政。桓五年："王夺郑伯政，郑伯不朝，王以诸侯伐郑，王为中军，虢公林父将右军，周公黑肩将左军。"知周公实继郑伯为卿士。桓十八年："王杀周公黑肩。"僖之五年："晋灭虢。"僖之九年而宰周公见于《经》，周襄王之元年也；于时虢公已灭，卿士缺焉。《论语》言：

"君薨，百官总己以听于冢宰三年。"盖宰孔当襄王谅阴之际，以冢宰司王闱之官，天子之近臣，代天子总百接，遂跻于卿士之列，谅阴之后，沿而不革。僖之二十四年："太叔以狄师伐周，获周公忌父。"僖之二十八年："朝王践土，王子虎盟诸侯于王庭。"《国语》谓之太宰文公，则继宰周公、周公忌父为政者，王子虎也。僖之三十年："王使宰周公阅来聘。"继王子虎为政者，又宰周公阅也。周之惠王以前辅政者为二人，宰居卿士之下，不为崇官，襄王之世，皆宰为政，而司徒三吏之属皆出其下，而王子虎以太宰为卿士，遂为以后冢宰一人辅政之始。《周官》以冢宰卿一人股肱天子，其制实自宰孔以后，则《周官》一书，为襄王以后就旧文而改变之制。战国之世，见于《周策》，其执政者皆谓之相，而制又变也。总古官之沿革论之，唐虞之际，四岳最尊，左右天子，而四辅不在九官、十二牧之列，徒为天子近臣耳。《尚书》言"钦四邻"，《书传》曰："天子必有四邻，前曰疑，后曰丞，左曰辅，右曰弼。"《洛诰》曰"乱为四辅"，即四邻也。《文王世子》曰："虞、夏、商、周，有师、保，有疑、丞，设四辅及三公。"此虞、夏之四辅，至周而变为三公；虞、夏之四岳，及周变为二伯，而以三公兼之，是三公以卑近之臣乃跻于崇要之位。商以卿士为政，周初以三公为政，而卿士出其下，东西周之间，卿士以卑秩为政，而三公为虚位，坐而论道也。襄之后，冢宰以大夫为政，又跻于卿士之列也。视汉魏以后，尚书、中书以卑近之位而渐崇要，而渐又虚位无实任，古今之变，何先后之若一揆耶！周之执政由三公而卿士、而冢宰，由三人而二人、而一人，即由公而卿、而大夫，就此蜕变之迹求之，以《周官》为周公致太平之书，固不必然；以为六国阴谋之书，终亦未是。谓写定于春秋中叶，殆近之耶！

　　以上二说验之，知《周官》大纲为惠、襄以后之制，以西周时代冢宰未崇，而战国所见，又言相而非宰也。《周官》之细节，决非爰田、州兵以后之事，犹是西周盛时所立法，于东迁后，不过徒存此具文，固未可以一概而论。昔贤衡此书者，疑信虽不同，其认《周官》为美善之制，则其为误一也。能明乎此，而后于周世先后之变，或可得而言。周之盛时，六军出六乡，而金文中有王六师、殷八师、成周八师之文，成周者六遂之所在，殷人居之，则六遂任兵役者，周之变也。《国语》言："宣王既丧南国之师，乃料民于太原。"南国者，唐固以为南阳，太原、南阳皆六乡、六遂以外地，于宣之中兴，兵役已推及于鄙远，此固国家一时权宜之事，仍未据以更《周官》之旧也。其在《国语》言管仲治齐，出兵仍限于国中，而不及于鄙，则齐桓霸制去周犹未远。惟在《礼》，"诸侯三郊三遂"，三郊即三乡，齐桓以三乡为十五乡，斯盖人口增多，故别为治法，然周之军万二千五百人，齐之军为万人，则变亦仅矣。及晋作州兵乃及于遂，邾南之会，车四千乘，殆晋之四十县皆负同等之兵役。入战国则举国皆兵，布衣亦得以取卿相，贵族世臣之制于是顿废。《周官》六乡之外无学，而《学记》言"术有序"，郑注释术为遂，州有兵而遂有序，则事本相因，于是助彻并行之井田制亦荡灭而无存。孟子于变极之时，仍欲正经界、均井地，以劳心、劳力为君子、野人之区分，期复周之旧矩，而当五百之期，此固未晓然于时务，无怪世以为迂阔而儒亦不为人重也。由周之变论之，鲁、卫为笃于守旧，三卿之制，终春秋犹然。郑、宋则已稍变，故各有六卿当国，执政之名，更为特异，左师、右师秉国，亦周制之所无，然三卿五官之旧，犹可踪迹。齐、晋为变益远，无复前规，晋以中军执政，视齐之变益甚。至秦之庶长，楚之令尹，其于周制，更渺不相涉。知变之烈者后益强，而未之变者先已弱。《周官》既为惠、襄以后之典章，仍因循成、康盛时之法度，虽一人执政，治归近昵，而三事大夫则恪守前规，此其所以政败民罢、而日即于乱亡者耶？则《周官》之制，虽曰存丰镐之具文，然即以为春秋中叶王朝现行之法亦无不可，殆比于鲁、卫之俦，笃于保守，固不必以齐、晋霸强之法而疑郏鄏守旧之典也。是《周官》者，在西周不得为良善之制，在东周复为致亡之害，乌得谓为太平之迹而崇之、谓为精善之制又疑之，此诚荀卿所谓官人百吏持以取禄秩者，殆至愚人之所传也，而曰战国哲人理想之所纂辑，岂其然哉！

至《考工记》一书，亦有可言者。汉兴得《周官》，缺《冬官》一篇，河间献王购之千金而不得，乃取《考工记》以补之。《考工记》之于《周官》，本非一事，自后注者若二书之不可离则过也。由郯子论官衡之，五鸟为天官，五鸠则当于《周官》之职，五雉为五工正，九扈为九农正，是官不尽于五鸠，工正、农正各有其职，宜亦各有其书。《曲礼》"天子建官先六大"，此五鸟也；《曲礼》"天子之五官"，此五鸠也；《曲礼》"天子之六府"，又有"天子之六工"，则五雉工正之比也。颛顼之官，复有田正，傥比于九扈农正之官。然则《考工记》固为工正之书，而农正之书不幸熸焉无闻耳，岂周世之官尽于此六篇而已乎？《曲礼》："天子之六工，曰土工、金工、石工、木工、兽工、草工，典制六材。"今《考工记》言凡攻木之工七，攻金之工六，攻皮之工五，设色之工五，刮摩之工五，搏埴之工二，则《考工记》又与《曲礼》不同。殆工正之官，春秋诸国多有之，是此《考工记》者，傥又异国工正之书？《王僧虔传》云："文惠太子镇雍州，于楚王冢得古文《考工记》。"此篇岂楚人工尹之书耶？凡《考工记》用字之例胥与《周官》五篇之文不同，固难强合为一帙，后之学者更谥《考工记》以《冬官》之目，则其瞀乱，殆又甚也。今《考工记》又不能备序官之职，而次第亦异，是此记亦残脱之余乎？其与《周官》同异之处，沟洫之事，诚不必论也。

本文曾附录于四川大学 1938 年《专题研究》讲义，后载于四川省立图书馆编辑的《图书集刊》创刊号（1942 年 3 月，成都），有大量补充。兹据整理。

试论《仪礼》的作者与撰作时代

丁　鼎

《仪礼》十七篇是儒家六经之一，也是我国传统文化中最重要的文化元典之一。可是，由于时代久远，书缺有间，因而对于《仪礼》十七篇的作者与撰作时代这一问题，自古以来一直存在着争议，见仁见智，莫衷一是。今不揣浅陋，试对《仪礼》十七篇的作者与撰作时代问题进行考察并略陈管见，以就正于海内同道。

一、今、古文学派的争议和对立

从西汉开始，我国经学史上就发生了今、古文两大学派之间的纷争。今文学派传授的儒家经典是用西汉时期通行的隶书书写的，他们宣称他们传授的经典是孔子所制作；而古文学派传授的儒家经典则是以先秦古文字书写的，他们以周公为先圣，以孔子为先师，认为六经皆古代史籍，且多为周公创制，尤以《周礼》为周公"致太平"之书，孔子是六经的传授者，而不是制作者。他们双方为了争夺学术上的正统地位而互相展开了激烈的攻击与斗争。经学史上的这场今、古文之争一直断断续续地延续到清末。今、古文学派对于《仪礼》的作者与撰作时代这个问题也不可避免地存在着争议和对立。

1. 古文学派普遍认为《仪礼》为周公所作

虽然汉代古文经学家关于《仪礼》的作者与撰作时代的具体观点已不可确考，但我们可以通过考察有关文献记述而间接推知其大概。

班固《汉书·艺文志》曰："《易》曰：'有夫妇父子君臣上下，礼义有所错。'而帝王质文世有损益，至周曲为之防，事为之制，'礼经三百，威仪三千'。及周之衰，诸侯将逾法度，恶其害己，皆灭去其籍，自孔子时而不具，至秦大坏。"颜师古注曰："《礼经》三百……盖《仪礼》是也。"准此可知，《艺文志》认为《仪礼》一书是宗周时代的产物，至孔子时已散佚不完整了。班固的《汉书·艺文志》本于刘歆的《七略》，而刘歆是汉代最著名的古文学派的代表人物之一，班固也是在经学观点上倾向于古文学派的学者。因此，我们可以根据上引《艺文志》得出这样的结论：在汉代的古文学派看来，《仪礼》一书成书于"周之衰"之前（当在宗周时代）而并非孔子所编作。

此外，我们还可以根据后世几位学宗郑玄的古文经学家的观点，来推知汉代古文学派关于《仪礼》的作者与撰作时代的具体观点。在此需要指出的是，虽然后世学者大多"认定郑玄之学为今古文经学的融合。然而，考察郑玄的学术立场，仍旧应承认他是立足于古文经学的。他对今文经学的态度，不过如今文经学大师何休所说：'康成入吾室，操吾戈，以伐我乎！'意谓郑玄对今文经书与经说的作法，乃是古文经学的吸收、利用，而不是持中间立场的折中者对今文经学的融合。……他的三《礼》之学……是以古文《礼》

学为主而兼采今文礼说"①。唐代奉太宗之命负责编纂《五经正义》的孔颖达在《礼记正义·序》中说:

> 武王没后,成王幼弱,周公代之摄政,六年,致太平,述文武之德,而制礼也。……《礼记·明堂位》云:"周公摄政六年,制礼作乐,颁度量于天下。但所制之礼,则《周官》《仪礼》也。"

可知孔颖达是根据《礼记·明堂位》有关周公"制礼作乐"的记载,而推论《仪礼》乃是周公"制礼作乐"的产物,亦即认为《仪礼》当是周公所编作。

唐代另一位著名的学宗郑玄的经学家贾公彦在其《仪礼注疏》序言中也力主《仪礼》为"周公摄政六年所制",他说:

> 《周礼》《仪礼》发源是一。理有始终,分为二部,并是周公摄政太平之书。《周礼》为末,《仪礼》为本。

其《仪礼·士冠礼第一》疏又云:

> 《周礼》言周不言《仪》,《仪礼》言《仪》不言周,既同是周公摄政六年所制,题号不同者:《周礼》取别夏、殷,故言周;《仪礼》不言周者,欲见兼有异代之法。

清代礼学家胡培翬与曹元弼都是著名的古文学派经学家,他们都明确肯定《仪礼》"非周公莫能作"。胡培翬撰《仪礼正义》卷一曰:

> 《三礼》以《仪礼》最古,亦唯《仪礼》最醇矣。《仪礼》有经、有记、有传,记、传乃孔门七十子之徒之所为,而经非周公莫能作。②

曹元弼《礼经学》卷五《解纷》云:

> 《仪礼》有经有记有传。经制自周公,传之孔子;记与传则出于孔门七十子之徒之所为。自汉以后说经者若陆德明之《经典释文》,孔颖达、贾公彦之疏《礼》,皆以为周公作;韩昌黎读《仪礼》亦云:文王、周公之法制在是;朱子尤尊信其书,作《通解》。而近儒顾氏栋高著《左氏引经不及〈周官〉〈仪礼〉论》,疑《仪礼》为汉儒缀辑,非周公书。及考其说之所据,则曰:孔孟所未尝道,《诗》《书》、三《传》所未经见。呜呼!何其不察之甚欤!

以上所引班、孔、贾、胡、曹五氏之说基本上代表了古文学派关于《仪礼》作者与

---

① 王葆玹:《今古文经学新论》,中国社会科学出版社1997年版,第160~162页。
② 胡培翬:《仪礼正义》卷一,江苏古籍出版社1993年版,第5页。

撰作时代的观点。

2. 今文学派则普遍将《仪礼》一书的编著权归于孔子

一般说来，今文学派认为《仪礼》十七篇为孔子所编著，但细说起来，又可分为两种不同的意见：其一，以邵懿辰、皮锡瑞为代表，认为《仪礼》十七篇是孔子从周公所制之遗礼中纂辑、编定而成；其二，以廖平、康有为为代表，认为《仪礼》十七篇为孔子所制作，与周公无关。

如清代今文经学家邵懿辰以为《仪礼》为孔子从周公当年所制的三百之多的"经礼"中所选定的，他说：

> 经礼三百，曲礼三千。《仪礼》所谓经礼也。周公所制，本有三百之多，至孔子时，即礼文废阙，必不止此十七篇，亦必不止如《汉志》所云五十六篇而已也。而孔子所为定礼者，独取此十七篇以为教，配六艺而垂万世，则正以冠、婚、丧、祭、射、乡、朝、聘八者为天下之达礼也。①
>
> 孔子赞《易》，修《春秋》，删《诗》《书》，夫人而知之也。独定《礼》《乐》则茫然不得其确据。……礼本非一时一世而成，积久服习渐次修整而后臻于大备。旁皇周浃而曲得其次序。大体固周公为之也。其愈久而增多，则非尽周公为之也。孔子周流列国，就老聃、苌弘识大识小之徒而访求焉者，但得其大者而已。势不能传而致之，尽以教及门之士。与其失之繁多而终归于废坠，不如择其简要而可垂诸永久也。此《礼经》在孔子时不止十七篇，亦不止五十六篇，而定为十七篇，举要推类而尽其余者，非至当不易之理欤？②

皮锡瑞基本上赞同邵氏之说，他说：

> 《周礼》《仪礼》，说者以为并出周公。案以《周礼》为周公作固非，以《仪礼》为周公作亦未是也。《礼》十七篇，盖孔子所定。《檀弓》云："恤由之丧，哀公使孺悲学士丧礼于孔子，士丧礼于是乎书。"据此，则《士丧》出于孔子，其余篇亦出于孔子可知。汉以十七篇立学，尊为经，以其为孔子所定也。……邵氏此说犁然有当于人心。以十七篇为孔子所定，足正后世疑《仪礼》为阙略不全之误。以《仪礼》为经礼，足正后世以《周礼》为经礼、《仪礼》为曲礼之误。③

皮氏又在其《经学历史·经学开辟时代》中阐述此说云：

---

① 邵懿辰：《礼经通论·论礼十七篇当从大戴之次，本无阙佚》，南菁书院《皇清经解续编》卷一二七。

② 邵懿辰：《礼经通论·论孔子定礼乐》，南菁书院《皇清经解续编》卷一二七。

③ 皮锡瑞：《经学通论·三礼》，中华书局1954年版，第15页。案，此文中自"《周礼》《仪礼》，说者以为并出周公"至"以其为孔子所定也"本为皮氏之语，张心澂《伪书通考·礼类·十七篇》（商务印书馆1939年版，上海书店出版社1998年影印）误以为邵懿辰《礼经通论》之语。

《仪礼》十七篇，虽周公之遗，然当时或不止此数而孔子删定，或并不及此数而孔子补增，皆未可知。观"孺悲学士丧礼于孔子，《士丧礼》于是乎书"，则十七篇亦自孔子始定。犹之删《诗》为三百篇，删《书》为百篇，皆经孔子手定而后列于经也。①

皮氏虽认为《仪礼》为孔子所手定，但他似乎还承认《仪礼》是孔子在"周公之遗"的基础上经过"删定"与"补增"而成。而清末著名今文经学家廖平则明确断定《仪礼》与其他五经均为孔子所作，与周公无涉。他认为：

古文家渊源，皆出许、郑以后之伪撰。所有古文家师说，则全出刘歆以后据《周礼》《左氏》之推衍。又考西汉以前，言经学者皆宗孔子，并无周公。六艺皆为新经，并非旧史。②

六经，孔子一人之书，学校，素王特立之政，所谓道冠百王，师表万世也。刘歆以前，皆主此说，故《移书》以六经皆出于孔子。后来欲攻博士，故牵涉周公以敌孔子，遂以《礼》《乐》归之周公，《诗》《书》归之帝王，《春秋》因于史文，《易传》仅注前圣。以一人之作，分隶帝王、周公。如此，是六艺不过如选文、选诗。或并删正之说，亦欲驳之，则孔子碌碌无所建树矣。③

康有为《孔子改制考》卷十《六经皆孔子改制所作考》在廖平之说的基础上进一步推阐说：

汉以来皆祀孔子为先圣也，唐贞观乃以周公为先圣，而黜孔子为先师。孔子以圣被黜，可谓极背谬矣。然如旧说，《诗》《书》《礼》《乐》《易》皆周公作，孔子仅在删赞之列，孔子之仅为先师而不为先圣，比于伏生、申公，岂不宜哉？然以《诗》《书》《礼》《乐》《易》为先王周公旧典，《春秋》为赴告策书，乃刘歆创伪古文后之说也。歆欲夺孔子之圣而改其圣法，故以周公易孔子也，汉以前无是说也。……孔子所作谓之经，弟子所作谓之传，又谓之记，弟子后学展转所口传谓之说，凡汉前传经者无异论。故惟《诗》《书》《礼》《乐》《易》《春秋》六艺为孔子所手作，故得谓之经。④

现代今文经学家段熙仲先生也力主《仪礼》为孔子所作，非周公旧典。他说：

窃以为即《礼经》言之，其成书决不及西周之盛，而为东周衰世所传，圣人发

---

① 皮锡瑞：《经学历史·经学开辟时代》，中华书局1959年版，第19~20页。
② 廖平：《四益馆经学四变记·二变记》，《中国现代学术经典·廖平卷》，河北教育出版社1986年版，第227页。
③ 廖平：《知圣篇》，《中国现代学术经典·廖平卷》，河北教育出版社1986年版，第140页。
④ 康有为：《孔子改制考》，中华书局1958年版，第243~244页。

愤于诸侯上僭天子，大夫专命，公族式微而有作也。何以言之？厥有四证。其一……属词既同乎《春秋》，则成书亦当相去不远矣。其二：《小戴记》于《士丧礼》之书有明文也。《杂记》下记云："恤由之丧，哀公使孺悲之孔子学士丧礼，《士丧礼》于是乎书。"……其三：孟、荀、墨子生于战国，其书中已征引及之，则知《礼经》之成书，不晚于春秋之末也。……其四：《史记》《汉书》俱以《礼经》出于孔子也。……据此四证，知《礼经》为孔子垂教而书，非姬公之遗文明矣。①

段氏之说集中而全面地表述了今文学派将《仪礼》一书的著作权归于孔子的观点及其理据。

二、疑古学派的观点

关于《仪礼》的作者与撰作时代这个悬而难决的问题，除了由今、古文两大学派提出的相互对立的上述两种观点之外，还有由疑古派提出的另一种在近现代学术界影响极大的观点，这种观点认为：《仪礼》一书成书于战国之末，不仅与周公无关，而且也非孔子所编作。

唐人刘知幾所撰《史通》有《疑古》《惑经》二篇，对《尚书》《春秋》二经提出一些疑问。是为后世疑古、疑经之滥觞。稍后有啖助、赵匡等人又对《春秋》三传提出怀疑。宋人疑古、疑经之风大盛。如欧阳修撰《易童子问》，以为《易经》之《系辞》《文言》以下皆非孔子所作②。苏轼也疑《周礼》"非圣人之制也，战国所增之文也"③。朱熹则对古文《尚书》与孔《传》提出质疑，他说："某尝疑孔安国《书》是假《书》。""《尚书》孔安国传，此恐是魏晋间人所作。""孔壁所出《尚书》，如《禹谟》《五子之歌》《胤征》《泰誓》《武成》《冏命》《微子之命》《蔡仲之命》《君牙》等篇皆平易，伏生所传皆难读。如何伏生偏记得难底，至于易底全记不得？此不可晓。"（《朱子语类》卷七十八）郑樵虽认为"《仪礼》一书，当成王太平之日，周公损益三代之制，作为冠婚丧祭之仪、朝聘射乡之礼，行于朝廷乡党之间，名曰《仪礼》"，但却怀疑今之《仪礼》一书，"盖晚出无疑"，似为汉儒所作。④ 宋儒这种疑古、疑经的风气对后世学界影响极大。

清代的疑古辨伪之风与现代"疑古派"的盛极一时，均是承唐宋疑古、疑经之风的余绪发展而来。以喜好标新立异著称的清代经学家毛奇龄对《仪礼》的作者与撰作时代更明确提出了一反传统的新说，认为《仪礼》为战国末儒者所作。他说：

《礼记》杂篇，皆战国后儒所作；而《仪礼》《周礼》则又在衰周之季，《吕览》之前。（《经问》卷二）

《礼记》旧谓孔子诏七十子共撰所闻以为记。虽其间杂以他儒，如荀况、公孙尼子诸篇，合以成书，然大抵不出春秋、战国之间。若《仪礼》，则显然战国人所为，

① 段熙仲：《礼经十论》，《文史》第一辑。
② 欧阳修：《欧阳文忠公文集》卷七八《易童子问》卷三，《四部丛刊》本。
③ 苏轼：《东坡续集》卷九《策·天子六军之制》，《四部备要》本。
④ 郑樵：《六经奥论》卷五《仪礼辩》，《四库全书》本。

观其托孺悲以作《士丧礼》，托子夏以为《丧服传》，明明援七十子之徒，借作倚附。然且七十子之徒尚有《大学》《中庸》确然为孔门后学所记，而《仪礼》倚附，别无考据。则《仪礼》逊《礼记》远矣。（《经问》卷三）

以疑古辨伪著称的清代经学家姚际恒认为《仪礼》并非成于周公，也不可能成于孔子，而是"春秋以后儒者所作"。他认为：

昔者元圣制作，布在方策，传于天府。非若后代章程法令昭示乎民，又非若儒生发凡起例，勒成一书，思以垂诸来世，是以《礼》独无传。其后典籍仅存，降至战国，已复尽去。则此书者，孟子不举其义，汉世稍出其传，推之春秋侯国，往往而合，其为周末儒者所撰，夫复奚疑？①

清代另一位以疑经著称的学者崔述也认为《仪礼》成书于战国之末，《仪礼》非周公之制，亦未必为孔子之书。他说：

古《礼经》十七篇（今谓《仪礼》），世皆以为周公所作。余按：此书周详细密，读之犹以见三代之遗……然遽以为周初之礼，周公所作，则非也。周公曰："享多仪，仪不及物，曰不享，惟不役志于享。"孔子曰："先进于礼乐，野人也。后进于礼乐，君子也。如用之，则吾从先进。"然则圣人所贵在诚意，不在备物。周初之制，犹存忠质之遗，不尚繁缛之节，明矣。今《礼经》所记者，其文繁，其物奢，与周公、孔子之意判然相背而驰，盖即后进之礼乐者，非周公之制也。……然则此书之作当在春秋以后明甚。……《记》曰："恤由之丧，哀公使孺悲学士丧礼于孔子，《士丧礼》于是乎书。"是《士丧礼》昉于孔子也。以一反三，则他篇亦必非周公之笔。……然今《士丧礼》篇亦未必即孔子之所书。司马氏之《史记》，褚先生补之，后汉人续之矣。刘向《列女传》，后汉人续之矣。许慎之《说文》，徐铉更定之矣。况于秦火以前，安能必其为当日之原本？犹不敢必为孔子之书，况欲笃信其为周公之书乎？②

清代学者顾栋高甚至认为：

非特《周礼》为汉儒傅会，即《仪礼》亦未敢信为周公之本文也。……而孔子一生所称引无及今《周官》一字者。孟子言班爵禄之制与《周官》互异。《家语》言孺悲曾学士丧礼于孔子，而其详不可得闻。夫书为孔、孟所未尝道，《诗》《书》、三《传》所未经见，而忽然出于汉武帝之世，其为汉之儒者掇拾缀辑无疑。③

---

①　姚际恒：《仪礼通论》卷首《自序》，《续四库全书》本（据北京图书馆分馆藏抄本影印）。

②　崔述：《丰镐考信录》卷五《礼经作于春秋以降》，《崔东璧遗书》本，上海古籍出版社1983年版。

③　顾栋高：《春秋大事表》卷47《左氏引经不及〈周官〉〈仪礼〉论》，中华书局1993年版。

按顾氏说"即《仪礼》亦未敢信为周公之本文也",甚是;但是他认为"其为汉之儒者掇拾缀辑无疑",则缺乏可靠的理据。

现代疑古派则更是坚决否定了周公、孔子与六经的制作或编定关系。如曾以"疑古玄同"自号的现代疑古派主将之一钱玄同先生即在承袭前述毛、姚等人观点的基础上进一步指出:

> 其书(指《仪礼》)盖晚周为荀子之学者所作。《仪礼》为晚周之书,毛奇龄、顾栋高、袁枚、崔述、牟庭皆有此说。近见姚际恒之《仪礼通论》,亦谓《仪礼》为春秋后人所作。……看姚氏所论,可知《仪礼》的确作于晚周;五经之中,当以《仪礼》为最晚出之书。不信康氏(有为)之说者,多从旧书,以为周公所作。实则康氏以为作于孔子尚嫌太早;若作于周公之旧说,则离事实更远,真是无徵之臆谈矣。①

洪业先生则基本上继承了钱玄同的观点,他认为:

> 荀子所述之礼仪,亦颇与今之《仪礼》有歧异。则高堂生之传本,编纂于荀子之后也。②

由于现当代掀起过一浪高过一浪的批孔浪潮,致使千百年来被奉为"万世师表"的孔夫子名声扫地,再加上从1917年蔡元培先生执掌北京大学时起至1949年中华人民共和国成立时止的"近三十余年,疑古学派几乎笼罩了全中国的历史界……当时在各大学的势力几乎全为疑古派所把持"③,因而疑古学派几乎将孔夫子搞成了"空夫子"。许多疑古派学者认为,孔子无删述或制作"六经"之事,"六经"的最后完成当在战国之末,甚至认为其中有不少是汉人刘歆等伪造、改窜的内容④。这种观点,在很长一段时间内大行其道。他们完全否定孔子编定整理过《仪礼》的主张,也成为在现代学术界占统治地位的观点。如现代学者曹聚仁虽然是古文经学大师章太炎的弟子,但他对《仪礼》作者与撰作时代的认识基本上接受了疑古派的观点。他说:《仪礼》是战国时代人胡乱抄成的杂书;清代毛奇龄、顾栋高、袁枚、崔述等人已经证明的了。《周礼》是西汉末年刘歆伪造的;两戴记中十之八九是汉代儒士所作的。⑤

实际上,曹氏所持"《周礼》是西汉末年刘歆伪造的"的说法,早已被钱穆先生《刘向歆父子年谱》所驳正,毋庸赘述。而他所承袭的疑古学派关于《仪礼》作者与撰作时

---

① 钱玄同:《重论经今古文学问题——重印〈新学伪经考〉序》,附于方国瑜标点本康有为《新学伪经考》,古籍出版社1956年版,第406页。

② 洪业:《仪礼引得·序》,上海古籍出版社1986年版。

③ 徐旭生:《中国古史的传说时代》第一章,文物出版社1985年版,第23页。

④ 参见钱玄同:《重论经今古文学问题——重印〈新学伪经考〉序》,附于方国瑜标点本康有为《新学伪经考》,古籍出版社1956年版,第406页。

⑤ 曹聚仁:《中国学术思想史随笔》,三联书店1986年版,第40页。

代的观点，也并非定谳，还有进一步探讨的必要。

三、《仪礼》的作者与撰作时代诸说平议

古文学派认为《仪礼》十七篇是周公所作，与今文学派将《仪礼》十七篇看作孔子的著作，固然都是一偏之见，可能都与历史实际有一定的距离，但像疑古学派那样把《仪礼》完全说成是战国末的作品，与周公、孔子毫无关系，则有悖史实，于情于理都是说不通的。

考诸史实，揆诸情理，笔者认为今文学派与古文学派对于《仪礼》的作者与撰作时代这一问题，虽然各执一偏之见，难以成立，但其说均含有一定的合理成分，不宜全盘否定。而疑古学派的观点最不可取，尽管他们对今文学派与古文学派的批评不能说全无道理。兹根据有关文献材料，对三家之说评析论述如下。

1. 《仪礼》与周公"制礼作乐"的关系

古文学派认为《仪礼》十七篇是周公所作，是周公"制礼作乐"的产物，其说在古代经学史上影响最大。然而，由于其说在文献学上的根据很不充分，因而后世越来越受到今文学派与疑古学派的攻击，进入近现代以后，其影响越来越小。当代学术界已很少有人坚持《仪礼》为周公所作。

由于书阙有间，现已很难论定《仪礼》一书与周公的确切关系。不过，笔者认为虽然不能说《仪礼》十七篇是周公的著作，但也不能说它与周公毫无关系。具体说来，就是《仪礼》十七篇的某些内容可能就是周公"制礼作乐"时所规定的一些礼仪，尽管周公"制礼作乐"时还不太可能将这些礼仪规制著于竹帛，也就是说"制礼作乐"可能与"著于竹帛"不是同步的，其间可能有一个相当长的过程。兹试言其详如下。

首先，周公"制礼作乐"应是不容否认的史实。如当代著名学者顾颉刚、金景芳等先生虽然学术观点有异，但他们都异口同声地肯定周公曾从事过对后世有着深远影响的"制礼"活动。金景芳先生认为：

> 周公制礼没有？制的是什么礼？自来有很多不同意见。我的看法，周公不但制过礼而且这是周公为了进一步巩固周朝政权而采取的又一项重要措施。
>
> 它的意义远远超过了周公时代，成为在整个中国古代史上发生重大影响的历史现象。①

众所周知，顾颉刚先生是著名的疑古派学者，但他也毫不含糊地认为周公"制礼"之事不虚：

> "周公制礼"这件事是应该肯定的，因为在开国的时候哪能不定出许多的制度和仪节来，周公是那时的行政首长，就是政府部门的共同工作也得归功于他。
>
> 即使他采用了殷礼也必经过一番选择，不会无条件地接受。所以孔子说"周因于殷礼，所损益可知也"（《论语·为政》）。既然有损有益，就必定有创造的成分在

---

①　金景芳：《古史论集》，齐鲁书社 1981 年版，第 102~103 页。

内，所以未尝不可以说是周公所制。①

顾说甚是。虽然礼乐不可能完全出于周公的制作，但谓周公对于传统的礼乐有过加工、改造，应是没有疑问的。在周王朝建国之初，作为当时政府首脑的周公组织臣僚对前世的礼仪风俗进行加工改造和利用，制定出适应当时社会需要的礼仪制度是完全可以理解的。这些礼仪制度有可能一度在一定的社会范围内实行过，其部分内容也有可能流传到后世，并被损益、规范后而编入《仪礼》这部礼学著作中。当然，《仪礼》十七篇所载的内容肯定只能有小部分属周公遗制，而大部分当是后世损益改造的礼仪制度。尽管后世所传《仪礼》一书不可能是周公所制作，但其中保存一部分周公"制礼作乐"时所规定的一些礼仪内容，应是顺理成章的事情。正如当代著名学者杨向奎先生所说：

　　　中国古代所谓《礼》或《礼经》指今《仪礼》言，而《周礼》为《周官》，《礼记》只是《礼经》的传；但谓《仪礼》为周公作，我们已经说过不可能。书虽不出于周公，其中的礼仪制度在西周以至春秋曾经实行过。实行过的礼仪和原始的风俗习惯不同，是经过周初统治者加工改造，以适应社会需要，因此以现存《仪礼》作为周公"制礼作乐'的部分内容是说得通的。②

笔者认为这样理解《仪礼》与周公"制礼作乐"的关系应是符合历史实际的。

另外，据当代礼学大家沈文倬先生研究，《仪礼》一书"至春秋以后开始撰作"，而《仪礼》十七篇中所记载的礼仪制度早在《仪礼》成书之前即已存在和实行了，也就是说，"礼典的实践先于文字记录而存在，自殷至西周各种礼典"即早已"次第实行"③。虽然，沈先生将《仪礼》开始撰作的时间定在春秋以后，即从孔子的弟子才开始撰作，这一估计似乎将《仪礼》开始撰作的时间定得稍晚了一些（详见后文），但他认为《仪礼》所记载的许多礼典的实践于《仪礼》成书之前很早就已存在的观点是很有见地的。在《仪礼》成书以前就早已存在和实行的礼典是从哪里来的呢？估计其中会有一些是直接从前世礼俗继承而来，也自然会有相当多的礼典就是周公"制礼作乐"时期所加工改造和制定的。由此看来，《仪礼》完全有可能保存了周公"制礼作乐"的部分内容，如果这一估计能够成立，那么就不能说周公与《仪礼》毫无关系。当然，我们说《仪礼》与周公有关，并不是像古文学派那样认为周公是《仪礼》的作者，而是认为《仪礼》中的部分篇章反映了宗周的典章制度、风俗人情，而其中一些具体礼仪制度的制定与实施，当主要是周初以周公为首的统治者所为。因为在宗周时代，"非天子不议礼，不制度，不考文"（《礼记·中庸》），而周公曾摄周政，而且是伟大的思想家，所以宗周时代许多礼仪制度的制定与推行应主要归功于他。

2. 《仪礼》与孔子的关系

虽然前述关于《仪礼》的作者与撰作时代的三说各有其难以自圆之处，但相对说来，

① 顾颉刚：《"周公制礼"的传说和〈周官〉一书的出现》，《文史》第 6 辑。
② 杨向奎：《宗周社会与礼乐文明》，人民出版社 1995 年版，第 293 页。
③ 沈文倬：《略论礼典的实行和〈仪礼〉书本的撰作》（上），《文史》第 15 辑。

今文学派把《仪礼》十七篇的编著权归于孔子的名下，有着一定的合理性。尽管《仪礼》十七篇未必完全是孔子一人所作，其中可能有不少七十子后学所增补的内容，将其完全说成是孔子的个人著作可能与历史实际不符，但孔子对《仪礼》一书的整理编订之功，恐怕难以抹煞。

金景芳先生说："司马迁说孔子'修起《礼》《乐》'，我认为这个说法是对的。孔子对《礼》《乐》二经，其功只在修起。因为当时礼坏乐崩，孔子不起而修之，则亦将归于沦亡。《乐》已不传，今可不讲。那么孔子所修起的《礼》，今日号称《礼经》的，是指哪一部书呢？学者一般都认为是今《仪礼》。我看是对的。因为今传世的'三礼'，《周礼》后出，与孔子无涉。《礼记》则是汉人辑录七十子后学遗说。都不能称为六经之一的《礼经》。"① 我们说《仪礼》为孔子所编修，并非出于想当然的推论，而是有一定的文献学根据的。

首先，《礼记·杂记》载："恤由之丧，哀公使孺悲之孔子，学士丧礼，《士丧礼》于是乎书。"由此可见孺悲曾从孔子学士丧礼，而且从此以后才有了著于竹帛的《士丧礼》，《士丧礼》之传自孔子至为明显。孔子既然传授了《士丧礼》，那么，把《仪礼》中的《既夕礼》（言葬礼）《士虞礼》（葬后诸礼）与《丧服》（丧服仪制）等三篇记述丧葬之礼的经文也看作是由孔子整理并传授下来，就并非臆测而是有一定事实依据的。至于此外十三篇与孔子关系如何？难以具体论定。但把它们大部分看作与《士丧礼》一样由孔子整理传授下来，当无多大问题，尽管其中也许有些篇章可能是由孔门弟子后学增补编订而成。其次，去古未远的良史司马迁与班固均认为孔子曾对《仪礼》进行过编修和加工。司马迁《史记·孔子世家》载：

> 孔子之时，周室微而礼、乐废，《诗》《书》缺，追迹三代之礼序《书传》，上纪唐虞之际，下至秦缪，编次其事。曰："夏礼吾能言之，杞不足征也；殷礼吾能言之，宋不足征也。文献不足故也。足，则吾能征之矣。"观殷夏所损益，曰："后虽百世可知也。以一文一质，周监于二代，郁郁乎文哉！吾从周。"故《书传》《礼记》自孔氏。②

司马迁《史记·儒林列传》曰：

> 夫周室衰而《关雎》作，幽厉微而礼乐坏，诸侯恣行，政由强国。故孔子闵王路废而邪道兴，于是论次《诗》《书》，修起《礼》《乐》。

班固《汉书·儒林传》云：

> （孔子）叙《书》则断《尧典》，称《乐》则法《韶》舞，论《诗》则首《周

---

① 金景芳：《孔子与六经》，《金景芳古史论集》，吉林大学出版社 1991 年版，第 114 页。
② 按：这里所谓的《礼记》，并非大、小戴所编订之《礼记》，而是指今传世之《仪礼》，可能是由于其中既有经，又有记，故有此名。详见本章前文所述。

南》，缀周之《礼》，因鲁《春秋》举十二公行事绳之以文武之道，成一王法，至获麟而止，盖晚而好《易》，读之韦编三绝，而为之传。

按：一般认为司马迁的经学观点接近于今文学派，而班固的经学观点倾向于古文学派。可是在对于孔子与《仪礼》的关系这一问题上，他们的观点非常接近，差别不是很大。他们均认为孔子与《仪礼》一书有非常直接的关系。司马迁认为孔子是通过"追迹三代之礼"而"修起《礼》《乐》"；而班固则认为孔子是"缀周之《礼》"。所谓"修起"与"缀"均有编修、整理之义。如果说它们之间还有差异的话，那么，所谓"修起《礼》《乐》"，当是指整理并举，而有更强调作的意味；而"缀周之《礼》"，则似乎是强调在周代已有《礼仪》基础上的编订和整理。通过这一细微差异似乎可以觉察到经今、古学的观点分歧在班、马二人的著述中所留下的痕迹。

《史记·孔子世家》说："孔子以《诗》《书》《礼》《乐》教，弟子盖三千焉，身通六艺者七十有二人。"所谓"六艺"，据《史记·儒林列传》，即是指《诗》《书》《礼》《乐》《易》《春秋》等六种儒家经典，而据《周礼·地官·大司徒》，则是指"礼、乐、射、御、书、数"等六种教学科目；而现代学者吕思勉先生则认为《诗》《书》《礼》《乐》《易》《春秋》为大学之六艺，礼、乐、射、御、书、数为小学及乡校之六艺。[1] 无论如何，孔子曾以"礼"或"《礼》"作为教学内容则是不争之事实。他教授弟子，肯定要有教本。而孔子之时，"礼坏乐崩"，礼之典籍也散失严重，因而他在大力倡言礼教的同时，又积极搜集先世遗存的礼典并参以己意，整理、编订成礼书，用以传授弟子，是完全可以理解的事。

孔子经常说自己是"述而不作""信而好古"。古代书籍的撰作分"作"与"述"两种方式。所谓作，即是作者有思想、有新义的著作；所谓述，则是作者编辑古人的材料而成书。孔子称自己"述而不作"既是恭谦，又有好古之意。实际上，孔子整理《礼经》时，也每每注入许多他自己的微言大义，其性质当然不只是述，而也包含着"作"的内容。因而我们认为《史记》说孔子"修起《礼》《乐》"可能比《汉书》说孔子"缀周之《礼》"更近于史实。

梁启超虽是近代今文经学大师康有为的弟子，但他并不墨守师说，不再像康有为那样将"六经"完全看作是孔子的创制。在对于孔子与《仪礼》的关系问题上，梁氏认为：

　　《仪礼》相传为周公作，亦后人臆推。大抵应为西周末、春秋初之作。[2]
　　《仪礼》的一部分许是西周已有。因为礼是由社会习惯积成的，不是平空由圣人想出来。西周习惯的礼，写成文字，成为固定的仪节，许是比较的很晚。今十七篇许是出于孔子之手。相传孔子删《诗》《书》，定《礼》《乐》。我不信孔子曾删《诗》《书》，而倒有点相信孔子曾定《礼》《乐》。……大概周代尚文，礼节是很繁缛的。孔子向来认礼为自己教人的要课，那么，把礼节厘定一番，使其适宜，也并不稀奇。所以我说《仪礼》许是孔子编的。……固然《仪礼》全部非都由孔子创造。如《乡

①　吕思勉：《先秦学术概论》，中国大百科全书出版社 1985 年版，第 66 页。
②　梁启超：《中国近三百年学术史》，江苏广陵古籍刊印社 1990 年影印本，第 260 页。

饮酒礼》《乡射礼》，依《论语》《礼记》所记，孔子时已有。不过编定成文，也许全部出自孔子。因《士丧礼》决是孔子手定，其余也可推定是孔子审定过的。①

虽然梁氏"不信孔子曾删《诗》《书》"的观点还值得商榷，但他把《仪礼》十七篇看作由孔子"编定""厘定"或"审定"成书，而且承认《仪礼》的内容并非全都由孔子创造，其"一部分许是西周已有"。平心而论，他的这一观点还是应该肯定的。这一观点摆脱了其师说的局限，具有历史发展的眼光，庶几近于历史实际。

现代经学家周予同先生曾发表《"六经"与孔子的关系问题》一文，在批评今文家把"六经"完全看作孔子个人著作的观点与一些疑古派学者完全否定孔子编订过"六经"的观点的同时，比较全面而客观地阐述了孔子整理"六经"的问题。他认为：现存的"五经"，"决非撰于一人，也决非成于一时，作于一地"。在孔子以前，一定有许多古代文献典籍遗存下来，其中的一部分就残存于"经书"之中。那时"先王之陈迹"的历史文献，数量应比现存的"经书"要多，而且可能已经出现经过删削的不同传本。"孔子为了设教的需要，对各种故国文献，加以搜集和整理，以充当教本。这些教本传下来便成为儒家学派的经典。"② 应该说周氏对于孔子与"五经"的关系的认识比较客观、通达。

事实上，《仪礼》一书中所记载的礼仪规制不可能是孔子凭空编造的，而可能是他采辑周鲁各国即将失传的礼仪而加以整理记录的。正如宋儒朱熹所说："《仪礼》不是古人预作一书如此，初间只以义起，渐渐相袭，行得好，只管巧，至于情文极细密，极周到处，圣人见此意思好，故录以成书。"③ 朱子这话是相当精辟圆通的。它以发展的眼光说明《仪礼》一书所记载的礼仪规制，早在成书以前就有了，经过长期行用，逐步完善而定型，后来才被"圣人"编录成书。

当然，我们虽然承认孔子整理、编修过《仪礼》，但并不是说现存的《仪礼》十七篇都是孔子整理后的原书。因为现存的《仪礼》十七篇除了孔子整理过的内容外，可能还包括七十子后学所编订和增补的内容。

3. 疑古学派关于《仪礼》成书年代诸说评析

毋庸置疑，疑古学派所倡导的疑古、疑经思潮在破除迷信、解放思想等方面，确实发挥过一定的现实积极意义。但是他们信奉"宁疑古而失之，不可信古而失之"④ 的信条，往往矫枉过正，在学术研究领域中产生了严重的负面影响。如他们断定《周礼》与《左传》是刘歆所伪造；《易传》成书于战国之后，与孔子无关等错误观点，曾长期风行学术界，形成了对我国古史认识的混乱局面。后虽经许多严肃学者的辨正，但其不良影响迄今仍未完全消除。因而当代著名学者李学勤先生曾撰文批评疑古派"对古书搞了很多'冤

---

① 梁启超：《古书真伪及其年代》卷二第四章《三礼·仪礼》，《饮冰室合集·专集》一〇四卷，中华书局 1936 年版，第 106 页。

② 周予同：《"六经"与孔子的关系问题》，《周予同经学史论著选集》，上海人民出版社 1983 年版，第 795 页。

③ 朱熹：《朱子七经语类》卷二十一《礼》二《仪礼》，上海古籍出版社 1992 年影印《四库全书》本。按，文中"极周到处"，中华书局 1986 年版《朱子语类》卷八十五，讹为"极周经处"。

④ 胡适 1921 年 1 月 28 日致顾颉刚的信，《古史辨》第一册，《民国丛书》第四编，上海书店据朴社 1935 年版影印，第 23 页。

假错案’”，并号召人们"走出疑古时代"①。

一些疑古派学者认为《仪礼》一书成书于战国之末，甚至有人认为是汉儒所缀辑。实际上，他们的结论缺乏令人信服的理据。如果说他们认为《仪礼》十七篇非周公所作的观点还有一定道理的话，那么，他们完全否定孔子有编订《仪礼》十七篇之功，认为《仪礼》十七篇成书于战国之末（或汉代）的结论则与历史实际存在较大的距离。

现代著名经学家黄侃曾批评毛奇龄以为《仪礼》晚出的观点说："清人毛奇龄竟谓《周礼》《仪礼》皆是战国人书。其《昏礼辨正》《丧礼吾说篇》《祭礼通俗谱》，诋斥《仪礼》，而自作礼文。故阎若璩诮其私造典礼。此亦妄人而已。"② 杨向奎先生早年曾一度追随顾颉刚参与"古史辨"派的疑古活动，后来却经常撰文反对疑古派疑古过甚的弊病。他曾通过以《仪礼》与其他先秦文献互证的方法证明《仪礼》十七篇所载仪典内容确曾流行于西周、春秋间，"非后人所得伪造"，并对疑古学派的观点提出了批评。他说："清人之怀疑《仪礼》者如姚际恒，以为《仪礼》是后人述春秋时事，而抄《左传》来编造的。把整理和记录正在实行的典礼说成有意捏造，那么他们为什么不把朝礼、飨礼也编造出来？可见这些都是不作实事求是的偏颇之见。……我们则认为，这些疑古的专家是一种虚无主义者，古籍多伪，古史多虚，那么中国不存在古代文明？他们实在是'数典忘祖'。"③ 杨先生之言虽是针对姚际恒怀疑《仪礼》的观点而发，但实际上可以看作是对疑古派关于《仪礼》成书年代诸说的总体批评。

已故著名训诂学家洪诚先生曾根据《周礼》与《仪礼》等古文献中的语言运用情况，论证这些书非战国后之作。他说从语法上看，文献中，凡春秋以前之文，十数与零数之间，皆用"有"字连之，战国中期之文即不用。《尚书》、《春秋经》、《论语》、《仪礼》经文、《易·系辞传》皆必用。《穆天子传》以用为常。《王制》《庄子》不定。……《孟子》除论述与《尚书》有关之事而外亦不用。《周礼》之经记全部用，此种语法与《尚书》《春秋经》同，故非战国时人之作。通过洪先生的研究，可知《仪礼》经文当属"春秋以前之文"，而不可能像一些疑古派学者说的那样是战国以后之作。④ 沈文倬先生曾以先秦古籍证《仪礼》，他根据《仪礼》各篇多有为《墨子》《孟子》《荀子》《礼记》和《大戴礼》等书引用者的事实，证明它不可能是战国后人所能伪造，从而说明顾栋高、钱玄同、洪业等疑古派学者认为《仪礼》成书于荀子之后的观点难以成立。⑤ 刘雨先生则通过对大量周代金文材料的考释，"发现它真实地反映了春秋时代以来古礼的基本面貌"，"但它毕竟不是西周古礼的实录，又有许多与西周金文不合，如果我们能把它们看作是记录春秋以来古礼的文献，是我们理解西周古礼的阶梯，把它摆到恰当的位置上，那就真正找到了它的价值所在"⑥。刘先生的结论实际上也可以看作是对疑古派认为《仪礼》成书于战国之后的否定。

---

① 李学勤：《走出"疑古时代"》，《中国文化》1992 年第 7 期。

② 黄侃：《礼学略说》，《中国现代学术经典·黄侃卷》，河北教育出版社 1996 年版，第 380 页。

③ 杨向奎：《宗周社会与礼乐文明》，人民出版社 1995 年版，第 291 页。

④ 洪诚：《读〈周礼正义〉》，《孙诒让研究》，杭州大学 1963 年印行。

⑤ 沈文倬：《略论礼典的实行和〈仪礼〉书本的撰作》（上、下），《文史》第 15、16 辑。

⑥ 刘雨：《西周金文中的"周礼"》，《燕京学报》1997 年第 3 期。

上述黄、杨、洪、刘诸先生的意见都是深有见地、很值得重视的。然则孔子当时从这些自西周以来即已在社会上通行的礼仪制度中选择一定的内容，加以整理、改造和规范用以教授弟子，并著于竹帛作为教本当是无可怀疑之事。当然，我们这样说，并非认为今本《仪礼》就是孔子当时教授弟子的教本原样，而是认为《仪礼》一书的编订肇始于"孔子以《诗》《书》《礼》《乐》教"，而最终完成于其七十子后学的增益修订。《史记》《汉书》关于孔子编修《礼》《乐》，并用以教授弟子的记载不会是子虚乌有之事。

当然，疑古派否认周公、孔子与《仪礼》的关系，将《仪礼》的撰作时代拉到晚周荀子之后的观点虽然难以成立，但不能因此而认为疑古派的观点一无是处。如前述清儒崔述对古文学派所持《仪礼》为周公所作说的批评就很有道理。《尚书·洛诰》载周公之语曰："享多仪，仪不及物，惟曰不享。惟不役志于享。"崔述认为这段周公之语体现了周初"不尚繁缛之节"的风尚，而与《仪礼》十七篇所记"其文繁，其物奢"的仪制内容相违背，从而推论传世《仪礼》十七篇不可能是"周公之书"。这是有一定道理的。此外，疑古学派对今文学派把《仪礼》十七篇完全看作孔子圣心独断创作出来的观点的批评也是有其一定道理的。今文学派关于《仪礼》著作权的观点确实存在着夸大了孔子"创作权"问题，因为一方面，孔子对于《仪礼》所拥有的主要是"编纂权"，而非"创作权"，另一方面，《仪礼》十七篇的"编纂权"实际上也不一定全归孔子所有。如《礼记·杂记下》载："恤由之丧，哀公使孺悲之孔子，学士丧礼，《士丧礼》于是乎书。""书"者为谁？似乎是孺悲，然则孺悲似乎也应拥有《士丧礼》篇的部分编纂权。由此似可推论《仪礼》其余十六篇也许还包含着孔门弟子及七十子后学的编作、增益之功。

综上所述，可知《仪礼》当主要是由孔子根据宗周时代流传下来的一些礼仪规制加以编订整理而纂辑成书，也就是《仪礼》十七篇的编纂权主要应归属孔子。注意这里说的是"编纂权"，而不是"著作权"。它可能是孔子依据前世流传下来的古礼选编整理而成的、用以教授弟子的教本，而前世所流传下来的古礼中自当包括周公制礼作乐的部分内容。其后，七十子后学也有可能续加整理与增益，以致最后形成今本十七篇的样子。

原载《孔子研究》2002 年第 6 期。

朱子《家礼》真伪考议

陈 来

《家礼》一书，分通礼、冠礼、婚礼、丧礼、祭礼五卷，传为宋朱子所撰。但自元应氏作《家礼辨》以来，此书究竟是否为朱子所作，已是聚讼纷纭。近年学者（如钱穆、上山春平）皆以为此问题已得到解决，实则未然。今将各家之说略为梳理，且更为考核，以见其实。

一、宋人论《家礼》

1. 朱子死后，门人李方子作《朱子年谱》，于"乾道六年庚寅"下有"《家礼》成"一条，并说：

> 乾道五年九月，先生丁母祝令人忧。居丧尽礼，参酌古今，因成《丧葬祭礼》。又推之于冠、昏，共为一编，命曰《家礼》。

李氏年谱原本已不可得见，此数语见于《家礼附录》，白田王氏谓此即李氏年谱本语。依此说，朱子居母丧时作成丧祭礼，后来又作成冠昏之礼，最后合丧、祭、冠、昏为一编，定名为《家礼》。这是明确肯定朱子曾著《家礼》。

2. 朱子门人黄干言：

> 先生既成《家礼》，为一行童窃以逃。先生易簀，其书始出，今行于世。然其间有与先生晚岁之说不合者，故未尝为学者道也。（引自《家礼附录》）

据黄干此说，朱子著成《家礼》于中年，后为人窃走。朱子晚年在《家礼》方面的观点又有改变和发展，所以从未对学生谈到《家礼》一书。而《家礼》的刊行是在朱子死后。

3. 朱门高弟陈淳说：

> 嘉定辛未岁过温陵，先生季子敬之倅郡，出示《家礼》一编，云此往年僧寺所亡本也。有士人录得，会先生葬日携来，因得之。（引自《家礼附录》）

这是说，嘉定辛未（1211）即朱子死后十一年，陈淳在泉州遇到朱子第三子朱在（字敬之）。据朱在说，在庆元六年朱熹下葬之日，有人将往年失窃的《家礼》复本携来。照此录看，《家礼》的遗失在朱门好像是一件尽人皆知的事情。陈淳自己则是在朱子死后十一年才见到此书。

4. 《性理大全·家礼》小注：

> 北溪陈氏曰：廖子晦广州所刊本降神在参神之前，不若临漳本降神在参神之后为得之。

北溪即陈淳号，廖子晦名德明，亦朱门高弟。据此，朱子死后不久，廖德明、陈淳都曾分别在广州和临漳刊行《家礼》一书，但二本略异。疑闽、广二本皆本于朱在所得本。

5. 朱子女婿（亦朱门高弟）黄干在《朱子行状》中说：

> 所辑《家礼》，归多用之，然其后亦多损益，未暇更定。

黄干又在《书晦庵先生家礼后》说：

> 先儒取礼之施于家者，著为一家之书，为斯世虑至切也。晦庵朱先生以其本末详略犹有可疑，斟酌损益，更为《家礼》。务从本实以惠后学。迨其晚年讨论家、乡、侯、国、王朝之礼，以复三代之坠典，未及脱稿，而先生殁矣，此百世之遗恨也。则是书已就，而切于人伦日用之常，学者其可不尽心乎？（《勉斋文集》卷二十）

黄干所跋乃赵师恕嘉定丙子（1216）余杭刊本。这里的"先儒"指司马温公及其所著《书仪》。黄干说，司马氏的《书仪》用意甚好，但朱子以为详略取舍不尽恰当，所以以《书仪》为基础，加以增删修正，写成朱子自己的《家礼》。由于朱子晚年所作《仪礼经传通解》没有完成，所以这部已经完成的《家礼》就显得更为需要。

6. 李性传亦私淑朱子之学，嘉熙二年（1238）他在饶州刊行的《朱子语续录》后序中亦云："先生《家礼》成于乾道庚寅。"

陈淳遇朱在嘉定四年（1211），赵师恕刊印《家礼》而黄干为跋在嘉定九年，黄干作朱子行状在嘉定十四年，李性传《朱子语续录》后序在嘉熙二年（1238）。赵师恕刊本《家礼》后又为朱门弟子杨复附注，淳祐五年（1245）周复刊行杨注本（五卷，附录一卷，今存影宋本）。由此可见，朱子死后十到四十年间，《家礼》从发现到附注刊行，在朱门未曾引起怀疑和争论。正是根据上述材料，后人洪去芜本《朱子年谱》在庚寅年下称：

> 先生居丧尽礼，既葬日居墓侧，朔望则归奠几筵，自始死至祥禫，参酌古今，咸尽其变，因成丧祭礼。又推之于冠、昏，共为一编，命曰《家礼》。既成，未尝为学者道，易箦之后，其书始出人家。其间有与先生晚岁之论不合者，黄干直卿云："《家礼》世多用之，然其后亦多损益，未暇更定，览者详择焉。"

不过，照此中所说，丧祭礼成于祥禫之后，则朱子母既卒于己丑秋，丧祭礼必不能成于庚寅。而冠昏之礼又成于丧祭礼已成之后数年，则作年谱者缘何以"《家礼》成"一条系于庚寅？

二、元明人论《家礼》

《家礼》一书嘉定后流布，朱门高弟与朱在皆加首肯，本似无可疑，世人亦未有以为疑。至元至正间武林应氏作《家礼辨》，首提出《家礼》非朱子所作：

> 文公先生于绍熙甲寅八月跋《三家礼范》云："某尝欲因司马公之书，参考诸家之说，裁订损益，举纲张目，以附其后，顾以衰病不能及。"勉斋先生《家礼后序》云："文公以先儒之书本末详略犹有可疑，斟酌损益，更为《家礼》，迨其晚年，讨论家、乡、侯、国、王朝之礼，未及脱稿，而先生没，此百世之遗恨也。"今且以其书之不同置之，姑以年月考之，宋光宗绍熙甲寅文公已于《三家礼范》自言"顾以衰病不能及"，岂于孝宗乾道己丑已有此书？况勉斋先生亦云未及脱稿而文公没，则是书非文公所编，不待辨而明矣。（引自《家礼仪节》）①

应氏的问题是，既然《年谱》谓朱子四十一岁时即已写成《家礼》（乾道庚寅），何以朱子在六十五岁时（绍熙甲寅）不但不曾提及，反而却说"顾以衰病不能及"呢！今之所传《家礼》一书，正是因司马光之《书仪》，加以损益，去繁存简，使便施用，何以朱子却说因病不及作呢？既然黄干已说明"未及脱稿"，那么现传这部有完整序文的《家礼》一定不是朱子所作了。

《三家礼范》本是张栻淳熙初在广西结集了司马光、张载、程颐关于家礼的著作加以刊行的。朱子守长沙时邵渊再刻此书，请序于朱子。朱子跋之曰：

> 呜呼！礼废久矣。士大夫幼而未尝习于身，是以长而无以行于家。长而无以行于家，是以进而无以议于朝廷，施于郡县，退而无以教于闾里、传之子孙，而莫或知其职之不修也。长沙郡博士邵君渊，得吾亡友敬夫所次《三家礼范》之书而刻之学宫，盖欲吾党之士相与深考而力行之，以厚彝伦而新陋俗，其意美矣。然程、张之言犹颇未具，独司马氏为成书，而读者见其节文度数之详，有若未易究者，往往未见习行而已有望风退怯之意。又或见其堂室之广，给使之多，仪物之盛，而窃自病其力之不足。是以其书虽布，而传者徒为箧笥之藏，未有能举而行之者也。殊不知礼书之文虽多，而身亲试之，或不过于顷刻。其物虽广，而亦有所谓不若礼不足而敬有余者。今者乃以安于骄侈，而逆惮其难，以小不备之故，而反就于大不备，岂不误哉！故熹尝欲因司马氏之书，参考诸家之书，裁订增损，举纲张目，以附其后，使览者得提其要以及其详，而不惮其难，行之者虽贫且贱，亦得以具其大节、略其繁文，而不失其本

---

① 编者注：宋陈振孙《直斋书录解题》卷六礼注类："《四家礼范》五卷，张栻、朱熹所集司马、程、张、吕氏诸家，而建安刘珙刻于金陵。"南宋程珌《洺水集》卷九《书四家礼范后》："乐由天作，礼以地制。古我先王，未始加毫末于此。若夫朝觐会同之节，冠昏丧葬之常，品节之润泽之，使之各当其可，各适其宜，则圣人事也。如其矫绕苛细，杂以不经，则世俗之所谓礼，而非圣人之礼也。此书乃淳熙庚戌予侍先舅太府丞宰大冶之时命笔吏徐说编之。今俯仰顷耳已四十九年，二外弟皆先逝，笔吏徐说袁抃亦皆不存。戊戌九月十九日早偶见此书，青灯荧然，为之感叹。"

意也。顾以衰病，不能及已。今感邵君之意，辄复书以识焉。呜呼，后之君子其尚有以成吾之志也夫。(《文集》八十三《跋三家礼范》)

明代邱濬反对应氏之说，其《家礼仪节》正确地指出了应的一个错误，即黄干所谓"未及脱稿"是指晚年所编《仪礼经传通解》中的家乡侯国王朝之礼，而明明指《家礼》为"是书已就"。至于《跋三家礼范》所说的"顾以衰病，未能及已"，邱氏也给了一个解释，即不是说不曾写过《家礼》，只是因为《家礼》成于中年，朱子晚年思想更加成熟，所以并不认为早年的《家礼》已真正完成了"裁订增损、举纲张目""略其繁文，而不失其本意"的任务，而重新撰写已因病不及了。

三、清儒及近人辨《家礼》

至清初，王白田懋竑又提出这一问题。白田王氏一生考订朱子书文行事，用力极深，所撰《朱子年谱》及其《考异》，世所称许。其论《家礼》非朱子之书亦极辩：

> 按《年谱》及《家礼附录》，则《家礼》为朱子之书无疑。考之《文集》《语录》，则有《祭礼》《祭说》而无云《家礼》者。所以被人窃去亡之者，亦《祭礼》而非《家礼》也。唯《与蔡季通书》有"已取《家礼》四卷并附疏者一卷纳一哥"之语，此丁巳后书，所云《家礼》即《经传通释》中之《家礼》，亦非今之《家礼》也。《年谱》《家礼》成于庚寅居母丧时，而序绝不及居忧一语。所谓因丧祭而推之于冠昏，序中亦无此意。勉斋《行状》及《家礼后序》但言其后多损益、未暇更定，既不言其居丧时所辑，亦不言其亡而复得，是皆有所不可晓者，姑类集诸录及《文集》《语录》诸说于此，以俟后之人考而订焉。(《年谱考异》)

白田更作《家礼考》一文，明白肯定《家礼》非朱子之书。其文云：

> 《家礼》非朱子之书也。《家礼》载于《行状》，其序载于《文集》，其成书之岁月载于《年谱》，其书亡而复得之由载于《家礼附录》，自宋以来，遵而用之，其为朱子之书，几无可疑者。乃今反复考之，而知决非朱子之书也。
>
> 李公晦叙《年谱》《家礼》成于庚寅居祝孺人丧时，《文集》序不纪年月，而序中绝不及居丧事。《家礼附录》陈安卿述朱敬之语，以为此往年僧寺所亡本。其录携来不言其何人，亦不言得之何所也。黄勉斋作《行状》，但云"所辑《家礼》，世所遵用，其后多有损益，未及更定"，既不言成于居母丧时，亦不言"其亡而复得"；其书《家礼》后亦然。敬之，朱子季子，公晦、勉斋、安卿皆朱子高第弟子，而其言多参错不可据如此。
>
> 按《文集》朱子《答汪尚书》《与张敬夫》《吕伯恭书》，其论祭仪祭说往复甚详。汪吕书在壬辰癸巳，张书不详其年，计亦其前后也。壬辰、癸巳距庚寅仅二三年，《家礼》既已成书，何为绝不之及，而仅以祭仪祭说为言耶？陈安卿录云"向作祭礼甚简，而易晓，今已亡之矣"，则是所亡者乃《祭礼》而非《家礼》也明矣。(《白田杂著》卷二)

王白田认为，如果《家礼》是在居母丧时所作，为何在《家礼序》和黄干《行状》中都没有说到这一点？如果如《年谱》所说，因丧祭之仪又推之于冠昏，何以《家礼序》中没有说起？如果确如陈淳黄干所说《家礼》是失而复得，何以黄干作为朱门最重要的传人在《家礼后序》中没有提及？王白田特别提出，在全部朱子《文集》《语录》中没有一个地方提到朱子曾作过名为《家礼》的著作，成为对比的是，朱子多次提到著过《祭礼》和《祭礼》曾经亡失。基于如上理由，王白田以为朱子曾经被窃去的并不是《家礼》，而是《祭礼》，《家礼》并不是朱子所作。《四库提要》完全采取了白田的这一说法。

　　就朱子是否著过《家礼》这一根本点说，白田的这些论难在逻辑上并非十分有力。如果根据各种证据表明朱子四十一岁（庚寅）时并未著成《家礼》一书，那也只是否定了《家礼》成于庚寅的可能，并不能排除《家礼》在以后才完成的可能性。事实上，《年谱》也说，四十一岁居母丧时先成丧祭礼，服除之后年岁间，又推之于冠、昏。所谓"又推之于冠、昏"本来也不即是说庚寅年即推之冠、昏，"又"即后来之意。《年谱》将《家礼》成书年系于庚寅年下，亦出于无奈，因为《家礼序》没有年月，既然《家礼》中的祭礼的写作可以追溯到居丧时，所以也就只得系在庚寅了。其实，庚寅朱子确乎没有写过《家礼》，这一点王白田是正确的。但白田发现的旧谱的这一年代差误，并不能从根本上推翻朱子曾在后来其他时候写成《家礼》的可能性。至于《家礼序》何以没有提到居丧或由丧祭推之冠、昏的写作过程，也并不是十分重要的，因为没有任何东西能要求作者序文中必须提及此事。甚至于，即使序文是伪作的，也并不就能排除本文是朱子所作的可能性。比较重要的倒是，《家礼》一书朱子一生从未提起，朱子平生著作甚多，其他著作，《文集》或《语类》皆有论及，独《家礼》一书不见提起，这确实十分奇怪。

　　对此，清朝另一位学者夏炘提出，不能因为朱子没有提到过《家礼》的名称就否定此书，如果朱子谈到过与《家礼》内容相同的著述，则可以经过考订而确认之。他说：

　　《家礼》一书，朱子所编辑，以为草创未定则可，以为他人之所伪托则不可。黄勉斋、杨信斋、李果斋、陈安卿、黄子耕诸公皆朱子高第弟子，敬之亦能传其家学，甫易箦而此书即出，六先生不以为疑，直至元至正间应氏作《家礼辨》，以为非朱子书，明邱琼山斥之，以《家礼序》非朱子不能作，王白田发明应氏之说，吾未之敢信。叶味道问："丧祭之礼今固难行，冠昏自行可乎？"曰："亦自可行，某今所定，前一截依温公，后一截依伊川。"杨信斋《家礼附录》注引朱子曰："某定昏礼，亲迎用温公，入门以后则从伊川。"此二条，虽不明言《家礼》，然所定必有一书。今《家礼》之昏礼亲迎用《书仪》，入门以后用伊川说，与叶、杨所记者合，则所定即《家礼》无疑。《文集·答汪尚书》云："尝因程子之说，草具祭寝之仪，将以行于私家，而连年遭丧，未及尽试。"《答张钦夫书》云："祭礼修定处甚多，大抵多本程氏而参以诸家。"《与蔡季通书》云："祭礼只是于温公《书仪》内少增损之。"叶味道录云："某之祭礼不成书，只是将司马温公书减却几处。"陈安卿录云："某尝修祭礼，只就温公仪中间行礼处分作五六段，甚简易晓，后被人窃去，亡之矣。"以上诸条，曰"草具"，曰"修定"，曰"尝修"，非祭礼明有一书乎？今细校《家礼》，皆合。然则曰"草具""修定""尝修"，非指今之《家礼》乎？（《述朱质疑》卷七

《跋家礼》)

夏炘所引语录论昏礼两条是否可以证明《家礼》,容后讨论,其引答汪、张、蔡书及叶、陈所录关于祭礼的材料以证《家礼》,严格说来,也是不妥的。因为朱子与数人书皆论乾道中所成之《祭礼》一书,未及《家礼》,虽然后来的《家礼》一书中包括有《祭礼》的部分,但不能用朱子论《祭礼》的材料证明《家礼》。

近人钱穆于《朱子新学案》中亦提及此书真伪问题,钱氏指出,"朱子卒及其葬,值党禁方严,谓有人焉,据其跋文,伪造《家礼》,又伪作序文,及朱子之卒献之于家,有是人,有是理乎?"[1] 这个诘问也是很有力的。朱子晚年遭庆元党禁,列为伪学之魁,落职罢祠,常人避之犹不及。朱子死后当政尚禁止门人因葬事聚会,设想在这个时候有人热衷于伪作朱子之书,且在下葬之日携到朱子家中,是极不合理的。

四、《祭礼》小考

以上已将昔贤关于《家礼》的辩论略为叙述,总上所论,须解决以下问题:乾道庚寅朱子是否著成《家礼》? 如果没有,庚寅后朱子于乾末淳初是否著成《家礼》? 朱子是否著过《祭礼》,其与今传《家礼》关系如何?《家礼序》是否朱子所作,《家礼》本文是否朱子所作? 此节专论《祭礼》。

朱子确有《祭礼》一书,且完成于丧母之前,朱子《答林择之书》云:

> 某所请未报,元履闻有添差台学之除。……《祭仪》稿本纳呈,未可示人。(《文集》《别集》卷六)

此书作于己丑春夏间,朱子丧母则在己丑秋,此时《祭仪》已有稿本。实际上在此之前,朱子也曾寄给张栻,故朱子又与林择之书云:

> 敬夫又有书理会《祭仪》,以墓祭节祠为不可。然二先生皆言墓祭不害义理,又节物所尚,古人未有,故止于时祭。今人时节随俗燕饮……方欲相与反复,庶归至当。但旧仪亦甚草革,近再刊削,颇可观。一岁只七祭为正祭,自元日以下皆用告朔之礼以荐节物于隆杀之际,似胜旧仪,便遽未及写去。(《文集》四十三)

此书首云"熹奉养粗安,得扩之朝夕议论"。朱子丧母在己丑秋,此云奉养,必在其前。又云扩之朝夕讲论,林扩之从游乃在乾道戊子,故此书在朱子丧母前一年戊子。据此书"旧仪"之说,《祭仪》成稿似已有年。朱子尝言:

> 某十四岁而孤,十六而免丧。是时祭祀,只依家中旧礼,礼文虽未备,却甚整齐。先姚执祭事甚虔。及某年十七八,方考订得诸家礼,礼又稍备。(《语类》九十)

---

[1]　钱穆:《朱子新学案》第四,三民书局1971年版,第171页。

以此参之，旧仪者即朱子十七八时所订祭礼，至是颇加刊削，起于张栻之不满此仪。张栻致朱子书"示以所订祭礼……时祭之外，冬至祭始祖，立春祭先祖，秋季称，义则精矣。元日履端之祭亦当然也，而所谓墓祭节祠者亦有可议者"①。朱子因答其书云：

> 祭说辨订精审，尤荷警发。然此二事初亦致疑，但见二先生皆有随俗墓祭不害义理之说，不敢轻废。至于节祠则又有说，盖今之俗节，古所无有，故古人虽不祭而情亦自安。今人既以此为重，至于是日必具殽羞相宴乐，而其节物亦各有宜，故世俗之情至于是日不能不思其祖考，而复以其物享之。……至于元日履端之祭，礼亦无文，今亦只用此例。又初定仪时，祭用分至，则冬至二祭相仍，亦近烦渎，今改用卜日之制，尤见听命于神而不敢自专之意。其他如此修定处甚多，大抵多本程氏而参以诸家，故特取二先生之说，今所承用者为《祭说》一篇，而《祭礼》《祝文》又各为一篇，比之昨本稍复精密。（《文集》卷三十《答张敬夫》）

朱子之意，今人各种俗节如端午等，古之所无，故古礼无此文。但今人过节，必有思祖之情，故当随俗有祭。后来朱子对门人亦说："向南轩废俗节之祭，某问至午日能不食粽乎？重阳能不饮茱萸酒乎？不祭而自享，于心安乎？"②

由上与张栻书可见，朱子确有祭仪（或称祭礼）书，其书今分为三篇：《祭说》《祭礼》《祝文》，在丧母前已成规模，故《年谱》言居丧始作，非也。但朱子后来又屡修改，也是事实。

朱子丧母后二年，乾道壬辰吕祖谦丧父，亦欲考订祭礼，尝问于朱、张。张栻回书云："祭仪向来元晦寄本颇详，亦有几事疑，后再改来，往往已正，今录去。但墓祭一段鄙意终不安，寻常到山间，只是顿颗洒扫而已，时祭只用二分二至，有此不同耳。"③ 而朱子复吕书云：

> 《祭礼》略已成书，欲俟之一两年徐于其间察所未至，今又遭此暮丧，势须卒哭后乃可权宜行。考其实而修之，续奉寄求订正也。（《文集》三十三《答吕伯恭》）

此二书在壬辰，这说明，朱子本来认为此书理论上已经完成，但须在实践中"察其未至"以修定之，但因己丑秋丧母，未能即施行之。

朱子寄《祭礼》给吕祖谦，见于其另一书："《祭礼》已写纳汪丈处，托以转寄，然其间有节次修改处，俟旦夕别录上呈，求订正也。"（同上）这是因为壬辰、癸巳间汪应辰问祭礼于朱子，朱子癸巳年有答汪尚书论家庙书：

> 熹又尝因程氏之说，草具祭寝之仪，将以行于私家，而连年遭丧，未及尽试。

---

① 见《南轩文集》卷二十。
② 见《朱子语类》九十。
③ 《南轩文集》卷二十五《与吕伯恭》。

（《文集》卷三十《答汪尚书论家庙》）

此书原注癸巳，朱子四十四岁，此书与前引答吕书意同，都是说本来计划在家中试行所订祭礼，但连年有母、叔母、舅氏之丧，不及施行。

朱子又有《答蔡季通》一书：

> 题辞协律恨未得闻，且愧其词义之不称也。《祭礼》只是于《温公仪》内少增损之，正欲商订，须俟开春稍暇乃可也。程氏冬至、立春二祭，昔尝为之，或者颇以僭上为说，亦不为无理，亦并俟详议也。（《文集》四十四《答蔡季通》）

此书所作之年不详，按《答张敬夫》《汪尚书》皆云《祭仪》多本于程氏，此书谓于《温公书仪》内增损之，略不同。疑《祭仪》中的《祭说》多取二程之说，而《祭礼》之节文则以《书仪》为基础加以增删。

吕祖谦晚年作成《家范》一书，亦是订定家礼，其中多次引用"朱氏《祭仪》"，可见朱子确有《祭仪》一书。吕祖谦卒于淳熙八年，时朱子五十二岁，于此推断，至少在朱子五十二岁时，还没有著成一部名为《家礼》的书，否则吕祖谦的《家范》一定会援用。根据朱熹、张栻、吕祖谦乾淳之间的往来情况，如果在这一时期朱子确曾写成《家礼》，不论是否后来为人窃去，一定会寄张、吕共同研讨，何况吕祖谦订定《家范》，张栻在广西结集《三家礼范》，三人皆对家礼如此重视呢。

在《语类》中也有不少地方提到《祭仪》：

> 问："尝收得先生一本《祭仪》，时祭皆是卜日，今闻却用二至二分祭，如何？"曰："卜日无定，虑有不虔。温公亦云只用分至亦可。"问："如此则冬至祭始祖，立春祭先祖，季秋祭祢，此三祭如何？"曰："觉得此个礼数太远，似有僭上之意。"又问祢祭，曰："此却不妨。"（《语类》九十）
>
> 某之《祭礼》不成书，只是将司马公书减却几处。（同上）
>
> 《温公仪》人所惮行者，却为闲辞多，长篇浩瀚，令人难读。其实行礼处无多。某尝修《祭礼》，只就中间行礼处分作五六段，甚简易晓。后被人窃去，亡之矣。李丈问："《祭仪》更有修改否？"曰："大概只是《温公仪》，无修改处。"（同上）
>
> 向所作《祭仪》《祭说》甚简而易晓，今已亡之矣。（引自《家礼考》）

坚持《家礼》为朱子所作的人常引以上数条为据，但是，从本节考察来看，这几段材料都只说是《祭礼》一书，而不是作为《家礼》中一部分的祭礼。尤其是陈淳所录"《温公仪》人所惮行者"，已说到温公家礼，若朱子自己已有家礼，应当提起，但朱子却只提到曾作《祭仪》。当然，也不能以此即断定朱子不曾作《家礼》，但至少这几条只能进一步证实朱子确有《祭仪》一书，而此书确被人窃去而亡失。

根据以上考察，可知《祭仪》稿本在朱子早年即成，而改订于戊子己丑。实际行于家者则屡有改变。没有材料可以证明朱子在五十岁以前已著成《家礼》。

五、几条新证

夏炘在反驳王白田时曾提出两条语录作为新证，这两条语录是：

> 问："丧祭之礼今之士固难行，冠昏自行可乎？"曰："亦自可行，某今所定，前截依温公，后一截依伊川。"（《语类》八十九）
> 某定昏礼，亲迎用温公，入门后则从伊川。（引自杨复《家礼附录》）

夏炘说："此二条虽不明言《家礼》，然所定必有一书，今《家礼》昏礼亲迎用《书仪》，入门以后用伊川说，与叶、杨所记者合，则所定即指《家礼》无疑。"① 但夏氏此说过于武断，因为仅就"某今所定""某定昏礼"这两句来说，也都可以是指朱子家中所行之礼，不必指为一书，所以这里不仅"不明言《家礼》"，亦未明言"所定"为一书。杨复所引一条，不见于《语类》，此条语录见于杨与立《朱子语略》卷八，页九十一（嘉庆程氏刻本）。但首句为"某向定昏礼"。《语类》有一条近似"迎妇以前温公底是，妇入门后程仪是"②，但仅此亦不足以为证。因为作伪者必然要根据朱子思想为依据，除非在具体节文而不仅仅是基本思想上找出《家礼》与朱子自述相合之处。

钱穆亦曾引出一条新证。朱子答吕伯恭：

> 熹近读《易》，觉有味，又欲修《吕氏乡约乡仪》，及约冠、昏、丧、祭之仪，削去书过行罚之类，为贫富可通行者，苦多出入，不能就，又恨地远，无由质正，然旦夕草定，亦当寄呈。（《文集》三十三《答吕伯恭》）

此书作于淳熙乙未冬，时朱子四十六岁。表面上看，"及约冠、昏、丧、祭之仪"，正与《年谱》"又推之冠、昏"，"共成一编"相合，上山春平亦以此为说③。但是，此处所说"及约冠、昏、丧、祭之仪"是指约简《吕氏乡约乡仪》中的冠、昏、丧、祭之仪，下接所说"削去书过行罚"也是针对《乡约》而发，故修、约、削，都是指吕氏《乡约》及《乡仪》，是说要修改吕氏《乡约》《乡仪》，减去《乡仪》中冠、昏、丧、祭的仪节，去掉《乡约》中书过行罚的条文，以使成为贫富皆可以行的地方规约。

淳熙乙未春夏间，朱熹曾刊行《乡约》和《乡仪》，当时曾寄给正在广西的张栻，张栻曾复书朱子：

> 陆子寿兄弟如何？肯相听否？……昨寄所编《祭礼》及《吕氏乡约》来，甚有益于风教。但《乡约》细思之，若在乡里，愿入约者是只得纳之，难于择拣。……兼所谓罚者可行否，更须详论。（《南轩文集》二十二）

---

① 夏炘《述朱质疑》卷七《家礼跋》。
② 见《朱子语类》八十九。
③ 参见上山春平《朱子家礼与仪礼经传通解》，《东方学报》五十四册。

此书在乙未夏，时张栻帅广西一路，推行礼教，颁布《三家礼范》（但阙冠礼），以化民成俗，朱子寄《祭礼》及《乡约》，是否应张栻之请，亦不得知。但朱子《祭礼》张栻早已得本，不知此处所说是指改订之《祭仪》还是淳熙元年所编《古今家祭礼》。要之，此时朱子尚无《家礼》一书，否则，必亦寄呈南轩。

《朱子文集》有《增损吕氏乡约》一文，当亦作于淳熙乙未、丙申间。《增损吕氏乡约》于原《乡约》第一节"德业相劝"增损无多，第二节之"过失相规"中则于书过一事略缓之。而改动最大者为第三节"礼俗相交"。朱子将《乡仪》中造请拜揖等增入之，又增入《乡仪》之吊哭入庆等。但《乡仪》中原有的吉仪（祭）、嘉仪（冠昏）及凶仪中的居丧皆未载入，这就是朱子所说的"欲修《吕氏乡约乡仪》，及约冠、昏、丧、祭之仪，削去书过行罚之类"，朱子之意欲将《乡约》《乡仪》合并为一，减去冠、昏、丧、祭部分，只存通礼。所以《答吕伯恭》此书亦不能证明朱子当时正在或已经撰写《家礼》一书。

那么，是否找不到任何进一步的材料可以帮助证实《家礼》的真实性呢？这也不然，兹就《家礼》一书与朱子平时所论思想略加比较，试提出几条有助于证实《家礼》之真实性的材料。

今《家礼》之昏礼中，议昏、纳采、纳币、亲迎及最后婿见妇之父母五节皆依温公《书仪》，而简化之。妇见舅姑一节兼用温公、伊川之意。庙见《书仪》本无此节，《家礼》立此一节，盖有取于伊川昏礼①。但《家礼》三日即见于祠堂，与伊川亦不同。朱子曾云："迎妇以前温公底是，妇入门后程仪是，温公仪亲迎只拜妻之父两拜，便受妇以行，却是。程仪遍见妻之党，则不是。温公仪入门便庙见，不是。程仪未庙见，却是。大概只此两条。"② 今《家礼》之昏礼与朱子此说合，亲迎部分与朱子晚年所订《赵婿亲迎礼大略》亦相合。但程仪妇入门后三月始庙见，虽为古礼，朱子嫌其太长，故改为第三日见于祠堂，这一点《语类》有很多解释。

伊川《祭礼》，冬至祭始祖，立春祭先祖，季秋祭祢。今《家礼》亦继承此意，朱子曾说他的《祭仪》"多本程氏而参以诸家""因程氏之说草具祭寝之仪"，从《家礼》中的祭礼部分来看与朱子所说的这个原则是相合的。朱子与南轩辨祭仪时，南轩著意反对节祠、墓祭二条。考今《家礼》，《祭礼》中有墓祭，节祠则入于《通礼》之中，亦与朱子坚持墓祭节祠相合。惟朱子与林择之书、张南轩书皆曾提及《祭仪》本有"元日履端之祭"，而为今之《家礼》所无，此是否因后来订定时删去，亦不得而知。

近检吕祖谦晚年所定《家范》，其中祭礼部分提到张栻和朱熹的"祭仪"，兹将吕伯恭《家范》之祭礼中论及朱子祭仪的三处录之如下：

> 陈设
> 设香案于厅中，置香炉香合于其上，束茅于香案前地上。设酒架于东阶上，别以桌子设酒注一、酒盏盘一、匙一、盘一、巾一于其东，对设一桌于西阶上，以置祝版，设火炉、汤瓶、香匙、火匙于阶上。（小注：以上朱氏祭仪）（《东莱别集》卷四《家范四·祭礼》）

---

① 见《二程文集》十一。
② 见《朱子语类》八十九。

祭馔

果六品，醢酱蔬共六品，馒头、米食、鱼肉、羹饭共六品。（小注：以朱氏《祭仪》参定）（同上）

朱子《祭仪》一书今已不得见，但查之今《家礼》之祭礼，与吕氏所引相合。《家礼》载：

前日设位陈器

……设香案于堂中，置香炉香合于其上，东茅聚沙于香案前，（文据《四库全书》本，此句中"东茅"当为"束茅"之误。）及逐位前地上。设酒架于东阶上，别置桌子于其东，设酒注一，酹酒盏二，盘一，受胙盘一，匙一，巾一，茶合茶筅茶盏托盐碟醋瓶于其上。火炉、汤瓶、香匙、火筋置于西阶上，别置桌子于其西，设祝版于其上，设盥盆帨巾各二，于阼阶下之东西，其西者有台架，又设陈馔大床于其东。（《家礼·祭礼》）

省牲涤器具馔

……每位果六品，菜蔬及脯醢各三品，肉、鱼、馒头、糕各一盘，羹、饭各一碗……（同上）

根据吕祖谦《家范》引述朱氏《祭仪》的材料，我们可以断定，今《家礼》中之祭礼确实为朱子所作。《家礼》中之祭礼文字颇详，不可能抄自吕氏《家范》。《家礼》之祭礼当即由朱子早年著成的《祭仪》修定而来，这可以说是《年谱》所谓"因成祭礼，又推之于冠、昏"的佐证。吕祖谦乾道末丁忧时曾向张栻索要朱子《祭仪》稿本，死于淳熙八年辛丑，其《家范》之书究竟成于何时，已无可考，可以肯定的是，吕氏著《家范》时朱子尚无《家礼》之书，否则吕氏不会称朱子书为"朱氏《祭仪》"，且在昏、丧等礼中亦必引述之。

考定今《家礼》一书中之祭礼部分确为朱子所作，虽然还不能百分之百地证实了《家礼》全书为朱子所作，但在证实《家礼》为朱子之书方面进了一大步。因为祭礼可以说是《家礼》中最重要的部分。在证实了《家礼》中之祭礼部分为朱子所作的基础上，我们才有根据确信《语类》中"某今所定冠、昏之礼""某向定昏礼"是指曾有《家礼》一书，而不只是行于私家之礼数。事实上，如果黄干和朱在不是在朱子生前确实知道朱子曾著过《家礼》一书，是决不可能仅凭某人在葬日携来的书本即轻易相信的。黄干是朱子女婿，又是朱子的学术继承人，朱在是当时唯一活着的儿子，对于朱子这样一位在当时为"泰山乔岳"的人物，他们是决不会轻率地相信一部无有来历的著作并把它作为朱子遗著加以刊行的。所以，以黄干、朱在及朱门其他高弟对《家礼》直信不疑的态度而言，本足以使我们相信《家礼》为朱子所作，而吕氏《家范》保留的朱子《祭仪》的材料使我更加确信这一点。至于王白田提出的何以朱子平生文字从未提及此事的诘难，的确是一个不易解释的问题。我现在的解释是，张南轩、吕东莱生时，朱子有所编著，必送二人参订，二人有所著亦呈朱子商订。张、吕分别死于朱子五十一、五十二岁时，《家礼》的完成当在二人死后，此时朱子已无可以讨论的亲密朋友，故此后未曾与人论起，这不是不可以解释的。①

作者附记：今年春天我在哥伦比亚大学讲学时，曾有几位学者询及《家礼》的问题，当时我只是一般地讲述了以前对这一问题的研究，因为用英文讨论这一繁难问题，对我来说显然不足胜任，我表示回国后将撰文专门论此问题。回到哈佛后，检到吕氏《家范》等书，找出若干新证，使我确信此一问题已在相当程度上获得了澄清和解决（又知北大图书馆之《续金华丛书》缺吕氏别集一函也）。归国后写具此文，以就教于专家，并以答海外之友人。

原载《北京大学学报》1989 年第 3 期。

附录有关《家礼》资料：

宋晁公武《郡斋读书志》卷第五上（附志）仪注类：《家礼》五卷，右朱文公所定而赵崇思刻之萍乡者。潘时举、李道传、黄干、廖德明、陈光祖序跋附焉。

宋陈振孙《直斋书录解题》卷六礼注类：《朱氏家礼》一卷，朱熹撰。

宋朱熹《晦庵先生朱文公文集》卷七十五《家礼序》：凡礼有本有文，自其施于家者言之，则名分之守，爱敬之实，其本也；冠、昏、丧、祭、仪章、度数者，其文也。其本者，有家日用之常体，固不可以一日而不修其文，又皆所以纪纲人道之终始，虽其行之有时，施之有所，然非讲之素明，习之素熟，则其临事之际亦无以合宜而应节，是不可以一日而不讲且习焉也。三代之际，礼经备矣，然其存于今者，宫庐器服之制，出入起居之节，皆已不宜于世。世之君子，虽或酌以古今之变，更为一时之法，然亦或详或略，无所折衷，至或遗其本而务其末，缓于实而急于文，自有志好礼之士犹或不能举其要，而困于贫窭者尤患其终不能有以及于礼也。熹之愚，盖两病焉，是以尝独观古今之籍，因其大体之不可变者，而少加损益于其间，以为一家之书。大抵谨名分，崇爱敬，以为之本，至其施行之际，则又略浮文，敦本实，以窃自附于孔子从先进之遗意，诚愿得与同志之士熟讲而勉行之，庶几古人所以修身齐家之道、谨终追远之心犹可以复见，而于国家所以敦化导民之意亦或有小补云。

明杨士奇《东里续集》卷十八《跋文公家礼》：右《朱子家礼》一册，今士大夫家多遵用之，间亦有置疑其间者。余偶于朱季宁家得张南轩《三家礼范》，后有武林应本中所识及《家礼辨》数条，其论皆有理，因录置于后云。

明陆深《俨山集》卷四十四《重刻家礼序》：徽国文公朱先生《家礼》一书世行久矣，曲阜郭侯节之倅松之明年，将纳民于轨，遍求郡邑之文献加意焉，既得是书，乃抚卷叹曰："是不当家有而人传耶？"既又从二三子读之，则又叹曰："昔者先生之为是书也，盖云自附于孔子从先进之遗意，今允礼之为政也，独不得自附于朱子作《家礼》之遗意耶？"亟捐俸刻之。刻成，以示郡人陆深曰："愿有序。"深闻之，礼也者，理也。先王因人情之多变，于是为之节文，以还于理。孔子曰：喜怒哀乐之

_____

① 按：《朱子文集》三十三答吕伯恭第四十七书中云"礼书亦苦多事，未能就绪，书成当不俟脱稿首以寄呈，求是正也。"其书在丙申，但考前后诸书，皆不明"礼书"何指，故难以为据。

未发谓之中，发而皆中节谓之和。夫喜怒哀乐，其变盖有不可胜言者矣。节而后和，故曰礼之用和为贵。夫礼以和而行，亦以不和而废也。先生之为是书也，其义精，其文辨，其大指见于自叙，其微意之所存，则深有病于好礼者之无所折衷，而贫窭者之不得与于礼也。惟吾松饶而多才，风俗淳厚，重以侯之爱礼也，既知教之，必且富之，由是君子和德于上，小人和力于下，庶几先生之意日新，而侯之惠松者日远也。深谨按：此书成于隆兴己丑，行于先生易箦之后。又按：先生既修家乡邦国王朝礼，乃以丧、祭二礼属其高第弟子黄干氏成之，书凡十有五卷，今书四卷，尝经后儒撰次，若文庄丘公尤有功于是书者，类亦不失先生之意也。窃惟先生大儒意在发挥周公、孔子之道，举一世而剂和之，兼总古今，制为通礼，以示法程。惜也立朝之日浅，居闲之时长，著述之功多，经纶之业寡，意者有遗憾焉。安知百世而下，乃有同志合德如侯者，率其道而尊之，而深也获睹敦本复古之举，自吾松始，故乐为之序。侯别号复斋，举乡贡于甲子科，实孔氏之外孙云。

清汪琬《尧峰文钞》卷三十九《跋家礼》：按《年谱》，乾道五年，文公年四十，丁母祝孺人忧，始辑《家礼》。其明年，书成，门人黄勉斋作《行状》谓其后多损益，未暇更定，杨信斋亦谓《家礼》乃初年本也。今姑即丧制考之，其与经传异者五，齐衰悉有衰负版辟领，一也；妇人不衰，二也；既葬无受衰，三也；大祥用忌日，则仅得二十四月又一日，似乖二十五月而毕之义，四也（若大祥仅二十四月一日，假使禫祭得卜在二十七月后一旬，则是间二月，而禫非间月矣）；卜祭先上旬，次中旬，与礼丧事先远日相反，五也；自明孝慈录集礼会典，俱遵用此书，以故沿袭至今，殆非文公本意。若万历中坊本间有增损，则益失其旧矣。唯此为正德以前所刻，附以杨氏注，刘氏增注、补注，虽有阙讹，差可喜也。

《四库全书总目》卷二十二：《家礼》五卷、《附录》一卷，旧本题宋朱子撰。案王懋竑《白田杂著》有《家礼考》，曰："《家礼》非朱子之书也。《家礼》载于《行状》，其《序》载于《文集》，其成书之岁月载于《年谱》，其书亡而复得之由载于《家礼附录》。自宋以来，遵而用之。其为朱子之书，几无可疑者。乃今反复考之，而知决非朱子之书也。李公晦叙《年谱》，《家礼》成于庚寅居祝孺人丧时。《文集序》不记年月，而《序》中绝不及居丧事。《家礼附录》陈安卿述朱敬之语，以为此往年僧寺所亡本，有士人录得，会先生葬日携来，因得之。其录得携来，不言其何人，亦不言其得之何所也。黄勉斋作《行状》，但云所辑《家礼》，世所遵用，其后有损益，未及更定，既不言成于居母丧时，亦不言其亡而复得。其《书家礼后》亦然。敬之，朱子季子。公晦、勉斋、安卿皆朱子高第弟子。而其言参错，不可考据如此。按《文集》朱子《答汪尚书书》《与张敬夫书》《吕伯恭书》，其论《祭仪》《祭说》，往复甚详。汪、吕书在壬辰、癸巳，张书不详其年，计亦在其前后也。壬辰、癸巳距庚寅仅二三年。《家礼》既有成书，何为绝不之及，而仅以《祭仪》《祭说》为言耶？陈安卿录云：'向作《祭仪》《祭说》，甚简而易晓，今已亡之矣。'则是所亡者乃《祭仪》《祭说》而非《家礼》也明矣。《文集》《语录》自《家礼序》外，无一语及《家礼》者。惟《与蔡季通书》有已取《家礼》四卷纳一哥之语。此《仪礼经传通解》中《家礼》六卷之四，而非今所传之《家礼》也。甲寅八月《跋三家礼范后》云：'尝欲因司马氏之书，参考诸家，裁订增损，举纲张目，以附其后。顾以衰病，不能及已。后之君子，必有以成吾志也。'甲寅距庚寅二十年，庚寅已有成书，朱子虽耄老，岂尽忘之，至是而乃为是语耶？窃尝推求其故，此必有因《三家礼范》跋语而依仿以成之者。盖自附于后之君子，而传者遂以托之朱子所自作。其《序》文亦依仿《礼范》跋语，而于《家礼》反有不合。《家礼》重宗法，此程、张、司马氏所未及。而《序》中绝不言之，以跋语所未有也。其《年谱》所云'居母丧时所作'，则或者以意附益之尔。敬之但据所传，不加深考，此如司马季思刻温公书之比。公晦从游在戊申后，其于早年固所不详，只叙所闻以为谱，而勉斋《行状》之作在朱子没后二十余年。其时《家礼》已盛行，又为敬之所传录，故不欲公言其非，但其词略而不尽。其《书家礼后》，谓《经传通解》未成为百世之遗恨，则其微意亦可见矣。后之人徒以朱子季子所传，又见《行状》《年谱》所载，廖子晦、陈安卿皆为刊刻，三山杨氏、上饶周氏复为之考订，尊而用之，不敢少致其疑。然虽云尊用其书，实未有能行者，故于其中谬误，亦不及察，徒口相传以熟文公《家礼》云尔。惟元应氏作《家礼辨》，其文亦不传，仅见于明邱仲深濬所刻《家礼》中。其辨专据《三家礼范》跋语，多疏略，未有以解世人之惑，仲深亦不然之。故余今遍考《年谱》《行状》及朱子《文集》《语录》所载，俱附于后，而一一详证之。其应氏、邱氏语，亦并附焉。其他所载谬误亦数十条，庶来者有以知《家礼》决非朱子之书，而余亦得免于凿空妄言之罪。"云云，其考证最明。又有《家礼后考》十七条，引诸说以相印证。《家礼考误》四十六条，引古礼以相辨难。其说并精核有据。懋竑之学，笃信朱子，独于《易本义》九图及是书断断辨论，不肯附会。则是书之不出朱子，可灼然无疑。然自元、明以来，流俗沿用。故仍录而存之，亦记所谓礼从宜、使从俗也。

《四库全书总目》卷二十五：《家礼辨定》十卷，国朝王复礼撰。复礼字需人，号草堂，钱塘人。其书创始于康熙壬午，定本于丁亥。因朱子《家礼》而增损之，仍分冠、昏、丧、祭四类。每类之中首以《事宜》，复礼所酌定者也。次以《论辨》，阐所以更定之意也。次以《人鉴》，引古事以证得失也。次以《律例》，申王法之所禁也。次以《择日》，代卜筮也。终以《启式》，为不娴文词者设也。其删去繁文，则用吕维祺之说。其删去图式，则用邱濬之说。考李方子作《朱子年谱》云："乾道五年，先生居母丧，成《家礼》。晚年多所损益，未暇更定。"朱子门人黄干亦云："其书始定，为一行童窃以逃。先生殁，其书始出，今行于世。然其间有与先生晚岁之论不合者。"又明邱濬云："《家礼》不闻有图。今卷首图注多不合于本书，文公岂自相矛盾？未识岁月曰嘉定癸酉，是时距文公没十有三年矣，岂可谓之公作哉？盖杨氏赘入昭然也。"据是数说，则《家礼》实朱子未定之本，且久亡其稿。迨其复出，真赝已不可知。又参以门人所附益，固未可执为不刊之典。近日王懋竑为笃信朱子之学者，所作《白田杂著》，亦深以《家礼》为疑。复礼之辨定，未为不可。然所辨定者意在宜古宜今，然纯以臆断，乃至于非古非今。又泛引律例，且滥及五行家言，尤为芜杂。中引骂詈、斗殴、赌博诸律，已为不伦，又引"官吏宿娼律"一条，"擅食田园瓜果律"一条，使掩其卷而思之，是于四礼居何门哉？

《四库全书简明目录》卷二：《家礼》五卷，附录一卷，旧本题宋朱熹撰。据王懋竑《白田杂著》所考盖依托也，自明以来，坊刻窜乱，殆不可读。此本为邓钟岳所刻，犹宋人原帙也。

　　（韩）李廷馣《四留斋集》（景仁文化社 1990）卷七《题家礼后说》：按此《家礼》一书，非朱子旧文也，乃杨氏追述而成者，故其间曲折，多有不合于情文。而后之学者以为朱子成书，或有一从其法，而不知变通，往往取讥于知礼者，岂朱子之意哉？今当参考记礼、戴礼等书，而又酌于古今通行之礼，折衷而行之，然后庶不悖于考亭之意，而无骇俗招侮之事矣。（《域外汉籍集部·韩国文集丛刊》正编一。

春秋类

《春秋左传读》叙录

章太炎

序

《春秋左传读》者，章炳麟著也。初名《杂记》，以所见辄录，不随经文编次，效臧氏《经义杂记》而为之也。后更曰《读》，取发疑正读为义也。盖籀书为读，䌷其大义曰读，䌷其微言亦曰读。《左氏》古字古言，沈、惠、马、李诸君子既宣之矣，然贾生训故，粗见《新书》，而太史公与贾嘉通书，《世家》《列传》诸所改字，又皆本贾生。可知刘子政呻吟《左氏》（见《论衡》），又分《国语》（见《艺文志》），寔先其子为古学，故《说苑》《新序》《列女传》三书，孤文牘字，多有存者。惠氏稍稍道及之，犹有不葴，故微言当䌷，一矣。左氏既作《内传》，复有《左氏微》说其义例。今虽亡逸，曾、吴、铎、虞、荀、贾、三张之言，时有可见（谓张北平、张子高、张长子），皆能理董疑义，闿闓雅言。故《说苑》述吴氏之说"元年"，可以见《左氏》有慎始也；《檀弓》述曾氏之说"丧礼"，可以见天子诸侯非卒哭除服也。而近儒如洪稚存、李次白，劣能征引贾、服，臧伯辰虽上扳子骏，亦直捃摭其义，鲜所发明。夫《左氏》古义最微，非极引周、秦、西汉先师之说，则其术不崇；非极为论难辨析，则其义不明。故以浅露分别之词，申深迂优雅之旨，斯其道也。大义当䌷，二矣。䌷微言，䌷大义，故谓之《春秋左传读》云。

懿《左氏》《公羊》之衅，起于邵公。其作《膏肓》，犹以发露短长为趣。及刘逢禄，本《左氏》不传《春秋》之说，谓条例皆子骏所窜入，授受皆子骏所构造，著《左氏春秋考证》及《箴膏肓评》，自申其说。彼其摘发同异，盗憎主人。诸所驳难，散在《读》中。昔丹徒柳宾叔驳《穀梁废疾申何》，则逢禄之说瓦解。然《穀梁》见攻者止于文义之间，《左氏》乃在其书与师法之真伪，故解释缤纷，其道非一。先因逢禄《考证》订其得失，以为《叙录》，著于左方。

春秋左传读叙录

《史记·十二诸侯年表》："是以孔子明王道，干七十余君，莫能用，故西观周室，论史记旧闻，兴于鲁，而次《春秋》，上记隐，下至哀之获麟。约其辞文，去其烦重，以制义法，王道备，人事浃。七十子之徒，口受其传指，为有所刺讥褒讳挹损之文辞不可以书见也。"

刘曰："此言夫子《春秋》，七十子之徒口受其传指，今所传者，惟公羊氏而已。"

驳曰："左氏、公羊氏皆不在七十子中。而左氏亲见素王，则七十子之纲纪。《公羊》

末师非其比也。"

"鲁君子左丘明惧弟子人人异端，各安其意，失其真，故因孔子史记，具论其语，成《左氏春秋》。"

刘曰："夫子之经，书于竹帛，微言大义不可以书见，则游、夏之徒传之。丘明盖生鲁悼后，徒见夫子之经及史记、《晋乘》之类，而未闻口受微旨。当时口说多异，因具论其事实，不具者阙之。曰'鲁君子'则非弟子也；曰《左氏春秋》，与《铎氏》《虞氏》《吕氏》并列，则非传《春秋》也。故：曰《左氏春秋》，旧名也；曰《春秋左氏传》，则刘歆所改也。"

驳曰：名者，实之宾。《左氏》自释《春秋》，不在其名《传》与否也。正如《论语》命名，亦非孔子及七十子所定。《论衡·正说篇》云："初，孔子孙孔安国以教鲁人扶卿，官至荆州刺史，始曰《论语》。"是《论语》乃扶卿所名。然则其先虽不曰《论语》，无害其为孔子之语也。正使子骏以前，《左氏》未称为传，亦何害其为传经乎？若《左氏》自为一书，何用比附孔子之《春秋》，而同其年月乎？寻太史公言："因孔子史记，具论其语，成《左氏春秋》。"因之云者，旧有所仍，而敷畅其旨也。且曰："惧弟子人人异端，各安其意，失其真。"此谓口授多讹，故作书以为简别，固明《春秋》之义，非专涂附其事矣。若以为《吕氏春秋》之流，则《韩诗外传》载荀子《谢春申君书》云："故《春秋之志》曰：'楚王之子围聘于郑，未出境，闻王疾，返问疾。遂以冠缨绞王而杀之，因自立。''齐崔杼之妻美，庄公通之。崔杼率其群党而攻庄公，庄公请与分国，崔杼不许；欲自刃于庙，崔杼又不许；庄公出走，逾于外墙。射中其股，遂杀而立其弟景公。'"此二事皆本《左传》，称为《春秋之志》。若如《吕氏》书，可为《春秋之志》邪？《韩非·奸劫弑臣篇》亦载是书，其前则云"《春秋》记之曰"，其后则云："上比于《春秋》，未至于绞颈坠股也；下比于近世，未至饿死擢筋也。"夫唯以《左氏春秋》与近世史书为别，故分言之，不然，湣王擢筋，主父饿死，《齐史》《赵史》亦载之矣，彼独非《百国春秋》邪？夫六国之史且犹与《左氏》别言，况复吕氏所辑乎？

又，《吴太伯世家》赞云："余读《春秋》古文，乃知中国之虞与荆蛮、句吴兄弟也。"此本《左传》"太伯、虞仲，太王之昭"为说。若如《吕氏》书，得称《春秋》古文否？（如班孟坚自序其《汉书》曰："起于高祖，终于孝平王莽之诛，十有二世，二百三十年。综其行事，旁贯《五经》，上下洽通，为《春秋》考纪、表、志、传，凡百篇。"此其体裁之近《春秋》，更非《吕氏》比矣，然可称为《春秋》古文邪？）使称《汉书》曰"书古文"，称《古诗十九首》曰"诗古文"，其可乎？

又，《历书》云："周襄王二十六年闰三月，而《春秋》非之。"此本《左氏》文元年传，若如《吕氏》书，可单称《春秋》邪？必若拘牵题号，则《后汉书·樊儵传》云："受《公羊严氏春秋》。"又云："儵删定《公羊严氏春秋章句》。"假令《左氏春秋》为《吕氏》之类，则《公羊严氏春秋》何以非《吕氏》之类乎？铎、虞二家乃演畅《左氏》书者，亦非《吕氏》可比。

案：《秋官·冥氏》郑司农注曰："冥，读为《冥氏春秋》之冥，此《公羊》家冥都说经之书也。"而贾公彦释云："《冥氏春秋》者，冥氏作《春秋》书名，若《晏子》《吕氏春秋》之类。"此乃公彦误解。若如逢禄说《铎氏》《虞氏》与《吕氏》同类，则虽谓

《冥氏》与《吕氏》同类，亦不误也。

至孔子言"与左同耻"，则是朋友而非弟子，易明也。何见必后孔子者乃称"鲁君子"乎？谓生鲁悼后者，以《传》有悼之四年，据《鲁世家》言，悼公在位三十七年，去获麟已五十年耳，然使左氏与曾子年齿相若，则终悼世尚未及八十也。

又案：卢植、王接皆谓《左氏》囊括古今，成一家之言，不主为《经》发，说与逢禄同。然据《卢植传》云：植上书曰："今《毛诗》《左氏》《周礼》各有传记，其与《春秋》共相表里（此句专指《左氏》），宜置博士，为立学官。"则所谓传记者，非谓一家著述不通于经者，明矣。何者？《毛诗传》与《周官传》（《艺文志》有《周官经》六篇、《周官传》四篇）皆据经发义者也，彼亦谓之传记，则岂谓《左氏》之为传记，独异彼二书乎？且非说经之书，而何为欲置博士、立学官乎？又，子干上封事，引"天子避位移时"，亦谓之《春秋传》，则其意可知矣。至夫"囊括古今"云云，盖以《左氏》书中有说天官、律、历、礼、乐、政、教等事，非为一事而发。然彼此互明，不专于篇章之下，其实总为释《经》。乃其所谓经者，时时旁及六艺，非局于《春秋》一家，则有之矣。王接本治《公羊》，各于其党，无足论也。

又案：以《左氏春秋》同《吕氏春秋》者，亦本《论衡》。《案书篇》云："《左氏》言多怪，颇与孔子不语怪力相违返也，《吕氏春秋》亦如此焉。"然仲任固云："《春秋左氏传》者，盖出孔子壁中。"又云："公羊高、穀梁寘、胡毋氏皆传《春秋》，各门异户，独《左氏传》为近得实。"又云："《国语》，左氏之《外传》也。《左氏》传《经》，辞语尚略，故复选录《国语》之辞以实。然则《左氏》《国语》，世儒之实书也。"据此诸语，仲任固以《左氏》为传，且谓胜彼二家，则其与《吕氏春秋》并论者，特吐言之疵谬耳。

"汉相张苍，历谱五德。"（《索隐》按："张苍著《终始五德传》也。"）

刘曰："历谱五德，或捃摭及《左氏春秋》，不曰'传《左氏春秋》'也。"

驳曰：古书籍，非师莫得。若郑康成学于张恭祖，但见《韩诗》，至注《礼》时，犹未见《毛诗》是也。北平侯若捃摭《左氏》，则必受《左氏》于其师。不然，秦烧史记尤甚，柱下史独得见邪？五德，即数家隆于神运。上言"太史公读《春秋历谱牒》"，盖即其书也。寻《左氏》记事，多有原始要终不记年月者，而此《十二诸侯年表》则具载之。如晋穆侯七年："以伐条生太子仇。"（宣王二十三年。又，四年并言："取齐女为夫人。"）十年："以千亩战。生仇弟成师。二子名反，君子讥之。后乱。"（宣王二十六年。事见《左传》桓二年，皆不书年。）献公五年："伐骊戎，得姬。"（鲁庄公二十二年。事见《左传》庄二十八年，不书年。）郑武公十年："取申侯女武姜。"（平王十年。）十四年："生庄公寤生。"（平王十四年。）十七年："生大叔段。"（平王十七年。事见《左传》隐元年，皆不书年。又，庄公元年："祭仲生。"此事《左传》无，当平王二十八年。）庄公二十三年："公悔，思母不见，穿地相见。"（鲁隐公二年。事见《左传》隐元年，然文不云何年见母，得此乃知见母在隐二年，后于逐段一年也。）文公二十四年："有妾梦天与之兰，生穆公兰。"（鲁釐公十一年。事见《左传》宣三年，不书年。）定公十一年："楚建作乱，杀之。"（鲁昭公二十三年。事见《左传》哀十六年，不书年。）宋武公十八年："生鲁桓公母。"（平王二十三年。事见《左传》首，不书年。）楚惠王二年："子西召建子胜于吴，为白公。"（鲁哀公八年。）六年："白公胜数请子西伐郑，以父怨故。"（鲁哀公十二年。事见《左传》哀十六年，皆不书年。）卫庄十七年："爱妾子州吁，州吁好兵。"（平王三十年。事见《左传》隐三年，不书年。）宣公十八年："太子伋弟寿争死。"（鲁桓公十一年。事见《左传》桓十六年，不书年。）献公十三年："师曹鞭公幸妾。"（鲁襄公九年。事见《左传》襄十四年，不书年。）齐釐公二年："同母弟夷仲年生公孙毋知也。"（平王四十二年。）三十二年："毋知，釐公令秩服如太子。"（鲁桓公十三年。）襄公元年："贬毋知秩服，毋知怨。"（鲁桓公十五年。事见《左传》庄八年，皆不书年。）陈文公元年："生桓公鲍、厉公佗。佗母蔡女。"（平王十七年。）厉公二年："生敬仲完。"（鲁桓公七年。）三年："周史卜完后世王齐。"（鲁桓公八年。事见《左传》庄二十二年，皆不书年。然厉公名跃，不名佗。佗，字五父。此谓厉公即佗即五父，误。）曹伯阳三年："国人有梦众君子立社宫，谋亡曹，振铎谓待公孙强，许之。"（鲁定公十一年。）六年："公孙强好射，献雁，君使为司城，梦者之子亡去。"（鲁定公十四年。事见《左传》哀七年，皆不书年。按：《传》言梦在伯阳即位之前，此似误。其献雁之年，则可信。）以上皆《传》事之无年者，举其第次，粲然不诬。如寤生、叔段、桓母、毋知之生，则并《世家》亦不著，乃至梦兰、鞭妾，纤琐小事，皆能征举其年，若陈几案，若阅簿领，苟无历谱五德，史公岂能妄造？惟历谱五德专释《左氏》，故表亦特详《左氏》事，而《左氏》外诸子百家所载，虽有关十二国存亡治乱之故者，亦略不一道，非史公专取释《传》之书，何故体裁若是？（《十二诸侯年表》所载，其年月有明与《左氏》抵牾者，此盖兼存异说。如《春秋》书崔氏奔卫，《左传》以为高国所逐，而《年表》于齐则云："崔杼有宠，高国奔卫。"于卫则云："齐高国来奔。"此非但异于《左氏》，并异于《春秋》经矣。盖张氏书时有异闻，如《国语》《世本》亦有异于《内传》者也。惟此诸条，专见于《左氏》，而史公为谱其年月者，则必张氏说传无疑。）乌呼！千载运往，游魂已寂，赖此历谱，转相证明，遗文未亡，析符复合。而逢禄守其蓬心，诬污往哲，欲以卷石蔽遮泰山。逢禄复死，今欲起斯朽骸，往反征诘，又不可得。后之君子，庶其无盲！

"上大夫董仲舒推《春秋》义，颇著文焉。"

刘曰："上以类记《春秋》之书，此方云'推《春秋》义'，则以夫子所云'其义则丘窃取之'者，在汉独有董生知其说也。"

驳曰：《春秋》三家大义，《公羊》至董而备，《穀梁》至大刘而备，《左氏》至小刘而备。太史公时，二刘未生，惟《公羊》义为完具，故录董生一人，非谓董生所说《春秋》义果有内圣外王之道也。《史记·儒林列传》云："汉兴至于五世之间，唯董仲舒名为明于《春秋》。"唯之云者，以是时《左氏》之学，张、贾、贯公等多传训故，而章句义理未备也。名为云者，以董生治《公羊》，非真能明《春秋》也。《平津侯传》云："年四十余，乃学《春秋》杂说。"则史公以《公羊》为《春秋》杂说，其以《左氏》为《春秋》正义明矣。

"太史公曰：'儒者断其意。'"

刘曰："此谓夫子《春秋》之义，惟胡毋生、董生于公羊师得之。'不务综其终始'

以《经》自有始元终麟，非记事之史也。"

驳曰：此谓臆断之儒但说其义，未详其事也。如孟轲驳百里自鬻事，无文可证，而以不谏虞公为推，此儒者之通弊。

"驰说者骋其辞，不务综其终始。"

刘曰："此谓《左氏春秋》之类惟务事实，或始于隐元年，而终于悼四年，事实不具，虽有经文累年缺载，亦不敢蹈不知而作之咎也。"

驳曰：驰说者，谓诸子百家。时或摭拾《春秋》而略无年月，此所谓"不务综其终始"也。儒者、驰说者，太史皆不敢蹈其失，故详事实著年月而作《表》尔。观下文言："己作《表》，为成学治古文者要删。"治古文者，非治《左氏》者乎？（古文，或作国闻，要亦《左氏》《国语》之类。）若请《左氏》即驰说者，则己所作《表》与彼殊意，又何望于治古文者之要删乎？

又案：《魏略》鱼豢尝问隗禧《左氏传》，禧曰："《左氏》，相研书耳，不足精意也。"相研无义，寻《抱朴子·明本篇》五："儒者所讲者，相研之簿领也。道家所习者，遣情之教戒也。"则相研是相研之误。禧以为记事之书，有如簿领以细事相研核者，此之诋娸，正与《抱朴》同类，亦犹安石所云"断烂朝报"者尔。宋后儒人多喜其说，顾欲以断义胜之，其祸甚于秦皇之烧史。

"历人取其年月。"

刘曰："谓惟取经之年月。考诸家历，如刘歆《三统历》亦是也。至《左氏》言占验，乃其旧文，言历则歆取佗书拊益之。"

驳曰：欲说《春秋》，则治历是其一事。史公但讥知历不知经者，若云《左氏》言历皆子骏所拊益，则文元年《传》讥闰三月，固见《历书》所引矣。

"数家隆于神运。"

刘曰："如邹衍之俦推终始五德之运，张苍历谱五德亦是也。《左氏春秋》《国语》五帝序少昊，与《易》《春秋》《礼》家言俱不合，盖夫子所不序，至因晋范氏祁姓为陶唐之后，而云其处者为刘氏，亦歆之徒拊益也。"

驳曰：北平修《春秋》，非但历谱五德也，《易·系辞》言包牺之王天下，下继以神农、黄帝、尧、舜，此五人者，世或言皇言帝，而《易》但言王天下，固无五帝定名。《周礼》六代之乐则始《云门》《大卷》黄帝之乐，不载少昊、颛顼之乐，而亦不载大昊之乐。亦本不论五帝也，何不合乎？若《春秋》者，谓何家《春秋》也？以为《公羊》邪？则董仲舒并信女娲矣。《论衡·顺鼓篇》曰："雨不霁，祭女娲，于礼何见？伏羲、女娲，俱圣者也，舍伏羲而祭女娲，《春秋》不言，董仲舒之议，其故何哉？"又曰："俗图画女娲之象为妇人之形，又其号曰女。仲舒之意，殆谓女娲古妇人帝王者也。男阳而女阴，阴气为害，故祭女娲，求福佑也。《传》又言：'共工与颛顼争为天子，不胜，怒而触不周之山，使天柱折，地维绝。女娲消炼五色石，以补苍天；断鳌之足，以立四极。'仲舒之祭女娲，殆见此《传》也。本有补苍天立四极之神，天气不和，阳道不胜，悦女娲以精神助圣王止雨湛乎？"（以上《论衡》）夫以女娲之怪诞，而董生犹称道之，且议祭之以为典礼，然则董生之言古帝王，无过依违短书从俗妄说而已，非能考证明审也。彼所定为五帝者，岂可据依而以妄驳《左氏》？若夫刘子骏者，拊新亡汉者也，而云刘氏尧后之说出于子骏拊益，则愈妄矣。

"《谱牒》独记世谥。"

刘曰："盖史公所据《春秋历谱牒》。自古治《春秋》者皆有此学，刘杳所谓《周谱》，《艺文志》有《古帝王谱》。至所云《世本》出于左氏，则诬也。"

驳曰：《世本》出于左氏，而间及战国时人之世系及秦、汉地名者，则荀、张诸君所增修耳。《隋·经籍志》有《世本·王侯大夫谱》二卷，又有《世本》二卷，刘向撰；又有《世本》四卷，宋衷撰。宋固注《世本》者，则大刘可以例推。因知战国世系、汉世地名，亦或出于大刘注中，不得疑其为诬。若夫《公羊》三世之说，以蘄蘄二百四十二年中而见据乱、升平、大平之状，则曷若上推黄、颛，下穷晚周，得见其本末哉？有《春秋》而无《世本》，则本经不过一代之书，穿穴三世，比于画指为文，乃不得不言托文起义，若是，则《春秋》方为史官之大蠹，与街谈巷语何别？故知《经》《传》相依，共为表里。《传》非一书，《内传》《国语》《世本》三者，皆《春秋》之传也。不知《世本》而言《春秋》，犹擿埴而索涂也。（《世本》有《居篇》《作篇》，见种族、权力、器械、质文之变，此于史书至重。太史独举世谥，略言之尔。）

"其辞略，欲一观诸要难，于是谱十二诸侯，自共和讫孔子，表见《春秋国语》，学者所讥、盛衰大指著于篇，为成学治古文者要删焉。"

刘曰："此《春秋国语》，史公所据古文旧本，非《艺文志》所云'《春秋古经》十二篇、《左氏传》三十卷'者也。以《年表》所载事实与今《左氏》多违，知今本非史公所见之书也。"

驳曰：此言《春秋国语》，《五帝本纪》言："予观《春秋国语》。"若《左传》本与《晏》《吕》同，而称曰《左氏春秋》，则《国语》安得称为《春秋国语》邪？《国语》而冠以《春秋》，是明以为《春秋》之《外传》也。以《国语》为《春秋》之外传，是明以《左氏春秋》为《春秋》之内传也。至其《年表》所载事实，或与《国语》不同，亦时异于《内传》。史公采摭既博，亦容兼及他书。如班史称："迁作《史记》，本《左氏》《国语》《楚汉春秋》。"而今所见汉事，或与《楚汉春秋》不同者，绛灌一名，在《楚汉春秋》则谓自有别将绛氏灌名，而《史记》则谓是绛侯周勃与灌将军。若谓今之《左氏》《国语》是子骏所妄改，非太史所亲见者，则《楚汉春秋》复是何人妄改邪？又考《国语》本有朝廷语与里闬语，二者不同。《墨子·公孟篇》曰："子亦闻夫《鲁语》乎？鲁有昆弟五人者，其父死，其长子嗜酒而不葬，其四弟曰：'子与我葬，当为子沽酒。'劝于善言而葬。已葬，而责酒于其四弟。四弟曰：'吾未予子酒矣。子葬子父，我葬吾父，岂独吾父哉？子不葬，则人将笑子，故劝子葬也。'"此所引《鲁语》，题名与左氏之《鲁语》同，而所说，家人细故。盖当时各国自有稗官采民俗为一书，如臣寿《周纪》、虞初《周说》，皆是类也。然则左氏之作《国语》，删汰亦甚谨严矣。然里闬所说，容亦兼涉国事，所记不同，史公过而存之。故《年表》有异于《传》，非为无因。

《汉·艺文志》："《春秋古经》十二篇，《经》十一卷。"

刘曰："十一篇者，夫子手定。《公羊传》所云《隐之篇》《僖之篇》是也。何邵公犹传之，云：'系《闵公篇》于庄公下者，子未三年，无改于父之道。'盖西汉胡毋生、颜安乐以来旧本也。《古经》十二篇，盖刘歆以秘府古文书之，而小变博士所习（如纪子帛、杞侯、夏五月丙午宣榭火、陈灾之属）。或析《闵公》自为一篇，或附《续经》为一篇，俱不可知，总之非古本也。"

驳曰：子骏之说见于《律历志》者，曰"列十二公二百四十二年之事"，曰"自《春秋》尽哀十四年，凡二百四十二年。六国《春秋》哀公后十三年逊于邾"。而不曰二百四十四年，则获麟以后，《左氏》原不以为续经，特存《鲁史》原文以记孔丘之卒耳，其不为一篇可知。所多一篇，必《闵公篇》也。《艺文志》："《古文尚书经》四十六卷，为五十七篇。"又云："《经》二十九卷，大小夏侯二家。欧阳《经》三十二卷，此《书》古今文卷数异也。《诗经》二十八卷，鲁、齐、韩三家。"又云："《毛诗》二十九卷，《毛诗故训传》三十卷，此《诗》古今文卷数异也。《礼古经》五十六卷。"又云："《经》十七篇，后氏、戴氏。"此《礼》古今文卷数异也。"《论语》古二十一篇，出孔子壁中，两《子张》。"又云："齐二十二篇，多《问王》《知道》。鲁二十篇。"此《论语》古今文篇数异也。何独疑《春秋古经》与今文篇数异乎？《公羊》家就十一篇而附会"子未三年，无改父道"之义，犹《今文尚书》家只见二十九篇，而附会二十八篇当列宿，一篇当北斗也。逢禄因之，妄疑古经伪造，所请俗儒鄙夫，蔽所希闻，以古文为乡壁虚造不可知之书也。

"《左氏传》三十卷。"

刘曰："太史公时名《左氏春秋》，盖与《晏子》《铎氏》《虞氏》《吕氏》之书同名，非传之体也。《左氏传》之名，盖始于刘歆《七略》。"

驳曰：所谓传体者如何？惟《穀梁传》《礼丧服传》《夏小正传》与《公羊》同体耳。毛公作《诗传》，则训故多而说义少，体稍殊矣；伏生作《尚书大传》，则叙事八而说义二，体更殊矣；《左氏》之为传，正与伏生同体。然诸家说义虽少，而宏远精括，实经所由明，岂必专尚裁辩乃得称传乎？孔子作《十翼》，皆《易》之传也，而《彖》《象》《文言》《系辞》《说卦》《序卦》《杂卦》，其体亦各不同。一人所述，尚有异端，况《左氏》与《公羊》，宁能同体？

且言传者，有传记，有传注，其字皆当作专。《论语》："传不习乎？"鲁读传为专。《说文》："专，六寸簿也。"（此本手版，引申为簿籍。汉时已有簿责之语。）郑君《论语序》云："《春秋》，二尺四寸书之；《孝经》，一尺二寸书之（此孔氏《左传正义》所引，与贾氏《仪礼疏》所引不同，此为是）；《论语》，八寸。"案：《春秋》二尺四寸，六经同之。《孝经》《论语》，愈谦愈短。然则释经之书，宜更短于《论语》八寸。若四寸，则不容书，故降八寸，则不得不为六寸。郑注《尚书》，谓三十字一简；服注《左氏》，谓古文篆书一简八字。盖《尚书》长二尺四寸，《左氏传》六寸，正得四分之一。三十字四分之，则为七字半，半字不可书，故稍促为八字。此传当称专可知。

原夫古者名书，非有佗义，就质言之而已。经纬皆以绳编竹简得名，专以六寸簿得名，随文生义，则以经纬为经天纬地，而以专为传述经义。《公羊》乃有"主人习其读而问其传"之言，自是言传注者，谓与传记有殊。究极本始，初无二义。《左传》之为左传，犹郑氏说《诗》称《郑笺》。笺者，表识书也。同此，传名得兼传记、传注二用，亦犹裴松之之注《三国志》（松之《表》云："臣前被诏，使采三国异同，以注陈寿《国志》。"然则称注自其本名），撰集事实，以见同异，间有论事情之得失，订旧史之龃龉，无过百分之一，而解诂文义，千无二三。今因《左氏》多举事实，谓之非传，然则裴松之于《三国志》，亦不得称注邪？且《左氏》释经之文，科条数百，固非专务事实者。而云非传之体，则《尚书大传》又将何说？且逢禄独不读《繁露》乎？《玉英篇》曰："《经》曰：'宋督弑其君与夷。'《传》言：'庄公冯杀之。'不可及于《经》何也？曰：非不可及于《经》，其及之端眇不足以类钩之，故难知也。《传》曰：'臧孙许与晋郤克同时而聘乎齐。'案：《经》无有，岂不微哉！不书其往，而有避也。今此《传》言庄公冯，而于《经》不书，亦以有避也。"（以上《繁露》）据此，则《经》无而《传》有者，悉皆《经》之微言。仲舒之论《公羊》如此，使仲舒而治《左氏》，则当谓处处皆微言矣。逢禄专治《公羊》，何乃背其大师之说？

"《公羊传》十一卷，《穀梁传》十一卷，《邹氏传》十一卷，《夹氏传》十一卷，《公羊颜氏记》十一篇。"

刘曰："十一卷，皆依《经》分篇而不附乎《经》者也，蔡邕《石经公羊》可见。《隋志》有吴士燮《春秋注》、晋王愆期《公羊传注》，尚系十一卷。"

驳曰：《经典释文》以士燮注《春秋经》十一卷列贾逵《左氏解诂》三十卷之前，盖以其专注经文，故列最前。据《三国·吴志·士燮传》云："少游学京师，事颍川刘子奇，治《左氏春秋》。"又云耽玩《春秋》，为之注解。袁徽《与荀彧书》曰："士府君《春秋左氏传》尤简练精微，吾数以咨问《传》中诸疑，皆有师说，意思甚密。今欲条《左氏长义》上之。"则燮所注乃《左氏经》也，而祇有十一卷者，此取《公》《穀》经分卷之数以合并《左氏经》耳。汉人说经，自有合并之例，如《毛诗》本二十九卷，而《郑笺》附经只二十卷，是亦康成并省之也。然《公》《穀》《邹》《夹》皆十一卷，而《左氏》独十二篇者，《左氏》就太史之故书，当公分目；四家就帛书之字数，以少合多；士氏并省，亦为因陋就简矣。逢禄所引，但见士燮改《左氏春秋》卷数以从《公羊》，然《隋·经籍志》言："《春秋公羊传》十二卷，严彭祖撰。"（《旧唐书·经籍志》有"《春秋公羊传》五卷。《公羊高传》，严彭祖述。"《新唐书·艺文志》同。此或残缺，或后人合并，要以《隋志》所存为原本。）不又改《公羊春秋》卷数以从《左氏》乎？（《隋·经籍志》："《春秋经》十三卷，吴士燮注。"与《经典释文》两《唐志》作十一卷异。逢禄以十一卷属《隋志》，此误记也。惟十三卷只见《隋志》，余皆作十一卷，自当从十一卷为是。惟王愆期《公羊注》，则《隋志》十三卷、两《唐志》皆十二卷，未尝言十一卷也。逢禄言十一卷，大误。）夫篇章分合，无关弘旨。汉世今文之学，所谓章句小儒，喜以篇目附会律历、五行诸法，则安往而不可通？若云十二篇者，象天数十二也；十一篇者，象五六天地之中合也；十三篇者，象岁有闰月也。凡此种种，无不可穿凿求合。刘氏据此以明《左氏》《公羊》之真伪，且以为分篇十一，有"三年无改"之义，此在发策决科之地言之可也，闭门说经，思极王道，安取此谵语乎？

“《左氏微》二篇。”

刘曰：“此书盖非《左氏》之旧，或歆所造书法凡例之类也。”

驳曰：此书惜不传，然子骏之说盖多取此，若云伪造，则《公羊传》亦可云胡毋生、董仲舒所伪造。

“《张氏微》十篇。”

刘曰：“原注不言张苍，而伪《别录》以为荀卿授张苍，则此及《别录》，皆歆所托也。”

驳曰：《艺文志》皆《七略》原文，其与《别录》有异。掍合为一，所谓盲人骑瞎马也。原注不言张苍，今知是苍者，则臧在东始为此说。

“《虞氏微传》二篇。”注：赵相虞卿。

刘曰：“《志》于儒家有《虞氏春秋》十五篇，则即史公所见本也。别出此目，伪也。故知《别录》所云‘铎椒作《抄撮》八卷授虞卿，虞卿作《抄撮》九卷授荀卿’者，必非出于向，必歆伪托，故异其篇卷名目，以愚后世者也。”

驳曰：《十二诸侯年表》云：“虞卿上采《春秋》，下观近世，亦著八篇，为《虞氏春秋》。”则与《志》“十五篇”已异。铎、虞所作之《抄撮》，又与所作之《春秋》不同，安得卷数同邪？《虞氏微传》从可知。（臧在东曰：“《虞氏微传》，传字疑衍。”）

“《公羊外传》五十篇，《穀梁外传》二十篇，《公羊杂记》八十三篇。”

刘曰：“此书或因二传详于义例，略于事实，后人采摭他书，如《春秋说》《左氏礼》《戴记》等为之，其书虽亡，可补撰也。”

驳曰：其书已亡，任臆为说，是曰诬古。

“古之王者，世有史官，左史记言，右史记事，事为《春秋》，言为《尚书》，帝王靡不同之。周室既微，载籍残缺，仲尼思存先圣之业，以鲁周公之国，礼文备物，史官有法，故与左丘明观其史记。丘明论本事而作《传》，明夫子不以空言说《经》也。《春秋》所贬损大人，当世君臣有威权势力，其事实皆形于《传》，是以隐其书而不宣，所以免时难也。及末世口说流行，故有《公羊》《穀梁》《邹》《夹》之传，四家之中，《公羊》《穀梁》立于学官，《邹氏》无师，《夹氏》未有书。”

刘曰：“《左氏》纪事，在获麟后五十年。丘明果与夫子同时观鲁史，史公何不列于弟子？论本事而作《传》，何史公不名为《传》，而曰《春秋》？且如郑季姬、鲁单伯、子叔姬事，何失实也？《经》所不及者，独详志之，又何说也？《经》本不待事而著。夫子曰：‘其义则丘窃取之矣。’何《左氏》所述君子之论乖异也？”

骏曰：《传》称“悼之四年”者，或左氏寿考，如子夏为魏文侯师，或悼字乃弟子所改，俱不可知。左氏与孔子同时，而未尝委质列籍，故《弟子传》不见。且弟子名籍亦有异同，如《弟子传》云，孔子之所严事：于周则老子；于卫蘧伯玉云云，而《文翁图》又以蘧伯玉在七十子中；《弟子传》无林放，而《文翁图》又有之。不得因《弟子传》不列，辄云蘧、林无所见闻于孔氏也。不名为传，名为《左氏春秋》者，《左氏春秋》犹云《毛诗》《齐诗》《鲁诗》《韩诗》，非谓孔子删定之《诗》而外，复有《毛诗》《齐诗》《鲁诗》《韩诗》，如《折杨》《皇华》之流也。鄫季姬等，《公羊》自失实，转谓《左氏》失实乎？详《经》所不及者，或穷其源委，或言有可采，事有可观，无非为经义之旁证。观裴松之之注《国志》，本传不列其名，而引以相稽者多矣。《左氏》说《经》，岂有异是？《经》固重义，若谓不待事而著，则何不空设条例，对置甲乙，以极其所欲言？而必取已成之事，加减损益，如削趾适屦者之所为，既诬古人，又不能与意密合。今取《春秋经》以校《六典》《唐律》，其科条之疏密为何如邪？述君子者多乖异，请其乖异于孔子乎，将乖异于《公羊》也？孔子之旨本待《传》见，未尝自言，何以知其乖异？若乖异于他经，论仁言政，《论语》尚数有异同。时有险易，语有进退，岂彼《六经》悉能斠如画一？若乖异于《公羊》者，则《公羊》又乖异于《穀梁》。庄周称"齐谐"，孟轲称"齐东野人之语"，诈谖诬罔，诡更正文，齐学之所长如此，宜乎《左氏》《穀梁》皆与之乖异也。

《刘歆传》："歆校秘书，见古文《春秋左氏传》，大好之。丞相史尹咸以能治《左氏》，与歆共校《经》《传》。歆略从咸及翟方进受，质问大义。初《左氏传》多古字古言，学者传训故而已，及歆治《左氏》，引《传》文以解《经》，转相发明，由是章句义理备焉。"

刘曰："班氏此篇，叙次最明，可为《左氏》功臣矣。按：《方进传》：'年十三，失父，随母之长安读。经博士，受《春秋》。积十余年，经学明习，徒众日广，诸儒称之。'又云：'本治《穀梁》，而好《左氏》，为国师刘歆师。'是方进所见《左氏》，尚非秘府古文，歆以其名位俱重，假以为助耳。《左氏》所载事实，本非从圣门出，犹《周官》未经夫子论定，则游、夏之徒不传也。歆引《左氏》解《经》，转相发明，由是章句义理始具，则今本《左氏》书法及比年依《经》饰《左》、缘《左》、增《左》，非歆所附益之明证乎？如《别录》经师传授详明如此，歆亦不待典校秘书而后见也。"

驳曰：子骏与尹咸共校，则安能私有增损？至谓"方进名位俱重，假以为助"，夫子骏果以《左氏》谄莽邪，则翟义讨莽败后，莽下诏曰："义父故丞相方进险诐阴贼。"又发方进及先祖冢在汝南者，烧其棺枢，而子骏乃假以为重，何与谄莽之意相反乎？若只在汉时欲借翟公名位以相诳耀，则《移让博士书》中何以不举方进也？夫在汉时则未见其假以为助，在莽时又不能假以为助，而逢禄辄以意见诬之，其读书而未论世乎？又谓《左氏》所载事实，本非从圣门出，此尤可笑。十二诸侯之事，布在方策，非如覃思空理，以圣门所出为贵。假令事非诚谛，虽游、夏盈千言之，亦安足信？孔子于夏、殷诸礼亦有耳闻，而文献无征，则不敢纂次其事，此所以为史学之宗。若舍王官故府之书，而取决于圣门之一语，则苟率匈臆妄造事状者，皆得托其门户。战国诸子，汉初经师，所举七十子之绪言多矣，其间敷陈事实，能如《左氏》之翯然确斯邪？是知孔门教授，上同周典，六艺之中，惟取《诗》《书》《礼》《乐》，传《易》者，惟有商瞿，他无人焉。（子夏《易传》，非卜子夏。）《春秋》亦非常教，游、夏不言，复何多责？《世家》言："身通六艺者，七十有二人。弟子受《春秋》，孔子曰：'后世知丘者以《春秋》，而罪丘者亦以《春秋》。'"盖所受者《春秋经》，传指即"知罪"数语耳。自获麟以讫负杖，财及二年。《艺文志》言："古之学者，三年而通一艺，存其大体，玩经文而已。"然则此二年中，玩文有余，通其大体则未也。所云"身通六艺者"，概略言之，宁若《诗》《书》《礼》《乐》之深通邪？左氏本是史官（《艺文志》云："左丘明，鲁大史。"），受学不需师保，《艺文志》所谓"据行事，仍人道，因兴以立功，就败以成罚，假日月以定历数，借朝聘以正礼乐"者，亲闻圣旨，自能瞭如。至如游、夏之徒，玩习经文，人人异端，岂以圣门之宝望，遂能强人信受？言之不从，断可知矣。《歆传》云"引《传》解《经》，章句义理备"者，言《传》之凡例，始由子骏发挥，非谓自有所造，亦犹费氏说《易》，引《十翼》以解经，若其自造，何引之有？且杜预《释例》所载子骏说《经》之大义尚数十条，此固出自胸臆，亦或旁采《公羊》，而与《传》例不合。若传例为子骏自造，何不并此数十条入之《传》文，顾留此以遗后人指摘乎？《说文序》言："北平侯张苍献《春秋左氏传》。"又言："鲁恭王坏壁，得《春秋》。"然则秘府所臧者，张所献、鲁所得也。民间所有者，则北平侯传贾生，以至翟方进诸公者是也。亦犹《古文尚书》已入秘府，而民间又有庸生等传之也。（民间，谓书不立学官者，非谓传者皆不仕也。）然当子骏时，民间亦仅有尹咸、翟方进、胡常数人可从质问受书，其他无有臧《左氏传》者，是以子骏不得见，而先见之于秘府，见已，从尹、翟问义尔。

"歆以为左丘明好恶与圣人同，亲见夫子，而公羊、穀梁在七十子后，传闻之与亲见之，其详略不同。"

刘曰："《论语》之'左丘明好恶与圣人同'，其亲见夫子，或在夫子前，俱不可知。若为《左氏春秋》者，则当时夫子弟子传说已异，且鲁悼已称谥，必非《论语》之左丘。其好恶亦大异圣人，知为失明之丘明。犹光武讳秀，歆亦可更名秀，嘉新公为刘歆，祁烈伯亦为刘歆也。"又曰："左氏仅见夫子之书及列国之史，公羊闻夫子之义。见夫子之书者盈天下矣，闻而知之者，孟子而下，其惟董生乎！"

驳曰：以《论语》之左丘明非失明之左丘明，啖、赵辈始为此说，而宋儒祖述之，非有明据。果如刘秀、刘歆之有二，何以《古今人表》但有一左丘明邪？纵令误信子骏，认为一人，然他书别见者，子骏不能尽改，岂孟坚皆未见乎？若他书亦不言有二左丘明，则啖、赵之说为冯臆妄造明矣。且异人同名者，未有相沿不辨之事。且举《左氏》诸师言之：京兆尹张敞，人知其非造缎字之张敞，与为公孙康收集遗民之张敞也；侍御史张禹，人知其非成帝师张禹，与光武大舅之孙张禹也；司农郑众，人知其非大长秋郑众也；侍中贾逵，人知其非字梁道之贾逵也。乃如子骏名歆，同时有祁烈伯刘歆矣。而《后汉·刘植传》言植有从兄歆，据《东观记》，字细君，为世祖偏将军，后为骁骑将军，封浮阳侯，则又有一刘歆矣。《桓彬传》云："彬厉志操，与左丞刘歆、右丞杜希同好交善。"则东汉之末复有一刘歆矣。然而名氏虽同，终无相溷之事。若左丘明果有二人，何以自汉至唐，茫不訾省？啖、赵辈所据何书，而能执此异解？为问两左丘明之说，能如三张敞、三张禹、两郑众、两贾逵、四刘歆之证据明白乎，抑否乎？若欲冯虚妄断者，古人已往，岂难支解一人分为五六？虽云仲尼、颜回数不止一，亦奚不可？若汉末向栩，有弟子名为颜渊、子贡、季路、冉有之辈，亦可云《论语》之颜渊、子贡、季路、冉有非专指回、赐、由、求乎？若夫左氏书鲁悼者，八十之年，未为大耋，何知不亲见夫子？若谓仅见其书，未知其义，则不悟《春秋》之作，乃与他经绝异。《诗》《书》《礼》《乐》以及《周易》，传自周初，义训既详，事实亦具，孔子删定，但有校订编次之劳，后人闻知，自非难事。《变风》终于陈灵，《尚书》下逮秦穆，虽事在近世，而弦诵既周，解其义事，不必一师。若《春秋》则孔子自作，异于古书，欲求其义，非亲炙则无所受，欲详其事，非史官则不与知。盖有睹其事而不知其义者矣，倚相、史儋之属是也。若未睹其事而求解义，犹未鞫狱而先处断，斯诚旷古之所未闻。难者曰：诚如是说，宁知左氏非与倚相、史儋同类？答曰：偕观史记，助成一经，造膝密谈，自知其义。惜乎倚相、史儋之徒不遇孔子，若得参预《春秋》之业，亦宁患其不知也？既有左氏，具论本事，为之作《传》，后世乃得闻而知之。舍此而欲闻知，虽有眇义，亦所谓郢书燕说者尔。《谶书》云："董仲舒乱我书。"读者以为乱我书者，烦乱孔子之书也（见《论衡·案书篇》）。由今观之，诚哉其烦乱《春秋》矣。

又案：如子骏说，公羊、穀梁在七十子后，不云公羊出于子夏。《史记》《别录》《七略》《汉书》之属，皆无其文。《孝经说》云："《春秋》属商。"亦未见其授公羊也。又《说题辞》云："传我书者，公羊高也。"亦不云出自子夏。《纬书》既非确据，其余亦无文可知。徐彦引戴宏《序》云："子夏传与公羊高，高传与其子平，平传与其子地，地传与其子敢，敢传与其子寿。至汉景帝时，寿乃共弟子齐人胡毋子都著于竹帛，与董仲舒皆见于图谶。"则子夏传公羊高之说，实自宏始。宏生桓、灵之季，远在刘子骏后。（戴宏，不见《后汉书·儒林传》。惟《吴祐传》云："祐迁胶东侯相，时济北戴宏父为县丞，宏年十六，从在丞舍。祐每行园，常闻讽诵之音，奇而厚之，亦与为友，卒成儒宗，知名东夏，官至酒泉太守。"寻祐与梁冀、李固、马融同时，则宏亦与陈蕃、何休同时也。）欲雪传闻之耻，则托名于子夏，作伪可知。又《公羊》所引，有子沈子、子司马子、子女子、子北宫子、高子、鲁子。何氏《解诂》："沈子称子，冠氏上者，著其为师；其不冠子者，他师也。"是则公羊本师凡有四人，而独不及子夏。既证弟子异言之说，亦明子夏传承之妄。桓谭《新论》曰："《左氏》传世后百余年，鲁穀梁赤为《春秋》，残略多所遗失。又有齐人公羊高，缘经文作传，弥离其本事矣。《左氏》经之与传，犹衣之表里，相持而成。经而无传，使圣人闭门思之十年，不能知也。"（《御览》六百十引）据此则公羊不得受业子夏，较然可知。《汉书·董仲舒传》赞曰："向子歆以为仲舒下帷发愤，潜心大业，然考其师友渊源所渐，犹未及乎游、夏。"师之渊源未及游、夏，则公羊氏非承子夏矣；友之渊源未及游、夏，则胡毋生、公孙弘非承子夏矣。夫以高材七十，亲见圣容，不详本事，犹多曲说，况复远在其后，逐景寻响者乎？虽然，《公羊》信谶，见《春秋》之属商，故戴宏以此托庇。而穀梁先师未有援附子夏者，亦可见《穀梁》家之质直，胜于《公羊》习为夸诞者矣。

"及歆亲近，欲建《左氏春秋》及《毛诗》《逸礼》《古文尚书》皆列于学官。哀帝令歆与五经博士讲论其义，诸博士或不肯置对，歆乃移书让之。"

刘曰："不肯置对者，以《尚书》为备，《左氏》为不传《春秋》也。《古文尚书》逸十六篇，绝无师说，郑氏载其目有《舜典》，则非百篇之旧，盖夫子所删之余。又有《弃稷》，周人讳始祖，故《尧典》曰：'让于稷、契。'惟帝曰弃则不讳，则《弃稷篇》亦伪托也。其余如《史记》《三统历》《王莽传》所引，多战国诸子所托，或有歆等改窜者，故博士抱残守缺，恐失其真。若《左氏春秋》，非出孔壁，民间亦有，但非引文解《经》，转相发明，如歆所托之章句，义理浅陋，名为《春秋左氏传》者耳。故以为不传

《春秋》，洵确论也。《毛诗》《逸礼》，诸儒不辨，则固欲存之矣。"

驳曰：《古文尚书》逸篇无师说者，与《逸礼》同，特以今文所无，无从校勘，括囊不言，是其慎也。因十六篇有《舜典》，而谓非百篇之旧，此何所据？百篇之序，其为孔子自作以否，无以质言，然据《孔子世家》云："序《书传》，上纪唐、虞之际，下至秦缪，编次其事，则太史公固以序为孔作，后人无容妄议也。《诗》《书》不讳，临文不讳，其来旧矣。"（古所谓舍故讳新者，但禁其口语而已，于文初无变更书契。有讳始自汉室，逢禄以此为疑，鄙陋亦甚。）书名《弃稷》，传自唐、虞，岂以周家私讳而可妄改？《大雅》言古公亶父，彼所自造，犹不避忌，况于旧典，可诡更邪？《大戴礼记·少间篇》：孔子对哀公曰："乃有周昌霸，诸侯以佐之。纣不说诸侯之听于周昌，则嫌于死。"此不讳文王之名也。《小戴礼记·儒行篇》：孔子对哀公曰："长居宋。"此不讳定公之名也。然则礼有讳，文亦多宽弛让于稷、契一言，立文偶尔，如四岳之书官尔，断非周人讳祖而改千年之书也。战国诸子所载，或在百篇之外，或在逸十六篇外，并非伪托。《史记》以下所引，在十六篇，则著其名，在诸子者，或著或否，而亦不混诸十六篇。若子骏改窜，则建立时已恐博士发觉矣，顾若是其愚邪？《春秋》出孔壁，见《说文序》，而《论衡·案书篇》又谓《左氏》三十篇出孔子壁中，如逢禄言，叔重、仲任皆为子骏所迷罔耳？抑不传《春秋》云者，其说起于哀帝时之博士，而成帝以前尚无有也？寻《梅福传》云："匡衡议，以为：'《礼记》：孔子曰："丘，殷人也。"先师所共传，宜以孔子世为汤后。'上以其语不经，遂见寝。至成帝时，梅福复言宜封孔子后以奉汤祀。绥和元年，立二王后，推迹古文，以《左氏》《榖梁》《世本》《礼记》相明，遂下诏封孔子世为殷绍嘉公。语在《成纪》。"（今《成纪》无引《左氏》诸书语，以奏议所言不载于《纪》，故但录诏书耳。）夫始以其不经而寝，后以《左氏》《榖梁》《世本》《礼记》相明而立之，则明以《左氏》为经说矣。乃不信成帝时之议，而信哀帝时之议，何邪？且皮傅词组，以废经传，则亦何所不可？即如匡衡引《礼记》，而上以为不经，亦可据此单辞谓《礼记》非经说邪？又据《华阳国志》引《春秋榖梁传序》曰："成帝时议立三传，博士巴郡胥君安，独驳《左传》不祖圣人。"是成帝时固以《左传》同于二传，驳者亦独有胥君安，而尚谓之《左传》，则不传《春秋》之说，非起于哀帝时而何？

又案：汉世经典，禄在官府，其本不尽依据博士。胡广《汉官解诂》云："武帝以中大大为光禄大夫，与博士俱以儒雅之选，异官通职，《周官》所谓官联者也。温故知新，率由旧章。与参国体，稽合同异，皆能分明古今，辨章旧闻。"故博士不以教人者，大夫议郎之属，仍得引之。犹周时以《诗》《书》《礼》《乐》教士，而《易》《春秋》未尝非，《周礼》所定也。世人但欲取后汉所立十四博士为宗，以为汉制如是，昧于汉制甚矣。《七略》说汉家臧书，外有大常、大史、博士之臧，内有延阁、广内、秘室之府，岂沾沾以博士所教授者为准哉？哀帝以后，博士见闻日陋，以其所知为秘眇，而忘文学之官联。若在周世，亦当云《易》《春秋》非周典矣。博士之官，属于大常。《汉官》云："大常在九卿之首，古文、儒林、旧艺皆说。"而哀帝博士独斥《左氏》古文，又忘其所属矣。后汉礼经博士，惟立二戴，不立庆氏，而曹褒父子为庆氏学，亦得居博士官定礼。又从庆氏之说，则知经术在官，本不限于博士所守也。若夫近世《公羊》学者，多以后汉立十四博士为不可增减，然比于前汉，已退《榖梁》而进《京易》矣。至于《乐经》，汉世未得其书，而河间献王所辑《乐记》，始终未立，乃何邵公《公羊》隐五年解诂则曰："夫《乐》，荐之宗庙，足以享鬼神；用之朝廷，足以序群臣；立之学官（旧误作宫，他书立学宫，字并误），足以协万民。"是则汉所未立者，何邵公亦欲立之。而今之《公羊》家，独以汉所已立为是，此又与何氏异旨矣。

"《春秋左氏》，丘明所修，皆古文旧书，多者二十余通，臧于秘府，伏而未发。孝成皇帝闵学残文缺，稍离其真，乃陈发秘臧，校理旧文，得此三事，以考学官所传。经或脱简，传或间编。"

刘曰："但以《春秋》论，则博士所见《左氏春秋》，即太史公所见古文《春秋国语》。东莱张霸亦见之，是真本也。歆欲立其附益之本，乃托之秘府旧文，反以为学残文缺，稍离其真耳。经自公羊、胡毋生、董生相传，绝无脱简。曰脱简者，盖如《尚书·梓材》经刘向校补，歆乃欲增续《春秋》也。传或间编者，亦比附《春秋》年月，改窜《左氏》之故。"

驳曰：经或脱简，即谓如《梓材》等，非《春秋经》也。又学官无《左氏传》，则所谓传或间编者，亦非《左氏》。或如《丧服传》辈，今文编次有讹耳。逢禄以此诬污，是不寻文义之过也。刘氏父子校秘书，乃以秘书校常行本，改常行本之字，而不改秘书之字。若子骏改窜秘书之《左氏春秋》以就己意，则自北平献书、共王坏壁以至子骏，百有余年，墨漆新故，势有不符，设博士求观其书，宁不自败？若张、鲁二本，一改一否，以不改者示博士，则所建立者，仍非己所改本，亦何苦劳心而为此也？且《刘歆传》云"河平中，受诏与父向领校秘书，讲六艺传记"云云，如有改窜，又岂能欺其父邪？

"传问民间，则有鲁国桓公、赵国贯公、胶东庸生之遗学与此同。"

刘曰："《儒林传》：胶东庸生为孔安国再传弟子。庸生授清河胡常，以明《穀梁春秋》为博士、部刺史。又传《左氏》，则非秘府古文伏而未发者也。言与此同者，援之以自重耳。或又传《左氏》之语，亦出刘歆。"

驳曰：民间亦有《左传》（见上），张霸盖亦尝受之，而非专为其学。惟其有二，所以言同。若只秘府，何同之有？

"往者缀学之士，不思废绝之阙，苟因陋就寡，分文析字，烦言碎辞，学者罢老且不能究其一艺。信口说而背传记，是末师而非往古，至于国家将有大事，若立辟雍、封禅、巡守之仪，则幽冥而莫知其原。犹欲保残守缺，挟恐见破之私意，而无从善服义之公心。或怀妒嫉，不考情实，雷同相从，随声是非。抑此三学，以《尚书》为备。谓《左氏》为不传《春秋》，岂不哀哉。"

刘曰："圣人文约而旨博，歆畏其难于精究，欲以传记事实易口说，则百家小说，贤于夫子《春秋》矣。辟雍封禅巡守之仪，《左氏》亦不具。或《逸礼》及他传记有之，要非圣人治天下之本。务贵其意，不尚其仪，玉帛钟鼓，非礼乐之精也。若歆之诬蔑先圣，缘饰经术，以崇奸回，岂不哀哉！"

驳曰：此本统论古文之善今文之陋，非专论《左氏》也。子骏若畏其难于精究，则《逸书》《逸礼》，并有增多，其义训未明者，独不须精究邪？彼分文析字者，亦自以为精究。屈中为虫，马头人为长，人持十为斗，博士妄言，见于《纬书》者，鄙莫甚焉。君子没身以学，岂患罢老？若恣为诬罔以欺承学，使槁项黄馘，疲樊于尘曛之中而不一寤，其害甚于毁瓦画墁，则真子骏所厌也。王仲任云："为世用者，百篇无害；不为用者，一章无补。"此之谓也。且《公羊》学者，岂能精究？盖虽本师之说，亦未能分别矣。吕步舒见仲舒言灾异草稿，不知其师书，以为大愚。诚使精承师说，岂待知名而后定其然否哉？求物于肆，不能辨物，但计市门榜题，以定美恶，不为知物。主人烹猴以飨客，先言犬羹，则客饱食，及闻猴羹，则客大吐，不为知味。《公羊》学者，有似于此。乃若百家小说，诚非君子所尚，然举宋钘、尹文之言，比于《公羊》，则一使人智，一使人愚。百家虽短，必胜于博士决科之书明矣。子骏所言传记，固非此辈，大抵《曲台礼记》《司马法》《周官传》《周政》《周法》《河间周制》之属，此之为益，岂若《公羊》卖饼之流邪？大事诸仪，如《外传·周语》，载周之秩官，王巡守之礼，其他当在《逸礼》中。若云玉帛钟鼓非礼乐之精者，则《士礼》十七篇，悉可覆瓿，岂独《逸礼》而已！（《礼记·曾子问篇》多大夫以上礼，若云非治天下之本，遂当废弃，孔子亦不答曾参可也。若答其一端则为是，存其全帙则为非，斯真颠倒之见矣。）辟雍、巡守，王事之大端。惟封禅为近鬼道，然亦务其大者。以此为末，而董仲舒之沾沾于求雨止雨，吁嗟舞蹈，举国为巫，此又何也？

是皆肤论，不关弘指。今独驳《左氏》不传《春秋》之说。

寻此证据，前已明言，今又以佗事比例：

一，如《史记·孔子世家》云："序《书传》。"又云："《书传》《礼记》，自孔氏。"是孔子自有《书传》，及汉不立学官，后遂亡佚，太史公犹得见之。然今文家但知有伏生《大传》，古文家亦但知有孔安国古文而已。郑康成《书赞》亦独推本于棘下生，谁信孔子自有《书传》者乎？《书》由圣述，异于常师，犹在若存若亡之间，岂况丘明财附同耻，陋隘之徒，却之易矣。

二，如《史记·儒林传》云："申公独以《诗经》为训以教，无传疑（此疑字衍，《汉书》无）。疑者则阙不传。"《索隐》曰："谓申公不作《诗传》，但教授，有疑则阙耳。"《汉书》亦同。师古曰："口说其指，不为解说之传。"而《汉书·楚元王传》云："申公始为《诗传》，号《鲁诗》，元王亦次之《诗传》，号曰《元王诗》。世或有之。"则申公自有《诗传》，何邵公《公羊》隐五年解诂引《鲁诗传》"天子食日举乐"云云是也。然据《艺文志》，惟有《鲁故》二十五卷，《鲁说》二十八卷，而无《鲁传》，是仍不谓《鲁诗》有传也。夫以学官所习，博士所诵，而有传无传尚有异同之词，况《左氏》素非所习，其云不传《春秋》，可据之以为证哉？若谓传是通称，故《鲁故》《鲁说》亦得称传，不当专以题号为征，则《左氏春秋》宁独异此？彼言《左氏》不传《春秋》者，犹《史记》言申公无《诗传》耳。马迁阂通，不以题号介意，博士鄙倍，专以题号却攻。后之学者，宜何则焉？

三，复征《公羊》家，如定元年《传》曰："定、哀多微辞，主人习其读而问其传，则未知己之有罪焉尔。"此为假设之词。然何氏《解诂》亦云："孔子畏时君，上以讳尊隆恩，下以辟害容身。"夫哀公时，《经》始成立，主人即时君，时君即哀公，此时若无《左氏传》，所谓《传》者何书？若谓口授义旨，此可言说，不可以言《传》矣。据此，则《公羊传》亦以《春秋》始作即有传文，若舍《左氏》，即无传之可言。彼以《左氏》

不传《春秋》者，又违《公羊》明文。

至于子骏奸回之事，别自一说。虽不烦疏证，要当分别言之。寻子骏所以附莽者，皆举《经》《传》师说，未尝妄作。故《李寻传》载：夏贺良等言"汉历中衰，当更受命"，歆以为不合五经，不可施行。是虽为王氏代兴之兆，而子骏未尝许之也。若云《金縢》《大诰》之书，助成篡业，此则庄周固云："圣人不死，大盗不止。"一切经术，无不可为篡盗之阶。今自宋儒以后，此风稍弭，而《春秋》进吴、楚之言，复为东胡所假。逢禄自审，所处何地？太保刘殷之在前赵，一门之内，七业俱兴，未识比于嘉新公何如也？

"故下明诏，试《左氏》可立不？"

刘曰："独举《左氏》，不复言《诗》《礼》《书》者，歆所窜改，尤为快意也。"

驳曰：子骏专治《左传》，自宜独急。然哀帝下诏，亦远绍孝成之志。成帝盖尝重《左氏》矣。孔子后殷，既以《左氏》为质，又《匡衡传》载成帝诏云："《传》不云乎？'礼义不愆，何恤人之言？'"是亦援引《左氏》以为经说也。

"诸儒皆怨恨。是时名儒光禄大夫龚胜，以歆移书，上疏深自罪责，愿乞骸骨罢。及儒者师丹为大司空，亦大怒，奏歆改乱旧章，非毁先帝所立，上曰：'歆欲广道术，亦何以为非毁哉？'歆由是忤执政大臣，为众儒所讪。惧诛，求出补吏。"

刘曰："改乱旧章，诛意之论，哀帝不知耳。龚胜节士，义不仕莽；师丹，《鲁诗》大儒，建议深合《春秋》经法，自不肯诡随附和，以《左氏》为传《春秋》也。"

驳曰：胜自罪而不非子骏，其节概又如此，真可法矣。据《朱博传》胜引《春秋》之义："奸以事君，常刑不舍。鲁大夫叔孙侨如欲颛公室，谮其族兄季孙行父于晋，晋执囚行父以乱鲁国。《春秋》重而书之。"此事二传无文，义本《左氏》。则胜固尝治《左氏》者，其自罪责，意正与丹相反。丹虽大儒，毫荒丧志，据《丹传》，丹上书曰："臣闻天威不违颜咫尺。"则固引用《左氏》语矣。此又大怒，何邪？盖丹老人，忘其前语（见《丹传》）。即其议改币事，始言可改，后忘之而从公卿议。一议两歧，岂足以定丹之取舍邪？丹本骨鲠辅拂之臣，而此乃以非毁先帝所立罪人，语近阿谀，不似其素所执守者，由其神志已衰，语无伦次也。（案：言"变乱旧章，非毁先帝所立"，非独妒真绝学，亦昧于汉家故事。据《百官公卿表》云："武帝建元五年初，置五经博士。宣帝黄龙元年，稍增员十二人。"是武帝时一经但一博士而已。而韩婴传《诗》，不守浮丘之故，韦贤奏对，又称《穀梁》之长，独不曰"变乱旧章，非毁先帝"乎？）

《王莽传》："公孙禄议曰：'国师嘉新公颠倒五经，毁师法，令学士疑惑，宜诛以慰天下。'"

刘曰："改乱旧章之祸，凶于而国，害于而家。公孙之议，天使之也。而数千载不悟，何哉？"

驳曰：公孙禄但言"颠倒五经"，颠倒者，谓其义，非谓其文也。此亦不知子骏治古文之旨而妄论耳。若果有变更，则如《说文序》所称亡新改定古文，及所载"迭"字下称："亡新以为迭从三日大盛，改为三田"，未有不明著于后者，何得于经文独不知其异乎？要之，子骏所作，惟《律历志》有删其伪辞之言。伪辞者，谓功德符命之类。此自当时官书，故有是语，顾未尝以是变改古书也。如扬子云作《剧秦美新》，并未以此意入《太玄》《法言》中，而谓子骏以此删改《六经》，谁其信之？

《儒林传》："《穀梁》议郎尹更始又受《左氏传》，取其变理合者以为章句，传子咸及翟方进、琅邪房凤。"

刘曰："《歆传》以章句出于歆，是也。尹更始先为章句之说，当是歆所援而托之。"

驳曰：尹更始名不重于子骏，若欲援托，何若援托己父？

《房凤传》："时光禄勋王龚与奉车都尉刘歆，共校书。三人皆侍中，歆白《左氏春秋》可立，哀帝纳之，以问诸儒，皆不对。歆于是数见丞相孔光，为言《左氏》以求助，光卒不肯，惟凤、龚许。"

刘曰："王龚，邛成太后之亲，非经师也。房凤，王根所荐，亦王氏之徒也。孔光虽依阿，尚能保位望哉。"

驳曰：王龚能校书，则非浅陋之士矣。凤为根所荐，其人未知如何。（王章为王凤所荐，而章乃请诛凤。王骏为匡衡所荐，而骏又奏免衡。盖西京士大夫犹轻视举主也。）以孔光之附莽，而其言《经》与子骏绝异，此又言行不可合一之明证也。《后汉·孔奋传》云："孔奋，字君鱼，少从刘歆受《春秋左氏传》，歆称之，谓门人曰：'吾已从君鱼受道矣。'奋弟奇作《春秋左氏删》，奋子嘉作《左氏说》。"是三孔《左传》学皆本子骏。而《传》云："奋见有美德，爱之如亲，其无行者，忿之若仇。"是其行又不因子骏而污也。若但以王氏之徒为言，则马宫治《春秋严氏》，为莽所厚，宫仕汉已为太师大司徒，及莽代汉，宫复为太子师，《公羊》学者又何说焉？（案：此举《房凤传》，即《儒林传》。逢禄误分。）

"汉兴，北平侯张苍及梁太傅贾谊、京兆尹张敞、大中大夫刘公子，皆修《春秋左氏传》。谊为《左氏传训故》，授赵人贯公，为河间献王博士，子长卿为荡阴令。授清河张禹长子（如淳曰，非成帝师张禹）。禹与萧望之同时，为御史，数为望之言《左氏》。望之善之，上书数以称说。后为太子太傅，荐禹于宣帝，征禹待诏。未及问，会疾死。授尹更始，更始传子咸及翟方进、胡常。常授黎阳贾护、季君。哀帝时待诏为郎，授苍梧陈钦子佚，以《左氏》授王莽至将军，而刘歆从尹咸及翟方进受。由是言《左氏》者，本之贾护、刘歆。"

刘曰："《张苍传》，曰'好书律历'，曰'习天下图书计籍，又善用算律历'，曰'苍尤好书，无所不观，无所不晓，而尤邃律历'，曰'著书十八篇，言阴阳律历事'而已，不闻其修《左氏传》也。盖歆以汉初博极群书者，惟张丞相，而律历及谱五德，可附《左氏》，故首援之。《贾生传》，曰'能诵《诗》《书》属文'，曰'颇通诸家之书'而已，亦未闻其修《左氏传》也。盖贾生之学，疏通知远，得之《诗》《书》，修明制度，本之于《礼》，非章句训故之学也。其所著述，存者五十八篇，《大都篇》一事，《春秋篇》九事，《先醒篇》三事，《耳痺篇》一事，《谕诚篇》一事，《退让篇》二事，皆与《左氏》不合。惟《礼容篇》，一事似采《左氏》，二事似采《国语》耳。盖歆见其偶有引用，即诬以为'为《左氏训故》，授赵人贯公'，又曰：'当孝文时，汉朝之儒，惟贾生而已。'贯公当即毛公弟子贯长卿，歆所云，贯公遗学与秘府古文同者也，曰贾生弟子则诬矣。《张敞传》曰：'本治《春秋》，以经术自辅其政。'其所陈说，以《春秋》讥世卿最甚，君母下堂则从傅母，皆《公羊》义，非尹氏为声子、崔杼非其罪、宋共姬女而不妇之谬说也。《萧望之传》，曰'治《齐诗》'，曰'从夏侯胜问《论语》《礼服》'，其雨雹，对以'季氏专权，卒逐昭公'，伐匈奴，对以'大夫勾不伐丧'，亦皆《公羊》义。石渠《礼论》精于《礼服》，未闻引《左氏》也。善《左氏》，荐张禹，亦歆附会。要之，此数公者，于《春秋国语》未尝不肄业及之，特不以为孔子《春秋传》耳。歆不托之名臣大儒，则其书不尊不信也。"

驳曰：《张》《贾》本传不言修《左氏》，史文固有脱漏，亦得互见。古文家多说子夏作《诗序》《尔雅》《礼丧服传》，《公羊》家亦信《春秋》属商之说，乃《史记·仲尼弟子列传》之述子夏也，但云"孔子既没，子夏居西河教授，为魏文侯师"，古今文家所指，悉无明文，非其例欤？且贾生长于《礼》，其书中有《傅职篇》、《保傅篇》、《辅佐篇》、《礼篇》、《容经篇》、《礼容语》上下篇、《胎教篇》，其最者采入《大戴礼记》，而本传亦不言贾生长于《礼》，但言"贾生以天下和洽，当兴礼乐"耳，又将谓贾生不作《傅职》等篇乎？贾书之述《左传》，《大都篇》楚灵王一事，正可订杜本之讹；《春秋篇》惟卫懿公一事，亦合《左传》；其他楚惠王等八事，不知采自何书，各记别事，本与《左传》丝毫无涉。其中有二世胡亥一事，在《左氏》后且二百年，其不相关通，明矣。而以篇名《春秋》，强谓与《左氏》不合，然则《楚汉春秋》《十六国春秋》之属，有一与《左氏》合者乎？《耳痹篇》伍子胥一事，亦合《左传》，但又有《左传》所不载者，此正如《内、外传》可互相补阙耳。《先醒篇》楚庄王伐郑事，亦与《传》合，其称邲为两棠，则地有异名，非不合也。其下述申禁事，又足补《传》阙者也。宋昭公一事，此昭公见《宋世家》，即哀二十六年《传》公孙周之子得，与为王姬所弑者异。《传》终哀二十七年，昭公此事当在《传》后矣。虢君一事，与《左传》陈辕颇事同，下言"枕块"，又与《国语》楚灵王事同。自古人异事同者，传记所载，何止一端？非必彼此有误，自其情事同耳。《谕诚篇》楚昭王一事，亦足补《传》之阙。《退让篇》宋就一事，亦与《左传》丝毫不涉。翟王一事，亦与《左传》不涉，特可以证章华之高耳。《礼容语》下篇叔孙婼、叔向、三郤三事，固采《内、外传》矣。又《制不定篇》说炎帝、黄帝相攻事，合于《晋语》；《审微篇》说晋文公请隧事，又说叔孙（《传》作仲叔，当以《贾子》订之。）于奚请曲县事，《淮难篇》说白公胜报仇事，皆合于《左传》。《傅职篇》或称《春秋》云云，又本《楚语》申叔时言。《礼篇》"君仁臣忠"云云，又本《左传》晏子言。《容经篇》"明君在位可畏"云云，又本《左传》北宫文子言。《君道篇》"纣作梏数千"云云，又合于《左传》"纣囚文王七年"之说。《胎教篇》晋厉公见杀于匠丽之宫，齐简公杀于檀台，皆合《左传》。而逢禄皆不举，盖以举之，则贾生引用《左氏内、外传》极多，不得谓贾生不修《左传》耳。贾书中《道术篇》《六术篇》《道德说篇》，正是训故之学，有得于正名为政之意者也。其作《左氏训故》，又何疑乎？《论衡·佚文篇》云："东海张霸，通《左氏春秋》，案百篇序，以《左氏训诂》，造作百二篇。"夫霸之取《左氏训诂》，犹枚颐之取周、秦、汉初诸子也。颐书伪，而诸子非伪；霸书伪，而《左氏训故》非伪。盖作伪不能不取于真，是即谊作《左氏训故》之明证。

贯长卿者，即贯公之子，见《经典释文》。治《毛诗》者，多治《左氏春秋》，如曾申、荀卿，皆左氏之后师，亦毛公之初祖。同为古文，故多兼治，非诬造也。张子高讥世卿、从傅二事，正见《左氏》旧学，兼二家之长而舍其短，盖《左氏微》等书先有此说矣。又子高说世卿，指鲁季氏、晋赵氏、齐田氏，非尹氏、崔氏也。《五经异义》引《左氏》说"世禄不世位"，盖本此共姬事。《传》云："女待人，妇义事。"此以圣者达节望共姬，亦即以贤者守节许共姬，不与从傅之说悖也。望之善禹言《左氏》，其上书数称说之。《儒林传》又云："望之平《公羊》《穀梁》同异，多从《穀梁》。"此所对季氏专权一事，则与张子高说大义不殊。昭三十二年《传》，史墨论季氏逐昭公事曰："是以为君，慎器与名，不可以假人。"《传》有明文，何与《公羊》事？要之《汉书》列传，所录奏对书疏，固非全具，所谓称说《左氏》者，今亦不得满证。若谓称说《左氏》之语为诬构，则多从《穀梁》之语亦诬构邪？逢禄又谓数公亦尝肄业，则不得已而为遁辞矣。

又言"歆不托之名臣大儒，则其书不尊不信"，案：《别录》曾申授吴起等语，彼亦以为子骏所托。据《史记·孙子吴起列传》云："齐人攻鲁，鲁欲将吴起。吴起取齐女为妻，而鲁疑之。吴起于是欲就名，遂杀其妻，以明不与齐也。"又云："鲁人或恶吴起，曰：'起之为人，猜忍人也。其少时家累千金，游仕不遂，遂破其家。乡党笑之，吴起杀其谤己者三十余人。'"又云："其母死，起终不归。曾子薄之，而与起绝。"然则欲托名臣大儒，以使人尊信者，何又托此无行之吴起乎？逢禄为人，情钟势曜（见包世臣《艺舟双楫·清故文学薛君之碑》。包氏传食诸侯，其性行盖与逢禄不异，两相钩距，能得其真），辄疑前哲趋炎，悉当如己，曾不悟子骏奸回之才，高掌远蹠，前无古人，犹不屑为色厉内荏之穿窬也。

又近人廖平《古学考》云："桓公、贯公、庸生皆传《书》《礼》之学者，是《左传》并无师也。刘氏舍朝廷执政本师，不引以为据，而远及异学民间之儒生乎？且云遗学与之同，不免附会，何以不引翟方进等为说哉？"（以上廖说。）此与逢禄盖有同好。言经术者，宁有弃绝业之大师，揭当时之显宦？以此诋谋，适令子骏狂笑地下。三代直道，不在名德，则在大奸。彼奔走公卿依附门户者，未足与语此矣。

《后汉·郑兴传》："少学《公羊春秋》，晚善《左氏》。天凤中，将门人从刘歆讲正大义。歆使撰《条例》《章句》《训诂》，及校《三统历》。世言《左氏》者，多祖兴。兴子众，作《春秋难记条例》。"

刘曰："今《左氏》书法凡例之属，兴亦有所附益矣。"

驳曰：若有附益，何须更撰《条例》？且据《兴传》，少学《公羊春秋》，晚善《左氏传》，遂积精深思，通达其旨，同学者皆师之。注引《东观记》曰："兴从博士金子严为《左氏春秋》。"其下正文乃云："天凤中，将门人从刘歆讲正大义，歆美兴材，使撰《条例》《章句》《训诂》，及校《三统历》。"若使少赣附益凡例，是与金子严所授之本立异，何门人无泄漏其事者，而待逢禄证明之邪？汉人说经，或为利禄而变学矣，至于妄窜作伪，则虽为利禄者，亦不肯从。兰台漆书之妄改，当世悉知，独于《左氏》一书，如隔云雾乎？

《范升传》："尚书令韩歆上疏，欲为《左氏春秋》立博士。诏下其议。四年正月朝，公卿大夫博士见于云台。帝曰：'范博士可前平说。'升起对曰：'《左氏》不祖孔子而出于丘明，师徒相传，又无其人。'遂与韩歆、许淑等互相辩难，日中乃罢。升乃奏《左氏》之失凡十四事。时难者以太史公多引《左氏》，升又上太史公违戾五经谬孔子言，及《左氏春秋》不可录三十一事。诏以下博士。"

刘曰："《春秋》非史文，言《左氏》者以史文视《春秋》，宜其失义也。范辩卿之论甚正，非陈元、贾逵之流曲学阿世所能胜也。"

驳曰：孟轲言："其文则史。"《十二诸侯年表》亦云："论史记旧闻，兴于鲁而次《春秋》。"然则《春秋》义经而体史，若云非史，则《诗》亦非乐章，《易》亦非筮辞邪。且《艺文志》、《太史公》百三十篇列于《春秋》家。古者经史本非异业，苟勖之分四部，不学无术，明哲所讥。（案：唐、宋以来，《春秋》为经、《左氏》为史之说，强以经史分途，不悟苟勖以前，未有此别。自刘子骏为《七略》，而东汉校书东观仁寿阁者，如班固、傅毅之徒，皆依《七略》分次，此《隋·经籍志》之明文。今以经别于史，自俗儒言之可也。既欲上穷周法，下采汉师，曾谓严、颜博士亦豫知四部之分乎？不从刘歆，则主苟勖，其于古文信违矣，而于今文居何等也？）孔子《春秋》，丘明作《传》，复有《国语》《世本》。《春秋》比于《史记》《汉书》，犹华山、熊耳，为山则同，特有高下之殊尔。汉初遭秦灭学，书籍散亡，重以董生专固，废斥诸子，学官既立，所见惟有六艺，以平易近人之简书，而比之于天声帝谓，固其所也。然经典传记，亦不竟分为二。至于成、哀，长夜向明，固知《春秋》之书犹夫史耳。称之为史，无害麟笔之尊严，正如马、班二史，与《宋史》《元史》并列，而体例崇卑，山头井底不足比喻。占毕之士靡不明之。今必谓《春秋》非史，是巫祝之甓言，非学者之平议也。寻升奏云："陛下愍学微缺，劳心经艺，情存博闻，故异端竞进。近有司请置《京氏易》博士，群下执事，莫能据正。《京氏》既立，《费氏》怨望，《左氏春秋》复以比类，亦希置立。《京》《费》已行，次复《高氏》。《春秋》之家，又有《驺》《夹》，如令《左氏》《费氏》得置博士，《高氏》《驺》《夹》，五经奇异，并复求立。各有所执，乖戾分争，从之则失道，不从则失人，将恐陛下必有厌倦之听。孔子曰：'博学约之，弗叛矣夫。'夫学而不约，必叛道也。老子曰：'学道日损。'损犹约也。又曰：'绝学无忧。'绝末学也。"（以上升奏。）是其意不问是非，特欲以一家之学，钳塞民智，而又强引孔、老以助其说。博士之立，本以为学，未及为道。孔言博学于文，约之以礼，而升于约礼之前，先绝博学；老言为学日益，为道日损，而升于为学之事，强引为道；孔、老之旨果如是邪？至云"绝学无忧"，则何若绝圣弃智，并《公羊》而亦斥之？升本以《老子》教授后生（见《升传》），今奏言"正其本，万事理，五经之本自孔子始"（以上升奏），若孔若老，意将何主？要之，升特顽冥瞀乱之人，其说不足以当一哂。至谓《左氏》无师徒传授，则强为不知以觝拒者，犹博士以《尚书》为备，彼非不读《大传》，不知有《九共》《𩆵命》诸篇也，亦强以觝拒耳。逢禄谓其论甚正，异于曲学阿世，不知其专就立学之事言邪，抑有所谓生心害政者邪？升固曲学阿世之尤，征之于《逸民·周党传》云："光武引见，党伏而不谒，自陈愿守所志。博士范升奏，毁党曰：'臣闻尧不须许由、巢父，而建号天下；周不待伯夷、叔齐，而王道以成。党等私窃虚名，夸上求高，皆大不敬。'书奏天子，以示公卿。诏曰：'自古明王圣主，必有不宝之士。伯夷、叔齐，不食周粟，太原周党，不受朕禄，亦各有志焉。其赐帛四十匹。'"是升直不知光武为何如主，而以独夫暴君所忿疾者动之，愚邪诡曲，阿世莫甚！惜乎升仕莽朝（为大司空王邑议曹史），又更建武，其术皆不能用，若处秦世，当与李斯、赵高争烈矣。

《贾逵传》："九世祖谊，文帝时为梁王太傅。曾祖父光为常山太守。父徽，从刘歆受《左氏春秋》，作《左氏条例》二十一篇。逵悉传父业。"

刘曰："谊之家世好学，谊果作《左氏训故》，不应至徽始从歆受也。盖歆因徽而诬谊耳。"

驳曰：太傅作训故，传至孙嘉，此《经典释文》所言，征之《史记·屈原贾生列传》云："贾嘉最好学，世其家，与余通书，则嘉实传训故，而史公《左氏》之学亦自嘉得之也。至徽必从学子骏者，则以谊作训故，而章句义理未备也。昔欧阳和伯传书儿宽，而和伯之子复从宽受。梁丘贺传《易》子临，而临亦先从施雠受业。父子相接，犹事他师，况徽之去嘉又数世邪？"（《汉·儒林传》："贾嘉亦治《今文尚书》。"然与史公通书无关，《尚书》之学，史公从孔安国受古文，非今文也。）汉世荀爽本荀卿十二世孙，悦则十三世孙，而说《易》、说《春秋》，未尝本之荀卿。晋时贺循本庆普之后，而说《礼》亦未尝本之普也。谁谓学术必受自家庭乎？

肃宗好《古文尚书》《左氏传》，建初元年，诏逵入讲北宫白虎观、南宫云台。帝善逵说，使出《左氏传》大义长于二传者，逵于是具条奏之。帝令逵自选《公羊》严、颜诸生高才者二十人，教以《左氏》与简纸经传各一通。

刘曰："贾逵阿世，以识论学，本不足辨。今于《公羊答难》及《春秋比事》详之。"

驳曰：适会其时，谓之阿世，则董仲舒亦阿武帝而兼阿公孙弘者也。吾亦不谓侍中非曲学阿世者，观其以图谶求通，又谓"《左氏》同《公羊》者，什有七八"（今案：侍中《左传解诂》亦有同《公羊》者，然云什有七八，则去实远矣），奏对之言，违其本志，诚哉其曲学阿世也。虽然，真阿世者，孰有过于何邵公邪？今录俞氏正燮《癸巳存稿》一条如左：

《春秋左传》，经学也。说经之事与义，不能豫阿后世。《公羊传》者，汉人所致用。所谓汉家自有法度，奈何言王道？《公羊》集酷吏佞臣之言，附之经义，汉人便之，谓之通经致用。至汉末，何休自太傅府辟，后废锢，乃以愚悖从逆之言，托之孔子。《公羊》僖五年传："曷为殊会王世子？世子贵也。"此古今通义。而何休云："自王者言之，屈远世子在三公下。"《礼·丧服》斩衰曰："公士大夫之众臣是也。"疏云："三公臣有斩衰，世子无也，是卑于三公。然则大夫亦有众臣斩衰，世子不因此在大夫下。"其言悖谬，又出《公羊》意外。休阴险惨刻，又志趣卑下，见其时皇统屡绝，三公得翊戴封，则曲说三公在皇太子上。以己得公府掾，不豫作升朝望，比附经义，以为辟公府者致用，尤非《公羊》为汉廷致用之旨。然则《春秋左传》，万世之书也。《公羊传》，汉廷儒臣通经致用干禄之书也。何休所说，汉末公府掾致用干禄之书也。（余谓何氏愚悖之言尚不止此。僖二十四年"天王出居于郑"，《公羊传》曰："王者无外，此其言出，何不能乎？母也。"此与《左氏》所云"辟母弟之难""凶服降名"，本无大异。《解诂》则曰："罪莫大于不孝，故绝之言出。下无废

上之义，得绝之者，明母得废之，臣下得从母命。"此又习见汉世太后称制之事，而
欲傅会经义以成之也。）

"论曰：郑、贾之学，行乎数百年中，遂为诸儒宗，亦徒有以焉尔。（言其比附谶文，
陋之也。章怀太子注误。）桓谭以不善谶流亡，郑兴以逊辞仅免，贾逵能附会文致，最差
贵显。世主以此论学，悲矣哉。"

刘曰："《穀梁》兴而《公羊》义涉，《左氏》立而《穀梁》亦废，蔚宗为武子之孙，
寄慨深矣。"

驳曰：以郑、贾同取谶文，未知蔚宗意何如。贾实通谶，郑固未也。贾于《纬书》，
素非所学，借此以通其道，则诚所谓曲学阿世矣。而谶纬之本，谁为之耶？太史公称燕、
齐怪迂之士，则齐学实为谶纬之魁，非仲舒、眭孟，谶纬必不敢乱经术。至于举国若狂之
世，虽卓拔者犹将自陷，子骏、景伯多不能免。然子骏《七略》，固谓太公金版玉匮为近
世之书，夏贺良挟甘忠可所诈造《天官历包元太平经》十二卷，而子骏以为不合五经，
不可施行，则亦有所去取矣。《纬书》岂无轶事绪言，而披沙求金，非至精者勿辨。比于
《汲冢》《山经》等书，尤为难读。何者？彼为无意之传讹，此则有心之作伪。传讹者可
因讹以得实，作伪者乃以伪而掩真，非有善鉴，鲜不眯于黑白矣。若何邵公之用谶纬，百
倍康成，则真胶滞不通者也。汉张衡疏有足平反刘、贾之枉者，录于左：

　　臣闻圣人明审律历以定吉启，重之以卜筮，杂之以九宫，经天验道，本尽于此。
或观星辰逆顺，寒燠所由，或察龟策之占，巫觋之言，其所因者，非一术也。立言于
前，有征于后，故智者贵焉，谓之谶书。谶书始出，盖知之者寡。自汉取秦，用兵力
战，功成业遂，可谓大事。当此之时，莫或称谶。若夏侯胜、眭孟之徒，以道术立
名，其所述著，无谶一言。（案：《眭孟传》云："有虫食树叶，成文字，曰：'公孙
病已立。'孟推《春秋》之意，以为当有从匹夫为天子者，汉帝宜谁，差天下求索贤
人，禅以帝位，而退自封百里，以承顺天命。"此实谶书之始，其后渐增饰尔。）刘
向父子领校秘书，阅定九流，亦无谶录。成、哀之后，乃始闻之。《尚书》："尧使鲧
理洪水，九载绩用不成，鲧则殛死，禹乃嗣兴。"而《春秋谶》云："共工理水。"凡
谶皆言黄帝伐蚩尤，而《诗谶》独以为："蚩尤败，然后尧受命。"《春秋元命苞》
中有公输班与墨翟，事见战国，非春秋时也。又言"别有益州"，益州之置，在于汉
世。其名三辅诸陵，世数可知。至于图中讫于成帝。一卷之书，互异数事，圣人之
言，势无若是，殆必虚伪之徒，以要世取资。往者侍中贾逵，摘谶互异三十余事，诸
言谶者皆不能说。至于王莽篡位，汉世大祸，八十篇何为不戒？则知图谶成于哀、平
之际也。且《河洛》《六艺》，篇录已定，后人皮傅，无所容篡。（《衡集》上事云：
"《河洛》五九，《六艺》四九，谓八十一篇也。"）永元中，清河宋景遂以历纪推言
水灾，而伪称洞视玉版。或者至于弃家业，入山林。后皆无效，而复采前世成事，以
为证验。至于永建复统，则不能知。此皆欺世罔俗，以昧势位，情伪较然，莫之纠
禁。且律历、卦候、九宫、风角，数有征效，世莫肯学，而竞称不占之书。譬犹画
工，恶图犬马而好作鬼魅，诚以实事难形，而虚伪不穷也。宜收藏图谶，一禁绝之，
则朱紫无所眩，典籍无瑕玷矣。

案：如平子之说，图谶成于哀、平，然其所谓"谶书始出，知之者寡"，竟何所指？寻《魏世家》云："秦谶于是出。《淮南》言：'六畜生，多耳目，不祥。'谶书识之。"是周、秦、汉初已有谶书，但哀、平时人足成之耳。刘子骏领校秘书，时已有谶，而子骏不录，知其不信图谶也。或谓谶纬不得私习，不以示人，故不著录。然汉时奏疏，不讳举谶，且如贺良上书，当时亦不以为犯禁，何独于秘阁谶书，必当容隐？且杀青著目，其书仍未传布，则知不著谶录，非隐之也，不信故也。谓侍中信谶者，以其奏言："臣以永平中上言《左氏》与图谶合者。"又云："五经家皆无以证图谶明刘氏为尧后者，而《左氏》独有明文。"又云："《左氏》以为少昊代黄帝，即图谶所谓帝宣也。"又云："光武皇帝，兴立《左氏》《穀梁》，会二家先师不晓图谶，故令中道而废。"（据此则《公羊》家晓图谶可知。）执此数语，遂谓侍中笃信图谶。乃观平子所言，则侍中已摘图谶之妄，然则其借谶以通道也，诚为曲学阿世矣。自武帝时方士用事，仲舒欲以其术争胜于汉帝前，乃不惜屈己以就彼。（据《抱朴子·论仙篇》，董仲舒撰《李少君家录》云："少君有不死之方，而家贫无以市其药物，故出于汉，以假途求其财，道成而去。"挚多不信此说。然刘子政亦尝作金，无怪仲舒。）《五行》《符瑞》《求雨》《止雨》诸篇，其术岂异于巫觋？三代质文，固属人事，文以怪迂之说，则遂为谶纬之萌芽。沟窦既开，后之经师，欲通其道，不得不顺此涂径。故侍中所阿之世，非他世也，《公羊》之世也，仲舒之世也。

又案：《后汉·儒林传》："尹敏，字幼季，善《左氏春秋》。世祖令校图谶，使蠲去崔发所为王莽著录次比。敏对曰：'谶书非圣人所作，其中多近鄙别字，颇类世俗之辞，恐疑误后生。'帝不纳，敏因其阙文增之曰：'君无口，为汉辅'（君无口者，尹也。）帝见而怪之，召敏问其故。敏对曰：'臣见前人增损图书，敢不自量，窃幸万一。'帝深非之，虽竟不罪，而亦以此沈滞。"此等谲谏，不啻中射之夺神药。然则《左氏》家能辨图谶之伪者，不止少赣诸贤而已。

《李育传》："少学《公羊春秋》，沈思专精，博览书传，知名太学。常避地教授，门徒数百。颇涉猎古学，尝读《左氏传》，虽乐文采，然谓不得圣人深意。以为前世陈元、范升之徒，更相非折，而多引图谶，不据理体，于是作《难左氏义》四十一事。后拜博士，诏与诸儒论五经于白虎观。育以《公羊》义难贾逵，往返皆有理证，最为通儒。"

刘曰："何邵公与其师羊弼，追述李育意以难二传。今《膏肓》《废疾》尚存十一，《白虎通德论》亦多《公羊》家言，则李元春之书虽不传，意未尽亡也。特未见其直指刘歆转相发明之谬耳。"

驳曰：东汉之世，笔语始盛，欲善其辞，不得不取材于史，于是有以《左氏》助其文采者，后世有《春秋文苑》《春秋嘉语》等书（见《隋·经籍志》）。盖昉诸此，而育亦遂以文采视《左氏》。夫《诗》《书》之文辞闳雅，又过《左氏》，必如育言，《诗》《书》亦无深意邪？

《班彪传》："定、哀之间，鲁君子左丘明论集其文，作《左氏传》三十篇，又撰异同，号曰《国语》，二十篇。由是《乘》《梼杌》之事遂暗，而《左氏》《国语》独章。"

刘曰："左氏生哀公之后，其书惟名《春秋》。班氏以史论左氏，知左氏者也。"

驳曰：班作《汉书》，而追本于《左氏》，亦犹扬雄作《太玄》，追本于《易》。班固作《两都赋》，追本于成、康颂声。原流相因，自难强生分别。彼谓经自为经，史自为史者，尚有是非之心邪？

《说文解字·叙》："宣王太史籀著《大篆》十五篇，与古文或异。至孔子书《六经》，左丘明述《春秋传》，皆以古文，厥意可得而说。"

刘曰："《六经》及《左氏春秋》古文本，当叔重时盖亡矣。或刘歆以秘府古文书经及《左氏》附益本，贾逵之徒奉诏，又以纸易竹帛，旧本古字古言亦变矣。歆以博覩谶纬之才，颠倒《五经》，后汉从而尚之，儒书日泊，可胜叹哉！然如《左氏》叜夷舟叙裛空袑之类，自杜预出，而又变贾、许之旧矣。"

驳曰：孔子所书《六经》，左氏所述《春秋传》，皆出壁中者也。《六经》者，亦举其大数。壁中不见有《乐经》，然孔子固当书之，特藏者遗之耳。《尚书》仅五十八篇，亦犹是也。《六经》《左氏》出壁后，至许叔重时，才二百余年。以近世所见宋时书画，去今六七百年，尚有存者，祝《经》《传》真本，宝贵莫逮，何至叔重时遂亡乎？逢禄言子骏以秘府古文书之，夫秘府何以有古文？即坏壁所得耳。其余诸子百家，出六国者，即秘府有真本。然六国时已文字异形，非古文矣。然则子骏所书之本，非据旧文，岂能妄作？（经师传授之本，虽用古文，然以隶书写之，所谓隶古，非古文篆也。）侍中纸易竹帛，仍作隶古，岂尝变易哉？叜夷等字，叔重受之侍中，其后变古，盖在王肃、董遇之间夫！正名所以为政，雅言以之执礼，说经者不重古文，而重齐人口授之鄙语乎？（熹平时，立大学石经，卢植欲刊正碑文，上书曰："古文科斗，近于为实，而厌抑流俗，降在小学。"然则古文在周，本小学所有事，其在汉世，即宜以高文典册相视。犹称小学，故曰降矣。若夫阳球之诋鸿都文学曰："或献赋一篇，或鸟篆盈简，而位升郎中，形图丹青。"此自谓雕虫刻画者。则晚世吾丘衍之徒，不得因是讥古文也。）逢禄谓后汉尚古，儒书日泊，不知其所谓儒书者，指儒家者流邪，抑《六艺》邪？儒家孟、荀之书，子骏未甚注意，亦岂因是而泊？若以《六艺》为儒书，则不辨畛域矣。

孔颖达《春秋疏》："贾逵：太史公《十二诸侯年表序》云：'鲁君子左丘明作《传》。'"

刘曰："《年表序》不云作《传》，此或贾逵注之说诬史公矣。"

驳曰：史公亦未尝不以《左氏春秋》为传。文有异同，自得泛引。若必以题署为言，则汉人称《公羊春秋》者正多，而《史记》亦无《公羊传》三字，惟《儒林传》云："董仲舒名为明于《春秋》，其传《公羊氏》也。"由仲舒而谓之传，韩太傅之徒，恐未必许其名号矣。（《汉书·儒林传》："婴尝与董仲舒论于上前，其人精悍，处事分明，仲舒不能难也。"）

刘向《别录》云："左丘明授曾申，申授吴起，起授其子期，期授楚人铎椒，铎椒作《抄撮》八卷，授虞卿，虞卿作《抄撮》九卷，授荀卿，荀卿授张苍。"

刘曰："向治《公羊》，后奉诏治《穀梁》，其书本《公羊》者十之九，本《穀梁》

者十之一，未尝言《左氏》也。《说苑》：魏武侯问元年于吴子，吴子对曰：'言国君必谨始也。''谨始奈何？'曰：'正之。''正之奈何？'曰：'明智。'案：'谨始'之说，本《公羊》《穀梁》绪言，'明智'之说，兵家要旨，俱非《左氏》说也。《十二诸侯年表》云：'铎椒为楚威王傅，为王不能尽观《春秋》，采取成败，卒四十章，为《铎氏微》。'此《春秋》当系《梼杌》，犹《晋语》羊舌肸习于《春秋》，《楚语》申叔时云'教之《春秋》'者也，必非《左氏》之书。《史记》言四十章，《艺文志》云三篇，此又云《抄撮》八卷，名不雅驯，歆所托也。《虞卿传》云：'上采《春秋》，下观近世，曰《节义》《称号》《揣摩》《政谋》，凡八篇，以刺讥国家得失，世传之，曰《虞氏春秋》。'《年表》同。盖虞氏之书虽亡，其体例略同《吕览》，非传《左氏》者也。《史记》言八篇，《艺文志》于《儒家》云十五篇，于《春秋》家云《虞氏微传》二篇，此又云《抄撮》九卷，亦歆假托也。荀卿之书多本《穀梁》，亦非传《左氏》者。"

　　驳曰：《五行志》载子政说皆释《穀梁》义，何云本《公羊》十九？《说苑》《新序》《列女传》载《左氏》者六七十条，而子公鼋羹一事，载子夏语，又见弟子口说，与《左氏》大义亦有相会者矣。《论衡》言："子政玩弄《左氏》，童仆皆呻吟之。"《御览》卷六百十及六百十六并引桓谭《新论》曰："刘子政、子骏、伯玉三人，尤珍重《左氏》，下至妇女，无不读诵者。"而《汉志》又言："其分《国语》为五十四篇。"《五行志》所载子政说《左传》者，亦近十条。然则所云"自持其《穀梁》义"者，特谓不背《穀梁》之学，非不治《左氏》也。（《史通·申左》云："案：桓谭《新论》曰：'《左氏传》于经，犹衣之表里。'而《东观汉记》陈元奏云：'光武兴，立《左氏》，而桓谭、卫宏并共毁訾，故中道而废。'班固《艺文志》云，丘明与孔子观鲁史记，而作《春秋》，有所贬损，事形于传。惧罹时难，故隐其书。末世口说流行，遂有《公羊》《穀梁》《驺氏》《夹氏》诸传。而于《固集》复有难《左氏》九条、《三评》等科。夫以一家之言一人之说，而参差相背，前后不同，斯又不足观也。"据此则子政一身初治《穀梁》，终治《左氏》，又何足怪。）况其奏上《别录》，笼络百家，本不为一经一师而作，何得不详《左氏》之授受乎？"谨始"之说，《贾子·胎教》亦言之，正是《左氏》古义。其言"明智"，归于不壅蔽，不权势，不失民众，与兵家之旨何涉？若谓"谨始"是《公》《穀》绪言者，案：桓谭言："《左氏》传世后百余年，《穀梁》始作，《公羊》成书复在其后。"校《六国表》，鲁悼公卒后五年，为魏文侯斯元年，是年生武侯击。文侯在位三十八年，武侯嗣，在位十六年。则吴起对武侯时，去鲁悼卒，不过六十年耳。即去哀公之季，亦尚不及百年。是时《穀梁》未作，《公羊》复不必论。若采取绪言，正可二传采自吴起，不得云吴起采自二传也。《十二诸侯年表》云："铎椒为楚威王傅，为王不能尽观《春秋》，采取成败为《铎氏微》。"而此谓之《抄撮》，其即一书与否，无文可征。虞氏所作，或云《微传》，或云《春秋》，或云《抄撮》。《微传》《春秋》自是二书，《抄撮》不知何属。至其卷数不同，则同在一书，尚有分合，况所撰各异邪？据《战国策》载虞卿说曰："《春秋》于安思危。"此可校今本《左传》"居"字之误。《荀子》书中载"赏不僭，刑不滥"等语，全本《左传》。又说宾孟事及叶公事，又《报春申君书》引《春秋》楚围齐、崔杼二事，亦与《左传》合。何云不传《左氏》之学？荀子亦兼治《穀梁》，如引"盟诅不及三王"等语。其传《诗》，则后复分《毛》《鲁》二家，亦其比矣。虞为赵相，荀亦赵人，故所传《左氏》，或云《赵左春秋》。《韩非子·备内篇》："故

《桃左春秋》曰：'人主之疾死者，不能处半。人主弗知，则乱多资。'""桃"即"赵"之假借。（《方言》床杠，南楚谓之赵。郭注："赵，当作桃。"《广雅·释器》作"桃"。是桃、赵通。）赵人所传《左氏春秋》，谓之《赵左春秋》，犹《艺文志》《易》有《淮南道训》，《论语》有《燕传说》，《异义》引《易下邳传》《甘容说》，皆以其地目其书也。《左氏传》授铎椒后，惟有虞、荀。必以赵别之者，观《吕览》多引《左传》，则或别有传授，如汉儒刘子骏外，复有陈子佚也，故必简别言之，犹《公羊》之有严氏、颜氏，亦所以为别也。韩非所引，当在《抄撮》《微传》等书。非受学于荀卿，故得见之。虞、荀授受之证，于是巩若金汤矣。至如钟文烝云："榖梁去左氏不远，作《传》，授荀卿。而《左氏》七传而至荀卿，可疑也。赵匡以为伪妄。"（以上钟说。）则不知榖梁后于左氏百有余年，桓谭《新论》有其明征，其说不足致辩。

"汉武帝时，河间献《左氏》及《周官》。"

刘曰："《河间献王传》言'献雅乐'，不言献《左氏》《周官》也。盖武帝时，秘府固有《周官》《左氏》，特武帝所不信，而太史公所见《左氏》，又非若今本耳。且因献王好古，而以为私立《毛诗》《左氏春秋》博士，显与朝廷异学，当亦刘歆所诬，而班氏误采之。"

驳曰：传不言献《左氏》《周官》，亦犹张、贾本传不言修《春秋》也。汉初王国，事多擅制，若夫建立博士，本非帝者之上仪。汉有博士，近本于秦，秦始亦侯国耳。博士之设，自周季诸侯始。《史记·循吏列传》："公仪休者，鲁博士也，以高弟为鲁相。"《龟策列传》云："宋元王召博士卫平而问之。"寻鲁、缪，周室藩臣，非吴、楚之僭拟。宋元王，《庄子》作元君，李颐以为元公，即《春秋》之宋元公佐也。其时《周礼》未改，宋亦共命，而皆建置博士。故汉兴之初，王国亦循此制。且汉家所以检下者，惟有礼器、制度，《汉律》九章，不容异议。若夫周之《六艺》，其在汉世，犹夏、殷礼之在周代也，既非当王之法，习之惟以多识前事，任用何学，固容自便。河间王亦尝采《周官》及诸子言乐事者，以作《乐记》，而献《八佾》之舞矣，其内史丞王定传之，以授常山王禹，禹授宋晔。夫《乐》亦《六经》之一，无以异于《诗》《春秋》。献王自作《乐记》，其擅又甚于追述《毛》《左》，而万乘不以为疑，法吏不以为罪，固知表章绝学，非法令之所稽。必以朝廷所立为是，则武帝为继周之圣邪？（汉初，诸子皆立学官，犹胜武帝之锢蔽。）

"和帝元兴十一年，郑兴父子及歆创通大义。奏上，《左氏》始得立学，遂行于世。至章帝时，贾逵上《春秋大义》四十条，以抵《公羊》《榖梁》，帝赐布五百匹。"

刘曰："王应麟考和帝元兴止一年，安得有十一年？一误也。郑兴子众，终于章帝建初八年，不及和帝时，二误也。章帝之子为和帝，先后失序，三误也。《释文·序录》亦云：'元兴十一年，皆非也。'今案：此疏前序光武于成帝前，此又混歆于和帝时，纰缪如此，安能别古书之真伪。"

驳曰：此数事，齐召南亦言其谬，而疑为刊本之误。然此本与《左氏》真伪无涉，列之徒词费耳。

沈氏云："《严氏春秋》引《观周篇》云：'孔子将修《春秋》，与左丘明乘如周，观书于周史。归而修《春秋》之经，丘明为之传，共为表里。'"

刘曰："严彭祖《公羊》经师，妄语何也？或章帝令贾逵自选严、颜高才生二十人，教以《左氏》，禄利之途使然，必非彭祖之言也。《汉志》虽本有《家语》，然王肃伪撰者，乃有《观周篇》言南宫敬叔从夫子观书于周。此言左丘明与夫子乘，缘刘歆亲见夫子之语附会之，盖又出肃后。臧西成以此为真严氏、真《家语》，不辨家法，失考甚矣。"

驳曰：西汉重《公羊》，学者为禄利，故治之。严氏本睢孟弟子，孟固诬妄，而称汉家尧后，则亦窥见《左氏》。严承其学，故称心而言此。《隋书·经籍志》："《春秋左氏图》十卷，汉太子太傅严彭祖撰。"（《旧唐志》《新唐志》皆有严彭祖《春秋图》七卷，即此。）则严固兼通《左氏》。《汉书·儒林传》云："彭祖廉直，不事权贵。曰：'凡通经术，固当修行先王之道，何可委曲从俗苟求富贵乎？'"由此观之，即知其不肯专务《公羊》，以趋当时之声气，所以异于党同妒真者也。（贾侍中明汉为尧后，以立《左氏》，非独附会刘宗，亦以《公羊》之学立学官者惟有严、颜二氏。严、颜皆睢孟弟子，则汉为尧后之说，彼所许可，无以强争，亦所以关其口也。而何邵公独取胡毋生《条例》，以严、颜之学为观听不决多随二创者，亦以此。）其引《观周》，自是实事。王肃虽伪撰《家语》，改左丘明为南宫敬叔，然亦仍袭篇目，不能事事妄改，犹枚颐伪造《古文尚书》，而篇目则仍《书序》所有，非妄作也。逄禄以此为伪，误矣。

又案：《感精符》《考异邮》《说题辞》等皆云："孔子使子夏等十四人求周史记，得百二十国宝书，九月经立。"（见《公羊》隐元年疏）此亦即观周事，而误以丘明为子夏。其后戴宏之徒，乃谓《公羊》传自子夏，其误亦原于此。寻丘明所以误为子夏者，凡有三因：

一、子夏寿考，为魏文侯师，而左氏亦卒于鲁悼之后，遂致疑误也；

二、左氏失明，子夏亦失明，以此传讹也；

三、左氏之学后传吴起，起实仕魏，为西河守，而子夏亦老于西河，遂疑言《春秋》者出于子夏也。丘明名氏惟见《论语》及《观周篇》，而子夏为众所著闻，若人言《春秋》之学传自魏之西河，其本师则耆寿而失明者，但不记其姓名，则鲜不臆定为子夏矣。虽然，子夏求书《春秋》属商之说，犹是无意传讹，至戴宏谓《公羊》出于子夏，则有心作伪者矣。

《经典释文》云："左丘明作《传》以授曾申，申传卫人吴起，起传其子期，期传楚人铎椒，椒传赵人虞卿，卿传同郡荀况，况传武威张苍，苍传洛阳贾谊，谊传至其孙嘉，嘉传赵人贯公，贯公传其少子长卿，长卿传京兆尹张敞及侍御史张禹。"

刘曰："此兼采伪《别录》及《汉·儒林传》而为之。然《左氏》传授，不见《太史公书》，班固《别传》亦无征。当东汉初，范升廷争，以为师徒相传又无其人，若果出于《别录》，刘歆之徒及郑兴父子、贾逵、陈元、郑玄诸人，欲申《左氏》者多矣，何无一言及之？曾申即曾西，曾子之子，羞称管仲，必非为《左氏》之学者。吴起曾事子夏，或《左氏》多采其文。姚姬传以《左氏》言魏氏事造饰尤甚，盖吴起为之以媚魏君者尤多，要非左氏再传弟子也。张苍非荀卿弟子，贾生亦非张苍弟子，贯公《毛诗》之学，亦非贾嘉弟子。嘉果以《左氏》为传《春秋》，授受详明如此，何不言诸朝为立博士？此又从《贾谊传》增饰之。嘉与史公善，当武帝时，贯公为献王时人，必非嘉弟子。《史记》《汉书》具在，而歆之徒博采名儒，牵合佚书，妄造此文。元朗冲远，以江左以后文人，独尚《左氏》，不加深察，叙录如此，不可为典要矣。"

驳曰：子骏移书，尝举贾生、贯公，非不详《左氏》授受也。《范升传》载与韩歆、许淑等互相辩难，日中而罢。《陈元传》载范升与元相辩难，凡十余上，而皆不载其所辩之语，盖往返征诘，论议烦多，史固不暇具载，犹《盐铁论》蔚然成篇，而《汉书》不录其语也。盐铁之论，其书尚存，陈、范之辩，其书竟绝，宁得从后臆测，谓其不举传授为证乎？且元疏先言："丘明至贤，亲受孔子，而《公羊》《穀梁》传闻于后世，今论者沈溺所习，玩守旧闻，固执虚言，传受之辞，以非亲见实事之道。"（以上元疏。）则传授固非所重，但明丘明亲见，其证已足，何取多引后师？繁言无利。逢禄以此相稽，所谓焦明已翔乎寥廓，而弋者犹视乎薮泽也。若必以传授为征者，自刘子骏至陈长孙，皆谓《公羊》传闻于后世，升何不举子夏亲见夫子传之公羊以为证乎？公羊高传子平，平传子地，地传子敢，敢传子寿，《史记》《别录》《七略》《汉书》皆无其文，至戴宏始为此说，若有明文可据，升等又何以不言也？曾申羞管仲，可以破俗儒记管、晏则善之议。又《檀弓》载其对穆公云，齐斩自天子达。可以破杜预"既卒哭，则除"之言，信为《左氏》功臣矣。《史记·吴起传》云："尝学于曾子。"又云："不复入卫，遂事曾子。"又云："曾子薄之，而与起绝。"所谓曾子，即是曾申。《檀弓》："穆公之母卒，使人问于曾子。"即称曾申为曾子，是其证也。然则起事曾申，从受《左传》，有明征矣。逢禄前以起说"元年"本诸二传，此又引姚鼐说，以为吴起增饰《左氏》，何其自相牴牾也？鼐云饰魏事媚魏君者，徒举毕万之占为证耳。案：《史记·樗里子传》云："樗里子卒，葬于渭南章台之东，曰：后百岁，是当有天子之宫夹我墓。至汉兴，长乐宫在其东，未央宫在其西，武库正直其墓。"是则太史公亦伪造樗里子语以媚汉邪？魏既篡晋，媚魏则不当于晋有美辞，《传》何以又举箕子之言，谓唐叔之后必大邪？至其褒美魏绛，事实固然，何云虚媚？《传》文又载魏舒干位之言，若欲媚魏，何以不削此语乎？（或谓《传》载陈完等事，皆刘子骏所以媚莽，然则陈恒弑君，孔子请讨事在获麟之后，削之甚易，而子骏何以不删乎？王莽亦封司马迁后为史通子，则《史记·田敬仲世家》所载完事，亦为迁之后人媚莽而改其祖书乎？）荀、张、贾之相传，虽他无明证，然据《玉海》引《宋李淑书目》云："《春秋公子血脉谱》传，本曰荀卿撰，《秦谱》下及项灭子婴之际，非荀卿作明矣。然枝分派别，如指诸掌，非殚见洽闻不能为。"（以上《玉海》。）案：荀卿及见李斯之相，则固容下逮婴、羽。姚宽亦云："用《世本》《荀况谱》、杜预《公子谱》为法。"则荀书与《世本》相类甚明。惟《血脉谱》之名，不似周、秦，而《汉·艺文志》又无其目，然《隋书·经籍志》有《杨氏血脉谱》二卷，是《血脉谱》之称起于隋前，或后人改题荀书而名此邪！荀既绍述《世本》，明其传自《左氏》。一传北平，而历谱五德出焉。（荀子非五行，而北平言五德。张以汉为水德，贾又以汉为土德，刘子骏承其父说，以汉为火德，此皆不关《左氏》授受者。）五德者，荀、张所异，历谱者，荀、张所同，其证据可见者如此。贾生之师，《史记》《汉书》皆无文，寻《新书·劝学篇》云："今夫子之达，佚乎老聃，而诸子之材，不避荣跌，而无千里之远，重茧之患，亲与巨贤连席而坐，对膝相视，从容谈语，无问不应。"此夫子必是北平，诸子者，指同学后生。老聃在周为柱下史，北平在秦亦为柱下史，博达坟籍，事有相同，故以比拟。《苍传》

言："苍尤好书，无所不观，无所不通。"故此言无问不应矣。（或疑《贾谊传》云："河南守吴公召置门下。"则夫子或指吴公。案：郡县曹掾之制，两汉不异，据司马彪《百官志》云："郡大守，正门有亭长一人，主记室史，主录记书，催期会无令史阁。下及诸曹，各有书佐、干主、文书。"则贾生之在门下充亭长干佐之职而已，其于吴公，无师弟之道。）由此推迹，荀、张、贾之传授皆有文验，惟苍为阳武人，而《释文》言武威，贾嘉虽传家学，而贯公则由谊直授（见《汉书·儒林传》），无系于嘉，此皆《释文》之误，然不得因一事之讹，遂疑诸师皆妄，以《汉书》《别录》明文具在也。至贾嘉之官，不过九卿，河间王尚不能言诸天子立《毛诗》《周官》《左氏》诸博士，而谓嘉能乎？平津当路，瑕丘江公亦讪于仲舒，嘉纵能言，若迷阳之伤足何？至《史记·儒林列传》不见《左氏》传授者，自是文略。如《儒林列传序》云："言《诗》于鲁，则申培公；于齐，则辕固生；于燕，则韩太傅。"而独不言毛公，然不得因此以《毛诗》传授为诬。（妄人魏源、康有为辈，皆谓毛公《诗传》出自后人伪造，故于《史记》无征。案：史公涉猎既广，或有粗疏，不必为讳。三家《诗》之先师，韩婴于孝文时尝为博士，后至常山太傅，与董仲舒论于上前；申公尝以弟子见高祖于鲁南宫，至武帝时受聘为大中大夫；辕固亦为孝景博士，与黄生争论上前，后复拜为清河太傅。此三人皆显名汉朝，而大毛公则素未仕宦，小毛公亦仅为河间博士，踪迹既隐，汉廷未知其人，故史公著三家，而不著毛公，直由隐显使然，初无它故。《史记》所不见而见于《汉书》者多矣，贾山陈《至言》，枚乘谏吴王，东方阻上林，晁错言兵事，此皆国家至计，于《史记》或无其传，或有其传而无其语，乃至仲舒对策，《史记》亦不入录，皆于《汉书》见之，悉可指为班生妄造邪？鄙儒不考，为此谰语，无足致辨。）《左氏》可知。总之，《左氏春秋》之名，犹《毛诗》《齐诗》《鲁诗》《韩诗》《孟氏易》《费氏易》《京氏易》《欧阳尚书》《夏侯尚书》《庆氏礼》《戴氏礼》，举经以包传也。以为不传孔书而自作《春秋》者，则诸家亦自作《诗》《书》《易》《礼》乎？《左氏》传授之征不见《史记》者，犹于《诗》家不言毛公，于申公虽尝入录，而又不举其出于浮丘伯以上溯荀卿之传，于瑕丘江生言为《穀梁春秋》，然不言穀梁子授荀卿、荀卿授申公、申公授瑕丘江生也。谓《左氏》传授为诬，则《鲁诗》《穀梁》之传授亦皆不可信乎？

后　　序

后序曰：经师传授之迹，征诸《史记》《别录》《七略》《汉书》，事不悉具，则举其一为征。《左氏》授受，翔实如此，戴宏妄言，无验如彼，校练情伪，断可识矣。寻桓谭《新论》以为《左氏》传世后百余年，鲁穀梁赤为《春秋》，又有齐人公羊高缘经作传。郑起《废疾》，以穀梁为近孔子，公羊六国时人，传有先后。由今推之，穀梁子上接尸佼，下授荀卿，盖与孟子、淳于髡辈同时。《公羊》之文，有曰"君亲无将，将而诛焉"，秦博士稍引其文，有曰："拨乱世，反诸正。"汉群臣为高帝议谥，亦用其文。疑高盖尝入秦，或在博士诸生之列。何以明之？《公羊》以"伯于阳"为"公子阳生"。伯旧或书作白，公旧或书作仫，小篆白字从入从二，隶变作仝，则字近公。若古文白字作皀，与纯为小篆不从隶变者，形皆不得近公。隶书子字于字形近，小篆作子作于，亦又无以讹变。明作此传者，但睹隶书，不及知古文大小篆也。又《公羊》宣十五年传曰："上变古易常，应是而有天灾。"《解诂》曰："上谓宣公。"案：六国时，尚无直称人君为上者，以上之名斥人君，始于秦并天下以后，《公羊》遂用之称宣公。然则《穀梁》在六国，《公羊》起于秦末，为得其情。

自仲尼作经，弟子既人人异端，故左氏具论本事以为之传，若隐括之正曲木，平地之须水平。自是以降，七十子或散在诸侯，犹以绪言教授，而亦略记《左氏》。若《春秋》庄三年《经》："葬桓王。"《左氏》则曰："缓也。"七年始葬，于礼已慢，却尸则非人情。缓、爰声通，（《释训》：爰爰，缓也。）旧有两读，读爰则为爰田、爰书、爰宅之义，说为改葬。穀梁子闻其说，故其葬桓王传，先引"《传》曰：'改葬也。'"次举"或说为却尸，以求诸侯"。其所举《传》，宜即《左氏》，而爰缓两读，未尝著其得失。公羊复闻穀梁之说，又不审此桓王即桓十五年所书"天王崩"者，故发传云："此未有言崩者，何以书葬？盖改葬也。"言盖云者，于改葬却尸两不能决，姑取改葬之说以传疑。《左氏》称孔丘圣人之后而灭于宋，穀梁子闻其说，故于"宋督弑其君与夷及其大夫孔父"传曰："其不称名，盖为祖讳也。孔子故宋也。"《公羊》误读《穀梁》之文，复于成周宣榭灾下，发新周之文以偶之，由是有黜周王鲁之谬。《左氏》昭七年传："孟絷之足不良，能行。"穀梁子闻其说，故于"盗杀卫侯之兄辄"传曰："辄者，何也？曰：两足不能相过。齐谓之綦，楚谓之踬，卫谓之辄。"公羊闻《穀梁》天疾之说，徒以恶疾解不立，尚不能知其疾在足也。《左氏》定三年传说楚三年止蔡侯，蔡侯归，及汉，执玉而沈，曰："余所有济汉而南者，有若大川。"穀梁子闻其说定四年《传》说蔡侯被拘事，与《左氏》相应，其文曰："拘昭公于南郢数年，然后得归，归乃用事乎汉曰：'苟诸侯有欲伐楚者，寡人请为前列焉。'"《公羊》全录《穀梁传》文，改其用事乎汉为用事乎河，是不审楚、蔡间地望。何氏《解诂》曰："时北如晋请伐楚，因祭河。"此以《左传》下有"蔡侯如晋"之文救之也，然不审《公羊》此传悉袭《穀梁》，于《左氏》"如晋"之文何与？且既言归时事，何得谓之"如晋"？此《左氏》《穀梁》《公羊》先后之序也。

《穀梁》称正棺两楹之间，然后即位，其说出于沈子（定元年《传》）。言沈子者，在朋友圈属之际，与自举穀梁子同（隐五年《传》）。《公羊》称子沈子，著其为师，则不烦数数题其名号，是故正棺之说（定元年《传》），不举其所由来。晋人及姜戎败秦师于殽（僖三十三年《经》），《左氏》《穀梁》皆有师字，《穀梁传》曰："不言战而言败，何也？狄秦也。其狄之何也？秦越千里之险，入虚国，进不能守，退败其师，徒乱人子女之教，无男女之别，秦之为狄，自殽之战始也。"《公羊》见《穀梁》言"狄秦"，即改经文，去其师字，云："其谓之秦何？夷狄之也。"然下复不举乱男女事，所谓夷狄之者，竟无其征，由习闻《穀梁》说，忘其义旨。此《公羊》后于《穀梁》之征也。

然自荀卿以及刘向，称说《左氏》，亦往往与二传出入。大抵七十子之异言，咎在违离本事，而以空例相推，其义非与《左氏》绝僢。末师承之，稍益流衍。《穀梁》善自节制，《公羊》始纵恣，以其谝言佞谀暴君，旧义或什存一。今《左氏微》既佚，其合者无以举契。总之，荀、贾所见近是，若夫《公羊》所说，或剽窃《左氏》，而失其真。见《左氏》言"治兵于庙"，则改"治兵"为"祠兵"；见《左氏》言"卿可会伯子男"，则曰"《春秋》伯子男一也"。隐公狐壤之止，在春秋前，顾发诸郑人输平之下，以为不书讳获。长狄侵齐，是年为叔孙得臣所败，然王子成父获荣如时，距此且八十岁，而二传说为同时。《穀梁》犹知侨如长寿，即以禽二毛为解，《公羊》于此复茫昧不省。（《穀梁》"叔孙得臣败狄于咸"传："《传》曰：'长狄也。'"此所引"《传》"，即是《左氏》。或言《公羊》本云"长狄也"，似《穀梁》据《公羊》，不知《穀梁》言重创者，谓既射其目，又断其首。断首为舂喉杀之，异于戮俘，故言重创，此岂《公羊》所有乎？）故知《左氏》之义，或似二家，由后之袭前，非前之取后也。今第录曾、吴、虞、荀、贾、司马、张、翟、刘说，委细证明，为如干卷。子骏以后，下及己说，调糅不分，卷目如别，庶有达者，理而董之。

《左传》成书年代论述

杨伯峻

（一）

关于《春秋左氏传》，问题不少，古今学人争论不休，到现在似乎还没有公认的结论。我以为，在所争论的问题中，以著作年代最为重要。这个问题若能解决，其余问题就比较容易解决。因之，本文拟就《左传》一书的成书年代作进一步探讨。

但入题之前，有一问题必须先澄清，就是《国语》和《左传》是否同一作者。《史记·十二诸侯年表序》说：

> 是以孔子明王道，干七十余君，莫能用。故西观周室，论史记旧闻，兴于鲁而次《春秋》，上记隐，下至哀之获麟。约其辞文，去其烦重，以制义法。王道备，人事浃。七十子之徒口受其传指，为有所刺讥褒讳抑损之文辞不可以书见也。鲁君子左丘明惧弟子人人异端，各安其意，失其真，故因孔子史记具论其语，成《左氏春秋》。

司马迁认为《左氏春秋》（即《左传》）的作者为左丘明，同时他又在《太史公自序》中说：

> 孔子厄陈、蔡，作《春秋》；屈原放逐，著《离骚》；左丘失明，厥有《国语》；孙子膑脚，而论兵法；不韦迁蜀，世传《吕览》；韩非囚秦，《说难》《孤愤》。

司马迁这段话实际是他报任安书的翻版（报任安书见《汉书·司马迁传》）。从司马迁的两段话，似乎《左传》和《国语》同为左丘明所作。我倒同意《春秋集传纂例·赵氏损益义》赵匡的话：

> 《左传》《国语》文体不伦，序事又多乖剌，定非一人所为也。

而且就《国语》而论，也不是出自一人一时手笔。这个问题，以后当另行讨论。司马迁说"左丘失明，厥有《国语》"，这话是靠不住的，正如他说"不韦迁蜀，世传《吕览》；韩非囚秦，《说难》《孤愤》"同样靠不住一般。《吕览》就是《吕氏春秋》，其《序意》明明说书成于秦始皇八年，《史记·吕不韦传》还说：

> 吕不韦乃使其客人著所闻集论，以为八览、六论、十二纪，二十余万言。以为备

天地万物古今之事，号曰《吕氏春秋》。布咸阳市门，悬千金其上，延诸侯游士宾客，有能增损一字者予千金。

这时吕不韦正为秦相国，炙手可热，生杀予夺，在他一人，才敢如此夸海口，悬重赏。不然，难道二十多万字中不能增减一字？到秦始皇九年，嫪毐事发，被夷三族，牵连到吕不韦。十年十月，吕不韦被免职，一年多以后，被迁到四川，服毒自杀。这个时间，既没有宾客替他著书，更不能"布咸阳市门"。所以司马迁说"不韦迁蜀，世传《吕览》"，是和他自己写的《吕不韦传》相矛盾的，也和吕不韦的《吕氏春秋·序意（自序）》不相符合，是不可信的。《史记·韩非列传》说：

> 故作《孤愤》《五蠹》《内、外储》《说林》《说难》十余万言。……人或传其书至秦。秦王见《孤愤》《五蠹》之书曰："嗟乎！寡人得见此人，与之游，死不恨矣。"

可见韩非著书，在被囚以前。被囚以后，韩非想为自己解说都来不及，被李斯逼得服毒自杀了，哪里还能著书？"韩非囚秦，《说难》《孤愤》"，同样是不足信的。司马迁写文章是一回事，写史书是另一回事。写文章，可以信笔拈来，不求切合史实；写史书，却需符合历史客观情况。他的报任安书所举诸例，很多是非历史的。"左丘失明，厥有《国语》"，也是如此。司马迁本应说"左丘失明，厥有《春秋》"，为着避免上文"孔子厄陈蔡作《春秋》"重复《春秋》两字，于是改《春秋》为《国语》，硬把《国语》的作者加于左丘明，遂成后代争论问题之一。杨树达先生《古书疑义举例续补·避重复而变文例》说：

> 太史公《报任少卿书》云："盖西伯拘而演《周易》；仲尼厄而作《春秋》；屈原放逐，乃赋《离骚》；左丘失明，厥有《国语》。"乡先辈王先生理安云左丘明作《春秋内、外传》，兹举《国语》，避上《春秋》字。

王理安的解释只一半中肯，左丘明并不曾作《春秋外传》（即《国语》）。我们既把左丘明作《国语》一事加以否定，便再探讨《左传》著作年代问题。

<h2 style="text-align:center">（二）</h2>

把《左传》著作年代提得最早的，要算西汉的严彭祖《春秋左氏经传集解序·孔颖达疏》引沈氏云：

> 《严氏春秋》引《观周篇》（西汉本《孔子家语》之一篇，今本《孔子家语》乃魏王肃所伪作）云："孔子将修《春秋》，与左丘明乘，如周，观书于周史，归而修《春秋》之经，丘明为之传，共为表里。"

这样，便把《左传》的著作提到和《春秋经》同时了。《观周篇》为什么这样说呢？

可能受《论语·公冶长》的影响。《公冶长》说：

> 子曰："巧言、令色、足恭，左丘明耻之，丘亦耻之。匿怨而友其人，左丘明耻
> 之，丘亦耻之。"

既然认定《左传》为左丘明所作，孔丘又引左丘明以自重，则左丘明至迟是孔丘同
时人，因之说他和孔丘同时，一人作经，一人作传，互相配合。
《汉书·艺文志》说：

> 仲尼思存前圣之业……故与左丘明观其史记，据行事，仍人道，因兴以立功，败
> 以成罚，假日月以定历数，藉朝聘以正礼乐。有所褒讳贬损不可书见，口授弟子。弟
> 子退而异言。丘明恐弟子各安其意，以失其真，故论本事而作传。

班固这段说得比较含糊，既说左丘明和孔丘同看了当时史书，又说左丘明作传在孔丘
弟子"异言"可能"失真"之后，则左丘明作传，在孔丘传《春秋》经给弟子之后了。
因之晋初杜预在《春秋左氏经传集解序》中说：

> 左丘明受经于仲尼。

《晋书·荀崧传》引荀崧上疏也说：

> 孔子惧而作《春秋》……时左丘明、子夏造膝亲受，无不精究。孔子既没，微
> 言将绝，于是丘明退撰所闻，而为之传。

依杜预、荀崧的说法，左丘明成为孔丘的学生了。左丘明其人，仅其姓名，古今便有
争论：
第一种说法是，司马迁既以左丘连文，则左丘两字氏，明其名。刘宝楠《论语正义》
便如此说。但是司马迁又说"成《左氏春秋》"，不说成左丘春秋，又好像左是氏姓。朱
彝尊《经义考》卷一六九说：

> 司马迁《报任少卿书》，"左丘失明，厥有《国语》"。应劭《风俗通》，"丘姓，
> 鲁左丘明之后"。然则左丘为复姓甚明。孔子作《春秋》，明为作《传》。《春秋》止
> 获麟，《传》乃详书孔子卒。孔子既卒，周人以讳事神，名，终将讳之。为弟子者自
> 当讳师之名，此第称《左氏传》，而不书左丘也。

依朱彝尊这一说法，不称左丘传，为的是左丘明避孔丘之名的缘故。这里有几不可
解：左丘明是否孔丘弟子，不但没有确证，而且从《论语》"左丘明耻之，丘亦耻之"的
话看来，孔丘把左丘明列于自己之前，不像老师对待学生。司马迁《仲尼弟子列传》也
没把左丘明列为孔门弟子。而且周人虽然"以讳事神"却"临文不讳"。周文王名昌，武

王名发，可是周初文献中，昌字发字屡见。《诗·周颂·雝》"克昌厥后"，又《噫嘻》"骏发尔私"，可以为证。何况左丘为复姓，并不见于姓氏书。因之，左丘复姓之说未必可靠。

第二种说法是，司马迁既名其书为《左氏春秋》，班固《艺文志》又称其名为丘明，则左丘明姓左，名丘明。孔颖达《左传·春秋序正义》说：

> 以其姓左，故号为《左氏传》也。

就明确地提出这种说法。但怎样解释司马迁之称"左丘"呢？有人说，古人本有复名单称之例，如晋文公名重耳，《左传》屡见，而定公四年《左传》引载书《盟约》，省称为"晋重"。这种例子并不少，何况司马迁是在做文章，并不曾考虑到以后会因此发生争议。

还有第三种说法，俞正燮《癸巳类稿·左丘明子孙姓氏论》说：

> 《广韵·十八尤·丘字注》引《风俗通》云："鲁左丘明之后。"丘明子孙为丘姓，义最古无疑。丘明传《春秋》，而曰《左氏传》者，以为左史官言之。

依照这一说法，左丘明三字，左是官名，丘是姓，明是名。然而左史省称左，自古无此义例。清乾隆年间便有人奏请立丘姓人为左丘明之后，段玉裁便曾替礼部写了一篇《驳山东巡抚以丘姓人充先贤左丘明后博士议》，文见《经韵楼集》。

至于左丘明的时代，以上文征引诸说，或以为和孔丘同时，或以为是孔子学生，则年应小于孔丘，隋以前并无异议。唐太宗贞观十三年还下诏以左丘明和颜渊一同从祀孔子庙廷。而以后唐人陆淳的《春秋集传纂例·赵氏损益义》说：

> 夫子自比，皆引往人，故曰"窃比于我老彭"。又说伯夷等六人云："我则异于是。"并非同时人也。丘明者，盖夫子以前贤人，如史佚、迟任之流，见称于当时尔。

把左丘明看作孔丘以前贤人，即是否认他是《左传》的作者。关于左丘明的可靠资料太少，因之他的姓氏、生存年代和是否为《左传》的作者，我们目前还不能作较有把握的结论。探讨《左传》的著作年代，只能撇开左丘明这一问题，而从其他途径着手。

（三）

晋武帝咸宁五年（279）汲郡人不准盗发魏国古墓，发现不少竹简文古书。其中有一种叫《师春》的，据《晋书·束晳传》和杜预的《春秋左氏经传集解后序》说，完全抄集了《左传》的卜筮事，连上下次第及其文义都和《左传》相同。杜预和束晳都认为师春是抄集者人名。师春不知是何年代人，但汲郡魏墓很多人说是魏襄王（即《孟子》中的梁襄王）墓。墓中另一种书叫《竹书纪年》，记载魏史也只到"今王"二十年，今王即魏襄王，当时未死，还在王位，故称"今王"。魏襄王立二十三年死，则师春的抄集《左传》卜筮事至迟在魏昭王元年以前，即公元前295年以前。由此足以证明《左传》于公元前 295 年已经相当流行了。

孔颖达于《春秋左氏经传集解序疏》引刘向《别录》说：

> 左丘明授曾申，申授吴起，起授其子期，期授楚人铎椒。铎椒作《抄撮》八卷，授虞卿。虞卿作《抄撮》九卷，授荀卿。荀卿授张苍。

曾申是曾参之子，难道左丘明和曾参同时？吴起，《史记》有传，说他曾经学于曾参，难道又做曾参儿子的学生？刘向《别录》所叙《左传》传授渊源，似乎难以完全相信。但也不可以完全否定，在乎择其可以证实的相信它。

《史记·十二诸侯年表序》又说：

> 铎椒为楚威王傅，为王不能尽观《春秋》，采取成败，卒四十章，为《铎氏微》。赵孝成王时，其相虞卿上采《春秋》，下观近世，亦著八篇，为《虞氏春秋》。

司马迁在上引文所说的《春秋》，实指《左传》，前人已有定论，现在不再重复。读者参考近人金德建《司马迁所见书考·司马迁所称〈春秋〉系指〈左传〉考》也足以了如指掌。《汉书·艺文志》有《铎氏微》三篇，班固自注云："楚太傅铎椒也。"又有《虞氏微传》二篇，班固自注云："赵相虞卿。"姚振宗《汉书艺文志条理》引梁玉绳《汉书古今人表考》，以为《铎氏微》即《别录》的《抄撮》八卷；又《虞氏微传》，姚亦认为即《别录》的《抄撮》九卷，亦即司马迁的《虞氏春秋》。无论他们的话可信程度何如，铎椒、虞卿都曾采摘《左传》著书，却是确凿有据的。楚威王元年为公元前 339 年，末年为公元前 329 年，则铎椒作《铎氏微》必在这十一年之间。虞卿生卒年代大概在公元前 305—235 年。《战国策·楚策四》说：

> 虞卿谓春申君曰："臣闻之《春秋》，'于安思危，危则虑安'。"

"于安思危"二句，实际就是《左传·襄公十一年》"居安思危，有备无患"引意。《十二诸侯年表序》还说：

> 及如荀卿、孟子、公孙固、韩非之徒，各往往捃摭《春秋》之文以著书，不可胜纪。

《汉书·艺文志》有《公孙固》一篇。此书虽只字无存，《荀子·强国篇》曾引"公孙子曰"云云，杨倞注不知公孙子之名，有人以为即公孙固，因为所论的事据《战国策·楚策四·鲍彪注》，可能就是《左传》昭公十一年楚子诱蔡侯般杀之于申事。

《荀子·劝学篇》说："《春秋》之微也。"杨倞注："微谓褒贬沮劝，微而显，志而晦之类也。"《左传·成公十四年》说："《春秋》之称，微而显，志而晦，婉而成章，尽而不污，惩恶而劝善。非圣人，谁能修之？"

又《致士篇》：

> 赏不欲僭，刑不欲滥。赏僭则利及小人，刑滥则害及君子。若不幸而过，宁僭无滥。与其害善，不若利淫。

试看《左传·襄公二十六年》文：

> 赏不僭而刑不滥。赏僭则惧及淫人，刑滥则惧及善人。若不幸而过，宁僭无滥。与其失善，宁其利淫。

两者只是个别字有改变，古人引书，原不在乎字句之间。所以王先谦《荀子集解》引卢文弨说："此数语全本《左传》。考荀子固传《左氏》者之祖师也，又《礼论篇》论葬期：

> 故天子七月，诸侯五月，大夫三月。

《左传·隐公元年》云：

> 天子七月而葬，同轨毕至；诸侯五月，同盟至；大夫三月，同位至。

至于《非相篇》述"叶公子高入据楚，诛白公，定楚国，如反手尔"，《解蔽篇》论"昔宾孟之蔽者，乱家是也"，可能就是据《左传》哀十六年传及昭二十二年传。这都是荀卿捃摭《春秋》的证据。荀卿生卒年代在公元前340—245之间。至于《战国策·楚策四》有《荀卿致春申君书》，书中引了二段《左传》，一在昭公元年，一在襄公二十五年。但这封信是否荀卿所作，很为可疑。汪中《述学》有《荀卿子通论》，早已辨驳之。荀卿传授并征引《左传》，即在《荀子》本书中便可找到证据，不必它求。

至以后诸子，如《韩非子》《吕氏春秋》引用《左传》之处尤多，刘师培《左盦集》有《周季诸子述〈左传〉考》，论证简明，可以参看。

由此得出一个结论，在公元前3世纪30年代（吕不韦和韩非晚年）上溯至公元前4世纪30年代（铎椒为楚太傅时），《左传》便在读书人中流传，而且往往引用、抄撮以成书。则《左传》之成书，应该在流行以前，这是理所必然。

（四）

顾炎武《日知录》卷四有《左氏不必尽信》条，说

> 昔人所言兴亡祸福之故不必尽验。《左氏》但记其信而有微者尔，而亦不尽信也。三良殉死，君子是以知秦之不复东征。至于孝公，而天子致伯，诸侯毕贺；其后始皇遂并天下。季札闻《齐风》以为国未可量，乃不久而篡于陈氏，闻《郑风》以为其先亡乎，而郑至三家分晋之后始灭于韩。浑罕言姬在列者，蔡及曹、滕其先亡乎，而滕灭于宋王偃，在诸姬为最后。僖三十一年狄围卫，卫迁于帝丘，卜曰三百

年，而卫至秦二世元年始废，历四百二十一年。是《左氏》所记之言，亦不尽信也。

后人因此认为《左传》作者好预言。预言证实的，是作者所亲见的；预言不灵验的，是作者所未见的，由此以测定《左传》成书年代。其不灵验的，主要的有下列诸项：

（一）文公六年《传》云："秦伯任好卒，以子车氏之三子——奄息、仲行、鍼虎——为殉，皆秦之良也。国人哀之，为之赋《黄鸟》。……君子是以知秦之不复东征也。"《史记·秦本纪》云："周室微，诸侯力政，争相并。秦僻在雍州，不与中国诸侯之会盟，夷翟遇之。"这是秦孝公以前的情况，也是《左传》作者所见到的"不复东征"的情况。然自秦孝公立，"于是乃出兵，东围陕城，西斩戎之獂王。二年，天子致胙"。这便是《左传》作者所不及见的。这时已是公元前360年。

（二）庄公二十二年《传》云："初，懿氏卜妻敬仲，其妻占之，曰：'吉。是谓凤凰于飞，和鸣锵锵。有妫之后，将育于姜。五世其昌，并于正卿。八世之后，莫之与京。'"末又云："及陈之初亡也，陈桓子始大于齐；其后亡也，成子得政。"陈成子已专姜齐之政，正是《左传》筮者之言"此其代陈有国乎"。当时晏婴也私自对晋叔向说："此季世也。吾弗知齐其为陈氏矣。"（昭公三年《传》）然而不能肯定到陈成子之曾孙太公竟托人请于周王立为齐侯。所以卜辞只言"八世之后，莫之与京"，不言十世之后，为侯代姜。田和为齐侯在公元前386年。即昭公八年传史赵之言，亦仅说陈之"继守将在齐，其兆存矣"，当时只有陈氏代齐之苗头，而是否果代齐，《左传》作者未见到。

（三）宣公三年《传》："成王定鼎于郏鄏，卜世三十，卜年七百。"这里有一个问题，周的世数和年代应从文王计算起，还是从武王灭纣后算起，还是据此段文字从成王算起。我理解这段文字，成王定鼎于郏鄏，只是说明卜世卜年的时间和背景，而卜世卜年应该包括有周所传之世，所得之年，至迟应从武王灭纣起算。《晋书·裴楷传》云："武帝初登阼，探策以卜世数多少。"也是从西晋初开国算起，正和成王卜世相类。《汉书·律历志》说："周凡三十六王，八百六十七岁。"西周自武王灭纣至幽王，计十二王，但年数多少则各说不同，《史记·匈奴传》说自武王伐纣至犬戎杀幽王凡四百余年，这说得最长。《史记·周本纪·集解》引《竹书纪年》说自武王灭殷至幽王凡二百五十七年。这说得最短。介于二者之间的，有《汉书·律历志》引刘歆《世经》说自伯禽至春秋凡三百八十六年。刘恕《通鉴外纪》载西周凡三百五十二年。郑玄《诗谱序》说"夷厉以上，岁数不明；太史《年表》，自共和始"，则宜其西周年岁无定论了。东周自平王至赧王，不计哀王与思王，计二十二王。共计三十四王。《律历志》说三十六王，可能把哀王、思王计算在内。若说"卜世三十"，则仅至安王即已三十王。平王元年为公元前770年，安王末年（二十六年）为公元前376年，近四百年。加上西周约三百年，《左传》成书年代很难到周安王时代。

（四）闵元年《传》云："赐毕万魏……卜偃曰：'毕万之后必大。万，盈数也；魏，大名也。以是始赏，天启之矣。天子曰兆民，诸侯曰万民。今名之大，以从盈数，其必有众。'"又说："初，毕万筮仕于晋……公侯之卦也。公侯之子孙，必复其始。"复其始即复为公侯。这样，《左传》作者一定看到魏斯为侯，其时为周威烈王二十三年，公元前403年。但看不到其后代称王。昭公二十八年《传》云："魏子之举也义，其命也忠，其长有后于晋国乎！"晋国即魏国，作者行文避复，改"魏国"为"晋国"。晋国本是魏国之又一称号。犹《孟子·梁惠王上》，梁惠王（即魏惠王）自称其国为晋国，说"晋国天下莫强焉"。由此足见《左传》作者只见到魏文侯之为侯，见不到魏后来称王而日益衰弱，如梁襄王所说"东败于齐，西丧地于秦七百里"。

《左传》最后一年述及赵襄子，哀公二十年及二十七年的赵孟指的都是赵襄子。赵襄子死于周威烈王元年，公元前 425 年，《左传》作者自能知道。前人说这是后人加上的，恐怕未必。

从上文论证，《左传》成书年代当在公元前 403 年以后，周安王十三年，公元前 386 年，田和为王以前。战国时期即已流行，铎椒、虞卿、荀卿都曾传授并采摘成书。

（五）

《别录》说"荀卿授张苍"，未必可信。据《史记》《汉书》的《张苍传》，可以推定他生于周赧王五十九年，公元前 256 年；死于汉景帝五年，公元前 152 年，长寿 105 岁。荀卿死时，张苍或者已生，但一则年已八十多，一则尚仅十岁左右，而且不在一地，张苍为阳武人，即在今河南原阳县；荀卿晚年家居兰陵，即今山东临沂地区苍山县西南兰陵镇。两地相距很远，也无从相见。但西汉初年，《左传》仍旧流行，这是可以肯定的。略举数例：

（一）陆贾《新语·辨惑篇》有"嘉乐不野合，牺象之荐不下堂"诸语，和《左传·哀十年》"且牺象不出门，嘉乐不野合"意义相同，并且都是齐鲁夹谷之会中孔丘所说。

（二）《汉书·文帝纪》："二年十一月癸卯晦，日有食之。诏曰：'朕闻之，天生民，为之置君以养治之。'""天生民"句即用《左传·襄十四年》"天生民而立君，使司牧之，勿使失性"句意。

（三）《汉书·郊祀志》载汉武帝时有司议曰："禹收九牧之金，铸九鼎，象九州。……夏德衰，鼎迁于殷。殷德衰，鼎迁于周。"有司之议就是《左传·宣公三年》王孙满对楚庄王问鼎之大小轻重答辞的节缩。

《史记》一书，采用很多《左传》史料，尤其是《十二诸侯年表》和春秋诸国《世家》，那是因为司马迁身为太史，能看到汉皇家藏书的缘故。关于《史记》采用《左传》的详细情况，梁玉绳的《史记志疑》和张文虎的《史记札记》都可参看。

总结此文，可以得出下列结论：（一）《论语》的左丘明不是《左传》的作者，我们也难以确定《左传》作者的姓名。近人有不少设想，有的说是子夏，有的说左氏为地名，吴起是作者，至今都是悬案。没有确凿不移的证据，还是存而不论为宜。（二）《左传》和《国语》为两种不同的书，材料来源也不同。康有为《新学伪经考》，崔适《史记探源》说《左传》取材于《汉书·艺文志》中的《新国语》，剩余材料便是今天的《国语》，廖平《古学考》也有这种议论，完全不可信。去年在长沙马王堆三号墓中发现《春秋事语》残卷，有和《左传》相同的，也有和《左传》不同的。可见关于春秋史事的记载不止一种。以后地下发掘有关材料多了，或者我们可以对此案作判语了。（三）《左传》在西汉虽然未曾"立学官"（在国立大学设专门课程，任命"博士"教授它），却有不少人爱好它。尤其在司马迁作《史记》时，大量采用《左传》的史料。战国时候，也有不少人或者把它加以压缩，或者采取它的某一部分，或者引用它的某些语句。我们研究了

《左传》本身和战国、西汉流行情况，认为它成书年代在公元前403年以后，386年以前。

〔附记〕一与徐仁甫先生商讨

此文已写出，看到《四川师范学院学报》1978年三期徐仁甫先生《〈左传〉的成书时代及其作者》一文。结论是《左传》是刘歆所伪作，纪元前8年才出现，和我的看法极大的不一致。为着响应"百家争鸣"的号召，匆匆写这一附记。

关于《左传》为刘歆伪造或者窜改之说，不始于徐先生。辩驳这种论点的文章尤其多。我都不加引证，免得有"炒现饭"之嫌。只就徐先生所讲的重要论点，略表己见。

徐先生文章最主要的论点有下列几项。

（一）徐先生说："它（《左传》）长于记事，善于修辞。"《左传》中这些入情入理，耐人寻味的精采描述"是作者抄袭《吕氏春秋》和《韩非子》，"删减《韩非子》之文，使之更精练。这是文章发展的规律使然，谁也不会违反这个规律的"。我不料徐先生破天荒地发现了这一个"谁也不会违反"的规律。如果徐先生这个规律能够成立，那么，两汉的文章都必然胜过先秦，六朝的文章都必然胜过两汉，唐、宋的文章都必然胜过六朝，等等。事实果真如此吗？否。我认为文章随时代而变化，各个时代，各个作家，各有特色，各有短长。应该实事求是、一分为二地分别对待，具体地加以分析评论。徐先生假设了一个未经公认的大前题，然后由自己选择古书中的与《左传》相类的若干段，和《左传》相比较，就赞叹《左传》"文章多么简炼！""《左传》的作者确是一个晓事该博，会做文章的人。"于是乎下一结论："《左传》成书在《吕氏春秋》《韩非子》之后"，"《左传》成书在《公羊》和《穀梁》之后"，"《左传》成书在《史记》之后"，"《左传》成书在《新序》《说苑》和《列女传》之后"。万一徐先生这一大前题不能成立，这一系列结论必然随之被推倒。

我再姑且假定徐先生的这一大前题可以成立，也学徐先生一样选一段和《左传》相类的文章和《左传》比较，这叫做"以子之矛攻子之盾"。《左传·僖公四年》叙骊姬在晋献公之前陷害太子申生，接着说：

> 或谓大子："子辞，君必辩焉。"大子曰："君非姬氏，居不安，食不饱。我辞，姬必有罪。君老矣，吾又不乐。"曰："然则盍行乎？"大子曰："君实不察其罪，被此名也，以出，人谁纳我？"

《礼记·檀弓上》也有类似文字，我引前一段：

> 晋献公将杀其世子申生。公子重耳谓之曰："子盖（同盍，何不）言子之志于公乎？"世子曰："不可。君安骊姬，是我伤公之心也。"曰："然则盖行乎？"世子曰："不可。君谓我欲弑君也，天下岂有无父之国哉？吾何行如之？"

读者无妨比较两段太子申生的答话。第一次答话，太子不肯去申辩，《左传》用了二十三字，《檀弓上》只用十三字，谁个精炼？《左传》"君非姬氏，居不安，食不饱"十字，《檀弓上》只用"君安骊姬"四字代之，更为概括，字数少用五分之三。第二次答话，太子不肯逃，《檀弓上》用字虽稍多于《左传》，但立言的角度大不相同。《左传》从"人谁纳我"出发，还在为自己前途打算。《檀弓上》却从天下无无父之国，感到杀父的恶名的可耻。以旧道德论，哪个得体？两相比较，依照徐先生的逻辑，《檀弓》又是抄袭《左传》了。据孔颖达《檀弓正义》说，檀弓就是《檀弓》作者姓名，战国时人。姑且不论这话是否可靠，但《檀弓》在《礼记》中，《礼记》的编者是戴圣，则是可信的。戴圣的事迹略见于《汉书·何武传》。戴圣称何武为"后进生"，可见他年龄比何武大得多。《礼记》的编辑，依《汉书·艺文志》《后汉书·桥玄传》，可以断定在西汉。若如徐先生所推论，《檀弓》抄袭《左传》，《左传》为刘歆所伪著，那么，《汉书》和《后汉书》所说不都要被推翻么？

（二）徐先生又说："大家知道，《公羊》《穀梁》也是传《春秋》的，但书中载卜筮之事并不多，这也可以证明《公羊》《穀梁》成书在前，而《左传》成书是在汉代阴阳五行之说极盛之后。"卜筮和汉代的阴阳五行之说有什么密切关系，徐先生并没有只字交代。我可以说，《公羊》《穀梁》有卜，而没有筮；因为《春秋》只有卜，没有筮。《春秋经》虽然没有筮，却不能说春秋时代没有筮。筮和汉代阴阳五行之说有什么关系呢？徐先生也没有只字交代。《左传》是春秋时代的编年史，以叙事为主，不专主于解说《春秋》，所以它所载的史料比《春秋》多得多。《左传》有无《经》之《传》，《公羊》《穀梁》却没有。春秋时代有筮，所以《左传》有筮。《左传》的筮多半用《周易》，其所引《周易》，一般是《卦辞》和《爻辞》。《卦辞》《爻辞》作于西周初年，已成定论。这和"汉代阴阳五行之说"有什么牵连呢？难道《周易·卦爻辞》竟是"汉代阴阳五行之说极盛之后"的作品么？

（三）徐先生又引《左传·文公十三年》"秦人归其（晋人士会）孥，其处者为刘氏"等段，肯定刘歆"煞费苦心，在他书中竟作了这样穿插的记载"。

对于这句话，古人早有议论。《后汉书·贾逵传》载贾逵上汉章帝奏，其中说："五经家皆无以图谶明刘氏为尧后者，《左传》独有明文。"贾逵所谓明文，就是"其处者为刘氏"六字。

《后汉书》作者范晔也议论说："贾逵能附会文致，最差贵显。"似乎"其处者为刘氏"一句乃贾逵所加。孔颖达作《左传正义》也附和说："讨寻上下，其文不类。深疑此句或非本旨。盖插注此辞，将以媚于世。"我整理《左传》，举出六条证据，证明此句本是原文，既不是贾逵"媚世"所插注，更不是刘歆所伪作。为避免烦琐计，仅举二条，便足以击破范晔以至徐先生许多人的疑惑。"其处者为刘氏"，不过说姓刘的是唐尧的后代而已。《汉书·眭弘传》记眭弘曾上书说："汉家尧后，有传国之运。汉帝宜谁差天下，求索贤人，禅（禅）以帝位。"眭弘因此掉了脑袋。这是汉昭帝初年的事。这难道也是刘歆伪造的史实么？《汉书·高帝纪赞》引刘向《颂高祖》说："汉帝本系，出自唐帝。降及于周，在秦作刘。""在秦作刘"不正是由"其处者为刘氏"改写的韵文么？这是刘歆父亲的文章，难道也是刘歆伪造的么？

（四）徐先生还说秦孝公时"不更""庶长"的爵号，甚至秦惠王才开始的腊祭，秦始皇统一天下才有的郡县制，这些在春秋时的《左传》中都出现了。这些问题，大半前人都曾提过，有更多的人驳辩过。朱熹便说"秦时始有腊祭，《左传》'虞不腊矣'（僖公十年《传》），是秦时文字分明"。其实，《晏子春秋·内篇谏下》就有"当腊、冰月之间而寒”的话，《韩非子·五蠹篇》有“夫山居而谷汲者，媵腊而相遗以水”之文，腊祭不始于秦更为分明。腊亦作蜡。《礼记·礼运》说：“仲尼与于蜡宾。”难道孔丘（字仲尼）也是秦以后的人？至于郡县制，《左传·哀公三年》说：“上大夫受县，下大夫受郡。”春秋时郡比县小，到战国才郡比县大。《战国策·秦策》和《史记·甘茂传》都载有甘茂的话：“宜阳，大县也，其实郡也。”甘茂这话是在秦武王三年，公元前 308 年对秦武王说的，早于秦始皇统一天下 87 年。顾炎武的《日知录》卷二十二有《郡县》一条。他说：“以为废封建，立郡县皆始皇之所为也，以余观之，殆不然。”他举出许多证据，作了两个结论。一是，“当春秋之世灭人之国者固为县矣”。一是，“则当七国之世而固已有郡矣”。黄汝成的《日知录集释》征引诸家说讲得更为精确，怎么能说“秦始皇统一天下才有的郡县制”呢？

《史记·秦本纪》说：

> （秦）宁公四年，鲁公子翚弑其君隐公。……宁公卒，大庶长弗忌、威垒、三父废太子而立出子为君。

由此可以证明大庶长的官爵，秦宁公前后便已设置，即春秋早期已经有了。《左传》于鲁襄公十一年、十二年才载“秦庶长鲍”“秦庶长无地”，为什么不可以？其余的问题，只要翻翻《四库书目左传提要》、章炳麟的《春秋左传读叙录》（在《章氏丛书》中）等等有关的书，都是可以解决的，这里就不摘抄了。

康有为作《新学伪经考》，把刘歆骂了一通，其实是捧了一通，刘歆真是神通广大，伪造了《左传》，还伪造一些别的书。然而历史事实不容抹煞。1930 年《燕京学报》第 7 期有《刘向、歆父子年谱》一文，把康有为之所说用大量史实证明其“不可通”。如果今天还要捡拾康有为等余唾，一定先得把《刘向、歆父子年谱》所驳斥康氏之说加以反驳，才能进行有价值的探索。不然，是很难令人信从的。

原载《文史》1979 年第六辑。

孝经类

《孝经》作者与成书年代考

张 涛

　　《孝经》是儒家重要经典之一，流传广泛，影响深远，然而关于它的作者与成书年代，一向众说纷纭，聚讼不已，归纳起来，主要有以下八种说法：一、孔子所作（《汉书·艺文志》《白虎通·五经》《孝经钩命诀》《孝经援神契》、郑玄《六艺论》）；二、曾子所作（《史记·仲尼弟子列传》）；三、曾子弟子所作（晁公武《郡斋读书志》、王应麟《困学纪闻》引胡寅语）；四、曾子弟子子思所作（《困学纪闻》引冯语）；五、孔门七十子之徒所作（毛奇龄《孝经问》、《四库全书总目》、周予同《群经概论》）；六、孟子弟子所作（王正己《孝经今考》）；七、后人附会而成（朱熹《孝经刊误后序》及其所引胡宏、汪应辰语）；八、汉儒伪作（姚际恒《古今伪书通考》、黄云眉《古今伪书考补证》、蒋伯潜《诸子通考》）。

　　在以上诸说中，笔者倾向于曾子弟子所作的说法。晁公武《郡斋读书志》："详其文义，当是曾子弟子所为书。"王应麟《困学纪闻》引胡寅语："曾子问孝于仲尼，退而与门弟子言之，门弟子类而成书。"遗憾的是，晁、胡二人都未加详论，所以被当作推测之辞。后来姚鼐也提出《孝经》"盖曾子之徒所述者"①。今人黄得时亦持此说②。惜所论仍简，不足以服人。鉴于此，本文欲对《孝经》的作者及成书年代问题再加探讨。不妥之处，尚祈方家教正。至于《孝经》的传本问题，笔者将另文探究，本文不予涉及。

一

　　首先让我们看一看其他古籍引用《孝经》的情况。最早称引《孝经》的是《吕氏春秋》，《吕氏春秋·察微》："《孝经》曰：'高而不危，所以长守贵也；满而不溢，所以长守富也。富贵不离其身，然后能保其社稷而和其人民。'"这段话与《孝经·诸侯》文字全同。又《孝行》："故爱其亲，不敢恶人；敬其亲，不敢慢人，爱敬尽于事亲，光耀加于百姓，究于四海，此天子之孝也。"这段话没有说引自《孝经》，但与《孝经·天子》相较，只是个别文字相异，很可能引自《孝经》。所以汪中《经义新知记》指出："《孝行》《察微》二篇并引《孝经》，则《孝经》为先秦古籍明。"有的学者认为《吕氏春秋》

---

　　① 姚鼐：《孝经刊误书后》，《惜抱轩文集》卷五。
　　② 黄得时：《孝经之流传与今古文之争》，《孝经今注今译》代序，台湾"商务印书馆"1972年版。

所引属读者旁注，后人误入正文①，但未拿出任何证据。所以说，《孝经》在《吕氏春秋》编成之前即已写定并流传开来。《吕氏春秋》约成于公元前 239 年，那么，《孝经》成书肯定不会晚于这个时间。

接下来再让我们看一看古人为《孝经》作注的情况。蔡邕《明堂论》曾引魏文侯《孝经传》。魏文侯生活于战国初期，在位五十年。他崇尚儒学，礼贤下士，对孔门后学极为敬重，曾拜子夏以及子贡弟子田子方为师，对子夏弟子段干木礼敬有加，并重用子夏的另一弟子李克（悝）。他本人也湛深儒术，曾作书六篇，弘扬孔子学说，《汉书·艺文志》列在诸子略儒家类（此书今佚，马国翰《玉函山房辑佚书》有辑本）。另外，据《说苑·尊贤》，大臣骞重曾以"孝子""忠臣"之事进说劝谏，魏文侯欣然接受。战国时代是一个开放的时代，社会生活经历了巨大变化，但以血缘为纽带的宗法等级制度依然存在，孝仍是社会最主要的道德原则和伦理规范，是维护封建政权及其统治秩序的重要工具。魏文侯也肯定意识到这一点，于是为《孝经》作了注。

有的学者以《汉书·艺文志》未曾著录，便否认魏文侯作《孝经传》一事②。这似乎过于武断。考《汉志》六艺略孝经类，确实未著魏文侯《孝经传》，但有《杂传》四篇，不著撰人。王应麟《汉书艺文志考证》说："魏文侯《孝经传》，盖《杂传》之一也。"此说颇有见地。且《汉志》有《魏文侯》六篇，姚振宗《汉书艺文志条理》认为，魏文侯《孝经传》亦有可能"在此六篇中也"。《汉书》有互著、别裁之例，姚氏的说法不无道理。《汉志》主要取自刘向、刘歆父子的《别录》《七略》。《汉志》六艺略乐类有《乐记》二十三篇。马国翰辑《魏文侯》，根据《礼记·乐记》孔颖达疏，指出："刘向《别录》，《乐记》二十三篇，《魏文侯》为第十一篇，以《乐记》佚篇有《季札》《窦公》例之，《季札篇》采自《左传》，《窦公篇》取诸《周官》，知此篇为文侯本书而河间献王辑入《乐记》也。"也就是说，《乐记》中的《魏文侯》，裁自《汉志》所著《魏文侯》六篇。这一他山之助，使我们有理由推定，孝经《杂传》中的魏文侯《孝经传》，又在《魏文侯》六篇中。

我们还可以看一看称引魏文侯《孝经传》的蔡邕及其著述。据《后汉书·蔡邕传》，生当东汉末年的蔡邕，"性笃孝，母亲滞病三年，邕自非寒暑节变，未尝解襟带，不寝寐者七旬"。他对宣扬孝道的《孝经》一定很喜欢、很有研究，且多得其沾溉。蔡邕长期校书东观，"以经籍去圣久远，文字多谬，俗儒穿凿，疑误后学"，便与其他学者一起，"奏求正定六经文字，灵帝许；之邕乃自书丹于碑，使工镌刻，立于太学门外。于是后儒晚学，咸取正焉"。这就是著名的熹平石经。假若魏文侯《孝经传》为后人伪托，以蔡邕的博学多识，治学谨严，他是不会随意引用的。

魏文侯既然已为《孝经》作注，那么，《孝经》的成书肯定不会晚于魏文侯，其作者至少与魏文侯生活在同一时期。

---

① 黄云眉：《古今伪书考补证》，齐鲁书社 1980 年版；蒋伯潜：《诸子通考》，正中书局 1948 年版。

② 蒋伯潜：《诸子通考》，正中书局 1948 年版；屈万里：《先秦文史资料考辨》，联经出版事业公司 1983 年版；杨伯峻：《孝经浅谈》，《经书浅谈》，中华书局 1984 年版。

二

从思想内容上来考察，《考经》当成于曾子弟子之手。

在与《孝经》有关诸人中，早于魏文侯和与之同时的有孔子、曾子和曾子弟子以及孔子其他再传弟子。《孝经·开宗明义》："仲尼居，曾子侍。"在这里，孔子不可能称弟子曾参为"曾子"，而曾参也不可能自称"曾子"而直呼其师之字。仅从这一点，就可以说，《孝经》非孔子或曾子所作，乃是不待智者而后明的。

细读《孝经》，再对照《论语》、《大戴礼记》曾子十篇等，笔者发现，《孝经》的主要部分与在孔子思想基础上进一步发展起来的曾子思想是一致的，或者说是源于曾子思想。《孝经·开宗明义》："夫孝，德之本也，教之所由生也。"《三才》："夫孝，天之经也，地之义也，民之行也，天地之经，而民是则之。"《大戴礼记·曾子大孝》引曾子言："民之本教曰孝。""夫孝者，天下之大经也。"二者都从很高的角度强调了孝的重要性。曾子看重了孝在维护宗法等级制度方面所起的作用，把事父同事君结合起来，认为守孝道者对君主必然忠诚。他指出："事父可以事君，事君可以事师长；使子犹使臣也，使弟犹使承嗣也。"① 《孝经·广扬名》则说："君子之事亲孝，故忠可移于君；事兄悌，故顺可移于长。"二者的关联是非常明显的。

曾子把保护身体不轻易受到损伤，当作孝的一个重要体现。《论语·泰伯》载，曾子病，召门下弟子曰："启予足！启予手！《诗》云：'战战兢兢，如临深渊，如履薄冰。'而今而后，吾知免夫，小子！"《孝经·开宗明义》则言："身体发肤，受之父母，不敢毁伤，孝之始也。"二者之间有明显的渊源关系。在曾子看来，孝不仅体现于衣食奉养，而且体现于对父母的尊敬、安慰。曾子认为，"君子之孝也，忠爱以敬，反是乱也"，要求"尽力而有礼，庄敬而安之"②。他强调，"孝有三，大孝尊亲，其次不辱，其下能养"；并特别指出："烹熟鲜香，尝而进之，非孝也，养也。"他还提到："养可能也，敬为难；敬可能也，安为难；安可能也，久为难；久可能也，卒为艰。父母既殁，慎行其身，不遗父母恶名，可谓能终也。"③ 《孝经·纪孝行》则说："孝子之事亲也，居则致其敬，养则致其乐，病则致其忧，丧则致其哀，祭则致其严。五者备矣，然后能事亲。"若事亲不敬，"虽日用三牲之养，犹为不孝也"。可以说，二者的思想倾向是非常一致的。

还有，曾子强调："慎终追远，民德归厚矣。"④ 认为要使人们变得忠厚老实起来，就应在办理父母丧事时认真慎重，祭祀祖先时极致虔诚。《孝经·丧亲》则提出了办理父母丧事的具体要求："孝子之丧亲也，哭不哀，礼无容，言不安，服美不安，闻乐不乐，食旨不甘，此哀戚之情也……为之棺椁衣衾而举之，陈其簠簋而哀戚之，擗踊哭泣，哀以送之，卜其宅兆而安措之，为之宗庙以鬼享之，春秋祭祀，以时思之。生事爱敬，死事哀戚，生民之本尽矣，死生之义备矣，孝子之事亲终矣。"《孝经》还特别强调对祖先的祭祀，《卿大夫》提及"守其宗庙"，《士》提到"守其祭祀"，《感应》提出："宗庙致敬，

---

① 《大戴礼记·曾子立事》。
② 《大戴礼记·曾子立孝》。
③ 《大戴礼记·曾子大孝》。
④ 《论语·学而》。

不忘亲也；修身慎行，恐辱先也。"这显然是"慎终追远"的进一步引申、发展。《孝经》既出于魏文侯同时或略早，又非曾子本人所著，那么就应是曾子弟子的手笔。他们假托其师与孔子对话，借用孔子之口，表述了曾子论孝的基本思想。古人治学重视师传，托名"曾子"者一般不会是孔门其他人的弟子。而且在孔门中，曾子一向以孝著称，唯独他有可能将孝道当作专门之学，用来教授生徒。

应该指出，《孝经》的理论主张确实亦有与曾子互相抵牾的地方，最突出的就是能否对父母谏争的问题。《大戴礼记·曾子事父母》曾子言："父母之行，中道则从。若不中道，则谏，谏而不用，行之如由己。从而不谏，非孝也。谏而不从，亦非孝也。孝子之谏，达善而不敢争辩。争辩者，作乱之所由兴也。"这就继承和发挥了孔子"事父母，几谏，见志不从，又敬不违，劳而不怨"① 的思想主张。对此，曾子还非常注意身体力行。《孔子家语·六本》载，"曾子耘瓜，误斩其根。曾皙怒，建大杖以击其背。曾子仆地而不知人久之。有顷乃苏，欣然而起，进于曾皙曰：'乡也参得罪于大人，大人用力教参，得无疾乎？'退而就房，援琴而歌，欲令曾皙而闻之，知其体康也。"② 由于无意中做错了一件小事，曾子老老实实地忍受父亲的痛打，一直到休克也不逃跑，苏醒过来后，还去问父亲，是否因用力打自己受累而使身体不适，甚至操琴唱歌，以使父亲知道自己并未因挨打而影响健康。曾子的孝行，真可谓无以复加。这种思想倾向，是不见于《孝经》的。

《孝经》专设《谏争》一章，肯定了君令、父命有义与不义之分，不可尽从，认为一味听从父命，并算不上孝。它说："昔者天子有争臣七人，虽无道，不失其天下；诸侯有争臣五人，虽无道，不失其国；大夫有争臣三人，虽无道，不失其家；士有争友，则身不离于令名；父有争子，则身不陷于不义。故当不义，则子不可以不争于父，臣不可以不争于君，故当不义则争之。从父之令，又焉得为孝乎！"这种带有合理、进步因素的思想观念，绝不是曾子更不是孔子所能具备的。它是战国之世社会文明迅速发展的产物，最早只能出于曾子弟子一辈学者的手笔。

进入战国以后，以宗法血缘关系为纽带的世族世官制度进一步废坏，传统的人身隶属关系大为松弛，士阶层地位提高，公室与私门养士之风极盛。有些著名的士，还可以上傲王侯，高尚其事。首开养士之风的是魏文侯。魏文侯对孔门弟子和再传弟子颇为敬重，而孔门后学也在魏文侯及公室成员面前表现得相当自由、洒脱。魏文侯欲见段干木，段干木却跳墙而走，让文侯吃了闭门羹。文侯不但没有发怒，反而"过其闾而轼之"，后"见段干木，立倦而不敢息"③。还有田子方，路遇太子击，太子"引车避，下谒。田子方不为礼"。太子问："富贵者骄人乎？且贫贱者骄人乎？"田子方答道："亦贫贱者骄人耳。夫诸侯而骄人则失其国，大夫而骄人则失其家。贫贱者，行不合，言不用，则去之楚、越，若脱躧然，奈何其同之哉！"④ 田子方对太子出言不逊，太子也只得听之任之，魏文侯也仍旧与之齐礼，尊以为师。以段干木、田子方为代表的一批孔门再传弟子，已经适应时势的变化，扬弃了其师辈的思想主张。他们倡导建立一种和谐、合理的君臣关系，这种关系

---

① 《论语·里仁》。
② 事又见《韩诗外传》卷八，《说苑·建本》。
③ 《孟子·滕文公下》，《吕氏春秋·期贤》《下贤》。
④ 《史记·魏世家》。

带有契约雇佣的色彩，具有互利互惠的性质。对于与君臣关系密切关联的父子关系，他们所持的态度亦是如此。正是在这样的背景下，作为与段干木、田子方同出孔门弟子的曾子弟子们，在思想观念上不能不有所变化。在《孝经》中，他们一方面保存和宣传了其师的基本思想，另一方面又提出了一些新的理论主张。

我们还可以看一看曾子晚年的活动。曾子在孔门学有成就，即收徒讲学，弟子亦有七十多人。父母死后，他"南游于楚，得尊官焉"，名声日著。后来，"齐迎以为相，楚迎以为令尹，晋迎以为上卿"，曾子都谢绝了①。时当战国初年，这里的"晋"，指的是魏国，其君就是魏文侯。"晋"为魏国的另一称号，《战国策·魏策一》魏大夫王钟自称"晋国"，《孟子·梁惠王上》梁惠王亦自称"晋国"。1957年安徽寿县出土的鄂君启金节铭文中，楚国也称魏为"晋"。再说"上卿"一职，三晋中韩国未设，赵国亦在战国中期以后，而魏国则在文侯时就已设置②。魏文侯即位时，曾子约60岁，尚可为官参政。还有，子夏到魏国的西河之地讲学，被文侯尊拜为师，后来先是不幸丧子，接着又因痛苦过度，双目失明。作为同学和朋友，曾子曾两次前往慰问③。这也说明，曾子到过魏国，甚至在那里收徒讲学。魏文侯仰慕曾子的道德学问特别是他的孝行，或在此时拜其为上卿。曾子没有接受，而其理由也是为了更好地弘扬孝道。尽管这样，魏文侯不但没有加害于曾子，反而更加重视他的孝道，并看好了基本体现曾子思想而成书于其弟子的《孝经》，为之作注。

有的学者认为，曾子弟子的年龄不会大于魏文侯，身为子夏的弟子，文侯不可能为"从师弟"的书作注④。笔者认为，魏文侯礼贤下士，并未留意学术上的辈分。他尊子夏为师，却又师从田子方。这里，田子方为子贡弟子，子夏自然是其"师叔"。但文侯不管这些，连这叔侄二人一起都尊为师了。另外，曾子弟子的年龄未必就小于魏文侯。文侯即位时假定20岁，此时60岁的曾子早已收徒讲学，岁数比文侯大的肯定会有。在孔门弟子中，秦宓只比孔子小4岁，颜路、伯牛也只比孔子小6岁和7岁。曾子弟子中恐怕也不乏类似的情况。退一步讲，即使年龄比自己小，魏文侯亦未必就对其不尊重。如段干木，年龄比文侯要小些，但因其贤能，文侯便多予礼遇，待为上宾，甚至表示"当事之者也"⑤。所以说，以年龄大小来否定曾子弟子撰作《孝经》，是站不住脚的。当然，认定作者是曾子的某一弟子如子思，也是缺乏根据的。

三

前人以"称经之始，起于《庄子》"，证明《孝经》成书最早不过庄子时代⑥。此说很值得商榷。考《庄子·天运》："孔子谓老聃曰：'丘治《诗》《书》《礼》《乐》《易》《春秋》六经，自以为久矣。'"这里的六经之语，是出于孔子之口，所以杨伯峻先生指

---

① 《韩诗外传》卷七、卷一。
② 董说：《七国考》。
③ 《礼记·檀弓上》。
④ 屈万里：《先秦文史资料考辨》，联经出版事业公司1983年版。
⑤ 《新序·杂事五》。事又见《吕氏春秋·期贤》《淮南子·修务》。
⑥ 王正己：《孝经今考》，《古史辨》第四册，上海古籍出版社1982年版。

出："如果这说可信，甚至六经之名，孔子以前早已有之，他才说我们研究这六经。"①
如果说《庄子》所记不可信，那么稍后于孔子的墨子却已称书为"经"了。从《庄子·
天下》言墨家各派"俱诵《墨经》"可知，《墨经》为墨子自著。且《墨子·贵义》载
墨子向楚惠王献书一事，说明墨子有自著之书。因此，晋代鲁胜在《墨辩注叙》中说：
"墨子著书，作辩经以立名本。"清代毕沅校《墨经》时也说："此翟自著，故号曰经。"
尽管《墨经》后来也掺入了墨家后学增补的成分，但不可否认，墨子确已将书称为"经"
了。墨子略晚于曾子（约小25岁），而与其弟子同时甚至略早。儒墨两家既互相对立，
又互相关联、影响和启发。起初"墨子学儒者之业，受孔子之术"②，后来才转向非儒，
自立学派。墨子的重要弟子禽滑釐，开始也曾"受业于子夏之伦"③。儒家弟子亦有学于
墨子的。《墨子·耕柱》载，"子夏之徒问于子墨子"。刘向《别录》也提到，"墨子书有
文子，文子即子夏之弟子，问于墨子"④。据此，笔者以为，曾子弟子著书时，仿照墨子
之例，以"经"名书，是完全有可能的。

不少学者见《孝经》与《左传》的某些字句相同，便认定它抄袭了《左传》，并将
其作为它晚出的一个证据，对此也应加以澄清。关于《左传》的著者年代，汉代以降争
论不休，至今尚无定论。笔者认为，司马迁《史记·十二诸侯年表序》称《左氏春秋》
（即《左传》）成于春秋末年鲁君子左丘明，绝不是没有根据的。近来，学术界倾向于这
样一种观点：左丘明是当时很有修养的瞽史，类似于古希腊诗人荷马，《左传》的大部分
史实最初即出于他的传诵。后人又兼采各国史乘，加以补充，笔录下来，并成为儒家内部
的私人授受之学。经子夏门下讲习、润饰以后，才著于竹帛。也就是说，《左传》的编
定，从春秋末年开始，经过了一个相当长的时期，最后完成于战国初年。⑤ 至于具体的成
书年代，卫聚贤认为在公元前425—前403年之间，杨伯峻以为在公元前403—前389年
之间，并指出作者曾见过魏文侯。这些都是很有价值的意见。准此，《左传》成书应在魏
文侯之时。许多学者还提到，《左传》编定之地亦在魏国。他们认为，《左传》于晋国之
事叙述尤多，对由晋而出的魏国更有不少夸张。《左传·闵公元年》："赐毕万魏……卜偃
曰：'毕万之后必大万，盈数也；魏，大名也以是始赏，天启之矣。天子曰兆民，诸侯曰
万民。今名之大，以从盈数，其必有众。'初，毕万筮仕于晋……辛廖占之，曰：
'吉……公侯之卦也。公侯之子孙，必复其始。'"《昭公二十八年》亦记孔子之言："魏
子之举也义，其命也忠，其长有后于晋国乎!"凡此种种，都反映出对魏国的歌颂和赞
美。结合子夏晚年设教于魏国西河之地并为魏文侯师一事看，《左传》成书之地应在魏
国，至少与魏国有着较多关联⑥。此说大体可信。

《左传》与曾子及其弟子也并非毫无关系。刘向《别录》记《左传》的传授情况时

① 杨伯峻：《经书浅谈导言》，中华书局1984年版。

② 《淮南子·要略》。

③ 《史记·儒林列传》。

④ 姚振宗：《七略别录佚文》。

⑤ 徐中舒：《左传选读叙论》，中华书局1963年版。张舜徽：《中国史学名著题解》，中国青年出
版社1984年版。

⑥ 卫聚贤：《左传的研究》，《古史研究》第一集，商务印书馆1931年版；杨伯峻：《左传浅谈》，
《经书浅谈》，中华书局1984年版；《左传序》，岳麓书社1988年版，《左传》卷首。

说，左丘明传曾子之子曾申，曾申传吴起①。这个说法未必完全可信，但它却证明曾氏父子肯定与《左传》有关。可以这样推测：曾子从子夏那里了解到尚未最后编定的《左传》，并让儿子曾申研习。曾子弟子与曾申曾一同受业于曾子，对《左传》自然也十分熟悉，后来便在编著《孝经》时加以借鉴、参稽，而子夏弟子为《左传》定稿，也曾参考过《孝经》，甚"或为传时取辞于是"②。这里还应补充一句，魏文侯作《孝经传》，不仅是注意到《孝经》本身，或许还注意到它与颂扬魏国的《左传》的关联。

至于《孝经》与《左传》文字相同、相似之处，也可以进一步分析。如《左传·昭公二十五年》："夫礼，天之经也，地之义也，民之行也。"《孝经·三才》："夫孝，天之经也，地之义也，民之行也。"一作"礼"，一作"孝"，但并不能说就是后者对前者的简单改动。在儒家学说中，孝与礼是密不可分，相互辅翼的，都是维护宗法等级制度和社会秩序的重要手段。《左传·文公二年》就有言："孝，礼之始也。"《孝经》强调孝，《左传》强调礼，各有侧重，而又使用了相同的言词，是极其自然的，说不上谁抄谁的问题，至多是互相参用。从其他文字也看不出二者之间有什么前后渊源关系。

前人又说，《孝经》文义不完整，不如《左传》通顺，显为抄袭《左传》③。实际上，古人治学各有所专，曾子门下为"德行之儒，或疏于辞"④，而子夏在孔门中素以文学著称，极重修辞，加上《左传》从诵说、笔录到排比、整理，剪裁润色，反复锤炼，最后才成书，所以便会在文风上与《孝经》有所不同。总而言之，虽然两书之间有关联，但绝不是《孝经》抄袭《左传》。《左传》的编定与《孝经》处于同一时期，甚至还要晚一些。

有的学者见《孝经》思想、文义有与《孟子》相同、相近之处，便认为《孝经》袭用《孟子》⑤，甚至推定《孝经》成于孟子弟子⑥。笔者则认为，应该是《孟子》承袭了《孝经》之义。孟子极力推崇曾子，尤重其孝道，并加以借鉴、继承和发挥，而《孝经》又基本上反映了曾子的思想主张，因此如陈澧《东塾读书记》所称，"《孟子》七篇中，与《孝经》相发明者甚多"。但是，对于曾子弟子的思想观念，孟子并不同意。《孟子·离娄上》："父子相夷，则恶也。古者易子而教之，父子之间不责善。责善则离，离则不祥莫大焉。"这与《孝经·谏争》的"当不义，子不可不争于父"，是大相径庭的。对段干木拒见魏文侯这一史事，孟子也予以批评，以为所做"已甚"⑦。孟子以孔子嫡传和继承人自任，《孝经》中明显属于曾子后学的思想观念，他是不会接受的。

又有学者认为，《孝经》中《谏争》一篇，多袭用《荀子·子道》："入孝出悌，人之小行也；上顺下笃，人之中行也；从道不从君，从义不从父，人之大行也。"又记孔子

①　姚振宗：《七略别录佚文》。

②　姚鼐：《孝经刊误书后》，《惜抱轩文集》卷五。

③　姚际恒：《古今伪书考》，朴社 1929 年版。黄云眉：《古今伪书考补证》，齐鲁书社 1980 年版。杨伯峻：《孝经浅谈》，中华书局 1984 年版。

④　姚鼐：《孝经刊误书后》，《惜抱轩文集》卷五。王正己：《孝经今考》，《古史辨》第四册，上海古籍出版社 1982 年版。

⑤　《孟子·滕文公下》。

⑥　杨伯峻：《孝经浅谈》，中华书局 1984 年版。

⑦　屈万里：《先秦文史资料考辨》，联经出版事业公司 1983 年版。

言："昔万乘之国，有争臣四人，则封疆不削；千乘之国，有争臣三人，则社稷不危；百乘之家，有争臣二人，则宗庙不毁；父有争子，不行无礼。"这些内容确与《孝经·谏争》相近，但言辞并不相同，且更为激切。战国初期，传统的人身隶属关系开始出现变化，所以《孝经》在主张严守孝道的同时，要求对父母谏争。战国中期以降，包括父子关系在内的社会关系更是趋向宽松。《韩非子·五蠹》载，"楚之有直躬，其父窃羊，而谒之吏"。正是在这样的社会氛围中，《荀子·子道》才大胆提出"从义不从父"的理论，这只能视为对《孝经·谏争》的进一步发展。

再者，《荀子》的最后成书，应该在荀子去世前后。荀子去世在前238年或者更晚，而引用过《孝经》的《吕氏春秋》始著于前240年，此时荀子尚健在，即使有单篇流行的情况，其书亦未能广泛流传。《孝经》不可能抄了《荀子》，又在成书和流行后为《吕氏春秋》所称引。另外，据唐代杨倞等前贤考证，《荀子》的《大略》以下诸篇，出于荀子后学之手。梁启超《要籍解题及其读法》甚至说："杨倞将《大略》《宥坐》《子道》《法行》《哀公》《尧问》六篇降附于末，似有特识。《宥坐》以下五篇，文义肤浅，《大略篇》虽间有精语，然皆断片，故此六篇宜认为汉儒所杂录，非荀子之旧。"这样看来，《子道》问世就更晚了，《孝经》根本无法加以抄袭。既已承认《孝经》成书于《吕氏春秋》以前，却又说《孝经》袭用了《荀子·子道》，亦属疏略。

还有学者以为，与《韩诗外传》相似，《孝经》每篇皆引《诗》作结，而此种形式约起于战国之末，盛于西汉初年，所以《孝经》之撰作，最早与《韩诗外传》同时。实际上，著述引《诗》的形式，早在《墨子》中就已出现了。《墨子·所染》末尾为："《诗》曰：'必择所堪，必谨所堪者'，此之谓也。"由此看来，以引《诗》作结来论证《孝经》晚出，也是不妥当的。此亦可以补证前面提及的以"经"名书的问题。

根据以上分析，可以得出这样的结论：《孝经》的著者为曾子弟子，他们假托孔子与曾子对话，宣传了曾子论孝的基本思想，同时也提出了自己的一些新的观念。《孝经》的成书时间为战国初年魏文侯在位之时，也就是公元前445—前397年之间。

原载《中国史研究》1996年第1期。

四书类

韩愈《论语笔解》真伪考

查屏球

对韩愈《论语笔解》（以下简称《笔解》）一书，自宋代起学者们即已展开争论。清《四库全书总目提要》（以下简称《提要》）对宋人之说加以综合之后，以为此书非宋人伪撰。胡玉缙《四库全书总目提要补正》、余嘉锡《四库提要辨证》皆同意此说。然而，现代研究韩愈者多无视以上目录学家的结论，不作具体考辨，仅取宋人一家之说而断之伪作。这实在难以取信于人。笔者以为此书既非伪作，又非韩愈原本，而是宋人对"韩愈《论语》注十卷"的整理本。《笔解》的真实性是可信的。以下即是笔者对此的阐述。

一

若说明《笔解》真伪的问题，其起点应是韩愈是否有《论语》注一书传世。对这一问题，我们现在至少可以找出三条比较确凿的材料加以证明。

一是《韩昌黎全集·遗文》中有《答侯生问〈论语〉书》。其曰："愈昔注解其书，而不敢过求其意，取圣人之旨而合之，则是足以信后生耳。"在此，韩愈已表明曾经注解过《论语》一书。侯生即侯喜。清朱彝尊《经义考》卷二百十三云："按，喜字叔起，韩子《赠诗》云'吾党侯生字叔起'是也。官终国子主簿。韩子集有《祭国子主簿侯君文》是也。文云：'惟子文学今谁过之，唱我和我，问我以疑。'所云'问我以疑'，则指《论语》问也。"韩愈祭文称"吏部侍郎韩愈"，当作于长庆三年，韩愈由兵部转吏部时，也即韩愈去逝的前一年。其《答侯生书》当早于此，而他注解《论语》一书也应更早一些。

二是韩愈门人李汉所作《韩昌黎全集序》云："又有注《论语》十卷传学者。"这已很明确交代了此书的书名与卷数，并指出此书早在韩文结集之前已传世。李汉为韩愈女婿。一本序云："朝议郎行尚书屯田员外郎史馆修撰上柱国赐绯鱼袋李汉编。"《旧唐书·李汉传》记："文宗即位召为屯田员外郎，吏馆修撰。"据此可断定其序作于唐文宗大和初年。是年距韩愈去逝仅有三年，李汉的记载应该是可靠的。

三是唐李匡乂《资暇录》记有韩注《论语》内容。其上卷曰："《论语》宰予昼寝，郑司农云：'寝，卧息也。'梁武帝读为寝室之寝，昼作胡卦反，且云当为画字。言绘画寝室，故夫叹朽木不可雕，粪土之墙不可污。然则曲为穿凿也。今人罕知其由，咸以为韩文公愈所训解也。"又曰："伤人乎？不问马。今亦为韩文公读为否。言仁者圣之亚，圣人岂仁于人，不仁于马。故贵人所以前问，贱畜所以后问。"前一则尚存于今本《笔解》中。后一则已佚。李匡乂为唐宣宗大中时代人，距韩愈去逝已有三十年。这说明"韩注

《论语》"一书一直是流传于世。

邵博《河南邵氏闻见后录》卷十三云："张籍《祭退之》诗云：'《鲁论》未讫注，手迹今微茫。'是退之尝有《论语传》未成也。"宋代洪兴祖、朱熹等也都以此为据否定"韩注《论语》"的存在。由以上三条材料看，韩愈不仅作有此书，而且已有成书传世。《提要》根据《资暇录》所记申论曰："然则大中之前已有此本，未可谓为宋人伪撰。且'昼寝'一条今本有之。'厩焚'一条今本不载，使作伪者剽掇此文，不应两条相连，撼其一而遗其二，又未可谓因此依托也。"这一推断应该是站得住脚的。况且，我们若细细推敲张籍全诗，则发现它与以上材料并无矛盾。本诗与此相关的内容是："公比欲为书，遗约有修章。令我署其末，以为后事程。家人号于前，其书不果成。子符（韩愈子名符——笔者注）奉其言，甚于亲使令。《鲁论》未讫注，手迹今微茫。新亭成未登，闭在庄西厢。书札与诗文，重叠我笥盈。"张籍早年曾劝韩愈著书立说，韩愈当时以自己未到著书年龄加以推托。由此诗可见韩愈晚年有意完成此事，还约张籍与自己合作，并将此作为后事托付张籍。其书最终未能完成。诗中言"公比欲为书"，绝非指《鲁论》注"一书，此处的"为书"之举更大的可能性是整理旧作。否则，韩愈又怎能将个人著述之事作为后事让张籍代办呢？韩愈一生著述甚丰，而草创式的未成之作亦不少，《论语注》正属这类未成之作。今本《笔解》亦非每句有注，所注内容不及《论语》十分之三四。《新唐书·艺文志》著录了张籍《论语注》一部。可见，张籍对《论语》亦有研究。韩愈晚年欲完善《论语注》一书，并委托他协助整理，这是有可能的。诗中的"《鲁论》未讫注"当指此事，它并不意味着韩愈在临终前才开始注解《论语》，也不排斥韩愈事先已作有《论语注》一书传世。

韩愈曾于唐德宗贞元十七年（301），宪宗元和元年（806），元和七年（812），元和十五年（820）四度任职于国子监。李翱亦曾于国子监任职。《旧唐书·李翱传》云："元和初，转国子博士，史馆修撰。"韩愈对《论语》的解释以及他与李翱的讨论，很可能在当时就由其门人弟子传抄而流传于世，并在学林中已产生了影响。故他生前侯喜有问，死后《资暇录》有记。

二

宋人目录著作对"韩注《论语》"一书多有记载。我们由此可看出此书在宋代的流传情况。为了便于下文的论述，笔者先将它们按年代先后逐一排列如下：

《新唐书·艺文志》（1054—1060）记："韩愈注《论语》十卷。"

《田氏书目》（1086—1093）记有韩愈注《论语》十卷，《笔解》两卷。（《田氏书目》原书已佚，所引内容为《郡斋读书志》保存）

晁公武《郡斋读书志》（1151—1157）《经部·论语类》云：韩愈、李翱《论语笔解》十卷。唐韩愈退之、李翱习之撰。前秘书丞许勃云："韩、李相与论，共成此书。"按唐人通经者寡，独两公名称一代，盖以此然。《四库》《邯郸书目》皆无之。独《田氏书目》有韩愈注《论语》十卷，《笔解》两卷。此书题曰《笔解》，而两卷亦不同。

郑樵《通志·艺文略》（1159—1161）《经部·论语类》于"注疏"目下列韩愈

《论语》注十卷，又于"论难"目下列韩愈《笔解》二卷。

尤袤（1127—1194）《遂初堂书目》记：韩文公《论语笔解》。

陈振孙《直斋书录解题》（1238—1258）卷三曰：《论语笔解》二卷。唐：韩愈退之、李翱习之撰。按《馆阁书目》云：秘书丞许勃为之序。今本乃王存序，云得于钱塘江充而无许序。

赵希弁《郡斋读书志附志》（1249—1279）记：《论语笔解》十卷。右唐昌黎先生韩文公之注也。其间"翱曰"者，李习之也。始，愈笔大义以示翱，翱从交相明辨，非独文公制此书也。《韩文补》云：公作《论语传》未成而殁，见于张籍祭诗，辨之于洪庆善者明矣。今世所传，如"宰予昼寝"，以"昼"作"画"，"子在齐闻《韶》，三月不知肉味"，以"三月"作"音"，"浴乎沂"，以"浴"作"沿"，"子在回何敢死"，以"死"作"先"之类，虽未必然，而为伊川之学者皆取之。此本乃秘书丞许勃所序者。

王应麟《玉海·艺文》（1276—1296）卷四十一云：唐《论语笔解》，《书目》二十卷，题韩愈撰。《唐志》（即《新唐书·艺文志》——引者注）韩愈注《论语》十卷。皇朝许勃为序。其间"翱曰"者，盖李习之。同与琢磨，非独韩制此书也。

王应麟提到的《书目》即南宋的《中兴馆阁书目》。其书成于南宋初（1177—1178），《直斋》所引《馆阁书目》也指此。这是目前所能见到的宋官修目录对《笔解》一书的首次著录。

由上述记载，我们可以看出以下几点。一、李汉所说的韩愈《论语注》十卷，到了宋代仍在流传，欧阳修著录与李汉所记的书名、卷数完全一致。这说明宋代的韩愈《论语注》是真实可靠的。二、《笔解》一名后出，却反而取代了《论语注》的书名。因此，了解《笔解》真伪问题的关键，就是弄清《笔解》与韩愈《论语注》的关系。若以为韩愈同时作有两书，却又无从找出文献证据。若以为《笔解》是宋人伪作，又难以解释伪作又何以夺真。三、《笔解》在宋有多种传本，如何解释各家著录在卷数上的出入也是关于《笔解》真伪的要结所在。

《笔解》一书首见于《田氏书目》，并与韩注《论语》一书同时著录。《郡斋》提及的《邯郸书目》是指李淑的《邯郸图书十志》，成于1049年。其时《笔解》一书流传不广，故未被它著录。在北宋独以田氏为私家藏书最丰者，故《田氏书目》录有《邯郸图书十志》未录之书是完全有可能的。《通志·艺文略》虽有同时著录了两书，但《通志》非藏书目录，而是一种目录总汇。在《田氏》之后，《郡斋》《直郡》《玉海》等均不再著录韩愈《论语注》而仅存《笔解》一名。据此，我们可以推论仅在田氏时有过两书共存的情况，而在这之后，两书已合为一书。因而，笔者以为对《笔解》与韩愈《论语注》关系最合理的解释是：《笔解》二卷本是宋人对《论语注》十卷本的整理本，两书在内容上基本一致，故亦可视《笔解》为韩愈《论语注》的别一传本。各家著录卷数不同。细分之，主要有十卷本、二卷本两个系列。其中《田氏》《通志》《直斋》为王存序的两卷本系列，《郡斋附志》《馆阁书目》为许勃序的十卷本系列。《玉海》引《馆阁书目》云《笔解》二十卷。或许有误。《直斋》亦引述了《馆阁》内容，并指出所记《笔解》乃许序本，应当为十卷本，而非二十卷本。自中唐之后，经学益发粗疏，文人多不循传统章句注疏路数。韩愈此书本身应属论辩性质的笔记体著作，而唐人却冠之以《论语注》这一正规名称。此书传至宋代，宋儒则依其体例改名为《笔解》，并将十卷本压至两卷本，而十卷本可能只是更换了书名而未变动卷数。《提要》云："疑愈注《论语》时，或先于简端记录，翱亦间相讨论，附书其间。迨书成之后，后人得其稿本，采注中所载者别录为二卷行之。如程子有《易传》，而《遗书》之中又别有论《易》诸条，朱子有《诗传》，而《朱鉴》又为《诗传遗说》之例。题曰《笔解》，明非自编也。"其生造的"二书说"很难成立。唐宋学风不同，像程、朱那样两书并存的情况比较少见。欧阳修非常推重韩愈，如果两书并存，《新唐书》作为一部官修史书，不可能仅著录其中一种。况且，许序明言《笔解》十卷，晁公武等也记有十卷本，"别录为二卷"显然与最初传本不符。因此，我们可以说，《论语注》与《笔解》应为一种书，十卷本与二卷本都是它不同的传本。

我们还可以从以上著录的许、王两序中更具体的看出《笔解》一书的流传过程。许序今本尚存，其曰：

> 昌黎文公著《笔解论语》一十卷。其间"翱曰"者，盖李习之同与切磨。世所传率多讹舛。始，愈笔大义则示翱，翱从而交相明辨，非独韩制此书也。噫！齐鲁之门人所记善言既有同异，汉魏学者注集繁阔，罕造其精。今观韩、李二学，勤拳渊微，可谓窥圣人之堂奥矣，岂章句之技所可究极其旨哉？予缮校旧本数家，得其纯粹，欲以广传，故序以发之。

序文透露出此书在宋初流传的最初状况。他认为"世所传率多讹舛"，并在文中强调"非独韩制此书"。可能当时的其他传本无李翱名而仅有韩愈名。韩愈《论语注》本无定本，传抄至宋初可能已是面貌各异，故许勃云："予缮校旧本数家，得其纯粹。"许勃为宋真宗天禧年间（1017—1021）进士，官至秘书丞。其时宋已编纂《崇文书目》与《唐书·艺文志》。今本《崇文书目》已残缺，不知是否著录《笔解》。《唐书·艺文志》不录此书，而欧阳修与许勃为同时期人，不可推断欧阳修未见此书。这只能解释为何在许勃、欧阳修时期《笔解》与《论语注》尚是一种书，内容完全相同，都是十卷本，只是书名有别。欧阳修修志则存其旧名，许勃欲传其书则取其新名。王存序文今已不传，《直斋》转录云："得于钱塘汪充。"这与《宋史·王存传》所记相合。王存，宋庆历进士，为欧阳修所知，哲宗朝（1086—1100）转吏部，曾出知杭州。可见，其得两卷本《笔解》，当在《新唐书·艺文志》之后，而与《田氏书目》大约同时。故它仅见《田氏书目》，而不见于《新唐书·艺文志》。又因王序本是刊刻本（见于下文《野客丛书》记载），流传较广。自此之后，《笔解》即成了韩愈《论语注》的定名。《郡斋》《直斋》《遂初堂》《郡斋附志》都无韩愈《论语注》一名，并不意味着此书至南宋失传，而是其名已为《笔解》所夺。从北宋到南宋，许序的十卷本与王序二卷本一直是同时流传。《宋史·艺文志》仅记曰："韩愈《笔解》二卷。"这说明最终传世的还是两卷本。这是因为许序本不是刊刻本，在传抄过程中，内容多有遗佚，已难与十卷之数相称，最终也为二卷本取代。今之存本的序文仍是许勃所作，称有十卷。而书本身仅有上、下两卷。它应是两个系列的合体。由历家著录看，许序较王序出名。故后人又将许序移之二卷本刻本之前，取代了王序，这就形成了今之《笔解》。以上就是《笔解》一书在宋形成与流传的情况。

三

我们推论韩愈《论语注》与《笔解》为同一种书，其根据还在于宋人很多关于韩愈《论语注》的记载与今本《笔解》内容基本相符。以下笔者就列举一些笔记资料来加以说明，这些材料还可更具体地充实上文所述的《笔解》的流传情况。

《玉海·艺文》转录了两则宋人对《笔解》的评论。其曰：

> 宋咸《增注论语》十卷，序云：“韩愈注《论语》与《笔解》，大概多窃先儒义，而迁易其辞。因择二书是否并旧注，未安辨正焉。”刘正叟谓：“《笔解》皆后人之学，托韩愈名以求行，徒玷前贤，悉无所取。为《重注》十卷，以祛学者之惑。”

宋咸，北宋天圣（1023—1930）进士，官至都官郎中，与许勃、王存都是同时代人。他也同时见有韩愈《论语注》与《笔解》两书。他对两书评价不高，但他对它们的真实性并未置疑。其《增注论语》还收入了两书的内容。由其评语我们亦可看出他也认为两书内容基本相同。

刘正叟，现已无从查考，无法断定其生活年代。《宋史·艺文志》记有“刘正容《重注论语》十卷”，书名相同，作者姓名仅差一个字。笔者怀疑两者似乎是一个人。此说若成立，由《宋史·艺文志》排列顺序看，此人亦是北宋时代人，约与二程同时。他力斥《笔解》之伪，却不提及韩愈《论语注》。这从另一面也说明两书在当时已无区别，刘氏《重注论语》就是针对《笔解》而作的，足见《笔解》在当时学者中已极有影响了。

又如王谠《唐语林》卷二《文学》在转抄了《资暇录》两则韩愈注《论语》的内容之后曰：

> ……然“不”字上岂必更助词，其亦曲矣。况又未必韩公所说。按陆氏《释文》亦云：“一读至‘不’字句绝。”则知其“不”为“否”，其来尚矣。诚以“不”为“否”，则宜至“乎”字句绝，“不”字自为一句，何者，夫子问：“伤人乎？”乃对曰：“否。”既不伤人，然后乃问焉。其文别为一读，岂不愈于陆云乎。

王谠可能是北宋徽宗时代人。《唐语林》是集唐人五十种笔记而成的。王谠本人是否见有《笔解》，现无从得知。这则笔记的意义在于证明了上述《资暇录》内容的可靠性。它与《资暇录》都未提及《笔解》一名，而转述的韩注《论语》内容都基本相同，其中“宰予昼寝”一条与今本《笔解》完全一致，这又证明了唐传韩愈《论语注》与宋传《笔解》在内容上的一致性。

邵博《河南邵氏闻见后录》卷四在指出韩愈《论语注》未成之后云：

> 今世所传，如宰予昼寝，以昼作画字，子在齐闻《韶》，三月不知肉味，以三月作音字。浴乎沂，以浴作沿字，至为浅陋。程伊川皆取之，何耶？又：“子畏于匡，

颜渊后，曰：'吾以尔死矣。'曰：'子在，回何敢死。'"字自有意义。伊川之门人改云："回何敢先。"学者类不服也。

　　邵博祖父邵雍与二程皆为北宋理学名家，邵博父亲邵伯温乃程伊川之门人。因此，他记叙的程伊川取用韩注《论语》之事，是比较可信的。今本《二程遗书》中有与《笔解》相同的诠释《论语》的内容，只是并未指明源于韩愈。其中改"三月"为"音"一条不见于今本《笔解》，而保存在《二程遗书》中。邵博所引诸条除此之处均存于今本《笔解》之中。这说明从程伊川到邵博，他们所见的都是同一传本，其内容多于今存二卷本《笔解》，或许是属十卷本系列。邵氏虽然也没有提及《笔解》一名，但从他引述的内容可知，他所说的"韩愈《论语注》"也就是《笔解》，至少在内容上与今之《笔解》大同小异。邵博是北宋末期人，由上述目录著作看，其时韩愈《论语注》一名已不行，故他所见的很可能就是《郡斋》著录的十卷本。邵博认为世传韩注《论语》非真，却又不指出两者书名之别。足见，当时人也是将两者看成一种书。

　　王楙《野客丛书》卷二十八"退之注论语"引述邵氏以上内容后，曰：

　　　　仆考李汉序退之集曰："有《论语注》十卷。"后世罕传，然缙绅先生往往道其三义者。近时钱塘汪充家有是本，王公存刊于会稽。《郡斋》目曰："韩文公《论语笔解》，自'学而'，至'尧曰'，二十篇。文公与李翱指摘大义，以破孔氏之注，正所谓三义者。观此不可谓'鲁论未泛注'，后世罕传也。然观《闻见录》引'三月不知肉味'，'三月'作'音'字，今所行《笔解》无此语，往往亦多遗佚。"

　　王楙（1151—1213 年）是南宋中叶人。他所见《笔解》为王序二卷本。但是，他既引李汉所说的《论语注》十卷，又引《郡斋》著录的十卷本《笔解》来证明此书的真实性。这说明在他眼里这些书是无区别的，都是韩注《论语》的传本。由他的记载我们可以看出由十卷本到二卷本，内容已有遗佚。因为，唐传韩愈《论语注》与宋传《笔解》十卷本皆是抄本，它们在传抄过程中内容难免有所遗佚，唯有王序的二卷本是刻本，这才将内容固定下来。以上所引几条中如改"三月"为"音"，改"不"为"否"不见今本，其原因就在此。

　　以上四则笔记都有一个共同的特点，这就是他们都将《笔解》当作韩愈的《论语注》。从程伊川、宋咸到邵博、王楙，大致相当于从《新唐书·艺文志》到《田氏书目》，再到《郡斋》《直斋》的过程。因此，这几则笔记也印证了几家目录专著对此书著录的真实性，也透露了此书在宋的流传过程。由《论语注》十卷本，到《笔解》十卷，再到《笔解》二卷本，时间上前后相继，内容又基本一致。因此，我们完全可以推论宋传《笔解》就是唐传韩愈《论语注》。我们实在没有必要假设韩愈《论语注》已失传，《笔解》属宋人伪撰。

　　宋人崇韩尤甚，故不愿将《笔解》这类所谓的"浅陋之作"与韩愈联系。如洪兴祖、朱裹都曾怀疑此书的真实性，王楙当时就已为韩愈辩解。其曰："或谓文公所解多改本，近于凿。仆又观退之别集《答侯生问〈论语〉》一书，有曰：'愈昔注解其书，不敢过求其意，取圣人之旨而合之，则足以取信后生辈耳。'韩公以此自谓，夫岂用意于凿乎？"（出处同上）他认为书中穿凿之处，并不是韩愈有意为之。这是合乎史实的。我们由上文王说之辩已看出《笔解》之新说也是取自前人的。况且，中唐时经学学风大变，儒生多好以己意说经。如啖助、赵匡这类异儒学派以"疑经破注"的方式治经，在当时影响颇大。《笔解》为解经一脱汉儒章句陈习，大胆冲破唐初硕儒"疏不破注"的戒律，这正是当时学风的体现。清人臧茂才就看出了这一点。他在《经义杂记》中既指责《笔解》改动原文之非，又承认其说自有所出。并指出："或疑此为后人托撰，然即以此数端论之，似非宋以来学者所能言。且文繁意复，与唐人义疏极相似。"臧氏从学风上推论此书的可靠性，正是跳出了宋人"讳韩"的心理。我们今天研究韩愈也应采取科学的实事求是的态度，无需为古人讳。在没找出更确凿的论据之前，不可轻易否定韩愈对此书的著作权。故笔者不可不为之一辨。

原载《文献》1995 年第 2 期。

附录

◎《论语笔解》卷首提要：臣等谨案：《论语笔解》二卷，旧本题唐韩愈、李翱同撰。中间所注，以"韩曰""李曰"为别。考张籍集祭韩愈诗，有"《论语》未讫注，手迹今微茫"句。邵博《闻见后录》遂引为《论语》注未成之据。而李汉作《韩愈集序》则称有《论语注》十卷，与籍诗异。王楙《野客丛书》又引为已成之证。晁公武《读书志》称《四库》《邯郸书目》皆无之，独《田氏书目》有《韩氏论语》十卷《笔解》两卷，是《论语注》外别出《笔解》矣。《新唐书·艺文志》载愈《论语注》十卷，亦无《笔解》。惟郑樵《通志》著录二卷，与今本同，意其书出于北宋之末。然唐李匡乂，宣宗大中时人也，所作《资暇集》一条云："《论语》'宰予昼寝'，梁武读为寝室之寝，昼作胡卦反，且云当为画字，言其绘画寝室。今人罕知其由，咸以为韩文公所训解。"又一条云："'伤人乎？不问马。'今亦谓韩文公读不为否。"然则大中之前已有此本，未可谓为宋人伪撰，且昼寝一条今本有之，厩焚一条今本不载。使作伪者剽掇此文，不应两条相连，摭其一而遗其一，又未可谓因此依托也。以意推之，疑注《论语》时，或先于简端有所记录，翱亦问相讨论，附书其间，迨书成之后，后人得其稿本，采注中所未载者，别录为二卷行之。如程子有《易传》，而遗书之中又别有论《易》诸条。朱子有《诗传》，而朱鉴又为《诗传遗说》之例。题曰"笔解"，明非所自编也。其今本或有或无者，则由王存以前世无刊本，传写或有异同。邵博所称三月字作音一条，王楙所见本亦无之，则诸本互异之明证矣。王存本今未见，魏仲举刻《韩文五百家注》，以此书附末，今传本亦稀。此本为明范钦从许勃本传刻。又赵希弁《读书附志》曰："其间翱曰者，李习之也。"明旧本愈不著名，而翱所说则题名以别之。此本改称"韩曰""李曰"，亦非其旧矣。乾隆四十六年十月恭校上。

◎清程大中《四书逸笺》卷一《论语上·附录》：《论语笔解》一卷，托名昌黎，文义甚粗浅。昼寝章读寝为寝室之寝，昼，胡卦反，言宰予绘画寝室，故夫子叹其不可雕，不可杇。考梁武帝解此章已是如此，不始于《笔解》也。

◎清黄遵宪《日本国志》（光绪十六羊城富文斋刻本）卷之三十二《学术志一》：《韩文公论语笔解考》二卷《论语征正文》一卷，伊东龟年著。

◎《论语笔解》："德行科最高者，《易》所谓'默而成之'，故存乎德行，盖不假乎言也。"今按：此解甚精微。

小学类

《尔雅》的年代和性质

何九盈 *

《尔雅》的编者是谁？成书于何时？古今中外的学者已进行了不少探索。

一说周公"著《尔雅》一篇，以释其意义"，"今（指三国时代）俗所传三篇《尔雅》，或言仲尼所增，或言子夏所益，或言叔孙通所补，或言沛郡梁文所考"（魏张揖：《上广雅表》）。

一说孔子门人所作。郑玄《驳五经异义》："某之闻也，《尔雅》者，孔子门人所作，以释六经之旨。盖不误也。"（《诗·黍离》正义引，又《周礼·大宗伯》疏引）刘勰也取此说，《文心雕龙·练字》："夫《尔雅》者，孔徒之所纂。"是孔子的哪位门徒所纂呢？扬雄说："孔子门徒游夏之俦所记。"（《西京杂记》引）明代焦竑亦主此说："《尔雅》，《诗》训诂也。子夏传《诗》者也。"（《焦氏笔乘》卷一）

一说"《尔雅》出于汉世"，"考其文理，乃是秦汉之间学《诗》者纂集说《诗》博士解诂之言尔"（《欧阳修全集》999页，世界书局本；欧阳修《诗本义》卷十，第二页"文王"条）。梁启超也说：《尔雅》"是西汉人编的字典，刘歆又扩大些，干周公什么事"（《古书真伪及其年代》148页）。

诸说多以为《尔雅》与孔门有关，与解经有关，不无道理；但成书年代却相差甚远，从周公到汉代刘歆，有一千多年之距。这就意味着：在刘歆之前，《尔雅》一直没有定本，这是令人难以置信的。

张揖说，周公著《尔雅》一篇，这句话有歧义。可以理解为《尔雅》的第一篇《释诂》为周公所著（陆德明就是这么理解的。他说："《释诂》一篇，盖周公所作，《释言》以下，或言仲尼所增……"）；也可以理解为周公著的《尔雅》只有一篇，而不是三篇，俗所传三篇《尔雅》是在一篇的基础上增益而成。钱大昕就是这么理解的。他以为今本《尔雅》"十九篇中皆有周公正文"（《潜研堂文集》卷十）。邵晋涵认为《尔雅》"诸篇之目，皆周公所定"（《尔雅正义》卷一）。这种争议没有什么意义，因为《尔雅》的确不"干周公什么事"。

《尔雅》"乃是秦、汉之间学《诗》者纂集"的说法也不确。秦王朝是反对学《诗》的，"天下敢有藏《诗》《书》、百家语者，悉诣守尉杂烧之。有敢偶语《诗》《书》者弃市"（《史记·秦始皇本纪》）。欧阳修怎么把这样一个重要事实给忘了呢？至于把整本

---

* 本文的基本观点形成于1981年，1982年春写成初稿，这年七月读了洪诚遗著《略论中国古代语言学与名学的关系》，更加深了我对《尔雅》是一部"名书"的看法，但私意与洪文并不完全一样，且论证更为详密，故于最近再加修订，以供发表。

《尔雅》的内容视为"说《诗》博士解诂之言"，更与事实不符。《尔雅》全书"释《诗》者不及十之一，非专为《诗》作"（《四库全书总目》）。又，秦、汉之际哪来的说《诗》博士呢？始皇帝有博士七十，未闻有说《诗》者；汉高祖至惠帝时，什么经学博士也没有，汉文帝时，"《诗》始萌芽"（《汉书·刘歆传》）。只可能学《诗》者依据《尔雅》，而不可能是"秦、汉之间学《诗》者"纂集《尔雅》。据东汉人赵岐（约108—201）说："孝文皇帝欲广游学之路，《论语》《孝经》《孟子》《尔雅》皆置博士。"（《孟子题辞》）汉文帝即位距离汉高祖开国才二十多年的时间，在这短暂的时期内如果有人编出了《尔雅》，而且中央王朝还为此书专立了博士，此书的编纂者是谁，岂能湮没无闻！所以，《尔雅》成书于西汉初年的说法也不可靠。

我个人的看法是：《尔雅》当成书于战国末年，它的作者是齐鲁儒生。理由有以下四点。

第一、历史渊源。从宋代开始，那些不相信《尔雅》是成书于先秦时代的人，有一个重要原因是他们对先秦名物训诂学的发展认识不足。朱熹的"《尔雅》是取传注以作"（《朱子语类》）的观点影响深远。可是，一说"传注"，人们就坐实到《毛传》上。其实，大量的材料说明，在《毛传》之前，名物训诂就已经产生了。如：

1. 《国语·周语下》晋国叔向解《周颂·昊天有成命》："夙夜，恭也；基，始也；命，信也；宥，宽也；密，宁也；缉，明也；熙，广也；亶，厚也；肆，固也；靖，龢也。"

2. 《礼记·乐记》："肃肃，敬也；雍雍，和也。"

3. 《吕氏春秋·不屈》："恺者，大也；悌者，长也。"

4. 《尸子·仁意》："春为青阳，夏为朱明，秋为白藏，冬为玄冥。四气和，正光照，此之谓玉烛。甘雨时降，万物以嘉，高者不少，下者不多，此之谓醴泉。祥风，瑞风也，一名景风，一名惠风。"

5. 《尸子》卷下："天神曰灵，地神曰祇，人神曰鬼。鬼者，归也。"

6. 《逸周书·谥法解》："勤，劳也；遵，循也；肇，始也；怙，恃也；享，祀也；锡，与也；典，常也；糠，虚也；惠，爱也；敏，疾也；捷，克也；载，事也。"

这些材料有的跟《尔雅》一样，有的不同于《尔雅》。这说明先秦时期的训诂学也有不同的流派，《尔雅》并不是将当时各派的训诂资料都收集起来了。再者，拿《尔雅》与《毛传》相比，二者也多有不同之处，如：

1. 《小雅·巧言》："蛇蛇硕言。"《尔雅·释训》："蛇蛇，美也。"《毛传》："蛇蛇，浅意。"

2. 《魏风·陟岵》："陟彼岵兮"，"陟彼屺兮"。《尔雅·释山》："多草木，岵；无草木，峐（屺）。"《毛传》："山无草木曰岵"，"山有草木曰屺"。与《尔雅》正好相反。

过去长期争论的一个问题：是《尔雅》抄《毛传》呢，还是《毛传》抄《尔雅》？我认为这两个说法都不正确。二书来源有同有异，不存在谁抄谁的问题。

主张《尔雅》成书于西汉的人，不仅认为《尔雅》抄《毛传》，甚而至于认为《尔雅》抄《史记》，这就更背于事实了。司马迁在《史记·五帝本纪》中翻译《尚书·尧典》的文字，无疑是以《尔雅》作为根据的。《汉书·艺文志》说："古文《尚书》者，出孔子壁中……《书》者，古之号令，号令于众，其言不立具，则听受施行者弗晓。古文读应《尔雅》,故解古今语而可知也。"什么叫做"读应《尔雅》"呢?陈澧在《东塾读书记》中解释得很好。他说:"观于《史记》采《尚书》,以训诂代正字而晓然矣。如'庶绩咸熙',《史记》作'众功皆兴'。庶,众也;绩,功也;咸,皆也;熙,兴也。皆见《释诂》。其一二字以训诂代者,如'寅宾',作'敬道','方鸠',作'旁聚'。寅,敬也;鸠,聚也。亦见《释诂》。此所谓'读应《尔雅》也。'"文学史家们津津乐道司马迁翻译了《尚书》中的某些古文,实际上只不过是司马迁根据《尔雅》"以训诂代正字"而已。"以训诂代正字"也就是"解古今语"。"古"是指《尚书》中用的古词,"今"是指《尔雅》中的释词。

看来,《尔雅》不是渊源于汉初经师的训诂,而是战国末年的人所编纂的名物释义书,在时代上比较合理。

我们为什么要把《尔雅》的成书定在战国末年呢?

上文我们否定了《尔雅》成于汉世的说法,但《尔雅》的成书也不可能是在战国末期以前,即不会是在春秋时期或战国初期、中期。因为对名物的释义,也有一个发展过程。这些释义资料,起先是零散的,由于资料的日渐增多,就会有人出来汇编成书。这种汇编工作也有一个发展过程,大概在战国中期就开始了,先是把有的名物释义编成单一的条目。如《尸子·广泽》就保存了这种性质的材料:

天、帝、皇、后、辟、公:〔皆君也〕。

弘、廓、宏、溥、介、纯、夏、幠、冢、晊、贩:皆大也。十有余名而实一也。

尸佼与商鞅同时,战国中期人。在他的著作中已经出现了类似《尔雅·释诂》中的词条,这是很值得我们注意的。一、它证明这种以一词释众词的释词方式在战国中期就已经产生了,《尔雅》只不过是将此种释词方式推而广之罢了;二、《尸子》明确谈到:用一个"大"字来解释十一个与"大"有关的词,是"十有余名而实一也",这证明先秦诸子研究词义是从辨名实出发的,他们是为了适应当时的名实之争而对词义发生兴趣的,这也可以间接证明《尔雅》并不完全是一部训诂书,从本质上看它是一部名书,是春秋时期开始的一直持续到战国时期的名实之争的产物。离开了这一时代背景,我们就很难找到更适合于它得以产生的历史条件了。战国末年的名书当不只是《尔雅》一种,西晋太康年间有人从魏王墓(战国末年的魏襄王或安釐王)中发掘出《名》书三篇,据说此书类似《尔雅》(参阅《晋书·束皙传》)。这条材料足以证明:《尔雅》之类的名书,在战国末年可能有多种。魏王把《名》书作为随葬物,也可看出这种性质的书在当时有很重要的地位。

第二、《尔雅》名义。《尔雅》这个书名也是判断其成书年代的好证据。何谓"尔雅"?有各种不同的解释。我以为刘熙的解释最好。

《尔雅》:尔,昵也;昵,近也。雅,义也;义,正也。五方之言不同,皆以近正为主也。(《释名·释典艺》)

"尔、昵""雅、义",各自以双声兼叠韵构成声训关系,这个我们可不去管它。要紧的是"五方之言不同,皆以近正为主"这句话。在刘熙以前,王充、郑玄等人只讲到《尔雅》是解经的,刘熙提出《尔雅》是释方言的,把这两种意见结合起来,才可以对《尔雅》作出全面评价。但刘熙所说的是什么时代的"五方之言"呢?"近"的是什么时候的"正"呢?从刘熙将《尔雅》这个条目安排在《国语》之后,《论语》之前来判断,当是指先秦时代了。

在春秋战国时期，存在一种"雅言"，这是人所共知的。《尔雅》的任务之一，就是以雅言为标准解释不同的方言词语。黄侃说："《尔雅》之作，本为齐壹殊言，归于统绪。"① 这个看法深得《尔雅》编者之意。就从经书的解诂来说，也不可能是随意的，一般均有师承为据。师又承于谁？师承于"雅"。用"雅言"（不仅有词汇问题，也有读音问题）去解经、去读经，这是社会的共同要求。"子所雅言，诗书执礼，皆雅言也。"② 就可以为证。

到了汉代，"尔雅"的"雅"不仅有"正"的意思，又增添了"古"的意思。先秦时候的雅言到这时已成为古言了。于是，"尔雅"这个词的意思与战国时候作为书名的《尔雅》已经有些不同了。

1.《大戴礼记·小辨》："《尔雅》以观于古，足以辩言矣。"

2.《史记·三王世家》："称引古今通义，国家大礼，文章尔雅。"

3.《史记·儒林列传》："文章尔雅，训辞深厚，小吏浅闻，不能究宣，无以明布论下。"

4.《史记·乐书》："至今上（汉武帝）即位，作十九章……通一经之士不能独知其辞，皆集会五经家，相与共讲习读之，乃能通知其意，多尔雅之文。"

5.《白虎通·礼乐》："乐尚'雅'何？雅者，古正也，所以远郑声也。"

6.《旧汉仪》："武帝初置博士，取学通有修，博识多艺，晓古文《尔雅》能属文章者为之。"

《尔雅》作为书名，原本是以雅言（标准语）解方言、以雅言（今语）解古语的意思。而上述的一至五例中的"尔雅"的"雅"都是"古雅"的意思，"尔雅"就是近乎古雅。"尔雅以观于古"是根据先秦雅言（对于汉人来说就是古言了）以了解古代；"文章尔雅"是指书奏文牍的体例近于古雅；"多尔雅之文"是指用了很多的文言字；"雅者古正"更是以古为正（标准）来释"雅"了；《旧汉仪》的《尔雅》是书名，这条材料说明汉武帝时一般人已经不能完全读懂《尔雅》，要"学通有修，博识多艺"的人才能通晓。因此，这时候有犍为文学起来给《尔雅》作注，这就是很可以理解的了。

第三、《尔雅》内容。《尔雅》的内容并非一时一地的产物，故此，仅据内容以判断其成书年代是有困难的，但其中有些内容还是可以帮助我们了解此书的时代背景的。如：

一、日本的内藤虎次郎曾根据《释地·九府》"中有岱岳（泰山）"一语，推断此篇编者"是以岱岳之附近为全国中央之思想"。又认为《释地·四极》云"距齐州（即中州）以南……"和《释言》"齐，中也"之思想大体一致，推断此篇所反映的"大约是战国文化中心之齐稷下多数学者所集之时代思想"（江侠庵编译《先秦经籍考》中册171页）。这样的推测是有意义的。在内藤之前，清代学者阮元就已指出："泰山者，古中国之中也……古中国地小，以今之齐国为天下之中。故《尔雅》曰：齐，中也。又曰：中有岱岳。"（阮元：《阅问字堂赠言》，见孙星衍《问字堂集》卷首）汉代人不可能有这样的地理观念，战国时秦楚人也不可能产生这样的地理观念，这是《尔雅》为齐鲁儒生

① 《黄侃论学杂著·尔雅略说》。

② 《论语·述而》。

所作的一个难以动摇的证据。

二、在地理方面还有两条材料也值得注意。一是《释地·十薮》与《周礼》《吕览》都不同。后二书只有"九薮"。《吕览》根本没有"大野",《周礼》虽有"大野",却名列第五,而《尔雅》将"鲁有大野"列为十薮之首,它这么突出鲁国的"大野",也证明此书的编者当是齐鲁人。还有,后二书的九薮之中都没有"焦穫",《尔雅》将"周有焦穫"列在最后,反映了齐鲁儒生不忘"尊周"的思想。二是《尔雅》在释"九州"称谓时,没有梁州,梁州是秦通巴、蜀之后才有的称谓,先秦典籍中,除《禹贡》外,《周礼》《吕览》等书都无梁州,这也可证《尔雅》成书在秦通巴蜀之前。可是,《尔雅》的九州却有"齐曰营州",《周礼》《禹贡》《吕览》都作青州。刘熙在《释名·释州国》中,释了汉代的十三州之后,又加上一笔说:"古有营州。"营州是汉以前的古制,先秦其他古籍均不载,仅见之于《尔雅》,这跟《尔雅》的编纂者为齐鲁儒生不无关系。

三、《释天·星名》一章,暗含着四象、十二次、二十八宿的体系,可是却没有出现"二十八宿"这样的称谓。"二十八宿"始见于《吕氏春秋·有始》,又见于《淮南子·天文训》,这是秦汉时候的天文术语。《周礼》有"二十八星"的总称,把"宿"也叫做"星",这是战国时候的用语,《尔雅》正与此合。如果《尔雅》是西汉时候的人编定的,不可能弃"二十八宿"这样的基本概念不用(司马迁称为"二十八舍","舍"与"宿"同义)。另外,十二次的名称,始见于《左传》《国语》,此后,直到刘歆之前,均未再见,这也可以证明《尔雅》非汉世产物。

从前研究《尔雅》成书年代的人,往往忽略"星名"一章。有人认为这些材料应出现于二十八宿的概念形成之前(如内藤虎次郎《尔雅新研究》说:"又星名一章……想是二十八宿说未发生以前之书。");也有的人疑心这是汉代人随意加进去的。总之,都没有发现:星名虽不全,只有十七个,而次序的排列却暗含着二十八宿的完整体系。

1978 年在湖北随县曾侯乙墓发现了二十八宿青龙白虎图象,这是迄今所知的最早记载二十八宿名称的文字资料。拿这份资料与《尔雅》的"星名"两相对照,二者排列次序完全一样,《尔雅》所不录的星名,都可以据曾侯乙墓星图在相应的位置上填补出来。请看下表。

问题在于有的星名为何《尔雅》不录呢?若说《尔雅》的"星名"早于二十八宿,为何次序与曾侯乙墓星图一丝不差呢?且十二次的名称,《尔雅》出现了九个。十二次是战国时候的产物,不得早于曾侯乙墓。若说《尔雅》乃是训诂之书,其不录之星名因经书中未之见,是又不然,如参星早已见之于《诗经》,《尔雅》若是专门释《诗》的,为何不载此星?这真是一个谜。最近,我把这些不录的星名与战国时的星宿分野联系起来考察(见上表),谜底终于揭开了。原来凡属于秦楚两国分野的星宿,《尔雅》就不录,不唯星名不录,秦楚两国的次名照样不录,这难道是偶然吗?我推断:《尔雅》不录秦楚分野的星名,纯系政治原因。战国末年的齐鲁儒生对西方的虎狼之秦,南方的蛮夷之楚,深怀敌意。他们在"星名"中把这两国的分野一笔抹掉,并非小题大做,而是表示了一种文化抗敌的心理。

第四、结构体例。《尔雅》结构完整,体例划一,这足以说明"递相增益"论是不正确的,但也是判断其成书年代的重要依据。《尔雅》乃"递相增益"而成,这个观点源于张揖。其后,内藤的《尔雅新研究》对《尔雅》各篇的成书年代分别作了考证,每一篇

曾侯乙墓 二十八宿	尔雅十七星名 及 九 次	星宿分野
角	角 〕寿星	〕郑
亢	亢	
氐	氐	〕宋
房	房 〕大火	
心	心	
尾	尾	〕燕
箕	箕 〕析木	
斗	斗	〕越
牵牛	牵牛 〕星纪	
女	○	〕吴
虚	虚 〕玄枵	〕齐
危	○	
西萦	定	〕卫
东萦	东壁 〕娵觜	
奎	奎 〕降娄	〕鲁
娄	娄	
胃	○	
矛	昴 〕大梁	〕魏
绊	毕	
觜	○	〕赵
参	○	
东井	○	〕秦
与鬼	○	
西	柳 〕鹑火	〕周
七星	○	
张	○	
翼	○	〕楚
轸	○	

之中，又考证其增益成分。我认为如此考证《尔雅》的成书年代是不恰当的，是扩大了"递相增益"的成分。

首先我们要把个别材料的年代和整本《尔雅》成书的年代分别开来看待。个别材料有"增益"的问题，而全书的编定不可能是"递相增益"而成。其次，后人"增益"的成分究竟占多大比例，是否影响了此书编定时的基本面貌，也是需要弄清的一个问题。

我个人认为，就《尔雅》一书的个别材料而言，它不是一个时代的东西。如《释鱼》的"鱼枕谓之丁，鱼肠谓之乙，鱼尾谓之丙""左倪不类，右倪不若"，这些恐怕都是殷商或西周早期的资料。这些材料一代一代传下来，可能也是有书为据的。我们可以这样设想，《尔雅》成书之前，已经有类似的著作存在了。但是，《尔雅》经战国末年齐鲁儒生之手编定为二十篇之后，在基本面貌方面不会有什么太大的变化。绝对不可能像梁启超说的那样：

　　东汉时代今《尔雅》尚未通行，尚未独立……篇幅一定没有今本那么多。今本之多，由于刘歆，刘歆才特别提出这书来，有一回征募了千余能通《尔雅》的人，令各记字廷中，也许就因这回《尔雅》才变成庞然大物。

　　这段话完全是私逞臆说。据《汉书·王莽传》载："是岁（汉平帝元始四年）……益博士员，经各五人，徵天下通一艺教授十一人以上，及有《逸礼》、古《书》、毛《诗》、《周官》、《尔雅》、天文、图谶、钟律、月令、兵法、史篇文字，通知其意者，皆诣公车，网罗天下异能之士，至者前后千数，皆令记说廷中，将令正乖缪、壹异说云。"王莽不只是把通《尔雅》的人找了来，也把通《诗》《书》《礼》……的人找了来，其目的是为了"正"文字之"乖缪"，"壹"训诂之"异说"，并没有说对《尔雅》原书有什么"增益"。元始五年又"征天下通知逸经古记……及以五经、《论语》《孝经》《尔雅》教授者……遣诣京师，至者数千人"（汉书·平帝纪）。西汉末年《尔雅》已是教科书，"东汉时代今《尔雅》尚未通行"之说也不能成立。梁启超的老师康有为是今文学家，他把先秦时代一些重要古籍都说成是刘歆伪造的。梁启超认为是刘歆把《尔雅》"变成庞然大物"，也是受了康有为的影响。

　　《尔雅》是一部结构完整、体例划一的著作。全书二十篇（这是《汉书·艺文志》的说法。今《尔雅》只有十九篇，有人析《释诂》为上下两篇，有人则认为另外有一个"序篇"，已失传）的篇题一律作《释×》，篇与篇之间的先后次序也是经过周密考虑的。《释诂》《释言》《释训》三篇，属于语词部分，其中有形容词，名词，也有动词。《释亲》以下十六篇，几乎全是名词，其中《释亲》《释宫》《释器》《释乐》四篇是对于人物称谓日用器物的释义；《释天》至《释畜》十二篇属于自然科学的名物释义，其中《释天》《释地》《释丘》《释山》《释水》五篇为一组，是对天文地理名词的释义，《释草》《释木》《释虫》《释鱼》《释鸟》《释兽》《释畜》七篇是关于动植物名称的释义。

　　就各篇内部考察，各词条出现的先后，词条与词条之间的关系，虽说不上是精心设计，但布局大体上是统一的，有少数地方安排不合理，有些内容为书成之后所增益，基本上可辨别出来。如第一篇《释诂》的第一个词条是："初哉首基……始也。"最后一个条目是："求酉在卒……终也。"从"始"到"终"，这是编纂者的构思。在"终也"之后还有一个条目："崩薨……死也。"这可能是后人加进去的，即所谓"增益"成分。第二篇《释言》的第一个词条是："殷齐，中也。"最后一个词条是："弥，终也。"由"中"到"终"，也是原编者的构思，无任何"增益"迹象可言。又如第十一篇《释山》，开篇第一条释五岳："河南华，河西岳，河东岱，河北恒，江南衡。"篇终又出现释五岳："泰山为东岳，华山为西岳，霍山为南岳，恒山为北岳，嵩高为中岳。"这条材料很明显为后人所增益，以嵩山为中岳，非齐鲁儒生的思想。

　　就《尔雅》的释词方式而言，各篇内部的释词方式基本一致。如《释诂》《释言》《释训》三篇都是："×××……，×也。"唯一的例外是《释训》的最后一个词条："鬼之为言归也。"《尔雅》全书不见"之为言"这种释词方式，似系后人"增益"。还有，汉代常用的释词方式，如"某某声""某某貌""某某然"，均不见之于《尔雅》①，仅此一条，也可以推倒《尔雅》成书于汉世的说法。

确定了《尔雅》的成书年代，就可以进一步论定它的性质了。《尔雅》是一部什么性质的书，历来有各种不同的说法。有的说它是字典②，有的说它是训诂札记③，有的说它开类书之先河④，有的说它是百科全书⑤。这些看法都有一定的道理，也都有一定的事实作为依据，但与此书编纂者的本意未必相符合。

我认为，《尔雅》是一本为两个目的服务的教科书。欧阳修说："《尔雅》出于汉世，正名命物，讲说者资之。"⑥ 这三句话讲了三个问题。第一句讲了成书年代问题，这是我们所不赞同的，上文已经论说过了；第二句讲了编《尔雅》的目的，第三句讲《尔雅》的性质是教科书。"讲说者"就是老师，"资之"就是以《尔雅》为凭藉、依据。明代的乔世宁也说："古者《尔雅》列诸小学，盖识名物、便训诂，自童子始也。"⑦ 王国维只谈到《尔雅》在汉代是教科书⑧，事实上，汉代用《尔雅》作教科书当是承先秦旧制。阮元说："《大戴记·小辨》一篇，足明《尔雅》之学。小辨者，一知半解之俗学也，鲁国当时或有此学。……又曰：'士学顺辨言以遂志。''顺'，与'训'通借，即训诂之'训'，'遂志'者，通其意也。不学其训，则言不辨，意不通矣。"⑨ 阮元的意思也是要说明在鲁国曾有"学顺辨言"的"俗学"，《尔雅》也是这种性质的读物。

"正名命物"是《尔雅》的第一个目的。清代的《尔雅》专家邵晋涵也说："《尔雅》者，正名之书也。"⑩《尔雅》的正名有两个内容，即：辨名物；释方语。《周礼·地官》说，大司徒的职责之一就是要辨九州之"山、林、川、泽、丘、陵、坟、衍、原、隰之名物"。又《天官·庖人》说："掌共（供）六畜、六兽、六禽，辨其名物。"所谓"辨名物"是指对客观事物本身的名号与实体进行分辨，将分辨的结果笔之于书，就成为名书了。我们看《尔雅》中的释丘、山、兽、畜等篇，就可以证实《周礼》所说的"辨名物"乃实有其事，非纸上空谈。先秦时代，反映事物的"概念"，表示概念的"词"，纪录词的"字"，统称为"名"。《尔雅》作为一部"正名之书"，既是在辨析事物的概念（如属概念、种概念等），也是对名词进行释义，这在战国时代是一件很重要的事情。正名的第二个内容就是释方语。释方语的办法是以雅言为标准，比较各方言区的有关词汇。有的是同一事物有不同的方言名称。如："中馗，菌。""菌"是江东方言。"蛭，蟣。""蟣"也是江东方言。有的只是方音不同。如："茨，蒺藜。""蟰，蛸。""仓庚，商庚。"从这个意义上来说，《尔雅》与《方言》有相同之处。《方言》卷一共计三十二个词条，

① 阅洪诚：《训诂杂议》，《中国语文》1979 年第 5 期。
② 我曾经和程湘清同志合写一文《中国第一部字典——〈尔雅〉》，光明日报 1961 年 6 月 4 日。
③ 陆宗达：《训诂简论》，北京出版社 2002 年版，第 7 页。
④ 刘叶秋：《类书简说》，上海古籍出版社 1980 年版，第 8 页。
⑤ 蔡声铺：《尔雅与百科全书》，《辞书研究》1981 年第 1 期。
⑥ 《欧阳修全集》，世界书局 1936 年版，第 999 页。
⑦ 《丘隅意见》，《丛书集成初编》本，第 2 页。
⑧ 《观堂集林·汉魏博士考》。
⑨ 《揅经室集·与郝兰皋户部论〈尔雅〉书》。
⑩ 《尔雅正义》卷十二，第 2 页。

其中有十七个词条与《尔雅》相同或基本相同，占一多半。《尔雅》有相当一些篇如果在释词部分加上方言区名，就成了《方言》，《方言》如果将释词部分的方言地名通通删掉，就会和《尔雅》某些篇的面目一个样了。《尔雅》如此关心当时的方言，是由此书的性质决定的。阮元说："《尔雅》一书皆引古今天下之异言，以近于正言。夫曰'近'者，明乎其有异也。正言者，犹今官话也；近正者，各省土音近于官话者也。扬雄《方言》，自署曰《輶轩使者绝代语释别国方言》，夫'绝代''别国'，尚释之，况本近者乎!"① 从政治观点看，研究方言也是为了加强与诸侯国之间的联系。"习俗不同，言语不通，我得其地不能处，得其民不能使。"② 在"五霸""七雄"相争的时代，言语问题是何等的重要。《周礼·秋官·大行人》："王之所以抚邦国诸侯者……七岁属象胥，谕言语，协辞命；九岁属瞽史，谕书名，听声音。"周天子每逢七年要把象胥（译官）召来，每逢九年要把瞽史（乐师和史官）召来，谕之以言语，谕之以书名（书之字），当时也应该是有教材的，这种教材的进一步演变，就是《尔雅》这种性质的名书。

　　《尔雅》作为一本教科书，还有第二个目的就是解经，过去有的论者只讲《尔雅》是为经学服务的，这个看法失之片面，但并非全错。周初流传下来的文献，到春秋战国时代已是"古代汉语"了，不经老师的训释，孩子们是读不懂的。《释训》把《诗经》中的叠字和释语编成大段韵文，就是为了便于儿童记忆。《尔雅》把一些意义相关的词系联为一个词条，然后用一个词去加以解释，这个办法也可能是经师们的创造，其目的也是为了便于记忆。当时的注文并不附在经文之下，是独立成篇的，把独立成篇的注文贯通起来，再按意义加以分类，就造成了《尔雅》式的名书。从词典编纂的历史来看，《尔雅》首创了按词的义类编排词汇的体例。它把两千来个词条分成十九个大类，基本面貌是清楚的。后世的"雅书"差不多都模仿了这个分类法。按义类编排词汇，不便于人们查检，但《尔雅》原本就不是供查检用的字典，我们又何必用字典的标准来苛求它呢。

　　原载《语文研究》1984 年第 2 期。

---

　　①　《揅经室集·与郝兰皋户部论〈尔雅〉书》。
　　②　《吕氏春秋·知化》。

史 部

编年类

《今本竹书纪年》并非伪书说

杨朝明

依照传统的看法，《今本竹书纪年》已是公认的伪书，对该书之真伪再加议论已大无必要。当年，陈逢衡《竹书纪年集证》据今本加以注解，王国维就颇不以为然，王氏所作的《今本竹书纪年疏证》（下文简称《疏证》）刊而行世，用他自己的话说，乃是"惧后世复有陈逢衡辈为是纷纷"；朱右曾在《汲冢纪年存真序》中，亦言今本"不知何年何人，捃拾残文，依附《史记》，规仿紫阳《纲目》"而成，并指出"今本之可疑者十有二"；范祥雍也说："《今本纪年》之伪，经过清代以来学者们反复考证，已为定谳，无须再买菜求益了。"① 今日，我们细细审察《今本竹书纪年》后，却深感人们对它的评判很有不公，《今本竹书纪年》实有极其重要的史料价值。我们认为，仅从王国维先生的《疏证》中寻求内证，就足可证明《今本竹书纪年》之真，这些宝贵的资料被弃置不用，至为可惜！因此，我们不得不甘冒"买菜求益"之讥，再对《今本竹书纪年》的史料价值进行初步讨论，以期引起学界注意，来日再做系统深入的论证。

汲冢所出的《纪年》的原简早已散佚，清代以来的学者如朱右曾、王国维、范祥雍等都曾着力搜求南北朝至北宋的古注、类书中所引《纪年》佚文，加以汇辑、补充和校订，基本恢复了《竹书纪年》的概貌，人们不仅称其为《古本竹书纪年》，而且也当然地对其信而不疑。

---

① 范祥雍：《关于〈古本竹书纪年〉的亡佚年代》，《文史》第 25 辑。

但《今本竹书纪年》的情况则比较复杂。清四库馆臣说："然反复推勘，似非汲冢原书。"经过论证，其结论是"其伪则终不可掩也"，他们之所以为该书作了"提要"，用他们自己的话说，只是因为该书"自明代以来流传已久，故录之以备一说"①。梁启超在所著《中国历史研究法》中谈到辨识伪书的公例时也说："其书原本，经前人称引确有佐证，而今本与之歧异者，则今本必伪。如《今本竹书纪年》。"②王国维对《今本竹书纪年》更持坚决的否定态度。他作有《今本竹书纪年疏证》，用惠栋《古文尚书考》、孙志祖《家语疏证》的方法，找出《今本竹书纪年》中材料之所出，认为"今本所载殆无一不袭他书。其不见他书者，不过百分之一，又率空洞无事实，所增加者年月而已。且其所出，本非一源，古今杂陈，矛盾斯起。既有违异，乃生调停，纠纷之因，皆可剖析。夫事实既具他书，则此书为无用；年月又多杜撰，则其说为无徵。无用无徵，则废此书可"。③

笔者的看法与王国维等有所不同。首先，从王国维对今本《纪年》的研究中，我们便可得到一些启示。王国维治《竹书纪年》，既成《古本辑校》一卷，他当然会"复怪今本《纪年》为后人蒐辑"，因为二本差异极大，而且今本亦名《竹书纪年》。但我们不可忽略这样的事实：王国维虽然说"今本所载殆无一不袭他书"，但同时也承认其中有"不见他书者"。而这些不见于他书的材料当然也并不像王国维所说"空洞无事实"，只要稍观王书没有疏证之语的诸条《纪年》原文便知这一点。对于上古历史的研究来说，任何新的文献材料都弥足珍贵，这是不言而喻的。

仔细审察王国维《疏证》，就不难注意到王国维所说《今本竹书纪年》抄袭他书的材料，其实并看不出其间的直接抄袭痕迹。随意举周成王八、九两年的材料为例即可明了这点：

今本《纪年》	王国维《疏证》
八年春正月，王初莅阼亲政。	《文王世子》："成王幼，不能莅阼。"
命鲁侯禽父、齐侯伋。迁庶殷于鲁。	《左·定公四年传》："分鲁公以殷民六族。"
作"象舞"。	《吕氏春秋·古乐篇》："商人服象，为虐于东夷，周公遂以师灭之，至于江南，乃为'三象'以彰其德。"
冬十月，王师灭唐，迁其民于杜。	《左·襄公二十四年传》："在周为唐杜氏。"又《昭元年传》："及成王灭唐。"
九年春正月，有事于太庙，初用"勺"。	《春秋繁露·三代改制质文篇》："周公辅成王，作'汋乐'以奉天。"
肃慎氏来朝，王使荣伯赐肃慎氏命。	《尚书序》："成王既伐东夷，息慎来贺，王俾荣伯作《贿息慎之命》。"

实际上，王氏《疏证》中的绝大部分都是如此，他所列用以疏证《今本竹书纪年》

① 《四库全书总目》卷四七《史部·编年类·竹书纪年提要》。
② 《中国历史研究法》第五章《鉴别史料之法》。
③ 《今本竹书纪年疏证》"前言"。

的材料，仅仅能说明《今本竹书纪年》所言有本，而以此认为其"杂陈"各书显然非是。与王国维相反，笔者倒认为《今本竹书纪年》有其他资料佐证其不是无根之谈，却恰恰反衬出该书的重要性来。

但是，王国维疏证《今本竹书纪年》应用古注、类书等所引《纪年》（我们姑称之为古本《纪年》）时的情况则属例外，并与前述情况形成了鲜明的对照，这便是二者的相通、相因痕迹极其显然。试以西周时期周厉王以前的材料为例以资比较：

今本《纪年》	古本《纪年》
1.（武王）十二年辛卯，王率西夷诸侯伐殷，败之于坶野。	王率西夷诸侯伐殷，败之于坶野。（《水经·清水注》引）
2. 王亲禽受于南单之台，遂分天之明。	王亲禽帝受于南单之台，遂分天之明。（《水经·清水注》引）
	王亲禽受于南单之台。（《初学记》二十四引）
3.（康王）六年，齐太公薨。	康王六年，齐太公望卒。（《太公吕望表》）
4. 九年，唐迁于晋，作宫而美，王使人让之。	晋侯作宫而美，康王使让之。（《书钞》十八引）
5.（昭王）十六年，伐楚荆，涉汉，遇大兕。	周昭王十六年，伐楚荆，涉汉，遇大兕。（《初学记》七引）
6. 十九年春，有星孛于紫微。	周昭王末年，夜清，五色光贯紫微。其年，王面巡不返。（《御览》八百七十四引）
7. 天大曀，雉兔皆震，丧六师于汉。	周昭王十九年，天下曀，雉兔皆震，丧六师于汉。（《初学记》七引）
8.（穆王元年）筑祇宫于南郑。	穆王元年，筑祇宫于南郑。（《穆天子传》注引）
9. 自武王至穆王享国百年。	自武王至穆王享国百年。（《晋书·束皙传》引）
10. 八年，北唐来宾，献一骊马，是生騄耳。	北唐之君来见，以一騄马是生騄耳。（《穆天子传》注引。《史记·秦本纪》集解引"騄"作"骊"）穆王十七年，西征昆仑丘，见西王母。其年来见，宾于昭宫。（《穆天子传》注引）
11. 十七年，王西征昆仑丘，见西王母。其年，西王母来朝，宾于昭宫。	
12.（秋八月）王北征，行流沙千里，积羽千里。	王北征，行流沙千里，积羽千里。（《大荒北经》引）
13. 征犬戎，取其五王以东。	征犬戎，取其五王以东。（《穆天子传》注引）
14. 西征，至于青鸟所解。	西征，至于青鸟所解。（《西次三经》注引）
15. 西征还履天下，亿有九万里。	西征还履天下，亿有九万里。（《穆天子传》注引）
16. 三十七年，大起九师，东至于九江，架鼋鼍以为梁。伐越，至于纡。	穆王三十七年，伐越，大起九师，东至于九江，叱鼋鼍以为梁。（《文选恨赋》注引）

续表

今本《纪年》	古本《纪年》
17. （懿王元年春正月）天再旦于郑。	懿王元年，天再旦于郑。（《事类赋》注、《御览》二引）
18. （夷王）二年，蜀人、吕人来献琼玉，宾于河，用介圭。	夷王二年，蜀人、吕人来献琼玉，宾于河，用介圭。（《书钞》三十一、《御览》八十四引）
19. 三年，王致诸侯，烹齐哀公于鼎。	三年，王致诸侯，烹齐哀公于鼎。（《御览》八十四引）
20. 六年，王猎于社林，获犀牛一以归。	夷王猎于桂林，得一犀牛。（《御览》八百九十引）
21. 七年，虢公帅师伐太原之戎，至于俞泉，获马千匹。	夷王衰弱，荒服不服，乃命虢公率六师伐太原之戎，至于俞泉，获马千匹。（见《汉书·西羌传》，其注曰："见《竹书纪年》。"）
22. 冬，雨雹，大如砺。	夷王七年冬，雨雹，大如砺。（《初学记》二、《御览》十四引）

在上列材料中，第 1、2、7、8、9、12、13、14、15、17、18、19、22 共 13 条今、古本内容完全相同，只是有无纪年的差别；第 3、4、5、10、11、16 共 6 条今、古本仅有小异，这些差异绝不影响文义，显系经过了后人的稍稍改动。而这些改动终不掩今、古本系来源相同；第 20 条今本"社林"《御览》所引作"桂林"，则是传抄之误；第 6 条在表述上有些差别，或者是《御览》所引时的改动，因为其首句"周昭王末年"就明显不是《纪年》之语，且《御览》引书而稍加改动的情况是常有的；第 21 条古本原出《汉书》，只是《汉书》注说"见《竹书纪年》，此可能是其事互见，而不一定是语句完全相同，二者有详略之异亦属正常"。

通过上述 22 条材料的比较，谁也不会怀疑今本《纪年》与古本《纪年》之间的联系。但今本《纪年》又不是"从古注、类书中所引'古本'辑录出来的"①，这从前引资料中便可察得。如第 1、4、6、8、10、12、20、21 条，比之古本，今本《纪年》在时间或内容上都较为明确、具体。如果仅从所用 22 条比较材料看，我们说古本的材料是从今本中来也能讲通，而反过来却不然。据笔者粗略统计，《今本竹书纪年》王国维以古注、类书等所引古本《纪年》加以疏证的，上卷有 75 条，下卷有 160 条。经细致对比，发现它大致与西周厉王前的我们所引 22 条材料情况相同。只是上、下卷的情形略有区别。上卷中虽然今、古本相通处很多，但也有几处不同，如果认为今本源于古本，则今本似乎进行过改编；而下卷除了纪年上的不同外，内容方面几无差别。下卷有大量的例证可以说明今本绝非辑录而成，因为古本"不云何年"的材料在今本中都有并非不恰当的各自位置。《今本竹书纪年》的写定者如果没见到汲冢原简或没有散佚的古本，而是从类书、古注中辑录而来，那么，我们就很难想象其如何加以编排。

总之，《今本竹书纪年》到底是怎样成书的还是个谜。但有一点可以肯定，即它的史

---

① 方诗铭、王修龄：《古本竹书纪年辑证·前言》，上海古籍出版社 1981 年版。

料价值是极高的，这些材料即使不是直接采自汲冢原简，也会取自散佚之前的古本《纪年》。美国学者夏含夷曾发现了《今本竹书纪年》中西周初期部分的一处错简，即今本中武王纪谱里的"十五年肃慎氏来宾初狩方岳诰于沫邑冬迁九鼎于洛口十六年箕子来朝秋王师灭蒲姑□十七年" 40 个字，可能原来置于成王十四年和十八年之间。① 其论证可以信从。② 由于古本《纪年》的此处材料已经不存，我们已无从判定古本此处是否亦误，因而也不能肯定《今本竹书纪年》是否直接采自原简，但由此完全可以认为《今本竹书纪年》具有相当的史料价值。

清代学者钱大昕说："今本《竹书纪年》乃宋以后人伪托，非晋时所得古本。"由于今本于晋、魏之世改用周王纪年，反注晋、魏世年于下，钱氏还说："此例起于紫阳《纲目》，唐以前无有也，况在秦、汉以上乎？《纪年》出于魏、晋，固未可深信，要必不如俗本（按：指今本）之妄。"③ 钱大昕之说代表了现在一般学者的看法。古本《竹书纪年》整理问世后，由于它与传统的古史说法有较大差距，故而不被学界重视。因此，唐代以后该书逐渐散失，最后终至归于亡佚。而今本到明朝嘉靖年间方始行世，而且与一般所认为的古本差异较大，还有一些明显的错讹，人们便自然地视其为伪品了。其实，汲冢书的整理是比较复杂的，《竹书纪年》也是如此。《晋书·束皙传》曰："《纪年》十三篇，纪夏以来至周幽王为犬戎所灭，以事接之，三家分，仍述魏事。"杜预《春秋经传集解后序》亦云："《纪年》篇起自夏、殷、周。"但《史记·魏世家》集解引荀勖曰："和峤云'《纪年》起自黄帝，终于魏之今王'。"荀勖、和峤、束皙、杜预等都参加了汲冢竹简的整理与研究，所以《纪年》到底起自黄帝还是始于夏代，尚难遽定。然从《纪年》留存下来的材料看，其中有夏代以前的内容是没有疑问的。今本如此，古本也是这样，传统上整理古本《纪年》的次序一般自黄帝开始。朱右曾信从《竹书纪年》起自三代说，故有疑问曰："岂编年纪事始于夏禹，而五帝之事别为一编乎？"所以方诗铭、王修龄之《古本竹书纪年辑证》遂据以以"夏纪"起始，而关于五帝之佚文则别为"五帝纪"以

① ［美］夏含夷：《也谈武王的卒年——兼论〈今本竹书纪年〉的真伪》，载《文史》第 29 辑。
② 只是夏含夷说这处错简是西晋学者们在整理竹简时误排，其实未必。可能汲冢原简就是如此，因为战国时期的晋、魏史官当时对周初年代就有这种错误看法。如《国语·周语下》曰："昔武王伐殷，岁在鹑火"，《晋语四》曰："晋之始封也，岁在大火"；又曰："岁在大火……唐叔以封。"按照《今本竹书纪年》，武王灭殷后第五年去世，第六年为成王元年，唐叔被封在成王十年，也就是说"王命唐叔虞为侯"在武王灭殷后第十五年。按照岁星十二星次：星纪、玄枵、娵訾、降娄、大梁、实沈、鹑首、鹑火、鹑尾、寿星、大火、析木，武王克殷岁在鹑火，以后第十五年恰好岁在大火。是则《今本竹书纪年》与《国语》正相吻合。今之学者已经论定：《国语》所载的岁星所次"不合天象"，"它是战国初期晋、魏史官根据历史年数依岁星十二年一周天逆溯来的"，"《国语》的岁次，以夏历为准，这是根据秦纳重耳岁在大梁、晋取五鹿岁在鹑尾确定的"。（白光琦：《西周的年代与历法》，载陕西历史博物馆编《西周史论文集》上册，陕西人民教育出版社 1993 年版）"有的学者论证认为《国语》所述天象是后人伪造的。"（张培瑜：《西周天象和年代问题》，载上揭《西周史论文集》）《今本竹书纪年》的原本亦出于先秦时期的晋、魏史官之手，可能是他们根据自己对西周年代的理解对竹简早有误排。此外，夏含夷将成王纪谱中的文字按每字一简进行排列时，将《今本纪年》的"元年丁酉春正月"作"元年春正月"，略去"丁酉"二字，不知何故。当然，《今本纪年》是后人整理的结果，其中各王元年的干支纪年或为整理者所加。不过"十五年肃慎氏来宾……十七年"共 40 字原在一简是极可能的。
③ 钱大昕：《十驾斋养新录》卷十三。

附于夏、殷、周纪之后。

我们推测，汲冢所出《纪年》的原简，前面的部分可能有所散乱，所以《隋书·经籍志》著录"《纪年》十二卷"的同时有注曰："汲冢书，并《竹书同异》一卷。"《晋书·束皙传》说《纪年》十三篇，可能即包括《竹书同异》在内，因为当时汲冢书"卷即篇也"①。可能正由于竹简的散乱，当时才出现了对于《纪年》起始的意见分歧。但荀勖、和峤与束皙、杜预又有不同，荀、和二人是亲自写定《竹书纪年》等的人②，荀、和二人言《纪年》始于黄帝颇耐人寻味。

这样，《今本竹书纪年》的出现可能有两种情况：一是和峤在杜预等人所说的本子之外，根据汲冢的《纪年》原简另行写定，后由人进行过整理，并用沈约的名义加了注；二是有人鉴于杜预等人所说的本子存在一些问题，便据而重新改编，这种改编主要做了四个方面的工作：1. 把夏代以前的资料编成"五帝纪"置于最前面；2. 以沈约的名义加进《宋书·符瑞志》等的内容，作为《纪年》的注；3. 或据《晋书·束皙传》所言《纪年》"大略与《春秋》皆多相应"，从而改动《纪年》，使之具有了"书法义例"，如将夏代灭亡前的"殷王"改为"殷侯"，将商朝灭亡前的"周王"改为"周公"，"齐太公望卒"改为"齐太公薨"，"许文公"改为"许男"等等；4. 将东周时期的晋、魏纪年改为周王纪年。此外，清人说"沈约注外又有小字夹行之注，不知谁作"③，我们认为此夹注就是以沈约名义作注者所加。不过，由于该书面世较晚，整理研究者不多，故现本仍存在不少问题。但该书作者绝对不是有意作伪，这是完全可以肯定的。不然的话，其作伪之手法也太过于拙劣了。

当年，梁启超总结清代学术时，将清儒研究《纪年》者分作四派：1. 并汲冢原书亦指为伪撰者；2. 并今本亦信为真者；3. 以古本为真，今本为伪者；4. 虽不认今本为真，然认为全部皆从古本辑出者。④ 我们的意见，第1、3两种看法显属不当，而2、4两种看法亦有不妥，今本显然不是汲冢原简，而是经过了后人整理，只是它与作伪有根本不同；如果当时人依据整理后的本子改编，显然也与从古本中辑佚属于两回事。

学界多以《竹书纪年》出于南宋以后人的伪造，今人范祥雍新的研究依然如此。但这种看法还有不少无法圆满解释的疑点：

（1）宋代许多公私藏书著录（如王尧臣等《崇文总目》、晁公武《郡斋读书志》、陈振孙《直斋书录解题》等）都不载《竹书纪年》，而《宋史·艺文志》却载有"《竹书纪年》三卷"，注为"荀勖、和峤编"，卷数与古本《纪年》差异极大，"书名和卷数似与《今本纪年》接近"⑤，因为现《今本竹书纪年》二卷，直名"竹书纪年"，而古本则十二卷，并《竹书同异》一卷，且其名只称《纪年》。

（2）宋代文献有引《今本竹书纪年》者。南宋罗泌《路史·国名记戊》引《纪年》

---

① 郝懿行：《竹书纪年校证》。

② 《玉海》四十七引王隐《晋书·束皙传》曰："太康元年，汲郡得竹书漆字科斗之文，大凡七十五卷。……《纪年》二十卷……诏荀勖、和峤以隶字写之。"见清人汤球辑《九家旧晋书辑本》之王隐《晋书》卷六，中州古籍出版社 1991 年版。

③ 《四库全书总目》卷四十七《史部·编年类·竹书纪年提要》。

④ 《中国近三百年学术史》十四。

⑤ 范祥雍：《关于〈古本竹书纪年〉的亡佚年代》，《文史》第 25 辑。

云："（周）桓王十二年冬，秦侵芮。冬，王师、秦师围魏，取芮伯万而东之。此文亦见于《水经·河水注》引《纪年》，只是其文作'晋武公八年'为异。"同书又引《纪年》"桓王十七年，楚及巴伐邓"。此二"桓王"皆为周桓王，而"王师"为周师。以周王纪年，这是《今本纪年》为例，不合于《古本纪年》记晋、魏世纪年之例。前条见于《今本竹书纪年》而多一"冬"字，后条则不见于《今本竹书纪年》。罗泌是否已见今本《纪年》虽难断定，但可能性极大。

引《纪年》之文而又于晋、魏之世用周王系年者不独见于《路史》。成书于北宋初年的《太平御览》卷一百四十七引《纪年》："幽王八年，立褒姒之子伯服，以为太子。"幽王为周幽王，八年当晋文侯七年。此条见于《今本纪年》，作"幽王八年，王立褒姒之子曰伯服，以为太子"。《御览》卷八百八十引《纪年》："周隐王二年，齐地暴长，长一丈余，高一尺。"隐王即周赧王。此条见于《今本纪年》隐王二年，文字全同。这二条并见于《今本纪年》，而为他书所未引。

这里涉及一个问题，即《古本纪年》周王纪年何时改为晋纪年。杜预《春秋经传集解后序》曰："惟特记晋国，起自殇叔。"据此，晋纪年可能始于幽王即位前三年的宣王四十四年。正因如此，朱右曾的《汲冢纪年存真》、王国维的《古本竹书纪年辑校》、范祥雍的《古本竹书纪年辑校订补》都自殇叔始即列晋国年次，而以幽王之事附见。但《晋书·束皙传》说："其《纪年》十三篇，记夏以来至周幽王为犬戎所灭，以事接之，三家分，仍述魏事至安僖王之二十年。"据此，晋纪年可能在幽王去世后始。这表明《纪年》当时到底如何，确有不少难解的问题。如果是这样，《御览》所引《纪年》幽王时的材料还不能定为来自今本。

但《御览》所引"隐王"却可以肯定来自今本。隐王即赧王，此称不见于其他载籍，只见于《今本纪年》，其下有双行夹注校文，云"《史记》作赧王，名延，盖赧、隐声相近"。范祥雍先生也注意到了这个问题，他说："考司马贞《史记索隐》常喜引《纪年》以证异，然在《周本纪》赧王下，他历引皇甫谧、王劭诸说而不提《纪年》，也无'隐王'之称，张守节《正义》也没有，可见《古本纪年》不会有'隐王'的。今所据的《御览》为影印宋蜀刻本，也不应有后人据《今本纪年》追改《御览》之理。"①

（3）《今本纪年》之《殷商纪》太戊下"沈注"的"商道复兴，庙为中宗"有双行夹注云"《竹书》作太宗"，此无疑表明夹注作者亲见了《竹书纪年》。

以上几点，范祥雍先生在推论《古本》亡佚和《今本》出现的年代时已经提到，虽然他仍坚认《今本》之出在宋代以后，但对以上疑点亦有的并没有"轻加臆决"，如鉴于《宋志》所言《纪年》卷数与古本差距甚巨而又没讲清楚，故言"尚须另外查证"，对《御览》引有"隐王"之称，也说"书阙有间，只能待考"。②

至于钱大昕等对《今本纪年》于晋、魏之世改用周王纪年，反注晋、魏世年于下，而云"此例起于紫阳《纲目》，唐以前无有也"，范祥雍所论正可作为解释："尊王重统乃是我国古老的传统观念，不自朱熹《纲目》始有之。其源早见于表谱。在同一时期，诸侯并列，各自纪年，择一宗主国统摄之，便于读史省检，此也自然趋势。刘知几《史

---

① 范祥雍：《关于〈古本竹书纪年〉的亡佚年代》，《文史》第 25 辑。
② 范祥雍：《关于〈古本竹书纪年〉的亡佚年代》，《文史》第 25 辑。

通·表历》云：'当春秋、战国之时，天下无主，群雄错峙，各自年世。若申之于表，以统其时，则诸国分年，一时尽见。'说明用意。司马迁撰《史记》，其《十二诸侯年表》《六国表》，以周秦纪年总摄诸国的年世，即采此法。进一步发展，又有'改表作法'，如何法盛《中兴书》，更为简切。何书今虽不见，从刘知幾之言可以概知。崔鸿撰《十六国春秋》，皆记北朝诸国事，而《史通·探赜》云'鸿书之纪纲皆以晋为主'，尽管它不载东晋王朝史事。"① 据此，即使荀勗、和峤改《竹书》中魏、晋纪年为周王纪年也可以讲通。

此外，《太平御览》引《纪年》较多，但并不一定全部直接采自原书，它有可能从前代类书中转抄而来。《太平御览》成书前，已经有《修文御览》《艺文类聚》《文思博要》等类书，北宋编修《太平御览》时，即以这些类书为蓝本，参详条次，修葺增删而成。如《修文御览》，又称《修文殿御览》，是北齐后主高纬时代官修的一部类书。此书传世时日较久，南宋时还全部存在，《中兴馆阁书目》《遂初堂书目》《直斋书录解题》都有著录。据近人曹元忠考证，《太平御览》不仅内容条文多取材于《修文殿御览》，即其体例亦摹拟搬取②，《太平御览》所引《纪年》有的明显来自古本，而其又间引今本，不知所引今本是否系从前代类书转引而来。如果是这样，《今本竹书纪年》之写定的时代会更早，也就是说由晋时和峤亲自写定的可能就更大。

当然，《今本纪年》中也存在一定的问题，但这些问题似无妨碍本文之论断者。我们可以对具体的问题进行具体的分析，如《今本纪年》于周武王十七年纪谱下曰："冬十有二月，王陟，年九十四。"而《路史·发挥》卷四、金履祥《通鉴前编》卷六皆引《竹书纪年》："武王年五十四。"是今、古本记武王年龄居然相差 40 岁。然《今本纪年》与古本的此处差异却恰可说明今本之有重要价值，因为"五""九"二字之手写体是很容易互讹的。如关于殷高宗的享国时间，《史记·鲁周公世家》说："高宗享国五十五年"，而《尚书·无逸》却说："高宗之享国，五十有九年。"显属"五""九"相讹之例。又如《晋书·王祥传》说王祥临死时著遗令训子孙曰："夫生之有死，自然之理。吾年八十有五，启手何恨。"是其享年 85 岁。但《三国志》卷十八《吕虔传》裴松之注引王隐《晋书》却记曰："祥始出仕，年过五十矣……泰始四年，年八十九薨。"这又是"五""九"相讹之例。如果今、古本《纪年》所记周武王享年也是如此，则说明不是今、古本《纪年》同据汲冢竹简写定，就是今本据古本改写而成。因为将《路史》《通鉴前编》所引《纪年》与《今本竹书纪年》相对照，《今本竹书纪年》显然不是从前者辑录而来。既然如此，二者同源就可以肯定了。

原载《齐鲁学刊》1997 年第 6 期。

---

① 范祥雍：《关于〈古本竹书纪年〉的亡佚年代》，《文史》第 25 辑。
② 《唐写卷子本〈修文御览〉跋》，载《笺经室遗集》卷十一。转引自胡道静：《中国古代的类书》。

对上古文献形成与流传问题的新看法

——以《逸周书》为例

张怀通

今本《逸周书》篇章的制作与流传方式，向我们昭示了上古文献的形成途径与文本所受后世影响的情况。

从制作的角度看，上古文献的形成途径，其荦荦大者有如下九种：

1. 由记录统治者讲话的档案文书加工而形成的篇章。这类篇章的开头一般有负责记录的史官所加"王若曰"或"某某若曰"等标记性文字，其作用是表示讲话已经开始，下面所记都是实录。由于讲话所用时间较短，内容较集中，所以由史官记录统治者言论而形成的档案文书，只要稍事加工就可以做到自为起讫，首尾完具，从而成为可读性很强的篇章。这类篇章的代表是《商誓》。《商誓》是武王伐纣胜利后对殷遗民的讲话，以"王若曰"开头，以"王曰"贯穿全篇，以"乃敬之哉！庶听朕言，罔胥告"结束，层次分明，脉络清楚，不枝不蔓，一气呵成。这类篇章的形成与记录于册大约同时。

2. 由记录国家宿老嘉言懿行的档案文书加工而形成的篇章。记录国家宿老嘉言懿行的档案文书叫"惇史"（《礼记·内则》），这些惇史有的是国家宿老因国王"乞言"而进献的衷告，有的是国家宿老就某些问题而发表的议论，开头往往有负责记录的史官所加"王若曰"或"某某若曰"，正文有的则是"王曰"与"公曰"先后出现，这些档案文书只要稍事加工也可以成为有较强可读性的篇章。这类篇章的代表是《祭公》。《祭公》记载了穆王向已是耄耋之年且重病在身的祭公的"乞言"，以及祭公对穆王的衷告，以"王若曰"开头，以"王曰""公曰"贯穿始终，以"王拜手稽首党言"结束全文。这类篇章的形成也与其记录在册大约同时。

3. 由记录统治者行事的档案文书改编而形成的篇章。西周史官在记录统治者讲话的同时，也负责记录统治者的行事。与讲话的自为起讫不同，事件是连续的，尤其一些重大事件，可能要兼跨数地，经历多时，涉及众人，在此期间必定还有其他事情发生。因此由记录统治者行事而形成的原始档案，其形式可能如同"流水账"，就像殷墟甲骨卜辞对殷末商王征伐人方的间接记载，但其内容则彼此咬合，错综复杂。

许多历史事件对世人很有吸引力，但记录这些事件的原始档案的可读性较差，要使之成为人们喜闻乐见的读物，必须进行改编，即将发生于同时同地或异时异地的同一件事情的原始材料集中起来，再按照明确的指导思想编辑成篇。这类篇章一般在开头标以年、月、月相、干支四要素，或其中的一二项要素，然后直接进入正题，对于背景、起因等一般不作交代。

由改编原始档案而成篇的典型案例是《世俘》。《世俘》的"作者"在武王伐纣原始记录的基础上，依据献俘礼仪程序与审美原则来选择、安排材料，一是对武王为祭神而作的祝告之辞进行剪辑，以便突出重点。二是采用倒叙的艺术手法，将原本最后发生的史实"武王成辟"放在最前面，以便达到先声夺人的效果。这样做的结果，使得《世俘》的叙述既详略得当，又条理清楚，而且能引起读者的兴趣。从史书体裁的角度看，这类篇章应当是纪事本末体的滥觞。

由《世俘》开头语句与宣王时器佐盘类似判断，这类篇章的改编大约是在西周后期，因为当时的史书撰作技巧已经有了长足发展，而且期望恢复文武、周公创业精神的思潮弥漫于社会之上。改编者应当是周王朝的史官。

4. 由记录统治者讲话与行事的档案文书加工、改编、合成的篇章。这类篇章由两部分组成，一是言论，二是言论的起因或结果。言论部分的辞气比较古奥，相形之下，交代言论起因或结果部分的辞气一般较为通俗，这是因为言论部分采自史官对统治者讲话所作记录，保留了较多原始档案的痕迹，而交代言论起因或结果的部分改编或撮述自史官对统治者讲话前后的行事所作记录，由于有较多的"作者"主观成分的介入，从而与原始档案之间产生了一定的距离。记言与记事档案的不同，使得加工改编后的语言文字风格也不同，但现实生活中言论与行事的统一，又使二者必须组织在一起，于是就形成了这类带有"合成"痕迹的篇章。

这类篇章的代表是《尝麦》。《尝麦》记载了西周初年成王诏命大正"正刑书"的史实，居于文本中心地位的是成王的讲话，占据了二分之一的篇幅，此前交代"正刑书"的准备工作，此后交代刑书的推广过程，二者各占四分之一。成王讲话的辞气比较古奥，大约与《商誓》类似，相对而言，其他两个部分的语言文字尽管有些脱衍讹误，但条理性与通俗性都较强，大概与《克殷》类似。之所以如此，是因为《尝麦》的材料虽然都来源于原始档案，但档案有记言与记事之别，在被加工改编过程中受到制作者的影响各有轻重。

5. 由加工职业经验而形成的篇章。这类篇章与记言记事类篇章不同，没有历史事件作背景，我们很难从史实的角度对其年代进行研究，只能从思想观念的角度进行考察。因为其内容是职业经验，经验的获得需要长时间的积累，所以这类篇章的形成可能经过了较长的历史时期。又因为经验的保存、传授多是通过口头，所以这类篇章中多有口头语言的痕迹，比如"以数为纪"。

这类篇章的代表是《大武》。《大武》的"武"包含了军事以及与军事有关的政治两个方面的内容，与形成于春秋末年盛行于战国时代的将战争当做艺术来对待的兵法很不相同，体现的是西周春秋军政合一的时代特征，因此《大武》的形成应当在春秋末年以前。春秋末年只是《大武》形成年代的下限，不排除其中某些内容，如"四聚三敚"，根源可能在西周时代。总之，形成的时代跨度较大，不同时代的内容叠加在一起，有明显的口头语言痕迹，没有主名"作者"，是这类篇章的共同特点。

6. 春秋后期时人由仍然保存的档案文书等材料改编而形成的篇章。这类篇章的叙述方式与制作于西周时代的"书"篇不同，不是直接切入正题，而是先交代事件的背景或起因以为全文的铺垫，比如《作雒》。《作雒》的主题无疑是记叙雒邑的营建，但制作者的叙述却从武王克商开始，然后是三监之设、武王之死、周公摄政、周公东征、康叔封卫，几乎将西周初年的重大事件都历数一遍，最后才是对雒邑的正面说明，体现了制作者试图超越时空限制的努力。制作者的努力，使得《作雒》在文体上具备了史传的雏形，在行文上具有了明显的"写作"迹象，这些与其文中的时（季节）与月联书的纪时方式一起表明，《作雒》的制作应当在春秋时代的后期。制作于春秋时代的后期，所述某些西周初年的史实却得到了西周青铜器铭文的印证，说明制作者有可资利用的原始材料。这些原始材料之所以能长时期保存，当与雒邑在春秋后期仍然是都城，自西周初年以来的文化命脉一直延续有关。

7. 战国早期时人根据传闻，或一些零碎资料，想像构拟的篇章。这样的篇章有其真实的一面，但主体内容存在失实的较大可能，比如《明堂》。《明堂》所载周公朝会诸侯的史实或许存在，但战国时代的人们对其细节已经不甚明了，只能凭着传闻或仅存的一点资料进行构拟。《明堂》虽然个别地方不失真实，但主要内容与实际情况的距离可能较远，只能当作战国时人对西周礼制认识的材料来对待。

8. 战国时人在流传于世的西周材料基础上整理加工而形成的篇章。从文体的角度看，这类篇章的特点是记言与记事相结合，但文首或文中没有纪时词语。从结构的角度看，大体上能做到首尾呼应。从内容的角度看，其中由西周材料整理而来的史实比较可信，但由整理者按照自己的理解所加史实则有春秋战国时代的特征。从语言的角度看，通篇都有明显的战国时代风格。这类篇章的代表是《大聚》。《大聚》所载家族制度、"德"的观念、"复亡解辱"的政策，分明是西周时代的，但混杂其间的"乡"则是春秋战国时代的。开头与结尾的前后呼应，表明加工技巧很成熟，已经臻于"写作"了。这类篇章既不同于改编，也不同于构拟，而是在有所本的基础上的整理加工，史实与语言的不统一是其主要特点。

9. 战国时人假托圣贤而写作的篇章。这样的篇章无论语言还是内容都有显著的战国时代风格，但出于对文化传统的尊重，或出于对古人的倚重，作者往往托名于古代圣贤，比如《谥法》。《谥法》的内容与青铜器铭文所载西周谥法有很大区别，但开头却说是周公、太公所作。从文化传统的角度看，或许周公、太公对谥法的产生起了某种作用，但只就《谥法》本身来说，则与周公、太公无关。对于这类带有追根溯源色彩的篇章，似应采取一分为二的态度，即主体内容应当视为战国时代的，但所托之人与事，可能有史影，应谨慎肯定。

由上述九种途径形成的上古文献，第1、2、3、4可以归为一类，因为它们都是由原始档案整理改编而来，一般情况下由"王若曰"，或"某某若曰"，或纪时词语开头。第5为一类，内容是职业经验，没有记叙的各种要素。第6、7可以归为一类，共同特点是有明显的"写作"迹象，最主要的表现是开头对事件起因一般进行交代以为正文的铺垫。第8为一类，记言与记事相结合，但文首或文中没有纪时词语。第9为一类，其特点是在正文之前一般有一个"帽"，即假托的史实。

以上多数类型的篇章，与战国时代诸子著作相比，有一个共同特点，就是不注重结尾的处理，当叙述完主体内容后戛然而止，致使缺乏可与开头照应的文字，显得全文结构很不匀称。这当是"制作"（受档案局限）与"写作"（可自由发挥）的显著差异，是二者相区别的一个重要标志。

从流传的角度看，上古文献的文本受到后世影响的情况，大约有如下六种：

1. 人物称谓被改以尊称。比如《克殷》中的"卫叔"。牧野之战时"小子封"还没有受封于卫，不可能有此称谓，这个"卫叔"之卫，当是后人所加。

2. 官职被换成后世的名称。比如《尝麦》中的"士师"。"士师"是春秋末年、战国时代的官职，负责司法讼狱，与《尝麦》中分属于卿事、太史两寮系统的官职极不协调，当是春秋或战国时人将自己时代的官职替换了原来官职的结果。

3. 所指较为宽泛的专业术语被改以所指较为精确的专业术语。比如《宝典》中"维王三［元］祀二月丙辰朔"之"朔"字。用"朔"表示月首，大约始于西周后期，在此之前用"朏"。《宝典》《小开》《酆保》《世俘》中的历日彼此相互洽合，应予谨慎肯定。那么《宝典》中的"朔"字，应当是后人用自己时代的历法知识对《宝典》中的纪时词语进行修改时替换上去的。

4. 难懂的字词被改为易懂的字词。比如《大武》中的"一春违其农，二夏食其谷，三秋取其刈，四冬冻其葆"，《商君书·徕民》引作"春围其农，夏食其食，秋取其别，冬陈其宝"。再如《大武》之"远宅不薄"，《战国策·秦四》引作"远宅不涉"。其中的围与违，宝与葆，是同声假借；薄与涉，是以俗易雅。

5. 文本之上被加上一段类似序言的文字，既说明制作背景，又点名题目。比如《程典》开头一段文字中有"乃作《程典》以命"一句话，性质类似序言，表明其背后有一个整理者。依据题目"程典"的时代特征来推测，这位整理者可能是战国中后期人。但《程典》的整理是有所依据的，开头的"维三月既生魄"应是原文中的纪时词语，因为它与某些西周青铜器铭文中的纪时词语完全相同。另外，正文中的"于安思危，于始思终，于迩思备，于远思近，于老思行，不备，无违严戒"一段文字，在《左传》襄公十一年中被当作"书"来称引，说明整理者手中有流传自西周时代的《程典》的"周书"原件。

如果说《程典》在西周后期由原始记录改编成为"周书"是第一次改编，那么在战国时代被附加上一段类似序言的文字，应当是第二次改编了。除了这两次改编之外，《程典》的语言文字可能也受到了后人的加工，其鲜明的战国时代风格就是证据。《程典》的改编、加工、整理的过程，反映了今本《逸周书》中部分篇章形成与流传的规律。

6. 文本之中被加进一些整理者的话语，或附以参考材料。比如《度邑》文后的"其名兹曰度邑"一句话，《王会》文后的"其余皆可知自古之政"一句话，《谥法》后面一大段解释词义的文字，都说明在这些篇章的背后有一个整理者。再如《文传》的最后一段，所用词汇有：王、霸；兵强胜人，人强胜天，主题是讲如何才能成为诸侯中的霸主、成为全天下的帝王，这些词汇与思想有典型的战国后期特征。因此这段文字应当是《文传》的整理者将战国时代流行的语句缀补在《文传》文后的。

在这六种情况中，后两种情况，即整理者为原有文本增加的序言、撰作的按语、缀补的参考资料等，是外在于原有文本的文字，我们可以将其和原有文本很容易地分辨出来。前四种情况可以称为加工者对原有文本的通俗化加工，如果再加上《盘庚》句子中被加以虚词，《太誓》被改成散韵二本，《尧典》被以今译古，那么上古文献文本的被通俗化加工方式则增加到七种。相对于后两种情况而言，这七种情况下的被通俗化加工都是在原有文本之内进行的，除了《太誓》有散韵二本，《尧典》有今古二本，《大武》个别句子有本字与假借字，可用以比较之外，其他篇章文本的被通俗化加工，都缺乏可资比较的材料，因而我们无法将其一一指实。我们无法将其一一指实，并不表示这些篇章的文本被通俗化加工的事实不存在。今本《逸周书》中某些所载史实可信而语言文字却有后世风格的篇章，可以归入这七种情况之中。

古代文献的形成问题是近代以来历史学家关注的重要课题。20 世纪 30 年代余嘉锡先生依据传世古文献总结了"古书不题撰人""古书多无大题""古书多造作故事""古书单篇别行""古书不皆手著"等多条古文献体例①。对此，李零先生给予高度评价："余先生读书多广，善于提炼，能由博返约，直探古人心曲，故验以出土发现，若合符契。"②但余先生所论"古书"，主要是战国诸子以后的古文献，对于《尚书》等战国之前的上古文献虽有所提及，但没有进行深入辨析，所以余先生总结的古文献体例，适用对象主要是战国以后的古文献。近些年来，李学勤、李零二位先生从出土简帛佚籍入手，总结出"篇章单行""异本并存""改换文字"，与"古书往往分合无定""古书多经后人整理""古书多经后人附益和增饰"等十八条古文献的形成规律③。但是，由于出土简帛佚籍"绝大多数是西汉初期的写本，少数是战国、秦和东汉时期的写本"④，所以这些古文献形成规律的适用对象也主要是战国以后的古文献。

今本《逸周书》篇章所显示的上古文献形成的九种途径，与流传过程中所受后世影响的六种情况（如果再加上《盘庚》句子中被加以虚词，《太誓》被改成散韵二本，《尧典》被以今译古，上古文献在流传过程中受到后世影响的情况则达到九种），可使我们对上古文献的制作、流传、定型等问题有更为清楚的了解。正好与余嘉锡、李学勤、李零等学者由传世古文献与出土简帛佚籍总结的战国以后古文献的形成规律上下贯通起来，从而使我们对我国古代文献形成规律的认识，向着全面、深入的目标再迈进一步。

本文为张怀通教授《〈逸周书〉新研》结语的第二部分，中华书局 2013 年版。

---

① 余嘉锡：《古书通例》，中国人民大学出版社 2004 年版。

② 李零：《出土发现与古书年代的再认识》，《李零自选集》，广西师范大学出版社 1998 年版，第 22 页。

③ 李学勤：《对古书的反思》，《简帛佚籍与学术史》，江西教育出版社 2001 年版，第 28～33 页。李零：《出土发现与古书年代的再认识》，《李零自选集》，广西师范大学出版社 1998 年版，第 22～57 页。

④ 李零：《出土发现与古书年代的再认识》，《李零自选集》，广西师范大学出版社 1998 年版，第 22 页。

载纪类

《越绝书》的成书时代与作者（节选）

李步嘉

4. 《越绝书》成书时代与作者之推论

以上我们对《越绝书·篇叙外传记》所载隐语及其含义作了考察，认为明朝杨慎所说"袁康""吴平"是隐语可以成立，但不是文人隐语代表《越绝书》作者真实姓名，而是政治隐语代表某个政权的统治特征。"袁康"原始意义应是袁氏昌盛；"吴平"原始意义应是吴国平安。这两个隐语分别当产生于袁术称帝前，和吴国末年，但在被用进《越绝书》书末时，由于当时的时代特点不同，隐语的含义已经大为改变。

"袁康""吴平"隐语原始含义已如上述，那么，他们与《越绝书》的成书年代与作者有何关系呢？以下将围绕这一问题进一步作一些考察，在此基础上再作一些推论。

首先我认为《越绝书》是袁术称帝，统治吴地，进而想统一中国，在学术文化上所作的准备之一。

我们看到在汉末三国大乱之时，各地政权与各个军事集团除了在政治、经济、军事上相互争夺以外，并没有放弃经营学术文化事业。如汉末魏初曹氏父子的诗歌辞赋自不待言，当时魏有苏林治史，王肃治经；① 吴初张昭除了著有《春秋左氏传解》及《论语注》以外，并传《汉书》学予孙登；② 蜀国谯周则有《古史考》诸书百余篇。③ 就连占据荆州的刘表也撰有《周易章句》，④ 所以在汉失其鹿、诸侯竞逐的局面下，袁术与其他军阀一样经营传统文化领域是很正常的。

其次，袁术在一段时期内，为汉末军阀中势力十分雄劲的一支，而在军事上又与孙吴政权的起家有千丝万缕的联系。汉献帝初平元年（190），孙坚杀南阳太守张咨，"与袁术合兵，术由是得据南阳"⑤。不久，袁术兵败陈留，而移据寿春，开始经营吴地。然而在此过程中，孙坚、孙策父子均受控于袁术。直至孙策渡江，占领江东之地后，袁术鞭长莫及，方才逐渐独立。孙策渡江，由袁术委派，⑥ 可见占领淮南，待机北伐，遥据江东，以

---

① 苏林治《汉书》，有《汉书音义》，见颜师古《汉书叙例》；王肃治经，见《三国志》第419页，王肃本传。

② 张昭著《春秋左氏传解》及《论语注》，见《三国志·张昭传》，其传《汉书》学予孙登，见同书《吴主五子传》。

③ 《三国志》第1033页。

④ 《隋书·经籍志一》，中华书局点校本，第909页。

⑤ 《资治通鉴》第1913页。

⑥ 《三国志》第1102页，又第1103页裴注引《江表传》。

为根本，原是袁术的战略规划。《越绝书》记载了先秦吴越称霸的史实，在袁术称帝前后由其政权内部的文人，在原有古籍材料的基础上编撰一部这样的史书为其政治服务，也是顺理成章的事。

《越绝书》隐语离合"袁康"二字以前有一段话，曾经引起前人的种种议论，但终未得出令人信服的结论，我认为倒是与袁术时期编撰《越绝书》可以联系起来。这段话说："唯子胥之述吴越也，因事类，以晓后世。著善为诚，讥恶为诫。勾践以来，至乎更始之元，五百余年。吴越相攻，复见于今，百岁一贤，犹为比肩。记陈其说，略其有人。"①"百岁一贤，犹为比肩"我们在前文已经解释，这表明当时天下大乱，是"吴越相攻复见于今"的三国时期。那么，"勾践以来，至乎更始之元，五百余年"这一句是什么意思呢？

"更始"是东汉初年刘玄政权的年号，刘玄"更始"元年为23年，如果以公元前473年勾践攻入吴国逼杀夫差为吴灭，那么，春秋末至战国初的吴越相攻到刘玄更始元年差不多刚好是五百年多一点。前文我们曾经指出今本《吴地传》中有"更始"元年、五年、六年的记载，并认为更始五年、六年应是李宪在淮南称帝时事。实际上李宪在淮南称帝之后，紧接着下一个在淮南作乱的就是袁术，《晋书·伏滔传》载滔之《正淮论》云："淮南者，三代扬州之分也。当春秋时，吴、楚、陈、蔡之与地。战国之末，楚全有之，而考烈王都焉。秦并天下，建立郡县，是为九江。刘、项之际，号曰东楚。爰自战国至于晋之中兴，六百有余年，保淮南者九姓，称兵者十一人，皆亡不旋踵，祸溢于世，而终莫戒焉。其天时欤？地势欤？人事欤？何丧乱之若是也！试商较而论之……昔考烈王以衰弱之楚屡迁其都，外迫强秦之威，内遘阳申之祸，逃死劫杀，三世而灭。黥布以三雄之选，功成垓下，淮阴既囚，梁越受戮，嫌结震主之威，虑生同体之祸，遂谋图全之计，庶几后亡之福，众溃于一战，身脂于汉斧。刘长支庶，奄王大国，承丧乱之余，御新化之俗，无德而宠，欲极祸发。王安内怀先父之憾，外眩奸臣之说，招引宾客，沉溺数术，借二世之资，侍戈甲之盛，屈强江淮之上，西向而图宗国，言未绝口，身嗣俱灭。李宪因亡新之余，袁术当衰汉之末，负力幸乱，遂生僭逆之计，建号九江，称制下邑，狼狈奔亡，倾城受戮。"由于"更始之元"前后的李宪政权，是袁术称帝以前历史上淮南乃至于吴越地区的最后一次大乱，因此隐语这段话是提示相同"事类"，使人们联系下文"袁康"是说袁术。

我们前面已经介绍，前人或以隐语这段话为据，认为《越绝书》为伍子胥作，如胡应麟说："详味此跋，维子胥之述吴越，以事类，以晓后世。著善为诚，讥恶为诫。洎后温故知新，述畅子胥，以喻来今等语，则子胥旧有是书，述吴越杂事，而后人温其故典，而述畅之，以传于世，意旨甚明。"我认为此说当误。

《越绝书》的《德序》《篇叙》两篇都叙述该书第二篇为《荆平王》，《德序》篇说："观乎《荆平》，能知信勇之变。"《篇叙》篇说："仁能生勇，故次以《荆平》也，勇子胥忠、正、信、智以明也。""非善荆平也，乃勇子胥也。"以至后人把《越绝书》看成复仇之书，南宋无名氏《越绝书·跋》云："《越绝》，复仇之书也。子胥、夫差以父之仇，

---

① 今本多作"讥恶为诚"，前引《经义考补正》已说"诚"当作"诫"。又《越绝书校释》此句下："乐祖谋曰：'讥恶为诚'，'诚'汉魏本作'诫'。步嘉谨按：作'诫'是。"

勾践以身之仇，而皆非其道焉。夫君，天也。君有臣而君杀之，尚可仇乎？故子胥鞭平王之墓为不义。阖庐之死，夫差使人谓己曰：'而忘越王之杀而父乎？'则对曰：'不敢忘。'三年乃报越。"（《校释》第 380 页）实际上袁术当年称帝之前，也相当于一个伍子胥式的人物，由楚至吴，以报家仇。

袁术的家仇起于董卓进京与袁氏交恶。《三国志·袁绍传》云："董卓呼绍，议欲废帝，立陈留王。是时绍叔父隗为太傅，绍伪许之，曰：'此大事，出当与太傅议。'卓曰：'刘氏种不足复遗。'绍不应，横刀长揖而去。绍既出，遂亡奔冀州。"后"绍遂以勃海起兵，将以诛卓"。"（袁）术亦畏卓之祸，出奔南阳。"[1] "董卓忿绍、术背己，遂诛隗及术兄基等男女二十余人。"[2] 一说："董卓以袁绍之故，戊午，杀太傅袁隗、太仆袁基，及其家尺口以上五十余人。"[3] 时在汉献帝初平元年三月。

袁术祖父袁汤生长子曰袁成，早卒，成即袁绍之父；次子逢嗣，为司空，卒于灵帝时，子袁基嗣，基即袁术之兄，为卓所杀者；少子袁隗，至太傅，也为卓所杀。

楚平王无道杀伍子胥父伍奢与兄伍尚，袁术生父已死，董卓杀其亲叔父与亲兄长，大抵与伍子胥家仇相当，《三国志·孙破虏讨逆传》云："是时，或间坚于术，术怀疑，不运军粮。阳人去鲁阳百余里，坚夜驰见术，画地计校，曰：'所以出身不顾，上为国家讨贼，下慰将军家门私雠。坚与卓非有骨肉之怨也，而将军受谮润之言，还相嫌疑！'"《通鉴》系此事于汉献帝初平二年（191）二月。又《三国志·袁术传》裴松之注引《吴书》曰："（袁）术观汉室衰陵，阴怀异志，故外托公义以拒绍。绍复与术书曰：'前与韩文节共建永世之道，欲海内见再兴之主。今西名有幼君，无血脉之属，公卿以下皆媚事卓，安可复信！但当使兵往屯关要，皆自蹙死于西。东立圣君，太平可冀，如何有疑！又室家见戮，不念子胥，可复北面？违天不祥，愿详思之。'术答曰：'圣主聪睿，有周成之质。贼卓因危乱之际，威服百寮，此乃汉家小厄之会。乱尚未厌，复欲兴之。乃云今主无血脉之属，岂不诬乎！先人以来，奕世相承，忠义为先。太傅公仁慈恻隐，虽知贼卓必为祸害，以信徇义，不忍去也。门户灭绝，死亡流漫，幸蒙远近来相赴助，不因此时上讨国贼，下刷家耻，而图于此，非所闻也。又曰室家见戮，可复北面，此卓所为，岂国家哉？君命，天也，天不可雠，况非君命乎？懊懊赤心，志在灭贼，不识其他。'"《通鉴》系此事于汉献帝初平二年正月。

在袁术回复袁绍的信中，"室家见戮，可复北面"中间抽去了"不念子胥"四字，可见袁术不对子胥复仇事加以驳斥，当时他与袁绍争论的焦点为是否承认汉献帝，与是否立刻拥立新帝。"上讨国贼，下刷家耻"应是在当时特定的政治、军事形势下袁术对董卓宣战的政治口号。袁氏家仇当时既然有被袁氏宗族之人如袁绍认为相当于伍子胥者，在袁术时期编撰《越绝书》时，将记载子胥事迹的《荆平王》篇置于首篇《吴太伯》之后，以示吴越争霸是从子胥为报父兄之仇人吴时始，是完全有可能的。

《越绝书》中除了《荆平王》篇记子胥复仇与袁术事迹有联系外，《陈成恒》篇的编撰也令人生疑。按照《越绝书》中的多处解释，此篇的要点是"子贡一出，乱齐、破吴、

① 《三国志》第 207 页。

② 《后汉书》第 1523 页。

③ 《资治通鉴》第 1912 页。

兴晋、强越"。此语约出自《史记·仲尼弟子列传》，也见三国时人所论。① "子贡出"的原因是"陈成恒相齐简公，欲为乱"所引起，《德序》篇说："观乎《陈恒》能知古今相取之术。"《篇叙》篇说："《易》之卜将，春秋无将，子谋父，臣杀主，天地所不容载。恶之甚深，故终于《陈恒》也。"

我们前文在考释的基础上曾比较过《德序》篇与《篇叙》篇对《陈成恒》篇的评述，认为："这表明《篇叙外传记》在叙述篇目时同样具有劝戒意义，而其解说之意与《德序》有明显区别。"我们在前文中还曾经指出，陈成恒在齐国得政，不仅是先秦陈国世系中的一件大事，而且令汉世欲称孤道寡者不胜钦羡，王莽不惜自造谱牒攀上陈成恒即田常之后为"王家"；袁术则效法王莽称出陈为舜后，也欲代汉。《篇叙》篇斥责《陈恒》，一反汉人视其为华夏贵族血统，天命有归，子孙当异地为王的说法，深遣以《春秋》大义，"子谋父，臣杀主，天地所不容载"，我想这或是入晋后的吴人对当初袁术目无君王，妄自称帝的贬刺。

我们在前文中还认为："《篇叙》叙述的编撰思想与《德序》不完全相同，这反映了成书时代的社会思潮在短时间内发生了巨变。"我想《德序》篇或作于袁术亡后不久的吴国初年，《越绝书》则可能是在袁术称帝前后仓促定下从《吴太伯》到《陈成恒》八篇"内经"之文。叙述吴越称霸的历史是从子胥入吴为父兄复仇始，而以"出陈为舜后"的陈恒得齐国之政前后为终结，这样的编撰体例，不但可以解释袁术起兵以子胥复仇开始，和以陈国子孙异地僭称帝王而告终的发迹史实，而且也能解释作为专门记述吴越历史的这部古籍，何以从唐朝中叶以来一千余年众说纷纭，莫衷一是，而被称为"奇书"的诸多缘由。正如《越绝书》所说："经世历览，论者不得，莫能达焉。"

《越绝书》中还有些语句值得研究，如《外传枕中》云："越王曰：'何谓道？何谓术？何谓末？何谓实？'范子对曰：'道者，天地先生，不知老；曲成万物，不名巧。故谓之道。道生气，气生阴，阴生阳，阳生天地。天地立，然后有寒暑、燥湿、日月、星辰、四时，而万物备。术者，天意也。盛夏之时，万物遂长。圣人缘天心，助天喜，乐万物之长。故舜弹五弦之琴，歌《南风》之诗，而天下治。言其乐与天下同也。当是之时，颂声作。'""盛夏之时"句下，钱培名曰："'术者，天意也。盛夏之时'，'天意也'三字，似有脱误。又于四时独提'盛夏'，与上下文不相掩覆，似他处错简。"我认为此处文义比较清楚，并未错简，只是语句略嫌突兀。文中对"道术"进行解释，"道"谓形而上，"术"谓形而下。"道"言天地所以生，万物所以备；"术"言黄帝之术，垂衣裳而天下治。但把"术"解释为"天意"，而"于四时独提'盛夏'"，的确让人觉得行文蹊跷。或此处即古籍刊落未尽袁术称帝制造之谶语，"术"为其名，而称有"天意"？

若以五行时序而论，夏属火，《淮南子·时则训》："孟夏之月，招摇指巳，昏翼中，旦婺女中。其位南方，其日丙丁，盛德在火……天子衣赤衣，乘赤骝，服赤玉，建赤旗。""盛夏之时，万物遂长。圣人缘天心，助天喜，乐万物之长"，此言似曰：汉之火德，若其生长旺盛，须由术辅。

---

① 《太平御览》卷四百四十七《人事部·品藻门》引蒋子《万机论》："昔齐欲伐鲁，回求说陈常而孔子不许，遂使子贡。子贡一出，破齐，强晋，亡吴，霸越，存鲁也。"蒋子即蒋济，三国时魏国人，《三国志》卷十四本传说："济上《万机论》，帝善之。"

　　《越绝书》中蹊跷之语不独有此,《计倪内经》云:"臣闻炎帝有天下,以传黄帝,黄帝于是上事天,下治地。故少昊治西方,蚩尤佐之,使主金。玄冥治北方,白辨佐之,使主水。太皞治东方,袁何佐之,使主木。祝融治南方,仆程佐之,使主火。后土治中央,后稷佐之,使主土。并有五方,以为纲纪。是以易地而辅,万物之常。王审用臣之议,大则可以王,小则可以霸,于何有哉?"以上"少昊""蚩尤"以下皆神名。值得注意的是有一"袁何"为"太皞"之佐。以五行方位而论,袁术所在"淮南者,三代扬州之分也",① 正属东方。我曾在"袁何"条下说:"《淮南子·天文训》:'东方木也,其帝太皞,其佐勾芒,执规而治春,其神为岁星,其兽苍龙,其音角,其曰甲乙。'二书东方之帝皆为'太皞',而其佐,《淮南子》称'勾芒',《越绝书》称'袁何'。又有以浑沌氏为太皞之佐者。《路史·前纪》卷四:'予尝议三坟之伪,浑沌氏岂太昊之佐哉!《六韬》之书,浑沌氏在吴英氏前,及班固《表》古今,始列之于伏羲之下,应劭作书,遂以为太昊之良佐。《三坟》《姓纂》一皆因之,失其本矣。'"(《校释》第 105 页)传统说法"太皞"之佐为"勾芒",三国时应劭曾经改东方之佐为"浑沌氏",应劭即前文提到的军佐袁绍者。这一"袁何"的来历令人生疑。"袁何"作为姓名不见经传,按古人姓名因讳言可省称姓或名,如《汉书·胡建传》:"值昭帝幼,皇后父上官将军安与帝姊盖主私夫丁外人相善,外人骄恣。"又《汉书·昭帝纪》:"燕王遣寿西长、孙纵之等赂遗长公主、丁外人。"颜师古注:"服虔曰:'外人,主之所幸也。'晋灼曰:'《汉语》字少君。'""丁外人"因公主私幸,讳言其名,称"外人"者,原非宫中之人,自外而人。晋灼据佚书《汉语》犹知其字。又《后汉书·曹节传》:"有何人书朱雀阙,言'天下大乱,曹节、王甫幽杀太后,常侍侯览多杀党人,公卿皆尸录,无有忠言者'。"李贤注:"何人,不知何人也。"据此,"袁何"也姓袁而不知何名。汉唐由臣子升为帝王者,多步步僭越,如曹氏父子之逼汉帝,先是"天子使魏公位在诸王上,改授金玺、赤绂、远游冠"。② 其后"天子进公爵为魏王"。③ 再其后"天子命王设天子旌旗,出入称警跸……以五官中郎将丕为魏太子"。④ 直至曹丕称帝。"袁何"升为东帝之佐,四方之帝争胜在薛综的"吴"字隐语中已说:"君临万邦,天子之都。"以为"吴"之东帝当胜。孙皓末年,说者曰:"庚子岁,青盖当人洛阳。"本也以为东帝将胜,"青"为东方之色,而入主洛阳,孰知竟为归命之谶。这一"袁何"我认为很可能是袁术当年所作符命的遗迹。

　　前文我们曾经讨论,认为《德序外传记》的核心思想是宣扬越王勾践的"霸德"。实际上继袁术以后在古老的吴越土地上以称帝规模建立政权五十八年的孙氏王朝,才真正具有越王勾践以后统治这块土地的霸王之德。《越绝书》书名中没有"吴"字,我想是有一定原因的。

　　前文已经提到,孙吴政权的创始者为孙坚,坚本吴人,相传"盖孙武之后也"。⑤ 汉献帝初平三年(192)"(袁)术使坚征荆州,击刘表。表遣黄祖逆于樊、襄之间。坚击破

---

①　参见上引《晋书》伏滔《正淮论》语。

②　《三国志》第 43 页。

③　《三国志》第 47 页。

④　《三国志》第 49 页。

⑤　《三国志》第 1093 页。

之，追渡汉水，遂围襄阳，单马行岘山，为祖军士所射杀"。①

坚甫死，"兄子贲，帅将士众就术"，之后，孙坚长子孙策"因缘召募得数百人。兴平元年，从袁术。术甚奇之，以坚部曲还策"。②《资治通鉴》卷六十一"汉献帝兴平二年十月"条云："初，丹阳太守朱治尝为孙坚校尉，见袁术政德不立，劝孙策归取江东。时吴景攻樊能、张英等，岁余不克。策说术曰：'家有旧恩在东，愿助舅讨横江，横江拔，因投本土招募，可得三万兵，以佐明使君定天下。'术知其恨，而以刘繇据曲阿，王朗在会稽，谓策未必能定，乃许之，表策为折冲校尉，将兵千余人、骑数十匹，行收兵，比至历阳，众五六千。""策渡江转斗，所向皆破，莫敢当其锋者，百姓闻孙郎至，皆失魂魄。长吏委城郭，窜伏山草。"又据《通鉴》卷六十二"汉献帝建安元年八月"条，孙策击败王朗，"朗乃诣策降"，"策自领会稽太守"。

关于孙策起兵筹划过程，《三国志·孙破虏讨逆传》裴松之注引《吴历》曰："初，策在江都时，张纮有母丧。策数诣纮，咨以世务，曰：'方今汉祚中微，天下扰攘，英雄俊杰各拥众营私，未有能扶危济难者也。先君与袁氏共破董卓，功业未遂，卒为黄祖所害。策虽暗稚，窃有微志，欲从袁扬州求先君余兵，就舅氏于丹杨，收合流散，东据吴会，报仇雪耻，为朝廷外藩。君以为如何？'纮答曰：'既素空劣，方居衰绖之中，无以奉赞盛略。'策曰：'君高名播越，远近怀归。今日事计，决之于君，何得不纡虑启告，副其高山之望，若微志得展，血仇得报，此乃君之勋力，策心所望也。'因涕泣横流，颜色不变。纮见策忠壮内发，辞令慷慨，感其志言，乃答曰：'昔周道陵迟，齐、晋并兴；王室已宁，诸侯贡职。今君绍先侯之轨，有骁武之名，若投丹杨，收兵吴会，则荆、扬可一，仇敌可报。据长江，奋威德，诛除群秽，匡辅汉室，功业侔于桓、文，岂徒外藩而已哉？方今世乱多难，若功成事立，当与同好俱难济也。'策曰：'一与君同符合契，有永固之分，今便行矣，以老母弱弟委付于君，策无复回顾之忧。'"

以上孙策与张纮的议论中有两点值得注意，一是孙策起兵之初，具有与袁术类似的为家门报仇雪耻之志；二是起兵初期的谋划，由于天时、地利、人心向背等因素，张纮主张孙策为齐桓、晋文之举。我认为这与《越绝书》中的一些记述似有联系。

我们先来讨论第一点。前文曾经叙述《篇叙》篇反复讨论子胥复仇之义，盛赞子胥之勇，并在隐语前说"唯子胥之述吴越也，因事类，以晓后世。著善为诚，讥恶为诫"。我认为隐语前的这段话是总领"袁康"与"吴平"二事，"著善为诚"与"讥恶为诫"分别有所指。"讥恶为诫"当指隐语所述之"袁康"，也即上文所考三国时期袁术，以报家仇为名，率一旅之众，由南阳至淮南，妄自称帝，身死名裂，为天下笑；"著善为诚"则指"吴平"，即孙吴基业的创始人孙策，以报父仇为名起兵忠壮内发，终有江东之地。

孙策勇报父仇，起兵据有江东，为后来孙吴建国立下基业，获得时人的普遍赞誉，《三国志·吴主传》裴松之注引《傅子》曰："孙策为人明果独断，勇盖天下，以父坚战死，少而合其兵将以报雠，转斗千里，尽有江南之地，诛其名豪，威行邻国。"《三国志·孙破虏讨逆传》陈寿评曰："孙坚勇挚刚毅，孤微发迹，导温戮卓，山陵杜塞，有忠壮之烈。策英气杰济，猛锐冠世，览奇取异，志陵中夏。然皆轻佻果躁，陨身致败。且据

---

① 《三国志》第1100页。

② 《三国志》第1101页。

江东，策之基兆，而权荨崇未至，子止侯爵，于义俭矣。"

按《越绝书》中述子胥共有二义：第一义以谶纬说子胥，如《德序》篇："子胥挟弓去楚，唯夫子独知其道。事□世□有退，至今实之，实秘文之事。深述阙兆，征为其戒。齐人归女，其后亦重。各受一篇，文辞不既，经传外章，辅发其类。故圣人见微知著，睹始知终。"前文已经辨析，这是纬书之语，夫子由"子胥挟弓去楚"，而知将有越盛吴衰之事。《篇叙》篇"唯子胥之述吴越也，因事类，以晓后世，著善为诚，讥恶为诫"为同一义，乃以子胥事类说隐语"袁康""吴平"。第二义为先秦至两汉以来人们不断讨论的子胥忠勇，夫差"犹昏然诛之"；（《校释》第325~326页）"昔者管仲生，伯业兴，子胥死，伯名成。"（《校释》第338页）"子胥怀忠，不忍君沉惑于谗，社稷之倾。绝命危邦，不顾长生，切切争谏，终不见听。"（《校释》第3页）我认为以上第一义为特殊之义，也即《越绝书》"内篇"秘文之义，与汉末三国时吴地政权兴亡有关；第二义为常见义，是对古籍记事的一般讨论。不过，如果持第二义到孙吴政权兴亡历史中去验证，也可以看到不少相同的"事类"，这里就不一一列举。

现在来看以上所说第二点。孙策占据江东后不久，于汉献帝建安五年为刺客所伤，将死，"请张昭等谓曰：'中国方乱，夫以吴、越之众，三江之固，足以观成败，公等善相吾弟！'呼权佩以印绶，谓曰：'举江东之众，决机于两陈之间，与天下争衡，卿不如我；举贤任能，各尽其心，以保江东，我不如卿。'至夜卒，时年二十六。"[1]

孙策起兵谋划之初已如上述，张纮劝其为桓、文之举，也即尊奉汉室而为诸侯盟主之事。策临死与张昭、孙权言固守吴越以观成败是这一方略的继续。

孙权继孙策统其众是时唯有会稽、吴郡、丹杨、豫章、庐陵，然深险之地犹未尽从，而天下英豪布在州郡，宾旅寄寓之士以安危去就为意，未有君臣之固。东汉的"会稽、吴郡、丹杨、豫章、庐陵"均为吴越旧地，而以"会稽"为中心区域，当时"曹公表权为讨虏将军，领会稽太守，屯吴，使丞之郡行文书事"。[2] 会稽即勾践兴起之地，是孙策、孙权之兴起之地与勾践同。

数年之后，汉献帝建安十三年，孙权联刘抗曹，大败曹军于赤壁，迅速扩大势力范围，不仅据有全吴之地，而且与刘备共分荆州。不久又袭杀关羽，经夷陵之战，于是魏、蜀、吴三分天下的格局大致形成。

孙氏政权在以上的扩张过程中，始终采取以静制动的后发制人策略，在政治、军事上逐步取得了主动权，并收到了十分理想的战略效果。所以也像当年越王勾践一样，由小到大，由弱至强，终能倾诸侯，致贡王室。《三国志·吴主传》裴松之注引《魏略》云："权闻魏文帝受禅而刘备称帝，乃呼问知星者，已分野中星气何如，遂有僭意。而以位次尚少，无以威众，又欲先卑而后踞之，为卑则可以假宠，后踞则必致讨，致讨然后可以怒众，众怒然后可以自大，故深绝蜀而专事魏。"这是晋朝鱼豢《魏略》所记，其中不无讥贬孙权之意，但是大致可以说明孙权当时的策略。

据《三国志·吴主传》所记，魏文帝曹丕践祚，孙权称藩，于是魏帝策命孙权为吴王，因加九锡，故策文表彰孙权九事，今归纳如次：第一，"绥安东南，纲纪江外，民夷

---

① 《三国志》第1109页。
② 与以上引文均见《三国志》第1115~1116页。

安业，无或携贰"。第二，"务财劝农，仓库盈积"。第三，"化民以德，礼教兴行"。第四，"宣导休风，怀柔百越"。第五，"运其才谋，官方任贤"。第六，"忠勇并发，清除奸慝"。第七，"振威陵迈，宣力荆南，枭灭凶丑，罪人斯得"。第八，"文和于内，武信于外"。第九，"忠肃为基，恭俭为德"。之所以表彰当然都是因为孙权肯委屈称藩。其中第八项"文和于内，武信于外"，我们看到与《越绝书》褒赞勾践"城行于内，威发于外"的意思十分接近。（《校释》第 325 页）

孙权是继魏、蜀之后三国中最后一个称帝的君主，虽然称帝，实则一大诸侯。陈寿通观吴史，以为孙权即三国之勾践，《三国志·吴主传》陈寿评曰："孙权屈身忍辱，任才尚计，有勾践之奇，英人之杰矣。故能自擅江表，成鼎峙之业。然性多嫌忌，果于杀戮，暨臻末年，弥以滋甚。至于谗说殄行，胤嗣废毙，岂所谓贻厥孙谋以燕翼子者哉？其后叶陵迟，遂致覆国，未必不由此也。"

如果说陈寿的议论是站在吴国角度所作，那么，就是站在敌国的立场上看，也未必不如此。《三国志·魏书·蒋济传》云："景初中，外勤征役，内务宫室，怨旷者多，而年谷饥俭。济上疏曰：'陛下方当恢崇前绪，光济遗业，诚未得高枕而治也。今虽有十二州，至于民数，不过汉时一大郡。二贼未诛，宿兵边陲，且耕且战，怨旷积年。宗庙宫室，百事草创，农桑者少，衣食者多，今其所急，唯当息耗百姓，不至甚弊。弊劫之民，说有水旱，百万之众，不为国用。凡使民必须农隙，不夺其时。夫欲大兴功之君，先料其民力而燠休之。勾践养胎以待用，昭王恤病以雪仇，故能以弱燕服强齐，嬴越灭劲吴。今二敌不攻不灭，不事不侵，当身不除，百世之责也。'"虽蒋济明谏魏明帝用兵，应注重农耕，休养百姓，当效勾践俭约节省，克敌待以时日，实则暗喻"二敌不攻不灭，不事不侵，当身不除"，将为明日擒吴之勾践。故帝"诏曰：'微护军，吾弗闻斯言也。'"

《越绝书》的《德序》《篇叙》《本事》篇谈论得最多的是伍子胥和勾践，其次就是夫差。魏晋时人，特别是吴国人对曾经影响此地历史的重要人物加以评论，总结历史经验教训从而为现实服务，是很自然的事情。《三国志·吴书·诸葛恪传》载孙权死后恪欲北伐建功，恐人心不一，"恪乃著论喻众意曰：'夫天无二日，土无二王，王者不务兼并天下而欲垂祚后世，古今未之有也。昔战国之时，诸侯自恃兵强地广，互有救援，谓此足以传世，人莫能危。恣情纵怀，惮于劳苦，使秦渐得自大，遂以并之，此既然矣。近者刘景升在荆州，有众十万，财谷如山，不及曹操尚微，与之力竞，坐观其强大，吞灭诸袁。北方都定之后，操率三十万众来向荆州，当时虽有智者，不能复为画计，于是景升儿子，交臂请降，遂为囚房。凡敌国欲相吞，即仇雠欲相除也。有雠而长之，祸不在己，则在后人，不可不为远虑也。昔伍子胥曰：'越十年生聚，十年教训，二十年之外，吴其为沼乎！'夫差自恃强大，闻此邈然，是以诛子胥而无备越之心，至于临败悔之，岂有及乎？越小于吴，尚为吴祸，况其强大者邪？'"

正当吴国人自以夫差、子胥事为戒，敌国则竟比孙氏于夫差，《三国志·傅嘏传》云："时论者议欲伐吴，三征献策各不同。诏以访嘏，嘏对曰：'昔夫差陵齐胜晋，威行中国，终祸姑苏；齐闵兼土拓境，辟地千里，身蹈颠覆。有始不必善终，古之明效也。孙权自破关羽并荆州之后，志盈欲满，奸宄以极，是以宣文侯深建宏图大举之策。今权以死，托孤于诸葛恪。若矫权苛暴，蠲其虐政，民免酷烈，偷安新惠，外内齐虑，有同舟之惧，虽不能终自保完，犹足以延期挺命于深江之外矣。'"

至孙氏政权末年，孙皓行其暴政，人称"暴皓"，又比之于夫差。《三国志·陆凯传》末附陈寿于吴国新亡后得吴臣上疏二十条，或云即凯疏："予连从荆、扬来者得凯所谏皓二十事，博问吴人，多云不闻凯有此表。又按其文殊甚切直，恐非皓之所能容忍也。或以为凯藏之箧笥，未敢宣行，病困，皓遣董朝省问欲言，因以付之。虚实难明，故不著于篇，然爱其指捶皓事，足为后戒，故抄列于凯传之左云。"其中第二条云："臣闻有国以贤为本，夏杀龙逢，殷获伊挚，斯前世之明效，今日之师表也。中常侍王蕃黄中通理，处朝忠謇，斯社稷之重镇，大吴之逢龙也，而陛下忿其苦辞，恶其直对。枭之殿堂，尸骸暴弃。邦内伤心，有识悲悼，咸以吴国夫差复存。先帝亲贤，陛下反之，是陛下不尊先帝二也。"

前文曾经说过，《越绝书》隐语"吴平"原始意义为吴国平安，西晋平吴后，晋人改"吴平"之义为吴国平定。我们目前看到的《越绝书》中"吴平"当为第三义，即吴国之屈平。隐语说："楚相屈原，与之同名，以口为姓，万事道也。丞之以天，德高明也。屈原同名，意相应也。""屈原隔界，放于南楚，自沉湘水，蠡所有也。""吴平"第三义之所得，我想，恐怕就是吴国逸民对孙氏政权严酷统治所表达的怨恨之情。《越绝书·本事》篇说："夫人情，泰而不作，穷则怨恨，怨恨则作，犹诗人失职怨恨，忧嗟作诗也。"

值得注意的是，《越绝书》隐语还表达了这样的意思："后生可畏，盖不在年。""百岁一贤，贤复生也"，说明隐语作者还对吴国的未来寄予希望。我认为这似和一些史实所记有联系，《宋书·五行志》云："晋武帝太康后，江南童谣曰：'局缩肉，数横目，中国当败吴当复。'又曰：'宫门柱，且莫朽，吴当复，在三十年后。'又曰：'鸡鸣不拊翼，吴复不用力。'于时吴人皆谓在孙氏子孙，故窃发乱者相继。按横目者'四'字，自吴亡至晋元帝兴，几四十年，皆如童谣之言。元帝懦而少断，局缩肉，直斥之也。干宝云：'不知所斥。'讳之也。"

的确，西晋统一的局面并不长久，"八王之乱"后的国力衰减终于引发"五胡乱华"。公元316年，匈奴贵族刘曜率军攻入长安，俘晋愍帝，西晋告亡。元帝退守江东，经营孙吴故地，定都于建康，大致如童谣所言。倒是《五行志》中作童谣者和《越绝书》末作隐语者都未曾料到，继孙吴以后恢复对吴越旧地的统治并非东晋一朝，"吴当复"的这一"复"，就直至隋朝的最后统一了。

根据本章本节与本书第二章第二节第一部分"分篇由来及其意义"的考察，现推《越绝书》成书时代与作者如下：

第一，《越绝书》成书当在东汉之末袁术进据淮南以后，称帝之前，其作者当为袁术身边之人，其书完整面貌今已不可知，但它应具有《吴太伯》到《陈成恒》等八篇篇文，也许还包括《外传枕中》这样的篇文。隐语"记陈厥说"，当指此时。

第二，在上书的基础上，《越绝书》增补改编当在孙吴统治时期，今本《德序》篇为该书叙录。其书已较前书有所增加，除了原有的内篇以外，或增加了不少外篇的内容。增补改编者当为吴国有影响人物，关于此人情况待笔者后继论文的详细考证。隐语"文属辞定"当指此时。

第三，西晋初年《越绝书》又进行了一次全面调整，主要是淘汰累赘文辞，与完成今本大部分篇目的最后编订，其人当为吴国人晋之逸民，《篇叙》篇为该书叙录。《本事》篇说"故删定重复，以为中外篇"当指此时。至此，今本《越绝书》的基本面貌才最终形成。

第三节 余论

综观前人在《越绝书》成书年代与作者方面的研究，明朝以来，绝大多数学者对杨慎破解《越绝书》末篇隐语为"袁康""吴平"都表示赞同而不予质疑，只是在两个问题上有分歧：一是这"袁康""吴平"到底是东汉初还是东汉末人，抑或一在东汉初，一在东汉末；二是即使《越绝书》编订于东汉，但它的原始记述应是来自战国人所记。现在我想就这两个问题，谈一谈个人看法。

关于第一个问题，如前所考，我认为《越绝书》的成书应在袁术之时，而编订基本上完成于西晋之初。尽管我对隐语"袁康""吴平"的解释与前人截然不同，但是按照袁术成书的时代看，却与前人说法中东汉末的看法是一致的。明清以来许多文献学家从《越绝书》的两篇跋文与一篇序言中大概已经读出它们是东汉以降的作品的味道，并且在《越绝书》正文中也有东汉以降文人改窜的痕迹，所以他们对杨慎所说更加深信不疑。

但是明朝以来，无论如何，前人在《越绝书》成书年代与作者研究上，都始终没有解释清楚杨慎所发明的隐语"袁康""吴平"的确切来历，究其原因，我认为是对汉唐隐语类型缺乏深入的了解，所以才不能与有关史实相互参证；另一方面，对隐语离合"袁康""吴平"二字前后的说解没有仔细推敲，以发明谶纬隐晦的含义，并与有关时代特点相联系，所以未得隐语真意。

任何一部古籍的产生，都不应看作是一个孤立的现象，在其产生的前后时代，应有同类型的作品，追溯其产生的缘由，应有其深刻的历史背景。《隋书·经籍志》"史部·杂史"类云："自秦拨去古文，篇籍遗散。汉初，得《战国策》，盖战国游士记其策谋。其后陆贾作《楚汉春秋》，以述诛锄秦、项之事。又有《越绝》，相承以为子贡所作。后汉赵晔，又为《吴越春秋》。其属辞比事，皆不与《春秋》《史记》《汉书》相似，盖率尔而作，非史策之正也。灵、献之世，天下大乱，史官失其常守，博达之士，愍其废绝，各记闻见，以备遗亡。是后群才景慕，作者甚众。又自后汉已来，学者多抄撮旧史，自为一书，或起自人皇，或断之近代，亦各其志，而体制不经。又有委巷之说，迂怪妄诞，真虚莫测。然其大抵皆帝王之事，通人君子，必博采广览，以酌其要，故备而存之，谓之杂史。"

《隋书》所立"杂史"一类，最早成书者举为《战国策》，其后为《楚汉春秋》。《隋书》史臣说"汉初，得《战国策》"，是记战国之乱的《战国策》显现于西汉初年；"陆贾作《楚汉春秋》"，陆贾为秦末汉初人，"以客从高祖定天下"，[①] 是记楚汉战争的《楚汉春秋》作于西汉初年。这两部书之后，便提到《越绝书》和《吴越春秋》。《吴越春秋》，由东汉初年赵晔所作，赵晔生当东汉初年，是记春秋末年至战国初期吴、越争霸的《吴越春秋》作于王莽乱后。惟独《越绝》史臣云"相承以为子贡所作"，按照前文所考，此书之雏形成于袁术时，中经孙吴时期的增补，最后定型于西晋初年，与记大乱之书皆得之于大乱之后的"杂史"类早期著作的特点也不无吻合。

《隋书》"杂史"类在《越绝记》和《吴越春秋》之后，有姓名可考的著作著录有

---

① 《汉书》第2111页。

《汉灵、献二帝纪》，题汉侍中刘芳撰；《山阳公载记》，题乐资撰；《汉末英雄记》，题王粲撰。这些书毫无例外都是记录三国之乱的史实，作为"杂史"类型的《越绝书》除了所记内容与以上诸书不同外，其产生就其时代而言，当是顺理成章的事。

实际上《隋书》史臣已经说道："灵、献之世，天下大乱，史官失其常守，博达之士，愍其废绝，各记闻见，以备遗亡。"这既是大量产生"杂史"类典籍的原因，也不排除这就是《越绝书》成书原因之一。因为前文我们曾经提到《越绝书·本事》篇强调："贤者所述，不可断绝。"这与《隋书》史臣的说法是一致的。

若以典籍类型相比较而言，在目前方志学界争论《越绝书》成书年代方面，拙说得出的结论似可供其参考。就传世典籍而言，一般认为方志最早之书为东晋常璩的《华阳国志》，把已亡佚的吴越方志算在内，一般也只追溯到三国时期的典籍。① 如果把显之于西晋初的《越绝书》与成书于东晋的《华阳国志》相提并论，在时间上看上去十分自然，一记东南，一记西南，如璧之成双，剑成雌雄；如果按照《越绝书》成书于先秦的说法，就会给人以方志起源令人费解的印象。

赵晔的《吴越春秋》固然深得学者赞赏，② 但是《隋书》"杂史"类还著录了晋朝杨方的《吴越春秋削繁》。杨方之书恐怕不仅仅是"削繁"，改动或当不小，其改动的原因也应与三国吴国的建立，孙氏政权对江南的开发，古老的吴越之地在这一时期发生翻天覆地的变化有关。

三国孙氏吴国是战国以来吴越之地独立时间最长，与中原分庭抗礼规模最大的王朝，它的建立，为此后五朝的持续发展奠定了相当坚实的基础。孙权缓称霸的政治韬略和百川归海的恢弘气度使其能纳揽天下人才，在调和吴地土著与中原人士的矛盾中孙权极尽其权术，故能使其政权从小到大，从弱到强，最终成为无论其当世的势力大小，疆域宽窄，还是对后世影响的连续性方面，都较勾践越国有过之而无不及的吴地真正强国。

在我国东南地区历史进程如此重要的关头，或者说在东汉王朝即将土崩瓦解的前夕，企图占领、经营此地，并以此地为根据地进而逐鹿中原的王者霸者们，都将面临一个迫切需要追溯此地称霸历史，总结其统治经验教训的问题。从这个意义上看，《越绝书》的诞生就很好理解了。

当然，在西晋重新统一全国后，像《吴越春秋》《越绝书》这样曾经在汉末和三国时期对东南地区而言既具有其历史意义又具有其现实意义的典籍，在新王朝的新形势下，加以"削繁"和"删定重复"就十分自然了。

前人在《越绝书》成书年代与作者问题上的战国后人作汉人附益说，秦汉说，东汉初年说，东汉末年说，东汉初年到东汉末年说，西晋说，在与像《吴越春秋》这样的典籍的联系比较上，在与有关历史背景的联系比较上，恐怕都很难自圆其说，更何况其他。

---

① 陈桥驿《绍兴地方文献考录》"方志类"把《越绝书》列为第一部方志，以下列《会稽土地记》，题"三国吴朱育撰"，浙江人民出版社1983年版。洪焕椿《浙江方志考》"卷一：浙江省通志"把《越绝书》列为第一部方志，以下列《分吴会丹阳三郡记》，题"作者名氏已不可考"，以下列《三吴郡国志》，题"三国云阳韦昭纂"，浙江人民出版社1984年版。

② 《三国志·虞翻传》裴松之注引《会稽典录》记虞翻答濮阳兴说"有道山阴赵晔，征士上虞王充，各洪才渊懿，学究道源，著书垂藻，骆驿百篇，释经传之宿疑，解当世之棼结，或上穷阴阳之奥秘，下撮人情之归极。"

现在来看以上所说的第二个问题。尽管前文考定《越绝书》成书当在东汉末年袁术占据淮南之时，并经过三国时期的增补改编，最后定型于西晋初年，但是在成书以前，如前文所述，《越绝书》中各篇的内容应有相当的部分在世间流传。

本书第一章第二节第二部分"《越传》《越书》《越地传》《越记》考释"，曾经举出《史记·夏本纪》"会稽者，会计也"句下，裴骃《集解》："《皇览》曰：禹冢在山阴县会稽山上。会稽山本名苗山，在县南，去县七里。《越传》曰：'禹到大越，上苗山，大会计，爵有德，封有功，因病死，葬，苇棺，穿圹深七尺，上无泻泄，下无邸水，坛高三尺，土阶三等，周方一亩。'"我在把此文与今本《越绝书·外传记地传》比较以后，认为这一《越传》"应是曾在汉魏间流传的一部记早期越国史地的书籍，它既为《皇览》所引，说明其成书应在汉末以前"。这一《越传》不仅为《史记集解》所引，而且还见于《太平御览》所引，我认为这或是袁术时期《越绝书》成书以前就流传于世记载越地的文献。

也不仅仅是《越传》先于《越绝书》单独成篇，今本《外传本事》说："何不称《越经、书、记》，而言绝乎?"可见《外传本事》篇距《越绝书》定名也不甚远，其时已有《越经》《越书》《越记》的同体异名之文流行于世。《外传本事》大约成于西晋初年的《篇叙》篇以后不久，所以我基本上认为《越绝书》最初成书时是把零散单篇的越地文献收集整理而成。

《越绝书》一些篇文的出自无疑十分久远，本书第二章第二节第二部分"篇目定名与存亡真伪考释"在对"内篇"八篇篇文作出考释的同时，认为某些篇文行文古朴，其用语在先秦书中也不常见，所以这些篇文的来源，要么确是在战国已经著于竹帛，单篇别行，或附于它书之中流传；要么是在西汉前期由文人抄录而成，总之不像是东汉成篇的作品。

《越绝书》中的文字其来有自，不仅是指正文而言，就是我们认为作于孙吴时期《德序外传记》中的一些记述，也可以上溯到战国，甚至与战国出土竹简简文可以相互印证。如《德序》篇说："子胥赐剑将自杀，叹曰：'嗟乎! 众曲矫直，一人固不能独立。吾挟弓矢以逸郑楚之间，自以为可复吾见凌之仇，乃先王之功，想得报焉，自致于此。吾先得荣，后僇者，非智衰也，先遇明，后遭险，君之易移也已矣。坐不遇时，复何言哉。此吾命也，亡将安之? 莫如早死，从吾先王于地下，盖吾之志也。'"这一段中"吾先得荣，后僇者，非智衰也，先遇明，后遭险"，又见于《越绝书·外传纪策考》，其记子胥临死叹曰："吾背楚荆，挟弓以去，义不止穷。吾前获功，后遇戮，非吾智衰，先遇阖庐，后遭夫差也。"1993 年湖北省荆门市郭店一号楚墓出土战国晚期竹简，经整理后定名为《穷达以时》的一篇记云："子疋（胥）前多杠（功），后翏（戮）死，非其智怀（衰）也。"① 裘锡圭按："《韩诗外传》卷七：'伍子胥前功多，后戮死，非知有盛衰也，前遇阖闾，后遇夫差也。''非知有盛衰'句，《说苑·杂言》作'非其智益衰也'。二书此段文字与简文基本相同。"裘说未引及《越绝书》文，亦失之考。如果仅就"智衰"二字连文而言，《越绝书》两篇文字与简文所记更加接近，《韩诗外传》的"知有盛衰"与《说苑》的"智益衰"都与简文小有异同。

---

① 《郭店楚墓竹简》，文物出版社 1998 年版，第 145 页。

　　通过以上的例子我们认为《越绝书》虽然成书于东汉之末，但是书中各篇内容的形成有相当的部分却应是在战国或稍后，宋朝陈振孙"盖战国后人所为，而汉人又附益之"的说法，虽然不能直接用来表述《越绝书》的成书时间，但是若用以说明其书中基本材料的最初形成，此语是大致不误的。

子 部

儒家类

文 中 子 辨

王冀民 王 素

　　文中子《中说》十篇十卷，自宋迄今，疑信者参半。《四库全书总目》卷九一子部儒家类一谓宋咸疑为无其人①，洪迈疑其书即注者阮逸自撰②，至清人朱彝尊则径断为子虚无是，斥为无稽之言③。而信其人、尊其书者，则奉之为圣人④，王应麟、龚士卨且列之于"五子"⑤。近人研究哲学思想，亦有疑之而一字不录者，如周谷城《中国通史》、范文澜《中国通史简编》、岑仲勉《隋唐史》、侯外庐主编《中国思想通史》、任继愈《中

---

　　① 宋咸字贯之，宋建阳人，天圣（1023—1032）进士，仕至都官郎中，著有《法言注》《论语增注》等。其书间为前人所引，今多佚，故其言未详所出。

　　② 洪迈《容斋续笔》卷一："今《中说》之后载文中子次子福畤所录，云杜淹为御史大夫，与长孙太尉有隙。按淹以贞观二年卒，后二十一年高宗即位，长孙无忌始拜太尉，其不合于史如此。故或疑为阮逸所作。"

　　③ 朱彝尊《经义考》卷二七九案："讲学诸公读书不论其世……遂据无稽之言，以子虚无是公岿然配食孔子之庑。"

　　④ 司空图《一鸣集》卷五《文中子碑》："天生文中子以致圣人之用。"邵博《闻见后录》卷四引司马光《文中子补传》附评曰："宋兴，柳开、孙何振而张之，遂大行于世，至有真以为圣人者，可继孔子者。"

　　⑤ 《三字经》所称"五子"乃荀、杨、老、庄及文中子。相传《三字经》乃王应麟作，虽未必是，然《困学纪闻》卷一〇已云"其言闳以实，有天下将治之象"，是尊而信之也。龚士卨，宋景定（1260—1264）间人，曾编《五子纂图互注》四十二卷，《四库》存目。所收"五子"同《三字经》。

国哲学史简编》以及杨荣国《简明中国哲学史》等。有虽信之，而寥寥数语、论而不证者，如邓之诚《中华二千年史》①。有大言坐实，谓其书足以"表现一个时代的社会意识形态"者，如吕振羽《中国政治思想史》②。有虽持论通达，而所据无多，故结论仍嫌模棱者，如吕思勉《隋唐五代史》③。笔者数读此书，亦有尊信、疑信参半、几视同伪书之认识过程。今复读，始觉曩时结论，颇欠客观。所以致之者，大抵先有"子书"二字横亘于心。宋儒尊之，不过爱其能接孔、颜之传，故明知其伪，亦必强为之说。后人疑之，不过恶其杂拾儒家糟粕，故虽明知有真实处，亦不惜全盘否定。夫考证之学，首贵客观，但问其人其事之有无，不计其文其理之是非。前人辨文中子者多矣，毫厘虽异，所得实同；正反相成，为功讵浅？笔者兹集而断之，非敢自矜卓识，聊息纷纭之讼而已。

一、文中子其人

旧传文中子乃隋末大儒，姓王名通，"文中子"乃其门人于师殁后所拟之谥。其著述多不传，传者唯《中说》，故即以其谥为书名，题曰《文中子》。

王通既称"大儒"矣，唐初功臣又多其门人弟子，何以贞观初魏徵等奉敕撰修之《隋书》竟不为乃师立传？此固历来集讼之所在，亦事理之最可疑者。清人董潮《东皋杂录》为之解曰："魏郑公等欲尊其师，不屑与'文学'诸人伍，《隋书》有《文学传》。势必别立'世家'，如《史记》之于孔子，而又无此体，故并此不书。"董说见李慈铭《越缦堂读书记》。按此说甚曲。不屑入"文学"，亦不得入"儒林"乎？《隋书》有《儒林传》。或辨曰：徵所作《儒林传序》，谓"逮乎近古，巨儒必鄙俗"，"儒罕通人，学多鄙俗"，是徵于"儒林"亦不屑也。信如是，复不得散见师事于全书乎？何一部《隋书》竟不见有关通之只字？尤可疑者，魏、李、房、杜既皆出于通门，何以新、旧《唐书》所载诸人行事，竟无一与通合者，而《贞观政要》所记君臣问答，亦无一语涉及通者，没师之名，堕师之道，一至于此，有是理乎？宋儒司马光、朱熹等虽尊礼其人其书，亦不免三复致疑焉④，他可知矣。

---

① 邓著卷三："王通著《中说》，力倡孔孟之教，主张复兴礼乐……而为新儒教之建设。唐时韩愈、李翱继之以论道论性，及宋而理学盛兴，皆由《中说》为之倡。"按：韩愈不称文中子，李翱贬《中说》为"太公家教"，郑著失考。

② 吕著第一编："王通思想的代表著作为《文中子》。实验主义疑古者以《文中子》的文句类似《论语》，而断定其为伪造。这种错误的论断完全由于他们不懂得科学的社会学原理，以及中国史的发展过程。《文中子》一书如说后人有所篡改，那是可能的；但是作为表现一个时代的社会意识形态来看的该书，却是移到其他时代都不妥适的。……王通的政治学说，在隋唐之际便由其门徒魏徵等人拿到实践中去，充任了唐朝的开国和唐初政治的指导方针。……唐朝三百年的学术思想，王通的学说也起了相当的启发作用。"按：吕先生高见固不必论，只其断言魏徵等人为王通门徒，不知有何新证？

③ 吕著第二十一章："通事多出后人缘饰，然亦必其人略有此意，缘饰乃有所施。""通事因附会太过，离真太远，遂使后之考索者并其人之有无而疑之，此亦太过。"

④ 司马光云："其所称朋友门人，皆隋、唐之际将相名臣……考及旧史，无一人语及通名者。《隋史》，唐初为也，亦未尝载其名于儒林、隐逸之间。岂谓诸公皆忘师弃旧之人乎？何独其家以为名世之圣人，而外人皆莫之知也？"载邵博《闻见后录》卷四。朱熹云："'文中子弟子'多是唐辅相，恐亦不然，盖诸人更无一语及其师。人以为王凝与长孙无忌不足，故诸人惧无忌而不敢言，亦无此理。如郑公岂畏人者哉？"《朱子语类》卷一三七。

虽然，《隋书》，正史也，历史人物不见于正史者多矣，岂独通哉！通事虽不见于应著录之《隋书》，今存之唐、宋公私著述犹可考也。兹据诸书署名作者时代之先后，摘其有关王通之行实，排比而辨证之。

(一) 署名杜淹之《文中子世家》

文中子王氏讳通，字仲淹。其先汉征君霸，洁身不仕。十八代祖殷，云中太守，家故（一作"于"）祁，以《春秋》《周易》训乡里，为子孙资。十四代祖述，克播前烈，著《春秋义疏》，公府辟不就。九代祖寓，遭愍、怀之难，遂东迁焉。寓生罕，罕生秀，皆以文学显。秀生二子：长曰玄谟，次曰玄则。玄谟以将略升，玄则以儒术进。玄则字彦法，即文中子六代祖也，仕宋，历太仆、国子博士……卒为洪儒……江左号"王先生"。……先生生江州府君焕，焕生虬。虬始北事魏，太和中为并州刺史，家河汾，曰晋阳穆公。穆公生同州刺史彦，曰同州府君。彦生济州刺史杰，曰安康献公。安康献公生铜川府君，讳隆，字伯高，文中子之父也，传先生之业，教授门人千余。隋开皇初，以国子博士待诏云龙门。……帝……曰："先生朕之陆贾也，何以教朕？"……出为昌乐令，迁猗氏、铜川，所治著称。秩满退归，遂不仕。开皇四年 (584)，文中子始生，铜川府君筮之，遇《坤》之《师》，献兆于安康献公，献公曰："素王之卦也，何为而来？地二化为天一，上德而居下位，能以众正，可以王矣。虽有君德，非其时乎？是子必能通天下之志。"遂名之曰"通"。开皇九年，江东平。铜川府君……遂告以《元经》之事，文中子再拜受之。十八年……文中子于是有四方之志，盖受《书》于东海李育，学《诗》于会稽夏琠，问《礼》于河东关子明，正《乐》于北平霍汲，考《易》于族父仲华。不解衣者六岁，其精志如此。仁寿三年 (603)，文中子冠矣，慨然有济苍生之心。西游长安，见隋文帝。帝坐太极殿召见，因奏《太平策》十有二策，尊王道，推霸略，稽今验古，恢恢乎运天下于指掌矣。帝大悦，曰："得生几晚矣，天以生赐朕也。"下其议于公卿，公卿不悦。时将有萧墙之衅，文中子知谋之不用也，作《东征之歌》而归。……帝闻而再征之，不至。四年，帝崩。大业元年一征，又不至。……乃续《诗》《书》，正《礼》《乐》，修《元经》，赞《易道》，九年 (613) 而六经大就。门人自远而至，河南董恒 [常]、太山姚义、京兆杜淹、赵郡李靖、南阳程元、扶风窦威、河东薛收、中山贾琼、清河房玄龄、巨鹿魏徵、太原温大雅、颍川陈叔达等，咸称师北面，受王佐之道焉。如往来受业者，不可胜数，盖千余人。隋季，文中子之教兴于河汾，雍雍如也。大业十年，尚书召署蜀郡司户，不就；十一年，以著作郎、国子博士征，并不至。十三年 (617)，江都难作，子有疾……寝疾七日而终。门弟子数百人会议曰："吾师其至人乎？自仲尼以来，未之有也。……仲尼既没，文不在兹乎？《易》曰'黄裳元吉，文在中也'，请谥曰文中子。"丝麻设位，哀以送之。礼毕，悉以文中子之书还于王氏。《礼论》二十五篇，列为十卷；《乐论》二十篇，列为十卷；《续书》一百五十篇，列为二十五卷；《续诗》三百六十篇，列为十卷；《元经》五十篇，列为十五卷；《赞易》七十篇，列为十卷。并未及行，遭时丧乱，先夫人藏其书于箧笥，东西南北，未尝离身。大唐武德四年 (621)，天下大定，先夫人返于故居，又以书授于其弟凝。文中子二子：长曰福郊，少曰福畤。

（二）王绩《东皋子集》

（序曰）余周人也，家本于祁。永嘉之际，扈迁江左。地实儒素，人多高烈。穆公衔建元之耻，归于洛阳；同州悲永安之事，退居河曲。始则晋阳之开国，终乃安康之受田。……（赋曰）白牛溪里，峰峦四畤。信兹山之奥域，昔吾兄之所止。许由避地，张超成市。察格删诗，依经正史。康成负笈而相继，根矩摄衣而未已。组带青衿，锵锵嶷嶷。阶庭礼乐，生徒杞梓。山似尼丘，泉疑洙泗。……（自注曰）吾兄通字仲淹，生于隋末，守道不仕。大业中，隐居此溪，续孔氏六经近百余卷，门人弟子相趋成市，故溪今号"王孔子之溪"也。此溪之集，门人常以百数，唯河南董恒、南阳程元、中山贾琼、河东薛收、太山姚义、太原温彦博、京兆杜淹等十余人称为俊颖。而姚义慷慨，同侪方之仲由；薛收理识，方之庄周。仲淹以大业十三年卒于乡，予时年三十三，门人谥为文中子。及皇家受命，门人多至公辅，而文中子之道未行于时。卷上《游北山赋》。

昔者文中子讲道于白牛之溪，弟子捧书北面环列。讲罢，程生、薛生退省于松下，语及《周易》，薛收叹曰："不及伏羲氏乎，何辞之多也！"卷下《负笈者传》。

吾家三兄生于隋末，伤世扰乱，有道无位，作《汾亭操》，盖孔子《龟山》之流也。吾尝亲受其调（按《中说·礼乐篇》曾记此事）。卷下《答冯子华处士书》。

昔者吾家三兄命世特起，先一择德，续明六经，吾尝好其遗文，以为匡扶之要略尽矣。卷下《答陈道士书》。

先生讳子光，字不耀，往来河东，佣力自给。……人有请道者，则书"老、易"二字示之。……文中子比之虞仲夷逸（按：仲长子光，《中说》凡六见，此条在《礼乐篇》）。卷下《仲长先生传》。

（三）杨炯《王勃集序》

祖父通，隋秀才高第，蜀郡司户书佐、蜀王侍读。大业末，退讲艺于龙门；其卒也，门人谥之曰文中子。《盈川集》卷三。

（四）刘禹锡《宣歙池等州都团练观察处置使宣州刺史王公神道碑》

常侍讳质，字华卿，姓王氏。自秦、汉以还，世多显名。由今而上十有一代名杰，仕元魏为并州刺史，子孙因家，遂为太原祁人。并州六代孙名通，字仲淹，在隋诸儒唯通能明王道，隐居牛溪。既没，谥为文中子。文中子生福祚，为蔡州上蔡主簿。上蔡生勉，公之曾祖也。祖讳怡。……考讳济，公其季子也。……铭曰：隋有文中，绍敷微言；当时伟人，咸出其门。《刘宾客文集》卷三。

（五）皮日休《文中子碑》

文中子王氏讳通，生于陈、隋之间，以乱世不仕，退于汾晋，序述六经，敷为《中说》，以行教于门人。夫仲尼删《诗》《书》、定《礼》《乐》、赞《易道》、修

《春秋》，先生则有《礼论》二十五篇、《续诗》三百六十篇、《元经》三十一篇、《易赞》七十篇。孟子之门人有高第弟子公孙丑、万章焉，先生则有薛收、李靖、魏徵、李勣、杜如晦、房玄龄。孟子之门人郁郁于乱世，先生之门人赫赫于盛时。……设先生生于孔孟之世，余恐不在游、夏亚，况七十子欤？铭曰：……先生门人，为唐之祯；差肩明哲，接武明卿。《皮子文薮》卷四。

（六）陆龟蒙《送豆卢处士谒宋丞相序》

文中子生于隋代，知圣人之道不行，归河汾间，修先王之业，九年而功就，谓之王氏六经。门徒弟子有若巨鹿魏公、清河房公、京兆杜公、代郡李公，咸北面称师，受王佐之道。隋亡，文中子没，门人归于唐，尽发文中子所授之道，左右其治。《笠泽丛书》卷二。

（七）司空图《一鸣集》

仲尼不用于战国，致其道于孟、荀而传焉，得于汉，成四百年之祚。五胡继乱，极于周、齐，天生文中子以致圣人之用，得众贤而廓之，以俟我唐，亦天命也。故房、魏数公皆为其徒，恢文武之道，以济贞观治平之盛，今三百年矣。卷五《文中子碑》。

隋大业间，房公、李公、魏公皆师文中子，尝为其徒，曰："玄龄也志而密，靖也惠而断，徵也直而遂，俾其遭时致力，必济谟庸。"厥后果然。卷九《三贤赞》。

（八）刘昫《旧唐书》

兄通，字仲淹，隋大业中名儒，号文中子，自有传（按：《旧唐书》实无《王通传》，当系史臣疏略）。卷一九二《王绩传》。

祖通，隋蜀郡司户书佐，大业末，弃官归，以著书讲学为业。依《春秋》体例，自获麟后历秦汉至于后魏，著纪年之书，谓之《元经》。又依《孔子家语》、扬雄《法言》例，为客主对答之说，号曰《中说》。皆为儒士所称。义宁元年（617）卒，门人薛收等相与议谥曰文中子。二子：福畤、福郊。卷一九〇《王勃传》。

王质字华卿，太原祁人。五代祖通，字仲淹，隋末大儒，号文中子。通生福祚，终上蔡主簿。福祚生勉，……勉生怡，怡生潜……质则潜之第五子。少负志操，以家世官卑，思立名于世，以大其门。卷一六三《王质传》。

（九）宋祁《新唐书》

兄通，隋末大儒也。聚徒河汾间，仿古作六经，又为《中说》以拟《论语》，不为诸儒称道，故书不显，惟《中说》独传。卷一九六《王绩传》。

祖通，隋末居白牛溪，教授门人甚众。尝起汉魏尽晋，作《书》百二十篇，以续古《尚书》，后亡其序，有录无书者十篇，勃补完缺佚，定著二十五篇。卷二〇一《王勃传》。

王质字华卿，五世祖通为隋大儒。卷一六四《王质传》。

（一〇）　司马光《资治通鉴》

是岁，龙门王通诣阙献《太平十二策》，上不能用，罢归。遂教授于河汾之间，弟子自远至者甚众。累征不起。杨素甚重之，劝之仕，通曰："通有先人弊庐足以蔽风雨，薄田足以具饘粥，读书谈道足以自乐。愿明公正身以治天下，使时和岁丰，通也受赐多矣，不愿仕也。"或谮通于素曰："彼实慢公，公何敬焉？"素以问通，通曰："使公可慢，则仆得矣；不可慢，则仆失矣。得失在仆，公何预焉？"素待之如初。弟子贾琼问息谤，通曰"无辩"；问止怨，曰"无争"。通尝称："无赦之国，其刑必平；重敛之国，其财必削。"又曰："闻谤而怒者，谗之囮也；见誉而喜者，佞之媒也。绝囮去媒，谗佞远矣。"大业末，卒于家，门人谥曰文中子。卷一七九《隋纪》文帝仁寿三年。

上摘有关文中子王通行实十种，除《新唐书》与《资治通鉴》外，悉出北宋以前人手，遗文俱在，可稽可考。故谓文中子并无其人，诚不读书之过；谓皆可信，亦不免"尽信书"之弊。

《文中子世家》（以下简称《世家》）名虽早出，且屡为人征引，而实致疑最多。盖一朝作俑，承谬无穷，故不可不先辨。

此文署名杜淹，始见于阮逸《中说序》，云："今世所传本，文多残缺，误以杜淹所撰《世家》为《中说》之序。"似阮逸以前，此文即已署名杜淹。逸又从而测之曰："《文中子世家》乃杜淹授与尚书陈叔达编诸《隋书》而亡矣。"按逸所据不过托名王福畤所录之《东皋子答陈尚书书》，然此书仅云"贞观初……季父（指王绩）与陈尚书叔达相善，陈公方撰隋史，季父持《文中子世家》与陈公编之。陈公亦避太尉（指长孙无忌）之权，藏而未出"。是持书与叔达者乃王绩而非杜淹，更未尝言《世家》即为杜淹所作，不知逸何所据而臆断如此？且以史实证之，尤谬。（1）隋史奉敕复修在贞观三年（629），淹于先一年已卒，万无预授《世家》之理。（2）修隋史者乃魏徵、孔颖达、许敬宗，陈叔达仅于武德三年（620）预修周史，其后并无预修隋史之事。见两《唐书》令狐德棻传及高祖、太宗本纪。（3）贞观之初，魏徵、陈叔达、杜淹与长孙无忌名位相捋，前三人既同系文中子门人，何故共畏一长孙无忌？（4）杜淹官御史大夫，应知官修体例，今所作不称《王通传》而曰《文中子世家》，称谥、称世家，淹纵欲尊师，必不敢僭妄至此，更不敢公然自献以取罪。（5）据两《唐书》称，凝、绩兄弟均曾自撰隋史，然则正宜自入，何必假手于陈？只此数端，已可断言署名杜淹之不足信。

然则《世家》作者为谁？据情据实推之，当属王氏子弟无疑。盖唐初人尚存六朝余习，每好自矜门阀，为先世作"家传"。如旧《唐志》载《令狐家传》（德棻作，今佚），新《唐志》载《郯侯家传》（泌子郇撰，今存），比比皆是。龙门王氏，终唐之世，"家世官卑"，《旧唐书·王质传》。而子弟复多隽秀。通之弟凝、绩，子福畤，孙勃、勋等，多负文名，又极狂怪；传称其颂祖誉儿，积习成癖。故知其先世即无赫赫之迹，尤将缘饰不遑，况河汾讲学，本有其事乎？今观《世家》叙其家世渊源及文中年寿、命名、得谥、讲学诸事，若非王氏当门子弟，曷能妄拟至此？既知其为"家传"，则自尊为《世家》固不足怪；托名于大官杜淹，亦人情附势之常。至于张皇夸饰，有其人而不必有其事，有其事而不必得其情者，尤属"家传"之特色。准此以推，则《世家》一文，何处可信，何处妄言，不难决断矣。

试以其足信者考之。《宋书》卷七六《王玄谟传》载"玄谟字彦德，太原祁人。祖牢，父秀"，知王玄谟与《世家》所称之"罕生秀，秀生二子，长曰玄谟，次曰玄则……玄则字彦法"者，实为兄弟行。且知"牢"字应作"罕"，形近易误，当从《世家》。又刘禹锡所作《王质碑》云："上十一代名杰，仕元魏为并州刺史，子孙因家，遂为太原祁人。"实误以虬为杰，误晋阳穆公为安康献公，误以十代为十一代，误以河汾为祁。故知《世家》实较其他官私文书为真。司马光作《文中子补传》，于其家世多取《世家》，知其出自王氏子弟，非杜撰也。

至其张皇幽渺，往往不经之处，亦家传体例使然也。如所记六代祖玄则"江左号王先生。受其道曰王先生业，于是大称儒门，世济其美"。记铜川府君隆传先生之业，教授门人千余，且云隋文帝召见，以为"朕之陆、贾"。此皆不见于官私记载，容或失真，即所谓"有其人而不必有其事"者也。而其所以虚饰者，不过欲证王氏世业本于讲学传道而已。又如记隋文帝召见通并再征事，亦或有之①；然遽谓"帝大悦曰：得生几晚矣，天以生赐朕也"，则系出于夸饰，即所谓"有其事而不必得其情"者也。盖"高祖暮年，精华稍竭，不悦儒术，专尚刑名。……暨仁寿间，遂废天下之学，惟存国子一所，弟子七十二人"。见《隋书·儒林传》。通以弱冠少年，恰于仁寿间以儒术召见，乃致年逾六旬而专尚刑名之耄帝狂喜若此，有是理乎？

是故读《世家》时，当深惟"家传"之实，详其致伪之原，初不必如王应麟辈吹索于一名一事之间②，要当识其大而遗其小，略其迹而原其心，斯可谓善读书矣③。

《世家》之外，今存叙王通事应莫先于王绩之《东皋子集》。两《唐志》均载《王绩

---

① 《隋书》卷四一《苏威附子夔传》："仁寿末，诏天下举达礼乐之源者，晋王昭时为雍州牧，举夔应之，与诸州五十余人谒见。高祖望夔谓侍臣曰：'惟此一人，称吾所举。'"王通之召，或与夔同时。

② 《困学纪闻》卷一〇："《中说》前述云：'隋文帝坐太极殿召见，因奏太平之策十有二焉。'按《唐会要》武德元年五月改隋大兴殿为太极殿，隋无此名。"同书同卷又云："关子明太和中见魏孝文，如存于开皇间，亦一百二三十岁矣，而有'问礼于关子明'，其妄不疑。"按：前条所称"《中说》前述"，翁注误举《魏相篇》以证，查《魏相篇》实无其文。盖宋本《中说》多以《世家》为前序，"前述"即前序也。

③ 按：应麟所据二条，未尝不可以理解。（1）记时记事之误，良史不免。如文帝召见，《世家》云系仁寿三年，《录关子明事》定于仁寿四年甲子，二文同出于王氏子弟，犹不免异同，况以大兴殿为太极殿，尚不违述旧从新之例耶？（2）《中说·关朗篇》载："或问关朗，子曰：魏之贤人也。孝文没而宣武立，穆公死、关朗退，魏之不振有由哉！"是文中子已明言与关朗不同时矣。《世家》云"问礼于关子明"，亦可作私淑看。

集》五卷，陈振孙以为其友吕才（两《唐书》均有传）所编，今存三卷，即以绩之自号名之，宜若可信。然可信者文，不可信者事；可信者事，不可信者情。盖其缘饰夸诞，固不亚于《世家》也。《世家》于仲尼，仅相拟而已；《东皋子集》则直誉其兄为"王孔子"，以北山为尼丘，以河汾为洙泗，以弟子为仲由。甚且告人曰："吾家三兄有道无位，作《汾亭操》，盖孔子《龟山》之流也。"前人颂祖，尚未有狂妄过于此者，故直当以"家传"例之。

《东皋子集》既与"家传"合，则撰《世家》者或不出绩之兄弟行。绩生于隋开皇五年（585），卒于唐贞观十八年（644），寿六十。仲兄凝年寿不详，然据《中说》卷尾，谓凝退官家居，年逾七十，似较绩尤老寿。斯二人于文中子实为弟而兼门人，其叙王氏家世必优于陈（叔达）、杜（淹），叙文中子行实必详于郊、畤。且《世家》记文中子后裔仅及二子而不及孙辈，亦见其必出自勋、勃之前。因断曰：王氏"家传"已定型于凝、绩，《世家》及《东皋子集》实为最初之蓝本。后人所记，大都本此。其有传疑袭讹，自相抵牾者，宜以凝、绩辈所定为据。

如皮日休《文中子碑》于诸门人中增一李勣，不知勣年十七，已从翟让，故虽《世家》亦未敢妄言，皮氏何由知之？《旧唐书》于勃传云通有二子福畤、福郊，既误以弟为兄，复于质传云通生福祚，可谓自相歧异。《旧唐书》云《元经》《中说》"皆为儒士所称"，《新唐书》则云"不为诸儒称道"，要皆无据之言。至司马光《通鉴》则全袭《世家》《中说》，自为取舍，是又等而下者也。

兹据王氏"家传"，并斟酌后人著述，为辨证文中子二三事。

（一）年寿。文中子生于隋开皇四年（584），《世家》已详言之，《录关子明事》互反复以龟策为谶，明言"开皇四年……先丙午（开皇六年）之期者二载尔"，可信无误。其殁也，在大业十三年（617）江都事变之后，《世家》言之，《中说》言之，《录关子明事》言之，王绩《游北山赋》言之，亦决然可信。然则文中子得年三十四岁，或云三十三，实欠审①。

疑通年者，辄怪其未及强仕而殁，然而著述等身，门徒千余，未免不类。按此说诚是，然《中说》已屡为之解矣。《立命篇》云："繁师玄闻董恒贤，问贾琼以齿。琼曰：'始冠矣。'师玄曰：'吁，其幼达也。'琼曰：'夫子十五为人师焉。陈留王孝逸，先达之傲者也，然白首北面，岂以年乎？琼闻之，德不在年，道不在位。'"《礼乐篇》云："陈叔达谓子曰：吾视夫子之道，何其早成也……程元曰：夫子之成也……盖天启之，非积学能致也。"又《述史篇》称薛道衡为"丈人"，《关朗篇》称王珪为叔父，《录唐太宗与房魏论礼乐事》称魏徵、房、杜等为"先辈"，是通未尝自讳其年，王氏子弟亦未尝改增其年也。

---

① 翁注《困学纪闻》引《龙川文中子引》云："文中子没于大业十三年，则年三十三。"余嘉锡《四库提要辨证》引《游北山赋注》"仲淹以大业十三年卒于乡，予时年三十三"，以为"予字衍，盖通死时正三十三耳"。两说俱欠审。按古人合生卒之年计寿，谓之"得年"，盖以初生之年为一岁，从胎教也。故与今之所云"足岁"大异。证以《录关子明事》一文所云"魏太和三年（479），时穆公春秋二十二矣，奏事曰：'大安四载（458），微臣始生。'"此处不言二十一，而云二十二，知文中子年寿计法同此。又《游北山赋注》"予"字未必衍，盖绩本弱其兄一龄，故自云"予时年三十三"。

（二）仕历。文中子仕历可共信者，惟召署"蜀郡司马"一事。杨炯《王勃集序》云："祖父通，隋秀才高第，蜀郡司户书佐、蜀王侍读。大业末，退讲艺于龙门。"《旧唐书·王勃传》则云："祖通，隋蜀郡司户书佐，大业末，弃官归。"《世家》亦云："大业十年，尚书召署蜀郡司户，不就。"杨序云"退讲艺于龙门"，《旧唐书》曰"弃官归"，是已赴官矣，与《世家》言"不就"异。今按《中说·事君篇》："尚书召子仕，子使姚义往辞焉，曰：'必不得已，署我于蜀。'或曰僻，子曰：'吾得从严（遵）、扬（雄）游泳以卒世，何患乎僻？'"则是署蜀一事乃通之自择，似当以赴官论。赴官而复讲学河汾，其暂赴而卒弃官归乎？

（三）门人。文中子门人，据《世家》所载，有李靖、房玄龄、魏徵、温大雅、陈叔达、窦威、杜淹、薛收（以上八人，两《唐书》均有传）、董恒（宋人讳恒为常）、姚义、程元、贾琼十二人。《中说》则益以杜如晦、温彦博、王珪、李百药、张元素（以上五人，两《唐书》均有传）、繁师玄、靖君亮、王孝逸、薛方士、薛知仁、裴晞、凌敬、仇璋、李播、陆逢、丰鼎及叔恬（王凝）、无功（王绩）等十余人。王绩《游北山赋》所举门人俊颖者有董恒、程元、贾琼、姚义、薛收、杜淹、温彦博七人。皮日休《文中子碑》除重言薛收、李靖、魏徵、房玄龄、杜如晦外，另臆增一李勣。陆龟蒙《送豆卢处士谒宋丞相序》重言魏徵、李靖、房玄龄、杜如晦。司空图《文中子碑》止举房、李、魏"三贤"。刘禹锡《王质碑》则概言"当时伟人，咸出其门"。

通门人之多，官位之显，最为疑者所诟病。兹据情据实考之，有可疑者数端。

第一，弦诵可疑。文中子讲学河汾，据家传在其"六经大就"之后，亦即大业九年至十三年之间。姑不论其是否赴蜀，即以此四五年论，杨玄感、司马长安等相继起事中原，大河南北，悉为乱兵所据，河汾乃四战之地，兵家所必争，安得门人千数自远而至，相趋成市，直如郑原之在辽东乎？更何能于干戈扰攘中，弦歌不辍乎？

第二，官私不载。上列门人，已尽见于《世家》《中说》；刘禹锡以下所记，不过耳食，未足为信。至福畤所撰《家书杂录》虽云"门人弟子姓字本末，则访之纪牒，列于外传，以备宗本"。而此"外传"今竟不传。现存唐人官书私史亦无一字载及王通师徒际会者。而所称门人弟子，不论知名与不知名，亦不论有著述或无著述，均无一言道及其青年受学及师门盛况者。史阙有间，宁至此乎？

第三，年辈不合。门人年辈，多较王通为长。兹据其生年先后，按公历排列于次：李百药（565—648），窦威（566—621），陈叔达（570—?），王珪（571—639），李靖（571—649），温大雅（?—629），温彦博（573—636），杜淹（?—628），房玄龄（578—648），魏徵（580—643），张元素（?—644），王通（584—617），杜如晦（585—630），薛收（592—624）[①]。仲尼弟子三千，虽父子同门，如颜路、颜渊、曾晳、曾参，亦未有年长于师者。今文中子知名弟子十余人多长于师，不亦异乎？

第四，行踪不接。隋季功名之士，急于趋附，方河汾讲学之际，上列门人，均已出仕。如李靖方为马邑丞。魏徵初诡为道士，后投李密。房玄龄十八举进士，已仕隰城上郡尉。杜淹仕隋为御史中丞，后投王世充。杜如晦大业中已补滏阳尉。窦威先为蜀王秀记室（在通受署之前），后官考功郎中。温大雅已仕隋为东宫学士，调长安尉，后至太原投高

---

① 李勣（594—669）绝非王通门人，皮日休瞽说不可信，故不阑人。

祖。温彦博于开皇末对策高第，授文林郎，后投罗艺为司马，随艺降唐。王珪开皇中已官太常奉礼郎，后亡命南山十余年，至高祖入关始出。李百药仕最早，开皇初已官学士，后袭父德林爵安平公，大业九年戍会稽，江都事变之前，均在江南。张元素仕隋为景城县户曹，城破，降窦建德，为黄门侍郎。故知当时诸人多系官身，无论地远不克至河汾，即至，亦无暇执经从容问难也。惟薛收系汾阴人，以父道衡冤死，故不仕隋，闻高祖兴，遁居首阳山，后归唐。陈叔达自大业中即官绛郡通守，高祖西征，始以郡听命。斯一人者，一为通之乡人，一为通之郡守，地近身闲，容或一至，至或问难，犹可说也。

综上四异，实启后人之疑。故虽有皮、陆、司空为之坐实，惜乎无据，是以王鸣盛斥之为"皆不免于诞"。《十七史商榷》卷八四。然则始作伪者为谁？朱熹以为"强引唐初名臣以为弟子，是皆福郊、福畤之所为，而非仲淹之雅意"。《文中子续经说》。此见甚是。然则又何故而作伪？司马光以为"唐室既兴，凝与福畤辈并依时事从而附益之"，《闻见后录》卷四引。尤极中肯。

何以见其强引唐初名臣？试考《中说》所载前来问学者尚有李德林（530—590）、苏威（540—621）、杨素（？—606）、薛道衡（540—609）、贺若弼（544—607）、刘炫（549—616）、虞世基（？—617）、苏夔（568—616）、宇文化及（？—619）、杨玄感（？—613）、李密（582—618）等十余人（诸人《隋书》《唐书》分别有传），而皆未引为弟子。此无他，诸人或卒于唐前，或为唐之匹仇，悉皆无功于唐耳。而前辈官守如陈叔达（陈宣帝幼子、陈后主季弟），竟大书"门人陈叔达受《乐》"；本家叔父王珪，竟大书"门人王珪受《诗》"，尊卑倒置，谬出常情。此亦无他，二人均已入唐，且为兴唐之功臣，官高位尊而已。

何以见其依时事从而附益之？如评贺若弼知其不免，《中说·事君篇》。评杨玄感知其必败，《中说·问易篇》。评李密知其必乱天下，《中说·天地篇》。其效均见于通之生前，姑置不论。录其评门人而为唐初名臣者。如《天地篇》子曰："靖也惠而断，威也和而博，收也旷而肃，淹也诚而厉，玄龄志而密，徵也直而遂，大雅深而弘，叔达简而正。"《问易篇》子谓李靖智胜仁。《事君篇》子曰："言取而行违，温彦博恶之；面誉而背毁，魏徵恶之。"《王道篇》子曰："杜如晦若逢其名王，于万民其犹天乎？"《礼乐篇》子曰："李靖之智，魏徵之正，薛收之仁。"又文中子曰："记人之善而忘其过，温大雅能之；处贫贱而不慑，魏徵能之；乱世羞富贵，宝威能之。"凡此种种，若非凝与福畤辈摹拟人物，依时事从而附益之，则真所谓其言如响，知几其神矣。

夫缘饰愈多，其伪愈见，王氏子弟虽不足以语此，而吾人论史则不可不为持平之论。故余嘉锡云："贞观时将相虽不尽属通之门人，而通门人中亦未尝无至公辅者。"《四库提要辨证》卷一〇。何焯则谓"门徒当以《（游北山）赋》注为据"。《困学纪闻》卷一引何注。是虽揣测之辞，然不为馈激，志在折中，则犹有阙疑求实之意。

盖尝因而论之，河汾讲学，事之必有，惟负笈之多，桃李之贵，未必如王氏家传所云。意者，方通河汾设帐之日，除及门生徒之外，与诸人未必无一日之交、一面之雅者。比及唐兴，此辈腾达，王氏子弟遂报颜阑入家传，至于门人之、弟子之，又于《中说》杂录中张皇附益之。诸人恶焉，故虽略有其迹，亦必从而恝置之，此《世家》之不得入隋史，而《隋书》终于削通名也。百世之后，人事消歇，王氏家书稍稍传世，诸人子孙不复置辨，于是或信焉，或疑焉，然亦终莫能指实也。故刘禹锡为王质碑铭，但云"当时伟人，咸出其门"而已。泊乎唐末，朝纲解纽，良师良相，为世所宗，加以儒生及不得志之士闻风寄慨，转相附益，遂以影缚为真，传疑为信，甚且张大其辞，以无为有，此皮、陆、司空终不免于诞也。后之人语及河汾房杜之事，不责王氏子弟之背谬而责房、杜、魏、李之忘师，致生"名位""处士"之叹，盖伤心人别有怀抱，又不足置辨云①。

（四）兄弟。人皆知文中子有弟凝、弟绩（未必同母），即福畤所称仲父、季父者。绩，新、旧《唐书》俱有传，兹不叙。凝之事仅散见《中说》及福畤诸录，谓之太原府君，字叔恬，从兄通学，受《元经》。贞观初，释褐为监察御史，以弹侯君集获罪，黜为胡苏令，改太原令。十九年起为洛州录事，乃以《中说》授福畤。后退闲家居，勤俭恭恕，年逾七十，手不辍经。盖受兄之教，非礼不动，粹然醇儒以终身焉。而《唐书》绩传乃云"兄凝为隋著作郎，撰《隋书》未成死；绩续余功，亦不能成"。是凝已仕于隋，且先绩卒也。按《唐书》系误以度为凝，当从王氏家传。

度，通之兄也，《中说》往往及之。《魏相篇》载："芮城府君读《说苑》，子见之，曰：'美哉，兄之志也。'"《事君篇》载："芮城府君起家为御史。"《天地篇》云"芮城府君重阴阳"，又"子谓薛知仁善处俗，以芮城之子妻之"。《中说》称凝、绩多以字，惟两城府君并字亦讳焉，盖通之长兄也。名字既讳矣，何以知其为度，有《古镜记》为证。《古镜记》或题《王度篇》，见《太平广记》卷二三〇，亦见《太平御览》及《文苑英华》。是篇度自云："大业七年自御史罢归河东……六月归长安。……大业八年四月度始在台直；……其年冬为著作郎，奉诏撰国史。……（大业九年）秋，出兼芮城令；……其年冬，度以御史带芮城令。……大业十年，度弟绩（亦作勣）自六合丞弃官归。"又自言师事汾阴侯生，均与《中说》及《唐书》绩传合。近人刘开荣著《唐代小说研究》，亦误以度为凝，是未尝读《中说》也。

又《中说·礼乐篇》云："叔弟绩，字无功；……季弟名静，薛收字之曰'保名'。"是绩之下另有一弟名静者。而《东皋子集》屡称通为"吾家三兄"，似通之上犹不止一兄度也。

（五）子孙。人皆知文中子有子名福畤（亦作峙），凡《世家》《中说》或为其所附益，故最知名。

然《东皋子答陈尚书书》尾云："谨录《世家》既去，余在福郊面悉其意。"《世家》尾亦云："文中子二子：长曰福郊，少曰福畤。"《旧唐书》勃传同，惟长幼倒置。刘禹锡《王质碑》则云"文中子生福祚"。王应麟引《中说·龚氏注》，谓"文中子三子，福奖、福祚、福畤，福奖疑即福郊也"。《中说》卷一〇尾云："太原府君曰：'文中子之教，不可不宣也。日月逝矣，不可使文中子之后不达于兹也。'召三子而教之。"《家书杂录》又云："（仲父）谓门人曰：'不可使文中子之后不达于兹也。'乃召诸子而授焉。"由一子、二子、三子至诸子，由福郊而福畤、而福祚、而福奖，故知通之子可三四人。他子事迹少闻，福畤事迹则分见两《唐书》王勃传。其人曾官雍州司户参军，坐勃事左迁交趾令。则天时以子勔贵显，累转泽州长史。设渠生于父通卒年（617），卒于万岁通天三年（697）勔、勣伏诛之前，亦称老寿矣。

文中子诸孙亦惟福畤诸子最得名。《新唐书》勃传载其兄勔、勮，弟助、劼、劝，共

---

① 龚自珍《己亥杂诗》："河汾房杜有人疑，名位千秋处士卑。一事平生无齮龁，但开风气不为师。"自注云："予平生不蓄门弟子。"

六人，均著才名，兼以文章显。勔、勮、勃各举进士，人称"三珠树"，故福畤有"誉儿癖"焉。勃乃初唐四杰之首。勮官至弘文馆学士，兼知天官侍郎，主权衡，颇任权势，坐事诛。勔官至泾州刺史，助官监察御史里行，与勮同死。

福祚生子勉（名亦从"力"），见刘禹锡《王质碑》，余孙无闻焉。六代孙质，初亦讲学于乡，后官至宜州刺史，亦以儒名。《中说》及王氏家传或至质始大传于世也。

二、文中子其书

王通著述可分二类：一系自著之《续六经》，二系他人记录之《中说》。《续六经》多不传，故即以今存之《中说》为《文中子》。兹不论其传与不传，均为之辨。

（一）《续六经》辨

《文中子世家》谓通退居河汾，乃续《诗》《书》、正《礼》《乐》、修《元经》、赞《易》道，大业九年而六经大就。及其殁也，门人治丧毕，悉以其书还于王氏，计《礼论》二十五篇，十卷；《乐论》二十篇，十卷；《续书》一百五十篇，二十五卷；《续诗》三百六十篇，十卷；《元经》五十篇，十五卷；《赞易》七十篇，十卷。一共三百六十五篇，八十卷。唐武德四年（621）犹保存于其弟王凝处。《王氏家书杂录》，记王凝贞观中解印家居，大考六经之目而编录之。除《礼论》《乐论》各亡五篇外，尚得六百六十五篇，七十五卷，乃分为六部，号《王氏六经》，授之诸子。王绩《游北山赋》亦云其兄"续孔氏六经近百余卷"。以上三文所载书名、卷数及编授原委，前后相符，谅非王氏虚构。故知《续六经》乃王通生前自撰，其弟王凝所编，其子福畤等所传，与《中说》共称"王氏家书"。

书成，王氏子孙藏之于家，"空传子孙，以为素业"。至晚唐时，皮、陆撰文犹及其书，虽篇卷残阙，眉目犹在。而《旧唐书·经籍志》已不复载，知《续六经》原书至五代时多不传矣。

北宋以后，忽有题名"隋王通撰、唐薛收续、宋阮逸注"之《元经》十卷问世。按《元经》，《续六经》之一也。诸书俱失，而此独传，得非幸乎？然《四库提要》引晁氏《读书志》与陈氏《书录解题》并据其书成于隋代而为唐讳诸例，断为伪作。复据陈师道《后山丛谈》、何薳《春渚纪闻》、邵博《闻见后录》所记，疑即注者阮逸所撰。今按晁、陈、纪诸氏本意，并未疑及《续六经》（包括《元经》）原书之有无，故不置辨，辨今存之阮注《元经》是否即为王氏旧本。

王氏所续六经，无以"续春秋"名者，《元经》即所以续《春秋》也。《旧唐书·王勃传》曰："祖通依《春秋》体例，自获麟后历秦、汉至后魏，著纪年之书，谓之《元经》。"夫《旧唐书》既不载是书，而史臣能断其为"纪年"者，盖由《春秋》体例想当然耳。至云"自获麟后至后魏"，则更系由一"续"字生出。其实，当时史臣既未见原书，复不读《中说》，并王氏子弟著作，俱未深考，乃发为卤莽欺世之辞，殊可笑也。而论者不察，竟以为"《旧唐书》言自获麟后至后魏，而今本始于晋惠至陈亡，显然不合，似可为作伪之据"[①]。殊不知得此《旧唐书》之瞀说，适足以证今本《元经》犹存旧本之

---

　　① 说见余嘉锡《四库提要辨证》卷四史部二《元经》篇夹注。余氏下文又谓"然……书之真伪初不在此。"

真也。

欲知今本《元经》之真伪，当先辨明纪年之起讫；欲知纪年之起讫，当先辨明《元经》与《续书》之关系；欲知二书之关系，当先辨明王通著书之本意。

按：王通著《元经》，非自创也，承父志耳。《中说·王道篇》已载文中子之父铜川府君《兴衰要论》七篇，言六代（晋、宋、后魏、北齐、北周、隋）之得失。《世家》又云：“开皇九年江东平，铜川府君……遂告以《元经》之事，文中子再拜受之。”是知《元经》所记自晋至隋六代之事，乃文中子得之于其父；至于著微言、存褒贬，则文中子继《春秋》、承家学而秉笔自为者也。《中说·述史篇》叔恬曰：“敢问《元经》书陈亡而具五国（晋、宋、齐、梁、陈），何也？”文中子曰：“江东，中国之旧也。及其亡也，君子犹怀之。……”叔恬曰：“敢问其志？”文中子泫然而兴曰：“铜川府君之志也，通不敢废。”盖王氏自晋阳穆公以汉人而北仕魏，其子孙犹有故国之思与夷夏之辨，故虽黜南齐而帝元魏，犹不失良史之志焉。文中子六经俱有传人，而受《元经》者惟其弟恬，乃知《元经》不同于他经，盖由父子相传，王氏一家之学也。

昔传孔子作《春秋》以继《尚书》。《尚书》始虞夏、讫东周，记言之史也；《春秋》始隐元、讫获麟，编年之史也。《元经》与《续书》皆通自作，分而言之，《元经》即以续《续书》也。今《续书》虽佚，而其起讫可知也。《文苑英华》卷七三六载王勃《续书序》云：“我先君文中子实秉睿懿……约大义，删旧章，续《诗》为三百六十篇，考伪乱而修《元经》，正《礼》《乐》以旌后王之失，述《易赞》以申先师之旨，经始汉魏讫于有晋，择其典物宜于教者，续《书》为百二十篇。”亦见《王子安集》。此序虽综言王氏六经，而独详于《续书》，谓其始汉魏、讫有晋，昭昭明矣。故《新唐书·王勃传》亦本其意曰：“祖通……尝起汉魏尽晋作《书》百二十篇，以续古《尚书》。后亡其序，有录无书者十篇，勃补定阙佚，定著二十五篇。”是宋祁虽未睹《续书》，而于书之起讫有别于《元经》者，亦昭昭也。

《续书》起讫既明，而铜川府君所告者又系自晋至隋六代之事，故知《元经》虽有续《春秋》之志，而不以《续春秋》名者，以其不始于获麟之后，而始于《续书》之终也。

《世家》及《王氏家书杂录》俱云《元经》五十篇，十五卷；至皮日休《文中子碑》已止云“先生有《元经》三十一篇”，今本《元经》则仅十卷，显非唐初王氏原本之旧。夫原旧本既不可见，何以知今本犹存旧本之真耶？请更以《中说》证之：

《礼乐篇》：“文中子曰：《元经》所以续而作者，其衰世之意乎？”（言自晋惠至陈亡〔290—589〕三百年均系衰世）《问易篇》：“子曰：《元经》其正名乎？”（言《元经》以正名分、尊中国为主旨）此言《元经》为衰世而作，为正名而作。

《礼乐篇》：“文中子曰：《春秋》作而典诰绝矣，《元经》兴而帝制亡矣。”（《尚书》有典有诰，《续书》有帝制，均系盛世之书）此言以《元经》续《续书》，犹《春秋》之续《尚书》，均以衰继盛之作。

《魏相篇》：“文中子曰：《春秋》，一国之书也……故约诸侯以尊王政。……《元经》，天下之书也……（故）征天命以正帝位，以明神器之有归。”《魏相篇》：“子曰：《春秋》抗王而尊鲁……《元经》抗帝而尊中国。”此言《元经》与《春秋》宗旨之异。

《关朗篇》：“子曰：吾于《续书》《元经》也，其知天命而著乎？”《礼乐篇》：“子曰：吾续《书》以有汉晋之实……修《元经》以断南北之疑。”（此言南北朝互致疑讦，南谓北为索虏，北谓南为岛夷，今《元经》以尊中国断之，中国无主，正统在晋宋；中国有主，正统归魏周）此言《元经》与《续书》有异有同。

《王道篇》："薛收曰：'敢问《续书》之始于汉，何也？'子曰：'六国之弊，亡秦之酷，吾不忍闻也，又焉取皇纲乎？汉之统天下也，其除残去秽，与民更始，而兴其视听乎？'"（言战国及秦，无可取法，故自汉始）《问易篇》："薛生曰：'殇之后，帝制绝矣，《元经》何以不兴乎？'子曰：'君子之于帝制，并心一气以待也。……太康之世，书同文，车同轨，君子曰帝制可作矣，而不克振，故永熙（晋惠元年）之后，君子息心焉。'"（言《续书》本应讫于汉末，君子待之。晋武一统而不振，故终于太康）此言《续书》始于汉、讫于晋武之故。

《王道篇》："薛收曰：'《元经》始于晋惠，何也？'子曰：'昔者明王在上，赏罚其有差乎？《元经》褒贬，所以代赏罚也。其以天下无主而赏罚不明乎？'"（言晋惠之世，天下无主，《元经》以褒贬代赏罚，亦《书》亡而《春秋》作之意）《述史篇》："文中子曰：《春秋》其以天道终乎？故止于获麟。《元经》其以人事终乎？故止于陈亡。"（此盖天人合一之论，亦见《元经》同于《春秋》之意）此言《元经》始于晋惠，止于陈亡之故。

《中说》全书言《元经》甚详，兹不备引。试以今本《元经》覆按，几无不合者。至其不避隋讳（如直书"杨坚辅政"）或竟避唐讳（如戴渊、石虎皆以字行，晋宁康三年书神虎门为神兽门），疑出唐人妄改，或由注者妄增，亦犹唐人著述传至今者，"人、民""世、代"或讳或不讳，未必其书皆伪也。晁、陈、纪诸氏仅据其书讳例而断定阮逸之伪，夫阮逸何人，岂不重之太过哉！因《元经》向入史部，且不以《文中子》名，故不深辨，附见下文。

（二）《中说》辨

《世家》不载文中子著《中说》，是也。《王氏家书杂录》则言之綦详。据云贞观之初，虽王凝于《续六经》之外，亦无所闻。终乃杜淹告之曰："昔门人咸有记焉，盖薛收、姚义缀而名曰《中说》。兹书天下之昌言也……门人请问之端、文中行事之迹则备矣。"凝乃退而求诸家，得《中说》一百余纸，大抵杂记，不著篇目，首卷及序则蠹绝磨减，未能余次。至贞观十九年始授于福畤，曰："《中说》之为教也，务约致深，言寡理大，其比方《论语》之记乎？"福畤于是辨类分宗，编为十篇，勒成十卷，与《六经》同传子孙焉。

王勃《续书序》（见前）亦云："家君（指福畤）乃例《六经》……叙《中说》……"，故知《中说》最后成书于福畤之手，上引《家书杂录》即其叙也。然而《旧唐书》勃传竟云："祖通……依《孔子家语》、扬雄《法言》例，为客主对答之说，号曰《中说》。"《新唐书》绩传亦云："兄通……又为《中说》以拟《论语》。"是以《中说》为通所自著，不亦谬乎？

然谬之又谬者，莫过于仍疑此书为阮逸所作①。惟说者流传，亦莫能指实，但云"或

---

① 洪迈谓"或疑为阮逸所作"，已录见前注。迈说又为朱彝尊《经义考》所称引。王明清《挥麈前录》卷三亦云："或云其书阮逸所撰，未必有其人。"陈振孙《书录解题》则曰："河汾王氏诸书……其传（注）出阮逸，或云皆逸伪作也。"

疑""或曰"，诚不知"或"者何人，所据何事？要不可不辨。

今按阮逸，《宋史》无传，其议乐事则详见《乐志》，并散见胡瑗诸人传中。其人字天隐，建阳人。天圣五年（1027）进士。景祐（1034—1038）初，朝廷议乐制，杭州郑向上逸所撰《乐论》十二篇，遂以镇东军节度推官与其师胡瑗俱召至京，同校钟管十三律，分造钟磬各一簴。康定（1240—1241）初，上《钟律制议》三卷。皇祐（1049—1054）初，朝廷更铸太常钟磬，复召逸及瑗与大臣太常议秘阁，遂典乐事。后迁屯田员外郎卒。所著《皇祐新乐图记》，《四库》已著录。另著《易筌》见《书录解题》。《王制井田图》及《关朗易传》，曾为宋人征引，俱佚。

逸精于《乐》，观其行事著述可知也。王氏《六经》有《乐论》十五篇，原书已佚，不知逸何不先伪造而后注之？逸似亦精于《易》，王氏《六经》又有《赞易》七十篇，原书亦佚，不知逸又何不先伪造而后注之？逸于他学不见所长，尤不娴于史。《元经》专记史事，《中说》多载史评，阮逸之误多出此，后人撼其妄注亦多在此①。何逸之作伪竟不善用其长而反暴其短耶？阮注谬误至此，故李慈铭《荀学斋日记》、文廷式《纯常子枝语》卷六、余嘉锡《四库提要辨证》等均断言逸不能自撰自注，良有以也。

今据唐人著述考之，《中说》一书大传于世，至早不过中唐，前云《中说》及王氏家传或至质始传，本此②。其书初出，似不为人所称。如李翱答朱载言书云："其理往往有是者，而词章不能工者有之矣，王氏《中说》，俗传'太公家教'是也。"翱工文，故因文贬之。宋张洎《贾氏谈录》曰："刘贲精于儒术，读《文中子》忿而言曰：'才非殆庶，拟上圣述作，不亦过乎？'客或问曰：'《文中子》于六籍何如？'贲曰：'若人望人，《文中子》之于六籍，犹奴婢之于郎主尔。'后遂以《文中子》为六籍奴婢。"贲儒者，故以儒贬之。比及晚唐，尊而引者渐众。陆龟蒙《送豆卢处士谒宋丞相序》已云"文中子王先生《中说》与《法言》相类"。裴延龄序《樊川集》曾引《文中子》"言文而不及理，王道何从而兴乎"二句③。司空图《三贤赞》已引"玄龄志而密，靖也惠而断，徵

---

① 《困学纪闻》卷一〇摘阮注之误：（1）《魏相篇》"张元素问礼"，逸注"史传未见"。不知元素之传在《旧唐书》。（2）文中子父曰铜川府君，铜川即宋之忻州秀容，阮注误作上党铜鞮县。（3）《问易篇》"记註兴而史道诬"，註当作注，即起居注之类，逸谓如裴松之注《三国志》，非。李慈铭《荀学斋日记》乙集上斥逸注不知湘东王即梁元帝，而误以为南齐之萧子建；不知"永安切齿"即温子升抱诏跪对尔朱荣事，是未读《魏书》及《北史》；不知"诗书盛而秦世灭"，秦字乃周字之误，而妄注"秦不用诗书致灭"。按：阮逸注史之误，远不止此。如《关朗篇》"尊中国而正皇始"，注言"魏孝文皇始年都洛阳，得中国也"。不知皇始乃拓跋珪年号，早孝文太和之元八十余年（396—477）。如《述史篇》裴晞问穆公之事，注曰："《续书》有此篇名，事则未详。"夫穆公（王虬）宋末奔魏，《续书》讫于晋武，安得有此篇名而记其事？又如于"芮城府君"下，仅注"子之兄也"，而不知即王度。于"汾阴侯生"及"李播"下，俱注"未见"，是未读《古镜记》及《旧唐书·王绩传》。至于李德林、薛道衡请见文中子，俱背史实，注文均未指出。

② 余嘉锡《四库提要辨证》引《旧唐书·玄宗纪》云："开元二十九年，崇玄学，置生徒，令习《老子》《庄子》《列子》《文中子》，每年准明经例考试。"不知新、旧《唐书》均作"文子"而非"文中子"。"文子"即《尹文子》，道家，故列于玄学；《文中子》儒家，安得有此。

③ 今本《中说·王道篇》："子曰：德林与吾言终日，言文而不及理。……言文而不及理，是天下无文也，王道何从而兴乎？"

也直而遂，俾其遭时致力，必济谟庸"等语①。故知阮逸之前，原本俱在，惟文字传抄则不必尽与今同。况新旧《唐志》均载"王通《中说》五卷"，已与福畤自云"勒成十卷"异。今本正作十卷，是否为逸所重编（逸序云"仍其旧篇，分为十卷"），则不得而知矣。

又，与逸同时人龚鼎臣（《宋史》有传）自云明道（1032—1033）间得唐本于齐州李冠，比阮本改正二百余处。今龚注《中说》十卷已佚，王氏《困学纪闻》犹引其说，似较阮注为优云。

至是，可断曰：《中说》非通自撰，谓通自撰，则《论语》亦可云孔子自撰矣。《中说》亦非阮逸伪托，谓逸伪托，是犹以张湛比列子，以王叔和比张机也。要而言之，《中说》乃通之门人于通生前分别存记，由薛收、姚义缀而名之②，复由福畤辨类分编，且从而纂易附益之。故此书实成于众手，而非一日，加以传抄异趣，舛讹渐多，今观其体例、思想错综不一，原不足怪也。

试以今本《中说》所用人称证之，尤信。其中于通称"子"、称"夫子"、称"文中子"者，大约为门人存记之初稿（称谥当系身后所缀）。称王度为芮城府君，称王凝为叔恬或太原府君，称王绩为无功而亦不名，显系福畤辈于诸人身后所讳改。其书所涉唐初功臣房、魏等十三人约六十起，均直呼其名，当系福畤或王氏子弟于诸人殁后所妄增。

全书既出众手，而语言又似出一人，此福畤辈润饰之功也，故曰"类《法言》"。《法言》止乎记言，《中说》则遍及人与事，故曰"比《论语》"。由封建社会观之，"类《法言》"尚不足责，"比《论语》"则几不可恕③。是福畤辈本欲尊其先君，而适足以累之也。

累之又甚者，莫过于全书虽尊儒而不废佛、道。然绅绎全书叙及续经之意，极似儒之醇者；而《世家》追论王氏先世，亦以儒门礼乐为贵。是通之世业原本在儒，决不应出此调和之论。然则何故出此？

尝试考之，通之兄弟行虽极友于，然所业所好固不相类。凝，儒者也，为通所爱，实

---

①　见前录司空图《一鸣集》。按今本《中说·天地篇》不云"遭时致力，必济谟庸"，而云"若逢其时，不减卿相"。义同而语异。

②　薛收系文中高弟，王凝、王绩均言之，《中说》记其对问达五十六处，今本《元经》亦署收续，考其行实，与通尚无扞格，宜若可信。《中说》卷尾载王凝之言曰："夫子得程（元）、仇（璋）、董（恒）、薛（收）而定六经益明；对问之作，四生之力也。"而不言姚义。止云"姚义受《礼》，董常、仇璋、薛收、程元备闻六经之义。"故推知程、仇、董、薛实通门四大弟子，能综明六经，姚义仅得其一焉。姚义缀名《中说》，语出杜淹，故亦及之。《中说》得名之由，家书无释。阮逸序曰：大哉"中"之为义，在《易》为二五，在《春秋》为权衡，在《书》为皇极，在《礼》为中庸。谓乎无形，非中也；谓乎有象，非中也。上不荡于虚无，下不局乎器用，惟变所适，惟义所在，此"中"之大略也。《中说》者，如是而已。——此宋人见解，其言近玄，然可备一说。

③　《中说》规摹《论语》，最显者亦不下百余处。如以通拟仲尼，以董恒拟颜渊，以姚义拟仲由，以薛收拟闵子骞，以程元影子贡，以贾琼影曾参，以及河上丈人、北山丈人、舟而钓者均有所仿。推王通生时，未必有如此完整之设想，而朱熹竟云"推原本始，乃其平日好高自大之心有以启之"，不亦过乎？

门人之高弟、六经之功臣，惜其著作不传。度"重阴阳"，绩则庄、老之徒也。通不喜庄、老，故亦不善绩。《礼乐篇》云：子之叔弟字无功，子曰："神人无功，非尔所宜也。"《事君篇》云：无功作《五斗先生传》，子曰："汝忘天下乎？纵心败矩，吾不与也。"《唐书》绩传亦云：兄通，隋末大儒也，知绩诞纵，不婴以家事，乡族庆吊冠婚，不与也。《天地篇》：文中谓薛收"旷而肃"，又曰"孝哉薛收"，而绩《游北山赋》竟仿薛为庄周。岂有儒门高第而人为庄、老乎？故知《中说》间杂庄、老，决非通之本意。且隋代祚短，三教虽各有所传，儒家犹不失一尊，所谓调和统一则殊未也。武德、贞观无取于佛、道，资点缀耳。迨武周之际，三教遂有并尊之势，王氏子弟如勃者，均湛深佛学，观于《王子安集》可知也。福畤老寿，于三教俱无所偏，且《中说》于凝时似已定著，故福畤虽欲曲解先人一贯之道，而调和之说，终不出百千之一。今人据此千百之一，遂谓其书"表现一个时代（当指隋代）的社会意识形态"，是不独不知时代，尤不足以知通，适足为绩与福畤父子所笑耳。

（三）《中说》附录辨

今传各本《中说》，综得"附录"五篇，除署名杜淹之《文中子世家》外，尚有《录太宗与房魏论礼乐事》《录关子明事》《东皋子答陈尚书书》及《王氏家书杂录》四篇，其间真赝杂出，正谬互见，未可一概论也。

第一，《录太宗与房魏论礼乐事》。此文可信为福畤所作，其事则殊不可信。据《中说·天地篇》载文中子分评房、魏诸人之后，曰："若逢其时，不减卿相，然礼乐则未备。"此文之首，又记魏徵追述文中"虽逢明王，必愧礼乐"之言，以证文中之先见及其事之必然，实则以伪继伪，其伪益彰也。考《贞观政要》有《论礼乐篇》，全不记本文情事。而所记避讳、氏族、制乐诸条均甚通达；魏徵论乐条，亦切孔门旨趣。是唐初因时制宜，儒家礼乐固甚备也。且房、魏既为文中门徒矣，则当时文中门徒尚有王、陈、二温辈在，曷不邀与共议，何致"有元首，无股肱"之叹？设王、陈辈俱愧礼乐，则"圣贤之弟"（杜淹称王凝语）犹在，师门《六经》犹在，房、魏曷不举而用之，遵而行之，乃至"会议数日，卒不能定"，何哉！又，本文虽礼、乐并举，而所论止及于礼，不及于乐；礼亦惟《周礼》是尚。夫《周礼》，王氏家教也。文中子曰"吾周人也"，故尚《周礼》。郑樵《六经奥论·周礼辨》亦云"博士文中子家居，未尝废《周礼》"。王凝则"非礼不动，终身焉"。福畤辈欲假天子之言、贤相之口而崇之，至云徵等请行周典，"上大悦"，曰："朕昨夜读《周礼》，真圣作也。"甚且曰："朕思之，不井田、不封建、不肉刑，而欲行周公之道，不可得也。"夫《周礼》不得行于隋、唐，虽愚者犹知之，况太宗乎？论者谓唐承隋制，隋承北周，此第指官制、兵制而言，与《周礼》不皆合也。且太宗何尝行井田？何尝贵封建？何尝复肉刑（反之，史惟载太宗悲肉刑而废笞背）？是太宗自不欲泥古，与房、魏同，安得谓"有君无臣""有志不就"哉！大抵王通乃儒而醇者，醇必腐，故不免违时而慕古；房、魏儒而达者，达者变，故得以变古而通今。本非师徒，其礼必异，福畤未齐其本，而齐其末，其不足取信于人也宜矣。独怪宋儒王应麟辈自名通达，徒以笃信《周礼》，而亦轻信此文，甚且致慨于房、魏，岂非先自蔽而后蔽于人乎①？

　　第二，《录关子明事》。此文称晋阳穆公（虬）为"五世祖"，则录者当系王凝，而非福畤辈。阮逸序曰"福畤于仲父凝得《关子明传》"，谅即指此。全文叙关子明仕历，及与同州府君（彦）言百年事，大要则申明魏、齐、周、隋之兴亡悉由前定，而文中子之生殁遇合盖由天定云。后人言已然之事而归之前人之言验，作伪荒唐，无逾于此。关朗其人，史传不载。所谓《关朗易》者，亦不见于两《唐志》，宋人疑即传者阮逸所作，果尔，则逸乃承前人之为而伪之，益不足责矣②。或曰：王凝志诚君子，当不作妄语。疑此录乃福畤辈自作，而伪托仲父以行。理或宜然。

　　第三，《东皋子答陈尚书书》。此文今本《中说》直书王福畤撰。前半叙王凝、杜淹构隙于长孙无忌，致《文中子世家》不得编入陈叔达所撰之隋史；后半则记录王绩答叔达书以坐实之。其事之不实已见前辨《世家》不当署名杜淹一节，答书之不实，则洪迈、司马光亦略言之③。按：本文言"季父与陈尚书叔达相善"，盖有史据。《唐书·王绩传》载：绩待诏门下省，贪恋良酝，侍中陈叔达闻之，日给一斗。陈叔达且有答王绩书。见焦竑《笔乘》卷二引。惟其生前相善，故福畤得于二人身后伪造此书以售其说。盖全书所用称谓，均系其人最终之官谥④。设全文作于长孙身死复官之后，则更不早于上元元年之前，其时东皋子墓木已拱矣。故上述称谓用于本文前半追叙，犹可说也；用于东皋子答书，乌乎可？大抵福畤欲尊其父，往往假托二叔以文饰之。观于以上三录，益信。

　　第四，《王氏家书杂录》。此文实为《六经》《中说》之总序，王福畤撰，时在贞观二十三年正月，距文中子之殁已三十二年矣。作序时，王绩已逝，王凝犹在，而《六经》《中说》俱无恙也。其言《续六经》乃文中自撰，仲父所编；《中说》乃门人缀集，福畤所编，似较可信。惟云："贞观初，君子道亨，我先君门人布在廊庙，将播厥师训，施于王道。遂求其书于仲父，仲父以编写未就，不之出。故《六经》之义，代莫得闻。"是又作伪之拙者也。信如其言，则当时廊庙诸公，如受《乐》之温彦博、杜如晦、陈叔达，受《书》之杜淹、房乔、魏徵，受《诗》之李靖、王珪等早承师训，何至是反求其书？求之不得，宁无一言以及其事？贞观中，凝已编就全书，其时房、魏犹在，何不更录而付之？故知福畤诸录，一涉房、魏，便不可信，盖镜中之月，空中之声，终不成其影响也。

---

　　① 《困学纪闻》卷四论《周礼》："惟太宗夜读之，以为真圣作，曰：'不井田、不封建，而欲行周公之道，不可得也。'人君知此经者，太宗而已（何焯注云：太宗语出于《文中子》第十卷，王福畤所录，未可以为信也）。"又同书卷一〇："'封禅秦汉之侈心'，此河汾笃论也。房、魏学于河汾，而议封禅之礼，不以为非，安在其为守师说乎？"（封禅句见《中说·王道篇》）。

　　② 《困学纪闻》卷一："经说多依托，《易》为甚。……《关朗易传》，阮逸作也。"《朱子语类》卷六七："《关子明易》是阮逸伪作，陈无己集中说得分明。"《四库全书总目》卷七："陈师道《后山丛谈》、何薳《春渚纪闻》、邵博《闻见后录》皆云阮逸尝以伪撰之（《关子明易传》）稿示苏洵。"

　　③ 洪迈语见前注。司马光语见邵博《闻见后录》卷四引："淹以贞观二年卒。十四年君集平高昌还而下狱，由是怨望，十七年谋反。此其前后参差不实之尤著者也。"

　　④ 杜淹卒于贞观二年御史大夫位，故称"杜大夫"。魏徵卒于贞观十七年，谥文贞，故称"魏文公"。陈叔达殁后赠户部尚书，故称"陈尚书"。长孙无忌于高宗即位时始进太尉，显庆四年（659）被谮削官爵，安置黔州，旋投环卒。上元元年（679）追复太尉，故仍称"长孙太尉"。而王绩早卒于贞观十八年（644）。

而序云"贞观十六年（642），余二十一岁"，则由上逆推，福畤当生于武德五年（622年），距父通殁已五载矣，有此理乎？自序之文，犹舛误至此，则知书成之后，藏之于家，辗转抄录，其间存讹袭伪，势所难免①。后人乃抉此一字一词之误而疑及全书，是又不知去伪存真、识大略小之过也。

前文考辨，不胜槃缕，复缀数言，以为论断。

一曰文中子其人：文中子王通，字仲淹，龙门人。生于隋末，曾署蜀郡司户书佐。尝讲学河汾，以儒宗自任，负笈从游者有焉，一时问难者有焉。高弟董恒早卒，薛收虽显于武德间，亦不永年，故于师道无传焉。通为人好学笃行，勤于著述，惜自视甚高，不通时变，盖亦儒而近腐者也。及其殁也，其子弟誉之太过，至比之于圣人，则离真益远矣②。

一曰文中子其书：通著有《续六经》，今多不传，传者惟《元经》，亦断烂朝报之类也。其门人子弟记其言行，著为《中说》，即世传之《文中子》也。中多附益，可信者半，然通之得毁得誉，悉由是书。治思想史者固不可不读，读之而不知考证，则轻疑轻信，俱失其平矣。

后记　本文系与先君合作，主要由先君执笔。今重校本文，犹忆三十年前与先君合作旧事，然先君之殁，已十年矣，良可悲也！谨记于此，以托哀思。

原载《文史》1983 年第 20 辑。

---

　　① 按今见《中说》最早之本，为常熟瞿氏铁琴铜剑楼藏宋刊本，其卷一〇后附王福畤《王氏家书杂录》，文字与今本全同（见日本池田温《中国古代写本识语集录》193~194 页），则其辗转抄录，存讹袭伪，犹在此前乎？

　　② 按清官修《山西通志》卷六〇古迹四记河津县有文中子故里、文中子洞、白牛溪、汾亭、龙门讲堂及东皋故里、王绩洞、河渚、南渚、连沙盘石、马谷等王氏兄弟遗迹甚伙，恐亦非全为附会也。

《孔子家语》是否王肃伪作问题新探

——从汉魏思想史角度的辨析

郝 虹

《孔子家语》（以下省称《家语》）真伪及与王肃的关系，是自宋以来学术史上的一大公案，众多学者卷入对其的争论中。很长时期内，认为王肃作伪的论调占了上风。但近些年来，伴随着对考古发掘的古文献研究的进展，质疑《家语》伪作的观点兴起。

最先根据考古材料对《家语》真伪问题提出新见的是李学勤先生。1973 年河北定县八角廊西汉墓出土了一批竹简，李先生据此著文《竹简〈家语〉与汉魏孔氏家学》。在文中，李先生有两个大胆的推测：一是八角廊汉墓出土的竹简中，被暂定名为《儒家者言》的那一部分竹简应该是《家语》的原型，可称为竹简《家语》，另一个大胆的推测是，《家语》出于孔猛，与汉魏时期的孔氏家学有关。李先生谈到，孔子后裔中有些世守家学者，成为一个学派，与当时随时尚为章句之学的后裔有别，因不求显达而很少为人所注意。这一支派，可考的人物有孔安国、孔僖、孔季彦。孔猛的《家语》来自这一派，属于孔氏家学。今本《家语》很可能陆续成于孔安国、孔僖、孔季彦、孔猛等孔氏学者之手，有很长的编纂、改动、增补过程，是汉魏孔氏家学的产物。所以，李先生得出结论："王肃注《家语》，是由于《家语》在某些点上有利于他在经学方面反对郑玄的学说。不论他是否在这些地方动笔改窜，说他伪造整部《家语》，恐怕是不可能的。……王肃在序言中已说明《家语》得自孔子二十二世孙孔猛，这应当是事实。"[1] 李先生的结论，实际上是基本判定了《家语》非王肃伪造。

李先生的文章发表后，十几年里有关《家语》的真伪问题，学术界再无较有影响的成果出现。一直到 2000 年以后，情况发生了突出的变化，一系列研究《家语》真伪问题的论著相继面世。2004 年，清华大学张岩在《孔子研究》第 4 期发表《〈孔子家语〉研究综述》一文，将 2000 年以来的重要研究成果作了梳理和总结。文中除了提到李学勤先生的上述论文外，还补充了李先生的另外两篇相关论文，以及胡平生、朱渊清、王志平、王承略、杨朝明诸位先生认为《家语》非王肃伪作的研究成果，并总结道："在学者们的努力下，《孔子家语》的真伪和成书问题基本上考察清楚了"，"清人的疏证在方法上无法认定王肃伪造《家语》"。此后，吉林大学古籍所的张固也、赵灿良 "从分析敦煌本《家语》残卷的分卷方法入手，对汉唐时期《家语》分卷变迁作出合理的解释，证明今本确系源自孔安国所编 27 卷本，只不过经过六朝、唐代的两次卷目合并，因而决不是王肃重编的伪书"[2]。清华大学廖名春、张岩撰文《从上博简〈民之父母〉"五至说"论〈孔子家语·论礼〉的真伪》，指出："从'五至'说的比较来看，《孔子家语·论礼》篇'子

---

① 李学勤：《竹简〈家语〉与汉魏孔氏家学》，《孔子研究》1987 年第 2 期。
② 张固也、赵灿良：《孔子家语》分卷变迁考》，《孔子研究》2008 年第 2 期。

夏侍坐于孔子'章与《礼记·孔子闲居》篇及楚简《民之父母》篇所据祖本不同，《家语·论礼》篇所记更真实，更符合原意，并非抄袭《礼记》而来。"① 上海大学的宁镇疆也撰文认为："今本《孔子家语》确是经孔安国整理才成书，并非王肃向壁虚造。"② 这其中，虽有北师大李传军撰文认为"《家语》为王肃所编撰的传统观点是可信的"③，但显然认为《家语》非王肃伪作的学者更多。

上述诸位先生的研究成果，主要是从文本的来源、文本的体例及与其他文本的关系等，以文本本身为核心的角度进行的辨析。本文想从另一角度，即从汉魏思想史的角度看《家语》与王肃的关系。

一、《家语》中与汉魏思想解放潮流相符的内容

《家语》经王肃之手被推上历史前台。王肃是代表魏晋经学而反两汉经学的集大成者郑玄的标志性人物。众所周知，汉魏之际是中国思想文化的变局时代，这不能不使人将《家语》与汉魏思想史联系在一起考虑。如果《家语》的内容与汉魏思想解放的潮流有某种吻合度，那么王肃所谓其书思想与己所论"有若重规叠矩"，而郑学则是"义理不安，违错者多"之说④，就大有可思考的空间了。

其一，重人事、轻天命的思想倾向。在汉末党锢之祸的惨烈杀戮中，士人对"循善求福"，即只要行善即有福佑的观念产生了极大的动摇，这就是著名党人范滂在第一次党祸入狱后提出的疑问："古之循善，自求多福；今之循善，身陷大戮"（《后汉书·党锢列传》），和他在第二次党祸临刑前给其子的遗言中所表达的困惑："吾欲使汝为恶，则恶不可为；使汝为善，则我不为恶。"（同上）而随之而来的二十余年的战乱和死亡，使更多的士人对是否有一个公正而又无所不能的天、根据世间人们的所作所为给予相应奖惩的所谓天命论产生了怀疑。天子有天庇佑的神话也在汉献帝或被抛弃或被挟持的命运中，被现实践踏成了碎片，因此曹操有"性不信天命"之言（《三国志·魏志·武帝纪》注引《魏武故事》）。曹丕上台前玩弄的禅让把戏，也再次让士人看到了所谓的天命意味着什么。这一切，构成了汉魏思想解放潮流的主旨之一：人事为本，天道为末⑤。

《家语·五仪解》中记载了哀公与孔子的一段对话。哀公问于孔子曰："夫国家之存亡祸福，信有天命，非唯人也。"孔子对曰："存亡祸福，皆己而已，天灾地妖，不能加也。"这是《家语》中对重人事、轻天命的明确表达。

王肃反郑学最力处在反谶纬。《家语·五帝》中云："天有五行，水、火、金、木、土，分时化育，以成万物，其神谓之五帝。"王肃注曰："五帝，五行之神，佐生物者，

① 廖名春、张岩：《从上博简〈民之父母〉"五至说"论〈孔子家语·论礼〉的真伪》，《湖南大学学报》（社会科学版）2005 年第 5 期。

② 宁镇疆：《读阜阳双古堆一号墓牍与〈孔子家语〉相关章题余札》，《中国典籍与文化》2008 年第 2 期。

③ 参见李传军：《〈孔子家语〉辨疑》，《孔子研究》2004 年第 2 期；《〈孔子家语·致思篇〉研究》，《岱宗学刊》2000 年第 4 期。

④ 王肃：《孔子家语解序》，《全三国文》卷二十三，中华书局 1958 年影印本，第 1180 页。

⑤ 仲长统：《昌言》，《全后汉文》卷八十九，中华书局 1958 年影印本，第 955 页。

而谶纬皆为之名字，亦为妖怪妄言。"① 这是王肃借注《家语》对谶纬的明确否定。谶纬与天命论的密切关系在于：谶纬是用来神化天命论的工具，这就是为何东汉王朝建立后，将谶纬合法化的原因，即用神化天命来论证刘家得天下坐天下的合理性。反谶纬虽不必然导致反天命论，但在一定条件下，比如现实的刺激，会促使人们进一步产生对天命论的质疑。王肃在反郑玄的"感生帝"说中指出：稷、契的兴起，凭借的是人事，而非神意，"以积德累功于民事"②。

通过对上述材料的梳理，我们可以看到，汉魏之际"人事为本，天道为末"的思想解放潮流，与《家语》中重人事、轻天命的某些记载有吻合度。这应是王肃以《家语》为武器反郑学的思想背景之一。

其二，对抬高臣权的要求。汉魏之际，思想解放潮流的另一主旨为抑君申臣。在天命论动摇的背景下，原先因受命于天而高高在上的"君"，和服从天命而匍匐在地的"臣"，两者之间绝对的"君尊臣卑"观念开始被反思。讨论君臣关系成为汉魏之际思想解放的又一潮流。

在《家语》中，我们完全看不见绝对的"君尊臣卑"的思想倾向，相反，君臣之间表现出某种对等的关系。《贤君》篇记载了哀公问孔子孰为当今最贤之君，孔子回答是卫灵公，哀公很不解，因为卫灵公"闺门之内无别"，孔子则认为卫灵公对有智慧又诚信的公子渠牟"爱而任之"，对举贤并且分自己俸禄给贤人的林国"贤而尊之"，对有事治之、无事容贤的庆足"悦而敬之"，为使有道大夫史鳅回到卫国，灵公"郊舍三日，琴瑟不御，必待史鳅之入而后敢入"，因此孔子以"其朝廷行事"为据③，认为卫灵公为当今最贤之君。孔子对卫灵公的肯定，实际上肯定的是其对待贤臣的态度，由此我们可以窥见《家语》对君臣关系的看法。《弟子行》篇中孔子对晏平仲所言"君虽不量于其身，臣不可以不忠于其君。是故君择臣而任之，臣亦择君而事之。有道顺命，无道衡命"之论持赞赏态度④，这其中表达的既是臣一旦选择了君就必须忠于君的思想，同时还明确肯定了君与臣可以互择的对等性。

王肃在奏疏议论及经注中，都表现了明显的抑君申臣的思想倾向，与郑玄认为"君臣尊卑之贵贱，如山泽之有高卑也"的观点有异⑤。总之，汉魏之际"抑君申臣"的思想解放潮流，与《家语》中君臣关系相对对等性的记载有吻合度。这应是王肃以《家语》为武器反郑玄的又一思想背景。

其三，对礼与情关系的反思。儒学经两汉近四百年的官方意识形态化，至汉末产生了一系列的流弊，其中甚为严重的就是对道德的高标一格和求名之风的兴盛⑥。两者结合的结果是，士人既为了表现自己的道德超群，又为了以这种道德超群为资本求得盛名以达到入仕的目的，而做出种种以礼抑情、礼不合情之举。比如有人凭借为父母守孝二十年的惊

---

① 张涛：《孔子家语注译》，三秦出版社 1998 年版，第 65，278 页。
② 王肃：《毛诗奏事》，《玉函山房辑佚书》第一册，上海古籍出版社 1990 年影印本，第 577 页。
③ 张涛：《孔子家语注译》，三秦出版社 1998 年版，第 146 页。
④ 张涛：《孔子家语注译》，三秦出版社 1998 年版，第 134 页。
⑤ 袁钧辑：《郑君遗书》，文海出版社 1974 年版，第 267 页。
⑥ 参见拙文：《儒学的官方意识形态化与汉末流弊》，载《大连大学学报》2007 年第 4 期。

人年数被举入仕①，而其人未必尽是真心为之，而是虚伪矫饰以求私利。为了表达对这种虚伪矫饰的不满，有些士人又反其道而行之，做出种种看似率性任情之举，比如当时的大名士戴良在居丧期间饮酒食肉，但他却为自己辩护说，只要心中有哀情，任何东西入口都不觉其味，则无所谓是否饮酒食肉。汉末这两种相反的现象构成了汉魏之际思想解放潮流又一讨论的主题，即礼与情的关系。

《家语》中的多处记载都借孔子之口表达了对礼与情之间合理关系的看法。比如，《曲礼子贡问》篇中"先王制礼，过之者俯而就之，不至者企而及之"和"夫礼，为可传也，为可继也"②，表达的是礼的制定应与情适当，使大多数人能够做到。如果礼太重，不符合人情，不能使大多数人遵守，则无法传继下去。另外，"故夫丧亡，与其哀不足而礼有余，不若礼不足而哀有余也；祭祀，与其敬不足而礼有余，不若礼不足而敬有余也"③，表达的是礼作为仪式是以情为基础的，因此礼与哀、敬之情的关系应是前轻后重，但却绝非不要礼。显然，以礼抑情、礼不合情之举以及以情越礼之行，与礼、情的正确关系背道而驰。

在"改葬缌"和是否为继母服丧等问题上，王肃更关心是否符合人情，而反对郑玄礼制尚重的倾向，反映的正是汉魏之际思想解放潮流的又一主旨：对以礼抑情、礼不合情的反动。与此相纠葛的是，《家语》中对"礼"的讨论之多和重视，反映了王肃同时也借注释家语表达了坚持礼对情的约束和引导作用的立场，其实这也是对汉魏之际思想解放潮流中以情越礼思潮的批评。

其四，对教与刑关系的反思。儒学经两汉近四百年的官方意识形态化，至汉末产生的一系列流弊中还有法治的松弛，即过于看重道德教化的作用，而忽略了法律的规范乃至威慑作用。汉末社会批判思想家崔寔、王符都对此提出了批评④。而在现实政治统治中，曹操和诸葛亮不约而同地采取了严刑峻法的政策倾向，吕思勉先生的评论可谓一语中的："三国承季汉纵恣之后，督责之术，乃时势所需，非魏武、孔明等一二人故为严峻也。"⑤但儒学经两汉近四百年的官方意识形态化，无论在学术层面还是现实层面，儒家的重教化都已有了深厚的积淀。曹魏集团内以王朗为代表的士人对恢复肉刑的反对，和杜恕为代表的士人对"今之学者，师商、韩而上法术，竞以儒家为迂阔，不周世用"的不满（《三国志·魏志·杜恕传》），都反映了儒对法的反弹。因此，儒家的道德教化与法家的督责之术之间究竟是什么关系，构成了汉魏之际思想解放潮流讨论的又一主题。最终，曹操所谓"夫治定之化，以礼为首。拨乱之政，以刑为先"之论（《三国志·魏志·高柔传》），可视为这一争论的终结。

《家语·始诛》记载孔子对教与刑关系的看法是："必教而后刑也。"同时，《入官》篇又称对民应该"爱之无宽于刑法"，《刑政》篇载孔子曰："圣人之治化也，必刑政相参焉。刑，侧也；侧，成也。壹成而不可更，故君子尽心焉。"如此，则教与刑孰先孰后以

---

① 事见《后汉书·陈蕃列传》。
② 张涛：《孔子家语注译》，三秦出版社1998年版，第489，483，487页。
③ 张涛：《孔子家语注译》，三秦出版社1998年版，第489，483，487页。
④ 参见拙文：《儒学的官方意识形态化与汉末流弊》，《大连大学学报》2007年第4期。
⑤ 《吕思勉读史札记》，上海古籍出版社1982年版，第866页。

及刑的必要性和严肃性就很清楚了。王肃对"爱之无宽于刑法"注释道："言虽爱民，不可宽于刑法，威克其爱，故事无不成也。"①

总之，汉魏之际思想解放潮流中对儒、法关系的探讨及最终归结，与《家语》中对教、刑关系的看法相吻合。这应是王肃所谓《家语》"与予所论，有若重规叠矩"的又一思想背景。

综上所述，《家语》中的某些思想观点，与汉魏之际思想解放潮流的主题有吻合度，是王肃以《家语》为武器，与郑学立异的思想背景。但这一点并不能作为《家语》非王肃伪作的证据，而恰恰可以说明，王肃正是以自己的观点为据而伪造《家语》，从而达到推翻郑学的目的。如果《家语》一书的所有内容与思想都与王肃的观点若合符节，则其作伪之嫌疑几难洗清，但若《家语》中有与王肃思想不合之处，则其作伪之说似难成立。

二、《家语》中与王肃思想不相符的内容

《家语》中明显与王肃思想不相符的内容有，王肃在注释中虽然表达了对《家语》中给儒者所下定义的赞同，但王肃本人的所作所为却与这种赞同背道而驰。比如《儒行解》篇中"孔子侍坐哀公"章曰："儒有席上之珍以待聘，夙夜强学以待问，怀忠信以待举，力行以待取。其自立有如此者。"王肃为"力行以待取"注释道："力行仁义道德以待人取。"② 又曰："儒有……上答之，不敢以疑；上不答之，不敢以诌。其为士有如此者。"王肃为"上答之，不敢以疑"注释道："君用之，不敢疑贰事君也。"③ 在魏晋禅代的政治变局中，王肃党于司马氏的立场是鲜明的，作为曹丕时就给予重视、曹睿时也升迁较快的魏臣，王肃不能算是"力行仁义道德"的自立之士，更不是"君用之，不敢疑贰事君"的忠士④。刘寔评价王肃有"三反"，其中之一为"方于事上而好下佞己"（《三国志·魏志·王肃传》裴松之注），但王肃却在为《儒行解》篇的"（儒有）不临深而为高，不加少而为多"注释道："言不因势位自矜庄"⑤。这显然与其在现实生活中的行事态度有出入。再有，《弟子行》中孔子夸赞曾参是"满而不盈，实而如虚，过之如不及，先王难之；博无不学，其貌恭，其德敦；其言于人也，无所不信；其骄大人也，常以浩浩。是以眉寿。是曾参之行也"。王肃为"是以眉寿"注释道："不慕富贵，安静虚无，所以为之富贵。"⑥ 如果王肃能如此理解富贵的由来，则其"三反"中"性嗜荣贵而不求苟合"中的"性嗜荣贵"，以及党于司马氏最终使东海王氏成为显族的政治选择，就难以让人将其言与其行吻合起来了。

总之，王肃若伪造了《家语》，《家语》中不应有与其真实思想不符的内容。所谓真实思想，应是与其行为相一致的思想。如果一个人的所行和所言有出入，我们是否更应通过其行为来判断其思想呢？如果我们再退一步，王肃在《家语》中收录了一部分与己思

① 张涛：《孔子家语注译》，三秦出版社 1998 年版，第 247，39，41，42，137 页。
② 张涛：《孔子家语注译》，三秦出版社 1998 年版，第 247，39，41，42，137 页。
③ 张涛：《孔子家语注译》，三秦出版社 1998 年版，第 247，39，41，42，137 页。
④ 参见拙文：《从士人的人生价值取向看魏晋儒学的衰落——以王肃为典型》，《中国古代社会与思想文化研究论集》（第三辑），黑龙江人民出版社 2008 年版，第 226~240 页。
⑤ 张涛：《孔子家语注译》，三秦出版社 1998 年版，第 247，39，41，42，137 页。
⑥ 张涛：《孔子家语注译》，三秦出版社 1998 年版，第 247，39，41，42，137 页。

想不合的内容，是为了使此书看起来更像是与己无关，那么以下的作伪之举就让人难以理解了：

王肃在注释中对《家语》的内容进行了考辨①。例如，《始诛》篇中有"太公诛华士"，王肃注曰："士之为人虚伪，亦聚党也。而韩非谓华士耕而后食，凿井而饮。信其如此，而太公诛之，岂所以谓太公者哉？"② 在此，王肃对《始诛》篇中的"太公诛华士"一事提出了质疑，如果《家语》是王肃伪造，他又何必对自己的书提出疑问呢？又，《家语·王言解》"千步为井，三井而埒"，王肃注曰："此说里数，不可以言井，井自方里之名。疑此误。"③ 类似这样的注释有近二十处，若是王肃伪作《家语》，那他就是故意先将内容写错，然后又自己考辨。笔者以为，这种作伪法实在让人难以置信。

三、结论

通过上述对汉魏思想史与《家语》及王肃思想关系的分析，本文以为：

第一，《家语》是一部思想上与东汉官方意识形态很疏离的书。正如文中所论，《家语》中的某些内容，正好与反东汉官方意识形态的、汉魏之际思想解放潮流的主题如重人事、轻天命的思想倾向，对抬高臣权的要求，对礼情关系和教刑关系的反思等有所契合，因此它能成为王肃反郑的凭借。这是我们立足于广阔的思想史背景得出的结论。王肃反郑绝不仅是个人好恶、争夺官学地位这样的原因就可以全部解释清楚的，没有东汉末年官方意识形态走向僵化，就没有汉魏之际思想解放的潮流，而王肃深受这一思潮的影响，这是他反郑学的不容忽视的思想背景。贺昌群先生曾言："肃好贾（逵）马（融）之学，而不好郑，集《圣证论》以讥短郑玄，盖欲超脱汉学烦琐之名物训诂，而返之于义理……今本《孔子家语》实出于肃手，已成定谳，然自唐以来，知其伪而不能废者，盖为魏晋间反汉学思想之一大解放著作也。"④ 贺先生所谓《家语》出自肃手之说，本文已详辨，所谓自"唐"以来知其伪而不能废，应为自"宋"以来更确。但贺先生所说《家语》"为魏晋间反汉学思想之一大解放著作也"，实为深具洞察力之断语。

第二，《家语》是一部内容驳杂的书。比如《家语》中有与老子思想吻合的内容，在《王言解》篇"孔子闲居"章中，孔子回答曾子"何谓三至"时曰："至礼不让而天下治，至赏不费而天下士悦，至乐无声而天下民和。"又如，《三恕》篇"孔子观于鲁桓公之庙"章中，孔子回答子路的"持满有道乎"曰："聪明睿智，守之以愚；功被天下，守之以让；勇力振世，守之以怯；富有四海，守之以谦。此所谓损之又损之之道也。"所谓"至礼不让"'损之又损之"等句式与老子《道德经》中的表述方式很一致。但从整本书的情况来看，这种儒家思想与老子思想的结合较粗糙，远不如后来王弼玄学将儒、道结合得那般精致而圆融。

---

① 关于这一点，笔者曾在博士学位论文中提及（2001 年 4 月打印成册），当时并未看到胡平生先生的论文《阜阳双古堆汉简与〈孔子家语〉》（载《国学研究》2000 年第 7 卷），后来发现胡先生早于我已有此论述，则本人与胡先生在这一点上是不谋而合了。

② 张涛：《孔子家语注译》，三秦出版社 1998 年版，第 1423~1424 页。

③ 张涛：《孔子家语注译》，三秦出版社 1998 年版，第 1423~1424 页。

④ 贺昌群：《魏晋清谈思想初论》，商务印书馆 1999 年版，第 20 页。

　　上述两点结论，让我们不由得回到了李学勤先生的判断：其一，孔子后裔中有些世守家学者，成为一个学派，与当时随时尚为章句之学的后裔有别，因不求显达而很少为人所注意。本文所谓《家语》是一部思想上与东汉官方意识形态很疏离的书，正好为这一评判作了注脚。其二，《家语》是一部内容驳杂的书，并非纯儒之著①。比如其有与老子思想相吻合的内容，这部分内容究竟是很早就存在，反映了早期的儒、道关系，孔氏后人只是原样存录，抑或它是孔氏后人中有对道家思想持赞同态度之人增加上去的，还是在汉魏之际道家思想有兴起之势时所补等，我们很难遽下断言。因此，所谓今本《家语》很可能陆续成于孔安国、孔僖、孔季彦、孔猛等孔氏学者之手，有很长的编纂、改动、增补过程的结论，应该更具开放性。

　　换一个角度看，《家语》的内容驳杂还可解释为其未经官方意识形态的规整和严密化，因此可能更接近早期儒家的原意。比如，在君臣关系、礼情关系、教刑关系等问题上，《家语》的思想更具包容和开放性。这一方面可视为是缘于未经官方意识形态规整的结果，另一方面也因为这些问题内部的深层矛盾还未展开，比如没有两汉将儒家思想的官方意识形态化，就没有绝对的"君尊臣卑"观念的出现，没有以礼抑情的社会现象，没有僵化的教刑关系的认识等。因此，看似王肃引《家语》反郑，有回归早期儒学的意味，但实际上这种回归绝不是简单地原样复位，而是经过了一个否定之后，对早期儒家思想的再论证，这已是一个深化的过程了。

　　第三，作为一部在两汉不显达的书，《家语》一直不为世人所熟知，其被王肃推上历史前台，或曰它的被激活，是因为其内容中恰好有与汉魏思想解放潮流相符的东西，其命运的起伏与《论衡》《太玄》等书在汉魏之际的遭遇相似。同时，在汉魏之际的思想解放潮流中，面对被官方意识形态化了的、僵化的儒学，思想界分裂成不同的支流，不同思想倾向的学者试图提取不同的思想资源，比如名、法、道、墨等，以应对汉魏之际的新问题，但利用儒家固有的资源却仍然是学术思想界的主流。这是儒学经两汉近四百年官方意识形态化之后，已积淀成为中国文化传统主体的必然产物。王肃推出《家语》正是在这一文化传统的背景下，以挖掘儒家固有思想资源为主的学者们试图将儒学从僵化教条中解放出来以重振儒学的一个例证。

　　最后，让我们再次回到《家语》与王肃的关系上。如前所述，《家语》中有的内容与汉魏思想解放潮流的某些主题相吻合，笔者以为这是《家语》与王肃观点暗合的思想背景，暗合的角度很难伪造，此其一。其二，《家语》有与王肃思想不合之处，若王肃故意如此作伪，所费周折未免太多。其三，王肃为《家语》进行了辨析，若其作伪，那么这种先写错再辨析的作伪法令人难以置信。事实上还有一点，《家语》中仍有许多内容既与汉魏思想解放潮流无关，也与王肃反郑无关，王肃伪造这部分内容，原因何在很难解释。所以，《家语》应该是一部很早就有了基本原型的书。

　　然而，王肃果真对《家语》未动手脚吗？似乎又不能如此肯定。在《家语·相鲁》的第一章末尾，记载了鲁国权臣季平子将鲁昭公葬于墓道南，与其先公诸墓相隔较远，意在贬斥昭公，孔子则将昭公墓归入其先公墓域，并劝说季平子的儿子季桓子，认为这么做

---

　　①　胡平生先生对于这一点有较为平实切近的看法。参见《阜阳双古堆汉简与〈孔子家语〉》，载《国学研究》2000 年第 7 卷。

是为了掩盖其父季平子逐走昭公的不臣之罪，而且指出贬君以彰己罪是不合礼的。同一件事，《左传》也有记载，但却只有孔子将昭公墓归入先公墓域之事，而无劝说季桓子掩盖其父不臣之罪之言。又，《家语·观周》中有老子赠言孔子曰："无以恶己为人臣者。"王肃注曰："言听则仕，不用则退，保身全行，臣之节也。"① 同一件事，也见于《史记·孔子世家》，但老子的赠言却是："为人臣者毋以有己。""无以恶己"与"毋以有己"一字之差，意思截然相反，前者强调要保全自己，后者意为要牺牲自己。两则材料的价值倾向，与以王肃为代表的魏晋士人的人生价值观相联系，与王肃为司马氏的夺权提供理论论证的现实需要相联系，与《左传》《史记》的记载不同相对照，不能不使人怀疑王肃在《家语》中动过手脚。但上述这两则记载，到底是王肃动手脚的结果，还是在流传过程中出的差错②，其评判仍需格外慎重。

　　原载《孔子研究》2011 年第 2 期。

---

① 张涛：《孔子家语注译》，三秦出版社 1998 年版，第 124 页。
② 清代学者姚际恒在《古今伪书考》书中云："今世所传《家语》又非师古所谓今之《家语》也。司马贞与师古同为唐人，贞作《史记索隐》，所引《家语》今本或无，可验也。元王广谋有《家语注》。明何孟春亦注《家语》其言曰：'未必非广谋之庸妄，有所删除而致然。'此言良是。然则今世《家语》游台元王广谋本也。"（顾颉刚校点，景山书社 1929 年版，第 16 页）

论《孔子家语》的真伪及其文献价值

王承略

对孔子及其弟子生平活动的了解，人们总苦于资料无多。可资利用的主要典籍不过只有《论语》《左传》《礼记》《史记》等几种而已。而先秦至两汉的著述所载孔子及其弟子的言行，总起来看，往往比较零散，且彼此之间或不无文字差异，有时令人无所适从，所以进一步拓宽研究的资料范围是很有必要的。拓宽研究资料范围的一个重要方面，就是对现有的材料重新审视，其中对《孔子家语》（以下简称《家语》）的挖掘和利用尤为不可忽视。

《孔子家语》最早见于《汉书·艺文志》，被著录在"六艺略"《论语》类。从著录的类别和书名上不难看出，《孔子家语》的性质大概与《论语》近似，较多记载了孔子及其弟子的言行。《艺文志》所录之书，除刘向、杜林、扬雄三家而外，都是经过刘向、刘歆父子校理过的，受当时书写条件和政治上、学术上种种因素的制约，"六艺"之外的典籍大都流传不广，加以两汉之交的动荡和汉末的董卓之乱，为数众多的书籍毁于兵燹，《孔子家语》有幸忝附"六艺"之尾，故其流传不绝如缕。三国时魏王肃从他的学生、孔子二十二世孙孔猛处得到了一部《家语》，凡四十四篇。王肃以书中所论与自己的学术观点"有若重规叠矩"（《孔子家语序》），乃为之注，至今传于世，且基本首尾完具。

王肃是继郑玄之后著名的经学大师，因与司马政权的特殊关系，他的经注立于学官，显赫一时。不过王肃学识号称渊博，人品却不无可议之处。治经一味排斥郑玄，早已超出了心平气和的学术争鸣，又涉嫌制作多部伪书，所以对于他得到的《家语》的真实性就引起了后世学人的怀疑。宋代的王柏、清代的姚际恒、四库馆臣、范家相、孙志祖等均以为今本《家语》是王肃伪造的，目的是托古以自重，从而攻击郑玄之学。自清以来，这种观点一直占据上风，影响所及，人们谈伪色变，在孔子及其弟子的研究中，《家语》自然也就难得一用了。

与王肃造伪之说不同意见者，有宋代的朱熹、黄震，清代的陈士珂、钱馥、沈钦韩等。尤其是陈士珂，撰《孔子家语疏证》，意在证明《家语》渊源有自，决非王肃伪造。这些学者的言论、考辨和著作，尽管不曾引起人们太多的关注，无法从根本上改变人们对《家语》业已形成的认识，但事实上终究产生了一定的引导作用，《家语》已被间或引用，成为著书立论的重要根据，尤其某些《家语》独有他书皆无的资料，颇得一部分学者的认可。不过总体看来，人们尚心怀惴惴，不敢过多引证，或有所称引而隐其出处，显出了弃之不舍、用之不安的心态。

《家语》成书的真实情形究竟如何，其真伪的比例到底如何裁定，直接关系到了对这部书的认识、评价和利用，所以很有必要作较细致的分析以澄清事实。前代学人殚精竭虑不曾使问题最终解决，已表明其难度和复杂性。在此我不揣谫陋，试提出个人肤浅的看法。

当王肃利用自注《家语》肆意批评郑玄时，郑学的捍卫者、晋中郎马昭奋起驳斥王肃之说。马昭与王肃并时，又是学术劲敌，他的话应该是判断《家语》真伪的最重要的尺度。《礼记·乐记》正义引马昭曰："《家语》，王肃所增加。"请注意，马昭用的是"增加"二字，而不是"伪造"二字。可见马昭只断言《家语》中有王肃的增饰成分，而不曾认定王肃伪造了《家语》全书。

因王注本《家语》是对刘校本《家语》的"增加"，二者有所不同，故颜师古注《汉书》时特别指出："非今所有《家语》。"许多学者据此论定王注《家语》是伪书，恐非颜师古本意。

再从王注本流行以后利用情况看，学者们大都广征博引，毫不排斥，《史记》三家注、《五经正义》等莫不如此。可见自南朝至于李唐，学术界尚未因《家语》中有王肃的增饰成分而屏弃不用。怀疑《家语》是彻头彻尾的伪书，持全盘否定之态度，肇始于南宋。

王注本较之刘校本到底"增加"了些什么，王肃以前是否就已经有所"增加"，把这两个问题考辨清楚，是评价王注本乃至恢复刘校本原貌的关键。事隔千有余年，要弄清王肃增加的内容诚非易事，然而亦不是毫无办法。比如我们通过考察学术发展的历史进程，《家语》本文与其他先秦两汉文献的互见，以及王肃与郑玄学术观点的对立，就能发现王肃"增加"的某些痕迹。

四十四篇中有整篇增加者，如《庙制》，论天子立七庙，诸侯立五庙，大夫立三庙，士立一庙，庶人无庙，为有虞至于周不变之制；论郊以配天，论禘为五年大祭等，皆是两汉经学争论的焦点问题。《家语》托为孔子之言以为定论，而不曾想到汉儒之所以聚讼不决，纷纷论争天子七庙到底是哪七庙，三代之制是否相同，等等，正在于文献无征，难以稽考。若有孔子明文可据，何用群言沸腾，呶呶不息（参皮锡瑞《经学历史》）。郑玄所论与此绝不相同，可见此篇应该是郑玄以后才增入《家语》的。又如《五帝》篇，论古帝、三代与五行的搭配关系，以太皞配木，炎帝配火，黄帝配土，少皞配金，颛顼配水，尧配火，舜配土，夏配金，殷配水，周配木，只要对五行始终说略知一二者，就能发现，这样的组配，只能出现于王莽"篡汉"以后。也就是说，刘校本中不可能有此一篇。那么这一篇增加于王莽到王肃之间。增加者可能是王肃，也可能另有其人。李学勤先生指出：王肃自序称《家语》得自孔猛，当为可信；《家语》很可能陆续成于孔安国、孔僖、孔季彦、孔猛等孔氏家学之手，有很长的编纂、改动、增补过程，是汉魏孔氏家学的产物（见《竹简〈家语〉与汉魏孔氏家学》）。假若我们不论青红皂白，把《家语》中所有新增入的成份归咎于王肃一人，那就极有可能冤枉了他。

当然，我们有足够的证据表明，某些增饰的成分，特别是语句的改易和添加，只能出自王肃之手。他增饰的目的，是特意为其学说辩护，或别有用心地让郑玄出丑。比如，关于嫁娶之正时，毛亨在《诗故训传》中不止一次地指出在冬季，郑玄则根据《周礼》"中春之月，令会男女"的记载，认为当在仲春之月，所以他笺《诗》时每每改易毛《传》。在这个问题上，王肃旗帜鲜明地反对郑玄，而以毛亨为是。但毛亨所论婚姻正时，除《荀子》中稍稍提及外，不复见于先秦儒家其他典籍。王肃却能在《家语》中挖掘出最具权威性的孔子之言以证成毛亨之说，其文云："霜降而妇功成，嫁娶者行焉。冰泮而农桑起，婚礼而杀于此。"圣人既有言在先，郑玄自属大谬不然。今按，这段文字出自《本命解》，此篇亦为《大戴礼记》所录存，但《大戴礼记》中恰恰没有王肃称引的孔子之言。王肃又引《家语·礼运》"冬合男女，春颁爵位"之语进一步佐证嫁娶之时，按《礼运》又见《礼记》，二者文字大致相同，惟独王肃引以为据的这句话，《礼记》作"合男女、颁爵位必当年德"。王肃为一己之私，曲意篡改《家语》文字，可谓昭然若揭，一目了然。

又如《礼记·乐记》："昔者舜作五弦之琴，以歌《南风》。"郑注："南风，长养之风也，以言父母之长养也。其辞未闻也。"王肃则根据《尸子》《家语·辩乐》补出了郑玄闻所未闻的歌辞。按，《南风》之歌名，数见于先秦两汉其他典籍，如《韩非子·外储说左上》、《越绝书》卷十三、《新语·无为篇》、《韩诗外传》卷四、《淮南子·诠言训》及《泰族训》《说苑·修文篇》《风俗通·声音篇》等，统统是仅有歌名而无其辞，《尸子》《家语》中存其歌辞，就不能不令人疑惑。考《隋书·经籍志》著录《尸子》二十卷《目》一卷，注云："梁十九卷。其九篇亡，魏黄初中续。"可知《尸子》几乎有一半的内容是魏黄初续作的。《南风》歌辞所在的《绰子篇》，应该就在黄初九篇"续作"之列。《文选》卷十八《琴赋》注引《尸子》所载《南风》歌辞作"南风之薰兮，可以解吾民之愠"，可见《绰子篇》里的《南风》歌辞当只此一句。到了《家语·辩乐》则又添加了下句："南风之时兮，可以阜吾民之财兮。"于是完整的《南风》之歌遂被炮制而出。此歌的伪造，本无关学术弘旨，王肃所为，纯属争强好胜。为炫示自己的学识在郑玄之上，王肃真是用心良苦，不择手段。

王肃挖空心思篡改《家语》本文，对郑玄的学术和人身进行攻击，确实有失一代学者的风范。幸而王肃篡改的范围不算太大，并非凡是动用《家语》攻驳郑玄之处都经过他的改窜。实际情况是，王肃每每称引《家语》本文以批评郑玄。

如《礼记·礼运》："礼……其居于人也曰养。"郑注："养当为义字之误。"王肃不同意郑玄字误之说，因《家语·礼运》篇亦作养，与《礼记》合。

又如《礼记·杂记》："大夫为其父母兄弟之未为大夫者之丧服如士服，士为其父母兄弟之为大夫者之丧服如士服。"郑注以为大夫丧服礼逸失，与士丧服礼不同者不得而知，引晏婴为父服士服之事，以为晏婴出于谦虚。王肃主张丧服自天子以下无等，晏婴所服并不是故意舍弃大夫之丧服而用士丧服，他只是厌恶当时丧服之礼颓废，故服重服以警世人，又恐惹人怨恨，故当有人批评他所服非大夫之服时，他并不直接指出别人的批评非是，而只是说了句"只有诸侯的卿才相当于大夫"以敷衍过去。王肃以为此乃晏婴谦词以避害，并引孔子之说"晏平仲可谓能远害矣"云云，为自己的主张提供佐证。姑且不论王肃对晏婴所服丧服的理解是否与孔子相同，他引孔子之言则绝不是伪造的，因此事又见《晏子春秋》，孔子之语赫然在焉。

再如《礼记·乐记》论《大武》之乐，"六成复缀以崇天子夹振之而四伐"，郑注释"崇"为"充"，并云"凡六奏以充《武》乐也"。按，依准郑注，则"天子"下读，成为"夹振之而四伐"之人。王肃见到的《家语·辩乐》文字作"六成而复缀以崇其天子焉众夹振焉而四伐"，多出"其""焉""众"三字，"天子"就只能上读了。大概因为郑玄破字创义过于曲解，天子亲自"夹振之而四伐"又不太合乎情理，所以清代学者孙希旦、朱彬及中华书局标点本《史记·乐书》，都一致采用王肃之说。能令古今学者折服信从，可见《家语》中文字原当如此。

综上所述，可以得出如下结论：今本《家语》的大部分内容还保持着刘校本的原貌；今本较之刘校本多出的篇目和文字，有的确实是王肃所为，有的则可能是孔氏家学中人所为；王肃为攻驳郑玄而篡改《家语》的文字，其情形和数量是有限的；王肃伪造全书的观点不能成立。

今本《家语》确有来历，有相当一部分篇章结集于西汉之时，其文献价值之高，也就不言而喻。

首先，《家语》保存了某些独一无二的文献资料，是研究孔子、孔子弟子及先秦两汉文化典籍的重要依据。例如《本命解》载，孔子之母征在，"以夫之年大，惧不时有男，而私祷尼丘之山以祈焉，生孔子，故名丘，字仲尼"。这比起《孔子世家》说孔子"生而首上圩顶，故因名曰丘"更显得合乎人情和接近事实。本篇又载"孔子三岁而叔梁纥卒，葬于防。至十九，娶于齐之亓官氏，一岁而生伯鱼。鱼之生也，鲁昭公以鲤鱼赐孔子。荣君之贶，故因以名曰鲤，而字伯鱼。鱼年五十，先孔子卒"。不见于先秦两汉其他典籍，自魏晋以下，学者们一般认为这些材料是可信的。又如《七十二弟子解》篇，所列与《仲尼弟子列传》同为七十七人，然二者多有差异。公孙孺、秦商、颜亥、叔仲会四人，《家语》有事迹，而《史记》皆无；《史记》有公伯缭、秦冉、鄡单三人，《家语》不载，而别有琴牢、陈亢、县亶当此三人之数。此外二者所记人物名字不同，籍贯不同，少孔子年岁不同，比比皆是。自郑玄《孔子弟子目录》亡佚以后，学者们研究孔子弟子，一贯采用的方法就是取材二篇，并通过相互对比补充以折中其间，可见这二篇在利用价值上已经难分轩轾了。

其次，《家语》保存了比较准确可靠的文献资料，可以对传世的其他典籍匡谬补缺，具有足资参考利用的史料价值。例如关于颜回的生卒年寿，可以根据《家语》纠正《史记》传本之讹。《论语·先进》载："颜渊死，颜路请子之车以为之椁。子曰：'才不才，亦各言其子也。鲤也死，有棺而无椁。吾不徒行以为之椁。以吾从大夫之后，不可徒行也。'"可见颜回卒于孔鲤之后，孔子之前。按，孔鲤卒于公元前 483 年，孔子卒于公元前 479 年，斑斑可考。颜回卒于二人之间，其时应该在公元前 481 年前后。《史记·仲尼弟子列传》云颜回"少孔子三十岁"，则可推出其生于公元前 522 年，年寿四十一二。《仲尼弟子列传》又载："回年二十九，发尽白，蚤死。"春秋、战国时人的平均寿命并不长，颜回果真四十余岁卒，似不得称为"蚤死"，《史记》的记载自相矛盾由此可见。《史记索隐》引《家语》则云："年二十九而发白，三十二而死。"年寿仅三十二，称其早卒方显得较为合乎情理。根据《家语》，可知颜回少孔子实为四十岁，而不是三十岁。大概《史记》的传本"四十"有写作"卅"者，传抄时漏掉一竖，就讹变成"卅"了。又如《七十二弟子解》记樊须"少孔子四十六岁"，《史记》作"三十六岁"。考《左传》哀公十一年，季氏以"须也弱"为由，不同意樊须为车右，则当孔子六十八岁时，樊须二十岁左右，所以《家语》的记载是可信的，《史记》的传本则又一次将四十讹变成三十了。

复次，《家语》保存了一大批比较原始的文献资料，有许多地方明显地胜于其他相关古籍，具有重要的版本、校勘价值。如《大婚解》云："夫其行己不过乎物，谓之成事。不过乎，合天道也。"《礼记·哀公问》此处仅有"不过乎物"四字，于义不确，故朱熹曰："以上下文推之，当从《家语》。"（孙希旦《礼记集解》引）又如《贤君》篇"孔子见宋君"云云,《说苑·政理》作"梁君"。清俞樾曰:"仲尼时无梁君,当从《家语》作宋君为是。"(向宗鲁《说苑校证》引)《家语》中与先秦两汉典籍重出的材料不在少数,经过千余年的流传,他书文字有误而《家语》或不误,这就不徒有助校勘而已,其保存正确的史料之功,尤应给予足够的重视。

《家语》的大部分内容是切实可靠的,而且具有不可替代的文献价值,所以它在孔子、孔子弟子及古代儒学思想研究中的重要地位,应该予以肯定,若仍一味地以人废书,全盘否定,显然是极端不负责任的。当然对于其中非刘校本原貌的部分我们一定要区别对待,尤应注意参取旁证,并结合地下出土文献《儒家者言》等,细加审视,以期剔伪存真。要做好这一工作,熟悉和了解《家语》就成为当务之急。已故著名学者王利器先生和山东大学青年学者张涛教授善于把握学术动态,分别完成了《孔子家语疏证》和《孔子家语注译》,前者即将刊行,后者已于1998年由三秦出版社出版。可以肯定,这两部著作的撰著和问世,必将进一步引起学术界对《孔子家语》研究的关注,有助于把孔子、孔子弟子和古代儒学的研究推向深入。

积疑成伪：《孔子家语》伪书之
定谳与伪《古文尚书》案之关系

刘　巍

一、引言

　　《孔子家语》最早著录于《汉书·艺文志》，是一部记录孔子及门弟子言行的书。今传王肃注《孔子家语》（以下简称《家语》）一书，据王《序》称，得自孔子二十二世孙孔猛，为其家先人之书；所附《后序》则谓为孔安国所"撰集"。然王肃同时郑学之徒马昭指称该书为"肃所增加"，由此渐滋疑议，宋王柏以此书为王肃伪托于孔安国而作，至清儒范家相《家语证伪》、孙志祖《家语疏证》诸家书出，《家语》王肃伪书说浸成定论，疑伪成风，乃至于陈士珂《孔子家语疏证》之辑撰，本为今本辩护的，也被误认为辨伪之作了。近人则承清人之说而加以推演，如屈万里等本崔述说以为《家语》为王肃弟子伪作。又有学者如丁晏据《家语·后序》，以为古文《尚书》经传、《论语孔注》《孝经传》《孔丛子》连《家语》五书均为王肃"一手"所伪。于是，对王肃个人与《孔子家语》此书之疑伪程度到了登峰造极的地步。王肃是否伪造《孔子家语》，是中国学术史上牵连极为深广的著名公案。

　　20世纪70年代以来，随着一批与《家语》内容有关的战国西汉时代竹简木牍的面世、敦煌写本《孔子家语》的公布，为重审这一公案，提供了新的材料，也带来了新的契机，形成了新的研究热潮，出现了一批新的研究成果。大致可以归结为两种倾向性的意见：一派可谓今本《家语》可信说；另一派则可谓重证《家语》伪书说。两派都利用了新出土材料，基本上均通过将出土简帛古书与《家语》相关内容加以比勘等方法，但是对《家语》一书的时代和性质问题的认识仍存在尖锐的分歧，有的分歧深刻地关涉到对20世纪疑古思潮的认识与评价。

　　在这种疑者自疑、信者自信的情况下，我们认为应该另辟蹊径，从公案学的角度，对学术史进行深入细致的分析，解剖事实上有千丝万缕关系的公案群，对王肃伪造《家语》说之来龙去脉作一个彻底的侦查与断案。

　　基于相关史实的梳理，我们认为，《家语》伪书案至少与中国学术史上的四个公案有难解难分的关系。其一，群经之疏中记载了马昭等的质疑初声，由于马昭为郑学之徒，所以他的指控涉及经学史上的"郑（玄）、王（肃）之争"，这是《家语》案涉及的第一个学术公案。其二，宋代的王柏远本唐颜师古《汉书·艺文志》注"非今所有《家语》"之说，发展出"古《家语》"/"今《家语》"文本两分的看法，并提出了王肃托名于孔安国伪造《家语》说。其根源在于，王氏批驳朱子借证于《家语》校正《中庸》，从而为他提出将《中庸》分为二篇的创说扫清道路。这一《中庸》分篇案，是《家语》案涉及的第二个学术公案。其三，《家语》伪书案又由于伪《古文尚书》案而扩大与深化，愈演愈成为其中的一个子命题。学者对《家语》的研究，普遍存在一种锻炼成狱之心理趋向，产生了机械移植、推论过度、疏而不证、笼统混淆、牵强附会等问题。其间所滋生的王肃伪造五书之说，又成为近代康有为的刘歆遍伪群经说之造端，影响广远。这是《家语》案涉及的第三个学术公案。其四，在《家语》本身的真伪以及由此而涉及的《家语》与诸公案的关联上，"《家语》三序"（包括王肃的"《孔子家语解序》"、以孔安国口吻所写的"孔安国《后序》"、载有孔衍奏书之《后序》）的可靠与否，是一个关键。疑之者以为王肃遍伪群书的证据，信之者则可援以证成《家语》为孔安国"撰集"之说。所以，"《家语》三序"疑信之辨，可谓是《家语》案涉及的第四个学术公案。

本文所讨论者，为《孔子家语》真伪公案之近代篇，即其与第三个学术公案——伪《古文尚书》公案的关系。

清代以降学者关于《孔子家语》为王肃或王肃之徒伪造说的确立，与伪《古文尚书》公案有暧昧而深切的关系，治学术史者或对此有模糊之印象，而未得系统有力的揭发，今掇拾相关资料，一一钩沉披露其暗通款曲之迹，以就教于读者诸君。

二、对王肃人品心术的怀疑与《古文尚书》之关系

在讨论两案的关联之前，有必要交代一下《古文尚书》（下文或称"晚《书》"）案在学术史上的地位与影响。《四库提要》"《古文尚书疏证》"条曾综括此公案道：

> 《古文尚书》较今文多十六篇，晋、魏以来绝无师说，故《左氏》所引，杜预皆注曰《逸书》。东晋之初，其书始出，乃增多二十五篇。初犹与今文并立，自陆德明据以作《释文》，孔颖达据以作《正义》，遂与伏生二十九篇混合为一。唐以来虽疑经惑古如刘知幾之流，亦以《尚书》一家列之《史通》，未言古文之伪。自吴棫始有异议，朱子亦稍稍疑之。吴澄诸人本朱子之说，相继抉摘，其伪益彰，然亦未能条分缕析，以抉其罅漏。明梅鷟始参考诸书，证其剽剟，而见闻较狭，搜采未周。至若璩乃引经据古，一一陈其矛盾之故，古文之伪乃大明。[①]

阎氏同时，护晚《书》者如毛奇龄之《古文尚书冤词》，文以卫道之见，措辞凌厉。后如惠栋之《古文尚书考》、程廷祚之《晚书订疑》（原稿名《冤冤词》）等则皆为攻伪书之健者也。此后虽以伪书说得信众为多，两造犹攻讦不止，议论纷纭，如张荫麟之言曰：

> 今世言《尚书》者几莫不宗阎若璩辈之说，以梅赜所献书，多于今文之二十五篇为晋人伪作。（至伪作之人则或云梅赜，或云皇甫谧，或云王肃，或云王肃之徒。）然阎氏《尚书古文疏证》出后，起而反驳之者亘有清二百余年不绝。除毛奇龄《古文尚书冤词》著录于《四库》者外，尚有十数种，都百数十卷。其立论颇与阎辈之说，针锋相对。则吾人在下最后判断之前，宜不能不覆勘其言。

[①] 《钦定四库全书总目（整理本）》上册第 12 卷，中华书局 1997 年版，第 158 页。

此张氏《伪〈古文尚书〉案之反控与再鞫》之所为作也。其结论如次："伪《古文尚书》大略出现于东晋初元帝时，为梅赜所奏上。其以前之历史则不可考。"① 后有陈梦家《尚书通论》、蒋善国《尚书综述》、刘起釪《尚书学史》等书文或接续补证伪书说，或对伪作者加以澄清或考证，虽近有张岩《审核古文〈尚书〉案》等华辞以翻旧案，亦不能奏其功，再经清华简等新出土相关材料之佐证，此伪书公案之大体定矣。

今略述此案始末，因由此衍生出来"伪作之人""或云王肃，或云王肃之徒"诸种论说。关于王肃本人者，殊近于"辨伪"之同时而孽生"造伪"之虚说，与《家语》为王肃伪书说有不可分割之关系，即所谓均王氏"一手所造"。更重要的是，由于伪《古文尚书》公案在学术史上处于至关重要的枢纽地位，《家语》伪书案愈演愈成为其中的一个子命题。

（1）王肃之可信、可疑、去疑，及其与伪《书》案之相关性

无论伪托伪作，一个"伪"字预设了作伪者人品之不诚、心术之不正。然正史所载王肃之生平行实，似未见其心迹有如何可疑者。《三国志》王肃本传，陈寿对其盖棺论定，评曰："王肃亮直多闻，能析薪哉！"刘咸炘以为："评语直类碑颂，非特无贬词，抑且无微词。"确是不会引起歧义的。原书后有文云："刘寔以为：肃方于事上而好下佞己，此一反也；性嗜荣贵而不求苟合，此二反也；吝惜财物而治身不秽，此三反也。"陈景云曰："刘寔语当是裴《注》。"钱大昕从之，中华书局标点本亦作如是处理。② 有学者详考王氏生平，以"刘寔之论，或有所据，然而以今所见，肃之行事，仅有刘氏所言之优，而无其失也"③。从陈、刘的代表性见解来看，无论他们对王肃有无贬词微词，均未涉及其人品心术的恶评，更与所谓伪书案无关。

自"子雍规玄数十百件，守郑学者，时有中郎马昭，上书以为肃缪"④，马昭提出"《家语》王肃所增加，非郑所见"⑤，始启后人疑窦。而伪《古文尚书》案，对王肃之訾议则变本加厉。历经陈、隋、唐三朝的陆德明撰《经典释文》⑥ 述及王肃与东晋"枚赜所奏上孔传《古文尚书》"之关系，揭示了一个明显而重要的事实：王肃之《尚书》注与梅氏所上《孔传》"大""相类"。但是他的解释对王肃充满狐疑："或肃私见《孔传》而秘之乎？""私见"而又"秘之"，足见王氏在他的观感中很不光明正大。不能断定陆氏是否受到马昭之说的影响，但是他们的看法很相似。不过，陆德明就"其《舜典》一篇，仍用王肃本"，这种取舍，显然也将王肃与伪"造"之徒姚方兴截然区分开，着眼的还是王注与《孔传》的相近而不是疑伪。⑦ 事实上，王肃注"解大与《古文》相类"的看法

① 张荫麟：《伪〈古文尚书〉案之反控与再鞫》，原载《燕京学报》1929 年第 5 期，张云台编：《张荫麟文集》，教育科学出版社 1993 年版，第 206、254 页。

② 卢弼：《三国志集解》第 13 卷，中华书局 1982 年版，第 391 页上栏；陈寿：《三国志》第 13 卷，《前四史》第 4 册，中华书局缩印本 1997 年版，第 116 页。

③ 李振兴：《王肃之经学》，嘉新水泥公司文化基金会 1980 年版，第 9 页。

④ 刘昫等：《旧唐书》第 10 册第 102 卷，中华书局 1975 年版，第 3180 页。

⑤ 《礼记正义》第 38 卷，《十三经注疏》下册，中华书局 1980 年版，第 1534 页上栏。

⑥ 据吴承仕说，"盖《释文》作于陈至德间"。参见吴承仕《经典释文序录疏证》，中华书局 2008 年版，第 65 页。

⑦ 黄焯：《经典释文汇校》第 1 卷，中华书局 2006 年版，第 13～14 页。

并非陆氏一家之言，而是相承旧说。如敦煌卷子《尚书释文·舜典第二》所载，可见，自晚《书》面世至陆德明时代，已经"相承云""时以王肃注颇类孔氏""取王注""相承以续孔传"矣![1] 后孔颖达《尚书正义》引《晋书》亦谓梅氏"奏上其书而施行焉"[2]，《隋书·经籍志》复称"至东晋，豫章内史梅赜，始得安国之传，奏之"[3] 等均与之类同，似皆因"相承"之说而来。推此论之，《四库全书总目》"《尚书正义》"条谓"又称'今以孔氏为正'，则定从孔传者乃陆德明，非自颖达"[4]，似尚嫌所认"定"者为太迟矣，当远在陆德明之前。惟对《书》王注与《孔传》类似这一现象之解释，说王肃与晚《书》有暧昧关系，自后世影响来看，陆德明需负相当的责任。陆氏刚说完"私见"不久，孔颖达就寻出"窃见"的证据："至晋世王肃注《书》，始似窃见《孔传》，故注'乱其纪纲'为夏太康时。"[5]

《左传·哀公六年》孔子引"《夏书》曰：'惟彼陶唐，帅彼天常。有此冀方，今失其行。乱其纪纲，乃灭而亡。'"孔疏亦云："王肃注《尚书》，其言多是《孔传》，疑肃见古文，匿之而不言也。"[6] 此与陆德明之说如出一辙！其实也不过是孔颖达袭前人旧说云"王肃之注《尚书》，其言多同《孔传》"[7] 之一端而已，证以《正义》随文疏出的不胜枚举之王肃《尚书》注说"与孔不同""与孔异也"诸例可知，所以孔氏之疏中颇有自驳其"窃见"之说的，如《尚书·益稷正义》就将王氏与马融、郑玄并排在"不见古文"之列[8]，又如伪《咸有一德》"七世之庙，可以观德"，《正义》亦以王氏与刘歆、马融均为"不见古文"者[9]，《毛诗·豳七月诂训传第十五》之《豳谱》孔疏更云：

> 王肃《金縢》注云……肃意所以然者，以《家语》武王崩时，成王年十三。又《古文尚书·武成》篇云："我文考文王，克成厥勋，诞膺天命，以抚方夏。惟九年，大统未集。"孔安国据此文以为，文王受命九年而崩。其后刘歆、班固、贾逵皆亦同之。肃虽不见古文，以其先儒之言，必有所出。[10]

是则不仅《尚书正义》，《毛诗正义》亦皆以王氏"不见古文"，可见所谓"窃见"云云特为疑"似"之辞，孔颖达自己尚无有定见。有意思的是，这里连带提到了《孔子家语》，孔氏对《家语》所言持采信的态度，与后人因缘两个公案之牵扯而认为王肃"一手伪造"大不相同，其间颇有可资深思之处。

---

① 许建平：《小学类群书音义之属》，《敦煌经部文献合集》第 9 册，中华书局 2008 年版，第 4440 页。

② 《尚书正义》第 2 卷，《十三经注疏》上册，中华书局 1980 年版，第 118 页中栏。

③ 魏徵、令狐德棻：《隋书》第 4 册第 32 卷，中华书局 1973 年版，第 915 页。

④ 《钦定四库全书总目》上册第 12 卷，中华书局 1997 年版，第 139 页。

⑤ 《尚书正义》第 2 卷，《十三经注疏》上册，中华书局 1980 年版，第 118 页上栏。

⑥ 《春秋左传正义》第 58 卷，《十三经注疏》下册，中华书局 1980 年版，第 2162 页上栏。

⑦ 《尚书正义》第 3 卷，《十三经注疏》上册，中华书局 1980 年版，第 128 页中栏。

⑧ 《尚书正义》第 5 卷，《十三经注疏》上册，中华书局 1980 年版，第 141 页上栏。

⑨ 《尚书正义》第 8 卷，《十三经注疏》上册，中华书局 1980 年版，第 166 页中栏。

⑩ 《毛诗正义》第 8 卷第 1 部分，《十三经注疏》上册，中华书局 1980 年版，第 388 页中栏。

　　缘晚《书》而对王肃有类似看法的唐人，尚有刘知幾。《史通·外篇·古今正史第二》云："王肃亦注今文《尚书》，而大与古文《孔传》相类，或肃私见其本而独秘之乎?"刘氏述《尚书》源流多同陆氏，如前文谓"《古文尚书》者，即孔惠之所藏，科斗之文字也"①　可证，此处因晚《书》而蓄疑于王肃之心术者，连用辞均颇相雷同，盖均本于陆德明也。

　　陆、孔诸说，不意成为清儒惠栋、王鸣盛、丁晏等考证坐实王肃为伪《古文尚书》及《孔传》案主之引线。晚清以降，陈澧《东塾读书记》、刘师培《尚书源流考》、吴承仕《尚书传王孔异同考》、陈梦家《尚书通论》等书文乃一洗王肃之冤。其中以吴承仕述此案最为明晰：

　　　　十六篇不立学官，故谓之"《逸书》"。马、郑、杜预注释经传，其引《书》而不在今二十八篇中者，皆名为"《逸书》"是也。马、郑《尚书》远承孔氏，所注止二十九篇，与《今文》篇目同，而实非伏生三家本，盖师承异也。陆氏不知伪孔《古文》非马、郑所得见，遂谓马、郑所传为《今文》而非《古文》，则误甚矣。王肃注《书》务与郑异，亦有本之贾、马者，其说往往与《孔传》略同。愚谓此乃《孔传》采摭王义，非王氏窃自伪书也。陆氏以孔《书》为真，故云王私见而秘之。《书正义》亦言："王似窃见《孔传》，故注'乱其纪纲'为夏太康时。"正与《序录》同意，即（引者按："即"字疑为"其"字之讹。）实非也。（批注：《哀六年传》引贾逵以为桀事。）清儒治《尚书》者，如惠栋、王鸣盛、孙星衍、李惇、刘端临等，因陆、孔疑似之词，据王、孔扶同之义，遂谓《孔传》盖肃所伪作，然亦未敢辄定也。至丁晏撰《尚书余论》，始质言之，尔后遂奉为不刊之论。愚尝审核马、郑、王、孔、杜预、皇甫谧诸家《书》说，著为《异同考》四卷，疏证伪《书》非出王肃。而丁氏所立，遂一时摧破矣。②

　　吴氏"尝为《异同考》，录得王义二百三十五事：说义同孔者百有七事，异孔者百二十八事"。③　蒋善国称其"纯用客观比证，详审平实，辨明伪《孔传》非王肃伪作，给向来空谈王、孔相同的一最有力的反证。即使王、孔异少同多，已根本推翻了伪《孔传》出于王肃说，何况比证的结果是异多同少！显见得王肃与伪《孔传》毫无关系"④。继吴氏而续作重要的补证者，为陈梦家。刘起釪以为陈氏"比吴承仕又补充了些有力论证"⑤。

　　上述研究，立论坚实，足以"摧破"王肃伪造《古文尚书》经传之论，王氏之人品也大大得以澄清。这一正反合之辩证过程的考证案例，对所谓王肃伪造《家语》案有何

　　①　浦起龙：《史通通释》第 12 卷，上海古籍出版社 2009 年版，第 307 页。
　　②　吴承仕：《经典释文序录疏证》，中华书局 2008 年版，第 63~64 页。
　　③　吴承仕：《经典释文序录疏证》，中华书局 2008 年版，第 67 页。
　　④　蒋善国：《尚书综述》，上海古籍出版社 1988 年版，第 346 页。
　　⑤　刘起釪：《尚书学史》，中华书局 1989 年版，第 193 页。陈说原文，参见陈梦家《尚书通论》，河北教育出版社 2000 年版，第 135~137 页。

启示呢?

当一种似是而非的有罪推定,再纠合以片面的固执而不加反省的考证方法,则貌似辨伪的公案适足以造成冤假错案。这是王肃伪造《古文尚书》案提供给我们的最深刻的教训! 这一案例促使我们尤其要辨明类似公案的立意(即假设或曰逻辑前提、先见)的来由与成立与否,再则要反复审查考证方法是否得当。当所谓犯案之主或曰被指控的对象是在中国学术史上广有影响的同一个人的时候,更是如此。而所有这一切,均建立在证据的运用是否可靠之上。

(2) 对王肃伪造《家语》的嫌犯资格之质疑

不幸的是,王肃与《家语》案之纠葛也笼罩着类似的迷雾,而且与伪《古文尚书》案之间有难解难分的关系。

首先当检讨的是王肃作为案犯之嫌疑之建立。其案底就在《礼记正义》所引马昭的指控:"《家语》王肃所增加,非郑所见。又《尸子》杂说,不可取证正经。"① 我们认为,马氏的控词与吴承仕所证伪的陆、孔"疑似之词"有惊人的相似性,区别只在其次,即一为偏主"王、孔扶同之义",一则强说王、郑"所见"不同。

马昭何许人也?《三国志·魏书·三少帝纪》载高贵乡公与臣下论学云:

> 于是复命讲《礼记》。帝问曰:"'太上立德,其次务施报。'为治何由而教化各异,皆修何政而能致于立德,施而不报乎?"博士马照对曰:"太上立德,谓三皇五帝之世以德化民;其次报施,谓三王之世以礼为治也。"帝曰:"二者致化薄厚不同,将主有优劣邪? 时使之然乎?"照对曰:"诚由时有朴文,故化有薄厚也。"②

综合潘眉、钱大昕、梁章钜、侯康诸家之说,《魏志》此处"马照"即群经之疏所引及之"马昭",姚范谓"'照'疑误,或避晋讳"是也。潘眉之说尤能揭示马氏立论的背景:"高贵乡公讲《尚书》两驳王肃之说,知马昭申郑难王诸论作于是时。"③

从诸书文所引马说来看,几乎未见其对王说有些许容受或假借于郑先生之言者。他还是历史上最早论及《家语》与王肃关系的人。《三国志》王肃本传,未提到王肃注解《家语》之事,而只说:

> 初,肃善贾、马之学,而不好郑氏,采会同异,为《尚书》《诗》《论语》《三礼》《左氏》解,及撰定父朗所作《易传》,皆列于学官。其所论驳朝廷典制、郊祀、宗庙、丧纪轻重,凡百余篇。时乐安孙叔然,(臣松之按:叔然与晋武帝同名,故称其字。)受学郑玄之门,人称东州大儒。征为秘书监,不就。肃集《圣证论》以讥短玄,叔然驳而释之,及作《周易、春秋例》,《毛诗》《礼记》《春秋三传》《国语》《尔雅》诸注,又注书十余篇。④

---

① 《礼记正义》第38卷,《十三经注疏》下册,中华书局1980年版,第1534页上栏。
② 陈寿:《三国志》第4卷,《前四史》第4册,中华书局缩印本1997年版,第44页。
③ 卢弼:《三国志集解》第4卷,中华书局1982年版,第156页上栏。
④ 陈寿:《三国志》第13卷,《前四史》第4册,中华书局缩印本1997年版,第115页。

后世著录，有王肃注解《家语》。陆德明《经典释文序录》载《周易》"王肃注十卷字〔子邕（引者按："邕"，《魏志》作"雍"），东海兰陵人，魏卫将军、太常、兰陵景侯。又注《尚书》《礼容服》《论语》《孔子家语》，述《毛诗注》，作《圣证论》难郑玄〕"。①《隋书·经籍志》云："《孔子家语》二十一卷（王肃解）。"② 可见，《魏志》本传不具王氏注解《家语》一事，盖举其所谓"皆列于学官"者，及《圣证论》等主要著作，未予一一罗列。"肃集《圣证论》以讥短玄，叔然驳而释之"，可谓针锋相对，然亦未见疑于王肃之注《家语》，与之有相近为学取向的田琼引及《家语》③，但亦未发表不利于王肃之论。姚范曰："《诗》《礼》疏引《郑志》，有马昭"④，纵使马昭有孙叔然般"受学郑玄之门"的经历，而言之凿凿地说"非郑所见"，孤证不立，其言为可信乎？

明儒何孟春曾详细地讨论这一问题：

> 《孔子家语》如孔衍言则壁藏之余，实孔安国为之。而王肃代安国序未始及焉，不知何谓。此书源委流传，肃《序》详矣。愚考《汉书·艺文志》载《家语》二十七卷，颜师古曰"非今所有《家语》也"；《唐书·艺文志》有王肃注《家语》十卷，然则师古所谓"今之《家语》"者欤？班史所志大都刘向较（校）录已定之书，肃《序》称四十四篇乃先圣二十二世孙猛之所传者，肃辟郑氏学，猛尝学于肃，肃从猛得此书，遂行于世。然则肃之所注《家语》也，非安国之所撰次及向之所较者明矣。虞舜《南风》之诗，玄注《乐记》云"其辞未闻"。今《家语》有之，马昭谓"王肃增加（取诸《尸子》），非郑玄所见"。其言岂无据耶？肃之大言异于玄盖每如此。既于《曾子问》篇不录，又言诸弟子所称引皆不取，而胡为赘此，此自有为云尔。肃之注，愚不获见，而见其《序》，今世相传《家语》殆非肃本，非师古所谓"今之所有"者。安国本世远不复可得，今于何取正哉？司马贞与师古同代人也，贞作《史记索隐》引及《家语》，今本或有或无，有亦不同。愚有以知其非肃之全书矣。⑤

何氏缘由"肃之注，愚不获见"而发为此论，难免有误，而误有不尽出此一途者。其误之大者，约有两端。其一，以著录卷数之不同，定古书之真伪。学者已经指出史志书目所载卷数之变迁，容有后世合并、重编、另分之可能。即以《家语》为例，英藏敦煌写本《孔子家语》（编号为"斯一八九一"）保存了"五刑解第卅（此下题有"孔子家语"和"王氏注"字样）"整篇，及对应于今本《家语》第二十九篇《郊问》的篇末

---

① 黄焯：《经典释文汇校》第1卷，中华书局2006年版，第9页上栏。

② 魏徵、令狐德棻：《隋书》第4册第32卷，中华书局1973年版，第937页。

③ 田琼为郑玄弟子，建安、黄初间为博士。他引《家语》之文"绝嗣而后他人，于理为非"（载《通典》），不见于今本，则可知田氏所据本子或与王肃有不同，而更可能的是《家语》未必为王肃所"增加"，其内容却极可能历经流传而有所"遗失"。参见杜佑《通典》第69卷，中华书局1988年版，第2册，第1914页。

④ 卢弼：《三国志集解》第4卷，中华书局1982年版，第156页上栏。

⑤ 何孟春：《孔子家语》之《序》，《四库全书存目丛书》子部第1册，齐鲁书社1995年版，第3页上栏。

12 行文字。特别是《五刑篇》篇末题有"家语卷第十"字样，今传本《家语·五刑解》同为第三十篇，则居于第七卷。可证六朝已有多于"十卷"的传本流传，由此可以推证：《汉书·艺文志》著录"二十七卷"，至《隋书·经籍志》云为"二十一卷"，而两《唐书》乃至今本都为十卷。其间的不同，乃分卷方法有异，而非内容有大的缩减或损伤。也就是说，今传本《家语》，渊源有自。①

敦煌残本《家语》之卷次与卷数均与传世十卷本不同，可证单据卷数出入以定本书真伪之武断。又，刘向之校定，例以"《尚书》：古文经，四十六卷。（为五十七篇）"②及"《孙卿新书》十二卷三十二篇。……护左都水使者光禄大夫臣向言：所校雠中《孙卿书》凡三百二十二篇，以相校，除复重二百九十篇，定著三十二篇，皆已定，以杀青简书，可缮写"③ 等，学者盛称之"古人以篇为卷"④ 之通例，并不能成立。更常见的倒是集篇成卷的例子。据此而论，《家语》"四十四篇"焉得谓必与《汉志》所著录之"二十七卷"风马牛不相及？岂书上献于朝廷后必不写留副本存于家中耶？岂必如范家相亦依此前提而云"古《家语》止二十七篇（引者按：《汉志》原文为二十七卷，此亦持所谓'古人以篇为卷'之见，故有此误会），而王肃之《家语》反有四十四篇，其增多十七篇何哉？"⑤ 伪托者往往援例依傍（犹伪《古文尚书》五十八篇依附刘向《别录》或桓谭诸说而又加以弥缝之比），诚若伪托，何以不造成《汉志》所著录"二十七卷"模样，偏出"四十四篇"之说呢？

其二，偏信敷衍马昭之说。马氏所谓"增加"之"虞舜《南风》之诗"，是否可能系刘向"定著"过程中，"除复重"时一不小心或以为并不重要而将之删除，还是别有其故？更有可能的是，郑玄根本"未见《家语》"。唐人孔颖达等疑之于前（见《诗·东门之杨》《礼记·曾子问》正义），清儒范家相论之于后，云："马昭谓王肃增加《家语》，此据其一节言之也。夫但曰'增加'，则必有原本之存，而昭固不及见矣，何以明之？昭若及见古《家语》，则当直举原文以正之，何必云郑所未闻乎？郑氏之学极博，然注经未尝一引《家语》，则古《家语》之亡久矣！马昭、张融与肃先后同时，已不可得见，而肃之借孔猛以作伪，又孰从而难之？"⑥ 范氏所论，多有未当，然举出郑玄注经不引《家语》一事，颇为有力，足证孔颖达郑氏未见《家语》之说。崔述《洙泗考信录》之说与之不同："《家语》一书本后人所伪撰，其文皆采之于他书而增损改易以饰之……且《家语》在汉已显于世，列于《七略》，以康成之博学，岂容不见，而待肃之据之以驳

　①　宁镇疆：《英藏敦煌写本〈孔子家语〉的初步研究》，《故宫博物院院刊》2006 年第 2 期；张固也、赵灿良：《〈孔子家语〉分卷变迁考》，《孔子研究》2008 年第 2 期。

　②　班固：《汉书》第 13 卷，《前四史》第 2 册，中华书局缩印本 1997 年版，第 438 页。

　③　姚振宗辑录，邓骏捷校补：《七略别录佚文·七略佚文》，上海古籍出版社 2008 年版，第 41~43 页。

　④　见陈鳣为孙氏《家语疏证》所作之《序》，孙志祖：《家语疏证》，《续修四库全书》第 931 册，上海古籍出版社 2002 年版，第 193 页下栏。

　⑤　范家相：《家语证伪》第 11 卷，《续修四库全书》第 931 册，上海古籍出版社 2002 年版，第 189 页上栏。

　⑥　范家相：《家语证伪》第 11 卷，《续修四库全书》第 931 册，上海古籍出版社 2002 年版，第 191 页下栏。

己耶！"① 著录于《汉志》，未必"显于"汉世，其书未立于学官，汉代之书亦未有大幅征引，可见一斑；秘府之书，外人岂获径睹，类非贾、马、班固校书东观，民间学者虽大儒如郑玄亦未必方便过目，否则郑君何以"注经未尝一引《家语》"？崔氏之说暗本马说而附会以想象之辞，如此立论，不免"佞郑"之讥矣。近人虽信从之者甚多，无奈并无确证。又，张融有《当家语》之作②，何必不见《家语》，田琼等亦引及《家语》，何必必信郑玄为学无不通，以为今本《家语》与相传《家语》必不同源，而生造今古《家语》两分之说，且必以王肃"作伪"为解乎？后人如钱馥等皆承袭马昭之说，今人亦颇有持此说者，何不一反思之。不仅此也，马昭之说明明云王肃《圣证论》以《尸子》与《家语》相证，则"虞舜《南风》之诗"之记载《家语》与《尸子》皆有之，绝非王氏之杜撰。乃何孟春诡辞云王肃"取诸《尸子》"，其诬染王肃连带歪曲马昭，一何甚也。③

凡此云云之说，与陆德明、孔颖达等"疑似之词"何以有异？！

三、类似于伪《古文尚书》的伪《家语》锻炼成狱之心理趋向

由于伪《古文尚书》案的典型性，以及它处于学术史上的中心地位，所以它留下的遗产，在辨伪之实际成果与失误尤其是方法上得失的启示性极强，其波及面之广也至为惊人。本文不及其他，只讨论与《家语》案之纠葛。

（一）"一手"说之初起，尚未诬及王肃

愚以为两个公案之牵连与"一手"之说有不解之缘。而"一手"之论历经数变。对古文之怀疑，除崔述等少数学者将其推溯于唐代韩愈④，一般认为，发端于南宋之吴棫（才老）。四库馆臣批评毛奇龄将其归始于朱子之误，其实《古文尚书冤词》一书明引有吴氏之说，毛氏之意，盖谓朱子为辨古文伪书之首出巨擘，处于登高一呼应和纷纭之地位，理当归本于此，这不能因毛书不得大体而因人废言。惟吴棫之贡献亦不容矮化，我们以为，最切要者，在发后儒"一手"论之先声。吴氏《书裨传》已佚，元儒吴澄引吴棫之言曰："增多之书皆文从字顺，非若伏生之书佶屈聱牙。夫四代之书，作者不一，乃至二人之手而定为二体，其亦难言矣。"⑤ 这是说，虞、夏、商、周之《书》，朝代不同，记者史官不出于一人，其文体文风文字当各有千秋，岂能像晚《书》那样，只是增多之

---

① 崔述：《洙泗考信录》第 1 卷，《崔东壁遗书》，上海古籍出版社 1983 年版，第 264 页下栏、265 页上栏。

② 魏徵、令狐德棻：《隋书》第 4 册第 32 卷，中华书局 1973 年版，第 937 页。

③ 这是将《礼记正义》有关段落作如是读："今按：马昭云：'《家语》王肃所增加，非郑所见。又《尸子》杂说，不可取证正经。'故言'未闻'也。"即使将"又《尸子》杂说，不可取证正经"读为孔颖达之疏，即"今按：马昭云：'《家语》王肃所增加，非郑所见。'又《尸子》杂说，不可取证正经。故言'未闻'也。"则孔氏亦将《家语》与《尸子》分别而论，视为有独立来源的文献，亦未认《家语》有关材料必为王肃"取之《尸子》"也。这一点是很明确的。参见《礼记正义》第 38 卷，阮元校刻：《十三经注疏》下册，中华书局 1980 年版，第 1534 页上栏。

④ 崔述：《集前人论尚书真伪·韩愈疑伪书》，《古文尚书辨伪》第 2 卷，《崔东壁遗书》，上海古籍出版社 1983 年版，第 595 页上栏。

⑤ 林庆彰等主编：《经义考新校》第 4 册第 74 卷，上海古籍出版社 2010 年版，第 1399 页。

篇与今文风格迥异，即各出一手呢？吴澄本之而云："梅赜所增二十五篇，体制如出一手，采集补缀，虽无一字无所本，而平缓卑弱，殊不类汉以前之文。夫千年古书最晚乃出，而字画略无脱误，文势略无龃龉，不亦大可疑乎？"① 此明谓"一手"乃指从文体角度析"梅赜所增二十五篇"之混成而与今文之"体制"非一，为辨伪书之重要方法。明儒王充耘说："古文只是出于一手掇拾傅会。"② 郝敬乃云："孔书二十五篇，边幅整齐，自是三代以下语，其辞义皆浮泛……四代文字一律，或先贤纪闻，或后人依托，与今文天壤悬隔，乌可相乱也。"③ 清儒李绂（巨来）《古文尚书考》复云："《古文尚书》，凡《今文》所无者，如出一手，盖汉、魏人赝作。"④ 所谓"一手""一律"皆就古文之体制雷同齐一为言，不出二十五篇之外，此一说也。而朱子则别生一义，其《文集》有云："尝疑今《孔传》并《序》皆不类西京文字气象，未必真安国所作，只与《孔丛子》同是一手伪书。盖其言多相表里，而训诂亦多出《小尔雅》也。"⑤《朱子语类》道："《尚书序》不似孔安国作，其文软弱，不似西汉人文，西汉文粗豪。也不似东汉人文，东汉人文有骨肋。也不似东晋人文，东晋如孔坦疏也自得。他文是大（引者按：原作太，据四库本正）段弱，读来却宛顺，是做《孔丛子》底人一手做。"⑥ 朱子所谓"一手"与前说不同，乃指不同书文之同出于一人，不限于《尚书》内部为说，是顺藤摸瓜稽查疑犯至文气文势文体相同相通的作伪之手也，由此彰显了明确的连带关系。以朱子在学术史上的地位，此说影响极大。就时段而言，历久而绵长；就范围来说，亦非一二个案所能局限。后世学人得其一言之启发，而运用之高下浅深得失利弊不可一言而尽，亦非朱子所能完全负责，其间之渊源流变则引人深思。以本案而论，朱子也只是疑及伪作《孔丛子》那类人，并未诬及王肃，他甚至说《家语》亦非尽王肃所能伪托。如谓："《家语》只是王肃编古录杂记，其书虽多疵，然非肃所作。《孔丛子》乃其所注之人伪作。"⑦ 始出专书《尚书考异》辨伪古文的明儒梅鹜，于《自序》中斥言嫌犯为东晋皇甫谧，"前此诸儒，如王肃、杜预晋初人，郑冲、何晏、韦昭三国人，郑玄、赵岐、马融、班固后汉人，刘向、歆、张霸前汉人，皆未见，不曰'《逸书》'，则曰'今亡'"⑧，起首就将王肃排除在外。清初辨晚《书》诸家如朱彝尊、阎若璩、四库馆臣皆未将疑云弥漫及王氏，甚且有力证其"未见"者。如朱彝尊说："《正义》谓王肃注《书》，始似窃见孔《传》，故注'乱其纪纲'为夏太康时。然考陆氏《尚书释文》所引王注不一，并无及于增多篇

① 林庆彰等主编：《经义考新校》第4册第74卷，上海古籍出版社2010年版，第1399页。

② 林庆彰等主编：《经义考新校》第4册第74卷，上海古籍出版社2010年版，第1400～1401页。

③ 林庆彰等主编：《经义考新校》第4册第74卷，上海古籍出版社2010年版，第1402页。

④ 崔述：《古文尚书辨伪》第2卷，《崔东壁遗书》，上海古籍出版社1983年版，第596页上栏。

⑤ 朱熹：《晦庵先生朱文公文集》第71卷之"《记尚书三义》"，《朱子全书》第24册，上海古籍出版社、安徽教育出版社2002年版，第3425页。

⑥ 朱熹：《朱子语类（伍）》第125卷，《朱子全书》第18册，上海古籍出版社、安徽教育出版社2002年版，第3906页。

⑦ 朱熹：《朱子语类（伍）》第137卷，《朱子全书》第18册，上海古籍出版社、安徽教育出版社2002年版，第4233页。

⑧ 林庆彰等主编：《经义考新校》第4册，上海古籍出版社2010年版，第1654页；张心澂：《伪书通考》，上海书店1998年版，第137页。

内只字，则子邕亦未见孔氏古文也。"① 则明驳孔说之无据矣。将伪古文定案之中心人物阎若璩，在其《尚书古文疏证》中，甚且严词讥讽陆、孔之疑王之说为"大可笑也"者②。《四库全书总目》之《尚书正义》条云："梅赜之时，去古未远，其《传》实据王肃之《注》，而附益以旧训，故《释文》称王肃亦注今文，所解大与古文相类，或肃私见孔《传》而秘之乎？此虽以末为本，未免倒置，亦足见其根据古义，非尽无稽矣。"③ 亦以"其《传》实据王肃之《注》而附益以旧训"，批评《释文》之见为"以末为本"、为"倒置"，盖承朱、阎诸说而来。但是在此案定鼎尤其在缉拿疑犯以及蔓延网罗的过程中，逐渐形成一种类似于伪《古文尚书》案的《家语》伪书案锻炼成狱之心理趋向，对于本案审查之功过颇值得检讨。

（二）从援引《家语》案证王肃伪《古文尚书》，到本晚《书》案证王肃造《家语》

起先，还只是相传王肃伪造《家语》案影响到对伪《古文尚书》真凶之追究。此自惠栋而显。氏著《古文尚书考》卷一云："伪《书》当作俑于王肃，肃好造伪书，以诋康成，《家语》其一也。"④ 很值得注意，一个疑案未定的《家语》加上一个开始疑伪的《古文尚书》，王肃猛然成为"好造伪书"的人！

卷二又以晚《书》伪《咸有一德》篇："呜呼！七世之庙，可以观德；万夫之长，可以观政。"与《吕氏春秋》"《商书》曰：五世之庙，可以观怪；万夫之长，可以生谋"有"七"／"五"之异，而云："王肃主'七庙'以驳郑氏，故尝疑伪《尚书》肃撰也。"⑤

惠氏方法的核心是凡见有相同处，即谓为一手伪造（其源在于陆、孔片面之说）。卷二又以"王肃注《家语》"为参证辨伪《书》，将"王肃注《家语》亦以'今失厥道'当夏太康时"与陆、孔之说相排比而云："据此二说（引者按：即前引《左传正义》及《经典释文序录》疑王之说），故栋当（引者按：当为尝之误）疑后出古文肃所撰也。"⑥

然惠氏之说颇有问题，即以《家语》王注参证一端而言，已不确当。服膺惠学的王鸣盛著有"所以发挥郑氏康成一家之学也"⑦ 的《尚书后案》，亦论及此处云："愚按贾、服诸大儒，并以为夏桀，岂不足据？疏虽云'康时'但肃注《家语》仍云'谓夏桀'，疑皇甫谧妄撼入《五子之歌》，又妄改肃《书》注耳。"⑧

王鸣盛与惠栋一样，采用的是凡见有相同处即认定一手伪造的方法，如谓"王注之

① 林庆彰等主编：《经义考新校》第 4 册，上海古籍出版社 2010 年版，第 1431 页。

② 阎若璩：《尚书古文疏证》第 2 卷，《清经解·清经解续编》第 9 册，凤凰出版社 2005 年版，第 127 页下栏。

③ 《钦定四库全书总目》上册第 11 卷，中华书局 1997 年版，第 139 页。

④ 惠栋：《古文尚书考》第 1 卷，《清经解·清经解续编》第 3 册，凤凰出版社 2005 年版，第 2726 页。

⑤ 惠栋：《古文尚书考》第 2 卷，《清经解·清经解续编》第 3 册，凤凰出版社 2005 年版，第 2737 页。

⑥ 惠栋：《古文尚书考》第 2 卷，《清经解·清经解续编》第 3 册，凤凰出版社 2005 年版，第 2734 页。

⑦ 王鸣盛：《尚书后案自序》，《尚书后案》上册，北京大学出版社 2012 年版，第 1 页。

⑧ 王鸣盛：《尚书后案》下册，北京大学出版社 2012 年版，第 719 页。

存于今者，按之皆与马融及伪孔合，伪孔之出于肃，乃情事之所有"①。然用此种方法实很危险，所以关于嫌犯归属，疑莫能明，同一书也，并列自相矛盾诸说。如他或以为"伪《传》疑即肃撰，或皇甫谧依效肃《注》为之，故其合如此"②，他有时认为"今本《家语》，王肃私定，孔《传》疑出肃手，故合也"③，又说"王肃妄造异说，悖理害教，此伪《古文尚书》及伪孔《传》，正王肃之徒所为。诬圣经，惑后学，罪莫大焉"④。其卫道之勇与其所不齿的毛大可正相同，而更倾向于"此伪《传》正出谧手"⑤"盖出皇甫谧手"⑥，此处引《家语》王注以证，可见其说。他引《家语》王肃注说，与惠氏所引，有"谓夏桀"与"当夏太康时"之异，必有一误。覆案《家语·正论解》肃注"谓变夏桀"⑦，误在惠栋。孔颖达说，"贾、服、孙、杜皆不见古文，［故］（引者按：据阮校补正）以为《逸书》，解为夏桀之时。惟王肃云'太康时'也"⑧，与《家语》肃注"谓变夏桀"（或本无"变"字）显然不同，确是问题。惟王氏归咎于皇甫谧的"妄改肃《书》注"，颇失于武断。也许是王肃一人之见解先后有变，王注《家语》在前，故尚从"贾、服"之说，等到注《尚书》而别出新解？其实以《逸书》为述"太康时"之说，似更合理。《离骚》"启《九辩》与《九歌》兮，夏康娱以自纵。不顾难以图后兮，五子用失乎家巷"王逸注言："太康不遵禹、启之乐，而更作淫声，放纵情欲以自娱乐。不顾患难，不谋后世，卒以失国。兄弟五人，家居闾巷，失尊位也。"阎若璩据之而证此说。⑨ 杨伯峻《春秋左传注》⑩、吴静安《春秋左氏传旧注疏证续》⑪ 均采之。愚以为王肃盖亦可援王逸解《离骚》之说为说。不仅此也，孔疏"惟王肃云'太康时也'"云云，也很可疑。《毛诗·魏葛屦诂训传第九》"魏谱"孔疏云："《五子之歌》怨太康失邦，其歌云：'惟彼陶唐，有此冀方。今失厥道，乃厎灭亡。'《左传》引其文，服虔云：'尧居冀州，虞、夏因之，不迁居，不易民。其陶唐、虞、夏之都大率相近，不出河东之界，故《书》责太康亡失。'"⑫ 此处所引服虔之说，盖为服氏《左传注》文，是则服氏已先于王氏以《逸书》所述为"责太康亡失"矣！岂"惟王肃云'太康时也'"乎？此亦疏家所引也，或孔氏异经之疏，一时前后偶未照应；或疏出众手，不能一律。哪能据片面之辞，独疑王肃为"窃见"乃至伪作之手呢？

---

① 王鸣盛：《尚书后案》下册，北京大学出版社 2012 年版，第 701 页。
② 王鸣盛：《尚书后案》下册，北京大学出版社 2012 年版，第 502 页。
③ 王鸣盛：《尚书后案》下册，北京大学出版社 2012 年版，第 397 页。
④ 王鸣盛：《尚书后案》下册，北京大学出版社 2012 年版，第 743 页。
⑤ 王鸣盛：《尚书后案》下册，北京大学出版社 2012 年版，第 785 页。
⑥ 王鸣盛：《尚书后案自序》，《尚书后案》上册，北京大学出版社 2012 年版，第 1 页。
⑦ 《孔子家语》第 9 卷，上海古籍出版社 1990 年影印明覆宋刊本，第 107 页下栏。
⑧ 《春秋左传正义》第 58 卷，《十三经注疏》下册，中华书局 1980 年版，第 2162 页上栏。
⑨ 阎若璩：《尚书古文疏证》第 5 卷下，《清经解·清经解续编》第 9 册，凤凰出版社 2005 年版，第 156 页中、下栏。
⑩ 杨伯峻：《春秋左传注》第 4 册，中华书局 1990 年版，第 1636 页。
⑪ 吴静安：《春秋左氏传旧注疏证续》第 4 册，东北师范大学出版社 2005 年版，第 2005~2006 页。
⑫ 《毛诗正义》第 5 卷第 3 部分，《十三经注疏》上册，中华书局 1980 年版，第 356 页下栏。

然而，由于《家语》案而牵连到晚《书》案之严重环节，乾嘉时两大学者钱大昕、戴震说得更为明确。戴震早年著作《经考》附录卷二"赝孔安国《书传》"条备录陆德明、孔颖达、朱子、阎若璩、朱彝尊诸家之说后，下按语道：

> 孔冲远引《晋书》言，梅赜所上孔氏《古文》出于郑冲。必当时赜进《书》饰辞，而史录之，非实能考得其源流也。至以为王肃似私见《古文》，而阎百诗证之为作伪者窃王肃，是固然矣。钱编修晓征尝与予论及此，疑《古文尚书》乃肃私为之，故东晋始出。肃未见《逸书》十六篇，乃博采传记所引《书》辞，为《伪书》二十五篇，假托于孔氏而为之《传》，其意欲以证己之言，而难郑。盖即伪作《孔子家语》之故智耳。非王肃无此淹博，亦不能如此善摹古也。肃既自为《今文》作解，又为《伪古文书传》，使后人得之，惊服其解之精确，与古人合。《家语》《古文尚书》，皆肃伪本。其近理处，摹古处，及有时背道处，俱相类。斯言似得其实。①

所谓"故智"，所谓"俱相类"，以往套于《家语》案头上之种种说辞一转手而加在《古文尚书》案上。而"既自为""又为"云云即所谓学者好形容王肃之所谓"以伪扶伪"，甚至王肃之"淹博"，也成为他是伪书案之不二人选的重要理由。

与此同时，似乎是为之回馈，因缘伪《书》案而拟伪《家语》之"疏证"亦辈出矣。

范家相作《家语证伪》在乾隆年间，伪《书》案大定，而又纷纷嫌疑作手为王肃之时代，范氏此书立意似已受此案之影响。该书之《读家语杂记》有云："王肃作《尚书注》十二卷；《驳义》五卷。皆《今义》。其义多与《孔氏古义传》合。梅赜上《古文尚书》自'慎徽五典'以下，为《舜典》文，与肃所言正同，故当时皆用王《注》。刘知幾、晁公武谓王肃必私见古文，故能与之印合。夫《古文尚书》已不可尽信，而王肃因先见而袭之。是其作伪，固不独《家语》一书矣。"② 范氏以"作伪"为眼线而将《家语》与《古文尚书》串联起来，这真是发人深省。难怪范氏罗列诸书文，凡相近之处，不是《家语》"本"源、沿"袭"就是"删"改他书。

《家语证伪》卷十一，录有"孔安国《序》"，从明儒何孟春之说，以为"此序为王肃所代作"，而他自己的论证方法，则挪用自朱子对伪《古文尚书·序》的辨伪思路：朱子尝疑孔安国《尚书·序》文体软弱，不类西汉人笔意，决其为后人之赝作。此《序》恰是经师说经语气，其出于王氏之手无可疑也。③ 然范氏之考辨多牵强无理，而该《序》则深切情实，非妄人所能伪作。详另文，这里不再讨论。

① 戴震：《戴震全书》第 2 册，"经考附录卷二"，黄山书社 2010 年版，第 470 页。

② 范家相：《家语证伪》第 11 卷，《续修四库全书》第 931 册，上海古籍出版社 2002 年版，第 191 页下栏、192 页上栏。

③ 范家相：《家语证伪》第 11 卷，《续修四库全书》第 931 册，上海古籍出版社 2002 年版，第 184 页。

与范氏《家语证伪》齐名的孙志祖《家语疏证》,则更彻底地沿袭辨晚《书》的方法与思路来辨伪《家语》。

卷一,《致思第八》"有悬水三十仞":

> 按:注"八尺曰仞",伪《古文尚书·旅獒》"为山九仞",《传》亦然。《正义》曰:"王肃《圣证论》及注《家语》皆云'八尺曰仞',与孔义同。郑玄云'七尺曰仞',与孔义异。"愚疑伪《孔传》与《家语》并出王肃之手,此亦其一证(赵岐《孟子注》作"八尺",包咸《论语注》、王逸《大招注》并并"七尺",《小尔雅》云:"四尺谓之仞")。①

此乃凡相同即为"一手"伪造说之故伎。

卷二,《哀公问政第十七》"择善而固执之者也":

> 按:《中庸》"博学""审问""慎思""明辨""笃行",正"择善固执"之实事,王肃不知而妄删之。朱子又疑《家语》有缺文,或为子思所补,不知是王肃删而非子思补也。盖缘《家语》剿袭诸子之言,平易而大醇者居多,朱子不疑其伪耳。梅鷟论伪《古文尚书》谓:"朱子之明,过于郑侨;晋人之欺,甚于校人。"予于《家语》亦然。②

此明引辨伪《古文尚书》名家梅鷟之说,移用于辨《家语》。

卷三,《子路初见第十九》"木受绳则正(毛本'直',《御览》六百七作'正'),人受谏则圣":

> 按:伪《古文尚书·说命》语出此。③

卷四,《礼运第三十二》"而与天子同是礼也":

> 按:《礼记》无此数语,"周公摄政致太平"语亦见《书·洛诰》伪《孔传》。④

卷四,《庙制第三十四》"是故天子立七庙":

---

① 孙志祖:《家语疏证》第 1 卷,《续修四库全书》第 931 册,上海古籍出版社 2002 年版,第 200 页下栏。

② 孙志祖:《家语疏证》第 2 卷,《续修四库全书》第 931 册,上海古籍出版社 2002 年版,第 215 页上栏。

③ 孙志祖:《家语疏证》第 3 卷,《续修四库全书》第 931 册,上海古籍出版社 2002 年版,第 217 页下栏。

④ 孙志祖:《家语疏证》第 4 卷,《续修四库全书》第 931 册,上海古籍出版社 2002 年版,第 230 页上栏。

又按：《吕氏春秋·谕大览》引《商书》曰……此引《逸书》盖在汤时，故云"五世之庙"。伪《古文·咸有一德》乃改为"七世之庙可以观德"，《传》云："天子立七庙，有德之王则为宗祖，其庙不毁，故可观德。"与肃所言无不吻合，予故疑二书之出于一手也。（《广雅·释室》云："庙，天子五。"）①

以上皆为凡相同即为"一手"伪造说之重演。

卷四，《辩乐解第三十五》"若非有司失其传，则武王之志荒矣"：

按：此二句本宾牟贾语，《礼记》《史记》并同，王肃忽移入孔子口中，不知"武王之志荒矣"必非孔子语，正如伪《古文尚书》以君陈告王语误为成王告君陈也。然《古文尚书》本凭空结撰，无上下文可依傍，容致舛误。此则剿袭成文而亦颠倒其词，何也？②

此则传闻异词，亦牵合伪《古文尚书》为比，尤可见晚《书》案之影响。

卷五，《正论解第四十一》"今失厥道（毛本"其行"，此据宋本），乱其纪纲，乃灭而亡"：

按：《左传》"今失其行"，此改"其行"为"厥道"，暗与伪《古文·五子之歌》合，不知此歌句句叶韵，"道"不叶也。又《正义》云："贾、服、杜皆不见古文，解为'夏桀时'，唯王肃云'太康时'，疑肃见古文匿而不言。"今《家语注》仍云"谓夏桀"，何耶？③

"毛本'其行'"，与《左传》所引《夏书》同。"宋本"之"厥道"，与"与伪《古文·五子之歌》合"，难保不是宋本因伪《古文尚书》而趋同所致，何以必疑王肃？王肃之"今《家语注》仍云'谓夏桀'"与"《正义》云"唯王肃云'太康时'"显然不同，孙志祖不得其说，乃反本孔颖达疑似之论，仍诬《家语》与《古文尚书》为王肃一手伪造，此处乃晚《书》案波及《家语》案之总根源，辨已见前，此不赘。

（三）将文本一析为二的思路之蔓延与辨伪方法之挪用

从孙氏的疏证，可见伪《古文尚书》案对伪《家语》案之影响，已深入骨髓。尤可注意者，此非范、孙诸氏少数人之做派，当时学者均有类似之论，浸成风气。钱馥《孙志祖〈家语疏证〉跋》云："肃传是书时，其二十七卷具在也。若判然不同，则肃之书必不能行，即行矣，二十七卷者必不至于泯没也，惟增多十七篇，而二十七卷即在其篇中，

---

① 孙志祖：《家语疏证》第 4 卷，《续修四库全书》第 931 册，上海古籍出版社 2002 年版，第 232 页下栏、233 页上栏。蒋善国却认为"可是肃注《庙制篇》却没有称引伪经"，可"证王肃未见到伪《孔传》和伪经"。见《尚书综述》，上海古籍出版社 1988 年版，第 348 页。

② 孙志祖：《家语疏证》第 4 卷，《续修四库全书》第 931 册，上海古籍出版社 2002 年版，第 234 页上栏。

③ 孙志祖：《家语疏证》第 4 卷，《续修四库全书》第 931 册，上海古籍出版社 2002 年版，第 248 页上栏。

故此传而古本则逸耳。例之《古文尚书》，当不谬也。况有马昭之言足据乎？"①

钱氏也用"例之《古文尚书》"的方式，解释《家语》今本与"古本"篇卷之异，及肃本之所以欺人行世。陈鳣序孙志祖《家语疏证》亦论及："吾友钱君广伯颇疑《汉志》所称二十七篇即在今四十四篇中，且以《尚书》之二十八篇为证。余窃以为不然。《尚书孔传》及《家语》俱王肃一人所作。《尚书》二十八篇，汉世大儒皆习之，肃固不敢窜改。唯于增多之篇并伪为《孔传》以逞其私。至于《家语》，肃以前儒者绝不引及，肃诡以孔子二十二世孙猛家有其书取以为解，观其伪《安国后序》云'以意增损其言'则已自供罪状。"

《汉志》原文著录为"二十七卷"，因陈氏述钱氏称"古人以篇为卷"，故有"今本四十四篇校（较）《汉志》增多十七篇"之说。② 此论，实非是，辨见前文。钱氏"疑《汉志》所称二十七篇即在今四十四篇中"之说，实从辨晚《书》移步换形而来，所谓"且以《尚书》之二十八篇为证"之所谓"为证"，说穿了也不过是伪《古文尚书》的趋同化思路所致，哪里有多少确证？最多牵合于马昭之旧说而已。陈氏不同意钱说，认为王肃伪造《家语》比伪造《古文尚书》经传更为肆无忌惮而已，其坚称"《尚书孔传》及《家语》俱王肃一人所作"，岂不是朱子"一手"说的升级版？与钱说相校，岂不是五十步笑一百步吗？③

然钱说颇有嗣响，当代学者虽对《家语》之性质持截然相反的见解，或务为伪书说平反，或坚持并续证伪书说，均有应和者。前者如胡平生说："《汉志》著录《家语》二十七卷，今本为十卷四十四篇，朱子认为王肃做过编辑整理的工作；钱馥认为王肃是增加了《家语》篇章，书非伪撰。"④ 又说："对王肃的批评中，马昭说过'今《家语》系王肃增加'，'增加'二字最值得玩味。钱馥认为，《家语》原本二十七篇，王肃增加了二十二篇（引者按：'二十二'当为'十七'之讹），遂成为现在的四十四篇。但《汉志》著录《家语》为二十七卷，今本是十卷。卷与篇并不是统一的概念。不过，'增加'一语其实是符合《家语》的编辑精神的……如果马昭所说属实，那么很可能是孔猛与王肃共同'增加'了《家语》篇幅。"⑤ 钱说在其中作用之大是很明显的。后者如邬可晶说："从马昭、颜师古等人对当时所见本《家语》的质疑（参看绪论第一节）和《说苑》有 118 章又见于今本《家语》而刘向编著《说苑》时未利用《家语》材料等现象来看，《汉书·艺文志》所著录的《家语》二十七卷，应该跟今本《家语》的内容有较大差异。相对于今本而言，《汉志》著录本《家语》可称作'古本《家语》'。颇疑古本《家语》早已散逸，今本《家语》系后人冒《家语》之名而作，其间关系跟《古文尚书》与《伪古文尚书》相似。也有可能今本《家语》中保留了一部分古本《家语》的内容（今本《家语》与其他古书同出一源而似无因袭关系的、今本《家语》不见于其他古书或与其他古书相

① 张心澂：《伪书通考》，上海书店 1998 年版，第 612 页。

② 以上引文均见孙志祖《家语疏证》，《续修四库全书》第 931 册，上海古籍出版社 2002 年版，第 193 页下栏。

③ 顾颉刚认为：《家语》"正文是王肃作，注亦王肃作；正如《伪古文尚书》，经与注出于一手。"（见《中国上古史研究讲义》，中华书局 1988 年版，第 338 页）则代表了"一手"说的又一种衍生形态。

④ 胡平生：《阜阳双古堆汉简与〈孔子家语〉》，《国学研究》2000 年第 7 卷。

⑤ 胡平生：《阜阳双古堆汉简与〈孔子家语〉》，《国学研究》2000 年第 7 卷。

合程度不高的章节，有些说不定就属于古本《家语》的一部分，或者曾参考过古本《家语》的某些残章断简)，并非全出于后人臆撰。总之，在研究《家语》源流问题时，划分‘古本’(指《汉书·艺文志》著录本)和‘今本’的思路是很有必要的。”① 所谓“其间关系跟《古文尚书》与《伪古文尚书》相似”这一句话，深刻地反映了晚《书》案的幽灵仍然盘旋在《家语》案之上空。追本溯源，攻守之两造所共持之所谓“今本”/“古本”之分均由马昭、王柏诸说发展而来，因缘伪《古文尚书》案而强化定型。

笔者别有文详论马、王之说之不能成立，此处不赘。今则尤当申明，晚《书》案亦不可牵合为说。何哉？自宋代吴棫、朱子等疑伪古文至今，今文古文在文体等方面截然不同，泾渭分明，是为最明显而重要之事实。不烦屡举，崔述之言可为代表：

> 《大禹谟》与《皋陶谟》不类；篇末誓词亦与《甘誓》不类。《五子之歌》《胤征》摭拾经传为多；其所自撰则皆浅陋不成文理。《泰誓》三篇，誓也，与《汤誓》《牧誓》《费誓》皆不类。《仲虺之诰》《汤诰》《武成》《周官》，皆诰也，与《盘庚》《大诰》《多士》《多方》皆不类。《伊训》、《太甲》三篇、《咸有一德》《旅獒》，皆训也，与《高宗肜日》《西伯戡黎》《无逸》《立政》皆不类。《说命》《微子之命》《蔡仲之命》《君陈》《毕命》《君牙》《冏命》九篇，皆命也，与《顾命》《文侯之命》皆不类。(按：《皋陶谟》高古谨严；《大禹谟》则平衍浅弱。《汤》《牧》二誓和平简切；《泰誓》三篇则烦冗愤激，而章法亦杂乱。《盘庚》诸诰，诘曲聱牙之中具有委婉恳挚之意；《仲虺》三诰则皆浅易平直。惟《武成》多摘取传记之文，较为近古，然亦杂乱无章。训在商则简劲切实，在周则周详笃挚，迥然两体也，而各极其妙。《伊训》《太甲》诸篇，在《肜日》《戡黎》前数百余年，乃反冗泛平弱，固已异矣；而《周书》之《旅獒》乃与《伊训》等篇如出一手，何也？至于命词九篇，浅陋尤甚，较之《文侯之命》，犹且远出其下，况《顾命》乎！且三十一篇中命止二篇，而二十五篇命乃居其九，岂非因命词中无多事迹可叙，易于完局，故尔多为之乎？试取此二十五篇与三十一篇分而读之，合而较之，则黑白判然，无待辨者。)

他的结论是：“伪书所增二十五篇，较之马、郑旧传三十一篇文体迥异，显为后人所撰。”② 识者以为允称精当。试问《家语》是否有这般如此二分之状况？此为两案最明显而重要之差异，在此等事实未得明白解释之前，岂可轻为比附？

今更从辨伪方法证之，适用于晚《书》者，未必适用于《家语》。更准确地说，若挪用方法不当，适滋谬论。

辨晚《书》者所运用的一种最基本的方法，是一一寻出晚《书》文辞段落之来源，或亦可谓相关文献之比勘校读法。此种方法，至明梅鷟已驾轻就熟，他说：

---

① 邬可晶：《〈孔子家语〉成书时代和性质问题的再研究》，复旦大学历史系2011年博士学位论文。

② 崔述：《〈古文尚书〉辨伪》第1卷，《〈古文尚书〉真伪源流通考》，顾颉刚编订：《崔东壁遗书》，上海古籍出版社1983年版，第584页下栏、585页上栏。

《尚书》惟今文传自伏生口诵者为真，古文出孔壁中者尽后儒伪作。大抵依约诸经、《论》《孟》中语，并窃其字句而缘饰之。其补《舜典》二十八字，则窃《易》中"文明"、《诗》中"温恭允塞"等字成文；其作《大禹谟》"后克艰厥后，臣克艰厥臣"等句，则窃《论语》"为君难，为臣不易"成文；"惟精惟一，允执厥中"则窃《论语》"允执其中"等语成文；征苗誓师、赞禹还师等，原无此事，舜分北三苗与窜三苗于三危，已无烦师旅，伪作者徒见《舜典》有此文，遂模仿为誓命还兵有苗格诸语。《益稷》赓歌亦窃《孟子》"手足腹心"等句成文。其外《五子之歌》窃《孟子》"怛悷"之语，《泰誓》三篇取《论》《孟》"百姓有过，在予一人，若崩厥角稽首"之文。其外《胤征》《仲虺之诰》《汤诰》《伊训》《太甲》《咸有一德》《傅说》《武成》诸篇，文多浅陋，必非商、周之作。①

虽牵连至"古文出孔壁中者尽后儒伪作"之说为后儒不取，但他的文本比勘寻源法，为辨晚《书》诸家所谨守勿失，阎若璩、惠栋等皆承用并拓展此法，至崔述之弟崔迈著《读〈伪古文尚书〉粘签标记》②，汇总伪书之材料原本，若检索来源出处，有一查即得之便。③ 在此案之审查考辨过程中，此法之广泛运用逐步发展成一种特别的辨伪著作体裁，可称为"疏证"体，承用者只要将原文分段分条罗列在前，而将相关文献附著于后，在一定之先见指导下稍加按语疏解辨释，即成一种考证（或辨伪）。然而此种方法的运作是有其限度的，如果它只是作为综合考证中一种与其他取径（如揭发伪《古文尚书》的来源不可信等诸史证）配合施展，无疑有其独到之处；若孤立地作为独门秘籍或杀手铜来使唤，则几乎没有不败的。

不幸晚《书》案让人领略到它的长处，而在《家语》案中颇见其无奈。非常明显，范家相的《家语证伪》、孙志祖的《家语疏证》就是用此法来辨伪的，而陈士珂对此法的运用似乎达到了一个新的境界，他只是更为周到地将相关材料排列出来，正文中竟不作一字一句自己的考辨与断案，似乎是自信事实胜于雄辩，将一切赋与读者自裁！他只在《序》中略微透露其旨，而冠其书名仍曰《孔子家语疏证》。陈氏对《家语》性质之看法其实与范、孙二人恰相反对，近来颇得李学勤等名家的称道与认可，如李氏正确揭示其旨云："陈士珂则说：'小颜（师古）既未见（孔）安国旧本，即安知今本之非是乎?'为今本辩护。"④

但是陈书此前似更遭众多名家的误解。如日本学者武内义雄云："至清，范家相有《家语证伪》十一卷，孙志祖有《家语疏证》十卷，隋（引者按：陈字之讹，盖为手民误植）士珂有《孔子家语疏证》十卷，皆主张王肃伪作说。丁晏《尚书余论》，亦持《家

---

① 林庆彰等主编：《经义考新校》第 4 册第 74 卷，上海古籍出版社 2010 年版，第 1401 页。

② 崔述：《〈古文尚书〉辨伪》第 2 卷，《崔东壁遗书》，上海古籍出版社 1983 年版，第 602 页下栏至 607 页下栏。

③ 邓瑞全、王冠英：《中国伪书综考》，黄山书社 1998 年版，第 80 页。

④ 李学勤：《竹简〈家语〉与汉魏孔氏家学》，《简帛佚籍与学术史》，江西教育出版社 2001 年版，第 381 页。

语》王肃伪作说。"① 张心澂亦道："范家相撰《家语证伪》十卷（引者按：当作十一卷），孙志祖撰《家语疏证》十卷，隋（引者按：亦当为"陈"字之讹，此误与前同）士珂撰《孔子家语疏证》十卷，皆以《家语》为王肃伪作。丁晏《尚书余论》亦然。"②

我国台湾学者屈万里也说："清代的范家相作了《家语证伪》十卷（引者按：亦当作"十一卷"，此误与张氏同），孙志祖作了《家语疏证》十卷，陈士珂作了《孔子家语疏证》十卷，三书的结论相同——都认为是王肃伪作的（陈书虽然没显明的说是王肃伪作，但其意可见）。丁晏的《尚书余论》，沈钦韩的《汉书疏证》和《四库全书总目提要》等，都有同样的论断。只有崔述的《洙泗考信录》，以为这四十四篇本的《家语》，和王肃的序文，都是'王肃之徒'所伪撰的。"③ 另一位专门发掘王肃一家经学的李振兴博士照样认为："清人范家相撰《家语证伪》十卷（引者按：当作"十一卷"，此误与张、屈二氏同），孙志祖撰《家语疏证》十卷，陈士珂撰《孔子家语疏证》十卷，皆以《家语》为王肃伪作，丁晏《尚书余论》亦然，是王肃之伪作《家语》，已成定谳矣。"④

这四位，似均非未读其书而乱道者，而异口同声地误解了《孔子家语疏证》之主旨，这只能证明陈士珂式"疏证"的失败！⑤ 阎若璩之子阎咏述其父著作得名"疏证"之缘起云："盖读《汉书·儒林传》'孟喜得《易》家候阴阳灾变书，诈言师田生枕喜膝独传喜，诸儒以此耀之，同门梁丘贺疏通证明之'，颜师古注：'疏通，犹言分别也。证明，明其伪也。'摘取此二字。"⑥ 阎氏之书，可谓名副其实，今陈氏之《疏证》竟疏而不证，且一再引起后人之误解，难道不是某种辨伪方法演变至熟烂而走向反面的典型例证吗？此岂止陈氏一家之疏证而然，辨伪方法上的检讨颇有其普遍性，类似的反省在学术史的研究中正尚待展开。

（四）"一手"说之泛滥——兼论康有为刘歆"遍伪群经"说的来源

伪《古文尚书》案与《家语》案不能区别而观，又受累于所谓"一手"伪造之论，此亦颇有可得而说者。在这方面堪称代表的是丁晏的《尚书余论》。丁氏见解的特出之处，不仅在于将陆德明、孔颖达、刘知幾、惠栋、王鸣盛等的疑似之论推演至极，"质言"《古文尚书》为王肃伪造。见诸丁书节目，若"王肃注《书》多同《孔传》，始见于唐陆氏《释文》"，"王肃注《书》多同《孔传》，再见于唐孔氏《正义》"，"王肃注《书》多同《孔传》，三见于唐刘氏《史通》"，"王肃注《书》多同《孔传》，四见于宋董氏广川《书》跋"等皆是。尤要者，在于悍然奢谈《孔子家语》、"古文《书》"及《古文尚书孔传》《孔丛子》《论语孔注》等皆王肃"一手伪书"。又若"《古文尚书孔

---

① ［日］内藤虎次郎等：《先秦经籍考》上册，国家图书馆出版社 2010 年版影印本，第 548 页。

② 张心澂：《伪书通考》，上海书店 1998 年版，第 612 页。此处，颇疑《伪书通考》从《先秦经籍考》迻录而稍变其辞，否则不至于错讹至这般巧合。

③ 屈万里：《先秦文史资料考辨》，联经出版事业公司 1983 年版，第 474 页。

④ 李振兴：《王肃之经学》，嘉兴水泥公司文化基金会 1980 年版，第 20 页。

⑤ 萧敬伟《今本〈孔子家谱〉成书年代新考——从语言及文献角度考察》（香港大学中文系博士学位论文，2004 年）指出黄云眉《古今伪书考疏证》及张心澂《伪书通考》对陈书主旨的误解，并引李慈铭对陈书的批评，可以参看。

⑥ 参见阎咏《尚书古文疏证后序》，阎若璩《尚书古文疏证》，上海古籍出版社 2010 年版，第 4~5 页。

传》见王肃《家语·后序》，为一手伪书"，"《古文尚书孔传》又见于《孔丛子》，皆一手伪作"，"王肃私造古文以难郑君，并《论语孔注》皆肃一手伪书"，"古文《书》皆缀集而成，非王肃不能作；肃《注》自《释文》《正义》外，见于他书所引者，多与《孔传》同，明为一手缀辑"等皆是也。其中，丁书开篇，援《家语·后序》立论，为"一手"说之重要根据，如武内义雄所述："丁晏《尚书余论》，亦持《家语》王肃伪作说。于《家语·后序》，有言及古文《论语训》《孝经传》《尚书传》之事，以为古文《论语训》《孝经传》《尚书伪孔传》，皆王肃所伪造，而托名于孔安国者。"①《论语训》即上举所谓"《论语孔注》"，加上原书节目所未明举之"古文《孝经传》"，将"古文《书》"与《古文尚书孔传》经传合并视为一书的话，也有五种之盛。如此，则王肃俨然成为古今遍伪群书最多之天字第一号作手矣！这种地毯式的大规模伪造假书传播伪学之造假运动，有显白之动机："以难郑君"；有可资凭借之权势："晋武帝为肃外孙""王肃为文王皇后之父"；有以伪证伪、以伪扶伪"彼此牵缀以实其言"的"弥缝"之术。丁氏之说，可谓想象丰富、设辞周到，难怪从者如云。朱子曾言道："孔安国解经最乱道，看得只是《孔丛子》底做出来。《大序》亦不是孔安国作，只是撰《孔丛子》的人作。《尚书序》是做《孔丛子》的人一手做。看《孔丛子》撰许多说话，极是陋。"丁晏引之，称"此等识见，真是卓绝千古！"且不论朱子此说是否尽确，余叹几百年来，发挥朱子"一手"之说，变本加厉一切归罪坐实于王肃，竟有如此登峰造极者。②

从丁说之健者，晚清有善化皮锡瑞。其《经学历史》论王肃云："郑学出而汉学衰，王肃出而郑学亦衰……按王肃之学，亦兼通今古文……故其驳郑，或以今文说驳郑之古文，或以古文说驳郑之今文。不知汉学重在专门，郑君杂糅今古，近人议其败坏家法，肃欲攻郑，正宜分别家法，各还其旧，而辨郑之非，则汉学复明，郑学自废矣。乃肃不惟不知分别，反效郑君而尤甚焉。伪造孔安国《尚书传》《论语注》《孝经注》《孔子家语》《孔丛子》，共五书，以互相证明；托于孔子及孔氏子孙，使其徒孔衍为之证。"③

其遍伪"五书"之说，全本丁晏《尚书余论》，而他对王肃的批评，更增一种严苛的尺度，即在晚清愈演愈烈，已经完全不限于《尚书》，而遍及群经之"今古文"之争是也。在重重公案压迫之下，王肃大有被逐级审判直至打入十八层地狱而不得翻身之势。

故《经学历史》又云："两汉经学极盛，而前汉末出一刘歆，后汉末生一王肃，为经学之大蠹。歆，楚元王之后；其父向，极言刘氏、王氏不并立。歆党王莽篡汉，于汉为不忠，于父为不孝。肃父朗，汉会稽太守，为孙策虏，复归曹操，为魏三公。肃女适司马昭，党司马氏篡魏，但早死不见篡事耳。二人党附篡逆，何足以知圣经！而歆创立古文诸经，汩乱今文师法；肃伪作孔氏诸书，并郑氏学亦为所乱。歆之学行于王莽；肃以晋武帝为其外孙，其学行于晋初。"④ 此处王肃凭借权贵之说，亦沿袭自丁晏。变本加厉，又敷

① ［日］内藤虎次郎等：《先秦经籍考》上册，国家图书馆出版社 2010 年版影印本，第 548 页。

② 参见丁晏《尚书余论》，《清经解·清经解续编》第 11 册，凤凰出版社 2005 年版，第 4295~4304 页。

③ 皮锡瑞著，周予同注释：《经学历史》，中华书局 2008 年版，第 155 页。

④ 皮锡瑞著，周予同注释：《经学历史》，中华书局 2008 年版，第 159~160 页。

衍出王肃"党司马氏"之说，学者已驳其妄。① 今当讨论者，为一极有趣而至有意义的问题，即晚清经今文学家心目中"刘歆"与"王肃"影像之关系是也。

刘、王二氏同为"经学之大蠹"，同为遍造伪书，同为依附显贵结党篡权以播伪学，历史上惊人的相似之处何其多也！

与皮锡瑞同时有南海康有为，治经学亦宗今文，造《新学伪经考》，指责刘歆依附新莽，遍伪群经，篡圣统，播伪学，牢笼此后两千年之学术国运。康氏之说，立论强悍，耸动一世之视听。我们读钱穆《刘向歆父子年谱》、符定一《新学伪经考驳谊》等诸家书文，便可知其诬古武断之尤，其不可通者昭彰于世。然其言刘歆之伪迹如此夸张、规模如此浩大、阴谋论之色彩如此强烈，颇有远逾常识所允许之范围，笔者对康氏立论之何以如此狂妄尝百思而不得其解，曾刊文为之说云："如果不归究于'经世'运作的政治实用主义，是很难得其确解的。"康有为因应时势之激荡，"只有唯政治的一元论的思维方式才能得出如此惊世骇俗的明快结论"②。

康氏亦有为而言也！其不得不如是之苦心孤诣，容当体察，拙著揭示康氏《新学伪经考》之所以建立的时代根据，是绝不可忽视的。惟无风不起浪，此等说法亦颇有学术史上之来由，今更当揭示该书从"考证学的观点"来说之渊源。

余因考察《家语》案上溯自伪《古文尚书》案，乃深知康氏所造古文全伪之案，颇有承袭两案之取径、成说，移花接木，极尽演绎附会之能事者。

欲明其中款曲，请先看康氏之说：

> 古文者，毛氏《诗》，孔氏《书》，费氏《易》，《周礼》与《左氏春秋》，与其他名古文者及与古文证合者，皆刘歆所伪撰而窜改者也。
>
> 刘歆之伪古文，发源于《左氏》，成于《周官》，遍伪诸经，为之佐证。
>
> 歆佐莽篡位，制礼作乐，故多天子、诸侯礼，因遍伪诸经为证。
>
> 歆遍造伪经，而其本原莫重于伪《周官》及伪《左氏春秋》。
>
> 歆造古文以遍伪诸经，无使一经有缺，至于《论语》《孝经》亦复不遗。
>
> 盖歆既遍伪群经，又欲以训诂证之，而作《尔雅》，心思巧密，城垒坚严。
>
> 歆阴窜易左氏《国语》为编年而以为《春秋传》，伪为《周官》以改《礼》学，又伪《毛氏诗》以证之。以传记引《逸书》数十篇，易于伪托，先为古文《书》，于是以所伪作书皆号为古文。至《易》所传，尤彰彰无可下手，则为费氏《易》以为古文，以影射之。左氏突出公、穀之外，恐人不信，又伪邹氏、夹氏俱为传，以映带遗书之多焉。既挟校书之权，作为《七略》，肆其窜附矣，犹恐无可征信，于是辑《尔雅》，作《汉书》，以一天下之耳目。
>
> 《书序》《左传》皆出于刘歆，其为一手伪造，断然矣。③

① 参见李振兴：《王肃之经学》，嘉兴水泥公司文化基金会 1980 年版，第 27~29 页。

② 参见刘巍：《中国学术之近代运命》"第二章'今古文辨义'：康有为、章太炎的经学争议与现代人文学术"，北京师范大学出版社 2013 年版，第 148~149 页。

③ 康有为：《新学伪经考》，生活·读书·新知三联书店 1998 年版，第 400、54、74、88、96、101、126、357 页。

　　康有为与众不同之处，在于刘歆"遍伪群经"之说，为前儒所未发。其缘起据其《重刻伪经考后序》自称得自《史记》与《汉书》之校读法，尤其是通过二史河间献王《传》、鲁共王《传》（笔者按：两传于《史记》皆在《五宗世家第二十九》）及《儒林传》之对读，兼以《太史公自序》，"乃知古文之全为伪"。① 钱玄同亦盛许"河间献王及鲁共王无得古文经之事"，为《新学伪经考》"书中最重大的发明有二点"之一。《汉书河间献王鲁共王传辨伪》"这一篇是他做《新学伪经考》的起点"②。此与廖平讥评康有为《新学伪经考》"外貌虽极炳烺……而内无底蕴，不出史学、目录二派之窠臼"③，毁誉颇不相同，而所指殆为一事。廖氏所讽或不能让康氏心服，因其取径实当远承自经学伪《古文尚书》案而来。阎若璩于《尚书古文疏证》卷二曾云："《史记·儒林传》叙伏生今文，末云：'自此之后，鲁周霸、孔安国、洛阳贾嘉，颇能言《尚书》事。'此指安国通今文，下另叙'孔氏有古文'起自安国，颇为明白。班固于周霸三人省去，孔安国专归古文，则安国非伏生一派，而《史》及之为赘，甚失却迁之意。此亦论班、马异同之所当知者。"④

　　阎氏将时人甚风行之好从文章学角度辨析"班、马异同"，一转手而用于疏证古文，以为班书"甚失却迁之意"，康氏之所为，岂非远本之而极其变乎？

　　姚际恒自誉："某之攻伪古文也，直搜根柢，而略于文辞。"⑤ 阎若璩亦自美："天下事由根柢而之枝节也易，由（引者按：原作"田"，形近而讹，据四库本正）枝节而返根柢也难。窃以考据之学亦尔。予之辨伪古文，吃紧在孔壁原有真古文为《舜典》《汩作》《九共》等二十四篇非张霸伪撰。孔安国以下，马、郑以上，传习尽在于是。《大禹谟》《五子之歌》等二十五篇，则晚出魏、晋间，假托安国之名者，此根柢也。得此根柢在手，然后以攻二十五篇，其文理之疏脱，依傍之分明，节节皆迎刃而解矣。不然，仅以子、史诸书仰攻圣经，人岂有信之哉？"⑥

　　辨伪《古文尚书》如姚、阎辈均用心于"吃紧"处，均努力于探得"根柢"，康有为辨"古文之全为伪"亦特重揭发"本原"，而立论之坚实与否，则不可同日而语矣。

　　尤要者，编造伪书、以伪证伪、结党篡权、一手遮天，等等，康氏对两千年学术国运衰败的罪魁祸首刘歆的刻画揣摩、浮想联翩，在思路上全本于丁晏之论王肃。今覆案《新学伪经考》，颇有征验。《经典释文纠谬第十》有云："晚出《古文尚书》，自梅鷟、阎若璩、惠栋、江声、王鸣盛、孙星衍诸家辨之详矣，而未有实得主名者。考《家语》《孔丛》，为魏王肃所作以难康成者，而孔安国作《传》之事，《家语·后序》《孔丛·论书

---

　　①　康有为：《新学伪经考》，生活·读书·新知三联书店 1998 年版，第 400~401 页。

　　②　钱玄同：《重论经今古文学问题》，《钱玄同文集》第 4 卷，中国人民大学出版社 1999 年版，第 141、145 页。

　　③　钱穆：《中国近三百年学术史》，上海商务印书馆 1937 年版，第 646 页。

　　④　阎若璩：《尚书古文疏证》第 2 卷，《清经解·清经解续编》第 9 册，凤凰出版社 2005 年版，第 126 页上栏。

　　⑤　阎若璩：《尚书古文疏证》第 8 卷，《清经解·清经解续编》第 9 册，凤凰出版社 2005 年版，第 217 页中栏。

　　⑥　阎若璩：《尚书古文疏证》第 8 卷，《清经解·清经解续编》第 9 册，凤凰出版社 2005 年版，第 214 页上栏。

篇》皆已言之，则非出于王肃而何？又伪《孔传》与肃诸经注无不符合，亦犹刘歆所造古文伪窜诸经内外相应之故智。伪《孔传》西晋已立，且与肃所著书征应皆合，其为肃撰，无可逃遁矣（国朝惠氏栋、江氏声、王氏鸣盛、李氏惇、刘氏端临、丁氏晏，皆有伪古文出于王肃之说）。"①

《隋书经籍志纠谬第十一》又云："梅赜所献之伪古文，国朝阎氏若璩《古文尚书疏证》攻难不遗。然伪古文实出王肃，唯肃之学乃能为之。肃既伪《书》，又伪《家语》以证之，与刘歆同一心法。"②

康氏之论全为倒置。惟丁晏（及前儒钱大昕、戴震）等倡言"唯肃之学乃能为之"伪《古文》与《家语》等在前，是故乃有康有为所谓故唯刘歆之学乃能"遍伪群经"诸说紧随其后也。先有"肃既伪《书》，又伪《家语》以证之"等丁晏诸说流行于前，乃有"刘歆所造古文伪窜诸经内外相应"之说应和于后也。《新学伪经考》有几处明引丁晏之说，虽均出于丁氏《孝经征文》③，而其总体构思之渊源，则大有本于《尚书余论》者。又，所谓"故智"、所谓"同一心法"云云，更可证康有为所谓刘歆遍伪群经的荒唐无涯略之说，实出于丁晏所造王肃伪造群书之说。所以，身履西汉末至新莽朝之刘歆的生平行事显然在历经东汉末与魏的王肃之前，而晚清今文经学家如康有为、皮锡瑞心目中之刘歆影像，反而是丁晏等所描摹之王肃写真的翻版，推其渊源，亦未必不是朱子"一手"说之孽孙也。其间的承袭脉络，真是发人深省！行文至此，颇生沉冤难雪的感慨，于刘歆是如此，于王肃亦复如此，此中当反思者实在太多了。

四、由师及徒："今所传《家语》亦肃之徒之所伪撰"说之演成

丁说之妄，前引吴承仕、陈梦家诸家之说已纠其谬。吴氏《尚书传王孔异同考》，一一历数丁说之不可通者有"十二弊"之多，严厉批评其"依此诸弊，遂成偏颇，与夺任心，藏否自己，则违于忠信之道远矣"。此论堪称的当。其所揭前二弊，于方法之检讨方面尤具示范性，谨录于下：

> 清儒惠栋、王鸣盛、孙星衍、李惇、刘端临颇疑《孔传》之出于肃，亦未敢辄定也。至丁晏撰《尚书余论》，始质言之，后儒遂奉为不刊之论。由今观之，丁说虽辨，犹未足任也。《尚书正义》称肃私见古文，固也。而《益稷》篇题下，则谓王肃不见古文，而妄为说。《毛诗正义》亦屡言王肃不见古文。然则颖达本为存疑之词，而丁氏执为诚证。其弊一也。王氏注本，盖与马、郑大同，义多从马，而亦有同郑者。《孔传》义多从王，而亦有舍王而用郑者。而丁氏于王、孔异义，则弃置不道，偏执一边，据为伪作之证。使其失而不举，则近于粗疏。苟为知而不言，则邻于矫乱。二者之咎，将尸其一。其弊二也。④

① 康有为：《新学伪经考》，生活·读书·新知三联书店1998年版，第221~222页。
② 康有为：《新学伪经考》，生活·读书·新知三联书店1998年版，第242页。
③ 康有为：《新学伪经考》，生活·读书·新知三联书店1998年版，第99、247页。
④ 吴承仕：《尚书传王孔异同考》，《国学丛编》1931年第1卷第1期。

　　这是说：于陆、孔异疑似之论，丁晏偏据偏信，其弊在诬枉；于王、孔、马、贾、郑诸家异同，不审其详，专执王、孔扶同之义，铸为伪证，其弊难逃"粗疏"或"矫乱"。对于自伪《书》案中呈现出来由丁氏集其成的，在思想方法与考证方法上的简单化与不合逻辑之处，吴氏的揭发，可谓深切著明！它在方法论上予人以最简明的启示是：若能广搜"王、孔异义"，则能为王肃伪古文之说之"莫须有"罪名做出澄清；同样，若王肃之说与《家语》本文多见抵触，则王肃伪《家语》说亦不攻自破矣。更何况，王肃既无伪造古文《尚书》之事，则同一人也，是否能有伪造《家语》之可能？"一手"说所含的逻辑，犹如双刃刀反向割往具有同一嫌犯之《家语》案，此理势之必然者也。

　　在这种全面综合考证与缜密方法的启示与压力之下，后学很难将《古文尚书》经传以及伪《家语》之主名强按在王肃头上了，不烦多举，最近坚执《家语》伪书说的邬可晶就不得不承认："过去主张王肃伪造今本《家语》的人，往往比较关注书中一些与王肃经学主张相合的内容，以此为王肃作伪以攻讦郑玄的证据。其实，今本《家语》中也有少数与王肃经学主张相左的记载（如第二章第一节34.1等），这对于王肃作伪说是不利的。"①

　　既然王肃不能定为嫌犯案主，则仍然坚持伪书说的学者退而求其次，于王肃的弟子中求其所谓伪作者或伪编纂者，在伪《古文尚书》案与伪《家语》案上这一趋向也是惊人的一致，甚至本身亦从前案衍生出来②。紧扣本文，我们在此只述后者。

　　邬可晶就主张："今本《孔子家语》乃魏晋时人（王肃之徒、孔子二十二世孙孔猛的嫌疑较大）杂采古书、参以己意编纂而成的一部晚出之书（但不能完全排斥其中保存了部分古本《孔子家语》内容的可能性），跟《汉书·艺文志》著录的古本《孔子家语》并非一事；前人认为《孔子家语》系'伪书'的看法，似不容易轻易否定。"③ 他追溯先贤之说颇为扼要："崔述曾怀疑今本《家语》的作伪者'乃肃之徒'而非王肃本人（崔述：《古文尚书辨伪》，《崔东壁遗书》，593页），屈万里进一步说'如果出于王肃之徒，则孔猛的嫌疑最大'（屈万里：《先秦文史资料考辨》，474页）。他们的说法很值得重视。"④

　　此前，蒋善国历数"历代学者疑王肃伪作《家语》"，最后也说"崔述独持异论，他以为《家语》和《家语序》都是王肃之徒所伪托，并不是王肃伪作"⑤。

　　追本溯源，我们当考察崔述的见解是否能够成立。在具体分析崔氏《家语》伪作者说之前，先了解一下他对伪《古文尚书》作者的看法很有必要，因为前者完全是由后者推演而来。其言曰：

---

①　邬可晶：《〈孔子家语〉成书时代和性质问题的再研究》，复旦大学历史系 2011 年博士学位论文。

②　关于前者，可参见蒋善国《尚书综述》，上海古籍出版社 1988 年版。

③　见邬可晶《〈孔子家语〉成书时代和性质问题的再研究》，"摘要"，复旦大学历史系博士学位论文 2011 年。

④　邬可晶：《〈孔子家语〉成书时代和性质问题的再研究》，复旦大学历史系 2011 年博士学位论文。

⑤　蒋善国：《尚书综述》，上海古籍出版社 1988 年版，第 347 页。

　　至其撰书之人，则梅鷟、李巨来皆以为皇甫谧所作。以余观之，不然。西晋之时，《今文》《古文》并存于世，安能指《古文》为《今文》，而别撰一《古文尚书》以欺当世。况谧果著此书，必已行世，何以蔚宗犹不之知？又何以江左盛行而中原反无之？然则此书乃南渡以后，晋、宋之间，宗王肃者之所伪撰，以驳郑义而申肃说者耳。何以言之？《左传》"乱其纪纲"，旧说以为夏桀之时，而肃以为太康之世；《无逸》"其在祖甲"，马、郑以为武丁之子，而肃以为太甲之事。今《伪经》以"乱其纪纲"入《五子之歌》，《伪传》以祖甲为太甲，明述肃说，暗攻先儒，其为宗肃学者之所伪撰；毫无疑义……《书》既撰于晋、宋之间，故至齐、梁之际始行于当世也。孔氏但见《伪书》《伪传》之说多与肃同，不知其由，遂疑肃私见《孔氏》而秘之。夫肃专攻郑氏，如果此书在前，肃尝见之，其攻郑氏之失，必引此书为证，云《尚书》某篇云云，某传云云，世人谁敢谓其说之不然，何为但若出之于已（引者按："已"疑当作"己"）然者？然则是《伪书》之采于肃说，非肃说之本于《伪书》明矣。即《正义》所称"皇甫谧从梁柳得此书，故作《帝王世纪》，多载其语"者，亦作《伪书》者之采于《世纪》，正如《鹖冠子》采贾谊之《鵩鸟赋》，而人反谓谊赋之采于《鹖冠子》耳。[1]

　　据吴承仕"尝为《异同考》，录得王义二百三十五事：说义同孔者百有七事，异孔者百二十八事"[2]。证否王肃伪造《古文尚书》经传之说，崔述"《伪书》之采于肃说，非肃说之本于《伪书》"之说颇可与之参证。他以"夫肃专攻郑氏，如果此书在前，肃尝见之，其攻郑氏之失，必引此书为证，云《尚书》某篇云云，某传云云，世人谁敢谓其说之不然，何为但若出之于己然者"，来批驳孔颖达王肃"私见"之说，颇为有力。后来张荫麟在引陆德明王肃"私见"之说后，批评道："后来攻晚《书》之人，遂有谓晚《书》为王肃所伪撰，而卫晚《书》者则谓王肃本传孔氏古文。按：两说皆不能成立。王肃注经，固与郑玄相冰炭者也。而晚《书》多合于肃说，而不合于郑氏者也。肃诚伪造或传授其书，正可举为利器，何为反秘匿之，而无一言及之乎？"[3] 张氏所论与崔述也是同一思路，而崔说发于前。另一方面，"说义同孔者百有七事"之多，可知伪作者也特重王肃之学说，则崔氏"为宗肃学者之所伪撰"之可能性也不能排除，他的说法甚至比蒋善国斥言指实为孔晁之说[4]为稳妥。这些，都是崔氏认为伪古文为"宗王肃者之所伪撰"之说的可取之处。但是紧接着由此推论《家语》亦为"肃之徒之所伪撰"，则大有问题。崔述于《〈古文尚书〉真伪源流通考》中辟专节"《家语》之伪撰者"，全文如下：

　　不但今《尚书》二十五篇为宗王肃者之所伪撰也，即今所传《家语》亦肃之徒

　　[1] 崔述：《古文尚书辨伪》第1卷，《〈古文尚书〉真伪源流通考》，《崔东壁遗书》，上海古籍出版社1983年版，第592页上、下栏。
　　[2] 吴承仕：《经典释文序录疏证》，中华书局2008年版，第67页。
　　[3] 张荫麟：《伪〈古文尚书〉案之反控与再鞫》，张云台编：《张荫麟文集》，教育科学出版社1993年版，第254页。
　　[4] 参见蒋善国《尚书综述》，上海古籍出版社1988年版，第354页。

之所伪撰。《汉书·艺文志》云："《孔子家语》二十七卷。"师古注云："非今所有《家语》。"是今《家语》乃后人所伪撰，非汉所传孔氏之《家语》也。今《家语》序云："郑氏学行五十载矣，自肃成童始志于学，而学郑氏学矣，然寻文责实，考其上下，义理不安，违错者多，是以夺而易之。然世未明其款情，而谓其苟驳前师，以见异于人。"又云："有孔猛者，家有其先人之书。昔相从学，倾还家，方取以来。与予所论，有若重规叠矩。"然则今之《家语》乃肃之徒所撰，以助肃而攻康成者，是以其文多与肃同而与郑说互异。此序虽称肃撰，亦未必果肃所自为，疑亦其徒所作而托名于肃者。由是言之，伪撰古书乃肃党之长技，今《伪古文尚书》亦多与肃说同而与郑氏异者，非肃党为之而谁为之乎！①

　　崔述此一番由伪古文案连坐及于伪《家语》案，颇有推论过勇、诬枉太甚之嫌。他由《汉志》颜注径推"今《家语》乃后人所伪撰"，已然犯了诠释过渡的毛病且不说；以"托名"之说，将王肃之《家语·序》指为"其徒所作"，更是武断。

　　贾公彦及《玉烛宝典》引王肃《圣证论》云："吾幼为郑学之时，为谬言，寻其义，乃知古人皆以秋冬。自马氏以来，乃因《周官》而有二月。"② 王肃之学术履历，确是有一段由"幼为郑学"而后幡然立异自树己学的曲折，与后来王阳明浸淫朱子学说、格竹而自悟的例子，相映成趣，堪有一比。王肃《〈孔子家语解〉序》与《圣证论》同出一人之口，斑斑可考。而且王肃案据《家语》立说如此例者，经传之疏等所引颇多有之，王肃与《家语》之关系既为本人所公然宣示，亦为引者诸家所一致认定，何得反因伪《古文》之不可能为肃造，而陡生他家作伪之嫌疑呢？要而言之，由于王肃为《家语》之注者的身份以及王肃借重《家语》立说，为不可否认之事实，是故无论《家语》是否伪书，与《家语》关系最密切的，首当其冲是王肃。所以值得讨论者乃《家语》是否为王肃伪造的问题，所谓王肃之"徒"为案主的看法离题太远，"托名"之说的滥用，也太肆无忌惮了。凡此皆任意牵合之过也。

　　有意思的是，辨伪者对王肃《〈孔子家语解〉序》的运用，不一而足。此处，崔述以之为"宗王肃者"之伪托说辞，更多的学者视为王肃本人的自供状。如范家相云："谓《家语》出于孔猛之家，使猛不受业于肃，犹可说也；猛为己之弟子，如出一人，乃谓家藏之书适足证明其说，殆不啻自发其覆矣。"③ 又如顾颉刚说："《家语》何以知为王肃所作？这在他的《孔子家语解·自序》上早已说明白了。"④

　　其实王肃像历史上任何一位自负担当斯文、天命在我的学人一样，任道之勇乃至自命之夸张诚有之，正如近代自负上天以国粹赋余的"章疯子"太炎先生，造语之绝对，适

---

① 崔述：《古文尚书辨伪》第 1 卷，《〈古文尚书〉真伪源流通考》，《崔东壁遗书》，上海古籍出版社 1983 年版，第 592 页下栏、593 页上栏。

② 正如孙诒让所说："贾疏所载，贸乱失次，复多脱误。今依《玉烛宝典》《通典》及臧琳所校补正。"本文所引《圣证论》皆据孙氏所校正之文。见孙诒让《周礼正义》第 26 卷，第 4 册，中华书局 1987 年版，第 1040~1042 页。

③ 范家相：《家语证伪》第 11 卷，《续修四库全书》第 931 册，上海古籍出版社 2002 年版，第 183 页下栏。

④ 顾颉刚：《中国上古史研究讲义》，中华书局 1988 年版，第 334 页。

见其真情与狂态之不可遏制。必谓伪造古书且必在自序中流露破绽，固愚不至此之极也。

五、余　论

上述讨论，为笔者所撰博士论文《〈孔子家语〉公案探源》之一部分内容。该论文甫完稿，就有学者提醒我注意参考虞万里《以丁晏〈尚书余论〉为中心看王肃伪造〈古文尚书传〉说——从肯定到否定后之思考》一文。① 拜读之下，深感前辈学者固有先获吾心之处，然也不敢妄自菲薄。益信拙作所揭示的下述诸点，或能补前人之所未逮也。

一、对"一手"伪造的牵合论之揭底及辨伪方法的生硬移植之梳理，使得所谓伪书公案之相关性理论清晰起来。这是一柄双刃剑，一方面启示人们注意公案群之间的关联，另一方面也提醒人们警惕有意无意间的牵连纠缠，从而致力于在一种开放的相关性视野之下审视文本的个性，或有助于人们在从事类似公案学的考察上，获致方法论的自觉。此种普遍性的揭示，自然不是某个特定公案所能局限的。

二、特别地说，通过晚《书》文本整体上的两歧性与《家语》篇卷之不可截然两分的比较辨析，揭露了那种将文本二元的理论与方法机械地从晚《书》挪用到《家语》的困局，实际上摧毁了《家语》伪书说残存的也是最后的理论根据。② 经仔细清理，其结论自然而然指向那个原初的记载——《家语》为孔安国所"撰集"。

三、不期然而然的收获：康有为惊世骇俗的刘歆"遍伪群经"说，竟然脱胎于丁晏的王肃伪造群书说。此也，不仅能补拙作《中国学术之近代命运》关于康氏学术思想之前论之未备；且颇能志个人进学之印迹，快何如之。

至于本文述学文辞之时而激越、时而冷峻，于案主王肃极表一种深刻的同情，"物不得其平则鸣"，自古已然，知我罪我，全在读者！

原载《近代史研究》2014 年第 2 期。

---

① 刊于台北《中国文哲研究集刊》2010 年第 37 期，第 131~152 页。
② 在这点上，即使是最接近真实结论的胡平生，也没有能够摆脱此误说的束缚。

《孔丛子》的时代与作者

黄怀信

    《孔丛子》是一部记述孔家人物言行的书，全书二十一篇，记事自孔子至于孔鲋，旧题孔鲋撰。据《史记·孔子世家》，"鲋字子鱼，孔子八世孙，曾为陈胜博士，死陈下"。是其生在汉兴以前。由于《七略》及《汉书·艺文志》不著其书，加之书中记事或有舛误，记鲋的文字也非自述之辞，所以自宋以来学人即多言其伪，并对其时代与作者作了种种推断。今日流行的观点，便是认定其书为汉魏间人王肃所伪造。"铁案"已定，很少再有不同意见。笔者近治《小尔雅》，欲求二者之间的关系，不得不对这部"伪书"下一番工夫。考读之间，不意对这桩成案发生了怀疑，遂不揣浅陋，撰成此文，欲就《孔丛子》一书的撰作时代与作者问题求正于当今学界。寡闻浅见，所论必多有失，望学人方家不吝正之。

王肃伪造说的论据

    前人论证《孔丛子》出王肃之手，实际论据可以说只有以下两条：一为其书有与王肃相同之说；一为王肃最先征引其书并造了孟轲的字。关于前一条，如清人臧琳说：

> 《孔丛子·论书》云："祖迎于坎坛，所以祭寒暑也"。与王肃同。……琳考此书解"纳于大麓，烈风雷雨弗迷""禋于六宗"，皆与伪孔及王肃合。……尝疑《孔子家语》、孔安国《书》传、《孔丛子》皆出肃手，故其文往往互相祖述。（《经义杂记》）

关于后一条，如近人罗根泽先生说：

> （《孔丛子》）东汉各书不见征引，始征引者见王肃的《圣证论》，它说："学者不知孟轲字，按《子思》书及《孔丛子》有孟子居，即是轲也。轲少居贫坎轲，故名轲字子车也。"……孟轲的字，《史记》本传、《汉书·艺文志》和《风俗通义·穷通论》都不著，赵岐的《孟子题辞》更说"字则未闻"。……我想字孟子叫居，大概是王肃所赐，所以为之解释其义。（《〈孔丛子〉探源》）

    事实上，两条论据均不切实。因为：说相同，固然有相祖述的可能，但未必就出王肃。要证其出自王肃，必须有切实的证据证明其书之撰作或流传与王肃有关，至少其书、其说之产生得不早于王肃。而事实是，其书不仅撰作、流传与王肃没有任何关系，而且时代也早于王肃。即以后一论据言，孟轲的字，《孔丛子》并未直言，只是《杂训篇》第三节载："孟子车尚幼，请见子思，子思甚悦其志"，第九节又云："孟轲问（子思）牧民何先。"据此，前之"子车"有可能就是孟轲的字。王肃谓"即是轲也"，无疑本之于此。古人的名与字往往有意义上的联系，"轲"《说文》训"接轴车"，那么名轲字车的意义显而易见。"车"古音居，王肃据音以"居"代"车"，而释为居贫坎轲，显然属于曲解附会。古人生则由父命名，难道孟轲之父预知轲将遭坎轲，而命之以轲？显然无此道理。据此一点，即知孟轲字车必非王肃所造。再说王肃明言其事还见《子思》书，而《子思》明著于《汉书·艺文志》，又怎么能是王肃所造？司马迁、班固各家未言，可能是由于《子思》书没有直言的缘故。不管怎样，《子思》是王肃以前的作品，所以孟轲字不可能是王肃所造。孟轲字既非王肃所造，那么"始征引"之事就只能说明《孔丛子》出在王肃之前而非王肃所造，不管前人征引与否。《孔丛子》既出王肃之前，"说相同"就自不能作为王肃伪造的证据。由此可见，王肃伪造说的论据是全然不能成立的，因而，其说绝不能作为定论而认可。

《孔丛子》究竟是何人的作品？成书过程如何呢？下面我们分两层进行考究。先看：

材料来源及初撰集者

《孔丛子》本书二十一篇，前四篇记孔子事，第五篇至第十篇记子思（孔子孙）事，第十一篇为《小尔雅》，与全部书性质不类。第十二篇至第十四篇记子高（子思玄孙）事，第十五篇至第十七篇记子顺（子高子）事，第十八篇名《诘墨》，近似专题论文，第十九篇至第二十一篇记子鱼（子顺子）事。那么，除过《小尔雅》《诘墨》，全书即可分为五个大段。五大段记前后九代二三百年之事，想必不可能纯由一人所撰，时代较早者必另有原始材料。事实上，其书前一部分用了较早的材料，在其文风已有反映。朱熹谓《孔丛子》"说话多类东汉人"，又说"其首几章皆法《左传》句"（《朱子语录》），正可看作对这一现象的反面概括。因而，我们不妨先按段求其材料来源。先看第一大段：

大家知道，有关孔子的各种记录，在先秦及秦汉的各类典籍中是普遍存在的。《孔丛子》前四篇有关孔子之事，有的在这些典籍中也可见到。这里，我们举出两种进行比勘，以便说明四篇文字的材料来源。《孔丛子·记义》（第三篇）载：

> 公父文伯死，室人有从死者。其母怒而不哭，相室谏之。其母曰："孔子，天下之贤人也。不用于鲁，退而去，是子素宗之而不能随。今死，而内人从死者二人。若此，于长者薄于妇人厚也。"

《战国策·赵策》亦载：

> 楼缓（对赵王）曰："王亦闻夫公甫文伯之母乎？公甫文伯宦于鲁，病死，妇人为之自杀者二八。其母闻之，不肯哭也。相室曰：'焉有子死而不哭者乎？'其母曰：'孔者，贤人也。逐于鲁，是子不随。今死，而妇人为死者十六人。若是者，其于长者薄而于妇人厚。'"……

对勘以上两文，看不出有抄袭关系。《记义》之文虽较简略，但似乎更原始。《赵策》

"不随"上无"素宗之",显然不如《记义》严密有据,又"二人"较之"二八""十六",也较合于情理。但《赵策》多出"宦于鲁病死",显然又不出《记义》。这样的关系,似乎只能说明在二者之前另有原始材料。《战国策》虽属汉人刘向编定,但其材料均先汉旧传,其中既有与四篇相同的材料,说明四篇的原材料在汉以前已有流传。

再如《孔丛子》第二篇《论书》载:

> 子张问:"《书》云'奠高山',何谓也?"孔子曰(略)。子张曰:"仁者何乐于山?"孔子曰:"夫山者,峛然嵩。"子张曰:"高则何乐尔?"孔子曰:"夫山,草木殖焉,鸟兽蕃焉,财用出焉,直而无私焉,四方皆伐焉;直而无私,兴吐风云,以通乎天地之间,阴阳和合,雨露之泽,万物以成,百姓咸飨:此仁者所以乐乎山也。"

《太平御览》四一九引《尚书大传》文亦有:

> 子张曰:"仁者何乐于山也?"孔子曰:"夫山者,葱然高。""葱然高则何乐焉?""山,草木生焉,鸟兽蕃焉,财用殖焉,每无予焉。生风云以通乎天地之间,阴阳和合,雨露之泽,万物以成,百姓咸飨:此仁者所以乐于山也。"

可以看出,此事《论书》所叙略具原委,而《大传》之文则似节录。虽不能肯定《大传》本自《论书》,但至少可以说《论书》之文不晚于《大传》。《大传》旧题伏生撰,论者多以为是"伏生所传,其徒所撰"(参张心澂《伪书通考》),总之与伏生有关。伏生本为秦之博士,汉文帝初口授《尚书》时已年逾九十。《大传》中的材料,必是其在汉以前所掌握的。今四篇中文字既不晚于《大传》,至少说明在汉以前已有与四篇相同的材料存在。

以上与二书比照,表明四篇文字确有原始材料,而且其时代在汉兴以前。显然,这些材料应属于传世的零星记载或传闻(观《赵策》载楼缓之言可知)。既有原始材料,将之采辑荟萃成书就不是没有可能。故此,我们认为,这四篇文字是荟萃传世的零星材料而成的,荟萃时间完全有可能在汉以前。

记子思的六篇,有一明显特点,就是记事或纰谬失实。如第五篇记孔子与子思问对,第六、第七篇又记子思见孟子、见尹文子,第十篇记子思见老莱子等,均因年代不合或不可信而被作为定其伪书的重要依据。说明其事属后人所记,而非当时实录。六篇的材料来源如何呢?

首先,王肃《圣证论》既云"《子思》书及《孔丛子》有孟子居",说明二书有相同的文字。《子思》著在《汉志》,旧题孔伋(即子思)撰,论者以为属"后人缀辑而成"(参《伪书通考》)。但《礼记》之"《中庸》《表记》《坊记》《缁衣》皆取《子思子》",已有公论。那么,其书之作必不晚于《孔丛子》。今二书有相同的文字,无疑应是后者本于已前者。

其次,第六篇所记孟轲问"牧民何先"一段,与陈振孙《直斋书录解题》所引《子思子》之文完全相同,表明该段文字亦出《子思》书。

再次,第九篇《公仪》云:"穆公谓子思曰:'夕子之书所记先子之言,或者以谓子之辞。'子思曰：'臣所记臣先祖之言，或亲闻之者，有闻之于人者，虽非正其辞，然犹不失其意焉。'"显然也应是子思书中之语。

观上三点，我们认为六篇关于子思的文字，主要出自《子思》书，是采辑《子思》而成。

记子高的三篇，未发现有背谬于史的地方，说明比较可靠。还有一个特点，就是记事多有具体场所，叙事记人有声有色，而且文字较前加详。三篇原材料的作者是谁呢？

叙事具体详尽，说明原撰者对其事了解较清。书中所记子高与公孙龙的几次辩论，与平原君的对话，与邹文、季节的交往，各各均具细节，而这些细节，似非局外人所能详知或后人所能杜撰。因而，原作者有可能就是子高本人。

又《汉志》儒家类有"《谰言》十篇"，班氏自注："不知作者，陈人君法度。"师古曰："说者引《孔子家语》云孔穿（即子高）所造，非也。"按《隋志》已不著其书，说明该书至少在唐初已佚不传，师古"非也"之论盖系推测，未可遽信。今考《家语》后序有云："子高名穿，著儒家语十二篇，名曰《谰言》。"班固谓其书内容为"陈人君法度"，而三篇中恰有符合这一命题的文字。如第十四篇所载子高答魏王"人主之所以为患""何如可谓大臣"，答信陵君问"古之善为国者其道何由"，无疑可以属之。那么，结合上举叙事详尽之条，《家语》后序之言当属可信。既如此，三篇中涵有子高《谰言》之文也可以无疑。

据上两个方面，这三篇的基本材料当来自子高之书，三篇文字，当是据子高原作推阐加工而成。当然，也可能有传闻的成分，但不是主要的。

记子顺的三篇，叙事较前尤详，同样也是三篇，文字却超过记子高三篇二分之一以上，说明作者对子顺必有较多的了解。因而，原材料有可能属于撰者知见，或者新近的传闻。

三篇非自撰之文，子顺也未闻有书，但篇中却偶露自述之迹，如第十七篇《执节》载子顺答平原君语有"先父之所交也"云云，答赵王语有"先祖父并禀圣人之性"云云，似乎又说明篇中运用了子顺的原撰材料。

据上，我们认为三篇文字当是与子顺较亲近的人，据其知见或时代较近传闻，综合子顺的一些原撰材料而撰。

记孔鲋的三篇，如前人所指出的，文非自述口吻，同时又记"将没"之事，自不能是鲋所撰。又第十九篇《独治》载："陈余谓子鱼曰：'秦将灭先王籍，而子为书籍之主，其危矣！'子鱼曰：'顾有可惧者，必或求天下之书焚之。书不出，则有祸。吾将藏之以待其求。'"且不论是否真有其事，而明言藏书，恐怕亦非汉惠帝除挟书令之前所敢有的文字。因而，三篇之作当在汉惠帝之后。但另一方面，三篇叙事详尽程度较前更有过之，而且所记孔鲋与陈王的各种问对，以及所言之军礼，似又非局外人所能杜撰。因而，其人又当亲历其事，至少当时得身在陈地。

据上，三篇的作者有可能就是孔鲋弟子襄。因为一，书末载孔鲋"将没戒其弟子襄"，表明子襄当时在陈，亲历其时；二，子襄汉文帝时曾作博士，说明其卒在除挟书律之后，可见无有不符。

以上分析的结论，表明记孔子、子思、子高的三部分均有原始材料，其文字基本上属于采辑旧材料或据旧材料加工而成，记子顺的一段基本上属于直接编撰，记孔鲋的一段可能由其弟子襄编撰。后一段撰者已明，前三段的采辑编集者及第四段的撰者是谁呢？

首先，前三段既同属后人的二次加工品，编撰方式基本一致，那么就有出一人之手的可能。而且，如果没有一个独立的整体，单单举出一二代远祖之事也没有必要，因为各自均有原书或原材料存在。只有在当上下有所结合的时候，才需有性质相类的专辑。因而不仅前三段应出一人之手，连同第四段也应出同一人之手。

其次，四段所记均孔家人物的"嘉言懿行"，其"褒扬先祖"的用意十分明显，因而其人当为孔氏子孙，属于孔姓。

再次，从全书结构安排上看，记孔鲋的一段前面有《诘墨》一篇。该篇不记人事，与各篇性质不类。据该篇最末一节所载"曹明问子鱼曰：'观子诘墨者之辞'"云云之事，知鲋确曾有诘墨之作。那么，该篇无疑可以看作孔鲋手笔。至于该节文字，可能属后人附益，也可能是作者自设，总的说来无关要旨。问题在于既是孔鲋所撰，为何不安排在介绍其人、叙其行事的文字之后而反置其前？这不能不是一大疑问。笔者之见，这样的安排，正表明《诘墨》以上原为一个整体，而以下记鲋的文字出于后之附益。因而，前四大段的采辑撰集者不会也是子襄，而应是子襄以前人。其人究竟为谁，《诘墨》无疑又是一个线索。

《诘墨》属专题文章，为何附在记其先祖言行的文字之后？各代均只记零散言行，为何于鲋独录其文？恐怕只有说书出于鲋，才是最好的解释。

另外，前论记子顺一段出自与子顺亲近的人之手，孔鲋为子顺之子，因而其人有属孔鲋的可能。

又据《史记·孔子世家》，孔家自子思以下的世系为：子上——子家——子京——子高——子顺——子鱼。本书第十篇以上在记子思事中出现过子上，而第十二篇则以子高记起，中间缺了子家、子京二代。究其原因，当与书的材料来源有关。因为《子思》书中只可能记及与子思相关的人物，二代之事不可能从中采得；同样的道理，二代之事也不会从子高书中采得。但是，二代系子高辈的父、祖，如果书出子高辈，对于二代至少对其父子京必不至于无载，而且前已指出包括记子顺一段同出一人之手，因而不可能是子高辈所为。同样，子京的行事对子顺辈来说也不至于无闻，如果书出子顺辈，也不可能对之无载。因而，也不会是子顺辈所为。

子鱼辈则不然，二代于他们已是三四代以上的先祖，在缺乏文字资料的情况下，其言行是无从杜撰的，所以只能付阙：正好与书相符。

综上几点，知前四大段的撰集者完全有可能就是孔鲋。那么，包括《诘墨》在内，今书的前十八篇除《小尔雅》外，就均应看作孔鲋手笔。由此可见，其书旧题孔鲋撰，并非属于伪托，只不过另有后人附益，而且加进了《小尔雅》。《小尔雅》是西汉晚期的作品（笔者有专文考证），而且被作为有机的一篇，说明今书是经后人重新编订过的。既经重新编订，文字上或有部分改造，也就不无可能。因而，今书即使"文气软弱"（朱熹语），也不足怪。

《汉志》本于《七略》，二家不著鲋书，说明鲋书至少在《七略》编成之时尚未行世。那么，今书是什么时候开始行世，由何人最终编定的呢？下面再看：

今书的时代与编定者

今本《孔丛子》作七卷（按：作三卷者系明人所改，未可据），与《隋志》著录相同。《隋志》本为包括萧梁在内的"五代史志"，那么《孔丛子》无疑在萧梁时代已是今本面目。而今本除上述二十一篇本书外，还有《连丛子》上、下篇，《连丛子》不仅作今书之第七卷，而且其上、下篇还分别作全书的第二十二、二十三篇，可见编者是将之与本书作为一个整体的。显然，这只能是今书的最后编定者所为。因而，要考今书的编定时间及编定者，还得从《连丛子》入手。

《连丛子上》包括《叙书》《谏格虎赋》《杨柳赋》《鸮赋》《蓼虫赋》《与侍中从弟安国书》《与子琳书》《叙世》及《左氏传义诂序》，共九小篇。《连丛子下》不分篇，通记孔子十八、十九代孙子和、季彦父子之事。上篇之《叙书》对分析全书关系重大，现录之于下：

> 家之族胤，一丧相承，以至九世相魏居大梁，始有三子焉。长子之后承殷统为宋公，中子之后奉夫子祀为褒成侯，小子之后彦……有功封蓼侯。其子臧……为太常……在官数年，著书十篇而卒。先时尝为赋二十四篇，四篇别不在集，似其幼时所作也，又为书与从弟及戒子，皆有义，故列之于左。

这篇文字，完全可以看作《孔丛子》本书的后序。你看它言一世相承至于九世，完全与本书相符，"长子"（即孔鲋）、"中子"（即子襄）之言也与本书相关。只字未提子和、季彦，与《叙世》以下略无关系。而且不言"连"，只称"列之于左"，所列也限指四赋二书，别不他与。很显然，四赋二书只是附于本书之末，当时并无"连丛"之事。既言"列之于左"，说明"右"书已成。显然，这是编订者的语言。由此可见，今本之前《孔丛子》本书已经编定，而且附上了孔臧的四赋二书，《叙书》就是当时的书序。

《叙世》叙及子丰生子和，显然与下篇相联系。《叙书》所"列"未及《叙世》，而《叙世》与下篇密不可分，足以说明《叙世》与下篇为同时所撰。因此，《连丛子》上、下的编订者应当就是《叙世》及下篇的作者。

上篇之《左氏传义诂序》，系"宗人子通"为孔奇（子襄七代孙）《左氏传义诂》所作的序，内容与下篇无关。子通不可考，其人或当与《叙书》作者，即《孔丛子》本书的初编定者有关，究竟如何，存以待考。

如若上之分析不谬，那么我们只要求出《叙书》的作者及撰作时间，就可得知《孔丛子》本书的初编定者及编定时间。《叙书》作者不可详考，但有一点可以肯定，即其人必为孔氏子孙。因为一，孔鲋、子襄之书在未行世之前，只可能传于孔家，外姓人未必见到，更不可能据为己有；第二，该《叙》开首即称"家之族胤"，说明非外姓人言。

关于撰作时间：该《叙》叙及"长子之后承殷统为宋公，中子之后奉夫子祀为褒成侯"。考《汉书·外戚恩泽侯表》，平帝元始元年六月，"封褒成侯孔均。以孔子世袭褒成烈君霸曾孙奉夫子祀侯"。孔均为孔霸曾孙，孔霸为子襄玄孙，可见"中子之后奉夫子祀为褒成侯"事在元始元年。该《表》又有"殷绍嘉侯孔何齐"，"以殷后孔子世吉适（嫡）子侯。绥和元年二月甲子封，元始二年更为宋公"。孔何齐为孔鲋六代孙，可见"长子之后承殷统为宋公"事在元始二年。那么，《叙书》之作必不早于元始二年。又据《汉书·王莽传》，莽始建国元年，以"殷后宋公孔弘运转次移，更封为章昭侯"。显然，《叙书》之作应在"宋公"更封以前。据此，《孔丛子》本书的初编定时间，当在汉平帝元始二年至王莽始建国元年之间，即公元 2—9 年。刘韶《七略》编在汉哀帝之世（从姚振宗说），因而不得著录其书。班固《汉志》本于《七略》，所以也不加著。

下面再看《连丛子》：

前面我们知道《叙世》及《连丛子下》的作者是今《连丛子》的编订者，那么我们只要求出《连丛子下》的作者及撰作时间，就等于求出了今《连丛子》的编者及编附时间。对此，也只能从其文字入手。

《连丛子下》记事止于延光三年十一月季彦卒，前人已指出其作必在延光三年之后，这自然是再明显不过的事了。但具体后到什么时候，论者只有据意推测，从未有人作过仔细考证。我们细味其文，似乎可以有所发现。请看其中两段：

> 元和二年三月，孝章皇帝东巡过鲁，幸阙里。……天子巡后土登龙门，子和请从行。
> 永初二年二月，上召季彦，季彦见于德阳殿……帝默然。

不难看出，言永初（安帝年号）事与元和（章帝年号）事口气不同，称"上"言"帝"，与言"皇帝""天子"迥然有别。元和下称"孝章皇帝"，而永初下只言"上"不称"孝安"，显然是当朝人口吻。据此，可以判定其作者必身历安帝之朝。

安帝终于延光四年三月，去季彦卒仅一百三十天，其书不可能如此速成。因此，其书作又不会在安帝朝。

又其文还载：

> 弘农太守皇甫威明问仲渊曰："吾闻孔氏自三父之后能传祖业者常在于叔祖，今观《连丛》所记，信如所闻，然则伯、季之后弗克负荷矣？"答曰……

《连丛》之中论《连丛》，表明其书在今本之前还有初编本。这个初编本的时间，自然不会晚于皇甫威明任为弘农太守。考《后汉书·皇甫规传》，规字威明，"永康元年征为尚书……迁弘农太守"。知皇甫任弘农太守在永康元年。永康元年为桓帝最末一年。那么，《连丛》初编本的时间，就可以推定在顺帝到桓帝期间。至于今本的时间，下面结合作者问题同时讨论。

欲求作者，最大的突破点还在"观《连丛》"一事。读其文字（如上引），不能不产生一个疑问：皇甫为什么向仲渊问有关《连丛》之事？这似乎只能说是因为仲渊对《连丛》比较了解，或者与之有关。

"观《连丛》"事下，还有"或问仲渊"及仲渊答一段。记季彦行事，为什么羼进仲渊官辞？这又是一个线索。

该节又载："季彦与仲渊道其意状曰：'此阴乘阳也……'时下邳长孙子逸止，仲渊第闻是言也。心善之，因见上焉。上召季彦，季彦见于德阳殿，陈其事如与仲渊言也。"

为什么处处提到仲渊？仲渊"第闻是言"，他人怎能知晓？"陈其事如与仲渊言"，又是什么口吻？显然，其作者应与仲渊有关。

总上几个方面，我们认为《连丛子下》的作者就是仲渊。《连丛子下》的作者既是仲渊，今《连丛子》的编订及编附者无疑也就是仲渊。那么，今七卷二十三篇本《孔丛子》的最后编定者自然也就是仲渊。

仲渊是什么人呢？《后汉书·顺帝纪》：阳嘉二年"六月辛未，太常鲁国孔扶为司空"。李贤注："扶字仲渊。"知仲渊就是孔扶。考洪适《隶续》卷十一有"司空孔扶碑"，碑文有扶为孔子十九代孙。洪氏注谓为孔宙、孔僖（即子和）从昆弟。那么仲渊就是季彦的从叔父，同为孔氏子孙。结合书中"季彦如京师省宗人仲渊"的记载，这一关系当是可信的。

孔扶卒日不明，其碑年代据碑文当在汉灵帝建宁元年三四月之后。那么，今行七卷二十三篇本《孔丛子》的最终编定时间，就可以推定在西汉桓帝永康元年（167）至灵帝建宁元年（168）之间。这一结论似乎太玄，但事实只能如此。

原载《西北大学学报》1987 年第 1 期。

道家类

评论近人考据《老子》年代的方法

胡 适

一

近十年来，有好几位我最敬爱的学者很怀疑老子这个人和那部名为《老子》的书的时代。我并不反对这种怀疑的态度，我只盼望怀疑的人能举出充分的证据来，使我们心悦诚服地把老子移后，或把《老子》书移后。但至今日，我还不能承认他们提出了什么充分的证据。冯友兰先生说得最明白：

> 不过我的主要的意思是要指明一点：就是现在所有的以《老子》之书是晚出之诸证据，若只举其一，则皆不免有逻辑上所谓"丐辞"之嫌。但合而观之，则《老子》一书之文体、学说，及各方面之旁证，皆可以说《老子》是晚出，此则非偶然也。（二十年六月八日《大公报》）

这就是等于一个法官对阶下的被告说：

> 现在所有原告方面举出的诸证据，若逐件分开来看，都"不免有逻辑上所谓'丐辞'之嫌"，但是"合而观之"，这许多证据都说你是有罪的，"此则非偶然也"。所以本法庭现在判决你是有罪的。

积聚了许多"逻辑上所谓'丐辞'"，居然可以成为定案的证据，这种考据方法，我不能不替老子和《老子》书喊一声"青天大老爷，小的有冤枉上诉！"聚蚊可以成雷，但究竟是蚊不是雷；证人自己已承认的"丐辞"，究竟是"丐辞"，不是证据。

二

我现在先要看看冯友兰先生说的那些"丐辞"是不是"丐辞"。在伦理学上，往往有人把尚待证明的结论预先包含在前提之中，只要你承认了那前提，你自然不能不承认那结论了：这种论证叫做丐辞。譬如有人说："灵魂是不灭的，因为灵魂是一种不可分析的简单物质。"这是一种丐辞，因为他还没有证明：（1）凡不可分析的简单物质都是不灭的；（2）灵魂确是一种不可分析的简单物质。

又如我的朋友钱玄同先生曾说过："凡过了四十岁的人都该杀。"假如有人来对我说："你今年四十一岁了，你该自杀了。"这也就成了一种丐辞，因为那人得先证明：（1）凡过了四十岁的人在社会上都无益而有害；（2）凡于社会无益而有害的人都该杀。

丐辞只是丐求你先承认那前提；你若接受那丐求的前提，就不能不接受他的结论了。

冯友兰先生提出了三个证据，没有一个不是这样的丐辞。

（一）"孔子以前无私人著述之事"，所以《老子》书是孔子以后的作品。你若承认孔子以前果然无私人著述之事，自然不能不承认《老子》书是晚出的了。但是冯先生应该先证明《老子》确是出于孔子之后，然后可以得"孔子以前无私人著述"的前提。不然，我就可以说："孔子以前无私人著述，《老子》之书是什么呢？"

（二）"《老子》非问答体，故应在《论语》《孟子》后。"这更是丐辞了。这里所丐求的是我们应该先承认"凡一切非问答体的书都应在《论语》《孟子》之后"一个大前提。《左传》所引的史佚、周任、《军志》的话，《论语》所引周任的话，是不是问答体呢？《论语》本身的大部分，是不是问答体呢？（《论语》第一篇共十六章，问答只有两章；第四篇共二十六章，问答只有一章；第七篇共三十七章，问答只有七章。其余各篇，也是非问答体居多数。）《周易》与《诗三百篇》似乎也得改在《论语》《孟子》之后了。

（三）"《老子》之文为简明之'经'体，可见其为战国时之作品。"这更是丐辞了。这里所丐求的是我们先得承认"凡一切简明之'经'体都是战国时的作品"一个大前提。至于什么是简明的"经"体，更不容易说了。"道可道，非常道；名可名，非常名"是"经"体。那么，"道之以政，齐之以刑，民免而无耻；道之以德，齐之以礼，有耻且格"，这就不是"简明之经体"了吗？所以这里还有一个丐辞，就是我们还得先承认，"《论语》虽简明而不是'经'体；《左传》所引《军志》、周任的话虽简明而也不是'经'体；只有《老子》一类的简明文体是战国时产生的'经'体"。我们能不能承认呢？

三

还有许多所谓证据，在逻辑上看来，他们的地位也和上文所引的几条差不多。我现在把他们总括作几个大组。

第一组是从"思想系统"上，或"思想线索"上，证明《老子》之书不能出于春秋时代，应该移在战国晚期。梁启超、钱穆、顾颉刚诸先生都曾有这种论证。这种方法可以说是我自己"始作俑"的，所以我自己应该负一部分的责任。我现在很诚恳地对我的朋友们说：这个方法是很有危险性的，是不能免除主观的成见的，是一把两面锋的剑可以两边割的。你的成见偏向东，这个方法可以帮助你向东；你的成见偏向西，这个方法可以帮助你向西。如果没有严格的自觉的批评，这个方法的使用决不会有证据的价值。

我举一个最明显的例。《论语》里有孔子颂赞"无为而治"的话，最明白无疑的是：

> 无为而治者，其舜也欤？夫何为哉？恭己正南面而已矣。（《论语》十五）

这段话大概是梁、钱、顾诸先生和我一致承认为可靠的。用这段话作出发点，可以得这样相反的两种结论：

（1）《论语》书中这样推崇"无为而治"，可以证明孔子受了老子的影响。这就是说，老子和《老子》书在孔子之前（胡适《中国哲学史大纲》，页七九注）。

（2）顾颉刚先生却得着恰相反的结论："《论语》的话尽有甚似《老子》的。如《颜渊》篇中季康子的三问（适按，远不如引《卫灵公》篇的"无为而治"一章），这与《老子》上的'以正治国'……'我无为而民自化'……'民之难治，以其上之有为，是以难治'何等相像！……若不是《老子》的作者承袭孔子的见解，就是他们的思想偶然相合。"（《史学年报》第四期，页二八）

同样的用孔子说"无为"和《老子》说"无为"相比较，可以证《老子》在孔子之前，也可以证《老子》的作者在三百年后承袭孔子！所以我说，这种所谓"思想线索"的论证法是一把两面锋的剑，可以两边割的。

钱穆先生的《关于〈老子〉成书年代之一种考察》（《燕京学报》第七期），完全是用这种论证法。我曾指出他的方法的不精密（《清华周刊》卷三七，第九~十期，页一〇九四~一〇九五），如他说：

> 以思想发展之进程言，则孔、墨当在前，老、庄当在后。否则老已先发道为帝先之论，孔、墨不应重为天命天志之说。何者？思想上之线索不如此也。

我对他说：

> 依此推断，老、庄出世之后，便不应有人重为天命天志之说了吗？难道这二千年中之天命天志之说，自董仲舒、班彪以下，都应该排在老庄以前吗？这样的推断，何异于说，"几千年来人皆说老在庄前，钱穆先生不应说老在庄后。何者？思想上之线索不如此也？"

思想线索是最不容易捉摸的。如王充在一千八百多年前，已有了很有力的无鬼之论；而一千八百年来，信有鬼论者何其多也！如荀卿已说"天行有常，不为尧存，不为桀亡"，而西汉的儒家大师斤斤争说灾异，举世风靡，不以为妄。又如《诗经》的小序，经宋儒的攻击，久已失其信用；而几百年后的清朝经学大师又都信奉毛传及序，不复怀疑。这种史事，以思想线索来看，岂不都是奇事？说的更大一点，中国古代的先秦思想已达到很开明的境界，而西汉一代忽然又陷入幼稚迷信的状态；希腊的思想已达到了很高明的境界，而中古的欧洲忽然又长期陷入黑暗的状态；印度佛教也达到了很高明的境界，而大乘的末流居然沦入很黑暗的迷雾里。我们不可以用后来的幼稚来怀疑古代的高明，也不可以用古代的高明来怀疑后世的堕落。

最奇怪的是一个人自身的思想也往往不一致，不能依一定的线索去寻求。十余年前，我自己曾说，《老子》书里不应有"天地相合以降甘露"一类的话，因为这种思想"不合老子的哲学！"（《哲学史》，页六一注）我也曾怀疑《论语》里不应有"凤鸟不至，河不出图，吾已矣夫！"一类的话。十几年来，我稍稍阅历世事，深知天下事不是这样简单。现代科学大家如洛箕（Sir Oliver Lodge），也会深信有鬼，哲学大家如詹姆士（W. James）也会深信宗教。人各有最明白的地方，也各有最懵懂的地方；在甲点上他是新时代的先驱者，在乙点上他也许还是旧思想的产儿。所以梭格拉底（Socrates）一生因怀疑旧信仰而受死刑，他临死时最后一句话却是托他的弟子向医药之神厄斯克勒比（Asclepias）还一只鸡的许愿。

我们明白了这点很浅近的世故，就应该对于这种思想线索的论证稍稍存一点谨慎的态度。寻一个人的思想线索，尚且不容易，何况用思想线索来考证时代的先后呢？

四

第二组是用文字、术语、文体等等来证明《老子》是战国晚期的作品。这个方法，自然是很有用的，孔子时代的采桑女子不应该会做七言绝句，关羽不应该会吟七言律诗，这自然是无可疑的。又如《关尹子》里有些语句太像佛经了，决不是佛教输入以前的作品。但这个方法也是很危险的，因为（1）我们不容易确定某种文体或术语起于何时；（2）一种文体往往经过很长期的历史，而我们也许只知道这历史的某一部分；（3）文体的评判往往不免夹有主观的成见，容易错误。试举例子说明如下：

梁启超先生曾辨《牟子理惑论》为伪书，他说：

> 此书文体，一望而知为两晋、六朝乡曲人不善属文者所作，汉贤决无此手笔，稍明文章流别者自能辨之。（《梁任公近著》第一辑，中卷，页二二）

然而《牟子》一书，经周叔迦先生（《牟子丛残》）和我（《论牟子书》，《北平图书馆馆刊》五卷四号）的考证，证明是汉末的作品，决无可疑。即以文体而论，我没有梁先生的聪明，不能"一望而知"；但我细读此书，才知道此书的"文字甚明畅谨严，时时作有韵之文，也都没有俗气。此书在汉、魏之间可算是好文字"。同是一篇文字，梁启超先生和我两人可以得这样绝相反的结论，这一件事不应该使我们对于文体的考证价值稍稍存一点敬慎的态度吗？

梁先生论《牟子》的话，最可以表明一般学者轻易用文体作考证标准的危险。他们预先存了一种主观的谬见，以为"汉贤"应该有何种"手笔"，两晋人应该作何种佳文，六朝人应该有何种文体，都可以预先定出标准来。这是根本的错误。我们同一时代的人可以有百十等级的"手笔"；同作古文，同作白话，其中都可以有能文不能文的绝大等差。每一个时代，各有同样的百十等级的手笔。班固与王充同时代，然而《论衡》与《汉书》何等不同！《论衡》里面也偶有有韵之文，比起《两都赋》，又何等不同！所谓"汉贤手笔"，究竟用什么作标准呢？老实说来，这种标准完全是主观的。完全是梁先生或胡某人读了某个作家而悬想的标准。这种标准是没有多大可靠性的。

假如我举出这两句诗：

> 历览前贤国与家，成由勤俭败由奢。

你们试猜，这是什么时代的诗？多数人一定猜是明末的历史演义小说里的开场诗。不知道此诗的人决不会猜这是李商隐的诗句。又如寒山、拾得的白话诗，向来都说是初唐的作品，我在十年前不信此说，以为这种诗体应该出在晚唐。但后来发现了王梵志的白话诗，又考出了王梵志是隋、唐间人，我才不敢坚持把寒山、拾得移到晚唐的主张了（《白话文学史》上，页二四二—二四九）。近年敦煌石窟所藏的古写本书的出现，使我们对于文体的观念起一个根本的变化。有好些俗文体，平常认为后起的，敦煌的写本里都有很早出的铁证。如敦煌残本《季布歌》中有这样的句子：

> 季布惊忧而问曰：只今天使是何人？
> 周氏报言官御史，姓朱名解受皇恩。

如敦煌残本《昭君出塞》有这样的句子：

> 昭军（君）昨夜子时亡，突厥今朝发使忙。
> 三边走马传胡命，万里非（飞）书奏汉王。

这种文体，若无敦煌写本作证，谁不"一望而知"决不是"唐贤手笔"。

总而言之，同一个时代的作者有巧拙的不同，有雅俗的不同，有拘谨与豪放的不同，还有地方环境（如方言之类）的不同，绝不能由我们单凭个人所见材料，悬想某一个时代的文体是应该怎样的。同时记梭格拉底的死，而柏拉图记的何等生动细致，齐诺芬（Xenophon）记的何等朴素简拙！我们不能拿柏拉图来疑齐诺芬，也不能拿齐诺芬来疑柏拉图。

闲话少说，言归《老子》。冯友兰先生说《老子》的文体是"简明之经体"，故应该是战国时作品（说见上）。但顾颉刚先生说"《老子》一书是用赋体写出的；然而赋体固是战国之末的新兴文体呵！"（《史学年报》第四期，页二四，参看页一九）同是一部书，冯先生侧重那些格言式的简明语句，就说他是"经体"；顾先生侧重那些有韵的描写形容的文字，就可以说他是"用赋体写出的"。单看这两种不同的看法，我们就可以明白这种文体标准的危险性了。

我们可以先看看顾先生说的"赋体"是个什么样子。他举荀卿的《赋篇》（《荀子》第二十六）作例，《赋篇》现存五篇，其题为礼、知、云、蚕、箴。总观此五篇，我们可以明白当时所谓"赋"，只是一种有韵的形容描写，其体略似后世的咏物诗词，其劣者略似后世的笨谜。顾先生举荀卿的《云赋》作例，他举的语句如下：

> 忽兮其极之远也，猫兮其相逐而反也，卬卬兮天下之咸蹇也。德厚而不捐，五采备而成文。往来惽惫，通于大神。出入甚极，莫知其门。天下失之则灭，得之则存。

这是荀子的"赋体"。顾先生说：

> 此等文辞实与《老子》同其型式。

他举《老子》第十五章和二十章作例：

> 豫焉（河上公本作与兮）若冬涉川，犹兮若畏四邻，俨兮其若容（河上公本作客），涣兮若冰之将释，敦兮其若朴，旷兮其若谷，浑兮其若浊。（《老子》十五）

我独泊兮其未兆，如婴儿之未孩；儽儽兮若无所归。……澹兮其若海，飂兮若无止。(《老子》二十)

这是《老子》的"赋体"。

顾先生又说，《老子》这两章的文体又很像《吕氏春秋》的《士容》和《下贤》两篇，我们也摘抄那两篇的一部分：

故君子之容……淳淳乎谨慎畏化而不肯自足，乾乾乎取舍不悦而心甚素朴。(《士容》)

得道之人，根乎其诚自有也，觉乎其不疑有以也，桀乎其必不渝移也，循乎其与阴阳化也，匆匆乎其心之坚固也，空空乎其不为巧故也……昏乎其深而不测也。(《下贤》)

这是《吕氏春秋》的"赋体"。

顾先生说：

这四段文字，不但意义差同，即文体亦甚相同，形容词及其形容的姿态亦甚相同，惟助词则《老子》用"兮"，《吕书》用"乎"为异。大约这是方言的关系。

我们看了顾先生的议论，可以说：他所谓"文体"或"型式"上的相同，大概不外乎下列几点：

(1) 同是形容描写的文字。
(2) 同用有"兮"字或"乎"字语尾的形容词。
(3) "形容词及其形容的姿态亦甚相同"。

依我看来，这些标准都不能考定某篇文字的时代。用这种带"兮"字或"乎"字的形容词来描写人物，无论是韵文或散体，起源都很早。最早的如春秋早期的《鄘风·君子偕老》诗、《卫风·硕人》诗、《齐风·猗嗟》诗，都是很发达的有韵的描写形容。在《论语》里，我们也可以见着这种形容描画的散文：

子曰，大哉尧之为君也！巍巍乎，唯天为大，唯尧则之。荡荡乎民无能名焉。巍巍乎其有成功也。焕乎其有文章。(《论语》八)

子曰，巍巍乎，舜禹之有天下也而不与焉。(《论语》八)

我们试用这种语句来比《荀子》的《赋篇》和《吕氏春秋》的《士容》《下贤》两篇，也可以得到"形容词及其形容的姿态亦甚相同"的结论。你瞧：

(《论语》) 巍巍乎唯天为大，唯尧则之。

荡荡乎民无能名焉。

巍巍乎其有成功也。

焕乎其有文章。

(《老子》) 涣兮若冰之将释。

儽儽兮若无所归。

淡乎其无味。(三十五章。《文子·道德》篇引此句，作"淡兮"。)

(《荀子》) 忽兮其极之远也。

卬卬兮天下之咸蹇也。

(《吕览》) 淳淳乎谨慎畏化而不肯自足。

乾乾乎取舍不悦而心甚素朴。

觉乎其不疑有以也。

桀乎其必不渝移也。

匆匆乎其心之坚固也。

空空乎其不为巧故也。

昏乎其深而不测也。

这些形容词及其形容的姿态，何等相同！何等相似！其中《论语》与《吕览》同用"乎"字，更相像了。

如果这等标准可以考定《老子》成书的年代，那么，我们也可以说《论语》成书也该移在吕不韦时代或更在其后了！

文体标准的不可靠，大率如此。这种例证应该可以使我们对于这种例证存一点特别戒惧的态度。

至于摭拾一二个名词或术语来做考证年代的标准，那种方法更多漏洞，更多危险。顾颉刚先生与梁启超先生都曾用此法。如顾先生说：

更就其所用名词及仍语观之，"公"这一个字，古书中只用作制度的名词（如公侯、公田等），没有用作道德的名词的（如公忠、公义等）。《吕氏春秋》有《贵公》篇，又有"清净以公"等句，足见这是战国时新成立的道德名词。《荀子》与吕书同其时代，故书中言"公"的也很多。可见此种道德在荀子时最重视。《老子》言"容乃公，公乃王"（十六章），正与此同。（《史学年报》四页二五）

然而《论语》里确曾把"公"字作道德名同用：

宽则得众，信则民任焉，敏则有功，公则悦。（《论语》二十）

《老子》书中有"公"字，就应该减寿三百年。《论语》也有"公"字，也应该减寿三百年，贬在荀卿与吕不韦的时代了。

任公曾指出"仁义"对举仿佛是孟子的专卖品。然而他忘了《左传》里用仁义对举已不止一次了（如庄二十二年，如僖十四年）。任公又曾说老子在春秋时不应该说"侯王""王公""王侯""取天下""万乘之主"等等名词。然而《周易》蛊卦已有"不事王侯"，坎卦象辞与离卦象辞都有"王公"了。《论语》常用"天下"字样，如"管仲一匡天下"，如"禹稷躬稼而有天下"，如"泰伯三以天下让"。其实稷何尝有天下？泰伯又哪有"天下"可让？《老子》书中有"取天下"，也不过此种泛称，有何可怪？"天下""王"等名词既可用，为什么独不可用"万乘之主"？《论语》可以泛说"道千乘之国"，《老子》何以独不可泛说"万乘之主"呢？（河上公注："万乘之主谓王。"）凡持此种论证者，胸中往往先有一个"时代意识"的成见。此种成见最为害事。孔子时代正是诸侯力征之时，岂可以高谈"无为"？然而孔子竟歌颂"无为而治"，提倡"居敬而行简"之政治。时代意识又在哪里呢？

五

最后，我要讨论顾颉刚先生的《从〈吕氏春秋〉推测〈老子〉之成书年代》（《史学年报》四，页一三~四六）的考据方法。此文的一部分，我在上节讨论过了。现在我要讨论的是他用《吕氏春秋》引书的"例"来证明吕不韦著书时《老子》还不曾成书。

顾先生此文的主要论证是这样的：

第一，《吕氏春秋》"所引的书是不惮举出它的名目的。所以书中引的《诗》和《书》甚多，《易》也有，《孝经》也有，《商箴》《周箴》也有，皆列举其书名，又神农、黄帝的话，孔子、墨子的话……亦皆列举其人名"。这是顾先生说的《吕书》"引书例"。

第二，然而"《吕氏春秋》的作者用了《老子》的文词和大义这等多，简直把五千言的三分之二都吸收进去了，但始终不曾吐出这是取材于《老子》的"。

因此，顾先生下了一个假设："在《吕氏春秋》著作的时代，还没有今本《老子》存在。"

我对于顾先生的这种考据方法，不能不表示很深的怀疑。我现在把我的怀疑写出来供他考虑。

第一，替古人的著作做"凡例"，那是很危险的事业，我想是劳而无功的工作。古人引书，因为没有印本书，没有现代人检查的便利；又因为没有后世学者谨严的训练，错落几个字不算什么大罪过，不举出书名和作者也不算什么大罪过，所以没有什么引书的律例可说。如孟子引孔子的话，其与《论语》可以相对勘的几条之中，有绝对谨严不异一字的（如卷三，"里仁为美，择不处仁，焉得智。"），有稍稍不同的（如卷五"大哉尧之为君"一章），有自由更动了的（如卷五"君薨听于冢宰"一章，又卷六"阳货欲见孔子"一章，又卷十四"孔子在陈"一章），也有明明记忆错误的（如卷三"夫子圣矣乎"一段，对话的人《论语》作公西华，《孟子》作子贡，文字也稍不同。又如卷五"生事之以礼，死葬之以礼，祭之以礼"，《论语》作孔子告樊迟的话，而《孟子》作曾子说的话）。我们若试作孟子引书凡例，将从何处作起？

即以《吕氏春秋》引用《孝经》的两处来看，就有绝对不同的义例：

（1）《察微》篇（卷十六）

> 《孝经》曰：高而不危，所以长守贵也。满而不溢，所以长守富也。富贵不离其身，然后能保其社稷而和其民人（《孝经》"诸侯"章）。

（2）《孝行览》（卷十四）

　　　　故爱其亲不敢恶人，敬其亲不敢慢人。爱敬尽于事亲，光耀加于百姓，究于四
　　　海。此天子之孝也（《孝经》"天子"章）。

　　前者明举"孝经曰"，而后者不明说是引《孝经》，《吕氏春秋》的"引书例"究竟
在哪里？
　　第二，顾先生说《吕氏春秋》"简直把《老子》五千言的三分之二都吸收进去了"，
这是骇人听闻的控诉！我也曾熟读五千言，但我读《吕氏春秋》时，从不感觉"到处碰
见"《老子》。所以我们不能不检查顾先生引用的材料是不是真凭实据。
　　顾先生引了五十三条《吕氏春秋》，其中共分几等：

　　　　（甲）他认为与《老子》书"同"的，十五条。
　　　　（乙）他认为与《老子》书"义合"的或"意义差同"的，三十五条。
　　　　（丙）他认为与《老子》书"甚相似"的，二条。
　　　　（丁）他认为与《老子》书"相近"的，一条。

　　最可怪的是那绝大多数的乙项"义合"三十五条。"义合"只是意义相合，或相近。
试举几个例：

　　　　（1）〔《老》〕为道日损，损之又损，以至于无为。（四八）
　　　　〔《吕》〕故至言去言，至为无为。（《精谕》）
　　　　（2）〔《老》〕不自见故明。（二二）自见者不明。（二四）
　　　　〔《吕》〕去听无以闻则聪。去视无以见则明。（《任数》）
　　　　（3）〔《老》〕重为轻根。……是以圣人终日行不离辎重。（二六）
　　　　〔《吕》〕以重使轻，从。（《慎势》）

这种断章取义的办法，在一部一百六十篇的大著作里，挑出这种零碎句子，指出某句与某
书"义合"，已经是犯了"有意周内"的毛病了。如第（3）例，原文为：

　　　　故以大畜小，吉；以小畜大，灭。以重使轻，从；以轻使重，凶。

试读全篇（《慎势》篇），乃是说，"欲定一世，安黔首之命，其势不厌尊，其实不厌
多。"闻愈大，势愈尊，实力愈多，然后成大业愈易。所以滕、费小国不如邹、鲁，邹、
鲁不如宋、郑，宋、郑不如齐、楚。"所用弥大，所欲弥易。"此篇的根本观念，和《老
子》书中的"小国寡民"的理想可说是绝对相反。顾先生岂不能明白此篇的用意？不幸
他被成见所蔽，不顾全篇的"义反"，只寻求五个字的"义合"，所以成了"断章取义"
了！他若平心细读全篇，就可以知道"以重使轻，从"一句和《老子》的"重为轻根，
静为躁君"一章决无一点"义合"之处了。
　　其他三十多条"义合"，绝大多数是这样的断章取义，强为牵合。用这种牵合之法，

在那一百六十篇的《吕氏春秋》之内，我们无论要牵合何人何书，都可以寻出五六十条"义合"的句子。因为《吕氏春秋》本是一部集合各派思想的杂家之言。无论是庄子、荀子、墨子、慎到、韩非，（是的，甚至是韩非!）都可以在这里面寻求"义合"之句。即如上文所举第（1）例的两句话：上句"至言去言"何妨说是"义合"于《论语》的"予欲无言"一章？下句"至为无为"何妨说是"义合"于《论语》的"无为而治"一章？

所以我说，"义合"的三十多条，都不够证明什么，都不够用作证据。至多只可说有几条的单辞只字近于今本《老子》而已。

再看看顾先生所谓"同"或"甚相似"的十几条。这里有三条确可以说是"同"于《老子》的。这三条是：

（4）大智不形，大器晚成，大音希声。（《吕·乐成》篇）

大器晚成，大音希声，大象无形。（《老》四一章）

（5）故祸兮福之所倚，福兮祸之所伏。圣人所独见，众人焉知其极？（《吕·制乐》篇）

祸兮福之所倚，福兮祸之所伏。孰知其极？（《老》五八章）

（6）故曰，不出户而知天下，不窥于牖而知天道。其出弥远者其知弥少。（《吕·君守》篇）

太上反诸己，其次求诸人，其索之弥远者其推之弥疏，其求之弥强者失之弥远。（《吕·论人》篇）

不出于门户而天下治者，其惟知反于己身者乎？（《吕·先己》篇）

不出户，知天下；不窥牖，见天道。其出弥远，其知弥少。（《老》四七章）

除了这三条之外，没有一条可说是"同"于《老子》的了。试再举几条顾先生所谓"同"于《老子》的例子来看看：

（7）道也者，视之不见，听之不闻，不可为状。有知不见之见，不闻之闻，无状之状者，则几于知之矣。道也者，至精也，不可为形，不可为名。强为之，谓之太一。（《吕·大乐》篇）

视之不见名曰夷，听之不闻名曰希，搏之不得名曰微。此三者不可致诘，故混而为一。其上不皦，其下不昧，绳绳不可名，复归于无物。是谓无状之状，无物之象。是为惚恍。（《老》十四章）

有物混成，先天地生。寂兮寥兮，独立不改，周行而不殆，可以为天下母。吾不知其名，字之曰道，强为之名曰大。（《老》二五章）

（8）天地大矣，生而弗子，成而弗有，万物皆被其利而莫知其所由始。（《吕·资公》篇）

全乎万物而不宰，泽被天下而莫知其所自始。（《吕·审分》篇）

万物作焉而不辞，生而不有，为而不恃。（《老》十二章）

生之畜之，生而不有，为而不恃，长而不宰。（《老》十章）

　　大道泛兮其可左右，万物恃之而生而不辞，功成不名有，衣养万物而不为主。
（《老》三四章）

　　（9）天下，重物也，而不以害其生，又况于它物乎？惟不以天下害其生者也，
可以托天下。（《吕·贵生》篇）

　　故贵以身为天下，若可寄天下。爱以身为天下，若可托天下。（《老》十三章）

　　（适按，《老子》此章以奋身为人患，以无身为无患，与《贵生》篇义正相反。
但吕书《不侵》篇也曾说："天下轻于身，而士以身为人。以身为人者如此其重也！"
必须有此一转语，吕书之意方可明了。）

这几条至多只可以说是每条有几个字眼颇像今本《老子》罢了。此外的十多条，都是这
样的单辞只字的近似，绝无一条可说是"同"于《老子》，或"甚相似"。如《行论》篇
说：

　　诗曰："将欲毁之，必重累之。将欲踣之，必高举之。"其此之谓乎？

顾先生说："这两句诗实在和《老子》三十六章太吻合了。"《老子》三十六章说：

　　将欲歙之，必固张之。将欲弱之，必固强之。将欲废之，必固兴之。将欲夺
（《韩非·喻老》篇作取）之，必固与之。是谓微明。

两段文字中的动词，没有一个相同的，我们可以说是"吻合"吗？吕书明明引"诗曰"，
高诱注也只说是"逸诗"，这本不成问题。颉刚说：

　　若认为取自《老子》，那是犯了以后证前的成见（《史学年报》四，页二三）。

这是颉刚自己作茧自缚。从高诱以来，本无人"认为取自《老子》"的。又如《吕氏春
秋·任数》篇引申不害批评韩昭侯的话：

　　何以知其聋？以其耳之聪也。何以知其盲？以其目之明也。何以知其狂？以其言
之当也。

这是当时论虚君政治的普通主张，教人主不要信任一己的小聪明。此篇的前一篇（《君
守》）也有同样的语句：

　　故有以知君之狂也，以其言之当也。有以知君之惑也，以其言之得也。
　　君也者，以无当为当，以无得为得者也。故善为君者无识，其次无事。有识则有
不备矣。有事则有不恢矣。

若以吕书引申不害为可信，我们至多可以说：《君守》篇的一段是用《任数》篇申不害的

话，而稍稍变动其文字，引申其意义。然而颉刚说：

> 这一个腔调与《老子》十二章所云"五色令人目盲，五音令人耳聋，五味令人口爽，驰骋田猎令人心发狂"甚相似。

这几段文字哪有一点相似？难道《老子》书中有了目盲耳聋，别人就不会再说目盲耳聋了吗？说了目盲耳聋，就成了《老子》腔调了吗？

这样看来，颉刚说的《老子》五千言有三分之二被吸收在《吕氏春秋》里，是不能成立的。依我的检查，《吕氏春秋》的语句只有三条可算是与《老子》很相同的（"大器晚成"条，"祸兮福之所倚"条，《君守》篇"不出户而知天下"条）；此外，那四十多条，至多不过有一两个字眼的相同，都没有用作证据的价值。

第三，我们要问：《吕氏春秋》里有这三条与《老子》很相同的文字，还偶有一些很像套用《老子》字眼的语句，但都没有明说是引用《老子》——从这一点上，我们能得到何种结论吗？

我的答案是：

（1）《吕氏春秋》既没有什么"引书例"，那三条与今本《老子》很相合的文字，又都是有韵之文，又都有排比的节奏，最容易记忆，著书的人随笔引用记忆的句子，不列举出处，这一点本不足引起什么疑问，至少不够引我们到"那时还没有今本《老子》"的结论。因为我们必须先证明"那时确没有今本《老子》"，然后可以证明"《吕氏春秋》中的那三段文字确不是引用《老子》"。不然，那就又成了"丐辞"了。

（2）至于那些偶有一句半句或一两个字眼近似《老子》的文字，更不够证明什么了。颉刚自己也曾指出《淮南子》的《原道训》"把《老子》的文辞、成语和主义融化在作者自己的文章之中，而不一称'老子曰'。然而他写到后来，吐出一句'故老聃之言曰，天下之至柔驰骋天下之至坚，出于无有，入于无间，吾是以知无为之有益'"（《史学年报》四，页十六），颉刚何不试想，假使《原道》一篇的前段每用一句《老子》都得加"老子曰"，那还成文章吗？我们试举上文所引《吕氏春秋》的第（8）例来看看：

> 天地大矣，生而弗子，成而弗有，万物皆被其利而莫知其所由始。

假定这种里面真是套了《老子》的"生而不有，为而不恃"，请问：如果此文的作者要想标明来历，他应该如何标明？他有什么法子可以这样标明？颉刚所举的五十条例子，所谓"同"，所谓"义合"，所谓"甚相似"，至多不过是这样把《老子》的单辞只字"融化在作者自己的文章之中"，在行文的需要上，决没有逐字逐句标明"老子曰"的道理，也决没有逐字逐句标明来历的方法。所以我说，这些例子都不够证明什么。如果他们能证明什么，至多只能够暗示他们套用了《老子》的单辞只字，或套用了《老子》的腔调而已。李侯佳句往往似阴铿，他虽不明说阴铿，然而我们决不能因此证明阴铿生在李白之后。

顾先生此文的后半，泛论战国后期的思想史，他的方法完全是先构成一个"时代意识"，然后用这"时代意识"来证明《老子》的晚出。这种方法的危险，我在前面第三、四两节已讨论过了。

六

我已说过，我不反对把《老子》移后，也不反对其他怀疑《老子》之说。但我总觉得这些怀疑的学者都不曾举出充分的证据。我这篇文字只是讨论他们的证据的价值，并且评论他们的方法的危险性。中古基督教会的神学者，每立一论，必须另请一人提出驳论，要使所立之论因反驳而更完备。这个反驳的人就叫做"魔的辩护士"（Advocatus diaboli）。我今天的责任就是要给我所最敬爱的几个学者做一个"魔的辩护士"。魔高一尺，希望道高一丈。我攻击他们的方法，是希望他们的方法更精密；我批评他们的证据，是希望他们提出更有力的证据来。

至于我自己对于《老子》年代问题的主张，我今天不能细说了。我只能说：我至今还不曾寻得老子这个人或《老子》这部书有必须移到战国或战国后期的充分证据。在寻得这种证据之前，我们只能延长侦查的时期，展缓判决的日子。

怀疑的态度是值得提倡的。但在证据不充分时肯展缓判断（Suspension of judgement）的气度是更值得提倡的。

1933 年元旦改稿

原载北京大学哲学会《哲学论丛》1933 年第一集。

附录一 与钱穆先生论《老子》问题书

胡适

宾四先生：

去年读先生的《向歆父子年谱》，十分佩服。今年在《燕京学报》第七期上读先生的旧作《关于〈老子〉成书年代之一种考察》，我觉得远不如《向歆谱》的谨严。其中根本立场甚难成立。我想略贡献一点意见，请先生指教。

此文的根本立场是"思想上的线索"。但思想线索实不易言。希腊思想已发达到很"深远"的境界了，而欧洲中古时代忽然陷入很粗浅的神学，至近千年之久。后世学者岂可据此便说希腊之深远思想不当在中古之前吗？又如佛教之哲学已到很"深远"的境界，而大乘末流沦为最下流的密宗，此又是最明显之例。试即先生所举各例，略说一二事。如云：

> 《说卦》"帝出于震"之说……其思想之规模、条理及组织，盛大精密，皆逊《老子》，故谓其书出《老子》后，袭《老子》语也。以下推断率仿此。

然先生已明明承认《大宗师》已有道先天地而生的主张了。"仿此推断",何不可说"其书出《老子》后,袭《老子》语也"呢?

又如先生说:

> 以思想发展之进程言,则孔、墨当在前,老、庄当在后。否则老已先发道为帝先之论,孔、墨不应重为天命天志之说。何者?思想上之线索不如此也。

依此推断,老、庄出世之后,便不应有人重为天命天志之说了吗?难道二千年中之天命天志之说,自董仲舒、班彪以下,都应该排在老、庄以前吗?这样的推断,何异于说"几千年来,人皆说老在庄前,钱穆先生不应说老在庄后,何者?思想上之线索不如此也?"

先生对于古代思想的几个重要观念,不曾弄明白,故此文颇多牵强之论。如天命与天志当分别而论。天志是墨教的信条,故墨家非命;命是自然主义的说法,与尊天明鬼的宗教不能并存。(后世始有"司命"之说,把"命"也做了天鬼可支配的东西。)

当时思想的分野:老子倡出道为天地先之论,建立自然的宇宙观,动摇一切传统的宗教信仰,故当列为左派。孔子是左倾的中派,一面信"天何言哉?四时行焉,百物生焉"的自然无为的宇宙论,又主"存疑"的态度,"知之为知之,不知为不知","未能事人,焉能事鬼",皆是左倾的表示;一面又要"祭如在,祭神如神在",则仍是中派。孔孟的"天"与"命",皆近于自然主义;"莫之为而为,莫之致而致",皆近于老、庄。此孔、孟、老、庄所同,而尊天事鬼的宗教所不容。墨家起来拥护那已动摇的民间宗教,稍稍加以刷新,输入一点新的意义,以天志为兼爱,明天鬼为实有,而对于左派、中派所共信的命定论极力攻击。这是极右的一派。

思想的线索必不可离开思想的分野。凡后世的思想线索的交互错综,都由于这左、中、右三线的互为影响。荀卿号称儒家,而其《天论》乃是最健全的自然主义。庄子蔽于天而不知人,其《大宗师》一篇已是纯粹宗教家的哀音,已走到极右的路上去了。

《老子》书中论"道",尚有"吾不知其名,字之曰道,强为之名曰大"的话,是其书早出最强有力之证。这明明说他初得着这个伟大的见解,而没有相当的名字,只好勉强叫他做一种历程,——道——或形容他叫做"大"。

这个观念本不易得多数人的了解,故直到战国晚期才成为思想界一部分人的中心见解。但到此时期,——如《庄子》书中,——这种见解已成为一个武断的原则,不是那"强为之名"的假设了。

我并不否认"《老子》晚出"之论的可能性。但我始终觉得梁任公、冯芝生与先生诸人之论证无一可使我心服。若有充分的证据使我心服,我决不坚持《老子》早出之说。

匆匆草此,深盼指教。

胡适廿,三,十七

原载 1932 年《清华周刊》第 37 卷第 9、10 期合刊,又收入《古史辨》第 4 册。

附录二　致冯友兰书

胡　适

芝生吾兄：

　　承你寄赠《中国哲学史讲义》一八三页，多谢多谢。连日颇忙，不及细读，稍稍翻阅，已可见你功力之勤，我看了很高兴。将来如有所见，当写出奉告，以酬远道寄赠的厚意。

　　今日偶见一点，不敢不说。你把《老子》归到战国时的作品，自有见地；然讲义中所举三项证据，则殊不足推翻旧说。第一，"孔子以前，无私人著述之事"，此通则有何根据？当孔子生三岁时，叔孙豹已有三不朽之论，其中"立言"已为三不朽之一了。他并且明说："鲁有先大夫曰臧文仲，既没，其言立。"难道其时的立言者都是口说传授吗？孔子自己所引，如周任之类，难道都是口说而已？至于邓析之书，虽不是今之传本，岂非私人所作？故我以为这一说殊不足用作根据。

　　第二，"《老子》非问答体，故应在《论语》、《孟子》后"。此说更不能成立。岂一切非问答体之书，皆应在《孟子》之后吗？《孟子》以前的《墨子》等书岂皆是后人假托的？况且"非问答体之书应在问答体之书之后"一个通则又有什么根据？以我所知，则世界文学史上均无此通则。《老子》之书韵语居多，若依韵语出现于散文之前一个世界通则言之，则《老子》正应在《论语》之前。《论语》《檀弓》一类鲁国文学始开纯粹散文的风气，故可说纯散文起于鲁文学，可也；说其前不应有《老子》式的过渡文体，则不可也。

　　第三，"《老子》之文为简明之'经'体，可见其为战国时之作品"。此条更不可解。什么样子的文字才是简明之"经"体？是不是格言式的文体？孔子自己的话是不是往往如此？翻开《论语》一看，其问答之外，是否章章如此？"巧言，令色，鲜矣仁"；"道千乘之国，敬事而信，节用而爱人，使民以时"；"行夏之时，乘殷之辂，服周之冕"……这是不是"简明之'经'体"？

　　怀疑《老子》，我不敢反对；但你所举的三项，无一能使我心服，故不敢不为它一辩。推翻一个学术史上的重要人，似不是小事，不可不提出较有根据的理由。

　　任公先生所举证据，张怡荪兄曾有驳文，今不复能记忆了。今就我自己所能见到之处，略说于此。任公共举六项：

　　（一）孔子十三代孙能同老子的八代孙同时。此一点任公自己对我说，他梁家便有此事，故他是大房，与最小房的人相差五六辈。我自己也是大房，我们族里的排行是"天德锡祯祥，洪恩育善良"十字，我是"洪"字辈，少时常同"天"字辈人同时；今日我的一支已有"善"字辈了，而别的一支还只到"祥"字辈。这是假定《史记》所记世系可信。何况此两个世系都大可疑呢？

（二）孔子何以不称道老子？我已指出《论语》"以德报怨"一章是批评老子。此外"无为而治"之说也似是老子的影响。

（三）《曾子问》记老子的话与《老子》五千言精神相反。这是绝不了解老子的话。老子主张不争，主张柔道，正是拘谨的人。

（四）《史记》的神话本可不论，我们本不根据《史记》。

（五）老子有许多话太激烈了，不像春秋时人说的。试问邓析是不是春秋时人？做那《伐檀》《硕鼠》的诗人又是什么时代人？

（六）老子所用"侯王""王公""王侯""万乘之君""取天下"等字样，不是春秋时人所有。他不记得《易经》了吗？《蛊》上九有"不事王侯"。《坎》象辞有"王公设险"，《离》象辞有"离王公也"。孔子可以说"千乘之国"，而不许老子说"万乘之君"，岂不奇怪？至于"偏将军"等官名，也不足据。《汉书·郊祀志》不说"杜主，故周之右将军"吗？

以上所说，不过略举一二事，说明我此时还不曾看见有把《老子》挪后的充分理由。

至于你说，道家后起，故能采各家之长。此言甚是。但"道家"乃是秦以后的名词，司马谈所指乃是那集众家之长的道家。老子、庄子的时代并无人称他们为道家。故此言虽是，却不足推翻《老子》之早出。

以上所写，匆匆达意而已，不能详尽，甚望指正。

近日写《中古哲学史》，已有一部分脱稿，拟先付油印，分送朋友指正。写印成时，当寄一份请教。

胡适十九，三，二十夜

原载天津《大公报·文学》副刊 1931 年第 178 期，又收入《古史辨》第 4 册。

法家类

《邓析子》辨伪

伍非百

《邓析子》，伪书也。何为辩之？以其为名家之祖，恐后世转相沿讹也。邓析者，郑人也。刘向称其"好形名之学，操两可之辞，设无穷之辩，数难子产法，子产无以应"。今《邓析子》书中，有所谓设无穷之辞，操两可之辩者乎？无有也。《荀子·非十二子篇》曰："不法先王，不是礼义，而好治怪说，玩琦辞，甚察而不惠，辩而无用，是惠施、邓析也。"《不苟篇》曰："山渊平，天地比，人乎耳，出乎口，钩有须，卵有毛，是说之难持者也。而惠施、邓析能之。"今《邓析子》书具存，所谓治怪玩琦者安在？"平山渊""比天地"之语皆无有。是今所传《邓析子》者，伪也。不宁唯是。今本篇首有刘向《校录叙》，叙谓"《邓析子》书其论'无厚'者，言之异同，与《公孙龙子》同类"。考《公孙龙子》，自隋以来，亡其八篇，其论"无厚"之义若何，已不得见。然以名家之说绎之，固显然与今本《邓析子》不同频也。何则？"无厚"者，名家之显说也。与"坚白"并称于世，为名家辩论最烈之两大问题。一惠子曰："无厚不可积也，其大千里。"《墨经》曰："厚有所大也。"《韩非子》曰："坚白无厚之辞章，而宪令之法息。"《荀子》曰："'夫坚白同异'有厚无厚之察，非不察也。然而君子不辩，止之也。"《吕氏春秋》曰："坚白之察，无厚之辩，外矣。"鲁胜《墨辩注叙》云："名必有形，察形莫如别色，故有坚白之辩。名必有分，明分莫如有无，故有无厚之辩。""坚白"为辩质点之异同问题，"无厚"为辩质点之有无问题，皆哲学科学上最重要之争论。有厚无厚，乃争论有无"极微"及"无穷大""无穷小"诸问题也。此问题关系于省名之形与无形之名甚巨。名家极重视之。《公孙龙子》论"无厚"，其言之异同，既与《邓析子》为同类，亦当然与惠施《墨辩》及其他名家所论者同类。刘向作《叙录》时，犹及见之，故其言云然。不幸《公孙龙子》亡其八篇，而其论"无厚"者，不见于世。伪造《邓析子》者，闻其风而悦之，未究厥旨，望文生义，造为刻薄寡恩之言。幸赖刘向之《序》尚存，得以转正其伪，亦名邓之幸也。唐李善注《文选》，于伪《邓析子》，引用至十三条，寥寥不满四千言之籍，而引用至于十三，不可谓非特好。以其书之显晦观之，其作伪之时代，大抵与隋不相远者近是。今于其杂凑诸家之语，可推寻者，别注于篇。

无厚篇

（《邓析子》旧有《无厚》《转辞》二篇，其书已佚，惟篇名尚存。作伪者因之，遂造为"天于人无厚也"等语，以影射之，非复名家"无厚"本旨。）

天于人无厚也，君于民无厚也，父于子无厚也，兄于弟无厚也。何以言之？天不能屏勃厉之气，全天折之人，使为善之民必寿，《文选·安陆玉碑》李善注作"令天折之人更生，使为善之民必寿"。此于民无厚也。凡民有穿窬为盗者，有诈伪相迷者，此皆生于不足，起于贫穷，而君必执法诛之，此于民无厚也。尧、舜位为天子，而丹朱、商均为布衣，此于子无厚也。周公诛管、蔡，此于弟无厚也。推此言之，何厚之有？此节为作伪者自造之文，依题作训，望言语生义，而不知与名家"无厚"之旨全悖。

循名责实，君之事也。奉法宣令，臣之职也。下不得自擅，上操其柄，而不理者，未之有也。君有三累，臣有四责。何谓三累？惟亲所信，一累。《御览》六二引，累下有也字，下并同。以名取士，二累。近故亲疏，《御览》"亲疏"倒作"疏亲"。三累。何谓四责？受重赏而无功，一责。居大位而不治，二责。为理官而不平，旧脱为字，《意林》作"为理官而不平"，《御览》"为理而不平"，按上下文句，当从《意林》。三责。御《意林》御作在。军阵而奔北，四责。君无三累，臣无四责，可以安国。《御览》作"可谓安国家也"。

势者君之舆，威者君之策，臣者君之马，民者君之轮。势固则舆安，威定则策劲，臣顺则马良，民和则轮利。为国《意林》作"治国者"。失此，必有覆车奔马、折轮败载之患，安得不危？《意林》作"必有覆车奔马、折策败轮之患，轮败策折，马奔舆覆，则载者亦倾矣"。又《艺文类聚》五十四引《韩非子》曰："势者，君之马也。威者，君之轮也。势固则舆安，威定则策劲，臣从则马良，民和则轮利。为国有失于此，覆舆奔马，折策败轮矣。舆覆马奔，策折轮败，载者安得不危？"

异同之不可别，是非之不可定，白黑之不可分，清浊之不可理，久矣。诚听能闻于无声，视能见于无形，计能规于未兆，虑能防于未然，然，疑作朕。斯无他也。不以耳听，则通于无声矣。不以目视，则照于无形矣。不以心计，则达于无兆矣。不以知虑，则合于无朕朕旧作然，形近而误。矣。君者，《意林》作"为君者"。藏形匿影，群下无私。掩目塞耳，万民恐震。循名责实，察法立威，《御览》六二〇引作"案法立成"。又原本"循名责实"提行分段，《御览》接上不分。是明王也。夫明于形者，分不遇遇，疑作过。于事。察于动者，用不失于旧作则利。故明君审一，万物自定。名不可以外务，智不可以从他，求诸己之谓也。

治世位不可越，职不可乱，百官有司，各务其刑刑通形。上循名以督实，下奉教而不违。旧作达，各本皆作违，今据改。所美观其所终，所恶计其所穷。按此二语，亦见《管子·版法篇》，彼作"举所美必观其所终，废所举必计其所穷"。喜不以赏，怒不以罚。可谓治世。

夫负重者患途远，据贵者忧民离。一本忧作患。负重途远者，身疲而无功。在上离民者，虽劳而不治。故智者量途而后负，明君视民而出政。

猎黑虎者，不于外围。《御览》九百三十八作"猎猛虎者不于后园"。钩鲸鲵者，不居清池。何则，围非黑虎之窟也，池非鲸鲵之泉也。《御览》作"园非虎处，池非鲸渊"。盖约其文也。此渊作泉，则避唐讳。楚之不沂流陈之不束麾。长卢之不士同仕，吕子之蒙耻。

夫游而不见敬，不恭也。居而不见爱，不仁也。言而不见用，不信也。求而不能得，无始始，疑作媒，与"理"对。媒理同义。《离骚》："理弱而媒拙兮，恐导言之不固。"媒、理皆居间介绍人。也。谋而不见喜，无理也。计而不见从，遗道也。因势而发誉，则行等而名殊。人齐而得时，则力敌而功倍。其所以然者，乘势之在外。

推辩说，非所听也。虚言向，向字疑当作间。非所应也。无益治乱，非所举也。旧作"无益乱，非举也"，文不成辞，据上文，增"治""所"二字。谓言之无益于治乱者，非所言也。《尹文子》曰："有理而无益于治者，君子弗言。"《庄子·天下篇》曰："言之无益于治者，君子不言，以为明之不如其已。"是其义。故谈者，别殊类使不相害，序异端使不相乱。论志通意，非务相乖也。若饰词以相乱，匿词以相移，移上旧有取字，今删。非古之辩也。此段文字，为古代名家正名派反对论辩派之常语。邹衍尉公孙龙，与《韩诗外传》，皆有此文，不知始于何人。今作伪书者，忽钞掇其语，以窜入《邓析子》，而不知其与战国时传说之邓析子恰相抵牾。何则？邓为荀卿所反对之人，而此段文字，则与《荀子·正名篇》之说相类。疑本为荀卿之说。韩婴为荀之再传弟子，其所言殆本于卿。今作伪者，乃一以之窜入于《邓析子》，谬误显然。又邹衍常用此数语，以反对公孙龙，而刘向谓公孙龙之说，与邓析同类。则是此数语者，亦可移作反对邓析之用。今抄者不察，混合杂凑，而不知其宗派相反至于如此也。兹具录邹衍及《韩诗外传》之说如下：刘向《别录》曰："齐使邹衍过赵平原君，见公孙龙及其徒綦母子之属，论白马非马之辩，以间邹子。邹子曰：'二不可，彼天下之辩有五胜三至，而辞至为下。辩者，别殊类使不相害，序异端使不相乱。抒意通指，明其所谓，使人与知焉，不务相迷也。故胜者不失其所守，不胜者得其所求。若是，故辩可为也。及至烦文以相假，饰辞以相悖，巧譬以相移，引人声使不得及其意，如此，害大道。夫缴纷争言而竞后息，不能无害君子。'坐皆称善。"《韩诗外传》曰："天下之辩，有三至五胜，而辞至为下。辩者，别殊类使不相害，序异端使不相悖，输情通意，扬其所谓，使人预知焉，不务相迷也。是以辩胜者，不失所守，不胜者，得其所求，故辩可观也。夫繁文以相假，饰辞以相悖，数譬以相移，外人之身，使不得反其意，则论便然后害生也。夫不疏其指而弗知谓之隐，外意外身谓之讳，几廉倚跌谓之移，指缘谬辞谓之苟，四者所不为也。故理可同睹也。夫隐讳移苟，争言竞为而后息，不能无害其为君子也，故君子不为也。《论语》曰：'君子于其言，无所苟而已矣。'《诗》曰：'无易由言，无曰苟矣'。"

虑不先定，不可以应卒。兵不闲习，《意林》作"预整"。不可以当敌。庙算千里，帷幄之奇。百战百胜，黄帝之师。

死生自命，贫富自时。怨天折者，不知命也。怨贫贱者，不知时也。故临难不惧，一本难作敌。知天命也。贫穷无慑，达时序也。凶饥之岁，父死于室，子死户外，而不相怨者，无所顾也。同舟渡海，《意林》"同船涉海"。又《书钞》百三十七、《艺文》七十一、《御览》七百六十八，并作涉。惟《文选·王仲宣赠文叔良诗》注，引作渡，与今本同。中流遇风，救患若一，所忧同也。一本忧作患。张罗而畋，唱和不差者，其利等也。《意林》等作同。故体痛者，口不能不呼。《意林》痛作病。心悦者，颜不能不笑。责疲者以举千钧，责兀者以及走兔，驱逸足于庭，求猨捷于槛，斯逆理而求之，犹倒裳而索领也。原本无"也"字，据《御览》补。

事有远而亲，近而疏。就而不用，去而反求。凡此四行，明主大忧也。凡，一本作风。盖风与凡，古音同。《中庸》"知风之目"，俞樾校作"知凡之目"，是其证。

夫水浊则无掉尾之鱼，政苛则无逸乐之士。故令烦则民诈，政扰则民不定。不治其本，而务其末，譬如拯溺锤之以石，救火投之以薪。《御览》五二〇、《艺文》八〇引作"拯溺而砸之以石，救火而投之以薪"。增两而字。锤，作砸。

夫达道者，无知之道也，无能之道也。是知大道不知而中，不能而成，无有而足。守虚责实，而万事毕。忠出出，旧作言，篆形近而误。于不忠，义生于不义。音而不收谓之放，言出而不督谓之闇。故见其象，致其形。循其理，正其名。得其端，知其情。见象致形三句，语出《管子·白心篇》。若此，何往不复？何事不成？有物者，意也。无外者，德也。有人者，行也。无人者，道也。故德非所履，处非所处，则失道。非其道不道，则诡。意无贤，虑无忠，行无道，言虚如受实，万事毕。此段似古形名法术之言。

夫言荣不若辱，非诚辞也。得不若失，非实谈也。不进则退，不喜则忧，不得则亡，此世人之常。真人危危字有误。斯十者而为一矣。所谓大辩者，别天下之行，具天下之物，选善退恶，时措其宜，而功立德至矣。小辩则不然，别言异道，以言相射，以行相伐，使民不知其要，无他故焉，故知浅原作"浅知"，据别本改。也。君子并物而错之，兼涂而用之，五味未尝而辨原本脱辨字，据《子汇》本增。于口，五行在身而布于人。故何孙诒让云：何疑作无。愚按：疑作回。方之道不从，面从之义不行，治乱之法不用。惔然宽裕，荡然简易，略而无失，精详入纤微也。夫舟浮于水，车转于陆，此自然道也。故为治者，"故为"旧作"有不"。知故故字据下文增。知故即智故，名家常语。不豫焉。夫木击折轊，水戾破舟，不怨木石而罪巧拙者，智故不载焉。故道有知则惑，原作"有知则感"。《子汇本》感作惑。尔本俱脱道字。德有心则崄，心原脱心字。有目则眩。是以规矩一而不易，不为秦楚缓缓当作变。节，不为胡越改容。常原脱常字。一而不邪，方行而不流。一日形之，万世传之，无为为之也。此节全抄《淮南子·主术训》。《文子·下德篇》亦有此文，互有脱误。今并校正。《淮南·主术训》："德无所立，怨无所长，是释术而任人心者也。故为治者，智不与焉。夫舟浮于水，车转于陆，此势之自然也。木击折轊，《意林》作轴。水戾破舟，不怨木石而罪巧拙者，知故不载焉。《意林》作智有不周。是故道有智则感，德有心则险，心有目则眩。兵莫僭于志，莫邪为下。寇莫大于阴阳，而抱鼓为小。今夫权衡规矩，一定而不易，不为秦楚变节，不为胡越改容。常一而不邪，方行而不流。一日形之，万世传之，而以无为为之。"《文子·下德篇》云："德无所立，怨无所长，是任道而合人心者也。故为治者，智不与焉。水戾破舟，木击折轴，不怨木石而罪巧拙者，何据《意林》增何字。也？智不载也。故道有知则乱，德有心则险，心有目则眩。夫权衡规矩，一定而不易，常一而不衺，方行而不留，一日形之，万世传之，无为。为人之言曰：国有亡主，世无亡道。人有穷而理无不通。故无为者，道之宗也。得道之宗并应无穷。""道有知则感"，《文子》作"道有知则乱"，《邓析子》作"有知则感"，脱一道字。感，当作惑，两本并误。"心有目则眩"，《邓析子》脱心字。当依《淮南子》及《文子》补。

夫自见之明，《意林》之作则。下三句同。借人见之阇也。自闻之聪，聪，旧作听，误。各本皆作聪，据改。借人闻之聋也。明君知此，则去就之分定矣。为君者，原脱者字，依《文选·褚渊碑注》，《御览》四，又六百二十，补。当若冬日之阳，夏日之阴，万物自归，《御览》四，又六百二十，并作"归之"。莫之使也。恬卧而功自成，《御览》六百二十，恬作偃。优游而政自治。岂在振目搤腕，手操鞭朴操，原作据，依《御览》二十七改。而后为治欤？

夫合事有不合者，知与未知也。合而不结者，阳亲而阴疎。故远而亲者，志相应也。志，原作忘。依《文选》曹子建《赠白马王诗》注改。近而疏者，志不合也。此志字，旧亦误作忘，《鬼谷子·内揵篇》作志，今据改。就而不用者，策不得也。去而反求者，无违行也。近而不御者，心相乖也。远而相思者，合其谋也。此节抄袭《鬼谷子·内揵篇》。今录《鬼谷子》原文如次："君臣上下之事，有远而亲，近而疏，就之不用，去之反求，日近前而不御，遥闻声而相思。事皆有内揵，素结本始。或结以道德，或结以党友，或结以财货，或结以采色。用其意，欲入则入，欲出则出，欲亲则亲，欲疏则疏，欲就则就，欲去则去，欲求则求，欲思则思，若蚨母之从其子也。出无间，入无朕，独往独来，莫之能止。内者进辞说，揵者揵所谋也。故远而亲者，有阴德也。近而疏者，志不合也。就而不用者，策不得也。去而反求者，事中来也。日进前而不御者，施不合也。遥闻声而相思者，合于谋，待决事也。"故明君择人，不可不审。士之进趣，亦不可不详。

转辞篇

世间悲哀喜乐，嗔怒忧愁，久惑于此，今转之。在己为哀，在他为悲。在己为乐，在他为喜。在己为嗔，在他为怒。在己为忧，在他为愁。在己二字疑衍。若扶之与携，谢之与让，得之与失，诺之与己，相去千里也。此亦作伪者自造之文，依题作训，杂引《淮南子》《文子》以凑之，而不知其与原意乖牾也。原本"谢之与让，得之与失"，作"谢之与议，故之与右"，据《淮南子》《文子》互校改正。《淮南子·说林篇》曰："扶之与提，谢之与让，故之与先，诺之与己。也之与矣，相去千里。"《文子·上德篇》曰："扶之与提，诺之与让，得之与失，诺之与己，相去千里。"俞樾《诸子平议》云："故之与先，当作得之与失，草书得故相似，隶书先失相近，皆形近而误。可据《文子》校正。"今从俞说。

夫言之术，与智者言依于博，与博者言依于辩，与辩者言依于要，要原本作安。与贵者言依于势，与富者言依于豪，与贫者言依于利，与勇者言依于敢，与愚者言依于说。说与悦同。此言之术也。"与智者言"九句，抄《鬼谷子》之文。《鬼谷子·权篇》曰："故与智者言依于博，与博者言依于辩，与辩者言依于要，与贵者言依于势，与富者言依于高，与贫者言依于利，与贱者言依于谦，与勇者言依于敢，与过者言依于锐。此其术也。"按此文与今本《鬼谷子》各有脱误，可以互证。"依于安"，当依《鬼谷子》作"依于要"。"依于高""依于锐"，当依《邓析子》作"依于豪""依于说"。"与过者言"，过当作愚。不用在早图，不穷在早稼。非所宜言勿言，下有脱句，疑当增"以避其愆"四字。非所宜为勿为，以避其危。非所宜取勿取，以避其咎。非所宜争勿争，以避其声。一声而非，驷马勿追。一言而急，驷马不及。四句《意林》作"二言而非，驷马不能追，一言而急，驷马不能及"。《文选·竟陵文宣王行状》注、《艺文》一九、《御览》三九〇引同。故恶言不出口，苟语不留耳。《艺文》作"苟声不入耳"。此谓君子也。夫任臣之法，闇则不任也，慧则不从也，仁则不亲也，勇则不近也，信则不信也。不以人用人，故谓之神。怒出于不怒，为出于不为。二语出《庄子·庚桑楚》。视于无有，则得其所见。听于无声，则得其所闻。其故无形者，有形之本。无声者，有声之母。

循名责实，实之极也。按实定名，名之极也。参以相平，转而相成。故得之形名。此节旧不分段，今玩其语义，当另提行。"循名责实""按实定名"，语出《管子·入国篇》。

夫川竭而谷虚，丘夷而渊实。圣人以死，大盗不起。天下平而无故也。原脱无字，依《庄子·胠箧篇》补。圣人不死，大盗不止。何以知其然？为之斗斛而量之，则并斗斛而窃之。为之权衡似平之，则并与权衡而窃之。为之符玺以信之，则并与符玺而窃之。窃，旧作切，盖因简写而误。为之仁义以教之，则并仁义以窃之。何以知其然？彼窃财诛，窃国者为诸侯。诸侯之门，仁义存焉。是非窃仁义耶？故逐旧作遂。于大盗，揭旧作霸。诸侯，此重利盗跖不可禁者，旧作"此重利也，盗跖所不可桀者"。乃圣人之罪也。此节抄录《庄子·胠箧篇》之文："夫川竭而谷虚，丘夷而渊实，圣人已死，则大盗不起，天下平而无故矣。圣人不死，大盗不止。虽重圣人而治天下，则是重利盗跖也。为之斗斛以量之，则并与斗斛而窃之。为之权衡以称之，则并与权衡而窃之。为之符玺以信之，则并与符玺而窃之。为之仁义以矫之，则并与仁义而窃之。何以知其然耶？彼窃钩者诛，窃国者为诸侯。诸侯之门，而仁义存焉。则是非仁义圣知邪，故逐于大盗，揭诸侯窃仁义，并斗斛权衡符玺之利者，虽有轩冕之赏弗能劝，斧钺之威弗能禁。此重利盗跖而使不可禁者，是乃圣人之过也。今据《庄子》校正。欲之与恶，读若好恶之恶。善之与恶，原作"善之与善"，一本"喜之与喜"，《子汇》本作"善之与恶"，今从《子汇》本改。四者变之失。恭之与俭，敬之与傲，四者失之修。上云"四者变之失"，此云"四者失之修"，文例参差，必有一误。故善素朴任惔忧而无失未有修焉，此德之永也。句有脱误。言有信而不为信，言有善而不为善者，不可不察也。

夫治之法，莫大于使旧本脱一使字。私不行。君之功，旧脱"君之"二字，据《艺文》五十四，《御览》六百三十八所引《慎子》补。莫大于使民不争。今也立法而行私，是私旧脱"是私"二字，今增。与法争。其乱也，甚于无法。旧误私。立君而尊贤，是贤原作"尊愚"，据《慎子》逸文改。与君争。其乱也，甚于无君。故有道之国，法立旧脱"法立"二字。则私善不行。君立而贤原本贤误作愚。者不尊。民一于君，事断于法。此治国之道也。此节抄录《慎子》文。《艺文》五四，《御览》六三八，所引《慎子》云："法之功莫大使私不行。君之功莫大使民不争。今立法而行私，是私与法争。其乱甚于无法。立君而尊贤，是贤与君争。其乱甚于无君。故有道之主，法立则私善不行，君立则贤者不争。事断于法，国之大道也。"明君之督大臣，缘身而责名，缘名而责形，缘形而责实。臣惧其重诛之至，于是据另本增是字。不敢行其私矣。

心欲安静，虑欲深远。心安静则神明荣，原作"神策生"，策、荣形近而误，又倒误。虑深远则计谋成。心不欲躁，虑不欲浅。心躁则精神滑，虑浅则百事倾。语出《鬼谷子·本经篇》："实意法螣蛇。实意者，气之虑也。心欲安静，虑欲深远。心安静，则神明荣。虑深远，则计谋成。神明荣，则志不可乱。计谋成，则功不可间。"

治世之礼，简而易行。乱世之礼，烦而难遵。上古之乐，质而不悲。当今之乐，邪而为淫。上古之民，质而敦朴。今世之民，诈而多行。上古象刑而民不犯，教疑当作今。有墨劓不以为耻，斯民所以乱多治少也。尧置敢谏之鼓，《文选·策秀才文》注，及《御览》七十七引，敢并作欲。舜立诽谤之木，汤有司直之人，武有戒慎之铭。此四君者，"四君"下原有子字，依《御览》改。圣人也，而犹若此之勤。至于栗陆氏杀东里子，宿沙氏戮箕文，《御览》四百九十二，作"宿沙君"。桀诛龙逢，纣刳比干，四主者乱君，故其疾贤若仇。是以贤愚之相觉，《御览》觉作狡，二字古通，即较也。若百丈之溪与万仞之山，若九地之下与重天之颠。天原作山，依《文选·西征赋》注、《汉高祖功臣颂》注、《御览》七十七改。明君之御民，若御奔而无辔，履冰而负重。亲而疏之，疏而亲之。故畏俭则福生，骄奢则祸起。圣人逍遥一世之间，宰匠万物之形。原本"一世"下脱"之间"二字。"宰匠"，误作"罕匹"。据《文选·南州桓公九井诗》注、《宣德皇后令》注、《策秀才文》注、《三国名臣序赞》注所引《邓析子》并作"圣人逍遥一世之间，宰匠万物之形"改正。寂然无鞭扑之罚，漠然无叱原本作咒，据刘本改。咤之声，而家给人足，天下太平。视昭昭，知冥冥。推未运，睹未然。故神而不可见，幽而不可见，此之谓也。

君人者，不能自专而好任下，则智日困而数日穷。迫于下则不能申，迫上疑脱一字。行随于国则不能持。知不足以为治，威不足以行诛，则据刘本增则字。无以与下交矣。故喜而使赏不必当功。怒而使诛，不必值罪。两使字，《意林》引并作便。不慎喜怒，诛赏从其意，而欲委任臣下，故亡国相继，杀君不绝。古人有言："众口铄金，三人成虎。"不可不察也。"众口铄金，三人成虎"，乃战国说士之谈，邓析以前疑无有，此则因抄袭诸子成语而来。

夫人情发言欲胜，举事欲成。故明者不以其短，疾人之长。不以其拙，病人之工。言有善者，则疑当作明而赏之。言有非者，显而罚之。塞邪枉之路，荡浮辞之端。臣下闭口，"闭口"旧作"闵之"，《文选·谢平原内史表》注引《慎子》语"臣下闭口，左右结舌"疑即本此，今据改。左右结舌，可谓明君。为善者，君与之赏。为恶者，君与之罚。因其所以来而报之，循其所以进而答之。圣人因之，故能用之。因之循理，故能长久。今之为君者，旧脱"君者"二字，一本有君字，今补。无尧舜之才，而慕尧舜之治，故终颠殒乎混冥之中，而事不觉于昭明之术，是以虚慕欲治之名，无益乱世之理也。

忠怠于宦成，原作"官生于官成"，依《意林》改。病始于少瘳，祸生于懈慢，"懈慢"二字，疑当依《文子》作"忧解"。孝衰于妻子，《意林》引《邓析子》"忠怠于官成，孝衰于妻子"二句相连，似当依《意林》改正。又《文子·符言》："学败于官茂，孝衰于妻子，患生于忧解，病甚于且愈，慎终如始，则无败事。"与此文相类，当是同一抄袭而来。此四者，慎终如始也。富必给贫，壮必给老。快情恣欲，必多侮悔。故曰："尊贵无以高人，聪明无以笼人，资给无以先人，刚勇无以胜人。能履行此，可以为天下君。

夫谋莫难于必听，事莫难于必成。成必合于数，听必合于情。故抱薪加火，燥者必先燃。燥，原作烁，依《艺文》八十改。又《艺文》加作爇，燃作著。平地注水，湿者必先濡。故曰："动之以其类，安有不应者？独行之术也。"

明君立法之后，中程者赏，缺绳者诛。晁公武《读书志》曰："《邓析》二篇，文字诋缺，或以绳为渑，以巧为功。"按今本绳字不误，或晁氏所见为另一本，否则后人已据晁氏说而改正矣。非此之谓，此字上，旧脱非字。君曰乱君，国曰亡国。

智者寂于是非，故善恶有别。明者寂于去就，两寂字，上当作察，下当作审。皆形近而误。故进退无类。类字有误，疑当作额，戾也。若智不能察是非，明不能审去就，斯谓虚妄。谓，原本作非，据另一本改。

目贵明，耳贵聪，心贵公。以天下之目视，则无不见。以天下之耳听，则无不闻。以天下之智虑，则无不知。以上六句，出《鬼谷子·符言篇》。得此三术，则存于不为也。

按：《邓析子》一书，乃杂凑诸家之语而成。其可推见者，各为检寻原书，附录于下。其不可推见者，原书久亡，姑存其旧。玩其文义，《无厚》《转辞》二篇之首章，辞意浅鄙，不类诸子家言，依题作训，望文生义，其为伪作甚明。余则杂凑古籍，虽不连犿，而碎义单辞，时有可观。故不惮烦杂，为之点校字句，俾好古者有所绎思。至其杂凑诸子之文，已检寻者，计一百二十四句。录列如左：

出于《管子》者三条：

"见其象致其形"三句出《管子·白心篇》

"循名责实，按实定名"二句出《管子·入国篇》。

"所美观其所终"二句出《管子·版法篇》。

出于《鬼谷子》者五条：

"与智者言，依于博"九句出《鬼谷子·权篇》。

"心欲安静，虑欲深远"八句出《鬼谷子·本经篇》

"有远而亲，近而疏"四句出《鬼谷子·内揵篇》

"需亲者，志相应也"十二句出《鬼谷子·内揵篇》。

"目贵明，耳贵聪，心贵智"六句出《鬼谷子·符言篇》。

出于《淮南子》及《文子》者二条：

"舟浮于水，车转于陆"二十句出《淮南子·主术训》。又见《文子·下德篇》。

"扶之与携，谢之与让"四句出《淮南子·说林训》。又见《文子·上德篇》。

出于《慎子》者一条：

"夫治之法莫大于使私不行，君之功莫大于使民不争"十四句出《慎子》逸文。

"臣下闭口，左右结舌"出《慎子》逸文。

出于《庄子》者二条：

"怒出于不怒，为出于不为"二句出《庄子·庚桑楚篇》。

"夫川竭而谷虚，丘夷而渊实"二十六句出《庄子·胠箧篇》。

出《韩非子》佚文一条：

"势者君之马"十一句见《艺文类聚》五十四引《韩非子》。

出于《韩诗外传》及刘向《别录》者一条：

"故谈者别殊类使不相害，序异端使不相乱"七句出《韩诗外传》，又见于刘向《别录》，邹衍对公孙龙之语。《孟荀列传》注引之。

又李善《文选》注引《邓析子》十三条亦照录如左：

张平子《东京赋》："常翘翘以危惧，若乘奔而无辔。"李善注《邓析子》曰："明君之御民，若乘奔而无辔。"

潘岳《西征赋》："贯三光而洞九泉，曾不足喻高下。"善注：《邓析子》曰："贤愚之相觉，若九地之下，重天之颠。"

殷仲文《南州桓公九井作》："哲匠感萧晨。"善注：《邓析子》曰："圣人逍遥一世之间，宰匠万物之形。"

曹子建《赠白马王彪诗》："在远分日亲。"善注：《邓析子》曰："远而亲者，志相应也。"

《天监三年策秀才文》："民有家给之饶。"善注：《郑析子》曰："圣人逍遥一世之间，而家给人足，天下太平也。"又"立谏鼓，设谤木"善注：《邓析子》曰："尧置欲谏之鼓，舜立诽谤之木。此圣人也。"

王元长《曲水诗序》："念负重于春冰，怀御奔于秋驾。"善注：《邓析子》曰："明君之御民，若乘奔而无辔，履冰而负重也。"

陆士衡《高祖功臣颂》"重玄匪奥，九地匪沈。"善注：《邓析子》曰："九地之下，重天之颠。"

袁彦伯《三国名臣序赞》："宗匠陶钧。"善注：《邓析子》曰："圣人逍遥一世之间，宰匠万物之形。”

王俭《褚渊碑》：“君垂冬日之温，臣尽秋霜之戒。”善注：《邓析子》曰：“为君者若冬日之阳，夏日之温。”

沈休文《安陵昭王碑》：“怨天德之无厚。”善注：《邓析子》曰：“天之于人无厚也。何以言之？天不能令夭折之人更生，为善之民必寿，此于民无厚也。”

任彦升《竟陵王行状》：“出言自口，骐骥勿追。”善注：《邓析子》曰：“二言而非，驷马不能追。一言而急，驷马不能及。”

书录及史实

【刘向《校叙》】：《邓析书》四篇，臣《叙书》一篇。凡中外书五篇，以相校除复重，为二（旧作一）篇。皆定杀青（旧脱青字）而书可缮写也。邓析者，郑人也。好刑名。操两可之说，设无穷之辞。当子产之世，数难子产之法。记或云：子产起而戮之。于《春秋左氏传》昭公二十年，而子产卒，子太叔嗣为政。定公八年太叔卒。驷歂嗣为政。明年乃杀邓析，而用其竹刑。君子谓子然于是乎不忠。（子然，旧作子歂，据《左传》改。）苟有可以加于国家，弃其邪可也。《静女》之三章。取彤管焉。竿旄何以告之？取其忠也。故用其道不弃其人。《诗》云：“蔽芾甘棠，勿剪勿伐，召伯所茇。”思其人犹爱其树也，况用其道不恤其人乎？子然（旧脱子字，据《左传》补。）无以劝能矣。竹刑，简法也。久远，世无其书。子产卒后二十年而邓析死。传说或称子产诛邓析，非也。其论“无厚”者言之异同，与公孙龙同类。谨第□上。

【《汉书·艺文志》】名家：邓析二篇。郑人，与子产并时。师古曰：“列子及孙卿并云子产杀邓析。据《左传》昭公二十年子产卒，定公九年，驷歂杀邓析，而用其竹刑，则非子产所杀也。”

【《隋书·经籍志·子部》】名家：《邓析子》一卷。析，郑大夫。

【《旧唐书·经籍志·丙部子录名家类》】《邓析子》一卷。邓析撰。

【《新唐书·艺文志·丙部子录名家类》】《邓析子》一卷。

【《宋史·艺文志·子类名家类》】《邓析子》二卷。郑人。

【《崇文总目》】邓析子，战国时人。《汉志》二篇。初，析著书四篇，刘歆有目有一篇，凡五，歆复校为二篇。

【《通志·艺文略》】名家：《邓析子》一卷。战国时郑大夫。

【晁公武《读书志》】《邓析》二篇，文字讹缺。或以“绳”为“渑”，以“巧”为“功”，颇为正是其谬。且撮其旨意而论之曰：先王之世，道德修明，以仁为本，以义为辅。诰、命、谟、训，则著之《书》。讽诵箴规，则寓之《诗》。《礼》《乐》以彰善，《春秋》以惩恶。其始虽若不同，而其归则合。犹天地之位殊，而育物之化均。寒暑之气异，而成岁之功一。岂非出于道而然邪？自文武既没，王者不作，道德晦昧于天下，而仁义几于熄。百家之说蜂起，各求自附于圣人，而不见夫道之大全。以其私知臆说，诳世而惑众。故九流皆出于晚周，其书各有所长，而不能无所失。其长盖或有见于圣人，而所失盖各奋其私知，故明者审取舍之而已。然则析之书，岂可尽废哉？《左传》曰：“驷歂杀析而用其竹刑。”班固录析书于名家之首，则析之学盖兼名法家也。今其大旨讦而刻。真其言，无可疑者。而其间时剽取他书，颇驳杂不伦，岂后人之附益也软？

【《高氏子略》】刘向曰：非子产杀邓析，推《春秋》验之。按《左氏》鲁定公八年，郑驷歂嗣子太叔为政，明年杀邓析而用其竹刑。君子谓歂嗣于是为不忠。考其行事，固莫能详。观其立言，其曰"天于人无厚，君于民无厚"。又曰"势者君之舆，威者君之策"。其意义盖有出于申、韩之学者矣。班固《艺文志》，乃列之名家。《列子》固尝言其"操两可之说，设无穷之辞，数难子产之法，而子产诛之"。盖其与《左氏》异矣。《荀子》又言其"不法先王，不是礼义，察而不惠，辩而无用"，则亦流于申、韩矣。夫传者乃曰歂杀邓析，是为不忠，郑以衰弱。夫郑之所以为国者，有若裨谌草创之，世叔讨论之，东里子产润色之。庶几于古矣。子产之告太叔曰："有德者能以宽服人，其次莫如猛。"子产，惠人也。固已不纯乎德，他何足论哉？不只竹刑之施，而民惧其骸。呜呼！春秋以来，列国綦错，不以利胜，则以威行，与其民揉辌于争抗侵凌之威，岂复知所谓仁渐义摩者！其民苦矣。固有惠而不知为政者，岂不贤于以薄为度，以威为神乎！析之见杀，虽歂之过，亦郑之福也。

【宋濂《诸子辩》】《郑析子》二卷，郑人邓析撰。析操两可之说，设无穷之辞，当子产之世，数难子产之法。子产卒后二十一年，驷歂为政，杀邓析子而用其竹刑。夫析之学，兼名法家者也。其言"天于民无厚，君于民无厚，父于子无厚，兄于弟无厚"，刻矣。夫民非天弗生，非君弗养，非父弗亲，非兄弗友，而谓之无厚，可乎？所谓不能屏勃厉全夭折，执穿窬诈伪诛之。尧、舜位为天子，而丹朱、商均为布衣，周公诛管、蔡，岂诚得已哉？非常也，变也。析之所言如此，真不法先王，不是礼义，而好治怪说者哉？其被诛戮宜也，非不幸也。

【王世贞《邓子序》】《邓析子》五篇。邓析子，郑人也。或云数难子产之政，子产戮之。按《左氏》驷歂嗣子太叔为政，始杀析。其人不足论，其文辞，战国策士倪耳。循名责实，察法立威，先申、韩而鸣者也。至谓天于人，父于子，兄于弟，俱无厚者，何哉？先王之用刑也，本于爱。析之用刑也，本于无厚。於乎！诛晚矣。《转辞篇》"与智者言依于辩"数语，同《鬼谷子》，岂后人传其旨益其辞也耶？要之，小人之言，往往出于机心之发，故不甚其远耳。《吕氏春秋》记析尝教获溺尸者、购溺尸者交胜而不可穷，固市井舞之魁也。孰谓驷歂失刑哉！弇州人序。

【杨慎《邓子序》】昔人谓东方曼倩学不纯师，余于邓析子亦云。从来虚无则老、庄司化，刑名则商、韩执契，经济则敬仲持穷，飞箝捭阖则鬼谷导机。盖悉有专门，各不相借，凛凛乎画界而守也。今观是书，则经纬相杂，玄黄互陈，宫商迭奏，初无定质。其言"神不可见，幽不可见，智者寂于是非，明者寂于去就"，则鬼谷子家言也。其言"百官有司，各务其刑，循名责实，察法立威"，则申韩氏意也。其言"达道者，无知之道，无能之道，圣人以死，大盗不起"，则漆园语也。其言"心欲安静，虑欲深远，尊贵无以高人，聪明无以笼人，资给无以先人，刚勇无以胜人"，则柱下史"知雄守雌、知白守黑"之遗教也。至云"藏形匿影，群下无私，明君视民而出政"，又云"民一于君，事断于法，君人者不能自专而好任下，则智日困而数日穷"，则又皆管大夫"不失政柄、君臣明法"之旨也。然篇中多御辔励臣之语，邓析殆长于治国者与？虽其书合纂组以成文，然皆几几乎道，可谓列素点绚，流润发彩，言之成服者矣。成都杨慎撰。

【清《四库全书总目·子部·法家类》】《邓析子》一卷，周邓析撰。析，郑人。《列子·力命篇》曰："邓析操两可之说，设无穷之辞。子产执政，作竹刑，郑国用之。数难子产之治，子产屈之。子产执而戮之，俄而诛之。"刘歆奏上其书，则曰："于《春秋左氏传》昭公二十年而子产卒，子太叔嗣为政。定公八年太叔卒，驷歂嗣为政，明年乃杀邓析，而用其竹刑。"然则《列子》为误矣。其书《汉志》作二篇，今本仍分《无厚》《转辞》二篇，而并为一卷。然其文节次不相属，似亦掇拾之本也。其言如"天于人无厚，君于民无厚，父于子无厚，兄于弟无厚"，"势者君之舆，威者君之策"，则其旨同于申、韩。如"令烦则民诈，政扰则民不定；心欲安静，虑欲深远"，则其旨同于黄、老。然其大旨主于势统于尊，事核于实，于法家为近，故竹刑为郑所用也。至于"圣人不死，大盗不止"一条，其文与《庄子》同。析远在庄子以前，不应预有剿说。而《庄子》所载，又不云邓析之言。或篇章残阙，后人撱拾《庄子》以足之欤？

【严可均《铁桥漫稿》一则】《崇文总目》言，刘歆校为二篇，今本二篇，即歆所分，而前有刘向奏，称"除复重，为一篇"者，盖欲冠以向奏，唐本相承如此也。知者，《意林》及杨倞注《荀子》，皆云向，不云歆也。因据各书引见，改补五十余事，疑者阙之。旧三十三章，今合并为三十一章，节次或不相属，而词旨完具，各书征用，鲜出此外。惟《御览》八十，《符子》引邓析言曰："古诗云，尧舜至圣，身如脯脂；桀纣无道，肌肤二尺。"今本无之，当是佚脱。

以上《邓析子书录》。

【《列子·仲尼篇》】郑之圃泽多贤，东里多才。圃泽之役，有伯丰子者，行过东里，遇邓析。邓析顾其徒而笑曰："为若舞，彼来者奚若？"其徒曰："所愿知也。"邓析谓伯丰子曰："汝知养养之义乎？受人养而不能自养者，犬豕之类也。养物而物为我用者，人之力也。使汝之徒食而饱，衣而息，执政之功也。长幼群聚，而为牢籍庖厨之物，奚异犬豕之类乎？"伯丰子不应。伯丰子之从者越次而进曰："大夫不闻齐鲁之多机乎？有善治土木者，有善治金革者，有善治声乐者，有善治书数者，有善治军旅者，有善治宗庙者，群才备也。而无相位者，无能相使者。而位之者无知，使之者无能，而知之与能为之使焉。执政者，乃吾之所使，子奚矜焉？"邓析无以应，目其徒而退。

【《列子·力命篇》】邓析操两可之说，设无穷之辞，当子产执政，作竹刑，郑国用之。数难子产之治，子产屈之。子产执而戮之，俄而诛之。然则子产非能用竹刑，不得不用。邓析非能屈子产，不得不屈。子产非能诛邓析，不得不诛也。可以生而生，天福也。可以死而死，天福也。可以生而不生，天罚也。可以死而不死，天罚也。可以生，可以死，得生得死有矣。不可以生，不可以死，或死或生有矣。然而生生死死，非物非我，皆命也。智之所无奈何。

【《列子·杨朱篇》】子产相郑，专国之政三年，善者服其化，恶者畏其禁，郑国以治，诸侯惮之。而有兄曰公孙朝，有弟曰公孙穆。朝好酒，穆好色……子产日夜以为戚，密造邓析而谋之，曰："侨闻治身以及家，治家以及国，此言自于近至于远也。侨为国则治矣，而家则乱矣。其道逆耶？将奚方以救二子？子其诏之。"邓析曰："吾怪之久矣，未敢先言。子奚不时其治也，喻以性命之重，诱以礼义之尊乎？"子产用邓析之言，因间以谒其兄弟而告之。……朝、穆曰："吾知之久矣，择之亦久矣，岂待若言而后识之哉？……"子产茫然无以应之。他日以告邓析。邓析曰："子与真人居而不知也。孰谓子智者乎？郑国之治偶耳，非子之功也。"

【《荀子·不苟篇》】山渊平，天地比，齐秦袭，入乎耳，出乎口，钩有须，卵有毛，是说之难持者也，而惠施、邓析能之。然而君子不贵者，非礼义之中也。

【《荀子·儒效篇》】不恤是非然不然之情，以相荐撙，以相耻怍，君子不若惠施、郑析。

【《荀子·非十二子篇》】不法先王，不是礼义，而好治怪说，玩琦辞，甚察而不惠，辩而无用，多事而寡功，不可以为治纲纪。然而其持之有故，其言之成理，足以欺惑愚众，是惠施、邓析也。

【《荀子·宥坐篇》】子产诛邓析、史付。

【《说苑·指武篇》】子产杀邓析以威侈。

【《吕氏春秋·离谓》】郑国多相县以书者，子产令无县书，邓析致之。子产令无致书，邓析倚之。令无穷，则邓析应之亦无穷矣。是可不可无辩也。可不可无辩，而以赏罚，其赏罚愈疾，其乱愈疾，此为国之禁也。故辩而不当理则伪，知而不当理则诈。诈伪之民，先王之所诛也。理也者，是非之宗也。

【《吕氏春秋·离谓》】洧水甚大，郑之富人有溺者，人得其死者，富人请赎之，其人求金甚多，以告邓析。邓析曰："安之，人必莫之卖矣。"得死者患之，以告邓析。邓析又答之曰："安之，此必无所更卖矣。"夫伤忠臣者，有似于此也。夫无功不得民，则以其无功不得民伤之。有功得民，则又以其有功得民伤之。人主之无度者，无以知此，岂不悲哉！比干、苌弘以此死，箕子、商容以此穷，周公、召公以此疑，范蠡、子胥以此流，死生存亡安危，从此生矣。

【《吕氏春秋·离谓》】子产治郑，邓析务难之。与民之有狱者约：大狱一衣，小狱襦袴。民之献衣襦袴而学讼者，不可胜数。以非为是，以是为非，是非无度，而可与不可日变。所欲胜因胜，所欲罪因罪。郑国大乱，民口讙哗。子产患之，于是杀邓析而戮之，民心乃服，是非乃定，法律乃行。今世之人，多欲治其国，而莫之诛邓析之类，此所以欲治而愈乱也。

【《说苑·反质篇》】卫有五丈夫俱负缶而入井灌韭，终日一区。邓析过，下车为教之曰："为机重其后，轻其前，命曰桥，终日灌韭百区，不倦。"五丈夫曰："吾师言曰：'有机知之巧，必有机知之败。'我非不知也，不欲为也。子其往矣。我一心溉之，不知改已。"邓析去，行数十里，颜色不悦怿，自病。弟子曰："是何人也，而恨我君？请为君杀之。"邓析曰："释之。是所谓真人者也，可令守国。"

以上郑析子史实。

合上述邓析子书录及史实二者观之，今世所传《邓析子》乃伪品，而其人殆为一好辩深思之士，与希腊所称"辩士"同。生当法律公开之世，其所居郑国，又有庶人议政之习。于是因"铸刑书"一事，而教民兴讼。因讼狱而致力于诤辩之术，情势宜然。遭执政之忌，因以诛死。而其学流衍为"形名"，遂开中国"名学"一派。《邓析书》虽亡失，而自战国以来，好异玩奇者多称之。邓析死后百余年，墨翟作《辩经》以立名本，世或疑其太早。以好学而博不异之墨子，其必有取资于析者。形名之学兴于郑，百年而后大行于鲁、宋，又何疑乎？

《管子研究》（节选）

张固也

第一章　《管子》研究的新思路

第四节　《管子》应作分组研究

《管子》研究的关键在于断代，对其思想的研究如果不与断代联系起来，势必人言言殊，莫衷一是。然而，《管子》断代又最难着手，歧异最多，关键原因在于研究方法的局限。从书中提及的专有名词及其所反映的思想和时代等论定《管子》不出管仲一人之手，当然是坚实可信的，但要进一步给每一篇的著作年代作出更为精确的定位，往往显得理由不很充分。而且这类论据是一把双刃利剑，在证明《管子》不是什么的同时，又把它考证成什么也不是，而只是一堆杂乱无章的零碎材料了。所以专从字句和思想来作分篇断代是不够的，"从总体方面分析《管子》其书，正是当前迫切需要解决的重要课题"①。

事实上，前贤对于《管子》的总体结构已经有所注意，在断代研究中有时也根据分组不同来立论。如关锋、林聿时两先生的管仲遗著论，显然即以肯定《经言》一组是最原始的《管子》古本为前提。有人认为"《管子解》的年代一定较晚，《轻重》诸篇列在《管子解》之后，其著作年代当更晚了"②；"《管子》而有解，足证其书已在《管子》书之后，今《管子轻重》又在《管子解》之后，其为刘向以后人所附加甚明"③，主要也因为这两组列在全书之末。有人说："《管子》一书以《经言》诸篇为最早，以《轻重》诸篇为最晚，这是公论。"④ 而对介于其间的《外言》《内言》《短语》《区言》《杂篇》五组中各篇的断代，前贤却又很少考虑其分组。显然，这是在《管子》分组与断代的关系上采取了两种自相矛盾的做法。通过以上三节的讨论，我们认为《管子》分组与古本来源有关，而古本结集应与其所收各篇的写作时代有关，由此提出一条研究新思路：《管子》应作分组研究，即以组为单元来对全书八组分别作文献断代乃至思想研究。这里需要事先指出，写作时代不同只是分组原理之一，我们主张分组研究，但并不是说书中的每一组必定为同时之作，也不是说八组的编排顺序与时代先后完全一致。归根到底，所谓分组研究最后仍然要落实到对各篇内容的具体考察，只有这样，分组研究才能得出比较正确的结论。这些正是以下各章将要研究的内容，这里仅举一个具体的例证，来说明分组研究之必要及其应注意的问题。

---

① 胡家聪：《管子新探》李学勤序，中国社会科学出版社 2003 年版，第 8 页。
② 张岱年：《中国哲学史史料学》，中华书局 2018 年版，第 45 页。
③ 马非百：《管子轻重篇新诠》上册，中华书局 1979 年版，第 30 页。
④ 巫宝三：《管子经济思想研究》，中国社会科学出版社 1989 年版，第 369 页。

"田齐、三晋既立为君，臣乃称君为主，主在春秋时，大夫称也。"近现代学者根据清人此说，考证《老子》《孙子兵法》等书出于战国时代①，罗根泽先生曾经以此作为《管子》中的《君臣上》《君臣下》《任法》《明法》等篇"为战国作品，非春秋作品之证"②。但是，《左传》《老子》《孙子兵法》《墨子》《逸周书》等书中都偶尔有此用例，不能排除春秋时期已经有此用法。所以，单凭是否称君为主，连出于春秋还是战国尚且难以判定，更谈不上作更具体的断代。但是，这一用法在春秋战国时代确有一个逐渐增多的发展趋势，无疑可以作为文献断代的参考依据。《管子》各篇使用与否及多少都不相同，这与其论述的内容也有关系，如果采用单篇考证的方法，这一论据的适用范围就很有限。但《管子》每一组都包括多篇文章，实际相当于一些短小的单书，每一组都有论述治国、君臣等必须提及君主的专篇，不存在因内容之特殊性影响到是否使用"主"字的情况。因此，对各组中使用这一用法的频率作出统计，并与其他古书作一对比，或许能够说明一些问题。《管子》及先秦诸子称君为主的使用情况如下：

《管子》：《经言》9篇7次，《外言》8篇40次，《内言》7篇（佚篇不计，下同）2次，《短语》17篇33次，《区言》5篇40次，《杂篇》10篇44次，《管子解》4篇246次，《轻重》16篇6次，共418次。

其他诸子：《论语》0次，《孟子》0次，《吴子》1次，《老子》2次，《列子》10次，《孙子》11次，《六韬》12次，《晏子春秋》15次，《孔子家语》16次，《庄子·内篇》0次、《庄子·杂篇》17次，《墨子》18次，《鹖冠子》24次，《商君书》77次，《荀子》124次，《吕氏春秋》311次，《韩非子》749次。

由于在统计过程中需要排除其他义项的"主"字（如"社稷主""主人"之类），只能进行手工统计，以上数字不一定完全准确，但误差不大。先秦诸子的著作年代学界争议很大，不同学派使用的概念也有所区别，当然不能仅根据这一个字的用法定先后。但上述统计表明，从战国早期、中期到晚期，这一用法逐渐增多的趋势是相当明显的。我们曾经说，《论语》《孟子》《庄子·内篇》无称君为主之例，而《庄子·外篇》已多见，《荀子》以后则很常见，说明称君为主战国中晚期较为盛行③。这里应补充指出，虽然《孟子》《庄子·内篇》无此用例，但不能说这以前绝对无此用法，只是其日渐盛行当以战国中期商鞅变法为契机，所以《商君书》这一用例大大增加，而所存佚文不多的《慎子》《申子》《尹文子》等书中也各有数例。至战国末《韩非子》，这一用法登峰造极，此后则有所下降，如汉代《盐铁论》仅见70例。

现在来看看《管子》。按全书各组中这一用法的出现频率从少到多排列，其八组的先后顺序为《内言》《轻重》《经言》《短语》《杂篇》《外言》《区言》《管子解》。可以看出，《经言》《外言》《区言》《管子解》四组的先后顺序与分组顺序一致，参照上述先秦诸子的用法，这四组可能分别是春秋末期或战国早期、中期、中晚期之际、晚期的作品。

---

① 刘建国：《中国哲学史史料学概要》上册，吉林人民出版社1983年版，第138页。古棣、周英：《老子通》下部，吉林人民出版社1991年版，第158页。

② 罗根泽：《管子探源》，《诸子考索》，岳麓书社2010年版，第465、474页。

③ 张固也：《论〈左传〉"君子曰"与荀子学派思想的关系》，《中国典籍与文化论丛》第三辑，中华书局1995年版，第41页。

而《内言》《轻重》《短语》《杂篇》的顺序都被提前，则是有原因的。四组中都有桓、管问答体，《内言》问答体诸篇无一用例，仅论说体的《霸言》有两例，后两组问答体诸篇仅《侈靡》《桓公问》各用过 1 次，《轻重》用过 6 次。在问答体诸篇中，《轻重》用例相对较多，但仍然大大少于《外言》以下各组，并且根本没有使用"人主""明主"等复合词，而《管子解》仅"明主"就用了 53 次，与战国末《韩非子》的文风极为相似，说明《轻重》的著作年代不可能在《管子解》之后，而有可能在《外言》之前。《短语》《杂篇》用例不很多，还由于其内容复杂，如《四时》《五行》《度地》《地员》等篇因内容特殊而无此用例，这两组的用例比较集中于少数几篇。

上述统计分析表明，除了问答体诸篇以外，《管子》全书各组的排列顺序与春秋战国诸子称君为主这一用法逐渐增多的趋势基本相符，所以对全书进行分组研究应该是切实可行的，但必须同时考虑文体等因素。如上所论，《管子》古本可能有把重要专题论文编在前、问答体编在后的编排体例，这种体例对于主要作者明确的诸子书来说是理所当然的，但《管子》书中论说体与问答体写作时代之先后则值得讨论。傅斯年先生尝论战国文体之演变说：

> 《论语》成书时代，文书之物质尚难得，一段话只能写下个纲目，以备忘记，而详细处则凭口说。到了战国中年，文书的工具大便宜了，于是乎记长篇大论如《孟子》《庄子》书那样子的可能了，遂由简约的记言进而为铺排的记言，更可成就设寓的记言。记言是战国文体的初步。《论语》《孟子》《庄子》中若干部分，《晏子》《管子》中若干部分，《墨子》书中的演说体，以及兼记事记言的《国语》，都属于这一类。①

根据这一说法，除《轻重》诸篇已是"铺排的记言"，《封禅》已非原篇外，今存七十六篇中另外十一篇桓管问答，都应是时代相对较早的作品。有人明言："《管子》中主要是问答式的诸篇，其成文时间当在《论》后《墨》前的春秋末到战国初"，而"直论式诸篇"要晚一些②。但是前人依据"非问答之书应在问答体之书之后"这一所谓通则，来考证《老子》成书于战国的做法，早已被证明是不能成立的③；《管子》书中提到桓公、管仲之死和后代人名、地名的，主要是问答体各篇，早期辨伪也大多是针对这些篇目，关于《管子》书的这一推测是否可信有待证明。我们认为，问答体确实是春秋末战国初最流行的文体，虽然不能说此前绝对没有非问答体的私人著述，早期诸子同一书内后人追记的问答体篇目也肯定晚于自著之篇，但既然多数学者认为《管子》书中并无管仲遗著，那么论说体的《经言》虽编于全书之首，是否一定早于桓管问答体诸篇，就值得怀疑。

---

① 傅斯年：《战国文籍中之篇式书体》，《历史语言研究所集刊》第一本第二分，1929 年，第 228 页。

② 董正春：《君子秉文，辞令有斐——〈管子〉辞采述略》，《管子与齐文化》，北京经济学院出版社 1990 年版，第 269 页。

③ 古棣、周英：《老子通》下部《老子通论》，吉林人民出版社 1991 年版，第 173 页。

《管子》前两组为论说体、第三组以后才有问答体，这可能是模仿早期子书而来。如《孙子兵法》十三篇和《墨子·尚贤》等篇各标有"孙子曰""子墨子曰"，即便非其自著，至少为门弟子的直接记录，代表其主要思想，而述其生平杂语的问答诸篇纯属后人追记，只能附编于后。黄老帛书、《管子》这样的书则应该是战国诸子著书立说的风气兴起后，人们仿照它们的体例编排成书的。当时编者无意作伪，虽然也把经典论述编在前面，但并不明标"黄帝曰""管子曰"，这已表明其并非黄帝、管仲思想的直接记录，而是后人所作的阐述。黄老帛书第二篇《十大经》中，有九章为黄帝君臣问答，李学勤先生说"十大"是末章的章题，篇名应作"经"①；英人雷敦和先生（Edmund Ryden）在其博士论文中考证它比第一篇《经法》时代早②。我们似乎还可以从内容上进一步推测，《十大经》是战国时期最早系统出现的黄帝言论，所以称为"经"；《经法》正是在这些言论基础上再作进一步阐述的论说文，所以称为"经法"。《管子·内言》诸篇以桓管问答体裁为主，是"经内之言"，是《经言》等论说文的思想渊源，同《十大经》与《经法》的关系极其相似，这从名称上就可以看出来。而由于《内言》以记述齐桓争霸始末为中心，与此联系不紧密的其他桓管杂语问答散在《短语》《杂篇》两组，《轻重》则因其专门论述经济问题而自成一组。管仲与黄帝不同，是距离战国时代不太久远的历史人物，春秋以来必定有许多关于他的传说，春秋末年至战国早期，齐人据这类传说的管仲言论铺衍为一篇篇论述文的同时，当然也会把其中一些口说材料书于竹帛。所以，问答体诸篇尽管未必字字可信，其成文年代也未必都比《经言》早，少数篇章有可能与之同时或略晚，但它们在书于竹帛前应有一个较长的口耳相传过程，并且在当时被认为是比较可信的管仲言论才直接将其记录下来，不可一概当作后人之伪造。从思想上说，它们有可能是最接近管仲本人思想而未经后人系统发挥的作品。

综上所述，《管子》分组研究应以《内言》《经言》《外言》《区言》《管子解》五组作为这一学派不同阶段的中心作品，理清其思想发展的基本线索，并以此为参考坐标，进而研究《短语》《杂篇》《轻重》三组，探明这一学派思想发展的一些细节和侧面。

以下各章从这一研究思路出发，对《管子》各组分别作出考察，所得结论与学界的成说多有违异。但我们既不盲目信古，也不轻易疑古，而力图把《管子》作为学术史上长期、合理形成的一部古文献来加以解释；以组为单元，而不是以篇为单元，从较大的范围来作更全面的考察，避免了仅仅以单篇中的个别字句作为断代依据可能带来的弊端；更加重视文献内部的联系和区别，以及管子学派自身发展的阶段性，而不是完全依赖于以其他古书和学派为学术思想史坐标，这在研究方法上是一次新的尝试。当然，这一研究方法及其运用是否得当，还有待于学界的检验，加上《管子》是一部内容丰富的巨著，我们的考证功力和理论水平却很低，在许多问题上都只能浅尝辄止，充其量不过提出了一些新的可能性解释，远非定论。《管子》一书的真相还有待于进一步揭示。

---

① 李学勤：《马王堆帛书〈经法·大分〉及其他》，《道家文化研究》第三辑，上海古籍出版社1993年版，第274页。

② 雷敦和（Edmund Ryden）：《关于马王堆〈黄帝四经〉的版本和讨论》，《道家文化研究》第十八辑，三联书店2000年版，第348页。

结　语

六十多年前，冯友兰先生在为《古史辨》第六册撰写的序中指出：

> 中国现在之史学界有三种趋势，即信古、疑古及释古。就中信古一派，与其说是一种趋势，毋宁说是一种抱残守缺的人的残余势力，大概不久就要消灭；即不消灭，对于中国将来的史学也是没有什么影响的。真正的史学家，对于史料没有不加以审查而即直信其票面价值。疑古一派的人，所作工夫即是审查史料。释古一派的人，所作的工作，即是将史料融会贯通。就整个的史学说，一个历史的完成，必须经过审查史料及融会贯通两阶段，而且必须到融会贯通的阶段，历史方能完成。

这段话近年来由于许多学者的引用而广为学界所重视。其中所说"释古"当指根据可信的史料来解释古代历史，而"审查史料"的工作被用"疑古"二字来取代，这反映了古书辨伪在当时之受重视。对于近代疑古思潮的功过，学界已有很多评说。李学勤先生提出"走出疑古时代"的口号，认为"疑古思潮是对古书的一次大反思，今天我们应该摆脱疑古的若干局限，对古书进行第二次大反思"①。这个口号曾经引起学界的一番争论，但是如何"摆脱疑古的若干局限"，更加严格而谨慎地反思古书，确实是我们面临的一项崭新任务。这对于《管子》一书来说，当然也是适用的。

20世纪的《管子》研究，继承晋、唐以来的辨伪传统，对这部古书进行了更为充分的考辨工作，使得今天的一般学者可能也比宋代大学者叶适对于"《管子》非一时一人之作"这句话有了更为全面和具体的理解。这是学术的进步。但是，任何一个时代都会有其认识上的局限和偏见。在《管子》研究方面，自胡适、罗根泽先生以来，学界的主流看法，认为它不过是战国中晚期以至秦、汉时人著作的杂乱汇编，乃有意的伪作。这种观点貌似科学、审慎，实在颇有点偷懒的味道，其学术上的局限性，以及对进一步深入研究这一问题所产生的负面影响，都是显而易见的。正如胡朴安先生所指出的："只证明《管子》一书悉出于后人之手，于《管子》学说之本身，仍未能有所说明"，"故不董理《管子》学说之本身，仍不能认为学术信史也"②。

本书之研究是在历代学者的辨伪成就，特别是近现代学术成果的基础上进行的，因而对于学术传统给予了充分的尊重。但是我们更加尊重伟大的先民们代代传流下来的《管子》这部珍贵典籍本身，所以本书研究的出发点与前辈学者有一显著不同之处，就是并不抱着单纯的怀疑态度去作辨伪，而试图尽可能全面而准确地理解研究对象本身，并以此作为一切研究工作的原始起点。唐人治经崇尚"《春秋》三传束高阁，独抱遗经究终始"，作为一种学术研究方法，当然不够全面，但这种直面原典的精神似有可取。本书首先对《管子》文本方面的问题作了一番整体考察，继而完全按全书八组的编排顺序，以组为单元，一一作出比较全面的考证。通过研究，我们认为《管子》一书是春秋末战国初至战国晚期（约公元前500年至公元前250年）逐渐形成的先秦古籍。具体地说，有如下几

① 李学勤：《谈"信古、疑古、释古》，《古文献丛论》，上海远东出版社2010年版，第336页。
② 戴潘：《管子学案》胡朴安序，学林出版社1994年版。

点粗浅的看法：

第一，《管子》编排为八组八十六篇的文献结构，可能保存了先秦至汉代古本的一些旧貌，反映了其结集成书的阶段性过程，而不是像许多人所怀疑的那样已被严重窜乱。

第二，《经言》的思想与早期文献记载的管仲言论比较符合，应为春秋末至战国早期齐人有意继承和阐发管仲治国思想的作品。因而它虽非管仲遗著，却可以作为研究管仲思想的主要资料，也是管子学派的奠基之作。

第三，《外言》是直接继承和阐发《经言》思想的作品，并且尚未受过慎到等人思想的影响，应为齐宣王以前齐国土著学者所作。它在思想史上的意义主要标志着齐法家思想的正式形成。

第四，《内言》诸篇都可以说是直接记载和评论齐桓公和管仲史事的，应该是经过长期的口耳相传，而大致与《经言》同时书于竹帛的，可以视作管子学派之思想渊源。

第五，《短语》各篇编排顺序很有讲究，应分成几个小组来作研究。其中问答体诸篇时代较早，特别是《侈靡》篇为春秋末期讨论君臣关系的一篇极其重要的作品。论说体文章大多不会早于《外言》，而与《区言》诸篇同时或略早。

第六，《区言》的法家和道家思想比起《外言》都有显著的发展，其中四篇法家作品比较明显地受到了秦晋法家的影响，应为战国中晚期之际的齐法家作品。

第七，《杂篇》是书中唯一没有任何编排义理的一组，可能是刘向把各种古本中附录的零散作品合编而成，各篇写作年代应参照其他文献分别作出考证。

第八，《管子解》为稷下学宫的讲义录，写作时代介于《区言》与《韩非子》或荀子与韩非之间；更具体地推测，可能是在荀子担任稷下学宫祭酒之时，大约为齐襄王末年至齐王建初期。

第九，《轻重》诸篇不是汉人伪作，而作于战国早中期之际，且与《经言》《侈靡》等篇最为接近，实为管子学派之较早作品。

根据以上九点具体看法，我们对于管子学派得出一个初步的总体认识，即它是由齐国尊崇管仲的土著学者组成的，经多层次发展、由多分支结合而形成的先秦重要思想流派。

所谓"多层次"，就是管子学派的发展大致可以划分为五个相对独立的阶段。其中，《内言》记载和评论管仲的历史和传说，包括其成文以前即春秋中晚期的口耳相传时期，为管子学派的萌芽阶段。《经言》是春秋末至战国早期齐国尊崇管仲的学者直接继承和阐发管仲思想之作，标志着这一学派的正式诞生。《外言》是战国中期齐国稷下学者对《经言》思想的发展，特别是形成了齐法家思想。《区言》主要代表了战国中晚期之际齐法家受秦晋法家思想的影响而进一步成熟，而其中的《内业》与其他组内有关篇章一起反映同时或略早的稷下黄老思想。《管子解》则当然代表了它的最后阶段，即战国晚期的齐法家思想。此外，《短语》《杂篇》《轻重》三组内容较复杂或特殊，各篇的写作年代分别与以上几个阶段相先后。

所谓"多分支"，就是这一学派与其他先秦诸子流派有一个很大的不同之处。它的内容丰富多彩，可以在这一学派内部再区分出若干个小支派。比如理论上最为精深的《心术》《内业》等篇属于黄老学派，《外言》《区言》两组中大部分属于齐法家作品，《幼官》《五行》等篇为阴阳五行家言，《兵法》《地图》等篇为兵家言，《地员》等篇为农家言，等等。这是一个以法、儒、道杂糅的政治经济学说为主体，由阴阳、兵、农诸家若干论点缘饰而成的多元一体的思想体系。值得注意的是，以上各家作品分散于全书各组，可能正好反映这一学派内部各个小支派思想发展的不同阶段。而即使在最晚的《管子解》中，仍然坚持礼法并用的思想本位，这说明管子学派具有始终如一的基本特征。

兵家类

关于《六韬》成书的文献学考察

杨朝明

　　《六韬》是关于姜太公思想资料比较丰富、比较集中的著作，可是，关于该书的作者与成书，历来却存在着不同说法。宋代以来，不少人认为该书成书很晚，属于伪书，对其疑而不信。20 世纪 70 年代，西汉墓葬中出土了《六韬》等太公兵学著作，从而使人们不得不反思从前的研究结论。于是，学术界不少人继续进行研究，但是直至今日，在《六韬》的成书问题上依然分歧很大。

　　那么，《六韬》的成书情况具体如何？除了《六韬》之外，它还有《金版六弢》《周史六弢》《太公六韬》《太公兵法》《太公》等名称，此外有关太公的的兵书还有不少。这些名称包含着怎样的学术信息？学者们的看法还有一定分歧。因此，本文专门从文献学的角度对《六韬》进行考察，希望能有助于对该书成书问题的理解和认识。

一、《六韬》成书研究的种种分歧

　　本来《六韬》一书旧题为周吕望撰，《隋书·经籍志》就著录有《周史六韬》五卷，注："梁六卷。周文王师姜望撰。"《六韬》与姜太公的密切联系是不容抹煞的。

　　但是，由于较早的《汉书·艺文志》所著录的《周史六弢》（颜师古注谓"即今之《六韬》也"）六篇后，有班固自注曰："惠、襄之间。或曰显王时，或曰孔子问焉。"所以不少学者对此书表示怀疑，认为它不过是作伪者依托太公，借重姜太公的大名而已。正因如此，关于《六韬》的作者才存有很大争论，自宋代疑古思潮肇端以来，尤其是明清时期，学者们基本否定了《六韬》的可靠性。例如，宋代王应麟的《汉书艺文志考证》以为是战国孙、吴之后的谋臣策士所托；明代胡应麟的《四部正讹》认为"《六韬》称太公，厥伪了然"，指出《六韬》是魏晋以后谈兵之士掇拾古兵书剩余而为；张萱《疑耀》认为今之所传《六韬》和《三略》一样，都是楚汉间好事者所补；黄震《日钞》同样以《六韬》为伪书，多掇拾众兵家之语而成；清代姚鼐《读〈司马法〉〈六韬〉》也以《六韬》系"缴取兵家之说，附之太公"；崔述的《丰镐考信录》则以为是秦、汉间人所伪。

　　考古资料在结束学术的纷争中往往扮演着仲裁官的角色，有关《六韬》成书的不正确的看法有的就是被新出材料所否决的。1972 年山东临沂银雀山西汉前期墓葬中出土了部分《六韬》竹简，其中残存的内容与今本的《文韬》《武韬》《龙韬》中的相应篇章大多相合。据推断，该墓葬的时代为西汉前期，研究者认为具体年代不晚于汉武帝元狩五年，即公元前 118 年。墓中随葬竹简的书写年代当然要早于墓葬的年代，竹简中并不避汉初几个皇帝的名讳，有"邦""恒""启""彻"等字，看来，竹简书写的时间最晚应在西汉以前。由此，那些所谓《六韬》为汉代以后托名太公而作的种种说法便被证明是错误的。

　　无独有偶，就在银雀山西汉墓葬出土《六韬》的次年，又有河北定县40号汉墓发现了被定名为《太公》的著作。据报道，《太公》共发现篇题13个，其中只有《治乱之要》等三篇的内容见于今传本，另有六篇见于传本却未见篇题。此外，尚有相当一部分记有"武王问""太公曰"的简文，内容不明；有的句子或片段曾为初唐以前的文献所引录。"有的说出自《六韬》或《金匮》，有的又说来自《阴符》。从整理出来的残简情况看，《太公》的篇幅应当不少，佚亡的恐怕也不少，不少简上只见篇目未见内容。"史书目录中著录的太公兵书较多，"简文究竟抄录或选录太公的哪一种或几种书，都还难于确定"，但整理者认为，"简文比今天所见到的有关太公书的内容要丰富得多，广泛得多"。①

　　据研究，定县汉墓的年代约在西汉五凤三年（前55），它似乎有意与临沂银雀山汉墓相呼应，从而证实了汉、魏时代伪撰太公兵书说之不确。然而，《六韬》成在汉朝以前的什么时候，人们的看法仍然有不少分歧，大致说来，即有以下几种观点：

　　第一，根据《庄子·徐无鬼》的记载："女商曰：'先生独何以说吾君乎？吾所以说吾君者，横说之则以《诗》《书》《礼》《乐》，从（纵）说之则以《金版六弢》，奉事而有大功者不可为数。'"判定《六韬》成书在战国时期，其下限在战国中期。②

　　第二，根据班固《汉书·艺文志》自注的三个年代："惠、襄之间。或曰显王时，或曰孔子问焉。"以及《六韬》有骑战的记录，认为该书成书"上限不会早于周显王时，下限决不迟于秦末汉初"。③

　　第三，根据《史记·留侯世家》中所记张良从下坏圯上老人处得《太公兵法》，张良"数以《太公兵法》说沛公"的记载，认定《六韬》为"秦始皇在位时写成"。④

　　第四，认为今本《六韬》根据汉时旧本删削而来，而今本《六韬》"大量移植兵学言论""具有浓郁的法家论兵特色，很可能是《六韬》抄自《尉缭子》《吴子》，或者三书皆抄自某一秦晋兵学著述"。⑤

　　第五，认为该书的作成有其复杂的演变过程，从古籍由零星流传到辑本定型的质变意义上看，《六韬》的真正"著作权"应当属于战国中期齐威王在位时的稷下大夫们。⑥

　　第六，认为今本《六韬》成书的时间，只有班固《汉书·艺文志》自注所说"惠、襄之间"是正确的，乃是齐桓公"复修太公法"时，整理周室旧档案中的太公言论而成。战国后期又有过一次重大的改动，或者说又重新进行整理过，并加了序。⑦

---

　　① 定县汉墓竹简整理组：《定县40号汉墓出土竹简简介》，《文物》1981年第8期。
　　② 刘宏章：《〈六韬〉初探》，《中国哲学史研究》1985年第2期。
　　③ 《中国军事史》第4卷《兵法》，解放军出版社1988年版，第104页。
　　④ 张烈：《〈六韬〉成书及其内容》，《历史研究》1981年第3期。
　　⑤ 刘庆：《〈六韬〉与齐国兵学》，载徐树梓主编：《姜太公新论》，北京燕山出版社1993年版。
　　⑥ 徐勇、邵鸿：《六韬校注·前言》，载《齐文化丛书》7《文献集成·齐兵书》，齐鲁书社1995年版。
　　⑦ 陈青荣：《〈六韬〉作者及成书年代》，载徐树梓主编：《姜太公新论》，北京燕山出版社1993年版；《重新认识〈六韬〉的资料价值》，《管子学刊》1993年第4期。仝晰纲赞同此说，见其《〈六韬〉的成书及其思想蕴涵》，《学术月刊》2000年第7期；又见其所著《青铜的战神——齐鲁兵家文化研究》，学林出版社1999年版。

按照笔者的看法，以上几种意见中，第六种比较接近实际，也就是说，今传《六韬》很可能即是根据周室旧档案整理而成。而这个所谓档案不是别的，而是周初流传下来的铸于金版上的《六韬》。今传本中春秋、战国以后的痕迹，都是传抄过程中造成的，今本《六韬》实有极高的资料价值。

二、《六韬》书名的演变与太公兵书

关于《六韬》的书名及其所蕴含的时代信息，已经有学者进行了很好的探讨。如陈青荣同志认为，"弢"（韬）章是古代军队的九章之一，它标志着军事行动的开始。所谓六韬，即是以六种不同的兽皮制成的其上绘有不同纹章图案的武器袋，其涵义一是示军威，二是别行伍。"韬"本作"弢"，二者音同义同。弢，《说文解字》谓"弓衣也"，《管子·小匡》："故无弓，服无矢。"所以，陈青荣认为"弢"即弓袋不会有错。①

关于《六韬》的书名，学者们大都认为它与《金版六弢》《周史六弢》《太公六韬》等实际是同一部书在不同时代的称谓。但问题在于它们之间是怎样的一种关系，或者说它的名称何以在不同时代有不同的称谓。

首先，我们认为《金版六弢》是今传《六韬》最早的本子的看法是正确的。《金版六弢》之称首见于《庄子·徐无鬼》，从其中的叙说看，《金版六弢》与《诗》《书》《礼》《乐》并提，可见其影响之大，流布之广。《庄子》中女商所言的《金版六弢》未必是以金版形式记录的《六韬》，因为金版的《六弢》应为周代史官记录下来，并铸之金版之上，其数量一定很少。战国时期一般人所见到的很可能是从原来的《金版六弢》传录而来。

对《庄子·徐无鬼》中提到的《金版六弢》，清人王先谦疏引晋人司马彪云："'金版''六弢'皆《周书》篇名。"把"金版"与"六弢"分开，显然不当，这是由于其不了解周初记录"善言"的方式所致。《群书治要》卷三十一所录《武韬》云："太公曰：'天下有地，贤者得之；天下有粟，贤者食之；天下有民，贤者牧之。天下者，非一人之天下也，莫常有之，唯贤者取之。'文王曰：'善！请铸之金版。'于是文王所就而见者七十人，所呼而友者千人。"有学者分析认为，这条材料虽不见于今传本的《六韬》，但在用字用词上，《群书治要》本与银雀山本较为接近，银雀山残简的《虎韬》部分，今见于《群书治要》而不见于今传本。所以，《群书治要》所引的这条材料应则当视为一条内证。②

其实，西周时期将善言书之金版的习惯还有不少资料可以证明。沈钦韩《汉书疏证》中就记有这样的话："《言》者，即太公之《金匮》，凡善言书诸金版。"一般说来，凡是"书诸金版"（或者"铸之金版"）的东西，其内容一定比较重要、比较珍贵，常常在收藏、保存时也放在特殊的地方，如文献中提到的金匮（柜）之类即是。《说文》："匮，匣也。"可见匮即柜。

《尚书·金縢》中，周公为武王祝祷之文便放置于金縢柜中。《庄子·箧箧》篇曰：

① 陈青荣：《〈六韬〉书名辨析》，《齐鲁学刊》1998年第3期。
② 陈青荣：《〈六韬〉作者及成书年代》，徐树梓主编：《姜太公新论》，北京燕山出版社1993年版。

"将为筐箧、探囊、发匮之盗。"可见"匮"是箧、囊之类的东西。除金版以外，一些重要的东西有时也制成玉版，置于匮中。《楚辞·谬谏》所说"玉与石同匮兮"便可说明问题。

　　将重要文件铸为金版是周代的习惯，西周初年即有此习。《逸周书》中就有相关记载，如《大聚》篇记武王曾向周公请教调和殷政的办法，周公所言受到武王的赞赏，武王便令冶官把周公的话"冶而铭之金版，藏府而朔之"；《武儆》篇记武王命周公立后嗣时，曾"出金枝《郊宝》《开和》细书"，其中的"金枝"即为"金板（版）"之误，是说《郊宝》乃是铸在铜板上的文件。

　　记重要文件于金版也有考古材料的证明。清朝光绪年间由章文华等人编纂的《嘉祥县志》卷四《艺文志》中著录了"鲁武公金简册命"的金文，据介绍，该简发现于嘉庆十二年（1807）。嘉祥境内鲁宅山中忽陷一古墓，县令封培得玉片数种、铜册两版，当时只知玉片宝贵，而将铜册漫存官库。几年后，一库吏觉得铜册异常，便拓其铭文，求学者辨识，方知铜简为周宣王赐鲁武公册命。可惜的是，该简为一官携去，终不知所归。

　　但是，铜简的规制毕竟被记录了下来。该简册长周尺一尺二寸许，宽如其半，铜质涂金，外面饰以云螺，其内以银线界作竖格，好像清代的殿试策，"字痕皆赤，所谓丹书也"。《县志》中记，当时就有人说道："考册文年代，义意符合，文亦大似周诰。"册文文字质古，确与周代诰文相近，该属册命之文。金文中亦载有册命仪式者，如上海博物馆所藏颂鼎铭文即是。两相对照，知简文所述都与周代"册命礼"仪式相符，铭文格式亦颇相似。该册命金版在鲁武公死后作为随葬品埋于墓中，足见被视为珍品。周初被铸于金版上的重要文件，其形制可能大体与之相近。

　　作为周初重臣，姜太公在兴周灭商的过程中建立了卓越功绩，他的论兵之言一定会受到重视。作为当时的重要文献，《六韬》最初即被铸于金版，故有《金版六弢》之名。史料所记将太公之言书诸金版不会是凭空臆说。

　　史籍中又著录有《周史六弢》。《汉书·艺文志》将《周史六弢》著录在"儒家类"中，唐朝的颜师古说：《周史六弢》"即今之《六韬》也，盖言天下军旅之事。'弢'字与'韬'同也"。也有人因《周史六弢》被列入"儒家类"，而认为《周史六弢》不应该是一部兵书，不应该涉及兵法问题。它应该与《六韬》并不是同一本书，因为今传本《六韬》所记，乃是文王、武王问太公兵战之事。

　　其实，这是一种误解。以《周史六弢》被列入"儒家"而否定它与《金版六弢》和《六韬》的关系显属不当。

　　首先，从名字上看，"弢"字与"韬"相同，意思都是盛装武器的袋子，《周史六弢》被列入"儒家类"，并不妨碍其中记述兵战的内容。况且，史料中已经明显地表明《六韬》属于周代史官的记录，从中亦可见《周史六弢》与《六韬》的因袭关系。

　　其次，《庄子·徐无鬼》所记有人将儒家的《诗》《书》《礼》《乐》与《金版六弢》并称，似乎也能说明二者在思想上并不抵牾。《六韬》中以《文韬》为第一部分，《武经七书汇解》便解释说："韬者，故藏之义，此内虽有兵端，而本于道德，故曰《文韬》，谓文事先于武备也。"《六韬》中记述的内容与周朝文王、武王有关，而儒家不仅"祖述尧、舜"，而且"宪章文、武"，文王、武王等人是孔子、儒家所尊崇的古代圣王。在现在所看到的《六韬》中，除了个别少数的"阴谋权术"等内容外，大多数与儒家的经书

《尚书》有相通之处，如书中反复申论的观点是："天下非一人之天下，乃天下人之天下也。同天下之利者则得天下，擅天下之利者则失天下。"又认为，仁、德、义、道所在，才能使天下人归从。这些思想，与儒家的民本思想以及孔子"天下归仁"的主张是一致的。

再次，《汉书·艺文志》的分类与我们今天的认识有一定差别。例如，我们现在视为兵书的《司马法》《尉缭子》，在《汉书·艺文志》中就分别被列入了"礼部"和"杂家"。与其他兵书比较，《六韬》中主要谈论政治问题，把治国作为治兵的根本，《汉书·艺文志》把《六韬》列入"儒家"，也是可以理解的。

金版的《六韬》为周初所传留下来，《周史六弢》出于周朝史官，二者同为一书不成问题，而且，它们都是今传的《六韬》。今本《六韬》出于周朝史官也有不少的踪迹可寻。对此，学界论述已多，毋须赘述。

除了《金版六弢》《周史六弢》，与《六韬》有密切关系的首先是《太公六韬》，笔者认为，它与《金版六弢》《周史六弢》都是《六韬》一书在不同时期、不同抄本所采用的名称而已，内容基本都是一致的，只是其表述的意义有所侧重。《金版六弢》是因《六韬》一书最早铸于金版而得名；《周史六弢》当然是因为写作者或整理者为周代史官，或许已经据金版的《六韬》而抄写于竹帛，故而不宜再用"金版"字样；《太公兵法》之名，显然是因《六韬》之中主要记录太公言兵的内容。这些名称都可简称为《六韬》，其间应无神秘之处。

除了"《六韬》系列"，史书记载中列于太公名下的兵书还有很多名目。如《汉书·艺文志》在《周史六弢》之外，就著录有《太公》二百三十七篇：《谋》八十一篇，《言》七十一篇，《兵》八十五篇。班固自注曰："吕望为周师尚父，本有道者，或有近世又以为太公术者所增加也。"班固所言，实际揭示了太公兵书较多而且大都在内容上有些类似的原因。

春秋战国时期的征战，哺育并丰富了我国的兵学宝库，作为兵家始祖，姜太公在后世的兵家文化中具有特殊地位，后世的人们从而托名和借重太公，以《六韬》为基础，继承与发展太公兵学理论就成为很自然的事情；经过秦火之后，先秦典籍散佚较多，汉初"大收篇籍，广开献书之路"① 以后，出现的兵书之中，凡与太公有某种联系者，人们可能便以之出于太公。《隋书·经籍志》除了著录《太公六弢》，还有《太公阴谋》《太公阴符钤录》《太公金匮》《太公兵法》《太公伏符阴阳谋》《太公三宫兵法》《太公枕中记》《周吕书》等十余种。这些书可能多数即属于前述情况下的产物。因此，古注、类书中所引《太公兵法》《太公阴谋》《太公金匮》等的内容，才会与《六韬》有一些相同或者相通之处。

三、《六韬》与其他文献的比较研究

时至今日大部分学者已经在这样的问题上形成共识，即《六韬》虽非姜太公亲自撰写，却源于周代史官对姜太公与周王对话的真实记录，它是现今研究姜太公思想最为重要的一部著作。然而，也有学者认为《六韬》之中有所谓"与后世书籍相似的语词"，认为

① 《汉书·艺文志》。

它不会成书很早，对该书出于周初史官持坚决的否定态度。对此，我们有必要将《六韬》与现存文献进行比较，以更好地观察《六韬》的成书年代。

对《六韬》与其他典籍的相同、相通之处，已有学者加以注意，只是我们应当认真、细致比较，才能据而得出正确的结论。

首先，《六韬》与《逸周书》相通的地方很多。

如《逸周书·常训》有曰："天有常性，人有常顺。"《六韬·武韬·文启》则有："天有常形，民有常生。"《逸周书·文酌》有曰："五大：一，大知率谋；二，大武剑勇；三，大工赋事；四，大商行贿；五，大农假贷。"《六韬·六守》中则有："大工、大商、大农，谓之三宝。"将二者进行对比，显然能够看到二者的相通之处。《常训》与《度训》《命训》等"三训"排在《逸周书》最前面，它们可能就是史书中常常出现的"训语""遗训"，或许即属于《汉书·艺文志》所著录的《周训》。紧接"三训"的是《文酌》篇，按照《周书序》的说法，《逸周书》的"三训"和《文酌》都成在周文王时期。据研究，《周书序》的说法是没有问题的。①

又如，《逸周书·王佩》有曰："见善而怠，时至而疑，亡正处邪，是不能居，此得失之方也，不可不察。"《六韬》中的《明传》则记太公曰："见善而怠，时至而疑，知非而处，此三者，道之所止也。"《逸周书·殷祝》记商汤曰："此天子之位，有道者可以处之。天下，非一家之有也，有道者之有也。故天下者，唯有道者理之，唯有道者纪之，唯有道者宜久处之。"《六韬》的《顺启》也记太公曰："天下者，非一人之天下，唯有道者处之。"二者的一致性显而易见。而《逸周书》的《王佩》与《殷祝》成篇不会较晚，其资料来源也较可靠。

《逸周书》与《六韬》思想完全相同，甚至一些提法也十分一致。例如，《逸周书》中，有"同好相固……同恶相助"（《大武》）、"同好维乐，同恶维哀"（《大开武》）、"同恶潜谋……同好和因"（《文政》）、"如有忠言，竭亲以为信；有如同好，以谋易寇；有如同恶，合计掬虑"（《铨法》）。这些表述，在《六韬》中也常看到，如"同恶相助，同好相趣"（《文启》）、"同情相成，同恶相助，同好相趣"（《发启》）。《群书治要》所引《六韬·武韬》也有同样的句子。又如，《逸周书》的《大武》中有"美男破老，美女破舌"，《大明武》有"委以淫乐，赂以美女"，这与《六韬·文伐》的"养其乱臣以迷之，进美女淫声以惑之"也相一致。

《逸周书》有《大明武》一篇，据《周书序》说，该篇是周文王所作，其中提到带兵之法"十艺必明"，十艺之中有所谓"三疑"。"三疑"何义？篇中没有交代，朱右曾的《逸周书集训校释》认为可能是虚者实之、实者虚之、虚虚实实三种疑兵之计。其实，《六韬》中有《三疑》一篇，其中专论"攻强、离亲、散众"，这可能也是文王所说"十艺"中的"三疑"。

《逸周书》中的《官人》是成王访于周公时，周公陈述"六征"之观察用人的方法，其中有曰："设之以谋以观其智，示之以难以观其勇，烦之以事以观其治，临之以利以观

　　① 　杨朝明：《周训：儒家人性学说的重要来源——从〈逸周书·度训〉等篇到郭店楚简〈性自命出〉》，载东日本国际大学儒学文化研究所编：《关于21世纪的儒学文化国际会议报告论文集》，日本福岛县磐城市2000年6月22—23日。

其不贪……醉之酒以观其恭，从之色以观其常。"《六韬》中的《选将》记太公所言区别士之"贤"与"不肖"的"八征"，其中的内容有与《官人》相同者，如"使之以财以观其廉""试之以色以观其贞""告之以难以观其勇""醉之以酒以观其态"即是。

除了见于今本《六韬》者，还有一些《六韬》佚文也与《逸周书》的文句相同或者相近。如《群书治要》引《六韬·虎韬》曰："夫民之所利，譬之冬日之阳，夏日之阴。冬日之从阳，夏日之从阴，不召而自来。故生民之道，先定其所利而民自至。"《逸周书·大聚》中的说法与之相似，曰："水性归下，民性归利。王若欲求天下民，先设其利，而民自至，譬之若冬日之阳，夏日之阴，不召而民自来。"如此等等，不一而足。

关于《逸周书》的成书，学术界尚有不同看法，但人们逐渐认识到此书的重要价值，发现并不像有些人所说的那样出于"后人的伪托"。除了《逸周书》的"三训"，笔者又探讨过《大开武》《大聚》《官人》等二十几篇与周公有直接关系的篇章，结果认为这些都可以看作周初历史的真实记载。《周书序》所言与各篇所记史实大体一致，基本可信，只是由于长期以来经过后人的传写，各篇都会有一定数量词语的改变与增减。[1] 如果这样的判断没有问题，则《六韬》与《逸周书》的一致，证明《六韬》成书于周初也应该不成问题。

《逸周书》以外，《六韬》与后世的兵书如《尉缭子》《吴子》《孙子兵法》等也有相同之处。所不同的是，由于《六韬》与《逸周书》都成于周初，看不出它们之间孰先孰后；而《六韬》与《尉缭子》等后世兵书之间的先后关系却不难分辨。

关于《六韬》与《尉缭子》《吴子》《孙子兵法》之间的联系，已经有学者注意到，遗憾的是，由于在今本《六韬》成书问题上的不恰当看法，有学者将这些文献之间的先后关系搞颠倒了。[2] 在这一点上，将《六韬》与相同或者相通的文献稍加比较便很容易看出来。

《六韬·军势》有曰："将以诛大为威，以赏小为明，以罚审为禁止而令行。故杀一人而三军震者，杀之；赏一人而万人说者，赏之。杀贵大，赏贵小。杀及当路贵重之臣，是刑上极也；赏及牛竖、马洗、厮养之徒，是赏下通也。刑上极，赏下通，是将威之所行也。"《尉缭子·武议》的表述则是："凡诛者，所以明武也。杀一人而三军震者，杀之；赏一人而万人喜者，赏之。杀之贵大，赏之贵小。当杀而虽贵重，必杀之，是刑上究也；赏及牛童马圉者，是赏下流也。夫能刑上究，赏下流，此将之武也，故人主重将。"《六韬》一段论述诛、赏，详尽细致，《尉缭子》专谈明武，有所概括。特别是《尉缭子》将《六韬》的"赏及牛竖、马洗、厮养之徒"简化为"赏及牛童马圉"，透露了二书的先后关系。

《六韬·教战》有曰："故教吏士：使一人学战，教成，合之十人；十人学战，教成，合之百人；百人学战，教成，合之千人；千人学战，教成，合之万人；万人学战，教成，合之三军之众。大战之法教成，合之百万之众，故能成其大兵，立威于天下。"《尉缭子·勒卒令》也有相似的论述，其曰："百人而教战，教成，合之千人；千人教成，合之

---

① 杨朝明：《〈逸周书〉有关周公诸篇刍议》，《周公事迹研究》附录六，中州古籍出版社 2002 年版。

② 如前揭刘庆先生文便认为《六韬》大量移植了《尉缭子》《吴子》等的兵学言论。

万人；万人教成，合之三军。三军之众，有分有合，为大战之法。”二者同是叙述由单兵到合成的循序渐进的训练兵士的方法，后者的叙说要简要的多。显而易见，《尉缭子》是简括《六韬》的说法而来。

关于察看敌情，适时攻击，《六韬》与《吴子》都有论述。《六韬》的《发启》篇曾谈到所谓“三观”之法，即“吾观其野，草菅胜谷；吾观其众，邪曲胜直；吾观其吏，暴虐残贼”。这是从大处着眼，了解对手。另一方面，在《武锋》篇中又从细微处着手，谈论了可以攻击敌人的“十四变”，即“敌人新集，可击；人马未食，可击；天时不顺，可击；地形未得，可击；奔走，可击；不戒，可击；疲劳，可击；将离士卒，可击；涉长路，可击；济水，可击；不暇，可击；阻难狭路，可击；乱行，可击；心怖，可击”。

《吴子》的《料敌》篇记武侯问敌人可击之道，吴起的回答提到“十三可击”。“十三可击”论述用兵必须审察敌人之虚实以趋其危。可是，关于《吴子》人们多视其为伪，但这里所说的“十三可击”应当本于《六韬》的“十四变”，二者相同处多，但也有所不同。

另外，《六韬》作为周初的兵家著作，以后的不少兵家论述都本于此书。如今本《六韬·三阵》中说：“凡用兵为天阵、地阵、人阵。”《群书治要》卷三十一所录《龙韬》也记有武王与太公讨论用兵之时天、地、人何者为先的问题。《孙子》的《计》篇中发挥说：“故经之以五，校之以计而索其情：一曰道，二曰天，三曰地，四曰将，五曰法。”道、将、法属于人事系统，它与天、地合在一起，其实谈的正是天时、地利、人和三要素，《孙子·地形》篇中的名言“知彼知己，胜乃不殆。知天知地，胜乃不穷”，说的也是同样的问题。到了《孙膑兵法》则说得更为明确，其《月战》篇中说：“天时、地利、人和，三者不得，虽胜有殃。”

四、结　语

章学诚在《文史通义·诗教上》中说过：“古未尝有著述之事也。官师守其典章，史臣录其职事，文字之道，百官以之治而万民以之察，而其用已备矣。是故圣王书同文以平天下，未有不用之于政教典章，而以文字为一人之著述者也。”章氏此言颇适用于《六韬》一书。殷商时期，早已“有册有典”，但在那时，学术官守，职其事者为官师、为史臣，太公之论兵善言自不是其本人所录，其出于当时的史臣可知。

在当时，周朝灭商，惊天动地，人们不会不反思和总结灭商的经验与体会，所以，不论《诗经》还是其他史书，都赞扬和称颂太公在灭商中的巨大功绩。《史记·齐太公世家》说：“周西伯昌之脱羑里归，与吕尚阴谋修德以倾商政，其事多兵权与奇计，故后世之言兵及周之阴权，皆宗太公为本谋。”又说：“天下三分，其二归周者，太公之谋计居多。”这当然不是空话。在具体谋划和实施攻击商朝的过程中，姜太公立下了汗马功劳，他也会有许许多多的名言高论流传下来，《金版六韬》本文之著录成书应在此时。

然而，太公的著述可能开始并不像今天看到的这样丰富、繁多，不仅有《六韬》其书，还有其他的名目。而且，《六韬》其书也会有后世添加的成分，今天看到的所谓《六韬》佚文，有一些说不定就属于后来增入的东西。究其原因，就是司马迁所说的“后世之言兵及周之阴权，皆宗太公为本谋”。例如，《敦煌遗书》唐人手抄《六韬》有曰：“维正月，王在成周，召三公、左史戎夫曰：‘今昔朕语遂事之志。’戎夫主之，朔如闻舍。志曰……"这里的记载，意思颇不明确。其实，这个记载倒是真实的，只是个别记录可能并不正确。《逸周书》的《史记解》中有曰："维正月，王在成周，昧爽，召三公、左史戎夫曰：'今夕朕寝，遂事惊予。'乃取遂事之要戒，俾戎夫言之，朔望以闻。"原来穆王梦见了历史上的事情惊吓了自己，便让人采辑历史上重要而且值得警戒的事，使左史戎夫论说它们，每月的朔日和望日讲给自己听。《今本竹书纪年》则记载说："穆王二十四年命左史戎夫作记。"可知此事发生在周穆王时期。很显然，这应当是后人将左史戎夫论说历史事件的话附到了《六韬》之中，它与《六韬》的论兵之言有明显区别。

《金版六弢》作成后，自然受到周人的重视，后世言兵者理所当然地奉为经典，传抄、缮写者也一定大有人在，像齐桓公任用管仲"复修太公法"时，更会注意到《六韬》这一太公留下的重要遗产。在这样的背景下，《六韬》其书的其他名目便应运而生。

原载《中国文化研究》2002 年第 1 期。

杂家类

《曲洧旧闻》《南窗纪谈》真伪辨

李裕民

研究历史文化离不开史料，利用史料首先得鉴别其真伪，有些一目了然，有的颇费周折，有时候，大专家也难免看走眼。本文讨论的两本南宋笔记的真伪便是典型的一例。

余嘉锡认定《南窗纪谈》是伪作

朱弁（？—1144）与徐度（？—1166）是南宋初颇有名望的文人，朱弁的《曲洧旧闻》（以下简称《旧闻》）和徐度的《却扫编》都是有相当水平的史料笔记，而令人难以理解的是，徐度的另一笔记《南窗纪谈》（以下简称《南窗》）中有 12 条记载与朱弁《曲洧旧闻》相同，究竟谁是原创，谁是抄袭者？他们两位都是有才学、有品行的人，都不可能去抄袭他人作品，那么，应该如何解释这一现象呢？

余嘉锡经过研究以后，得出如下的结论。

以两书对勘，大抵《旧闻》详而《南窗》略，又间有数字不同。其删节窜改之迹显然可见。盖徐度所著之《南窗纪谈》，原书已亡。后人从他说部中抄取 20 许条，伪题此名，托之徐度。①

这是说，是《南窗纪谈》抄袭《曲洧旧闻》，但不是徐度所为，是后人的伪作。

事实果真如此吗？首先看一下余氏使用的鉴别方法，是以详略定真伪，详者真、略者伪。应该肯定，在一般情况下，此法是有效的，因为抄袭者，大多水平不高，图省事，故抄时，或原文照录，或节录（有意删节或无意中抄漏），一般不会去增添内容。如果要增添，就得有与被抄者相当的水平，否则，狗尾续貂，一眼就能看穿。而有水平者，自己能作，犯不着干抄袭的勾当。但用此法时，必须考虑一个前提，那就是两者都是原件。而现在两书恰恰都不是原件。

《曲洧旧闻》，四库全书本为 10 卷，而朱弁的原书只有 3 卷。朱熹为朱弁作行状中明言："《曲洧旧闻》三卷。"行状作于淳熙十一年（1184）。朱熹为朱弁之从孙，所言应是最可信的。朱弁卒于绍兴十四年（1144），是其卒后 40 年，《旧闻》一直是 3 卷，则 10 卷本显然是后人所增补的。哪些是原有的，哪些是后补的，什么时候补的，根据什么补，都没见任何说明，则其来源本身就可能存在问题，其所增部分的真伪需要作鉴别。

---

① 余嘉锡：《四库提要辨证》卷 17《南窗纪谈》条，云南人民出版社 2004 年版，第 918 页。

徐度《南窗纪谈》，原书已亡，现存《说郛》本 1 卷，凡 24 条，是不全的，笔者从其他宋人书中辑得 8 条。陶宗仪所编《说郛》收书 1000 多种，其情况很复杂，其中大多是真的，少数是伪的。真者极少数是全录，大多属节录，节录之中，多数是选录条目，不动该条中的内容，少数则对内容有删节。《南窗纪谈》当属后者。

事实恰恰相反，是《曲洧旧闻》抄袭了《南窗纪谈》

既然情况如此复杂，则在比较两者鉴别真伪时，还应该尽量寻找旁证去解决，试比较下列例子。

例一：蔡宽夫条《说郛》本《南窗纪谈》第 2 条：

> 蔡宽夫侍郎在金陵，凿地为池，既至，寻丈之下，便得一灶，甚大，相连如设数釜者，灶间有灰，又有朱漆匕箸，其旁皆甓甃，初不甚损，莫测其故也。后见诸郡兵火之余，瓦砾堆积，不能尽去，因葺以为基址者甚多，金陵盖故都，自昔兵乱多矣，瓦砾之积，不知几何，则寻丈之下，安知非昔日平地也。

《曲洧旧闻》卷 9 第 21 条：

> 蔡宽夫侍郎筑室金陵，凿地为池沼，既去土，寻丈之下，便得一灶，甚大，相连如设数釜者，灶间有灰，又得朱漆匕箸数十，其傍皆甓甃，初不甚损，莫测其故何也。旧闻其子择言亲道之，后见诸郡兵火之后，瓦砾堆积，不能尽去，因葺以为基址者甚多，因悟蔡氏所见盖金陵故都，自昔乱兵多矣，其瓦砾之积，不知几何，则寻丈之下，安知非昔日之平地耶！

景定《建康志》卷 42 引《南窗纪谈》云：

> 蔡宽夫侍郎治第于金陵青溪之南，穴地为池，数尺之下，见有瓦砾及朱髹匕筯数十，蔡惊异，命工愈掘之，又深尺余，有金镶瓦锡之器甚多，皆破碎交错，仆压于下，灶下苇灰犹存，又穷其傍，大抵皆人居也，然后知其下前代为平地。

从以上三种记载可以看出：（一）《旧闻》文字确实比《南窗》为详，但和景定《建康志》所引相比，又缺了许多内容，显然，它也是节录。

（二）三者虽然详略各有不同，但所记是同一件事是没有问题的。而由景定《建康志》所引此文称其来源为《南窗纪谈》，说明宋人是承认此条的作者为徐度而非朱弁。

例二：使相条《说郛》本《南窗纪谈》第 11 条：

> 凡以节度使兼中书令、侍中、同平章事，并谓之使相。唐制皆金敕，五代以来不预政事，敕尾存其衔而不金，但注使字。汉初有假左相曹参之徒，尝为之，皆以将军有功，无以复赏，故假以宰相之名，而不得居其位，是亦唐以来使相之比也。汉殇帝延平元年帝以邓骘为骑将军、仪同三司，仪同之名起于此。魏黄权以车骑将军、开府

仪同三司，开府之名起于此。盖亦姑使其仪秩得视三公而已，是亦假丞相之类，然晋以来左右光禄大夫开府者为文官，骠骑车骑将尉军与四征四镇及诸大将军开府者皆为武官。宋、齐以后，循之不改。唐初以为文散阶，虽三公三师，亦必冠以此号，李涪著《刊误》尝非之。宋因唐，无所革。元丰官制既罢同平章事，遂以节度使加开府为使相，正合创名之意，而文臣寄禄官亦存之，然无生为之者，惟以为赠官。

《曲洧旧闻》卷10第2条：

> 凡以节度使兼中书令、侍中、同平章事，并谓之使相。唐制皆签敕，五代以来不预政事，敕尾存其衔而不签，但注使字。汉初有假左丞相曹参之徒，悉尝为之，皆以将军有功，无以复赏，故假以宰相之名，而不得居其位，是亦唐以来使相之比也。汉殇帝延平元年以邓骘为将军、开府仪同三司，开府之名起于此。盖亦姑使其仪秩得视三公而已，是亦假丞相之类也。然晋以来左右光禄大夫、光禄大夫开府者为文官，骠骑车骑卫将军与四征四镇及诸大将军开府者为武官。宋、齐以后，循之不改。唐初以为文散阶，虽三公三师，亦必冠以此号。李涪著《刊误》尝非之矣。本朝因唐，无所革。元丰官制既罢，正合创名之意，而文臣寄禄官亦存之，然无生为之者，惟以为赠官。予谓开府仪同三司本无文武之别，今若文臣贴职至观文殿大学士，寄禄至光禄大夫以上欲优其礼秩者，亦可加以开府而许缀宰相班，则合古之遗制矣。

徐自明《宋宰辅编年录》卷1引《南窗纪谈》：

> 凡以检校官兼中书令、侍中、同平章事。并谓之使相。唐制皆署敕。五代以来不预政事。朝会则缀本班正衔见谢则押班。凡宣制除授者，敕尾存其衔而不署，侧注使字。

按：此条与上一例情况不同，两者各有出入，上例《南窗》比《旧闻》多出36字，本条《旧闻》比《南窗》多65字，以此例看，并非如余氏所云，各条都是《南窗》略而《旧闻》详。而且二书都缺了《宋宰辅编年录》所引的19字，说明所采录的都不是全文。特别应该注意的是，徐自明注引自《南窗纪谈》，而不是《旧闻》，可证确实是《旧闻》抄袭《南窗》。

例三：徐惇济条《说郛》本《南窗纪谈》第6条：

> 叶石林问徐惇济，曰："自东坡名思无邪斋、德有邻堂，而世争以三字名堂宇，公知前此，固尝有是否？"答曰："非狮子吼寺乎？"叶公笑曰："是也。盖吴兴城南射村有寺号狮子吼，本钱氏赐名，宋因之。石林公既为春秋书，其别有四：解释音义曰传，订证事实曰考，掊击三传曰谳，其编排凡例曰例。"又问曰："吾之为此名，前古之所未有也。"惇济曰："已尝有之。"石林曰："何也？"曰："吴程秉逮事郑玄，著书三万余言，曰《周易摘》《尚书驳》《论语弼》，得无近是乎？"石林大喜。

《曲洧旧闻》卷 10 第 11 条：

> 石林公尝问予兄惇济曰："自东坡名思无邪斋、德有邻堂，而世争以三字名堂字，公知前此，固尝有是否？"惇济曰："非师子吼寺乎？"石林笑曰："是也。吴兴城南射村有寺号师子吼，本钱氏赐名，国朝因之。石林既为春秋书，其别有四，其解释旨义曰传，其订证事实曰考，其掊击三传曰谳，其编排凡例曰例。"又问曰："吾之为此名，前古之所未有也。"惇济曰："已尝有之。"石林曰："何也？"惇济曰："吴程秉逮事郑玄，著书三万余言，曰《周易摘》《尚书驳》《论语弼》，得无近是乎？"石林大笑。

余嘉锡认为：叶石林条，《旧闻》原作石林公尝问予兄惇济云云，是惇济但姓朱，《南窗》改为叶石林问于徐惇济，则以著书者为徐度，并惇济亦变为姓徐矣①。

按：余氏此解释失之主观。遍查有关朱弁的记载，并无字惇济之兄。惇济乃徐康之字，徐康为徐度之兄，石林公即叶梦得。徐康父名处仁，北宋宰相，母陈氏，生五子：庚、廉、庾、康、度。② 他们的字都称惇某。如徐庚（？—1126）字惇义③，康字惇济④，度字惇立，此称惇济为兄，正符合度之身份。叶梦得与之为友，曾作《徐惇济书报尝过余石林》诗，诗中称其"故人书为报平安"⑤。可见他们关系密切，故有叶问徐康之事。显然此条只能说明，是《旧闻》抄自徐度书，而不是相反⑥。此外，在宋人著作中引到的《南窗纪谈》佚文中，也发现两例被抄入《曲洧旧闻》，试作比较如下。

例四：二府侍从归班条《曲洧旧闻》卷 9 第 30 条：

> 旧制二府侍从有薄罪，多以本官归班，朝请而已。初无职掌，然班着请给，并只从见在官，初不以所尝经历为高下也。

宋徐自明《宋宰辅编年录》卷 1 引《南窗纪谈》：

> 旧制二府侍从有薄责，多以本官归班，奉朝请而已。初无职掌，然班着请给，并只从见存官，初不以尝经历为高下也。

---

① 《四库提要辨证》卷 17《南窗纪谈》条，第 918 页。
② 汪藻：《浮溪集》卷 28《吴国夫人陈氏墓志铭》。
③ 徐度：《却扫编》卷中第 12："长兄惇义。"
④ 《夷坚乙志》卷 2："徐择之丞相师北京，有赵士珫（当作珫）者……如北京，求入幕府，遂为干办公事。丞相之子敦义庚、敦济康、敦立皆与之游。居二年，士珫告病，未几卒，时宣和七年三月也……死时才三十七。"（张祝平：《夷坚乙志校补三则》，《中国典籍与文化论丛》五，中华书局 2000 年版，第 424 页）
⑤ 《建康集》卷 2。
⑥ 孔凡礼点校：《曲洧旧闻》前言已指出，此条系《曲洧旧闻》抄自《南窗纪谈》，但论证欠详，故再作考辨。

按：显然，《曲洧旧闻》抄自《南窗纪谈》。而抄者不熟悉朝廷典故，抄时却将"奉朝请"抄成"朝请"，漏了一个"奉"字，不知"奉朝请"是当时的专用词，宋代专谈典故的词典《朝野类要》就收入此词，并作了解释：

奉朝请：在京宫观仍奉朝请者，依旧趁赴六参也。①

《宋宰辅编年录》是徐自明收集了各种宋宁宗嘉定以前的史料编成的，时间在嘉定八年（1215）至十一年间。② 据此，十卷本之《曲洧旧闻》当时尚未问世，故徐自明唯参考《南窗纪谈》。

例五：十样锦条《曲洧旧闻》卷10第8条：

今之中散大夫则昔之大卿监也，旧说谓之"十样锦"。受命之初，不俟赦恩，便许封赠父母妻一次，一也。妻封郡君，二也（今为令人）。不隔郊奏荐，三也。奏子为职官，四也（今为从事郎）。乘马许行驰道，五也。马鞍上施紫丝座，六也。马前执破木杖，七也。宴殿内金器且坐朵殿上，八也。身后许上遗表，九也。国史立传，十也。

谢维新《古今合璧事类备要后集》卷62"中散大夫十样锦"条：

中散大夫昔之大卿监也，旧说谓之"十样锦"。受命之初，不俟赦恩，便许封赠父母一次，一也。妻封郡君令人，二也。不隔郊奏荐，三也。奏子为职官，令（当作今）为从事郎，四也。乘马许行驰道，五也。马鞍上施紫丝座，六也。马前执破木板，七也。宴殿用金器且朵殿上，八也。身后许上遗表，九也。国史立传，十也。

其下注出处：徐守惇《南窗纪谈》。③

按：谢维新《古今合璧事类备要后集》编于宝祐五年（1257），据此，十卷本之《曲洧旧闻》宝祐五年尚未问世，故谢维新唯采《南窗纪谈》。

《曲洧旧闻》抄袭了多种著作

《曲洧旧闻》不仅直接抄袭《南窗纪谈》，还间接抄录了徐度跟王明清的谈话，这只要对比一下《挥麈后录》卷1第126条与《曲洧旧闻》卷9第25条便可知。为避免过多重复，下面只录王文，被《旧闻》改动处加注说明。

例六：史官记事所因条

---

① 王瑞来点校：《朝野类要》卷4第265条，中华书局2007年版。

② 此书最晚记至嘉定八年七月辛酉郑昭先参知政事、曾从龙端明殿学士签书枢密院事（卷10），而未记十二年二月曾从龙进同知枢密院事。则应作于嘉定九年至十一年间。按：徐于嘉定十年十二月自常州通判知永州。（咸淳《毗陵志》卷9：徐自明，嘉定八年十二月，朝散郎、前太常博士，在任转朝请郎，十年十二月差知永州）十二年（1219）修志（《直斋书录解题》卷8："《零陵志》十卷，郡守徐自明嘉定己卯重修。"）

③ "徐守惇"当为"徐度惇立"之误。

徐敦立语明清云（《旧闻》删）：凡史官记事所因者有四：一曰时政记，则宰执（《旧闻》作相）朝夕议政，君臣之间奏对之语也；二曰起居注，则左右史所记言动也。三曰日历，则因时政记、起居注润色而为之者也。旧属史馆，元丰官制属秘书省国史。案，著作郎佐主之。四曰臣僚墓碑（《旧闻》删）行状，则其家之所上也。四者惟时政，执政之所日（《旧闻》作自）录，于一时政事，最为详备。左右史虽二员，然轮日侍立，榻前之语既远不可闻，所赖者臣僚所申，而又多务省事，凡经上殿，止称别无所得圣语，则可得而记录者，百司关报而已。日历，非二者所有，不敢有所附益。臣僚行状，于士大夫行事为详，而人多以其出于门生子弟之类，以为虚辞溢美，不足取信；虽然，其所泛称德行功业，不以为信可也。所载事迹，以同时之人考之，自不可诬，亦何可尽（《旧闻》删）废云（《旧闻》删）。度（《旧闻》改作予）在馆中时，见重修《哲宗实录》，其旧书崇宁间帅多贵游子弟以预讨论（《旧闻》删），于一时名臣行事，既多所略，而新书复因之，于时急于成书，不复广加搜访，有一传而仅载历官先后者，且据逐人碑志有传中合书名犹云公者（《旧闻》删），读之使人不能无恨。《新唐书》载事倍于旧书（《旧闻》删），皆取小说。本朝小说尤少，士夫纵有私家所记，多不肯轻出之。度（《旧闻》改作予）谓史官欲广异闻者，当择（《旧闻》删）人叙（《旧闻》删）录所闻见，如《段太尉逸事状》《邠侯家传》（《旧闻》删）之类，上之史官，则庶几无所遗矣。①

按：《曲洧旧闻》主要的变动有两个方面，（一）内容的删节或改动，如删去"崇宁间帅多贵游子弟以预讨论"的话，这本是说当时参与编写的是一些没有水平的贵族子弟，所以编的不好，现在删除，就看不出水平差的原因了。将"宰执"改为"宰相"，体现了抄者的无知，当时的决策体制是皇帝和宰相、执政（参知政事和枢密使、副使）共同议事，现在把"执"字去了，就等于把执政官踢出决策圈了。"旧书"本指《旧唐书》，抄者把"书"字删去，意思全变了。从这些低水平的删改看，《曲洧旧闻》所记就是抄袭者所为。（二）更主要的是把明显反映著作权的话"徐敦立语明清云"删去了，将两处"度"字篡改成"予"。这样一来，就看不出徐度痕迹，全像是朱弁的话了。这显然是有意做的手脚。或许有人说：会不会本是《曲洧旧闻》的内容，被王明清改动后，记入《挥麈后录》呢？不可能，因为改的并不高明，仍然露出了马脚。文中有叙述个人经历的话，"度在馆中时，见重修《哲宗实录》"，虽然把"度"改成了"予"，但只要查一下二人的经历，就知道不可能是朱弁说的。因为朱弁没有考中进士，只是平民百姓，更未出任馆职，怎么可能说"予在馆中"？怎么可能看到馆中藏的新旧《哲宗实录》呢？而徐度则特赐进士出身，任过多年馆职，绍兴五年（1135）十月任秘书省正字，八年四月升为校书郎。② 此段文字谈的是亲身经历，不是曾在馆中任职的人

---

① 王明清：《挥麈后录》卷 1 第 126 条，中华书局 1961 年版。

② 宋陈骙《南宋馆阁录》卷 8 正字："徐度，（绍兴）五年十月除，八年四月为校书郎。"同书卷 8 "校书郎"："徐度字敦立，睢阳人。特赐进士出身，治春秋，（绍兴）八年四月除，是月，除都官员外郎。"胡寅作《徐度李谊宋之才孙雄飞除馆职制》（《斐然集》卷 12）。

不可能知道这些内情的。

从以上各例可以看出，《曲洧旧闻》不仅抄了徐度的《南窗纪谈》，连徐度跟他人说的话也抄了①，甚至把名字加以改动，以掩盖抄袭痕迹，说明不是无意中抄错，而是有意为之。由此可以断定，《曲洧旧闻》与徐度的《南窗纪谈》相同的其他各条，也都是前者抄自后者。

由于《南窗纪谈》原书已佚，估计《曲洧旧闻》中还有一些内容也是抄自《南窗纪谈》②。《曲洧旧闻》从 3 卷变为 10 卷，仅抄《南窗纪谈》是不够的，还抄了其他书。目前可以考见的有下述三书。

其一，北宋中叶宋敏求的《春明退朝录》。

如《曲洧旧闻》卷 7 第 3 条"上元灯"，抄自《春明退朝录》卷中第 13 条。《曲洧旧闻》卷 7 第 4 条"唐散花楼等今复无存"，抄自《春明退朝录》卷下第 3 条。③

其二，北宋晚期张舜民的书。

《曲洧旧闻》卷 9 第 13 条：天禧诏收瘗遗骸，并给左藏库钱，厥后无人举行。元丰二年三月，因陈向为提举常平官，诏命主其事。向又乞命僧守护，葬及三千人以上，度僧一人，三年与紫衣，有紫衣与师号。

按：《长编》卷 297 第 7217 页：元丰二年三月辛未，"诏提举常平等事陈向主其事，以向建言故也。后向言：在京四禅院均定地分葬遗骸。天禧中有敕书给左藏库钱，后因臣僚奏请裁减，事遂不行。……向又乞选募僧守护，量立恩例，并从之。葬及三千人以上，度僧一人。三年与紫衣，有紫衣与师号，更令管勾三年，愿再住者准此。"对比二者，显然是《曲洧旧闻》节抄了《长编》，而且节抄的欠妥，少抄了最后几句，致使文意未完。《长编》于文末注明出处："张舜民云云，可考。"说明此记载来自张舜民的书，这里没有写具体书名，可能是《小史》或《杂说》。④

其三，李焘《续资治通鉴长编》。

《曲洧旧闻》卷 9 第 8 条：熙宁五年九月丁未，御史张商英言：近日典掌诰命，多不得其人，如陈绎、王益柔、许将皆今所谓词臣也，然绎之文，如款段逐骥，筋力虽劳而不成步骤。益柔之文，如野妪织机，虽能成幅而终非锦绣。将之文，如稚子吹埙，终日暗呜而不合律吕，此三人恐不足以发挥帝猷，号令四海，乞精择名臣，俾司诰命。

按：这里一开始就说某年某月某干支，纯属编年体的写法，笔记一般不用此类写法。查此条记载与《长编》卷 238 第 5789 页相同（文繁不录）。值得注意的是，《长编》是节录张商英的奏章，节录时还做了改动。

试比较下一引文。

---

① 《挥麈后录》卷 1 所记徐度关于欧阳公《归田录》的话，被全部抄入《曲洧旧闻》卷 9 第 26 条。

② 《曲洧旧闻》卷 10 第 13 条"前人谨行辈"，提及"予在馆中时"，显为徐度自称，孔凡礼在前言中已指出系徐度所作。笔者以为，此条未见他书提及，则可进一步推定应出于《南窗纪谈》。

③ 宋敏求：《春明退朝录》，中华书局 1980 年点校本。

④ 考《长编》引张舜民书有《小史》《南迁录》等，有时不提书名，只说张舜民云云。（《长编》卷 327 元丰五年六月甲寅注："张舜民云云，当考。"）陈振孙《直斋书录解题》卷 11："张芸叟《杂说》一卷，吏部侍郎张舜民芸叟撰。"

吴曾《能改斋漫录》卷 12 "张天觉论词臣之文"：张天觉尝乞择词臣，而言盖自近世文馆寂寥，向者所谓有文者，欧阳修已老，刘敞已死，王珪、王安石已登两府，后来所谓有文者，皆五房检正三舍直讲崇文检书间有十许人。今日之所谓词臣者，曰陈绎，曰王益柔，曰许将是已。臣尝评之，陈绎之文如款段老骥，筋力虽劳而不成步骤。至益柔之文如村妇织机，杼虽成幅而不成锦绣。许将之文如稚子吹埙，终日喧呼而不合律吕。此三人者，皆陛下所用出辞令、行诏诰，以告四方，而扬于外庭者也，今其文如此，恐不足以发帝猷、炳王度云云。

吴曾的引文较详细，与《长编》《曲洧旧闻》相比，后者不只是节录，还对内容作了改动，如果说两人的节录有可能类同的话，改变文句就不可能完全相同了，而今《长编》《曲洧旧闻》之相同，只能说明《曲洧旧闻》抄袭了《长编》。《曲洧旧闻》卷 9 第 15 条：元丰四年六月辛酉（6 日），诏：自今紫衣师号，止令尚书祠部给牒，牒用绫纸，被受师名者纳绫纸六百。至是罢。

《长编》卷 327 第 7876 页：元丰五年六月辛酉（11 日），"诏：自今紫衣师名，止令尚书祠部给牒，牒用绫纸，受紫衣师名者纳绫纸钱六百。是岁十月，优诏依度僧牒例用纸。"

按：两者对比，可知《曲洧旧闻》之文节抄自《长编》，而抄时却误将"五年"抄成"四年"，又误增"至是罢"，使要求执行的诏命讹变为停止执行的诏命，完全违背了原意。

综上考证，可以得出如下结论：

1.《说郛》本《南窗纪谈》确为徐度的著作，并非伪作，但它是不全的节录本。余已辑得佚文 8 条。

2.《曲洧旧闻》原本为 3 卷，今流行的十卷本中，有一部分系伪作，其中抄自《南窗纪谈》者 14 条，抄自宋敏求的《春明退朝录》、张舜民的某书、李焘《续资治通鉴长编》、王明清《挥麈后录》7 条。十卷本中有不少抄袭处，是否意味着其他 7 卷，都是抄的？不是的。

其一，三卷本是否就是十卷本的前 3 卷，目前尚难断定，其篇幅大小也无法确定，有可能原来每卷内容较多，后分拆成多卷，再抄一些凑成 10 卷。

其二，后增的内容中有不少是朱弁在三卷本流传以后增补的。

如以下二例。

卷 7 第 14 条："真定康敦复尝谓予曰……请为我于《曲洧旧闻》并录之。"说明《南窗纪谈》早在十卷本以前已经问世，故康某有此请求。朱弁后来增补了这一条。

卷 8 第 20 条：予书定光佛事，友人姓某见而惊喜曰：异哉！予之外兄赵，盖宗王也。丙午年春同居许下，手持数珠日诵定光佛千声……予俘囚十年，外兄不知所在。今观公书此事，则再出世之语昭然矣。

按：此所云"予书定光佛事"，见本书卷 1 第 8 条"定光佛再世得太平"。说明卷 1 这一条是在三卷本之中。其友人看到三卷本时在"俘囚十年"，考其被俘在建炎元年（1127），下数"十年"应为绍兴六年（1136），也就是说三卷本在绍兴六年之前已经问世。其后朱弁又作了增补，以上两例即是明证。但增补稿朱弁在世时没有刻印，直到淳熙十一年（1184），朱熹见到的仍然是三卷本。宋代书目均不见有十卷本的记载。《四库全书》所收为十卷本，据提要云：出自影宋抄本，"每卷末皆有临安府太庙前尹家书籍铺刊字，又惇字避光宗讳，皆缺笔"①。据此，十卷本必在光宗以后。

上面考证到，本书抄录了王明清《挥麈后录》的内容，而该书是绍熙五年（1194）撰的，则十卷本应在宁宗以后。又嘉定时徐自明《宋宰辅编年录》、宝祐五年谢维新《古今合璧事类备要后集》，均引《南窗纪谈》，说明有同样内容之十卷本，其出现很可能在二书之后，即已到南宋末年。十卷本由三部分组成，原来的三卷，加上朱弁自己增补的条目（其数不详），又抄袭《南窗纪谈》及其他宋人著作中的条目。

抄袭部分主要集中在卷9、卷10中，占此2卷条数的将近一半。除本文所揭以外可能还有一些抄袭处，但不会太多，估计抄袭数量不会超过全书的五分之一。抄袭时间在南宋晚期，抄袭人不详，但肯定不是朱弁。从史料价值角度说，其真的部分价值较高，但伪的部分，也有校勘价值，并可利用它复原已经残缺的《南窗纪谈》。

【附录】 曲洧旧闻提要

《曲洧旧闻》十卷（浙江汪汝瑮家藏本），宋朱弁撰。弁字少章，朱子之从父也。事迹具《宋史》本传。《文献通考》载弁《曲洧旧闻》一卷，《杂书》一卷，《骪骳说》一卷。此本独《曲洧旧闻》已十卷。然此本从宋椠影抄，每卷末皆有临安府太庙前尹家书籍铺刊字。又惇字避光宗讳，皆阙笔。盖南宋旧刻，不应有误，必《通考》讹十卷为一卷也。案弁以建炎丁未使金被留，越十七年乃归。而书中有腊月八日清凉山见佛光事，云岁在甲寅。又记秘魔岩事，其地在燕京。又记其友述定光佛语云，俘囚十年。则书当作于留金时。然皆追述北宋遗事，无一语及金，故曰旧闻。《通考》列之小说家。今考其书惟神怪谐谑数条不脱小说之体，其余则多记当时祖宗盛德及诸名臣言行，而于王安石之变法，蔡京之绍述，分朋角立之故，言之尤详。盖意在申明北宋一代兴衰治乱之由，深于史事有补，实非小说家流也。惟其中间及诗话、文评及诸考证，不名一格，不可目以杂史，故今改入之杂家类焉。

---

① 《四库全书总目》卷121，中华书局1965年版，第1039页。

《燕丹子》考辨

马振方

一

古小说《燕丹子》描写战国末期燕太子丹遣荆轲刺秦王事，而《汉书·艺文志》不载，至《隋书·经籍志》始有著录。历代学者对其写作年代及成书过程，特别是它与《史记》中记述同一题材的《刺客列传·荆轲》的关系，众说纷纭。或言"审是先秦古书"，《国策》《史记》取此为文①，"与《史记》所载皆相合，似是《史记》事本"②；或言"汉末文士因太史庆卿传增益怪诞为此书"，"作伪者依据《史记》，参之他书，加以附益，所载自与《史记》相合，不得以此谓为《史记》事本，先秦古书"③。由于诸家对两书"相合"只就故事概而言之，于文字并未一一细辨，今世学者便有了新的看法，认为《燕丹子》"在文字上除极少数地方如'左手把其袖，右手揕其胸'与《史记》相同外，再难找到多少相同的文句，可以说是事文皆异"，"《燕丹子》和《史记》明显不是相互因袭的关系，它是完全不同的另一种作品"④。

以文字异同判别两书是否有承袭关系，甚是中肯。但仔细考察《史记》和《燕丹子》的文字，完全相同或大体一致之处并非"极少"，而是尚多。且看如下比较：

史记	燕丹子
田光曰："臣闻骐骥盛壮之时，一日而驰千里，至其衰老，驽马先之。今太子闻光壮盛之时，不知臣精已消亡矣。"	田光曰："臣闻骐骥之少，力轻千里，及其罢朽，不能取道。太子闻臣时已老矣。"
太子送至门，戒曰："丹所报，先生所言者，国之大事也。愿先生勿泄也。"田光俯而笑曰："诺。"	太子自送，执光手曰："此国事，愿勿泄之。"光笑曰："诺。"

---

① 程毅中校点：《燕丹子·西京杂记》，中华书局 1985 年版。胡应麟：《少室山房笔丛》，见《四部正讹》下，广雅书局。

② 马端临《文献通考》卷二一五《经籍考》引《周氏涉笔》，中华书局 1986 年版，第 1755 页。

③ 罗根泽：《〈燕丹子〉真伪年代之旧说与新考》，见《古史辨》第 6 册，海南出版社 2005 年影印本。

④ 李剑国：《〈燕丹子〉考论》，见《古稗斗筲录》，南开大学出版社 2004 年版，第 218~219 页。

续表

史记	燕丹子
田光曰："吾闻之，长者为行，不使人疑之。今太子告光曰：'所言者，国之大事也，愿先生勿泄。'是太子疑光也……"	田光谓荆轲曰："盖闻士不为人所疑，太子送光之时，言此国事，愿勿泄。此疑光也。"
荆轲……乃遂私见樊于期曰："秦之遇将军可谓深矣，父母亲族皆为戮没。今闻购将军首金千斤、邑万家，将奈何？"于期仰天叹息流涕曰："于期每念之，常痛于骨髓，顾计不知所出耳。"荆轲曰："今有一言可以解燕国之患，报将军之仇者，何如？"于期乃前曰："为之奈何？"荆轲曰："愿得将军之首以献秦王，秦王必喜而见臣。臣左手把其袖，右手揕其胸，然则将军之仇报，而燕见陵之愧除矣。将军岂有意乎？"樊于期偏袒搤捥而进曰："此臣之日夜切齿腐心也，乃今得闻教！"遂自刭。太子闻之，驰往，伏尸而哭，极哀。既已，无可奈何，乃遂盛樊于期首函封之。	轲潜见樊于期曰："闻将军得罪于秦，父母妻子皆见焚烧，求将军邑万户、金千斤。轲为将军痛之。今有一言，除将军之辱，解燕国之耻，将军岂有意乎？"于期曰："常念之，日夜饮泪，不知所出，荆君幸教，愿闻命矣！"轲曰："今愿得将军之首，与燕督亢地图进之，秦王必喜。喜必见轲。轲因左手把其袖，右手揕其胸……而燕国见陵雪，将军积忿之怒除矣。"于期起，扼腕执刀曰："是于期日夜所欲，而今闻命矣！"于是自刭……太子闻之，自驾驰往，伏于期尸而哭，悲不自胜。良久，无奈何，遂函盛于期首与督亢地图以献秦。
顷之，未发。太子迟之，疑其改悔，乃复请曰："丹请得先遣秦武阳。"荆轲怒，斥太子曰："何太子之遣！往而不返者，竖子也！"仆所以留者，待吾客与俱。	居五月，太子恐改悔，见轲曰："今欲先遣武阳，何如？"轲怒曰："何太子之遣！往而不返者，竖子也！轲所以未行者，待吾客耳。"
遂发。太子及宾客知其事者皆白衣冠而送之。至易水之上，既祖，取道，高渐离击筑，荆轲和而歌，为变徵之声，士皆垂泪涕泣。又前而为歌曰："风萧萧兮易水寒，壮士一去兮不复还！"复为羽声忼慨，士皆瞋目，发尽上指冠。于是荆轲就车而去，终已不顾。①	荆轲入秦，不择日而发。太子与知谋者皆素衣冠送之于易水之上。荆轲起为寿歌曰："风萧萧兮易水寒，壮士一去兮不复还！"高渐离击筑，宋意和之。为壮声则发怒冲冠，为哀声则士皆流涕。二人皆升车，终已不顾也。②

　　两者记述，不仅场景、情节相合，细节与文字也大都相合或相似。除去"风萧萧"两句极易重合的歌词不论，其余偌多相合相似之处就很难用巧合解释，而像"何太子之遣往而不返者竖子也"这种较为费解的特别句式，不是一个抄录另一个，就绝不可能如此一字不差。有学者就认为，《战国策·燕三·燕太子丹质于秦》"乃是后人在《战国策》残缺之后，抄《史记·刺客列传·荆轲》来补的"③，故两者文字大都相同，而这句却将"何太子之遣"改为"今日"，说明抄补者不解原句之意。倘是各自独创的作者，行文何

---

　　①　司马迁：《史记》卷八五，中华书局 1985 年版，第 2530～2534 页。
　　②　程毅中校点：《燕丹子西京杂记》，中华书局 1985 年版，第 7～14 页。
　　③　张清常：《〈战国策〉笺注前言》，《张清常文集》第 2 卷，北京语言大学出版社 2006 年版，第 270 页。

得如此默契？单论"左手把其袖，右手揕其胸"，如果出自两个完全自创者之手，也不会这般相同。因为"揕"字即使在秦汉也并非常用字，所以《说文》未予收录。余如"不知所出""今有一言""愿得将军之首""秦王必喜""将军岂有意乎""终已不顾"等语句，两者全同。更多的则如"臣闻骐骥盛壮之时，一日而驰千里"之于"臣闻骐骥少时，力轻千里"；"购将军首金千斤、邑万家"之于"求将军邑万户、金千斤"；"太子及宾客知其事者皆白衣冠而送之"之于"太子与知谋者皆素衣冠而送之"……不仅意同，文字也多同而少异。通过上述比较，可以清楚地看出两作部分文字具有无可否认的承袭关系。至于两者谁承袭谁，关乎《史记》与《燕丹子》产生的先后，须另作考辨。

二

在考辨《燕丹子》成书年代之前，须明确一点，即这篇小说与《史记·刺客列传》的写作过程不同，它不是一人一时之作，而是在漫长的民间传说中产生和成熟的，文人的写作只是成书的重要环节，成书之后在传说中还会有种种新的发展和新的版本。

公元前 227 年，即秦统一前六年，燕太子丹遣荆轲刺秦王嬴政，造成重大反响。此后以至汉初，现存文献言及此事者虽有数条①，却都未涉及传说性内容，无关《燕丹子》的创作。现存有关此事最早的传说性记载是邹阳狱中上梁孝王书，内有"昔者荆轲慕燕丹之义，白虹贯日，太子畏之"等语②。"白虹贯日"之说，《刺客列传》《战国策·燕策》及《燕丹子》皆不载，倘非邹阳误记③，便是传闻之讹。无论何者，则已成为有关其事的一种传闻。建元三年（前 138），中山靖王刘胜慨叹："高渐离击筑易水之上，荆轲为之低而不食。"④ 这又是一则传说性内容，《史记》等书亦不载。刘安《淮南子·泰族训》云："荆轲西刺秦王，高渐离、宋意为击筑而歌于易水之上，闻者莫不瞋目裂眦，发植穿冠。"此处最早提及宋意，异于史书，同于《燕丹子》，但它还不能证明《燕丹子》已成书，很可能是史实如此而太史公从简，刘安所记如实而已。此后则有《史记·刺客列传》卷末的太史公曰：

> 世言荆轲，其称太子丹之命，天雨粟、马生角也，太过；又言荆轲伤秦王，皆非也。始公孙季功、董生与夏无且游，具知其事，为余道之如是。⑤

这段话说得明白而确定。其一，称"世言"，不称"传曰"或"传书曰"，则"天雨粟""伤秦王"之类仍属世间传闻，司马迁并未见到文字材料；其二，刺客传中的荆轲事迹取自公孙季功和董生的讲述，并非削减《燕丹子》之类作品而成。既然如此，上节所列《燕丹子》与《史记·刺客列传》那些难得契合的文字，就应是前者承袭《史记》的

---

① 《文选·吴都赋》刘渊林注引《秦零陵令上书》："荆轲挟匕首卒刺陛下，陛下以神武扶揄长剑以自救。"

② 班固：《汉书》卷五一，中华书局 1962 年版，第 2343 页。

③ 《战国策·魏策四·秦王使人谓安陵君》："唐且曰：'……聂政之刺韩傀也，白虹贯日。'"

④ 班固：《汉书》卷五三，中华书局 1962 年版，第 2422~2423 页。

⑤ 司马迁：《史记》卷八五，中华书局 1985 年版，第 2538 页。

产物，也是其成书晚于《史记》的有力证明。

《汉书·艺文志》未著录《燕丹子》。而晋裴骃《〈刺客列传〉集解》引刘向《别录》云："督亢，丰腴之地。"司马贞《索隐》亦引《别录》云："丹，燕王喜太子。"孙星衍《〈燕丹子〉叙》以此为据，断言"刘向《七略》有此书，不可以《艺文志》不载疑其后出"[①]。今之学者也据此认为，刘向"作有《燕丹子叙录》，编入《别录》，只是班固删改《七略》为《汉书·艺文志》时，偶尔遗之"[②]。罗根泽对孙叙曾作驳论，谓汉志书目"凡与《七略》有出入者，必须注明"，而"检《诸子略》各家均未注出'《燕丹子》'，则《七略》无此书无疑"；认为"裴骃、司马贞所引，当为奏上《燕十事》或《荆轲论》中语"[③]。其实，刘向的两句话还须区分。前者既出《别录》，则是《七略》所收书叙录中语。后者只谓刘向之语，未言出自《别录》，则除上述可能，还如程毅中先生所见："或即《列士传》之语"[④]，因为著录于隋志的《列士传》署"刘向撰"（按，或为后人伪托），并收入荆轲刺秦王事（详见后文）。如此看来，刘向之语还不能确证《燕丹子》成书于刘向作《七略》之前。还是余嘉锡的见解中肯："《集解》《索隐》所引《别录》，未指明为《燕丹子》，叙则亦未为确证。《汉书·艺文志》既不著录，仍当缺疑。"[⑤]

最早能证明在汉代民间流传的荆轲刺秦王故事已被写成作品的是东汉王充的《论衡》。除去重复，其《是虚篇》《感虚篇》《语增篇》和《儒增篇》收入五段相关的记述，分别冠以"传书曰""传语曰"和"儒书曰"。与称传闻为"世言"不同，"传书""传语"和"儒书"表明王充见到的是文字作品。其中"荆轲为燕太子谋刺秦王，白虹贯日"一则同于邹阳上梁孝王书，其余皆颇新异。原文有无篇名不得而知，其为一篇作品还是多则记述，亦难判定。值得注意的是，其中的内容与今本《燕丹子》大都不合。其一，荆轲死后，"高渐离以筑击秦王额，秦王病伤，三月而死"。《燕丹子》无之，或因《太平御览》卷六九九引《燕丹子》有"秦始皇置高渐离于帐中击筑"一语，疑为其佚文，但不能确定。其二，"燕太子丹朝于秦，不得去，从秦王求归。秦王执留之，与之誓曰：'使日再中，天雨粟，乌白头，马生角，厨门木象生肉足，乃得归。'当此之时，天地佑之，日为再中，天雨粟，乌白头，马生角，厨门木象生肉足。秦王以为圣，乃归之。"这与今本只有"乌白头，马生角"差别甚大，应当不是同一作品。其三，"传语曰：町町若荆轲之闾。言荆轲为燕太子刺秦王，后诛荆轲九族，其后恚恨不已，复夷轲之一里。一里皆灭，故曰町町"。这更是今之《燕丹子》全然没有的内容。其四，谓荆轲以匕首掷秦王，"中铜柱，入尺"，今本为"入铜柱，火出"，亦不相符。《论衡》的上述引文表明，其时或其前已经产生了在民间传说基础上表现荆轲刺秦王的文学作品，但还不是今天流传的《燕丹子》。至汉后期，应劭《风俗通义》再记当时"俗说"的燕太子丹感天异象，只比《论衡》少了一项"日再中"，多出"井上株木跳度渎"，可见没有大的变化。

[①]　程毅中校点：《燕丹子·西京杂记》卷首，中华书局1985年版。

[②]　李剑国：《〈燕丹子〉考论》，见《古稗斗筲录》，南开大学出版社2004年版，第221页。

[③]　罗根泽：《〈燕丹子〉真伪年代之旧说与新考》，见《古史辨》第6册，海南出版社2005年影印本，第244页。

[④]　程毅中校点：《燕丹子》附录刘向《列士传》按语，中华书局1985年版，第20页。

[⑤]　"叙"指孙星衍《〈燕丹子〉叙》。

在现有文献中，最早引用《燕丹子》书名的是北魏郦道元的《水经注》，其引述的两段文字，也与今之传本吻合。因此，前辈学者或言"要出于宋齐以前高手所为"①，或言"其时代上不过宋，下不过梁，盖在萧齐之世"②。但从张华《博物志》下文来看，《燕丹子》成书时间的下限还可提前。

> 燕太子丹质于秦，秦王遇之无理，不得意，思欲归，请于秦王。王不听，谬言曰："令乌头白、马生角乃可。"丹仰而叹，乌即头白；俯而嗟，马生角。秦王不得已而遣之，为机发之桥，欲陷丹，丹驱驰过之而桥不发。遁到关，关门不开，丹为鸡鸣，于是众鸡悉鸣，遂还归。③

此与今之《燕丹子》开头一段只多"俯而嗟"三字一语，应该说是同一作品。钱熙祚于指海本《博物志》此则下注云："《燕丹子》今本脱'俯而嗟'三字，应以此书校补。"虽然《博物志》全书体例均不注明采引之书，但此注明显是以承认上文为《燕丹子》中文字为其前提的。张华为魏晋间人，《博物志》成书后曾上奏晋武帝，《燕丹子》成书时代的下限不当晚于三国时期。

三

《燕丹子》成书以后，同一题材的不同传说仍在发展，并有记述。最具规模的是陈盖注于胡曾《咏史诗·易水》之后所引孔衍的《春秋后语》之文④。胡曾与陈盖都是晚唐时人。据《晋书》，孔衍是孔子二十二世孙，卒于东晋大兴三年（320），终年五十三。《春秋后语》之出应较《博物志》晚几十年，而它所载的有关荆轲刺秦王故事与《燕丹子》大有分别。其一，为质于秦的太子丹回燕增加了重要理由："燕王病"，"请归侍养"。其二，秦王难太子丹只提"马生角"一项，无"令乌头白"。其三，无曲武其人，太子丹将欲报复秦王之意径言与田光。其四，田光为表明不泄国事"枕轮而死"，非死于"吞舌"。其五，无荆轲以金掷蛙，太子进千里马肝、美人手等事。其六，易水送别无荆轲慷慨而歌的"风萧萧兮易水寒，壮士一去兮不复还"二句，注者故引《文选》所载此二句补之。其七，荆轲入秦后无中庶子蒙白引见，径向秦王献地图。其八，刺秦王场面、情景更大异于《燕丹子》：

> 荆轲至秦，乃进地图，王乃以御掌接之。武阳捧于期首盛，战惧不敢近。轲乃复取进之，秦王又以御掌接之。荆轲乃擒秦王袖，秦王大惊。轲谓曰："欲作秦地之鬼、欲作燕国之囚？"秦王惧死，答之："愿为燕国囚。"轲乃不然。秦王谓轲曰："请与别后宫。"轲许，遂置酒与轲饮。秦宫女乃鼓琴送酒，琴曲中歌云轲醉，教王

---

① 李慈铭：《越缦堂读书记》，中华书局 1963 年版。

② 罗根泽：《〈燕丹子〉真伪年代之旧说与新考》，见《古史辨》第 6 册，海南出版社 2005 年影印本，第 244 页。

③ 张华：《博物志》卷五，大东书局民国二十年（1931）影印本。

④ 胡曾：《咏史诗》，见《四部丛刊》，涵芬楼 1922 年影印本。

掣御袖越屏走。轲不会琴音，而秦王会之，遂掣袖而走。轲以匕首击之，不中，中银柱，火出。轲大笑，秦王左右遂煞荆轲。①

不仅多处细节不同，主人公言语也迥异于《燕丹子》，且增秦王欲别后宫，与荆轲共饮，而无"图穷而匕首出""决秦王耳"等重要关目②。全文六百余字，除去灭燕和结尾议论，只五百字，不足《燕丹子》五分之一。孔衍或记全篇，或叙大概。无论何者，上列偌多分别足以说明这个与《燕丹子》同时存在的刺秦王故事乃是由民间传说形成的另一种作品，不是《燕丹子》的不同版本。略晚的辛氏《三秦记》云："荆轲入秦为燕太子报仇，把秦王衣袂曰：'宁为秦地鬼，不为燕地囚？'王美人弹琴作歌曰：'三尺罗衣何不掣？四尺屏风何不越？'王因掣衣而走得免。"③ 此与《后语》之记应是同一作品，所述详略不同，或在流传中有了变化和发展。

再看梁元帝萧绎《金楼子》卷六《杂记篇》中的三则文字④：

　　田光、鞠武俱往候荆轲。燕太子以秦武阳好弹，太子为作金丸。
　　燕田光、鞠武俱往候荆轲，轲时饮酒醉卧。光等往视之⑤，唾其耳中而去。轲醉觉，问曰："谁唾我耳？"妇曰："燕太子师傅向来，是二人唾之。"轲曰："出口入耳，此必大事。"
　　燕田光、鞠武俱往候荆轲，轲在席击筑而歌，莫不发上穿冠。⑥

三则均非《燕丹子》和《后语》本所有。不仅如此，在《燕丹子》中，鞠武向太子荐过田光就从作品中隐去，从未与光同时现身；《后语》本更无鞠武其人。上列三则两人三次同时"往候荆轲"，显出其前后的情节和场景也与《燕丹子》及《后语》本差异很大，应出自同一题材的又一种作品。成书于唐初期的《艺文类聚》卷一七《人》部《耳》目引《列士传》曰："燕丹使田光往候荆轲，值其醉，唾其耳中，轲觉曰：'此出口入耳之言，必大事也。'则往见光。"比之《金楼子》文第二则，此系述略，故无鞠武及荆轲妇语。署为刘向撰的《列士传》，著录于隋志与唐书，至宋似已亡佚，故宋至明清的类书多引《列士传》此条而均同于《艺文类聚》，无同于《金楼子》者。如果这个判断不错，则萧绎上列引文无疑出自《列士传》。这使我们又想起《史记·邹阳列传》裴骃的一则"集解"：

　　《列士传》曰："荆轲发后，太子相气，见虹贯日不彻，曰：'吾事不成矣！'后

---

① 胡曾：《咏史诗》，见《四部丛刊》，涵芬楼1922年影印本。
② "决秦王耳"，从孙星衍校平津馆丛书本。据程毅中校注，《永乐大典》本"耳"原作"刃"，读入下句："刃入铜柱"。而《文选》卷二一载卢子谅《览古》李善注引《燕丹子》云："荆轲拔匕首，摘秦王，决耳，入铜柱。"孙氏或据以校改。
③ 李昉等：《太平御览》卷七一〇，中华书局1960年影印本，第3129页。
④ 此据知不足斋刊本，《四库全书》本无第一则。
⑤ "视"原作"取"，据《四库全书》本改。
⑥ 萧绎：《金楼子》，鲍氏知不足斋刊本，清乾隆四十八年（1783）。

闻轲死，事不立，太子曰："我知其然也。'"①

《文选》载邹阳《狱中上书自明》李善注亦有这段引文，而少"事不立"三字。《列士传》此文是对邹阳书中"荆轲慕燕丹之义，白虹贯日，太子畏之"一语的生发，构成该书本篇又一传说性内容，也是《燕丹子》和《后语》本所没有的。现有的资料虽只剩上面四则记述，却也充分显出《列士传》中本篇与《燕丹子》的差别之大，甚或大过《后语》本与《燕丹子》的差别。

无论《论衡》与《春秋后语》，也无论《列士传》为何时何人作品，记述刺秦王的不同传说之作都产生在《燕丹子》成书之前或成书后不久的南北朝时期，后来由于《燕丹子》流传日广，同一题材的不同作品便日渐式微。唐李远有七绝《读田光传》："秦灭燕丹怨正深，古来豪客尽沾襟。荆轲不了真闲事，辜负田光一片心。"② 仅由此四句我们难于窥测《田光传》的具体内容和规模，且《田光传》是据《史记》刺客传，还是据《燕丹子》一类传说，也不得而知，所以不能确定它是否为后一类作品。唐、宋大型类书中虽有大量关于荆轲刺秦王的摘录，但除上述诸书外，还无法说明尚有别种传说类作品。其注出《燕丹子》者，也并无显著的特异之文；或与今本略有差异，则为流传之讹或不同版本。而至明清，情况有了变化。陈耀文《天中记》、钱希言《剑筴》、董说《七国考》、梅鼎祚《皇霸文纪》、马骕《绎史》、王初桐《奁史》、张英《渊鉴类函》等，都将别作关乎《燕丹子》题材的内容与文字标注出自《燕丹子》。"日再中，天雨粟"，"厨中木象生肉足"，本是《论衡》和《风俗通义》中的记述，而在上列较多著述中都成了《燕丹子》中的文字，好像明清人见到了如此版本的《燕丹子》。实则都是想当然，以意为之；或前人以意为之，后人沿袭而误。《皇霸文纪》在引录上文注为《燕丹子》后又在按语中云："《论衡》载《辨虚篇》，《风俗通》载在《正失》，并辨以为非，亦并不言为书。"③ 可见梅氏了解出处，绝非以意妄注，而是将前人妄意"出《燕丹子》"信以为真，沿袭致误。《天中记》《七国考》《渊鉴类函》引录《燕丹子》，既有"乌白头、马生角"条，又有"日再中、天雨粟"条，好像当时真有包含两者内容的《燕丹子》。实则非出妄意，即将错就错。《说郛》卷一○○录宋虞汝明《古琴疏》云："荆轲劫秦王将刺之。王曰：'寡人好琴，愿听一曲而就死。'轲许之。因命琴女文馨奏曲。曲曰：'罗縠单衫可裂而绝，三尺屏风可超而越，鹿卢之剑可负而拔。'王从其言，遂得脱。后名其琴为'超屏'。"这显然是好事者利用《燕丹子》的一段文字改造而成的，改造的重点就是杜撰琴女和琴的名字。明人董斯张将此文引入其《广博物志》，末注："《古琴录》，文馨或作漏月。"而《七国考》卷七《超屏琴》抄存此文，却题作"《燕丹子》"。《剑筴》《奁史》亦录其文，"文馨"作"漏月"，皆注出自《燕丹子》。实则都是误题误注，其时并没有新的《燕丹子》版本产生与流传。

原载《浙江大学学报》2010 年第 1 期。

① 司马迁：《史记》卷八三，中华书局 1985 年版，第 2470 页。
② 彭定求等：《全唐诗》卷五一九，中华书局 1960 年版，第 5935 页。
③ 梅鼎祚：《黄霸文纪》卷一一《与燕太子丹誓书》注，崇祯二年（1629）刊本。

《西京杂记》非葛洪伪托考辨

丁宏武

　　《西京杂记》一书的作者及真伪，历来众说纷纭。清代以来，学界经过反复论证，基本排除了吴均、萧贲或无名氏编撰此书的可能，但其作者究竟是刘歆还是葛洪，仍有分歧。卢文弨、姚振宗、张心澄、向新阳等认为，葛洪《西京杂记跋》所言不误，此书确系汉刘歆撰，晋葛洪编集；李慈铭、鲁迅、余嘉锡、洪业、费振刚、徐公持、程章灿等认为，此书系葛洪杂抄汉魏百家短书而成，托名刘歆以自重，但其作为西汉史料的价值不可否认。余嘉锡云："其书题为葛洪者本不伪，而洪之依托刘歆则伪耳"；"葛洪序中所言刘歆《汉书》之事，必不可信，盖依托古人以自取重耳。"（《四库提要辨证》卷十七）

　　综观前人对《西京杂记》作者及真伪问题的研究，我们可以发现，虽然葛洪的《西京杂记跋》是众说立论的基础，但以往的研究，侧重于以《史记》《汉书》等典籍为参照，对《西京杂记》的文本内容进行零星考辨，而对《西京杂记跋》语所言《西京杂记》的编撰过程是否属实缺乏深入的考辨，对刘歆所集史料在后汉三国时期的流传缺乏客观合理的认识，从而在一定程度上影响了结论的说服力。有鉴于此，笔者拟结合葛洪的家世生平和治学态度，就《西京杂记跋》及相关问题进行探讨，以提供一些新的判断依据，并消除前人的一些误解。

1. 葛洪作伪说质疑

　　清代以来，很多学者认为《西京杂记》系葛洪杂抄汉魏百家短书而成，托名刘歆以自重。不少学者甚至认定葛洪就是一个作伪高手。[①] 然而，笔者通过研究发现，事实恰恰相反，葛洪不仅不是作伪者，而且是一个相当严谨的学者，《西京杂记》系葛洪伪造说至少在以下三个方面与事实不合。

　　（1）就现存著述看，葛洪有相当自觉的著述意识，治学态度也相当严谨，本人又一贯反对"贵古贱今"，所谓"托古自重"之说难以成立。

　　葛洪现存的著述，一般有自叙，说明撰述缘由及编撰体例，而且一旦引用别人的言

---

　　① 洪业即云："我看了《抱朴子》全书，知道葛洪是个博学能文之士，同时知道他是个妄信、妄说、妄引、妄辩之人。"（《再说西京杂记》，见《洪业论学集》，中华书局1981年版，第399页）徐公持先生论及《西京杂记》时也说："关于此书，学界已断定原是葛洪本人所撰，其'刘歆所记''洪家世有''先人所传'云云，皆是假托之辞。即序文中所说'遭火'一事，亦颇有疑窦，家中书籍都尽，此《西京杂记》竟能独存，令人怀疑此是葛洪故设迷雾，以障人眼目，其目的则是投合'夫俗好尊古不贵今'风气，使己造之书冒得'古书'之名，以售其技。"（《魏晋文学史》，人民文学出版社1999年版，第507页）余嘉锡、程章灿等先生也有类似的看法。（详余嘉锡《四库提要辨证》卷十七，中华书局1980年版；程章灿《〈西京杂记〉的作者》，见《中国文化》1994年第9期。）

论，一般都注明出处：如《抱朴子外篇》有《自叙》，详述此书撰述始末及编撰动机，毫无疑问是葛洪之作，但《吴失》篇论述孙吴失国的原因，不仅正文中多次说明出自左慈、郑隐，而且篇末又强调说："二君之言，可为来戒，故录于篇，欲后代知有吴失国，匪降自天也。"左慈、郑隐之说，并未著于篇章，葛洪完全可以据为己有，但他并不掠人之美。又如《正郭》《弹祢》《诘鲍》三篇，保存有嵇含、鲍敬言等人有关士风政治的不少言论，今天都仅见于《抱朴子外篇》，如果不是葛洪有相当严谨的著述态度，他们的言论早已湮没无闻。《抱朴子内篇》旨在明长生之理，前人多视为虚妄不实之作，然通观此书，葛洪不仅对邪俗道书的虚妄之辞大加批评，而且表明，自己之所以笃信金丹，主要因为"诚见其效验，又所承授之师非妄言者"（《黄白》）。尊重事实，相信老师，这正是葛洪立论的基点。《释滞》篇言及房中术，末了说："余承师郑君之言，故记以示将来之信道者，非臆断之谈也。余实复未尽其诀矣。"明言己说出自老师郑隐。更为重要的是，葛洪是道教史上有名的目录学家，所著《内篇·遐览》是道教史上第一部道经目录，共著录道经道符 261 种 1299 卷①，《内篇·金丹》也详述自己所见丹经丹方几十种，对研究两晋时期道教典籍概况及炼丹术的发展状况具有极其重要的史料价值。葛洪这种自觉著述的态度，显然与"作伪者"的形象不相称。

　　在葛洪的著述中，《神仙传》与《肘后备急方》的编撰，与《西京杂记》的编集比较接近。据《神仙传序》②，葛洪编集《神仙传》，是因弟子滕升之问，有感于"刘向所述，殊甚简略"，故"复抄集古之仙者，见于仙经服食方及百家之书，先师所说，耆儒所论，以为十卷"。既然以典籍所载与先师耆儒之言为依据，当非信口雌黄。就今本《神仙传》而言，除郭璞、平仲节之外，其余皆出于东晋以前。而平仲节之事，实出自《真诰》，明代何镗辑入《神仙传》，遂讹误至今。郭璞虽与《神仙传》的收录标准稍有出入，但以其人其事而论，收入此书也未尝不可。又郑隐、鲍靓，虽为葛洪之师，后世亦杂入神仙之列，但《神仙传》未收。③ 可见，葛洪的《神仙传》并非什么"欺世之作"。又据《肘后备急方序》，葛洪编集《肘后备急方》，是在"省仲景、元化、刘戴秘要、金匮、绿秩黄素方"，"观周、甘、唐、阮诸家，各作《备急》"的基础上，"采其要约"而成。序文言辞朴实，详述自己编集此书的始末及其依据，与《内篇·杂应》的记述接近，显然也非诳俗之言。其结尾云："世俗苦于贵远贱近，是古非今，恐见此方无黄帝、仓公、和、鹊、逾跗之目，不能采用，安可强乎？"与《抱朴子外篇》反对"贵远贱近"的论调完全一致。如果葛洪确是善于托古自重之人，《肘后备急方序》又何出此言？

　　不难看出，葛洪对《西京杂记》的编集整理，其动机与著录道教典籍、编撰《肘后备急方》等是一致的。他之所以如此，一方面是想"示后之同志好之者"（《金丹》），使"后生好书者，可以广索也"（《遐览》）；另一方面与他深感典籍的流传失真、散佚

---

　　①　杨光文：《试析葛洪〈遐览〉的道教书目特征》，《宗教学研究》2003 年第 3 期。

　　②　此《序》严可均辑《全晋文》不录，王利器据《汉魏丛书》本补入，详王氏《葛洪著述考略》，文刊《文史》第 37 辑。

　　③　《神仙传》版本较多，《说郛》本、《四库全书》本（汲古阁本）不收郭璞、平仲节。而《汉魏丛书》《龙威秘书》《说库》《道藏精华录》等本都收。《郭璞传》虽与《神仙传》的收录标准稍有出入，但其真伪难以详考，暂付阙如。

亡失有关。其中所体现的严谨的治学态度，和他反对"贵远贱近"的主张也是一脉相通的。在《抱朴子外篇·钧世》中，针对时人"古书文隐难晓"的看法，葛洪说："古书之多隐，未必昔人故欲难晓。或世异语变，或方言不同，经荒历乱，埋藏积久，简编朽绝，亡失者多，或杂续残缺，或脱去章句，是以难知，似若至深耳。"在此基础上，他猛烈抨击"贵远贱近"的风气，提出"今胜于古"的见解，认为同是"政事之集"，《尚书》不如当时的诏策奏议等"清富赡丽"；并为"华彩之辞"，《毛诗》不及《上林》《羽猎》《二京》《三都》等"汪沙博富"。他认为，虽然《尚书》《诗经》等儒家经典与两汉魏晋的辞赋诗文"俱有义理"，但后者在内容的广博、辞藻的富丽、结撰的精工等方面远远超过了前者的简质（《钧世》）。并且认为："古者事事醇素，今则莫不雕饰，时移世改，理自然也。……若舟车之代步涉，文墨之改结绳，诸后作而善于前事，其功业相次千万者，不可复缕举也。世人皆知之快于曩矣，何以独文章不及古邪！"

葛洪的这种思想，还表现为不迷信圣人。他在《内篇·辨问》中曾说，商汤、伊尹、武王、周公、孔子等圣人也有判断失误之时，不可能事事皆通。又说："能立素王之业者，不必东鲁之丘。能治掩枯之仁者，不必西邻之昌。""能言莫不褒尧而尧政不必皆得也；举世莫不贬桀而桀事不必尽失也。"（《博喻》）正是这种不迷信往古，不迷信圣人的独立思考精神，使他敢于说《尚书》《诗经》等儒家经典不如后世之作。这样敢于批判古人的葛洪，岂能将本由自己编撰的《西京杂记》托名于不修名节、为后世不齿的刘歆？

前人说葛洪善于作伪，与他笃信神仙长生之说有关，也与"五四"以来学界对道教和道教文化采取完全否定的风气有关。但就《抱朴子内篇》来看，说葛洪善于作伪实难成立，《内篇·对俗》云："欲求仙者，要当以忠孝和顺仁信为本。若德行不修，而但务方术，皆不得长生也。"既然"信"也是求仙之本，葛洪岂能作伪欺世以求长生？又《内篇·微旨》云："览诸道戒，无不云欲求长生者，必欲积善立功，慈心于物，恕己及人……不自贵，不自誉，不嫉妒胜己，不佞谄阴贼，如此乃为有德，受福于天，所作必成，求仙可冀也。"同时，葛洪又从反面列举了作为成仙障碍的诸多"恶事"，其中就有"口是心非，背向异辞""纵曲枉直，废公为私""欺绐诳诈，好说人私""以伪杂真，采取奸利"……可见，葛洪若真想长生成仙，断然不能作伪欺世，又据《内篇·金丹》，葛洪的人生追求主要有两个方面，首则"成所著子书"，次则"合药，规长生"。葛洪立言，有赖于《抱朴子内外篇》，何必假名于刘歆？更何况《西京杂记》的编撰，也非立言之举。所以他决不可能仅仅因为"托古自重"而有损德行，妨碍长生。

（2）晋讫唐，历代史臣对葛洪评价甚高，葛洪作伪说实难成立

由晋至唐，历代史臣对葛洪评价甚高。干宝与葛洪"深相亲友"，称他"才堪国史"（《晋书·葛洪传》）；袁宏去洪不远，所著《罗浮记》（《太平寰宇记》一百六一引）详述葛洪生平，敬仰之情溢于言表；何法盛《晋中兴书》亦然。此三人俱为晋宋史臣，若《西京杂记》确为葛洪伪托，他们应该有所察觉，不至于不仅不作揭发披露，反而称其"才堪国史"，岂不成了作伪者的帮凶？唐人对葛洪的评价更高，房玄龄主修的《晋书》，称赞葛洪"博闻深洽，江左绝伦，著述篇章，富于班马"；"绁奇册府，总百代之遗编；纪化仙都，穷九丹之秘术"，不仅将葛洪与司马迁、班固相提并论，而且重点突出其两方面的学术成就，其中"绁奇册府，总百代之遗编"显然指《西京杂记》的编撰而言。《隋书·经籍志》史部"旧事篇"也著录《西京杂记》二卷，虽不题撰人，但并未否认此书

的史料价值。此后，李泰等编撰《括地志》，于宋州宋城县"兔园"条引用了《西京杂记》的记载，《史记索隐》《史记正义》又于《梁孝王世家》部分转相引用，《后汉书》李贤注也两次引用了《西京杂记》所载史料（卷七〇《班固传》注，卷九三《李固传》注）。不惟如此，刘知几更是反复肯定《西京杂记》的史料价值，《史通·杂述》篇云："国史之任，记事记言，视听不该，必有遗逸。于是好奇之上，补其所亡，若和峤《汲冢纪年》、葛洪《西京杂记》、顾协《琐语》、谢绰《拾遗》，此之谓逸事者也。"又云："逸事者，皆前史所遗，后人所记，求诸异说，为益实多。"其《忤时》篇详述自己所阅史籍时也说："仆幼闻《诗》《礼》，长涉艺文，至于史传之言，尤所耽悦。寻夫左史右史，是曰《春秋》《尚书》；素王素臣，斯称微婉志晦。两京三国，班、谢、陈、习阐其谟；中朝江左，王、陆、干、孙纪其历。刘石僭号，方策委于和、张；宋齐应箓，淳史归于萧、沈。亦有汲冢古篆，禹穴残编。孟坚所亡，葛洪刊其《杂记》；休文所缺，荀（当作"谢"）绰裁其《拾遗》。凡此诸家，其流盖广，莫不赜彼泉薮，寻其枝叶，原始要终，各知之矣。"刘知几耽悦史籍，自称对包括《西京杂记》在内的诸家之作，"莫不赜彼泉薮，寻其枝叶，原始要终"，如果此书确系葛洪伪托，刘知几及前此各史学名家，难道对此都毫无觉察？

（3）《西京杂记》所载秦汉旧事、苑圃器物、典章制度等，往往能在汉、晋其他文献或当代考古发现中得到印证。

作为拾遗补阙之作，《西京杂记》所载虽与《史记》《汉书》多有不合，但往往能在汉、晋其他文献或当代考古发现中得到印证。如卷一记汉帝送葬用珠襦玉匣，不仅与《汉旧仪》所记（《汉书·霍光传》《董贤传》《后汉书·礼仪志下》及《刘盆子列传》等注引）基本相同，而且与《后汉书》卷十所载赤眉军盗发汉帝诸陵的记载相吻合[1]；同卷"昆明池养鱼"及"玉鱼动荡"，也见于《三辅故事》（《艺文类聚》九六、今本《三辅黄图》四引）；卷二"读千赋乃能作赋"见桓谭《新论》（《北堂书钞》一〇二引），"弹棋代蹴鞠"见傅玄《弹棋赋叙》（《世说·巧艺篇》注引），"闻诗解颐"记匡衡小名鼎，颜师古斥为流俗妄说，但曹魏时代的张晏也说"匡衡少时字鼎，长乃易字稚圭"（《汉书·匡衡传》注引）；卷三"扬子云载輶轩作《方言》"见扬雄《答刘歆书》，"篆术制蛇御虎""戚夫人侍儿言宫中乐事"见《搜神记》卷二；卷四"滕公葬地"见《博物志》卷七；卷六"书太史公事"见卫宏《汉旧仪》（《御览》二三五、《汉书司马迁传》如淳注引）及《汉书旧仪注》（《史记太史公自序》集解引），"皇太子官"见《汉旧仪》（四库馆臣据《永乐大典》辑，孙星衍校补本），"两秋胡曾参毛遂（秋胡妻部分）"见《列女传》卷五等。由此可知，《西京杂记》所载，并非凭空杜撰。

不仅如此，其中的一些记叙还屡屡为现代考古发掘所证实。1961 年至 1962 年，我国考古工作者勘查了西安的长乐宫、未央宫等遗址，发现"未央宫平面方形，东西墙各为2150 米，南北墙 2250 米，周长 8800 米，合汉代二十一里"[2]。与《西京杂记》卷一所记基本相符。1968 年，在河北满城汉中山靖王刘胜墓中，考古工作者首次发现了两具西汉皇帝及高级贵族所用的葬服——金镂玉衣（即"玉匣"），复原后与《西京杂记》所记

---

[1] 其云："凡贼所发，有玉匣殓者率皆如生，故赤眉得多行淫秽。"

[2] 中国社会科学院考古研究所：《新中国的考古发现和研究》，文物出版社 1984 年版，第 395 页。

完全一致。满城汉墓中还出土了两件博山炉，形制虽与 1981 年在陕西兴平茂陵出土的西汉竹节熏炉略有不同，但均制作精美，以此来看，《西京杂记》卷一所载巧工之杰作——五层或九层"博山香炉"和"被中香炉"等①，都不会是虚无之物。1972 年，在湖南长沙马王堆汉墓中，出土了大量的各类丝织物和麻织物，其中的丝织物，"全都是家蚕丝织造。按照织造方法的不同，可以分为平纹的绢、纱，素色提花的绮和罗绮，以及彩色提花的锦。……它们是汉初纺织生产所达到的最高工艺水平的代表作"②。有了这些实物，《西京杂记》卷一所载汉成帝的"三云殿"及赵飞燕姐妹衣着的华丽，就不再是无稽之谈。这两个汉墓还出土了贵族的其他生活用品，其中马王堆的漆器、满城的铜器，造型华美，工艺精湛，都可证明《西京杂记》所记事物的确切存在，而非出于后人的虚构和想象。

　　总之，《西京杂记》虽编成于东晋，但正如清人卢文弨所言："冠以葛洪，以洪抄而传之，犹《说苑》《新序》之称刘向，固亦无害，其文则非葛洪所自撰。凡虚文可以伪为，实事难以空造，如梁王之集游事为赋，广川王之发冢藏所得，岂皆虚也？"（《新雕〈西京杂记〉缘起》）所以，卢文弨等人肯定葛洪《西京杂记跋》语的观点不无道理，葛洪作伪之说实难成立。

2. 葛洪所言《西京杂记》编撰情况考证

　　《西京杂记跋》为葛洪所作，可以肯定。但是，葛洪所言《西京杂记》的编撰情况是否属实，学界仍有分歧。为方便论述，先逐录跋文如下③：

　　　　洪家世有刘子骏《汉书》一百卷（《御览》卷六百二所引作"《汉言》百卷"），无首尾题目，但以甲乙丙丁纪其卷数。先公传云（原作"先父传之"，稗海本、抱经堂本、正觉楼本并作"先公传云"，据改）："歆欲撰《汉书》，编录汉事，未得缔构而亡。故书无宗本，止杂记而已，失前后之次，无事类之辨。后好事者以意次第之，始甲终癸为十帙，帙十卷，合为百卷。"洪家具有其书，试以此记考校班固所作，殆是全取刘氏，有小异同耳。并固所不取，不过二万许言。今抄出为二卷，名曰《西京杂记》，以裨《汉书》之阙。

　　　　尔后洪家遭火，书籍都尽，此两卷在洪巾箱中，常以自随，故得犹在。刘歆所记，世人希有，纵复有者，多不备足。见其首尾参错，前后倒乱，亦不知何书，罕能全录。恐年代稍久，歆所撰遂没，并洪家此书二卷不知出所，故序之云尔。

　　　　洪家复有《汉武帝禁中起居注》一卷，《汉武故事》二卷，世人希有之者，今并

---

　　①　虽然至今尚无汉代"被中香炉"实物出土，但《西京杂记》所载此物的制作原理，与 1963 年西安沙坡村、1970 年西安何家村、1987 年陕西法门寺等地出土的唐代熏球完全相同。参见李炳武主编《中华国宝：陕西珍贵文物集成》（金银器卷），陕西人民教育出版社 1998 年版，第 216～225 页。又，司马相如《美人赋》文云："于是寝具既设，服玩珍奇，金鉔薰香，黼帐低垂。"章樵注曰："鉔音匝，香毬，衽席间可旋转者。《西京杂记》长安巧工丁缓作被中香炉，为机环转运四周而炉体常平。"（《四部丛刊》影印宋本《古文苑》）《辞源》等也认为"金鉔"即"被中香炉"。
　　②　中国社会科学院考古研究所：《新中国的考古发现和研究》，文物出版社 1984 年版，第 428 页。
　　③　此处所引，据向新阳、刘克任《西京杂记校注》，上海古籍出版社 1991 年版。

五卷为一帙，庶免沦没焉。

如果"今抄出为二卷"的"今"字不误，则此跋当分两次写成。第一次应在《西京杂记》抄定之时，主要说明其材料来源、原来的编撰情况、抄录的缘由及标准；第二次应在洪家遭火之后，补充说明《西京杂记》幸存的原因、作序的动机以及为保存古书所作的努力。其中所体现的自觉整理、保存文献的精神，与上述葛洪的著述意识完全一致。但是，要证明葛洪所言属实，必须结合其家世生平对跋文内容进行详细考辨。

（1）葛洪自称其家"世有刘子骏《汉书》一百卷"，既言"世有"，必为祖传，故先明其家世。据《抱朴子外篇·自叙》其先葛天氏，盖古之有天下者也。后降为列国，因以为姓焉。洪曩祖为荆州刺史，王莽之篡，君耻事国贼，弃官而归。与东郡太守翟义共起兵，将以诛莽，为莽所败。遇赦免祸，遂称疾自绝于世。莽以君宗强，虑终有变，乃徙君于琅琊。君之子浦庐，起兵以佐光武，有大功。光武践祚，以庐为车骑，又迁骠骑大将军，封下邳僮县侯，食邑五千户。此后，葛浦庐让国于其弟葛文，"遂南渡江，而家于句容，子弟躬耕，以典籍自娱"，直至晋世。葛洪所言"曩祖"，杨明照先生据陶弘景《吴太极左仙公葛公之碑》的相关记载，确定为洪十世祖。（《抱朴子外篇校笺》附录《葛洪家世》）此人原为荆州刺史，王莽篡汉，弃官而归，与东郡太守翟义起兵反莽，失败后虽遇赦免祸，但王莽以其宗强，虑终有变，乃徙于琅琊。这段话是否属实，关键在于葛氏祖居究竟在何地？根据《自叙》，洪十世祖弃官所归之地，应是葛氏祖居之处，此地又与古代的葛国有必然联系。考诸史籍，《春秋经》桓公十五年载："邾人、牟人、葛人来朝。"杜注云："葛国，在梁国宁陵县东北。"《史记·殷本纪》云："葛伯不祀，汤始伐之。"裴骃《集解》引《孟子》曰："汤居亳，与葛伯为邻。"又引《地理志》曰："葛，今梁国宁陵之葛乡。"《汉书·地理志上》"陈留郡宁陵"颜注引孟康曰："故葛伯国，今葛乡是。"《后汉书》志二十云：梁国宁陵，"故属陈留，有葛乡，故葛伯国。"《晋书·地理志》亦云："梁国，汉置……宁陵故葛伯国。"综上可知，汉晋以来，人们普遍认为先秦的葛伯国，即后汉梁国宁陵之葛乡（西汉属陈留郡）。葛氏祖居之处，正是此地。

据《汉书·翟方进传》，翟义起兵反莽，活动区域集中在东郡、东平、山阳、陈留、梁国、淮阳等六郡国之地，陈留宁陵即在其活动范围之内。葛洪十世祖既然因耻事王莽而辞官归里，其参与翟义起兵当属事实。宁陵其地，毗邻梁都睢阳，吴楚之乱时，梁孝王坐镇睢阳而立大功，其地理位置之重要，于此可见。王莽因葛氏宗强，虑终有变，令其自宁陵迁往僻远的琅琊，亦在情理之中。又据《后汉书·文苑传》："葛龚字元甫，梁国宁陵人也。和帝时，以善文记知名，性慷慨壮烈，勇力过人。"此又梁国宁陵即葛氏祖居地之确证。由葛龚"慷慨壮烈"之性情，亦可略见葛氏宗族之家风。关于葛洪的家世承传，陶弘景《吴太极左仙公葛公之碑》也有详细记述，其中所叙也追溯至葛浦庐让国之时。根据碑文，陶氏曾见《葛氏旧谱》，这也说明葛洪所言不误。值得注意的是，葛氏宗族在西汉末反王莽，东汉初佐光武，虽系武力强宗，但葛浦庐定居丹阳句容之后，又"以典籍自娱"，重视文化教育。在身处乱世，经历颠沛流离后仍有心于典籍，实属不易。要之，有关葛洪先祖的可靠史料，始自西汉末年王莽当政之时，其九世祖又"以典籍自娱"，故葛洪所谓"洪家世有刘子骏《汉书》一百卷"之说，应非虚无缥渺之辞。

（2）"刘子骏《汉书》一百卷"，余嘉锡先生认为必不可信，因为"《汉书》者，固所自名。断代为书，亦固所自创。今洪序乃谓刘歆所作，已名《汉书》，是并《叙传》所言，亦出于刘歆之意，而固窃取之矣。此必无之事也"（《四库提要辨证》卷十七）。按：《御览》六百二引作"《汉言》百卷"，若所引不误，则刘氏之作当为《汉言》，惜孤证难凭，暂付阙如。刘歆是否确有《汉书》百卷，下文将专门讨论，兹不赘述。

（3）根据跋文，《西京杂记》的编撰，至少经历了三个阶段：刘歆草创《汉书》；好事者整理为十帙百卷；葛洪抄出两卷以补班固《汉书》之阙。其中"好事者"的整理，是此书流传过程中非常重要的一环。以往的研究，无论将其作者定为刘歆还是葛洪，总有舛误不合之处，究其原因，就是对"好事者"的整理忽略不论所致。虽然此人已不可确考，但必定处于葛浦庐（洪九世祖，光武时人）之后，葛奚（洪祖父，孙吴时人）之前，故肯定为后汉时人。《西京杂记》的文气不古，当与此人的整理有关。

（4）根据跋文，《西京杂记》的编撰，旨在裨补班固《汉书》之阙：其实早在东汉，已经有人着意于此事。《后汉书》卷五九《张衡传》载：

> 永初中，谒者仆射刘珍、校书郎刘𫘧𫘧等著书东观，撰集《汉纪》。因定汉家礼仪，上言请衡参论其事；会病卒，而衡常叹息，欲终成之。及为侍中，上疏请得专事东观，收捡遗文，毕力补缀，又条上司马迁、班固所叙与典籍不合者十余事。又以为王莽本传但应载篡事而已，至于编年月，纪灾祥，宜为元后本纪。又更始居位，人无异望，光武初为其将，然后即真，宜以更始之号建于光武之初。书数上，竟不听。及后之著述，多不详典，时人追恨之。

由此可见，早在东汉，张衡等人即收捡遗文，欲毕力补缀《史记》《汉书》之阙，曾条上司马迁、班固所叙与典籍不合者十余事。虽然终未遂愿，但至少说明班马所叙确有不足，《西京杂记》作为补遗之作，自有其存在的价值。以《史记》《汉书》为根据怀疑《西京杂记》内容的真伪，显然是有问题的。又据《后汉书·儒林传》，卫宏"作《汉旧仪》四篇，以载西京杂事"。卫宏系光武时人，《西京杂记》所载"书太史公事"及"汉帝葬用珠襦玉匣"等，虽不见于他书，但《汉旧仪》却有记载。这些都说明，刘知幾等人肯定《西京杂记》的史料价值，是不无道理的。

（5）跋文所言"遭火"一事，徐公持先生认为是"葛洪故设迷雾，以障人眼目"（《魏晋文学史》），其实不然。《抱朴子外篇·自叙》云："又累遭兵火，先人典籍荡尽，农隙之暇无所读，乃负笈徒步行借。"《太平御览》六百二引《抱朴子》佚文亦云："余家遭火，典籍荡尽，困于无力，不能更得。故抄掇众书，撮其精要，用力少而所收多，思不烦而所见博。"足证跋文所言不误。而且可以看出，葛洪之所以喜好抄书，是因为此法有事半功倍之效。葛洪自谓"抄五经、七史、百家之言、兵事、方伎、短杂、奇要三百一十卷，别有目录"（《自叙》），《西京杂记》既为抄录之作，当在此三百一十卷之内。

（6）葛洪言家有"《汉武帝禁中起居注》一卷，《汉武故事》二卷"。按：《隋书·经籍志》云："汉武帝有《禁中起居注》，后汉明德马后撰《明帝起居注》……然皆零落，不可复知。"则至唐初，此书已散佚不存。《抱朴子内篇·论仙》摘引其中"武帝梦少君仙去"之事，可以印证葛洪之说。《汉武故事》今存，刘文忠先生综合前说，又据书中反映的社会现象，认为"应为建安时期的小说"①，其说合理可信。如此，则葛洪言其家有《汉武帝禁中起居注》及《汉武故事》之说，亦并不误。

（7）除《跋》语外，今本《西京杂记》仍然留有葛洪抄录编集的若干痕迹。如卷五"邹长倩赠遗有道"末有"弘答烂败不存"数字，同卷"大驾骑乘数"后也有"自此后糜烂不存"数字，显然是葛洪抄录时所加。不难看出，正是基于对《西京杂记》的编集整理，葛洪才对古籍的"文隐难晓"有了深刻的体会。又卷三''"扬子云载辎轩作《方言》"末有"亦洪意也"四字，姚振宗《汉书艺文志拾补》解"洪"为"洪纤"之"洪"，向新阳、刘克任《西京杂记校注》释"洪意"为"宏图"，皆未得其解。程章灿《西京杂记全译》释为"这也是我的意思"，才解开此谜。此四字确系葛洪批注，后来阑入正文。只是程章灿先生没有明确揭示葛洪的用意。据《颜氏家训·音辞》等记载，葛洪撰有《要用字苑》，并善于因声别义；又据葛洪自叙，他少好方术，游历极广（《抱朴子内篇·金丹》），早年曾去过扶南等南海之国，晚年又求为句漏令（《道藏·太清金液神丹经》卷下），所以，关注方言俗语，在葛洪是理所当然之事。这里所加四字，正是有感而发，犹今人言"正合我意"。

综上可知，葛洪《西京杂记跋》所言属实，《西京杂记》的编撰至少经历了三个阶段，葛洪作伪说难以成立。

3. 葛洪所言刘歆《汉书》百卷探考

刘歆编撰《汉书》百卷一事，仅见于葛洪《西京杂记跋》。因此，前人在考辨《西京杂记》的真伪及作者时，往往要重点考辨刘歆撰史的问题。姚振宗《隋书经籍志考证》《汉书艺文志拾补》、余嘉锡《四库提要辨证》、杨树达《〈汉书〉所据史料考》（《积微居小学金石论丛》增订本）、程千帆《史通笺记》、王利器《〈汉书〉材料来源考》（《文史》第二十一辑）等，都对此有深入的论述。截至目前，学界普遍认为，刘歆《汉书》百卷史无记载，其续撰汉史之作，应仅数篇，不可能有百卷。但问题是，刘歆修史之事，前人屡有记述，晋潘岳《西征赋》云："长卿、渊、云之文，子长、政、骏之史。"应亨《让著作表》云："若乃谈、迁接武，彪、固踵迹，向、歆著美，亦各一世之良史也。"（《北堂书钞》卷五七等引）唐刘知幾《史通·忤时》亦云："今者史司取士，有倍东京，人自以为荀、袁，家自称为政、骏。"都将向、歆与司马迁、班固、荀悦、袁宏等人并称，誉为"一世之良史"。不仅如此，《史通·正史》在论及《汉书》的编撰始末时也说："《史记》所书年止汉武，太初已后，阙而不录。其后刘向、向子歆及诸好事者，若冯商、卫衡、扬雄、史岑、梁审、肆仁、晋冯、段肃、金丹、冯衍、韦融、萧奋、刘恂等相次撰续，迄于哀、平间，犹名《史记》。至建武中，司徒掾班彪以为其言鄙俗，不足以踵前史；又雄、歆褒美伪新，误后惑众，不当垂之后代者也。于是采其旧事，旁贯异闻，作《后传》六十五篇。其子固以父所撰未尽一家，乃起元高皇，终乎王莽……为《汉书》纪、表、志、传百篇。"《后汉书·班彪传》亦云："武帝时司马迁著《史记》，自太初已后，阙而不录，后好事者颇或缀集时事，然多鄙俗，不足以踵继其书。"注云："好事者，谓扬雄、刘歆、阳城衡、褚少孙、史孝山之徒也。"刘知幾与章怀所叙续《史记》之人，

---

① 刘文忠：《〈汉武故事〉写作时代新考》，《中华文史论丛》1984年第2辑。

虽互有不同，但都有刘歆。据刘知幾之说，刘歆之作未能垂之后世，原因有二："其言鄙俗"，又"褒美伪新"。虽然葛洪所言刘歆所撰《汉书》百卷已不可考，但根据姚振宗、余嘉锡、杨树达、程千帆、王利器等人考证，班固《汉书》的《艺文志》《五行志》《律历志》《儒林传》《楚元王传》等，都出自刘向、刘歆。余嘉锡在《积微居小学金石论丛序》中还说："凡向、歆父子所作《书录》，皆述作者事迹，略如列传之体。《晏子春秋》《孙卿新书》诸《叙录》可证。以《史通》之言推之，则凡前汉人有书著录于《七略》者，班书列传多采用之，盖不仅《儒林传》已也。"① 不难看出，班固《汉书》于刘氏父子所作采录实多，只不过《汉书叙传》对此并未提及，甚至对班彪之功亦阙而少论，故杨树达先生说："观固《叙传》中于彪续《史记》六十五篇绝不叙及，而记己撰《汉书》事，亦绝不言秉承先志，与太史公《自序》迥乎不同，则固之攘善盗名，殆无可逭。"（《〈汉书〉所据史料考》）班固对乃父尚且如此，何况他人乎？②

前人否定刘歆始撰《西京杂记》的可能，提出"不避家讳"（洪业《再说〈西京杂记〉》），"西京文字，殊无圣教之目"，枚乘《柳赋》等系"六朝句法"（马叙伦《读书续记》卷二），"大驾卤簿，杂人晋制"（沈钦韩《汉书疏证》卷三十二、劳干《论西京杂记之作者及成书时代》）等证据。③ 关于"不避家讳"的问题，向新阳先生以司马迁修《史记》、应劭撰《风俗通义》为例，结合《礼记》"诗书不讳，临文不讳"（《曲礼下》）的记载，说明汉人并没有非常严格的避讳制度（《西京杂记校注前言》）。关于《西京杂记》所载梁王菟园诸人赋作是否为六朝人伪托的问题，费振刚先生以汉赋及骈文的发展历史为参照，认为枚乘诸人赋作的六言骈句及清新流畅的风格，都不足以论定其为六朝人伪托，并且认为："在汉赋发展过程中，梁王菟园诸人的赋作也是一种探索和开拓，是从楚辞过渡到汉赋的一种中间状态，为汉大赋的走向成熟，做了一定的铺垫。"④ 看法是有道理的。今就"圣教"一词及"象车"问题，略陈管见。马叙伦说："西京文字，殊无圣教之目。"（《杂记》卷二有"精弈棋禅圣教"条）然《后汉书·郅恽传》载郅恽说太子语云："太子宜因左右及诸皇子引愆退身，奉养母氏，以明圣教，不背所生。"根据本传，郅恽正是西汉末东汉初人，与刘歆基本同时。今存刘歆之作中虽不见"圣教"一词，但"圣帝""圣意""圣朝""圣人""圣汉""圣心""圣德"等词屡屡出现（张溥辑《刘子骏集》）。以此观之，马氏之说实难成立。又劳干认为，《杂记》卷五"大驾卤簿"中的"象车乃晋以后之制，非西汉制也"，但据《汉书·武帝纪》，元狩二年（前123）夏，"南越献驯象"。应劭曰："驯者，教能拜起周章，从人意也。"如此，则大驾中有"象车"，自属可能。

---

① 余《序》见杨树达《积微居小学金石论丛》（增订本），科学出版社1955年版。

② 班固之湮没父名，前人多有批评。清浦起龙斥其"欺所生，欺万世"（《史通通释·六家篇》），顾颉刚先生也曾撰写了《班固窃父书》一文，详论此事（《史学史研究》1993年第2期）。

③ 洪业《再说〈西京杂记〉》，见《洪业论学集》，中华书局1981年版；马叙伦《读书续记》，中国书店1986年版；沈钦韩《汉书疏证》，光绪二十六年（1900）孟冬浙江书局木刻本；劳干《论西京杂记之作者及成书时代》，刊《"历史语言研究所"集刊》1962年第33期。

④ 费振刚《梁王菟园诸文士赋的评价及其相关问题的考辨》，文刊北京大学中国传统文化研究中心编《北京大学百年国学文粹·文学卷》，北京大学出版社1998年版。

前人还以《西京杂记》言辞浅俗、文气不古而怀疑不出刘歆之手①，此说也难成立。首先，刘歆之作乃草具未修之初稿，文辞固不如班固《汉书》杂采众家，覃思数十年而成者。以班固为例，《汉书》文辞典雅，素为学界推崇，而所撰《世祖本纪》及中兴功臣列传等则不然。晋傅玄即云："观孟坚《汉书》，实命代奇作。及与陈宗、尹敏、杜抚、马严撰中兴纪传，其文曾不足观。岂拘于时乎？不然，何不类之甚者也？是后刘珍、朱穆、卢植、杨彪之徒，又继而成之。岂亦各拘于时而不得自尽乎？何其益陋也？"（《史通·核才》引）杨树达先生亦云："今观《东观汉记》诸纪传，为文不类，确如傅子所言。盖前书所据，材料丰盈，犹之渔人入海，薪者登山，可以恣其采择。而中兴以后事则大不然，此二者优劣所由分也。盖因人易美，创业难工，今古同然，非独一人一事矣。"（《〈汉书〉所据史料考》）以此而言，刘歆草创之作言辞浅俗，自在情理之中。其次，刘歆所集史料至葛洪编录成书，中间流传二百多年，又经过"好事者"的整理，已非其旧。李学勤先生在论及古书的产生和流传过程时曾说："古书开始出现时，内容较少。传世既久，为世人爱读，学者加以增补，内容加多，与起初大有不同。"又云："古人传流书籍系为实用，并不专为保存古本。有时因见古书文字艰深费解，就用易懂的同义字取代难字。《史记》引用《尚书》便用过这一方法，看本纪部分即可明白。临沂银雀山竹简《尉缭子》的发现，初看与今本不同，颇多深奥文字，细察可见也是经过类似改动，以致面目全非。""古书的形成每每要有很长的过程。总的说来，除了少数经籍早已被立于学官，或有官本之外，古籍一般都要经过较大的改动变化，才能定型。那些仅在民间流传的，变动自然更甚。如果以静止的眼光看古书，不免有很大的误会。"② 据葛洪所言，刘歆《汉书》百卷"书无宗本，止杂记而已，失前后之次，无事类之辨。后好事者以意次第之，始甲终癸为十帙"。其流传情形正如李先生所言，所以，《西京杂记》的文本自刘歆草创至葛洪写定，中间经过后汉、三国时期的漫长流传，前后肯定有很大的变动。而这一时期，正是文体渐变之时，《西京杂记》的文辞焉能不变？

虽然刘歆《汉书》百卷史无记载，但就其自身条件及当时的实际情况来看，刘歆修撰弥纶一代之史书，极有可能。据《汉书·楚元王传》，成、哀之时，刘歆随父校书秘阁，此后又"集六艺群书，种别为《七略》"。哀帝崩，王莽持政，封歆红休侯，典儒林史卜之官，考定律历，著《三统历谱》。王莽篡汉，刘歆身为国师。自始建国元年（9）至地皇四年（23）七月刘歆自杀，前后近十五年。此时汉朝已亡，身为史家，刘歆完全有可能草创《汉书》百卷。姚振宗《隋书经籍志考证》云："歆本传云，为羲和、京兆尹，典儒林史卜之官，则凡褚少孙以下《史通》所举十五家之补续，至刘歆时皆典领之。葛稚川家所得，乃其草具未修之初稿，犹班彪有《别录》，蔡邕《集汉事》之类。"所言极有见地，说明在当时的典史诸人中，刘歆修史的条件与实力均优于他人。值得注意的是，《西京杂记》所记西汉故事，关涉宫闱趣闻、礼节习俗、名物典章、高文奇技等诸方面的内容，甚至颇涉神怪之事。据葛洪所言，这些都是班固弃而不录者。其实，这种材料

---

① 《汉书·匡衡传》颜注云："今有《西京杂记》者，其书浅俗，出于里巷，多有妄说。"程大昌《演繁露》卷十二云："《西京杂记》所记制度，多班固所无，又其文气妖媚，不能古劲，疑即葛洪为之。"李慈铭《孟学斋日记》乙集上亦云："其文字固不类西汉人。"

② 李学勤：《简帛佚籍与学术史》，江西教育出版社 2001 年版，第 30~32 页。

取舍的不同，也可证明《西京杂记》的草创确与刘歆有关。据《汉书·楚元王传》《后汉书·郑范陈贾张列传》等记载，刘歆校书秘阁，见古文《春秋左氏传》，大好之，于是师从尹咸、翟方进治左氏之学，此后又传其所学于郑兴、贾徽等人，自成门派。其治学特色，唐晏《两汉三国学案》有比较精到的概括："好《左氏》之学者，茂于辞华而俭于义理，轻于人事而侈于鬼神，略王道而详伯功，贱大义而贵名物。"《西京杂记》的内容倾向，正体现了这一学派的治学特色。

刘歆撰史之事不见史册记载，原因是多方面的。前述班固的"攘善盗名"即其一，草创初成，"其言鄙俗"即其二，而刘歆本人的"褒美伪新"也不可忽视。刘歆身为汉室宗亲，王莽篡汉，不仅不起而阻止，反而为其国师，故深为后世不齿。与其友善的扬雄、桓谭、郑兴诸人，也因身仕莽朝，或见斥于光武，或受讥于后世。正因为这样，《史通·正史》云："至建武中，司徒掾班彪以为其言鄙俗，不足以踵前史；又雄、歆褒美伪新，误后惑众，不当垂之后代者也。"姚振宗云："雄、歆褒美伪新云云，似班叔皮史论中语，范书本传节去其文，而刘知幾述之颇详，盖其时叔皮之集未亡也。叔皮备有诸家之书，合而编之，谓之《别录》①，欲据以作后传者，此列朝史官相传之国史，葛稚川家所藏，似刘歆史稿草具未成之本也。"（《汉书艺文志拾补》）姚氏此论，甚合其情。可见，刘歆所集史料不为时人所重，很大程度上与其不修名节有关。

要之，刘歆《汉书》百卷虽史无记载，但在王莽篡汉之后，修撰西汉一代之史书，确系时势所需。刘歆秉承父业，又曾校书秘阁，典儒林史卜之官，最具修史实力，故其草创《汉书》，实在情理之中。只是草具未理，乱起身亡，故"其言鄙俗"，又有"褒美伪新"之嫌，遂不为世人所重。至班固《汉书》出，在图书靠抄写传播的时代，其湮没无闻，最后完全失传，也就是自然的了。

综上可知，葛洪《西京杂记跋》所言真实可信。《西京杂记》一书，确系刘歆草创，经后汉三国时期的漫长流传，至葛洪始编集成书。其文本内容虽然已非刘氏之旧，但它作为补遗之作的史料价值，绝不可轻易否认；前人关于此书系葛洪伪托的论断，也根本不能成立。葛洪自觉整理保存汉代逸史的学术功绩，应该得到客观公允的评价。

原载《图书馆杂志》2005 年第 11 期。

---

① 姚氏原注云："《艺文志》韦昭注曰：冯商受诏续太史公十余篇，在班彪《别录》，可类推也。商，刘向弟子也。"

湖北省学术著作
Hubei Special Funds for 出版专项资金
Academic Publications

辨伪研究书系

百年文献辨伪学研究菁华集成
（下册）

司马朝军　主编

曾　志　平　协编

WUHAN UNIVERSITY PRESS
武汉大学出版社

目　录

集　部

楚辞类

宋玉作品真伪辩

汤漳平

　　在长达两千年的文学发展史上，屈宋并称于我国文坛，这原本是人所共知的事实。然而，近百年来，对屈原及其作品的研究，高潮迭起，争论的范围甚至超越国界。相比之下，宋玉研究却是"门前冷落车马稀"，在所发表的为数不多的文章中，真正可称为学术研究的论文数量甚微。究其原因，主要在于对宋玉其人其作真伪问题上存在极大的分歧。游国恩等主编的《中国文学史》中有关宋玉一节的论述，说出了问题的症结，书中说：

　　宋玉是屈原以后著名的楚辞作家，关于宋玉的生平，《韩诗外传》《新序》等书有一些零星的记载，但都太简单，且彼此互相抵牾，未必是可靠的料材。唯一可靠的，现在看来还只有司马迁在《屈原列传》末尾所说的几句话，"屈原既死之后，楚有宋玉、唐勒、景差之徒者，皆好辞而以赋见称。然皆视屈原之从容辞会，终莫敢直谏"……宋玉的作品据《汉书·艺文志》记载有赋十六篇，其篇目已不可考。然《楚辞章句》有《招魂》和《九辩》，《文选》有《风赋》《高唐赋》《神女赋》《登徒子好色赋》《对楚王问》，《古文苑》有《笛赋》《大言赋》《小言赋》《讽赋》《钓赋》《舞赋》。《招魂》非宋玉所作，已详前节。其余十二篇，除《九辩》外，都是后人所依托，决不可信。《古文苑》中六篇前人指为伪作，已成定论。……《文选》中所谓宋玉赋的体制、风格和语言，都与楚辞迥异，倒和汉赋相近，这从辞赋的发展过程来看，在宋玉的时代是很难出现的。而且这五篇赋都作第三者叙述口气，又直称"楚王""楚襄王"，明为后人假托之词，不是宋玉自作。综上质述，宋玉作品流传下来的只有《九辩》一篇，但这并不影响他在文学史上应有的地位。

　　按照上述说法，宋玉研究确实没有什么内容可搞，因为一则宋玉的生平材料不可靠，因此不能作为研究的依据；二则署名为宋玉的十三篇作品，经鉴别只有一篇是宋玉所作的，其余皆是伪作，那么可研究的东西还有什么呢？更使人觉得大惑不解的是：既然作者已把宋玉的作品剥夺得只余下可怜的一篇《九辩》，怎么可能"不影响他在文学史上应有的地位"呢？

　　值得注意的是，上述看法并非游氏一家之言，我国几部比较有权威的文学史著作，如刘大杰的《中国文学发展史》，郑振铎的《插图本中国文学史》等，都持相同的看法。只有中国科学院文学研究所编写的《中国文学史》是唯一持有不同见解的，它不仅肯定了宋玉对《九辩》和《招魂》的著作权，而且也肯定了《文选》中的《风赋》《登徒子好色赋》《高唐赋》和《神女赋》四篇是宋玉的作品。这大概和参与编写工作的胡念贻有直接关系，因为胡念贻在1955年《文学遗产增刊》第一辑（作家出版社出版）中，曾经写有一篇《宋玉作品的真伪问题》，文章中的观点，也是后来出版的《中国文学史》中所表述的见解。可惜在学术界中，这种意见并不为多数人所接受。为此，我们仍不得不继续对这一问题作一番研究，以期扫清障碍，使宋玉研究能够顺利地进行。

　　其实，对传世的宋玉作品最早提出怀疑的并非起自近代，而是始于南宋的章樵，他也是第一位替《古文苑》作注的人。章氏认为，《古文苑》中的《舞赋》，在唐人所编撰的《艺文类聚》中已载明是汉代傅毅所作，只是"后人好事者以前有楚襄、宋玉相唯诺之词，遂指为玉所作，其实非也"。而《笛赋》一篇，写有"宋意将送荆卿于易水之上"的史事，这已经是秦始皇行将统一中国之时了，所以他怀疑宋玉能否活到这个时候而创作《笛赋》。

　　至明，对宋玉作品怀疑的人更多，胡应麟对《古文苑》中的宋玉赋真实性一并提出怀疑，认为《古文苑》所载六篇，"唯《大》《小言》辞气滑稽，或当是一时戏笔，余悉可疑"（《诗薮》杂编卷一）。这个观点，当能代表明代学者的看法。陈第在《屈宋古音义》一书中，在宋玉名下载录了《九辩》《招魂》与《文选》中选录的《风》《高唐》《神女》《登徒子好色》诸赋，不录《古文苑》中的宋玉诸赋。焦竑又进一步怀疑到《九辩》，认为"《九辩》谓宋玉哀其师而作，熟读之，皆原自为悲愤之言，绝不类哀悼他人之意"（《笔乘》卷三《九辩九歌皆屈原自作》）。

　　清人崔述在此基础上，又提出了"假托成文"说，将所有宋玉赋一概判为伪作，并进而株连到屈原的《卜居》《渔父》，他说：

　　　　周庾信为《枯树赋》，称殷仲文为东阳太守，其篇末云"桓大司马闻而叹曰"云云。仲文为东阳太守时，桓温之死久矣。然则是作赋者托古人以自畅其言，固不计其年世之符否也。谢惠连之赋雪也，托之相如，谢庄之赋月也，托之曹植，是知假托成文，乃词人之常事。然则《卜居》《渔父》亦非屈原之所自作，《神女》《登徒》亦必非宋玉之自作，明矣！但惠连、庄、信其世近，其作者之名传，则人皆知之。《卜居》《神女》之赋，其世远，其作者之名不传，则遂以为屈原、宋玉之所为耳。（《考古续说》卷一《观书余论》）

"五四"以后，在胡适提倡的实证主义的"考据"风影响下，"古史辨"派把大量中国古籍判为伪书，宋玉传世作品在劫难逃，进一步被提出作为怀疑的对象。

胡适在《读楚辞》中提出："宋玉也是一个假名。"此后，考证宋玉作品为伪作的文章、书籍便陆续出世，尤其是陆侃如的《宋玉评传》（包括早些时候写的《宋玉赋考》）、刘大白的《宋玉赋辨伪》（均见于《小说月报》17卷号外，1927年2月出版）影响尤甚，同时前后出版的专著还有游国恩的《楚辞概论》、郑振铎的《文学大纲》等，都对传世的宋玉作品、宋玉为人等进行了考证，并提出个人的看法。他们的意见似乎都比较一致，首先是承认历史上有宋玉其人，而不是像胡适所讲的是个"假名"；其次，承认宋玉还是有作品流传下来，最主要的作品便是《九辩》，关于《招魂》，有的认为是宋玉所作，有的则认为是屈原所作。至于署名宋玉的赋作，上述诸家几乎异口同声地认为这些作品均属伪作，不可作为研究宋玉的材料，他们所提出怀疑的理由，近年来出版的袁梅《宋玉辞赋今读》的"引论"中作了归纳，多达十三条。然而其中大部分为前人所提出过的，如"假托成文"说等。新提出的而且最重要的是以下三条：

（一）在宋玉所处的战国时代，不可能产生传世的宋玉赋这类散文赋作品。这种代表性的观点见于陆侃如的《宋玉评传》，正是他在分析了赋的流变过程后提出了赋体作品进化史的三段论。他在文中说：

> 综上所述，可知赋的进化史可分三期，第一期代表为荀卿，那时尚未正式称赋（他只把《知》《礼》等篇合称《赋篇》，而无《知赋》《礼赋》等名称），形式方面完全与《诗经》一样。第二期代表为贾谊，他已正式称赋，但他觉得《诗经》式的荀赋不足达意，于是改用《楚辞》的格式。第三期代表为司马相如，他觉得楚辞的格式还不十分自然，于是采用《卜居》的格式，做成偶然有韵的散文，而同时也不废贾谊一派的格式（如《大人赋》《哀二世赋》等都是），向此以后，赋的格式不外此二种，而荀卿一派则中绝了，因为太不适用了。……
>
> 我们再回头看宋玉的十篇赋。他的赋是怎样的？他并不与荀卿一样的用《诗经》式，也不与贾谊一样的用《楚辞》式，他却与司马相如一样的用散文式。以时代最早的宋玉，竟用出身最晚的格式！这一点，在文学史家看来，是绝对不可能的。故我们不能不把这十篇的时代移后些，并且很大胆地说：假使他们确是宋玉所作，则这位"宋玉"决不是战国时人。

这个三段论的进化模式，是否定论中最重要的理论基础。

（二）这些作品多是明显地以第三者口吻写的，不像宋玉本人所作，而且宋玉既为楚人，赋中称呼楚王时，就不应冠一"楚"字，更不应在国君生前预称其谥号。

（三）这些作品用的多非周秦古韵，而是汉代以后的音韵。刘大白在《宋玉赋》辨伪中，用了大量的篇幅来证明，传世的宋玉赋中有许多不合先秦古韵的地方。

由于这些文章所提出的证据似乎不少，作者又都是我国文学史研究的大家。所以，虽然过了大半个世纪，其间也有一些文章对这一问题提出不同看法，不过鉴于《卜居》《渔父》被视为伪作，荀赋又与宋赋风格迥异难以对比，因此，宋玉赋真伪问题便成为一桩悬案。

　　记得顾颉刚在为《古史辨》第四册所作的序言中，曾提出一些问题来供研究者思考，他认为，"许多缺着的材料要考古学家多多发现，由他们的手里给与我们去补缀"。中华人民共和国成立以来大量文物的出土，为我国文学史研究提供了极有价值的材料，许多过去的疑案从而得到令人信服的结论。我们欣喜地看到，1972 年 4 月，考古工作者在山东临沂银雀山的西汉早期墓葬中出土了一批竹简，其中竟有《唐勒赋》残简 26 枚，保存了232 个文字。据《史记·屈原列传》和《汉书·艺文志》的记载，唐勒是屈原之后和宋玉、景差同时的楚文学家，他们三人"皆好辞而以赋见称"（《屈原列传》）。可是，到东汉时，班固著录的《汉书·艺文志》中已不见有景差的作品，唐勒倒还保存了"赋四篇"，可惜的是，这几篇赋后来也失传了，《隋书·经籍志》中已不见载录，想来该是在魏晋南北朝频繁的战乱中失传了。如今地下却发现了《唐勒赋》残简，可以想见，它对于同时代的宋玉赋研究，将是何等重要的参照物！

　　《唐勒赋》残简出银雀山一号汉墓，据考古工作者研究，这一墓葬的年代，上限为汉武帝建元元年（前 140），下限为元狩五年（前 118）。根据墓中殉葬品有大量兵书和先秦诸子著作情况看，一般均认为墓主人当为将军幕府中的谋士或幕僚。我们假定墓主人生年60 岁（古人所说的"下寿"），那么，他应当是生于西汉建国初年，也就是说，其生活年代略早于西汉著名文学家司马相如（前 179—前 117），比司马迁更要早得多。这一墓葬中保存的先秦典籍有《孙子兵法》《孙膑兵法》《六韬》《墨子》《管子》《晏子》《尉缭子》等。可见墓主在当时是具有较高文化素养的文化人，见识也是比较广博的。《唐勒赋》残简和这么多的先秦典籍同时出土，我们似无理由怀疑《唐勒赋》产生年代的真实性。因为唐勒生活的年代已是战国晚期，其卒年和墓主的生年应当相距极近。这位墓主人在他的墓中唯独保存了唐勒的这篇赋作，而没有保存西汉时期产生的赋作，足见他珍藏的是前代人的作品。我们也没有理由怀疑他会把同时代人的作品当成楚人唐勒的作品加以收藏。尤其可贵的是，这批竹简在地下深埋二千年之久，免去了后代人辗转抄录中可能出现的讹误以及有意无意的改动，因此它的可靠性也是无可置疑的。

　　但是，由于出土的《唐勒赋》残简保存的文字不多，其中一些文辞又前后不联贯，令人费解，为此笔者曾专门对此作了一番考证，总算理出了一些头绪。[1] 所幸该赋首简保存比较完整，今录于下：

　　　　唐勒与宋玉言御襄王前，唐勒先称曰："人谓造父登车揽辔，马协敛整齐调均，不挚步趋……" 0184

此外，保留字数较多的几支竹简有：

　　　　马心愈也而安劳轻车乐进，骋若飞龙，免若归风，反骖逆驷，夜走夕日而入

---

　　① 整理银雀山竹简的文章有罗福颐的《临沂汉简所见古籍概略》（见《古文字研究》第十一辑）和吴九龙的《银雀山汉简释文》一书（《秦汉魏晋出土文献》丛书，文物出版社 1985 年版。）本处释文据吴氏一书，数字为原简编号，有"□"为缺字，繁体、异体字均采用简化字及原字。

日……0190

月行而日动，星跃而玄运，子神奔而鬼走，进退屈伸，莫见其□埃均……0240

袤若缓，急若意，□（起）若飞，逸若绝，反趋逆趋，夜起夕日而入日蒙汜，此□……0403

……胸中，精神俞六马，不叱嗜，不挠指，步趋□……0493

……千里，今之人则不然，白筭坚 0971

知之此，不如望子莘大行者 1628

……不能及造父，趋步□御者屈……1717

……御有三，而王良造……3599

入日，上皇故……3150

……实大虚通道 4138

其余诸简，保存的文字都在五字以下。从这些片段的文字看，我们大致可以了解到，这是一篇描写"御"术的文学作品，因为首简开头即说明是"言御襄王前"，而且后面出现的是古代善御者如王良、造父的名字，中间的许多段又明显地看出是描写御马时的种种形态的。然而仅以此还不足以了解这篇赋作的结构和层次，以及所要表达的思想内容。笔者从罗福颐的《临沂汉简所见古籍概略》一文中得到启发，认真阅读了《淮南子·览冥训》后，发现其中有一段文章可作为参照，文中写道：

昔者王良、造父之御也，上车摄辔，马为整齐而敛谐。投足调均，劳逸若一，心怡气和，体便轻毕。安劳乐进，驰骛若灭，左右若鞭，周旋若环。世皆以为巧，然未见其贵者也。

若夫钳且、大丙之御也，除辔衔，去鞭弃策，车莫动而自举，马莫使而自走也。日行月动，星耀而玄运，电奔而鬼腾，进退屈伸，不见朕垠。故不招指，不咄叱，过归雁于碣石，轶鹍鸡于姑余。骋若飞，骛若绝。纵矢蹑风，追猋归忽。朝发榑桑，日入落棠。此假弗用而能以成其用者也。非虑思之察，手爪之巧也。嗜欲形于胸中，而精神逾于六马，此以弗御御之者也。

这一段文字同样也是描写御术的，它从人间的良御写到天上的神御（据《淮南子·览冥训》高诱注，钳且、大丙是尊神太乙的御者），刘安推崇的楚"以弗御御之"的最高明的御术，因为这是得了"御道"的人才能做到这一点。我们看这两段文字，不仅其中有许多句子，词语和出土的《唐勒赋》残简多有重叠之处，而且其叙述的层次也是很可作为参照的。显然，作者在写这一段文字时，脑子里想起了《唐勒赋》，否则无论如何不能这样巧合。这样，我们对于《唐勒赋》的结构也就可以有比较清晰的印象了。大体上可以这样确定：赋作在交代了唐勒与宋玉在襄王面前谈论御术的情况后，首先是唐勒先把王良、造父这些善御者夸奖了一番。接着便是描写钳且、大丙的"以弗御御之"的更高明的御术（谈论者或者是宋玉？）。紧跟着第三层次中又指出高于钳且、大丙之御的御者，再描写一番（残简中有"实大虚通道"4138"上皇"3150 等词语，大虚即太虚，指天、天空，能在"大虚通道"中自由驰骋者，当然是更为高明的御者了）。最后应是结尾的点题，写出作者作此赋的目的。笔者推测，这结束语中，作者应是指斥"今之人"不懂得御术（残简中有"……千里，今之人则不然"0971、"……不能及造父，趋步□御者屈……"1717、"……知之此，不如望子輂大行者"1628 等片断），因而更不能用以治国。

《唐勒赋》残简的出土，在下述诸方面回答了人们对先秦是否存在散文赋问题所提出的有关问题。

首先，《唐勒赋》足以推翻陆侃如提出的赋体发展的三阶段论。很明显，呈现在我们面前的《唐勒赋》，已经是成熟的散文赋，它和传世的宋玉赋在风格、形式上并无不同。这样，我国赋文学的产生和成熟期就可以正式认定下来，也就是说，在我国战国时期，赋体作品已经产生并趋于成熟定型了。

其次，《唐勒赋》的"体制、风格和语言"，也是"都与楚辞迥异"，可知这种"异"不能说明它也是伪作。相反，它和宋玉赋相同之处，正好证实它和传世的宋玉赋之间存在密切的亲缘关系。我们在此不妨将二者在写法上略作比较：

先看开头部分：

> 《唐勒赋》："唐勒与宋玉言御襄王前，唐勒先称曰……"
> 《大言赋》："楚襄王与唐勒、景差、宋玉游于阳云之台。王曰……"
> 《登徒子好色赋》："大夫登徒子侍于楚王，短宋玉曰……"
> 《钓赋》："宋玉与登徒子偕受钓于玄渊，止而并见于楚襄王。登徒子曰……"

我们看到，上述诸赋开头大体相同，首先叙述了作赋的原因以及在场的人物，然后引入正文，据题赋说。这便是赋体文学常见的开头的"序"。刘勰在《文心雕龙·诠赋》篇所说的"述客主以首引"者，指的正是这一部分。

关于正文中展开论述的部分，虽然《唐勒赋》残简只保存了片断文字，但已可以看出它的体制和规模和现存的宋玉赋大体相同。赋中的语言风格，或骈或散。其骈者有三言，如"袭若缓，急若意，起若飞，逸若绝"；四言，如"骋若飞龙，免若归风"；五言，如"月行而日动，星跃而玄运，神奔而鬼走"等。但总的来看，《唐勒赋》文中散文句似较大多数传世的宋玉赋为多。在宋玉赋中，仅《对楚王问》《钓赋》《登徒子好色赋》等散句较多，而《风赋》《高唐赋》《神女赋》等则都有大段大段的骈句。因此，我们是否可以说，《唐勒赋》显示出来的，正是早期赋体文学作品的特征，就像宋玉的《登徒子好色赋》，也应该是宋玉早期的赋作。

其次，《唐勒赋》文中，也"作第三者叙述口气"，这和流传下来的屈原的《卜居》《渔父》、宋玉的传世赋作写法完全相同。过去许多人都把这一问题说成是后人所作的证据。《唐勒赋》的出土恰恰证明，这种写法，正是先秦赋作的特点之一。参诸先秦的许多诸子散文，也都有类似的写法，因此，这种现象只能反映出战国后期人们习惯于采用这样的写法，过去的怀疑论者应当可以释然了。

最后，《唐勒赋》中也涉及对国名和朝名的写法问题。过去有人提出，大凡本国人说到本国的国君，绝对无须说出国名和朝名，更不能在国君生前便预称其谥号，因此认为传世的宋玉赋为伪作，理由便是，这些作品中都写有"楚襄王"，既有国名又有朝名。而出土的《唐勒赋》中也写到"襄王",但未冠以"楚"字。这种情况,也不应成为判定这些作品真伪的证据。前人早已指出,古代文学作品,在其流传的过程中,极可能受到后人的增删改动。因此,这些赋作中的"楚"字,便很可能是后人增入的,因为战国时诸国并立、国君谥号相同者甚多,如"襄王"的谥号,在战国诸侯中,先后便有"魏襄王""韩襄王""秦昭襄王""楚顷襄王""齐襄王""赵襄王""秦庄襄王"等,倘若不冠以国名,后人阅读这些作品时,便容易产生误解,所以这种在"王"前面加国名和谥号的,便很可能是后人所为,这原本是不值得大惊小怪的。

陆侃如曾经断言:存世的宋玉赋"出世的时代最早不得在公历纪元前一百年(汉武帝即位第四十一年)以前",然而,《唐勒赋》残简的出土,显然使得这一推断失去了依据。

《唐勒赋》的出土,虽然为鉴别宋玉作品的真伪问题提供了参照物,然而,也还必须解决一个重要问题,即在经过了两千年时间的漫长岁月,至今存世的宋玉作品究竟是宋玉所作,还是他人仿作的问题。例如《舞赋》,由于前人典籍中已记载为汉人傅毅所作,所以我们无须鉴别,否则恐怕也非花费工夫加以考证不可。为此,我们必须对现存宋玉作品的来源加以认真讨论。我认为,现存的宋玉作品,尽管分别载于《楚辞》《文选》和《古文苑》,但如果认真加以考察的话,可以认定它们来源都是相同的,那就是曾经传世的《宋玉集》。

有关宋玉作品的记载,最早见于班固的《汉书·艺文志》,而《汉书·艺文志》是班氏采自刘歆的《七略》。刘向、刘歆父子长斯在秘府典校群书,分门别类,整理成册。由他们所整理的宋玉赋十六篇,其实就是最早出现的一部宋玉作品专集。西汉以前,书籍写于竹帛之上,携带较不方便,因此有的作品便单篇流传,如银雀山竹简中所见的《唐勒赋》即是。不过也有的仍是整书不分开的,同墓葬中的《孙子兵法》《孙膑兵法》《管子》《晏子》等即是。

东汉以后,纸张的出现,使得书籍广为流传,这时,大量文人作品的别集便出现了。《隋书·经籍志》中对这一过程有明确的记述,书中说:

> 别集之名,盖汉东京之所创也。自灵均已降,属文之士众矣,然其志尚不同,风流殊别。后之君子,欲观其体势而见其心灵,故别聚焉,名之为集。辞人景慕,并自记载,以成书部。年代迁徙,亦颇遗散。

这一记载,应是可信的。屈原、宋玉的作品,原就是"辞人景慕"的对象,毫无疑义,东汉时也都已汇编成集,《楚辞》便是在当时结集而成的。当时有许多汉代文人的文集也都已编成并流传,《宋玉集》的出现,当然不会晚于它们。

从汉代至魏晋南北朝时,宋玉的作品并无多少散佚的,所以《隋书·经籍志》中载有"楚大夫《宋玉集》三卷"。郭沫若认为,"《宋玉集》当即'宋玉赋十六篇'的定名,这大体是不错的"。至于在新、旧《唐书》记载中,《宋玉集》由三卷变成两卷的原因,郭沫若推测说,这"也许只是卷有长短,于内容则无差别"。直到《宋史·艺文志》中,已经不见有《宋玉集》的记载,这说明《宋玉集》是在宋代失传了,"它的失传可能是在南北宋之交"(以上均见于郭沫若的《关于宋玉》一文中)。

从上述情况可知，自汉至宋，在长达千年的时间里，《宋玉集》一直是比较完整地保存下来并在社会上流传着。由于这一时期正是我国文学史上赋作兴盛的时期，因此，作为辞赋之祖的屈宋作品，当然流传较广，为文人所熟知。近年来安徽阜阳双古堆早期西汉墓葬中发现了屈原作品《离骚》与《涉江》的残简，山东临沂银雀山发现的《唐勒赋》残简，都反映了辞赋为时人所喜爱而得以广泛流传的情况。由此可知，在这样一个时期，想冒名作伪的可能性恐怕并不大。傅毅作《舞赋》，虽托名宋玉与襄王，但仍以自己的名字流传下来，《古文苑》将其列为宋玉的作品，只能说明收录者的失考，而非作者本人作伪。

那么，现存的宋玉作品和历史上存在过的《宋玉集》之间究竟有些什么关系？也就是说，到底哪些作品原载于《宋玉集》中，哪些作品是《宋玉集》之外的呢？让我们按照现存的宋玉作品的三种出处分别加以考察。

（一）《楚辞》中的《九辩》与《招魂》

王逸的《楚辞章句》是根据刘向编定的《楚辞》而来，那么，刘向辑录《宋玉赋》十六篇时，是不会将这两篇排除在外的，因此，传世的《宋玉集》当然不可能不加收录。《九辩》为宋玉所作，一般并无疑问，焦竑根据作品中的情绪，认为"熟读之，皆原自为悲愤之言，绝不类哀悼他人之意"，这个看法是有其可取之处的，因为他否定了千百年来认为《九辩》为宋玉代言之作的看法，只是"自为悲愤之言"的不是屈原，而是宋玉。

《招魂》一篇，自王逸始，一直判为宋玉所作，但今人据《史记·屈原列传》，认为据司马迁的看法，《招魂》应为屈原所作，否则他就不会读《招魂》后，对屈原"悲其志"。这个看法是比较合理的。不过古人一直认为是宋玉所作，因此《宋玉集》中自然是收录的，这可算是误收的。

（二）《文选》中四篇赋作与《对楚王问》

这五篇作品，从汉以来，便陆续为人提及。

《高唐赋》

这是最早被后人提及的一篇。东汉傅毅在其创作的《舞赋》开头便写道：

楚襄王既游云梦，使宋玉赋高唐之事。

可见他读了《高唐赋》。《舞赋》在序中，托之宋玉与襄王相问对之辞，然后铺叙美妙动人的舞态舞姿，清歌丽曲，给人以美的享受。这篇赋作，写法上也可看出模仿《高唐赋》的痕迹。稍后的一些书籍中，提及《高唐赋》者甚众。如《水经注》卷三四、《初学记》卷二、卷一五、卷一九等均引录了《高唐赋》中的一些文字。尤其在《文选》卷三一江淹《杂体诗·潘黄门》诗中，李善注"尔无帝女灵"句时，引述了这样一段话：

《宋玉集》云：楚襄王与宋玉游于云梦之野，将使宋玉赋南唐之事。望朝云之馆，有气焉。须臾之间，变化无穷。王问："此是何气也？"玉对曰："昔先王游于高唐，怠而昼寝，梦见一妇人，自云：'我帝之季女，名曰瑶姬，未行而亡，封于巫山之名。闻王来游，愿荐枕席。'王因幸之。去，乃言：'妾在巫山之阳，高丘之阻，旦为朝云，暮为行雨，朝朝暮暮，阳台之下。'旦而视之，果如其言。为之立馆，名曰朝云。"

这里李善特意注明引文系出自《宋玉集》，而非《文选》中所录的《高唐赋》，这是因为这段文字和《文选》中的《高唐赋》的文字有所不同。从这里我们清楚地知道，《高唐赋》是载于《宋玉集》中的。

《神女赋》

《神女赋》是《高唐赋》的姐妹篇。魏曹植在《洛神赋》的《序》文中已经提到这篇赋作。《序》中说：

> 黄初三年，余朝京师，还济洛川。古人有言，斯水之神，名曰宓妃。感宋玉对楚王神女之事，遂作斯赋。……

《洛神赋》是我国赋作中的上乘之作，向为历代文人所称道，然则其中描写的美人形象，明显地看出《神女赋》的巨大影响来。那末，像《神女赋》影响这样大的宋玉作品，倘若《宋玉集》中未加收录，那就是不可思议的了。

《风赋》

这也是一篇影响较大的作品，早在晋代时已有湛方生、陆冲、李元冲、王凝之等人以此为题的拟作出现，可知汉、晋以来，《风赋》也是流传较广的一篇作品，所以刘勰在《文心雕龙》中，更把它作为赋体文学确立的标志，他说：

> 荀况《礼》《智》，宋玉《风》《钓》，爰锡名号，与《诗》画境。六义附庸，蔚成大国。(《诠赋》)

刘勰写《文心雕龙》在评价宋玉作品时，只能依据传世的《宋玉赋》，这是很自然的，所以《风赋》《钓赋》都应是被收录于《宋玉集》中的作品。

《登徒子好色赋》

这篇作品汉人必定十分熟悉。司马相如创作《子虚赋》与《上林赋》时，当已熟读了这篇赋作的内容，因而在结构上颇得其妙。当然，这两篇赋在描写中，涉及关于田猎，关于山水等方面的内容，颇受到《高唐赋》和《神女赋》的影响。然而其结构方面，则主要受《登徒子好色赋》的影响。这一点，胡念贻在《宋玉作品的真伪问题》一文中已论之甚详，无须多说了。魏晋时著名诗人阮籍在《咏怀》诗中便有了"倾城迷下蔡"的诗句，这当然是引用《登徒子好色赋》中"嫣然一笑，惑阳城，迷下蔡"的典故。而刘勰《文心雕龙·谐隐》篇中赞赏地说道：

> 楚襄王宴集，而宋玉赋《好色》，意在微讽，有足观者。

这样看来，本篇和《文选》所载的其他赋作一样，应为《宋玉集》所载，并一直为人所熟知。

《对楚王问》

在《文选》中，这篇作品并不作为赋作收录的，而是放在《对问》这类作品中。这篇作品的内容，最早见于西汉初年的《韩诗外传》中，其后又见于刘向编撰的《新序·杂事第一》，后人将其编入《宋玉集》中。这一点，李善已经指出过。他在《文选》卷五五为陆机的《演连珠》作注时，对"是以南荆有寡和之歌"一句注曰：

> 《宋玉集》：楚襄王问于宋玉曰："先生有遗行欤？"宋玉对曰："唯，然，有之。……"

这里直接点名《宋玉集》已收此作。

又《文选》卷一八嵇康《琴赋》篇中，李善在注"绍陵阳度巴人"句时，说：

> 宋玉《对问》曰："既而曰陵阳白雪，国中唱而和之者弥寡。"然《集》所载，与《文选》不同，各随所用而引文。

文中所谓《集》者，当然指的是《宋玉集》。

由于本篇出现很早，所以陆侃如等也不敢将它说成是晚出的作品，他说：

> 至于那篇《对楚王问》，大约是周末汉初时人做的，与《卜居》《渔父》相似。后人因他记着宋玉的谈话——其实宋玉也未必真有这些话——故认为宋玉的作品。但《新序》卷五及《韩诗外传》卷七都有与此相类的文字，何不索性一起挤入《宋玉集》里呢？

很有意思的是，陆氏既已承认本篇为周末汉初人作，而宋玉岂非周末时人吗？为什么他就不能自作而要由别人代作呢？况且他们既已将传世的宋玉赋作一概否定，那么宋玉也就没有什么传世的作品，他的名气又从何而来？别人又何苦拖他的名字来写文章、记录言论呢？至于说《韩诗外传》等处记录的宋玉的谈话，陆氏提出"何不索性一起挤入《宋玉集》里"，其实，在这个问题上，他确实失考了，从前面的引文中我们已经确知，《宋玉集》中恰恰是"挤入"了这些"相类的文字"的，而且还不止一篇。请看《北堂书钞》卷三三的"姜桂因地"条的注中写道：

> 《宋玉集·序》云：宋玉事楚怀王，友人言之宋玉，玉以为小臣。王议友人，友曰："姜桂因地而生，不因地而辛；女因媒而嫁，不因媒而亲也。"

这段引文显然有误，宋玉所事的是楚襄王，而非怀王，后文应是"言之于王，王以为小臣"。不过从这段引文中，可以知道这类文字是确确实实都"挤入"了《宋玉集》中了。

从上述分析可知，被收录于《文选》中的几篇宋玉作品，显然都同时存在于当时传世的《宋玉集》中，而且一向被视为宋玉之作。

（三）收入《古文苑》中的宋玉赋

《古文苑》中的宋玉赋，长期以来没有人敢说它们是宋玉的作品，唯独近年出版的朱碧莲的《宋玉辞赋译解》书中，根据刘勰的《文心雕龙》，大胆地将《钓赋》列为宋玉作品，但笔者至今未见有赞同者。其实，《古文苑》中的宋玉赋，除《舞剑》是明显误收的以外，其余五篇如不加考证，轻易指为伪作，也是不合适的。下面我们就这五篇赋作认真分析一下。

应当指出，前人关于《古文苑》中的赋作产生的年代问题，在进行假定时往往带有很大的随意性。例如清人张惠言就曾断言，这些作品"皆五代宋人聚敛假托为之"（见顾实《汉书艺文志讲疏》）。这个说法就很可笑。因为这些赋作，早在唐初欧阳询所编的类书《艺文类聚》中都已载录了这些作品。它怎么会是"五代宋人所为"的呢？《大言赋》和《小言赋》，同见于《艺文类聚》卷十九《人部三·言语》；《讽赋》《钓赋》见于卷二四《人部八·讽谏》；《笛赋》见于卷四四《乐部四·笛》。这五篇赋作并都署名作者为"楚宋玉"。而《舞赋》也见于《艺文类聚》卷四三《乐部三·舞》，赋作者则清楚写明是"后汉傅毅"。

其次，我们还要说明的是，这几篇赋作，也同时出现于当时尚传世的《宋玉赋》中，请看以下记载：

关于《大言赋》与《小言赋》：

《北堂书钞》卷三〇在"赐云梦田"条注：《宋玉集·小言赋》。

《北堂书钞》卷一〇二引《小言赋·序》时，在"登阳云台，命大夫造赋"条夹注中写道：宋玉《小言赋·序》云：楚王既登阳云之台，命诸大夫景差、唐勒、宋玉并造《大言赋》，而玉受赏。又曰："能为《小言赋》者，赏之云梦之田。"玉赋卒成，王赐玉田。

《北堂书钞》卷一〇二在"大言受赏，小言赐田"一条中注云：宋玉《小言赋·序》云："楚襄王既登云阳之台，命诸大夫景差、唐勒、宋玉等并造《大言赋》。卒而玉受赏。"并见上。

这三条中的后两条并未提及《宋玉集》，但是在当时的书籍中，并无其他书籍收有《大言赋》和《小言赋》，传世的只能是《宋玉集》，因此这三条显然均出自《宋玉集》。还应说明的是，昭明《文选》中虽然未收这两篇赋作，然而萧统显然是读过这两篇作品的，他并写有《大言诗》和《细言诗》，内容便是模仿宋玉的两篇赋作的。而同时人的沈约、王锡、王规、张缵、殷钧等，也都应令以这两题为名赋诗，足见这两篇作品在当时也是流传颇广的。

我们还有理由认为，这两篇赋作早在司马相如之前即已存在。请看司马相如在其《子虚赋》中即已写道："于是楚王乃登云阳之台。"这一句子，在《史记》与《汉书》中；"云阳"二字均作"阳云"，大概二者均可吧！我们看前面引的《北堂书钞》卷一〇二的两处引文，一处写作"阳云之台"，一处写作"云阳之台"。显然二者在写法上并无严格区别。《史记集解》引徐广注：

宋玉曰："楚王游于阳云之台。"

明眼人一看即知，徐广引用的也是《小言赋》句。徐广为晋代人，博览群书，知识渊博。从他的注中，也可知晋时《大言赋》与《小言赋》均在流传中。不过胡念贻在《宋玉作品的真伪问题》一文中，却认为司马相如引用的是宋玉的《高唐赋》，他说：

"云阳之台"，当即《高唐赋》所说的"云梦之台"，这又是《子虚赋》用《高唐赋》事为典故的证据。《子虚赋》用这个典故的原因，是《高唐赋》中也写了田猎之事，所以，便联想到"云梦之台"上去。

胡氏因为不承认《古文苑》中附宋玉赋是宋玉的作品，因此不得不拐弯抹角地从《高唐赋》中去寻找证据，其实这一说法是不正确的。

关于《钓赋》·

《文心雕龙·诠篇》中，将《钓赋》与《风赋》并提，指出它们都是"爰锡名号，与《诗》画境"的作品。也就是说承认了这一作品在赋体文学成为一种独立的文体中具有重要作用。因此，传世的《宋玉集》是不会漏收的。《文选》卷三四中一则记载证实了这一点。李善在注"若庄周、魏牟、杨康、墨翟、便蜎、詹何之伦"句时，写道：

《宋玉集》曰，宋玉与登徒子，偕受钓于玄渊。

这里引用的便是《钓赋》中的句子。李善直接写明它来源于《宋玉集》。笔者曾在《论〈唐勒赋〉残简》（见《文物》1990 年第 4 期）一文中，将《钓赋》与《唐勒赋》在写法上作了比较详细的比较，得出二者之间在结构上和铺叙中的许多相似之处，显而易见，它们都是同一时代的产儿。

关于《讽赋》

《讽赋》一篇，虽然一向评价不高，但也不能作为伪作的依据。因为每一位作家，哪怕他名气再大，也不能保证其作品都能保持很高的水平，况《讽赋》这篇作品，倘若放在赋体作品刚刚开始创立的阶段来认识，则应该说也还有一定的水平的，其中描写宋玉与主人公的对话、神态，都是比较成功的。朱碧莲先生认为这篇作品有可能是魏晋间人仿《登徒子好色赋》所作的。但是，我们发现，早在曹植的《七启》中，已见引用此赋的典故。李善在注"戴金摇之熠耀"句时，注引"宋玉《讽赋》曰：'主人之女，垂珠步摇，来排臣户'"（《文选》卷三四）。又在注"芳菰精稗，霜蓄露葵"句时，两次引用《讽赋》："彫，菰米也。宋玉《讽赋》曰：'主人要为臣炊彫胡之饭。'……宋玉《讽赋》曰：'为臣煮露葵之羹。'"（同上）

张协的《七命》，其中的"奏《渌水》吐《白雪》"句，李善注：曰："宋玉《讽赋》曰（原文为《风赋》，显误，应是《讽赋》）：'为《幽兰》《白雪》之曲。'"（《文选》卷三五）

此外，李善还认为司马相如的《长门赋》中"援难琴以变调兮"句，是来自《讽赋》的"援琴而鼓之"（《文选》卷十六）。谢惠连作《雪赋》时，也有"楚谣以《幽兰》”句，引用的也是《讽赋》中的典故。

这样看来，《讽赋》问世的时间至少也应在汉初，而非在魏晋时期。传世的署名为司马相如的《美人赋》，虽然有些人认为是伪作，但根据也不充分，有人认为《讽赋》是《美人赋》的仿作，这种说法也是全无根据的，为什么就不可能是《美人赋》模仿了《讽赋》呢？

关于《笛赋》

由于《笛赋》写到荆轲刺秦王事，一般人都不认为宋玉能活到这个时候，所以不大相信这篇是宋玉的作品。确实，在传世的宋玉作品中，此篇疑点较多。除上述讲到的理由外，作品的语言风格也和其他楚赋很不相同，它没有传世楚人作品那种“书楚语，作楚声，记楚地，名楚物”的特色。况且赋的开头也和楚赋常见的以对话开头不同，作品的结尾实际上是一首整齐的七言诗。特别是汉人马融的一段话，更加深了我们的怀疑，在《长笛赋·序》中，他写道：

> 融既博览典雅，精核数术，又性好音，能鼓琴吹笛。……追慕王子渊、枚乘、刘伯康、傅武仲等箫、琴、笙颂，唯笛独无，故聊复备数，作《长笛赋》。

博学多才如马融，竟然不知世传的宋玉作品中的《笛赋》，而自己去作《长笛赋》来充数，这本身已足够能说明在东汉时，传世的宋玉作品中无《笛赋》一篇。

但是，我们也要看到，在唐代时，传世的《宋玉集》必已收入了这篇作品，在《文选》李善注中，大量引用了《笛赋》中的文句为其他文学作品作注，如《文选》卷十七注王褒的《洞箫赋》，其中“洞条畅而罕节兮，标敷纷以扶疏”一句，李善便引曰：

> 宋玉《笛赋》曰：“奇篆异干，罕节简支，数纷（似应为敷粉）茂盛，扶疏四布。”

这一段引文和今传世《笛赋》不同。今《笛赋》中只有“奇篆异干，罕节间枝之丛生也”句，显见版本不同。但《洞箫赋》与《笛赋》之相互影响关系显然是存在的。此外，如司马相如的《长门赋》，其中“案流徵以却转兮”句，李善也引用：“宋玉《笛赋》曰：‘吟《清商》，追《流徵》。’”这类引用甚多，这里就不一一列举了。

《讽赋》和《笛赋》被李善广泛引用来作注这一事实表明，在唐代传世的《宋玉集》中，必然都收录了这两篇作品。参照《艺文类聚》可知，除《舞赋》外，收入《古文苑》中的宋玉赋作，显然都被唐人认作宋玉的作品。因此，把《古文苑》的晚出作为否定其中的宋玉赋的理由是站不住脚的。日本学者稻畑耕一郎在《〈宋玉集〉佚存钩沉》一文中认为：在隋唐之际传世的《宋玉集》中，“其中是否窜入魏晋六朝间的伪作暂作别论，今天我们根据《古文苑》等典籍能够知道属于‘宋玉的作品’则极可能已经全部收进来了”（见《楚辞研究》，齐鲁书社1987年版）。这个看法是不错的。

在进行了上述分析的基础上，我们是否可以得出这样几点结论：

1. 传世的宋玉赋作，均由来已久，二千年来，它们已和宋玉的名字紧紧相连。在《宋玉集》编集的过程中，这些作品已全被收入，因此，对这些作品，我们都应当认真加以研究，而不应对其中的一部分作品简单加以否定。

2. 由于历代的战乱和古代作品以手抄本的形式加以流传，使这些作品在不同古籍载录中产生一些文字上的差异，《文选》中所载的作品与李善注引用的《宋玉集》文字，均有不同，《古文苑》所载录的也与《艺文类聚》中的有所不同，这是我国古代作品流传过程中必然产生的一种正常现象，并非宋玉作品特殊。

3. 我们并不否认，在现存的宋玉赋作中，可能会有个别篇属后人作品被误收入《宋玉集》中，因此辨伪工作是需要进行的，但不能以点带面，轻易地将现存宋玉作品一概加以否定。同时，我们认为，个别篇之被误收入《宋玉集》这种情况的出现，一定是发生在《宋玉集》成书的时候，绝非像一些人所说的那样，似乎这些作品是历代文人不断创作添加到宋玉作品中去的。鲁迅的看法值得注意，他一方面受时人的影响，也怀疑今传的九篇宋玉赋、《对楚王问》和屈原的《卜居》《渔父》一样，"或亦依托也"，但是他在判断这种依托作品出现的时间时则说："然（《对楚王问》）与赋当并出汉初。"（《汉文学史纲要·屈原与宋玉》）可是，汉初与战国末年相距时间甚短，当时人怎么可能就把那么多伪作都炮制出来并冠以宋玉之名呢？况且同时代的那么多文人学者也就会这样轻率地相信了呢？这些问题都是难以令人信服的。

4. 顺便提一下关于古音的问题。刘大白在否定宋玉作品时，列举了大量所谓周秦古韵来与宋玉赋比照，认为宋玉赋中有大量不合韵的地方。这一问题，胡念贻的文章反驳得十分有力，这里就不多说了。事实上，近年来大量古籍的出土，在古音韵方面又发现不少新的用韵情况，因此，刘大白的说法是不足为证的。

希望本文的考辨有助于宋玉研究的深入开展，并以此就教于海内外学者。

原载《文学评论》1991 年第 5 期。

别集类

《辨奸论》非邵伯温伪作
——兼论《王荆公年谱考略》中的有关问题

说《辨奸论》为邵伯温伪作，始于清代李绂《书辨奸论后》，蔡上翔《王荆公年谱考略》又加以发挥，后人颇有信从之者，而实非确论。故草为此篇，以证实《辨奸论》非邵伯温伪托。由于蔡上翔《王荆公年谱考略》是一部在王安石研究中颇有影响的著作，而目前对这部著作中所存在的主观武断的一面还没有引起应有的注意，本文通过对《辨奸论》问题的考辨，于此也将有所涉及。

一

李绂说：《辨奸论》始见于《邵氏闻见录》①。这是李、蔡谓《辨奸论》为邵伯温伪托的根本前提。因为，只有这篇文章始见于《邵氏闻见录》，才存在邵伯温伪造的可能；假如在《邵氏闻见录》之前这篇文章已在流传，或已收于其他著作，自然就不能说它是邵伯温伪造的了。可惜的是：李绂并未提出任何证据来证明这一点，蔡上翔在这方面也并未能为他补充任何证据。为了证明此说的无稽，我在本节中将从两个方面来证明《辨奸论》出现于《邵氏闻见录》（以下简称《闻见录》）之前。

邵伯温《闻见录》卷首有《自序》及其子邵博《序》。《自序》甚简略，云："伯温早以先君子之故，亲接前辈……得前言往行为多……而老景侵寻，偶负后死者之责，类之为书，曰《闻见录》，尚庶几焉。绍兴二年十一月十五日甲子河南邵伯温书。"②这实是一个极简单的写作缘起。古人著书，多于书成后撰序；而诸如此类简单的写作缘起，亦有别于写正文前即写就者。考邵博为此书所作《序》："先君子平居如斋，淡然无甚好，惟喜著书。此书独晚出，虽客寓疾病中，笔削不置，其心可悲矣。先君既不幸，上得其平生之言，有制褒扬甚备。博不肖，终无以显先君之令德，类次其遗书既成，于绝编断简之中得《闻见录》，为次第二十卷，并传于代。"是伯温死前，此书犹在笔削过程中，尚未杀青；分卷编次之事，皆伯温死后邵博所为。伯温卒于绍兴四年，其死时《邵氏闻见录》既尚未定稿、分卷，则绍兴二年之序当非成书后所撰，而为着手著书时之作。又，该书卷五载："（元祐）后于艰难中，辅成上（指高宗）圣德为多。后崩，上哀悼甚，不能视朝者累日，下诏服齐衰，谥曰昭慈圣献。"考元祐皇后孟氏死于绍兴元年四月，原谥昭慈献烈，至绍兴三年改谥昭慈圣献，见《宋史·高宗本纪》。《闻见录》既称其谥为昭慈圣献，是此条必作于绍兴三年改谥之后。足徵伯温于绍兴三年元祐后改谥之时，此书尚在写作过

---

① 李绂：《书辨奸论后》，《穆堂初稿》卷四十六，清乾隆五年无怒轩刻本。

② 邵伯温：《邵氏闻见录》，明毛氏汲古阁刊《津逮秘书》本。下引该书，均据此本，不再出注。

程中，亦可证绍兴二年之序非成书后所撰，而为着手著书时之作。

所以，邵伯温的《闻见录》当于绍兴二年（1132）十一月开始写作，至绍兴四年伯温死时尚未定稿，后由其子邵博为之分卷编次，遂行于世。而在宣和七年（1025），即邵伯温动手写《闻见录》的七年之前，方勺已在《泊宅编》三卷本卷上中提到了《辨奸论》（《泊宅编》三卷本成书年代问题见本文末一节），兹引其原文如下：

> □公（《王荆公年谱考略》引作"欧公"）在翰苑时，尝饭客。客去，独老苏少留，谓公曰："适座有囚首丧面者何人？"公曰："王介甫也。文行之士，子不闻之乎？"洵曰："以某观之，此人异时必乱天下。使其得志立朝，虽聪明之主亦将为其诳惑，内翰何为与之游乎？"洵退，于是作《辨奸论》行于世。是时介甫方作馆职，而明允犹布衣也。

方勺所记《辨奸论》写作缘起是否符合事实，是另一问题。在这里值得注意的是，方勺明明说："于是作《辨奸论》行于世。"意即在苏洵当时此文已经行世。即使方勺所记不尽确实，但至少在其作《泊宅编》三卷本时，已经有了《辨奸论》这一作品。且勺于此条既未引录《辨奸论》原文，也未介绍文章具体内容，足徵当时《辨奸论》已在流传，读者对它并不陌生。若是一篇大家都不知道的冷门文章，方勺即使不引全文，也应对其具体内容作些介绍，以免读者莫名其妙。

所以，《辨奸论》至迟在公元1125年已在流传，并由方勺写了有关此文的记事，那么，又怎能因为邵伯温于1132年开始撰写的《闻见录》中录载了《辨奸论》全文，就一口咬定《辨奸论》是邵伯温伪作呢？

不仅如此，《辨奸论》还被全文录载于张方平所作的《文安先生墓表》中。而在张方平写了这墓表后，苏轼又写了《谢张太保撰先人墓碣书》表示感谢。此《书》一开头就说："伏蒙再示先人《墓表》，特载《辨奸》一篇。"① 试想，《文安先生墓表》若不是出于张方平，而系后人伪造，苏轼又怎么会写信给张方平，对他为苏洵写《墓表》一事表示感谢？《墓表》中所引录的《辨奸论》若是他人伪作而非出于苏洵，苏轼又怎能坐视别人伪造其父的作品而不提出抗议，反而还要在感谢信中一再提到这篇作品？所以，《墓表》中引录的《辨奸论》原文一定是真的；而传世的《辨奸论》与《文安先生墓表》所载又相一致，自然也是真的。换言之，《辨奸论》不仅不可能是邵伯温伪作，而且也不可能系别人伪作。

当然，李绂、蔡上翔是注意到了张方平的《文安先生墓表》与苏轼的《谢张太保撰先人墓碣书》对于《辨奸论》出于邵伯温伪造说是一个致命的打击的，因此，他们就索性说这两篇也出于伪造。其实，这两篇绝非伪造。现先证明此两篇之为真，在以下几节中再对李、蔡定此两篇为伪的证据加以驳斥。

先从苏轼的《谢张太保撰先人墓碣书》谈起。此文不仅见于麻沙本的《东坡大全集》，而且收入《东坡集》卷二十九。

苏轼的集子在宋代分为两个系统：一为麻沙本系统，一为杭、蜀本系统。宋陈振孙

---

① 《东坡七集·东坡集》卷二十九，明成化四年程宗刻本。

《直斋书录解题》卷十七："《东坡集》四十卷,《后集》二十卷,《内制集》十卷,《外制集》三卷,《奏议》十五卷,《和陶集》四卷,《应诏集》十卷。杭、蜀本同,但杭无《应诏集》。""《东坡别集》四十六卷。坡之曾孙给事峤季真刊家集于建安,大略与杭本同。盖杭本当坡公无恙时已行于世矣。麻沙书坊又有《大全集》,兼载《志林》、杂说之类,亦杂以颍滨及小坡之文,且间有讹伪剿入者。有张某为吉州,取建安本所遗尽刊之,而不加考订,中载应诏、策论。盖建安本亦无《应诏集》也。"① 在这里,陈振孙说得很清楚,麻沙本《大全集》中是有伪作的,但杭本却是"当坡公无恙时已行于世"的,从而也就不可能羼入伪作。又,苏辙为轼所撰志铭说:"有《东坡集》四十卷,《后集》二十卷,《奏议》十五卷,《内制》十卷,《外制》三卷,公诗本似李、杜,晚喜陶渊明,追和之者几遍,凡四卷。"② 其所列举集名、卷数,与杭本悉同。更可证明杭本的编次实出于苏氏之意。《东坡集》且系轼手自编定(见本文附论)。所以,其中绝不容有伪作窜入。

宋刊杭本苏轼集今虽不可得见,而明成化刊本《东坡七集》尚存。卷首李绍《序》云:"海虞程侯……既以文忠苏公学于欧者,又其全集世所未有,复遍求之,得宋时曹训所刻旧本及仁庙未完新本,重加校阅,仍依旧本卷帙,旧本无而新本有者,则为续集,并刻之。"③ 知《东坡七集》的前六集,卷帙悉依宋时曹训所刻旧本,一无增减,凡曹训旧本所无的作品,悉皆编入《续集》中。因此,从《东坡七集》的前六集中,完全可以看到宋曹训刻本的面貌。

以曹训刊本与《直斋书录解题》所著录的苏轼集相比较,可以很清楚地看出:第一,它不是麻沙本《大全集》,因为《大全集》系统的本子尚存于世,是把《东坡集》《后集》等几种集子打乱后混合起来编的,而曹训刊本则是各集分开的。第二,它不是杭本、建安本,因那两种本子没有《应诏集》,它却有。第三,它也不是吉州本,因吉州本原名《续别集》,仅八卷④,显与此异。第四,它除了缺少《和陶集》四卷外,与《直斋书录解题》所著录蜀本的集名、卷数都一样。所以,它当即据蜀本覆刻。至于《和陶集》,是曹训未刻,抑或"海虞程侯"所得曹训本并非完本,其中已佚去《和陶》四卷,则不得而知了。(当然,宋人著述中所提到的苏轼集的本子,也有出于《直斋》著录以外者,但皆显非曹训本之所出。如《苕溪渔隐丛话》后集所提及的《备成》本⑤,所收作品数量与《大全》相埒,曹训本却远较它少,显非据之覆刻。)

苏轼的《谢张太保撰先人墓碣书》既收于据蜀本覆刻的曹训本《东坡集》卷二十九,自当出于蜀本。陈振孙说:"杭、蜀本同,但杭无《应诏集》。"是蜀本除多《应诏集》外,其他六集(包括《东坡集》在内)都与杭本同。《谢张太保撰先人墓碣书》自必亦收入杭本《东坡集》卷二十九。如上所述,杭本《东坡集》不可能窜入伪作,故此篇亦

① 陈振孙:《直斋书录解题》卷十七,清乾隆间刊《武英殿聚珍版丛书》本。
② 苏辙:《亡兄子瞻端明墓志铭》,《栾城后集》卷二十二,《四部丛刊》影印明蜀府活字本《栾城集》。
③ 见宝华庵光绪戊申至宣统己酉所刻《重刊明成化本东坡七集》卷首。我所见成化本此《序》已佚失。
④ 见余嘉锡《四库提要辨证》卷二十二《东坡七集》条,中华书局1980年版,第1359页。
⑤ 胡仔:《苕溪渔隐丛话》后集卷二十八,人民文学出版社1962年版,第211页。

不可能为伪作。(或云：曹训本虽出自蜀本，安知其不曾擅自增入蜀本所无的作品？按，当时收轼诗文数量最多的为《大全》《备成》，曹训本若欲以多取胜，何不据该二本覆刻？若不欲以多取胜，又何至擅自增入蜀本所无的作品？且宋人之从事苏轼作品辨伪者，举出伪作甚多，如《苕溪渔隐丛话》后集提及《老人行》等，《容斋五笔》提及《登州上殿三札》，《避暑录话》言及《杜处士传》等，《扪虱新话》言及《醉乡记》等，无一篇见于曹训本；确系苏轼所作，且在当时十分有名，但为轼手编《东坡集》时所未收的作品，如御史府诸诗，也都不见于曹训本。足见曹训本确很忠实于其底本，不但无伪作窜入，且无原未收入集中的真作、名作窜入。)

　　现在再说张方平的《文安先生墓表》。此文收入张方平《乐全集》卷三十九。我所见《乐全集》为四库本①。全书四十卷，末附王巩为方平所撰《行状》。卷数与《行状》所记及《郡斋读书志》《宋史·艺文志》著录者合。又据四库本卷首《提要》，知此本底本系自宋孝宗时旧本抄出，四库馆臣除于卷首补入苏轼一《序》外，其他未作改动。是四库本尚存宋本之旧。而此宋本之卷数既与《行状》等所载合，可知其非出后人缀辑。尤可注意者，则在此宋本卷首无苏轼《序》。四库馆臣疑为"传写者偶遗之"，故特据苏轼集录补，实系多事。因苏轼《序》中以孔融、诸葛亮相拟，方平认为过当，"虚饰已甚，愧不自遑"，故将《序》文"复纳上"，"幸公深裁损之"(见该集卷三十四《谢苏子瞻寄乐全集序》)；而读苏轼集中此序，于其以孔融、诸葛亮相拟等处依旧保留，盖于接到方平退回的序文后，并未遵嘱改动。方平既认为此《序》不敢当而退回苏轼，则其集中自不当有苏轼《序》。故宋孝宗旧本之无轼《序》，实系此本忠实于原本、不任意增补的一个佐证。苏轼既文名籍甚，所撰诗文集在宋代又甚流行(除了在徽宗时曾一度遭禁外)，故其为方平集作序之事当为众所熟知；若此本已经后人增损，增损者早就把轼《序》补入了，何必待四库馆臣来画蛇添足？

　　同时，从苏轼《谢张太保撰先人墓碣书》中，既知张方平确曾为苏洵撰有《墓表》，《墓表》中全录《辨奸论》，则此《墓表》自必收入其文集中。因为，一、张方平与苏氏父子兄弟关系密切，轼罹诗狱，方平力为之保救；又辟轼弟辙为属官；方平之卒，辙为请谥，轼为撰《墓志铭》。两家关系之亲密可见。而苏轼对此篇《墓表》是极其重视的，把它作为可使其父亲"心迹""信于后世"的一篇异常重要的文字，一再为方平的撰写此文感激得流涕(见下节所引苏轼《谢张太保撰先人墓碣书》)。古人之所以请名人写志墓之文，实不仅用以上石，更欲使此等文字收入名人文集，以使死者不朽。因此，张方平如不将苏轼如此重视的这一《墓表》收入自己文集，必将大伤苏轼之心。而从两家的亲密关系来看，张方平是不可能做这种大伤苏轼之心的事情的。二、《墓表》本是死者家属用以上石、公诸于世的。方平既写此《墓表》，自必准备公诸于世；而既准备公诸于世，自亦不致不敢收入文集。从这两点来看，《墓表》实无不收入方平文集的可能。总之，四库本《乐全集》底本所由出的孝宗时旧本既尚存原本之旧，非后人缀辑，则其集中所收的《文安先生墓表》自当出于张方平，而非后人伪造。而且，即使此本已经后人增损，但因方平集原本当收有苏洵墓表，增损者自无抽去集中原有墓表而另换一篇假墓表之理。换言

---

① 张方平：《乐全集》，收入《四库全书珍本初集》，商务印书馆 1935 年影印本。以下所引《文安先生墓表》，均据此本，不再出注。

之，我们在《乐全集》中看到的《文安先生墓表》决不可能是假的。从而《墓表》所引录的《辨奸论》也一定是真的。

在这里还需要说明一点：蔡上翔《王荆公年谱考略》曾谓苏轼《乞录用郑侠王旌状》为伪作①，而该文即收入《东坡七集》中的《奏议集》。倘此说属实，足徵《东坡七集》的前五集中仍有伪作，我的上述论断自也将随之动摇。但在实际上，《乞录用郑侠王旌状》并非伪作，参见本文附论一。

二

现在逐一考察李绂、蔡上翔定《辨奸论》等三文为伪作的证据能否成立。先谈关于《辨奸论》的问题。

李绂共举出三条证据以证明此文为伪。其一、二两证蔡上翔曾加以发挥，俟于后文与蔡说共论之。其第三证云："马贵与《经籍考》列载苏明允《嘉祐集》十五卷，而世俗所刻不称《嘉祐》，书名既异，又多至二十卷，并刻入《洪范》《谥法》等单行之书，又增《附录》二卷，意必有他人赝作阑入其中。近得明嘉靖壬申年太原守张镗翻刻巡按御史澧南王公家藏本，其书名卷帙并与《经籍考》同，而诸论中独无所谓《辨奸论》者，乃益信为邵氏赝作确然而无疑。"②

案，苏洵《嘉祐集》十五卷，实不仅"列载"于马端临《文献通考》的《经籍考》，且亦著录于晁公武《郡斋读书志》及陈振孙《直斋书录解题》。《经籍考》即据晁、陈书著录。但是：第一，曾巩《苏明允哀词》谓洵有文集二十卷，"行于世"③；欧阳修为洵所撰《墓志铭》及张方平为洵所撰《墓表》，亦皆谓其有集二十卷。是十五卷本《嘉祐集》并非苏洵文集原本，不能因十五卷本《嘉祐集》不收《辨奸论》就认为苏洵文集原无《辨奸》。第二，《文献通考》著录苏洵文集并不完整，不但曾经在宋代"行于世"的二十卷本未著录，尚有一种南宋绍兴年间所刊十六卷本《嘉祐新集》（并有《附录》二卷）亦未著录，清初徐乾学藏有此本，其中即收有《辨奸论》。由于十五卷本《嘉祐集》并非苏洵文集原本，那么，到底是不收《辨奸》的十五卷本《嘉祐集》更接近苏洵文集的原貌，还是收有《辨奸》的十六卷本《嘉祐新集》更接近苏洵文集的原貌，是十五卷本在前还是十六卷本在前？还是一个问题。在这问题尚未解决的情况下，怎能因十五卷本不收《辨奸》，就断言十六卷本的《辨奸》为赝作？（当然，顾名思义，《嘉祐新集》应在《嘉祐集》之后，但如苏洵二十卷本原集即名《嘉祐》，则《嘉祐新集》的"新"可能系对二十卷本而言，故十六卷本是否后于十五卷本仍是一个未决的问题。）第三，李绂所见嘉靖张镗刊本系从宋刊巾箱本出，清代亦曾翻刻，四库馆臣曾以清刊十五卷本《嘉祐集》（其篇目完全同于宋巾箱本及张镗本）校徐乾学藏宋绍兴时刊《嘉祐新集》，谓十五卷本较绍兴刊十六卷本"阙《洪范图论》一卷，《史论》前少《引》一篇，又以《史论》中为《史论》下而阙其《史论》下一篇，又阙《辨奸论》一篇，《题张仙画象》一篇，《送吴侯职方赴阙序》一篇，《谢欧阳枢密启》一篇，《香诗》一篇。……中间阙漏

---

①　蔡上翔：《王荆公年谱考略》卷十，中华书局 1959 年版，第 161 页。

②　李绂：《书辨奸论后》二，载《穆堂初稿》卷四十六。

③　曾巩：《元丰类稿》卷四十一，《四部丛刊》影印元刊本。

如是，恐亦未必晁、陈著录之旧也"①。按，十五卷本《嘉祐集》卷十一《上欧阳内翰第一书》："近所为《洪范论》《史论》凡七篇，执事观其如何?"② 知洵确写过《洪范论》，而且特地把它送给欧阳修看，足见他认为这是写得好的，从而不可能不收入他的文集。（欧阳修《墓志铭》、曾巩《哀词》、张方平《墓表》介绍他的著作，皆列举《太常因革礼》《谥法》《文集》等，而无《洪范论》及《洪范图论》，足见其不是单行的著作，当与《史论》一起收入文集。）今《洪范论》不见于现存十五卷本，而保存于十六卷本的《洪范图论》中，可知十六卷本确较现存十五卷本接近苏洵文集原貌，而现存十五卷本较之苏洵文集原本已亡佚甚多，四库馆臣疑其"未必晁、陈著录之旧"，不是没有道理的。然则不因比较接近苏洵文集原貌的十六卷本收有《辨奸论》而信其为真，反因较之苏洵原集已亡佚甚多的十五卷本失收《辨奸》而断言其为伪作，显系本末倒置之论。至于十六卷本《嘉祐新集》既较接近苏洵文集原貌，何以要于书名中增一"新"字?疑即因增收了二卷《附录》的缘故。（《附录》中收有张方平《墓表》，而《墓表》写于哲宗时，后于曾巩写《哀词》甚久，自为作《哀词》时已"行于世"的二十卷本所不可能收入，而为十六卷本所新增。）

以下逐一考察蔡上翔所提出的证据。

一、蔡氏说："世传王介甫之奸，苏明允能先见。故其作《辨奸》曰：'惟天下之静者，乃能见微知著。'则固杰然以静者自负矣。又曰：'贤者有不知，则由好恶乱其中而利害夺其外。'予考嘉祐初，介甫声名甚盛，而事权未著，不知明允所指贤者为何人?而贤者又曷为而有恶乱其中而利害夺其外之事也?是虽为《辨奸》缘起，则已支离不成文理矣。"③ 案，《辨奸》一开头就说："事有必至，理有固然，惟天下之净者，乃能见微而知著。月晕而风，础润而雨，人人知之。人事之推移，理势之相因，其疏阔而难知，变化而不可测者，孰与天地阴阳之事?而贤者有不知，其故何也?好恶乱其中，而利害夺其外也。"④ 联系下文，所谓"贤者有不知"显指"贤者"不能"见微知著"而察知安石之"奸"。蔡上翔既知王安石于嘉祐初声名甚盛，又谓欧阳修、文彦博、曾巩等于安石皆推许甚至（引文见后），而欧阳修、文彦博等难道不就是当时所谓"贤者"么?则《辨奸》所说"贤者"即指当时推许王安石的文彦博、欧阳修等人，有何难"知"?"贤者"并非完人，何以不能有"好恶乱其中利害夺其外之事"?王安石《答段缝书》谓曾巩"在京师避兄而舍，此虽某亦罪之也，宜足下之深攻之也"⑤，又谓巩"时时出于（离开）中道"，这按之封建道德，即使不是比"好恶乱其中，利害夺其外"更严重，至少也是同等的错误，但王安石却认为巩"岂不得为贤者哉"。然则"贤者"而有"好恶乱其中，利害夺其外"之失，何足为奇?所谓"是虽为《辨奸》缘起，则已支离不成文理矣"，其"支离不成文理"究竟何在?

---

① 《四库全书总目》卷一五三集部《嘉祐新集》提要，中华书局 1965 年版，第 1325 页。

② 苏洵：《嘉祐集》卷十一，《四部丛刊》影印小绿天孙氏所藏影宋抄本。

③ 蔡上翔：《王荆公年谱考略》卷十，中华书局 1959 年版，第 151 页。

④ 《辨奸论》全文在张方平《墓表》及《宋文鉴》《王荆公年谱考略》中均收入。为便于讨论，本文所引《辨奸论》均据《王荆公年谱考略》所录之本。

⑤ 王安石：《王文公文集》卷八，上海人民出版社 1974 年版，第 10 页。

　　二、蔡氏说:"(《辨奸》)既以王衍、卢杞比介甫,而嘉汾阳、叔子能知人,而又曰'二公之料二子,亦容有未必然',何也?史称卢杞有口才,体陋甚,鬼貌蓝色,谓'容貌不足以动人',可矣,谓'言语不足以眩世',可乎?史称杞贼害忠良,四海共弃,名列奸臣,为唐室大憝,则以卢杞一人比介甫足矣,而又曰合王衍、卢杞为一人始足以祸天下,何也?"①案,此亦皆曲解文意、强词夺理之论。(一)说《辨奸》"嘉叔子、汾阳能知人",与原意不尽合。《辨奸》只是说叔子、汾阳之论王衍、卢杞,有其合理的一面,因为这两个人确是败坏了晋、唐的天下,故云"自今而言之,其理固有可见者";但是,倘若皇帝不是太无能或太昏庸,这两个人是未必会得到重用而造成这样的大祸患的,从这一点说,叔子、汾阳之所以言中,实亦带有某种偶然性,故又云:"由是言之,二公之料二子,亦容有未必然也。"这本是对一个事情的两个侧面所作的分析,故一则云"自今而言之",一则云"由是言之",文字的脉络也很清楚,蔡上翔却硬要说它们自相矛盾,这只能说是他没有读懂《辨奸》。(二)《旧唐书·卢杞传》谓杞"无识",《新唐书·卢杞传》谓之"才下"。以才下无识之人,纵有口才,亦仅能眩惑才下无识之辈,有识者亦何至受其眩惑,遑论"眩世"?("眩世"者谓使一世尽眩。)因此,蔡上翔提出"谓(杞)'言语不足以眩世',可乎?"的质问,殊属多余。(三)卢杞虽为"唐室大憝",而《辨奸》不"以卢杞一人比介甫"之故,本文所言甚明,因杞"不学无文,容貌不足以动人,言语不足以眩世",非德宗"鄙暗",何至进用?而王安石则"王衍、卢杞合为一人",其才过杞远甚,以致"虽有愿治之主,好贤之相,犹将举而用之,则其为天下患,必然无疑者,非二子之比也"。文意十分清楚。至于所谓"合王衍、卢杞为一人始足以祸天下",至少不是对《辨奸》原意的准确概括。《辨奸》是说,在皇帝并不像惠帝这样无能和德宗这样鄙暗的情况下,仅仅王衍或仅仅卢杞还不足以造成这样大的祸害,并没有说在任何情况下都必须"合王衍、卢杞为一人始足以祸天下"。而蔡上翔却质问说:"(卢杞)为唐室大憝,则以卢杞一人比介甫足矣,而又曰合王衍、卢杞为一人始足以祸天下,何也?"此诚俗语所谓豆腐里挑骨头。

　　三、蔡氏说:"易牙杀子,竖刁自宫,开方弃亲,此皆不近人情之尤,而其后乘人主荒淫以祸人国者也。若介甫之奸未著,而明允特先为辨之,既曰合王衍、卢杞为一人,又曰非特易牙、竖刁、开方三子之比,明允见微知著,果若此乎?后来介甫之奸,果至於是乎?"②案,《辨奸》本无"非特易牙、竖刁、开方三子之比"之语,仅言其"非二子之比也","二子"指王衍、卢杞,因《辨奸》原说倘非惠帝、德宗,王衍、卢杞未必能造成这样的祸害,所以说"二公之料二子,亦容有未必然";而在他看来,王安石却是一定要为害天下的,所以又说"其为天下患,必然无疑者,非二子之比也"。"必然无疑"系与"容有未必然"相对而言,则揆之文意,此处自当把王安石与"容有未必然"的"二子"相比较,而不当与易牙等三人相比较(上文并未说易牙等三人未必为天下患)。故原文作"二子"不误。蔡上翔不顾文义之不安,亦不顾《宋文鉴》为后出之书(《宋文鉴》编于宋孝宗时),更不顾《宋文鉴》的宋刊本也作"二子"③,却硬要据俗本《宋文鉴》

---

①　蔡上翔:《王荆公年谱考略》卷十,中华书局1959年版,第151页。

②　蔡上翔:《王荆公年谱考略》卷十,中华书局1959年版,第151页。

③　《宋文鉴》卷九十七,《四部丛刊》影印宋刻本。

之误字改"二"为"三"，然后提出"……又曰非特易牙、竖刀、开方三子之比，明允见微知著，果若此乎？后来介甫之奸，果至於是乎"的质问，实近于唐吉诃德与风车作战。至于《辨奸》作者以王安石为"奸"是否符合实际、他是否真能"见微知著"的问题，都与《辨奸》的真伪无涉。因为这都只能说明《辨奸》作者观察问题是否正确，而不能说明《辨奸》作者是否苏洵。

四、蔡氏说："若夫面垢不洗，衣垢不浣，则必庸流乞丐穷饿无聊之人而后可。庆历二年，介甫年二十二成进士，已践仕途。四年，曾子固称其人为古今不常有。皇祐三年，文潞公荐其恬退，乞不次进用。至和二年，初见欧阳公，次年，以王安石、吕公著并荐于朝，称安石德行文章为众所推，则年三十六也，而是年明允至京师，始识安石。安有胪列丑恶一至此极，而犹屡见称于南丰、庐陵、潞国若此哉？"① 案，此系针对《辨奸》中"夫面垢不忘洗，衣垢不忘浣，此人之至情也。今也不然，衣臣虏之衣，食犬彘之食，囚首丧面而谈诗书，此岂其情也哉"等语而发。但嵇康"头面常一月十五日不洗""性复多虱"②，难道嵇康就是"庸流乞丐穷饿无聊之人"么？盖"面垢不洗，衣垢不浣"，本是魏晋名士风度之一，后世文人学士不修边幅者，亦不乏此等表现。只要不是庸俗、势利之辈，并不会把这看作"庸流乞丐穷饿无聊之人"的行为和"一至此极"的"丑恶"。故南丰、庐陵、潞国一再称道安石之贤，并不能证明王安石不可能有此种名士风度。

五、蔡氏说："且自庆历二年，由金判淮南，至嘉祐初已十五六年，无非在官之日，中间所交若曾子固、孙正之、王逢原、孙莘老、王深父、刘原父、韩持国、常夷甫、崔伯易、丁元珍、龚深父，皆号为一时贤者，而无一人为好名之士，不得志之人也。唯吕惠卿，后人以为安石党，考嘉祐三年，欧阳公与介甫书，乃始称道其贤，是介甫识惠卿甚迟，而与之共行新法，又为明允所不及见者，彼造谤者，此外欲实指一好名之人为何人，造作语言为何语，私立名字为何名，其将能乎？"③

案，此系针对《辨奸》中谓王安石"收召好名之士，不得志之人，相与造作语言，私立名字……"等语而发。蔡氏所诘，骤看似甚犀利，其实不堪细审。第一，据张方平《墓表》，《辨奸》作于嘉祐八年，而安石于嘉祐三年已与吕惠卿相交。苏洵固不及见安石、惠卿共行新法，但《辨奸》并未说"收召共行新法之人"，蔡上翔既无法证明惠卿的不好名和得志，那么，又安知苏洵不会把吕惠卿列入"好名之士，不得志之人"之中呢？第二，蔡上翔在这里所列举的王安石这些友人的姓名，较之其所实际结识的，相差不少。例如，后来也与王安石共行新法的韩绛，在这之前也早与安石结交，就没有列入；又如，后来帮助安石推行新法的曾布，是曾巩之弟，安石与巩交甚密，为通家之好，其时当亦与布相交。所以，要考察安石当时是否与"好名之士，不得志之人"相交，并不能仅仅依据这一名单。第三，王安石本来就是"好名"的人，在其与朋友交往中，且以此相勖，他所作《李璋下第》诗说："男儿独患无名耳，将相谁云有种哉！"④ 所谓"男儿独患无名"，非"好名"而何？王安石自己既然如此"好名"，则其与"好名之士"往来岂非正

① 蔡上翔：《王荆公年谱考略》卷十，中华书局1959年版，第151~152页。
② 嵇康：《与山巨源绝交书》，《嵇中散集》卷二，《四部丛刊》影印明嘉靖刊本。
③ 蔡上翔：《王荆公年谱考略》卷十，中华书局1959年版，第152页。
④ 王安石：《王文公文集》卷六十一，上海人民出版社1974年版，第672页。

常之事，有什么值得大惊小怪？再说，除了真的隐士之外，当时士大夫基本上都是"好名"的，有些人口头上不承认，实际上仍然"好名"。所以，就是蔡上翔所举出来的这些"一时贤者"的名单中，凡有较详细资料可以考见其思想的，亦大抵"好名"。例如：曾巩（子固）《上欧蔡书》，即希望皇帝"惟二公（欧蔡）之听，致今日之治居贞观之上，令巩小者得歌颂推说以饱足其心，大者得出于其间，吐片言半辞以托名于千万世"①，试问，欲"托名于千万世"难道不是"好名"？刘敞（原父）《答君章誉两儿见寄》："忽忽莫自聊，悠悠空岁除，过壮而无闻，我其众人欤！"② 为自己的"过壮无闻"而慨叹，难道跟"好名"的思想没有关系？再如梅尧臣是这个名单上所没有的，但也是当时王安石的朋友，其《外兄施伯侃下第赴并门叔父招》诗说："共是干时者，同为失意人。"③ 试问，"干时者"难道会不"好名"？至于王安石朋友中不得志的人，数量也很多。梅尧臣自称为"失意人"，当然就是宣告他不得志，此外，如王安石《与逢原第一书》云："足下诗有叹苍生泪垂之说，夫君子之于学也，固有志于天下矣，然先吾身而后吾人，吾身治矣，而人之治不治，系吾得志与否耳。……今穷于下，而曰我忧天下至于恸哭者，无乃近救乡邻之事乎？"此书蔡上翔已引于《王荆公年谱考略·嘉祐四年》④，这不是明明说王令不"得志"而"穷于下"，所以不该为苍生泪垂么？《王文公文集》卷四十二《韩持国从富并州辟》："韩侯冰玉人，不可尘土杂，官虽众俊后，名字久훠磕。……子材宜用世，谈者为呜唈。"⑤ 意谓以韩持国之材而不能见用于世，谈者亦为之呜唈。难道能说有才而不见用的韩维是"得志"之人么？王逢原、韩持国都是蔡上翔那张名单上有的。又如《王文公文集》卷三十六《送陈兴之序》："兴之远宦，逾数月，乃得泉之晋江主簿去。陈公世大家，仕宦四十年，连坐谪流落，不得所欲，其意不能毋望兴之富赀世其家也。今失所欲，又为所谓主簿者，远其亲三千里不啻，是其心独能毋介然者耶？……（予）为之思所以慰其亲、豁其心之介然者，不得其说。"⑥ 试问，这个"失所欲"、其心不能"毋介然"的陈兴之，是"得志"还是"不得志"？此《序》亦作于嘉祐之前。现在距离当时已经九百多年，所能看到的材料又很不完全，尚且可以在王安石嘉祐八年前的友人中举出许多好名之士、不得志之人，生活在当时的苏洵当然还要知道得更多。然则蔡上翔所谓介甫当时交游"无一人为好名之士，不得志之人"，甚且说"彼造谤者，此外欲实指一好名之人为何人"，"其将能乎"，岂非自欺欺人？第四，当时《辨奸论》作者尸骨已朽，蔡上翔却要他来回答"造作语言为何语，私立名字为何名"，这本身就是滑稽的事。而且，《辨奸论》中"收召好名之士，不得志之人，相与造作语言，私立名字，以为颜渊、孟轲复出"等句，上下文的联系原很明显，"造作语言，私立名字"的具体内容，就是"以为颜渊、孟轲复出"。"相与造作语言"者，彼此"造作"对方如何近于颜渊、孟轲的"语言"；"私立名字"者，即推谁为颜渊、推谁为孟轲之类。如果蔡上翔要说这些话不可能

---

① 《曾巩集》卷五十二《南丰先生集外文》卷下，中华书局 1984 年版，第 707~708 页。
② 刘敞：《公是集》卷十一，清乾隆间刊《武英殿聚珍版丛书》本。
③ 梅尧臣：《宛陵先生集》卷三，《四部丛刊》影印明万历间梅氏祠堂刻本。
④ 见蔡上翔：《王荆公年谱考略》卷七，中华书局 1959 年版，第 120 页。
⑤ 王安石：《王文公文集》卷四十二，上海人民出版社 1974 年版，第 496 页。
⑥ 王安石：《王文公文集》卷三十六，上海人民出版社 1974 年版，第 435 页。

出于苏洵而是后人伪造，那就至少应该举出确切的证据，证明在苏洵写《辨奸论》的时代根本不可能发生这样的事情，但是，蔡上翔提不出任何这样的证据，却想凭着"其将能乎"之类的质问把这些事情统统推倒，这当然是不能说明问题的。第五，《辨奸》的"相与造作语言"等句中，"相与"二字值得注意，其中既包括别人对王安石的推许，也包括王安石对别人的推许。如果撇开这些语句中的贬义成分，其实际意义不过是说，王安石与其朋友相互称赞，彼此以颜渊、孟轲相推许。从王安石的文集与其同时人的记载中，还可以找到一些与此相应的材料。《王文公文集》卷三十六《送孙正之序》："予知其（正之）能以孟、韩之心为心而不已者也。夫越人之望燕，为绝域也。北辕而首之，苟不已，无不至。孟、韩之道去吾党岂若越人之望燕哉？以正之之不已而不至焉，予未之信也。"① 是谓正之已以孟轲之心为心，他日定可到孟轲水平。刘敞《公是集·杂录》："（王）令……王介甫独知之，以比颜回也。"② 此条蔡上翔亦引之，讲不以刘敞此说为造谣。是王安石以颜渊、孟轲来推许其友人，实信而有徵。又考《王文公文集》卷五《与孙子高书》，有"此月奉计牒当渡江南"之语，当作于嘉祐六年安石为知制诰之前，其中说："独因友兄田仲通得进之仲宝，二君子不我愚而许之朋，往往有溢美之言，置疑于人。抑二君子实过，岂某愿哉？兄乃板其辞以为贶，是重二君子之过，而深某之惭也，某敢承乎？"③ 安石自许甚高，《奉赠永叔见赠》有"他日若能窥孟子，终身何敢望韩公"之句④，复参以《送孙正之序》中"孟、韩之道去吾党岂若越人之望燕哉"等语，知其实以孟轲自期，且以为孟、韩之道"去吾党"不甚远，为之不已，终能达到，而田氏兄弟的"溢美之言"却不但使他说是惭不敢承，而且还引起了别人的怀疑，可知这种赞语一定大大超过他的自许。实际上，王安石在当时的声望和地位远远超过王逢原、孙正之，他既对王、孙以颜渊、孟轲相许，他的朋友以同样或更高的赞语来称赞他，也是情理中事。因此，没有确切的证据，是不能把《辨奸》所说王安石与其友人彼此以颜渊、孟轲相推许的事当作后人的捏造而加以否定的，更不能把这作为《辨奸》系后人伪托的证据。第六，《辨奸》的"收召好名之士""相与造作语言"等句中的"收召""造作"等词，当然带有贬义，但这也只能证明《辨奸》作者反对王安石，而并不能证明《辨奸》不出于苏洵。——为什么苏洵就不可以反对王安石呢？而且，《辨奸》作者认为王安石"收召"一些人相互吹捧，这种看法虽很可能是对王安石的误解，但也不能说就是恶意诬蔑。《王文公文集》卷六《答田仲通书》："自得从足下游，私心未尝一日忘。……而足下于交游中，亦最见爱。"⑤ 田氏兄弟既对他往往有他所不敢承的"溢美之言"，引起了别人的怀疑，而他又认为田仲通是朋友中最爱自己的一个，那么，他对这些"溢美之言"即使不是感到"深得我心"，至少也颇有好感。所以，《辨奸论》作者认为王安石"收召"一些人相互吹捧，恐怕并不能认为是蓄意攻击。

又案，蔡上翔的这一项证据，其实就是李绂所提出来证明《辨奸论》出于伪造的第

---

① 王安石：《王文公文集》卷三十六，上海人民出版社 1974 年版，第 434 页。
② 刘敞：《公是集》卷四十八，清乾隆间刊《武英殿聚珍版丛书》本。
③ 王安石：《王文公文集》卷五，上海人民出版社 1974 年版，第 64~65 页。
④ 王安石：《王文公文集》卷五十五，上海人民出版社 1974 年版，第 620 页。
⑤ 王安石：《王文公文集》卷六，上海人民出版社 1974 年版，第 72 页。

一项证据，不过对李说稍加发挥。以上所述，也即对李绂第一条证据的驳斥。但李绂在谈此一问题时曾云：“若老泉所及见之荆公，则官卑迹远，非有能收召之力。”① 于此尚需略加说明。王安石于嘉祐后期已为知制诰，而且声望甚盛；据张方平《墓表》，《辨奸》即写于此时。考程颐、程颢一生的政治地位，始终不曾超过这一时期的王安石，而当时追随二程者即甚众，《宋史》列传中记述程氏门人的就有整整一卷。当然，吹捧二程的人可以说这些门人都是受到二程的感召，但反对二程者也可说是二程欺世盗名，收召了一批假道学相互标榜。既然政治地位与“老泉所及见之荆公”相仿佛的二程能有收召之力，又怎能认为“老泉所及见之荆公”就“非有能收召之力”呢？

六、蔡氏说，“介甫自熙宁二年当国”以来，“果有如王衍清谈败俗乎？果有如卢杞贼害忠良乎？果有如竖刁、易牙、开方三子祸起宫闱、倾人家国乎？”《辨奸》所述，“其实无一中也”②。案，此亦即李绂所提出的第二项证据：王安石之“立制度，变风俗，排众议而行之，凡以救国家之弊，图万世之安，非有丝毫自私自利之意，其术即未善，而心则可原，曾何奸之有哉③？”但是，这都只能证明《辨奸论》关于王安石所作的预言不准确，并不能证明《辨奸》不是苏洵所写。苏洵不是神仙，为什么他在事先所作的预言就不可能不准确？为什么不准确的预言就不可能是他所作？

七、蔡氏说，“误天下苍生者必此人也，本山巨源语”，“彼作伪者”“援引错误”④。案，羊祜评王衍是说“败俗伤化必此人也”，《辨奸》确是“援引错误”。但苏洵父子作文深染纵横习气，本不以援引谨严著称，偶有引据错误，不足为奇。（如《管仲论》的“弹冠而相庆”一语，据《后汉书》注：“弹冠，欲仕也。”苏洵把它用在早已入仕的竖刁等三人身上，也是不适合的。）所以，不能因《辨奸》有“援引错误”，就否定其为苏洵作。

八、蔡氏说：“卢杞奸邪，终成大患，阴贼害物，误天下苍生必斯人也，见于吕诲《十事疏》；竖刁、易牙、开方三子非人情不可近，则明允《管仲论》有之；虽有愿治之主，好贤之相，犹将举而用之，与方勺所纪‘使其得志立朝，虽聪明之主亦将为其诳惑’无以异。此皆作伪者心劳日拙、剿袭之所由来也。”⑤ 案，据张方平《墓表》，《辨奸》作于嘉祐八年，“当时见者多为不然”，是作《辨奸》后即见示于人，并未秘而不宣。方勺《泊宅编》亦谓“于是作《辨奸论》，行于世”。唯叶梦得《避暑录话》有“《辨奸》久不出”⑥ 之语，但又说：“（《辨奸》）以荆公比王衍、卢杞，而不以示欧文忠，荆公后微闻之，因不乐子瞻兄弟，两家之隙，遂不可解。”⑦ 是《辨奸》内容实亦颇为人所知，否则，王安石何以能“微闻之”？考吕诲《上十事疏》在熙宁二年，即嘉祐八年的六年之后，若据张方平、方勺之说，《辨奸》本非秘而不宣，吕诲自有可能看到；纵或以叶梦得之说为依据，而安石既能“微闻”《辨奸》内容，安见吕诲不能知道《辨奸》之事？换

① 李绂：《书辨奸论后》一，《穆堂初稿》卷四十六。
② 蔡上翔：《王荆公年谱考略》卷十，中华书局1959年版，第152页。
③ 李绂：《书辨奸论后》一，《穆堂初稿》卷四十六。
④ 蔡上翔：《王荆公年谱考略》卷十，中华书局1959年版，第152~153页。
⑤ 蔡上翔：《王荆公年谱考略》卷十，中华书局1959年版，第153页。
⑥ 叶梦得：《避暑录话》卷上，明汲古阁刊《津逮秘书》本。
⑦ 叶梦得：《避暑录话》卷上，明汲古阁刊《津逮秘书》本。

言之，《上十事疏》与《辨奸》有些句子雷同，安知不是吕诲受《辨奸》影响？蔡上翔为什么一无依据，就可断定是《辨奸》剿袭《上十事疏》？此其一。古人在自己不同的文章中，引用同一典故或提及同一历史事件，本是常见的事，其最明显者，如司马迁《报任少卿书》中提到"文王拘而演《周易》，仲尼厄而作《春秋》"等事，在《史记·太史公自序》中也都提到。那么，为什么苏洵在《管仲论》中提到了竖刁三人之事，在《辨奸论》中就不能再提到了呢？为什么《辨奸论》提到了竖刁等人，就可以说它是后人剿袭《管仲论》之作呢？此其二。至于说《辨奸》剿袭方勺的《泊宅编》，那更是连起码的逻辑都不顾了。就算《辨奸》出于伪造，但方勺写那条记事时，《辨奸》一定已经伪造完毕，并已在世间传播，所以方勺在该条的结尾说"洵退，于是作《辨奸论》行于世"。那么，请问：在方勺写这条记事之前已经在传播的《辨奸论》，又怎么能够剿袭这条记事中的"使其得志立朝，虽聪明之主亦将为其诳惑"之语呢？此其三。

九、蔡氏说："明允衡量古人，料度时事，偏见独识，固多有之。然能自畅其说，实为千古文豪。以《嘉祐全集》考之，亦恶有《辨奸》乱杂无章若此哉？"[1] 案，蔡氏之指责《辨奸》"乱杂无章"者，已分别见于上述各条，但皆不能成立，我亦已分别予以驳正。除此以外，蔡氏并无别的证据可以证明《辨奸》"乱杂无章"，当然更不能以这种莫须有的罪名为依据进而断言其非苏洵作。

综上所述，李绂、蔡上翔从苏洵文集及《辨奸论》本文中所找出来的、欲以证明《辨奸》出于伪作的各条证据，实无一条能够成立。

三

对于张方平的《文安先生墓表》，李绂、蔡上翔共举出九条证据证明其为伪作，也同样没有一条能够成立。

一、李绂说："《闻见录》叙《辨奸》缘起，与《墓表》正同。其引用之耶，当明言《墓表》云云，不当作自叙语气；其暗合耶，不应辞句皆同。"[2]

案，李绂此条意欲证明《墓表》与邵伯温《闻见录》出于同一人手笔。但是，第一，《闻见录》叙述《辨奸》缘起，虽颇有与《墓表》相同者，且袭用了若干辞句，然无论内容、文字，亦皆有相异之处。如《墓表》说："安石之母死，士大夫皆吊，洵独不往，而作《辨奸》一篇。"而《闻见录》叙《辨奸》缘起，即无此语。故关于《辨奸》的写作时间，《闻见录》显与《墓表》不同，《闻见录》以为在嘉祐初，《墓表》则以为在安石母死后，即嘉祐八年。又如，《闻见录》记苏洵作《辨奸》之前曾向欧阳修揭露安石之"不近人情"，有"先生，文忠（欧阳修）客也"[3]语，《墓表》则无此句。《墓表》叙《辨奸》缘起于欧阳修直书姓名，《闻见录》则尊为"欧阳文忠公""文忠"。所以，李绂说二文于《辨奸》缘起竟至"辞句皆同"，并非事实。第二，笔记小说引述前人记载、袭用其辞句，而不标明所出，本为习见之事，其例不胜枚举。即以宋人笔记记载《辨奸》者而论，陈善《扪虱新话》叙《辨奸》缘起，不但内容与叶梦得《避暑录话》相同，且

① 蔡上翔：《王荆公年谱考略》卷十，中华书局 1959 年版，第 153 页。
② 李绂：《书辨奸论后》一，《穆堂初稿》卷四十六。
③ 邵伯温：《闻见前录》卷十二。

多袭用原句，如 "……屡诋于众，故明允恶荆公甚于仇雠，会张安道亦为荆公所排"，"以荆公比王衍、卢杞"，"荆公后微闻之，因不乐子瞻兄弟" ① 等句，《扪虱新话》皆全录《避暑录话》，一字不易，但陈善迄未明言该条系引自《避暑录话》，全作 "自叙语气"。难道能够因此而说《扪虱新话》与《避暑录话》出于同一人之手吗？

二、李绂说："又考文定（张方平）镇益州，已为大臣，老泉始以布衣见之，年又小于文定，其卒也官止丞簿，而《墓表》以先生称之。北宋风气近古，必不为此。曾文定为二苏同年友，其作老泉《哀辞》，直称明允，乃伉直如张文定，反谦抑过情如是？" ②

案，欧阳修初识常秩时，秩为布衣，而修知颍州，其前又为河北都转运使，政治上声望甚高，后来常秩的地位也根本不能与修相比，秩又年小于修，而观欧阳修自治平三年至熙宁二年所与常秩诗及尺牍，乃称为 "常夫子"，甚至说 "愿得幅巾杖履以从先生长者游" ③，此事蔡上翔《王荆公年谱考略》亦记之。欧阳修与常秩的关系，与张方平之于苏洵相仿佛。同是生活在 "风气近古" 的北宋，为什么欧阳修可以称常秩为夫子、先生、长者，而张方平不能称苏洵为先生？再说，中国的传统习惯，在墓表、墓志铭上对死者的称呼，一般比对其活着的时候要尊重些，欧阳修在常秩活着的时候尚且可称为先生、夫子，何以在苏洵死掉以后张方平在《墓表》中却不能称之为先生？同时，据苏轼《谢张太保撰先人墓碣书》，知方平写《墓表》时已为太保，据《宋史·张方平传》，方平为太保在哲宗时，其时苏轼、苏辙在政治上已相当有地位，苏轼还为方平向皇帝要求 "恩礼" ④，则张方平在《墓表》中对苏洵的称呼特别客气一些，也并不值得奇怪。至于曾巩，王安石说他 "少许可，时时出于中道" ⑤，用现在话来说，有点目中无人，自高自大。以二苏同年友而于《哀辞》中称苏洵为明允，恐怕正是这种缺点的表现。假如我们不因为某一个人自高自大，就认为所有的人都应该自高自大，那也就不能因曾巩在《哀辞》中称明允，就认为张方平在《墓表》中也非称明允不可。

三、李绂说："老泉之卒也，欧阳公志其墓，曾子固为之《哀辞》，子固谓 '志以纳之圹中，《哀辞》则刻之墓上'，是既有《哀辞》，不应复有《墓表》矣。" ⑥

案，墓表与哀辞，不能混同。挚虞《文章流别论》："哀辞之体，以哀痛为主，缘以叹息之词。" 又云："古有宗庙之碑。后世立碑于墓，显之衢路，其所载者铭辞也。" ⑦ 墓表即所谓 "立碑于墓，显之衢路" 者，非哀辞之比。故在《文心雕龙》中，碑碣述于《诔碑》篇，哀辞则论之于《哀吊》篇，二者截然有别。轼、辙兄弟皆知名文人，于礼非懵无所知者，岂有不为其父树墓表，而仅以哀辞刻之墓上之理？又，《文章流别论》说：哀辞 "率以施于童殇夭折，不以寿终者"。《文心雕龙·哀吊》也说："以辞遣哀，盖下流

---

① 陈善：《扪虱新话》下集卷三，收入《儒学警悟》卷三十八，商务印书馆 1939 年刊《丛书集成初编》本。

② 李绂：《书辨奸论后》一，《穆堂初稿》卷四十六。

③ 蔡上翔：《王荆公年谱考略》卷十九，中华书局 1959 年版，第 268 页。

④ 见《东坡七集·东坡奏议》卷三《乞加张方平恩礼札子》。

⑤ 王安石：《答段缝书》，《王文公文集》卷八，上海人民出版社 1974 年版，第 101 页。

⑥ 李绂：《书辨奸论后》一，《穆堂初稿》卷四十六。

⑦ 挚虞：《文章流别论》，收入《全上古三代秦汉三国六朝文·全晋文》卷七十七，中华书局 1958 年版，第 1905 页。

（"下流"指卑者而言，参见范文澜《文心雕龙注》引铃木虎雄《校勘记》）之悼，故不在黄发，必施夭昏。""原夫哀辞大体，情主于痛伤，而辞穷乎爱惜。幼未成德，故誉止于察惠；弱不胜务，故悼加乎肤色。"① 是哀辞本施于卑幼。而轼、辙兄弟竟以哀辞刻于其父墓上，于心何安？故衡以情理，轼、辙兄弟必当代其父乞墓表，绝无乞哀辞之理。然则曾巩何以作哀辞？赵翼《陔馀丛考·碑表志铭之别》："古人于碑志之文不轻作，东坡答李方叔云：'但缘子孙欲追述其祖考而作者，某未尝措手。' 其慎重如此。今世号为能文者，高文大篇，可以一醉博易，风斯下矣。"② 曾巩"少许可"，已见上述；当是轼、辙兄弟为其父乞作墓表时，巩以为苏洵无功德可纪③，故以哀辞代之，此实与苏轼所云"但缘子孙欲追述其祖考而作者，某未尝措手"同意。但在轼、辙兄弟，自不忍竟以哀辞刻于父墓而不为立墓表，故为苏洵别乞墓表，正是理所当然的事，何得云"既有《哀辞》，不应复有《墓表》"矣？

四、李绂说："考荆公嘉祐之初，未为时所用，党友亦稀。……乃云'嘉祐初党友倾一时'，误亦甚矣。"④

案，此系针对《墓表》中"嘉祐初，王安石名始盛，党友倾一时"之语而发。但李绂说王安石在当时"党友亦稀"，却并没有提出足够的证据来加以证明。考王安石在嘉祐元、二年间，所交往的朋友已经不少，蔡上翔说"中间所交若曾子固、孙正之、王逢原、孙莘老、王深父、刘原父、韩持国、常夷甫、崔伯易、丁元珍、龚深父，皆号为一时贤者"，即指其迄此为止的友人。但这张名单还很不完整，可以补充许多，如富弼、文彦博、欧阳修、司马光、吕公著、韩绛、刘敞、梅尧臣、王陶等等。这些人在当时都很有地位或颇有名望。其中富弼、文彦博是宰相，欧阳修是老资格的大臣兼文坛领袖，他们对王安石都很器重。王安石在当时既跟这许多名人"贤者"相交往，说他"交游倾一时"，恐怕是不算冤枉他的。问题是这些人是不是"党友"？

这些人中，少数是后来辅助王安石搞新法或拥护新法的，如韩绛、常秩等。在反对新法的张方平看来，这些人是王安石"党友"，自不成问题。但如富弼、文彦博、欧阳修、司马光、吕公著等都是不赞成新法的，司马光和吕公著还是元祐时期废除新法、恢复旧法的两大台柱；也有的人是在王安石推行新法之前就已死去的，如王令等；大概在李绂看来，这些人都不应该算"党友"。对此，应首先搞清楚"党友"的含义。

《王文公文集》卷八《答段缝书》："某在京师时，尝为足下道曾巩善属文，未尝及其为人也。还江南，始熟而慕焉友之，又作文粗道其行。惠书以所闻诋巩行无纤完，其居家，亲友揣畏也，怪某无文字规巩，见谓有党。"同《书》又云："家兄未尝亲巩也，顾亦过于听耳，足下乃欲引忌者、怨者、过于听者之言，悬断贤者之是非，甚不然也。"⑤ 知段缝致安石书中尝引安石兄论曾巩之语，故安石谓"家兄""亦过于听耳"。据曾巩

① 范文澜：《文心雕龙注》卷三，人民文学出版社 1958 年版，第 239~240 页。

② 赵翼：《陔馀丛考》卷三十二，商务印书馆 1957 年版，第 685 页。

③ 碑志之文当记功德，《文心雕龙·诔碑》所谓"标序盛德，必见清风之华；昭纪鸿懿，必见峻伟之烈；此碑之制也"（范文澜《文心雕龙注》卷十二，人民文学出版社 1958 年版，第 214 页）。

④ 李绂：《书辨奸论后》一，《穆堂初稿》卷四十六。

⑤ 王安石：《王文公文集》卷八，上海人民出版社 1974 年版，第 101、102 页。

《永安县君谢氏墓志铭》①，知安石有两兄，皆卒于皇祐五年之前。安石《答段缝书》不称"亡兄"而称"家兄"；且段缝所引安石兄语，当亦系其写信前不久所听说的，故段书和安石答书皆当作于皇祐五年之前。由《答段缝书》中"见谓有党"等语可知：一、按照当时的观念，凡是明知朋友有缺点，不予规戒，却对他作不符合实际的赞扬，这就是"党"；二、早在皇祐五年以前，就有人批评王安石"有党"，并把他跟曾巩的关系看作是"党"的关系。

而上举的安石友人，即使是后来反对新法的，在嘉祐时期也都对他赞扬备至，如富弼、文彦博、欧阳修等都是在政治上拔擢安石的人，司马光、吕公著等在这方面对安石也颇有帮助。这些原先赞扬安石而后来反对新法的人，曾经为自己以前的赞扬辩护，说是原来没有看透他的为人，而张方平则不同意这种说法。《宋史·张方平传》："守宋都日，富弼自亳移汝，过见之，曰：'人固难知也。'方平曰：'谓王安石乎？亦岂难知者？方平顷知皇祐贡举，或称其文学，辟以考校。既入院，凡院中之事皆欲纷更。方平恶其人，檄使出，自是未尝与语也。'弼有愧色。盖弼素亦善安石云。"张方平确曾反对过王安石担任御史中丞，至其所述知皇祐贡举之事是否确实还有待研究，此不赘论。但无论其事是否真实，他的这段话却显然流露出对富弼等人以前赞扬王安石的不满，他针锋相对地提出：王安石的为人原是一目了然的，我只跟他接触过一次就能看得很清楚，你们怎么会看不出来？你说"人固难知"是不对的，王安石并不"难知"。所以这段话的意思其实是说：这种一目了然的问题你们以前不可能不知道，但你们却还是在吹捧他！衡以当时关于"党"的观念，从张方平这段话中也可以引出这样的结论：那些与王安石交游并称赞他的人，包括富弼、文彦博、欧阳修等在内，都是"有党"。换言之，王安石当时的这些朋友都是"党友"。

对此，也可能有人怀疑：在反对新法的人中，对文彦博、富弼、欧阳修、司马光、吕公著等人都是评价很高的，为什么同样反对新法的张方平，却要骂他们是王安石的"党友"呢？其实，这并不奇怪，张方平本来就是富弼、欧阳修诸人的政敌，跟这些人矛盾很深，而且，早在范仲淹等搞所谓"庆历新政"的时候，他就在骂欧阳修等人结党了，后来跟司马光、吕公著等也都处于严重对立的地位（参见本文附论二）。所以，他借着骂王安石而把这批人统统骂为安石"党友"，是完全可以理解的。同时，王安石当时的朋友中，好多都是跟欧阳修等人关系密切的，如刘敞、刘攽、梅尧臣、常秩、韩维等，按照他的看法，这些人原都可以说是欧阳修之党，又跟王安石在一起，自然也是王安石的"党友"。

因此，张方平写出"党友倾一时"这样的句子，并不是不可能的，不能因《墓表》中这一句话就谓其非方平作。

五、李绂说："以荆公为圣人者神宗也。命相之制词，在熙宁二年，而老泉卒于英宗治平三年，皆非其所及闻也。"②

案，《墓表》云："嘉祐初王安石名始盛，党友倾一时，其命相制曰：'生民以来，数人而已。'造作语言，至以为几于圣人。"李绂此条即对此而言。蔡上翔于此亦掊击甚力：

---

① 曾巩：《元丰类稿》卷四十五。

② 李绂：《书辨奸论后》一，《穆堂初稿》卷四十六。

"所最可怪者，无如搀入命相制词。明允卒于治平三年，至熙宁三年，安石始同平章事，是时安道同朝，安得错谬至此？"① 《王荆公年谱考略》引录《墓表》时，于此又批云："小人作伪，丑恶尽露矣。"②

在这里，李、蔡都认为《墓表》作者把王安石命相制当作了苏洵生前的事，而在他们看来，张方平是清楚知道王安石拜相在苏洵死后的，不可能作这样的叙述，所以把这作为《墓表》出于后人伪造的一个有力证据。但是，《墓表》明明说：苏洵"以疾卒，享年五十有八，实治平三年四月"。"先生既殁，三年，而安石用事。"自治平三年下推三年，为熙宁二年，即安石为参知政事之年，"安石用事"确自此年始。作者既知安石于苏洵死后三年才"用事"，当然不会认为他在苏洵生前就已拜相。换言之，《墓表》作者纵或不是张方平，但他却跟张方平同样知道王安石拜相在苏洵死后。因此，假如《墓表》确把安石命相制当作苏洵生前的事来叙述，那就证明了下列事实：一个人即使像张方平那样地准确知道王安石在苏洵死后才拜相，但在其叙述中仍会误把这个史实颠倒过来。既然如此，那又怎能根据《墓表》中的那一叙述而断言其非张方平所作？

而且，只要仔细研究一下，就可发现：传世《墓表》中"其命相制"字样，实是传写之误。第一，《墓表》纵系后人伪托，但伪托者既知安石于苏洵生前尚未"用事"，为什么要把命相制说成出现于苏洵生前？难道是为了故意留个漏洞让别人可以看出其出于伪造？倘若《墓表》出于张方平，那么，他又何以要把安石命相制移到苏洵生前？难道是为了让别人怀疑此篇不是他的手笔？总之，无论《墓表》作者是谁，揆之情理，都不可能这样叙述。第二，所谓"命相制"，自指熙宁三年安石同平章事时的制词：蔡上翔所言甚是（李绂以为在熙宁二年，误）。但安石命相制现存，其中既无"生民以来，数人而已"之语，也无类似的意思。又考曾巩在庆历六年所作《再与欧阳舍人书》称赞安石说："如此人古今不常有，如今时所急，虽无常人千万，不害也，顾如安石，此不可失也。"③ "古今不常有"即"生民以来不常有"与"生民以来，数人而已"意颇相近，仅程度稍有差别。从庆历六年至嘉祐元年相距十年，其间安石已由刚入仕的青年成为颇受上层人物重视的名人，他的朋友对他的赞扬自也有可能随之加码，发展为"生民以来，数人而已"；纵或没有加码，但如《墓表》作者把"生民以来不常有"这类意思的赞语夸大为"生民以来，数人而已"，也还是事出有因，而非向壁虚造。所以，此实安石朋友对安石的称赞（作者在援引时至多有所夸张），并非"命相制"中语。然则《墓表》作者是否会故意张冠李戴？不会。因从反对安石者看来，这正是其"党友"无耻吹捧安石的罪证。若把它们说成"命相制"中语，倒反而是为其开脱罪责了（"命相制"不是安石及其"党友"所作，不能由他们负责）。且《墓表》先言安石于嘉祐初"党友"倾一时，接着引述"生民以来"云云，其所援引，自当出于其"党友"，以显示这些人对他的吹捧，今忽接入"命相制"与上下文全无联系。统观《墓表》全文，皆文从字顺，条理清楚，此处不当文意不接如此。故《墓表》"其命相制"语当有讹字。第三，《墓表》出自《乐全集》，该集系张方平命两个略通文墨的小吏据其历年所作文章的草稿编次抄写而成，抄完

---

① 蔡上翔：《王荆公年谱考略》卷十，中华书局1959年版，第158页。
② 蔡上翔：《王荆公年谱考略》卷十，中华书局1959年版，第157~158页。
③ 曾巩：《元丰类稿》卷十五。

后方平也未覆阅（见《谢苏子瞻寄乐全集序》）。方平既"性资疏旷，不堪拘束"，其草稿中何能没有字迹潦草、涂改互乙之处，略通文墨的小吏，又怎能抄得毫无讹误？

综上所述，"其命相制"四字中显有鲁鱼之讹。颇疑"党友倾一时"句下原有一句"其×相×曰"（意思当是"其党相诶曰"之类，"其"下、"相"下原字难于悬拟，故以×代之），然后接出"党友"所称赞他的"生民以来"云云，但"其"下、"相"下的这两个字在原稿中或经过涂改，或字迹太潦草，小吏看不清楚，而王安石做过宰相他们当然是知道的，所以就想当然地抄成了"其命相制曰"。

至于《墓表》的"造作语言，至以为几于圣人"，显系从《辨奸论》"相与造作语言，以为颜渊、孟轲复出"两句而来，因颜、孟已近于圣人，故曰"至以为几于圣人"。李绂说"以荆公为圣人者神宗也"，"非其（苏洵）所及闻"，是对这两句的误解，他把"圣人"和"几于圣人"混为一谈了。

六、蔡上翔说："苏明允得欧阳修、曾子固志其墓，可以立名千古矣，而安道复为之表，与子瞻谢书，若专为《辨奸》而作，岂明允一生大事为欧、曾文所未备者，果无有重于此哉？"[1]

案，欧阳修为苏洵所作的是墓志铭，方平所作为墓表。古代墓志铭是埋于圹中的，墓表则立于墓上。故于志铭之外，必须另有墓表。至于曾巩为苏洵所写《哀辞》，不能满足苏轼兄弟的要求，已见上述。所以，苏轼兄弟在欧阳修、曾子固的志铭、哀辞之外，要另外请人写墓表，乃是势在必行的事；且《墓表》于《辨奸》之外，还有好些欧、曾文所未言及的苏洵事迹，何尝"专为《辨奸》而作"？不过，张方平、苏轼都是反对王安石新法的，从而都把苏洵很早就写《辨奸》反对安石作为他一生中很了不起的一件事情，一个在《墓表》中大力表扬，一个则写了一封信对这种表扬加以感谢。联系他们反对王安石新法的政治立场来看，他们的这种做法毫无可怪之处。对蔡上翔的上述质问，可以这样回答：就他们来说，"明允一生大事为欧、曾文所未备者"[2]，确实"无有重于此"的了。蔡氏此说，对于证明《墓表》和苏轼谢书之为伪作，实在毫无用处。

七、蔡上翔说："考安道本传称其少颖悟绝伦，凡书皆一阅不再读，宋绶、蔡齐以为天下奇才，子瞻序其文集，亦谓诗文清远雄丽，读者可以想见其人。亦乌有此表补缉旧语、辞不成句、乱杂无章，尚可与言文事哉？"[3]

案，《墓表》原文具在，并无"辞不成句、乱杂无章"之处（叙《辨奸》写作缘起中提到安石命相制，乃传写之误，并非叙事乱杂无章），至所谓"补缉旧语"，意殊含混，参以蔡氏在另一处所述，系指其"抄集《论语》《中庸》成语满纸"，但是，第一，《墓表》虽有化用、袭用《论语》《中庸》语句之处，然绝非"抄集《论语》《中庸》成语满纸"，原文可以覆按。第二，在作品中袭用或化用前人成句，也是当时常见现象，王安石文章中即数见不鲜（参见本文附论），蔡上翔何以不指责王安石"补缉旧语"，而独于《墓表》及其欲定为伪托之文大施苛责？

至于本传所言"少颖悟绝伦""宋绶、蔡齐以为天下奇才"，皆言其聪明、有能力，

---

① 蔡上翔：《王荆公年谱考略》卷十，中华书局 1959 年版，第 158~159 页。
② 蔡上翔：《王荆公年谱考略》卷十，中华书局 1959 年版，第 159 页。
③ 蔡上翔：《王荆公年谱考略》卷十，中华书局 1959 年版，第 159 页。

并非指善于作文。苏轼序其文集，则系揄扬过分，故张方平读后，认为"虚饰已甚，愧不自遑"，把《序》又退还苏轼，方平还说自己"读书每抽三两策，换易读之，未尝依卷帙彻一部，故涉猎荒疏，艺文谬悠……凡所经述，或率意，或应用，每有稿草，投之箧中，未尝再阅，若再阅，辄不如意，自鄙恶之，故积两箧，不曾有所改窜"①。所以，他的文章并不太好。《墓表》虽非如蔡上翔所说"辞不成句、乱杂无章"，但也不是上乘之作；读《乐全集》中其他文章，亦大抵如此。换言之，《墓表》的水平跟张方平的自述和他的其他文章都是一致的，根本找不到伪作的痕迹。

《墓表》一开头说："……仆领益郡，念蜀异日常有高贤奇士，今独乏耶？或曰：'勿谓蜀无人，蜀有人焉，眉山处士苏洵其人也。'"蔡上翔批曰："是何文法?"② 但是，这样的开头到底坏在哪里呢？由此引出苏洵，既不拖泥带水，又不怎么呆板，当然更无"抄集《论语》《中庸》成语满纸""辞不成句、乱杂无章"之弊，不失为中流之作，仅仅"是何文法"四字，到底能说明什么问题？

八、《墓表》叙述了苏洵与韩琦的关系，谓琦虽厚待苏洵，"然知其才而不能用。初作昭陵，礼废阙，琦为大礼使，事从其厚，调发趣办，州县骚然，先生以书谏琦且再三，至引华元不臣以责之。琦为变色。然顾大义，为稍省其过甚者。及先生殁，韩亦颇自咎恨，以诗哭之，曰：'知贤不早用，愧莫先于余者矣。'"蔡上翔批曰："又添一重公案。"③

案，《墓表》此段对韩琦显有微辞，一是说他"知其才而不能用"，而更重要的是骂他在任大礼使时，搞得"州县骚然"，虽经苏洵犯颜直谏，但也只是"稍省其过甚者"，就是说，没有完全改正。蔡上翔的批语，不知其意何居，大概是讥讽作伪者又造了一段故事出来。殊不知此段正与张方平身份密合无间。因为元祐后辈，对韩琦都很崇敬，《墓表》若系他们伪造，绝不会造一段故事出来骂韩琦。而张方平则与韩琦仇怨很深（参见王巩为方平所作《行状》），借此以骂韩琦，正是为了泄愤。

九、《墓表》说："独与其子居，非道义不谈，至于名理胜会，自有孔颜之乐。"蔡上翔批："熙丰以前，无此学术。"④

案，蔡上翔于此一论断，绝无任何说明。考《宋史·周敦颐传》："……（程珦）使二子颢、颐往受业焉。敦颐每令寻孔颜乐趣，所乐何事。二程之学源流乎此矣。"同书《程颢传》："自十五六时，与弟颐闻汝南周敦颐论学。"程颢十五六岁时为庆历七、八年，是周敦颐至迟在庆历七、八年已在讲"孔颜乐趣"，庆历八年下距熙宁元年整整二十年，何得说"熙丰以前，无此学术"？蔡上翔大概认为二程讲孔颜，又因二程理学兴起于熙宁以后，遂遽言"熙丰以前，无此学术"，殊不知周敦颐早就在讲孔颜乐趣。

在这里还要说明的是："名理胜会，自有孔颜之乐"，并非指理学。《三国志·魏志·钟会传》："博学精练名理《晋书·范汪传》：'善谈名理。'""名理"与理学绝不是一回事。至于孔颜并举，亦自古即然，祢衡以孔融拟孔丘，融以祢衡拟颜渊，见《后汉书·

① 张方平：《谢苏子瞻寄乐全集序》，《乐全集》卷三十四。
② 蔡上翔：《王荆公年谱考略》卷十，中华书局1959年版，第157页。
③ 蔡上翔：《王荆公年谱考略》卷十，中华书局1959年版，第157页。
④ 蔡上翔：《王荆公年谱考略》卷十，中华书局1959年版，第157页。

孔融传》。苏轼为《乐全集》所作序，于张方平文曾以孔融、诸葛亮拟之，这自是过誉，但张方平大概对孔融、诸葛亮等汉魏时代的文章比较熟悉，下过点工夫，故在写《墓表》时使用了魏晋时常用的"名理"一词，又以孔颜拟苏洵父子。蔡上翔不知"名理"与理学的区别，硬把它跟理学扯到一块去，又硬说"熙丰以后"始有此学术，从而断言《墓表》系后人伪作，这真是从何说起？又，《墓表》中"非道义不谈"的"道义"一词，当然更是熙丰以前的常用词，王安石《奉酬永叔见赠》有"欲传道义心虽壮，强学文章力已穷"① 之句，蔡上翔以之系于嘉祐元年，他大概不会把"非道义不谈"也当作熙丰以后的学术。

以上就是李绂、蔡上翔说《墓表》是后人伪作的全部论据。

四

现在讨论苏轼《谢张太保撰先人墓碣书》的有关问题。

李绂对此只提出一条"《墓表》有'蜀无人'之语，而东坡谢书又云'秦无人'，辞既重复，文气又相类，则亦邵氏所赝作耳。"② 他是想依据"蜀无人""秦无人"二语，把此《书》与《墓表》说成是同一人手笔，又依据其所谓《墓表》系邵伯温伪作之说，进而把此书亦定为邵氏赝作。但是，第一，他和蔡上翔说《墓表》系后人伪托的证据无一条能够成立，已见上述。第二，"秦无人"与"蜀无人"颇有区别。《墓表》中"蜀无人"一段已引于上节，它的意思是说：没有苏洵，就会使人感到"蜀无人"，有了苏洵，就是"蜀有人"了。换言之，苏洵的有无，决定了蜀的"有人""无人"。苏轼《书》则说：若非苏洵写作《辨奸》，"使斯人用区区小数以欺天下，天下莫觉莫知，恐后人必有秦无人之叹"③。"秦无人"原出于《左传》，这里是指整个国家无人。这样，苏洵的有无，就不仅决定了蜀的"有人""无人"，而且是决定了全国的"有人""无人"，对苏洵的评价比《墓表》又大大提高了一步。假如是一个庸手写文章，大概会说："您的'蜀无人'之说，对先父的评价还不太确切，应说'秦无人'才对。"苏轼不讲这类废话，只是在叙述中不着痕迹地提出自己的看法，以"秦无人"来补充、纠正"蜀无人"，并以同用"无人"一词而使其针对性比较明显，这正是其高明之处，李绂却说是"辞既重复，文气又相类"，要以此来证明此文非苏轼作，这实在是他对苏轼此文没有仔细体味的缘故。

蔡上翔在这方面提出的证据共六条，但也都不能成立。

一、蔡氏说："夫先人有潜德幽光，得贤人君子为之表扬，而为子孙者至于感激流涕以谢，固其宜也。若明允之于介甫，生前既无一日过从之雅，即谓介甫素不悦其所学，与非毁其文章，亦未尝有事权以塞其登进之路，则子瞻之于介甫，尤非有不共戴天之仇也。曷为一则曰流涕，再则曰流涕，乃专在于《辨奸》？由君子观之，是岂仁人孝子所为？且将视子瞻为何如人哉？"④ 案，苏轼于元祐三年所作《论周穜擅议配享自劾札子》其二："臣观二圣嗣位以来，斥逐小人，如吕惠卿……之流，或首开边隙，使兵连祸结，或渔利

---

① 王安石：《王文公文集》卷五十五，上海人民出版社 1974 年版，第 602 页。

② 李绂：《书辨奸论后》一，《穆堂初稿》卷四十六。

③ 《东坡七集·东坡集》卷二十九。

④ 蔡上翔：《王荆公年谱考略》卷十，中华书局 1959 年版，第 160 页。

権财，为国敛怨，或倡起大狱，以倾陷善良，其为奸恶，未易悉数，而王安石实为之首。"① 足徵在苏轼心目中，王安石是使国家遭受"兵连祸结"等重大灾祸的"奸恶""小人"之首。则苏轼父亲于王安石用事之前、举世赞扬安石之际，就能斥为"奸恶"，发出安石当权"其祸岂可胜言哉"（《辨奸论》）的警告，在苏轼看来自然是伟大的真知灼见，了不起的"潜德幽光"了。既然张方平"表扬"了苏洵如此重大的"潜德幽光"，那么，按照蔡上翔的上述论点，为什么苏轼不应该"一则曰流涕，再则曰流涕"呢？而且，正因王安石"未尝有事权以塞其（苏洵）登进之路"，更可证明苏洵反对安石并非泄私怨、图报复，而是从国家前途着眼，这才值得"表扬"。倘若苏洵真因安石"塞其登进之路"而作文斥安石为奸，那就未免卑劣，而苏轼对其父这种出于卑劣动机的作品尚如此珍重，渴望别人写进《墓表》，以至为此"一则曰流涕，再则曰流涕"，那倒真是"是岂仁人孝子所为？且将视子瞻为何如人哉"了。所以，蔡氏在此处所提出的质问全不在理。至于所谓"介甫素不悦其所学，与非毁其文章"，其说出于叶梦得《避暑录话》，与《文安先生墓表》所云"安石亦愿交于先生"者不合，并不足信。因蔡氏于此两句上有"即谓"二字，是其于叶梦得此说亦未视为信史，故于此点不再置辨。

　　二、蔡氏说："《辨奸》为一人私书，初传于世，亦诡秘莫测，而曰论之先朝，载之史册，是何所据而云然？"② 案，蔡氏此条质问，说明其连苏轼这篇文章都没有真正读懂。苏轼原文说："惟明公一见（《辨奸》）以为与我意合。公固已论之先朝，载之史册，今虽容有不知，后世决不可没。而先人之言，非公表而出之，则人未必信……恐后人必有秦无人之叹。此《墓表》所以作，而轼之所以流涕再拜而谢也。"此处"惟明公一见以为与我意合"，是说张方平、苏洵关于王安石的意见相合，"公固已论之先朝，载之史册"云云，是说张方平已把自己关于王安石的意见在先朝论述过，并被载于史册了。此段文字，意思极明白；"论之先朝"云云非指《辨奸》，也极显然。试想，作者原意倘若是说张方平已把洵作《辨奸》指斥安石事"论之先朝，载之史册，今虽容有不知，后世决不可没"，那么，为什么紧接着又要说"而先人之言，非公表而出之，则人未必信"，"恐后人必有秦无人之叹"呢？蔡上翔上述质问，非误解原文而何？至于说《辨奸》"初传于世，诡秘莫测"，纯系主观武断之词，他没能提出任何证据来加以证明，可不置论。

　　那么，张方平有没有把其关于王安石的意见"论之先朝"呢？有的。《宋史·张方平传》载：神宗即位之初，张方平为参知政事，"曾公亮议用王安石（为御史中丞），方平以为不可"。此事亦见于苏轼为张方平所撰《墓志铭》及王巩为方平所撰《行状》。其时方平为大臣，御史中丞之任命亦为朝廷重要事件，按之当时惯例，他在这问题上所发表的意见，自当载入《实录》等史册。故"载之史册"云云显非无据之言。

　　三、蔡氏说："明允卒后四年，而安石当国，新法始行，举朝欢哗，岂其人果皆由读《辨奸》而然？而曰'非明公表而出之，恐后人有秦无人之叹'，是又何说也？"③ 案，《谢张太保撰先人墓碣书》从来没有说后来人的反对新法"皆由读《辨奸》而然"，蔡氏的第一问显系无的放矢。又，苏轼在《东坡奏议》卷三《论周穜擅议配享自劾札子》其

----

① 《东坡七集·东坡奏议》卷五。
② 蔡上翔：《王荆公年谱考略》卷十，中华书局 1959 年版，第 160 页。
③ 蔡上翔：《王荆公年谱考略》卷十，中华书局 1959 年版，第 160 页。

二中说："昔安石在仁宗、英宗朝，矫诈百端，妄窃大名。"① 参以此《书》中"斯人用区区小数以欺天下"之语，可见他是认为王安石于仁宗、英宗朝就在用"小数"欺天下了的，而在他看来，当时除了苏洵以外，没有人公开加以指斥（当然，《论周種擅议配享自劾札子》认为韩琦在当时也已识安石之"奸"，但韩琦只是不肯重用安石，而没有公开指斥；至于张方平虽然反对王安石任御史中丞，但他当时所说的话也很婉转，并未斥安石之"奸"，见王巩为方平所作《行状》），假如后人再不相信苏洵写过《辨奸》，那自然会使他们产生"秦无人之叹"了。只要把此《书》与苏轼反对王安石的整个观点联系起来，《书》中的这些话是很好理解的，真不解蔡氏何以要提出上述质问。试想，对这种"矫诈百端，妄窃大名"的行为，若在当时一个很长时期里（即仁宗、英宗朝）竟无人能公开加以揭露，难道还可以说"秦有人"么？

四、蔡氏说："末载林宗、黄叔度尤支离无当，悉存之，以见其人无之而不妄也。"② 案，苏轼此书末段谈到郭林宗、黄叔度，乃是借郭林宗表彰黄叔度而使叔度名重后世的事，说明张方平的《墓表》也一定会使后人了解和尊重苏洵，由此来表示自己对张方平写《墓表》的感谢之忱，这哪里有什么"支离无当"之处？哪里可以看出"其人无之而不妄"？

五、《王荆公年谱考略·例略》说："今又采元丰七年子瞻过金陵唱和诸篇，公（指王安石）既没有与滕元发一书，皆具载于眉山集中者，其于《辨奸》，不愈足证其妄乎？"③

案，所谓"公既没有与滕元发一书"，即《王荆公年谱考略》卷二十四所录苏轼《与滕达道书》，蔡上翔以此书系于元祐元年四月王安石死后，除引录全文外，又有一案语，云："元丰七年，子瞻过金陵，与介甫留连唱和，见于诗文者详矣。再逾年公薨，而子瞻与滕达道书，且谓向时论新法者多差，若晓晓不已，则忧患愈深……惜乎后来反覆之徒，不能体诸贤之意，而诋毁百端，晓晓不已，其祸遂中于国家，于荆公何尤哉？"④

首先，此《书》到底写于何时？蔡上翔把它定为王安石死后之作，但未提出任何依据。苏轼集子中此《书》也未写明作年。而从其内容来看，它绝不可能写于王安石死后。《书》中"若变志易守以求进取"语极堪注意。联系上文，"变志易守"显指改变其原来反新法的态度，转而拥护新法。考司马光《与吕海第二简》说："介甫文章节义，过人处甚多，但性不晓事而喜遂非，致忠直疏远，谗佞辐凑，败坏百度，以至于此。今方矫其失，屏其弊，不幸介甫谢世，反覆之徒，必诋毁百端，光意以谓朝廷宜优加厚礼，以振起浮薄之风。"⑤ 从此《简》可以看出，王安石死时，已经当了宰相的司马光正在动手废除新法（"今方矫其失，革其弊"），新党已经失势，那些政治上的投机分子（即所谓"反覆之徒"）已经从拥护新法而转到反对王安石一边，打算对他"诋毁百端"了，在这样

---

① 《东坡七集·东坡奏议》卷五。
② 蔡上翔：《王荆公年谱考略》卷十，中华书局1959年版，第160页。
③ 蔡上翔：《王荆公年谱考略》卷首之三，中华书局1959年版，第37页。
④ 蔡上翔：《王荆公年谱考略》卷二十四，中华书局1959年版，第235~326页。
⑤ 司马光：《与吕晦叔简》二，《温国文正司马公文集》卷六十三，《四部丛刊》影印宋绍熙刊本。

的情况下，只有原来拥护新法的人才说得上"变志易守以求进取"，至于原来反对新法的人，倘若在这时突然"变志易守"转到拥护新法的立场上来，那自然绝不是"求进取"，而只能得到冷遇甚或贬斥。故其《与滕达道书》倘若写于王安石死后，《书》中绝不会有"若变志易守以求进取，固所不敢"的话。自然，在哲宗绍圣以后，旧党重又失势，"变志易守以求进取"的问题又提到了他们面前，但那时滕元发已经死去，苏轼不可能再写信给他。

又据《书》中"公此行尚深示知非静退意，但以老病衰晚，旧臣之心，欲一望清光而已，如此，恐必获一对"① 之语，知滕元发"此行"是赴京师，但能否为皇帝所召见，则不一定，所以苏轼要他以"旧臣之心，欲一望清光"为理由，请求召对，并以为"如此，恐必获一对"。考苏轼《故龙图阁学士滕公墓志铭》："执政方立新法，天下汹汹，恐公有言而帝信之，故相与造事谤公，帝虽不疑，然亦出公于外，以翰林侍读学士知郓州，移定与青，留守南都，徙齐、邓二州，用公之意盖未衰也。而公之妻党有犯法至大不道者，小人因是出力跻公，必欲杀之，帝知其无罪，落职知池州，徙蔡，未行，改安州。既罢，入朝，未对，而左右不悦者又中以飞语，复贬筠州，士大夫为公危慄，或以为且有后命，公……乃上书自明，帝览之释然，即以为湖州。方且复用，而帝升遐。……今上即位，徙公为苏、扬二州，除公龙图阁直学士，复以为郓州，徙真定、河东，治边凛然……而公已老，盖年七十有一矣，即力求淮南，上不得已，乃以龙图阁学士知扬州，未至而薨，盖元祐五年十月二十四日也。"② 当时郡守由一地改任另一地，皆由原任直接赴新任，唯事先申请并获得许可者，始可"入觐"，如元发自郓州移定州时，曾"许入觐"，亦见《墓志铭》。但若是事先已经许可的"入觐"则"入觐"的理由已事先说明，并一定能召对，用不到在其启行后再由苏轼为他设想要求召对的理由。故苏轼《书》所述"此行"，决非事先许可的"入觐"。而除了这种性质的"入觐"以外，据上引《墓志铭》所载，元发自新法之初出任郡守后，只有三次有机会到京师去：一、知邓州时因妻党案牵连，至京师受审；二、罢知安州时；三、贬筠州上书后。故苏轼此书，当即作于此三个时期。但若是因妻党案牵连至京师受审，处境很危殆，苏轼于《书》中不当一无忧念及安慰之词，而且在那样的情况下，元发请罪不遑，也不可能再以"老病衰晚，旧臣之心，欲一望清光"的理由要求召见。所以，此书必是罢知安州时或筠州上书后所作。《续资治通鉴长编》三四二元丰七年正月"乙巳，正议大夫滕甫知筠州。甫罢安州，入朝，手诏'谋逆人李逢乃甫之妻族近亲，不宜令处京师，可与东南一小郡'故也。甫上书自辨，寻改知湖州"。原注："五月一十二日辛酉乃知湖州。"③ 滕甫即元发。又据《墓志铭》，元发于罢知安州后"入朝"，尚未召对，即中飞语贬筠州，是其罢知安州与贬筠州一定相距甚近；贬筠州既在元丰七年正月，则其罢知安州当在元丰六年冬。又，据上引《续资治通鉴长编》，元发的"贬筠州"，乃是"知筠州"，很快又"改知湖州"。在其"知筠州"时，官守在身，自不可能要求赴京觐见；及改知湖州，自当由筠州（在今江西）直接赴湖州（在今浙江），绝无经过开封的可能，因而也就不可能要求顺道"入觐"。换言之，

---

① 《东坡七集·东坡续集》卷四。
② 《东坡七集·东坡后集》卷十八。
③ 《续资治通鉴长编》卷三百四十二，中华书局1979年版，第8219页。

此书决非作于贬筠州上书后，而当作于罢知安州时。

由此可见，蔡上翔把此《书》定为安石死后之作，完全是违反事实的主观武断之辞。那么，为什么要特地把此书写作年挪到安石死后呢？显然因其时新党已经失势，旧党已经上台，倘若苏轼在旧党上台之后还在检讨其反对新法的错误，这种检讨自然绝不会是出于被迫的违心之辞，这样，蔡上翔也就可以把苏轼在元祐以后所写的一切反对新法和骂王安石的作品，包括《谢张太保撰先人墓碣书》在内，统统说成是与苏轼思想相反的伪作。

其次，怎么来理解苏轼此《书》的内容？

苏轼于元丰二年，因为以文字反对新法，入狱颇久，差点送命，遂被贬斥黄州。这对他是一个十分严重的打击，并使他在精神上感受到极大的威胁，他在元丰五年所作《与滕达道》说："黄当江路，过往不绝，语言之间，人情难测，不若不见称病为良计。"① 生怕说话一不当心，又惹出大祸来，吓得连客都不敢见。《与滕达道》另一首又说："凡刊行文字，皆先毁板，如所教也。"② 连以前已经刊行的文字都把板毁掉，新作的文字自更战战兢兢，不敢再流露出一点反对新法之意，以免遭受第二次文字狱。此《书》虽是朋友之间的私人通信，但不得不防万一寄失而落在别人手里（即使是派专差送去，也要防备万一在途中失落），同样必须写得小心谨慎。所以，对此《书》必须联系他的这种特定处境来分析。

他在此《书》中说："某欲面见一言者，盖谓吾侪新法之初，辄守偏见，至有异同之论。虽此心耿耿，归于忧国，然而所言差谬，少有中理者。今圣德日新，众化大成，回视向之所执，益觉疏矣。"③ 这虽似对新法的赞美，但接着又说："若变志易守以求进取，固所不敢。"④ 此说显然是表明不打算"变志易守"，从而也就表明了他那些赞美新法的话并非由衷之言。试想，如果他确实认为新法是像《书》中所说的那么好，达到了"圣德日新，众化大成"，而自己以前的意见是"差谬"、不"中理"的，那为什么还不肯改变错误的立场，站到正确方面来呢？为什么要把这种从错误到正确的转变说成是"变志易守以求进取"呢？

下文又说："若哓哓不已，则忧患愈深。"⑤ 蔡上翔认为指国家"忧患愈深"是不对的。第一，此两句与上两句相对，上两句的"以求进取"云云，显然指个人的进取，则此两句的"忧患"云云，自也当指个人的忧患，意谓再发表反新法的言论，个人的处境还要坏，忧患还要深。第二，《书》中上文"今则圣德日新，众化大成"，是真话还是反话？如是真话，则当时国家情况极好，根本无忧患可言，纵使苏轼等"哓哓不已"，也不过给它增加点麻烦，何得云"忧患愈深"？"愈深"者，本来已经很深了，现在使它更深一步之谓也。如是反话，则新法实行了十多年，国家的情况并不好，那就可见他们反对新法的意见是正确的，继续向朝廷提供正确意见又怎么会使国家"忧患愈深"？

从苏轼给滕元发的大量书信及其为元发所写的《墓志铭》中可以看出：他与元发的

---

① 《东坡七集·东坡续集》卷四。
② 《东坡七集·东坡续集》卷四。
③ 《东坡七集·东坡续集》卷四。
④ 《东坡七集·东坡续集》卷四。
⑤ 《东坡七集·东坡续集》卷四。

友谊很深，两人都反对新法，而当时（无论此《书》写于其罢知安州后抑或贬筠州上书后）元发的处境也很不好。所以，苏轼在《书》中提出"若变志易守"四句，显然是出于对他的关心，提醒他在当时的情况下既不要"变志易守"，也不要再轻易发表反新法的意见。但是，所谓不要"变志易守"，那不是意味着对新法也即对朝廷（在元丰二年是把苏轼的反新法作为反朝廷来搞的）依然采取对立态度吗？这信万一落入他人之手，是会给苏轼惹大祸的。所以他不得不给自己打点掩护，先赞美一通新法，然后再用"若变志易守以求进取，固所不敢"的委婉语言来表达。到了元祐年间，旧党重新得势，"哓哓不已"地攻新法已不会给个人带来灾祸，他就抛掉这些掩护，上了一系列反对王安石及其新法的奏疏，例如：元祐元年《缴词头奏状·沈起》攻击王安石"始求边功，构隙四夷"，及至"兵连祸结，死者数十万人"，王安石等又对肇事者"曲加庇护"①。并认为原来执行王安石政策的人包括沈括在内，都不应再起用。至元祐三年《论周穜擅议配享自劾札子》更对安石破口大骂，把他作为祸国殃民的罪魁祸首和"矫诈百端"的小人（引文见前）。这就充分证明了《与滕达道书》之赞颂新法绝非由衷之语，怎能以此作为苏轼《谢张太保撰先人墓碣书》和《辨奸论》出于后人伪作的证据？

至于苏轼于元丰七年过金陵与王安石倡和事，则当时苏、王往来简札及倡和诗篇皆见于二人文集，辞繁不录。从这些简札和诗篇中可以看出，他们在当时并没有谈政治。尤其苏轼的《与滕达道书》说得更明白："某到此，时见荆公，甚喜，时诵诗说佛也。"②

那么，苏轼在经过金陵时为什么要与王安石交游呢？这是因为：他当时的原则是既不"变志易守"，又要使自己不致"忧患愈深"。而要做到后一点，自不得不与原来有过交往的新党中人虚与周旋，以表明自己对他们并无怨恨，并不对立（这种情况，在封建士大夫中也是常见现象，不足为奇），以免遭到进一步打击。但是，正因他不愿"变志易守"，假如在看王安石时安石跟他谈起政治来，就难免会出现尴尬局面。幸而王安石不谈这个，而是"时诵诗说佛"，所以他也"甚喜"，并与安石谈得相当融洽，不但诗篇倡和，苏轼后来还把秦观的诗送给王安石，希望安石代为吹嘘。然而，这种应酬性质的"诵诗说佛"，无论怎么融洽，都不可能消除两人在政治上的严重分歧，也不可能改变苏轼对王安石的基本评价，苏轼在元祐年间所写的一系列激烈攻击王安石的奏章，就充分证明了这一点。

蔡上翔在苏轼与王安石倡和诗中特地又拈出两句，加以发挥："又其诗曰：'劝我试求三亩宅，从公已觉十年迟。'初以为是一时兴会所至，酬酢欣慕常谈耳。及阅别后至仪真所与公二牍，则真有求田实事。……如使有识之士唯二公全书是信，则《辨奸》之为伪作，亦可不待烦言而自明矣。"③ 案，苏轼在仪真所作与安石《书》云："某始欲买田金陵，庶几得陪杖屦，老于钟山之下，既已不遂，今仪真一住又已二十日，日以求田为事，然成否未可知也。若幸而成，扁舟往来，见公不难矣。"④ 参以"劝我试求三亩宅"之句，知王安石曾劝苏轼在金陵居住，故苏轼在信中作了上述表示。但是，偌大的金陵和

---

① 《东坡七集·东坡奏议》卷三。
② 《东坡七集·东坡续集》卷四。
③ 蔡上翔：《王荆公年谱考略》卷二十三，中华书局 1959 年版，第 318 页。
④ 《东坡七集·东坡续集》卷十一。

仪真，怎会找不到他所要买的土地（他后来也没有在仪真住）？尤其值得注意的是《与滕达道》："某到此，时见荆公……某至楚泗间，欲入一文字，乞于常州住。"据头两句，此书必作于金陵，而且在与王安石游从之后。《与滕达道》另一首又说："近在扬州，入一文字，乞常州住。"① 足徵他在金陵时就已经打算在常州住，后来也确按原计划执行。若上引《与滕达道》的前一首作于安石劝他住金陵之前，则可见安石的劝告并未改变他原来的打算，所谓想在金陵住而买田买不到等等全是托词（他在决定住常州时也并未在常州置好土地。参见《与滕达道》有关诸首）；若该首作于安石劝他住金陵之后，则可见他在听到安石的劝告后仍执意要住常州，所谓天天在仪真求田全是鬼话。所以，当时的实际情况是：他不愿接受安石劝告而居住金陵，但又怕得罪安石，就在上引与安石的信中说了那些弄虚作假的话。这清楚地反映出苏轼并不真把安石当朋友，并对他存着某种戒心；否则何以要编造出那些假话来呢？同时，王安石的劝他在金陵住，也不过是随口应酬之词，并不热心，所以，苏轼在信中向他诉说自己在金陵买不到田，目前正努力在仪真求田，而王安石在复信中，对此事却一字不提，既未因他在金陵买不到土地而表示惋惜，也没有任何希望他在仪真买到土地的表示。

总之，苏轼元丰七年在金陵与王安石倡和交往及以后的信牍，乃是士大夫应酬之常，并不能由此证明苏轼《谢张太保撰先人墓碣书》为伪托。至于蔡上翔说"如使有识之士唯二公全书是信，则《辨奸》之为伪作，亦可不待烦言而自明矣"②，更是奇谈。《谢张太保撰先人墓碣书》及前引苏轼反对王安石的各奏疏，全都出于苏轼全书，而且是出于《东坡七集》中的前五集，并非只见于杂有伪作的《东坡大全集》，难道这些文章不是证明了《辨奸》之为真，反而证明了"《辨奸》之为伪作"吗？

六、为了证明苏轼不可能反对王安石，蔡上翔还引了苏轼的《王安石赠太傅制》，并加上案语说："此皆苏子由中之言，洵为王公没世之光。"③ 在他看来，苏轼是对王安石热烈歌颂的，当然不应该有反对王安石的作品了。

案，当时朝廷既已决定褒赠王安石为司空，苏轼受命草制，由这种制书的性质所决定，他自然不可能像在上引奏疏中那样地大骂王安石，而必须说一些好话，但其实是皮里阳秋，贬抑得很厉害：

> 敕。朕式观古初，灼见天意，将以非常之大事，必生希世之异人，使其名高一时，学贯千载，智以达其道，辩足以行其言，瑰玮之文足以藻饰万物，卓绝之行足以风动四方，用能于期岁之间，靡然变天下之俗。
>
> 故观文殿大学士、守司空、集禧观使王安石，少学孔孟，晚师瞿聃，网罗六艺之遗文，断以己意，糠秕百家之陈迹，作新斯人。属熙宁之有为，冠群贤而首用，信任之笃，古今所无。方需功业之成，遽起山林之兴。浮云何有？脱屣如遗。屡争席于渔樵，不乱群于麋鹿。进退之际，雍容可观。④

---

① 《东坡七集·东坡续集》卷四。
② 蔡上翔：《王荆公年谱考略》卷二十三，中华书局1959年版，第318页。
③ 蔡上翔：《王荆公年谱考略》卷二十四，中华书局1959年版，第324页。
④ 《东坡七集·东坡外制集》卷上。

　　蔡上翔大概认为此文的第一段是赞美王安石，其实这只是一般地泛论"希世之异人"，第二段才说到王安石本人。第一段和第二段是两相对照，以贬斥安石。例如第二段的"方需功业之成"，即谓安石用事多年，功业尚未建成，与第一段所说"希世之异人""能于期岁之间，靡然变天下之俗"，两两相形，显然含有讥刺安石之意。所以，第一段并不是说安石已经做到了"希世之异人"所做的那些事，而是说明"希世之异人"应该做到哪些事，以显出安石与"希世之异人"的根本区别。

　　从叙述安石本人的第二段来看，一开始的"少学孔孟，晚师瞿聃"就有贬义。苏轼《居士集叙》："晋以老庄亡，梁以佛亡。""欧阳子没十有余年，士始为新学，以佛老之似，乱周孔之真。"① 则"晚师瞿聃"实是斥安石背弃大道。"罔罗六艺之遗文，断以己意"，虽无贬意，但并不说其所断正确与否，近于客观叙述；"糠秕百家之陈迹，作新斯人"其意略近于前。"属熙宁之有为"四句，说他处大有为之世，而又得到皇帝"古今所无"的信任，这其实也就暗示着他理应成就希世之功。"方需功业之成"两句，则含蓄地责备他辜负了神宗的期望，终于没有成就功业。在文中真说得上对安石给予肯定的，其实只有"进退之际，雍容可观"一节。像这一类褒赠之制，本应对死者大事赞扬，而苏轼却一反惯例，小褒大贬，所以，拥护王安石的人对此极其不满。例如南宋的陈善，是一个赞扬王安石而又喜欢苏轼作品、对之很有研究的人，他在《扪虱新话》下卷三《苏氏作〈辨奸论〉憾荆公》条中说："《辨奸论》《王司空赠官制》皆苏氏宿憾之言也。……《赠官制》当元祐初尽废新法，苏子由作《神宗御集序》，而以曹操比之，何有于荆公！……然后学至今，莫不党元祐而薄王氏，宁不可笑?"② "宿憾"之说虽未必确，但从这里可以清楚看出：在宋代拥护王安石的人们眼中，苏轼此《制》与《辨奸论》一样，都是诋毁王安石的作品。

　　蔡上翔谓苏轼《谢张太保撰先人墓碣书》系后人伪托的证据具如上述，实无一条可以成立。

五

　　最后，谈一谈《泊宅编》三卷本的成书年代和《避暑录话》中关于《辨奸论》的记载，以其间接与《辨奸》真伪问题有关。

　　宋方勺所撰《泊宅编》有三卷本及十卷本两种。其关于《辨奸论》的记载即见于三卷本中。据方勺在《泊宅编》中自述，元祐时苏轼知杭州，勺亦在杭，值省试，轼荐送之，故尝从苏轼游。见该书三卷本卷上。苏轼荐送方勺时，勺至少已十六七岁，则至迟当生于熙宁年间。又据书中记事，其人于南渡后尚存。

　　清葛元煦《泊宅编跋》说："宋方仁声所著《泊宅编》三卷，刻于商氏《稗海》中，盖属初稿；另刻有增至十卷者，不知是否原本，其中叙述时事，反多简略，于当时避忌之

　　① 《东坡七集·东坡集》卷二十四。
　　② 陈善：《扪虱新话》下集卷三，收入《儒学警悟》卷三十八，商务印书馆 1939 年刊《丛书集成初编》本，第 70~71 页。

语，皆删择焉。"① 所言甚是。十卷本实为三卷本之增订本，既有所补充，亦有所删订。

十卷本曾言及陈与义之卒，与义卒于绍兴八年，则十卷本之成书当在绍兴八年之后。以三卷本与十卷本对勘②，可知三卷本成书当在宣和七年。其证有七。

一、三卷本卷中："枢密蔡公卞，只一子，名仍，今为显谟阁待制……"十卷本卷四记此事，则无"今为显谟阁待制"语。考《宋史·高宗本纪》：绍兴五年八月："下诏示章惇、蔡卞诋诬宣仁圣烈皇后之罪，追贬惇昭化军节度副使，卞单州团练副使，子孙不许在朝。"是蔡仍于绍兴五年后，已无"在朝"为显谟阁待制之可能。故绍兴八年后成书之十卷本删去此语。而三卷本既有"今为显谟阁待制"语，是作三卷本时蔡仍仍"在朝"为官，自必在绍兴五年之前。

二、三卷本称王安石为舒王，十卷本则称介甫。如三卷本卷上："王钦臣自西京一县令召入，议法与舒王不合。"十卷本卷一载此事改"舒王"为"介甫"③。三卷本卷上："舒王尝戏作急足集句。"十卷本卷一载此事，"舒王"亦改为"介甫"④。考安石于政和三年追封舒王，见《宋史·徽宗本纪》；至绍兴四年八月，"毁王安石舒王诰"，见《宋史·高宗本纪》。是三卷本成书，当在绍兴四年之前，故于安石称舒王；十卷本成书在绍兴八年之后，其时王安石之舒王封诰已经取消，故改称介甫。

三、三卷本卷中："西安州有池产颗盐……自熙河兰鄯以西仰给于此。初得此地，戎人岁入寇，今则拓地六十里，斥候尤谨，边患遂绝。"十卷本卷三记此事，"今则"作"其后"⑤。是三卷本之作，当即在"拓地六十里"时，故云"今"。宋之西安州属于陕西秦凤路，见《宋史·地理志》。据《宋史·高宗本纪》绍兴元年，"时关陇六路尽陷，止余阶、成、岷、凤、洮五郡，凤翔之和尚原，陇州之方山原"。秦凤路即关陇六路之一，可知西安州于绍兴元年已没于金。至绍兴九年三月，金虽复以陕西地与宋，绍兴十年又攻陷之，亦见《宋史·高宗本纪》。且据《金史·地理志》："皇统六年（绍兴十六年），以德威城、西安州、定边军等沿边地赐夏国，从所请也。"足徵西安州虽于绍兴九年一度复归于宋，至绍兴十年金攻陕西时又为金有，后入于夏。由此言之，绍兴元年至绍兴九年三月之前，西安州既陷于金，宋在该州自无"拓地"之可能；绍兴九、十年间，则初复该州，抚缉未暇，亦不当更有"拓地"之举；且据上举一二两证，三卷本成书当在绍兴四、五年之前，亦不可能记及绍兴九、十年间事。故其所云"拓地六十里"，必当发生在绍兴元年之前，三卷本之成书自亦不可能在绍兴元年之后。

四、三卷本卷上："宗泽，婺州农家子，登进士科，任馆陶尉，凡获逃军即杀之。……（吕惠卿）诚曰：'此虽警盗贼之一策，恨子未阅佛书，人命难得，安可轻杀？况国有常刑乎！'"十卷本卷二记此事，于"常刑乎"下增："泽靖康中为副元帅，后尹开封，卒。"⑥ 泽于靖康、建炎间声望甚隆，以建炎元年为东京留守（即所谓"尹开

---

① 见《啸园丛书》本《泊宅编》。
② 三卷本以明《稗海》本为依据；四库本及《读画斋丛书》等清刊三卷本《泊宅编》，已据十卷本作过增改，非三卷本原貌，不可从。
③ 十卷本《泊宅编》卷一，中华书局1983年版，第2页。
④ 十卷本《泊宅编》卷一，中华书局1983年版，第3页。
⑤ 十卷本《泊宅编》卷三，中华书局1983年版，第15页。
⑥ 十卷本《泊宅编》卷一，中华书局1983年版，第1页。

封"），建炎二年卒。若三卷本成书于建炎元二年或其后，则书中既记宗泽事，不当不及其任副元帅及东京留守一节；十卷本之补述此事，亦足徵作者并非欲故意抹煞宗泽此一历史。然则三卷本之不及此节，当因其成书在靖康前，泽尚无任副元帅及东京留守事。

五、三卷本卷上："王升，字君仪……左丞薛昂以其所撰冕服书献之太师蔡京，蔡因荐之上，遂类编御笔手诏，稍历要官。君仪平生尤深于《礼》《易》，尝云：数年承令礼局及明堂司常，颇得究其所学云。"十卷本卷一记此事，删"太师蔡京"至"手诏"十六字；"尝云"以下二十字改为"久为明堂司常"①；"颇得究其所学云"下增"宣和乙巳，以待制领宫祠……壬子正月微感疾……数日卒，年七十九"一百二十字②。此条有两点值得注意：第一，为什么三卷本提到王升为蔡京所荐而十卷本删去？考宋朱弁《曲洧旧闻》卷八："蔡京身为三公，子践三少、领枢密院，又为保和殿大学士者，而其孙判殿中监、班视二府，每出传呼甚宠、飞盖相随者五人，若子若婿并诸孙腰黄金者十有七人，当此际气焰薰灼，可炙手也。厥后流离岭海，妻孥星散，不能相保，而门生故吏皆讳言出其门。"据《泊宅编》王升条，方勺当为王升友人，其写此条，也是为了加以表彰，故有"君仪平生尤深于《礼》《易》"等语。然则十卷本之所以删去升与蔡京关系，当因其时蔡京已败，"门生故吏皆讳言出其门"，故方勺亦为升隐讳此点。而三卷本既仍记及王升与蔡京关系，足徵其时京尚未败，方勺从势利之见出发，以王升出于如此"气焰薰灼"之太师之门为荣，故特书之。据《宋史·蔡京传》："钦宗即位……天下罪京为六贼之首"，京遂于钦宗靖康元年贬死。朱弁以建炎元年（亦即靖康二年）使金被留，越十七年乃归。据《四库提要》中《曲洧旧闻》提要所述，弁此书系其留金时作。考《曲洧旧闻》卷八予书定光佛事，友人姓某者见而惊喜曰：'异哉！予之外兄赵，盖宗室也，丙午春同居许下，手持数珠，日诵定光佛千声。……予俘囚十年，外兄不知所在……公其并书之。'"（案，定光佛事见该书卷一）丙午即靖康元年，由此下推十年为绍兴六年，正朱弁留金时。所云"俘囚十年"，其人亦显被金兵所俘而囚于金者。此俘囚于金之友人，既得见《曲洧旧闻》卷一之记事，并要求将其所述之事亦记入《曲洧旧闻》中，则该书为留金时所作可知。弁在留金期间，自不能知南宋统治下的蔡京门生故吏"皆讳言出其门"的情况，故此种情况必发生于蔡京贬死之当时，时作者尚在南宋，目睹其事，是以知之。换言之，靖康元年京既贬死，其门生故吏就立即"讳言出其门"；而在《泊宅编》三卷本中，以表彰王升为目的的这一条，对升为蔡京所荐的事却毫不隐讳，特予记述，足徵其成书必在靖康元年京败之前。第二，三卷本仅记及王升之仕宦，不仅不言其卒，且亦不言其领宫祠事，十卷本始补记之，此则可为三卷本成书于宣和七年乙巳王升领宫祠前之佐证。

六、三卷本卷下："金坛郎王裕，福唐人，术数颇工。常云天运四百二十年一周，而七甲子备位，天地人江河海鬼凡七。今正行鬼元，后十八年复行天元，当有异人应时而出。又云唐明皇时正行天元故也。"十卷本卷五记此事，改"金坛郎"为"道士"；改"当有异人应时而出"为"当有太平之应"，并于该条末增"乙巳年说"四字小注③。案，宋代职官无金坛郎，此前亦无称道士为金坛郎者。考《宋史·林灵素传》："（徽宗）遂立

---

① 十卷本《泊宅编》卷一，中华书局1983年版，第1~2页。

② 朱弁：《曲洧旧闻》卷八，清乾隆间刻《知不足斋丛书》本。

③ 十卷本《泊宅编》卷五，中华书局1983年版，第27页。

道学，置郎、大夫十等，有诸殿侍晨、授籍、校经，以拟待制、修撰、直阁。"同书《徽宗本纪》：重和元年，"置道官二十六等，道职八等"。可知徽宗时有道官，道官中有郎、大夫之称号；方勺称道士王裕为金坛郎，盖即其道官中的官衔。裕当亦为道官之一。《续通鉴》九十五、宣和七年十二月己未："下诏罪己……罢道官并宫观拨赐田土。"① 可知三卷本成书当在宣和七年十二月罢道官之前；否则，道官既已废罢，不当再用此等称呼；十卷本改"金坛郎"为"道士"即可作为道官废后作者不欲再使用此等称呼之明证。且三卷本仅言"今正行鬼元，后十八年复行天元"，而不注明"今"为何年，"后十八年"当自何年起算，此唯记当年事者有之。若系追记前数年事，则着笔时势必思及"后十八年"自何时起算的问题，而不当不注明王裕此语之年代，十卷本增入"乙巳年说"之小注，即为其明证。又，三卷本不言"当有太平之应"而言"当有异人应时而出"，亦足徵三卷本成书时尚无大乱，故作者不敢著此一语（因所谓"当有太平之应"，亦即意味着说此话时乃系乱世）；若在宣和七年十二月之后，大乱已起，即不必用"当有异人应时而出"之委婉语矣。

七、《泊宅编》记事之涉及宣和七年以后者，皆见于十卷本而不见于三卷本，上举宗泽、王升二条外，尚有类似者多条，此亦可为三卷本成书在宣和七年前之佐证。今再引一条为例。十卷本卷六："宣和七年驾幸龙德宫，大宰王黼献诗，有'巧将千峰遮晴日，借得三眠作翠帷'之句，识者曰：'黼将不复见君矣。'"考黼以靖康元年正月贬死，此条当作于黼贬死以后，否则无从证明其"不复见君"之预言为有识。纵或黼作此诗后确有人为此言，但在黼贬死前，方勺亦必不敢这样记述，因黼既未死，皇帝仍有召见黼之可能，一旦召见，不但预言其"不复见君"者为无识，方勺于造为此等无识预言之人许为"识者"，亦必成为笑柄。故此条决不可能作于靖康元年正月黼贬死以前，它也确不见于三卷本。

上述七证，前三条证明《泊宅编》三卷本成书当在绍兴之前，后四条更证明其不可能迟于靖康元年，至迟当在宣和七年十二月废道官的前夕。但三卷本中已载及王裕在宣和七年所说之语，其成书也不当早于此年。换言之，《泊宅编》三卷本之成书当即在宣和七年（1025）。所以，宋人笔记中述及《辨奸》的，当以此为最早。

自方勺之后，邵伯温于绍兴二年开始作《闻见录》，又述及《辨奸》事，大抵本于张方平《墓表》，唯于《辨奸》写作时间与张方平所说不同，时距《泊宅编》三卷本成书已至少七年；至绍兴五年，叶梦得作《避暑录话》，对《辨奸》写作缘起又有新的说法，与《墓表》《闻见录》《泊宅编》所记大不相同："苏明允本好言兵，见元昊叛，西方用事久无功，天下事有当改作，因挟其所著书，嘉祐初来京师，一时推其文章。王荆公为知制诰，方谈经术，独不嘉之，屡诋于众，以故明允恶荆公甚于仇雠。会张安道亦为荆公所排，二人素相善，明允作《辨奸》一篇，密献安道，以荆公比王衍卢杞，而不以示欧文忠。荆公后微闻之，因不乐子瞻兄弟，两家之隙，遂不可解。《辨奸》久不出，元丰间子由从安道辟南京，请为明允墓表，特全载之，苏氏亦不入石，比年少传于世。荆公性固简率不缘饰，然而谓之食狗彘之食囚首丧面者，亦不至是也。"② 其后陈善《扪虱新话》即

---

① 毕沅：《续资治通鉴》卷九十五，中华书局1957年版，第2493页。
② 叶梦得：《避暑录话》卷上，明汲古阁刊《津逮秘书》本。

据此为说。

　　叶梦得此说，不但出现时间颇晚，且颇有错误和不合理之处。例如：（一）王安石虽
"谈经术"，但也"言兵"，也认为"天下事有当改作"，则其于苏洵的"好言兵"及认为
"天下事有当改作"，何以要"独不嘉之"，"屡诋于众"？（二）据此条上下文，王安石对
苏洵"屡诋于众"即在苏洵于"嘉祐初来京师"不久，然是时王安石并未为知制诰（其
为知制诰始于嘉祐六年），所记显有讹误。（倘说王安石之屡诋苏洵始于其任知制诰时，
则洵于嘉祐初至京师时，已经"一时推其文章"，安石于其人及文不容不知，何以当时不
诋，而要到嘉祐六年为知制诰后始"独不嘉之"而"屡诋于众"？）（三）在嘉祐年间，
张方平的政治地位在安石之上，王安石并无"排"张方平的可能，所云"张安道亦为荆
公所排"，显然不合情理。（四）据苏轼《谢张太保撰先人墓碣书》，张方平《墓表》当
作于哲宗时，并非苏辙"从安道辟南京"时作。（辙于元丰二年后即受贬斥而离开南京，
见《宋史》本传。）（五）叶梦得谓洵作《辨奸》"密献安道"，"《辨奸》久不出"，但
《墓表》明言"见者多不为然"，是《辨奸》在当时并未秘而不出，方勺在宣和七年也
说："洵退，于是作《辨奸论》行于世。"是《辨奸》于苏洵写作的当时即已行世。方勺
年长于叶梦得，元祐时已能应省试，则其在《辨奸》于当时是否行世的问题上的记述，
自比叶梦得要可信得多。叶梦得于绍圣时仅十余岁，《辨奸》在苏洵当时是否行世，他自
己根本不可能知道；而他对这事的说法，又与当事人的张方平、曾从苏轼游的方勺很不相
同，何能轻信？盖绍圣后旧党又失势，后来连苏、黄文集亦被禁，《辨奸论》自不可能流
传，至北宋末党禁既解，始又行世。叶梦得当因自己以前一直没有看到过《辨奸》，遂以
为《辨奸》在以前一直秘而不出。至于苏氏之不以《墓表》上石，当是《墓表》中"党
友"之说得罪了许多跟苏轼兄弟关系密切的人，又骂了韩琦，并非如陈善所说是苏氏
"谅有愧于斯言（指《辨奸》）"。

　　总之，叶梦得关于《辨奸》写作缘起的说法，是否可靠，颇值得怀疑。至于所谓
"《辨奸》久不出""比年少传于世"之说，则是靠不住的。胡适曾据叶梦得的这两句话，
遽定《辨奸》为南宋人伪造[1]，显然不能成立。因为如前所述，《谢张太保撰先人墓碣
书》收于苏轼生前就行世的杭本《东坡文集》中，《墓表》和《辨奸》绝不可能是南宋
人伪造。在这里还应指出的是：叶梦得、陈善都倾向王安石，从他们的记述中，可知他们
对《辨奸》是不满的，他们的记述，实际上是在维护王安石的威信。（张平、邵伯温说王
安石愿与苏洵游，苏洵不愿，并作《辨奸》加以指斥，这样，苏洵之写《辨奸》就毫无
个人意气之类的成分在内，完全是从国家前途着眼；叶、陈则说苏洵写《辨奸》是因为
受到王安石诋斥，泄私愤，这样，《辨奸》就成为毫无价值之作。所以，在关于《辨奸》
缘起的这两种不同说法中，实际上体现了对王安石及其新法的两种不同政治态度。）叶梦
得文学修养甚高，且与苏氏后裔有交往，陈善对苏轼作品颇有研究，两人都准确地从事过
苏轼作品的辨伪工作。然而，对于他们很为不满的苏洵《辨奸论》以及苏轼的《谢张太
保撰先人墓碣书》等文，他们两人却没有一人疑其为伪作；这也间接说明了《辨奸》等
文在当时并无可疑之处。

---

　　[1]　见胡适：《苏洵的〈辨奸〉》，收入《胡适文存三集》卷七，亚东图书馆 1930 年版，第 901～
902 页。

至于宋人笔记小说关于《辨奸》写作缘起颇多不同的说法，这也是笔记小说中常见的现象。例如关于李白的《蜀道难》，对其写作时间和为什么而写的问题，笔记杂说所载也多分歧，但不能因此而谓《蜀道难》非李白作。所以，这种现象并不能作为《辨奸论》出于后人伪造的证据。它们所载《辨奸》写作缘起（包括写作时间）之与《墓表》矛盾者，在没有确凿材料证明其可信之前，当以《墓表》为正。

附论一：苏轼《乞录用郑侠、王旂状》非后人伪造

苏轼《乞录用郑侠、王旂状》收入《东坡奏议》，而蔡上翔谓系后人伪造。因这牵涉到明成化刊《东坡七集》中的前五集是否有伪作的问题，故须加以辨白。

蔡上翔所提出来证明此《状》出于伪造的证据共三条，而实无一条能够成立。

一、苏轼《状》有云：王安国"少子旂，敏而笃学，直而好义"。蔡上翔说："至如'敏而笃学，直而好义'，窃取《论语》，改换字句，与安道所作《墓表》，抄集《论语》《中庸》成语满纸，如出一手，此子瞻谓《与大颠书》虽韩氏家奴仆亦不为也，而谓子瞻有是哉？"①

案，《墓表》并未"抄集《论语》《中庸》成语满纸"，说已见前。至"敏而笃学，直而好义"，虽出于《论语·公冶长》的"敏而好学"和同书《颜渊》的"质直而好义"，但在文中化用或袭用前人成句，本是当时颇为常见的现象。王安石在写文章方面的成就并不低于苏轼，而就他的作品来看，不仅四六文的章、表、书、启中化用、袭用前人成句的现象层出不穷，即使在散文中，这种情况也为数甚众。因为苏轼此文是散文，试举安石散文中数例以明之。《上龚舍人书》："此（指孟子时——引者）乃存亡得失之秋。"②出自诸葛亮《出师表》"此诚危急存亡之秋也"。《上杜学士言开河书》："夫小人可与乐成，难与虑始。"③出自《商君书·更法》："民不可与虑始，而可与乐成。"（《史记·商君列传》也载此语。）《与郭祥正太博书》二："谨辄藏之巾匮，永以为好也。"④后句出自《诗·卫风·木瓜》："匪报也，永以为好也。"《与孟逸秘校手书》五："损有余以补不足，天之道也。"⑤出于《老子》："天之道，损有余而补不足。"《答韩求仁书》："管仲九合诸侯，一正天下，此《孟子》所谓天之大任者也。"⑥"九合"二句见于《论语·宪问》，唯在《宪问》中此二句分列二处，后句作"一匡天下"，王安石则把二句缀合，并改"一匡"为"一正"而已。蔡上翔于安石此等文章，从不斥为窃取前人，改换字句，亦不以为伪作，为什么苏轼借用了《论语》中的两句话，稍作修改，以赞美王旂，就要斥为"窃取《论语》，改换字句"，"虽韩氏家奴仆亦不为"，并把这种莫须有的罪名作为此文出于后人伪造的一个证据呢？

二、苏轼此《状》谓王安国"挺然不屈，不独纳忠于先帝，亦尝以苦言至计规戒其

---

① 蔡上翔：《王荆公年谱考略》卷十，中华书局1959年版，第161页。
② 王安石：《王文公文集》卷二，上海人民出版社1974年版，第30页。
③ 王安石：《王文公文集》卷三，上海人民出版社1974年版，第40页。
④ 王安石：《王文公文集》卷四，上海人民出版社1974年版，第53页。
⑤ 王安石：《王文公文集》卷四，上海人民出版社1974年版，第56页。
⑥ 王安石：《王文公文集》卷七，上海人民出版社1974年版，第80页。

兄（指王安石）"。蔡上翔说：此所云云，"揆之当日情事，毫无实据"①。但他并未能提出任何证据来证明当时并无此等情事。

案，《宋史·王安国传》载神宗、安国问答之辞甚详：神宗批评汉文帝"其才不能立法更制"，安国则称颂文帝"专务以德化民""加有才一等"；神宗表扬王猛"以蕞尔国而令必行"，安国则批判王猛"教坚以峻刑法杀人，致秦祚不传世"，并明确指出："今刻薄小人必有以是误陛下者"，要神宗"专以尧、舜三代为法"；神宗又问人们对王安石秉政的舆论如何，安国回答说："恨知人不明，聚敛太急尔。"结果弄得神宗"默然不悦"。在反对新法的苏轼等人眼中，这难道不是"挺然不屈，纳忠先帝"吗？《宋史》本传又载：安国"屡以新法，力谏安石，又质责曾布误其兄"，这与苏轼所说"苦言至计规戒其兄"，不亦若合符节吗？蔡上翔举不出任何证据来否定《宋史》本传的上述记载，完全采取回避的态度，只字不提，然后反过来斥责《状》中上述记述为"毫无实据"，此非自欺欺人而何？

是的，李绂《穆堂初稿·书〈宋名臣言行录〉后》曾对《宋史·王安国传》所载安国劝安石"远佞人"的事有所辨正，《王荆公年谱考略》曾予节引。但是，这能否推翻上引《宋史·王安国传》中的记载呢？不能。兹先依蔡书节引李说于后：《名臣言行录》"所采王荆公与弟平甫放郑声、远佞人之论，一篇三见，参差互异。《笔录》则以为'公为参政，因阅晏元献小词，笑曰：宰相而作艳词，可乎？平甫曰：亦偶然耳。吕惠卿为馆职，在坐，曰：为政必放郑声。平甫正色曰：放郑声不若远佞人。吕以为讥己，自是与平甫相失'。《闻见录》则谓：'公与惠卿论新法，平甫吹笛于内，公谕之曰：请学士放郑声。平甫即应曰：愿相公远佞人。惠卿深衔之。'而《记闻》则以'平甫为西京国子监教授，溺于声色，介甫在相位，以书戒之曰：宜放郑声。安国复书曰：亦愿兄远佞人'……《宋史》为平甫传，取《记闻》声色之说，而附以《闻见录》惠卿深衔之语，盖亦撮取《名臣言行录》为之"②。李绂又谓以上三说中以《笔录》所载犹为近之。

在这里，第一，《笔录》所述何以比另二说可信，李绂并未能提出有力的证据来加以证明，因而也就不能一定以《宋史》所述为误。第二，即使以《笔录》所述为正，则"平甫正色曰：放郑声不若远佞人"，也非随意说笑，而是"正色"说的有意之言，其中显有规讽之意，故"吕以为讥己"。然则此亦正可为苏轼《状》所云"苦言至计，规戒其兄"添一旁证。第三，《宋史·王安国传》所载此事，纵或不如《笔录》确切，然以安国"远佞人"之论为对其兄规戒之语，则与《笔录》并无不同，不得谓之根本失实。而且，纵或《宋史·王安国传》对此事的记述有问题，也并不能证明其所载安国与神宗问答之辞及其他记载也不可信。

三、苏轼《状》说："（安国）竟坐与侠游从，同时被罪。吕惠卿首兴大狱，邓绾、舒亶之徒构成其罪，必欲置此人于死。赖先帝仁圣，止加窜逐。曾未数年，逐惠卿而起安国。"蔡上翔说："史载郑侠上《流民图》在熙宁七年春夏之交，四月，王安石罢知江宁府。安石去而惠卿始兴大狱，及辞连安国，而安石不知也。史云放归田里，八月十七日而安国卒，是年安石有抚慰安国弟亡谢表，又有《平甫墓志》可证也。今曰'曾未数年，

---

① 蔡上翔：《王荆公年谱考略》卷十，中华书局 1959 年版，第 161 页。
② 蔡上翔：《王荆公年谱考略》卷十八，中华书局 1959 年版，第 255 页。

逐惠卿而起安国',使此表果子瞻为之,岂有错谬至此?魏道辅谓'平甫死,余尝挽词二首',而《笔录》亦云'放归田里,逾年起监真州粮料院,不赴而卒',《纲目》亦书'八年春正月,放王安国于田里',即史亦采之。杂说不可尽信如此。"①

案,此《状》并未说安国得罪是受王安石诬陷,且明言首兴大狱者为吕惠卿,构成其罪者为邓绾、舒亶,足征其与安石无涉。而蔡上翔在言此书之伪时,却引用史书记事,以证明此事为安石所"不知",不知仅是文字的支蔓,抑或把这也作为此《状》出于伪造的一个证据?若是后者,实可谓无的放矢。

在这里值得重视的,是王安国卒年问题。蔡上翔所谓"史云放归田里,八月十七日而安国卒",意即安国卒于熙宁七年八月十七日。然考之各种史籍,绝无此记载。仅《王文公文集》卷八十八《平甫墓志》有"以熙宁七年八月十七日不起"语,而又与同书卷十九《谢中使传宣抚问并赐汤药及抚慰安国弟亡表》相矛盾。该《表》云:"便蕃曲泽,虽远不忘。晼晚余年,惧终莫报。伏念臣辞恩机要,藏疾里闾,既疲瘵之未夷,顾忧伤之重至。仰烦眷奖,特示闵怜。中饬使轺,备宣恩厚,宠颁药物,深念衰残。此盖伏遇皇帝陛下日月照临,乾坤覆焘,俯矜旧物,曲轸睿慈。始终顾遇之私,人知无替,存没荣怀之感,情实难胜。"②

蔡上翔《王荆公年谱考略》熙宁七年谱中全文引录了此《表》,并加上按语说:"安国卒于八月十七日,此亦一证也。"③ 但从上引此《表》可以看出:《表》中根本没有说过平甫卒于八月十七日,也没有任何迹象显示出此《表》写于熙宁七年,蔡氏所言,殊嫌无据。而尤其值得注意的,是"辞恩机要,藏疾里闾"一句。

什么是"里闾"?《诗·郑风·将仲子》:"无逾我里。"《毛传》:"里,居也。二十五家为里。"《正义》:"里者民之所居,故为'居也'。《地官·遂人》云:'五家为邻,五邻为里。'是二十五家为里也。"考《周礼·地官》:"遂人,掌邦之野。……五家为邻,五邻为里,四里为酇,五酇为鄙,五鄙为县,五县为遂。皆有地域,沟树之。使各掌其政令刑禁。以岁时稽其人民,而授之田野。简其兵器,教之稼穑。"此所述皆郊野民居的情状及有关官吏对"邻""里"等人民的政教,足征"里"确为"民之所居",《毛诗正义》所释是。又,《周礼·大司徒》:"令五家为比,使之相保;五比为闾,使之相受;四闾为族,使之相葬;五族为党,使之相救;五党为州,使之相赒;五州为乡,使之相宾。"郑《注》:"此所以劝民者也。"贾《疏》:"此经说大司徒设比闾至于州县等第家数,各立其官长,教劝于民。……此经'相保''相受''相救''相赒''相宾'等皆是民间之事,故云'所以劝民也'。"是"闾"亦民之所居,唯不在"邦之野",故称"闾"以别之。"里""闾"既皆指民间,现任官自不能说"里居"或"居于里闾",至少须无官守者始可称之。王安石也正是在这个意义上使用这一名词的。例如,熙宁九年十月,王安石先后辞去宰相及判江宁府的职务后,神宗同意他"权于江宁府居住",即没有任何职掌地在江宁府休闲,但同时又给予他尚书左仆射同中书门下平章事、使持节都督洪州诸军事、充镇南节度观察处置使等官衔,王安石一再要求把这些官衔全都免去,说是"号兼将相之崇,

① 蔡上翔:《王荆公年谱考略》卷十,中华书局 1959 年版,第 161 页。
② 王安石:《王文公文集》卷十九,上海人民出版社 1974 年版,第 228 页。
③ 蔡上翔:《王荆公年谱考略》卷十八,中华书局 1959 年版,第 254 页。

身就里闬之逸，误恩若此，前载所无，非惟私义之难安，固亦公论之弗与"。见《王文公文集》卷十六《乞免使相充观察使第一表》①。同卷《乞免使相充观察使第四札子》也说："今臣既以疲苶，退归闬里……而陛下乃疏误恩，使兼将相之重……此臣所以不敢当也。"②. 此《表》与《札子》所说"就里闬之逸""退归闬里"，皆指其解除宰相及判江宁府职务后在江宁闲住（当时王安石已无具体职掌，即使带着将相的官衔，也不是住在官衙，而是住在民间私宅），则"里闬""闬里"显然都指民间，且可征"里闬"与"闬里"同义。又，王安石于治平四年所作《谢知江宁府表》有云："伏遇皇帝陛下绍膺尊极，俯烛幽微，延之以三节之严，付之以十城之重。……久寄托于丘坟，粗谙知其闬里。……敢不少尝体力之所任，祗奉诏条而为治?"③ 所谓"粗谙知其闬里"，亦显指熟悉江宁的民间情状。

考王安石自熙宁七年六月起，以观文殿学士、吏部尚书知江宁府，明年二月同中书门下平章事。王安国倘卒于熙宁七年八月十七日，则《谢中使传宣抚问并赐汤药及抚慰安国弟亡表》必作于其知江宁府时，而《表》中"辞恩机要，藏疾里闬"一语④，却与其时安石情状，若水火之不能相容。第一，其时安石既担任着知江宁府的职务，为当地的军政长官，即俗语所谓上马管军，下马管民，他怎能把自己说成是在民间（里闬）"藏疾"的人? 第二，王安石于熙宁七年虽亦以身体不好而请求解除宰相职务，出知江宁，但那不过是比在中央政府做官较为省力，其所承担的责任实并不轻，正如《王文公文集》卷十六《乞宫观第五札子》所云："且一方之任，非独簿书狱讼在所省察，至于督戒'盗贼'，辑兵安民，责在守臣，事实至重。"⑤（这虽是他在请求辞去判江宁府之职时所说，但判江宁府与知江宁府的具体职责是一样的。）所以，他在熙宁七年六月十五日到任后的谢表中说："经体赞元，废任莫追于既往；承流宣化，收功尚冀于方来。"⑥ 他的出知江宁府，是去"承流宣化"以报效朝廷的，何得以"藏疾"来概括自己的处境? 第三，王安石虽然认为做府、州一级的地方官比在中央政府做官省力，但他在身体不好而担任地方官时，仍然尽力担起应负的责任，而当他感到自己的体力连这也担负不起来时，就坚决要求把职务辞掉。例如，嘉祐二年，他因身体不好，求为地方官，受命知常州，所作《常州谢上表》说："思报所蒙，敢忘尽瘁?"⑦ 治平四年，他也"婴疹弥年"，而神宗命他知江宁府，他接受了这职务后，就表示要在力所能及的范围内，尽心治理，以报答皇帝："敢不少尝体力之所任，祗奉诏条而为治? 冀逃大戾，仰称殊私。"⑧ 至熙宁九年，他再次因病请求解除宰相职务，神宗命他以将相的官衔判江宁府，他感到自己的体力已不能担承，遂说："……积致衰疾，所以恳辞机要。若犹尸将相之厚禄，且复殿方面之大邦，则是于恶

---

① 王安石：《王文公文集》卷十六，上海人民出版社 1974 年版，第 173 页。
② 王安石：《王文公文集》卷十六，上海人民出版社 1974 年版，第 177 页。
③ 王安石：《王文公文集》卷十八，上海人民出版社 1974 年版，第 212 页。
④ 王安石：《王文公文集》卷十九，上海人民出版社 1974 年版，第 228 页。
⑤ 王安石：《王文公文集》卷十六，上海人民出版社 1974 年版，第 189 页。
⑥ 王安石：《王文公文集》卷十八，上海人民出版社 1974 年版，第 213 页。
⑦ 王安石：《王文公文集》卷十八，上海人民出版社 1974 年版，第 213 页。
⑧ 王安石：《王文公文集》卷十八，上海人民出版社 1974 年版，第 212 页。

盈之时，欲富而弗止，以宣力之地，养疴而自营。圣慈虽或优容，官谤何由解免？"① 若于熙宁七年知江宁府时一面担任"事实至重"的职务，一面却以"藏疾里闾"自居，岂不正是他所坚决反对的"以宣力之地，养疴而自营"吗？这跟他一贯的思想作风也是根本不相容的。

从以上三点来看，此《表》绝不可能作于熙宁七年及八年正月知江宁府时。至于八年二月至熙宁九年九月，王安石再任宰相，当然更与"辞恩机要，藏疾里闾"语不合。所以，它至早应作于熙宁九年十月王安石再度罢相之后，从而王安国之卒也当在熙宁九年十月之后。因安国若卒于熙宁七年八月十七日，那么，神宗为什么不在当年就派中使去"抚慰"王安石，却要到熙宁九年十月以后才派中使去"抚慰安国弟亡"？而且，在熙宁八年二月至熙宁九年九月间，王安石在朝中为相，经常与神宗见面，安国若死于此期间，神宗为什么不当面"抚慰"，一定要等王安石再度罢相、退居江宁之后，才路远迢迢地派中使去"抚慰"呢？

"安石诗文，本出门弟子排比，非所自定，故当时已议其舛错。"② 这两篇文章既彼此矛盾，倘非《平甫墓志》的"熙宁七年八月十七日不起"③句中有误字，就是《谢中使传宣抚问并赐汤药及抚慰安国弟亡表》中的"藏疾里闾"语有讹脱。参以其他史料，问题实在《平甫墓志》。

一、魏泰《东轩笔录》谓王安国以郑侠案牵累而"放归田里，逾年，起……监真州粮料院"④。郑侠案发生于熙宁七年，则安国之卒不在同年八月十七日可知。此项材料，蔡上翔已尝引用，唯因其与《平甫墓志》抵牾，遂斥为不可信。但《平甫墓志》与《谢中使传宣抚问并赐汤药及抚慰安国弟亡表》既有矛盾，其所载安国卒年有无讹字尚有待证实；而安国之卒魏泰尝作挽词二首，可知他是安国友人，于安国卒年自当确有所知，固不应仅据《平甫墓志》就否定魏泰之说。

二、《王荆公年谱考略》："（熙宁）八年春正月，窜郑侠于英州，罢参知政事冯京，放秘阁校理王安国于田里。考略曰：此《纲目》大谬也。特录之。"⑤ 案，蔡上翔以为此记载始于明人所编《纲目》，殊误。其实，宋代李焘《续通鉴长编》熙宁八年即有此记载。考郑侠于熙宁七年四月上《流民图》，并言新法之害，编管汀州，又为吕惠卿所谮，行至中途，复被逮，由舒亶受命往捕，在郑侠箧中搜得其所录名臣谏草，其中有言新法事者，又有郑侠与亲朋的书信，于是又牵连到冯京、王安国等。至熙宁八年正月狱决，侠徙英州，冯京罢参知政事而安国放还田里。事见《续通鉴长编》熙宁七年、八年及《宋史》的《舒亶传》《邓润甫传》《吕惠卿传》《郑侠传》《冯京传》等。在这里值得注意的是：第一，王安国与冯京等同案，自当一同发落，绝无在此案未结之前先处分安国一人之理。第二，李焘《续通鉴长编》之纂修，系依据官书，又旁采小说杂记。而参知政事之任命及罢免，为政治上的重大事件，必在官方文件中有明确记载，《续通鉴长编》于此等事

① 王安石：《辞使相第二表》，《王文公文集》卷十六，上海人民出版社 1974 年版，第 172 页。
② 《四库全书总目》卷一百五十三集部《〈临川集〉》提要，中华书局 1965 年版，第 1325 页。
③ 王安石：《王文公文集》卷八十八，上海人民出版社 1974 年版，第 938 页。
④ 魏泰：《东轩笔录》卷五，中华书局 1983 年版，第 52 页。
⑤ 蔡上翔：《王荆公年谱考略》卷十九，中华书局 1959 年版，第 257 页。

件，自必以官方记载为依据，因此，其所记冯京被罢免参知政事职务的年月不会有错误；而王安国既系与冯京同案处理，其放还田里自亦必在冯京罢参知政事之同时。由此可见，他至少在熙宁八年正月还活着，《平甫墓志》说他死于熙宁七年，当有讹误。

三、陈襄《古灵集》卷一《熙宁论荐司马光等三十三人章稿》有云："谪官未复职者：前秘书省著作佐郎王安国，材属磊落，文亦豪迈，可充词翰之职。向居罪废闲，不忘进学，亦奇玮之才也。""小臣言事黜废有可矜者：前光州司法参军、监安上门、英州安置勒停郑侠，向以狂言得罪，窜废海隅瘴疠之地，朝不保夕。小臣愚直敢言如此，是亦发于忠义，非陛下矜怜其志而使得生还，谁复为侠言者？"[1] 此章中已言及郑侠安置英州，必作于熙宁八年郑侠徙英州之后。又据《古灵集》所附叶祖洽为襄所撰《行状》及陈襄侄孙晔所撰《年谱》，襄于熙宁九年为经筵讲官，此章即熙宁九年所作。案，此是向神宗推荐可用的人材，被推荐者自然都应是活人；陈襄在推荐之前，自不能不事先打听清楚此诸人的存殁。同时，他说王安国"向居罪废闲，不忘进学"，可见他对王安国放归田里后的情况是知道的；且安国之卒，神宗曾遣使慰问安石，陈襄不容不知。换言之，倘若王安国于熙宁七年已经死去，陈襄绝不至于在熙宁九年还把他当作活人向神宗推荐。

由以上三个证据，可知安国于熙宁八年正月放归田里，至少活到熙宁九年，此皆与《平甫墓志》所载安国卒于熙宁七年之说相矛盾，而与《谢中使传宣抚问并赐汤药及抚慰安国弟亡表》相合。《墓志》的"熙宁七年"句中必有误字。

考熙宁凡十年，熙宁以后为元丰，凡八年，元丰以后为元祐，而王安石即死于元祐元年，故《墓志》之作必不迟于该年。同时，王安石于其弟安国的卒年不可能搞错，今天看到的《平甫墓志》之所以于卒年有问题，当是刊误。而"熙宁"与"元丰""元祐"字形殊绝，"熙宁七年"中的"熙宁"，绝不可能是"元祐"或"元丰"之误；其刊误当在"七"字上。我们既从《谢中使传宣抚问并赐汤药及抚慰安国弟亡表》得知安国之卒当在熙宁九年十月之后，则"熙宁七年"的"七"字当为"九"或"十"字之误。而从字形说，"十"之与"七"实较"九"之于"七"更为相近；且王安石罢相在熙宁九年十月丙午（见《宋史·神宗纪》），倘安国卒于熙宁九年，而《平甫墓志》所载安国卒之月日（八月十七日）并无讹字，则安石罢相时距安国之卒已二月有余，早就应得到安国讣闻，神宗不在安石罢相前当面对他"抚慰"，却一定要等他"藏疾里间"后再派中使去"抚慰安国弟亡"，也不合情理。故《平甫墓志》中的"熙宁七年"，当系"熙宁十年"之误。

综上所述，苏轼《乞录用郑侠、王旉状》中"吕惠卿首兴大狱，邓绾、舒亶之徒构成其罪，必欲置此人（指王安国）于死。赖先帝仁圣，止加窜逐。曾未数年，逐惠卿而起安国"等语，与历史事实完全相符。安国以熙宁七年被吕惠卿等牵入郑侠案，八年正月放归田里，"逾年，起……监真州粮料院"[2]，安国虽未赴职，而就神宗说，固已可谓之"起安国"；其时距其放归田里凡一年余（"逾年"），距"吕惠卿首兴大狱"则为两年左右，与"曾未数年"也相合。又，吕惠卿自熙宁七年四月起任参知政事，至熙宁八年十月，"以参知政事守本官知陈州"（皆见《宋史·宰辅表》），此即所谓"逐惠卿"，

① 陈襄：《古灵先生文集》卷一，宋绍兴三十一年刻本。
② 魏泰：《东轩笔录》卷五，中华书局1983年版，第52页。

"逐"者，谓免去其参知政事的实权，逐出中央政府，降为地方官。时距王安国之放归田里不过十个月，距其于熙宁七年"首兴大狱"也不过一年多。因此，所谓"曾未数年，逐惠卿而起安国"，毫无"错谬"可言。蔡上翔为了证明《乞录用郑侠、王竹状》出于伪造而提出的证据，没有一条能够成立，从而也就不能认为明成化刊《东坡七集》的前五集中也存在伪作。

最后附带说明一点：《苕溪渔隐丛话》后集卷二十八："东坡云：世之蓄某诗文多矣，率真伪相半……苕溪渔隐曰：东坡文集行于世者其名不一，惟《大全》《备成》二集诗文最多，诚如所言真伪相半。其后居世英家刊大字《东坡前后集》，最为善本。世传《前集》乃东坡手自编者，随其出处，古律诗相间，谬误绝少。如御史府诸诗不欲传之于世，《老人行》《题申王画马图》非其所作，故皆无之。《后集》乃后人所编，惜乎不载《和陶》诸诗，大为阙文也。"① 已故余嘉锡先生《四库提要辨证》于《东坡全集》条下曾引此条，并据"世传《前集》乃东坡手自编者"语，认为："由是可见陈振孙所谓杭本当坡公无恙时已行于世，邵博所谓京师印本《东坡集》者，皆指《前集》言之，非谓后集以下均为东坡生前所刻也。"② 案，邵博所谓京师印本《东坡集》自指《前集》，至陈振孙《直斋书录解题》，于列举《东坡文集》《后集》《应诏集》等七种集名后，始云："杭、蜀本同，但杭无《应诏集》。"则其所云"杭本"，显然包括《应诏集》以外的六种集子，并非仅指《东坡文集》（即苕溪渔隐所谓"前集"）一种而言。若于苏轼生前已经行世者仅为杭本中的《东坡文集》，并不包括其他五集，陈振孙自必别白言之，何得泛称杭本？且此处原文说："《东坡别集》四十六卷：坡之曾孙给事峤季真刊家集于建安，大略与杭本同，盖杭本当坡公无恙时已行于世矣。"③ 所谓"大略与杭本同"，显然就杭本与建安本的全体而言，并非仅指其中的《东坡文集》部分，"盖杭本"云云又显系承上文而来，自必亦指杭本全体，而非仅指其中的《东坡文集》。所以，余嘉锡先生的推测恐并不确。其实，《直斋书录解题》所言与《苕溪渔隐丛话》此条并无矛盾。因为《东坡后集》虽非东坡手编，但仍可于东坡生前已经行世；就近事言之，鲁迅《集外集》并非其手编，但确于鲁迅生前业已行世。苏轼于手编《东坡文集》后，又委托其后辈（即苕溪渔隐所谓"后人"）代编《后集》，亦事理之常。至《苕溪渔隐丛话》谓《后集》编者不收《和陶》为"阙文"，则不确，因《和陶》本系别行之书，见苏辙为轼所撰《墓志铭》。

余嘉锡先生又评成化刊本《东坡七集》说："耳食者流，因其源出宋刻，以为苏集莫完善于此，故风行一时，而从来通行之《大全集》几废。余尝取明刻七十五卷全集本，与《续集》略一对勘，则全集中诗文《续集》未收者甚多。"④ 案，余先生此说至确。但由此可见，此本的缺点在于《续集》所收作品不全，而不在于《续集》以前的六集中阑入其本来所没有的作品。因此，这与我所说此本前五集中不可能有伪作，并无枘凿。

① 胡仔：《苕溪渔隐丛话》后集卷二十八，人民文学出版社1962年版，第211页。
② 余嘉锡：《四库提要辨证》卷二十二，中华书局1980年版，第1366页。
③ 陈振孙：《直斋书录解题》卷十七，清乾隆间刊《武英殿聚珍版丛书》本。
④ 余嘉锡：《四库提要辨证》卷二十二，中华书局1980年版，第1365页。

附论二：张方平与欧阳修、韩琦、司马光的关系

张方平《文安先生墓表》中"嘉祐初，王安石名始盛，党友倾一时"① 之语，对嘉祐初推崇王安石的人实都含有不满甚或批判之意，而欧阳修、司马光等人当时都推崇过王安石；在一般的观念中，反对王安石新法的人都是赞扬欧阳、司马等人的，所以张方平的这些话就好像有些难于理解。《墓表》对韩琦也有所不满，而韩琦也是当时反对新法的人所钦敬的。蔡上翔便把这些都当作了《墓表》出于伪作的证据。其实，只要理解了张方平与这些人的关系，就可以知道：《墓表》中之有这些话，正是非常切合张方平身份的。今试略加说明。

早在北宋庆历（1041—1048）年间，朝廷上曾发生过一场较大的斗争。当时范仲淹、杜衍、富弼、韩琦等欲在政治上有所兴革，这就是所谓"庆历新政"。欧阳修是站在他们一边的。而反对者则指他们为朋党。这一政争，最后以范、韩等人的失败告终。失败的直接原因，是当时的皇帝仁宗相信了反对者的朋党之说，对范仲淹等人产生怀疑，就把他们调离中央，改任地方官。兹引《续资治通鉴长编》卷一五四庆历五年正月乙酉有关记事于后：

> 乙酉，右谏议大夫参知政事范仲淹为资政殿学士知邠州、兼陕西四路缘边安抚使，枢密副使右谏议大夫富弼为资政殿学士京东西路安抚使知郓州。……（先是）右正言钱明逸希得象等意，言弼更张纲纪，纷扰国经，凡所推荐，多挟朋党，心所爱者，尽意主张，不附己者，力加排斥，倾朝共畏，与仲淹同。又言仲淹去年受命，宣抚河东、陕西，闻有诏戒励朋党，心惧彰露，称疾乞医。才见朝廷别无行遣，遂拜章乞罢政事，知邠州，欲固己位，以弭人言，欺诈之迹甚明。乞早废黜，以安天下之心，使奸诈不敢效尤，忠实得以自立。明逸疏奏，即降诏罢仲淹、弼。是夕并锁学士院，草制罢衍。……

至同年三月，枢密副使、右谏议大夫韩琦为富弼罢枢密副使事上疏以谏，有"臣所以不避朋党之疑，思一悟于圣聪者……"等语；"疏入不报""琦不自安，恳求补外"，遂"罢枢密副使，加资政殿学士知扬州"②。

由上所引，可知范仲淹等人的政敌加给他们的罪名是"朋党"，其政敌的首领是"得象等"。得象即章得象，另一人为陈执中。杜衍之被罢相，即因"陈执中在中书又数与衍异议"，并向仁宗"潜衍曰：衍党顾二人（指蔡襄、孙甫。——引者），苟欲其在谏院欺罔擅权……怀奸不忠"。又，监察御史刘元瑜之掊击范仲淹一边的人，也是"希章得象、陈执中意"③。

那么，在这一政争中，张方平的态度又如何？他跟陈执中的关系很密切。执中死后，

---

① 张方平：《乐全集》卷三十九，收入《四库全书珍本初集》，商务印书馆 1935 年影印本。
② 《续资治通鉴长编》卷一五五，中华书局 1979 年版。
③ 均见《续资治通鉴长编》卷一五四，中华书局 1979 年版。

张方平为作神道碑，颂美甚至①。又，《乐全集》附录王巩为方平所作《行状》叙述当时政治情况及张方平态度说："于时操事者颇立交党，更相贵宠，互为游说，奔走胥附。公正色于朝，独立不惧，众虽不悦，无如之何。范文正公每以公议持之，上亦自知之深也。"按，当时倡言朝中有"朋党"的，是章得象等人；所云"朋党"，则指站在范仲淹一边的人。《行状》所言"于时操事者颇立交党"等语，与当时站在章得象等一边攻击范仲淹等人者如出一辙。尤其值得注意的是"众虽不悦"一句。联系上文，这里的"众"即指上文的"交党"，也即站在范仲淹等一边的人。由此可知，张方平在当时实为这些人所憎恶。为他写《行状》的王巩，是他的女婿，出生既晚，自不可能参与庆历政争，其所以指责那些人为"交党"，与章得象等如出一辙，当是因张方平实与"交党"有矛盾，若不指斥"交党"，就不能证明张方平在当时的正确。不过王巩写《行状》是在元祐时，其时对庆历政争已有定论，即肯定范仲淹等人而否定他们的对立面，所以在《行状》中不得不将张方平与范仲淹拉上关系，说是"范文正公每以公议持之"。然而，不但在历史著作和范仲淹的传记中找不到这样的记载，而且在苏轼为张方平所写的《张文定公墓志铭》中也把这样的话删去了②。一般说来，行状具有为墓志铭提供资料的作用，而且苏轼在写《墓志铭》时显然看过王巩写的《行状》（因为有些语句跟《行状》相同）；另一方面，苏轼与张方平感情很好，如果范仲淹确对张方平如此器重，苏轼绝不会在《墓志铭》中去抹煞张方平的这段光荣历史。

总之，在庆历政争中，张方平是一个与陈执中关系密切，并为范仲淹一边的人所"不悦"的人。不仅如此，他对当时站在范仲淹一边并在政争中起过不小作用的欧阳修，恐还有点投井下石。兹引《神宗实录》（墨本）中欧阳修传如下：

> ……仁宗既进退大臣，欲遂改更诸事，范仲淹、杜衍、韩琦、富弼皆辅政……用修同修起居注，阅月拜右正言、知制诰。……（夏）竦尤不悦，因与其党造为党论，目仲淹、衍及修为党人。修乃上《朋党论》，其大略言：小人无朋，惟君子则有之。……又上疏言：杜衍、韩琦、范仲淹、富弼相继罢去，天下皆知其有可用之贤，而不闻其有可罢之罪。自古小人谗害忠贤，其说不远，欲广陷良善，不过指为朋党。……为党论者愈益恶之。修妹适张龟正，龟正无子而死。有龟正前妻之女才四岁，无所归，以俱来。及笄，修以嫁族兄之子晟。张氏后在晟所与奴奸，事下开封府。狱吏附致其言，以及修，乃以户部判官张安世、内侍王昭明杂治之，卒无秋毫。乃坐用张氏奁中物买田立欧阳氏券，左迁知制诰知滁州。③

重修《神宗实录》（朱本）、《神宗旧史》《四朝国史》中欧阳修传④，于此所述略

---

① 文载《乐全集》卷三十七，收入《四库全书珍本初集》，商务印书馆 1935 年影印本。

② 《东坡七集·东坡后集》卷十七。

③ 转引自《欧阳文忠公文集·附录》卷三，《四部丛刊》影印元刊本。

④ 皆见《欧阳文忠公文集·附录》卷三，《四部丛刊》影印元刊本。

同。可见即使在当时的官方记载中，也以为欧阳修的这场官司实际上是政治官司①，而王巩为张方平所作《行状》却与此大异：

> ……领审刑。御史台有狱，辞连欧阳修。时修任河北都转运使，制使就推，修不承。复推，如前具奏。法官当修报上不以实之坐。公以案上。仁宗盛怒，谓使者有党，故不尽情，命送中书选官复按。公谓贾丞相（指贾昌朝。——引者）曰："相君与修异，众所知也。今复推无状而复按，虽有旨，天下必议公，公盍图之。"贾丞相为之解说，得罢按。而复下案审刑取旨。详议官引江湖上佐之例以白公。公不从，乃上言："……凡侍从官到任已，重有吏议，请自中书上，取众议之允也。"竟不以上，而送政府。贾丞相思公言，止夺修龙图阁直学士，以知制诰知滁州。②

　　值得注意的是：第一，《神宗实录》等文献都把欧阳修的官司作为政治事件；而在这记载中，政治事件的性质完全看不到了。第二，《神宗实录》等都把张氏案件牵连到欧阳修，说成是"狱吏附致其言"的结果，含有政治陷害的性质；此处却说成是"辞连欧阳修"，也即张氏自己的供词中牵连到欧阳修。第三，《神宗实录》等说欧阳修"卒无秋毫"，完全没有问题；此处却说"修不承"，意即确是有问题的，只是不肯承认，所以下文说"法官当修报上不以实之坐"，要将欧阳修作为不肯老实交代来定罪。第四，《神宗实录》等说，"为党论者愈益恶之"，终致有了这一事件，韩琦的《墓志铭》则说是由于"执政与其朋益怒，协力挤之"③，因此后来虽查下来没有问题，却仍给予降级处分；此处却说皇帝本要彻底查办，却是跟欧阳修有矛盾的"执政"——贾丞相怕别人议论自己在陷害欧阳修，因而帮了他的大忙，首先是不再追查下去，使此事不了了之（"得罢按"），其次是像欧阳修这样的问题，按照老例本应降为"江湖上佐"，而执政却法外施恩，仍让他"以知制诰知滁州"。以上的这一系列歧异的形成，恐并不是由于《神宗实录》等文献袒护欧阳修，而是由于《行状》在这事情上帮助欧阳修的政敌说话。所谓"法官当修报上不以实之坐。公以案上"，也即张方平同意把欧阳修作为不肯老实交待来定罪，并将这处理意见上报仁宗；他与贾昌朝在这件事上原是站在一起的。在其他方面，他与贾昌朝也有勾结之迹④。

　　理解了张方平在庆历政争中的表现，也就可以理解张方平在后来的一些遭遇。

　　一、《行状》："三司判官杨仪者，以请托被劾。……公与仪颇厚，故亦被问。狱具……独公无罪可书。时执政有欲中伤者，例从重议。公亦罢翰林，出知滁州。……上意

---

①　韩琦为欧阳修所作《墓志铭》、苏辙为欧阳修所作《神道碑》，对此点说得更清楚，见韩琦、苏辙文集或《欧阳文忠公文集·附录》卷二，《四部丛刊》影印元刊本。

②　张方平：《乐全集》附录。下引《行状》均据此本，不再出注。

③　韩琦：《安阳集》卷五十，清乾隆四年刻三十五年重修增刻本。

④　这里举两个例子：一、贾昌朝为相时，其亲戚、御史唐询潜害昌朝政敌吴育。唐询本不应在朝任职，是张方平把他留下来的。故《宋史·贾昌朝传》曰："及张方平留唐询，而询潜育，世以为昌朝旨也。"又，吴育曾援救过杜衍、富弼，是其政治上实倾向于"庆历新政"。二、贾昌朝欲任曾公亮为史馆修撰，仁宗不准。"贾丞相语公亮：'得张君一荐可哉！'公为荐，仁宗即许。"（见王巩《行状》）是方平荐曾公亮，亦出于昌朝之意。

寻悔，到官三月，就除端明殿学士，知江宁府。……先是，江宁府廨火，及此重修始成，特旨命公撰记。"据《行状》原注，此记即"敕撰《江宁府重修府署记》"，见《乐全集》卷三十三。该《记》末署"皇祐元年冬十一月"。《记》中云："庆历八年正月江宁府署火"，因"除龙图阁直学士知扬州张奎右谏议大夫领军府事"，并命其重修府署，"自闰正月至于八月"，府署修成，"上嘉奎之敏于事而器干足任，被之玺书，称饰其勤……"是张奎领江宁军府事至早到庆历八年八月。故张方平知江宁府，当始于庆历八年八月之后，皇祐元年十一月之前。而《乐全集》卷二十八《江宁府谢上表》，谓其于三月二十三日接到任命，四月十七日到任，自是皇祐元年事。同卷《滁州谢上表》，谓其于十月初五日到任，参以《行状》中"到官三月，就除端明殿学士知江宁府"语，其受处分而出知滁州实在庆历八年。据《宋史·宰辅表》二，自庆历七年三月乙未起，宰相就只陈执中一人，至庆历八年闰正月，又增加文彦博。陈执中与张方平关系甚密，已如上述，则所谓"时执政有欲中伤者"，自指文彦博。而文彦博在政治上与韩琦等人是一致的。

　　二、《行状》："……领秦州。……时夏酋谅祚骄僭……公料阅军马，声言出境，以安内属之心，实未尝兴发也。当言职者有憾于公，谓公轻举。当国者乘便欲危之。一相云：边臣谨守备职尔，何论焉？有备无患，军政所先，寇至而不戒，何以固吾圉？师不出营，何轻举之有？上亦素察公所为，故言者不得逞。初命公奏，有旨除宣徽使，间言旁发，故除冬官，且有后命，再任除之。及是，故不悦者将挠废前命。"按，此所云"当言职者"指司马光。司马光有《论张方平守边轻易状》《论张方平第二状》[1]《论张方平第三状》[2]。文中不但论其守边轻易，且要求"明治方平之罪，谪之远方"（《第二状》）；又言方平"奸恓贪猥，上论共知"（《第三状》）。司马光奏章之下往往注明所上时间，集中章奏大抵按时间先后排列；此三首虽未注时间，但以其前后诸章奏考之，第一、二状当作于嘉祐六年十或十一月，第三状当在嘉祐七年二、三月间。其时宰相为韩琦及曾公亮。韩琦为首辅；此云"当国者"，当指韩琦。为张方平说话的"一相"，则当是曾公亮；公亮曾得到方平的帮助，见本文前页注[2]。又按，张方平是以工部尚书衔去秦州赴任的，而据上引《行状》的最后几句，仁宗当时还表示在其任满后将升他的官，司马光的劾奏，含有怕他升官的意思。

　　三、《行状》：在英宗即位后，张方平知徐州。英宗曾想调他到中央去，"屡语执政，俾召还，凡三沮止"。其后"枢密副使胡宿请外补，出知杭州。翼日，中书请除人，上（指英宗。——引者）曰：'张某（指方平。——引者）。'宰臣复欲沮之，而难拒上意，乃曰：'向者常议枢密院本有武臣一员，久缺不补，今请用前议，以复旧典。'即历数武臣三数人，至郭逵而称其可用。除逵签书枢密院公事。他日公因对，上曰：'罢胡宿本以用卿，中书每不为卿地。至如议用武臣，中间除吕公弼枢密副使时不举前议，则其意可知也。'"英宗时的宰相仍为韩琦、曾公亮。曾公亮曾帮张方平说话，则一再反对张方平的当仍是韩琦。韩琦为"庆历新政"的四个主持人之一，他之所以如此一再与张方平为难，当与"庆历新政"时张方平站在他们的政敌一边有关。

---

①　《温国文正司马公文集》卷二十。
②　《温国文正司马公文集》卷二十一。

四、神宗即位后，欧阳修即上疏推荐司马光①，及神宗任命张方平为参知政事，司马光极力反对，吕公著声援司马光②，而吕公著也是欧阳修一再推荐的人③。又，张方平于嘉祐间任三司使，曾因包拯的坚决反对而遭罢免；在这之前欧阳修曾对包拯极力推荐④；而司马光在反对张方平为参知政事时，曾以包拯反张方平事为主要论据之一⑤。

由此可见，张方平与韩琦、文彦博、司马光、欧阳修都有矛盾。他在为苏洵写的《墓表》中顺便刺他们一下，是完全可以理解的。

附　记

此文发表后，曾受到邓广铭先生的批评。邓先生是我所尊敬的学界前辈；他虽然很不同意我的看法，但却是在"多次读过"此文之后才撰文商榷的，而且完全是基于学术的平等的态度（见邓先生《〈辨奸论〉真伪问题的重提与再判》，载《国学研究》第三卷，北京大学出版社 1995 年版）。这很使我感动。我虽然对邓先生的意见仍未敢苟同，但我做学问有点凭兴趣；当时对《辨奸论》的真伪问题已没有什么兴趣了，所以没有作答。不料王水照先生却撰文支持我的看法，于是就引起了王先生与邓先生之间的争论。他们两位都写了高水平的学术论文——王先生的《〈辨奸论〉的真伪之争》、邓先生的《再论〈辨奸论〉非苏洵所作》和王先生的《再论〈辨奸论〉真伪之争》。而邓先生的那一篇已是他的绝笔。我想，这样的对学术的认真负责态度实在是值得我辈学习的。后来王昊先生将涉及《辨奸论》真伪问题的文字集中起来，编成了《〈辨奸论〉真伪考信编》（吉林人民出版社 2001 年版），邓、王二先生的文章都收进去了。有兴趣的读者可以参看。

2004 年 9 月 30 日记

---

① 见欧阳修《荐司马光札子》，《欧阳文忠公文集》卷一一四，《四部丛刊》影印元刊本。

② 见《温国文正司马公文集》卷三十八《张方平第一札子》《第二札子》及《宋史·吕公著传》。

③ 见《欧阳文忠公文集》卷九十一《举吕公著自代状》、卷一一○《荐王安石吕公著札子》，《四部丛刊》影印元刊本。

④ 《欧阳文忠公文集》卷一一一《论包拯除三司使书》卷一一○《再论水灾状》，《四部丛刊》影印元刊本。

⑤ 见《温国文正司马公文集》卷三十八《张方平第二札子》。

杜诗 "伪苏注" 研究

莫砺锋

杜诗的 "伪苏注" 产生后不久，即受到学者的严厉批判。到了现代，程千帆师于1936 年所作的《杜诗伪书考》一文根据历代文献的记载对 "伪苏注" 的来龙去脉进行了认真的清理。在 1940 年由哈佛燕京学社出版的《杜诗引得》一书中，洪业先生在序中从版本学的角度分析了 "伪苏注" 之诞妄。后来周采泉先生在《杜集书录》中遂径直把 "伪苏注" 置于 "伪书之属"（注：上海古籍出版社 1986 年版，第 641 页）。时至今日，"伪苏注" 早已不齿于杜诗学界了。然而，作为文学史现象的 "伪苏注" 仍然不应被摒弃在我们的研究范围之外。因为这个现象自身虽然荒谬绝伦，但它毕竟反映着当时的文学思想及学术风气。为了使学术界对 "伪苏注" 的性质和意义有更清晰的理解，本文拟对它的出现时间、作伪手法、产生原因等问题进行论析。

一

"伪苏注" 出现于什么时候？宋人著作中没有留下准确的记载。周采泉先生认为 "其刻行时期，当在北宋末，南宋初"（注：上海古籍出版社 1986 年版，第 641 页），所言大致不错，但过于模糊。虽说由于文献不足，我们已难对 "伪苏注" 进行准确的系年，但仍然可以从一些蛛丝马迹中推断出一个较小的时间范围来。

首先，"伪苏注" 是假托苏轼晚年口授的，其中言及苏轼晚年行迹大多合于事实，例如《分门集注杜工部诗》卷三《立春》诗后引 "苏曰"："予寓惠州，适值春日，节示翟夫子。"（注：本文所引 "伪苏注" 皆出自《分门集注杜工部诗》，下文仅注卷数）而苏轼谪居惠州时确有一位邻居名翟逢亨，苏轼在诗中称之为 "翟夫子"："翟夫子舍尚留关。"（注：《白鹤峰新居欲成夜过西邻翟秀才二首》之一，《苏轼诗集》卷四〇）此外，胡仔看到的 "伪苏注" 即李歜《注诗史》之序中还说到 "东坡先生亦谪昌化" 事（注：见《苕溪渔隐丛话》前集卷十一），这都不是能够凭空捏造的，所以 "伪苏注" 必定出于苏轼贬至海南之后，也即在绍圣四年（1097）之后。

其次，在北宋末年，"伪苏注" 似乎尚未为人所知。王直方在《王直方诗话》中说："近世有注杜诗者，注 '甫昔少年日'，乃引 '贾少年'；'幽径恐多蹊'，乃引《李广传》：'桃李不言，下自成蹊。''绝域三冬暮'，乃引东方朔 '三冬文史足用'；'寂寂系舟双下泪'，乃引《贾谊传》'不系之舟'；'终日坎壈缠其身'，乃引《孟子》'少坎坷'；'君不见古来盛名下'，乃引《新唐书·房琯赞》云 '盛名之下为难居'，真可发观者一笑。" 今检王直方所讥笑的诸条杜诗注，除了第五条之外，全都出自 "伪王洙注"（注：这些 "伪王洙注" 分别见于《分门集注杜工部诗》卷十七《奉赠韦左丞丈二十二韵》，卷二五《白露》，卷九《奉送十七舅下邵桂》，卷三《清明二首》之二，卷十六《丹青引》）。既然王直方对乱引古语而不合杜诗文义的"伪王洙注"大加嘲笑，而对手法更为拙劣的"伪苏注"却不置一词，那么比较合理的解释就是他根本没有见过"伪苏注"。又，洪刍在《洪驹父诗话》中也曾批评"伪王洙注"说："世所引注老杜诗，云是王原叔，或云邓慎思所注，甚多疏略，非王、邓书也。"但他对"伪苏注"则不置一词。而且《洪驹父诗话》中还对杜诗"天棘梦青丝"句表示"不可解"，如果他曾得见"伪苏注"的话，一定会对"伪苏注"强作解人的说法表示意见的（注：此句见《巳上人茅斋》，卷八。"伪苏注"注曰："天棘，梵语柳也。"），可见洪刍肯定没有见过"伪苏注"。王直方卒于大观三年（1109），洪刍则卒于南宋初建炎中（1127—1130）（注：参看拙著《江西诗派研究》第四章，齐鲁书社 1986 年版），由此可以推知"伪苏注"在北宋末年尚未出现。

第三，成书于绍兴十二年（1142）的王观国《学林》卷五"杜子美"条云："近世有小说《丽情集》者，首序子美因食牛肉白酒而卒，此无据妄说，不足留。今注子美诗者，亦假王原叔内翰之名，谓甫一夕醉饱卒者，毋乃用小说《丽情》之语耶？"此书中还多次引及伪王洙注的注文，例如卷八"青精"条："杜子美《赠李白》诗曰：'岂无青精饭，使我颜色好。'注诗者曰：'《梁书·安成康王秀传》：或橡饭菁羹，惟日不足……'"同卷"大刀"条："杜子美《中秋月》诗曰：'满目飞明鉴，归心折大刀。'注诗者曰：'《古诗》：蒿砧今何在，山上复有山。何当大刀头，破鉴飞上天。谓残月也。'"同卷《冬至》条："杜子美《至日遣兴》诗曰：'何人错忆穷愁日，愁日愁随一线长。'注诗者曰：'引《岁时记》云：宫中以红线量日影，至日日影添一线。'"又《至后》诗曰："冬至至后日初长，远在剑南思洛阳。"注诗者曰："晋魏间，宫中以红线量日影，冬至后添长一线。"王观国引用这些注文后即一一驳诘之。今检上引数条中的注文皆为"伪王洙注"（注：这些杜诗及"伪王洙注"分别见《分门集注杜工部诗》卷十七、卷一、卷三、卷二），但是遍检《学林》全书，没有涉及"伪苏注"，可见王观国没有见过"伪苏注"，也就是说"伪苏注"在南宋绍兴初年尚未问世。

根据我所掌握的材料，最早提到"伪苏注"的著作是蔡兴宗《重编少陵先生集》。据汪应辰《书少陵诗集正异》（注：《文定集》卷十，武英殿聚珍版丛书本），可知蔡本杜诗中已采用了"伪苏注"的一些说法。可惜蔡本杜诗今已失传，无法知其详细情况。比蔡本稍后的赵次公注杜诗则留下了明确的关于"伪苏注"的记载，并明言蔡本引用"伪苏注"之非。赵次公的《杜诗先后解》，当时人称为"赵注"。"赵注"经过今人林继中先生的整理，已以《杜诗赵次公先后解辑校》的书名出版（上海古籍出版社 1994 年版）。今本《赵注》甲帙卷一《巳上人茅斋》诗注中明言"《东坡事实》乃轻薄子所撰"，又言"所谓《杜陵句解》者，南中李歜所为也"。可见赵次公已经看到了两种"伪苏注"。据林继中先生的考证，赵次公注杜诗"当在绍兴四年至十七年之间"（注：《杜诗赵次公先后解辑校》前言，第 3 页），也即公元 1134 年至 1147 年间。参以前面关于《学林》的论述，可知绍兴十二年至十七年（1142—1147）是"伪苏注"见于记载的最早时间。

在赵注之后，提到"伪苏注"的著作就接二连三地出现了。孙觌在绍兴二十五年（1155）之前作书与曾惜，说到"又有俗子假东坡名注杜诗"云云。（注：见《与曾端伯书》，《鸿庆居士集》卷十二，常州先哲遗书本。按：曾惜字端伯，卒于绍兴二十五年。孙觌此书提到曾惜编《宋百家诗选》事，当是作于曾惜之晚年。）黄彻撰写于绍兴二十八年（1158）之前的《碧溪诗话》卷十中论及杜诗《杜鹃》时［注：按：郭绍虞《宋诗话考》说《碧溪诗话》"成书之时当在绍兴年间张浚罢相后矣"（中华书局1979年版，第65页）。据《续资治通鉴》卷一〇九，张浚罢相事在绍兴七年（1137），说黄彻于其后撰成《碧溪诗话》，似过于宽泛。今考陈俊卿《碧溪诗话序》作于乾道四年（1168），序中称黄彻示以《碧溪诗话》，"后数载，公亦云亡。因循十年，未暇追述，今阅旧集，不胜挂剑之情"。可见《碧溪诗话》成书于绍兴二十八年之前数年间。］曾提到苏轼以为"诗意盖讥当时刺史有禽鸟不若者"云云，而托名苏轼的这段话正是出于"伪苏注"（注：见卷二三《杜鹃》）。胡仔在成书于绍兴三十一年（1161）前后的《苕溪渔隐丛话》前集卷十一中提到了名为《注诗史》的"伪苏注"，且认为"必好事者伪撰以诳世"，［注：按：《苕溪渔隐丛话》前集序署曰"戊辰春"即绍兴十八年（1148）。］学界多据此认为《苕溪渔隐丛话》前集成书于绍兴十八年。周本淳先生指出胡仔作序于撰书之初，并考定《苕溪渔隐丛话》前集成书于绍兴三十一年或三十二年（详见《〈苕溪渔隐丛话〉前集决非成于绍兴戊辰说》，载《读常见书札记》，江苏教育出版社1988年版，可从）。葛立方在成书于隆兴元年（1163）的《韵语阳秋》卷十六指出："近时有妄人假东坡名作《老杜事实》一编，无一事有据。"洪迈作于隆兴三年（1165）之前的《容斋随笔》卷一中有"浅妄书"一条，指出："俗间所传浅妄之书……皆绝可笑，然士大夫或信之，至以《老杜事实》为东坡所作者。"［注：按：《容斋随笔》刻于嘉定五年（1212），然其《续笔》序署曰"隆兴三年"，可证《随笔》于此前已经完成。］而刻于淳熙八年（1181）的郭知达《新刊校正集注杜诗》序中则指出："至有好事者，掇其章句，穿凿附会，设为事实，托名东坡，刊镂以行。"可见在绍兴后期和孝宗朝，"伪苏注"已经广为流传，引起众多学者的注意了。

综上所述，我们可以推定"伪苏注"的产生时代是南宋绍兴十五年前后，其后的三十多年则是它广为流传的时代。

还有一个问题需要辨析：宋人著作提及"伪苏注"时有多种不同的名称，这些名称是一书异名，还是当时确有几种不同的"伪苏注"呢？周采泉先生认为这个问题"难以臆断"（《杜集书录》第643页），我对此也有同感，由于文献不足，我们只能大体上清理出一些线索来。

《杜诗赵次公先后解辑校》甲帙卷一《巳上人茅斋》注云："蔡伯世又以近传《东坡事实》所引王逸少诗为证，其说不一。然《东坡事实》乃轻薄子所撰。……又有所谓《杜陵句解》者，南中李歜所为也。"这里的句意很明确，《东坡事实》与《杜陵句解》是两种书。前一种不知系何人所撰，后一种则署名"李歜"。胡仔《苕溪渔隐丛话》后集卷八中明言有两种"伪苏注"："若近世所刊《老杜事实》及李歜所注《诗史》皆行于世，其语凿空，无所考据，吾所不取焉。"而《苕溪渔隐丛话》前集卷十一中也有"余观《注诗史》是二曲李歜述"之语，所谓的《诗史》或《注诗史》与《杜陵句解》都署名李歜，当出一人之手，并且多半是一书之异名。那么，《东坡事实》与《老杜事实》，是否同一种书呢？这个问题难以断定，因为在其他的宋人著作中两个名称都出现过，例如洪迈称之为《老杜事实》（《容斋随笔》卷一"浅妄书"条），葛立方也称之为《老杜事实》（《韵语阳秋》卷十七），朱熹则称之为《东坡事实》（注：《跋章国华所集注杜诗》，《朱文公文集》卷八四），而《分门集注杜工部诗》的卷首《集注杜工部诗姓氏》中则说

"眉山苏氏……著《释事》"。比较合理的推测是它们实为同一种书，因为汪应辰在《书少陵诗集正异》中说："闽中所刻《东坡杜甫事实》者，不知何人假托。"（注：《文定集》卷十，武英殿聚珍版丛书本。）又陈振孙《直斋书录解题》卷十九《杜工部诗集注》条中说："世有称《东坡杜诗故事》者，随事造文，一一牵合。"可见这种"伪苏注"的全称应为《东坡杜甫事实》或《东坡杜诗故事》，也就是题中既有"东坡"二字，又有"杜甫"或"杜诗"二字，所以能有两种简称。

"伪苏注"的作者是谁？这个问题已难于考索。所谓"李歈"，正如胡仔所说，"盖以诡名耳"（《苕溪渔隐丛话》前集卷十一）。虽然张邦基《墨庄漫录》卷二中断言"李歈注杜甫诗及注东坡诗事，皆王性之一手"，但正如周采泉先生所言："王铚（按：王铚字性之）为得臣之侄，明清之父，为赵宋文苑旧家，著作等身……王铚之博洽，为陆游所推崇如此。'伪苏'非出于铚手，明矣。"（《杜集书录》第642页）关于《老杜事实》一种，朱熹说："闻之长老，乃闽中郑昂尚明为之。"（注：《跋章国华所集注杜诗》，《朱文公文集》卷八四）但这仅仅是传闻而已，并无确证。至于清人仇兆鳌在《杜诗详注》附编的郑印《杜少陵诗音义序》后附录朱熹跋语，并将"郑昂"误作"郑印"，以为一人，则洪业在《杜诗引得序》中已辨其误。如果没有新的文献出现，我们对"伪苏注"的作者问题只能存疑了。

二

今存的宋代杜诗集注中，《王状元集百家注编年杜陵诗史》和《分门集注杜工部诗》二种是大量收集"伪苏注"的，内容也大致相同。后者虽出于书贾之手，然诚如周采泉先生所言："以学术价值而言，在宋代集注本中最为下乘，但作为参考资料而言，则亦有一定价值。如后人所驳斥之'伪苏注'，在其他集千家本中，已删削殆尽，此集几乎所引独多，正可借此以分析批判'苏注'之纰缪。"（《杜集书录》第654页）本文即据《四部丛刊》影印宋建阳刻本《分门集注杜工部诗》对"伪苏注"进行研究，少数刊刻疑误处以扬州广陵古籍刻印社1981年重印贵池刘氏玉海堂景宋丛书本《王状元集百家注编年杜陵诗史》和朝鲜世宗朝辛硕祖等撰《纂注分类杜诗》[注：《纂注分类杜诗》成于世宗二十六年（1444），时当中国明正统九年，以后曾多次刊刻，在朝鲜流传极广。本文所据者为韩国以会文化社1992年影印本] 为参照予以改正，并加说明。

《分门集注杜工部诗》中所收的"伪苏注"是哪一种？此书卷首所列"姓氏"有苏轼而无李歈、郑昂、王铚，又于苏轼名下注曰："著《释事》。"这种书名与《注诗史》或《老杜事实》皆有异，所以无法据此推知究系何书。但如果查检正文中的注文，则可知它对两种"伪苏注"都有收录。兹举三例：

（1）胡仔在驳斥李歈《注诗史》时，举出了两个例证："其间又多载东坡语，如'草黄骐骥病'，则注云：'陈畯卧疾，梁拘过门曰：霜经草黄，骐骥病矣。驽骀何以快驶？盖言君子不得时，小人自肆也。……''意欲铲叠嶂'，则注曰：'袁盎曰：诸侯欲铲连云叠嶂，而造物夫复如何？'"（注：见《苕溪渔隐丛话》前集卷十一）今核《分门集注杜工部诗》卷十四《第五弟丰独在江左近三四载寂无消息觅使寄此二首》之一和卷十一《剑门》的注文，此二则皆标以"苏曰"而见收。可见胡仔所见李歈《注诗史》已被《分门集注杜工部诗》收录。

（2）葛立方《韵语阳秋》卷十七云："老杜诗云：'东阁官梅动诗兴，还如何逊在扬州。'按逊传无扬州事，而逊集亦无扬州梅花诗。……近时有妄人假东坡名，作《老杜事实》一编，无一事有据。至谓'逊作扬州法曹，廨舍有梅一株，逊吟咏其下'。岂不误学者？"今检《分门集注杜工部诗》卷二四《和裴迪登蜀州东亭送客逢早梅相忆见寄》，即收此语，标以"苏曰"。可证《分门集注杜工部诗》亦收录了《老杜事实》（注：《分门集注杜工部诗》所收"伪苏注"于"吟咏其下"之后尚有"后居洛，思梅花，再请其往，从之。抵扬州，花方盛。逊对花彷徨终日"数语。明杨慎《升庵诗话》卷八引"宋世有妄人，假东坡名作《杜诗注》"，则作"后居洛思之，因请再任。及抵扬州，梅花盛开，相对仿佛终日"。字句稍有不同，当时传刻所致。下文凡诸如此类者，除非异文能生异解，不再一一说明）。

（3）杜诗《巳上人茅斋》中"天棘梦青丝"一句，"梦"字颇为难解，或有异文。对此，《杜诗赵次公先后解辑校》甲帙卷一云："蔡伯世又以近传《东坡事实》所引王逸少诗为证，其说不一。然《东坡事实》乃轻薄子所撰，岂有王羲之诗既不见本集，而不载别书乎？……又有所谓《杜陵句解》者，南中李歆所为也。且云闻于东坡，云是'天棘弄青丝'。此求梦字之说不得，遂取梦字同韵之字补之，然弄字于青丝为无交涉矣。"今检《分门集注杜工部诗》卷八引"苏曰"："工部《巳师茅斋》诗也，注者不一，皆不究源，而苟生波澜。先生曰：天棘，梵语柳也。伊吾曰：本竺国呼柳为天棘。梦疑弄字，正与正文妥帖。王逸少诗曰：湖上春风舞天棘，信柳非疑也。"此语正包含了赵注所引的《东坡事实》与《杜陵句解》两种伪苏注的大意，可证《分门集注杜工部诗》的纂集者是看到了两种伪苏注，从而综合成文的。

那么，《分门集注杜工部诗》中的"苏曰"或"坡曰"，是否完全源自"伪苏注"呢？前人或以为是，其实则非。先看一例：洪业在《杜诗引得序》中指出郭知达《新刊校正集注杜诗》删除"伪苏注"不够彻底："故'坡云'之辞尚有刊落未尽者，呜呼此犹葛龚之未去也。"（《杜诗引得》第14页）并举出两个例子：卷五《后出塞》之五注引"坡云：'详味此诗，盖禄山反时，其将有脱身归国，而禄山尽杀其妻子者。不出姓名，亦可恨也。'"又卷十九《至日遣兴奉寄两院遗补二首》之一注引"坡云：'《唐杂录》谓宫中以女工揆日之长短，冬至后日晷渐长，此当日增一线之功。'黄鲁直云：'此说为是。'"今检《分门集注杜工部诗》卷十五《后出塞》之五和卷三《至日遣兴奉寄北省旧阁老两院故人二首》之一，确有这两段注文，皆标作"苏曰"。前者一字不差，后者仅异两字，似乎洪业所言无误。然而事实上前一则确是苏轼之语，见于其《杂书子美诗》（《苏轼文集》卷六七，中华书局1986年版），且曾见引于胡仔《苕溪渔隐丛话》前集卷十二，径标作"东坡云"。胡仔是目睹"伪苏注"且明斥其伪的，如果此则出于"伪苏注"，他肯定不会以之为苏轼之言。后一则亦见引于《苕溪渔隐丛话》前集卷一〇，惟标作"山谷云"。又王观国《学林》卷八"冬至"条论及此诗时驳斥伪王洙注引《荆楚岁时记》"宫中以红线量日影，至日影添一线"之说，且云："然文士多用一线为绣工之线，盖以冬至后绣工可添一线也。"所谓"文士"，当指苏、黄之俦。所以后一则也多半不是出于"伪苏注"，洪业对郭知达的指责是不确的。

笔者遍检《分门集注杜工部诗》一书，发现真正出于苏轼的注文至少有以下十四处：

（1）卷十二《自京赴奉先县咏怀五百字》引"苏曰"："子美自许稷与契，人未必许也。然其诗曰：'舜举十六相，身闲道益高。秦时用商鞅，法令如牛毛。'此是稷契辈口中语也。"此语今见《评子美诗》，《苏轼文集》卷六七。《苕溪渔隐丛话》前集卷十二曾引。

（2）卷十三《拨闷》引"苏曰"："退之诗：'且可勤买抛青春。'《国史补》酒有郢之富水，乌程之若下，荥阳之土窟春，富平之石冻春，剑南之烧春。子美'闻道云安曲米春'，裴铏作《传奇》亦有酒名松醪春，乃知唐名酒多以春。"此语今见《记退之抛青春句》，《苏轼文集》卷六七。《苕溪渔隐丛话》前集卷十三曾引。

（3）卷十四《悲陈陶》引"苏曰"："琯之败，《唐传》作陈陶斜，杜诗作陈陶，未知孰是。琯既败，犹欲持重有所伺。而中人促战，遂大败。故后篇云：'焉得附书与我军，忍待明年莫仓卒。'"此语今见《杂书子美诗》，《苏轼文集》卷六七。《苕溪渔隐丛话》前集卷十四曾引。

（4）卷十四《冼兵马》引"苏曰"："谓张镐也。萧嵩荐之曰：'用则帝王师，不用则穷谷一叟耳。'"此语今见《答贾耘老四首》之三，《苏轼文集》卷五七。

（5）卷十四《自平》引"苏曰"："'自平宫中吕太一'，世莫晓其义，而妄者以谓唐有自平宫。偶读《玄宗实录》，有宫中吕太一叛于广南，故下有南海收珠之句。"此语今见《书子美自平诗》，《苏轼文集》卷六七。《苕溪渔隐丛话》前集卷十二曾引。

（6）卷十五《八阵图》引"苏曰"："仆尝梦见人，云是杜子美，谓仆：'世人多误会吾《八阵图》诗，以谓先主、武侯恨不能灭吴，非也。我意本谓吴蜀唇齿，不当相图。晋所以能取蜀者，以蜀有吞吴之意，以此为恨耳。'此说甚长。然子美死仅四百年，而犹不忘诗，区区自别其意，此真书生习气也。"此语今见《记子美八阵图诗》，《苏轼文集》卷六七。《苕溪渔隐丛话》前集卷八曾引。

（7）卷十六《题李尊师松树障子歌》引"苏曰"："管子曰：'事无终始，无多事业。'此言学者贵能成就也。唐人为诗皆量己力以致功，常积情思数十年，然后各自名家。今人不然，未有小得于己，高视前人，自以为无敌。然知音之难，万事悉然。杜工部云：'更觉良工心独苦。'用意之妙，举世莫知者，此所以为独苦欤！"又曰："故人董传善论诗，余尝云：'子美诗不免有凡语，已知仙客意相亲，更觉良工心独苦，此岂非凡语耶？'传笑曰：'此句殆为君发。凡人用意深处，人罕能识。此所以独苦，岂独画哉！'"此注前一节今见《书林道人论琴棋》，《苏轼文集》卷七一；后一节今见《记董传论诗》，《苏轼文集》卷六八。

（8）卷十六《桃竹杖引》引"苏曰"："柳子厚诗云：'盛时一失贵反贱，桃笙葵扇安可常。'不知桃笙为何物，偶阅《方言》：'簟，宋魏之间谓笙。'方悟桃笙以桃竹为簟也。"此语今见《书子厚诗》，《苏轼文集》卷六七。

（9）卷十七《奉赠韦左丞丈二十二韵》引"苏曰"："波乃没字也。《古诗》云：'没白鸥之浩荡。'若作波字，乃上下句不相符，信没字耳。宋敏求云：'鸥不善没。'改作波，殊不知鸥之灭没于烟波间，最为自然。旧本作没，《禽经》云：'凫善浮，鸥善没。'当从没字为是。"今检《苏轼文集》卷六七有《书诸集改字》一则，内云："杜子美云：'白鸥没浩荡，万里谁能驯。'盖灭没于烟波间耳。而宋敏求谓余云'鸥不解没'，改作波。二诗改此两字，便觉一篇神气索然也。"《杜诗赵次公先后解辑校》甲帙卷三则云："范淑衷甫云：世有师旷《禽经》之书，其中曰：'凫善浮，鸥善没。'则没字却是沉没之没。"《分门集注杜工部诗》此注当是杂糅苏轼语及范淑之言而成。

（10）卷二〇《寄韦有夏郎中》引"苏曰"："沈佺期《回波辞》云：'姓名虽蒙齿录，袍笏末复牙绯。'子美用'饮子'对'怀君'，亦齿录、牙绯之比也。"此语今见《书杜子美诗》，《苏轼文集》卷六七。《杜诗赵次公先后解辑校》丁帙卷四也据杜田《补遗》引用此语，唯称苏轼为"仇池翁"。

（11）卷二三《子规》引"苏曰"："非亲到其处，不知其诗之主也。"此语今见《书子美云安诗》，《苏轼文集》卷六七。唯"主"字作"工"字，当是《分门集注杜工部诗》误刻所致。

（12）卷二三《骢马行》引"苏曰"："余在岐下，见秦州进一马，骏如生，项下重胡侧立，倒毛生肉端。蕃人云：'此肉骢也。'乃知《邓公骢马行》：'肉骏碨磊连钱动。'当作肉骢。"此语今见《书子美骢马行》，《苏轼文集》卷六七，唯"骏如生"作"骏如牛"。《苕溪渔隐丛话》前集卷十二曾引。

（13）卷二四《江畔独步寻花七绝句》之六引"苏曰"："齐鲁大臣，史失其名。黄四娘独何人哉，因托此诗以不朽。"此语今见《书子美黄四娘诗》，《苏轼文集》卷六七。王直方《归叟诗文发源》引作苏轼语（注：见方深道《诸家老杜诗评》，载张忠纲校注《杜甫诗话校注五种》第33页，书目文献出版社1994年版）。

（14）卷二五《负薪行》引"苏曰"："海南亦有此风。每诵此诗比喻父老，然亦未易变其习也。"此语今见《书杜子美诗后》，《苏轼文集》卷六七。

以上十四条注文虽然与"伪苏注"同样以"苏曰"的名义出现在《分门集注杜工部诗》等宋人集注本中，但它们确是出于苏轼本人之手的文字，原因有三：首先，第一、二、三、五、六、十二诸条曾见引于胡仔，第十条见引于赵次公，第十三条见引于王直方，而胡、赵二人曾亲见杜诗伪苏注且斥其非，王直方在世时伪苏注尚未出现，由此可证这些条目都不可能源自伪苏注。其次，第一、二、三、六、七、十、十一、十三、十四诸条或评析诗艺，或论诗人生平，或自抒感想，或自言书写杜诗之由，都不是专门注释杜诗字句出处的，这与"伪苏注"的手法完全不同，可证非出一手。再次，这些文字都见于苏轼文集，虽说见于苏集的文字不一定都确凿可信，但至少大部分是可以信从的（注：《分门集注杜工部诗》卷二三《杜鹃》题下注引"苏曰"："或者谓前四句非诗也。盖甫于题下自记杜鹃事，后人误写之耳。或曰：正古之谣语，岂复以韵为限耶？按《博物志》：杜鹃生子，寄之他巢，百鸟为饲之。且禽鸟之微，犹知有尊，故子美云：'重是古帝魂。'又云：'礼若奉至尊。'子美盖讥当时之刺史有不禽鸟若也。唐自明皇天宝以后，天步多棘。刺史不能致节于君者，可得而考。严武在蜀，虽横敛刻薄，而实致职以资中原，是西川有杜鹃耳。其不度王命，特固以自玩，擅军旅，绝贡赋，以自固者，如杜克让之在梓州，为朝廷西顾之忧，是东川无杜鹃耳。涪万、云安刺史，微不可考，其尊君者为有也，怀贰自固者为无也。不在夫杜鹃真有无也。"今检此语亦见于《苏轼文集》卷六七，题作《辨杜子美杜鹃诗》，但是自开头至"岂复以韵为限耶"一节作："南都王谊伯书江滨驿垣，谓子美诗历五季兵火，舛缺离异，虽经其祖父公所理，尚有疑阙者。谊伯谓'西川有杜鹃，东川无杜鹃，涪万无杜鹃，云安有杜鹃'，盖是题下注。断自'我昔游锦城'为首句。谊伯误矣。且子美诗备诸家体，非必牵合程度侃侃然者也。是篇句落处，凡五杜鹃，岂可以文害辞、辞害意耶？原子美之意，类有所感，托物以发者也。亦六义之比兴、《离骚》之法欤？”在末尾则多出数句：“谊伯以为来东川，闻杜鹃声繁而急，乃始疑子美诗跋嚏纸上语，又云子美不应叠用韵，何耶？子美自我作古，叠用韵，无害于为诗，仆所见如此。谊伯博学强辩，殆必有以折衷之。”此外，中间一节亦稍有差异。《苕溪渔隐丛话》前集卷七全文引此，标以“东坡云”。黄彻《碧溪诗话》卷十亦节录此文，亦称“子瞻谓”云云。从上述材料看，此注似乎真出于苏轼。但是赵次公指出：“世有《杜鹃辨》者，仙井李新元应之作也。鬻书者编入《东坡外集诗话》中，非矣！”接下去即以“元应之说曰”引录了所谓的苏轼《辨杜子美杜鹃诗》全文（《杜诗赵次公先后解辑校》丁帙卷三），赵氏治学严谨，且言之凿凿，当有所据。况且此注中称“严武……是西川有杜鹃耳”一段见识凡陋，不类苏轼手笔。所以此文究竟是否真出于苏轼，尚可存疑。当然，也有可能是“伪苏注”的作者从苏集中选取了这些文字以自掩其伪，但这已不可确知了。

《分门集注杜工部诗》等南宋集注本的编纂者既收录了大量伪苏注，又引用了一些真正的苏轼之言，真伪相杂，是非莫辨。这就产生了两方面的恶果：一方面，伪苏注得以鱼目混珠，谬种流传不绝。另一方面，当学者摒弃伪苏注时，却又殃及池鱼，将所有冠以“苏曰”的注文一概斥为伪注。所以当今人处理宋人集注时，对此类注文务必仔细对待。

三

“伪苏注”是怎样作伪的？宋人对此已有所揭露。郭知达云：“杜少陵诗，世号诗史。自笺注杂出，是非异同，多所抵牾。致有好事者缀其章句，设为事实，托名东坡，刊镂以行，欺世售伪。”（注：《九家集注杜诗序》，《九家集注杜诗》，哈佛燕京学社 1940 年排印本）朱熹云：“（伪苏注）所引事皆无根据，反用老杜诗见句，增减为文，而傅以前人名字，托为其语，至有时世先后颠倒失序者。”（注：《跋章国华所集注杜诗》，《朱文公文集》卷八四）陈振孙则云：“世有称《东坡杜诗故事》者，随事造文，一一牵合，而皆不言其所自出，且其辞气首末若出一口。”（注：《直斋书录解题》卷十九《杜工部诗集注》条）三人指出的基本事实是一样的：即“伪苏注”是根据杜诗成句而捏造出处。然而细究起来，“伪苏注”的作伪手法还是相当复杂的。所以它虽然谬误百出，但有时却并不能被一眼识破。下面对“伪苏注”的具体情形作一些分析。

（一）注文包含杜诗字句的情形

“伪苏注”的基本手段是为杜诗成句捏造出处，所以最彻底的做法便是在注文中包含整句的杜诗，例如：

卷一《苦雨奉寄陇西公兼呈王征士》：“一饭四五起。”“苏曰”：“李合望弟令，每一饭四五起，望西北。”

卷二《立秋后题》：“日月不相饶。”“苏曰”：“王献之览镜见发，顾儿童曰：‘日月不相饶，村野之人二毛俱催矣。’”

卷五《东楼》：“但添新战骨。”“苏曰”：“袁耽：‘数年相持边疆，沙场但添新战骨尔。’”

当然，较多的情形是注文中虽然包含杜诗句子的每一个字，但并不连贯，例如：

卷一《嘉晴》：“焉能学众口。”“苏曰”：“吴芮：‘吾焉能学众儿女口，嗜枣栗瓜果耶？’”

卷三《曲江对酒》："老大悲伤未拂衣。""苏曰"："匡云年未老大，日转悲伤，流离洛阳，未遂拂衣之志。"

更多的情形则是注文中包含杜诗成句的部分字眼，从仅差一字到仅含一字，例如：

卷二《伤春五首》之一："北阙任群凶。""苏曰"："除符：'北阙震荡，群凶肆威。'"

卷三《九日寄岑参》："安得诛云师。""苏曰"："久雨不止，郭泰机曰：'凭谁三尺刃，诛云师，扫除阴气。'"

卷一《雨二首》之一："寇盗复几许。""苏曰"："刘后主：'冠盖复有几人。'"

卷二《奉酬李都督表早春作》："转添愁伴客。""苏曰"："王当避地江表，徒步唯有愁恨，仲遂无情惊作文字，后醉作放步行。"

（二）注文伪造出处的方式

大多数"伪苏注"是根本不交代出处的（例多不举），但有时作伪者自觉心虚，也杜撰一些书名出来，例如：

卷三《曲江对雨》："何时诏此金钱会。""苏曰"："《开元别记》：'明皇与妃子在花萼楼下，又金钱远近为限，赛其元。'"

卷四《望岳》："拄到玉女洗头盆。""苏曰"："《三峰记》：'华山云台上有石盆，可容水数斛……俗呼为玉女洗头盆。'"

卷十二《舟中》："风餐江柳下，雨卧驿楼边。""苏曰"："'阻风餐柳下，值雨坐篷窗。'句法绝妙，不知谁诗也。……其诗二句在《晋文类》中。"

卷十五《遣愤》："蜂虿终怀毒。""苏曰"："《武党庙记》：'张良谓萧何曰：黥布辈如蜂虿逐时，暂亲近人，其怀毒之性不革。'"

卷十七《奉赠鲜于京兆二十韵》："骓骊开道路。""苏曰"："淮阴侯韩信语蒯通曰：'观子与诸郎谈论，辨析是非，落落可听，如驽骀驾车，使骓骊开路，非容易追逐也。'……见《国语别集》。"

卷十九《奉赠严八阁老》："蛟龙得云雨。""苏曰"："《汉祖入关碑》曰：'刘季用萧曹张韩，如蛟龙得时云沛雨，飞扬八纮四维。'"

卷二四《风雨看舟前落花戏为新句》："珍重分明不来接。""苏曰"："刘公干居邺下，一日桃花烂漫……公干曰：'珍重轻薄子，不来损折，使老夫酒兴不空也。'遂饮花下，作《放歌行》，见《玉堂别集》。"

卷二五《课伐木》："乳兽待人肉。""苏曰"："《廉颇别传》曰：'乳虎饥，怒而待人肉，岂有弃于齿牙之间也。'"

上述各注中的书名或篇名，都不见于任何公私书目，也从未见有别人征引，南宋摒斥"伪苏注"的学者都认为它们出于伪撰，可证完全是无中生有的向壁虚构。更其甚者，干脆托之于民歌，因为民歌就更加无从查验了，例如：

卷二《绝句漫兴九首》之五："不放香醪如蜜甜。""苏曰"："《巴子歌》：'香醪甜似蜜，峡鱼美可脍。'"

卷二《十二月一日三首》之一："百丈谁家上水船。""苏曰"："《古离别曲》：'百丈牵船上水迟，郎去瞿塘几日归。'"

最有趣的是，"伪苏注"伪造古人之语后，竟然还诘问何以典籍中不见记载，例如：

卷二《春望》："白头搔更短，浑欲不胜簪。""苏曰"："张茂先谓子曰：'利名系锁，未遂山林之兴。短发搔白，浑不胜簪矣。'史臣不载，何也？"

明明是伪撰之事，当然不见于史籍，却反而反诘"史臣不载"。既然史籍不载，注者又从何得知一千年前的古人（张华）之言？若有他书可据，又为何不举出书名来？凡此种种，皆可见作伪者心劳日拙，故而欲盖弥彰。

（三）注文伪造苏轼行迹的情形

为了掩人耳目，"伪苏注"还煞费苦心地编造了一些有关苏轼生平的文字，例如：

卷三《立春》："菜传纤手送青丝。""苏曰"："东晋李鄂立春日命芦菔、芹芽为菜盘馈贶。江淮人效之。《古诗》云：'芦菔白玉缕，生菜青丝盘。'予寓惠州，适值春日，书示翟夫子。"

卷四《秦州杂诗十七首》之十："万古仇池穴，潜通小有天。""苏曰"："赵德麟曰：'仇池，小有洞天之附庸也。'王仲至谓予曰：'吾尝奉使过仇池，有九十九泉石，万山环之，可以避世如桃源。'"

卷六《洞房》："洞房环佩冷，玉殿起秋风。""苏曰"："杨妃《过温汤行》云：'玉殿空掩扉，秋风动琪树。昔日繁华事，尽逐流波去。'介甫、永叔俱称绝题。"

卷八《暮登四安寺钟楼寄裴十》："知君苦思缘诗瘦。""苏曰"："崔浩爱吟咏，一日病起，友人戏之曰：'非子病如此，乃子苦吟诗瘦也。'后遂为口实。因过来请问，醉中书写。"

卷十八《奉赠卢五丈参谋琚》："银章破在腰。""苏曰"："张嵩清之守节，为巴西令。官满，驾柴车，载书数百卷，腰垂破银章，辞邑人而去，邑人惜其去，恳留于隋文帝。即日擢为巴西太守，有德政，遗爱碑尚在。余为儿童，闻先子对客谈起。"

上述注文中，"翟夫子"即惠州士人翟逢亨。赵德麟、王钦臣（字仲至）、欧阳修、王安石等是苏轼的交好。"过"即苏过，是苏轼的幼子。"先子"即苏轼之父苏洵。"伪苏注"捏造了苏轼与其交好及家人谈及杜诗出处的"行迹"，以造成注文真出于苏轼的假象。然而他往往弄巧成拙，反而暴露了作伪之迹。例如第三则注文伪造"杨妃"之诗，其实杨妃往骊山温汤时正是歌舞升平、花团锦簇之时，安得有此等衰飒之语？而才识过人的欧、王岂会轻信之？所以这些画蛇添足式的表白反而更启人疑窦。

（四）出处非伪的"伪苏注"

胡仔驳斥李歜《注诗史》说："然三千余事，余尝细考之史传小说，殊不略见一事，宁尽出于异书耶？"（《苕溪渔隐丛话》前集卷十一）但是今见于《分门集注杜工部诗》的"伪苏注"则并非完全不见于典籍。经查检，至少有以下注文的出处是真实的。

卷二《七月三日亭午已后较热退晚加小凉稳睡有诗因论壮年乐事戏呈元二十一曹长》："老丑难剪拂。""苏曰"："《北史》：卢思道'剪拂吹嘘，长其先贾'。"今检《北史》卷三〇载卢思道《孤鸿赋》，确有此二句，唯"先"应作"光"。

卷九《赠虞十五司马》："书籍终相与。""苏曰"："《南史》：'王筠字元礼。沈约见筠文，咨嗟而叹曰：昔蔡伯喈见王仲宣，称曰：王公之孙，吾家书籍悉当相与。仆虽不敏，请附斯言。'余见王粲本传。"今检《南史》卷三二，确载此事，仅异三字。而王粲事亦确见于《三国志》卷二一。

卷十《遭田父泥饮美严中丞》"苏曰"："严武也。甫与武世旧，故入蜀依之。《新书》言甫结庐成都浣花里，与田畯野老相狎荡。"今检《新唐书》杜甫传无此，但《旧唐书》卷一九〇有之，稍异数字。当是"伪苏注"误记《旧唐书》作《新唐书》。

卷十二《大历三年春白帝城放船出瞿塘峡久居夔州将适江陵漂泊有诗凡四十韵》："前闻辨陶牧。""苏曰"："王粲《登楼赋》：'北弥陶牧。'注：'陶，乡名。郊外曰牧。'"今检《文选》卷十一《登楼赋》及李善注，均无误。

卷十二《遣怀》："气酣登吹台，怀古视平芜。""苏曰"："《新唐》本传云：'甫与李白、高适过汴州，酒酣登吹台，慷慨怀古，人莫能测。'盖谓此也。"今检《新唐书》卷二〇一有此文，仅异二字。

卷十四《潼关吏》："窄狭容单车。""苏曰"："李左车云：'井径之道，车不得方轨，骑不得成列。'"今检《史记》卷九二载此语，无误。

卷十七《暮秋枉裴道州手札率尔遣兴寄近呈苏涣侍御》："入怀本倚昆山玉。""苏曰"："《世说》：'毛曾与夏侯玄共坐，时人谓蒹葭倚玉树也。'"今检《世说新语·容止》载此，引文无误。

卷十九《赠裴南郭》："尘满莱芜甑，堂横单父琴。""苏曰"："范丹字史云，为莱芜令，清贫。人歌曰：'釜中生鱼范莱芜，甑中生尘范史云。'宓子贱为单父宰，弹琴不下堂而治。'"今检前一事见《后汉书》卷八一，引文无误。后一事见《说苑》卷七，稍异数字。

卷二一《送赵十七明府之县》："茂宰得才新。""苏曰"："谢玄晖《和伏武昌登孙权故城》诗：'雄国怅若兹，茂宰深遐眷。'太白《赠义兴宰》亦云：'天子思茂宰，天枝得英材。'"今检谢朓诗见《先秦汉魏晋南北朝诗·齐诗》卷四，唯"眷"作"睠"。李白诗见《李太白全集》卷十，题作《赠从孙义兴宰铭》，"材"字作"才"，余无误。

卷二五《赤霄行》"苏曰"："严武一日欲杀甫及章彝，集吏于门。武出，冠挂于帘者三。左右白其母，奔救得止，独杀彝，于是有《赤霄行》以叙其事。"今检《新唐书》卷二〇一载此事，引文无误。唯末句乃"伪苏注"之说明。

以上十则注文的出处确实无误，但它们仍然属于"伪苏注"，因为它们并非出于苏轼之手。这些出处都是一些常见书，其中且有三则见于两《唐书》的杜甫本传。显然，在宋代的历史背景中，一个普通的士人完全能知道这些出处。而苏轼除了在序跋书简中对杜诗有一些评论外，根本没有为杜诗作为注释。所以无论这些注文是出于《老杜事实》之类伪书，还是出于《分门集注杜工部诗》之类集注本的编纂者之手，它们都是假托在苏轼名下的"伪苏注"而已。以下两则注文可以更清楚地说明这一点：

卷十五《戏作花卿歌》："子璋髑髅血模糊，手提掷还崔大夫。""苏曰"："少陵时有病疟者，少陵谓之曰：'吾诗可疗之。'病者曰：'云何？'少陵曰：'夜阑更秉烛，相对如梦寐。'其人诵之，疟犹是也。少陵：'更诵吾诗云：子璋髑髅血模糊，手提掷还崔大夫。'其人诵之，果愈。然则可以感鬼神，信不妄矣。"

卷十七《遣闷奉呈严公二十韵》"苏曰"："严武在蜀，对客多骋笔札。甫醉曰：'不谓严挺之有此儿！'武怒。甫徐曰：'我乃杜审言孙，拟捋虎须尔。'合坐大笑，弥缝之。武曰：'与公等言，何至上及祖考乎？'深衔之。甫归草堂，遂有遣闷诗。"

今检第一则注文见于《古今诗话》，《诗话总龟》前集卷四六曾引，此乃出于小说家言。王谠《唐语林》卷二亦载之，且言病者乃郑虔妻，所诵杜诗亦有异，当是传闻异辞。

蔡绦《西清诗话》所载近于《唐语林》，称出于《树萱录》。蔡氏且驳之云："此唐末俗子之论。"（《苕溪渔隐丛话》前集卷十二引）第二则注文除末句外均见于范摅《云溪友议》卷上，内容稍异，亦为小说家言。王定保《唐摭言》卷十二亦载之，文字稍简。虽然新、旧《唐书》对此有所采录，但南宋的洪迈在《容斋续笔》卷六中专设"严武不杀杜甫"一条论其妄。对于此类无稽之谈，苏轼是不可能信以为真的，更不可能引用此类材料来为杜诗作注。况且《古今诗话》的成书约在北宋末年（详见郭绍虞《宋诗话考》第 165 页），根本不可能为苏轼所见。

（五）"伪苏注"的荒谬

总的说来，全部"伪苏注"都是荒谬的。但是如果作伪者手法高明的话，有些出处本是难以判定真伪的。然而事实则不然，它在伪造出处时有许多拙劣的手法，暴露出许多破绽，所以问世不久就被揭穿了。"伪苏注"最显著的荒谬在于以下几个方面。

首先是伪托于上古人物，例如：

卷一《大雨》："西蜀冬不雪，春农尚嗷嗷。""苏曰"："吕尚曰：'方今亢阳，百卉俱槁。东作不入，民嗷嗷而怨嗟。'"

卷十三《醉为马坠诸公携酒相看》："甫也诸侯老宾客。""苏曰"："卜子夏见鲁大夫曰：'商也诸侯门下老宾客尔，思以恢弘仲尼之道。'"

吕尚、卜商（字子夏）都是先秦时代的人物，由于先秦典籍传世的很少，见于典籍的人物言行一般都为人熟知，故此类作伪很容易为人识破。

其次是伪造的古人事迹与史实不符，例如：

卷三《哀江头》："辇前才人带弓箭。""苏曰"："晋宣帝出猎长春苑，辇前才人皆乘宝马，带画弓、白羽箭。"今按：司马懿死后十五年方被晋武帝司马炎追谥为"宣帝"，他生前则身为魏臣，岂能有带着"辇前才人"出猎之事？

卷四《江陵望幸》："甲兵分圣旨。""苏曰"："羊祜得圣旨，来分甲兵，西北防秋。"今按：羊祜为晋将，始终镇守襄阳，其所防之敌吴国在东南方，安得"西北防秋"？

卷五《白帝楼》："春归待一金。""苏曰"："王逸少：'春归，待子一金济贫儿，今束缣何用也？'客皆掀髯，逸少自若。"今按：王羲之字逸少，为南朝高门贵族，安得有"济贫儿"之语？

第三是缺乏历史常识的杜撰，例如：

卷八《和裴迪登新津寺寄王侍郎》："风物悲游子。""苏曰"："江淹过灞陵，秋深叶脱，叹曰：'何限风物寥落，祇悲游子故国之思。'"

卷十二《羌村三首》之三："父老四五人。""苏曰"："谢朓过邺中，贵交零落，有田畯野老四五人慰朓曰：'道左商旅樵人。'"

今按：江淹、谢朓皆为南朝人，当时南北分裂，二人终生未尝入北，安得至"灞陵""邺中"？又如：

卷二《夏日叹》："良田起黄埃。""苏曰"："隋炀帝时大旱，任安曰：'上苍久不降甘雨，良田黄埃勃起。'"

卷四《泛溪》："东城多鼓鼙。""苏曰"："应琚过温水，见孟嘉，问：'何适？'嘉曰：'欲归东城，浊酒狂歌，度此疲耳。'琚曰：'今虎狼满野，鼓鼙声多，我辈无措手足矣。'"

今按：任安乃西汉人，安能与隋炀帝对话？应琚为东汉末年人，孟嘉为东晋人，年代绝不相及，安能相晤？朱熹斥"伪苏注"："傅其前人名字，托为其语，至有时世先后颠倒失次者。"（注：《跋章国华所集注杜诗》，《朱文公文集》卷八四）确非虚语。

第四是缺乏文学常识的杜撰。严羽论"伪苏注"云："杜集注中'坡曰'者，皆是托名假伪，渔隐虽尝辨之，而人尚疑者，盖无至当之说以指其伪也。今举一端，将不辨而自明矣。如'楚岫千峰翠'，注云：'景差《兰台春望》：千峰楚岫翠，万木郢城阴。'且五言始于李陵、苏武，或云枚乘，则汉以前五言古诗尚未有之。宁有战国时已有五言律句耶？观此，可以一笑而悟矣。虽然，亦幸而有此漏逗也。"（注：《沧浪诗话·考证》。按："楚岫千峰翠"句见韦迢《早发湘潭寄杜员外院长》，《分门集注杜工部诗》卷二十，实非杜诗）所论甚确，但这种"漏逗"在"伪苏注"中并不罕见，例如：

卷四《天池》："岚壁鸟才通。""苏曰"："宋玉《望岳》诗：'岚壁立万仞，鸟径人莫通。'"

卷九《佳人》："牵萝补茅屋。""苏曰"："景差《山斋》云：'牵萝遮坏篱，挽葛补漏茅。'"

卷十二《宿白沙驿》："随波无限月。""苏曰"："景差《湘江辞》云：'随波无限月，愁杀独醒人。望月奠兰醴，流泪沾衣巾。'"

除了伪造战国时代的五言诗外，还伪造西汉人的七言诗：

卷二《夏夜叹》："安得万里风，飘飘吹我裳。""苏曰"："相如《梦仙引》云：'悠悠梦到无何乡，天风飘飘吹我裳。白榆琪树晃眼冷，有客引上白银床。'"

众所周知，在司马相如的时代，虽然在字书、谣谚中已有七言句存在，但完整的七言诗尚未产生。即使是产生于东汉的七言诗如张衡《四愁诗》、曹丕《燕歌行》等，也尚为句句押韵的所谓"柏梁体"，司马相如安能写出隔句用韵的七言诗来？

由于"伪苏注"具有各种作伪手法，注释杜诗就成为轻而易举之事。对于这些根本没有出处的杜诗，"伪苏注"可以随心所欲地伪造出处。对于那些其他注家仅能注出少量字词之出处的诗句，"伪苏注"则不费吹灰之力就注出了更完整的出处。例如：

卷一《对雪》："金错囊徒罄。""洙曰"："张平子云：'美人赠我金错刀。'赵壹云：'不如一囊钱。'"今按："伪王洙注"引了张衡《四愁诗》和赵壹《刺世疾邪赋》中的句子分别为"金错"和"囊"作注，相当费力。而"伪苏注"则一蹴而就："种文云：'共君莫惜醉，罄此金错囊。'"不但"金错囊"成为一个名词，而且连"罄"字也有了着落。

卷三《梦李白二首》之一："生别常恻恻。""洙曰"："苏武诗：'泪为生别滋。'欧阳建：'恻恻心中酸。'《楚辞》：'悲莫悲兮生别离。'谢灵运：'恻恻广陵散。'"四个出处分别为《诗四首》之三（《文选》卷二九）、《临终诗》（《晋诗》卷四）、《九歌·山鬼》和《道路忆山中》（《宋诗》卷三），虽然确凿，然何等琐碎。"伪苏注"则只须一个出处："马融：'不忍生别，我心恻恻。'"与杜诗仅差一字。

"伪苏注"就用上述手法为杜诗完成了"注释"，这种恶劣的做法非但没有丝毫的学术价值，而且对正常的杜诗学产生了很大的危害，它受到学者的严厉谴责是理所当然的。

四

在今人看来，"伪苏注"的出现就是极其荒谬的，它竟能流行一时更是匪夷所思。然而在南宋初期，这种现象却并不是绝无仅有的。在杜诗学的范围内，与"伪苏注"并行的还有"伪王洙注"、杜修可注、师古注等，试看数例：

卷三《曲江二首》之一："酒债寻常行处有。""洙曰"："孙济，权之叔也。嗜酒不事产业，善啸，日常醉，欠人酒缗，人皆笑之。济怡然自若，谓人曰：'寻常行坐处欠人酒债，欲货此缊袍偿之。'《古诗》云：'典尽春衣无可奈，寻常行处欠人钱。'"

卷五《江陵节度阳城郡王新楼成王请严侍御判官赋七字句同作》："碧窗宿雾濛濛湿，朱拱浮云细细轻。""修可曰"："晋羊球《登西楼赋》云：'画栋浮细细之轻云，朱拱湿濛濛之飞雨。'王逸少见之，击节爱羡竟日。"

卷六《桥陵诗三十韵因呈县内诸官》："却略罗峻屏。""修可曰"："孙绰诗：'远山却略罗峻屏。'"

卷二〇《王十五司马弟出郭相访兼遗营茅堂资》："肯来寻一老。""师曰"："汉初应曜隐于淮阳山中，与四皓俱征，曜独不至。时人语曰：'南山四皓，不如淮阳一老。'曜即应劭八代祖。又管宁书曰：'唯陛下听野人山薮之愿，使一老得尽微命。'"

卷二〇《闻斛斯六官未归》："故人南郡去，去索作碑钱。本卖文为活，翻令室倒悬。……老罢休无赖，归来省醉眠。""师曰"："《唐史拾遗》：斛斯子明，尤工碑铭。四方以金帛求其文者，岁不减十万。随得随费，家人至贫窭不给，子明不以介意。故甫末章有'老罢休无赖，归来省醉眠'之语，深以为戒也。"

王洙是北宋最早整理杜诗的人，但他并未为杜诗作注，宋代的杜诗集注本中所谓"洙曰"实际上是"伪王洙注"（注：详见程千帆师《杜诗伪书考》，载《古诗考索》，上海古籍出版社1983年版）。笔者对《分门集注杜工部诗》所收的"伪王洙注"作了一番查检，发现多数的出处是确实的，但它偶尔也伪造出处，上举例子中"孙济"其人其事和"古诗"云云都是出于伪造。杜修可和师古都是南宋人，杜修可曾撰《续注子美诗》，师古曾撰《杜诗详说》（注：详见《杜集书录》第693、644页），今俱亡佚，但部分注文保存在杜诗集注本中。杜修可注存世无多，从上面的两例来看，它主要的作伪手段是根据杜诗句意伪撰前人诗文。师古注则真伪相杂，严羽批评说："杜注中'师曰'者，亦'坡曰'之类，但其间半伪半真，尤为淆乱惑人，此深可叹！"（《沧浪诗话·考证》）钱谦益也斥责它："蜀人师古注尤可恨！'王翰卜邻'，则造杜华母命华与翰卜邻之事；'焦遂五斗'，则造焦遂口吃，醉后雄谈之事。流俗互相引据，疑误弘多。"（注：《钱注杜诗》卷首《注杜诗略例》）从上引例证来看，它主要的作伪手段是伪造故事，有时连人物姓名也属子虚乌有，与"伪苏注"如出一辙。由于当时为杜诗作伪注者不止一人一书，所以有时竟出现了竞相作伪，各显神通的现象，例如：

卷十《饮中八仙歌》："汝阳三斗始朝天，道逢曲车口流涎，恨不移封向酒泉。""苏曰"："郭弘，汉帝甚宠，顾一日见帝，帝曰：'欲封卿郡邑，何地好？'弘好饮，对曰：'若封酒泉郡，实出望外。'帝笑，后日果封酒泉郡王。见《郭弘碑》。""师曰"："按《唐史拾遗》，汝阳王琎尝于上前醉，不能下殿，上遣人掖出之。琎谢罪曰：'臣以三斗壮胆，不觉至此曲车也。'"

所谓《郭弘碑》和《唐史拾遗》都是随意杜撰的书名，两者一造古典，一造今典，针对同一注释对象而伪造出不同的出处来，手法虽异，实质全同。可见当时的伪注不是个别人灵机一动的产物。

那么，为什么这种荒谬绝伦的伪注会流行一时呢？作伪者又是出于何种心态呢？让我们从伪注自身入手来寻求答案。

卷三《曲江对酒》："黄鸟时兼白鸟飞。""苏曰"："古《倚栏曲》云：'红雨乱和春雨落，白鸟时兼黄鸟飞。'工部用语有体法，复用古人语者以为龟鉴。"

卷十三《徐步》："芹泥随燕嘴。""苏曰"："梁王觉为佞人夺权，故人慰问。指庭下泥笑谓客曰：'非当久随燕嘴，污君子雕梁。'盖讥执政非特达贤者，大抵晋、唐人率多以燕雀指人。王觉能说，工部善用，补缀之工尤妙耳。"

卷二一《赠韦赞善别》："岁晚寸心违。""苏曰"："张季鹰《秋日北园》诗云：'旅途惊岁晚，归兴与心违。'工部用语补缀尤有工巧，了不见痕迹，后进可为师范。"

卷二四《四松》："避贼今始归，春草满空堂。""苏曰"："嵇绍《一日复一日》篇云：'去日画楼歌管沸，归来春草满空堂。'诗语即因借用。今杜工部往往全用古人语，斯亦不害诗人之工也。"

上述注文除了伪造出处外，又赞扬杜甫善于"用古人语"，这一方面当然是作伪者想掩耳盗铃，自掩其迹，但另一方面也暴露了他们对杜诗的一种看法，即认定杜诗是大量地借用前人的字句的。而这种看法并不是作伪注者独得之秘，而是宋代杜诗学界的普遍观点。黄庭坚曾说："自作语最难，老杜作诗，退之作文，无一字无来处。盖后人读书少，故谓韩、杜自作此语耳。"（注：《与洪驹父书》，《豫章黄先生文集》卷十九。）此论大受后人诟难，其实在宋代持此论者何止黄庭坚一人！北宋李之仪云："作诗字字要有来处，但将老杜诗细考之，方见其工。"（注：《杂题跋》，《姑溪居士后集》卷十五）南宋陈善说："文人自是好相采取，韩文、杜诗号不蹈袭者，然无一字无来处。"（注：《扪虱新话》上集卷三"韩文杜诗无一字无来处"条。）史绳祖亦说："先儒谓韩昌黎文无一字无来处，柳子厚文无两字无来处，余谓杜子美诗史亦然。惟其字字有证据，故以史名。"（注：《学斋占毕》卷三"诗史百家注浅陋"条）又北宋孙觉云："杜子美诗无两字无来处。"（注：见林希逸《竹溪鬳斋十一稿续集》卷三十引赵次公序。）南宋王楙亦云："前辈谓老杜诗无两字无来历，山谷亦云：'老杜诗，退之文，无一字无来处。'信哉！"（注：《野客丛书》卷十九"杜诗合古意"条）所谓"无一字无来处"或"无两字无来处"，当然都是一种夸张的说法。但这种说法却代表着多数宋人的共识：杜诗中含有数量巨大的成语典故，或者说杜诗中包含"来历"或"出处"的字句具有很大的密度。既然如此，阅读杜诗或注释杜诗必须以具备广博的学识为前提。北宋前期的王琪说："子美博闻稽古，其用事，非老儒博士罕知其自出。"（注：《杜工部集后记》，影宋本《杜工部集》）黄庭坚所谓"盖后人读书少"云云，则是从反面表述了这种看法。王直方更加明白地指出："信乎，不行一万里，不读万卷书，不可看老杜诗也。"（《王直方诗话》）赵次公在总结自己的注杜心得时说："因留功十年，注此诗。稍尽其诗，乃知非特两字如此耳，往往一字紧切，必有来处，皆从万卷中来。"（注：见林希逸《竹溪鬳斋十一稿续集》卷三十引赵次公序）然而要为杜诗的每"两字"乃至"一字"都找到出处谈何容易！因为一则杜诗确实与浩如烟海的前代典籍有语言传承关系，二则杜诗中许多出于独创的自铸新词无本出处可言。可是当宋人注释杜诗遇到不知其出处的时候，却往往不相信这些字句本无出处，反而认定它们是有出处的，只是今人"读书少"，故"罕知其自出"。李复在回答别人请教杜诗出处时说："杜读书多，不曾尽见其所读之书，则不能尽注。"（注：《与侯谟秀才书》，《潏水集》卷五，四库全书本）俞成在校正杜诗时慨叹："恨不读五车书，恨不行秘书监，难以胜任！"（注：《校正草堂诗笺跋》，《黄氏集千家注杜工部诗·补遗》）就是典型的例子。在这种心理的支配下，严肃的学者的对策是尽量广博地读书，以求为杜诗找到更多的出处，而那些轻薄的枵腹之徒就不免伪造出处来欺世盗名了。所以我认为杜诗伪注虽是少数人的恶劣行为，但它的产生原因却是深深地植根于宋代的学术背景之中的。"伪苏注"为《遭田父泥饮美严中丞》（卷十）中"欲起时被肘"句伪造了"孔文举就里人饮，夜深而归。家人责其迟，曰：'欲命驾，数数被肘'"的假典故后，接着说道："工部一世伟人，造语深得要妙。胸中无国子监者，不可读其诗。"所谓"国子监"，与俞成所谓"秘书监"同意，都是指丰富的公家藏书。这种口气与上引几位杜诗学者如出一口。由此可见"伪苏注"作者对杜诗的看法是与当时的杜诗学界完全一致的。

与上述情形密切相关的另一个背景条件是，从北宋中后期起，诗坛上盛行"点铁成金"之说。此说的首倡者是黄庭坚，他说："自作语最难，老杜作诗，退之作文无一字无来处。……古之能为文章者，真能陶冶万物，虽取古人之陈言入于翰墨，如灵丹一粒，点铁成金也。"（注：《与洪驹父书》，《豫章黄先生文集》卷十九）在黄庭坚看来，"点铁成金"本是从杜诗、韩文的成功经验中总结出来的。他本人及一些追随者在创作实践中或多或少地运用了这种方法，所以这已被后人视作江西诗派的传宗秘法。事实上，这种手法在王安石、苏轼乃至陆游等诗人的创作中也相当常见，堪称当时诗坛的一种习尚。由于这种方法被认为本是出于杜甫的，所以它必然会影响人们对杜诗的认识，并反映到杜诗的注释中去。杜诗伪注正是对这种方法的逆向滥用。本文中所举的伪注例证，除了少数纯属事典者以外，多数都是注明杜诗对前人成句的借用、改造。而实际上那些"出处"正是作伪者以杜诗为蓝本进行"点铁成金"的结果，试看一个典型的例子：

卷四《秦州杂诗十七首》之三："归山独鸟迟。""苏曰"："古诗有'夕鸟背山迟'，有'归林孤鸟迟'，何敬祖'倦鸟山林迟'。工部颇得换骨法。"

所谓"换骨法"，也即"点铁成金"法（注：按：黄庭坚另有"夺胎换骨"之说，大意与"点铁成金"相近，详见拙文《黄庭坚夺胎换骨辨》，《中国社会科学》1983 年第5 期。）。"伪苏注"中指出的三个"出处"，其实都是根据杜句"点铁成金"而得。当然，由于杜诗在语言艺术上的高度成就是不易超越的，也由于"点铁成金"法本来就很难做到推陈出新或青胜于蓝，所以伪造出处往往成为远逊于杜诗原句的"点金成铁"。这反而造成了有利于作伪者的假象，好像杜诗真是对前人陈言进行"点铁成金"的范例。用逆向的"点金成铁"来造成顺向的"点铁成金"的假象，从而与当时的诗坛风气相合，这也许是杜诗伪注得以流行的原因之一。

"伪苏注"本身当然不应被视作宋代杜诗学的组成部分，但是它却反映出宋代杜诗学的一个缺点，即过于强调杜诗对前人字句的借用。"伪苏注"之所以能混迹于杜诗集注本而流传后世，与注家普遍重视求索杜诗之"出处"的倾向是不无关系的。

从整体上说，作为伪学术的杜诗伪苏注早已被学者们逐出杜诗学了，然而它的影响却不易被彻底消除。正如学者已经指出的，元代刘埙、明代邵宝、清代惠栋、张远等人都曾受其欺诳（注：详见程千帆师《杜诗伪书考》，周采泉《杜集书录》第 643、645 页），即使到了现代，也不能说它的流毒已被肃清了，试看一例：

> 卷十三《空囊》："囊空恐羞涩，留得一钱看。""苏曰"："晋阮孚山野自放，嗜酒，日持一皂囊，游会稽。客问囊中何物，'但一钱看囊，庶免其羞涩'。"

阮孚《晋书》有传，但空囊之事则是凭空伪造的。钱谦益在《注杜诗略例》中以此为"伪造故事"之一例，甚确。然而由于宋末阴时夫在《韵府群玉》阳韵中误引此事（仅有数字出入），后人遂转相引述，时至今日，"阮囊羞涩"竟成了一个成语，被收入各种现代辞书（注：见《辞源》第 3259 页，《汉语大辞典》第 11 册第 913 页），而一种很流行的《杜甫诗选》也依然引用这个伪典来为《空囊》一诗作注（注：山东大学中文系古典文学教研室选注《杜甫诗选》，人民文学出版社 1980 年版，第 141 页），可见我们仍须对"伪苏注"保持足够的警惕。

《文学遗产》1999 年第 1 期。

奈何唐诗入宋集

——《全宋诗》与《朱子全书》误收朱子佚诗五首辨析

石立善

自 20 世纪 80 年代以来，随着朱子（1130—1200）研究的开展与深入，朱子诗文的辑佚工作亦后出转精，成果令人瞩目。新资料的发现与汇集，无疑丰富与拓展了朱子学乃至宋代思想史研究的内涵与视域。然而，这项辑佚整理工作有不少值得商榷之处，其主要问题之一即因辑佚者的失察，以致一些他人作品被误归于朱子。诗文的误收不仅有张冠李戴之嫌，而且还引起了混乱，一些学者不明其谬，甚至根据这些误收的佚文佚诗来研究朱子本人的生平与思想。本文举出近人编纂的《全宋诗》与《朱子全书》误收的五首佚诗《无题》《绝句三首》《竹》，指出这些并非是朱子之作，均出自唐人之手，并略论误传误收的经纬及原因。

一、"白鹤高飞不逐群"诗乃唐人李群玉之作

《全宋诗》卷二三九四所收《朱熹》卷十二①与《朱子全书》第二十六册《朱子佚文辑录·朱子遗集》卷一②分别收录朱子七言佚诗《无题》一首，其诗云：

> 白鹤高飞不逐群，嵇康琴酒鲍照文。
> 此身未有栖归处，天下人间一片云。

此诗的作者并非朱子，而是出自晚唐诗人李群玉之手。原诗题为《言怀》，见《李群玉诗集》后集卷四③。宋人洪迈编《万首唐人绝句诗》④ 卷六十八、《全唐诗》⑤ 卷五百七十皆收载李群玉此诗。

那么，唐人李群玉的诗作缘何被误认为是朱子佚文了呢？《全宋诗》与《朱子全书》均谓所据资料为《朱熹传记资料》第九册《朱子学特辑》⑥ 收录的"朱子手迹影印件"。今检《朱熹传记资料》⑦，其书所载仅为朱子墨迹的拓本照片，《全宋诗》与《朱子全书》称为"手迹"显然不妥，且拓本第二句本作"嵇康琴酒鲍昭文"，与李群玉《言怀》一

---

① 《全宋诗》卷二三九四，北京大学出版社 1991—1998 年版，第 27682 页。

② 《朱子全书》第二十六册，束景南辑订，并于诗题下注云"庆元五年"，上海古籍出版社、安徽教育出版社 2002 年版，第 608 页。

③ 《李群玉诗集》，《四部丛刊》所收影印宋刊本。

④ 《万首唐人绝句诗》，《文渊阁四库全书》本。

⑤ 《全唐诗》，《文渊阁四库全书》本。

⑥ 《朱熹传记资料》第九册《朱子学特辑》，天一出版社 1985 年版。

⑦ 此影印件由"中研院"林月惠女士提供，谨致谢忱。

致，而《全宋诗》与《朱子全书》的录文皆改"昭"为"照"，此字不当改，"昭"为
"照"之同音假借字。

　　此诗误收的原因在于朱子曾手书李群玉《言怀》，而后人误以为是朱子本人的诗作。
朱子工于书法，又精通诗词，常笔书前人佳句，因部分墨迹及拓片流传于后世，后人遂误
认为是朱子之作。

　　误收此诗的书籍，不仅仅是《全宋诗》与《朱子全书》两种。如陈荣捷自日本学者
冈田武彦（1908—2004）获赠此诗拓本，于《朱子新探索》中收录此诗①，且谓"此诗
殆为朱子所撰"。又如束景南《朱熹年谱长编》卷下"庆元三年丁巳"条②将此诗作为朱
子年谱的材料之一。此外，林振礼亦于江西访得此诗的拓本，他在《朱熹新探》③ 中则
据以论述朱子的晚年心境。由此可见，一首佚诗的失考与误收会导致研究工作的连锁性失
误，其谬益甚，亟需辨正。

　　陈荣捷曾言及此诗拓本在日本流传之事④，今就此略述鄙见。最早将此诗作为朱子佚
文的是日本学者楠本正继（1896—1963）。楠本正继《宋明時代儒学思想の研究》⑤ 卷首
插图即拓本照片，并注云"朱子逸詩"。此拓本盖得自其祖父，即明治时代儒学家楠本硕
水（1832—1916）。楠本硕水曾亲睹朱子墨迹之拓本⑥，并谓此诗"今不见于文集，盖亦
后集之一也欤！……编文集时，尚有遗漏耶？抑出于后人伪托耶？"可见楠本硕水的态度
要比其孙正继谨慎得多。冈田武彦即楠本正继之弟子，硕水之二传。又，最早记录此诗真
迹的是日本江户时代知识人太田南亩（1749—1823）的《一话一言》。太田曾于天明八年
（1788）二月亲睹江户源右卫门所藏朱子手书此诗之真迹，《一话一言》卷四"古书画"
条⑦云：

　　　　余闻浅草鸟越有名为伊势屋源右卫门者，爱古书画，收藏丰富，而饭田町万屋何
　　某与其有旧交，故于空晴日丽之春日同往见之，得观元代王元章所绘孔子像、古法眼
　　元信所绘普化禅师像、雪舟所绘释迦像等，均作大幅，而晦庵朱子所书横幅之诗亦诚
　　可谓真迹。

　　太田所云"晦庵朱子所书横幅之诗"即"白鹤高飞不逐群"一诗。据此，则太田所
见到的并非拓本，而是"真迹"。此真迹现已不知所在，在日本唯有拓本流传。由此可知
朱子手书此诗的真迹及拓本流传很广，甚至远播东瀛。

　　宋人手书唐诗，而误入其文集者，不止朱子，精于书法的诗人黄庭坚亦是其中之一。

----

　　①　《朱子新探索》，学生书局 1988 年版，第 719~720 页。

　　②　《朱熹年谱长编》卷下，华东师范大学出版社 2001 年版，第 1280 页。

　　③　《朱熹新探》，中国广播电视出版社 2004 年版，第 94~98 页。

　　④　《朱子新探索》，学生书局 1988 年版，第 719~720 页。

　　⑤　《宋明時代儒学思想の研究》，广池学园出版部 1962 年版。

　　⑥　冈田武彦等编《楠本端山·硕水全集》所收影印本《硕水先生遗书》卷六《书朱子墨刻后》，
苇书房 1980 年版，第 179 页下段~180 页上段。

　　⑦　《一话一言》，《日本随笔大成》别卷上所收，日本随笔大成刊行会 1928 年版，第 149 页。引文
乃笔者所译。

《山谷内集诗注》① 卷十二所收《谪居黔南十首》，实皆为白居易之诗作，任渊注云："盖山谷谪居黔南时，取乐天江州、忠州等诗偶有会于心者，摘其数语，写置斋阁，或尝为人书，世因传以为山谷自作。"又如《山谷内集诗注》别集卷上收录《杂吟》一首②，任渊于诗末注云："此诗亦见寒山子诗集中，恐非山谷作。"至于此诗误收之原因，刘克庄谓"岂山谷喜而笔之，后人误以入集欤!"③ 后村之说甚确。近人误以朱子手书李群玉《言怀》诗为朱子佚文者，与黄庭坚文集误收白居易、寒山诗之缘由盖同出一辙。

二、《绝句三首》乃唐人张籍之作

《朱子全书》第二十六册《朱子佚文辑录·朱子遗集》卷一④收录题为《绝句三首》的朱子佚诗三首，其诗如下：

其一
才多不肯浪容身，老大诗章转更新。
选得天台山下县，一家浑作学仙人。

其二
五度溪头踯躅红，高阳寺里讲时钟。
春山处处行应好，一月看花到几峰?

其三
水北原南草色新，雪消风暖不生尘。
城中车马应无数，解出闲人有几人?

此三首七言绝句，其实皆唐人张籍之作。"其一"原诗题为《送辛少府任安县》，分别见《张文昌文集》⑤ 卷二、《张司业诗集》⑥ 卷六。《全唐诗》卷三百八十六所收题作《送辛少府任乐安》，《万首唐人绝句诗》卷二十三、《天台集》⑦ 前集卷中所收则题作《送辛少府》。

"其二"原诗题为《寄李渤》，见《张文昌文集》卷三、《张司业诗集》卷六。《万首唐人绝句诗》卷二十三、宋人周弼编《三体唐诗》⑧ 卷一、《全唐诗》卷三百八十六、清

---

① 《山谷内集诗注》，《文渊阁四库全书》本。
② 《杂吟》即《寒山诗》第十四首，《四部丛刊》所收影印宋刊本。
③ 《后村先生大全集》卷一七八，《四部丛刊》所收影印赐砚堂钞本。
④ 《朱子全书》第二十六册，诗题下注云"庆元五年"，上海古籍出版社、安徽教育出版社2002年版，第608~609页。
⑤ 《张文昌文集》，《续古逸丛书》所收影印宋刊本。
⑥ 《张司业诗集》，《四部丛刊》所收影印明刊本。
⑦ 《天台集》，《文渊阁四库全书》本。
⑧ 《三体唐诗》，《文渊阁四库全书》本。

人徐倬编《全唐诗录》① 卷五十四皆收载。

"其三"原诗题为《与贾岛闲游》，见《张文昌文集》卷二、《张司业诗集》卷六。《万首唐人绝句诗》卷二十三、《全唐诗》卷三百八十六、《全唐诗录》卷五十四皆收载。

《朱子全书》谓此三首佚诗引自清人沈彩《春雨楼书画录》。沈彩自称曾亲见朱子手迹，若其所见果为真迹，则可知朱子尝书张籍三首诗作于纸，而诗本身并非朱子所作。此三首佚诗与前述李群玉《言怀》之误收例同。又，苏轼文集曾误收唐人孟郊诗二首②，查慎行（1650—1727）谓"不知何以讹入苏集"③，笔者认为大概亦因东坡笔书孟东野之诗作，而后人据墨迹误收也。

三、《竹》乃唐人许浑之作

《全宋诗》卷二三九三所收《朱熹》卷十一④与《朱子全书》第二十六册《朱子佚文辑录·朱子遗集》卷一⑤分别收录朱子五言佚诗《竹》一首，其诗云：

> 潇潇凌霜雪，浓翠异三湘。
> 疏影月移壁，寒声风满堂。

此诗其实是晚唐诗人许浑《秋日白沙馆对竹》之前四句，见《许用晦文集》⑥ 卷二及《丁卯集》⑦ 卷下。《文苑英华》卷三百二十五（明刻本）、《全唐诗》卷五百二十九亦载录，并题作《题诸塘馆竹》。许浑原诗为五言律诗，《许用晦文集》卷二所载《秋日白沙馆对竹》全文如下（着重号由笔者所加）：

> 萧萧凌雪霜，浓翠异三湘。
> 疏影月移壁，寒声风满堂。
> 卷帘秋更早，高枕夜偏长。
> 忽忆南溪路，万竿今正凉。

南宋陈景沂编《全芳备祖》⑧ 后集卷十六《竹》与此诗前四句基本相同，而作者却题作"朱文公"。《全宋诗》根据《全芳备祖》后集卷十六辑出此诗，《朱子全书》第二十六册《朱子佚文辑录》又袭《全宋诗》之误而不察。

---

① 《全唐诗录》，清康熙四十五年刻本。

② 《四库全书考证》（《武英殿聚珍版丛书》本）卷七十八"东坡全集卷二十六《送淡公二首》"条云："案二诗见于《孟东野集》，此误收，但各本俱同，姑仍其旧。"《送淡公二首》即《孟东野诗集》卷八《送淡公十二首》第一首与第二首。

③ 《补注东坡编年诗》卷四十九，《文渊阁四库全书》本。

④ 《全宋诗》卷二三九三，北京大学出版社1991—1998年版，第27659页。

⑤ 《朱子全书》第二十六册，上海古籍出版社2002年版，第609页。

⑥ 《许用晦文集》，《续古逸丛书》所收影印宋刊本。

⑦ 《丁卯集》，《四部丛刊》影印钞宋本。

⑧ 《全芳备祖》，《文渊阁四库全书》本。

《全芳备祖》为何误将许浑诗视为朱子之作呢？笔者认为，致误的原因很可能是由于许浑的"字"与朱子相同。许浑字用晦①，一字仲晦②。朱子字元晦，一字仲晦③，"元晦"乃其师刘子翚（1101—1147）所取④，"仲晦"乃朱子自身所易⑤。朱子平生作文署名，则大抵皆用"仲晦"⑥，其婿黄榦所撰《朱子行状》亦只记"字仲晦"，而不及"元晦"。大概许浑此诗于传抄之中，篇题脱落，且作者"许仲晦"夺"许"字，仅存"仲晦"二字，故陈景沂误以为是朱仲晦即朱子之作，并根据内容补加诗题。

又，南宋流传一首满江红词，皆以为朱子所作，翁谔与朱子为邻，举此词询问朱子本人，朱子答云："非某作也，乃一僧作，其僧亦自号'晦庵'。"此亦因"晦庵"号同而误传之例也⑦。

类书收载诗文，贪多务博，时有张冠李戴之举。于此再举一首因作者姓氏相近而类书误收的宋代理学家诗作。明人彭大翼撰《山堂肆考》卷二百三《草卉》"芭蕉"条收录张横渠《听雨》，其诗云：

> 世情易变如云叶，官事无穷类海潮。
> 退食北窗凉意满，卧听急雨到芭蕉。

清人张英编《渊鉴类函》卷四百四《果部六·芭蕉三》"听雨·披风"条引用此诗后两句，亦从彭说而题为张横渠之作。然此诗作者并非北宋张载，乃出自南宋张栻之手。《张南轩先生文集》⑧卷七题为《偶作》，且末句作："卧听急雨打芭蕉。"改"打"字为"到"，乃朱子之说。《朱子语类》卷一百四十《论文下》⑨："举南轩诗云：'卧听急雨打芭蕉。'先生曰：'此句不响。'曰：'不若作"卧闻急雨到芭蕉"。'"盖因张载与张栻姓氏相近，且皆为宋代理学家，彭大翼遂误以南轩之作归于横渠，且又易"打"为"到"矣。

------

①　《新唐书·艺文志》、《丁卯集笺注》卷首所载胡宗愈《唐许用晦先生传》。

②　《郡斋读书志》（《四部丛刊三编》本）卷四"许浑丁卯集二卷"条、《唐才子传》卷七。

③　参照黄榦《朝奉大夫华文阁待制赠宝谟阁直学士通议大夫谥文朱先生行状》，元刻延祐二年重修本《勉斋先生黄文肃公文集》卷三十四。

④　《屏山集》卷六《字朱熹祝词》。

⑤　叶绍翁《四朝闻见录》卷三《丙集》"三元"条云："朱文公熹，字元晦，中年自悔，以为'元'为四德之长，愧不足以称是，遂易曰'仲晦'。"

⑥　陆游《老学庵笔记》卷九云："朱元晦（熹），一字仲晦，人称之多以旧字，其作文题名之类，必从后字，后世殆以疑矣。"

⑦　罗大经《鹤林玉露》卷十四"朱文公词"条。又，宋代禅僧有三人号"晦庵"者，一为晦庵弥光（福建长乐人，绍兴乙亥 1135 年卒，大慧宗杲法嗣，传记见《嘉泰普灯录》卷十八），二为晦庵慧光（福建建宁人，乌巨行法嗣），三为晦庵慧明（慧光法嗣，晚居常照寺，传记见《佛祖统纪》卷二十八），不知孰为此词之作者。

⑧　《张南轩先生文集》，《宋集珍本丛刊》第六十册所收影印明嘉靖刻本，线装书局 2004 年版，第 56 页上段。

⑨　《朱子语类》卷一百四十第五十四条，杨至录，明成化九年陈炜刻本，

结　语

真迹、碑拓及类书，是历代诗文辑佚的主要来源。但是，即使是本人的真迹或据真迹刻印的碑拓，其书写内容亦有可能是他人的作品；即使是前代类书收录的某人作品，亦有可能存在着张冠李戴的问题。辑佚者若不能以慎之又慎的态度进行辨别，则自误误人，且会令后人与笔者一样，不禁生出"奈何唐诗入宋集"之叹。

2010 年 2 月 10 日初稿，同年 7 月改定于京都

原载《宋史研究论丛》第 13 辑，河北大学出版社 2012 年版。

《朱子全书》与《朱熹集》《全宋诗》《全宋文》所收朱子佚文十篇辨伪

石立善

一

自明清以来，朱子（1130—1200）佚文之搜辑整理，代不乏人，明代有朱培辑《文公大全集补遗》八卷，清代有朱玉辑《朱子文集大全类编》附录《补遗》、朱启昆辑《朱子大全集补遗》二卷、陈敬璋辑《朱子文集补遗》五卷等。近人所编有关朱子书籍中，辑录朱子佚文者有四种，兹按出版顺序列记如下：

（一）《全宋诗》① 第四十四册《朱熹》

（二）《朱熹集》② 第十册所收《朱熹遗集》三卷与《朱熹外集》二卷

（三）《朱子全书》③ 第二十六册所收《朱子佚文辑录》

（四）《全宋文》④ 第二百四十三册至二百五十三册

以上四书虽不乏重出互见之处，然搜获丰富，各有发现，且均为新式标点整理本，其所辑佚文于朱子学研究之贡献不容忽视。然而朱子著述庞巨繁杂，辑录者一时不审，四书所收佚文均有一些并非出自朱子，而其误收误传或始自宋元人，由来已久。其中亦有部分文章已见于传世本朱子文集，不应归为佚文。凡此种种，恐贻误后学，以讹传讹，学术所关，不容不辨。

笔者曾撰《奈何唐诗入宋集——〈全宋诗〉与〈朱子全书〉误收朱子佚诗五首辨析》⑤ 一文，辨明唐人诗作误归为朱子佚文者五篇，今再举《朱子全书》与《朱熹集》《全宋诗》《全宋文》所误收佚诗文十篇，其中诗八篇：《夜叹》《复过盛家洲》（又题《盛家洲》）《题汪氏快阁》《竹画诗》《题陶渊明小像》《右军宅》《方池》《红梅》；文

---

① 《全宋诗》，其书第44册所收卷二三九三、二三九四，即新辑朱熹集外诗第十一、十二卷。北京大学出版社1991—1998年版。

② 《朱熹集》，郭齐、尹波点校，第十册《朱子遗集》与《朱子外集》专录朱子佚文，四川教育出版社1996年版。

③ 《朱子全书》第二十六册由束景南辑订，于其旧编《朱熹佚文辑考》（江苏古籍出版社1991年版）基础上删订而成，其中《朱子遗集》七卷专收佚诗文，上海古籍出版社、安徽教育出版社2002年版。

④ 《全宋文》朱熹卷以《朱熹集》第十册所载佚文为基础，将佚文分散编入各卷。上海辞书出版社、安徽教育出版社2006年版。

⑤ 石立善：《奈何唐诗入宋集——〈全宋诗〉与〈朱子全书〉误收朱子佚诗五首辨析》，《宋史研究论丛》第13辑，河北大学出版社2012年版。

二篇:《论讳》《四端说》,依次考辨,以正视听。

二

（1）《夜叹》

（《朱子全书》所收《朱子佚文辑录·朱子遗集》卷一,第570页,引自《洺水集》卷九《书犁春谢耕道所藏朱晦庵夜叹长篇后》）

（《朱熹集》所收《朱熹遗集》卷一,第5617页,引书同上）

（《全宋诗》卷二三九四所收《朱熹》卷十二,"佚句"第27682页,引书同上。仅收前四句"秋夜不可晨"至"何以有此憾"）

> 秋夜不可晨,秋日苦易暗。
> 我无汲汲志,何以有此憾?
> ……
> 炼形羽化真寓言,世间哪得有神仙?
> 要须力穑乃丰年,画形十载甑空悬。
> 君不见,黄鹤楼前金色鲜,何如归煮白石员?
> ……

善案:"秋夜不可晨,秋日苦易暗。我无汲汲志,何以有此憾",此乃韩愈《秋怀诗》① 十一首之七的起首四句。韩愈原诗如下（文中着重号均为笔者所加,下同）:

> 秋夜不可晨,秋日苦易暗。
> 我无汲汲志,何以有此憾?
> 寒鸡空在栖,缺月烦屡瞰。
> 有琴具徽弦,再鼓听愈淡。
> 古声久埋灭,无由见真滥。
> 低心逐时趋,苦勉只能暂。
> 有如乘风船,一纵不可缆。
> 不如觑文字,丹铅事点勘。
> 岂必求赢余,所要石与甔。

由此可知,韩愈乃《洺水集》作者程珌文中所谓"昔人固同此感也"之"昔人"。要之,朱子之佚诗仅文末七句而已:"炼形羽化真寓言,世间哪得有神仙? 要须力穑乃丰年,画形十载甑空悬。君不见,黄鹤楼前金色鲜,何如归煮白石员?"程珌题称"长篇",亦知程氏所引仅《夜叹》一部分而已。又据四库全书本《洺水集》,"哪"作"那","丰"作"逢","形"作"犁"。

---

① 宋世彩堂刊本《昌黎先生集》卷一。

（2）《复过盛家洲》

（《朱子全书》所收《朱子佚文辑录·朱子遗集》卷一，第 576 页，引自万历《新修南昌府志》卷三十、《铅山石岩朱氏家谱·题咏》）

（《朱熹集》所收《朱熹外集》卷一，第 5727 页，题作《盛家洲》，引自万历《新修南昌府志》卷三十）

> 欲复问何处，行迟稍认门。
> 路从幽草入，巷与绿杨分。
> 市净人初远，言忘意独存。
> 所经得才俊，犹足慰斯文。

善案：此非朱子佚诗，乃元人陈敬翁所作，诗题《过胡震亨幽居》，《元风雅》① 前集卷十一收录。又据《元风雅》，"从"作"随"，"杨"作"阴"，"净"作"尽"。

（3）《题汪氏快阁》

（《朱子全书》所收《朱子佚文辑录·朱子遗集》卷一，第 583 页，引自道光《徽州府志》卷十一之三）

> 傍檐古木绿阴阴，下有清溪可洗心。
> 燕坐红尘飞不到，清风时至喜披襟。

善案：此非朱子佚诗，乃南宋王炎所作，乃《题汪尉立之快合》之二，见王炎《双溪类稿》② 卷九③。又据《双溪类稿》，首句"檐"作"簷"，"簷"为后起的异体字；末句"清风时至喜披襟"作"何须风过一披襟"。

（4）《竹画诗》

（《朱子全书》所收《朱子佚文辑录·朱子遗集》卷一，第 583 页，录自婺源县博物馆藏竹画诗刻板）

> 不谢东君意，丹青独立名。
> 莫嫌孤叶淡，终久不凋零。

善案：此非朱子之诗，历代相传为蜀吴关羽所作，今石碑、木板散见于各地之三国古迹以及一些关帝祠庙。此类碑刻、刻板皆藏诗句于竹叶之中，融诗画为一体。据笔者所见拓片，"君"或作"篁"，"立"或作"自"。又，《钦定盘山志》④ 卷十六《杂缀》云："秀峰庵侧，关忠义祠前有石碣二，左碣刻：'不谢东君意，丹青独立名。'右碣刻：'莫

---

① 《四库全书》本。
② 《四库全书》本。
③ 此诗亦见《双溪文集》卷五。
④ 《四库全书》本。

嫌孤叶淡，终久不彫零。'云是：'忠义一笔书，康熙二年立石。'意是箕笔也。"又，清人叶奕苞《金石录补》①卷二十七记载："徐州有关壮缪竹石刻，宣德四年僧正广善创建铁佛寺，剷地得之，司徒赵钦汤曰：侯所写竹，虬枝铁干，其叶错综成文，为五言一绝句：'不谢东君意，丹青独立名。莫嫌孤叶淡，终久不凋零。'或曰：此侯降乩笔也。今石刻在肥城关壮缪庙中。"关忠义、关壮缪，即关羽。《钦定盘山志》编者以为此诗乃"箕笔"，《金石录补》载或云降乩笔，盖后世扶乩之作也。窃以为此诗乃后人假托关羽之名而作，与朱子全无关系。

（5）《题陶渊明小像》

（《朱子全书》所收《朱子佚文辑录·朱子遗集》卷一，第593页，引自嘉靖《太平县志》卷一）

（《朱熹集》所收《朱熹外集》卷一，第5716页，引书同上）

（《全宋诗》卷二三九三所收《朱熹》卷十一，第27662~27663页，引书同上）

> 慧远无此冠，靖节无此巾。
> 此巾要亦有，无此洒酒人。

善案：此非朱子佚诗，乃元初方回所作，诗名《题渊明像》，见方回《桐江续集》卷二十四②。又据《桐江续集》，"靖节"作"修静"，"洒"作"漉"，"洒"（灑）当为"漉"之形讹字。

（6）《右军宅》

（《朱子全书》所收《朱子佚文辑录·朱子遗集》卷一，第596页，引自嘉庆《山阴县志》卷二十八）

（《朱熹集》所收《朱熹外集》卷一，第5716页，引书同上）

（《全宋诗》卷二三九三所收《朱熹》卷十一，第27667页，引书同上）

> 因山盛起浮屠舍，遗像仍留内史祠。
> 笔冢近应为塔冢，墨池今已化莲池。
> 书楼观在人随远，兰渚亭存世几移。
> 数纸《黄庭》谁不重？退之犹笑博鹅时。

善案：嘉庆《山阴县志》之外，此诗又载《（万历）绍兴府志》③卷十（录作朱熹诗）、《（雍正）浙江通志》④卷四十五（录作朱熹《游戒珠寺悼右军故宅》）、清人吴高增《兰亭志》⑤卷八（录作朱子《右军祠》）。然此非朱子佚诗，乃北宋赵抃所作，诗题

---

① 清道光刻本。
② 《四库全书》本。
③ 明万历年间刻本。
④ 《四库全书》本。
⑤ 清乾隆刻本。

《游戒珠寺悼右军故宅》，见赵抃《赵清献公文集》卷五。又据《赵清献公文集》①，"起"作"启"，"化"作"作"，"时"作"诗"。

（7）《方池》

（《朱子全书》所收《朱子佚文辑录·朱子遗集》卷一，第 600 页，引自《武夷山志》卷五、《古今图书集成》卷一百十三《方与汇编·山川典》）

（《朱熹集》所收《朱熹遗书》卷一，第 5719 页，引书同上）

（《全宋诗》卷二三九三所收《朱熹》卷十一，第 27665 页，引自《武夷山志》卷五）

> 武夷之境多神仙，我亦驻此临风轩。
> 方池清夜堕碧玉，重帘白日垂洞门。
> 暗泉涌地紫波动，微雨在藻金鱼翻。
> 倚栏照影清见底，拄杖卓石寻无源。
> 洗头玉女去不返，遗此丈八芙蓉盘。
> 溪船明月泛九曲，出入紫微听潺湲。
> 便欲此地觅真隐，何必商山求绮园。

善案：此非朱子佚诗，乃元人萨都剌所作，诗题《武夷馆方池》，见萨都剌《萨天锡诗集》后集②。又据《萨天锡诗集》，"碧玉"作"璧月"，"地"作"池"，"栏"作"阑"，"见"作"光"，"拄"作"柱"，"源"作"原"，"明月"作"明日"，"盘"作"盆"，"微"作"翠"，"欲"作"从"。

（8）《红梅》

（《朱子全书》所收《朱子佚文辑录·朱子遗集》卷一，第 610 页，引自《永乐大典》卷二八〇九）

（《朱熹集》所收《朱熹外集》卷一，第 5724 页，引自《全芳备祖》前集卷四）

（《全宋诗》卷二三九三所收《朱熹》卷十一，第 27660 页，引自《永乐大典》卷二八〇九引）

> 似桃非桃杏非杏，独与江梅相早晚。
> 天姿约略带春醒，便觉花容太柔婉。
> 霞觞激艳玉妃醉，应误刘郎来阆苑。
> 会须参作比红诗，莫学墙头等闲见。

善案：此非朱子佚诗，《全芳备祖》前集卷四录此诗而不署作者，而于上一首诗"冰容戏作桃花色"注云"王梅溪"。梅溪乃王十朋之号，清康熙刻本《佩文斋广群芳谱》卷二十四、《全宋诗》王十朋诗卷四录此诗，归为王十朋之作。

---

① 《北京图书馆古籍珍本丛刊》所收景印宋刊元明递修本。

② 《四部丛刊》所收景印明刊本。

(9)《论讳》

(《朱子全书》所收《朱子佚文辑录·朱子遗集》卷四，第 739~741 页，引自《古今合璧事类备要》续集卷三、《山堂肆考》卷一百三十九)

(《朱熹集》所收《朱熹遗集》卷三，第 5671~5672 页，引书同上)

(《全宋文》二百五十一册所收《朱熹》卷二百二十二，第 389~390 页，引书同上)

　　周人以讳事神，然《雝》诗言"克昌厥后"，《噫嘻》言"骏发尔私"，不为文、武讳。《周礼》一书，《七月》一诗，去古未远，皆未之讳，故《礼》有"昌本"之菹，《诗》有"骏发"之咏，其避讳固未如后世之悉，特不敢指曰"文王昌""武王发"。（下略）

　　善案：此非朱子之文，乃南宋叶大庆所撰，见《考古质疑》卷一。叶大庆《考古质疑》一书早佚，至清代始由四库馆臣从《永乐大典》中辑出。南宋祝穆编《古今事文类聚》① 后集卷三《人伦部·名讳》收录此文，题为《论汉唐国讳》，而不载撰者氏名。祝穆，字和父，幼名丙，穆之父祝康国，乃朱子伯舅祝莘之子，后从朱子居崇安，穆与弟祝癸则自幼受业于朱子②，若此文果为朱子所作，祝穆当无不知之理。又，《古今事文类聚》一书体裁严谨，凡引录诗文皆注明出处，于朱子亦然，可知此文非朱子所作无疑。

(10)《四端说》

(《朱子全书》所收《朱子佚文辑录·朱子遗集》卷四，第 744~746 页，引自真德秀《孟子集编》卷三)

　　性是太极浑然之体，本不可以名字言，但其中含具万理，而纲领之大者有四，故命之曰仁义礼智。孔门未尝备言，至孟子而始备言之者，盖孔子之时，性善之理素明，虽不详其条，而说自具。至孟子之时，异说蠭起，往往以性为不善。孟子惧是理之不明，而思有以明之。苟但曰"浑然全体"，恐其为无星之秤，无寸之尺，而终不足以晓天下，于是别而言之，界为四破，而四端之说于是乎立。（下略）

　　善案：真德秀《读书记》③ 卷五及《孟子集编》④ 卷三引此文题云《四端说》，《朱子全书》因之。此文虽确为朱子之作，然并非佚文，乃《晦庵先生朱文公文集》⑤ 卷第五十八所载《答陈器之》第二通。《答陈器之》第二通书简与此文内容相同，乃朱子答其弟子陈埴之书简。《晦庵先生朱文公文集》书简题下注云"问玉山讲义"，知陈埴读《玉山讲义》而来函问疑，故朱子作此答复。又，陈埴之文集《木钟集》⑥ 卷二亦载录此文，

---

① 　日本中文出版社景印明万历刊本。

② 　《晦庵先生朱文公文集》卷九十八《外大父祝公遗事》，《四部丛刊》所收景印明嘉靖刊本。

③ 　《四库全书》本。

④ 　《四库全书》本。

⑤ 　《四部丛刊》所收景印明嘉靖刊本。

⑥ 　《四库全书》本。

题作《四端说》，明代官修《四书大全·孟子大全》① 卷三引此文以为"潜室陈氏"（陈埴号潜室）作，而《性理大全》② 卷三十六两引此文，先归入朱子之作，后则冠以"潜室陈氏"之名，尤误甚也。

结　语

朱子学自南宋理宗时代被奉为官学以来，至清末为止近七百年间，影响巨大。朱子之著述散见于各种典籍之中，尤以各地方志及各种家谱所载录的朱子诗文为众，然真伪参淆，玉石混杂，伪托而借以夸耀者固不胜枚举，误收误传而张冠李戴者亦不为少，诚不易辨识。因自昔年读书札记摘出此文，览者详之。

原载《宋史研究论丛》第 15 辑，河北大学出版社 2014 年版，收入本书时略作增补。

---

① 朝鲜李朝刻本。
② 《孔子文化大全》所收影印明永乐刻本，山东友谊书社 1989 年版。

《箬茧室诗集》辨伪

陈福康

  在国家专门重点立项的《清史》纂修工程中，《清代诗文集汇编》编纂委员会主编的八百巨册《清代诗文集汇编》已经出版，为这一特大工程中的重大成果，并获得最高荣誉和好评。在其第一四四册中，影印收入了许友的诗集两种：《箬茧室诗集》和《米友堂诗集》。编纂者写的许友小传曰："初名宰，字有介，一字介寿、介眉，号瓯香，福建侯官（今闽侯）人。生卒年不详，卒年四十有余，康熙二十年（一六八一）尚在世。诸生。工诗，善书画……"并注明："参考文献：《清史列传》卷七○、《碑传集》卷一三八、《箬茧室诗集·附录》。"今查《清史列传》和《碑传集》，均无许友康熙二十年（1681）尚在世的任何记载，看来，编纂者这样写的根据就是《箬茧室诗集·附录》。编纂者又将许友排在钦柴（1636 年生）和查容（1637 年生）之间，这显然也就是根据所谓"康熙二十年尚在世"和"卒年四十有余"，而对许友的生年的推测。这样的推测有没有道理呢？我认为毫无道理。因为据我研究，《箬茧室诗集》本是一部道道地地的伪书，所以，根据伪书而得出的所谓许友"康熙二十年尚在世"的推测更属荒唐无稽。

  据柯愈春《清人诗文集总目提要》一书称，许友"现存所著稿本二种：一为《米友堂诗集》，不分卷次，福建师范大学图书馆藏。……另一种则为《许有介诗稿》，仅一卷，北京市文物局藏。……阳新石荣暲曾藏一钞本，名《箬茧室诗集》，仅诗六十六首，民国二十五年辑入《蓉城仙馆丛书》……"现在，《清代诗文集汇编》第一四四册所收的《米友堂诗集》，即据福建师范大学图书馆所藏许友稿本的影印本（原燕京大学图书馆藏，福建师范大学图书馆似并未藏原本）而再影印者；而该册所收入的《箬茧室诗集》，就是据"阳新石荣暲……民国二十五年辑入《蓉城仙馆丛书》"的铅印本而影印者。其实，《清代诗文集汇编》的编纂者大概也未曾见过所谓的"石荣暲曾藏"的"钞本"①，而只看到这个 1936 年的排印本。然而，在这个排印本"附录"的诸文中，其实并看不到许友1681 年尚在世的任何记述。只是在该书目录后面石荣暲写的两段附记中，可以看到这样的说法：

---

  ① 如果真的有所谓"阳新石荣暲曾藏一钞本"的话，那么，那部钞本也绝不可能像柯愈春说的"名《箬茧室诗集》"（因为这是石氏出排印本时才取的书名），而有可能题为《许有介诗稿》。那么，柯愈春提到的那本"北京市文物局藏"的"仅一卷"的《许有介诗稿》，就有可能即为该伪书的原本！今查《中国古籍善本书目·集部·中》，第 11494 种即是此本"北京市文物局藏"的书。那么，我建议可查对内容，看看是不是即《箬茧室诗集》的原稿。若是，则对其字迹作鉴定，一是可以确认是不是许友的手笔，二是可以看看是不是石氏的字迹。总之，绝不能让一部伪书混迹于"中国古籍善本"中！这是对"中国古籍善本"莫大的侮辱！

　　右有介先生诗六十六首，系先生亲笔手迹，计全帙二十九页。惟原稿剥落较多，殊为欠缺。集中有《丁酉岁正月四日雪》诗，及《辛酉立春日溪园试笔》诗，先生至有清康熙中以诸生终，则丁酉为顺治十四年，辛酉为康熙二十年。以相隔二十余年之作，一时录出，应为先生自选生平佳作。是以末页署名，并盖"有介书画"章以赠友人者。卷首有"眉公"二字白文印章，或先生以之赠陈眉公者欤？末附《放鹤篇》四首，则由《明诗综》录出。校讹附记数语于此。丙子（按，1936）仲春，阳新石荣暲记于故都西城之西丘草堂。

　　再，此本收藏家，首为陈眉公，次为王文勤公。文勤公名庆云，字雁汀，闽人，道光进士，历任陕西巡抚、四川总督、兵部尚书。均有印章盖于卷末。次则为赠予之叶可庵，君亦闽人。三百年中，知者仅此数人。至入予手，则为之装潢，为之校印，竭尽吾力。若至予后，又不知归于何人，流于何地。校录之余，俯仰古今，有令人不胜唏嘘太息者矣！荣暲又记。

　　说得如此煞有介事，那么，此人如果不是一个可怜的受骗上当者，那就只能是一个可恶的欺世伪造者了。今查知，石荣暲（1880—1962），原名修忠，字莨年，号靖龛，湖北阳新人。民国时历任山西兴县知事、交通部参事、财政部参事、吉（林）长（春）铁路文书课长兼附属铁路学校校长、吉（林）敦（化）铁路工程局总务科长等职。1929年起定居北平，从事文史研究。中华人民共和国成立后任中央文史研究馆馆员。石氏提到的赠书者叶可庵，据他说是其任职吉林时的同事。石氏在铅印本《箬茧室诗集》跋文中又言：

　　民国甲子年（按，1924），予宦游吉林，同事叶可庵君以许有介诗稿见赠。予受而读之，则见诗之孤旷高迥，纯任自然；字则飞扬磅礴，不在黄米下。暇时一为翻阅，令人意远神怡。但有介先生之诗集，遍觅而不可得，仅于《明诗综》见其诗数首而已。……予于是仍随时访求而不已。乙亥（按，1935）秋卧病故都，复托田耀东教授求之图书馆。一日，田君告予曰"馆中有《米友堂诗集》"，予闻之狂喜，因托其借出，详加披阅。计诗三百余首，为连江刘东明所藏，殆亦未全之稿本，民国辛未（按，1931）始付石印。惟刘君藏本皆先生少年作品，每多率意成章，不加修饰；不若予之藏本，博大精深，雄浑修洁也。刘君藏本既经印行，予亦拟付刊印，以广其传。刘君印本题曰《米友堂诗集》，予则题《箬茧室诗集》以别之，箬茧室亦先生书斋名也。先生由明末至今三百年矣，生平遗著始同时出现于世，殆亦有天数存其间耶！

　　在上引石氏的几段话里，已露出不实事求是的不少可疑之处。例如，他自问自答，先是说"或先生以之赠陈眉公者欤"，然后在未作任何考证的情况下却又径言"此本收藏家首为陈眉公"，这就已经有点像江湖老千的口吻了。而石氏竟然不知道，明代著名文人陈继儒（眉公）在明亡之前就已经逝世。眉公又如何能看到并"收藏"许友在清顺康年间写的诗呢？再说，许友如有"有介书画"印章，那也必是只用在他的书画作品上，怎么会钤在自己的诗作稿本上，并以此赠人呢？石氏称明遗民许友"至有清康熙中以诸生终"，也极不妥，因为只能称许氏为明末诸生。至于说许友于康熙二十年（1681）尚在世，那更不可能。近时郑珊珊博士在《许友年表》① 中，根据许氏友人周亮工《赖古堂集》卷六《十月廿六日城阳寄冠五》诗记"许眉信（按，指凶信）已真"，和其子周在浚《周亮工年谱》对该诗的系年，考定许友卒于康熙癸卯（1663）。很正确。另外，周亮工《赖古堂集》卷十《哭许有介》和《哭徐存永》两首诗紧相连，上述《十月廿六日城阳寄冠五》在记"许眉信已真"的同时又写"徐生新赋鹏"，可知许氏当与徐氏同年而逝；而黄曾樾早在《读尺木堂集》所附《徐存永先生年表》② 中，即考定徐氏逝于1663年。特别是，我看到许氏友人陈梦雷《松鹤山房诗文集》卷十七为许夫人写的《许母黄孺人传》中，有更明确的记述："癸卯夏，有介先生寝疾，孺人躬侍汤药者累月，百计问医呼吁，竟不起。"至于许氏生年，虽尚待细考，但在柯氏《清人诗文集总目提要》著录的今存日本的《米友堂集》刻本中，有明确作于崇祯戊寅（1638）的诗（如《戊寅江上阻雪再用前韵》）多首，已足证许氏绝对不可能生于1636年以后！③ 石氏为了抬高自己所谓的藏本的价值，竟称"刘君藏本皆先生少年作品，每多率意成章，不加修饰"。其实，刘东明所藏《米友堂诗集》中的不少作品，一看就知是写于明亡以后历经患难的中年，绝非"皆先生少年作品"。而且，石氏既称自己"详加披阅"，自当熟悉许友的字迹，难道还看不出自己所藏的"字则飞扬磅礴，不在黄米下"的本子的真伪？

而如今《清代诗文集汇编》的编纂者只要能稍微注意到上述的一二可疑之处，就不会那样相信石氏刊印的《箬茛室诗集》了。这其实是一部道道地地的骗人的伪书，书中所有诗作都能找到剽窃的出处。若犹谓予不信，且待一一揭出：

第一题《春日□□》，实为明人杨基所作，见《眉庵集》卷八，原题为《春日出郊》。该诗有《四部丛刊》影印本。伪造者有意将题目打上两个虚缺号（阙文方框），诗句也故意打上六个虚缺号，以冒充"原稿剥落较多"。

第二题《题玉真观》，亦为明人杨基所作，亦见《眉庵集》卷八。伪造者有意将诗句打上四个虚缺号。

第三题《春宵楼》，亦为明人杨基所作，亦见《眉庵集》卷八。

第四题《秦淮官舍怀春》，亦为明人杨基所作，亦见《眉庵集》卷八。只是原题为《秦淮官舍春怀》，伪造者将"春怀"胡改为"怀春"，竟把许友变成了少女。伪造者还有意将诗句打上四个虚缺号。

第五题《晚春》，三首，亦为明人杨基所作，亦见《眉庵集》卷八。又收入钱谦益《列朝诗集》甲集卷七、张豫章《四朝诗》明诗卷六十九等。其三又收入曹学佺《石仓历代诗选》卷二百九十四。伪造者有意将诗句打上四个虚缺号。

① 郑珊珊：《许友年表》，《闽江学院学报》2014 年第 1 期。
② 黄曾樾：《徐存永先生年表》，《福建师范大学学报》1957 年第 2 期。
③ 《米友堂诗集》稿本《题画送徐存永之汴凉》有云"相看俱是四旬外"，可知许友与徐存永差不多同龄。黄曾樾《徐存永先生年表》认为徐氏生于1615 年，许氏《题画送徐存永之汴凉》作于1659年。陈庆元《徐𤊽年谱初编》据《荆山徐氏谱·世系考》则认为徐氏生于1614 年。《清代诗文集汇编》是根据作者生年排序分册的，《清代诗文集汇编》的编纂者相信了石氏的话，竟将许友的"排位"往后推迟了约二十年！

第六题《江宁村居病起写怀》，十首，亦为明人杨基所作，亦见《眉庵集》卷八。亦又收入《列朝诗集》甲集卷七、《四朝诗》明诗卷六十九等。伪造者有意将诗句打上九个虚缺号。

第七题《新柳》，二首，其一亦为明人杨基所作，亦见《眉庵集》卷八。不过杨基原作只有这一首。亦又收入《列朝诗集》甲集卷七、《四朝诗》明诗卷六十九等。又为蒋一葵《尧山堂外纪》、郎瑛《七修类稿》、王良臣《诗评密谛》、薛熙《明文在》、赵吉士《寄园寄所寄》及《渊鉴类函》《佩文斋广群芳谱》等书所引用。其二实际亦为杨基所作，亦见《眉庵集》卷八，不过原题为《春草》，伪造者不仅改题，又将原诗"嫩绿"改成不通的"懒绿"，亦又收入《列朝诗集》甲集卷七和《石仓历代诗选》卷二百九十四、《明文在》卷十二、彭孙贻《明诗钞》等，并为李东阳《怀麓堂诗话》、周子文《艺薮谈宗》、陈田《明诗纪事》《渊鉴类函》等书引用。伪造者有意将诗句打上一个虚缺号。

第八题《雨中独坐有怀荥阳道中用寄潜斋夜坐韵》，亦为明人杨基所作，亦见《眉庵集》卷八。亦又收入《列朝诗集》甲集卷七、《四朝诗》明诗卷六十九等。又为《佩文韵府》《渊鉴类函》等书引用。伪造者有意将诗句打上一个虚缺号。

第九题《无题和唐李义山商隐》，五首，亦为明人杨基所作，见《眉庵集》卷九。亦又收入《列朝诗集》甲集卷七、《四朝诗》明诗卷六十九等。伪造者有意将诗序打上四个虚缺号，又将诗句打上两个虚缺号。

第十题《秋感》，六首，实为元人王逢所作，见《梧溪集》卷三。收入《列朝诗集》甲集前编卷四、顾嗣立《元诗选》初集卷六十一等。其二、其五又收入陈焯《宋元诗会》卷九十四。伪造者有意将诗句打上十个虚缺号。

第十一题《无题》，五首，亦为元人王逢所作，见《梧溪集》卷四下。亦收入《列朝诗集》甲集前编卷四、《元诗选》初集卷六十一、《宋元诗会》卷九十四，及陈衍《元诗纪事》卷十一等。伪造者有意将诗句打上四个虚缺号。

第十二题《海口道上有述怀郑二宣》，实为明人林鸿所作，见《鸣盛集》卷三。收入《列朝诗集》甲集卷二十、《四朝诗》明诗卷七十一、袁表《闽中十子诗》卷五等。伪造者有意将诗句打上两个虚缺号。

第十三题《秋江离思图》，三首，其一亦为明人林鸿所作，亦见《鸣盛集》卷三。亦收入《列朝诗集》甲集卷二十、《四朝诗》明诗卷七十一、《闽中十子诗》卷五，及《石仓历代诗选》卷二百九十七等。不过林鸿所作《秋江离思图》仅一首。其二亦为林鸿所作，亦见《鸣盛集》卷三，但原题为《寄高逸人》，亦收入《列朝诗集》甲集卷二十、《四朝诗》明诗卷七十一、《闽中十子诗》卷五，及沈德潜《明诗别裁集》卷二等。其三则实为明人浦源所作，原题为《送人之荆门》，见《列朝诗集》甲集卷二十、《明诗纪事》甲签卷十九、《明文在》卷十三、《明诗别裁集》卷二，和徐𤊹《笔精》卷五、彭孙贻《明诗钞》等。伪造者有意将这三首诗打上两个虚缺号。

第十四题《赠别谢秀才》，实亦为明人浦源所作，见《列朝诗集》甲集卷二十、《石仓历代诗选》卷二百九十七、《四朝诗》明诗卷七十一等。

第十五题《送包鹤□东归》，亦为浦源所作，亦见《列朝诗集》甲集卷二十、《石仓历代诗选》卷二百九十七、《四朝诗》明诗卷七十一等。原题为《送包鹤州东归》，伪造者有意在诗题上打一个虚缺号。

第十六题《林七员外园亭夜饮得河字》，亦为浦源所作，亦见《列朝诗集》甲集卷二十、《石仓历代诗选》卷二百九十七、《四朝诗》明诗卷七十一，和《明诗纪事》甲签卷十九等。

第十七题《有怀淬用刚赋此以别》，实为元人戴良所作，见《九灵山房集》卷二十五。该书有《四部丛刊》影印本。收入《列朝诗集》甲集前编卷五、《元诗选》二集卷二十、《宋元诗会》卷九十六等。伪造者有意将诗句打上三个虚缺号。

第十八题《承君衡叔翰远送赋此以寄》，亦为戴良所作，亦见《九灵山房集》卷二十五。亦收入《列朝诗集》甲集前编卷五、《元诗选》二集卷二十、《宋元诗会》卷九十六，和《四朝诗》元诗卷五十六等。

第十九题《齐云楼》，实为明人高启所作，见《高太史大全集》卷十五。该书有《四部丛刊》影印本。收入《列朝诗集》甲集卷五下、《明文在》卷十三、《渊鉴类函》卷三百四十七、冯桂芬《（同治）苏州府志》卷二十一等。伪造者有意将诗句打上四个虚缺号。

第二十题《到京》，三首，其一实为明人杨基所作，见《眉庵集》卷八。不过杨基所作《到京》仅此一首。其二实为明人沈周所作，见《列朝诗集》丙集卷八，又见《四朝诗》明诗卷七十七等，但原题为《宜晚轩为玉公赋》。其三实为明人王鏊所作，见《震泽集》卷五，收入《列朝诗集》丙集卷六、《四朝诗》明诗卷七十六、汪霦《佩文斋咏物诗选》卷二百四十三，及《渊鉴类函》卷三百九十三等，但原题为《酒熟志喜》。伪造者有意将这三首诗打上四个虚缺号。

第二十一题《丁酉岁正月四日雪》二首，其一实为元人梁寅所作，见《石门集》卷四，收入《列朝诗集》甲集卷十六。不过梁寅所作《丁酉岁正月四日雪》仅一首。其二亦为梁寅所作，亦见《石门集》卷四，但原题为《次韵酬黎以德》，收入《列朝诗集》甲集卷十五、《四朝诗》明诗卷七十二、《明文在》卷十二、曾燠《江西诗征》卷四十等。该诗开头就是"银河斜界"云云，明显不是冬月雪景，《清代诗文集汇编》的编纂者居然都看不出来。伪造者还有意将这两首诗打上四个虚缺号。

第二十二题《城南小饮为松江郭彦礼赋》，实为元明之际高逊志所作，见《列朝诗集》甲集卷十五、《石仓历代诗选》卷三百四十三、《明诗纪事》乙签卷二、沈季友《槜李诗系》卷六等。不过原题为《城南小隐为松江郭彦礼赋》，伪造者将隐居变成了饮酒。伪造者还有意将诗句打上两个虚缺号。

第二十三题《冬夜与高五秀才馆林八员外》，实为明人林鸿所作，见《鸣盛集》卷三，收入《列朝诗集》甲集卷二十、《四朝诗》明诗卷七十一、《闽中十子诗》卷五等。原题为《冬夜与高五秀才馆林八员外宅》，伪造者漏了一个"宅"字，就易使人误以为"坐馆"（任教）。伪造者还有意将诗句打上两个虚缺号。

第二十四题《寄周一秀才玄兼呈陈八处士炫》，亦为林鸿所作，亦见《鸣盛集》卷三，亦收入《列朝诗集》甲集卷二十、《四朝诗》明诗卷七十一、《闽中十子诗》卷五，和《明文在》卷十三等。伪造者有意将诗句打上一个虚缺号。

第二十五题又是《秋江离思图》，二首，其一实为明人徐贲所作，见《北郭集》卷七，该书有《四部丛刊》影印本，原诗题为《次韵金子肃卜居》，收入《列朝诗集》甲集卷十、《四朝诗》明诗卷六十九等。其二亦为徐贲所作，亦见《北郭集》卷七，但原题为《次韵高季迪喜予北归相访江渚之作》。诗中明明有"江上衣裳冬倍冷"之句，居然仍可偷换在"秋江"的诗题下而骗过《清代诗文集汇编》的编纂者。伪造者有意将诗句打上一个虚缺号。

第二十六题《浩师别李伯章》，亦为徐贲所作，亦见《北郭集》卷七，原题为《浩师房别李伯章》。伪造者有意将诗句打上五个虚缺号。

第二十七题《登昆山次易九成诸友韵》，二首，其一亦为徐贲所作，亦见《北郭集》卷七，收入《石仓历代诗选》卷二百九十六、《（同治）苏州府志》卷七等。不过徐贲所作《登昆山次易九成诸友韵》仅一首。其二实为明人高启所作，见《高太史大全集》卷十五，原题为《西坞》，收入《列朝诗集》甲集卷四中、《四朝诗》明诗卷六十八、朱彝尊《明诗综》卷九、徐嘉泰《天目山志》卷三等。伪造者有意将诗句打上四个虚缺号。

第二十八题《首春感怀》，亦为高启所作，亦见《高太史大全集》卷十五，收入《列朝诗集》甲集卷五上等。伪造者有意将诗句打上五个虚缺号。

第二十九题《书无题后凡二首偶感燕太子丹事》，实为三首，元人王逢所作，见《梧溪集》卷六，原题亦为《书无题后凡三首偶感燕太子丹事》。收入《列朝诗集》甲集前编卷四、《元诗选》初集卷六十一、《宋元诗会》卷九十四等。伪造者有意将诗句打上十九个虚缺号，并还在诗注中打上三个虚缺号。

第三十题《辛酉立春日溪园试笔寄钱艾衲张云庄二叟》，亦为王逢所作，亦见《梧溪集》卷六，王逢此题原有二首，此为其一。收入《列朝诗集》甲集前编卷四。伪造者有意将诗句打上八个虚缺号。

以上诗共三十题，六十四首（石荣暲、柯愈春等人说有六十六首，不确），其后还有《放鹤篇》《龙洞》《题渊明独酌图》《作画》四首，石氏称是他"由《明诗综》录出"，既非所谓《箬茧室诗集》原稿，那我们就不多说了。（其实朱彝尊《明诗综》中并没有这些诗。）总之，《箬茧室诗集》中的"许友诗"已经全部找到原作者与出处了，计有元明诗人杨基、王逢、林鸿、浦源、戴良、高启、沈周、王鏊、梁寅、高逊志、徐贲等十一人。起先，我还曾考虑，此书会不会是许友的读诗笔记而被后人误会为许友所作呢？但想一想就否定了。一是读诗笔记当记下诗作者的名字，二是读诗笔记绝不可能胡改前人诗题、合并多人诗作于一题等等。因此，完全可以判定《箬茧室诗集》必为蓄意而造的伪书无疑！这本伪书不过是将前人的诗作胡乱打上些虚缺号，或作些妄改、胡并而已。因此，此伪书没有任何文献价值和学术价值，而欺骗世人已有八十年之久！

本文所以不惮繁琐地举出那些曾经被偷诗的书的书名，也是为了说明不少被偷诗其实还是比较常见的，伪造者的伎俩其实也非常一般。尤其是石荣暲特意举出的《丁酉岁正月四日雪》和《辛酉立春日溪园试笔》两首诗，现在在互联网上一查就可以查出它们的作者名字。因此，《清代诗文集汇编》的编纂者们，只要有一点点古诗文阅读经历，只要有一点点鉴定能力，或只要略微认真一点点，哪怕能看出其中一首"似曾相识"，也就足以引起怀疑了。但没料到，那么多专家层层把关的《清代诗文集汇编》，居然如此堂而皇之地收入了这样一部拙劣的伪书，而且居然还以这部伪书来约断许友的生卒年！

新发现"秦观佚诗"《梅花百咏》辨伪

任　群

2016 年《文献》刊发了李定广、张静雅的文章《新发现秦观佚诗〈梅花百咏〉辑考》（以下简称"李文"），发表秦观七言同韵咏梅一百首"佚诗"①。该文依据题名为"秦少游"所作《梅花百咏》的和刻本，并参照国内所藏明代万历四十三年（1615）汪元英校订、汪应鼎刻本《百梅一韵》卷一《宋高邮秦少游咏梅一百首》，认可池田温"此百首咏梅七律本来就以单行本传世"的论断，从而断定《梅花百咏》为秦观佚诗。

对此，王昊率先在《中国韵文学刊》2016 年第 3 期发表《关于秦观佚诗〈梅花百咏〉的质疑》（以下简称"王文"），分别从五个方面提出疑问，即：

1. 秦氏同时代的人，特别是师友圈中为何无人赓和？

2. 从宋代咏梅文学的发展来看，"百咏"之制起于南宋，至南宋末达到高潮；秦观如何可能在北宋一枝独秀？

3. 南宋、元代与咏梅文学相关的多种总集，为何皆不见选一首？

4. 岁寒三友的说法，最早出现于南宋绍兴年间；而《梅花百咏》中却有《松梅》《竹梅》两篇②，作为整体的《梅花百咏》又怎么可能是秦观的作品呢？

5. 假定此《梅花百咏》是秦观南迁后所作的，则其生前为何不曾见称于苏轼之口？身后南宋重新编刻秦观文集时，有条件收录为何却漏收？③

王文质疑非常中肯有力。本文在此基础上，再提出相关证据，断定"秦观佚诗"《梅花百咏》系伪作，是明代咏梅风潮影响下的产物，出自明人之手。

一、"秦观佚诗"《梅花百咏》系伪作

（一）国内藏明万历汪元英校订、汪应鼎刻本《百梅一韵》④ 卷一《宋高邮秦少游咏梅一百首》是和刻本《梅花百咏》至关重要的参照版本，但以此证明《宋高邮秦少游咏梅一百首》为秦观所作文献不足征。

汪元英校订、汪应鼎刻本《百梅一韵》四卷国内现有清华大学图书馆、浙江图书馆

---

① 李定广、张静雅：《新发现秦观〈梅花百咏〉辑考》，《文献》2016 年第 2 期。

② 按：《梅花百咏》中有《松竹梅》一首，有"当时物轮为三友"之句，王文失察。

③ 王昊：《关于秦观佚诗〈梅花百咏〉的质疑》，《中国韵文学刊》2016 年第 3 期。

④ 按：此书《中国古籍善本书目》卷二十八《总集类》有收录，上海古籍出版社 1996 年版，第 1585 页。

和安徽省博物馆藏本。笔者所见《百梅一韵》为清华大学图书馆藏本和浙江图书馆藏本。此书四周单边，白口，半页九行行十九字，书口上方为"百梅一韵"四字，下为卷数，正如李文所描述的"无凡例、目录和评点，书前有香严居士邵一儒序，各卷首题'海阳汪元英大吕父订次'，'丁惟暄、张成斐、吴祚、邵一虬校阅'。卷一录《宋高邮秦少游咏梅一百首》，卷二录《于肃愍公（明人于谦）咏梅一百首》，卷三录《中峰和尚（元僧明本）咏梅诗一百首》，卷四录《涵虚子（明人朱权）咏梅诗一百首》，附录汪元英《百花一韵》一卷"。

卷首有汪元英《百梅一韵自序》，这是了解本书的重要材料。笔者所见清华大学藏本汪元英《自序》有残缺（浙江图书馆藏本全缺），前半部分已不可见，剩余文字如下：

> □□（笔者按：原文已模糊不可辨）前道者，尝命门人总录成帙，间出示客。又且读且愕，谓："以一梅而成百诗，奇矣，以百诗而出一韵，又奇矣！奇不恒有，得一且鲜，而况得四，是又奇之奇矣。乃天壤间精灵光怪不可掩也，宜丞公之同好。"于是取其不合者，略为订定。原倡百诗分为百题，就题摹写，宛尽情态，和者难复措手，且恐输彼一筹，故肃愍、中峰、涵虚统而不分，其意有在。
>
> 噫，梅之为咏，自水部而下最称和靖，和靖诸作仅"水影月香"之句颇为脍炙，他无可称。乃今四公各成百首，佳联境语，纷然迭出，其中脍炙如"水影月香"者，盖不一而足也，即与和靖并传千古，谁曰不宜？遂书简端，以授剞劂氏。弁玉山人汪元英撰。

此序李文不载，或因所据为浙图藏本的缘故。本书所附汪元英《百花一韵》自序又云：

> 先是，客以《百梅一韵》诗属余校订，余阅之，作者四人，诗各百首，同出一韵，盖天壤间一奇观也。甫卒业而病作。岁甲寅（按：万历四十二年，1614），自春徂秋，病日剧，伏枕不能起，延及乙卯（按：万历四十三年，1615）元日。

可见，汪元英乃受命于人，校订此书并作序，"命门人总录成帙"之始作俑者，但因文献不足，不能追查此人名氏及"秦观佚诗"的源头。汪序解释了把明中期人于谦之作排第二卷、元僧中峰之作排第三卷、明初人朱权之作排第四卷"统而不分"的原因在于"和者难复措手，且恐输彼一筹"，恐怕真实目的在于试图造成后三者都是在追和"秦观佚诗"的假象。

然而在为自己的书《百花一韵》作序时，汪元英仅仅说"客以《百梅一韵》诗属余校订"，不说明"客"是谁；"作者四人"，也不明说是谁。元英工于诗歌创作，著有《栩栩稿》①，此时贫病交加，濒临死亡②，刻书出版，非常艰难，想必是有难言之隐耶？如曰不然，请看《百梅一韵》之前邵一儒序，此序完整，略云：

---

① （清）黄虞稷著：《千顷堂书目》，瞿凤起、潘景郑整理，上海古籍出版社 2001 年版，第 659 页。

② 按：参汪元英著《百花一韵》卷首徐元龙《汪大吕〈百花一韵〉诗引》，李文已引，不录。

吾友汪大吕（按：即汪元英）者，味潄菁华，趣耽幽洁……若大吕者，可谓梅花之益友，四氏之主盟矣！然大吕既订四氏《百梅》，复次《百花一韵》，适传梨枣，堪叹人琴。若此编摩久，宜镌布。即今不慧谬序，莫是功损画脂。属为大吕遗言，奚啻哀生闻笛。虽材惭杞梓，学脱根株，曾契岁寒而结盟，频倚陇头以仵信。微茫冷影，若预印镂于花笺；洒落幽居，自透清癯于竹素。故特妄操吴律，不辞唐突玉妃云尔。香严居士邵一儒撰。

如李文所言，邵一儒为明万历时学者，著有《六朝声偶删补》。"属为大吕遗言，奚啻哀生闻笛"，用向秀闻笛思旧典故，说明作序之时，汪元英已经去世。序中两次点到"四氏"，同样不说明"四氏"谓谁，是可怪也欤？或确有所不便之处。

所以，从《百梅一韵》本身来看，能够证明卷一为秦观所作的，只有孤证——"宋高邮秦少游"六字。即便是安徽省博物馆藏本（未及见）的汪元英序文完整保存，要证明这一百首诗为秦观所作，证据仍嫌不足。

（二）李文所举内证有不能成立之处。

李文称："凡所涉宋以前人物皆称呼其名或字号，凡宋人皆用昵称，如称林逋为'逋翁'（《水月梅》）、'逋老'（《孤山梅》），称裴湘为'裴老'（《东阁梅》），称蜀僧花光为'花光仁老'（《水墨梅》）。"

按：此不足据，如《宫梅》"当时若使三郎见"，"三郎"系唐人对唐玄宗的昵称，若按此逻辑，此诗当为唐人所作。

又称裴湘为"裴老"（《东阁梅》），亦误。原诗有"杜陵漫兴曾题句，裴老多情此送人"之句，盖化用杜甫《和裴迪登蜀州东亭送客逢早梅相忆见寄》诗句，显然裴老指老杜友人裴迪。裴湘，宋仁宗朝宦官，有诗传世，但无与梅花有关的故实。①

（三）《百梅一韵》卷一《宋高邮秦少游咏梅一百首》所录咏梅诗，除王文已经列举的数种外，至少还有六首描述的事实与秦观无关。

1. 第十三首《雪梅》

雪势张皇天上神，梅花坚守本然真。梅如待雪先临水，雪若欺梅乱扑人。梅逞一香清到骨，雪矜三白迥超尘。雪梅劲敌知谁胜，梅让寒兮雪让春。

按：颈联有明显梅与雪平章之意，出自晚宋诗人卢梅坡《梅花诗》"梅须逊雪三分白，雪却输梅一段香"。卢梅坡名卢钺，字威仲，治《春秋》，度宗咸淳八、九年（1272、1273）间依然在世。② 据此，《雪梅》一诗最早出现应在卢梅坡的作品流传之后。

2. 第二十八首《苔梅》

按：苔梅引起重视在南宋，据周密《武林旧事》卷七记载："淳熙五年二月初一日，上（按：即宋孝宗赵昚）过德寿宫起居，太上（按：即宋高宗赵构）留坐冷泉堂，进泛

---

① 北京大学古文献研究所：《全宋诗》第6册，北京大学出版社1998年版，第3554页。
② 王三毛：《宋末诗人卢梅坡考》，《文献》2008年第1期。

索讫。至石桥亭子上看古梅，太上曰：'苔梅有二种，一种宜兴张公洞者，苔藓甚厚，花极香；一种出越上，苔如绿丝，长尺余。今岁二种同时着花，不可不少留一观。'"① 可知苔梅非梅花另品，而是一种特殊气候环境下的生长形态。因其枝干屈曲、苍藓斑驳，一副龙钟老态，因而被视作古梅②。

关于苔梅的吟咏，首见于南宋人诗文集中，如姜夔《项里，项王之里也，在山阴西南二十余里，地多杨梅、苔梅，皆妙天下。王性之赋项里杨梅云："只今枝头万颗红，犹似咸阳三月火。"予近得苔梅一枝，古怪特甚，为作七言》，有"枝上年年长绿苔"之句③。山阴即赵构所言"越上"，即今浙江绍兴市。所以，此诗最早只能出现在南宋。

3. 第三十六首《咀梅》

醉余何物可澄神，落齿冰花味自真。淡苦不殊餐菊叟，清馨绝胜茹芝人。唤回林下百年梦，洗尽胸中万斛尘。三咽顿令诗思好，吐来新句是阳春。

按：咀梅，即咀嚼梅花，自古有之。北宋人餐食梅花只出于对梅花的喜爱而已，到了南宋中后期，则被赋予更多的人格精神和生活风雅的意味④，如杨万里写道："瓮澄雪水酿春寒，蜜点梅花带露餐。句里略无烟火气，更教谁上少陵坛。"⑤ 元代韦居安《梅磵诗话》说得更明确：

杜小山未尝问句法于赵紫芝，答之云："但能饱吃梅花数斗，胸次玲珑，自能作诗。"戴石屏云："虽一时戏语，亦可传也。"余观刘小山诗云："小窗细嚼梅花蕊，吐出新诗字字香。"罗子远诗云："饥嚼梅花香透脾。"亦此意。⑥

赵紫芝为赵师秀，戴石屏即戴复古。"三咽顿令诗思好，吐来新句是阳春"实际上是对赵师秀说法的翻版，所以《咀梅》出现的年代最早应在南宋后期。

4. 第四十七首《浴梅》

按：此首系咏"浴梅花于温水之瓶"⑦，现存史料较早只能追溯到元朝，有冯子振（号海粟）、中峰及韦珪的《浴梅》诗为证，如冯子振诗云："寒锁椒房气未匀，一沾恩泽顿精神。冰肌湿透浑无力，绝胜华清得宠人。"⑧ 韦珪诗云："玉骨清寒凝雪痕，金壶香

① （宋）周密：《武林旧事》，李小龙、赵锐评注，中华书局2007年版，第200页。
② （宋）范成大：《梅谱》，程杰校注，中州古籍出版社2016年版，第23页。
③ 北京大学古文献研究所：《全宋诗》第51册，北京大学出版社1998年版，第32046页。
④ 参见程杰：《中国梅花审美文化研究》下编第一章《园艺、园林与花艺中的梅花》（上），巴蜀书社2008年版，第187页。
⑤ 北京大学古文献研究所：《全宋诗》第42册，北京大学出版社1998年版，第26180页。
⑥ （元）韦居安：《梅磵诗话》卷中，丁福保辑：《历代诗话续编》，中华书局1983年版，第562页。
⑦ （明）宋讷：《西隐集》卷一《隐居石门赋》，影印文渊阁四库全书本。
⑧ 杨镰主编：《全元诗》第18册，中华书局2003年版，第266页。

水浸来温。余波轻沫春风面，应是新承雨露恩。"① 都将浴梅比成美人出浴。明万历二十七年（1599），袁宏道描述了浴梅细节，云：

> 浴之之法，用泉甘而清者，细微浇注，如微雨解酲，清露润甲。不可以手触花，及指尖折别，亦不可付之庸奴猥婢。浴梅宜隐士……然寒花性不耐浴，当以轻绡护之。标格既称，神彩自发，花之性命可延，宁独滋其光润也哉？②

可见，明代士大夫对浴梅非常谙熟，宋代文献却罕见。所以，这首诗不是宋代的作品。

5. 第六十九首《清江梅》

按：清江，县名，治所在今江西省樟树市临江镇。首见范成大《梅谱》："清江酒家有大梅，如数间屋，傍枝四垂，周遭可罗坐数十人。任子严运使买得，作凌风阁临之，因遂进筑大圃，谓之盘园。"③ 又范氏《骖鸾录》云："盘园者，前湖南倅任诏子严所居，去芗林里许。其始酒家之后。有古梅，盘结如盖，可覆一亩，枝四垂，以木架之，如坐大酴醾下。子严以为天下尤物，求买得之。时芗林尚无恙，亦极叹赏，劝子严作凌云阁以瞰之，迄今方能鸠工。"④ 南宋诗人李龙高《清江》云："玉雪缤纷数丈花，石湖老子极称夸。渠侬不是琴台女，那得生来傍酒家。"⑤ 石湖老子为范成大，"玉雪缤纷数丈花"当此盘园之梅。可见，《清江梅》是用范成大故事入诗，创作时间迟于秦观时代。

6. 第七十一首《西湖梅》

按：诗中有"断桥残雪添佳境，古寺寒烟隔远尘"之句，"断桥残雪"为西湖十景之一，最早出现在南宋中后期。祝穆《方舆胜览》卷一《临安府》云："西湖在州西，周回三十里，其涧出诸涧泉，山川秀发。四时画舫遨游，歌鼓之声不绝。好事者尝命十题，有曰平湖秋月、苏堤春晓、断桥残雪、雷峰落照、南屏晚钟、曲院风荷、花港观鱼、柳浪闻莺、三潭印月、两峰插云。"⑥ 断桥残雪也是画家们取景之所在，宋理宗宝祐年间的画家陈清波画西湖全景，其中就有《断桥残雪图》⑦。断桥残雪作为名胜，"自断桥一径至孤山下，残雪满堤，恍若万丈玉虹，跨截湖面，真奇观也。高雅者，策蹇行吟以赏之"⑧。对此景的吟咏，最早也见于南宋人的诗词，如陈允平《百字令》（断桥残雪）、张龙荣《应天长》（断桥残雪）、王洧《断桥残雪》等。因此，此诗所述与秦观的时代相去甚远。

（四）对秦观咏梅诗的检讨

秦观有没有创作过咏梅诗呢？王文指出，《淮海集》中秦观只有一首咏梅七言古诗，即作于宋神宗元丰三年（1080）的《和黄法曹忆建溪梅花》（海陵参军不枯槁）。此诗影

---

① （元）韦珪：《梅花百咏》，《中华再造善本》影印元至正刻本。

② （明）袁宏道：《袁宏道集》卷二十四《瓶史》，钱伯城笺校，上海古籍出版社1981年版，第824页。

③ （宋）范成大：《梅谱》，程杰校注，第6页。

④ （宋）范成大：《范成大笔记六种》，孔凡礼点校，中华书局2002年版，第50~51页。

⑤ 北京大学古文献研究所：《全宋诗》第72册，北京大学出版社1998年版，第45381页。

⑥ （宋）祝穆撰，祝洙增订：《方舆胜览》卷一，施合金点校，中华书局2003年版，第9页。

⑦ （清）厉鹗：《南宋画院录》卷八，影印文渊阁四库全书本。

⑧ （明）高濂：《遵生八笺》卷三《四时调摄笺·春卷》，影印文渊阁四库全书本。

响颇大，惠洪说："少游此诗，荆公自书于纨扇，盖其胜妙之极，收拾春色于语言中而已。及东坡和之，如语中出春色。山谷草圣不数张长史、素道人，遂书两诗于华光梅花树下，可谓四绝。予不晓草字，开卷但见其雷硠电射，揭地祇而西七曜耳。吁哉，异也。"①王安石、苏轼、黄庭坚都褒奖，并且苏轼、苏辙、参寥、黄庭坚还有和诗，其中苏轼、苏辙人各二首，苏轼诗为《和秦太虚梅花诗》《再和潜师诗》，苏辙诗为《次韵秦观梅花》《复次前韵答潜师》②，东坡兄弟爱重之意可见于此。

那么，有没有《淮海集》失收，秦观百首咏梅诗以单行本流传的情况呢？王文在质疑五中指出，秦观诗文集在北宋时已行于世，后历徽宗朝的"元祐党人"之祸，文集被劈板焚毁。南渡后，秦观诗文集在绍兴初得以重编和刊行。晁公武《郡斋读书志》和陈振孙《直斋书录解题》所记《淮海集》，都是完整诗文集，没有集外单行的情况。就现存宋刻本而言，有宋孝宗乾道九年（1173）高邮人王定国知高邮军时所刻《淮海集》四十卷、《后集》六卷、《长短句》三卷，计720篇，共四十九卷。光宗绍熙三年（1192）年，高邮军教授谢雱又据蜀本对王定国刻本进行了较为全面的修订。前者全本有日本内阁文库藏本，后者全本有中国国家图书馆藏本③，均未收录所谓《梅花百咏》。

既然如此，伪诗为什么将冠名权加在秦观头上呢？今检元人韦珪《梅花百咏》，卷前有元人干文传《梅花百咏序》，云：

> 至正壬午冬，覃怀李公仲山父以西浙贰宪行部至枫江，时予备员州牧，公退之暇，相与商榷今古，叠叠忘倦，遂出所命赋梅诗，俾予校雠。目得百咏之什，乃越士韦子德珪之所作，且从而识其人焉。嗟夫，卉木之生，禀天地至清之气，而异于凡植者，莫若乎梅，梅岂易赋哉？抑古人咏梅为后世叹赏者，不过一句一联，如少陵、和靖之作是矣。至秦太虚首倡百咏，然未免足成于二苏之手，由此观之，梅真岂易赋哉？④

作于至正壬午，即元顺帝至正二年（1342）。文中"至秦太虚首倡百咏，然未免足成于二苏之手"，一句足以引起我们的注意。但是，二苏，即苏轼、苏辙并没有创作《梅花百咏》之类的作品；另外，秦太虚，即秦观，首次提倡创作百咏，是否属实，已不得而知。今据中华书局编《经典古籍库》检索《全元诗》《全元文》，并未找到类似的说法。再检《正德姑苏志》卷五十二《人物》九，云：

> 干文传字寿道。……少嗜学，十岁能属文。未冠，用荐为吴及金坛两县学教谕、饶州慈湖书院山长。延祐中，诏著取士，令首以江浙乡贡会试京师，登乙科。……至正三年（1343），召擢集贤待制、朝请大夫，俾居《宋史》前局供职。勤恪，虽恙不

---

① （宋）释惠洪：《石门文字禅》卷二十七《石台胧禅师所蓄草圣》，影印文渊阁四库全书本。
② 按：详见《淮海集笺注》此诗附录，第142～143页。
③ 参见王岚：《宋人文集编刻流传丛考》第二十二《秦观集》，江苏古籍出版社2003年版，第224页。
④ （元）干文传：《梅花百咏序》，韦珪《梅花百咏》卷首，《中华再造善本》影印元至正刻本。

少休，三史以次成，燕赉优渥。乞闲，以礼部尚书致仕，升嘉议大夫，归卒。文传为文务雅正，不事浮藻，有《仁里漫稿》若干卷。①

进士出身，参与修宋、辽、金史，并著有文集，可见干文传是一位学养深厚的士大夫，那么"至秦太虚首倡百咏，然未免足成于二苏之手"出自其口，虽言之凿凿，却是孤证，自然不能成为立论的依据。然而作伪者或据此序，遂将一无名氏之《梅花百咏》，冠于秦观头上，牟取声利，遂以讹传讹，混淆视听。

像这类张冠李戴的现象在明代并不鲜见，比如成书于明万历三十三年（1605）王思义编刻的《香雪林集》卷九收录元人中峰《梅花百咏》②，紧接其后收录"和中峰韵"的作品，竟然有题名朱熹的《簪梅二首》，卷十又有"杨诚斋和中峰韵"《梅花百咏》，姑不论朱熹、杨万里是否创作了这类咏梅诗，编者显然不知有汉，无论魏晋，宋人去和元人诗本身就是极大的错误。再核对所谓"杨诚斋和中峰韵"《梅花百咏》，发现它们其实是明人朱有燉的作品（详见后文），因其亦号"诚斋"，所以编者就以为是杨万里之作，谬莫大焉。

最后来看池田温所见日本关西大学图书馆藏和刻本《梅花百咏》，据李文可知是熊骨立贤于日本天和元年（1681，清康熙二十年）得一抄本，并于是年刊行。没有说明抄本来源，笔者猜测很有可能这个抄本与《百梅一韵》万历刻本有着共同的祖本。

梁启超在《中国历史研究法》第五章《史料之搜集与鉴别》中提出十二条辨别伪书的方法，其中：

第一条，"其书前代从未著录或绝无征引而突然出现者，什有九皆伪"。
第三条，"其书不问有无旧本，但今本来历不明者，即不可轻信"。
第六条，"其书题某人撰，而书中所载事迹在本人身后，则其书或全伪或一部分伪"。
第十条，"各时代之文体盖有天然界画，多读书者自能知之，故后人伪书之作，有不必从字句求枝叶之反证，但一望文体即能断其伪者"。③

结合这四条，加上本文（一）（二）（三）（四）的考述和王文的五点质疑，可以断定：新发现的"秦观佚诗"《梅花百咏》系伪作。

二、从创作《梅花百咏》的历史来看，"秦观佚诗"应是明代咏梅文学的产物

（一）元代冯子振和中峰的《梅花百咏》是元明咏梅文学的佳话，中峰和诗"春"字韵百首七言律诗系首创，并确立这种文学活动的范式，"秦观佚诗"即为步韵中峰之作。

---

① （明）王鏊编：《正德姑苏志》卷五十二，《天一阁藏明代方志选刊续编》第14册，上海书店1990年版。
② （明）王思义：《香雪林集》，《四库全书存目丛书》第80册、第81册。
③ 梁启超：《中国历史研究法》，中华书局2009年版，第103～106页。

咏梅文学到宋代始蔚为大观，然而百咏出现得比较迟，最早发端于南宋李缜。李缜字公曾，号万如居士，南宋初参政李邴之子，始著《梅花百咏》①。形成规模则在南宋晚期，主要是以刘克庄为中心的莆田诗人群体，刘克庄"《后集》梅绝句至百首，谓之百梅。如方乌山澄孙诸人，各和至百首，颇不无赘，而亦有奇者。惟此可备梅花大公案也"②。这一点，宋元之际的王义山说得很清楚："古今咏梅多矣，有百咏者近世万如居士李公曾有之，刘后村（刘克庄）效李诗亦百咏，方乌山和后村又倍之。"③ 已经概括出宋代梅花百咏发展的基本态势④。

到了元代，创作梅花百咏依然在士人中流行，数量上开始突破百首限制，出现了《梅花二百咏》的新动向⑤，技巧上也愈加讲究，"以二韵叠和为百诗"⑥，而冯子振和中峰则把这一活动推向新的高潮，"盖自《国风》摽梅之篇以降，未有盛焉者也"⑦。他们唱和的诗集得以传世。据《元人文集版本目录》统计⑧，以国家图书馆藏明嘉靖三十二年（1553）朱宸溠刻《梅花百咏》三卷本最早⑨，此本乃据明宣德刻本重刻。另外，明万历三十三年（1605）王思义辑刻《香雪林集》、万历三十六年（1608）王化醇辑刻《百花鼓吹》均有收录，详见后文。

冯子振与中峰唱和见于《元诗纪事》卷三十四引《风月堂杂志》，云：

> "昨夜西风"云云。此天目山释明本中峰《九字梅花诗》也。松雪赵文敏公与之为方外交，同院学士冯海粟子振甚轻之。一日，松雪强扯中峰同访海粟，海粟出暇日所为《梅花百咏诗》示之。中峰一览，走笔亦成一百首，海粟犹未为然。复出此诗求和，海粟悚然久之，致礼而定交焉。⑩

赵文敏公即赵孟𫖯（字子昂），他强扯中峰拜访冯子振。冯乃出《梅花百咏》刁难中峰。未料，中峰当场和诗一百首，又作《九字梅花诗》，才令冯折服。这件事约发生在至元二十八年（1291）上半年，时冯子振三十九岁，与赵孟𫖯同为集贤院学士。⑪ 赵孟𫖯与

---

① （宋）叶寘：《爱日斋丛抄》卷三，中华书局 2010 年版，第 57 页。

② （元）方回：《瀛奎律髓》卷二十《梅类》，上海古籍出版社 1986 年版，第 844 页。

③ （宋）王义山：《稼村类稿》卷六，影印文渊阁四库全书本。

④ 按：《梅花百咏》的研究，参见程杰《宋代咏梅文学研究》上卷《宋代咏梅文学的繁荣及其意义》，安徽文艺出版社 2002 年版，第 21～22 页。另，程杰《梅文化论丛》《中国梅花审美文化研究》《中国梅花名胜考》对咏梅文学都有详细的论述，可供参考。

⑤ （元）吴澄：《吴文正集》卷五十八《题毛宗文〈梅花二百咏〉》，影印文渊阁四库全书本。按：毛宗文，其人不详，其《梅花二百咏》仅存二首。

⑥ （元）刘诜：《桂隐文集》卷二《百咏梅诗》，影印文渊阁四库全书本。

⑦ （明）何乔新：《椒邱文集》卷九《和梅花百咏序》，影印文渊阁四库全书本。

⑧ 周清澍：《元人文集版本目录》，南京大学出版社 1983 年版，第 129、130 页。

⑨ 《中国古籍善本书目》卷二十八《总集类》，上海古籍出版社 1996 年版，第 1389 页。

⑩ （清）陈衍：《元诗纪事》，上海古籍出版社 1984 年版，第 777 页。

⑪ 王毅：《冯子振年谱》，《中国文学研究》1990 年第 1 期。按：王文认为此事发生在元仁宗延祐（1314—1320）之间，可备一说。

明本交谊深厚，其集中尚存《中峰和尚赞》等多篇与中峰相关的诗文。①

　　此事细节也有不同的表述，如朱宸滏嘉靖重刻《梅花百咏》三卷本所载元人蓬轩道人跋和明初朱权序就与此完全相反：

　　　　是诗者，始因海粟渡浙之钱塘，遇子昂于舟中，遂舣楫于江浒。子昂谓海粟曰："天目之中峰老师，其慧智辨才，世所罕见，若非得道超凡之士，安可共语哉？"海粟未许。时值江梅正开，因作是诗而往诘之。

　　　　　　　　　　　　　　　　　　　——第一卷朱权《冯海粟梅花百咏诗序》

　　　　是时，大学士海粟冯公闻师聪慧，预成《梅花百咏》调之。师一见霭然契合，亦赓是韵，不日之间，百篇遂成。切观国师之咏梅花，若非天赋之聪、颖悟之慧、雄才特达者，孰能及焉？何也？盖以一韵百咏，诚世所难能也。

　　　　　　　　　　　　　　　　——第二卷蓬轩道人《中峰和冯海粟梅花诗跋》②

　　　　故学士冯海粟知有异智，特以梅花百韵作诗百篇，欲相诘之。方出卷，师曰："欲为老僧和再，此戏儿辈也。缘其百题而立意尤易，其韵不一而用心非难，况绝句乎？"于是取笔作律诗，一韵百篇，不日而成，海粟深异之，乃再拜床下，始称弟子。

　　　　　　　　　　　　　　　　　　　——第一卷朱权《赓和中峰禅师诗韵序》

却是冯子振以《梅花百咏》七言绝句百首主动向中峰发起挑战，中峰不日之间创作律诗回应，而且是一韵百篇，终令冯子振甘拜下风。

　　细节的差异固然不影响中峰与冯子振唱和的这一事实，但是根据元人蓬轩道人跋和明初朱权序，有两个问题可以得到澄清：

　　（1）冯子振原唱《梅花百咏》为百首七言绝句；
　　（2）中峰和诗为七言律诗，而且是一韵百咏，即所谓"春"字韵七律一百首。

后世的不少传本，比如王思义刻《香雪林集》本、王化醇编《百花鼓吹》本、《四库全书》本《梅花百咏》不仅收录中峰咏梅七言律诗百首，又收录中峰七言绝句百首。四库馆臣解释说："是编所载七言绝句一百首，即当时所立和者是也。后又附'春'字韵七律一百首，则仅有明本和章，而子振原倡已不可复见矣。"③

　　实际上，这两个本子搜录的《梅花百咏》七言绝句乃是元人韦珪的作品，后人误作中峰。韦珪也作了《梅花百咏》一卷④，皆为七言绝句，"乃是始以李仲山之命，成《咏

---

①　（元）赵孟𫖯：《松雪斋集》卷十，影印文渊阁四库全书本。
②　按：据篇末所署，可知此跋作于元至正二十一年（1361）孟夏。
③　（元）冯子振、中峰：《梅花百咏》卷首，影印文渊阁四库全书本。
④　《中国古籍善本书目》卷二十五《元别集类》，上海古籍出版社1996年版，第515页。

梅》二十六首，继又撷拾见闻，更成百首"①。因其《梅花百咏》"与中峰所作内容相同者达 80 首，内容不同者仅 20 首。在相同的 80 首诗歌中，有 41 首内容完全相同，有 39 首在个别字词上存在着差异，可认定为基本相同"②。今人在编辑《全元诗》韦珪诗集时也说："冯子振、释明本以《梅花百咏》唱和，与韦珪《梅花百咏》，是元诗坛典实，今存韦珪《梅花百咏》，有至正五年杨维桢序。但韦珪《梅花百咏》有八十四首已见于明本和冯子振《梅花百咏》。"③ 态度谨慎，没有判断。

但是，如果核对一下朱权等人的和诗，再看明代人的相关表述，真相就更加清楚，比如王偁（1424—1495）《思轩文集》卷七《梅花百咏诗序》云：

古人咏梅花者多矣，然人不数篇，篇非一韵，未闻有一韵百篇者也。一韵百篇，亦已难矣，和之者亦至百篇，探造化之蕴，穷物理之妙，而发前人之所未发，岂不为尤难矣乎？胜国时，翰林冯海粟尝以《梅花百咏》过江访本中峰于临安山中，中峰不逾日而尽和之。冯诗仅绝句尔，本百首皆律，然犹未和其韵也。④

又周瑛（1430—1518）《翠渠摘稿》卷二《敖使君和梅花百咏序》云：

梅为诗，一赋百绝自冯海粟始，一赋百律自僧中峰始。⑤

又骆问礼（1527—1608）《万一楼集》卷三十七《三和梅诗序》云：

夫冯学士倡和梅花百绝，天目僧随以一韵为百律酬之，一时之奇也。⑥

可以肯定在不少明代人的心目中，冯子振原唱《梅花百咏》为七绝百首，中峰和诗为七律一韵百首，明人王达、朱权、于谦等人的创作就是很好的证明。

中峰的咏梅诗影响甚大，一百首七言律诗，都用"春"字韵，难度系数较大，但是"天地之生诗人无穷，则赋梅者愈无穷"⑦，后世仿效者纷纭，《百梅一韵》也不例外，所收"秦观佚诗"即是步"春"字韵之作⑧。

（二）明代创作《梅花百咏》局面非常繁盛，作家作品数量较大，其中赓和中峰韵较多，"秦观佚诗"正是这种潮流下的产物。

在冯子振和中峰百咏唱和的影响下，明代诗坛出现了追和的潮流，"自后步其响者，

① （清）阮元：《揅经室外集》卷一《〈梅花百咏〉提要》，邓经元点校，阮元：《揅经室集》，中华书局 1993 年版，第 1203 页。
② 韩东：《韩国藏日刻本韦珪〈梅花百咏〉考略》，《井冈山大学学报》2017 年第 3 期。
③ 杨镰主编：《全元诗》第 44 册，中华书局 2003 年版，第 435 页。
④ （明）王偁：《思轩文集》卷七，明弘治刻本。
⑤ （明）周瑛：《翠渠摘稿》卷二，影印文渊阁四库全书本。
⑥ （明）骆问礼：《万一楼集》卷三十七《三和梅诗序》，清嘉庆刻本。
⑦ （元）刘诜：《桂隐文集》卷二《百咏梅诗》，影印文渊阁四库全书本。
⑧ 按：王文以为"秦观佚诗"为冯子振原唱，证据不足。

无虑数十家"①，数量上也比元人大大增加，出现了三百首、千首的状况，如《青城梅花三百咏》《耶律梅花千咏诗》等，甚至出现了郑秀、杨光溥等的集句《梅花百咏》，创作局面非常繁荣，详见下表：

书目所见元明《梅花百咏》②

序号	作者	书名及卷数	文献出处	现存版本	备注
1	韦珪	《梅花百咏》一卷	《中国古籍善本书目》卷二十五③	元至正刻本	七绝百首
2	王达（1343—1407）④	《和中峰和尚梅花百咏诗》一卷	《文渊阁书目》卷十⑤	明万历三十六年（1608）王化醇辑刻《百花鼓吹》本⑥	"春"字韵七言律，一百首
3	朱权（1378—1448）⑦	《赓和中峰诗韵梅花百咏》一卷	《中国古籍善本书目》卷二十八《总集类》⑧	明嘉靖三十二年（1553）朱宸濠刻本	"春"字韵七言律，一百八首
4	朱有燉（1379—1439）⑨	《梅花百咏》一卷	《中国古籍善本书目》卷二十六⑩	明宣德周藩刻本、嘉靖十二年（1533）周藩刻本⑪	"春"字韵七言律，一百首
5	于谦（1398—1457）⑫	《和梅花百咏》一卷	《明别集版本志》	《百花鼓吹》本、清康熙六十年（1721）于继先刻本⑬、《于谦集》本⑭	"春"字韵七言律，一百首

① （明）骆问礼：《万一楼集》卷三十七《三和梅诗序》，清嘉庆刻本。

② 按：此表仅据书目文献统计，若加上方志、墓志、序跋的记载，将远远超过27家。

③ 《中国古籍善本书目》卷二十八，上海古籍出版社1996年版，第515页。

④ 徐永明、赵素文：《明人别集经眼叙录》，浙江古籍出版社2013年版，第283页。

⑤ 按：杨士奇等撰《文渊阁书目》卷十"王达善《梅花诗》一部一册"，疑即《梅花百咏》，见冯惠民、李万健等选编：《明代书目题跋丛刊》，书目文献出版社1994年版，第111页。

⑥ （明）王达《梅花百咏》，《四库全书存目补编》第13册，影（明）万历三十六年（1608）王化醇辑《百花鼓吹》刊本。

⑦ 徐永明、赵素文：《明人别集经眼叙录》，浙江古籍出版社2013年版，第121页。

⑧ 《中国古籍善本书目》卷二十八，上海古籍出版社1996年版，第1389页。

⑨ 陈捷：《朱有燉生平及其作品考述》，《艺术百家》2001年第4期。

⑩ 《中国古籍善本书目》卷二十六，上海古籍出版社1996年版，第577页。

⑪ 崔建英辑订，贾卫民、李晓亚参订：《明别集版本志》，中华书局2006年版，第261页。

⑫ 参见钱国莲：《于谦年谱》，吉林文史出版社2005年版。

⑬ 崔建英辑订，贾卫民、李晓亚参订：《明别集版本志》，中华书局2006年版，第43页。

⑭ （明）于谦：《于谦集》，魏得良点校，浙江古籍出版社2016年版。

续表

序号	作者	书名及卷数	文献出处	现存版本	备注
6	朱有燉（？—1471）①	《梅花百咏》一卷	朱睦㮮《万卷堂书目》卷四"镇平王"条②		
7	左赞（？—1489）③	《梅花百咏》卷数不详	《千顷堂书目》卷十九④		
8		《耶律梅花千咏》卷数不详	《菉竹堂书目》⑤		
9	敖毓元	《和梅花百咏》不分卷	《中国古籍善本书目》卷二十六⑥	明天启三年（1623）刻本	
10	王綗	《复庵咏梅诗》一卷	高儒《百川书志》卷二十⑦		"七言百律，各立一题"
11	晏铎	《青城梅花三百咏》三卷	《百川书志》卷二十⑧		次中峰，一韵百律；品题古今人物用韵二十七律；并和海粟百题及梅花赋
12	孙锦	《斯存和梅稿》一卷	《百川书志》卷二十⑨		百律，次中峰韵
13	沈行	《咏梅集句录》一卷	《百川书志》卷二十⑩		
14	郑秀	《千一斋次韵百咏梅诗》一卷	《百川书志》卷二十⑪		集句七言律诗，一百二十首

---

① 按：原作"镇平王"，即朱有燉，朱有燉庶弟，详见《明史》卷一百《诸王世系表》（一），中华书局 1974 年版，第 2552 页。

② （明）朱睦㮮撰：《万卷堂书目》卷四，《明代书目题跋丛刊》，书目文献出版社 1994 年版，第 1103 页。

③ 徐永明、赵素文：《明人别集经眼叙录》，浙江古籍出版社 2013 年版，第 157 页。

④ （清）黄虞稷：《千顷堂书目》，瞿凤起、潘景郑整理，上海古籍出版社 2001 年版，第 508 页。

⑤ （明）叶盛：《菉竹堂书目》（影清抄本），《四库全书存目丛书》第 277 册，第 66 页。

⑥ 《中国古籍善本书目》卷二十六，上海古籍出版社 1996 年版，第 603 页。

⑦ （明）高儒：《百川书志》，古典文学出版社 1957 年版，第 306 页。

⑧ （明）高儒：《百川书志》，古典文学出版社 1957 年版，第 306 页。

⑨ （明）高儒：《百川书志》，古典文学出版社 1957 年版，第 306 页。

⑩ （明）高儒：《百川书志》，古典文学出版社 1957 年版，第 306 页。

⑪ （明）高儒：《百川书志》，古典文学出版社 1957 年版，第 307 页。

续表

序号	作者	书名及卷数	文献出处	现存版本	备注
15	张楷	《和中峰和尚梅花百咏》卷数不详	《千顷堂书目》卷十八①		
16	侯胐	《梅花百咏》卷数不详	《千顷堂书目》卷十九②		
17	曾仲质	《和冯海粟梅花百咏》一卷	《千顷堂书目》卷二十③		
18	许庄康	《梅花百咏》一卷	《千顷堂书目》卷二十一④		
19	向锦	《和梅百咏》卷数不详	《千顷堂书目》卷二十一⑤		
20	杨光溥	《梅花百咏》一卷	《千顷堂书目》卷三十一⑥		
21	杨光溥	《梅花百咏集句》一卷	《中国古籍善本书目》卷二十六⑦	清抄本	集句诗，百首
22	魏克己	《和梅花百咏》一卷	丁丙《善本书室藏书志》卷三十六⑧		
23	郑义	《在翁梅花百咏》一卷	朱睦㮮《万卷堂书目》卷四⑨		
24	张曦	《痴庵梅花百咏》一卷	朱睦㮮《万卷堂书目》卷四⑩		
25	夏元吉	《梅花百咏》一卷	陈第《世善堂藏书目录》卷下⑪		

---

① （清）黄虞稷：《千顷堂书目》，瞿凤起、潘景郑整理，上海古籍出版社 2001 年版，第 487 页。
② （清）黄虞稷：《千顷堂书目》，瞿凤起、潘景郑整理，上海古籍出版社 2001 年版，第 502 页。
③ （清）黄虞稷：《千顷堂书目》，瞿凤起、潘景郑整理，上海古籍出版社 2001 年版，第 528 页。
④ （清）黄虞稷：《千顷堂书目》，瞿凤起、潘景郑整理，上海古籍出版社 2001 年版，第 533 页。
⑤ （清）黄虞稷：《千顷堂书目》，瞿凤起、潘景郑整理，上海古籍出版社 2001 年版，第 537 页。
⑥ （清）黄虞稷：《千顷堂书目》，瞿凤起、潘景郑整理，上海古籍出版社 2001 年版，第 776 页。
⑦ 《中国古籍善本书目》卷二十六，上海古籍出版社 1996 年版，第 596 页。
⑧ （清）丁丙：《善本书室藏书志》卷三十六，《续修四库全书》本。
⑨ 《明代书目题跋丛刊》，书目文献出版社 1994 年版，第 1096 页。
⑩ 《明代书目题跋丛刊》，书目文献出版社 1994 年版，第 1097 页。
⑪ 冯惠民、李万健选编：《明代书目题跋丛刊》，书目文献出版社 1994 年版，第 848 页。

序号	作者	书名及卷数	文献出处	现存版本	备注
26	童琥	《梅花百咏》二卷	《善本书室藏书志》卷三十六①	明刻本②	和中峰韵七言百律，又和冯子振七言百绝
27	文征明	《梅花百咏》一卷	《中国古籍善本书目》卷二十六③	清光绪二十三年（1897）朱文懋钞本	七言绝句，百首
28	周正	《周先生和梅花韵七言律诗》一卷	《四库全书总目》卷一九二《总集类》存目《百花鼓吹》	《百花鼓吹》本	七言律诗，次中峰韵，六十二首。按：即"春"字韵
29	无名氏	《梅花百咏》一卷	《四库全书总目》卷一九二《总集类》存目《百花鼓吹》	《百花鼓吹》本	七言百律，次中峰韵。按：即"春"字韵

　　明代《梅花百咏》创作繁荣的具体特征之一，是作家辈出，有许多著名的人士，如王达、朱权、朱有燉、于谦、王夫之等都参与进来，且明人多喜和中峰的七言律诗，和冯子振七绝的只是少数。王达、朱权、朱有燉、于谦均和中峰韵。

　　1. 王达较早赓和了中峰韵，他至少是明代第一位追和的作家。

　　王达（1343—1407），字达善，号耐轩，无锡人。著有《耐轩稿》《梅花百咏》等。④其《梅花百咏》全称为《和中峰和尚梅花百咏》，今有其后人王化醇辑《百花鼓吹》本。诗前自序交待了诗歌创作的缘起，如下：

　　　　洪武戊辰四月望日，余与曾公恕、俞公海宿于东林之精舍。主僧实公出示所谓《百咏》者（按：即中峰之和诗），披览之余，余甚乐焉，于是濡毫陈纸，和而成集，然不觉漏已报尽，月堕于水声林影之外矣。⑤

洪武戊辰，即明太祖洪武二十一年（1388），四月十五日一夜之间，王达完成和诗百首，足见神速。事后，实公又欲将王诗付梓，于是王达又撰写了《后序》，说道："《梅花百

---

①　（清）丁丙：《善本书室藏书志》卷三十六，《续修四库全书》本。

②　崔建英辑订，贾卫民、李晓亚参订：《明别集版本志》，中华书局 2006 年版，第 1 页。

③　《中国古籍善本书目》卷二十六，上海古籍出版社 1996 年版，第 656 页。

④　徐永明、赵素文：《明人别集经眼叙录》，浙江古籍出版社 2013 年版，第 283 页。

⑤　（明）王达：《梅花百咏》，《四库全书存目补编》第 13 册，影（明）万历三十六年（1608）王化醇辑《百花鼓吹》刊本。

咏》，吾非逞其丽也。盖吾幼虽贫，而志好于古，思古人之不可见，故托梅花以寓其情焉。"① 强调自己好古，故借咏梅诗以寄托对冯子振、中峰和尚的敬仰之意。其诗为七言律诗百首，押"春"字韵，韵脚分别"神、真、人、尘、春"，正是和中峰之诗。有材料表明，王达很可能是第一位赓和中峰韵的作家，如明人释昙俊云：

> 中峰和尚尝和冯海粟《梅花百咏》诗，自元迄今七十有余年矣，传之于世而未有和之者。吾友王善斋氏一日过东林间，因阅古德语录于箧笥中，乃得是编而从昏至旦，忘其寝食，遂援笔而成章，若有神助。

王善斋氏，即王达，善斋当为其斋名。又赵次均云：

> 昔中峰禅师和冯学士《梅花百咏》，不日而成，湖海传诵。自后六七十年间，何寥寥无一人继酬者？今达善一夕而和就，诚可谓杰矣。②

昙俊、赵次均皆为王达的友人，名里不详，即王达《梅花百咏》即将付梓之际自撰后叙中的"诸大佬"③。通过他们的记叙，可以看出王达是较早的赓和了中峰的作品，他至少是明代第一位赓和的作家。

2. 以朱权、朱有燉、朱有勋等为代表的藩王，是赓和中峰的重要成员。

朱权（1378—1448），号臞仙、涵虚子、丹丘先生，朱元璋第十七子，洪武二十四年（1391）袭封宁王，正统十三年卒，谥献，世称宁献王。好学博古，勤于著述，诗集有《宫词》《梅花百咏》传世④。他的《梅花百咏》详见前文所引明嘉靖三十二年（1553）朱宸涝刻《梅花百咏》第三卷。书前有自撰《赓和中峰禅师诗韵序》，云：

> 今年孟春之三日，晴雪初霁，丽日和融，予乃抱琴于膝，弦歌自娱，忽觉幽香袭人，遂推琴而起，乃与毛公颖、陈公玄、楮公洁、陶公泓四客乘兴往观焉。一童子抱琴，一童子携酒，登梅月幽香之亭，徜徉盘礴，鼓琴咏歌而乐焉。少间与客共酌，慨然有所雅适，畅然有所旷达，且饮且歌，再欣再喜，楮公乃出中峰之诗，浩然而歌。予因观蓬轩道人之序曰："师之咏梅花，若非天赋之聪、颖悟之慧、雄才特达者，孰能及焉？"予抚掌而叹曰："今岂无人耶，何言之过也？"遂不觉酒阑兴发，亦赓是

① （明）王达：《梅花百咏》，《四库全书存目补编》第13册，影（明）万历三十六年（1608）王化醇辑《百花鼓吹》刊本。

② 按：关于王达《梅花百咏》的题跋并见《永乐大典》卷九百九，此条据爱如生《四库系列数据库》检索得到，原书现存日本天理图书馆。参张昇撰《〈永乐大典〉现存卷目表》，《〈永乐大典〉研究资料辑刊》，北京图书馆出版社2005年版，第992页。

③ （明）王达：《梅花百咏》，《四库全书存目补编》第13册，影（明）万历三十六年（1608）王化醇辑《百花鼓吹》刊本。

④ 徐永明、赵素文：《明人别集经眼叙录》，浙江古籍出版社2013年版，第121页。另参见叶明花、蒋力生：《宁王朱权著述考》，《江西中医学院学报》2009年第5期。

韵，扫笔成三十余篇。值明月方升，天宇澄寂，时将夜矣，客乃告归。经夕再造于门，曰："前夕之咏，百篇可就已？"予仍令童子负笈而往，复登斯亭谈笑之间，百篇韵成，客乃戏曰："百尺竿头，安能进步耶？始为百篇，今百八篇矣。"

是朱权当雪后初霁，月明风清之夜，闻梅花之芬芳，阅中峰之诗作，乃作成此诗，最初只有三十篇，完成时已有一百八篇。其诗全为"春"字韵七律，韵脚是"神、真、人、尘、春"。

朱有燉（1379—1439），号诚斋，是明太祖第五子朱橚长子，仁宗洪熙元年袭封周王，英宗正统四年（1439）去世，谥号为"宪"，世称周宪王。《明史》有传。朱权与朱有燉名为叔侄，实际年龄只相差一岁，而且两人均在"靖难"之役中受到迫害，于是都把兴趣转向了文学创作，特别是戏曲，取得了丰硕的成果①。朱有燉有诗文集传世，现存《诚斋录》四卷，《诚斋牡丹百咏》《诚斋梅花百咏》《诚斋玉堂春百咏》各一卷，共七卷②。

《诚斋梅花百咏》之前有明宣德五年（1430）自序，云："昔元翰林冯海粟咏梅花百体诗，中峰和尚见之，遂咏梅花律诗，百篇同韵，皆清新俊逸，不减唐人之格调也。及于圣朝，儒林中亦有赓和本公之诗韵者，尤多高妙，盖因同用一韵而成百篇，颇以意匠经营为奇尔。"③ 其作品皆为"春"字韵七言律诗，不仅如此，他的《诚斋牡丹百咏》《诚斋玉堂春百咏》也全是"春"字韵七言律诗，韵脚也是"神、真、人、尘、春"。

朱有勋为朱有燉之弟，生卒年不详，其人名声甚恶，"不孝不忠，不仁不义"，但颇具文才。④ 他的《梅花百咏》今已失传，唯周是修《郡王和本中峰〈梅花百咏〉诗后序》记云：

> 洪武丁丑（按：即1379年）秋，郡王殿下因儒臣得元释本中峰所和冯海粟《梅花百咏》诗一帙，继又有以诗人王达善所和百首进，其语句态度实与中峰并驱。览毕问侍臣曰："百篇同韵，若二者之和果难乎？"左右咸曰："非有充裕之才，而精通于诗道者，诚不可以易言也。"越二日，召儒臣示以所和百篇，流诵未竟，莫不惊骇嗟美，以为天资神助，迥非举世所谓能诗者比也。⑤

朱有勋因览中峰和尚、王达的《梅花百咏》，二日之内，即完成了和诗百首，臣下以为天资神助，虽为谀美，亦见其人才华横溢。

3. 于谦创作《梅花百咏》乃因朱有燉而起。

除藩属外，于谦（1398—1457）⑥ 也是创作《梅花百咏》的重要作家。于谦巡抚河

---

① 陈捷：《朱有燉生平及其作品考述》，《艺术百家》2001年第4期。
② 朱仰东：《朱有燉研究》，山东师范大学学位论文，2013年，第151页。
③ （明）朱有燉：《诚斋梅花百咏诗序》，《明别集丛刊》第一辑第34册，黄山书社2013年版。
④ 朱仰东：《朱有燉生平文献正误三则》，《延安大学学报》2012年第2期。
⑤ （明）周是修撰：《刍荛集》卷五，影印文渊阁四库全书本。
⑥ 参见钱国莲：《于谦年谱》，吉林文史出版社2005年版。

南、山西两省时，"周献王索《和冯海粟梅花百咏》诗，挥笔立就"①。考《明别集版本志》有《忠肃公和梅花百咏》一卷，系清康熙六十年于谦后裔于继先刻本，有胡具庆题记云："《梅花百咏》，于忠肃公镇抚梁晋时，和周宪王之所作也。"② 可知，周献王即周宪王，乃是明人避明宪宗朱见深之庙号，故改"宪"为"献"③。周宪王即上文的朱有燉。于谦初任河南、陕西巡抚在明宣宗宣德五年（1430），罢任在明英宗正统十二年（1447）④，在任长达17年，朱有燉卒于1439年，二人交集有九年。前文所引朱有燉《梅花百咏》自序正作于宣德五年，可知于谦的《梅花百咏》一定也作于此年或稍后。于继先《先忠肃公年谱》谓，于谦在任时，"梁晋二省之民，家家尸祝，即诸藩王亦雅重公"，于与朱有燉唱和一事可见，唯将时间系于正统九年（1444），显然不确⑤。所以，于谦的咏梅诗乃是因朱有燉索要而创作的。

4. 王夫之是明末清初创作《梅花百咏》的作家之一。

王夫之（1619—1692），号船山先生。他的《和梅花百咏诗》是为纪念友人而作。时当南明隆武二年（按：船山《和梅花百咏诗序》如此，时当清顺治三年，1646）三月，船山同年友人洪业嘉、龙孔蒸、欧阳淑追和冯子振《梅花百咏》，各百首。见到船山，三人即邀同和，船山为赋《桃花绝句》抵之⑥。康熙四年（1665）正月十八日、十九日，昔日友人已殁，船山连夕追和《梅花百咏》，以酬挂剑之志⑦。三同年和诗系步冯子振韵，船山"虽仍其题而自用韵，亦以着余自和三子，非和冯也"⑧。这中间还有一个插曲，南明永历四年五月（康熙七年，1650）攸县某狂人作《百梅》恶诗一帙，冒船山名为之序，仇家王化澄竟然"执为衅端，将构大狱"，置之死地，后因友人乃化解，船山激愤咯血⑨。

以上梳理了明代前期、中期和晚期代表作家的《梅花百咏》，可以见得，他们的创作无不受到冯子振和中峰的影响。

明代《梅花百咏》创作繁荣的具体特征之二是，《梅花百咏》总集相继刊刻，如前文所提到的朱宸潡刻《梅花百咏》三卷本、王思义辑《香雪林集》、王化醇辑《百花鼓吹》十六卷本等，出版时间均早于《百梅一韵》，具体如下：

1. 明嘉靖三十二年（1553）朱宸潡重刻《梅花百咏》三卷本。

现藏国家图书馆。四周双边，黑口，正文半页十行行二十二字，有"言言斋善本图

---

① （明）于冕：《先肃愍公行状》，见魏得良点校、于谦著《于谦集》附录，浙江古籍出版社2016年版，第683页。

② 崔建英：《明别集版本志》，中华书局2006年版，第143页。

③ 王彦坤：《历代避讳字汇典》，中华书局2009年版，第301页。

④ 钱国莲：《于谦年谱》，吉林文史出版社2005年版，第46页、第95页。

⑤ （清）于继先：《先忠肃公年谱》，见魏得良点校、于谦著《于谦集》附录，浙江古籍出版社2016年版，第702页。

⑥ （清）王之春：《王夫之年谱》，中华书局1989年版，第29页。

⑦ （清）王之春：《王夫之年谱》，中华书局1989年版，第66页。

⑧ （清）王夫之：《和梅花百咏诗序》，《王船山诗文集》，中华书局1962年版，第444页。

⑨ （清）王之春：《王夫之年谱》，中华书局1989年版，第45页。

书"长印（按：即民国周越然藏书）。第一卷为《冯海粟梅花百咏诗》，为七言咏梅绝句；第二卷为《中峰和冯海粟梅花诗》，第三卷为朱权《赓和中峰诗韵》，同为"春"字韵咏梅七言律诗，韵脚依次为"神、真、人、尘、春"。第二卷、第三卷均无"古梅""早梅"等小标题，可知为同题共作。书前有朱权撰《赓和中峰禅师诗韵序》，序后钤有"洪都帝子"方印，第二卷有蓬轩道人元至正二十一年（1361）孟夏跋，序跋已见前文。

2. 明万历三十三年（1605）王思义辑刻《香雪林集》二十六卷本。

现藏于国家图书馆，后被列入《四库全书存目丛书》得以影印。四周双边，白口，半页八行行二十字。有目录。书前有王圻、王思义父子序，后者之序交待了先书编撰的缘起及书名的由来，云：

> 予素多病，蚤谢青衫，雅志林壑，盖烟霞之癖宿自膏肓矣。园傍舍右，先大夫所辟，尝植梅，梅约千章，大可拱把，予时时锄灌其间。每当春华清芬掩袭，因命之曰"香雪"。香，取其臭；雪，取其泽也。

介绍了此书的大致内容，云：

> 予为搜猎往昔，凡得杂说若干，诗若干，赋若干，长歌短曲、单文双语，有当于梅者悉为汇存总之，得若干卷，稍汰其不雅驯者，付之剞劂。

是书《四库全书总目》列入子部，"凡梅图二卷，咏梅诗、词、文、赋二十二卷，终以画梅图谱二卷"①。具体为，卷一、卷二为梅图，卷三为梅谱、事类、诗话、赋，卷四为记、序、传、说、引、文、颂、答、启、赞、五言古、五言排律各类文体的作品，卷五为五言排律，卷六为五言律、五言绝句，卷七为七言古诗，卷八至卷十四为七言律诗，卷十五到卷十九为七言绝句，卷二十为七言绝句、六言绝句、九言诗、一字至十字诗歌，卷二十一至卷二十四为诗余，卷二十五为画梅全谱，卷二十六为画梅图诀。与梅花有关的历代文学作品占了大多数，不妨也看作总集。

其中卷九收录中峰《梅花百咏》并"和中峰韵"的题名朱熹、遐龄老人、周正和诗，卷十收录题名杨诚斋和中峰韵《梅花百咏》、昭明禅师和中峰韵二十首、蒋大禄和中峰韵三十首、庸斋和中峰韵三十首，皆为七言"春"字韵律诗。卷十六收录冯子振《梅花百咏》七绝，中峰《梅花百咏》七绝（按：前文已证其非）。

总之，作者汲汲收录历代咏梅之作，如恐不及，但是内容驳杂，去取不精，如收录题名朱熹、杨诚斋和中峰韵的作品，无疑降低了其书的价值。

3. 明万历三十六年（1608）王化醇辑，尊生斋刻《百花鼓吹》十六卷本。

全名为《古今名公百花鼓吹》，现藏清华大学图书馆，后被列入《四库全书存目补编》得以影印。四周单边，白口，半页九行行二十字。卷前有严一鹏序和王化醇自序。

---

① 《四库全书总目》卷一一六，中华书局 1965 年版，第 1003 页。

有总目。全书由四个部分组成，即《唐诗鼓吹》五卷、《宋元名家梅花鼓吹》二卷，《梅花百咏》八卷、《牡丹百咏》一卷，计十六卷。

其中《宋元名家梅花鼓吹》部分，分上下两卷，收录宋元时期的咏梅诗，皆为七言律诗，作品也不按时代先后顺序编排，宋代有林逋、晁君成、梅尧臣、王安石、王安国、参寥子、陈师道、张耒、戴复古、刘克庄、朱熹、张栻、陆游、王十朋、潘良贵、范成大、苏轼、毛滂、韩元吉、黄庭坚、徐俯、晁补之、廖刚、杨万里、吕本中、曾几、胡铨、刘子翚、尤袤等人之作。此书未收秦观的作品。此书宋元作家作品混杂，体例殊乖，还把明初瞿祐、高启、汪广洋的作品都收入，令人费解，四库馆臣认为是因为"殊未详校"①，这是正确的。《梅花百咏》七言律诗部分收录中峰百首、王达善（王达）百首、于肃愍公（于谦）百首、无名氏百首、周正六十二首，皆为"春"字韵。

编撰者王化醇字和甫，别号应峰，无锡人，嘉靖中国子监生，王达后人。书前自序云：

> 暇日伏读先学士达善先生和元学士冯海粟、中峰禅师《梅花百韵》，见其素心相契，神运天随，摹写化工之妙，遂忻然不忍释手。于是取三贤百咏及诸名公次韵成百者，有绝句以百者，共七百有奇，汇为一帙。凡古今梅咏俱附简末，合唐人咏百者，名之曰"百花鼓吹"。

编刻此书同样是因王达《梅花百咏》而起。

由此可见，汪元英校订的《百梅一韵》为后出之书，朱宸溁重刻《梅花百咏》比之早六十二年，王思义编撰《香雪林集》比之早十年，王化醇辑《百花鼓吹》比之早七年。在前人纂述的基础上，编撰一本类似的咏梅诗歌总集并非难事，所以汪元英等只不过将伪诗和已经出版的于谦、中峰、朱权之作拼凑在一起，合为四百首，更其名曰"百梅一韵"而已。当然，《百梅一韵》中的于谦、中峰、朱权之作与其他传本有一些少许文字上的差异，这是文献在传播过程中的正常现象，不影响对主要事实的判断。

结　论

《梅花百咏》发轫于南宋初，后经刘克庄等人发扬光大。元代冯子振与中峰唱和把这一活动推向一个新的高度，中峰"春"字韵七言百律深受明代诗人推崇。明代《梅花百咏》不仅数量多，而且还出现了汇集此类作品的总集。《百梅一韵》正是明代咏梅风潮下的产物，"秦观佚诗"《梅花百咏》很有可能就是众多明人和中峰"春"字韵七律百首中的一种，书贾托名秦观刊印行世。

原载《励耘学刊》2018 年第 2 辑。

---

① 《四库全书总目》卷一九二《〈百花鼓吹〉提要》，中华书局 1965 年版，第 1753 页。

《钱本草》非唐代张说所作

周兴陆

有一篇叫《钱本草》的游戏文章，近二十年来频频被人提及，被当作树立正确金钱观的教材，尊为"千古奇文"，在《党风通讯》《公安月刊》《领导科学》等杂志上有文章提醒"为官常读《钱本草》""会计人员也要读《钱本草》""劝君读读《钱本草》"。《钱本草》文曰：

> 钱，味甘，性（清嘉庆内府刻本《全唐文》作"大"）热，有毒。偏能驻颜，采泽流润，善疗饥寒困厄之患，立验。能利邦国，污贤达，畏清廉。贪婪者服之，以均平为良；如不均平，则冷热相激，令人霍乱。其药，采无时，采至非理则伤神。此既流行，能役神灵，通鬼气。如积而不散，则有水火盗贼之灾生；如散而不积，则有饥寒困厄之患至。一积一散谓之道，不以为珍谓之德，取与合宜谓之义，使无非分谓之礼，博施济众谓之仁，出不失期谓之信，入不妨己谓之智。以此七术，精炼方可，久而服之，令人长寿。若服之非理，则弱志伤神，切须忌之。

文章才 188 字，笔调诙谐，但说出了金钱积散、取与之道，特别是其中以道、德、义、礼、仁、信、智七术对待金钱的财富观，可谓是中华优秀传统文化的一部分，对今人不无启发和警示意义。

大家都署《钱本草》的作者为唐代开元名相张说，依据的是清嘉庆年间官修《全唐文》，该文收在卷 226。今人《张说集校注》也据《全唐文》"补遗"此篇。

然而，这篇《钱本草》署名张说，是有问题的。这是一篇来路不正的文字。

在现存的影宋本和明清各种版本《张说之文集》《张燕公集》中，都没有收录这篇《钱本草》。嘉庆年间的《全唐文》是依据什么收入它呢？我追溯这篇文字最早的出处是明万历年间贾三近《滑耀编》于吴应紫《孔元方传》文后附录"唐张燕公曰，孔方味甘大热"云云，无题目。康熙年间的宋荦《筠廊偶笔二笔》卷上载：

> 顺治朝，平凉府修城掘地，得石碣，一刻唐张说《钱本草》，樊厚书，书类《圣教序》；一刻皮日休《座中铭》，书类颜鲁公《多宝帖》。

宋荦还全录了《钱本草》和《座中铭》文字。所谓皮日休的《座中铭》，只是一组立身警句，不成文章，所以《全唐文》未收《座中铭》，而收入了张说的《钱本草》。所谓顺治朝出土石碣，其实疑窦重重。这种近乎游戏的文字，怎会如碑志铭颂一样勒石不朽呢？其中"取与合宜谓之义""博施济众谓之仁"等话头，更似出乎宋代以后理学家之口，不像唐人的语气。清人早已辨其是伪托之作。袁枚说：

> 沈凡民先生家藏《钱本草》一帖，文为张燕公所作，字为樊厚所书，荔菲彬所刻。一时退谷、徐诚斋、王虚舟、林吉人诸名公俱有题跋。大概以此本在《金石录》中所无，而笔法整媚，疑是后人集右军书而假托为之者，当亦褚河南《高士赞》之类，物希为贵也。（《随园随笔》卷五）

袁枚虽非考据家，但根据汪士铉（号退谷）、王澍（号虚舟）等金石书画学专家的题跋，得出结论："疑是后人集右军书而假托为之者。"王澍《竹云题跋》卷三曾记载他收藏近二十年的褚遂良《高士赞》碑，为世所未见。但此碑笔力短弱，无褚公悬崖撒手、游行自在之趣，且将永徽二年辛亥误书为"甲寅"，可以确定伪托。张说《钱本草》与所谓褚遂良的《高士赞》一样，也是伪托的。钱大昕断案更直截了当：

> 此好事者所为，托之燕公（周按，张说封"燕国公"）；即樊厚、荔菲彬，亦恐子虚、亡是之流。然其言足以醒世，书法亦非宋以后人所能办也。（《潜研堂文集》卷三十二《跋〈钱本草〉》）

清代考据大家断定这篇《钱本草》并非出自唐朝丞相张说之手，而是后人伪托。晚清仁和朱氏和民国刘承幹刊刻《张说之文集》25 卷、补遗 5 卷都没有补入这篇《钱本草》，态度是审慎的，今人则径直置于《张说集》中，未加辨析。

为什么会有这样一篇《钱本草》伪托到张说的名下呢？原来张说的确有本书名曰《钱本草》。宋人郑樵《通志·艺文略》第四著录："《钱本草》一卷，唐张说撰。"但这是一"卷"书，而非短至 188 字的《钱本草》小文，成"卷"的《钱本草》书已不传于世，于是后人冒用其名改作一篇《钱本草》，托于张说名下。这是一个原因。

还有一个原因，是宋代以来的小说多载张说聚敛横财的事。让这位官财两旺的张说撰文谈财富观，或许更具有戏剧效果。钱大昕就已经指出这一点，在《跋〈钱本草〉》中他又说：

> 偶忆宋人小说称："卢怀慎（案，他与张说同为开元宰相。）暴死复苏，叹云：'冥司有三十炉，日夜为张说铸横财。我无一焉。'"然则燕公亦未免"采之非理"矣，抑有慕乎"入不妨己之智"而试为之欤？聊述之以供好事者一哂。

查宋人钱易《南部新书》卷三、沈作喆《寓简》卷九、曾慥《类说》卷四十一等都有相似的记载，乃至有"张说横财""鼓铸横财"的说法。陆游《哭王季夷》有诗句"地下无炉铸横财"，就是指此事。明人继续在谈论它，陈师就此还发出慨叹，说人阛利黩货，都逃不过天眼昭鉴（《禅寄笔谈》卷三）。可能就是在这种传闻之下，有人挥洒游戏笔墨，弄出这一篇托名张说的《钱本草》来。上文中，钱大昕其实已幽默地点出了《钱本草》与张说的实际人生是不一致的。今人也无法把《钱本草》与张说人生历程联系起来，或说是少年游戏之笔，或说是张说晚年被迫致仕后所作。其实倒是应该反过来说，此文与张说的人生无关。

这篇《钱本草》出现于明末清初，是与当时的社会背景有关系的。《金瓶梅》就是以活生生的人间故事揭露财色的罪恶，发人猛醒；《钱本草》则是正面的说教，但是嫁名到阎王爷都为他造钱的张说头上，不是很反讽吗？

最后想补充两点：一、文献考辨，似是在做加减法。辑佚补编是加法，多多益善；辨伪疑古是减法，把没有证据的尽量去除。人们喜欢加法，不喜欢减法，其实两者都很重要，若都做得好，就更接近历史真实。二、《钱本草》不管是谁作的，其思想都具有教育意义，在当前反腐倡廉的大氛围中，尤其值得拿来读读。本文绝没有煞风景的意思。但，现代意义是一回事，历史本相是另一回事。

原载《文汇报·学人专刊》2016 年 3 月 11 日。

【编者按】周兴陆教授断定"这篇《钱本草》出现于明末清初"，而钱大昕认为"书法亦非宋以后人所能办也"，可见这篇《钱本草》还有讨论的空间。

钱锺书《管锥编》从文体的角度出发不以为伪："《侯味虚》（出《朝野佥载》）著《百官本草》。按同卷《贾言忠》（出《御史台记》）撰《监察本草》。《全唐文》卷二二七有张说《钱本草》，钱大昕《潜研堂文集》卷三《跋〈钱本草〉》则谓'此好事所为，托之燕公'。盖唐人游戏文章有此一体，后世祖构如《罗湖野录》卷四慧日雅禅师《禅本草》，董说《丰草庵前集》卷三《梦本草》，张潮《檀弓丛书·书本草》，其尤雅令者也。"（第二册第 744 页）又云："《钱神论》：'贪人见我，如病得医。'按《全宋文》卷三六颜延之《庭诰》：'谚曰："富则盛，贫则病"'；唐张说所以撰《钱本草》（《全唐文》卷二二六）耳。其文有云：'钱，味甘，大热，能驻颜，彩泽流润'；《西湖二集》卷二九引谚：'家宽出少年'；皆其意，'盛'与'病'对，谓强健也。"（第四册第 1232 页）《钱神论》出自晋代鲁褒。《钱神论》："昔神农氏没，黄帝、尧、舜，教民农桑，以币帛为本。上智先觉变通之，乃掘铜山，俯视仰观，铸而为钱。使内方象地，外圆象天。大矣哉！钱之为体，有乾有坤。内则其方，外则其圆。其积如山，其流如川。动静有时，行藏有节。市井便易，不患耗损。难朽象寿，不匮象道；故能长久，为世神宝。亲爱如兄，字曰孔方。失之则贫弱，得之则富强。无翼而飞，无足而走。解严毅之颜，开难发之口。钱多者处前，钱少者居后。处前者为君长，在后者为臣仆。君长者丰衍而有余，臣仆者穷竭而不足。《诗》云：'哿矣富人，哀此茕独！'岂是之谓乎？钱之为言泉也！百姓日用，其源不匮。无远不往，无深不至。京邑衣冠，疲劳讲肆；厌闻清谈，对之睡寐；见我家兄，莫不惊视。钱之所祐，吉无不利。何必读书，然后富贵。昔吕公欣悦于空版，汉祖克之于嬴二。文君解布裳而被锦绣，相如乘高盖而解犊鼻，官尊名显皆钱所致。空版至虚，而况有实；嬴二虽少，以致亲密。由是论之，可谓神物。无位而尊，无势而热。排朱门，入紫闼；钱之所在，危可使安，死可使活；钱之所去，贵可使贱，生可使杀。是故忿诤辩讼，非钱不胜；孤弱幽滞，非钱不拔；怨仇嫌恨，非钱不解；令问笑谈，非钱不发。洛中朱衣，当途之士，爱我家兄，皆无已已，执我之手，抱我终始。不计优劣，不论年纪，宾客辐辏，门常如市。谚曰：'钱无耳，可暗使。'岂虚也哉？

又曰：'有钱可使鬼。'而况于人乎？子夏云：'死生有命，富贵在天。'吾以死生无命，富贵在钱。何以明之？钱能转祸为福，因败为成，危者得安，死者得生。性命长短，相禄贵贱，皆在乎钱，天何与焉？天有所短，钱有所长。四时行焉，百物生焉，钱不如天；达穷开塞，赈贫济乏，天不如钱。若臧武仲之智，卞庄子之勇，冉求之艺，文之以礼乐，可以为成人矣。今之成人者何必然？唯孔方而已！"

宋朱翼中《北山酒经》卷上："酒之作尚矣。仪狄作酒醪，杜康秫酒，岂以善酿得名。盖抑始于此耶？酒味甘辛，大热有毒，虽可忘忧，复能作疾，所谓腐肠烂胃，溃髓蒸筋，而刘词《养生论》酒所以醉人者，曲蘖之气故尔。曲蘖之气，皆消化为水。昔先王诰庶邦庶士'无彝酒'，又曰'祀兹酒'，言天之命民作酒，惟祀而已。六彝有舟，所以戒其覆，六尊有罍，所以戒其淫。陶侃剧饮，亦自制其限。后世以酒为浆，不醉反耻，岂知百药之长，黄帝所以治疾耶！"虽名"酒经"，亦类"酒本草"。

吴应紫，字□□，号达薇，休宁人，今直隶徽州府。官上舍国谕左史。据吕午《监簿吕公家传》，吴应紫为吕沆（1195—1275）之婿："女五人，婿：戴孔孙，前登仕郎；吴应紫，前太学守约斋生；谢楠，前宣慰司札差永丰仓大使；章明佑，从仕郎休宁县尹；方师圣，皆进士。"吴应紫为宋人，所撰《孔元方传》文后附录"唐张燕公曰，孔方味甘大热"云云，足见张说写过《钱本草》，至宋代还受到关注。

《西京杂记》卷五："公孙弘以元光五年为国士所推尚为贤良，国人邹长倩以其家贫少自资致乃解衣裳以衣之，释所著冠履以与之，又赠以刍一束、素丝一襚、扑满一枚，书题遗之，曰：扑满者，以土为器，以蓄钱具，其有入窍而无出窍，满则扑之。土，粗物也。钱，重货也。入而不出，积而不散，故扑之。上有聚敛而不能散者，将有扑满之败，可不诫欤？"明苏祐《逌旃璅言》："时人于好男子无钱使者，辄咤曰'好南北，无东西'云。意盖乡语相传有自来矣。"由此观之，积而能散者财之主，积而不散者财之奴，则有东西而无南北，真守财奴矣。明方以智《通雅·称谓》："称男子曰南北，犹称物为东西也。"

宋范质《乾德上尊号册文》："国家大庆，众庶共之，肆赦覃恩，俾民更始，与天合道，谓之应天，天无不覆，谓之广远，无不至谓之运，博施济众谓之仁，智周万物谓之圣，化成天下谓之文，保大定功谓之武，其德无际谓之至德。"

诗文评类

司空图《二十四诗品》辨伪

陈尚君　汪涌豪

　　署为司空图所撰的《二十四诗品》，自清初以来，受到学界的广泛重视，笺注赓续者尤多。近代以降，凡述古代文学史者，皆推崇此书，各种文学批评史，美学史专著，也多列专章论述之。研究该书的专著，已出版十余种，有关论文更多不胜举。就我们所知，至今尚未有公开发表的论著谈及其真伪问题。然而，据我们的研究，以此书为司空图所著，实在是大可怀疑的。

一、《二十四诗品》与司空图生平思想、论诗旨趣及文风取向的比较：显而易见的悖向

　　今人谈司空图的诗论，所据主要有二，一为《二十四诗品》，二为其论诗杂著，即《与李生论诗书》《与王驾评诗书》《与极浦书》《题柳柳州集后》和《诗赋》五文（后分引诸文时简称"论诗杂著"）。后者皆收入《司空表圣文集》，今存宋以后各种版本，《文苑英华》《唐文粹》等书也间有收存。前者则不见于《司空表圣文集》，除《全唐诗》和清人辑刻的司空图诗集有所附存，常见的是几种收入明清丛书的本子。因前人未曾致诘，今人多信其为图所撰，故各种论著多着力于探讨上述两部分文献的共同处，并据以作深入的探求。但结合司空图的生平思想，比较上述两部分文献的思想倾向、论诗主张及行文风格，不难发现有许多显而易见的差异。

　　英人翟理斯著《中国文学史》称《二十四诗品》为"一篇哲学的诗，包含显然不相联结的二十四篇，适足以表现纯道家主义侵入学者心理的形式"。"道家思想是每则诗品的主旨，也是诗人思想的主旨。"所言极有见地。细按原文，"道""真""素""自然""冥无""真宰""太和"等道家词语在在多有，而如"绝伫灵素，少回清真"（《形容》）、"饮真菇强，蓄素守中"（《劲健》），"倘然适意，岂必有为"（《疏野》）、"俱似大道，妙契同尘"（《形容》）、"泛彼浩劫，窅然空纵"（《高古》）等句，再清楚不过地表现了作者对道家学说的由衷赞许和自觉认同。但在上述论诗杂著中，作者所云为："诗贯六义，则讽谕、抑扬、淳蓄、温雅，皆在其间矣。"（《与李生论诗书》）所本为儒家六义之说，而非道家之旨。从司空图平生出处来看，儒家思想在其一生中始终居于主导地位。他出身士族，三十三岁登第，早年所作《与惠生书》即以"探治乱之本"为志，欲以"尚通""尚法"以成"当今之治"。世乱前后，他受知于王凝、卢携等人，官位渐达。广明中避乱退归河中，仍关注时局，至光启初即复出。其后世乱日亟，其思想亦逐渐由积极用世转为退居避世。他晚年自号知非子，诗文中亦时见道释思想之影响，但道家思想并未取代基本的立身态度。退隐是为"苟全性命于乱世"，"诗人自古恨难穷"（《重阳

山居》）、"乱后人间尽不平"（《南北史感遇十首》）等诗句正可见其不能忘情世事，《休休亭记》《耐辱居士歌》之诡激啸傲正可见其内心之不平，至唐亡后不食而死，知其至死仍很入世。今人或以为《二十四诗品》为其晚年所作，其实仅属推测，并无具体书证。其晚年诗文中确乎有一些言释谈道的内容，但皆不似《二十四诗品》那样集中强烈。

司空图论诗杂著的核心，是对诗歌韵味的探讨。《与李生论诗书》提出"辨于味而后可以言诗"，"近而不浮，远而不尽，然后可以言韵外之致"，《与极浦书》引戴叔伦论诗语后，提出诗歌应追求"象外之象，景外之景"的境界。《二十四诗品》中一些提法，与此颇相如，如《雄浑》之"超以象外，得其环中"，《缜密》之"意象欲出，造化已奇"。但仔细比较，二者还是有较大的差异。"象外"之"象"，语源可追溯到《周易·系辞》，魏晋时期学者在研究了言、意、象三者关系后，提出"得意而忘象""得象而忘言"（见王弼《周易略例·明象》）、"象外""系表"（见《三国志·荀粲传》注）等看法。至南北朝时，其说引入文艺批评，如《古画品录》反对"拘以体物"而主张"取之象外"，《文心雕龙·神思》有"独照之匠，阚意象而运斤"。唐人对此研究更多，如王昌龄《诗格》有"象外体"，皎然《诗式》倡"文外之旨"，主张"采奇于象外"，韩愈谓作诗应"象外逐幽好"（《荐士》），刘禹锡也以为"境生于象外"（《董氏武陵集序》）。司空图"象外"之说，正是承沿前人文论之余绪而论述更为充分，意在韵致和诗味的实现，并无道释思想之阑入。《二十四诗品》中所言"脱有形似，握手已违"（《冲淡》）、"离形得似，庶几斯人"（《形容》），皆本《庄子》之说，意在言不能太过拘执形迹，要求拟物取神，从而保持笃守真宰、冥契虚无的状态。至于"超以象外，得其环中"，用《庄子·齐物论》之说，要作者超然物外，使自己如处圆环之中，掌握道之中枢，如此虽中空而可包容万有。与"象外之象"比较，并无共同点。至于《含蓄》一品之"万取一收"，本于《老子》"道生于一"及《庄子·天下》"通于一而万事毕"之说，以为道兼于天，是为一，德寓于物，是为万，物事至繁，然通而为一，一者不变，而万者常变，唯圣人能守一驭万，以不变应万变。《含蓄》一品，意在不着一字，尽得风流，正是欲举一而统万，使浅深聚散，皆来效于笔下。此与象外之说，也非一事。

再次，司空图对王维、韦应物等"澄澹精致""趣味澄夐"之诗大有好评，对陶渊明更心存敬佩，但他对渊密深致、沉郁遒举之作，也多有赞许，如称李白之"宏拔清厉"、张九龄之"沉郁"、李杜之"宏肆"、韩愈之"驱驾气势，若掀雷挟电，撑决于天地之垠"（以上均见其论诗杂著）。《二十四诗品》虽备列各品，但述景清淡，造境逸雅，即论壮美，也复如此，其总的审美趋向统一而恒定，与论诗杂著显然异趣。今人多视其为陶渊明、王维一路山水田园诗派创作经验的总结，清丽诗派的代表，不为无因。此外，《二十四诗品》在取象设喻时，多以江南风物为喻体，而司空图一生大多数时间在长安、河中、洛阳一带度过，仅四十岁左右曾入宣州幕府。设喻虽不同于叙实，但总应为作者所熟悉之环境，此亦颇见抵牾。

又次，司空图论诗追求"不知所以神而自神"的圆融，而要达到这种圆融，他主张应假诗人的刻苦锤炼，"既专则搜研愈至，故能炫其工于不朽"，故常称赞作者"沉渍益久""其勤亦至""深搜"而"玩精极思"（以上均见论诗杂著），甚至主张应"搜于笔海""用征逸藻"（《擢英集述》）。但在《二十四诗品》中，则均本道家无为之言，每言"真宰不夺，强得易贫"（《自然》）、"妙造自然，伊谁与裁"（《精神》）、"情性所至，妙不自寻"（《实境》），推崇技巧之自然妙造，而无取人为的雕琢刻镂。两相比对，颇为径庭。

《二十四诗品》是二十四首四言十二句韵语构成的联章论诗诗。论者多谓其步法陶渊明四言诗（如何文焕《历代诗话考索》），仅就皆四言体而言。今人或据司空图文集中有将近二十种四言铭赞，谓其有四言诗创作的体验。其实上举四言之作，大多为碑志末所附铭辞，体式庄重板滞，以颂德为主，是唐时此类作品的套式收束。同为论诗的四言韵语仅《诗赋》一篇：

> 知非诗诗，未为奇奇。研昏练爽，戛魄凄肌。神而不知，知而难状。挥之八垠，卷之万象。河浑沈清，放恣纵横。涛怒霆蹴，掀鳌倒鲸。镜空攫壁，峥冰掷戟。鼓煦呵春，霞溶露滴。邻女自嬉，补袖而舞。色丝屡空，续以麻绹。鼠革丁丁，燋之则穴。蚁聚汲汲，积而成垤。上有日星，下有风雅。历该自是，非吾心也。

司空图称颂韩愈所作"驱驾气势"，以为皇甫湜"亦为遒逸"，自诩所作"撑霆裂月，劫作者之肝脾"，而斥元白浅俗之作"力勍而气孱"（均见论诗杂著），可见其为文受韩愈奇崛文风影响很深。《诗赋》即体现了这种诡激怪奇的趋尚，尤喜用尖新僻涩的字眼以自铸新语，"涛怒霆蹴"以下几句，置于韩愈、皇甫湜、孙樵等人文章中当难以区分。而《二十四诗品》则全为清丽圆融、浅切流转的四言句，与上述文风没有多少共同点。

自南朝以降，出现了谢赫《古画品录》、钟嵘《诗品》、庾肩吾《书品》、姚最《续画品》、李嗣真《续画品录》等专书，但内容均是对有关作者之品评，评语也多为散文而非划一的韵语，从中看不到《二十四诗品》的渊源所自。唐五代盛行诗格，多讨论作法技巧，虽也有体式门类的讨论，形式上并无与《二十四诗品》类似之作。

《二十四诗品》多采用"比物取象，目击道存"（许印芳《二十四诗品跋》）的象喻式批评方法，不少论者追溯文献，从汤惠休、鲍照以下，一直举到张说之议论（见《旧唐书·杨炯传》）、皇甫湜《论业》、杜牧《李贺诗集序》乃至司空图本人的《注愍征赋后述》。上述各种议说虽都用形象譬喻，但其内容皆为对具体作者、作品的评价，其行文格式则均为某人之文如某物某境，以"如""若""似"等字引出譬喻，与《二十四诗品》仍有很大不同。

总之，《二十四诗品》之思想倾向与司空图的立身原则颇异其趣，其论诗倾向与司空图论诗杂著共同点也并不多，行文风格又不同于司空图的好尚和习惯，这种体式的著作在唐代也无先例可寻。这些矛盾不合之处，均显而易见，不容回避。

二、明万历以前未有人见过《二十四诗品》

如果仅就《二十四诗品》与司空图论诗杂著比较，或与其思想倾向及文风特征比较，仅能见其矛盾不合，确实不足疑伪。但当我们溯源顺流地考察文献，则惊讶地发现，司空图身后很长一段时间里，此书根本不为世人所知。这从古籍流布的一般情况来说，是极为罕见的。以下分别述之。

一、司空图存世诗文中无著此书之迹。《全唐文》卷八〇七至八一〇收图文六十九篇，均出《司空表圣文集》；《全唐诗》卷六三二至六三四收图诗三百七十首（不包括

《二十四诗品》，另互见误收诗皆计入），出处详本文第二节；同书卷八八五存诗十首，均出《古今岁时杂咏》；另《全唐诗补编》尚存几则残诗。在这些诗文中，并无作《二十四诗品》之明确记载。当然，这也还不足以作为疑伪的充分证据。在这里之所以作一条列出，除了按顺序应从其本人作品说来外，应指出的是今人或举司空图的某些诗文来证明《二十四诗品》为其晚年退归中条时期所作。但如《杂题九首》之五："宴罢论诗久，亭高拜表频。"《力疾山下吴村看杏花十九首》之六："侬家自有麒麟阁，第一功名只赏诗。"只说于宴间论诗，以赏诗为功名，并不涉著作。据高仲章《唐司空图年谱》（《山西大学学报》1988 年第 2 期）所考，图《与李生论诗书》为天祐间作，或即"赏诗"之所得。

二、五代至元时之司空图传记，不言其著此书。图卒于五代后梁初，其最早的传记为《旧唐书·文苑传》本传，但云其"有文集三十卷"。宋、元间传记今检得六种，所记其著作情况是：

《旧五代史》本传（《五代史阙文》引，清辑本失收），仅称其"好为文"，撰《休休亭记》。

王禹偁《五代史阙文》，称其"少有文彩"，引及其集中诗文，但不云著述。

《新唐书》本传，不云著作。

《唐诗纪事》卷六三，引图论诗二书及《五代史阙文》，不云著作。

《宣和书谱》卷九有图传，不云著作。

《唐才子传》卷八云："先撰自为文于濯缨亭一鸣窗，今有《一鸣集》三十卷行于世。"

其余如《本事诗》《北梦琐言》《唐摭言》《南部新书》《云仙杂记》等皆载及图事迹，并不云有《二十四诗品》。

三、宋、元公私书志不著录此书。《日本国见在书目》成于昭宗时，图尚在世；《旧唐书·经籍志》据《开元四部录》编成，收书迄于玄宗时，故这二种唐末五代书志皆不载图之著作。《新唐书·艺文志》著录"司空图《一鸣集》三十卷"，另《崇文总目》卷五、《通志·艺文略》、《遂初堂书目》、《郡斋读书志》卷十八、《直斋书录解题》卷十六、《文献通考·经籍考》《宋史·艺文志》皆著录，虽书名、卷数略有异，但仅载别集则同。《本事诗》载司空图曾注卢献卿《愍征赋》，宋时已不存。我们从上述各书志中，考知之唐五代诗文评著作多达九十九种，但却绝不见载《二十四诗品》。直到明人编的《文渊阁书目》《国史经籍志》《百川书志》等书目，仍无此书之踪影。据我们所知，此书至明末以后的《汲古阁校刻书目》《隐湖题跋》《孙氏祠堂书目》《四库全书总目》《稽瑞楼书目》等书志中始有著录。

四、宋、元人从未称引此书。古籍流传中，书目应有著录，后世应有评述，类书、丛钞一类书应有摘引，这是一般的惯例。比如宋人范温著《潜溪诗眼》，即见《苕溪渔隐丛话》《仕学规范》《诗人玉屑》《竹庄诗话》《诗林广记》《修辞鉴衡》《永乐大典》等十余种宋至明初的典籍征引。传为唐人而后世疑为伪作的《金针诗格》《二南密旨》等书，虽有南宋传本，宋人也迭有訾议。然独《二十四诗品》一书，在我们所见的宋元类书、诗话丛编、笔记、地志及其他各类著作中，从无引录之迹。笔者之一数年前因辑《全唐诗补编》《全唐文补编》，将宋、元能见到的典籍尽量检及，从未见有引及此书者。苏州大学、河南大学近年因编纂《全唐五代诗》，普查宋、元旧籍也逾千种，亦未见称及此书片言只字者。一部在晚近受到如此广泛推重的著作，宋、元间竟会如此冷落，实在难以想象。

自明末至今，学者谓宋人推重此书，所举仅苏轼《书黄子思诗集后》中"自列其诗有得于文字之表者二十四韵"一句。其实苏轼此句并非指《二十四诗品》，本文第三节还将作详细考述。在此应指出的是，宋、元人对苏轼之议论极为推崇，引录广泛，且多能抉幽阐微，凡此之类，不胜枚举。《书黄子思诗集后》是苏轼论诗的精彩之作，宋人多称引之（详见后文），但均无人由此而转入有关《二十四诗品》的话题。宋时如有此书，又经苏轼称扬，断无宋、元人皆弃而不顾之理。无论赞同或反对，皆不应全无声响。由这一迹象看，可以认为宋、元间尚无此书之流传。

又自刘勰分诗文为八体，后人多衍其说，如上官仪《笔札华梁》分为十体，皎然《诗式》有十九字体，五代至宋、元间作此类划分的有近十家，但均看不到《二十四诗品》的影响。就品目说，徐寅《雅道机要》分二十门，无同者；齐己《风骚旨格》分十体，同者仅"高古""清奇"二目，另有二十式，四十门，无同者；王梦简《进士王氏涛要格律》分二十六门，同者仅"含蓄"一目；杨载《诗法家数》分六体，同者仅"雄浑""沉着"二目。《沧浪诗话》云："诗之品有九，曰高、曰古、曰深、曰远、曰长、曰雄浑、曰飘逸、曰悲壮、曰凄婉。"郭氏《校释》谓"司空图列为二十四品，沧浪复约为九品"。其实只要将二者稍作比较，即可知并无必然的联系。

五、明万历前尚无人得见《二十四诗品》。明代典籍浩如烟海，我们无以通检，但从下列几种传记和几位名家的叙述来看，万历（1573—1620）以前此书尚不为世人所知。

明前期高棅（1350—1423）作《唐诗品汇》，卷首《诗人爵里详节》仅称图"有《一鸣集》三十卷行于世"。明末胡震亨（1569—1645）编《唐音统签》卷七〇四卷首司空图小传，亦仅云"有《一鸣集》三十卷，内诗十卷"。《唐音统签》及清初季振宜所编《唐诗》（台湾影印时称《全唐诗稿本》），皆不收《二十四诗品》。

正德丁丑（1517）进士，后官至工部给事中的杨士云，有《司空图论诗》绝句："今古文难诗更难，须于味外辨咸酸。纷纷作者应谁似？裂目撑霆琢肺肝。"（《万首论诗绝句》187页）知其所见仅图论诗杂著。与其同时的杨慎（1488—1559）是明代公认的博学之士，其《升庵诗话》卷三专列《司空图论诗》一节，称其论诗"尤见卓识"，以"其文集罕传，余家有之"，特标出之，但所举仅《与王驾评诗书》《与李生论诗书》及《诗赋》，后者为四言韵语，且全引之，是杨慎不知有《二十四诗品》。

胡应麟（1551—1602）亦一时鸿博之士，其《诗薮·外编》卷三，《杂编》卷二，列举"唐人诗话入宋可见者"，有"李嗣真《诗品》一卷、王昌龄《诗格》一卷、皎然《诗式》一卷"等二十种，并云："今唯《金针》、皎然、《吟谱》传，余绝不睹，自宋末已亡矣。"无论存佚，皆不及《二十四诗品》，是胡应麟不知有此书。

胡震亨《唐音癸签》卷二《法微一·统论》中，举出司空图《与李生论诗书》中之一节，卷八又引及苏轼称引图诗之语，卷三二《集录三·唐人诗话》，自李嗣真《诗品》、李峤《评诗格》以下，罗列二十八种，亦无《二十四诗品》。胡氏评曰：

> 以上诗话，惟皎师《诗式》《诗议》二撰，时有妙解，余如李峤、王昌龄、白乐天、贾岛、王睿、李弘宣、徐寅及释齐己、虚中诸撰，所论并声病对偶浅法，伪托无

疑。张为《主客》一图，妄分流派，谬僻尤甚。唐人工诗，而诗话若此，有不可晓者。

胡氏罄毕生精力，搜罗唐诗及有关资料，故其所见唐人诗格一类著作，远富于稍前之胡应麟。对一些仅见书目或史传之书名，尚搜罗无遗，而后人推崇备至的《二十四诗品》却绝不叙及，实在于情理上说不过去，据本文第二节所考，《二十四诗品》之出世在天启、崇祯间，时胡氏虽尚在世，恐因流布未广，故既未称述，也未诘疑。

许学夷（1563—1633）著《诗源辨体》卷三五《总论》第一〇条云：

> 司空图论诗，有"梅止于酸"二十四字，得唐人精髓，其论王摩诘，韩退之，元、白正变，各得其当，远胜皎然《诗式》，东坡、元瑞皆称服之。

元瑞指胡应麟。许氏称述司空图诗论，亦不云《二十四诗品》。同卷第三一条，许氏在批评《诗家一指》时，称其中的《二十四品》"卑浅不足言"。本文第三节将要证明，许氏所见《诗家一指》中的《二十四品》，与传世的《二十四诗品》文字大体相同，但许氏并不云为司空图撰，尤可注意。

以上诸家皆一时饱学之士，对唐诗研究颇深，于司空图诗说又均曾提及，但均不言及《二十四诗品》。迄今所知研究《二十四诗品》的著作，也未提供万历以前人得见此书之书证。我们据此而认为万历前此书尚未传世，或此前尚无人知司空图撰有此书，这一结论应是可以确立的。

从后梁太祖开平二年（908）司空图去世，至明神宗万历四十八年（1620），其间跨越了五代、两宋、元、明几个朝代，绵历七百多年，在这一漫长的时间中，此书竟从未有人提及，在数以千计的典籍中竟未留下任何一点蛛丝马迹，实在是一件不可思议的事情。我们不妨将与其书名简称相同且也为研究者广泛重视的钟嵘《诗品》作一比较。钟嵘《诗品》在《梁书》《南史》本传中叙之，自《隋书·经籍志》以降的唐、宋、元公私书目多有载录，唐初以降的各种史书、总集、别集、诗文评、类书等频见引录（详张伯伟《钟嵘〈诗品〉研究·历代〈诗品〉学》）。《二十四诗品》却完全异于是。这使我们想到近代史学大师梁启超关于古籍辨伪方法的那段为学界广泛认同的精辟论述：

> 古书流传有绪，其有名的著作，在各史经籍志中都有著录，或从别书记载他的渊源，若突然发现一部书，向来无人经见，其中定有蹊跷。（《中国近三百年学术史》第十四节《清代学者之总成绩·辨伪书》）

梁氏列此为清人辨伪方法之第一条，即"从著录传授上检查"。后梁氏在燕京大学所作讲演《古书真伪及其年代》，于此论述更细，如"从旧志不著录而定其伪或可疑""后人说某书出现于何时，而那时人并未看见那书，从这上可断定那书是伪""从书的来历暧昧不明而定其伪"诸项，均卓有见地，为现代学者所遵信。

我们再看看这部晦迹七百年的所谓唐人著作，出世流布的过程如何，是"来历暧昧不明"，还是渊源传流有绪？

三、《二十四诗品》之出世及其疑问

现在我们能看到的最早一篇明确说到司空图作《二十四诗品》的文字，是明末人郑鄤的《题诗品》（《峚阳草堂文集》卷一六）：

> 东坡云："唐末司空图崎岖兵乱之间，而诗文高雅，犹有承平之遗风，其论诗曰：梅止于酸，盐止于咸，饮食不可无盐梅，而其美常在咸酸之外。盖自列其诗有得于文字之表者二十四韵，恨当时不识其妙，予三复其言而悲之。"嗟乎，千百世上下，凡有得于诗文之中者，未有不悲之者也。四言体自三百篇后，独渊明一人耳。此二十四韵，悠远深逸，乃复独步，可以情生于文，可以想见其人。以《诗品》署题，亦犹之乐天之《赋赋》也。

郑鄤（1594—1639），字谦止，号天山，武进人。天启六年（1626）为庶吉士，上疏劾魏忠贤，被贬为民。崇祯十二年（1639），为温体仁诬以不孝之罪而磔死。事见其自撰《天山自叙年谱》及《明史·周宗建传》《文震孟传》、《奸臣传》等。上文虽不详确作于何年，大致可知为天启、崇祯间作。以东坡语为指《二十四诗品》，亦以其所云为最早。

其次为明末人费经虞《雅伦》（转录自香港华风书局1983年出版詹幼馨著《司空图〈诗品〉衍绎》）：

> 诗品之说起于钟嵘。……唐司空表圣以一家有一家风骨，乃立二十四品以总摄之，盖正变俱采，大小兼收，可谓善矣。然有孤行者，有通用者，犹当议焉。其曰雄浑、冲淡、纤秾、高古、典雅、绮丽、自然、豪放、疏野、飘逸各立一门，如洗炼、含蓄、精神、实境、超诣、流动、形容、悲慨之类，则未可专立也。雄浑有雄浑之洗炼，冲淡有冲淡之洗炼，纤秾有纤秾之含蓄，高古有高古之含蓄，典雅有典雅之精神，绮丽有绮丽之精神也。又劲健、沉着，不外雄浑，缜密，不外典雅，委曲，不外含蓄，清奇、旷达，不外豪放。故因其原品损之补之，定为上中下品，引古人诗以立准，先取三百篇而加测焉。

《明史》不载费氏事迹。《千顷堂书目》卷二八有"费经虞《雅伦集》《荷衣集》"，注云："字仲若，新繁人。崇祯己卯举人，桂林知县。"崇祯己卯为十二年（1639），距明亡仅五年。《四库全书总目》卷一九七诗文评类存目有费氏《雅论》二十六卷，应即是书。其成书当不早于崇祯中后期，甚至可能在明亡以后。

今知《二十四诗品》最早之刊本有三，皆刊于明季：一为吴永辑《续百川学海》本，南京大学图书馆有存。友人武秀成代为查阅后告，此本每页九行，行二十字，无序跋，首题"唐司空图撰，汪嘉嗣阅"，正文有圈点。此套丛书无具体刊刻年代，该馆古籍部据版式鉴定为明崇祯刊本。

二为毛晋辑《津逮秘书》本，末有毛晋跋云：

> 此表圣自列其诗之有得于文字之表者二十四则也。昔子瞻论黄子思之诗，谓

"表圣之言美在咸酸之外，可以一唱而三叹"。於乎！"崎岖兵乱之间，而诗文高雅，犹有承平之遗风。"惟其有，是以似之，可以得表圣之品矣。常熟毛晋识。

此跋与郑鄤所云，大致相同，惟不知孰先孰后。毛晋改苏轼"二十四韵"为"二十四则"，尤可注意。《津逮秘书》亦刊于崇祯间，以校勘精审而为后人所重。

三为宛委山堂刊一百二十卷《说郛》本，收入该书卷七九，署"唐司空图"，无序跋。宛委山堂刊《说郛》署"天台陶宗仪纂，姚安陶珽重辑"。陶宗仪原编《说郛》一百卷，与此重辑本有很大不同。原编本今有商务印书馆刊本，无《二十四诗品》，知为重辑本方收入。宛委本首有顺治四年王应昌、李际期二序。但据今人陈先行《说郛再考证》（《中华文史论丛》1982 年 3 辑），昌彼得《说郛考》（台湾文史哲出版社 1979 年出版，转引自《书品》1992 年 2 期刊程毅中《〈说郛考〉评介》）研究，二序未可尽信，全书始编于明末，经始于万历末年，大部分则开雕于天启、崇祯之间。《二十四诗品》所在之□七九，即为后刻者，以崇祯间刻行之可能为最大。

其他刊本，均为清人所刊，较重要者有康熙四十一年（1702）席氏刊《唐诗百名家全集》本《司空表圣诗》三卷附、康熙四十六年（1707）扬州诗局刻《全唐诗》卷六三四所收、乾隆三十五年（1770）刻《历代诗话》本、乾隆间《四库全书》本、乾隆五十七年（1792）《紫藤书屋丛刻》本、五十九年（1794）《龙威秘书》本、嘉庆十年（1805）《学津讨原》本等。自道光以后，有杨振纲《诗品续解》，杨廷芝《二十四诗品浅解》、孙联奎《诗品臆说》等。赓续者亦皆清乾隆以后人，以袁枚《续诗品》最著名。称引评述者有王夫之（《姜斋诗话》卷一引"规以象外，得之圜中"二句），王士禛（见《师友诗传录》、《带经堂诗话》卷三）、赵执信（《谈龙录》）等，亦皆为清康熙或稍后之事。上述各种刊本或著作，凡有叙跋议论者，皆取称赏的态度，于其著录来源，未有作认真探寻者。除称引郑鄤、毛晋均已引过的苏轼那段话，就是将其与司空图《与李生论诗书》作比较。较具代表性的是《四库全书总目》的说法：

> 唐人诗格传于世者，王昌龄、杜甫、贾岛诸书，率皆依托，即皎然杼山《诗式》，亦在疑似之间，惟此一编，真出图手。

后引图《与李生论诗书》，复云：

> 其持论非晚唐所及。故是书亦深解诗理，凡分二十四品……各以韵语十二句体貌之。所列诸体毕备，不主一格。王士禛但取其"采采流水，蓬蓬远春"二语，又取其"不著一字，尽得风流"二语，以为诗家之极则，其实非图意也。

这篇提要错谬极多。王昌龄《诗格》已见引于《文镜秘府论》，皎然《诗式》亦流传有绪，绝无可疑，唐、宋人未有题为杜甫撰之诗格，署名贾岛的《二南密旨》虽未必即岛撰，但可肯定为宋前之书。凡此均可见提要撰者之舛疏。而其断《诗品》"真出图手"，证据仅为"此书亦深解诗理"，未举任何书证。乾嘉学者于经史考证深细，于文学却疏于考订，于此可见一斑。

总括以上的考述，不难看出，此书自明末出世以后，称道者虽代不乏人，但未有人对其渊源作过认真的考察，连毛晋这样的刻书家和版本鉴别家，附跋中也未说明所据为何种版本，其来源如何（毛氏父子的其他题跋，多详于此类交待）。各家所举证据，似仅两条：其一，苏轼已称及此书，其二，此书深解诗理。后者可不必详论，前者则有必要作较详细的考察。因为现代各种论著在谈到此书为宋人所重视，且对宋代诗学产生巨大影响时，所举也主要是苏轼的这段话。如苏轼这段话确是就《二十四诗品》而言，因其时距唐末尚近，此书也就确无可疑了。

苏轼这段话，见其所作《书黄子思诗集后》（《经进东坡文集事略》卷六〇）。今将其中与司空图有关的一段全录如次：

> 唐末司空图崎岖兵乱之间，而诗文高雅，犹有承平之遗风。其论诗曰："梅止于酸，盐止于咸，饮食不可无盐梅，而其美常在咸酸之外。"盖自列其诗之有得于文字之表者二十四韵，恨当时不识其妙，予三复其言而悲之。

"二十四韵"何所指？自郑鄤以为指《诗品》而言，后人多信之。如郭绍虞先生主编的《中国历代文论选》，此篇下注云："即指《二十四诗品》。"并认为东坡此书所论，"和司空图的《诗品》有渊源关系"。

然而我们对此不能无疑。苏轼云图"自列其诗之有得于文字之表者二十四韵"，"有得于文字之表"是"其诗"的定语，故此句可简作"自列其诗二十四韵"。"列"者罗列，"其诗"显应指司空图本人之诗。"韵"字在唐宋人诗中极多见，一般均指近体诗之一联，即二句押一韵之意。如杜甫《赠李八秘书别三十韵》《秋日夔府咏怀奉寄郑监李宾客一百韵》，苏轼《王晋卿作烟江迭嶂图仆赋涛十四韵……》，白居易《与元九书》"自一百韵至两韵者四百余首"，皆是。而谓一篇为一韵，则鲜有此例。毛晋似乎是看到了这一点，改"二十四韵"为"二十四则"，但显然已非东坡原文。

今按：苏轼引司空图论诗数语，据图《与李生论诗书》撮录大意而成，"自列其诗"云云，仅指图在此书中自举己所作诗二十四联而言。为充分证明这一结论，我们据《四部丛刊》影印旧钞本《司空表圣文集》卷二，将此书全录如下。原注加括号引录。在引录各联下，以阿拉伯数字加了序号。

> 文之难而诗之尤难，古今之喻多矣，而愚以为辨于味而后可以言诗也。江岭之南，凡是资于适口者，若醯，非不酸也，止于酸而已；若醝，非不咸也，止于咸而已。华之人以充饥而遽辍者，知其咸酸之外，醇美者有所乏耳。彼江岭之人，习之而不辨也，宜哉！诗贯六义，则讽谕抑扬，渟蓄温雅，皆在其间矣。然直致所得，以格自奇，前辈编集，亦不专工于此，矧其下者耶！王右丞、韦苏州澄澹精致，格在其中，岂妨于道举哉？贾浪仙诚有警句，视其全篇，意思殊馁，大抵附于寒涩，方可致才，亦为体之不备也，矧其下者哉。噫！近而不浮，远而不尽，然后可以言韵外之致耳。愚幼常自负，既久而愈觉缺然，然得于早春则有"草嫩侵沙短，冰轻著雨销"（1），又"人家寒食月，花影午时天"（2），（上句云："隔谷见鸡犬，山苗接楚田。"）又"雨微吟足思，花落梦无憀"（3），得于山中则有"坡暖冬生笋，松凉夏

健人"（4），又"川明虹照雨，树密鸟冲人"（5），得于江南则有"戍鼓和潮暗，船灯照岛幽"（6），又"曲塘春尽雨，方响夜深船"（7），又"夜短猿悲减，风和鹊喜灵"（8），（宋本"虚"），得于塞下则有"马色经寒惨，雕声带晚饥"（9），得于丧乱则有"骅骝思故第，鹦鹉失佳人"（10），又"鲸鲵人海涸，魑魅棘林高"（11），得于道宫则有"棋声花院闭，幡影石幢幽"（12），得于夏景则有"地凉清鹤梦，林静肃僧仪"（13），得于佛寺则有"松日明金像，苔龛响木鱼"（14），又"解吟僧亦俗，爱舞鹤终卑"（15），得于郊园则有"远陂春旱渗，犹有水禽飞"（16），（上句"绿树连村暗，黄花入麦稀"。）得于乐府则有"晚妆留拜月，春睡更生香"（17），得于寂寥则有"孤萤出荒池，落叶穿破室"（18），得于惬适则有"客来当意惬，花发遇歌成"（19），虽庶几不滨于浅涸，亦未废作者之讥诃也。又七言云："逃难人多分隙地，放生鹿大出寒林。"（20），又："得剑乍如添健仆，亡书久似忆良朋。"（21），又："孤屿池痕春涨满，小栏花韵午晴初。"（22），又："五更惆怅回孤枕，犹自残灯照落花。"（23），（上句："故国春归未有涯，小栏高槛别人家。"）又："殷勤元日日，歌午（宋本作"舞"）又明年。"（24），（上句："甲子今重数，生涯只自怜。"）皆不拘于一概也。盖绝句之作，本于诣极，此外千变万状，不知所以神而自神也，岂容易哉！今足下之诗，时辈固有难色，倘复以全美为工，即知味外之旨矣。勉旃。某再拜。（宋本无此三字）

除了四处作者自注引上句以便对方理解诗意外，此书自举己作恰为二十四联，也即苏轼所云之"自列其诗有得于文字之表者二十四韵"。此书中"得于早春则有"某句之类句式，与苏轼"其诗有得于文字之表"云云，在句式上也是一致的。可知苏轼《书黄子思诗集后》此节之议论，仅为读司空图《与李生论诗书》而发，与《二十四诗品》本无任何联系。

关于司空图《与李生论诗书》，还有两点应附带说明的。其一，上文录自《四部丛刊》本，原抄者曾以宋本校过。北宋本现存北京图书馆，我们虽未曾寓目，但文字上相信不会有很大的不同。其二，《文苑英华》卷六八一收《与李生论诗书》，与文集所收文字稍有不同，即无上引二、三两联，第八联在第四联前，第六联作"日带潮声晚，烟和楚色秋"，第十六联前多出"暖景鸡声美，微风蝶影繁"二句，所引为二十三联。南宋周必大、彭叔夏校《英华》时，据集本及《唐文粹》卷八五将所缺二联补入，使今本《英华》引诗为二十五联，后《全唐文》即据《英华》。《唐文粹》所收则同集本。并合二种不同的传本，引诗共二十六联。为何有这一差异，本文不必深究。苏轼虽未说所见为何本，但如为集本或《唐文粹》，恰为二十四韵。如所见为《英华》，则仅二十三韵，惟北宋时《英华》秘在内府，外间不易得见。这一差别，并不影响前文的推断。

以上推断还可从宋人引录苏轼这段话时的态度得到证明。任舟《古今总类诗话》（《仕学规范》卷三八引）仅引"东坡云司空表圣自论其诗以为得味于味外"一语，陈振孙《直斋书录解题》卷一六则云："其论诗以梅止于酸，盐止于咸，咸酸之外，醇美乏焉，东坡尝以为名言。"均未再称引"二十四韵"一语，当并不谓其另有所指。洪迈《容斋随笔》卷一〇引及"二十四韵"一段，但随即云："予读表圣《一鸣集》，有《与李生论诗》一书，乃正坡公所言者。"是洪迈之看法，与本文以上的考证，若合符契。以洪迈之博学多闻，以陈振孙之谙熟群籍，于东坡此语并无异说，足证以东坡所云为《二十四诗品》，全出明末人的牵附。

苏轼所云既与《二十四诗品》无关，明末至清代人又均未提出此书来源之具体证据，宋元书志中更从未提及司空图作有此书，那么此书从何而来呢？

有人或会提出这样的假说：此书原为三十卷本《一鸣集》中之一篇或一卷，因存于文集中，不为宋人所重，至明末抽出单行，世人始知有此书。

此说似亦可备一说。但我们在考察了司空图文集及其诗文的流传过程后，认为这一可能性根本不存在。

司空图有《一鸣集》三十卷，《新唐书·艺文志》，《郡斋读书志》卷一八，《宋史·艺文志》皆著录，知南宋时尚存，后不传。南宋蜀刻本《司空表圣文集》十卷，《直斋书录解题》卷一六曾提及，谓"但有杂者，无诗"。此本今存。清以后流传的四库本、《嘉业堂丛书》本、《四部丛刊》本，皆沿此本而出。该本除卷三存《月下留丹灶》一诗外，余均文。《全唐文》卷八〇七至八一〇存图文四卷，凡六十九篇，皆见十卷本文集。南宋时另传《司空表圣集》十卷，《直斋书录解题》卷一九著录，云"别有全集，此集皆诗也"。此诗集宋以后不存。明末胡震亨辑《唐音统籤》，据群书辑为五卷，后《四部丛刊》本即据以影印，加题曰《司空表圣诗集》。《全唐诗》卷六三二至六三四录为三卷，除增收《诗品》外，较胡辑仅多《洛阳咏古》一首（系误收胡曾诗）。同书卷八八五补录十首，则全据《古今岁时杂咏》。胡辑存诗三百六十八首，其中七绝二百三十一首，五绝七十首，均出《万首唐人绝句》，其余六十余首，分别出自《司空表圣文集》《文苑英华》《唐文粹》《唐诗纪事》《乐府诗集》《古今岁时杂咏》《唐诗鼓吹》《瀛奎律髓》等书，残句则分别出自《唐摭言》《五代史阙文》《宣和书谱》《老学庵笔记》《苕溪渔隐丛话》《纬略》《困学纪闻》及图之《与李生论诗书》。总之，除《二十四诗品》外，现存司空图诗文均可在宋元典籍中找到出处，而入明以后典籍中，未有新的作品出现。这一情况说明，除《司空表圣集》十卷留存至今外，三十卷本的《一鸣集》和十卷本的诗集，明代皆已无传。《二十四诗品》不可能是已失传之司空图文集中之一部分。

明末刻书业兴旺发达，书贾伪造古书以射利，成为一时之风气。对此，清人揭发已多。《二十四诗品》在这一时期突然出现，其来源又如上述般的扑朔迷离，其真实性确实使人感到怀疑。按照梁启超所定判别伪书之标准，我们已有较充分的理由判其为伪书。尽管如此，我们仍期待能找到进一步的证据，揭示其作伪的过程，使这一疑案能够定谳。

经过较长时期的探寻，我们终于获得了重要的发现。

四、《诗家一指》与《二十四诗品》

偶然的机会，我们读到明末许学夷所著《诗源辨体》卷三五《总论》第三十一则：

《诗家一指》，出于元人。中有《十科》《四则》《二十四品》。《十科》：一曰意，二曰趣，三曰神，四曰情，言作诗先命意，如构宫室，必法度形制已备于胸中，始施斤斧。……《四则》：一曰句，二曰字，三曰法，四曰格，又失本末轻重之分。《二十四品》：以典雅归揭曼硕，绮丽归赵松雪，洗炼、清奇归范德机，其卑浅不足言矣。《外编》，又窃沧浪诸家之说而足成之。初学不知，谓沧浪之说出于《一指》，不直一笑。

这引起我们的注意。其中既有《二十四品》的提法，列举的典雅、绮丽，洗炼、清奇四目，又皆为《二十四诗品》中所有。这些似非偶然的巧合，其中必有内在的联系。

承蒙南京大学中文系张伯伟先生提供明万历五年（1577）刊朱绂编《名家诗法汇编》卷二所收《诗家一指》，得以证实我们的推测。张伯伟先生并告，此书最早见收于明嘉靖二十四年（1545）刊黄省曾编《名家诗法》卷五，不题撰人姓名。万历刊《名家诗法汇编》本题作"范德机《诗家一指》"，卷首署："明三山杨成考订，吴会黄省曾校正，潜川朱绂编次。"杨成《诗法》刊于嘉靖三十一年（1552），则此书或为杨成题作范德机撰。

万历本《诗家一指》，与许学夷所见本基本相同。首有序，后分为《十科》《四则》《二十四品》《普说外篇》《三造》五部分，下又各有细目，如《十科》下有意、趣、神、情、气、理、力、境、物、事十目，《四则》下有句、字，法、格四目，与许学夷所叙一致。

第三部分《二十四品》，有题注云：

> 中篇秘本，谓之发思篇。以发思者动荡性情，使之若此类也。偏者得一偏，能者兼取之，始为全美，古今李、杜二人而已。

下录二十四品，其中十三品品目下有注，各品后皆有四言韵语。与通行的《历代诗话》本《二十四诗品》对校，品目全同，四言韵语仅有少量异文。原注及异文并录如次：

《雄浑》，注："杜少陵。""持之非强"，《一指》作"持之匪强"。

《冲淡》，注："孟浩然。"

《纤秾》，无注，无异文。

《沉着》，注："杜少陵。"无异文。

《高古》，注："杜少陵。""虚伫神素"，《一指》"伫"作"竚"，同。

《典雅》，注："揭曼硕。""玉壶买春"，"壶"，《一指》误作"壶"。

《洗炼》，注："范德机。""如矿出金"，《一指》作"犹矿出金"。《津逮丛书》本《二十四诗品》同《一指》。

《劲健》，注："杜少陵。"无异文。

《绮丽》，注："赵松雪。""雾余水畔"，《一指》作"露余山青"，《津逮》本同《一指》。

《自然》，注："孟浩然。""真与不夺"，《一指》作"真予不夺"。

《含蓄》，注："孟郊。""语不涉己，若不堪忧"，《一指》作"语不涉难，己不堪忧"；"如满绿酒，花时反秋"，《一指》作"如渌满酒，花时返秋"。《津逮》本同《一指》。

《豪放》，无注。"由道反气，处得以狂"，《一指》作"由道返气，处得以强"，《津逮》本亦作"以强"；"晓策六鳌"，《一指》作"晓看六鳌"。

《精神》，注："赵虞。""欲返不尽"，《一指》作"欲反不尽"。

《缜密》，无注。"意象欲生"，《一指》作"意象欲出"，《津逮》本同；"水流花开"，"开"，《一指》误作"门"。

《疏野》，无注。"真取不羁"，《一指》作"真取弗羁"；"控物自富"，《一指》作"拾物自富"，《津逮》本亦作"拾物"。

《清奇》，注："范德机。"无异文。

《委曲》，无注。"杳霭流玉"，《一指》作"杳蔼流玉"。

《实境》，无注。"清涧之曲"，《一指》作"晴涧之曲"，《津逮》本同《一指》；"遇之自天，泠然希音"，《一指》作"遇之似天，永然希音"。

《悲慨》，无注。"若为雄才"，《一指》作"若为雄材"；"漏雨苍苔"，《一指》作"漏雨荒苔"。

《形容》，无注，无异文。

《超诣》，无注。"远引若至"，《一指》作"远引莫至"，《说郛》本同《一指》；"少有道契"，《一指》作"少有道气"；"其声愈希"，《一指》作"其声愈稀"。

《飘逸》，无注。无异文。

《旷达》，注："《选》诗。""日往烟萝"，《一指》作"日住烟萝"。

《流动》，无注。"假体如愚"，《一指》作"假体遗愚"，《津逮》本同《一指》。

以上各品所见异文，一部分与《二十四诗品》的某些版本相同，一部分文字虽略有差别，文意仍基本相同。从中不难看出二者之间存在的某些必然的联系。就我们所知，至今已出的各种《二十四诗品》的笺注本，尚未有征及《一指》的。两书关系如何，孰先孰后，要解决这一问题，我们有必要对《诗家一指》先作一番研究。

五、《诗家一指》的初步研究

《诗家一指》在明代虽曾有几个刻本，但传布面似并不太广，仅知在明中后期有少数几位学者提及该书。自清初以降，此书未再刊刻，也很少为人再提及。迄今为止，我们也未见到有关此书的专题研究。由于留存下来的材料很少，这里仅就能检及之史料，对其作一初步的考察。

甲、《诗家一指》的作者。

万历刻本《诗家一指》题为范德机撰，但嘉靖本并无撰人姓名。上引《二十四品》中《洗炼》《清奇》二目皆以范德机当之，亦可见其非该书作者。范德机，名椁（1272—1330），为元代著名诗人，今传《范德机诗集》，又有论诗专著《木天禁语》《诗学禁脔》，讲究为诗之篇法、句法、字法等，在明代流传颇广。万历本《一指》或即因此而伪题范著。

许学夷称此书为"元人作"，也未必可靠。可能他所见本即题作范德机撰，虽知其伪，而又未能考知作者，见评及元诸家，遂以为元人作。

其实，明代至清初的几种书目中，对此书作者有明确的记载。明高儒《百川书志》卷一八集部文史类载：

> 《诗家一指》一卷，皇明嘉禾怀悦用和编集。

《百川书志》卷首有高儒嘉靖庚子（十九年，1540）序，知其成书早于嘉靖二十四年

（1545）刊刻的《名家诗法》（所收《一指》不题撰人），所载当别有所据。

《千顷堂书目》是清初人黄虞稷所编备存明一代典籍的书目，该书卷三二文史类亦载：

> 怀悦《诗家一指》一卷。

援据此书而编成的《明史·艺文志》，在集部文史类也有同样的记载。

据上引书目，可知《一指》为明人怀悦所撰。

乙、怀悦的其他著作。

怀悦著作，《千顷堂书目》另著录两种。该书卷一九别集类载：

> 怀悦《铁松集》，字用和，嘉兴人。

卷三一总集类载：

> 怀悦《士林诗选》十卷，字用和，嘉兴人，以漕粟授官。选同时人之作。

后者又见《百川书志》卷一九总集类，云"编次同时名人之诗也"。此二书，经查检复旦大学古籍整理研究所为编纂《全明诗》而编制的现存明人别集和总集目录，未有所见，是否存世尚待考。

《铁松集》是怀悦的别集，《千顷堂书目》不载卷数，知清初已无传。今知《列朝诗集》《明诗综》《明诗纪事》所存怀悦诗，尚不足十首。兹迻录《列朝诗集》乙集卷五所存三首，以见一斑：

> 一上高城思不群，东风吹面洗余酲。红舫乌务春湖上，多载银筝入暮云。（《登城望鸳鸯湖》）
>
> 扁舟飞出相湖东，花片红穿树底风。才听前村鸠唤雨，斜阳又在暮云中。（《过相湖》）
>
> 花气醺人似酒醇，东风随处扫香尘。不知画舫琵琶月，载得南湖几度春？（《春兴》）

诗虽未必很好，但可见作者之生活情状。

《士林诗选》，清代曾有多人得见。钱谦益《列朝诗集》乙集卷五怀悦小传云：

> 悦字用和，嘉禾人。曾以漕粟入官。又尝辑一时名士之诗为《士林诗选》，大率景泰十才子之流，而丘吉、二唐、李进、陈颢、姚纶皆与焉。诗之格调，与《湖海耆英》相类，用和亦可方吴之徐用理也。

《明史·文苑传》载长洲人刘溥与汤胤勣、苏平、苏正、沈愚、王淮、晏铎、邹亮、蒋忠、王贞庆齐名，号景泰十才子，刘溥主盟。《列朝诗集》乙集卷八收存十人诗。徐用理即徐庸，《列朝诗集》乙集卷七载其辑永乐至正统四代诗为《湖海耆英集》十二卷。

朱彝尊《静志居诗话》卷八于此书叙述尤详：

> 用和辑《士林诗选》，黄徵君俞邰言有十卷，予购之五十年，始得之，止上下二卷而已。诗家大率吴越之产，所常唱和者。其居在相湖之南，曰柳庄，亦曰柳溪，故自号柳溪小隐，又号相湖渔隐。姚允言诗云："风流绝胜辋川庄"。又云："雨衣自织青蒲叶，烟艇长系绿柳根。"苏秉衡诗云："帘卷夕阳吟对酒，窗临流水坐看鸥。"皆题其草堂作也。别有东庄，曰钓鱼所，曰观莲亭，曰清风榭，曰白云窝，曰载春舫，曰耘云堂，曰栽桑圃，曰采菱滩，邱大祐赋八景诗赠焉。又有北花园，姚廷辅有《怀氏北花园宴集》诗。复有水亭名雪艇，大祐诗"醉倚阑干俯春水"是也。有斋曰铁松，岑公琬诗"移得徂徕一盖青"是也。有轩名月波，陈汉昭诗"湖上华轩瞰碧澜"是也。其自题铁松斋诗云："青衣开樽倾翠涛，诗成落纸飞霜毫。"园亭诗酒之会，极一时之盛。而允言有《送用和纳粟之京作》，又有"冠带从容新帝泽"之句，濮乐间之流也。今则相湖在望，葭菼微茫，旧迹不可复问矣。

朱彝尊（1629—1709）是清初秀水（今浙江嘉兴）人，与怀悦为同乡，距明亡未久，历五十年方见二卷本，足见传本之少。朱氏所见虽未必为足本，但保留了此集较详细的梗概，对研究怀悦之生平及交游，尤有价值。

乾隆间修《四库全书》时，两淮马裕曾以家藏此书一卷本进呈，但未获入库，仅列入存目。《四库全书总目》卷一九一《总集类存目一》云：

> 《士林诗选》一卷，明怀悦编。悦字用和，嘉兴人。永乐中以纳粟官通判。是集所载，皆一时友朋之作，近体最多，持择亦未精审。

提要略有错误，详下。此后未见著录，或已亡佚。

丙、怀悦的生平、居处和交游。今可考知之可资考证怀悦生平的记载，已具录于上节，兹略作申述如次。

怀悦，字用和，明嘉禾（今浙江嘉兴）人。各书对此记载无异说。《中国丛书综录》收录《格致丛书》本《诗家一指》，谓作者为"明释怀悦"，误。前引诸书均无其出家之记载。怀为吴中古姓，《广韵》卷一载："怀……又姓，《吴志·顾雍传》有尚书郎怀叙。"

怀悦之为官，《千顷堂书目》云"以漕粟授官"，《静志居诗话》云"以纳粟仕"，意思相同，所据当均为《士林诗选》所收姚允言《送用和纳粟之京作》，指怀悦以捐资纳粟而得授官，并因此而曾北上之京。至其所授官职，《四库全书总目》云为通判，《明诗纪事》卷二一沿其说，未详所据。明代通判为正六品官，与同知分掌地方政事，无常职和定员。

怀悦所居在相湖附近。相湖，嘉庆《浙江通志》卷一一作相家湖，并引弘治《嘉兴府志》云："在县东北九里。"此湖今名相家荡，在嘉兴市郊七星乡。《浙江通志》并录怀悦《游相湖》诗：

> 云满银壶酒色浓，寻春不让瀺西东。波添鸭绿今朝雨，花落猩红此夜风。一段好怀凝野望，万家生意荷天工。平沙浅渚都经遍，吹笛沧浪月满空。

其居所在相湖之南有柳庄，又有东庄和北花园，仅东庄中即有八景之目，此外还有雪艇、铁松斋、月波轩等亭榭斋室，堪称富甲一方。

怀悦之生活时代，《四库全书总目》以为在永乐（1403—1424）中，显然失之过早。余书皆无明确交待，只能从其交游中加以考察。

前引与怀悦有诗歌倡和及《士林诗选》入选者，共十八人，除岑公琬、姚廷辅二人未见生平资料，其余诸人之占籍、生活年代及身份，简录如次。

刘溥，长洲人，宣德时被征，累调太医院吏目。

汤胤勣（？—1467），中都人，成化初为参将。

苏平，字秉衡，海宁人。永乐中被举贤良，不就，以布衣终。

苏正，平弟，以布衣终。

沈愚，昆山人，不仕，以业医授徒终。

晏铎，蜀人，累官御史。

王淮，慈溪人，处士，卒年八十。

邹亮，长洲人，正统初迁监察御史。

蒋忠，仪真人，居句容。不仕。

王贞庆，淮甸人，驸马王宁子。以上为景泰十才子。

丘吉，字大佑，归安人，不仕。

唐庠、唐广，并称二唐，湖州人，广为安吉县医官。

李进，嘉兴人，官训导，景泰、天顺间在世。

陈颢，字汉昭，四明人，移居嘉兴。

姚纶，字允言，嘉兴人。（诸人事迹据《明史》《列朝诗集小传》《静志居诗话》，不逐一说明）

以上诸人，多数为吴越间人，其中十一人居于苏、湖、嘉三州府，可知怀悦交游之大致范围。多数人不仕或为低官，稍显者仅二三人，从诸人之在世年代看，怀悦可能出生于永乐间，正统、景泰、天顺间在世，是否及见成化年，尚乏别证。大致可推定其1403年（永乐元年）至1464年（天顺八年）间在世。

前引怀悦五诗皆作于嘉兴（鸳鸯湖即今嘉兴南湖，见嘉庆《浙江通志》卷一一），友人倡和诗亦多为题其庄园者，除因纳粟拜官入京外，其平生多数时间应即在嘉兴度过。

丁、《诗家一指》的构成。

其次我们应考察《诗家一指》全书的基本内容。今见万历本《一指》首有序，后分为五节，标题分别为《十科》《四则》《二十四品》《普说外篇》《三造》。但此本文字实稍有窜乱，参正文及许学夷《诗源辨体》卷三五的记载，我们以为该书应分为正编、外编两部分，前者包括序、《十科》《四则》《二十四品》及《普说外篇》之第一段，为作者所自撰，后者包括《三造》和《普说外篇》后三段，为作者摘录宋人论诗法之精要议论，以为全书之附录。

为后文考述之方便，我们拟将《一指》怀悦自撰部分全录如次（《二十四品》已见上节，从略）。

首先有序。此段文字紧接在书名之后，从内容看，应是全书之总序：

> 乾坤之清气，性情之流至也。有气则有物，有事斯有理，必先养其浩然，存其真宰，弥纶六合，圆摄太虚，触处成真，而道生于诗矣。诗有禅宗，具摩醯眼，一视而万境归元，一举而群魔荡迹，超言象之表，得造化之先，夫如是始有观诗分。观诗要知身命落处，与夫神情变化，意境周流，亘天地以无穷，妙古今而独往者，则未有不得其所以然，由是可以明十科，达四则，该二十四品，观之不已而至于道。夫求于古者，必法于今，求于今者，必失于古，盖古之时，古之人，而其诗如之，故学者欲疏凿情尘，陶汰气质，遣其迷妄，而反其清真，未有不如是而得其所以为诗者。学下手处，先须明彻古人意格声律，其于神境事物，邂逅郁折，得其全理于胸中，随寓唱出，自然超绝。若夫刻意创造，终亏天成，苟且经营，必堕凡陋，妙在著述之多，而涵养之深耳。然当求正于宗匠名家之道，庶几可以横绝旁流者也。

其次为《十科》，各以一字为标题：

> 《意》：作诗先命意，如构宫室，必法度形制，已备于胸中，始施斤锼，此以实验取譬，则风之于空，春之于世，虽暂有其迹，而无能得之于物者，是以造化超诣，变化易成，立意卑凡，情真愈远。
>
> 《趣》：意之所不尽而有余者之谓趣，是独听钟而得其希微，乘月而思游汗漫，宵然真用，将与造化者周流，此其趣也。
>
> 《神》：其所以变化诗道，濯炼性情，会秀储真，超源达本，皆其神也。
>
> 《情》：是由真心静想中生，不必尽谕，不必不谕，犹月于水，触处自然。神于诗为色为染，情染在心，色染在境，一时心境会至，而情出焉。
>
> 《气》：其于条达为清明，滞著为昏浊，情贵乎流通，虚往无碍，盛大等乎空量，熹微蔼如春和，然非果有所自，而生之者愈不可知。
>
> 《理》：有所兴起而言也。故凡一事之感，一物之悟，皆兴起也。而其悲欢通塞，总属自然，非有造设，惟不尽所以尽之兴，犹王家之疆里也。
>
> 《力》：今之发足，将有所即，靡不由是而达，然独有所未至，非日积之功未深，则足力之病进，于诗且然，非寻思之未深，则材力之病进，要在驯熟，如与握手俱往。
>
> 《境》：耳闻目击，神寓意会，凡接于形似声响，皆为境也。然达其幽深玄虚，发而为佳言，遇其浅深陈腐，积而为俗意，复如心之于境，境之于心。心之于境，如镜之取象，境之于心，如灯之取影，亦各因其虚明净妙，而实悟自然，故于情想经营，如在图画，不著一字，宵乎神生。
>
> 《物》：凡引古证今，当如己造，无为彼夺，缘妄失真，其如宵然色之胶青，空然水之盐味，形趣泯合，神造自如。

《事》：诗指其一而不可著，复不可脱。著则落在陈腐科臼，脱则失其所以然，必究其形体之微，而超乎神化之奥。

再次为《四则》，亦各以一字为标题：

《句》：一诗之中，妙在一句为诗之根本。根本不凡，则花叶自然殊异，复如威将示权，奇兵翕合，君子在位，善人皆来。

《字》：一字之妙，所以含趣之微，一诗之根，所以生一字之妙。故夫圆活善用，如转枢机，温清自然，如瞻佩玉。

《法》：病在腐，在浮，在常，在暗弱，在生强，在无谓，在枪棒，在嘴瓜，在不经，犹陶家营器，本陶一土，而名等差非一。然有古形今制之别，精朴浅深之殊，贵各具体用形制之似尔。诗则诗矣，而名制非一，汉晋高古，盛唐风流，西昆秾冶，晚唐华藻，宋氏乖锓，洎西江诸家，造立不等，气象差殊，亦各求其似者耳。

《格》：所以条达神气，吹嘘兴趣，非音非响，能诵而得之，犹清风徘徊于幽林，遇之可爱，微径蒙纤于遥翠，求之愈深。

再次即《二十四品》。紧接其后即《普说外篇》，凡四小节，但内容显然有所不同。第一小节四百四十余字，内容为对全书宗旨的论述，显为作者自撰。后三小节均不足百字，首有"晦庵论诗"云云，系转录朱熹论诗语，与《三造》类似。录第一小节如次：

世皆知诗之为，而莫知其所以为，知所以为情性，而莫知其所以为情性，夫如是而诗道远矣。远之不失乎心，心之于色为情，天地日月星辰江山烟云人物草木，响答动悟，履遇形接，皆情也。拾而得之为自然，抚而出之为机造，自然者厚而安，机造者往而深。厚而安者独鹤之心，大龟之息，旷古之世，君子之仁；往而深者清风泡泡而同流，素音于于而载往，乘碧影而暗明月，抚青春之如行舟。由之而得乎性，性之于心为空，空与性等，空非离性而有，亦不离空而性，必非空非性，而性固存矣。夫今有人行绿阴风日间，飞泉之清，鸣禽之美，松竹之韵，樵牧之音，互遇递接，知别区宇，省摄备至，畅然无遗，是有闻性者焉。自是而尽世之所谓音者，无不得之于闻性，无一物不有，欲求其所以闻之而性者，犹即旅舍而觅过客，往之久矣。故取之非有其方，得之非睹其窍，翛然万物之外，云翠之深，茂林青山，扫石酌泉，荡涤神宇，独还冲真，犹春花初胎，假之时雨，夫复不有一日性悟之分耶？集之《一指》，所以返学者迷途，《三造》，所以发学者之关铃，《十科》，所以别武库之名件，《四则》，条达规键，指真践履，《二十四品》，所以摄大道如载图经，于诗未必尽似，亦不必有似，而或者为诗之尤，抑真人而后知诗之真，知诗之真，而后知《一指》之非真，而非真之真，备是《一指》矣。

最后为《三造》，凡二千余言，分为二十六条。上引《普说外篇》云："《三造》所以发学者之关铃。"即此部分为作者从前代学者论诗著作中摘引关键精辟之语，以为谈诗者之参考。题注云："三段中分关键、细义、体系。"但三段如何区分，书中并无交待，今也无以区分。其中仅末条注云："其说具项平庵《家说》中。"余并无注。引书而不注所出，明人风气每每如此，自不必仅责本书。据我们所作初步调查，这部分引及之书有《六一诗话》《中山诗话》《后山诗话》《吕氏童蒙训》《竹坡诗话》《蔡宽夫诗话》《西清诗话》《陵阳室中语》《韵语阳秋》《白石诗说》《沧浪诗话》《诗人玉屑》及《金针诗格》等十余种著作，所引略有改动，也有将几种书中相近之语拼合在一起之迹。其中引录最多的，是严羽《沧浪诗话》和姜夔《白石诗说》，开始几大段即所谓"关键"部分皆出二书，前者引及处达八则之多，可见其倾心之所在。明末许学夷云："《外编》又窃沧浪诸家之说而足成之，初学不知，谓沧浪之说出于《一指》，不直一笑。"即指这部分而言。但许氏指责《一指》"窃沧浪诸家之说"，则为读书不细所致。怀悦即云此部分为"发学者之关锐"，又列于《外编》，以示区别，不能指为剽窃。至于初学谓"沧浪之说出于《一指》"，我们也可以举出旁证，万历刻《名家诗法汇编》收《一指》于卷二，而收"严沧浪《诗体》"于卷三，不免致读者本末倒置，以为后者出于前者。

戊、《诗家一指》的论诗旨趣及各部分之关系。

《诗家一指》是一部指示作诗和"观诗"方法的著作。其书名《一指》，系用佛教禅宗语，出处见《景德传灯录》卷一一：

> 婺州金华山俱胝和尚初住庵……天龙和尚到庵，师乃迎礼，具陈前事，天龙竖一指而示之，师当下大悟。自此凡有参学僧到，师唯举一指，别无提唱。……
>
> 师将顺世，谓众曰："吾得天龙一指头禅，一生用不尽。"

后《碧岩录》《无门关》等皆收此公案。《佛学大辞典》释其为"尽天尽地悉摄尽于一指头上之意"，较为准确。怀悦以此为书名，即表示欲以此书总摄诗理，指点为诗途径。序称"诗有禅宗，具摩醯眼，一视而万境归元，一举而群魔荡迹"，《普说外篇》称"《一指》所以返学者迷途"，皆表示了这一想法。他并认为只有循本书之指示，方能"知诗之真"，达到了这一境界，"而后知《一指》之非真。而非真之真，备是《一指》矣"，足见其自负之高。

《一指》既以总摄诗法，示人途径为宗旨，故全书各部分即从各个不同方面以指示门径，作者在书中对各部分均曾有所交待。

一是《十科》。作者谓"《十科》所以别武库之名件"。宋人吕祖谦著有《诗律武库》，此殆借"武库"一词以言诗法之总藏，"名件"则指构成诗歌的诸项要素。十项要素，似又可分为两组，即意、趣、神、情、气偏于主观方面，理、力、境、物、事则偏于客观方面。前者要求为诗应以意为主，同时又应意外出趣，意趣变化以入神；情、气相互关连，真心生情，情性通流而为气。其以"听钟而得其希微"释趣，以"濯炼性情、会秀储真"释神，均颇的当。而区分气有清明昏浊之分，而以条达、流通为贵，颇发前人所未言。后者言理则就自然兴起而言，于力则重寻思驯熟而得，颇具体会。物、事二者就诗中之用典故辞章而言，"不可著复不可脱"，务求"形趣泯合，神造自如"，颇有辩证色彩。

二为《四则》。作者谓"《四则》条达规键，指真践履"，分别就命句、遣字、诗法、体格诸方面言实现《十科》诸项之方法。自宋人好言诗法，元、明人承而衍之，《木天禁语》《诗法家数》《诗学禁脔》等书中多见这些话题。故《一指》这部分创见较少，惟论法尚活用，讲格而以"条达神气，吹嘘兴趣"为旨归，即以无定格为格，所见迈越时流。

三即《二十四品》。作者于这部分有三处叙述。序中称观诗者具有相当造诣并明了《十科》《四则》等诗法后，可以"该《二十四品》"并至于道。"该"为掌握、通摄、相容之意。二为《二十四品》下之原注，称此部分为"动荡性情"的"发思篇"，可知各品非仅关乎风格，且欲感发情思，启迪作者。今人研究《二十四诗品》，多指出其非仅言诗歌风格，且有关于创作者之修养、主体与自然的关系等论述，于此自注可得证明。三为《普说外篇》中所述："《二十四品》，所以摄大道如载图经，于诗未必尽似，亦不必有似。"图经为隋、唐至宋初所修方志之通用名称，"大道"指诗法而言，即"一指"所总摄者。图经于一地之山川津梁、物产名胜、人物典籍逐一记载，以便读者了解。《二十四品》于诗亦作如此分述，其功用与图经同。我们认为，"二十四品"之"品"，无"三品""九品"之类所具有的品第等次高下之意，应是借用佛经中经品名之意，指分列各细目而言。二十四之数则恐系受到"二十四气""二十四治""二十四孝"等之影响。这部分是《一指》中最具精见的部分，但因品目所分过细，不免显得义界不清，对各品的品述、意脉也多失于模糊，作者云"于诗未必尽似，亦不必有似"，似即对此种情况所作之解释。又其原注云"偏者得一偏，能者兼取之"，全美者仅李、杜二人，但各品下注，杜少陵占四品，孟浩然占二品，孟郊一品，《选》诗一品，另元人范德机占二品，揭曼硕、赵松雪各占一品，赵、虞（应指赵孟頫、虞集）合占一品，颇无伦序，又与原注所云不合，且《一指》惟言诗法，不涉具体作者、作品之批评。颇疑各品名下之原注，为刊书者补入，未必为怀悦所注。另注中"中篇秘本"何所指，也有待研究。

四是《普说外篇》，似非原书中独立之部分，已见前述。

五即《三造》。其语源不详，似近于"三昧"之意。《普说外篇》称此部分"所以发学者之关铃"，于各类中最先叙述，可见其重视之程度。殆因作者论为诗之法，主张"先须明彻古人意格声律"，虽因属摘录前人语录而附于书末，但却为诗家所不可不知，故特强调之。

从著作之性质来说，《一指》是论诗格诗法之书。此类书始于隋、唐间，常探讨诗之格、体、门、式、势、法等问题。《一指》承沿了这一格局，但取径较宽，眼界亦高，如《三造》所取前人议论，即涉及取法门径、结构布置、风调体格、句法字法、声律用事及作者修养诸方面。《十科》《四则》等部分，既讲求遵循诗法格式，又主张变化应用。从作者的叙述来看，各部分虽论述侧重有所不同，但皆有着内在的联系。从其标举的主要倾向来说，一是要通晓古今并能知其变化，二是重立意而又能意外成趣，三是重自然天成而反对人为雕琢。前两点前文已有述及，第三点在下节还将作进一步申说。

六、所谓司空图《二十四诗品》为明末人据《诗家一指·二十四品》所伪造

前文我们对司空图《二十四诗品》和怀悦《诗家一指》分别作了较详尽的考察，两者之间存在的因袭关系也是昭然明白、不容置疑的。问题在于到底谁是作伪者，即摆在我们面前的有两种可能性：一、《二十四诗品》是司空图所撰，怀悦作《诗家一指》时，将其抄入该书中，仅题云《二十四品》，略加注相当之作者，列为全书的第三节。二、《二十四诗品》并非司空图所撰，原为怀悦《诗家一指》中的一节，至明末始有人将其从中

析出，删去原注，伪题司空图之名而传世。

二者以孰为是？

如果仅就两位作者或两本书本身而言，一般读者恐较易赞同前一种说法，即以司空图所作为足。就两人来说，司空图是唐末有名之诗人，其论诗杂著确有超越时人的见解，又曾得到苏轼的赞许；而怀悦呢，仅是明前期一位不知名的小诗人，存诗无多，至明后期已不甚为世所知，更说不上有什么影响。就两书而言，《二十四诗品》自明末出世以来，受到无数著名诗人、学者的高度评价，至今未有人疑为伪书；而《诗家一指》在明代流传即不甚广，曾见其书的许学夷斥其以"作文之法"言诗，"失本末轻重之分""卑浅不足言"（均见前引），而其外篇又确曾大量抄录宋人诗说。如不作深考，仅就这些表面现象看，指斥《一指》为伪书，为剽窃，似均在情理之中。

然而，综合本文前此各节所作清本溯源式的详尽考察，我们的结论与上述意见正好相反，我们认为，《诗家一指》渊源有自，并非伪书，《二十四品》为其中之一部分，亦怀悦所撰，而《二十四诗品》则是一部伪书，是明末人从《诗家一指》中析出，伪题司空图所撰。这一结论可从以下几方面得到证明。

一、从二书出世时间来看，《一指》早于《二十四诗品》。《一指》撰成于景泰、天顺间（1450—1464）或稍前，嘉靖十九年（1540）已著录于《百川书志》，今知至少有嘉靖二十四年（1545）至万历五年（1577）的三种刊本。至于《二十四诗品》，在五代至宋元间的各种书志和司空图的传记中，从未提及，宋元典籍中亦绝无引及其一鳞半爪之痕迹，直至明嘉靖、万历间，杨慎、胡应麟等人尚不知司空图有此书，而其出世时间则迟至天启、崇祯间（1621—1644），最早不早于万历（1573—1620）之末年。

二、许学夷、胡震亨对《一指·二十四品》之态度。许、胡二人曾述及司空图诗论，又曾得见《一指》，其对《二十四品》之态度是值得玩味的。许氏在《诗源辨体》卷三五第十条称"司空图论诗有'梅止于酸'二十四字"，并云为东坡所"称服"，同卷第三十五则云《诗家一指》中有《二十四品》时，仅云："《二十四品》，以典雅归揭曼硕，绮丽归赵松雪，洗炼、清奇归范德机，其卑浅不足言矣。"没有说到这部分为《一指》窃取司空图之著，是许氏并不认为《二十四品》为司空图之遗文。紧接上引文字，许氏即云《一指》之"外篇又窃沧浪诸家之说"，知其将《一指》与前代文献曾作过比对。《诗源辨体》初稿十六卷成书于万历四十年（1612），其后二十年许氏又续有增写，扩为三十八卷。虽然在崇祯六年（1633）许氏去世时，题为司空图撰的《二十四诗品》可能已出世，但许氏始终并不知有此书。

胡震亨在《唐音癸籤》中两次引及《诗家一指》：

> 诗不历炼世故，不足名家。（卷二）
> 一诗之中，妙在一句，为诗之根本。根本不凡，则花叶自然殊异，如君子在位，善人皆来。（卷四）

前者见《一指·三造》第二十二条，应为怀悦录前人语，可能因出处稍僻（所据尚待查），胡氏于他书未见，即据《一指》录之。后者见《一指·四则·句》，胡氏引录时删去"威将示权，奇兵翕合"八字。可知胡氏曾通检《一指》全书，包括《二十四品》。

但胡氏《唐音癸籤》中多次引及司空图论诗语，又曾备载唐人诗学著作之总目，但均不云司空图有《二十四诗品》之著，其所辑《唐音戊籤》中的司空图诗集也不收《二十四诗品》，是胡氏不以为《一指·二十四品》为图撰。胡氏约卒于崇祯末年，其生前《二十四诗品》虽已出世，可能因流布未广，胡氏未见，故其未曾述及。

　　三、《二十四品》是《诗家一指》中有机整体的一部分。前文已引到《一指》中有关《二十四品》的两段叙述，即序中称观诗者"要知身命落处，与夫神情变化，意境周流"，方"可以明《十科》，达《四则》，该《二十四品》"，和《普说外篇》对各部分撰述宗旨的叙述："《二十四品》所以摄大道如载图经，于是未必尽似，亦不必有似。"均为作者的夫子自道，当可相信。后者云"未必尽似，亦不必有似"，最能看出作者对这部分以哲理叙述与形象比况对二十四种诗歌风格所作概括的态度，既有自信，又恐遭人非议，故先自作解释。这使我们想到钱锺书先生对《二十四诗品》所作直观而卓有识见的批评：

　　　　司空表圣《诗品》，理不胜词；藻采洵应接不暇，意旨多梗塞难通，只宜视为佳诗，不求甚解而吟赏之。（《谈艺录》补订本 371 页）
　　　　巧构形似，广设譬喻，有如司空图以还撰《诗品》者之所为，纵极描摹刻画之功，仅收影响模糊之效，终不获使他人闻见亲切。（《管锥编》第二册 410 页）

正可移作"未必尽似，亦不必有似"二语之脚注。

　　以《二十四品》与《诗家一指》作比较，可以相信全书除《三造》系辑录前贤语录，其余部分均出自一人之手。《二十四品》是四言韵语，《一指》其他部分亦多用四言句，其行文风格是基本一致的：

　　　　养其浩然，存其真宰，弥纶六合，圆摄太虚。
　　　　疏凿情尘，陶汰气质，遣其迷妄而反其清真。
　　　　随寓唱出，自然超绝。（以上序）
　　　　造化超诣，变化易成，立意卑凡，情真愈远。
　　　　变化诗道，濯炼性情，会秀储真，超源达本。（以上《十科》）
　　　　威将示权，奇兵翕合。
　　　　圆活善用，如转枢机，温清自然，如瞻佩玉。
　　　　条达神气，吹嘘兴趣。（以上《四则》）
　　　　互遇递接，知别区宇。省摄备至，畅然无遗。
　　　　茂林青山，扫石酌泉，荡涤神宇，独还冲真。（以上《普说外篇》）

《二十四品》多以形象化之譬况来表现各品的风格特征，《一指》其他部分，亦复如此，如谓"命意如构宫室"，《趣》则"犹听钟而得其希微，乘月而思游汗漫"，《法》"犹陶家营器，本陶一土，而名等差非"，《格》"犹清风徘徊于幽林，遇之可爱，微径萦纡于遥翠，求之愈深"，基本手法颇相似。

　　特别应该注意的是，《二十四品》与《一指》其他部分在用词造语方面，也有许多相似或共同之处。试分列如下，以便比对：

《一指·二十四品》

1. 横绝太空。（《雄浑》）

2. 超以象外。（同上）

3. 独鹤与飞。（《冲淡》）

4. 握手已违。（同上）

5. 碧桃满树，风日水滨。柳阴路曲，流莺比邻。（《纤秾》）白云初晴，幽鸟相逐。眠琴绿荫，上有飞瀑。（《典雅》）晴涧之曲，碧松之阴。一客荷樵，一客听琴。（《实境》）

6. 窅然空踪。（《高古》）

7. 乘月返真。（《洗炼》）

8. 明月前身。（同前）月明华屋，书桥碧阴。（《绮丽》）

9. 如瞻岁新。（《自然》）

10. 不着一字，尽得风流。（《含蓄》）

11. 是有真宰。（同上）

12. 奇花初胎。（《精神》）

13. 青春鹦鹉。（同上）

14. 造化已奇。（《缜密》）

15. 拾物自富。（《疏野》）

16. 力之于时，声之于羌。（《委曲》）

17. 情性所至。（《实境》）

18. 永然希音。（同上）其声愈稀。（《超诣》）人闻清钟。（《高古》）

19. 浩然弥哀。（《悲慨》）

20. 少回清真。（《形容》）

21. 《超诣》

22. 如转丸珠。（《流动》）

《一指》其他部分

横绝旁流。（序）
圆摄太虚。（同上）

超言象之表。（同上）

独鹤之心。（《普说外篇》）

如与握手俱往。（《十科·力》）

今有人行绿阴风日间，飞泉之清，鸣禽之美，松竹之韵，樵牧之音，互遇递接。（《普说外篇》）

窅然真用。（《十科·趣》）

窅然色之胶青。（《十科·物》）

乘月而思游汗漫。（《十科·趣》）

乘碧影而暗明月。（《普说外篇》）

温清自然，如瞻佩玉。（《四则·字》）

不著一字，窅乎神生。（《十科·境》）

存其真宰。（序）

春花初胎。（《普说外篇》）

抚青春之行舟。（同上）

得造化之先。（序）

将与造化者周流。（《十科·趣》）

拾而得之为自然。（《普说外篇》）

心之于境，境之于心。（《十科·境》）

性情之流至也。（序）

是犹听钟而得其希微。（《十科·趣》）

必先养其浩然。（序）

反其清真。（同上）

是以造化超诣。（《十科·意》）

圆活善用，如转枢机。（《四则·字》）

　　《二十四品》凡1152字，《一指》其他部分约2000字，两者所叙内容又多不相同，而遣辞造语雷同如是，显然是出于同一人之手笔。从论诗趣尚来说，《二十四品》与《一指》其他部分亦契合不爽。《二十四诗品》言诗多秉道家之旨，主张自然无为，反对人为雕镂，本文第一节已作考述。《一指》多道家言，与《二十四品》一致，除前文比较语辞相同已提及者外，我们还能举出"会秀储真，超源达本"（《十科·神》）、"虚明净妙"

（《十科·境》）、"无为彼夺，缘妄失真"（《十科·物》）、"荡涤神宇，独还冲真""拾而得之为自然，抚而出之为机造""独鹤之心，大龟之息"（均见《普说外篇》）等道家色彩明显的文句。至于讲诗道自然之句，更是俯拾皆是："随寓唱出，自然超绝，若夫刻意创造，终亏天成。"（序）"犹月于水，触处自然。"（《十科·清》）"悲欢通塞，总属自然。"（《十科·理》）"虚明净妙而实悟自然。"（《十科·境》）"形趣混合，神造自如。"（《十科·物》）"圆活善用，如转枢机，温清自然，如瞻佩玉。"（《四则·字》）两相比况，信乎出自一人之手。

四、《一指·二十四品》与怀悦的生活和居住环境。前文已考知，怀悦为浙江嘉兴人，其地为江南平原富庶之区。其居濒临相湖，有柳庄、东庄、北花园等处，并有多处景点，且常与友人于其中作诗酒之会。在《二十四品》中，有如下的句子：

> 碧桃满树，风日水滨。柳阴路曲，流莺比邻。（《纤秾》）
> 绿杉野屋，落日气清，脱巾独步，时闻鸟声。（《沉着》）
> 玉壶买春，赏雨茅屋。坐中佳士，左右修竹。白云初晴，幽鸟相逐。眠琴绿阴，上有飞瀑。（《典雅》）
> 露余山青，红杏在林。月明华屋，画桥碧阴。金尊酒满，伴客弹琴。（《绮丽》）
> 明漪绝底，奇花初胎。青春鹦鹉，杨柳楼台。（《精神》）
> 娟娟群松，下有漪流。晴雪满竹，隔溪渔舟。（《清奇》）
> 何如尊酒，日住烟萝。花覆茅檐，疏雨相过。（《旷达》）

这些虽皆属借形象以喻品目，非作者生活的直接描写，但作者用以为喻体的，总是自己最熟悉的环境和生活。从前引《静志居诗话》所载其居处环境和怀悦及友人唱和诗中，所能看到的正是湖滨柳阴，春水渔歌，华轩春舫，花开鸟鸣，友朋高会，流连风物，饮酒赋诗，琴笛佐欢，与《二十四品》的描述正相一致，可作《二十四品》为怀悦所撰的一个佐证。

五、《一指·二十四品》多有用唐、宋诗文处。前人研究《二十四诗品》，较注意其中对唐以前辞章典故的利用，对其沿用唐、宋诗文成句或辞章之处，则较少注意。我们对此也未能作全面之调查，仅就所知罗列之。

用宋人诗文者有：《缜密》："水流花开，清露未晞。"前句用苏轼《十八罗汉颂》："空山无人，水流花开。"

《高古》："月出东斗，好风相从。"前句用苏轼《赤壁赋》："月出于东山之上，徘徊于斗牛之间。"

《飘逸》："御风蓬叶，泛彼无垠。"用苏轼《赤壁赋》："纵一苇之所如，凌万顷之茫然。浩浩乎如冯虚御风，而不知其所止。""驾一叶之扁舟……羡长江之无穷。"

《纤秾》之品目，用苏轼《书黄子思诗集后》："发纤秾于简古。"

《冲淡》："独鹤与飞。"用苏轼《后赤壁赋》："时夜将半，回顾寂寥，适有孤鹤……戛然长鸣，掠予舟而西也。须臾客去，予亦就睡，梦一道士……揖予而言曰：'赤壁之游乐乎？'问其姓名，俯而不答。'呜呼噫嘻，我知之矣，畴昔之夜，飞鸣而过我者，非子也耶？'道士顾笑，予亦惊寤。"又此句之句式，系仿韩愈《柳州罗池碑铭》"春与猿吟兮秋鹤与飞"句。此文虽司空图亦得见,但此句在宋初韩集中作"秋与鹤飞",自欧阳修得此碑石刻,揭出原文,才引起宋人广泛注意,并曾引起讨论。(参《集古录跋尾》卷八、《梦溪笔谈》卷一四)故此句惟宋以后人方注意之。

《典雅》:"人淡如菊。"用李清照词:"人比黄花瘦。"

《精神》:"杨柳楼台。"用晏几道词:"舞低杨柳楼心月。"

《缜密》:"独春于绿。"用王安石诗:"春风又绿江南岸。"

至于用唐人诗文之例更多,如"手把芙蓉"(《高古》)用李白《古风》、"所思不远,若为平生"(《沉着》)用杜甫《梦李白》、"明漪绝底"(《精神》)用柳宗元《至小丘西小石潭记》、"碧山人来"(《精神》)用李白《山中问答》之类,虽明显可见宋以后引用之痕迹,因司空图皆得见,在此不作讨论。

此外,如"洗炼"一词,"超超""返返""脱有"之类用法,似皆不见唐人习用。

综合以上五个不同角度所作之考察,我们认为《一指·二十四品》为怀悦所撰,而非抄录前人之著作。所谓《二十四诗品》为明末人据《一指·二十四品》而伪造,其托名司空图的原因,大约有二:一是《二十四品》中的某些提法与司空图诗论有某些共同处,二是苏轼有司空图自列其诗二十四韵的说法,与《二十四品》其数正合,为作伪提供了佐证。于是在明末伪书泛滥的风气下,这部名著也就问世了,并欺谩世人达三个半世纪之久。"二十四韵"的实际所指揭开后,作伪的真相也就大白于世了。我们对《二十四诗品》的怀疑,最初即从"二十四韵"一语而引起。

七、余　论

通过以上的考述,大量无可辩驳的事实与书证,充分证明今本《二十四诗品》为明末人据怀悦《诗家一指·二十四品》所伪造,托名司空图而行世。虽然本文在某些细节的论述方面可能还有出入可酌处,明末作伪者为何人,其具体过程又如何,因史料缺乏,尚难知其详,有待进一步的研究,但这些都不影响本文的结论。我们认为,要否定本文的结论,必须要在宋元典籍中找到司空图作《二十四诗品》的确凿书证。从清初以降三百多年间,虽然已有无数学者研究过该书,但除引用苏轼那段与此书并无关系的名言外,迄今未有引及任何可靠的书证。该书研究史上这一不容忽视的特殊现象,不能不引起我们的深思。

古籍辨伪在唐宋时期已颇有成绩,明代胡应麟在《少室山房笔丛》中专列《四部正讹》一门以辨订群籍,清人辨伪更趋严谨细密,成就尤为世瞩目。但如《二十四诗品》这样一部从著录到文风都伪迹明显的著作,从未有人诘疑,实在是个例外。追溯原因,不外有二:一是有众多名家予以称赏和肯定,从王士禛、袁枚等诗坛宗匠到古籍版本专家毛晋,还包括清代古籍鉴定最具权威的《四库提要》,以至近现代学者对其著作者坚信不移,未能作深入的辨析。二是此书确"深解诗理",为无数诗人、学者乃至一般读者所喜爱,因而忽略了对其渊源所出的探寻。其本身既不涉人事,少用故实,无明显的时代特征,而某些学者又常陷于某种误区,即常认为伪书必定内容浅薄,编次失序,反之则不伪,如《四库提要》疑唐五代诗格为伪,以《二十四诗品》为真,即是如此。

究竟是何人将《二十四品》从《诗家一指》中析出,移花接木给司空图,我们还不知道。其作伪之目的不能说全无炫奇射利之想,但其实际效果和影响,确远非其他伪书所可比拟。这位作伪者从当时已不为人重视的《诗家一指》中，将其最具艺术见解的这部分抄出，根据某些近似的诗学见解而附会为司空图所作，并找出苏轼那段似是而非的议论以为佐证，此人艺术识见和作伪技巧之高明，在学术史上确实少见。

我们认为，虽然此书不是司空图所撰，但在明、清之际出世后，在诗学史上所起的作用无疑是积极的，围绕此书而展开的赓续、笺注及理论探讨著作，也具有不可否认的学术理论价值。前人已做的这一切工作，并不会因为本文的辨伪而完全失去意义。当然，有不少问题因本文的结论而须作重新探讨，应有新的认识。

这些问题是：没有了《二十四诗品》，司空图所撰仅几篇论诗杂著，其诗论在诗学史上的地位是否应重新评价？今人多云严羽诗论出于司空图，没有了《二十四诗品》，《沧浪诗话》的创新意义是否应重新审视？回归《诗家一指》的《二十四诗品》，其在诗学史上是否还能如托名司空图时那样占有重要的地位？对《诗家一指》和怀悦其人又当作如何评价？是否应将其放在明初诗坛风气和江南文化氛围中作重新的认识？对明末以来围绕《二十四诗品》形成的数量巨大的学术遗产，又该如何评价，哪些仍有价值，哪些应予修订？对此，我们愿与学界同仁共同展开进一步的研究。

本文论述如有失于允当处，欢迎批评赐正。

一九九四年八月

选自《中国古籍研究》第一卷，上海古籍出版社1996年版。

也谈《二十四诗品》
——文献学的考察

李 庆

这个话题，在前几年的唐代文学研究领域中，是很热闹的。当时笔者因在搞其他的专题研究，而且不想"轧闹猛"（上海话，凑热闹之意），所以未写文章。经过几年来的议论，各种不同的观点、材料大都已列出，而现在这话题有点冷静了，再加上笔者自认又有一点新的资料和想法，故不揣班门弄斧之嫌，也想来谈谈，或可称"炒炒冷饭"。

一

据笔者所见，对这个问题，主要有如下一些看法：

（一）伪作说。这中间，又有一些不同。

1. 以陈尚君、汪涌豪的《司空图〈二十四诗品〉辨伪》为代表。提出《二十四诗品》的作者是明代景泰时代的嘉兴人怀悦。明末人据此署名为"司空图"，故成伪作。① 近年，他们已放弃了"怀悦作"之说，但仍坚持伪作说。

2. 流传致误说。这以张健的《〈诗家一指〉的产生时代与作者——兼论〈二十四诗品〉的作者问题》为代表。他们基本同意《二十四诗品》并非司空图所作。但是，不同意怀悦为原作者。认为陈、汪认为是怀悦所作的《诗家一指》，当是元代人之作。具体为元代何人，前后有一些变化。开始，根据《诗家一指》中有"集为一指"之语，认为是虞集所作。② 后来在日本的大山洁等对"怀悦说""虞集说"进行了批判。③ 据说，张健的看法有一些改变。

要之，认为《诗家一指》为元代人作品，《二十四诗品》是在流传过程中，误为司空图所作。大山洁对是否当为司空图所作，似持保留态度。

3. 非司空图所作说。对于上述伪作说和流传致误说的提出，不少的学者对此二说的共同点表示同意，认为《二十四诗品》不是司空图所作。但到底是何人所作，则持阙如的态度。

---

① 陈尚君、汪涌豪：《司空图〈二十四诗品〉辨伪》，《中国古籍研究》1996 年第一辑。他们的意见实际在 1994 年唐代文学会年会上就提出了。

② 张健：《〈诗家一指〉的产生时代与作者——兼论〈二十四诗品〉的作者问题》，《北京大学学报》社科版 1995 年第 5 期，第 34~44 页。下引张健说，概出此文。略作"张健文"。

③ 大山洁：《对〈二十四诗品〉怀悦说、虞集说的再考察——根据朝鲜本〈诗家一指〉〈木天禁语〉及日本江户版〈诗法源流〉》，载《唐研究》第 4 卷（北京大学出版社 1998 年版）。又大山洁：《〈二十四诗品〉的著者和成书年代的考察——根据朝鲜本〈诗家一指〉〈木天禁语〉》，《东京大学中国语中国文学研究室纪要》1998 年第 1 号，第 1~34 页。本文所引大山洁语，概出此二文。略作"大山洁文"。

（二）司空图所作说。

1. 这以祖保泉等为代表，坚持认为《二十四诗品》是司空图所作。见所著《司空图诗文研究》。他有关《二十四诗品》的论文，主要的都收于此书。①

2. 认为虽还未能得出结论，但"伪作说"的论据无法成立，所以仍当作为司空图作。如李祚唐《〈司空图二十四诗品辨伪〉献疑》等。②

随着讨论的开展，有关这一问题的争论点也就渐趋明确，现在看来，我认为主要有两个：

第一，现传《二十四诗品》的文字是何时形成的？

第二，现传《二十四诗品》是否可视为司空图所作？

对于第一个问题，因《虞侍书诗话》中的魏骥《诗家一指序》、杨成刊本《诗家一指》中载有现传《二十四诗品》文字等资料，已经证明了《二十四诗品》不可能是明代人怀悦所作。同时也证明了尚君文中所说的"明万历前尚无人见得《二十四诗品》"③"从后梁太祖开平二年（908）司空图去世，至明神宗万历四十八年（1620），其间跨越了五代、两宋、元、明几个朝代，绵历七百多年，在这一漫长的时间中，此书竟从未有人提及，在数以千计的典籍中，竟未留下任何一点蛛丝马迹"④的论断，似有点过于自信了。

因而，现在的问题，已不是《二十四诗品》（或《二十四品》）这本"书"有无流传，也不是在明代后期这本书"突然出现"，什么人"伪作"《二十四诗品》这本"书"，再冠以司空图之名的问题了——这个问题，我认为，已经有了明确的结论；而成了根据现有的资料，《二十四诗品》这本"书"的存在最早可以上溯到什么时期，这《二十四诗品》当不当署名为"司空图"的问题了。

二

就笔者所涉的文献资料而言，确实如陈尚君等所指出的，在明代郑曼、毛晋、钱谦益等人把《二十四诗品》视作为"司空图"之作以前，还未见有明确把《二十四诗品》（或《二十四品》，或相同文字之作）作为"司空图"撰的（苏轼的那一段话除外，因有争议）。

那么，是否就可因此断定，这不是"司空图"撰的呢？

在讨论这个问题前，我认为，首先应对判断的标准、对辨伪的方法进行一些探讨，以求在一些基本观念上有共识。如果在这些方面没有共识，就像比赛没有游戏规则一样，接下去的讨论，就会陷于一种没有交集点的各自自说自话。

（一）常言道，断书如断狱。要证明一书是"伪书"，我认为必须说明如下一些问题：

1. 为什么该书是伪作的？即伪作的理由。如，有证据说明是抄袭，是误植作者，或其他明确的理由。

2. 怎样作伪的？即作伪的时间、地点、人物、方法等。

---

① 祖保泉：《司空图诗文研究》，安徽教育出版社1998年版。
② 李祚唐：《〈司空图〈二十四诗品〉辨伪〉献疑》，《学术月刊》1997年第10期。
③ 陈尚君：《唐代文学丛考》，中国社会科学出版社1998年版，第441页。
④ 陈尚君：《唐代文学丛考》，中国社会科学出版社1998年版，第443页。

3. 为什么会作伪? 即说明是怎么样作伪或产生错误的, 作伪的动机何在。

(二) 我认为, 从逻辑学的判断推理来说:

1. 未被引用不能作为确定某一作品不是某人之作的根据。

2. 未被著录不能作为确定某一作品不是某人之作的根据。

3. 思想上不合也不能作为确定某一作品不是某人之作或伪作的根据。

这些只是说明某部作品"可能"不是某人之作的线索或根据, 而不是"确定"。

要之, 从逻辑上说, 要确定某一部作品"不是"某人所作, 远比要肯定其"是"某人所作要艰难得多。

前者必须否定一切"是"的可能性; 而后者只需确证一个"是"的可能性。

(三) 所以, **根据"无罪推定"(即不能证明其有罪, 就是无罪的) 的"断案"原则和现在学术界一般的惯例, 在无法确证其某一部不是某一作者所作的话, 或是存疑, 或仍当维持原来的作者的"著作权"。** 如对《左传》的作者, 虽有不同看法, 仍可被署名左丘明所作一样。

(四) 如果同意上述标准的话, 我认为尚君和涌豪的论证, 尚未能达到可以断定《二十四诗品》"不是"司空图作的地步。

(五) 我并不要求别人同意我的上述看法, 但是, 我论说的前提和断定标准就是如此。

三

下面就具体探讨, 先从目录学的角度来谈。

要讨论现传《二十四诗品》是否可视为司空图所作, 其最基本的大前提当然是要说明司空图是否撰过"诗评""诗话"之类的著作。

反之, 如果要证明现存《二十四诗品》不应该署名为"司空图", 起码的前提条件之一, 也就必须证明司空图没有可能撰过这样的著作。否则, 就不能完全断定, 现存《二十四诗品》不可署名"司空图"。

问题的实质在于有没有关于司空图撰过类似"诗话"著作的记载呢? 这当是以后议论的基础和大前提。

我认为是有的, 那就是《直斋书录解题》卷十六有关的著录。为了说明方便, 现把"司空图《一鸣集》一卷"① 条的原文抄录如下:

> 图见《卓行传》, 唐末高人胜士也。蜀本但有杂著, 无诗。自有诗十卷别行。诗格尤非晚唐诸子所可望, 其论诗酸咸之喻, 东坡以为名言。②

关键在于对其中"诗格"这二字的理解。

---

① 按: 当为三十卷。此作一卷, 殆因现行《直斋书录解题》(清武英殿本, 下引《直斋书录解题》, 概出此本, 不另注) 系清代编纂《四库全书》时, 馆臣从《永乐大典》中辑出, 或沿其误。标点本《文献通考·经籍考》(华东师范大学出版社 1984 年版) 作"三十卷"。

② 陈振孙:《直斋书录解题》卷 16。

那么，"诗格"是什么意思呢？词汇的内涵是不断变化的。专门用语的内涵更是如此。正如我们不能把程朱理学中的"物理"理解为现代"物理学"的物理一样。每一个时代、每一个学者在使用术语时，都会有一定的特征。现代汉语的"诗格"，有诗的风格这样的意义。但是，在唐宋时代，这个词的内涵是否就和现在一样呢？就笔者所知，从晚唐以降到宋代，甚至到明代初年，诗文中出现的"诗格"一词，至少有两种含义：其一，指诗歌的风格。其二，指评论诗文的作品。即传统目录分类中"诗文评"中的一种。也就是有着和现代称为"文学批评著作"相近的意义。（这一点，可参见下文中所引《直斋书录解题》中的《诗格》等著作，又见魏骧《诗家一指序》。）

不少的研究者，包括现行标点本《直斋书录解题》《文献通考·经籍考》的标点者，都将此理解为对司空图诗的风格评价。对此，笔者颇有疑问。在 1997 年桂林的文学批评史学会的年会期间，我曾和一些朋友私下谈过这个问题，赞成者有之，反对者也有之。

在此，想具体作一些探讨。

1. 从《直斋书录解题》的分类来看。

《直斋书录解题》分类明白，"凡无他文而独有诗，及虽有他文而诗集复独行者，别为一类"。自有"诗集类"存在。① 在诗集类中，明确地列有："司空表圣集十卷"，下也有陈振孙语："别有全集，此集皆诗也。"②

如果上述评语是对诗的评价，那么当然就应该放在这里。而问题就在于，为什么这一条评语不放在"诗集类"的"司空表圣集"条下，而要放到别集部分，放到明明其中不包含"诗"的别集条下呢？考《直斋书录解题》别集类的解题，凡没有诗的文集条下，都没有陈振孙评论作者诗风格的文字，为什么唯有此条会是例外呢？

结论很显然，这"诗格"不应是对司空图"诗"的"风格"的评论，而是另有所指。

2. 从行文和思维的逻辑来看。

上述引文的内容包括：（1）对司空图的简介。（2）对《一鸣集》的介绍。（3）对司空图诗论的评价。对这三个部分的认识，殆无异议。如果把"诗格"理解为对司空图诗的评价的话，那就有第四层意思。

从行文和思维的逻辑来考虑，这一段话是在说明了《一鸣集》"无诗""自有诗十卷别行"之后，又对诗加以评价呢，还是把"诗格"理解为"杂著"的一部分，接下去对作为诗论的"诗格"加以评论更合理呢？我是赞成后一种的——既然无诗，又何必评论呢？

3. 从《直斋书录解题》中"诗格"一词的实际用例来看。

我们无法对陈振孙所用的"诗格"一词的内涵作完全的界定。但是，可以从现存《直斋书录解题》中的资料，根据陈振孙评论诗歌时所用专门术语的方法，对他用词的意思，作一归纳和推导。

考陈振孙在《直斋书录解题》中评论"诗"时，所有的指代之词多是"某诗""诗"或"其诗"，作"某诗""其诗"如何，而不作"诗格"如何如何。

---

① 《直斋书录解题》卷 19，"集部·诗集类上"。
② 《直斋书录解题》卷 19。

以《直斋书录解题》的"别集"类和"诗集"类直接评论唐人之诗的用例来看：

作"某诗"或"诗"的有："王右丞集""杜工部集""吴筠集""柳先生集""杜必简集""孟襄阳集""王江宁集""韦应物集""柳宗元诗""灵溪集""裴说集"等条；

作"其诗"的有："杜牧樊川集""卢仝集"、"刘叉集"、"刘乙集"等条。①

笔者粗疏地翻阅，其他时代别集条下的评论诗作文字中，也未见有用"诗格"一词的。这难道是偶然的吗？

反之，在《直斋书录解题》中，陈振孙倒是用"诗格"一词来表示"诗文品"的作品。考"文史"类中，所列著作题名中有"诗格""格"，或解题中使用有"诗格"一词的凡十四条，它们是：

马氏"赋门鱼钥十五卷"；魏文帝"诗格一卷"；王昌龄"诗格一卷诗中密旨一卷"；李峤"评诗格一卷"；被称为白氏所作的"文苑诗格一卷"；僧齐己"风骚指格一卷"；神彧"诗格一卷"；王睿"炙毂子诗格一卷"；王梦简"诗格要律一卷"；题为李宏宣所作的"缘情手鉴诗格一卷"；白居易"金针诗格一卷"；题梅尧臣所作的"续金针格一卷"；任藩"文章玄妙一卷"；李淑"诗苑类格三卷"；不知名"杂句图一卷"；蔡傅"吟窗杂录三十卷"。②

其中，解题里直接用到"诗格"一词的有：

"文章玄妙一卷"条下曰："唐任藩言作诗声病、对偶之类。凡世所传诗格，大率相似。余尝书其末云，论诗而若此，岂复有诗矣。唐末诗格污下，其一时名人著论传后乃尔，欲求高尚，岂可得哉？"

"杂句图一卷"条下曰："不知何人所集，皆本朝人诗也。自魏文帝诗格而下二十七家，已见《吟窗杂录》。"

"吟窗杂录三十卷"条下曰："取诸家诗格、诗评之类集成之。"

"赋门鱼钥十五卷"条下曰："集唐蒋防而下至本朝宋祁诸家律赋格诀。"③

很明显，上述所有的例子中，陈振孙都是在"诗话"或后世所说的"诗文评"著作这样的意义上使用"诗格"一词的。

4. 从陈振孙对晚唐诸家的评论观点来看。

退一步说，如果"诗格尤非晚唐诸子所可望"是对司空图的诗在晚唐诗中的地位的说明的话，那么，有什么证据可以证明，陈振孙是持这样的观点的呢？（事实上，前人对司空图的诗的评价，是有不同看法的。）陈振孙《直斋书录解题》中评杜牧的诗，曰："牧才高，俊迈不羁，其诗豪而艳，有气概，非晚唐人所能及也。"④

那么，在晚唐中，这二人的诗到底是哪一方为他人"所不能及"或"不能望"呢？也就是说，如把"诗格尤非晚唐诸子所可望"理解为对司空图的诗在晚唐诗中的地位的说明的话，那就有和陈振孙其他对晚唐诗评价相矛盾之嫌。怎样解说这样的矛盾呢？

所以，我认为，陈振孙所说的"诗格"当是指"诗格"类的著作，并可以推断，他

---

① 以上所引，俱见《直斋书录解题》卷16，卷19。
② 以上所引，俱见《直斋书录解题》卷22。
③ 以上所引，俱见《直斋书录解题》卷22。
④ 《直斋书录解题》卷16，杜牧"樊川集二十卷外集一卷"条。

是见到过司空图所撰的"诗格"类的著作的。

那么，这一类的作品是什么呢？有没有是指《二十四诗品》的可能性呢？至少我认为是有这样的可能性的。

可以说，宋代就有着司空图曾撰过"诗格"的确切记录。

四

再从版本的角度来探讨。

各家论说《二十四诗品》时，所列出的最重要的文献论据，是和《诗家一指》有关的资料。

（一）各家所说的《诗家一指》并不相同。

就笔者所知，各家涉及的含有"《诗家一指》"的现存较早的本子，主要有：

1. 张健首先关注到的明正统到成化年间史潜校刊的《新编名贤诗法》卷下所载《虞侍书诗法》本。（见"张健文"）

2. 大山洁所引用的，现存于日本国会图书馆的朝鲜版《木天禁语》。（见"大山洁文"）

3. 同为大山洁所引用的，现存于日本国会图书馆的朝鲜版《诗家一指》本。（同上）

4. 张健在文章中提到、后也屡被其他研究者引用的，所谓杨成《序》"嘉靖合刻"本《诗法》所收的《诗家一指》本。

5. 怀悦编刊、有魏骥《序》的《诗家一指》本。①

（二）现在多被引用的《诗家一指》，主要是出自有杨成"明成化庚子夏四月"序的《诗法》刊本。此书的原刻本，或云不存。张健列出了六个有关的本子。其中，他认为刊于明嘉靖以前的有三个："佚名氏的《群公诗法》本"，刊刻年代不确定。"黄省曾《名家诗法》"，刊于嘉靖二十四年。还有"《诗法》《诗法源流》合刻本"，是"嘉靖二十九年刻本"。（"张健文"）

佚名氏本刊刻时间不确定，黄省曾《名家诗法》本，因和其他杨成刊本系统有明显的不同——不分"内篇""外篇"，所以在此暂且不论。② 笔者比较注目的，是被称作嘉靖年间的"《诗法源流》合刻本"。其实日本《内阁文库汉籍分类目录》中，著录为：

> 《诗法》五卷
> 　附《诗法源流》三卷，明杨成（附）明王用章编，
> 明嘉靖二九跋刊

在内阁文库中，二册为一个书号，或许就因此被称为"嘉靖《诗法源流》合刻本"。但笔者在内阁文库查阅原书，发现《诗法源流》和《诗法》各自为书。

《诗法源流》前有"嘉靖癸未秋九月吉""赐进士出身福建按察司副使奉敕视学仁和

---

① 《诗家一指》，日本国会图书馆藏朝鲜刻本，有尹春年跋。

② 其实，黄省曾《名家诗法》本是否出于杨成刻本，是可以再考虑的问题。因为他未收杨成的《重刊诗法序》，又不像杨成刻本那样分"内篇""外篇"。

邵锐序"和"嘉靖癸未重阳后五日后学上杭丘道隆书于练塘读书处"的《后叙》。

书后有"嘉靖庚戌八月既望建宁知府谢上箴"的《跋》，当是嘉靖二十九年刊本。

《诗法》全一册，前只有杨成"明成化庚子夏四月"的《重刊诗法序》。并没有其他可据以证明刊于"嘉靖"的文字。或是编目者根据二书字体相近，断定为"嘉靖《诗法源流》合刻本"。

笔者在文中，用"有杨成'明成化庚子夏四月'《序》的刊本"，或"杨成序刊本"来表示。

（三）"杨成序刊本"，根据杨成《序》，这一本《诗法》是他在扬州任上所得，原作者不详。他对所得的抄本粗加考订，"别写一通""捐俸绣梓"，当是基本保存了原样。

全书共五卷，内容和其他本子的比较如下：

卷数	具体内容	备注，与其他本子的比较
卷首	杨成《序》	写于"成化庚子夏四月朔"。
卷一	范德机《木天禁语》	标明"内篇"。
卷二	《诗家一指》	标明"外篇"。
	总论	
	十科	
	四则	《虞侍书诗法》本与此本"四则"之名和排列有不同。《虞侍书诗法》本的"四则"为："一句、二字、三格、四律。"此本"四则"为："句、字、法、格。"其中《虞侍书诗法》本的"三格"，相当此本的"法"；"四律"相当此本的"格"；文字也有出入。
	二十四诗品	《虞侍书诗法》本、朝鲜本《诗家一指》本中各品之下都没有人名。朝鲜本《木天禁语》本所注人名和此本也有出入。
	普说外篇（共四段：所谓《道统》的一段和三段朱熹的话）	《虞侍书诗法》本只有第一段，题作《道统》，朝鲜本《木天禁语》本中无此部分。
	三造（三段中分关键、细义、体系）后称此为"三造三段"	和《虞侍书诗法》本中的《三造》（"一观、二学、三作"）不同。最后有注"其说具项平庵家说中"在朝鲜本《诗家一指》本中有此部分。但在《虞侍书诗法》本、朝鲜本《木天禁语》本中无此。
卷三	严沧浪先生诗法	在《虞侍书诗法》本中没有这一部分。而在朝鲜本《诗家一指》和《木天禁语》等本中已有。
	诗体	《虞侍书诗法》本无此部分。
	体制名目	《虞侍书诗法》本、朝鲜本《木天禁语》等本无此部分。
	用韵	《虞侍书诗法》本、朝鲜本《木天禁语》等本无此部分。
	总论	《虞侍书诗法》本无此部分。

续表

卷数	具体内容	备注，与其他本子的比较
	名公雅论	《虞侍书诗法》本、朝鲜本《诗家一指》和《木天禁语》等本中无此以下部分。
	杨载《诗法家数》	
	诗学正源	
	作诗准绳	
	律诗要法	
卷四	白居易《金针集》	
	范德机《诗中禁脔》	
卷五	沙中金集	

（四）从这一刊本和它与其他刊本的对照，可说明如下事实：

1. 这《诗法》不是一时形成的。

2. 此《诗法》的原编著者，刊刻者杨成认为不详。但从上五卷所收的内容来看，当是元代以后人。也就是说《诗法》一书，当成立于元末到明"成化庚子"（1480年）以前的时期。

3. 怀悦刊的《诗家一指》，留存有魏骥为该版本写的《序》，明白说到："一日，嘉禾怀氏用和，号铁松者，以书抵余，自言近得《诗法》一编，乃盛唐诸贤之作，择其精粹，订为'诗格'，名之曰《诗家一指》。"魏骥《序》和杨成的《重刊诗法序》一样，也写于"成化"年间（1466年）。而现传的杨氏序刊本《诗法》中包含《诗家一指》部分，虽说和怀悦刊的《诗家一指》不同，但都包含有《二十四诗品》的文字。因而可以断定，《二十四诗品》的文字，至晚在这二者所据以刊刻的《诗法》以前，便已存在了。而且，在当时人的心目中，《诗家一指》就是"诗格"的一种。

所以，认为《诗家一指》为怀悦所作之论，似已无再考虑的余地。而五百多年以前明代人的观念中，《诗家一指》是和"诗格"相关的。

五

笔者初步校核，从上述和《诗家一指》有关的本子中，"诗家一指"的部分多有出入，内容大不一样。后来学者引述谈论时，虽然都说"诗家一指"，但实际内涵差异很大。所以，笔者认为在讨论和使用"诗家一指"之前，必须对其内容作一些考证。对"诗家一指"这一用语在不同场合所表示的内涵，作一些确定。这样不少问题也许可以不辩自明了。

下面，就以杨成序刊本《诗法》为底本，通过对勘，判别各种本子的异同，进而追溯各种《诗法》（或与之有关文献的版本）中所包含的《诗家一指》的形成过程，探讨《诗家一指》的形成可上溯到什么时代。

（一）最初的"诗家一指"现不存。但是，对校有关的各种本子，当可以推测出一些情况。

现存包含"诗家一指"内容的早期本子，大致可以分为三类：

1. 除了"诗家一指"以外，其他内容较少的《虞侍书诗法》本系统。

2. 增加了若干新内容（主要是"严沧浪先生诗法"部分）的朝鲜本的《诗家一指》《木天禁语》等系统。

3. 内容最多的本子，如杨成序刊本系统。

在这三类本子中大多存在的是《诗家一指》部分的《总论》《十科》《四则》《二十四品》《普说外篇（四段）》《三造》等章节。这些当是早时期的《诗家一指》的组成部分。

（二）各种版本的《总论》《十科》《四则》《二十四品》《普说外篇（四段）》《三造》文字和内容并不相同。如《虞侍书诗法》本和杨成序刊本不同，怀悦本《诗家一指》和杨成序刊本也不同。① 这当是在流传中产生的现象，这说明诸种文献是逐步形成的。

1. 大山洁根据日本现存朝鲜版《木天禁语》和《诗家一指》的本子，加以对照，指出对"《诗家一指》"这一专用名，应作"广义"和"狭义"的区分。认为：最早存在的"狭义"的《诗家一指》，似只包括现传《诗家一指》中的"《序部》""《十科》""《四则》""《二十四品》"等中心内容的部分。广义的《诗家一指》则包括此外的"《木天禁语》"等内容，当都是后来增补。狭义的《诗家一指》，最晚也当是"元代"的作品。（大山洁文）这有道理。

2. 我认为，包含有《二十四品》的《诗家一指》，实际是一个丛编性质的资料，虽不排斥其中有编纂者自著或改编而成的内容，但《二十四品》部分，当是引用了原来就存在的文献。各种《诗家一指》本子的"二十四品"前，都有说明性的文字"中篇秘本谓之发思篇"，就证明了这一点。所以，"二十四品"部分的文字，当在"狭义"的《诗家一指》，或进一步说，在最初的"诗家一指"（按，暂以此称之）形成以前就存在。

（三）那么最初的"诗家一指"的形成，可以追溯到什么时代呢？

我想，通过对其各个组成部分在不同版本中异同的分析，或可有助于判明这一点。

1. 关于《二十四品》部分。

"张健文"主要的观点之一是指出了现存《诗家一指》文字，最早见于《新编名贤诗法本》所载《虞侍书诗法》，其中的《二十四品》，没有后来杨成序本中在篇名下所标的人名"赵松雪""范德机""揭曼硕"等。这些所注的人名，当是后人或《诗法》的编者加上的。

因而，我们可以断定，加上这些"注"的人，当是在虞集、范德机、杨载等人以后到怀悦、杨成刊刻《诗法》之间之人。

这一现象也证明了在这期间，有人对《诗家一指》的版本文字作了更动。那么，这样的更改，是否只是在加"注"这一点呢？很显然，并非如此。在杨成序刊本《诗法》所收《诗家一指》中，《四则》《三造》《普说外篇》等部分，都存在着流传过程中被更动的痕迹。

2. 关于《四则》部分。

---

① 具体的对照表见"张健文"。又参见"大山洁文"后所附表。

朝鲜本《诗家一指》中《四则》的"法"条，有这样一段文字：

　　汉晋高古，盛唐风流，西昆浓冶，晚唐华藻，宋代乖镂。洎西江诸家，造立不等，气象差殊，亦各求其似者耳。①

大山洁据此而推定，《诗家一指》或当是元代之作。但是，笔者认为，这一段文字是值得怀疑的。
（1）从版本上看。
《虞侍书诗法》本的《四则》为："一句，二字，三格，四律。"
朝鲜本《诗家一指》，杨成序本《诗法》作："句""字""法""格"。顺序和标题都不同。这说明，这一部分在流传过程中被人改变过。所以，朝鲜本的可靠性是成问题的。
（2）和这一段文字类似的文字，列于《虞侍书诗法》本"格"的部分。作：

　　汉晋高古，盛唐风流，与夫西昆晚唐江西皆名家，造立不等，气象差殊，亦各求其似耳。②

把这段话和朝鲜本、杨成序本相对照，在判断作者的时代时，就会有很大的出入。说"与夫西昆晚唐江西皆名家"，那不能排斥说这话的人是宋代人的可能性。而作"西昆浓冶，晚唐华藻，宋代乖镂。洎西江诸家，造立不等，气象差殊"那就有明显的宋代以后人的口气。
（3）从撰述的体例看。《十科》《四则》《二十四品》中每一则的用字数，都差不多或完全一样，唯有这一条中，朝鲜本等的本子中，用字最多，为其他三则的近两倍。为何特别在这一段流传中有问题的地方出现这种与其体例不同的情况呢？
（4）从撰述的内容来看。《十科》《四则》《二十四品》的其他各部位，都没有具体谈到各时代诗歌内容（《二十四品》前面的"题注"谈到了"李、杜"，但那显然是后来编者加进去的），唯有这一部分有之。而从《诗家一指》的《总论》所说"诗有（犹）禅宗具摩酿眼，一视而万境归元，一举而群魔荡迹。超言象之表，得造化之先，如是，始有观诗分"，在此基础上才"可以明《十科》达《四则》该《二十四品》，观之不已而至于道"，明明要求"超言象之表，得造化之先"，怎么又会在《四则》中，去作那样具体的评说呢？不相矛盾吗？
所以，笔者认为这一段文字并非《四则》原来所有，也就是并非原本《诗家一指》的原文，当为后人所加。相比之下，目前可以说收有《诗家一指》文字的最早的《虞侍书诗法》本，比较反映《诗家一指》本来面貌。
那么，这段内容是在什么时期被增补进去的呢？我认为当是较早的时期。
这段文字列于"法"之下，只有《虞侍书诗法》中不是如此，作"律"，《四则》的

---

① 此段文字，杨成序刊本"宋代"作"宋氏"。
② "张健文"后所附《虞侍书诗法》。

顺序也不同。而还没有把狭义的《诗家一指》和《木天禁语》明确分"内""外"篇的朝鲜本《诗家一指》中的"四则",已经和《虞侍书诗法》的"四则"不同了。所以可以推定,在朝鲜本《诗家一指》刊布前,就有这样的变化了。而朝鲜本《诗家一指》初版当刊于1466年前后,所以这一部分的变化,也当在这以前。所以,全段文字当是在南宋以后加入的。

因此,根据这段文字,只能证明,这是南宋以后人所加的,而不能证明包括《四则》的原本《诗家一指》的文字,都是南宋以后形成的。

3. 关于杨成序本的《普说外篇》部分。

这部分,在《虞侍书诗法》中没有,朝鲜本《木天禁语》中也没有。所以它也是有问题的。

"张健文"中已指出"普说外篇""后三段非原著所有,当为后人所加"。我同意这一看法。不再赘引。

我认为,形成这样状况的时期,当是在朝鲜本《木天禁语》所据的祖本以后。理由如下:

(1)从版本上看,如果不是后人所加,就无法说明,为什么这部分在现存最早的两种收有《诗家一指》本子《虞侍书诗法》和朝鲜本《木天禁语》中没有收呢?

(2)"普说外篇",当然是相对于有"内""外"篇之分的本子来说的。如无内外之分,就无所谓对"外篇"的"普说"。而朝鲜本《木天禁语》尚未明确分"内""外",其所据的原本当也如此。

朝鲜刊本《诗家一指》则根本还没有分"内""外"篇,所以,可以推断,"普说外篇"当是这些刊本所据本以后增补的。

那么,这当在什么时期呢?朝鲜刊本《诗家一指》收有"普说外篇",而朝鲜本《木天禁语》却还没有,所以可以说,在朝鲜刊本《诗家一指》和朝鲜本《木天禁语》刊布时期,这一段文字,还没有定着下来。它的形成,当在这一时期前后。

4. 关于《三造》部分。

在《虞侍书诗法》本和杨成序本中,虽然都有此题名的部分存在,但内容完全不同。

张健根据《虞侍书诗法》本,指出了杨成序本"《三造》"部分的问题。认为该本中的"《三造》"部分,当是后来改易的结果,这是很正确的。为了便于区分,我把杨成序本中的《三造》称为《三造三段》。

从《虞侍书诗法》本、朝鲜本《木天禁语》本中没有《三造三段》这部分,可知这是后人补入的。

从称《三造三段》可知,补入者当知道原本《诗家一指》有"三造"部分,但所得的《诗家一指》中又没有这一部分,所以才会按自己的意思补入。因此补入的时间,肯定是在原本《三造》部分脱落以后。

那么,原本《三造》部分脱落在什么时期呢?

《虞侍书诗法》中的"三造"未脱落,而《虞侍书诗法》一系统之本当然是元代虞集死后所刊。所以"三造"的脱落,当是在虞集死去的1348年以后。

而《虞侍书诗法》本、朝鲜本《木天禁语》本中没有这部分,可知,补入的时期当是在《虞侍书诗法》本、朝鲜本《木天禁语》所据祖本刊布之后。

（四）以上是笔者的分析推论。如果以上分析无大错的话，可以认为，现存杨成序刊《诗法》所收《诗家一指》的形成，可分为这样几个阶段：

1. 原本"诗家一指"（或者说"狭义的"）的形成。根据《总论》等（如，赵为谦《说范》所引《一指》等）判断，这时的"诗家一指"所包括的，当只有《总论》《十科》《四则》（当不包括杨成序刊本《诗法》"法"的最后一段）、《二十四品》《虞侍书诗法》中的《三造》和《虞侍书诗法》中的《道统》（即杨成序刊本《诗法》的《普说四段》部分的第一节），也就是研究者一般公认的现存《诗家一指》的中核部分。而《虞侍书诗法》中的《诗家一指》部分最接近原本。

2. 原本"诗家一指"中的《三造》部分脱落，《四则》残缺，后人又加以增补。形成类似朝鲜本的《木天禁语》本中《诗家指要》部分的状况。

3. 这有所残缺和改变的原本《诗家一指》（或作《诗家指要》），在流布的过程中，又和元代的《木天禁语》被合为一本。这时，全书并没有分为或没有明确分为"内""外"篇。《严沧浪先生诗法》的第一段当是在这一时期加入的。朝鲜本《诗家一指》《木天禁语》中的《诗家一指》部分，较接近这一阶段的情况。

4. 在流传中，《诗家一指》的《三造》被重新补上，《普说外篇》的后三段被增补，另外是在《二十四品》部分品目加上了作家人名的"注"，形成了和杨成序刊《诗法》、怀悦本《诗家一指》相近的状况。

5. 以后，《诗法》又以各种版本的形态流传。如黄省曾本、朱绂本等。"三造"中有些部分又被改动。不赘论。

其流变，或可用如下图表示：

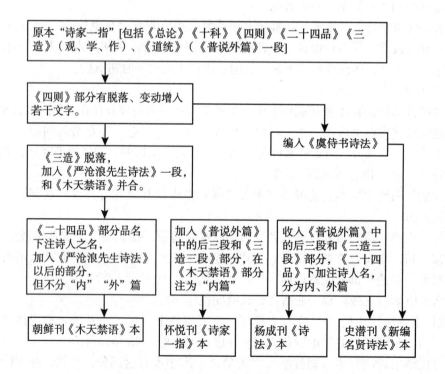

六

在明确了《诗家一指》在不同阶段的变化情况后，我们对于《诗法》中有关《诗家一指》的其他资料，就可以进行进一步的讨论了。

（一）关于《严沧浪先生诗法》第一段。

1. 在杨成序刊本《诗法》卷三《严沧浪先生诗法》条下有如下一段非常重要的话：

> 要论多出《诗家一指》中，有印本。此篇取其要妙者。盖此公于晚宋诸公石屏辈同时。此公独得见《一指》之说，所以制作非诸公所及也。（下称"《严沧浪先生诗法》第一段"）

2. 从现存的诸种早期包含《诗家一指》的本子来看，除了《木天禁语》以外，所收的内容多有不同，但是唯有"《严沧浪先生诗法》第一段"是都收入的。所以可以证明，这一部分是较早被收入和《诗家一指》有关的本子中的。

3. 那么，是在什么时期收入的呢？

笔者认为，当是在与原本相近的《诗家一指》和《木天禁语》合并以前或同时。朝鲜本的《木天禁语》本收入了这一部分，就是明证。所以"《严沧浪先生诗法》第一段"的形成，当然是在朝鲜本的《木天禁语》本刊布以前。即，至少是在1466年以前。

（二）对于这段话，有的研究者认为不可信。如"张健文"中，就囿于自己所主张的《诗家一指》或是虞集所作的推论，对认为《诗话一指》是"严羽以前作者"的看法加以否定。

1. 他否定这一说法的理由，就笔者的理解，主要有两条：其一，"杨成序本《诗家一指》之《三造三段》中所引前人论诗语包括严羽诗论乃是后人所加"的；其二，是黄省曾《名家诗法》、朱绂《名家诗法汇编》都删去了这一段话。

2. 我认为，这样的推断是靠不住的。理由如下：

（1）杨成本《诗家一指》的《三造》部分有问题。这一点，张健在自己的文章中就作了很好的论说。既然如此，那么根据有问题的资料得出的结论，会可靠吗？

具体而言，我在上文已经论证了，杨成序刊本《诗家一指》的《三造三段》当是在元代1348年以后，甚至是朝鲜本的《木天禁语》本刊布以后才补入的。所以在这一部分中也加入《严沧浪诗话》等宋代的诗话内容等，不足为奇。但是，这并非原本"诗家一指"所有的。

（2）早期《诗家一指》的本子中，并无《三造三段》的内容。如《虞侍书诗法》本。

（3）后来人所说的包括《三造三段》的《诗家一指》，当是指杨成序刊本，朝鲜本《木天禁语》刊布以后的本子。

如，许学夷《诗源辨体》认为"《诗家一指》外篇窃沧浪诸家之说而足成之""不直一笑"。① 从行文中"《诗家一指》外篇窃沧浪诸家之说"可证，他所见的是已分成

---

① 许学夷：《诗源辨体》卷35（转引自陈尚君文）。

"内""外"篇，并包括《三造三段》的本子，也就是比较后出之本。而在较早期的《诗家一指》的本子，如《虞侍书诗法》本中，就根本没有《三造三段》部分所引的《沧浪诗话》的文字。他对所见到的《诗家一指》和"《严沧浪先生诗法》第一段"之间的关系，是否进行过认真的考察，值得怀疑。

3. 就是说，在"《严沧浪先生诗法》第一段"被纳入和"《诗家一指》"有关的刊本中时，那段话的作者所见的当是和现在所传《虞侍书诗法》本中《诗家一指》部分相近的本子，也就是和原本"诗家一指"相近的文字。

而他所认为的严羽《沧浪诗话》"要论多出《诗家一指》"的"《诗家一指》"，实际也就是指这一部分的内容，也就是包括没有注上元代人名的《二十四品》，和原本相近的"诗家一指"。

而张健等所据以否定这一段话的《三造三段》，则是后来增补到有关本子中的。这一点，张健自己已作了很好的论证。

我们当然不能根据因为后来被加入和《诗家一指》有关本子中的资料，来否定在此以前的人根据原本"诗家一指"作出的判断。

4. 这样，"《严沧浪先生诗法》第一段"中所说的沧浪曾见"《一指》之旨"之说，就不是错误，而是"《沧浪先生诗法》第一段"的编著者或当时人的看法了。

（三）也就是说，在原本《诗法》的编纂者的时代（一般认为是元代），退一步，至少在1466年以前，就有人认为，作为"诗格"的原本"诗家一指"，是在严羽以前就存在，严羽是继承了原本"诗家一指"（或称"狭义"的《诗家一指》）之说，故得超越同时代的其他人。[1]

如是，则可以推断，原本"诗家一指"（或称"狭义"的《诗家一指》）的成立当在严羽之前。而其中所收《二十四品》这一部分的文字，当更在此之前。也就是说，至少在南宋严羽以前时代，《二十四品》这一部分的文字就已形成了。

七

再来看看历代有关司空图著述的流传情况，探讨一下《二十四品》流传会有哪些可能性，以及能不能完全否定将此视作为司空图的作品。

对司空图著述的流布情况，清代学者就有所涉及。如顾千里有题跋[2]，近人万曼早就有论说[3]。在此不详引了。在此主要根据上述论述，结合笔者自己的调查，对司空图著作的流传情况，作一概览。

（一）宋代。

1. 司空图的作品曾汇成集，但流传就很少。如宋祁得一诗卷，甚喜，有题识。[4]

①　魏骥：《诗家一指序》，日本国会图书馆藏朝鲜刻本。

②　顾千里：《思适斋书跋》（近人王欣夫印本）卷4。又见拙作《顾千里研究》，上海古籍出版社1989年版，第443页。

③　万曼：《唐集叙录》，中华书局1980年版，第335~337页。"《一鸣集》"部分。

④　万曼：《唐集叙录》，中华书局1980年版，第335~337页。"《一鸣集》"部分，见《佚存丛书》残本《景文宋公文集》卷98。

2. 据《郡斋读书记》《直斋书录解题》《文献通考·经籍考》等载：

其文集作《一鸣集》三十卷，蜀本无诗。其他本未见具体著录。

其诗集作《司空表圣集》十卷。有其子所写后记。

（二）明代。

1. 杨慎《升庵诗话》载：司空图"其文集罕传，余家有之，特标其论诗一节。又有韵语云（下略），其目曰《诗赋》"。这《诗赋》的形式也是四字一句，形式和所传《诗品》同。①

这一情况，我认为可以说明两点：**其一，司空图完全有可能以这样的形式来品论诗。其二，这样的作品，是收录在"文集"中，而不是在"诗集"中。**

收有这样作品的"文集"，在明嘉靖时代仍存，而这样的"文集"和现存的"文集"是否完全一样呢？有什么资料可以证明，这样的"文集"中，就肯定没有"诗品"呢？

2. 明代有成化本《司空表圣文集》，缪荃孙曾见曹书仓影写本。② 此集或就是从宋刊文集《一鸣集》所出，而书名改易。

3. 诗集。唯胡震亨《唐音统籖》中编为五卷。不知是仅存五卷，还是把原来宋刊诗集《司空表圣集》十卷，缩编为五卷。

（三）清代。

赵怀玉有校汪季清钞本，作《一鸣集》十卷。题识见张元济《涵芬楼烬余书录》。现《四部丛刊》本，就是据此影印。

（四）以上的流布状况可概括如下：

1. 司空图的文集有：蜀本（题作《一鸣集》三十卷，无诗），其流有三：

（1）明成化本（书前上题作《司空表圣文集》，下题《一鸣集》十卷，无诗）——影写明成化本（缪荃孙所见）。

（2）钞本（书前上题作《司空表圣文集》，下题《一鸣集》十卷，无诗）。

（3）校钞本（题作《一鸣集》十卷，无诗）——（四部丛刊）影印本（题作《司空表圣文集》）。

2. 诗集有：

（1）宋刊本（题作《司空表圣集》十卷）——不详。

（2）宋祁残卷——不详。

（3）明胡震亨《唐音统籖》五卷。据胡氏所作"小传"曰："《一鸣集》三十卷，内诗十卷。"如果这不是把无诗的"三十卷"的《一鸣集》错认为是包括诗十卷的话，余下的二十卷本当为文，这故是一个完全新式的刊本——后《全唐诗》据以收录。

（4）《四部丛刊》影印本（题作《司空表圣诗集》）。

（五）现在再考虑《二十四诗品》的流布，我想，如果是司空图所作的话，其流传只有如下两种可能性：

1. 宋代以来的司空图的著作中收有此著作。

① 杨慎：《升庵诗话》，清何文焕《历代诗话》本。
② 万曼：《唐集叙录》，中华书局 1980 年版，第 335~337 页。"《一鸣集》"部分。缪荃孙：《艺丰堂文续集》卷 7。

　　现在所知的司空图的集子有：宋刊蜀本《一鸣集》三十卷。但《一鸣集》三十卷的流布，在明成化时已只有十卷，而其中没有《二十四诗品》。亡佚的那二十卷中的情况不详。

　　胡震亨《唐音统籤》五卷。据胡氏所作"小传"曰："《一鸣集》三十卷，内诗十卷。"这是一个怎样的本子，也不详。

　　还有上述杨慎所有的本子。

　　叶盛家所收之本，《菉竹堂书目》载有司空图的"文集"一册。①

　　凡此，具体情况都不详。也就是说，到现在为止，我们还不能看到明代流传的司空图的所有本子。

　　2.《二十四诗品》被其他书引录，或单篇流传。

　　如前所述，至少在元代，甚至在南宋严羽时代以前，《二十四诗品》的文字已被收到原本"诗家一指"中流传。它也有可能被收到其他的文献中流传②。

　　3. 我这里再想提一下前面已涉及过的，《诗家一指》中，在《二十四品》之前有一段说明，开头就是"中篇秘本谓之发思篇"，这说明其来源有自。那么，这被称为"中篇秘本"的《发思篇》是否一种单行的《二十四诗品》的本子呢，而它和司空图的诗文集或其他文献又有怎样的关系呢？现在也不详。

　　（六）还有一个情况，我认为应该重视。那就是，清代《四库全书》，在《四库提要》中，有"《诗品》一卷"③。

　　1. 从前后位置来看，当为司空图所作。《四库全书简明目录》明确题为"司空图撰"④。

　　2.《四库提要》所注明的该书的来源是"内府藏本"。

　　3. 应该指出，《四库全书》在收录司空图著作时，并非随意而为，而是经过了相当研究的。对《一鸣集》多加收罗和关注的赵怀玉为四库馆臣，是最早把《四库提要》流布

---

　　① 《菉竹堂书目》（《粤雅堂丛书本》）"集部"有司空图的"文集"一册。

　　② 如《艺圃搜奇》本中的《二十四诗品》。可参见上引李祚唐的《〈司空图二十四诗品辨伪〉献疑》一文第五部分。

　　③ 《四库全书总目》卷一九五：《诗品》一卷，唐司空图撰。图有《文集》，已著录。唐人诗格传于世者，王昌龄、杜甫、贾岛诸书，率皆依托。即皎然《杼山诗式》，亦在疑似之间。惟此一编，真出图手。其《一鸣集》中有《与李生论诗书》，谓："诗贯六义，则讽谕抑扬，渟蓄温雅，皆在其间矣。……近而不浮，远而不尽，然后可以言韵外之致也。"又谓："梅止于酸，盐止于咸，而味在酸咸之外。"其持论非晚唐所及。故是书亦深解诗理，凡分二十四品：曰雄浑，曰冲淡，曰纤秾，曰沉着，曰高古，曰典雅，曰洗炼，曰劲健，曰绮丽，曰自然，曰含蓄，曰豪放，曰精神，曰缜密，曰疏野，曰清奇，曰委曲，曰实境，曰悲慨，曰形容，曰超诣，曰飘逸，曰旷达，曰流动。各以韵语十二句体貌之。所列诸体毕备，不主一格。王士禛但取其"采采流水，蓬蓬远春"二语，又取其"不着一字，尽得风流"二语，以为诗家之极则，其实非图意也。

　　④ 据李祚唐调查，现存的文渊阁、文津阁、文溯阁本《四库全书》中都无这一种，只有文澜阁本由丁氏兄弟补抄了这一种，见上引所作《〈司空图二十四诗品辨伪〉献疑》。◎**编者按：现存的文渊阁、文津阁、文溯阁本《四库全书》中都无《二十四诗品》专书，但《二十四诗品》的内容在《四库全书》中却被反复引用。**

到社会上的人物①。

从《四库提要》和赵氏所跋的《一鸣集》来推测，在编《四库全书》时，对司空图的有关资料，进行过相当的考证。根据别本，增补了"《连珠》八首"而辨明明末陈继儒《太平清话》中所收的《墨竹笔铭》为伪作。在这样的环境中，如果没有确切的根据，会不会就简单地把《二十四诗品》定为司空图所作的了呢？对明代学术带有甚多偏见的四库馆臣，就会那么简单地采用明末如"钱谦益"（至于郑曼、毛晋，在他们眼中就更是等外之辈了）那样人的论断吗？也就是说，在明清时期，内府藏有标明为司空图所撰的《二十四诗品》的可能性是存在的。

（七）在存在着这么多可能性，我们现在又没有比明代人掌握更多具体版本和文献资料的情况下，怎么可以断定，把《二十四诗品》称为司空图所撰，就一定是错误的呢？是否需要更谨慎一些呢？

八

最后来看看成为《二十四诗品》著者论争起源的苏东坡《书黄子思集后》的那段话。

> 唐末司空图崎岖兵乱之间，而诗文高雅，犹有承平之遗风。其论诗曰："梅止于酸，盐止于咸。饮食不可无盐梅，而其美常在咸酸之外。"盖自列其诗之有得于文字之表者二十四韵，恨当时不识其妙，予三复其言而悲之。

这里的"其诗之有得于文字之表者二十四韵"是否指司空图《二十四诗品》，是争论的一大热点。

（一）传统的说法，最早有关《二十四诗品》的记载就是苏东坡的这段话，认为其中所说的"二十四韵"当是指司空图《二十四诗品》。

（二）持"伪作说"者，认为苏东坡《书黄子思诗集后》所说的"二十四韵"不是"二十四篇"（首），所以不是指《二十四诗品》，而是指司空图《与李生论诗书》（现载《司空表圣文集》卷二）所引用的他自己的诗，正好"二十四韵"。

陈尚君等文中认为，"得于文字之表者"乃"其诗"的"定语"，因而可简作"自列其诗二十四韵"。此后又列了《与李生论诗书》中所举"得于早春""得于山中""得于江南""得于塞下""得于丧乱""得于道宫""得于夏景""得于佛寺""得于郊园""得于乐府""得于寂寥""得于惬适"等"二十四"联（按他们的算法）。又根据东坡的"有得于"的句式和此一致，且正好为"二十四"联，认为东坡所指的"二十四韵"当就是这《与李生论诗书》中所列。并列洪迈《容斋随笔》之文以证之。因而断定明代人是误读了东坡的意思。

（三）反对者则或从版本上，或从"二十四韵"和"二十四联"的区别上，加以反驳，认为东坡所言，当就是指《二十四诗品》。并且指出，在宋代流行的《与李生论诗书》中所列的诗句，在不同的版本中，数字是不相同的。对于洪迈文的理解，也有论者

---

① 郭伯恭：《四库全书纂修考》（商务印书馆 1938 年版）第 11 章《黄子思诗集后》的那段话。

提出异说①。

（四）我认为，对这段话认识的关键，不仅在"二十四"这个数字。苏东坡《书黄子思诗集后》所说的"二十四韵"到底指什么？当然可以再探讨，但在目前的情况下，只会是见仁见智，难以统一。问题还在于"自列其诗之得于文字之表者二十四韵"中的"得于文字之表者"当作如何理解，是否可以如陈尚君等所说"简作'自列其诗二十四韵'"？②

我认为，如照陈尚君等的理解，有如下一些疑问：

1.《与李生论诗书》所列司空图自己诗的部分，实际分为两大段：

以"有得于"句式的诗是十九联（按陈文计算。而不是二十四联），都是说的五言，这是司空图自己觉得"虽庶几不滨于浅涸，亦未废作者之讥诃也"的部分。这部分的引诗当然并非都出于"绝句"。

后列七言四联，又有五言一联（俱按陈文计算）乃是"皆不拘以一概也"的部分。也就是不是具体地"有得于"某种场合之作。这部分和下文的"绝句之作"有关。

如果说苏东坡所说的"有得于"是指《与李生论诗书》这些诗的话，有什么根据可以说，他是把这两段合并计算的呢？又为什么"有得于"具体的场合之诗和"不拘以一概"的诗可以合并一起计算呢？

2. 计算的方法。陈尚君文把所列有"上句"自注的诗句，都另作计算。但是，这不是司空图所列的诗吗？当然，不同版本有不同的数字，就更不用说了，有什么根据可以证明，苏东坡所见的一定是"二十四韵"的版本，而他又一定是按尚君等所规定的计算方法去计算的呢？这种未免太凑巧了吧。借用一位学者的话，如果苏东坡为了写那么一段不长的题跋文字，那么一一地计算，苏东坡还算得上"苏东坡"么？

3. 最主要的，是对"得于文字之表者"这个"定语"的认识，尚君认为"得于文字之表者"乃"其诗"的"定语"，可简作"自列其诗二十四韵"。

但问题正在于，是否可以这么简化？而且，《与李生论诗书》所列之诗，是否可说是"得于文字之表者"？

我认为，"得于文字之表"者，就不是"文字之表"本身，也就不是得于具体的场合——可用具体文字表现——所作之诗。"得于文字之表"和"得于早春"等等，是完全不同的概念。

诗词或文学的创作过程，是从具体的对象——客体的或主体的，经过诗人创作，产生了文字形态的作品。这文学作品，或可认为是"文字之表"，也就是"文字表层所表现的"。

这就是司空图《与李生论诗书》所说的由"醯"而得其"酸"，由"盐"而得其"咸"这一层次的东西。也就是他自己所说的"幼常自负，既久而愈觉缺然"，"虽庶几不滨于浅涸，亦未废作者之讥诃"这一层次的，或者说是具象的东西。

而"得于文字之表"的，就应当不仅是"文字之表"的东西——而是对"文字之表"思辨以后所"得"者。也就是并非"止于酸""止于咸"，而是在"咸酸之外"，或

---

① 上引李祚唐文。又见祖保泉：《司空图诗文研究》，安徽教育出版社1998年版。

② 陈尚君、汪涌豪：《司空图〈二十四诗品〉辨伪》，《中国古籍研究》1996年第一辑。

者说是由具体的"咸酸"抽象出的"醇美"之味。

那么,《与李生论诗书》所列的那些诗,能配得上"得于文字之表"这一"定语"的界定吗?

九

综上所述,就算完全把自明末以来学者都没有异议的苏轼的那段话暂置一边,我认为,那至少有如下一些情况应当引起我们的重视:

1. 司空图有"诗格"之作,在宋代的《直斋书录解题》就有记录。

2. 在南宋严羽以前的时代,《二十四诗品》的文字就存在。至少在明代成化二年以前,学者就认为严羽的《沧浪诗话》是出于包括《二十四诗品》文字的《诗家一指》的。

在当时人的心目中,《诗家一指》就是"诗格"的一种。那是一种编纂性的资料。

3. 自明代还流传有若干司空图文集的本子,但现在,这些本子的详情,我们已无法判明了。

因此,为什么明末的郑曼、毛晋、费经虞、钱谦益等会把通行丛书本中《诗家一指》所收的《二十四诗品》认作是司空图所作,存在着各种可能性。现在无法断言,他们一定是由于"牟利"故意伪作说或都是误读苏东坡文意所致。

4. 从《诗家一指》中所说的"中篇秘本"《二十四品》到《四库全书总目》的"内府藏本"司空图的《诗品》,这一条线索的文献传承,现在由于资料有限,并不清楚,但决不应等闲视之。

5. 退一百步而言,即使苏东坡《书黄子思诗集后》所说的"二十四韵"不是指《二十四诗品》,确实是后人搞错了(当然,我并没有肯定这一点),也不等于说,这就可以证明司空图未撰过诗话著作,未撰过《二十四诗品》。这二者之间,并没有必然的逻辑上的因果关系。

也就是说,我认为,即使如"伪作论"所说的那样,后代之人对苏东坡《书黄子思诗集后》一文的理解是错了,司空图仍有可能是《二十四诗品》的作者。——明代学者,或许是依据了苏东坡所说,但也不能排除他们是根据其他资料的可能性——如其他的版本、单篇流传或其他文献的记载。

以现有的资料而言,虽说还没有明代以前的、被大家公认的、明确标明《二十四诗品》为司空图所作的证据,但要断定那"不是司空图所作",证据更薄弱。因而肯定说和否定说都只是"可能性",都没有决定性的证据。而在这两种可能性中,认为《二十四诗品》是司空图所作的可能性要更大一些。根据现在学界一般的原则,仍应说《二十四诗品》的作者为司空图。

十

我这样说,并非认为反对《二十四诗品》为司空图所作的见解的提出,持"伪作论"的朋友们的研究是没有意义的。恰恰相反,我认为他们的研究是很有意义的。他们发现了可疑点,提出了新的见解,使只关注理论的"文学评论"家们,大吃一惊。这事本身,就再一次提醒大家,**如果不以坚实的文献资料为基础,所有结论,可以一下子就被轻易推**

倒——泡沫式的学术是站不住脚的。

通过讨论，我想，对于提高大家的考证思辨水平有所帮助。要求我们在论证时，更加用词准确，逻辑严密，推论正确。在科学的研究中，任何以舆论为根据的喧哗，任何夸大其词的鼓吹，都无济于事，真正有力量的是科学的实事求是。

我也并不认为，我就能完全说服对手接受我的看法。因为从他们的角度也可以提出许多问题。我的看法也许还有自己尚未察觉的问题，期待着同好者的批判，以便共同切磋。

我们好像是从不同的角度在向目标的顶点进击。

我希望，我们能在最后的顶点上相会。

原载《中国文学研究》2001 年第四辑。

元代诗学伪书考

张伯伟

元代的诗学著述，实以诗格为中心。这种风气，承自南宋末期。其著述方式不外两种：一是以选诗形式出现的诗格，如周弼《唐三体诗》，专选唐人七绝及五、七言律，设立格法，有所谓实接、虚接、四实、四虚、前实后虚、前虚后实等；方回《瀛奎律髓》，专选五、七言律诗，根据内容分作49类。其《自序》云："所选，诗格也。"元代此类诗格中最著名者为于济、蔡正孙编选之《联珠诗格》，此书专选唐宋绝句，立为三百格，在后世影响很大，甚至远被域外①。另一种是以诗话形式出现的诗格，如《吟窗杂录》《诗人玉屑》和《沧浪诗话》等，和唐代诗格比较起来，这些著作不算典型。如果说前一类是诗格与诗选的混合体，那么这一类可以说是诗格与诗话的混合体。元代这一类诗格很多，著名者有《杨仲弘诗法》（又名《诗法家数》，旧题杨载）、《杜律心法》（同上）、《诗学禁脔》（旧题范梈）、《木天禁语》（同上）、《诗家一指》（同上）、《诗法正宗》（旧题揭傒斯）、《诗法正宗眼藏》（同上）、《诗文正法》（旧题傅若金）、《诗法正论》（同上）等。但无论是哪一类诗格，其编撰目的都是为了有便初学。如范晞文《对床夜语》卷二评论《唐三体诗》云："是编一出，不为无补后学。"蔡正孙《联珠诗格序》云："番易（鄱阳）于默斋递所选《联珠诗格》之卷，来书抵予曰：'此为童习者设也，使其机栝既通，无往不可，亦学诗之活法欤？盍为我传之。'……惜其杂而未伦，略而未详也。……增为二十卷，寿诸梓，与鲤庭学诗者共之。"至于以"诗法"命名的著作，其指导初学的意图更是形于字里行间了。这一类诗格，从题名来看，大多出于元代名家之手，所以这些内容到了明代，往往被冠以"名家诗法"的书名而汇编成帙，重新刊行。然而，这类书的真正撰者，却往往不是冠于书首的名字，他们大多是书商出于牟利的目的，假托名人以利销售。对于这一类书，前人在题跋中也有指出

---

① 此书在日本、朝鲜多有翻刻，如山本信有（1752—1812）《新刻唐宋联珠诗格序》称："元大德中，蔡蒙斋广于默斋蓝本，篇选《唐宋联珠诗格》二十卷，诸格皆有焉。世学诗者，能从事于斯书，得是格，然后下笔，则变化自在，出格入格，格不必拘拘，可以庶几唐宋真诗矣。……尔来江户书贾某某等七家，相谋戮力资，更新镂版，托校订于天民，求题辞于余。天民之哀爱日楼所裁元刻本、绿阴茶寮朝鲜本、平安翻刻元版本、朝鲜版翻刻本、活字本、正德衣、巾箱本、别版巾箱本及唐宋诗人本集、总集、选集、别集数十百部，彼此校雠，可略见其版本众多。又朝鲜柳希龄有《大东联珠诗格》，亦为仿效之作。"

其为伪书者，如《四库提要》"诗文评类存目"曾指出《诗法家数》①《木天禁语》②、《诗学禁脔》③ 为"坊贾依托"，但只是就其议论庸陋而加以判断，缺乏具体考论，给人以虽言之成理，而未必持之有故的印象。所以今人出版的元诗研究或元代批评史著作，在涉及此类文献时，仍然作为元代名家的诗学观点加以引用或阐发。兹不避琐碎，就元代诗学中的若干伪书考辨如次。

一、《杨仲弘诗法》（《诗法家数》）

此书旧题杨载撰，有杨成《诗法》、黄省曾《名家诗法》、朱绂《名家诗法汇编》、胡文焕《格致丛书》、胡文焕《历代诗话》、顾龙振《诗学指南》本。后三种题作《诗法家数》。此书实际上从若干唐宋人的诗学著作中杂纂而成。以其《序》为例：

> 诗之为体有六：曰雄浑，曰悲壮，曰平淡，曰苍古，曰沉著痛快，曰优游不迫。诗之忌有四：曰俗意，曰俗字，曰俗语，曰俗韵。（据黄省曾《名家诗法》本，下同）

此出于《沧浪诗话·诗辨》："诗之品有九：曰高，曰古，曰深，曰远，曰长，曰雄浑，曰飘逸，曰悲壮，曰凄婉。……其大概有二：曰优游不迫，曰沉着痛快。"又《诗法》："学诗先除五俗：一曰俗体，二曰俗意，三曰俗句，四曰俗字，五曰俗韵。"又如：

> 诗之戒有十：曰不可硬碍人口，曰烂陈不新人目，曰差错不贯串，曰直置不宛转，曰妄诞事不实，曰绮靡不典重，曰蹈袭不识使，曰秽浊不清新，曰砌合不纯粹，

---

① 《四库全书总目》卷一九七：《诗法家数》一卷，旧本题元杨载撰。是编论多庸肤，例尤猥杂。如开卷即云："夫诗之为法也有其说焉。赋比兴者皆诗制作之法。然有赋起，有比起，有兴起云云。"殆似略通字义之人，强作文语，已为可笑。乃甫隔一页，忽另标一题曰"诗学正源"，题下标一纲曰"风雅颂赋比兴"。纲下之目又曰："诗之六义而实则三体。风雅颂者诗之体，赋比兴者诗之法。故兴比赋者，又所以制作乎风雅颂者也。凡诗中有赋起，有比起，有兴起，然风之中有赋比兴，雅颂之中亦有赋比兴云云。"载在于元，号为作手，其陋何至于是？必坊贾依托也。（编者补注）

② 《四库全书总目》卷一九七：《木天禁语》一卷，旧本题元范德机撰。是编开卷标内篇二字，然别无外篇，不知何故独名为内。其体例丛脞冗杂，殆难枚举。其大纲以篇法、句法、字法、气象、家数、音节谓之六关。每关又系子目，各引唐人一诗以实之。其七言律诗一条，称唐人李淑有《诗苑》一书，今世罕传。所述篇法止有六格，今广为十三格。考晁公武《读书志》，《诗苑类格》三卷，李淑撰。宝元三年，豫王出阁，淑为皇子傅，因纂成此书上之。然则淑为宋仁宗时人，安得称唐？明华阳王宣埒作《诗心珠会》，全引此条，亦作唐字。知原本实误以为唐人，非刊本有误。其荒陋已可想见。又云"十三格犹六十四卦之动，不出八卦。八卦之生，不离奇偶"，可谓神矣。目曰"屠龙绝艺，此法一泄，大道显然"云云，殆类道经授法之语。盖与杨载《诗法家数》出一手伪撰。考二书所论，多见赵撝谦《学范》中。知庸妄书贾剽取《学范》为之耳。（编者补注）

③ 《四库全书总目》卷一九七：《诗学禁脔》一卷，旧本题元范德机撰。凡分十五格，每格选唐诗一篇为式，而逐句解释。其浅陋尤甚，亦必非真本。（编者补注）

曰徘徊而劣弱。诗之为难有十：曰造理，曰精神，曰高古，曰风流，曰典丽，曰质干，曰体裁，曰劲健，曰耿介，曰凄切。

此出于浩然子《吟窗杂录序》："复有十戒，不可不谨也。一曰戒乎生硬，二曰戒乎烂熟，三曰戒乎差错，四曰戒乎直置，五曰戒乎妄诞，六曰戒乎绮靡，七曰戒乎蹈袭，八曰戒乎浊秽，九曰戒乎砌合，十曰戒乎俳谐。"又云："诗有十难，不可不知也。一曰识理难，二曰精神难，三曰高古难，四曰风流难，五曰典丽难，六曰质干难，七曰体裁难，八曰劲健难，九曰耿介难，十曰凄切难。"再以正文为例，如《律诗要法》节：

> 起、承、转、合。
> 破题：或对景兴起，或比起，或引事起，或就题起。要突兀高远，如狂风卷浪，势欲滔天。
> 颔联：或写意，或写景，或书事、用事引证。此联要接破题，要如骊龙之珠，抱而不脱。
> 颈联：或写意、写景、书事、用事引证，与前联之意相应相避。要变化，如疾雷破山，观者惊愕。
> 结句：或就题结，或开一步，或缴前联之意，或用事，必放一句如散场，如剡溪之棹，自去自回，言有尽而意无穷。

此出于《金针诗格》："第一联谓之'破题'，欲如狂风卷浪，势欲滔天。……第二联谓之'颔联'，欲似骊龙之珠，善抱而不脱也。……第三联谓之'警联'，欲似疾雷破山，观者骇愕。……第四联谓之'落句'，欲如高山放石，一去不回。"（《诗人玉屑》卷十二）而《总论》节中，也是综合了《金针诗格》《沧浪诗话》《白石道人诗说》等而成，兹举其出于后者若干例证如下：

> 凡作诗，气象欲其浑厚，体面欲其宏阔，血脉欲其贯串，风度欲其飘逸，音韵欲其铿锵。若雕刻伤气，敷演露骨，此涵养之未至也，当益以学。
> 语贵含蓄。言有尽而意无穷者，天下之至言也。如《清庙》之瑟，一倡三叹，而有遗音者也。
> 人所多言，我寡言之；人所难言，我易言之。则自不俗。
> 诗有四种高妙：一曰理高妙，二曰意高妙，三曰思怨高妙，四曰自然高妙。

不烦备举，皆出于《白石道人诗说》。
此书非杨载自撰，其出于他人之杂纂伪托乃是显然的。

二、《诗法源流》

此书题嘉禾怀悦编集,有明刻本①和朝鲜刻本②。首列杨仲弘至治壬戌(1322)所书序文,略云:

> 予少年从叔父杨文圭游西蜀,抵成都,过浣花溪,求工部先生之祠而观焉。有主祠者工部九世孙杜举也,居于祠之后,予造而问之曰:"先生所藏诗律重宝,不犹有存者乎?"举曰:"吾鼻祖审言,以诗鸣于当世。厥后言生闲,闲生甫,甫又以诗鸣,至于今源流益远矣。然甫不传诸子,而独于门人吴成、邹遂、王恭传其法。故予传之三子者,虽复先生之重宝,而得之不易也。今子自远方而来也,敢不以三子之所授者与子言之,子其谨之哉!"予遂读之,朝夕不置。久之,恍然有得,益信杜举所言非妄也。

由此可知,所谓"源流",指的就是杜甫诗法的源流,即序中所称杜举所藏之"诗律重宝",亦即正文中所录杜甫四十三首律诗。而序文之后继列《诗法正论》《诗法家数》和《诗解》,最后才是"杜律诗格"。可见书名与内容实不相蒙。王士禛曾论及此序之为伪造,《带经堂诗话》卷十八:

> 偶于故书肆买得《诗法源流》一帙,乃元人傅与砺若金述范德机语也,后附杜诗律格(有接项、纤腰、充股、连珠、单蹄、双蹄等)。有元至治壬戌杨仲弘序,略云:……按(杜)举之名不见于书传,吴、邹、王三子亦不见于诸家志序中。且子美全家避乱下峡,不应复有裔孙留居成都。又所拈《秋兴》《燕子来舟中》等篇,载三子之说,大抵如村学究语。如"仙侣同舟晚更移"一句,解为明皇与贵妃诸臣泛舟渼陂。可笑至此,余可类推。第不知仲弘之序何人伪造,如醉人梦呓,可恨也。

从其内容来看,也同样存在着伪作的痕迹。此书除序文外,共有四部分:

其一,《诗法正论》。此篇在王用章编《诗法源流》、朱绂《名家诗法汇编》、胡文焕《格致丛书》(《诗法统宗》本同)及顾龙振《诗学指南》诸本中,均作傅与砺。大旨在述其师范德机论诗之语。

其二,《诗法家数》。此与旧题杨载之《诗法家数》不同,篇末有"疏斋卢学士述"六字。考其内容,实为卢挚(号疏斋)之《文章宗旨》,见录于陶宗仪《南村辍耕录》

---

① 此本原藏北京图书馆,见王重民《中国善本书提要》。1973年台湾广文书局借台北"中央图书馆"珍藏善本书稿影印问世。卷末有道光癸未(1823)魏亨逵及咸丰戊午(1858)丁白曾跋语,以为此本"真是元椠"。案此书原题"嘉禾怀悦用和编集",怀悦为明景帝景泰年间人,朝鲜尹春年嘉靖壬子(1552)所刊《诗法源流》,后附怀悦《诗法源流后序》,撰于成化乙酉(1465),去元亡已过百年,可知此本实为明刻。

② 朝鲜中宗(1506—1544)、明宗(1546—1567)朝的尹春年在嘉靖三十一年刻《诗法源流》,并据其中《诗法正论》"诗有体,有声,有义。以体为主,以义为用,以声合体"数语,撰《体意声三字注解》,附于卷后。其《注解》已收入赵锺业教授所编《韩国诗话丛编》。韩国东西文化院刊1989年版。

卷九。案其内容，除开篇数言涉及《诗经》《离骚》外，大抵论述古来文章大家及作文要义，与"文章宗旨"之名相符合。文可含诗，而诗不可含文，此书以《诗法家数》名篇，显为编者诡题。且其抄录时亦颇为随意，如原文有"真公编次古文，自西汉而下，它并不录，"此处作"古文自西汉而已，他并不录"。文意不全。明清诸诗法汇编，此篇皆题作"傅与砺《诗文正法》"。

其三，《诗解》。此出于旧题杨载之《诗法家数》的序言部分，而文字更有刊落不全者。

其四，杜诗律格。这一部分在顾龙振《诗学指南》卷七中题作杨仲弘《杜律心法》，大概沿自明代著录①；吴景旭《历代诗话》则根据序文称其书传自杜甫九世孙杜举之说，题作"杜举《杜陵诗律》"。共录杜甫七律 43 首，分别标以格法名目，如接项格、交股格、纤腰格、双蹄格等。各本大致相同，唯旧题揭曼硕《诗宗正法眼藏》所引多出五律 9 首、七律 1 首。此编实出于南宋林越所撰之《少陵诗格》。《四库全书总目》卷一百九十七《少陵诗格》提要指出：

> 是篇发明杜诗篇法，穿凿殊甚。如《秋兴八首》第一首为"接项格"，谓"江间波浪兼天涌"为巫峡之萧森，"塞上风云接地阴"为巫山之萧森，已牵合无理。第二首为"交股格"，三首曰"开合格"，四首曰"双蹄格"，五首曰"续后格"，六首曰"首尾互换格"，七首曰"首尾相同格"，八首曰"单蹄格"。随意支配，皆莫知其所自来。后又有《咏怀古迹》《诸将》诸诗，亦间及他家。每首皆标立格名，种种社撰，此真强作解事者也。

两相比较，则可知所谓《杜陵诗律》不过是从《少陵诗格》中抄袭而来。至于假托杨载之序，也不过是造伪者自神其说以眩人耳目的把戏。②

---

① 高儒《百川书志》卷十八："《杜陵诗律》一卷，元杨仲弘作。律止四十三首。此不知出于何人，首著一格，凡五十一格。"《千顷堂书目》卷三十二补有"元杨士弘《杜陵诗律》一卷"，"士"当为"仲"之误。惟祁承煠《澹生堂藏书目》卷十四作"《诗家要法》《杜陵诗律》，范椁"。又关于《杜陵诗律》的辨伪，可参看程千帆《杜诗伪书考》，载《古诗考索》下辑，上海古籍出版社 1984 年版。

② 《四库全书总目》卷一九七：《诗法源流》三卷，不著撰人名氏。末有至治壬戌杨载旧序一篇，称"少年游浣花草堂，见杜甫九世孙杜举，问所藏诗律。举言甫之诗法不传诸子，而传其门人吴成、邹遂、王恭。举得之于三子，因以授载"，其说极为荒诞。所载凡五言律诗九首，七言律诗四十三首，各有吴成等注释。标立结上生下格、拗句格、牙镇格、节节生意格、抑扬格、接顶格、交股格、纤腰格、双蹄格、续腰格、首尾互换格、首尾相同格、单蹄格、应句格、开合格、开合变格、迭字格、句应句格、叙事格、归题格、续意格、前多后少格、前开后合格、兴兼比格、兴兼赋格、比兴格、连珠格、一意格、变字格、前实后虚格、藏头格、先体后用格、双字起结格，凡三十三格。其谬陋殆不足辨。杨载序俚拙万状，亦必出伪托。然其书乃作第三卷。前二卷则一为元人论诗之语，分标傅若金等姓名。一为选录汉、魏、晋诗，题傅若川次舟编。卷末又有嘉靖癸未邱道隆后序，称"宪伯荆南王公用章，取《诗法源流》，增入古人论述与诗足法者，厘为三卷"云云。然则此书为王用章所辑。诸家著录，有作傅若金撰者，当以开卷第一篇题若金名，因而致误耳。(编者补注)

三、《木天禁语》

此书旧题范德机撰，有怀悦《诗家一指》、杨成《诗法》、黄省曾《名家诗法》、朱绂《名家诗法汇编》、胡文焕《格致丛书》（《诗法统宗》同）、顾龙振《诗学指南》及何文焕《历代诗话》本。

书名《木天禁语》，所谓"木天"，即指翰林院，"禁语"，指禁秘珍贵之语。其《序》云：

> 诗之说尚矣。古今论著，类多言病而不处方，是以沉痼少有瘳日，雅道无复彰时。兹集开元、大历以来，诸公平昔在翰院所论秘旨，述为一编，以俟后之君子贤士大夫之后、好学俊彦子弟有志者之告。……是编犹古今《本草》所载，无非有益寿命之品。

所谓"翰院所论秘旨"，即书名之意。而首尾所论诗病、医方云云，也是仿照《诗人玉屑序》而来：

> 诗之有评，犹医之有方也。评不精，何益于诗？方不灵，何益于医？然惟善医者能审其方之灵，善诗者能识其评之精，夫岂易言也哉！……是犹仓公、华佗按病处方，虽庸医得之，犹可藉以已疾，而况医之善者哉？方今海内诗人林立，是书既行，皆得灵方。

这些话皆类似于今日之"广告术语"，诗坛之巨擘大家岂能为此类汲汲于自我推销之言？

进而言之，《木天禁语》所述内容又如何呢？许学夷《诗源辨体》卷三十五以此书立格"率皆穿凿浅稚"，其中"用字琢对之法"又"浅陋为甚"，所以断言"伪撰无疑"。本文拟再作考论。此书以"六关"为纲要，第一关是"篇法"，首列"七言律诗篇法"云：

> 唐人李淑有《诗苑》一书，今世罕传。所述篇法止有六格，不能尽律诗之变态。今广为十三，概括无遗。犹六十四卦之重，不出于八卦；八卦之生，不离奇耦，可谓神矣，目曰"屠龙绝艺"。此法一泄，天造显然。

案李淑为北宋仁宗时人，其《诗苑类格》三卷纂成于宝元年间①。此书在宋代的文献中常常提及，如《彦周诗话》《沧浪诗话》《诗人玉屑》《诗林广记》《类说》《困学纪闻》《小学绀珠》《记纂渊海》等都有引录，方回还写过《诗苑类格考》，元人韦居安《梅涧诗话》卷上、佚名所编之《南溪笔录群贤诗话》后集也曾引用，并非罕见之书。即便此书在元代的流传不如宋代之广，但对于"力学，有文章，工诗"（揭傒斯《范先生诗

---

① 《郡斋读书志》卷二十"文说类"谓此书纂于宝元三年（1040）；《玉海》卷五十四则记作二年。

序》，《揭文安公文集》卷八）的范梈来说，大概不至于将李淑误认为"唐人"吧。此外，从其他记载中知道，《诗苑类格》所述篇法也不止六格。方回《诗苑类格考》云：

> 《诗苑类格》三卷，李邯郸淑所著也。上卷冠以真宗五七言八篇，次以沈约……二十有二人议论；中卷采古诗杂体为三十门；下卷别录诗格六十七门。（《桐江集》卷七）

这与《玉海》卷五十四的记载是一致的。因此，本书立律诗之格十三，并自诩为"屠龙绝艺"，完全是出于浅薄不学之徒的口气。

四、《诗学禁脔》

此书旧题范德机撰，版本与《木天禁语》同。北宋释惠洪有《天厨禁脔》三卷，此书之名亦效仿之。许学夷《诗源辨体》卷三十五认为，此书"论七言律有十五格，其所引诗，多晚唐庸劣之作，亦伪撰也"。《名家诗法》及《名家诗法汇编》本前有小序云：

> 清江范德机以诗名天下，编集唐人之诗具为格式，其若公输子之规矩，师旷之六律乎？无规矩，公输子之巧无所施；无六律，师旷之聪无所用。学诗者得此编而详味之，庶乎可造唐人之阃奥矣。

如同书贾广告。此书内容与《木天禁语》的"七言律诗篇法"相似，共立七律十五格目。前者自称"广为十三（格），概括无遗"，而此处所列之十五格，又出于前十三格之外。后人有将这两者合而为一的，如《诗学指南》列有范德机《诗格》，就是将《木天禁语》中的十三格，去除内剥、外剥、前散、后散后，益以《诗学禁脔》之十五格而成。此又为伪书中之伪书。

五、《诗家一指》

目前能够看到的单行本《诗家一指》，是明代怀悦所编。其内容包括六目：《诗家一指》《诗代》《品类之目》《当代名公雅论》《木天禁语》内篇和《严沧浪先生诗法》，以第一目之题作为全书之名。明代赵㧑谦《学范·作范》、周履靖《骚坛秘语》卷下的引用以及阮元《天一阁书目》对此书的提要，和上述内容都是一致的。据日本明治四十四年（1911）朝鲜古书刊行会所编之《朝鲜古书目录》，有《诗家一旨》，注为"全州版"。今日本蓬左文库《汉籍分类目录》录有《诗家一指》一卷，为朝鲜刊本，不知与上述"全州版"是否一种①。但在明人所编各种诗法汇编的书中，以上各目乃分列为三种，即《诗家一指》《木天禁语》和《严沧浪诗体》（《名公雅论》并入之中），删去《诗代》和《品类之目》，成为三种各自独立的篇章。此书实出于元人，所以许学夷《诗源辨体》卷三十五云此书"出于元人"，胡震亨《唐音癸籤》卷三十二亦列此书于元人诗话之属。

---

① 关于怀悦编集本《诗家一指》的情况，参看张健博士《从怀悦编集本看〈诗家一指〉的版本流传及篡改》，载《中国诗学》第5辑，南京大学出版社1996年版。

　　《木天禁语》上文已考，此处就本书另外四部分《诗家一指》《严沧浪诗体》《品类之目》和《名公雅论》（另外一节《诗代》过于简单，不论）考之如下：

　　（1）《诗家一指》。杨成《诗法》将此篇与《木天禁语》内篇相对，标为外篇。朱绂承之，进而将作者也直接标为范德机，当出于误解。此篇由五节构成，即十科、四则、二十四品、普说、三造。所谓"集之《一指》，所以返学者迷途，'三造'所以发学者关钥，'十科'所以别武库之名件，'四则'条达规键，指真践履，'二十四品，所以摄大道'"。看似系统之作，实际杂凑成篇。如"三造"节共二十六则，题下注云："三段中分关键、细义、体系。"除最后一则末注云"其说具项平庵《家说》中"①，其余二十五则中，有二十则出处可考，基本上是从《沧浪诗话》《白石道人诗说》及《诗人玉屑》中杂抄而出。"三造"的抄录词意重出，文句混乱。例如：

　　　　大历以来，高者尚失（"失"上漏一"不"字）盛唐，下者已入晚唐，晚唐下者以有宋气也。唐与宋未论工拙，直是气象不同。盖不知病，何由能作？不观家法，何由知病？诸名家亦各有一病，大醇小疵，差可耳。学竟无方作无略，子结成阴花自落。声律为最，物象为骨，意格为髓。须先立大意，长篇曲折，须三致意方可成章。圆熟多失之平易，老硬多失之干枯。含蓄天成为上，破碎雕镂为下。百炼成字，千锤成句。用事要如禅家语，水中著盐，饮水方知盐味。……

就是将《沧浪诗话》《白石道人诗说》《金针诗格》语、黄庭坚语、皮日休语、《西清诗话》语（以上四语均见《诗人玉屑》）杂凑而成。又如："好诗圆美，转如弹丸。然俗意绮靡，能者轻之。少好风花，老大厌之。惟理合不害正气。"虽然均出于《诗人玉屑》，但前八字出自"圆熟"（《王直方诗话》），后者出于"绮丽"（《碧溪诗话》），两不相同，此处则合而为一。类似的段落有十二则，即使出于一人之作的文字，也是次序颠倒、错落失真。这种杂乱无章的编排，只可能出于无识庸妄之徒，焉能"发学者之关钥"？

　　明代史潜校刊《新编名贤诗法》三卷，其卷下收《虞侍书诗法》，内容大致同于《诗家一指》。但编纂有次，自成体系②。两相比较，现在的《诗家一指》显然经过改编和附益。其"三造"部分，原为"一观、二学、三作"，是序文之后的第一节。在《诗家一指》中，这部分内容混入序文之中，又杂抄前人论诗之语以充"三造"，当然名实不符，"十科""四则"和"普说"的内容，两者在文字和编次上也有较多出入，仍以《虞侍书诗法》为优。惟"道统"之名不如"普说"。考其内容，所言无非作诗之通说，即心与物的交感，而与诗歌的"道统"无关。那么，《虞侍书诗法》的题名是否可信？从文中内容来看，如云"集之'一指'"，又云"知诗之真，而后知'一指'之非真，（而）非真之真，备是'一指'矣"。则其本名似应为《诗家一指》。元人假托虞集之名以成书者有

---

　　①　今检《项氏家说》无此条。惟"自明初以来，其本久佚"（《四库全书总目》卷九十二《项氏家说》提要），今本乃四库馆臣从《永乐大典》中辑出，此条可能是其佚文。

　　②　参看张健《〈诗家一指〉的产生时代与作者》，文后已附录《虞侍书诗法》。载《北京大学学报》1995年第5期。

《杜律虞注》，在明代风行一时，甚至远传域外①。一般来说，如果此书确系虞集这样的名人所撰，编者正可借此提高书的权威性，而不会没其姓名；反之，倒有可能借重其名，以利销售，如《名家诗法汇编》即将此书题作范德机撰。史潜《新编名贤诗法》中还收了另一种题为《虞侍书金陵诗法》（又作《虞先生金陵诗讲》）的书，但同样的内容又见于王用章《诗法源流》和朱绂《名家诗法汇编》中，却题作揭曼硕《诗法正宗》。这些可能都是出于书贾的托名。

《二十四诗品》历来被认为是司空图所作，近年来陈尚君、汪涌豪两先生提出其不出于司空图之手的看法，引起学术界的讨论②。就目前发现的材料看，《二十四诗品》最早见于《诗家一指》的"二十四品"节。那么，能否直接得出这样的结论：《诗家一指》的产生时代就是《二十四诗品》的产生时代？从元代诗格的一般特征来看，两者之间是不能直接划等号的。也就是说，出现于元代甚至明代的诗格，其内容可能本于更早的时代。

（2）《严沧浪诗体》。此出于《沧浪诗话》的《诗体》和《诗评》部分，而随意删削增益，失其真相。如《沧浪诗话·诗评》云：

> 李、杜数公，如金鸡擘海，香象渡河，下视郊、岛辈，直虫吟草间耳。

而此节则引作：

> 李、杜、韩三公诗，如金鸡擘海，香象渡河，龙吼虎哮，涛翻鲸跃，长枪大剑，君王亲征，气象自别。

又如《诗体》中"以时而论"有"元祐体"，自注："苏、黄、陈诸公。"而此节在"宋元祐体"下注云："即江西派、黄山谷、苏东坡、陈后山、刘后村、戴屏山之诗。"完全不符合严羽的看法。至于有时还出现大段文字为今本所无者，大概也是出于编者的杂抄。

（3）《品类之目》。这一部分比较简略，考其内容，出于元稹之《乐府古题序》"《诗》讫于周，《离骚》讫于楚，是后诗之流为二十四名"（《元氏长庆集》卷二十）。《诗人玉屑》卷五曾将此段文字抄出，别题"二十四名"。两相比较，此节多"雅"，阙"文、诔、题"，共有二十二目。

（4）《名公雅论》。本节载录揭应奉（傒斯）、虞侍制（集）、李仲元、马仲常、范应奉（梈）、杨编修（载）诸公语，其实也是杂抄而成。如揭应奉所云"生硬、陈腐"等"诗之十病"，虞侍制所云"典雅、抛掷"等"诗之十美"，均出于《吟窗杂录序》；李仲元云"豫章三日新妇（揭），蒲城百战健儿（杨），蜀郡唐临晋帖（虞），清江汉法令师（范）"，原本于虞集，见揭傒斯《范先生诗序》及陶宗仪《南村辍耕录》卷四"论诗"

---

① 据李立信教授《杜诗流传韩国考》第 90 页所述，此书在李朝时期先后刊印了八次以上，并刊行袖珍本，文史哲出版社 1991 年版。又据《奎章阁图书韩国本综合目录》载，保存有三种不同时间的《虞注杜律》刊本，保景丈化社 1994 年版。

② 《中国诗学》第五辑开辟专栏讨论此一问题，可参看。

条引。此处不仅诡题李仲元，而且把原文内容也颠倒了。原评"唐临晋帖"属范德机，"汉庭老吏"属虞集。"《文选》烂，秀才半"之说行于北宋初（见陆游《老学庵笔记》卷八），马仲常则云"杜子有言"，误作杜甫。范应奉所云"优游不迫，沉著痛快。力全而不苦涩，气促而不枭张"，分别出于《沧浪诗话》和皎然《诗式》，而"气促"实为"气足"之误。明代各种诗法汇编将这一部分归入《严沧浪诗体》足为一卷，就更为荒唐可笑了。

以上对《诗家一指》各部分一一考索，其为杂纂伪托之书当无可疑。

六、《诗宗正法眼藏》

此书旧题揭傒斯撰。有王用章《诗法源流》、朱绂《名家诗法汇编》、胡文焕《格致丛书》（《诗法统宗》）及顾龙振《诗学指南》本。"正法眼藏"原是禅语，《沧浪诗话·诗辨》云："学者须从最上乘，具正法眼，悟第一义。"书名或从此出。首论学诗要以唐人七律为宗，其中又以杜甫为正宗。故云：

> 且如看杜诗，自有正法眼藏，毋为傍门邪论所惑。今于杜集中，取其铺叙正、波澜阔、用意深、琢句雅、使事当、下字切五七言律十五首，学者不可草草看过。

考此十五首律诗（五律九首，七律六首），实出于伪托杨载得之于蜀中的《杜律心法》。其下六段文字，又抄自旧题杨载之《诗法家数》。此乃双重伪书。

又有旧题揭氏之《诗法正宗》，版本同上。标举学诗五事：一曰诗本，二曰诗资，三曰诗体，四曰诗味，五曰诗妙。这五个方面，应该是"养性以立诗本，读书以厚诗资，识诗体于原委正变之余，求诗味于盐梅姜桂之表，云诗妙于神通游戏之境"。无杂抄混乱之弊，颇能自成系统。惟史潜《新编名贤诗法》收此同样内容，而题作《虞先生金陵诗讲》（又作《虞侍书金陵诗法》），启人疑窦，或与上书一样，为他人伪托之作。

七、《诗文正法》

旧题傅与砺（若金）《诗法正论》，版本同上。此书怀悦编集本《诗法源流》收有相同内容，题作《诗法家数》，文末有"疏斋卢学士述"六字。《南村辍耕录》卷九《文章宗旨》条，引"卢疏斋先生《文章宗旨》云"，正与此内容相合。故知其作者为卢挚，题名傅氏，则出于伪托无疑。

又有《诗法正论》，亦题傅氏所撰。此篇见收于怀悦编《诗法源流》，无撰者姓氏。怀悦为明代初期人，《四库全书总目》卷一九一称他"永乐中（1403—1424）纳粟官通判"（《士林诗选》提要），成化初（1466年左右）尚在世。王用章刊《诗法源流》，乃题作傅与砺。据邵锐序，此书刊于嘉靖癸未年（1523）。后《名家诗法汇编》本沿之。《格致丛书》（《诗法统宗》同）、《诗学指南》本则题作"傅与砺述"。文中有"吾常亲承范先生之教"语，题名傅氏所述，或与此有关。

结　　语

诗格在古代诗歌理论著作中占有相当的比重。在诗话产生之前，从初唐一直到北宋初，文坛上广泛流行的就是诗格类著作。诗话兴盛之后，诗格著作也未曾消亡，在元代就出现了不少这一类著作。由于其内容多为作诗的格、法，不免琐屑呆板；再加上此类书的时代、真伪、书名、人名等方面，又存在着种种疑问，所以向来问津者寡。随着中国诗学研究的日益深入，诗格类著作的重要性也日益受到学术界的关注，对这些书的系统收集、整理、考辨的工作，也就越来越显得迫切。十多年前，我有机会接触到较多唐、宋、元、明的诗格著作，其后曾经对初唐至北宋流行的诗格作了初步的整理。但对于元、明时代的诗格，只是在五年前为《中国诗学大辞典》写作的相关条目中略抒己见，未暇再作系统整理。这一工作的重要性，近年来随着对《二十四诗品》真伪问题的关注和讨论，已经为更多的学者所觉察。本文试图提出自己对于元代诗格的初步看法，希望能够引起学术界对这一类文献的重视；我的粗浅意见，也希望得到批评和纠正。

唐代诗格与元代诗格中都存在着伪书问题，但其情况却又有所不同。就撰作动机而言，唐人诗格或以便科举，或以训初学；而元代诗格虽然有适应初学者的要求，但编纂的目的主要在于从中渔利。唐代诗格即便出于伪托，其宗旨与被托人的诗学仍然相通，如王昌龄《诗格》、贾岛《二南密旨》等；而元代诗格伪书的伪托者往往是书商。所以，其编辑方式多是根据流传文献杂抄拼凑，改头换面，诡题书名，托于当代名人，以利销售。《南村辍耕录》卷四"论诗"条云："国朝之诗，称虞（集）、赵（孟頫）、杨（载）、范（梈）、揭（傒斯）焉。"揭傒斯《范先生诗序》称："其诗道之传，庐陵杨中得其骨，郡人傅若金得其神，皆有盛名。"（《揭文安公集》卷八）由此看来，元代诗学著作，多托名于上述诸人以行世，也就不是偶然的了。

原载《文学遗产》1997 年第 3 期。

通　论

辨别伪书及考证年代的方法

梁启超

《四部正讹》的最后，论辨伪之法有八：

> 凡核伪书之道，核之《七略》，以观其源；核之群志，以观其绪；核之并世之言，以观其称；核之异世之言，以观其述；核之文，以观其体；核之事，以观其时；核之撰者，以观其托；核之传者，以观其人。核兹八者，而古今赝籍，无隐情矣。

这段话发明了辨伪的几个大原则，大概都很对。我现在所讲的略用他的方法，而归纳为两个系统：

甲，就传授统绪上辨别。

乙，就文义内容上辨别。

一则注重书的来源，一则注重书的本身。前者和《四部正讹》的第一、第二、第七、第八，四个方法相近；后者和《四部正讹》的第三、第四、第五、第六，四个方法相近。而详略重轻，却各不同。

甲　从传授统绪上辨别这八种看法

一、从旧志不著录，而定其伪或可疑。最古的志——最古的书目，是西汉末刘歆的《七略》和东汉初班固的《汉书·艺文志》（略称《汉志》）。《汉志》，是依傍《七略》做的，相距的时代很近，所以《七略》虽亡，《汉志》尽可代它的功用。我们想研究古书，在秦始皇以前的情形和数目，是没有法子考证的。因为古书的大半，都给秦始皇、楚霸王烧掉了。西汉一代，勤求古书，民间藏匿的书，都跑到皇帝的内府——中秘去了。刘歆编校中秘之书，著于《七略》。他认为假的而不忍割爱的则有之，有这部书而不著录的却没有。我们想找三代先秦的书看，除了信《汉志》以外，别无可信。所以凡刘歆所不见而数百年后忽又出现，万无此理。这个大原则的唯一的例外，便是晋朝在汲郡魏襄王家所发现的书，的确是刘歆等所未看见，《汉志》所未著录的。我们除汲冢书以外，无论拿着一部什么古书，只要是在西汉以前的，应该以《汉志》有没有这部书名，做第一个标准，若是没有，便是伪书，或可疑之书。

譬如《子夏易传》，《汉志》没有，《隋书·经籍志》（略称《隋志》）忽有。汉人看不见的书，如何六朝人能见之？又如《子贡诗传》，《汉志》《隋志》和宋朝的《崇文总目》都没有，明末忽然出现，从前藏在何处？又如《连山》《归藏》，《汉志》都没有，《隋志》忽有《归藏》，《唐志》忽有《连山》。假使夏、商果有此二书，为什么《汉志》

不著录？又如《伪古文尚书》孔安国《传》，《汉志》和《史记》《汉书》的列传都没有说，东汉末的马融、郑玄、晋初的杜预都没有见。假使孔安国果然著了此书，为什么从同时的人起一直到晋初的人止都不见，而东晋人反得见？又如《鬼谷子》，《汉志》无，《隋志》有；《亢仓子》，《汉志》《隋志》都无，《崇文总目》忽有。这都是最初不录，后来忽出，当然须怀疑，而辨其伪。

二、从前志著录，后志已佚，而定其伪或可疑。如《关尹子》，《汉志》著录，说有九篇；《隋志》没有。《汉志》虽然有之，真伪尚是问题。六朝亡了，所以《隋志》未录。而后来唐末宋初，忽然又有一部出现。如果原书未亡佚，那么隋朝牛弘能见万种书而不能见《关尹子》，唐朝数百年没有人见《关尹子》，到了宋初又才发现，谁能相信？这种当然是伪书。

三、从今本和旧志说的卷数篇数不同，而定其伪或可疑。这有二种：一是减少的，一是增多的。减少的，如《汉志》有《家语》二十七卷，到了《唐书·艺文志》（略称《唐志》）却有王肃注的《家语》十卷。所以颜师古注《汉志》说非今所有《家语》。可见王注绝非《汉志》原物。又如《汉志》已定《鬻子》二十二篇为后人假托，而今本《鬻子》才一卷十四篇。又说《公孙龙子》有十四篇，而今本才六篇。又说《慎子》有二十四篇，而《唐志》说有十篇，《崇文总目》说有三十七篇，而今本才五篇。这都是时代愈近，篇数愈少。这还可以说也许是后来亡佚了。又有一种，时代愈后，篇数愈多的，这可没有法子辩，说他不是伪书。如《鹖冠子》，《汉志》才一篇，唐朝韩愈看见的，已多至十九篇，宋朝《崇文总目》著录的，却有三十篇。其实《汉志》已明说《鹖冠子》是后人假托的书，韩愈读的，又已非《汉志》录的，已是伪中伪，《崇文总目》著录的又非韩愈读的，更是伪中的伪又出伪了。又如《文子》，《汉志》说有九篇，马总《意林》却说有十三篇。这种或增或减，篇数已异，内容必变，可以决定是伪书，最少也要怀疑，再从别种方法定其真伪。

四、从旧志无著者姓名而是后人随便附上去的姓名是伪。如《文子》，《汉志》没有著者姓名，马总《意林》说是春秋末范蠡的老师计然做的，而且说计然姓章。汉人所不知，唐人反能知之。其实《文子》本身已是伪书，窃取《淮南子》的唾余而成，何况凭空又添上一个不相干的人名呢？

五、从旧志或注家已明言是伪书而信其说。如《汉志》已有很多注明依托，他所谓依托的，至少已辨别是假，那种书大半不存，存的必伪。又如颜师古注《汉志》《孔子家语》说："非今所有《家语》。"他们必有所见，才说这个话，我们当然不能信他所疑的伪书。又如隋《众经目录》编《大乘起信论》于疑惑类，说"遍查真谛录，无此书"。法经著隋《众经目录》时，距真谛死不过三十年，最少可以证明这书不是真的。

六、后人说某书出现于某时，而那时人并未看见那书，从这上可断定那书是伪。如《伪古文尚书》十六篇，说是西汉武帝时发现的，孔安国曾经作传，东汉末马融、郑玄又曾经作注。其实我们看西汉人引《尚书》的话，都不在伪古文十六篇之内，而马融《尚书注》虽然佚了，现在也还保留一点，并没有注那十六篇。他们常引佚书，在今本伪古文十六篇之内。可见马、郑以前的人，并没有看见今本《伪古文尚书》，一定是三国以后的人假造的。不但如此，杜预是晋初的人，他注《左传》也常引佚书，而不言《尚书》，可见《伪古文尚书》还在他以后才出现。而造假的，偏想骗人，说是西汉出现的真书，谁肯相信呢？

七、书初出现，已发生许多问题，或有人证明是伪造，我们当然不能相信。如张霸伪造的百两《尚书》，不久即知其伪。《尚书·泰誓篇》从河间女子得来，马融当时便已怀疑。这种书若还未佚，我们应当注意。

八、从书的来历暧昧不明而定其伪。所谓来历暧昧不明，可分二种：一是出现的，二是传授的。前者如《古文尚书》，说是出于壁中，这个壁不知是谁的壁，有人说秦始皇焚书，伏生藏书壁中，到了汉朝除藏书之禁，打开壁取出书来，却已少了许多了；有人说孔子自己先知将来有一个秦始皇会焚他的书，预藏壁中，到了汉鲁共王拆坏孔子的屋子，在壁间发现了《古文尚书》《礼记》《论语》《孝经》等书。这二说都出于《汉书》，究竟哪说可信呢？像这类出现的，来历不明的很多。如《尚书》的《舜典》，说是从大航头找得，其实不过把《尧典》下半篇分出来，加上二十八字而另成一篇。又如张湛注《列子》，前面有一篇叙，说是当五胡乱华时从他的外祖王家得来的孤本，后来南渡长江，失了五篇，后又从一个姓王的得来三篇，后来又怎样得来二篇，真是像煞有介事。若《列子》果是真书，怎么西晋人都不知道有这样一部书？像这种奇离的出现，我们不可不细细的审查、根究，而且还可以径从其奇离而断定为作伪之确证。

至于传授的暧昧，这类也很多。如《毛诗小序》的传授，便有种种的异说。有的说子夏五传至毛公，有的说子夏八传至毛公，有的说是由卫宏传出的。我们从这统绪纷纭上可以看出里面必有毛病。这种传授时和出现的暧昧，都可以给我们以读书得间的机会，由此追究，可以辨别书的真伪。

乙　从文义内容上辨别

上面讲的注重书的来历，现在讲的注重书的本身。从书的本身上辨别，最须用很麻烦的科学方法。方法有五。

一、从字句罅漏处辨别。作伪的人常常不知不觉的漏出其伪迹于字句之间，我们从此等小处着眼，常有重大的发现，其年代错题者也可从这些地方考出。这又可分三种看法。

（子）从人的称谓上辨别。这又可分三种：

（A）书中引述某人语，则必非某人作。若书是某人做的，必无"某某曰"之词。例如《系辞》《文言》说是孔子做的，但其中有许多"子曰"。若真是孔子做的，便不应如此。若"子曰"真是孔子说，《系辞》《文言》便非孔子所能专有。又如《孝经》，有人说是曾子做的，有人直以为孔子做的。其实起首"仲尼居，曾子侍"二句便已讲不通。若是孔子做的，便不应称弟子为曾子，若是曾子做的，更不应自称为子而呼师之字。我们更从别的方法可以考定《孝经》乃是汉初的人所做，至少也是战国末的人所做，和孔、曾哪有什么关系呢？

（B）书中称谥的人出于作者之后，可知是书非作者自著。人死始称谥，生人不能称谥，是周初以后的通例。管仲死在齐桓公之前，自然不知齐桓公的谥。但《管子》说是管仲作的，却称齐桓公，不称齐君、齐侯，谁相信？商鞅在秦孝公死后即逃亡被杀，自然无暇著书，若著书在孝公生时，便不知孝公的谥，但《商君书》说是商鞅做的，却大称其秦孝公，究竟是在孝公生前著的呢？还是在孝公死后著的？

（C）说是甲朝人的书，却避乙朝皇帝的讳，可知一定是乙朝人作的。汉后的书对于本朝皇帝必避讳。如《晋书》是唐人修的，所以避李渊、李虎的讳，改陶渊明为陶泉明，改石虎为石季龙。假使不是唐人的书，自然不必避唐帝的讳。《元经》却很奇怪，说是隋朝王通作的，却也称戴渊为戴若思，石虎为季龙，是什么道理？又如汉文帝名恒，所以汉人著书，改恒山为常山，改陈恒为陈常。现在《庄子》里面却也有陈常之称，这个字若非汉人抄写时擅改，一定这一篇或这一段为汉人所窜补的了。

（丑）用后代的人名地名朝代名。这也可分三种：

（A）用后代人名。例如《尔雅》，一部分是叔孙通作的，一部分是汉初诸儒做的，大部分到了西汉末才出现，而汉学家推尊为周公的书。那书里有"张仲孝友"的话，张仲分明是周宣王时人，周公怎么能知道他呢？又如《管子》有西施的事，西施分明是吴王夫差时人，管仲怎么能知道她呢？又如《商君书》有魏襄王的事，魏襄王的即位在商鞅死后四十余年，怎么能够让商鞅知道他的谥法呢？由这三条，便可证明《尔雅》非周公所作，《管子》非管仲所作，《商君书》非商鞅所作。

（B）用后代地名。例如《山海经》，说是大禹、伯益作的，而其中有许多秦汉后的郡县名如长沙城都之类，可见此书至少有一部分是汉人所做或添补的。我们又可从地名间接来观察《左传》讲的分野，那十二度分野的说法完全是战国时的思想。因其以国为界，把战国时大国如魏、赵、韩、燕、齐、秦、楚、越等分配给天上的星宿，说某宿属某国，可知是战国时的产品。当春秋时，赵、魏、韩还未成国，越、燕还很小，怎么可当星宿的分野呢？我们从《左传》讲分野这点，可以说《左传》不是和孔子同时的左丘明做的，至少也可以说，《左传》即使是左丘明做的，而讲分野这部分一定是后人添上去的。

（C）用后代朝代名。我国以一姓兴亡为朝代，前代人必不能预知后代名。但是《尧典》却有"蛮夷猾夏"的话，夏乃大禹有天下之号。固然，秦以前的外民族号本民族为夏，汉以后的外族称本族为汉，唐以后的外族称本族为唐，我们现在还是自称汉人，华侨现在还是自称唐人，但都是后代人称前代名，没有前代人称后代名的。《尧典》却很可笑，却预知本族可称夏，这不是和宋板《康熙字典》同一样笑话吗？我们看那篇首不是分明说了"曰若稽古帝尧"么，加以现在这层证据，可知一定是夏、商以后，孔子以前的人追述的，而后人却说《尧典》等篇非尧、舜的史官不能做到这样好，岂非笑话！

（寅）用后代的事实或法制。这可分二种：

（A）用后代的事实。这又可分三种：

（a）事实显然在后的。如《商君书》有长平之战，乃商鞅死后七十八年之事，可知是书是长平之战以后的人做的。又如《庄子》说过"田成子杀其君，十二世而有齐国"的话，自陈恒到秦灭，齐恰是十二世，到庄周时代不过七八世，庄周怎么能知陈氏会有齐十二世呢？这可知那篇一定是秦汉间的人做的，否则不致那么巧。又可知《庄子》虽然是真的，外篇却很多假的，必须细细考证一番。

（b）预言将来的事显露伪迹的。这类《左传》最多。《左传》好言卜卦，卜卦之辞没有不灵验的。如陈敬仲奔齐，懿仲欲妻以女，占曰："……有妫之后，将育于姜。五世其昌，并于正卿。八世之后，莫之与京。"和后来的事实一一相符。即使有先见之明，也断断不致如此灵验。这分明是在陈恒八世孙以后的人从后附会的，哪里是真事！又如季札观乐上国，批评政治的好坏，断定人事的兴衰，没有一句不灵验的。当时晋六卿还是全盛，他却说三家将分晋。当是齐田氏有齐以后的人追记其事时，乐得说好些以显其离奇灵验。我们正可以离奇灵验的记载做标准而断定这些话之靠不住。

（c）伪造事实的。例如文中子《中说》把隋、唐阔人都拉在他——王通——门下，说仁寿二年曾见李德林，又曾遇关朗。其实李德林之死在仁寿二年之前九年，关朗乃早百二十余年的人，何能看见王通？此外如房玄龄、杜如晦、李靖……都说是王通的弟子，而他书一无可考。从各方面观察，可知文中子《中说》是伪书。若真是王通做的，则王通是一钱不值的人。若是别人为王通捧场而做的，则伎俩未免太拙了。

以上三种，（a）是与事实不符，（b）是假托预言，（c）是纯造谣言。只要我们稍微留心，便可识破伪迹。

（B）用后代的法制。例如《亢仓子》说"衰世以文章取士"。以文章取士，乃六朝以前所无，唐后始有。亢仓子是庄周的友，战国时人，怎么知有考八股的事呢？从此，可知一定是唐以后的人做的。又如《六韬》有"帝避正殿"之事。避正殿乃先秦以前所无，汉后始有。《六韬》说是周初的书，周朝哪有此种制度呢？从此，可知是汉以后的人做的。凡是朝廷的制度法律，社会的风俗习惯，都可以此例做标准，去考书的真伪和年代。

二、从抄袭旧文处辨别。这可分三种。

（子）古代书聚敛而成的。战国时有许多书籍并非有意作伪，不过贪图篇幅多些，或者本是类书，所以往往聚敛别人做的文章在一处。这可分二种：

（A）全篇抄自他书的。例如《大戴礼记》有十篇说是曾子做的，而《曾子·立身篇》却完全从《荀子》的《修身》《大略》两篇凑成。我们已经知道《荀子》书是很少伪杂的，《修身》《大略》的见解尤其确乎是荀子的。那么，《曾子·立身篇》一定是编《大戴礼记》的人抄自《荀子》无疑。又如《韩非子·初见秦篇》完全和《战国策·秦策一》的第四段相同，只是这里说是韩非的话，那儿又说是张仪的话，有点差异。其实韩非是韩的诸公子，不致说《初见秦篇》那种昧心话，去和敌国设计灭祖国。我们看那篇后的《存韩篇》极力想保存韩国，便知韩非决不致有这样矛盾的主张，那篇一定是编书的人抄自他书的。但《战国策》本身和类书一样，他把那篇嫁往张仪身上，其实篇中已有张仪死后四十九年的事，张仪怎么能领受呢？大概《初见秦篇》本是单篇流行的无名氏游说辞，因为文章做得好，编《战国策》和《韩非子》的人便都把它收入去了。此外又如《鹖冠子》分明是伪书，据韩愈所分，前三卷，中三卷，后二卷，而前卷完全自《墨子》抄来，实在太不客气了。

（B）一部分抄自他书的。此类极多，例如《商君书·弱民篇》"楚国之民齐疾而均速"以下一段，又见于《荀子·议兵篇》，批评各国的国民性。但《荀子》是真书，而且《议兵篇》是荀子和赵临武君对谈的话，口气很顺。《商君书》本身已有些部分可疑，而《弱民篇》又不似著述的体裁。我们可从此断定是编《商君书》的人抄袭《荀子》的一段。此外也不多举例了。

（丑）专心作伪的书剽窃前文的。有意作伪的人想别人相信他，非多引古书来掺杂不可。例如《伪古文尚书》是东晋时人做的，因当时逸书很多，而造伪者只要有一点资料可采，便不肯放过，采花酿蜜似的，几无痕迹可见。清儒有追寻伪古文出处的，也几乎都能找到他的老祖宗。自宋儒程、朱以来，所认最可宝贵的十六字"人心惟危，道心惟微，惟精惟一，允执厥中"，据他们说，真是五千年前唯一的文化渊源了。但我们若寻他的出处，便知是从《荀子·解蔽篇》《论语·尧曰篇》的几句话凑缀而成。《解蔽篇》引《道经》曰："人心之危，道心之微。"《尧曰篇》述尧命舜之言曰："允执其中。"伪造者把二处的话联缀一处，把之字改为惟字，加上一句"惟精惟一"，便成了十六字传心秘诀，其实哪里真有这回事呢！又如《列子》有十之三四和《庄子》相同，并且有全段无异的。列子虽似是庄子的先辈，但庄子叙述列子，是否和叙述混沌、倏忽一般的是寓言，已是问题。假使真有列子其人，则庄子是盗窃先辈的书，而庄子决不致如此。庄子是创作家，文章思想都很好。我们看《列子》《庄子》大同小异处，《列子》或改或添总是不通。唐以后的古文家说《列子》的文章比《庄子》还更离奇，其实所谓离奇处正是不通处。我们从这上便正可以证明是《列子》抄《庄子》而非《庄子》抄《列子》了。

还有一个最奇怪的例。《文子》完全剽窃《淮南子》，差不多没有一篇一段不是《淮南子》的原文，只把篇目改头换面。如《淮南子》第一篇是《原道》，他却改为《道原》，真是无聊极了。像这类的书，没有一点价值可说，焚毁也不足惜。

（寅）已见晚出的书而剿袭的。例如《焦氏易林》，说是焦延寿做的。焦延寿是汉昭帝宣帝时人，那时《左传》未立学官，普通人都看不见。现在《易林》引了《左传》许多话。其实《左传》到汉成帝时才由刘歆在中秘发见，焦延寿怎么能看见《左传》呢？这分明是东汉以后的人见了那晚出的《左传》才假造的。又如《列子·周穆王篇》，完全和《穆天子传》相同。前人疑《列子》是假书，《四库全书提要》因这层便说似是真书。其实我们却正可因这层说它必伪无疑。因为《穆天子传》至晋太康二年才出土，伪造《列子》的张湛刚好生在其后不久。张湛见了《穆天子传》才造《周穆王篇》，和东汉后人见了《左传》才造《易林》，有什么不同呢？

三、从佚文上辨别。有些书因年代久远而佚散了，后人假造一部来冒替，我们可以用真的佚文和假的全书比较，看两者的有无同异，来断定书的真伪，现在分二种讲。

（子）从前已说是佚文的，现在反有全部的书，可知书是假冒。例如伪《古文尚书》每篇都有许多话在马融、郑玄、杜预时已说佚文的。马、郑在东汉且不能见全书，怎么东晋梅赜反能看见呢？只此消极的理由，便可证明那书是西晋人假造的了。

（丑）在甲书未佚以前，乙书引用了些，至今犹存，而甲书的今本却没有或不同于乙书所引的话，可知甲书今本是假的。例如《竹书纪年》是晋太康三年在汲郡魏冢家发现的，《晋书·束晢传》记其书和旧说不同的有夏年多殷，启杀伯益，太甲杀伊尹，文丁杀季历等事。当时很有人因此疑竹书为伪，殊不知造伪者必不造违反旧思想之说，姑且勿论。今本却因其事违反旧说而完全删改，一点痕迹找不着了。可知今本《竹书纪年》必不是晋时所发现的。又如《孔子家语》，从前已说过，颜师古注《汉书》已说"非今所有《家语》"。古本真伪，已不能确考。但《左传正义》引《观周篇》，说是沈文炳《严氏春秋》引的，杜佑《通典》六十九亦引了崔凯所引的，那些话都是今本所没有，可知今本是假的，而造伪的王肃已不曾见到古本。像这类古本虽佚，尚存一二佚文于他书，我们便可引来和今本比较，便考定今本的真伪了。

四、从文章上辨别。这可分四项。

（子）名词。从书名或书内的名词可以知道书的真伪。例如《孝经》，大家说是曾子做的，甚至说是孔子做好而传给曾子的。姚际恒辨之曰："诸经古不系以经字，惟曰《易》曰《诗》曰《书》。其经字乃俗所加也。自名《孝经》，自可知其非古。若去经字，又非如《易》《书》《诗》之可以一字名者矣。班固似亦知之曰：'夫孝，天之经，地之义，民之行也。举其大者言，故曰孝经。'此曲说也，岂有取'天之经'经字配孝字以名书，而遗去天字，且遗去'地之义'诸句者乎？"我们单根据这条，便可知《孝经》决不和孔子、曾子有直接的关系了。

还有个可笑的例。释迦牟尼讲佛法，都由他的十大弟子传出。所以佛经起首多引十大弟子的一人，说"如是我闻，一时佛在……与大弟子某某俱……"。十大弟子有一个叫做优波离，和婆罗门教的哲学书《优波尼沙》只差一字。现在有一部《楞严经》起首就说"如是我闻优波尼沙说"，竟把反对佛教的书名当做佛弟子的人名了。这种人名、书名的分别，只要稍读佛经者便可知道，而伪造《楞严经》者竟混而为一，岂非笑话！

（丑）文体。这是辨伪书最主要的标准。因为每一时代的文体各有不同，只要稍加留心便可分别。即使甲时代的人模仿乙时代的文章，在行的人终可看出。譬如碑帖，多见多临的人一看便知是某时代的产物。替如诗词，多读多做的人一看便知是某时代的作品。造伪的人无论怎样模仿，都不能逃过真知灼见者的眼睛。

这种用文体辨真伪或年代的工作，在辨伪学中很发达。《汉书·艺文志》"《大禹》三十七篇"下，班固自注云："传言禹所作，其文似后世语。"这类从文章辨说书的假冒，不止一条。后汉赵岐删削《孟子外篇》四篇，说"其文不能闳深，不与内篇相似"。晋郭象删削《庄子》许多篇，也从文体断定不是庄子做的。伪《古文尚书》最初何以有人动疑，也因为《大诰》《洛诰》《多士》《多方》太诘屈聱牙，而《五子之歌》《大禹谟》却可歌可诵，二者太悬殊了。如果后者确是夏初的作品，这样文从字顺，而前者是商、周的作品反为难读，未免太奇怪了。固然也有些人喜用古字古句，如樊宗师、章太炎的文章，虽是近代而也很难读，但我们最少可以看出是清朝人的文章，若指为汉文则终不似。而除这些人以外，大多数人的文章总是时代越近越易懂。伪《古文尚书》便违反了这个原则，那几篇说是夏、商的反较商、周的为易懂，所以不能不令人怀疑而辨伪了。

此外又如苏轼说《马蹄篇》和《庄子》他篇不似而以为伪，固未必是。但《庄子》内篇和外篇文体不同，可知必非一人所作。又如《孝经》《鹖子》《子华子》《亢仓子》，一望而知为秦汉之文，非秦汉人不能做到那样流丽。《关尹子》更可笑，竟把六朝人翻译佛经的文体伪托先秦。所以我们从文体观察，可使伪书没有遁形，真妙的很。

上面辨的是关于思想方面的书，若从文体辨文学作品的真伪，则越加容易。例如《古诗十九首》，前人说是西汉枚乘做的。若依我的观察，《十九首》的诗风完全和建安七子相同，和西汉可靠的五言诗绝异。西汉《铙歌》如十八章音节腔调绝对不似《十九首》，东汉前期的作品亦不相类。《十九首》中如"古洛""东门""北邙"等名词都是东汉以后才习用，也可作一证。即以文体而论，亦可知不特非西汉作品，且非东汉前期作品也。又如词的起源，中唐刘禹锡、白居易始渐渐增减诗句而为之，字语参差，只有单调，到了晚唐才有双调。李白生在中唐却能做《菩萨蛮》《忆秦娥》那样工整的双调词，岂不可怪！倘使李白的词是真的，怎么中唐至唐末百余年间没有一人能做他那样的词，一直到温庭筠才试做，还没有十分成熟呢！

真的讲，像这种从文体辨伪书的方法，真妙的很，却难以言传。但这个原则是颠扑不破的。如看字看画看人的相貌，有天才或经验的人暗中自有个标准，用这标准来分别真伪年代或种类。这标准十分可靠，但亦不可言说，只有多经验，经验丰富时，自然能用。我自己对于碑帖便有这种本领，无论那碑帖这样的毫无证据可供我们考其年代，我总可从字体上断定是何时代的产品，是何代前期的或后期的。无论造伪碑帖的人怎样假冒前代，和真的混杂一起，我总可以分别其孰真孰伪。辨古书的真伪和年代，我也惯用此法。

（寅）文法。凡造伪的不能不抄袭旧文，我们观察他的文法，便知从何处抄来。例如《中庸》，说是子思做的。子思是孟子的先生，《中庸》似在《孟子》之前。但依崔述的考证，《中庸》却在《孟子》之后。证据很多，文法上的也有一个。崔述把《中庸》《孟子》相同的"在下位不获乎上……"一章比较字句的异同，文法的好歹，说《孟子》"措语较有分寸……首尾分明，章法甚明"。《中庸》所用虚字"亦不若《孟子》之妥适"。可见"是《中庸》袭《孟子》，非《孟子》袭《中庸》"。又如《庄子》和《列子》相同的，前人说是《庄子》抄《列子》。前文已讲过庄子不是抄书的人，现在又可从文法再来证明。《庄子·应帝王篇》曾引壶子说："……是殆见吾衡气机也。鲵桓之审为渊，止水之审为渊，流水之审为渊。渊有九名，此处三焉。"大约因衡气机很难形容，拿这三渊做象征，但有三渊便尽够了。伪造《列子》的因为《尔雅》有九渊之名，想表示他的博学，在《黄帝篇》便说："……是殆见吾衡气机也，鲵旋之潘为渊，止水之潘为渊，流水之潘为渊，滥水之潘为渊，沃水之潘为渊，氿水之潘之渊，雍水之潘为渊，汧水之潘为渊，肥水之潘为渊，是为九渊焉。"竟把引书的原意失掉了，真是弄巧反拙。谁能相信《列子》在《庄子》之前呢？又如贾谊《新书》早已亡佚了，今本十之七八是从《汉书·贾谊传》抄来的。《贾谊传》的事实言论，《新书》拿来分做十数篇，各有篇名。前人说是《汉书》采各篇成传，其实如《贾谊传》的《治安疏》全篇文章首尾相顾，自然是贾谊的作品。而《新书》也分做几篇，章法凌乱，文气不接，割裂的痕迹显然。贾谊必不致割裂一疏以为多篇，亦不致凑合多篇以为一疏。若是真的《新书》还存在，一定有许多好文章，不致如今本的疏陋。今本是后人分析《贾谊传》而成，我们可无疑了。

（卯）音韵。历代语言的变迁，从书本还可考见，先秦所用的韵和《广韵》有种种的不同，那不同的原则都已确定了。例如"为""离"今在"支"韵，古在"歌"韵。《三百篇》《易·象辞》都不以"为""离"叶"支"，"为"必读做"讹""禾"，"离"必读做"罗"。以"为""离"叶"支"韵的，战国末年才有。《九歌·少司命》以"离"和"辞""旗""知"叶，《离骚》《东君》以"蛇"和"雷""怀""归"叶，《韩非子·扬权篇》以"离"和"知""为"叶。这些证据不能不令我们承认这个原则。我们翻回来看《老子》却觉得奇怪了。那第九章"明白四达，能无知乎？"竟把"知"字叶上文的"离""儿""疵""为""雌"。我素来不相信《老子》是孔子前的作品，这个证据亦很重要。从此可断定《老子》必定是战国末年的人做的。若是《老子》确是和孔子同时的老聃做的，便不应如此叶韵。可惜我们对于古语的变迁不能够多知道，若多知道些，则辨伪的证据越加更多。现在单举一例，做个嚆矢罢了。

五，从思想上辨别。这法亦很主要，前人较少用，我们却看做很好的标准。可分做四层讲。

（子）从思想系统和传授家法辨别。这必看定某人有某书最可信，他的思想要点如何，才可以因他书的思想和可信的书所涵的思想相矛盾而断定其为伪。如孔子的书以《论语》为最可信，则不能信《系辞》。前面已讲过，孔子是现实主义者，绝无谈玄的气味，而《系辞》却有很深的玄学气味，和《论语》正相反。我们既然相信《论语》，最少也认《系辞》不是孔子自己做的。否则孔子是主张不一贯而自相矛盾的人，这又于思想系统上说不过去了。

又如柳宗元辨《晏子春秋》是最好的从思想上辨别的例，虽不很精，但已定《晏子春秋》是齐人治墨学者所假托。因书中有许多是墨者之言，而晏子是孔子前辈，如何能闻墨子之教？那自然不是晏子自做的书。

又如《老子》，说就是老聃做的。到底是否孔子问礼的老聃，有没有老聃这个人，且不问。假使我们相信有这人，孔子果真问过礼，那么，《礼记·曾子问》所记孔子、老子问答的话也不能不认为真。若认为真，那么，那些话根本和《老子》五千言不相容。《曾子问》的老聃是讲究礼仪小节的人，决不配做五千言的老子。做五千言的人，方且说"夫礼者忠信之薄而乱之首也"，哪有工夫和孔子言礼？《老子》五千言到底是谁做的，我们不能知道，但从此可知决非孔子问礼的老聃做的。

又如《尹文子》思想很好，而绝对不是尹文子做的。《庄子·天下篇》以尹文子和宋钘对举，说他"……上说下教，虽天下不取，强聒而不舍也。……不为苛察，不以身假物，以为无益于天下者，明之不如己也。以禁攻寝兵为外，以情欲寡浅为内"。可知他很有基督教的精神，标出一二语而推衍出去，不欲逐物苛察，决不似名家。但后人都认他为名家，今本《尹文子》亦是名家言。我们相信《天下篇》的，便不能相信今本《尹文子》是尹文子的作品。因为书上的思想显然和《天下篇》说的不同。

以上是先秦各书的例，以下举二个佛经的例。前面已讲过《起信论》《楞严经》是假的，种种方面都可证明，而最主要的还在思想上根本和佛经不相容。《起信论》讲"无明"的起源，说"忽然念起，而有'无明'"。佛教教理便不容有此。因为佛教最主要的十二因缘，无论何派都不能违背这个原理。十二因缘互相对待，种种现象由此而起，没有无因无缘忽然而起的事物。主观和客观对待，离则不存，一切法都由因缘而生。《起信论》"忽然念起，而有'无明'"的思想，根本和佛理违反，当然不是佛教的书。《楞严经》可笑的思想更多，充满了"长生""神仙"的荒诞话头，显然是受了道教的暗示，剽窃佛教的皮毛而成。因为十种仙人，长生不老，都是道教的最高企冀，佛教却看轻神仙、灵魂、生命，二者是绝对不相容的。真正佛经并没有《楞严经》一类的话，可知《楞严经》是假书。

从传授家法上也可以辨别书的真伪。汉朝诸儒家法很严，各家不相混淆。申培是传《鲁诗》的人，刘向是他的后起者。假使《申培诗说》未亡，一定和刘向的见解相同，和《齐诗》《韩诗》殊异，和《毛诗》更不知相差几千里。而今本《申培诗说》却十分之九是抄袭《毛诗》。《毛诗》和《鲁诗》相反，申培如何会帮助《毛诗》说话？我们更从别方面，已证明今本《申培诗说》是明人假造的。这也是个证据。

（丑）从思想和时代的关系辨别。思想必进化，日新月异。即使退化，也必有时代的关系。甲时代和乙时代的思想必有关联影响，相反相成，不能无理由的发生。乙时代有某种思想，一定有它的生成原因和条件，若没有，便不生。倘使甲时代在乙时代之前，又并没发生某种思想之原因和条件，却有涵某种思想的书说是甲时代的，那部书必伪。例如《列子》讲了许多佛理，当然是见了佛经的人才能做。列子是战国人，佛经到东汉才入中国，列子如何得见佛经？从前有人说："佛教何足奇？我们战国时已有列子讲此理呢！"其实哪里有这回事！我们只从思想突然的发生这层已足证明《列子》是假造的了。固然也许有些思想，中外哲人不约而同的偶然默合。但佛教的发生于印度，创造于释伽牟尼，自有其发生之原因和条件。战国时代的中国，完全和当时的印度不同，并没有发生佛理的条件和原因。列子生在这种环境，如何能发生和佛理相同的思想呢？

又如阴阳家的思想乃邹衍所创，邹衍以前从没有专讲阴阳的。《书》《诗》《论语》《孟子》和《易》的卦辞、爻辞绝对不讲，《易》的《彖辞》《象辞》也只是泰、否二卦提及了这二字，《系辞》《文言》却满纸都是讲阴阳了。从前的阴阳二字只表示相反，并无哲学的意味，《系辞》《文言》却拿来做哲学上的专名了。这分明告诉我们，卦辞、爻辞是一个时代的产品，《彖辞》《象辞》是一个时代的产品，《系辞》《文言》是一个时代的产品，并不是同一时代的。这又分明告诉我们，《系辞》《文言》受了邹衍的影响很深，也许是阴阳家——儒家的齐派——做的，时期在战国后期，因为思想的发生是有一定的次序的。

又如《管子》非难"兼爱""非攻"之说，也是一件很有趣味的问题。"兼爱""非攻"完全是墨家的重要口号，墨家的发生在管仲死后百余年。管仲除非没有做《管子》，否则怎么能知道墨家的口号呢？这可知《管子》不是管仲做的，他的成书一定在墨家盛行之后。

又如《老子》拼命攻击仁义，更有意思。孔子以前，无人注意"仁"的重要，自孔子始以"仁"为人格最高的标准和"智""勇"对举。孟子以前，无人同时言"仁义"，自孟子始以"义"和"仁"同等的看待，做人格的标准。孔子最大的功劳就在发明"仁"字，孟子最大的功劳就在发明"义"字。自此以后，一般人始知仁义的重要。《老子》倘使是孔子前辈老聃做的，那时孔子也许还未提倡仁字，孟子还没有出世，"义"字也还没有人称用，那么《老子》攻击仁义，不是"无的放矢"么？从这上，我们可以断定《老子》不但出于孔子之后，而且更在孟子后。还有《老子》有句"不尚贤，使民不争"的话。"尚贤"乃是墨家的口号，墨家发生在孔子之后，这也是《老子》晚出的小小证据，和上例同一理由。说到仁义二字，又想起《系辞》曾说"立人之道，曰仁与义"。仁义对举，始自孟子，前面已讲过。那么，《系辞》是孟子以后的人做的，也可以由此断定。从上面诸例，可知我们注意思想和时代的关系，去辨古书的真伪和年代，常有重要的发现和浓厚的趣味。

（寅）从专门术语和思想的关系辨别。例如今本《邓析子》第一篇是《无厚》，有人说邓析为"无厚"之说。到底邓析著了书没有，本是问题，许是战国时人著书托名邓析，亦未可知。"无厚"是战国学者的特别术语，《墨经》"端体之无厚而最前者也"，《庄子·养生主》"以无厚入有间"。无厚的意义，《墨经》说解做几何学上的"点"，无面积的可言。《庄子》譬做极薄的刀锋，无微不入，只是一种象征。战国名家很喜欢讨论这点，这无厚的意义也是学者所俱知的。《邓析子》既号称是名家的书，对于这点应该不致误解，不料今本却很使人失望。《无厚篇》开头便说"天于人，无厚也；君于民，无厚也；父于子，无厚也；兄于弟，无厚也。……"竟把厚字当作实际的具体的道德名词看，把无厚当做刻薄解。这种浅薄的思想，连专门术语也误解误用，亏他竟想假托古书！从这点看，《邓析子》既不是邓析的书，也不是战国人所伪造，完全是后世不学无术的人向壁虚造的。像这类不通的书比较的少，现在也不多举例了。

（卯）从袭用后代学说辨别。这虽和思想无大关系，但也可以辨真伪。如《子华子》是伪书无疑，作伪的不是汉人，不是唐人，乃是宋人；不是南宋人，乃是北宋人。怎么知道？因为那书里有许多抄袭王安石《字说》的地方。《字说》到南宋已不行于世了，所以晁公武《郡斋读书志》断定他是北宋末年的人假造的。又如《申培诗说》，前面已讲过是伪书，他又抄袭朱熹《毛诗集传》之说，可知一定是南宋以后的人所伪造。又如《孔丛子》"禋于六宗"之说，完全和《伪古文尚书》孔安国《传》及伪《孔子家语》相同，可见也是西晋以后的伪书。

以上讲的是辨真伪考年代的五大法门。我们拿来使用，对于古书才有很明了的认识。这是我们最须记住的一章。

【编者按】梁启超的这篇文章是作为反面教材收入的，曾经产生过很坏的影响。为了走出疑古时代，我们必须清算古史辨派，而梁启超的这套辨伪方法正是古史辨派的理论基础。廖名春先生曾经予以深入剖析，笔者也撰写专文批驳，可资参考。

《古书通例》（节选）①

余嘉锡

绪 论

……欲研究中国学术，当多读唐以前书，则固不易之说也。

治学所以必读古书者，为其阅时既久，亡佚日多，其卓然不可磨灭者，必其精神足以自传，譬之簸出糠秕，独存精粹也。后人之书，则行世未远，论定无闻，珠砾杂陈，榛荆勿翦，固宜其十不足以当一耳。然亦未可一概而论。盖古书之传不传，亦正有幸有不幸。有以牵连而并存（如释、道藏及丛书之类），有以变乱而俱亡（如牛弘所言五厄）；其得也或出于无心（如敦煌佚书、流沙坠简之类），其失也或缘于有意（如范晔之志蜡车，李贺之集投涸之类）。千端万绪，盖非一途。特既幸存于今，则皆足以考古……

虽然，研治中国古代学术当读古书，最难读者亦莫如古书，古书亦甚繁，读之者不可不知所别择。张之洞谓"一分真伪而古书去其半，一分瑕瑜而列朝书去其十之八九矣"，斯固然矣。而欲分真伪，则有三法，亦有三难：

一曰考之史志及目录以定其著述之人，及其书曾否著录。然周、秦之书不必手著。《汉志》所载之姓名，不尽属之著述之人。其他史志及目录所载书名撰人（《新唐志》及《宋史·艺文志》），皆不免有讹误。若其著录与否，则历代求书，不能举天下之载籍，尽藏之于秘府；况书有别称，史惟载其定名；篇有单行，志仅记其总会（《汉志》多有此例）。又往往前代已亡，后来复出。或发自老屋，而登中秘；或献自外国，以效梯航。至于晁子止之《读书》（晁公武《郡斋读书志》），陈直斋之撰录（陈振孙《直斋书录解题》），只纪一家之有无，未及当代之存佚。其余诸家书目，见闻益碍，盖不足言。是则据史志目录以分真伪之法，不尽可凭也。其难一矣。

二曰考之本书以验其记载之合否。然古书本不出自一人，或竹帛著自后师，或记叙成于众手，或编次于诸侯之客（见《史记·信陵君传》，详见后），或定著于写书之官（刘向）。逸事遗闻，残篇断简，并登诸油素，积成卷帙。故学案与语录同编，说解与经言并载。又笺注标识，混入正文，批答评论，咸从附录；以此语不类其生平，事并及于身后。至于杜撰事实，造作语言，设为主客之辞，鸣其荒唐之说，既属寓言，难可庄论。故摘其纰谬，固自多端，校其因缘，由来非一。是则即本书记载以分真伪之法，容有未尽也。其难二矣。

三曰考之群书之所引用，以证今本是否原书。然古书皆不免阙佚。盖传写之际，抄胥畏其繁难，则意为删并；校刻之时，手民恣其颠顿，则妄为刊落。又有兔园之册，本出节

---

① 本文参照中华书局 2007 年版节选部分章节。

抄，坏壁之余，原非完帙。而类书之采用，笺注之援引，往往著者则署为前人，书名则冠以"又曰"，于是甲乙相淆，简篇互混。况钉椠之学，固异专门，掇拾之时，不皆善本，乃欲借宾以定主，何异郢书而燕说。又有古籍既亡，后人重辑（明人所辑之书，多不注出处，并不著明出于搜辑，致后人或认为古书，或斥为伪作，其实皆非也），讥其疏漏，固所难辞，诋为伪造，则非其罪。是则援群书所引用，以分真伪之法，尚非其至也。其难三矣。

以此三难，是生四误：不知家法之口耳相传而概斥为依托（《汉志》之所谓依托，乃指学无家法者言之，详见后），误一。不察传写之简篇讹脱而并疑为赝本，误二。不明古书之体例（王引之《经传释词》），而律以后人之科条，误三。不知学术之流派，而绳以老生之常谈，误四。将欲辨此歧途，归于真谛，其必稽之正例变例，以识其微；参之本证旁证，以求其合。多为之方，而不穷于设难，曲致其思，而不安于谬解。不拾前人之牙慧，而遽以立论；不执一时之成见，而附以深文。揆之于本书而协，验之于群籍而通。以著作归先师，以附益还后学。传讹之本，必知其起因；伪造之书，必明其用意。有条有理，传信传疑，如戴东原所谓十分之见者，则庶乎其可以读古书矣。

卷一　案著录第一

（一）诸史经籍志皆有不著录之书

凡欲读古书，当知古之学术分为若干家，某家之书，今存者几种，某书为某人所撰凡若千篇、若千卷，而后可以按图索骥，分类以求。又或得一古书，欲知其时代撰人及书之真伪，篇之完阙，皆非考之目录不为功。自唐以前，目录书多亡，今存者汉、隋、唐之《经籍》《艺文志》而已。宋以后私家目录，虽有存者，然所收仅一家之书，不足以概一代之全；仍非先考史志不可。盖一代之兴，必有访书之诏，求书之使。（《通考》卷一百七十四《经籍考·总叙》载之甚详。）天下之书既集，然后命官校雠，撰为目录。修史者据为要删，迻写入志，故最为完备，非藏书家之书目所可同年而语。张之洞《书目答问》，历举汉以下诸史志，（张氏所举，尚有《经典释文·叙录》、《文献通考》中《经籍考》。）谓为"目录之最要者，虽非专书，尤为纲领"，职是故也。

昔班固考世所传东方朔之书，张衡辟图纬之妄，皆以刘向不著录为证。唐开元中，令儒官详定《子夏易传》。于是刘知几引《汉书·艺文志》、阮氏《七录》，司马贞引荀勖《中经薄》《隋书·经籍志》、王俭《七志》，以议其姓名卷数乖剌错谬。（以上所言均详《目录学发微》。）则利用史志及目录以考古书之真伪，由来旧矣。

虽然，谓史志著录最为完备者，特就大较言之耳。好学之士，嗜书若命，古今所同。其抱残守阙，有非君相之威力所能胁取之者。秦政焚书坑儒，定挟书之律，偶语诗书者弃市。然天下学士，如伏生之徒，皆壁藏其书，汉兴复出。夫严刑竣罚所不能禁，则必有高位厚禄所不能劝者。况历代求书，不过每书一卷，赏绢一定；（隋开皇、宋嘉祐。）献至数百卷，始授以试衔，（后唐同光。）赐以科名，（宋建隆。）与以文资官而已。（宋嘉祐。以上并见《通考》。）清时修《四库全书》，搜访之法，至为详尽。然进书最多至五六七百种者，乃赐以《图书集成》一部；百种以上者，仅赐《佩文韵府》一部耳。（见《四库全书总目》卷首。）持较历代，弥叹其薄。恶能鼓舞天下之人，使尽出其所藏，登诸中秘也哉？又况州县之吏，不善奉行；胥役之徒，所至烦扰。山谷之叟，目不睹文告；遗逸之老，志不慕爵赏。有深闭固拒，藏之惟恐不密耳。至于编目之人，意为去取，修史之时，妄行刊落；其端非一，难可禅陈。故就史志以考古书之真伪完阙，虽为不易之法，然得之者固十之七八，失之者亦不免二三。若仅恃此法以衡量古今，是犹决狱者不能曲体物情，得法外之意，而徒执尺一以定爰书；则考竟之时，必有衔冤者。前人序跋，论列古书，往往似此，不可不察也。诸史为经籍艺文作志者，凡有六家。考其所著录，于当时之书，皆有阙漏未及收入者。今条举之于后。《清史稿·艺文志》不录古书。今取《四库提要》论之，附之篇末焉。

一、《汉书·艺文志》　案刘向奉诏校书合中外之本，（《管、晏书录》均云，凡中外书若千篇。考民间书之有无，《管子书录》云："九府书，民间无有，杀青缮写，著为《别录》。"）子歆继之，总群书而奏其《七略》。宜乎举天下之书尽归著录，无复遗逸矣。班固删取其要，以为《艺文志》。"《七略》书三十八种，六百三家，一万三千二百一十九卷"，（见《广弘明集》卷三阮孝绪《七录序》。）《艺文志》"大凡书三十八种，五百九十六家，万三千二百六十九卷"，（《志》后总数与今本不合。）较《七略》"入三家五十篇，省兵十家"，（班固自注。）以所"入"与"省"相除，家数卷数皆相符，是则《汉志》全录《七略》，自省兵十家外，无所删除也。乃王应麟作《考证》，（十卷，《玉海》附刻本。）增入不著录之书二十七部，虽其间有志已著录，而今本传其别名者；有自古书中裁篇单行者；有曾否著录，疑不能明者；有出于东汉以后，疑向、歆未见者；有伪托者；然除此之外，亦实有明见于《汉书》纪、传，确为刘、班时书，而本志不收者数种。至今人章炳麟、顾实所举，又往往出于王氏之外。是《七略》及《汉志》，皆有不著录之书也。以班固本书之说推之，其故有三：一则民间所有，秘府未收也。《楚元王传》曰："元王亦次之《诗传》，号曰《元王诗》，世或有之。"云"世或有之"，明非秘府所有，"或有"者，如今人言版本学者所谓少见云耳。以其传本少见，秘府无其书，故不著于录。一则国家法制，专官典守，不入校雠也。《礼乐志》曰："今叔孙通所撰礼仪，与律令同录，藏于理官，法家又复不传；（刘攽谓法家当读上句，王先谦读属下句，王说是。）汉典寝而不著，民臣莫有言者。"夫礼仪律令，既藏于理官，则不与他书"外则有太常、太史、博士之藏，内则有延阁、广内、秘室之府"（《艺文志》注引《七略》。）者同。《后汉书·曹褒传》言"班固上叔孙通《汉仪》十二篇"，固既深惜汉典之寝而不著，及亲得其书，乃不与刘向、扬雄、杜林书（《汉志》新入三家。）同入《艺文》者，盖班固作《志》，用《七略》之成例，《七略》不录国家官书，故不得而入之也。（王先谦《礼乐志补注》谓"《汉仪》十二篇固后乃得之，作志时未见。非是。）一则前汉末年人著作，未入中秘者，《七略》不收，《汉书》亦遂不补也。《七略》之作，由于奉诏校书，故当时人著作，成书较后者，皆不收入。班固直录《七略》，新入者仅三家，刘向、扬雄，以大儒负盛名，杜林《苍颉训纂》，因其为小学书，家弦户诵，故破例收入，其余皆不甚留意。《王莽传》之《乐经》，《律历志》之《三统历》，并不见录，他可知矣。（刘向、扬雄书，所收亦尚未尽，《方言》是矣。）《艺文志》于汉时书，不尽著于录，证之本书，章章可考。其他古书，真出于西汉以前而不见于志者，皆可以三例推之。否则一书二名，或裁篇别出者耳。持非证佐明白，未可轻信。不得举后世伪妄之书，概援此例以借口也。

《论衡·案书篇》六略之录万三千篇。（《对作篇》同，惟"录"字作"书"。）

〔案〕此指《七略》言之。六略者，除《辑略》不数。万三千篇，举其成数。与《七录》序合。

《四库全书总目》卷八十五：《汉艺文志考证提要》，宋王应麟撰。其传记有此书名而《汉志》不载者，亦以类附入。《易》类增《连山》《归藏》《子夏易传》；《诗》类增《元王诗》；《礼》类增《大戴礼》《小戴礼》《王制》《汉仪》；《乐》类增《乐经》《乐元语》；《春秋》类增《冥氏春秋》；道家增《老子指归》《素王妙论》；法家增《汉律》《汉令》；纵横家增《鬼谷子》；天文增《夏氏日月传》《甘氏岁星经》《石氏星经》《巫咸五星占》《周髀》《星传》；历谱增《九章算术》《五纪论》；五行增《粪氏风角》，经方增《本草》；凡二十六部各疏于其下，而以不著录字别之。其间如《子夏易传》《鬼谷子》，皆依托显然。而一概泛载不能割爱。（案《考证》所补不著录之书，兵书内尚有《黄石公记》，《提要》失考。）

〔案〕王氏所增二十七部其中如《子夏易传》，即《汉志》《易》家之《韩氏》；（名婴。）《大戴礼》《小戴礼》，即《礼》家之《记》百三十一篇；《鬼谷子》即纵横家之《苏子》；（名秦。）皆一书而二名。又如《王制》在《礼记》中，《乐元语》为河间献王所传，《食货忘》注引邓展语。当在《乐》家《王禹记》二十四篇之内。《九章算术》，经张苍删补，（见刘徽《九章算术序》。）当在阴阳家《张苍》十六篇内。《星传》出于黄帝，（见《晋书·天文志》。）当在天文家《黄帝杂子气》三十三篇内。皆古书之裁篇别行者，（此二例，别有专篇考之，详见后。）非不著于录也。至于《连山》《归藏》，或以为在《易》家《古杂》八十篇中；（沈钦韩《疏证》说。）或以为《连山》即数术略之《夏龟》，《归藏》即《南龟书》，"南"疑"商"之讹；（刘师培《左庵集》卷一《连山归藏考》。）以《古杂》之说为近是。《夏氏日月传》，说日月食，（《天文志》。）疑在天文家《汉日食月晕杂变行事占验》十三卷内。《甘氏、石氏星经》，《巫咸五星占》，亦疑在天文家《泰一杂子星》诸书之内。《衣草》或谓即经方内之《神农黄帝食禁》。（沈钦韩《疏证》及孙星衍《本草经序》说。）《周髀》疑亦在历谱十八家中，不知当属何家。凡此皆曾否著录，疑不能明者也。《冥氏春秋》、（公羊家。）《老子指归》、（此指《隋志》著录者，今本乃伪书。）《黄石公记》《翼氏风角》，皆东汉以后人所称引，未必果出西汉，是否《汉志》失收，不可知。若《乐经》立于王莽，祚古书，《素王妙论》则王国维以为魏、晋人所依托，（《观堂集林》卷十一《太史公行年考》。）皆不得谓《汉志》不著录。惟《元王诗》《汉律》《汉令》《五纪论》，皆为《汉书》所引，且确为《七略》未收之书耳。

章炳麟《检论》卷二《征七略》：萧何之《九章》，（见《刑法志》。）叔孙通之《礼器制度》，（案见《周礼·凌人》注及诸经疏中，详《玉海》卷三十九。）王官所守，布在九区，及秦氏图籍，高祖以知地形阨塞户口多少强弱者，（案见《萧何传》。）皆阙不著。《律历志》所述和声、审度、嘉量、权衡，职之大乐内官大仓大行者，今在《历谱》十家与否，无文可知。（案《律历志》"二曰和声"以上，尚有"一曰备数"，又云"其法在算术，宣于天下，小学是则，职在太史，羲和掌之"。章氏不引者，以算术已著录《汉志》，而太史之书，又为《七略》所有也。）及夫大尊桂酒，征于元帝时大宰丞李元之记。（见《礼乐志》晋灼注引。案《志·郊祀歌》云"尊桂酒，宝八乡"注：灼曰：尊，大尊也。元帝时大宰丞李元记云：以水渍桂，为大尊酒。）盖其大者国之典章，刊剟一字，罪至殊死，固不待校，其细者笾豆之事，佐史之职，官别为书，亦不暇校雠缮写，是以不著于录也。

二、《隋书·经籍志》　　《隋书》十志本为五代史而作，（梁、陈、齐、周、隋。）其篇第编入《隋书》，俗呼为《五代史志》。（见《史通正史篇》。）六朝以前目录书皆亡，仅此书《经籍志》见其崖略，故读古书者必取资焉。《志序》云："炀帝即位，秘阁之书，限写五十副本，分为三品，又于内道场集道、佛经，别撰目录。（此所言目录即本志簿录类之《隋大业正御书目录》九卷，非道佛经之目也。）大唐武德五年，克平伪郑王世充。尽收其图书及古迹焉。行经底柱，多被漂没，其目录亦为所渐濡，时有残缺。今考见存，分为四部。其旧录所取，文义浅俗、无益教理者，并删去之。其旧录所遗，辞义可采，有所弘益者，咸附入之。远览马史、班书，近观王、阮志录，挹其风流体制，削其浮杂鄙俚，离其疏远，合其近密，约文绪义，凡五十五篇。"以此考之，则当时撰述，实据《大业目录》为底本，参以王俭《七志》、阮孝绪《七录》之体制，《四库提要》以为皆"根据于《七录》者"，（卷二十一《夏小正戴氏传提要》。）非也。惟注中梁有某书，或有出于《七录》者耳。既于旧录有所删去，则六朝以前古书为所刊落，不见于著录者，必甚多。故为唐人所不满。《旧唐书·马怀素传》（卷一百二。）言怀素于开元初上疏曰："南齐已前坟籍旧编，王俭《七志》以后著述，其数盈多。《隋志》所书亦未详悉。或古书近出，前志阙而未编；或近人相传，浮词鄙而犹记。"序方自谓于文义浅俗者并删去之，又言削其浮杂鄙俚，而怀素正诋其记载浮鄙，不啻以矛刺盾，知自序之言，盖不足信。夫其所记者既不必佳，则其所删去者，未必不佳矣。新、旧《唐志》所载隋以前书，多《隋志》所不著录或注为残缺亡佚者，则怀素所谓古书近出，阙而未编者也。《旧唐志》本之毋煚《古今书录》，《新志》本之《四库书目》，二书皆修于开元时，正在怀素之后。故其所录，当为可信。而后来目录家之论古书者，或反以《隋志》不著录，至唐复出为可疑，其亦不考之甚矣！清章宗源尝作《隋志考证》，用王应麟之例，每类补入不著录之书。今其全稿已佚，只存史部，就其书考之，凡补六百一十九部，《志》注为梁有隋亡，或残缺者，尚不在此数。推之经、子、集三部，至少当亦不下一千余种，亦可骇矣！章氏所考，大抵精确，不似王氏之疏略。虽其间见于六朝人书中，至修《隋志》时已亡者固甚多。然即以正史言之，其为刘知幾所评论，《书钞》《类聚》《初学记》等书所征引，而不见于《志》者，往往有之。（鱼豢《魏略》即其一也至《太平御览》所引，不皆采自本书，不可以断存佚。）此皆唐人所亲见，竟不著于录，知马怀素之言，不吾欺也。

三、《旧唐书·经籍志》　　《志序》云："煚等（案指毋煚。）《四部目》及《释道目》，并有小序，及注撰人姓氏，卷轴繁多，今并略之。但纪篇部，以表我朝文物之大。其《释道录目》附本书，今亦不取。据开元经篇为之志，天宝以后，名公各著文章，儒者多有撰述。臣以后出之书，在开元四部之外，不欲杂其本部。是不能也，故不为也。今据所闻，附撰人等传。其诸公文集，亦见本传。此并不录。"据其所言，盖全从毋煚《古今书录》中录出，但删其小序，存其书名而已。天宝以后书且不录，遑望其于古书有所增益乎。他姑不论，即《新志》所收开元以前书，《旧志》亦往往不著录。知其并《开元四库书目》，亦未尝一考也。《旧志》惟录毋煚原序，较胜《新志》之空谈。

四、《新唐书·艺文志》　《新志》每类后所著右某类若干家，若干部，若干卷，皆开元以前书。又注云：自某书以下不著录，则天宝以后书也。考其所著录，凡《旧志》所有皆已收入。且开元以前书，亦有《旧志》所无者。（如开卷《连山》十卷，司马膺注，即《旧志》所不著录也。）《旧志》载毋氏《古今书录》，大凡五万一千八百五十二卷，而《新志》序云："藏书之盛，莫盛于开元，其著录者五万三千九百一十五卷，而唐之学者自为之书，又二万八千四百六十九卷。"卷数较《古今书录》加多，知其所据，非毋氏书，与《旧志》不同。考《通志·艺文略》，于《古今书录》之外，别有《开元四库书目》四十卷，亦见《崇文总目》卷二十三。盖修于毋氏书之后。毋书修于开元九年。故书多于《旧》。《新志》盖即据之以为蓝本，固可稍补《旧志》之阙憾，然仍多不著录之书。盖历代求书，皆不能尽天下之藏。故古书往往不入秘府，而复出于民间。要在随时搜访之耳。今《新志》断自开元以前，此后只以唐人著作充数，则古书之出于天宝以后者，自不见收。唐人书成于开元以前者，其中所引古书或后复亡佚，姑置不论。今举天宝以后者言之。如释慧琳《一切经音义》，成于元和五年，所引用书不见于《唐志》者，不下数十种。而日本人藤原佐世所撰之《日本现在书目》，（在《古佚丛书》中）。载其国使臣入唐所得之书，为《志》所不著录者尤多。近年敦煌石室所出唐写本书，亦间有出于两《志》之外者。读罗振玉《雪堂校刊群书叙录》自知。然则考古书者，第见史志不著录，便谓当时已佚，岂通论哉？

五、《宋史·艺文志》　宋时官撰书目，见于《玉海》者极多。（卷五十二。）《宋志》著录四部。（《崇文总目》《秘阁书目》《中兴馆阁书目》《中兴馆阁续书目》。）又宋时国史尝屡修，每史皆有《艺文志》；见于《通考·经籍考》所引者，有《三朝志》《两朝志》（仁宗、英宗。）《四朝志》《中兴志》，（高宗。）元人修志时以国史《艺文志》为本，见《宋志》序。合此数者，删除重复，编次成之，各书体例不一，史官无识，削足适履。故或一书数见，或竟失收。历代史志惟此为最不足据。且《通考》（卷一百七十四。）言"《崇文总目》或相重，亦有可取而误弃不收者"，（《玉海》卷九十二引《两朝艺文志》同。）则《宋志》之丛脞，无怪其然。至中兴以后，并无书目及史志，修志者遂不能复补，故南宋著作多不著于录。清黄虞稷作《千顷堂书目》，（张氏《适园丛书》本。）始补辑之。倪灿作《明史艺文志稿》，（在《群书拾补》及《八史经籍志》内。）题为《宋史志补》，亦并录南宋之书。然两家所录仍不能完备。各家藏书目所收宋人书，尚有出于其外者。益可想见《宋志》之荒陋。其于有宋一代尚如此，然则欲据此志以考古书之存亡完阙，鲜不为所误者矣。

六、《明史·艺文志》　黄、倪两氏之书，皆《明志》之底稿，其后重修诸臣，削其南宋以下四朝之书，独录有明一代著作，以为此《志》。盖用宋孝王《关东风俗传·坟籍志》，唯取当时撰者之例。（见《史通·书志》篇。）历代著录之例，自是一变；论者皆以为恨。然有明一代藏书仅有杨士奇《文渊阁书目》。（《读画斋丛书》本。）其书以《千字文》编号，但录书名册数，而无撰人卷数，此何可入史志？至张萱之《内阁书目》，（《适园丛书》本。）所载多残编断简，编次无法，官书既如此，私家藏书目，尤不足据。修史者无所取资，故不得已从此变例，盖亦未可甚责也。惟明人书亦多不著录，此则无词以自解，而以晚季著作语涉忌讳者为尤甚。今遗书日出，多不见于志中。以非古书，故不具论。

附《四库全书总目》　　《七略》《别录》既亡，宋以后目录书，盖未有如《四库总目》之完善者。故张之洞谓为读群书之门径。（见《𬨎轩语》。）然体既博大，谬误自多。举之更仆不能尽；（详见拙著《四库提要辨证》。）今只就古书不著录言之。推原其故，盖有数因：

一曰：藏书家宝惜，不愿献官。陆心源《宋椠婺州九经跋》（《仪顾堂续跋》卷一。）曰："怡贤亲王为圣祖之子。其藏书之所，曰乐善堂，大楼九楹，积书皆满。乾隆中，四库馆开，天下藏书家皆进呈，惟怡府之书未进。其中为世所罕见者，如《施注苏诗》宋施元之注，《四库》著录者为宋荦翻刻之宋残本。全本有二，此外可知矣。怡府之书，藏之百余年，至载垣以狂悖诛，而其书始散落人间。"以当时亲贵，处辇毂之下，而于求书之诏，熟视无睹。推之海澨山陬，从可知矣。

二曰：献书者以为书已收入，不及进呈。如鄞县范懋柱进书至六百余种，曾被褒赏。然考其《天一阁书目》，（《文选楼》本。）中有罕见之书，为《四库》所不著录者尚夥。彼固非有所吝惜，然尚如此。则夫抱一二残册，保护之若头目者，安望其送官献纳耶？

三曰：官司之搜访，馆臣之纂修，每详于远而忽于近，有四证焉：（甲）清内阁大库中，贮有明文渊阁所藏书，修四库书时，竟不一检视。其作《文渊阁书目提要》，（《总目》卷八十五。）徒羡其《永乐大典》所收之书，世无传本者，往往见于此目，又惜其已阅百载，散失无余，宁非笑端？（宣统元年大库屋坏，移出所贮，始为人知。大学士张之洞奏请以阁中所藏四朝书籍，设学部图书馆。缪荃孙、夏曾佑均有《学部图书馆善本书目》。其书今并入北京图书馆。）（乙）内庭所藏宋、元、明刊及影抄精本，集为《天禄琳琅》，有乾隆四十年官撰书目，亦录入《四库全书》。（此指《前编》言之，《续编》修于嘉庆十年，《四库》不著录，两编皆有王先谦刻本。）其中与著录本异同甚多，亦不一考。（丙）《道藏》刻于明正统，《释藏》且有雍正时敕编之本，板藏内府。除彼教经典外，（《四库》例不录道、佛经。）古书极多。四库馆臣未之知，竟不入目。故《总目》释家类，（卷一百四十五。）有宋释赞宁之《宋高僧传》，而无梁释慧皎、唐释道宣之书。道家类（卷一百四十六。）有宋林希逸之《庄子口义》，而无《老子》《列子口义》。其他尚不能遍举也。（乾嘉诸儒始读《释》《道藏》，取其善本校刊之，然尚不能尽。）（丁）修四库书时，自《永乐大典》辑出佚书三百余种，诚为有功文献。然有签出备辑，而其后竟付阙如者。今所传《大典》残本封面后，间有馆臣签出佚书单，尚可考见。（又有旧抄残本《永乐大典目录》，即四库馆辑书底本，中多不著录之书。）又有书已辑成，而未经编录，遂不复收者，如路振《九国志》，苏过《斜川集》之类皆是也。凡此数端，皆近在旭尺之间，只须一举手一投足之劳，即可校录，乃皆忽而不察。昔人所以致慨于目能见千里，而不能见其睫也。

以上三事，不过举其荦荦大者言之。又有销毁查禁之节，（有目录三种，咫进斋、式训堂皆有刻本。）不登著录，以其皆明、清人著作，故不暇论。凡兹所举，虽就《四库总目》言之，然历代官修目录，皆不免此弊。举一反三，可以悟古书不著录之故矣。（阮元有《四库未收书目提要》，即《揅经室外集》，但即当时古书收采，亦尚不能尽。后来所出，更无论矣。）

　　本篇所言不著录之古书，多已散佚，惟杂见于前人著述中援引，清儒往往搜辑成书，恐学者读之，疑其不见著录，故就诸史志证明其故，非为一切伪书作辨护也。至于今日尚存之书，惟周、秦诸子，因有一书二名，及裁篇别出二例，故多不见于《汉志》。其他则虽暂佚于前，而复出于后，其为时必不能甚久，皆有端绪可寻，隋、唐以来相传之古书是也。时代既早，纵属依托，亦自有其价值。除海舶传来，石室发掘，断无伏匿数千百年之理。若《古三坟》《子华子》之突出于宋，子贡《诗传》、申培《诗说》、《於陵子》《天禄阁外史》之突出于明，伪妄显然，不得并援此例。当于"辨真伪篇"中言之。

　　（二）古书不题撰人

　　周秦古书，皆不题撰人……

　　《汉志·六艺略》不独于经不著姓名，即诸家传记章句，亦有著有不著，其例颇不画一……

　　盖古人著书，不自署姓名，惟师师相传，知其学出于某氏，遂书以题之，其或时代过久，或学未名家，则传者失其姓名矣。即其称为某氏者，或出自其人手著，或门弟子始著竹帛，或后师有所附益，但能不失家法，即为某氏之学。古人以学术为公，初非以此争名；故于撰著之人，不加别白也。

　　诗疏释郑氏笺三字曰："不言名而言氏者，汉承秦灭学之后，典籍出于人间，各专门命氏，以显其家之学。故诸为训者，皆云氏不言名。"此言深得古人之意。夫古书既不署名，而后人乃执相传之说，谓其书必某人所自作。就其时与事以求之，鲜有不见其牴牾者矣。

　　传注称氏，诸子称子，皆明其为一家之学也。《诸子略》中，自黄帝至太公、尹佚不称子者，（此等书大抵作于六国时。）此其人皆古之君相，平生本无子之称号也。（周初惟鬻子称子。）自陆贾、贾谊以下不称子者，学无传人，未足名家也。（此举其大较言之，六国子书亦有不称子者，盖皆用当时所通称以题其书，不可一概而论，详《法家篇》。）盖专门之学衰，而后著述之界严，口耳之传废，而后竹帛之用广。于是自著之书多而追叙附益之事乃渐少。然不可以例周、秦古书。夫《春秋》三传皆不题左丘明、公羊高、穀梁赤，故既题《荀卿新书》，（见刘向《叙录》。）不别题荀况撰，既题晏子，不别题晏婴撰。推之他书莫不皆然。古人既未自题姓名，则其书不必出于自著矣。

　　古书之题某氏某子，皆推本其学之所自出言之。《汉志》本之《七略》，上书某子，下注名某者，以其书有姓无名，明此所谓某氏某子者即某人耳，非谓其书皆所自撰也……

　　约而言之，则周、秦人之书，若其中无书疏问答，自称某某，则几全书不见其名，或并姓氏亦不著。门弟子相与编录之，以授之后学，若今之用为讲章，又各以所见，有所增益，而学案、语录、笔记、传状、注释，以渐附入。其中数传以后，不辨其出何人手笔，则推本先师，转相传述曰：此某先生之书云耳。既欲明其学有师法，又因书每篇自为起讫，恐简册散乱，不可无大题以为识别，则于篇目之下题曰某子，而后人以为皆撰人姓名矣。古书既多不出一手，又学有传人，故无自序之例。汉以后惟六艺立博士，为禄利之途。学者负笈从师，受其章句，大儒之门，著籍者辄数千人。而所自著之书，则无人肯受。于是有于篇末为之叙，自显姓名者，如太史公、扬雄自序是也。或奏进之书，则于文中自称某官臣某，如道家郎中婴齐、杂家之博士臣贤对之类是也。然仍无于篇题之下，自标某人撰之例。后人因其所自称以题其书，故专家之书，有传其氏不传其名者。而自著之书，则有传其名不传其氏者矣。若既无自序，文中又不自称名，久之或竟无可考。故《中论》序谓"恐历久远，名或不传"，则有同时之人为之作序之例。要之，皆因著者不自题姓名之故也。至于每卷自署某人撰，虽不详其所自始，要其盛行，当在魏、晋以后矣。

（三）古书书名之研究

古书之命名，多后人所追题，不皆出于作者之手，故惟官书及不知其学之所自出者，乃别为之名，其他多以人名书。今列举古人名书之例，叙之如左：

一曰：官书命名之义例。……是则春秋以前，并无私人著作，其传于后世者，皆当时之官书也。（其他诸子在三代以前者，多出依托，详见后。）其书不作于一时，不成于一手，非一家一人所得而私，不可题之以姓氏，故举著书之意以为之名……

二曰：古书多摘首句二字以题篇，书只一篇者，即以篇名为书名。……故《诗》《书》之篇名，皆后人所题。诸子之文，成于手著者，往往一意相承，自具首尾，文成之后，或取篇中旨意，标为题目。至于门弟子纂辑问答之书，则其纪载，虽或以类相从，而先后初无次第。（邢昺《论语疏·学而》第一，正义曰："其篇中所载，各记旧闻，意及则言，不为义例，亦或以类相从。"）故编次之时，但约略字句，断而为篇，而摘首句二三字以为之目……

三曰：古书多无大题，后世乃以人名其书。古人著书，多单篇别行，及其编次成书，类出于门弟子或后学之手，因推本其学之所自出，以人名其书……汉、魏以后，学者著书，无不自撰美名者，独至文章，多由后人编定。故别集直书姓名者，至宋犹多。元、明以后，此风渐寡。然文集之不必手定，则今人尚多有之。古之诸子，即后世之文集也。出于门弟子所编，其中不皆手著，则题为某子。出于后人所编，非其门弟子，则书其姓名。汉武以后，传记不立博士，专家之学衰，故书名无称子者，考之《汉志》可知也。（汉人书称子者仅有蒯通一家。）东汉以后人著书，皆手自编定，其称某子，乃其人自子之耳……

四曰：《汉志》于不知作者之书，乃别为之名。古之诸子，皆以人名书。然《汉志》中，亦有别题书名者，则大率不知谁何之书也……

五曰：自撰书名之所自始。古书自六经官书外，书名之最早而可据者，莫如《论语》……盖自撰书名，萌芽于《吕氏春秋》，而成于武帝之世……

（四）汉志著录之书名异同及别本单行

《汉书·艺文志》著录之书，其名往往与今本不同，亦或不与六朝、唐人所见本同，并有不与《七略》《别录》同者。其故由于一书有数名，《汉志》只录其一也。古书书名，本非作者所自题。后人既为之编次成书，知其为某家之学，则题其氏若名以为识别；无名氏者，乃约书中之意义以为之名。所传之本多寡不一，编次者亦不一，则其书名不能尽同。刘向校书之时，乃斟酌义例以题其书。至汉人著述，颇有自题书名者矣。而刘、班牵于全书著录之例，虽其本名，或不尽用；《别录》中盖详著之。《七略》《别录》既亡。班固之自注甚略，书名异同，不尽可考，又有古书之名，为后人所改题，出于向、歆校书以后者。故虽其书真出古人，求之《汉志》而无有，则辩论纷然，疑义蜂起矣。今于其有可考者，旁引群书，为之疏通证明之；其无可考者，不敢强为之说也。试条举其例如左：

一曰《七略》之书名，为班固所改题。如《子夏易传》，即《韩氏易传》是也……

二曰《别录》书有数名者，《汉志》只著其一，如《淮南·道训》是也。

三曰刘、班于一人所著，同为一家之学者，则为之定著同一之书名，如《淮南内外》是也……

四曰今所传古书之名，有为汉以后人所改题，故与《汉志》多参差不合，如《老子道德经》是也。

别本单行者，古人著书，本无专集，往往随作数篇，即以行世。传其学者各以所得，为题书名。及刘向校定编入全书，题以其人之姓名，而其原书不复分著，后世所传，多是单行之本，其为自刘向校本中析出，抑或民间自有古本流传，不尽行用中秘定著之本，皆不可知。今略举数书以明其例。

《鬼谷子》编入《苏子》……

《新语》编入《陆贾书》……

《六韬》编入《太公书》……古人著书，不皆精粹，浅陋之说，固所时有。九流百家，所出既异，故操术不同。宋以后人读书，好以理学家言是非古人，尤非通方之论。……

卷二　明体例第二

（一）秦汉诸子即后世之文集

……故西汉以前无文集，而诸子即其文集……

周、秦诸子，以从游之众，传授之久，故其书往往出于后人追叙，而自作之文，乃不能甚多。汉初风气，尚未大变。（详《辨附益》篇。）至中叶以后，著作之文儒，弟子门徒，不见一人，凡所述作，无不躬著竹帛。如《东方朔书》之类，乃全与文集相等。篇目具在，可复案也。及扬雄之徒，发愤著书，乃欲于文章之外，别为诸子。子书之与文集，一分而不可复合。然愈欲自成一家，而其文乃愈与词赋相近。当于下篇详论之。

（二）汉魏以后诸子

《汉志》有《诗赋略》而无文集。《隋志》云："别集之名，盖汉东京之所创作也。"然余则疑西京之末，即已有之……《金楼子·立言篇》曰："诸子兴于战国，文集盛于二汉。"故疑西京之末，已有别集……

（三）古书多造作故事

是故诸子之书，百家之说，因文见意，随物赋形。或引古以证其言，或设喻以宣其奥。譬如童子成谣，诗人咏物，兴之所至，称心而谈。若必为之训诂，务为穿凿，不惟事等刻舟，亦且味同嚼蜡矣。夫引古不必皆虚，而设喻自难尽实，彼原假此为波澜，何须加之以考据。推求其故，约有七端：

一曰：托之古人，以自尊其道也……

二曰：造为古事，以自饰其非也……

三曰：因愤世嫉俗，乃谬引古事以致其讥也……

四曰：心有爱憎，意有向背，则多溢美溢恶之言，叙事遂过其实也……

五曰：诸子著书，词人作赋，义有奥衍，辞有往复，则设为故事以证其义，假为问答以尽其辞，不必实有其人，亦不必真有此问也……

六曰：古人引书，唯于经史特为谨严，至于诸子用事，正如诗人运典，苟有助于文章，固不问其真伪也……

七曰：方士说鬼，文士好奇，无所用心，聊以快意，乃虚构异闻，造为小说也……

……然则古书之记载，举不足信，凡有著述，皆不当引用乎？曰：何为其然也……夫以庄周寓言，尚难尽弃，况诸子所记，多出古书，虽有托词，不尽伪作。譬之后人诗词所用典故，纵或引自杂书，亦多源出经史也。在博观而慎取之耳。语曰："明其为贼，敌乃可灭。"欲辨纪载之伪，当抉其疏漏之端，穷源竟委，抵隙蹈瑕，持兹实据，破彼虚言，必获真赃，乃能诘盗。若意虽以为未安，而事却不可尽考，则姑云未详，以待论定。如曰断之自我，是谓尤而效之。盖厚诬古人，与贻误后学，其揆一也……

卷三　论编次第三

（一）古书单篇别行之例

古之诸子，即后世之文集，前篇已论之详矣。既是因事为文，则其书不作于一时，其先后亦都无次第。随时所作，即以行世。论政之文，则藏之于故府；论学之文，则为学者所传录。迨及暮年或其身后，乃聚而编次之。其编次也，或出于手定，或出于门弟子及其子孙，甚或迟至数十百年，乃由后人收拾丛残为之定著。后世之文集亦多如此，其例不胜枚举。姑以人人所习知之唐、宋诗文集言之：韩集编于门人李汉，柳集编自友人刘禹锡。李太白《草堂集》为李阳冰所编，而今本则出于宋敏求。欧阳修文惟《居士集》为修所自编，而今本则出于周必大。苏轼《东坡集》，自其生时已有刻本，而大全集则不知出自何人。（《东坡七集》中之《续集》为明人所编。）秦、汉诸子，惟《吕氏春秋》《淮南子》之类为有统系条理，乃一时所成，且并自定篇目，（《吕氏春秋·序意篇》曰："惟秦八年，岁在涒滩，秋，甲子朔，朔之日，良人请问《十二纪》。"《淮南子·要略篇》，详载二十篇篇名。）其他则多是散篇杂著，其初原无一定之本也。

夫既本是单篇，故分合原无一定。有抄集数篇，即为一种者，有以一二篇单行者。其以数篇为一种者，已详于"书名研究篇"中。其以一二篇单行者，则有三例：

一为本是单篇，后人收入总集，其后又自总集内析出单行也。

二为古书数篇，本自单行，后人收入全书，而其单行之本，尚并存不废也。

三为本是全书，后人于其中抄出一部分，以便诵读也。

（二）叙刘向之校雠编次

……此皆叙向、歆校今古文之异同也。然今文别自名家，传习已久，向必不能以中古文校改，使之归于划一，盖惟各存其本文，而别著校勘之语……

凡经书皆以中古文校今文。其篇数多寡不同，则两本并存，不删除复重……

凡诸子传记，皆以各本相校，删除重复，著为定本……

古书中如《易》十二篇，《诗》三百五篇，《春秋》十二篇之类，此皆秦以前之原本，无所亡失。向盖校其脱误而已，不须更为定著也。（诸子传记之中亦当有似此者。）其有复重残缺，经向别加编次者，皆题之曰新书，以别于中秘旧藏及民间之本……

……然今所传古书，往往与《史记》所言篇数合，与《汉志》不同。如《孟子》《孙子》《陆贾新语》皆是。盖犹是民间相传之旧，非向所校定之新书。则因汉中秘所藏，臣下见之至为不易故也……

（三）古书之分内外篇

凡以内外分为二书者，必其同为一家之学，而体例不同者也。古人之为经作传，有依经循文解释者，今存者，如《毛诗传》是也。有所见则说之，不必依经循文者，伏生之书传是也。夫惟不必依循经文，故《论语》《孝经》，亦可谓之传，而附于六艺。本无内外之分。惟一家之学，一人之书，而兼备二体，则题其不同者为外传以为识别……

凡一书之内，自分内外者，多出于刘向，其外篇大抵较为肤浅，或并疑为依托者也。

卷四　辨附益第四

古书不皆手著

自汉武以后，九流之学，多失其传。文士著书，强名诸子，既无门徒讲授，故其书皆手自削草，躬加撰集，盖自是而著述始专。然其书虽著录子部，其实无异文章。（详前汉、魏诸子篇。）至齐、梁文笔大盛，著子书者乃渐少。后人习读汉以后书，又因《隋志》于古书皆题某人撰，妄求其人以实之，遂谓古人著书，亦如后世作文，必皆本人手著。于其中杂入后人之词者，辄指为伪作，（真伪之分，当别求证据，不得仅执此为断。）而秦、汉以上无完书矣。不知古人著述之体，正不如是也。

孙星衍曰："古之爱士者，率有传书。由身没之后，宾客记录遗事，报其知遇，如《管》《晏》《吕氏春秋》，皆不必其人自著。"（《燕丹子序》，见本书卷首。）又曰："《晏子》书成在战国之世，凡称子书，多非自著，无足怪者。"（《问字堂集》卷三《晏子春秋序》，亦见《音义》卷首。）严可均《鹖子序》云："古书不必手著，《鹖子》盖康王、昭王后周史臣所录，或鹖子子孙记述先世嘉言，为楚国之令典。"（《铁桥漫稿》卷五。）又《书管子后》云："近人编书目者谓此书多言管子后事，盖后人附益者多，余不谓然。先秦诸子，皆门弟子或宾客或子孙撰定，不必手著。"（《漫稿》卷八。）章学诚曰："春秋之时，管子尝有书矣，然载一时之典章政教，则犹周公之有官礼也。记管子之言行，则习管氏法者所缀辑，而非管仲所著述。或谓管仲之书，不当称管仲之谥。阎氏若璩又谓'后人所加，非《管子》之本文'，皆不知古人并无私自著书之事，皆是后人缀辑。"《文史通义·诗教上》。孙诒让曰："《墨子》书今存五十三篇，盖多门弟子所述，不必其自著也。"（《墨子间诂》后附《墨子传略》。）此数人者，皆通儒，孙、严尤多读古书，明于著作之体，而其言如此，胜于姚际恒辈远矣。

章氏又曰："诸子思以其学易天下，固将以其所谓道者争天下之莫可加，而语言文字，未尝私其所出也。先民旧章，存录而不为十只别者，《幼官》《弟子》之篇，（按此谓《弟子职》。）《月令》《土方》之训是也。（自注：《管子·地图》《淮南·地形》，皆土训之遗。）辑其言行，不必尽其身所论述者，管仲之述其身后死事，韩非之载其李斯《驳议》是也。"（《通义·言公上》。）今案章氏所谓诸子存录先民旧章者，犹之唐律之中有李悝《法经》，杜佑《通典》有《开元礼》也。此类甚多，非本篇所详，姑置不论，其后人辑其言行者，推按其事，约有数端，兹分疏之如下：

一曰：编书之人记其平生行事附入本书，如后人文集附列传、行状、碑志之类也。

凡读古人之书，辄思知其人、论其世，此古今学者之所同也。司马迁《史记》所作诸子列传，大抵为读其书有所感而发。《管晏传》云："吾读管氏《牧民》《山高》《乘马》《轻重》《九府》及《晏子春秋》，详哉其言之也。既见其著书，欲观其行事，故次

其传。"此不啻为以后《老、庄》《申、韩》《司马》《孙、吴》《商君》《孟、荀》《虞
卿》《鲁连》《邹阳》《屈、贾》诸传之凡例。故传中必叙其所著书，又言余读其书某某
篇，皆所谓"见其著书欲观其行事"之意也。及刘向奉诏校书，每一书已，辄撰一录，
皆叙其行事，如《太史公》列传之体。但《史记》自为一家之言，其百三十篇已有成书，
故所作列传不附诸子之内。而刘向职司校雠，其《叙录》虽附本书，明题护左都水使者
光禄大夫臣向言，后人一望而知为向之所作，不至与原书相混。若夫六国、秦、汉间人治
诸子之学者，辑录其遗文，追叙其学说，知后人读其书，必欲观其行事，于是考之于国
史，记其所传闻，笔之于书，以为论世知人之助。彼本述而不作，非欲自为一家之言，为
求读之之便利，故即附入本书，与刘向著录之意同。当时本无自署姓名之例，故不知为何
人所作，后之传录编次其书者，亦但取其为一家之学，有益于学者而已，固不暇一一为之
辨别，且亦无须辨别也。如《管子·大匡》《中匡》《小匡》篇，叙管仲傅公子纠及相齐
之事，是即管子之传也。其《戒篇》曰："管仲寝疾。桓公往问之曰：'仲父之疾甚矣。
若不可讳也，不幸而不起此疾，彼政我将安移之？'管仲对曰：'隰朋可。'管仲又言曰：
'易牙、竖刁、卫公子开方，君必去之。'桓公曰：'诺。'管子遂卒。卒十月，隰朋亦卒。
公薨，易牙与卫公子，内与竖刁因共杀群吏而立公子无亏，孝公奔宋。宋襄公率诸侯以伐
齐，立孝公而还。"其《小称》篇又曰："管仲有病，桓公往问之。管仲摄衣冠起对曰：
'臣愿君之远易牙、竖刁、堂巫、公子开方。'管仲死，已葬。处期年，四子作难，围公
一室，不得出。公曰：'死者无知则已。若有知，吾何面目以见仲父于地下。'乃援素幭
以裹首而绝。死十一日，虫出于户，乃知桓公之死也。"其言明白如此，虽三尺童子，亦
知其非管仲所自著也。而宋叶适乃曰："《管子》非一人之笔，亦非一时之书，莫知其谁
所为。以其言毛嫱、西施、吴王好剑推之，当是春秋末年。"（见《习学记言》卷四十
五。）夫既非一时之书，何以知其皆在春秋末年耶？姚际恒作《古今伪书考》，因之，遂
列入"真书而杂以伪"之内，不知此自古书之通例，非伪也。俞樾曰："《国语·齐语》
是齐国史记，《小匡》一篇多与《齐语》同；盖管氏之徒刺取国史以为家乘。"（《古书疑
义》卷三《古书传述有异同例》。）此真明于古人著作之体矣。凡古书叙其身后之事者多，
不遑悉举，皆当以此例之。《庄子·杂篇·列御寇》云："庄子将死，弟子欲厚葬之。"此
与《管子》记管仲之死同。或曰"此寓言也"，然《杂篇》本多后人所记，安知不出于
庄子身后乎？晋傅玄谓"《管子》书过半是后之好事者所加，乃说管仲死后事"。（刘恕
《通鉴外纪》卷一下引。）唐孔颖达曰："世有《管子》书，或是后人所录。"（见《左传
正义》卷八，姚际恒及《提要》皆未引。）此说尚近是。《四库提要》乃曰："大抵后人
附会多于仲之本书。仲卒桓公之前，而篇中处处称桓公，其不出仲手，已无疑义。"是真
辨乎其所不必辨者矣。以后世之事明之，《后汉书·李固传》曰："固所著表章、奏议、
教令、对策、记铭十一篇，弟子赵承等悲叹不已，乃共论固言迹，以为《德行》一篇。"
严可均辑魏杜恕《笃论》序曰："裴松之所引《杜氏新书》，即《笃论》之末篇。其书前
数篇出恕手，后述叙家世历官，引及《魏书》，并引及王隐《晋书》，知东晋时编附，故
称《新书》。"（见《全三国文》卷四十二及《铁桥漫稿》卷六。）此与周、秦诸子之叙身
后事者何以异？使此二书尚存，又将劳后人之辩论，以为"真书而杂以伪"，或出于"好
事者之所加"矣。但此皆自为一篇附之卷末，不杂入书中，体例较明。又自汉以后，为
人编集者，大抵有序一篇，或直录史传，或记所见闻，皆以叙作者之行事为主，即刘向

《叙录》之意。其直录史传者，如《古文苑》有《董仲舒集叙》一篇，（岱南阁本卷八，章樵注本卷十七。）即节抄《汉书》本传。《北堂书钞》所引《刘向集序》，（卷九十九。）《刘歆集序》，（卷九十九。）皆《汉书》中语。此与《管子·小匡》篇用《齐语》者何以异？其记所见闻者，如无名氏之《徐幹中论序》、缪袭《上仲长统昌言表》、陈寿《上诸葛亮故事表》之类，附《蜀志》亮本传后。皆详叙作者始末，此与子书内后人记述行事者又何以异？但明题为序、表，不编入本书卷数，则体例更明矣。至初唐人作序，犹多用列传之体。其后遂取墓志、行状之类附入之，明标作者，而序乃不复及行事。如刘禹锡作《柳先生集序》云："凡子厚名氏，与其纪年，暨行己之大方，有退之之忠若祭文在，今附于第一通之末云。"（《书录解题》卷十六云："今世所行本不附志文，非当时本也。"）是墓志、祭文犹可杂入卷中。至宋以后人编集，于此类多别为附录，不使与原书相杂，体例益为谨严矣。然自是唐、宋以后之事，不可以例周、秦诸子也。古书之附纪行事，与文集之附传状、碑志，体虽异而意则同。后人不能深察著述变迁之迹，而好执当时之例以议古人，于是考辩论说，不胜其纷纷矣。

二曰：古书既多后人所编定，故于其最有关系之议论，并载同时人之辩驳，以著其学之废兴，说之行否，亦使读者互相印证，因以考见其生平，即后世文集中附录往还书札、赠答诗文之例也。《史记·韩非传》曰："秦王见《孤愤》《五蠹》之书，因急攻韩。韩王始不用非，及急，乃遣非使秦，秦王悦之。李斯、姚贾毁之曰：'非终为韩不为秦。'秦王下吏治非。李斯遣人遗非药，使自杀。"今《韩非子·存韩》篇，即非使秦时所上书，末附李斯《驳议》曰："诏以韩客所上书，书言韩之未可举，下臣斯甚以为不然。非之来也，未必不以其能存韩也，为重于韩也。辩说属辞，饰非诈谋，以钓利于秦，而以韩利窥陛下。夫秦、韩之交亲，则非重矣，此自便之计也。臣视非之言，文其淫说，靡辩才甚，臣恐陛下淫非之辩，而听其盗心，因不详察事情。"此即斯之所以毁非，所谓为韩不为秦。又曰："臣斯请往见韩王，使来入见大王，见因内其身而勿遣，稍召其社稷之臣，以与韩人为市，则韩可深割也。秦遂遣斯使韩也。李斯往诏韩王，未得见，因上书。"云云。盖斯必欲毁非，因请身自使韩以伐其谋，使非不得以存韩自重，非之卒见杀于斯者以此。后人编非之书者，悼非之不得其死，故备书其始末于首篇，（《韩非子》以《初见秦》为第一，《存韩》为第二，然《初见秦》据《战国·秦策》乃张仪说，故当以《存韩》为第一。）犹全书之序也。且不独《韩非子》为然也。《商子》书以《更法》为第一，其言曰："孝公平画，公孙鞅、甘龙、杜挚三大夫御于君。君曰：'吾欲变法，恐天下之议我也。'"其后即著鞅与甘龙、杜挚相辩难之语，终之曰："孝公曰：'善。'"于是遂出《垦草令》。而第二篇即《垦令》。盖亦编书者著其变法之事于首，以明其说之得行也。《公孙龙子·迹府第一》曰："公孙龙，六国时辩士也。疾名实之散乱，因资材之所长，为守白之论，假物取譬以守白辩，谓白马为非马也，欲推是辩以正名实而化天下焉。"此下即叙龙与孔穿会赵平原君家，与穿相辩难之语。观其称龙为六国时辩士，必非龙所自叙，盖亦后人著之于首编，以为全书之纲领也。后人之书莫不有序，有一书而至三四序者，又有年谱、传状、碑志、祭文、哀词、诔词、谥议之类，皆编为附录，动盈数卷，则其书中不必复杂以他人之说矣。然犹往往录入同时往还赠答之作，如《王维集》附裴迪诗，《杜甫集》附严武等诗，盖欲人比而观之，以尽其意也。然此犹无与辩驳之事。若《柳宗元集》附刘禹锡《天论》三篇，《柳集》为禹锡所编，此即刘所附入。《韩愈集》附张籍书二篇，（见《韩文五百家注》，此注者所附入。）则相与辩驳矣。虽不必尽关系其生平，然使人得因以考其说之当否，亦《韩非子》附李斯《驳议》之类也。

三曰：古书中所载之文词对答，或由记者附著其始末，使读者知事之究竟，犹之后人奏议中之录批答，而校书者之附案说也。严可均《全上古三代秦汉三国六朝文·凡例》曰："唐以前旧集，体例不与今同。如扬雄《上书谏勿许单于朝》，《御览》八百十一引雄集曰：'单于上书愿朝，哀帝以问公卿，公卿以虚费府帑，可且勿许。'单于使辞去未发，雄上书谏，云云，所以识其缘起也。末又引雄集曰：'天子召还匈奴使者，复报单于书而许之，赐雄黄金十斤。'所以竟其事也。诸引旧集，此类甚多。"今案许慎《说文》后附许冲《上说文表》，末云："召上书者汝南许冲诣左掖门会，令并赍所上书。十月十九日，中黄门饶喜以诏书赐召陵公乘许冲布四十匹，即日受诏朱雀掖门，敕勿谢。"当冲上书时，慎已病，此必许冲或后人所录入。然则扬雄集所载上书始末，亦未必雄所自记矣。《汉书·魏相传》曰："高皇帝所述书《天子所服》第八曰：'大谒者臣章受诏长乐宫曰：令群臣议天子所服，以安治天下。相国臣何，御史大夫臣昌，谨与将军臣陵，太子太傅臣通等议，大谒者襄章奏，制曰可。"《汉志》儒家有《高祖传》十三篇，注曰："高祖与大臣述古语及诏策也。"此所引《天子所服》，即其篇名。第八者，书之第八篇也。观其叙事，必不出于高祖之手明矣。以此推之，周、秦诸子中凡记载问答兼叙事实者，尤不必本人之所手著也。汉、魏人集今传者甚少，惟《蔡邕集》犹出旧本。其第六卷有表疏五篇，文前多载缘起，而以《答诏问灾异八事》一篇为尤详，具载年月时刻及群臣坐次，及中常侍所问之语。"受诏书各一通，尺一，本板草书，给财用笔墨为对。"此不知为邕自记，抑编集者之所叙，至唐以后，作者既不记始末，编集者又不悉当时情事，遂使读者不知其事之从违，言之行否，可玩其辞采，而不足以备考证矣。

四曰：古书之中有记载古事、古言者，此或其人平日所诵说，弟子熟闻而笔记之，或是读书时之札记，后人录之以为书也。《荀子·大略篇》文多细碎，以数句说一事。《宥坐》《子道》《法行》《哀公》《尧问》五篇，杂叙古事，案而不断，文体皆不与他篇同。杨倞于《大略篇》注曰："此篇盖弟子杂录荀卿之语，皆略举其要，不可以一事名篇，故总谓之大略也。"于《宥坐篇》注曰："此以下皆荀卿及弟子所引记传杂事。"吾因此以悟贾子《新书》中《连语》诸篇，多记古事，亦必弟子之所记。其《先醒》篇称"怀王问于贾君"，考古人自称为某子者，或有之矣，未有自名为君者，此明为弟子或其子孙之词也。其中所引多出自先秦古书，最可宝贵。陈振孙乃谓"今书皆录《汉书》，非《汉书》所有者辄浅驳不足观，宜非谊本书"。不知将何以处《荀子》？不敢议荀而独以疑贾，徒见其轻于立论而已。古书似此者甚多，皆可以此推之。

五曰：诸子之中，有门人附记之语，即后世之题跋也。《荀子·尧问篇》末曰："为说者曰：孙卿不及孔子。是不然。孙卿迫于乱世，鳅于严刑，上无贤主，下遇暴秦，礼义不行，教化不成。"又曰："孙卿怀将圣之心，蒙佯狂之色，视天下以愚。《诗》曰：'既明且哲，以保其身，此之谓也。'是其所以名声不白，徒与不众，光辉不博也。今之学者，得孙卿之遗言余教，足以为天下法式表仪。所存者神，所过者化，观其善行，孔子弗过。世不详察，云非圣人，奈何！天下不治，孙卿不遇，时也。"又曰："今为说者，又不察其实，乃信其名，时世不同，誉何由生？不得为政，功安能成？志修德厚，孰谓不贤乎？"首末三百余言，推崇荀卿甚至，全如题跋之体。考刘向目录《尧问篇》第三十，其后尚有《君子篇》《赋篇》，是题跋杂入书中矣。要之，古人编书，本无定例，不得以此议之也。

凡读古人之书，当通知当时之文体。俞樾曰："周、秦、两汉至于今远矣，执今人寻行数墨之文法，而以读周、秦、两汉之书，譬犹执山野之夫，而与言甘泉、建章之巨丽也。"（《古书疑义举例序》。）斯言信矣。然俞氏之所斤斤者，文字句读之间耳。余则谓当先明古人著作之本，然后可以读古书。古人作文，既不自署姓名，又不以后人之词杂入前人著述以为嫌，故乍观之似无所分别。且其时文体不备，无所谓书序、题跋、行状、语录。复因竹简繁重，撰述不多，后师所作，即附先师以行，不似后世人人有集，敝帚自享，以为千金，惟恐人之盗句也。故凡其生平公牍之文，弟子记录之稿，皆聚而编之。亦以其宗旨一贯，自成一家之学故也。夫古书之伪作者多矣，当别为专篇以明之。若因其非一人之笔，而遂指全书为伪作，则不知古人言公之旨。譬之习于豪强兼并之俗，而议三代之井田也。

此篇所言，皆就古书之中有弟子门人附录，文义自而可据者举之以为例。此外又有口耳相传，至后世始著竹帛，及随时羼乱增益者，其说甚繁，当别详述。

古书成书和流传情况研究的进展与古史史料学概念

谢维扬

2006 年是顾颉刚先生所编《古史辨》第一册出版八十周年。在中国近代学术，尤其是近代以来中国古史研究的整个发展历程上，这是非常值得纪念的一件事。裘锡圭先生曾说："近代以来中国古典学的第一次重建，可以认为是从 20 世纪一二十年代开始的。"① 所谓"中国古典学的第一次重建"，依我的理解，应该是指中国古典学在其方法和目标上首次试图进入近代学术的形态。对于中国近代学术，包括近代意义上的中国古史研究的形成和发展，这当然是最重要的一步。这在当时中国社会与文化发展及其与外部交往情况变化的总的背景下，应该是必然要发生的一个过程。而在这个过程中，以顾先生以及胡适、钱玄同等先生为代表的一批学者在这一时期中对于中国古典学，也就是中国上古史研究的方法等重大问题所做的一系列具有开创性的工作，无疑具有举足轻重的地位，对中国古典学最初进入近代形态时所显现的面貌有十分重大的影响。

《古史辨》第一册的出版正是这些工作的第一项至关重要的成果，同时也成为由这些工作所体现的，后来长期对于中国学术尤其是古史研究产生重大影响关于中国古史研究方法的所谓"疑古"思潮形成的标志。《古史辨》的工作，尤其是它所包含的关于中国古史研究方法问题的深入探讨，对于中国近代学术发展的历史性影响是积极的。我们都知道，《古史辨》中占主要地位的工作的最大特征就是"疑古"。如钱玄同先生在《古史辨》第一册中著文谈论"现在研究国学的人有三件首先应该知道的事"，其中第二条说的就是"要敢于'疑古'"，而在第一条和第三条中说的是"要注意前人辨伪的成绩"，以及"治古史不可存'考信于《六艺》'之见"，这应该是更具体地指出，钱先生认为"疑古"所要"疑"的最主要的方面②。"要敢于疑古"，这是一句非常响亮的口号，然而又不仅是一句响亮的口号而已。它显然表明了钱先生在那个时代所认为的，为建立具有近代品格的中国古史研究所应做的最重要的事。这段话，可说是对"古史辨"工作主要倾向的一个非常鲜明也非常准确的概括。如果我们完整地来看钱先生这段话，那么它还非常简明而清晰地告诉了我们，"古史辨"的疑古，无论其切入点或着重点，都是关于古书的。所谓"不可存'考信于《六艺》'之见"，其实就是说对所有先秦古书都不应轻信。而作为"第一件事"所提出的"要注意前人辨伪的成绩"，就更是把清算"伪书"（也就是经伪造的古书）的问题提到了一个很高的高度。可见"古史辨"的疑古，其直接、正

---

① 裘锡圭：《中国古典学重建中应该注意的问题》，《中国出土古文献十讲》，复旦大学出版社 2004 年版，第 2 页。

② 钱玄同：《研究国学应该首先知道的事》，《古史辨》第一册，上海古籍出版社 1982 年版，第 102 页。

面和首先处理的实际上乃是属于史料学范畴的问题。从某种意义上说，这一疑古工作的主
要目标和内容，正是试图为建立近代意义上的中国古史研究寻求合格的史料学基础。这对
正处于向近代形态转变的中国学术包括中国古史研究来说，无疑是非常重要和必要的。中
国古史研究的史料学基础问题，其本身就是一个"近代"的问题。裘锡圭先生在评论
《古史辨》和由它形成的疑古思潮的历史地位时曾说，"虽然怀疑古书之风早就存在，但
是只是到了这一次才发展成主流思潮，怀疑的广度和深度也大大超过以往"。① 这是很确
切的。而这其中的原因，我想就是只有到了"古史辨"时代，疑古才真正具有了试图解
决古史研究的史料学基础的完整含义。因此，我们说"古史辨"的工作是促成中国古史
研究"近代化"的功臣，应不过分。这也是顾颉刚先生，以及众多疑古学者对于中国学
术的最大功绩。而由《古史辨》而来的疑古思潮对于一个时代学术思想冲击与影响之大、
之深、之久远，更是学术史上所不多见的。当然，近代中国学术界在试图解决古史史料学
基础这个问题上，并不只有"古史辨"派和疑古学者贡献了他们的努力。在史料问题上
提出"二重证据法"理论的王国维先生的工作，便同样是为了在符合近代历史学和文献
学方法规范的要求上解决这一问题，并且有不容忽视的重要成就。我认为，所有这些在中
国近代以来学术的发展上都是有重大意义和贡献的。而所有这些工作所体现的关于古史研
究方法的一些理念，比如说古书资料作为古史研究史料的品格，惟有在追究其自身可靠性
和可信性问题后方得被认可，等等，已经成为绝大多数现代中国古史学者的共识。这是现
代中国古史研究健康发展的必要条件。为此，我们也应该感谢八十年前顾先生及众多其他
前辈学者所做的杰出工作。

当然，为建立现代中国古史研究所需的合格的史料学基础理论，学者们要达成的认识
远不止上述这一点。《古史辨》第一册出版八十年以来的学术史表明，为建立近代品格的
中国古史研究寻求合格的史料学基础，并不是一件容易的事，因为其中所涉及的问题实在
太多，也极其复杂。尤其是在对一些问题探讨的条件尚未真正具备时，学者们尽管有解决
问题的清醒意识，也很难有真正的突破。从许多方面可以说，这一基础性的任务直至今日
也还远没有完成，甚至在一些基本问题上距离达成较为明确或公认的认识都仍然相当遥
远。因此，中国古史界多年来在这方面的探讨始终没有停止，而且今天仍然需要所有古史
学者携起手来，通过不断的讨论与相互切磋，努力使这一基础性的研究有新的、重要的进
展。

在近年来学者们对涉及中国古史史料学基础问题的研究中，最值得重视的领域之一，
我认为是在对新出土文献的研究中。几年前我曾提到："近年来中国古代早期文献文本的
不断发现对于治古史而言，除提供给我们大批新资料而外，最深远的意义也许莫过于对古
史研究的史料学基本概念的问题，促使人们根据对新资料的研究从更多方面作一些反思，
以获得某些新的认识。"② 现在我仍然认为这一情况应当引起人们充分的关注。新出土文
献的研究之所以与古史史料学问题息息相关，最重要的一点是因为它们提供了以前从不为
我们所知的古书成书和流传情况的某些真实细节，从而能帮助我们更为准确地判断与古书

---

① 裘锡圭：《中国古典学重建中应该注意的问题》，《中国出土古文献十讲》，复旦大学出版社
2004 年版，第 3 页。

② 谢维扬：《二十一世纪中国古史研究面对的主要问题》，《历史研究》2003 年第 1 期。

成书和流传过程有关的史料学问题。也就是说，只有在看到大量古书的早期文本的实物资料之后，我们才能真正逼近了解古书和其他古代文献资料形成的真实过程，从而逼近了解所有已知古代资料之间真正的关系，而这时我们用来处理古史史料问题的方法才可能是真正合理的。在这方面，近年来已有许多学者做了重要的工作。例如，自 20 世纪 80 年代开始，李零、李学勤等先生便先后就新出土文献所提供的情况比较深入地探讨了与古书成书和流传情况有关的一些问题。我曾从他们的论述中归纳出这样三点，即"一、对于古书成书的真实情况需要研究；二、对于古书成书情况的研究需以对新出土古代文献文本的研究为基础；三、对于古书成书情况的误解是'传统的'古史史料学所存在问题的关键"（若归纳更准确一些，应在三处"成书"后面再加上"流传"）①。在对大量新出土文献资料研究的基础上得出的这三点认识，其核心的一个意思就是，我们以往用来构成古史史料学概念的涉及古书成书和流传方面情况的知识有可能是不全面、不确切，甚至是不正确的。这在未能大量直接看到古代文献文本实物的条件下是很自然的，也是不足为怪的。而在这样的知识基础上所得出的一系列推论和结论，当然也就很可能有问题，也就不可能建立起真正合格的古史史料学概念体系。所以这三点认识我认为很可贵，也很重要，因为只有在有了这些认识的基础上，才会促使我们去获得某些较之以往更合理的古史史料学概念，建立现代古史史料学概念的整个工作也会有实质性的进展。

从学者们近年来对与古书成书和流传情况问题所作的研究来看，人们以往对于古书成书和流传情况认识的主要问题在于很容易把这些情况理解得过于简明、简单。而实际上，古书成书与流传的真实过程是非常复杂和纠缠的，与现代人所熟知的现代出版物成书、发行与传播的过程有绝大的不同。在这方面，学者们根据对新出土文献文本实物的最新了解，对于古书成书与流传情况所归纳出的一系列值得注意的细节，应该是很能说明问题的。比如李零先生早在 1986 年论新出土《孙子兵法》的几篇文章中就已经谈到了古书形成和流传过程的一些问题。② 在 1988 年写成的《出土发现与古书年代的再认识》一文中，他又通过以新出土文献情况与余嘉锡先生早年所著《古书通例》中所归纳的古书体例特征参照研究的方式，归纳了"古书体例"的八大特征，即：（一）古书不题撰人；（二）古书多无大题，而以种类名、氏名及篇数、字数称之；（三）古书多以单篇流行，篇题本身就是书题；（四）篇数较多的古书多带有丛编性质；（五）古书往往分合无定；（六）古书多经后人整理；（七）古书多经后人附益和增饰；（八）古人著述之义强调"意"胜于"言"，"言"胜"笔"③。这实际上谈的也就是古书成书和流传情况的问题。李学勤先生近年来对此也有许多研究，其在《对古书的反思》一文中，就对"古书产生和传流过程中""值得注意的情况"作了详细的归纳。他提到了以下十种情况：第一，佚失无存；第二，名亡实存；第三，为今本一部；第四，后人增广；第五，后人修改；第六，经过重

①　谢维扬：《二十一世纪中国古史研究面对的主要问题》，《历史研究》2003 年第 1 期。

②　李零：《关于孙子兵法研究整理的新认识》，《孙子古本研究》，北京大学出版社 1995 年版，第 275~277 页；李零：《读孙子劄记》，《孙子古本研究》，北京大学出版社 1995 年版，第 291~293 页。

③　李零：《出土发现与古书年代的再认识》，《李零自选集》，广西师范大学出版社 1998 年版，第 27~31 页。

编；第七，合编成卷；第八，篇章单行；第九，异本并存；第十，改换文字①。还有其他学者就这一问题也作了重要研究，在此恕不赘引。对于上述研究所揭示和提请注意的古书成书与流传过程中的这些复杂情况，我想从帮助我们更深入思考和恰当处理古史史料问题的角度，再归纳为以下一些认识：（一）古书成书，就绝大多数个案而言，都是一个经历了很长时间和具有复杂环节的过程；换言之，所谓古书著作年代问题往往不是一个可有简明答案的问题（这意味着当人们试图以对古书著作年代问题的判断来帮助确认有关古书资料的真实性和史料价值等问题时，由于必须充分估计到这两者关系上的复杂性，往往不容得出过分简单或简明的结论）。（二）古书题名作者与实际成书年代之间在很多个案中只存在约相关关系，因为大多数具有今日所见之内容的古书传本，前后涉及这些文本作成的人员往往不止一人，这也就意味着，古书成书年代与后所题名之作者生卒年代之间同样没有简单或简明的关系。（三）古书经流传示人的文本中，所谓"本文"或"正文"与在著作顺序上次一级的"传说"或"传解"之间往往或有很大可能混而不清（因此在据今所见之有关文本内容讨论相关资料的真实性与史料价值等问题时，必须注意到分辨不同性质文本内容意义的必要性）。（四）古书传本之内容以有附益为常。（五）古书内容的取材所自不必早晚、真伪如一，而以驳杂为常（以上两条同样提醒我们应注意分辨不同性质文本内容的不同意义）。（六）古书实际流传情况繁于传世著录所示（因此不能以引述已知传世著录资料为判断古书实际流传情况之充足证据）。在这里，我还想补充一条对我自己来说还只是初步认识到其意义的情况，即我们今日所见的所有古书文本，其在当日为古人使用时在文本性质上应各有不同。比如，最简单的一个可以想见的事实是，在任何一部古书形成与流传过程中所出现的各宗文本中，应该有原稿本与传抄本的区别，而这两者在说明古书成书与流传问题上的意义是不同的。在讨论古书问题时，应该注意到这一点。李学勤先生就曾经提到过："迄今所见战国到汉初简帛古籍，都是传抄本，还没有能证明是原稿本的。"② 这实际上就是说，就我们目前所掌握的古书文本资料的品质而言，我们还不能有把握地说已经能够对古书成书最早阶段的情况作出准确而具体的判断。其实就是传抄本，在古人使用当时也还可能有性质上的区别。比如著名的郭店楚简中的《老子》，虽然有学者将其看作《老子》早期的一个传本，但也有学者认为其只是早期《老子》的一种"摘抄"本，其时还应该有篇幅与今本相同的简本③。或者更进一步地说，"简本实际上是三组《老子》的摘抄本，其古书成书和流传情况研究的进展与古史史料学概念内容仅为《老子》的一部分，是郭店墓的主人生前在教学中使用的"④。总之，还不能将其看作一个具有严格"版本"意义的传本。但以郭店本与今本或汉代的马王堆帛书本《老子》相比较，前者与后二者无论在用字上还是在句序和句子结构上，乃至特定文句的有无上，都有显著而系统的区别，因此似乎也反映了《老子》文本发展过程中的某

---

① 李学勤：《对古书的反思》，《简帛佚籍与学术史》，江西教育出版社 2001 年版，第 292 页。

② 李学勤：《新出简帛与学术史》，《简帛佚籍与学术史》，江西教育出版社 2001 年版，第 5 页。

③ 裘锡圭：《郭店老子简初探》，《道家文化研究》1999 年第 17 辑。

④ 李学勤：《论郭店简老子非老子本貌》，《中国古代文明研究》，华东师范大学出版社 2005 年版，第 234 页。

种阶段性的特征，故也有学者推断，为我们所知的今本《老子》文本的面貌应是在自郭店简本至马王堆帛书本之间的时期内逐渐形成确定的①。像这样的问题，无疑很有深入研究的价值。再如，在郭店楚简中有一组被整理者称为《语丛》的文献，其在当时使用上的性质也很值得研究。因为它们显然不像是某种内容上自成一体的"著作"，其文字多为对各家著作的摘录，因此有学者认为其可能也是"教学所用的一种选编"②。由于《语丛》的内容有一些可以明显看出是引《论语》和《礼记·坊记》等传世古书的，所以这组简对于讨论《论语》《礼记》等古书的成书和流传问题是有说明意义的，而它们在使用性质上的特征就更具有特别的文献学意义，说明了古书在形成和流传过程中可能产生的各种不同用途和性质文本的复杂情况，包括产生一些自用抄本的情况。提出新出土文献文本实物在使用上的不同性质这个问题本身是有意义的，因为古代不同使用性质的文献抄本，包括古人自用的抄本与作为古书在某一时期的传本的抄本，在解释古书形成与流传问题上的意义自然是不同的。正如以上已提到的，对于这方面的问题学术界已有注意和讨论，但我们目前似乎还很难明确地整理出区分不同使用性质的古书文本的规律，以及由这些情况所反映的古书成书过程中某些尚不为人所知的环节的真相，而这也会影响到我们对有关古书文本形成和流传真实过程的确认，和据此对相关史料的来源、真实性与价值等问题所作的判断。总之，在经过对大量出土的古代文献文本实物考察和研究的今天，中国古史研究者应当对古书成书和流传情况的复杂性有足够充分的意识。这种复杂性，由于客观条件的原因，应该说是超出"古史辨"时代学者们所能足够深入地了解和意识到的，因此在当时的工作中也是反映较少的，这当然会影响到当时对一系列相关问题探讨的方法的完整性乃至其结论的正确性。但是今天我们就必须正视这种复杂性，从而帮助我们去推进和完善由"古史辨"时代的学者所开始的寻求合乎近代科学理念要求的中国古史史料学基本概念的工作。那么，关于古书成书和流传情况的研究，究竟将如何影响到古史史料学的基本概念呢！或者说，由于对古书成书和流传情况有了更具体、更确切，也更真实的了解，我们对正确运用古史史料的问题会有哪些新的认识呢！这当然是一个非常大的问题，不仅不可能在这样一篇小文中谈好，事实上我本人也根本不敢说对此已有充分的研究。但我很想在此谈一点非常初步的想法，冀为抛砖引玉，对于推动在这一问题上的深入思考或有裨益。

我认为，经过这些年古史界对于古书和古史史料方面问题的大量研究与探讨，我们在总结以往与史料学问题有关的研究之得失的基础上，在力求正确对待古书资料和希望形成成熟的古史史料学概念的方向上，似乎已经可以有如下的一些认识：

（1）在没有确定已拥有完整证据的条件下，不要急于认定某部古书为"伪书"。我希望这一条能成为现代古史史料学概念中首先被确认的一条。这实际上也应该是近年来新出土古代文献研究的大量成果不断涌现后，最先使人们想到，也最易于令人们认可的一个问题。因为新出土文献尤其是新出土古书文本资料的大量发现和研究确实使我们看到，自传统疑古方法（包括"古史辨"方法）发展以来所论及的许多所谓"伪书"案例，其实是

---

① 宁镇疆：《老子"早期传本"结构及其流变研究》，学林出版社 2006 年版，第 298 页。

② 李学勤：《语丛与论语》，《中国古代文明研究》，华东师范大学出版社 2005 年版，第 223 页。

不能坐实的，有一些已经翻案。正如裘锡圭先生所说："简帛古籍的出土，为一批被人视为伪书的先秦古籍恢复了名誉。"① 这方面的例子很多，都已颇为人们所了解。比如在近代疑古思潮兴起后被很多人认为是汉以后人伪作的《尉缭子》《晏子》《六韬》等书，由于银雀山汉墓中发现了这些古书中一些篇章的抄本，且内容与今本基本相合，因而最终被学者们认定应该是先秦的古书。又如《归藏》是传说中重要的方术书，古书中有称引，乃因原书早佚，历来多以为所引的应是伪书。而现在已在王家台秦墓中发现《归藏》残简，文字与古书所引基本相合，证明古书所引确是先秦古书②。诸如此类，可以说已不胜枚举。这种情况应该引起人们的思考。如果说以往对古书"辨伪"的工作有"过度"的问题，其根本原因就在于当时还很难全面了解和注意到古书成书与流传过程的复杂情况。因此，现在我们对判定某部古书为伪书的问题，理应慎重得多。由于我认为迄今还不能说我们已经完全掌握了古书成书与流传过程的所有细节和各种变化，因此我曾经提出过在对古书辨伪时要注重发现反映辨伪行为的直接证据③。我这样说，并非主张若无此类证据，就可以把有关对象认定为真书；而是说在缺乏此类证据的情况下，应该避免轻易作出是伪书的结论。这是因为以往所作"辨伪"的正反两方面经验事实上已经告诉我们，获得包括正面反映辨伪行为的直接证据在内的多方面的、完整的证据，而不仅仅或主要地是依靠文献内容上的所谓"内证"性的证据来下判断，是避免在判定古书真伪问题上再次出现错误的很重要的要求。我想可以把这样一个认识称为关于论定古书真伪问题证据的完整性的概念。用这个概念所要表达的意思就是：在你没有完全弄清楚证据是否完整之前，尤其是在没有取得与古书成书与流传情况有关的证据之前，在古书真伪问题上所下的任何结论都可能是错误的，因而也是不能最终论定的。应该相信，未来新出土文献研究的进一步发展不仅会帮助我们在认识什么是判定古书真伪问题的完整证据方面获得越来越多的知识，而且最终会导致形成越来越明确而合理的、针对这方面要求的关于证据完整性的概念。

（2）对有些古书的真伪问题可能要有比较复杂的认定。在对大量新出土古书资料进行研究之后，学者们已经感到，对于古书真伪问题本身，也必须有一个切合古书情况实际的认识。其中就包括认识到，对有些古书，简单地判定为"真"或"假"都可能是不确切的。正如李学勤先生所说的："对古书形成和传流的新认识，使我们知道，我国古代大多数典籍是很难用'真''伪'二字来判断的。"④ 现在已有不少这方面的例子，如裘先生曾就今本《文子》的问题表示："通过跟八角廊竹书中的《文子》残简对照，发现今本《文子》……既不能简单地看作真书，也不能简单地看作抄袭而成的伪书。"⑤ 李学勤先生也认为，八角廊简《文子》说明"今本《文子》的《道德篇》含有古本的内容，同时

---

① 裘锡圭：《中国出土简帛古籍在文献学上的重要意义》，《中国出土古文献十讲》，复旦大学出版社 2004 年版，第 86~87 页。

② 裘锡圭：《中国出土简帛古籍在文献学上的重要意义》，《中国出土古文献十讲》，复旦大学出版社 2004 年版，第 87 页。

③ 谢维扬：《二十一世纪中国古史研究面对的主要问题》，《历史研究》2003 年第 1 期。

④ 李学勤：《对古书的反思》，《简帛佚籍与学术史》，江西教育出版社 2001 年版，第 32 页。

⑤ 裘锡圭：《中国出土简帛古籍在文献学上的重要意义》，《中国出土古文献十讲》，复旦大学出版社 2004 年版，第 88 页。

也证实今本大部分乃后人所补辑，并非古本的原貌"①。这实际上意味着，在处理古书作为古史史料的问题时，辨伪本身的意义也是有其局限性的。对有些有特定情况的个案而言，在满足史料学要求的目标上，对有关文本资料内涵的仔细比较与分析，可能比辨伪更重要。就这个问题的实质而言，我们还可以说，对于某些特定个案，即使已被正确认定为伪书，也不等于其在史料学概念上毫无价值。比如梅赜古文《尚书》是大家都知道早已由前人认定为伪书的一部文献，其中有《大禹谟》一篇，而这篇在今文《尚书》中则阙如。现在可发现郭店楚简《成之闻之》中引用了《尚书·大禹谟》的话（"余才宅天心"），只是这句话并不见于今传古文《尚书·大禹谟》。裘先生认为这是今传古文《尚书》是伪书的又一证据②。但从另一个角度看，这些情况又可以表明，今传古文《尚书》的《大禹谟》这个篇目还是有真实来源的。由此甚至可以进一步联系到如何看待今传古文《尚书》的真伪及其史料学地位的问题。李学勤先生在写于多年前的《竹简〈家语〉与汉魏孔氏家学》一文中，曾仔细考察了文献所载今传古文《尚书》自东汉"中晚期"即有流传，并与孔氏家族中人如孔安国、孔僖、孔季彦等的著作活动有关的情况，认为"从学术史的角度深入研究孔氏家学，也许是揭开《尚书》传流疑谜的一把钥匙"。③ 李先生指出，《尚书·尧典》正义引十八家《晋书》佚文，对晋代古文《尚书》在郑冲至梅赜数代学者中相传的事实是有清楚记录的，同时也有许多证据表明"西晋皇甫谧已经看到了今传古文《尚书》和《孔传》"，加之清代一些学者如吴光耀（作《古文尚书正辞》）等还指出了"今传本古文《尚书》的出现，比王肃的时期还要早"④。甚至《尚书孔传》的出现，李先生也经仔细考察后认为"是在魏晋间，不像很多学者所说是在东晋"⑤。这些情况，很显然是对长期以来具有压倒性影响的所谓梅赜伪造古文《尚书》的说法提出了严重质疑。这实际上表明，以往对所谓"伪古文《尚书》"问题的考证，多于对所谓"内证"的辩论，而疏于对学术史与文献学证据的全面整理与分析。当然，尽管这样，在不能完整解释由"内证"表明的疑点之前，今传古文《尚书》文本自身的真伪问题，仍不能认为可以简单翻案。上述郭店楚简引《大禹谟》文字而不见今本《大禹谟》的问题就是一个例子。对此，李先生也同裘先生一样，认为"这证明今本《大禹谟》确系汉以下人所编成"⑥。但是，由学术史和文献学上的证据所提出的问题，如何同对于所谓"内证"问题的辨析相统一，这毕竟是需要进一步研究的。在另一处，李先

---

①　李学勤：《考古新发现与中国学术史》，《中国古代文明研究》，华东师范大学出版社 2005 年版，第 402 页。

②　裘锡圭：《中国古典学重建中应该注意的问题》，《中国出土古文献十讲》，复旦大学出版社 2004 年版，第 13 页。

③　李学勤：《对古书的反思》，《简帛佚籍与学术史》，江西教育出版社 2001 年版，第 386 页。

④　李学勤：《对古书的反思》，《简帛佚籍与学术史》，江西教育出版社 2001 年版，第 384 页。

⑤　李学勤：《尚书孔传的出现时间》，《中国古代文明研究》，华东师范大学出版社 2005 年版，第 417 页。

⑥　李学勤：《考古新发现与中国学术史》，《中国古代文明研究》，华东师范大学出版社 2005 年版，第 402 页。

生曾提出过："清代学者批评今本古文《尚书》，其中有些问题也许就是出于整理的缘故。"① 这或许预示着对今传古文《尚书》文本整体的真伪问题的认定最终并不是很简明的。总之，李先生的这些研究实际上是在古文《尚书》这样一个意义极其重大的个案上，提出了如何在更完整地反映古书成书和流传情况研究的进展与古史史料学概念古书成书与流传实际的方法的基础上来分析其所谓真伪问题的课题。对于围绕古文《尚书》的整个问题，当然还需要作更全面的研究。但现在应该可以知道，对这个问题的讨论将涉及比古人论定古文《尚书》为"伪书"时更多方面的情况，而且可能会面对某种更为复杂的结论。而在最终解决这个问题之前，我们现在至少可以合理地提出从古史史料学角度应如何更恰当对待今传古文《尚书》的问题。原因就是古书真伪的问题并不是确定其史料学价值的全部和唯一依据。

（3）由于古书在成书与流传过程中存在的种种复杂情况，对古书成书年代和作者问题的认定都要注意避免简单化，尤其是要充分考虑到古书流传过程中可能出现的后人附益、删选、修动等情况所带来的影响。这方面的经验和教训都很多。比如在银雀山汉墓出土的《孙子》简本《用间》篇内，有"燕之兴也，苏秦在齐"一句。裘先生认为这"显然是后学所增的"，而"如果这一本子一直留传下来"，有人"很可能就会以此来证明《孙子》的编成在苏秦之后"②。如果这样，关于《孙子》成书年代及作者等问题的看法就都要大变，但却是错误的。这个例子可以说明，古书资料内的许多因素都可能影响对其成书情况的判断，但有些因素的影响是有理的，而也有些因素的影响则是不应认可的，这其中的区别就需要研究者仔细分辨。

（4）作为古史史料的古书内容，对其来源的分析和认定，不完全取决于对已知的有关古书成书年代等情况的认识，也就是说，要估计到古书中的有些特定的内容可能起源于更早的时期。认识到这一点，对我们恰当地利用古书资料作为史料是很重要的。例如在关于禹的传说生成年代的问题上，过去顾颉刚先生就曾因为文献中对禹的记载最早出现在周穆王末年时的《尚书·吕刑》中，便认定"禹是西周中期起来的"③。但近年来发现的西周中期器燹公盨铭文中却长篇记述了禹的事迹④。这显然表明，禹的传说的起源要远早于西周中期。裘先生甚至判断，西周中期时，禹的传说"已经是相当古老的被人们当作历史的一个传说了"，"不然，器主是决不会把禹的事写进一篇有明显教训意义的铭文"中的⑤。关于尧舜传说起源的问题也有类似的情况。在对燹公盨铭文作分析时，裘先生认为禹被说成是"受天，即上帝之命来平治下界的水土的"，"在这样的传说里，根本不可能

---

① 李学勤：《对古书的反思》，《简帛佚籍与学术史》，江西教育出版社 2001 年版，第 32 页。

② 裘锡圭：《中国出土简帛古籍在文献学上的重要意义》，《中国出土古文献十讲》，复旦大学出版社 2004 年版，第 89 页。

③ 顾颉刚：《讨论古史答刘胡二先生》，《古史辨》第一册，上海古籍出版社 1982 年版，第 133 页。

④ 铭文释文参见李学勤《论燹公盨及其重要意义》，《中国古代文明研究》，华东师范大学出版社 2005 年版，第 126 页。

⑤ 裘锡圭：《新出土先秦文献与古史传说》，《中国出土古文献十讲》，复旦大学出版社 2004 年版，第 22 页。

有作为禹之君的人间帝王尧、舜的地位"①。因此他同意顾先生关于尧、舜传说较禹的传说后起的观点。但是我们看到，在上博馆藏楚竹书《子羔》篇中，在孔子与子羔的对谈中，一方面孔子承认三代始祖禹、契、后稷为"天子"（天帝之子，指其有神性），另一方面又明确说到了禹、契、后稷均为舜之臣之情节（"舜，人子也，而夋天子事之"）②。可见，燹公盨关于禹受"天命"的记法，丝毫也不意味着在当时对禹的整个传说中不可能有关于舜和尧等人的地位以及禹同舜之间关系的内容，只不过燹公盨铭文中确未包括这些内容罢了③。这个例子再次说明，对于古书内容来源的研究，需要非常细致、全面的考量，而这对满足史料学的目标或许是最重要的。

（5）由于古书流传情况的极端复杂性，对于各宗古书资料内容之间的全部关系还有待更深入的研究，并应该认真结合这些研究的成果来进一步判断有关古书资料的史料学价值和地位。古书流传情况的复杂性是新出土文献文本实物给予人们的最深刻印象之一。在这个问题上，仅依靠传世的少数古书著录资料来研究，显然是非常不够的，不仅不敷应对大量于传世著录失记的案例，而且由于不掌握完整的资料，我们对于古代各种记述系统之间关系的认识也可能是不正确或不确切的。裘先生就曾指出过："马王堆帛书《周易》、双古堆竹书《诗经》、武威汉墓《仪礼》、八角廊竹书《论语》，都是我们所已知的各家之外的本子，可见当时经书传授的情况极为复杂。"④ 经书传授的情况如此，其他古书资料在流传上的情况也不例外。而从对今日自地下获得的大量古书文本实物利用的角度，我们还需要将具有不同品级"版本"意义和与不同记述系统相关的文本种类加以区分，因为正如前文已提到过的，在今天所掌握的各宗古书资料之间，还可能有传本、自用本以及通用本等等性质上的差别，其"版本"意义以及相关的记述系统很可能也是不同的。这些情况都会影响对其作为史料的意义的把握。在这方面，对上博简中的重要一篇《容成氏》史料价值认定的问题就是一个很好的例子。《容成氏》的全部内容，现根据陈剑的拼合与编连，可以看出它非常有序地叙述了自远古开始的整个古史历程，并大体上可分作三段：一是尧以前；二是从尧至禹；三是禹以后⑤。这里的问题是，第一段与第二第三段叙述的内容显然有着不同的来源。以徐旭生先生在《中国古史的传说时代》中对古代古史系统问题的分析来看，第二段和第三段所叙述的内容大体上应以所谓东方系统的"五帝

① 裘锡圭：《新出土先秦文献与古史传说》，《中国出土古文献十讲》，复旦大学出版社2004年版，第22页。
② 参见马承源主编：《上海博物馆藏战国楚竹书（二）》，上海古籍出版社2002年版，第33~47、183~199页。
③ 顺便提及，上古对于人王受"天命"治事的观念在早期文献对商周人物的描述中也非常多见，如《尚书·大诰》中就有"天休于宁王（指周文王），兴我小邦周，宁王（同前）惟卜用，克绥受兹命"的记法。这里只是反映了古代对周文王权力来源的一个说法，并不意味着周文王本人就真的是神性的，而他的权力也真的不具有人世的来历。
④ 裘锡圭：《中国出土简帛古籍在文献学上的重要意义》，《中国出土古文献十讲》，复旦大学出版社2004年版，第90页。
⑤ 参见陈剑：《上博简〈容成氏〉的竹简拼合与编连问题小议》，载上海大学古代文明研究中心编《上博馆藏战国楚竹书研究续编》，上海书店2004年版，第327~334页。

说"为蓝本，而第一段所说则与此系统并无关系①。第一段中所叙述到的古帝王（包括原残缺而由学者合理补释的部分），有的与《庄子·胠箧》等古书中提到的相合，但《庄子》的这个古帝系统后来被采入源自《春秋纬》中的《命历序》的古史系统②。这些显然有着不同来源和生成路径，因而也就可能在资料本身的性质上有不同的内容，为什么和如何被一起而又有序地写入《容成氏》这一篇中，这是十分值得进一步研究的。再比如，在上博简《子羔》篇中，借孔子和子羔的口先后说到禹、契、后稷的故事，但其中对禹的故事的记述按李学勤先生说是"不知所本"，而契、后稷的故事"则本于《诗经》的《玄鸟》《长发》和《生民》而有所铺陈"③。裘锡圭先生则指出《子羔》中禹的故事的记述跟"汉以后书中的禹生神话很相近"④，所以与同篇中对契和后稷故事的记述也还是不属于同一记述系统。由此，我们应可注意到数量众多的古书资料和五花八门的古代记述系统之间的关系是何等复杂而不为我们所全盘知晓。对这方面问题的深入和严谨的研究，应该是关于古书成书与流传情况以及古史史料学基础研究的重要内容。在"古史辨"时代，顾先生曾以异常坚定的信念和卓越的思想力提出了关于中国古代"层累地造成的古史"的学说。这个学说实际上就是关于各宗古书资料以及各种古代记述系统之间关系的一种假说。而在今天看来，整个问题应该远比所谓"层累说"所论及的情况要复杂得多，有些方面"层累说"提出的事实也还有不准确或不切实的地方。因此这方面的研究尚需继续深入开展下去，而这也许会最终帮助我们发现中国古史史料学中某些曾被忽视，而实际上很重要的概念问题。对中国古史研究而言，史料学问题似乎始终是它面对的一座高山。八十年前，"古史辨"学者们所开创的就是试图征服这座高山的路。今天我们仍需继续努力的，也还是要把这条路真正走通。在这方面，我认为建立健康的研究氛围，从而在具有不同见解的学者间开展有益的讨论乃至辩论，是十分重要的。我相信，在继承前辈学者宝贵学术遗产的基础上，在今日古史研究所拥有的新的良好条件下，我们将会一步步更接近于达成中国古史学者这一夙愿的一天。

---

① 参见徐旭生：《中国古史的传说时代》，文物出版社1985年版，第204~215页。
② 参见徐旭生：《中国古史的传说时代》，文物出版社1985年版，第242~259页。
③ 李学勤：《楚简子羔研究》，《上博馆藏战国楚竹书研究续编》，上海书店2004年版，第14页。
④ 裘锡圭：《新出土先秦文献与古史传说》，《中国出土古文献十讲》，复旦大学出版社2004年版，第28页。

梁启超古书辨伪方法平议

廖名春

梁启超（1873—1929）是中国近代的文化巨人，也是清华国学研究院的著名导师。在本世纪初的疑古辨伪运动中，梁启超尽管承认自己不如胡适、钱玄同"疑古最勇，辨伪最力"①，但就古书辨伪方法而论，他的论述最为系统、详密，最具代表性而又影响最大。如张心澂著《伪书通考》，其《总论》部分即多本梁说。特别是论"辨伪的方法"，主体部分即梁氏之说②。谢国桢的《史料学概论》、张舜徽的《中国文献学》、吴枫的《中国古典文献学》、王余光的《中国历史文献学》等书，在论辨别伪书的方法时，皆采梁氏说以为代表，皆奉梁氏说为圭臬③。

对梁氏所揭示的辨伪方法，余嘉锡早在 30 年代就有异议，其说主要见于《古书通例》（又名《古籍校读法》）一书，④ 可惜并未为世人所重。70 年代以来，随着马王堆帛书、银雀山竹简、阜阳竹简、定县八角廊竹简、睡虎地秦简、张家山竹简、荆门楚简等大批地下材料的相继出土，学者们开始发现，疑古辨伪运动固然在史观上有其积极意义，但也造成了大量的冤假错案，许多的"伪书"并不伪。80 年代后期以来，时贤对疑古辨伪造成的冤假错案更开始进行深层的反思，李学勤先生的《对古书的反思》、李零先生的《出土发现与古书年代的再认识》，可谓代表。平反疑古辨伪所造成的冤假错案必须反省造成这些冤假错案的理论依据，而梁启超所揭示的辨伪方法作为判定古书真伪的标准，理应成为我们反省的首选。

梁启超关于辨伪方法的系统性论述首见于《中国历史研究法》，该书系梁先生 1921 年秋在南开大学所作讲演之讲稿，同年 11 月、12 月《改造》杂志第 4 卷 3、4 号揭载部分，1922 年 1 月由商务印书馆初版发行。在该书第五章《史料之搜集与鉴别》中，梁先生提出 12 条"鉴别伪书之公例，作自己研究标准焉"。1924 年春，梁先生著《清代学者整理旧学之总成绩》，此"本清华讲义中一部分"⑤，后发表于《东方》杂志第 21 卷 12、13、15 至 18 号，并收入《中国近三百年学术史》。在其第四节《辨伪书》中梁先生总结出清儒辨伪的 6 条"重要方法"。1927 年 2 月至 6 月，梁先生在燕京大学讲授《古书真伪

---

① 梁启超：《古书真伪及其年代》，见《饮冰室合集》12 卷，中华书局 1936 年版，第 38 页。

② 张心澂：《伪书通考》，商务印书馆 1957 年版，第 31~33 页。

③ 谢书第 168 页，福建人民出版社 1985 年版；张书 190、191 页，中州书画社 1982 年版；吴书第 200~202 页，齐鲁书社 1982 年版；王书第 144~146 页，武汉大学出版社 1988 年版。

④ 该书为作者 30 年代在北京各大学讲授校读古籍时所写的讲义，有 1940 年排印本、上海古籍出版社 1985 年版两种。

⑤ 梁启超 1924 年 4 月 23 日《致葡公书》，见丁文江、赵丰田编《梁启超年谱长编》，上海人民出版社 1983 年版，第 1016 页。

及其年代》一学期，由清华国学研究院学生周传儒、姚名达、吴其昌记录，辑为一书①。其第四章《辨别伪书及考证年代的方法》分传授统绪和文义内容两大项，提出了更为详尽周密的辨伪方法，可谓集古今辨伪方法之大成。下面，笔者就以梁先生此说为主，参以前两说，平议其是非短长，以为借鉴。

梁先生从传授统绪辨别古书真伪，第一条标准就是看旧志是否著录。他说：

> 我们除汲冢书以外，无论拿着一部什么古书，只要是在西汉以前的，应该以《汉志》有没有这部书名，做第一个标准。若是没有，便是伪书，或可疑之书。②

为什么呢？因为他认为：

> 西汉一代，勤求古书。民间藏匿的书，都跑到皇帝的内府——中秘去了。刘歆编校中秘之书，著于《七略》。他认为假的而不忍割爱的则有之，有这部书而不著录的却没有。我们想找三代先秦的书看，除了信《汉志》以外，别无可信。所以凡刘歆所不见而数百年后忽又出现，万无此理。③

其逻辑推导是：天下所传先秦、秦、汉书，尽藏于中秘，刘歆《七略》尽收中秘之书，《汉志》尽可代《七略》之功用，所以《汉志》未著录之书，"便是伪书，或可疑之书"。这一推理，其大前提根本不能成立。余嘉锡《古书通例·案著录第一》云：

> 《七略》及《汉志》，皆有不著录之书也。以班固本书之说推之，其故有三：一则民间所有，秘府未收也。《楚元王传》曰："元王亦次之《诗传》，号曰《元王诗》，世或有之。"云"世或有之"，明非秘府所有，"或有"者，如今人言版本学者所谓少见云耳。以其传本少见，秘府无其书，故不著于录。一则国家法制，专官典守，不入校雠也。《礼乐志》曰："今叔孙通所撰礼仪，与律令同录，藏于理官，法家又复不传；汉典寝而不著，民臣莫有言者。"夫礼仪律令，既藏于理官，则不与他书"外则有太常、太史、博士之藏，内则有延阁、广内、秘室之府"者同。《后汉书·曹褒传》言"班固上叔孙通《汉仪》十二篇"，固既深惜汉典之寝而不著，及亲得其书，乃不与刘向、扬雄、杜林书同入《艺文》者，盖班固作《志》，用《七略》之成例，《七略》不录国家官书，故不得而入之也。一则前汉末年人著作，未入中秘者，《七略》不收，《汉书》亦遂不补也。《七略》之作，由于奉诏校书，故当时人著作，成书较后者，皆不收入。班固直录《七略》，新入者仅三家，刘向、扬雄，以大儒负盛名，杜林《仓颉训纂》，因其为小学书，家弦户诵，故破例收入，其余皆不甚留意。《王莽传》之《乐经》，《律历志》之《三统历》，并不见录，他可知矣。（刘向、扬雄书，所收亦尚未尽，《方言》是矣。）《艺文志》于汉时书，不尽著于

---

① 张心澂《伪书通考·总论》认为此书系"梁氏在清华大学讲演"，恐误。
② 梁启超：《古书真伪及其年代》，见《饮冰室合集》12卷，中华书局1936年版，第40页。
③ 梁启超：《古书真伪及其年代》，见《饮冰室合集》12卷，中华书局1936年版，第40页。

录，证之本书，章章可考。其他古书，真出于西汉以前而不见于志者，皆可以三例推之。①

　　从出土材料的情况看，余说是确凿不移的。著名的石鼓文，共诗十首，徐宝贵先生通过字形的详细分析，认为其系春秋中期左右的作品，可谓的论②。这十首石鼓诗，《汉志》《隋志》皆无著录。著名的楚帛书，有《四时》篇，《天象》篇，《月忌》篇，出于战国楚墓，此书也不见于《汉志》等史志目录。马王堆汉墓所出帛书，如《五行》（又称《德行》）、《二三子》《要》《缪和》《昭力》《五十二病方》诸种，皆未为《汉志》所著录。睡虎地秦简、张家山汉简里，此类情况尚多。如以是否见于《汉志》来判断真伪，上述出土佚籍则皆为伪，岂不谬哉！所以，无论从文献还是从出土材料看，梁氏的这"第一个标准"就不能成立。

　　梁先生古书辨伪的第二个法门是："从前志著录，后志已佚，而定其伪或可疑。"③梁先生的这一判断，实质是假定后志的作者尽见流传于后世的前志著录之书并皆收录。正因为是尽见著录，所以当"异本突出"，尽管前志已有著录，但后志不载，则定其为伪。这一推论的前提同样成问题。《隋书·经籍志序》云：

　　　　其旧录所取，文义浅俗，无益教理者，并删去之。④

余嘉锡先生说：

　　　　既于旧录有所删去，则六朝以前古书为所刊落，不见于著录者，必甚多。故为唐人所不满。《旧唐书·马怀素传》言怀素于开元初上疏曰："南齐已前坟籍旧编，王俭《七志》以后著述，其数盈多。《隋志》所书亦未详悉。或古书近出，前志阙而未编；或近人相传，浮词鄙而犹证。"……新、旧《唐志》所载隋以前书，多《隋志》所不著录或注为残缺亡佚者，则怀素所谓古书近出，阙而未编者也。《旧唐志》本之毋煚《古今书录》，《新志》本之《四库书目》，二书皆修于开元时，正在怀素之后。故其所录，当为可信。而后来目录家之论古书者，或反以《隋志》不著录，至唐复出为可疑，其亦不考之甚矣！清章宗源尝作《隋志考证》，有王应麟之例，每类补入不著录之书。今其全稿已佚，只存史部，就其书考之，几补六百一十九部，《志》注为梁有隋亡，或残缺者，尚不在此数。推之经、子、集三部，至少当亦不下一千余种，亦可骇矣！⑤

　　《汉书·艺文志》著录有《齐孙子》八十九篇，颜师古注曰：孙膑。《隋志》《旧唐

---

①　余嘉锡：《古书通例》，上海古籍出版社1995年版，第4~5页。
②　徐宝贵：《石鼓文年代考辨》，载北京大学中国传统文化研究中心《国学研究》1997年第4卷。
③　梁启超：《古书真伪及其年代》，见《饮冰室合集》12卷，中华书局1936年版，第40页。
④　《隋书》，中华书局1973年版，第908页。
⑤　余嘉锡：《古书通例》，上海古籍出版社1995年版，第8~9页。

志》《新唐志》等皆不见著录。日人斋藤拙堂以为《吴孙子》系孙膑所著，孙膑与孙武同是一人，"武其名，而膑是其绰号"，实际否定了《齐孙子》一书的存在①。国人钱穆、金德建皆袭其说②，几成定论。但1972年山东临沂银雀山汉墓既出土了《吴孙子》，又出土了《齐孙子》。后者存三十篇，整理者分为上、下两编。又《汉书·艺文志》著录有《黄帝四经》四篇，《隋书·经籍志》已不载，1973年长沙马王堆汉墓出土之乙本《老子》前，有古佚书四篇，即《经法》《十大经》《称》《道原》。唐兰先生认为它们就是《汉志》里的《黄帝四经》四篇③。赞同唐说者不乏其人④。竹简本《齐孙子》和帛书《黄帝四经》皆属"异本突起"，"前志著录，后志已佚"，如依梁氏之标准，当被定为伪书或可疑之书。所以，无论考之出土材料，还是证之文献，梁氏的这第二个法门也是成问题的。

　　梁先生的第三个方法是："从今本和旧志说的卷数篇数不同而定其伪可疑。"他说：

　　　　这有二种：一是减少的，一是增多的。减少的，如《汉志》有《家语》二十七卷，到了《唐书·艺文志》却有王肃注的《家语》十卷。所以颜师古注《汉志》说非今所有《家语》。可见王注绝非《汉志》原物，又如《汉志》已定《鬻子》二十二篇为后人假托，而今本《鬻子》才一卷十四篇。又说《公孙龙子》有十四篇，而今本才六篇。又说《慎子》有二十四篇，而《唐志》说有十卷，《崇文总目》说有三十七篇，而今本才五篇。这都是时代愈近，篇数愈少。这还可以说也许是后来亡佚了。又有一种，时代愈后，篇数愈多的，这可没有法子辩，说他不是伪书。如《鹖冠子》，《汉志》才一篇，唐朝韩愈看见的，已多至十九篇，宋朝《崇文总目》著录的，却有三十篇。其实《汉志》已明说《鹖冠子》是后人假托的书，韩愈读的，又已非《汉志》录的，已是伪中伪，《崇文总目》著录的，又非韩愈读的，更是伪中的伪又出伪了，又如《文子》，《汉志》说有九篇，马总《意林》却说有十三篇。这种或增或减，篇数已异，内容必变，可以决定是伪书，最少也要怀疑，再从别种方法定其真伪。⑤

　　古书"时代愈近，篇数愈少"，个中原因，梁先生也知道是"后来亡佚"，怎能据此而定真伪呢？其所举《孔子家语》例，似乎是铁证。但安徽阜阳双古堆一号汉墓出土有一块木牍，"今存篇题四十六条，内容多与孔子及其门人有关……这些篇题的内容大多能在今本《孔子家语》中见到"⑥。阜阳汉简整理组的另一篇文章则直接说："还有……完

　　①　转引自武内义雄：《孙子十二篇之作者》，载江侠庵编译《先秦经籍考》中册，商务印书馆1931年，第377页。

　　②　钱穆：《先秦诸子系年》，商务印书馆1935年版，第246、247页；《古籍丛考》十三《孙子十三篇作于孙膑考》，中华书局1941年版。

　　③　唐兰：《马王堆出土〈老子〉乙本卷前古佚书的研究》，《考古学报》1975年第1期。

　　④　如余明光就著有《黄帝四经与黄老思想》，黑龙江人民出版社1989年版。

　　⑤　梁启超：《古书真伪及其年代》，见《饮冰室合集》12卷，中华书局1936年版，第41页。

　　⑥　阜阳汉简整理组：《阜阳汉简简介》，《文物》1983年第2期。

整的《孔子家语》篇题木牍等。"① 定县八角廊竹简也有一种书，"绝大部分内容，散见于先秦和西汉时期一些著作中，特别在《说苑》和《孔子家语》之内"。② 李学勤先生认为，"这种简书很可能是《家语》。竹简没有《汉志》二十六卷之多，大概只是一种摘抄本，这在出土古籍中是常有的"③。

至于"时代愈后，篇数愈多"也不能作为辨伪的标准。余嘉锡先生云：

　　古之诸子，即后世之文集……既是因事为文，则其书不作于一时，其先后亦都无次第。随时所作，即以行世。论政之文，则藏之于故府；论学之文，则为学者所传录。迨及暮年或其身后，乃聚而编次之。其编次也，或出于手定，或出于门弟子及其子孙，甚或迟至数十百年，乃由后人收拾丛残为之定著……秦、汉诸子，惟《吕氏春秋》《淮南子》之类为有统系条理，乃一时所成，且并自定篇目，其他则多是散篇杂著，其初原无一定之本也。夫既本是单篇，故分合原无一定。有抄集数篇，即为一种者，以有一二篇单行者。④

诸子之书，既然"散篇杂著"在先，"聚而编次"在后，那么"时代愈后，篇数愈多"也并不能证明其必伪。今人之文集、全集，大多续编、补遗不断，也是"时代愈后，篇数愈多"，总不能说这些续编、补遗皆属伪书，标准一错，其举例也就难以正确。如《鹖冠子》一书，尽管柳宗元以来人们多以其为伪，但唐兰先生发现马王堆帛书《黄帝四经》里，多有与《鹖冠子》相同或类似的语句⑤；李学勤先生续加论证又发现《鹖冠子》的某些部分和子弹库出土的楚帛书也有联系⑥；吴光先生发现其《博选》《著希》两篇避秦始皇讳⑦；《鹖冠子·王铁》将县令称为啬夫，裘锡圭先生指出："在汉代，县令、长已经不再称啬夫……证明《鹖冠子》不会是汉以后的作品。"⑧ 英国学者葛瑞汉证明今传本《鹖冠子》十九篇内容浑然一体，彼此有内在联系⑨。李学勤先生指出："《汉志》所录各书本于刘向、歆父子，一般是当时最好的本子，然而也有失收或所收系不全本的情形，不可绝对化。《汉志》所载《鹖冠子》仅有一篇，或许就是所收不全的例子。"⑩《文子》，《汉志》著录九篇，《隋志》、新旧《唐志》均作十二卷，与今本同。唐兰先生发现

①　《阜阳汉简〈楚辞〉》，《中国韵文学刊》总第 1 期。

②　定县汉墓竹简整理组：《定县 40 号汉墓出土竹简简介》，《文物》1981 年第 8 期。

③　李学勤：《八角廊汉简儒书小议》，《简帛佚籍与学术史》，时报文化出版公司 1994 年版，第 409 页。

④　余嘉锡：《古书通例》，上海古籍出版社 1995 年版，第 93、94 页。

⑤　唐兰：《马王堆出土〈老子〉乙本卷前古佚书的研究》，《考古学报》1975 年第 1 期。

⑥　李学勤：《〈鹖冠子〉与两种帛书》，《简帛佚籍与学术史》，时报文化出版公司 1994 年版。

⑦　吴光：《黄老之学通论》，浙江人民出版社 1985 年版，第 157 页。

⑧　裘锡圭：《啬夫初探》，《云梦秦简研究》，中华书局 1981 年版，第 230 页。

⑨　转引自吴光：《黄老之学通论》，浙江人民出版社 1985 年版，第 95 页。

⑩　转引自吴光：《黄老之学通论》，浙江人民出版社 1985 年版，第 95 页。

《文子》与帛书《黄帝四经》相同的有二十余处①。定县八角廊汉简"已整理出与今本相同的文字六章，部分或系佚文"。整理者认为，"《文子》本非伪本，今本《文子》实经后人窜乱。其佚文部分，大半是对天道、仁、义、功、德和教化的阐发"②。所谓"佚文"，当指出于今本十二卷之外的文字。既然今本十二卷之外尚有"佚文"存在，又怎能因今本多出《汉志》著录三篇而定其为伪呢？所以，梁先生的这第三条标准也是不能成立的。

梁先生的第四条方法是："从旧志无著者姓名而是后人随便附上去的姓名是伪。"③后附的姓名并不见得皆属伪。"古人著书，不自署姓名，惟师师相传"，"其中数传以后，不辨其出何人手笔，则推本先师，转相传述曰：此某先生之书云耳"④。如《汉志》《尚书》家有《传》四十一篇，不注姓氏。《隋志》则云："伏生作《尚书传》四十一篇，以授同郡张生，张生授千乘欧阳生。"《晋书·五行志》云："伏生创纪《大传》。"《经典释文·叙序》云："《尚书大传》三卷，伏生作。"故今本皆题曰：汉伏生撰。《玉海》卷三十七引《中兴书目》：案郑康成《叙》云："盖自伏生也。伏生为秦博士，至孝文时，年且百岁。张生、欧阳生，从其学而授之。……生终后，数子各论所闻，以己意弥缝其间，别作《章句》；又特撰大义，因经属指，名之曰《传》。刘向校书得而上之，凡四十一篇。"余嘉锡先生认为，这是说张生、欧阳生之《尚书》虽受自伏生，而其所作《章句》，则以己意弥缝其间，不纯记伏生之口说，故别自专门名家。而此《传》则杂成众手，不出一人，故不可以题为张氏或欧阳氏。传之者推本师授，知其出伏生。⑤所以《隋志》云"伏生作"，并非为伪，而是出自特定的体例。余先生的这一分析，应较梁说更为合理。

梁先生的第五条方法是："从旧志或注家已明言是伪书而信其说。"⑥这一方法也不能绝对化，如《汉志》著录《文子》九篇，班固自注云："老子弟子，与孔子并时，而称周平王问，似依托者也。"文子与孔子并时，则在春秋末年。而周平王在春秋初年，故班固疑其为依托。《文献通考》引《周氏涉笔》云："其称平王者，往往是楚平王。序者以为周平王时人，非也。"⑦楚平王于公元前528年至516年在位，正与孔子同时。定县八角廊《文子》只有"平王"，并无周平王，可见是班固理解有误，将楚平王当成周平王，故疑其"似依托"。又《汉志》著录《孔子家语》二十七卷，颜师古注认为非今所有《家语》，似乎今本《家语》为伪。但如上所述，阜阳汉墓出土有《孔子家语》篇题木牍，定县八角廊简也颇有与今本《家语》相同者，可见今本《家语》来源颇早，难以简单地认定为伪书。由此可见，旧志或注家之言并非辨别古书真伪的绝对标准，我们不应盲从。

梁先生辨伪的第六条方法是："后人说某书出现于某时，而那时人并未看见那书，从

① 唐兰：《马王堆出土〈老子〉乙本卷前古佚书的研究》，《考古学报》1975年第1期。

② 定县汉墓竹简整理组：《定县40号汉墓出土竹简简介》，《文物》1981年第8期。

③ 梁启超：《古书真伪及其年代》，见《饮冰室合集》12卷，中华书局1936年版，第41页。

④ 余嘉锡：《古书通例》，上海古籍出版社1995年版，第19、25页。

⑤ 余嘉锡：《古书通例》，上海古籍出版社1995年版，第20页。

⑥ 梁启超：《古书真伪及其年代》，见《饮冰室合集》12卷，中华书局1936年版，第41页。

⑦ 转引自张心澂：《伪书通考》，商务印书馆1957年版，第813页。

这上可断定那书是伪。"① 这一推论的前提存在问题。如果"那时人"能看尽那时所有之书，当然可以。如果他没有看尽呢? 事实上很少有人能看尽所有之书，就是刘向父子也不可能。叶适以降，人们怀疑孙武其人其书，就是因为《左传》不载，但银雀山竹简《吴孙子》的出土，正好证伪了此说。

梁先生的第七条方法是："书初出现，已发生许多问题，或有人证明是伪造，我们当然不能相信。"② 他举张霸的百两《尚书》和今文《尚书》中的《泰誓》篇为证。对前人的说法，我们应在尊重事实的基础上，取分析的态度，不能只取一面之辞。

梁先生的第八条方法是："从书的来历暧昧不明而定其伪。"他说："所谓来历暧昧不明，可分二种: 一是出现的，二是传授的。"③ 前者他以鲁恭王坏孔子宅发现的壁中书以及张湛注《列子》为证，后者以《毛诗·小序》的传授为证。古书出现的来历和传授的系统有欠清楚，多属自然过程，有意作伪者当属少数，以此定罪，近于栽赃。对壁中书的怀疑，是经不起时间的检验的。王国维《最近二三十年中中国新发现之学问》一文，曾列举"自汉以来，中国学问上之最大发现"，居首位的便是孔子壁中书。后来汲冢书的发现，殷墟甲骨的出土，敦煌藏书的面世，特别是七十年代以来大量竹简帛书的出土，足证孔子壁中书的发现是可信的。将其列于来历不明而指其为伪，是难以令人信服的。《列子》之书，自宋人高似孙以来，明人宋濂，近世梁启超、马叙伦、顾实、杨伯峻等称为伪，几成定论。但最近严灵峰先生对其进行了详尽的考证，认为《列子》一书决非张湛所伪造，尽管其中不免掺杂了后人的文字或错简，但其属于先秦古书无疑。④ 严先生的观点，代表了《列子》研究的最新成果，是值得我们重视的，由此可见，梁先生从古书的传授统绪上提出的这些辨伪方法，大多是有问题的; 他所列举的论据，也有许多已经被证伪了。

从文义内容方面，梁先生又提出了五种辨别古书真伪的方法。

第一是"从字句罅漏处辨别"。这又分为三项: 一是"从人的称谓上辨别"。梁先生认为:

> 书中引述某人语，则必非某人作。若书是某人做的，必无"某某曰"之词。例如《系辞》《文言》说是孔子做的，但其中有许多"子曰"。若真是孔子做的，便不应如此。若"子曰"真是孔子说，《系辞》《文言》便非孔子所能专有。又如《孝经》，有人说是曾子做的，有人直以为孔子做的。其实起首"仲尼居，曾子侍"二句便已讲不通。若是孔子做的，便不应称弟子为曾子，若是曾子做的，更不应自称为子而呼师之字。我们更从别的方法可以考定《孝经》乃是汉初的人所做，至少也是战国末的人所做，和孔、曾哪有什么关系呢?⑤

———————————

① 梁启超:《古书真伪及其年代》，见《饮冰室合集》12 卷，中华书局 1936 年版，第 42 页。
② 梁启超:《古书真伪及其年代》，见《饮冰室合集》12 卷，中华书局 1936 年版，第 42 页。
③ 梁启超:《古书真伪及其年代》，见《饮冰室合集》12 卷，中华书局 1936 年版，第 42 页。
④ 严灵峰:《列子辩诬及其中心思想》，文史哲出版社 1994 年版。
⑤ 梁启超:《古书真伪及其年代》，见《饮冰室合集》12 卷，中华书局 1936 年版，第 43~44 页。

　　这一方法欧阳修当年就曾使用过。貌似正确，实则是以今律古，不合古人著述之体。先秦诸子之书，往往是聚徒讲学而成。先生讲学之言，弟子各有所记录，并加以加工整理，形成各种传本，在学派内部传习，有时还附以各种参考资料和心得体会。其中数传之后，先生的东西和弟子的东西往往难以分辨清楚，所以就推本先师，转相传述曰：此某先生之书。先秦诸子之书，不必如后世作文，必皆本人手著，云某某之作，只是说其学出于某人。① 如《系辞》《文言》，它们虽非孔子手著，但其学出于孔子；它们虽经过了孔门后学的整理加工，但其思想仍出于孔子。② 后学将其归本于孔子，说是孔子之作，正是先秦诸子书的通例。因此，不能因其有"子曰"就否认它们与孔子的关系。相反，从先秦古书的通例来看，"子曰"倒是它们出于孔子的铁证。《孝经》系"孔子与曾参论孝，而门人书之"③，其篇首"仲尼居，曾子侍"二语应为实录，后学将其学归本于孔子、曾子，故云孔子作。从形式上讲，应系曾子门人所记；但从思想上言，应渊源于孔子。《吕氏春秋·察微》篇已明引《孝经》，《后汉书》梁刘昭注引蔡邕《明堂论》称"魏文侯《孝经传》"④，西汉不但有今文《孝经》，而且有出自孔壁的古文《孝经》。凡此种种说明否定《孝经》和孔子、曾子有关是不能成立的。

　　梁先生又说：

　　　　书中称谥的人出于作者之后，可知是书非作者自著。人死始称谥，生人不能称谥，是周初以后的通例。管仲死在齐桓公之前，自然不知齐桓公的谥。但《管子》说是管仲做的，却称齐桓公，不称齐君、齐侯，谁相信？商鞅在秦孝公死后即逃亡被杀，自然无暇著书，若著书在孝公生时，便不知孝公的谥，但《商君书》说是商鞅做的，却大称其秦孝公，究竟是在孝公生前著的呢？还是在孝公死后著的？⑤

　　以"称谥"作为辨别作者的标准，一般是正确的。但古书的形成与流传也有其特殊性。如《商君书》既有商鞅的亲著，如《垦令》《境内》，也有商鞅后学之作，两者既有联系，又有区别，我们不能因后者而否定前者。《更法》篇记录商鞅和甘龙、杜挚在秦孝公面前的"御前辩难"。虽称孝公谥，但学者认为："本篇记录翔实可靠，刻画生动感人，撰述者如果不是躬临参与或亲闻其事，恐怕难以致之，因此，其撰述时代极可能很早。"断为车裂前之作。⑥ 所以，我们不能排除后学在传抄过程中将"君"改为"秦孝公"的可能。不从古书的整体内容出发，只凭片言只语，很容易将流传过程中的问题当成古书原本的问题，从而对古书得出错误的结论。这一点，梁先生不是没有觉察，他说：

　　　　说是甲朝人的书，却避乙朝皇帝的讳，可知一定是乙朝人做的。……又如汉文帝

---

① 详参余嘉锡：《古书通例》卷四"古书不必手著"段，上海古籍出版社1995年版，第20页。
② 参见廖名春：《论帛书〈系辞〉的学派性质》，《哲学研究》1993年第7期。
③ 司马光：《孝经指解》。
④ 《后汉书集解》，中华书局1984年版，第1129页。
⑤ 梁启超：《古书真伪及其年代》，见《饮冰室合集》12卷，中华书局1936年版，第43、44页。
⑥ 郑良树：《商鞅及其学派》，上海古籍出版社1989年版，第139~140页。

名恒，所以汉人著书，改恒山为常山，改陈恒为陈常。现在《庄子》里面却也有陈常之称，这个字若非汉人抄写时擅改，一定这一篇或这一段为汉人所窜补的了。①

《庄子·说剑》有"常山"之称，《盗跖》篇有"田成子常"之称。《盗跖》篇最近湖北江陵张家山西汉早期墓葬中有竹简本出土②，可见并非汉人著作。但改"恒"为"常"，显属避讳。这种避讳并非《说剑》《盗跖》本身的问题，而是"汉人抄写时擅改"，是流传中的问题。以流传中的问题来定原著的是非，难免不出问题。所以梁先生论"从人的称谓上辨别"古书的真伪，其说虽不无有见，但不足处也很明显。

梁先生的第二项"用后代的人名地名朝代名"，第三项"用后代的事实或法制"，论述都较正确，值得肯定，问题是要避免"以偏概全"，此不详述。

梁先生从文义内容方面辨伪的第二种方法是"从抄袭旧文处辨别"。他认为此种方法又可细分为三种：第一，"古代书聚敛而成的"。他认为，"战国时有许多书籍并非有意作伪，不过贪图篇幅多些，或者本是类书，所以往往聚敛别人做的文章在一处"，并分"全篇抄自他书的""一部分抄自他书的"二种情况进行论证③。他肯定"战国时有许多书籍并非有意作伪""本是类书"，大体接近事实。但"贪图篇幅多些""聚敛别人做的文章在一处"则不合实情。详说可见上文。其所举例也有一定问题，此不细辨。

第二，"专心作伪的书剽窃前文的"。他认为，"有意作伪的人想别人相信他，非多引古书来掺杂不可"，他举了伪古文《尚书》《列子》《文子》三例以为证明④。《列子》《文子》并非存心作伪之作上文已有论述；古文《尚书》一般认为系伪作，但传闻陈寅恪先生有异议⑤，因此尚可讨论。从例证的错误可以看出，梁氏所谓"专心作伪""剽窃"的指控其实多是古书流传和整理中的问题。

第三，"已见晚出的书而剽袭的"。他以焦氏《易林》和《列子·周穆王》篇为例，他认为《左传》到汉成帝时才由刘歆在中秘发现，《易林》引了《左传》许多话，而《易林》说是汉昭宣时人焦延寿所作，焦延寿不可能看到《左传》，所以《易林》是东汉人见了那晚出的《左传》假造的⑥。其实司马迁《史记·十二诸侯年表序》已提到《左氏春秋》，杜预《春秋序》引刘向《别录》记载了《左传》在汉以前流传的情况，汉兴以来的传授情况《汉书·儒林传》记载得很清楚。在刘歆以前，传《左传》者不断，又怎能说《左传》到汉成帝时才由刘歆在中秘发现呢，以此论定汉昭宣时人焦延寿不可能看到《左传》、不可能看到《易林》有引《左传》语，因此论定《易林》不可能为焦延寿作，必为东汉人假造，这样的论证显然是不合乎历史的。梁先生又认为张湛见了汲冢出土的《穆天子传》，才假造《列子·周穆王》篇。严灵峰先生以两者互证，比较的结果是"《列子》所引之文并非出自太康二年汲冢出土之《穆传》，必据别出之古本"，《穆天子

①　梁启超：《古书真伪及其年代》，见《饮冰室合集》12卷，中华书局1936年版，第43、44页。
②　荆州地区博物馆：《江陵张家山两座汉墓出土大批竹简》，《文物》1992年第9期。
③　梁启超：《古书真伪及其年代》，见《饮冰室合集》12卷，中华书局1936年版，第47页。
④　梁启超：《古书真伪及其年代》，见《饮冰室合集》12卷，中华书局1936年版，第47~49页。
⑤　李学勤：《竹简〈家语〉与汉魏孔氏家学》，《李学勤集》，黑龙江教育出版社1989年版，第378页。
⑥　梁启超：《古书真伪及其年代》，见《饮冰室合集》12卷，中华书局1936年版，第48页。

传》"虽在晋太康二年出土，但其成书应在魏安釐王二十五年（西元前 252 年）之前"，"穆王卒于西元前九百四十一年，列子与郑缪公同时，其生存年代，当在西元前三百三十九年之前，其书当成于战国三家分晋之后，编撰《列子》书者之采集《穆天子传》中文字，亦属自然之事，不足为怪"①。最有意思的是，张湛注指出《列子·周穆王》篇"观日之所出入"出于《穆天子传》，并点明其脱去"西登弇山"四字。如果是张湛伪造，他又何必自揭其短？所以，梁先生举的这一例，也是错误的。

　　梁先生从文义内容方面辨伪的第三种方法是"从佚文上辨别"，他认为"有些书因年代久远而佚散了，后人假造一部来冒替，我们可以用真的佚文和假的全书比较，看两者的有无同异，来断定书的真伪"。具体他分为两种情况：一是"从前已说是佚文的，现在反有全部的书，可知书是假冒"。二是"在甲书未佚以前，乙书引用了些，至今犹存，而甲书的今本却没有或不同于乙书所引的话，可知甲书今本是假的"②。前者从逻辑上讲，是不能成立的。因为人们的眼界有限，不可能阅尽当世之书，难免会出现遗漏。例如宋沈该撰《易小传》六卷。陈振孙《直斋书录解题》称：该又有《系辞补注》十余则，附于卷末。今本无之，盖已久佚矣。但今上海图书馆藏《易小传》六卷，附《系辞补注》一卷，为沈该撰无疑。③ 依梁说，则此书必为假冒。又如龚原《周易新讲义》，宋志有著录，但朱彝尊《经义考》称未见，《四库采进书目》未见著录，馆臣亦未之见。然《总目》编成不久，日人林衡辑《佚存丛书》，内中就有龚原《周易新讲义》十卷④。此类情况，决非仅以上二例。更何况还有地下出土的古书，若依梁说，这些都会断成错案。后者说服力较强，但所举例至少《孔子家语》有问题，咬定其系王肃造伪是不对的。

　　梁先生从文义内容方面辨伪的第四种方法是从"文章上辨别"。具体他细分为名词、文体、文法、音韵四项，他认为，"从书名或书内的名词可以知道书的真伪"⑤。其实，某一书名或某一名词究竟产生于何时，公认之说并非就是定论。例如《尚书》之称，众口一词皆说它始于汉代，但长沙马王堆出土的帛书《要》篇中就有与《周易》并举的《尚书》之称，而且出自孔子之口⑥。如以为汉代始有《尚书》之称，并以此来定书之真伪，就可能造成误断。又如"黔首"一词，有些人据《史记·秦始皇本纪》"更名民曰黔首"一语，认为公元前 221 年秦始皇统一六国后方有"黔首"之称，并以此来断定古书的年代。其实《战国策·魏策·魏惠王死》章、《吕氏春秋·大乐》诸篇、《韩非子·忠孝》篇、李斯《谏逐客书》、《礼记·祭义》等皆有此称。王念孙云："盖旧有此称，至秦遂以为定名，非始皇创为之也。"⑦ 此说良是。抓住一两个名词而定书之真伪，最易陷于偏颇，这样的教训实在是太多了。

---

① 严灵峰：《列子辩诬及其中心思想》，文史哲出版社 1994 年版，第 106～107 页。

② 梁启超：《古书真伪及其年代》，见《饮冰室合集》12 卷，中华书局 1936 年版，第 49 页。

③ 崔富章：《四库提要补正》，杭州大学出版社 1990 年版，第 6 页。

④ 崔富章：《四库提要补正》，杭州大学出版社 1990 年版，第 6 页。

⑤ 梁启超：《古书真伪及其年代》，见《饮冰室合集》12 卷，中华书局 1936 年版，第 49 页。

⑥ 详见廖名春：《〈尚书〉始称新证》，《文献》1996 年第 4 期。

⑦ 王念孙：《广雅疏证》卷四上，《高邮王氏四种》本，江苏古籍出版社 1984 年版，第 109 页。

文体，梁先生认为，"这是辨伪书最主要的标准，因为每一时代的文体各有不同，只要稍加留心便可分别。即使甲时代的人模仿乙时代的文章，在行的人终可看出"①。一般而言，这是正确的。但一个时代的文体既有其共性，也有其个性。有的仿古味浓，有的口语性强。稍一不慎，便会酿成错案。比如柳宗元《辨鹖冠子》云"读"《鹖冠子》"尽鄙浅言也"，"吾意好事者伪为其书，反用《鹏赋》以文饰之，非谊有所取之"②。柳说疑古者视为定论，不意马王堆帛书《黄帝四经》一出，便告动摇。特别值得注意的是，古人流传书籍系为实用，并不专为保存古本。有时因见古书文字艰深费解，就用易懂的同义字取代难字。《史记》引用《尚书》是如此，银雀山竹简本《尉缭子》也是如此，初看与今本不同，颇多艰奥文句，细察今本之所谓"不古"，实系后人的修改润饰。李学勤先生认为，这大概是由于其为兵书，更需要让武人能够学习理解。③ 所以，单纯从文体辨别，就会让今本《尉缭子》蒙上不白之冤。

以文法、古韵辨伪，标准客观，梁先生重视这一方法，极有眼力。但应注意两点：一是标准要定准，标准一错，全盘皆误。汉语史的研究表明，过去我们对许多语法现象的认识，过于靠后；而古代的语音现象，又异常复杂，所谓的定论往往有误。许多的语音、语法现象，公认是隋唐才出现的，结果后来发现汉代早有了；大家认定是汉代才有的，结果后来发现先秦早有了。这与过去汉语史研究的不深入有关，也与这种研究是建立在不完全归纳法的基础上有关。正因为是不完全归纳，所以新材料一出现，结论往往就得改写。执着错误的文法、音韵尺子去定古书的真伪，往往不伪者成伪。二是要将语言的真伪与思想的真伪、史实的真伪区别开，将局部的伪与主体的伪区别开。先秦古书，往往是先生之言，经过很久一段时间才由后学整理而成。就思想而言，属于先生；但就语言风格而言，失真度就很大了。同为孔子之言，鲁国的弟子和齐国的弟子、三晋的弟子和楚国的弟子记录下来的肯定有所不同，鲁人所传带有鲁方音，齐人所传带有齐方音，三晋人所传带有三晋方音，楚人所传带有楚方音。春秋末期的孔子之语，战国中后期才著于竹帛，必然会带有战国中后期的语言特色。从语言研究的角度而言，其字体非孔子之书，不能据此去研究孔子的书法；其方音、语法习惯也可能与孔子有别，不好说这就是孔子的方音和语法习惯。但从思想研究的角度看，这些不同都没有太大的关系。所以，语言形式上的伪并不等于思想内容上的伪，我们不能简单地划等号。同时，局部的伪也不等于主体的伪。《列子》一书，本为先秦古籍，但亦掺杂有后人文字。我们不能因其有后人文字掺杂，就否定其主体部分出于先秦。古书开始出现时，内容较少，传世既久，为世人爱读，学者加以增补，内容加多，与起初有所不同。如《孔子家语》一书，阜阳和定县八角廊有竹简本出土。与今本比较，只不过一简一繁。今本在竹简本的基础上有所增广补辑。我们不能因这些增广补辑部分将其看为伪作，不能因其流传中的问题而否定其本身。

梁先生从文义内容方面辨伪的第五种方法是"从思想上辨别"。他细分为四层：第一

---

① 梁启超：《古书真伪及其年代》，见《饮冰室合集》12 卷，中华书局 1936 年版，第 52 页。
② 《柳河东集》，上海人民出版社 1974 年版，第 72 页。
③ 李学勤：《对古书的反思》，见《中国传统文化的再估计》，上海人民出版社 1987 年版，第 548 页。

是"从思想系统和传授家法辨别"。他认为,"这必看定某人有某书最可信,他的思想要点如何,才可以因他书的思想和可信的书所涵的思想相矛盾而断定其为伪"①。这种辨伪法有一个前提,即一个人的思想是不变的,前后一贯的。所以,根据思想的矛盾就可定其一说为伪。这一前提实际是不存在的,人的思想往往有发展变化。前后有矛盾的现象今天存在,过去也当存在。"看定某人有某书最可信",这种"看定"作为辨别真伪的标准,也难免出现看错或以偏概全的情况。比如梁氏认定"孔子的书以《论语》为最可信,则不能信《系辞》",因为《系辞》"有很深的玄学气味",而"《论语》正相反"。其实重视现实和谈论玄学并非非此即彼的关系,一个人重视现实并不意味他不能或不曾谈玄。即便如《论语》,孔子所谓天,既有"天之将丧斯文也"之主宰义,也有"唯天为大,唯尧则之"之自然义,张岱年先生据此说"孔子关于天的思想可能有一个转变"②。若依梁说,这两种互相矛盾的思想,必有一种为伪。帛书《要》篇记载了孔子老而好《易》之事,这说明孔子晚年思想有所变化③。所以,孔子虽然重视人伦日用,但晚年谈玄并非不可能。我们不能因《论语》之实而以《系辞》之玄为伪。

第二是"从思想和时代的关系辨别"。梁先生认为,"倘使甲时代在乙时代之前,又并没发生某种思想之原因和条件,却有涵某种思想的书说是甲时代的,那部书必伪"④。这一分析似乎无问题,但他一举例,问题就暴露出来了。"例如《列子》讲了许多佛理,当然是见了佛经的人才能做。列子是战国人,佛经到东汉才入中国,列子如何得见佛经?……我们只从思想突然的发生这层已足证明《列子》是假造的了。"⑤ 所谓"《列子》讲了佛理",主要有如下几条:一是认为《天瑞》篇的"死之与生,一往一反,故死于是者,安知不生于彼"是佛教的轮回之说,其实这是讲的死生一贯之理,故下文说:"吾知其不相若矣,吾又安知营营求生非惑乎?亦又安知吾今之死不愈昔之生乎?"这与《庄子·知北游》"生也死之徒,死也生之始,孰知其纪",《齐物论》"道通为一,其分也,成也;其成也,毁也;凡物无成与毁"的思想基本一致,并非佛教的"六道轮回"之说⑥。二是认为《列子·杨朱》篇抄袭了《沙门果经》,《杨朱》篇讲"万物齐生齐死,齐贤齐愚,齐贵齐贱;十年亦死,百年亦死,仁圣亦死,凶愚亦死;生则尧舜,死则腐骨……孰知其异,且趣当生,奚遑死后"似乎与《沙门果经》讲不分愚智,人皆有死的思想相同。但两者的区别十分明显:一个讲贵贱皆死,死后腐骨则一;一个讲人为四大所成,人死四大败坏皆空。一个讲追求当生之乐,不讲来世;一个讲因果报应,尤重死后的来生⑦。怎能说《杨朱》篇抄袭了《沙门果经》呢?三是说《列子·汤问》篇中的"偃师之巧"的故事与佛经《生经》相合⑧。这种相合有两解:一曰"中西哲人不约而同的

① 梁启超:《古书真伪及其年代》,见《饮冰室合集》12 卷,中华书局 1936 年版,第 53 页。
② 张岱年:《中国古典哲学概念范畴要论》,中国社会科学出版社 1989 年版,第 20 页。
③ 详见廖名春:《试论孔子易学观的转变》,《孔子研究》1995 年第 4 期。
④ 梁启超:《古书真伪及其年代》,见《饮冰室合集》12 卷,中华书局 1936 年版,第 55 页。
⑤ 梁启超:《古书真伪及其年代》,见《饮冰室合集》12 卷,中华书局 1936 年版,第 55 页。
⑥ 许抗生:《列子考辨》,《道家文化研究》1992 年第 1 辑。
⑦ 许抗生:《列子考辨》,《道家文化研究》1992 年第 1 辑。
⑧ 季羡林:《列子与佛典》,《中印文化关系史论丛》,人民出版社 1957 年版。

偶然默合"，一曰《杨朱》篇此段可能经过了后人的增饰加工。如后者，这只是古书流传过程中的问题；如前者，也得不出一定非《杨朱》篇抄袭《生经》不可的结论。梁先生所谓"邹衍以前从没有专讲阴阳的"，仁义并举始于孟子诸说，都是一种基于不完全归纳的假说。以此为标准来辨别古书的真伪，说服力是不强的。由此可见，判定何种思想产生于何时代并不容易，至于说何时代只能有何思想，何思想只能出自何人何书则更不容易。"从思想和时代的关系辨别"古书的真伪，我们不能被"丐辞"蒙蔽，应要勇于进行前提批判。对梁先生说的"从专门术语和思想的关系辨别"，"从袭用后代学说辨别"诸条，亦应作如是观。

　　由以上分析可知：梁先生关于古书辨伪方法的论述，从观点到论据都存在着严重的问题。这些问题的造成，其原因有三：

　　一是在价值观上宁失之疑而勿失之信，宁信有伪而不信有真。在考辨古书时，先存了一种"书愈古者，伪品愈多"的偏见①。认为战国秦汉之交、新莽与晋代之时存在着假造古书的运动，产生了大批伪书。所以，不但有疑点的古书一概斥之为伪，而且深文周纳，滥用丐辞，将无疑看作有疑，将小问题放大为大问题。这种以疑古为荣、以疑古为能的心态，严重地偏离了客观精神，是欧洲文明中心论影响下中国事事不如人思潮的产物。以这种有色眼镜来看中国古书，自然无书不伪，愈古愈伪。

　　二是在方法论上缺乏辩证观念与历史观念，以今律古，以今人的著作观要求古人，不懂得周、秦古书的形成和流传有其独特的规律，将古书自然演变的过程看作有意作伪，将古书流传中的问题与古书本身的问题混为一谈，将形式上的问题与思想实质上的问题、将局部的问题与主体部分的问题简单地划等号。如此，古书的通例，如不题撰人，后来题以某子，也只是强调某氏之学；分合无定；多经后人整理；多经后人附益和增饰；道胜于言，言胜于笔等等②，都成了梁氏的伪作之证。

　　三是论证多依赖丐辞和默证。这一点，张荫麟和胡适在批评顾颉刚、冯友兰时已多有论述③，上文的评析也多涉及于此。张岱年先生说："《汉书·艺文志》所载古代典籍，今日仅存十之二三，何以证明不见于今存典籍者亦不见于《汉志》所载其他书中？近年考古发掘，发现了许多失传的先秦简册，往往以怯对于旧传之疑，足证滥用'默证'是不足取的。"④　如果说梁先生在论从传授统绪上辨别伪书的方法时多用"默证"，那么，他在论从文义内容上辨伪的方法时则多用"丐辞"，以不实的前提作为标准来衡量古书。这种不科学的论证往往强词夺理，以不伪为伪，以不假为假。这一问题应当引起学人们的重视。

　　综上所述，梁启超关于辨别古书真伪的方法基本上是错误的，至少可以说是有严重问题的。简单地袭用梁氏的方法去判定古书的真伪及其年代，往往容易造成冤假错案。笔者

　　①　梁启超：《中国历史研究法》，上海古籍出版社 1987 年版，第 90 页。
　　②　李零：《出土发现与古书年代的再认识》，香港《九州学刊》1988 年 3 卷 1 期。
　　③　张荫麟：《评近人顾颉刚对于中国古史之讨论》，《学衡》1925 年第 40 期；胡适：《评论近人考据老子年代的方法》，《古史辨》第 6 册，上海古籍出版社 1982 年影印本。
　　④　《张荫麟文集·序》，教育科学出版社 1993 年版。

指出这一问题，并不是说我们比梁先生更伟大，而只是说我们生逢其时，能够看到许多梁先生所未能看到的新材料、能够想到一些梁先生未能来得及思考的问题而已。自忖才薄识浅，不当之处，敬祈各方家批评。

原载《原道》1996年第3辑。又载廖名春《中国学术史新证》，四川大学出版社2005年版，第129~154页。

钱玄同"汉字革命"论的再审视

李 庆

在 20 世纪的中国，"革命"是最时髦的词。不仅在政治、经济领域如此，文化领域也是如此，如文学革命，诗界革命，文化革命，不一而足。世纪初，在文化领域的"革命"中，"汉字革命"是最有影响的论说之一①。《新青年》杂志问世，鼓吹"文学革命"，作为记载文学的文字形态的改革，当然是议论的话题。由"改革"发展到"废除"汉字，"汉字革命"，在社会上掀起阵阵波浪，其间，钱玄同的鼓吹，起到了关键的作用。

百年过去，再回首审视这"革命"的内容，思考其产生的原因和有关问题，觉得有一些值得思考和借鉴之处。

钱玄同"汉字革命"论的内容概说

随着时光流逝，现今的人们，虽说"汉字革命"这个符号还比较新鲜，或许还留在记忆里，但是，对于其具体内涵恐已淡漠。因此，在论说之前，有必要先回顾一下钱玄同"文字革命"的主要内容。

1918 年 1 月《新青年》杂志编辑部由上海迁往北京，钱玄同参与编辑部工作。他先在《新青年》第四卷 1 号，发表《论注音字母》一文，明确地提出"废除汉字"的主张。又在第四卷 4 号发表《中国今后的文字问题》等文章，进一步宣扬自己的见解。

他说："欲废孔学，不得不先废汉文；欲驱除一般人之幼稚的野蛮的顽固思想，尤不可不先废汉文。""欲使中国不亡，欲使中国民族为 20 世纪文明之民族，必以废孔学、灭道教为根本之解决；而废记载孔门学说及道教妖言之汉文，尤为根本解决之根本解决。"②陈独秀非常同意他的观点，曾写文回应。

1923 年，钱玄同发表的《汉字革命》是他系统阐明自己"汉字革命"的代表性文章③。

1925 年他和周作人等的通信，后来以《一根很长的狗尾巴》发表④。又发表《为什么要提倡国语罗马字?》。还有，1926 年在北大讲演，后署名"疑古玄同"以《历史的汉字改革论》发表⑤。凡此等等的文字，构成了他"文字革命"论的主要内容。

---

① 其他的问题，比如历史研究中的"疑古论""社会发展分期论"等，笔者已经有专文讨论。见拙著《海外典籍与日本汉学论丛》所收论文，中华书局 2011 年版。

② 《中国今后的文字问题》，原载《新青年》1918 年第四卷第 1 号。

③ 载《国语月刊：汉字改革号》1923 年第一卷第 7 期。

④ 后收入李中昊《文字历史观与革命论》，北平文化学社 1931 年版，第 372~392 页。

⑤ 《为什么要提倡国语罗马字?》，载《新生周刊》周刊 1926 年第一卷第 2 期，《历史的汉字改革论》，刊于《新生》周刊 1926 年第一卷第 8 期。

概括他的论说，可归纳为如下几点：

关于"汉字革命"的定义，钱玄同说：

　　汉字能否革命，就是"国语能否改用拼音文字表示"的问题。（《汉字革命》）

此外，他主要谈了如下几个方面的问题：

其一，汉字必须废除的理由。主要有：

1. 中国的落后，其原因就是因为有汉字，中国要跟上世界的进步，必须废除汉字。

他说："我敢大胆宣言：汉字不革命，则教育决不能普及，国语决不能统一，国语的文学决不能充分的发展，全世界人们公有的新思想、新学问、新知识决不能很便利、很自由的用国语写出。"（《汉字革命》）

2. 世界语言发展的道路，世界语言的发展，必然是"罗马字化"。

他认为，站在文字变迁的地位上看，古篆改写成隶楷，同音假借的出现，"都是把本字看作音的符号，不在形中去找意义，应该承认这实在是文字的进化"。

又说："罗马字母已成为世界公用的拼音字母。"（《历史的汉字改革论》）

他说："我以为，现在以及将来的中国人要研究学术，就应该干干净净的研究'西学'，这才是真正的学术。"（《为什么要提倡国语罗马字？》）

3. "因为要图形式美观，书写便利，表音精确，所以要提倡国语罗马字。因为要实现世界的文化学术融合，有尽量采用西文原词的必要，所以要提倡国语罗马字。"（《为什么要提倡国语罗马字？》）

其二，如果说上面所举为汉字必须改革的客观理由，那么他还指出，汉字本身就具备变为罗马字的内在条件。

他提出："有人说，'欧洲文字是拼音文字，中国文字是象形文字。'这话是大错的。"（《汉字革命》）

他发挥了中国古文字学（小学）的知识。分析了"象形""指事""会意""形声""转注""假借"等六种汉代确定的造字方法，引用了清代《说文解字》研究者王筠的说法，在《说文》的九千多字中："象形字，264个；指事字，129个，会意字，125个。除此之外，都是形声字了。"并推算，象形文字，在汉字总数中，只占"百分之一"。（《汉字革命》）

他这样的解说和计算是否准确，可再讨论，要之，他认为，汉字发展的过程，就是"由象形而表意，由表意而表音，到了纯粹表音的假借方法发生，离开表音，只差一间了。"（《汉字革命》）

也就是说，从汉字发展的情况看，其内部就有着朝表音发展的必然因素。

其三，废除汉字的具体步骤。

1. "用罗马字母式的字母"

在《汉字革命》中，他认为单纯的英语式的罗马字母，有着缺陷。而主张用"用罗马字母式的字母"，也就是所谓"标准音符"，也就是"国际音标"。但是到后来，对于这样的想法，有了变化。在《一根很长的狗尾巴》中，他认为自己那"乃是一时的谬误之见"，说经过和赵元任、林语堂、汪一庵、黎劭西等讨论，认为还是用一般的罗马字母。

2. 具体地把"汉字革命"分为十个步骤：

选定字母，写定词儿，改造同音的词儿，采取方言，采取外国词儿，编纂词书，改造文法，编纂文法书，翻译书籍，教育儿童。

"这十项的筹备，要是努力去做，我想以十年为期，总可以做得成的。"

其四，汉字革命的展望。他预计，1932 年以后，孩子们"不再吃汉字的苦头"。（《汉字革命》）

可以说，1918 年以后的近十年时间里，钱玄同反复论说、宣扬的"汉字革命"，主要就是这些主张。

到了 20 世纪 20 年代后期，钱玄同的实践，和他的"革命论"多少有点背离，实际走的是汉字简化的道路（或者可称为"改革"吧）。为汉字拼音方式的发展，为汉字的简化，做了不少具体工作。这方面的情况，容再讨论。

钱玄同提出"汉字革命"论的社会背景和个人原因

这一论说，有些在今日看来，似乎颇为奇特，超出常人所思。但是，这一论说的产生，绝非偶然，有其特定的社会环境和个人原因。

1. 社会革命的时代大变革风潮。

20 世纪初是中国社会大动荡、大变化的时期。辛亥革命，千年帝制，一朝崩塌。国内本来就蕴存的，从国外流入的各种思潮，如决堤之水，遍地横流。形成了中国历史上思想最多彩的景象。如果说在清王朝覆灭之前，政坛上的改良派和革命派，争论的是要不要推翻帝制，那么，在政治上推翻了帝制，建立了"共和"以后，路该怎么走？便是放在当时中国社会面前的大问题。各种各样的人物都在探索改变中国积贫积弱现状的药方。

"五四"新文化运动，在这样的背景下产生，兴起。

这种探求改变中国的思潮，在语言文字领域中，就表现为如何面对作为中国文化载体（符号）的汉字。

早在清末，就有学者提出汉字改革的问题。有着要提倡拼音的、罗马字化的思潮。如早期的卢憨章、王照、劳乃宣等的方案①，黄遵宪等的鼓吹②，不一而足。但是，这多限于学者的议论。虽说政府方面也有所动作③，但没有形成为一种广泛的社会运动和大众实践。

钱玄同的"汉字革命论"在某种意义上，和上述前人对于汉字的改革的论说，一脉相承，都受到日本汉字改革的影响，有着内在的联系。

"五四"的风潮，把改革语言文字的问题提到了社会舞台的中央，钱玄同的"革命

---

① 见文字改革出版社编《清末文字改革文集》所收卢憨章《上直隶总督袁世凯书》，王照《官话合声字母原序》，劳乃宣《增订合声简字谱》等，文字改革出版社 1958 年版。

② 黄遵宪《日本杂事诗》原版第 60 首，新版第 65 首，见钟叔河校注《日本杂事诗广注》，湖南人民出版社 1981 年版。

③ 比如，北洋政府时代，有人就曾上书大总统袁世凯，要强行推动"注音字母"的改革，也成立了以蔡元培为会长的"国语研究会"。见黎锦熙《国语运动史纲》，《黎锦熙文集》下卷，黑龙江教育出版社 2007 年版，第 123 页。

论"就是在这样的环境下涌现的。是这一社会浪潮的产物。

他能在社会上引起特别巨大的反响，一是因为有着前人的各种论说的铺垫，另一方面，则因为他借助了以《新青年》为代表的打倒封建文化的时代浪潮，提出了更激烈、更明确的口号；不仅阐明了理由，还列出了行动方法，以其奇崛的形态，掀起了更大的波澜，形成了更大的波及力度，冲击了社会；对社会、对年轻一代学子造成了更深远的影响。他的一些看法，几乎成了二十年代以后，几乎是三十年代，众多学者乃至社会的共识，无论是左翼的瞿秋白、鲁迅，右翼的胡适、傅斯年都是如此。

就连专攻古代历史文化的学者也有不少持此见解。如贺昌群曾翻译了《文字的起源》，把世界上的文字，描绘成一棵系统的树，指出拼音是发展的趋势①。

以上是钱玄同论说产生的中国社会原因。

2. 钱玄同汉字革命论的产生，有一个重要外在因素，就是受到日本社会中有关"汉字"各种论争的影响。

其一，日本有关汉字的论争和政策变化，早于中国。有着各种论说。主要的如下：

（1）日本的废除汉字论，一般说来，最早见于公元 1866 年（日本庆应二年十二月）前岛密（1835—1919，又名来辅）提出的《汉字废止之议》②。明治维新以后，有外山正一提出的《汉字必须废止》之说③。

与之相呼应的则是"专用假名"论，提倡的人有柳川春山（1833—1870），明治二年，他建议布告书都用日文"假名"书写。此后，清水卯三郎（1829—1910）发表《平假名说》，进一步阐明用"假名"的主张④。

（2）公开提倡日本文字罗马字化论的，有南部义筹（1840—1917）在明治二年，向大学头（日本全国最高学府的长官）山内容堂提出的《修国语论》，提倡"专用罗马字"。此后，有森有礼（1847—1889）、西周（1829—1897）、矢田部良吉（1851—1899）、三宅米吉（1860—1929 年）等⑤。

（3）同时，日本也有改革汉字的"汉字简化论""汉字压缩论"。如，福泽谕吉 1873年（明治六年）的《文字之教》，明确地提出压缩汉字使用数量⑥。

1900 年，原敬（1856—1921）发表《减少汉字论》（大阪每日新闻社，1900 年），详细论说了汉字使用之害，减少的方法等。

（4）当然也有反对的意见，提出汉字的必须保存论。如明治 28 年，三宅雪岭

---

① 见《民铎》杂志第九卷第三号，1927 年。原文发表在 The Scientific Mothly，8 月号，作者是圣兰朗西斯科医科大学教授 Ingo W. D. Hackn。在当时，贺昌群也没有查清该作者的具体情况。可见影响的程度。见上引李中昊编《文字历史观与革命论》"历史观"部分所载。

② ［日］井之口有一编：《明治以后的汉字政策》，日本学术振兴会 1982 年版。

③ 日本《东洋学艺杂志》1884 年第 29 卷 31 号。

④ 日本《明六杂志》1874 年第 7 号。

⑤ 关于诸人之说，见前引《明治以后的汉字政策》，日本学术振兴会 1982 年版。

⑥ 《文字之教》，包括《第一文字之教》《第二文字之教》《文字之教附录》。压缩汉字使用数量，见《第一文字之教》，福泽谕吉家藏版 1873 年版。

（1860—1945）的《汉字利导说》①，井上圆了（1858—1919）《汉字不可废论》等②，这些学者一般说来是日本江户时代以来传统文化的研究者。

关于这些论说的具体内容、相互论争、流变展开以及在日本社会中的意义和作用等，已经有不少论述，也还可以进一步详细整理研究，笔者也曾略作论说③，可参考。

其二，这些论说，几乎一一都可以在几十年以后的中国社会上找到相似的东西。尤其钱玄同上述的"革命论"中，类似乃至完全相同的论说，几乎都一一对应存在。不妨简要地进行一下对比：

（1）汉字必须改变的理由。

日本的论者提出：

汉字落后，阻碍社会进步。汉字难懂。"繁复不便，宇内无二"，即使"老成宿儒也苦于解读"，为普及教育必须用"简捷易学"文字。④

钱玄同是如此。

（2）汉字改革理论基础

日本的论者认为："为学之道，西洋诸邦为易""夫西洋之为学也，唯知二十六字，解文典之义，则无不可读之书"⑤。将来要"以罗马字取代日本迄今为止使用的文字"⑥。

认为，表音文字比表意文字进步，见上田万年《新国字论》等⑦。

钱玄同的论说也是如此。

（3）汉字改革的步骤

日本的论者主张：

压缩汉字，限制汉字使用。日本矢野文雄在 1887 年著《日本文体文字新论》，主张压缩汉字使用，在 300 字以内，后来到 1888 年 11 月 27 日，在他为主笔的《邮便报知新闻》上，发表"三千字字引"，其中 1000 汉字为实字（名词、代名词等），2000 为虚字。这是日本限制汉字史上的重要事件⑧。

简化汉字。1773 年，日本文部省指定学者撰写《新汉字书》，着手压缩使用并简化汉字。撰成的原稿在 1923 年"关东大地震"中丧失。但当时的图书局长币原坦保存了记录草案，其中对"简化汉字"做了说明⑨。

1923 年 5 月 2 日，日本官方的"临时国语调查会"（会长就是著名的日本文学家森鸥外）发表《常用汉字表》（1962 字），《略字表》（154 字），开官方"简化汉字"之先河。

---

① 明治 28 年，《太阳》杂志 1895 年第一卷第 8 期。

② 一名《国字改良论驳议》，日本哲学馆 1900 年版。

③ 参见拙著《日本汉学史》第一部第六章第三节，上海人民出版社 2012 年版。

④ ［日］前岛密：《汉字废止之议》。

⑤ ［日］南部义筹：《专用罗马字论》，《明治以后的汉字政策》，日本学术振兴会 1982 年版，第 15 页。

⑥ ［日］外山正一：《发起罗马字会的旨趣》，《东洋学艺杂志》1985 年第 39 号。

⑦ 载所著《为了国语》，日本富山房 1899 年，《P 音考》，《明治文学全集》44 卷，筑摩书房版。

⑧ ［日］井之口有一编：《明治以后的汉字政策》，日本学术振兴会 1982 年版，第 19~21 页。

⑨ ［日］井之口有一编：《明治以后的汉字政策》，日本学术振兴会 1982 年版，第 17~19 页。

同年成立了"汉字整理期成会"，三省堂出版了《常用汉字小字典》，在社会上推广①。

就压缩简化汉字具体步骤而言，可分为：审定发音、制定文字、分析文章、议定词语的种类、编写文法书和辞书并用于儿童教育②。

钱玄同的方法、步骤还是大同小异。

其三，特别还应提一下的是，日本汉字改革，由政府主持，推向社会的时期。

1918 年，日本的原敬内阁上台。原敬本人原本就非常关注文字改革。如上所述，他曾写过《减少汉字论》，上台后，从文部省开始，把官方的训令全部由文言改为口语，并逐步推广。政府成立了"临时日语调查会"等有关机构，推广口语，整理汉字，提出限制汉字的使用。在此风潮中，1921 年，日本的 14 家大报馆的 16 名发起人，向日本全国新闻界，提出了"限制汉字使用"的倡议，1923 年 5 月，政府的《官报》上，正式推出了《常用汉字表》。也就是说，汉字改革，在日本有政府推动，形成了一个社会性的运动③。

这一时期，恰恰和钱玄同提出"汉字革命"的时期基本相重合。

可见，无论是改革或要废除汉字的理由，改革依据的语言学理论，改革的方向，具体步骤等，乃至有关论说发表的时期，钱玄同的"革命论"无一不和数十年或数年前日本的有关议论和动向相对应——这大概不能用偶然来说明吧？可见，钱玄同的"革命论"并非什么全新的自己创造，显然受到了日本有关论说的影响。

这一现象，就其根本而言，都是东亚社会，或者说汉字文化圈，在受到外来的罗马字文化冲击后的反应。虽说在中国，也不乏有直接受到欧洲的外来文化直接影响的因素，但是，就整体而言，尤其是 20 世纪初二三十年间，来自日本的这些"废除汉字""罗马字化"的影响是非常巨大的，而钱玄同，受到日本的影响更为显然而已。

3. 钱玄同的日本经历和社会关系

为了说明钱玄同"汉字革命论"和日本有关论说的关系，还有必要看看他独特的日本经历和社会关系。

关于钱玄同的经历，近年已经有一些论说。而笔者手边有一《钱玄同年谱》（非卖品）。据此《年谱》，钱玄同 1905 年 12 月到日本看望其兄钱恂，到 1910 年 5 月回国，其间在日本学习④。

据钱玄同的回忆录《三十年》，他曾师从刘师培、章太炎等，学习了社会革命的理论，学习了"语言文字学"。

这时，正是日本"废除汉字"等议论兴盛，把改革汉字付诸实施的时期。作为在日本生活了五年的学子，一般说来，日语口语如何，不敢一定说十分流畅，但是一般阅读日文报纸等的能力应当没有问题。而且他学习的专业是经学、"小学"，和汉字密切相关，

---

① ［日］井之口有一编：《明治以后的汉字政策》，日本学术振兴会 1982 年版，第 23 页。

② ［日］南部义筹：《改换文字之议》，《明治以后的汉字政策》，日本学术振兴会 1982 年版，第 16 页。

③ ［日］保科孝一：《关于常用汉字和略字的说明》，《明治以后的汉字政策》，日本学术振兴会 1982 年版，第 39 页。

④ 吴奔星编写，并经钱玄同哲嗣钱秉雄审定的《钱玄同年谱》（非卖品），为 20 世纪 80 年代印刷，下文所引《钱玄同年谱》均出自此版本。

所以这一时期日本社会有关的论说，钱玄同应当是了解的。

此外，就钱玄同的家族而言，和日本学界关系密切。

他和钱恂为同父异母兄弟，和钱恂之子钱稻孙年龄相同。钱稻孙精通日语，而且他和钱玄同在湖州时，又同在中学教书。两人的交往自属当然①。一直和日本文化界有联系的钱稻孙、钱玄同等，当然不会对日本有关自己专业的文字学、汉字的政策和有关的巨大政策变动，一无所知，毫不关心。还有，从钱玄同的社会交往来看，钱玄同尊重的康有为、梁启超，师从过的章太炎、刘师培，回到国内又晋谒过的崔适②，周边交往的陈独秀、胡适、傅斯年、鲁迅、周作人、刘半农、黎锦熙，乃至吴稚晖，这些当时在中国文坛有影响的代表性人物，都到日本留过学，或者和日本学界有着这样那样的联系。这一点，已经多有研究者指出，此不赘述。

所以，从钱玄同的经历、家世、社会交往来看，钱玄同无疑可以接收到日本的各种文化信息。因此，他对于日本这一时期和他所学专业——小学、汉字的有关信息应当是相当了解的。上文已经说过的，他的论说和日本各种相关论说多为一致，两者的因果关系，当可推知。

4. 钱玄同自身思维方式和性格特点，是造成了他的《汉字革命》论的一个内在因素。

从钱玄同的自述和有关记载来看，他是个性情之人，年轻时善于接受新事物，勇于实践，或者说有着直率、冲动易变的性格特征。他的思维模式上，有着一种极端化的倾向。如，在晚清时期，1904 年，受到章太炎《驳康有为论革命书》还有《浙江潮》《汉声》《警世钟》等杂志的影响，就毅然"叫了一个剃头匠来""勒令他将我的辫子剪去"③。同时，他自己在 1909 年用篆书，书写了章太炎的《小学答问》。而不到数年，便提出"废除汉字"。其间，又由提倡"国际音标"到改为主张"一般的罗马字母"。同时自己也并不废除汉字，用隶书写了条幅等④。

他是一个学习经学，师从章太炎的学生。章太炎是个复杂的人物，在文学观念上，有的学者指出，他持有"复古"的观念，主张传统的文学观⑤。而钱玄同回国后，接触到陈独秀的文学观，立即接受，一拍即合，在《新青年》杂志上提出了"选学妖孽""桐城谬种"的指责⑥。一下子转到了陈独秀、李大钊的旗下。虽然他以梁任公的"以今日之我与昔日之我挑战"来"自劲"⑦，但这种变化得太快的举动，则显现出性格上的特征。

还有，他年轻时，性格和语言有着一种偏激特点。如他追求青春活力，就扬言"四十岁以上都当枪毙"，引来了胡适似乎并无恶意的调侃和鲁迅略带批评意味的讥讽。他四十一岁生日的时候、胡适为他作了一首叫《亡友钱玄同先生成仁周年纪念歌》的六言语体歌："该死的钱玄同怎么至今未死。一生专杀古人，去年轮到自己。可惜刀子不快，

---

①　《钱玄同年谱》"1887 年"。

②　以上俱见《钱玄同年谱》。

③　《钱玄同年谱》"1904 年"，第 15 页。

④　见《钱玄同年谱》前照片。

⑤　时萌：《论章太炎的文学观》，《中国近代文学论稿》，上海古籍出版社 1986 年版，第 355 页。

⑥　《钱玄同年谱》"1917 年"，第 29 页。

⑦　见前引《一个很长的狗尾巴》，李中昊《文字历史观与革命论》，北平文化学社 1931 年版，第 390 页。

又嫌投水可耻，这样那样迟疑，过了九月十二。可惜我不在场，不曾来监斩你。今年忽然来信，要作成仁纪念。这个倒也不难，请先读封神传。回家先挖一坑，好好睡在里面，用草盖在身上，脚前点灯一盏，草上再撒把米，瞒得阎王鬼判，骗得四方学者，哀悼成仁大典。年年九月十二，到处念经拜忏，度你早早升天，免在地狱捣乱。"① 所以，章太炎、黄侃称之为"疯子"，鲁迅称其为"爬"先生，除了学术见解不同，略有意气用事的因素以外，也反映了钱玄同性格上有着比较随意而为、时有出人意料之举的特点吧②。他的这种易动易变、大开大阖、追求新潮、跌宕变化的主张和行动的优劣，这里不必评说。我只想指出，这种内在的性格对于"汉字革命论"的提出，是一种内在因素。这一论说之所以不是别人，而是钱玄同提出，这种内在的性格特点，是一个原因。

综上所述，可见这一论说的产生并非偶然，有着和当时社会的，国际的，钱玄同独特的经历、家世以及个人性格和思维方式上的原因，有其必然性。

百年之后重回首，对这一论说的回顾与反思

百年呼啸而过。现在早已过了钱玄同设想的"不受汉字之苦"的年代的期限，而我们还在使用汉字。

"汉字革命论"产生后，其社会影响，在以后中国近现代文字改革中的作用，是个更大的课题，需要专门具体论说。现在，不要说"汉字革命"，就连"革命"，也有点不那么时髦了，不是有人已经在呼吁"告别革命"了吗？那么，回首近百年前的这一"汉字革命"论，我们是否应当思考一下，进行一些反思呢？

直观而言，对于"文字革命"论，有两个结果是显然的：

第一，钱玄同本人也并没有完全实践这一论说，钱玄同到了后期，尤其是 20 世纪 30 年代以后，渐渐平和。他自己最后当然没用拼音文字写作，1932 年以后的儿童，还在学习汉语。

第二，这一论说，在某种程度上，仅仅只是一种文人的想象而已，正如有的学者指出的："国语罗马字在创制当时，就没有为文盲大众着想过。拼法的累赘繁复，和方块汉字一样拒绝大众去学取。所以，结果恐怕不过是有教养的文人学者案头的摆设而已。"③

在现实中，既没有完全实现"罗马字化"，汉字也没有废止。现实的汉字改革，走的是简化汉字的写法（推行简体字），同时采用汉语拼音的方式（这和汉语罗马字又有所不同）的改革路线。当然关于如何看待这一改革，是值得再进一步研究的很有意思的问题。

回顾钱玄同的"文字革命论"，我认为，这种论说的思维方式，和相当一部分知识分子是相通的，有着某种共同性。钱玄同的性格，和相当一部分知识分子的性格，也有很大的类似性，所以，对此加以反思，就有必要。

值得我们思考和借鉴的，有如下三点：

1. 社会历史进步的方向，是否就是当时所认识的"全盘西化"？这是"汉字革命"

---

① 黎锦熙：《钱玄同先生传》，《新文学史料》1979 年第三辑。

② 《钱玄同年谱》"1926 年"。

③ 应人：《读了〈我对拉丁化的意见〉之后》，载倪海曙编《中国语文的新生》，时代出版社 1949 年版，第 70 页。

的基本前提。这不仅是对待汉字，而是涉及整个中国社会或者说整个世界发展的问题。

毫无疑问，在现今的世界上，以罗马字母为文字的欧美文化是世界舞台的主流，构筑了现今世界政治、经济、文化的主要框架。但是，其他的文字和文明也仍然是世界文明的组成部分。汉字文明或者说以汉字为表述符号的中华文明，也在世界文明中占有着自己的位置。"世界文明"本身，并非固定不变，而是在不断更新变动着，不断地被创造之中。我们认真吸取现今罗马字表述的文明的同时，我们自身的行动，也在构筑世界的文明。今后的世界是否一定会"全盘罗马字化"，当然是每个人，每个民族，都应当考虑和选择的问题。归根结蒂，这是个开放的，需要由现在和未来的人们实践解决的问题。

2. 世界语言是否只是向单维的"表音"的方向集中？世界语言是否必定走统一于"拼音文字"的道路？这是"汉字革命"的理论基础。

百多年来文字改革的实践，说明了汉字需要改革，汉字可以用罗马字母来表音（尽管仍有难以全部表达处，比如现代汉语拼音中就没有 Ki 音，只能用希或其，I 在 zi 音和 ji 音中发音并不一致，等等），但是，完全罗马字化，并没有在民众中普及。而且即使全部汉字改为罗马字的越南语，还有部分保留汉字的日语，或全部改为表音符号的朝鲜语，其深层仍然有着汉语词汇的因素。

有意思的是，随着电脑普及和互联网的发达，在信息传递过程中，汉字有时反倒显出了带有"表形"因素的优点，而且出现了古代表形文字复苏和创建新的以"形"来表意的新符号①。

鉴于以上的情况，在可见的将来，我以为，至少在钱玄同所说的百年后的再过百年或吴稚晖所说的三百年后，汉字还有其生命力，有其存在的理由。

所以，世界未来是否一定趋向于"表音文字"，世界语的前途究竟如何，这也还是个有待人类实践解决的问题。过于急切的结论，有时并不可靠。

3. 思维方法中，故意"偏谬"的倾向。

为了引起舆论一时的关注，"领风骚三五天"，明知"偏谬"，也宁可危言耸听，"语不惊人誓不休"。时过境迁，明显错误，不思反省，依然故我，毫无羞耻之念，抱有一种在文坛上"搏一把"的心态。这在近百年的中国知识分子群中，可以说是一种常见的"出名"手段。

革命，社会发展的历史上，是不可少的。对于那些敢于冲决罗网，为了社会的进步变革而勇于献身，敢为天下先的前驱者，我由衷抱着崇高的敬意。在某种意义上说，我们现在也享受着前驱者努力的社会成果。不应该对前贤妄加非议，轻薄否定。评价历史人物，我们更应该看到他们比前人多提供的东西，所作的贡献。

但是，这并不是说，对于前贤的欠缺，对于他们由于时代和认识的局限，所作所为的不完善或不正确之处，不加反思。这种反思，不是为了菲薄前人，抬高自己，而是为了更好地继续前人的事业，把以后的路走好。

任何时代的人，尤其青年人都有别出心裁，独特创新，或者说犯错误的权力——这有时正是社会得以进步的动力。如果说压抑得久了，过分束缚着的心灵需要冲决罗网的破坏

---

① 参见松冈荣志：《汉字：七个故事》第六章"汉字和电脑"，日本东京三省堂 2010 年版，第 129~162 页。

和洗礼，需要非理性烈火的焚炼才能重生，那么，经过了这样的洗炼和重生之后，真正的涅槃，无疑还是需要正常的缜密思考和理性。如果永远处于一种非理性的冲动和故意的"偏谬"之中，能健康地成长吗？

人和动物的区别，在于人类能够自觉地积累经验和知识。对于具体的个人来说，人生非常短暂。但一个民族，或者说整个人类，则要长远得多。一个人，一个民族的思想和社会心理，需要不断地反思、锤炼、积累，改进，才能进步、成熟，才能真正无愧地自立于世界民族之林。

我想，这或许也是我们在回顾"汉字革命论"时，应当借鉴的。

> 2014 年 5 月草（"五四运动" 95 周年前）
> 2014 年 9 月修改

【编者按】李庆先生的这篇文章并非专门的辨伪学论文，但与辨伪学有着深刻的内在关联。钱玄同的疑古辨伪与近代革命思潮密切相关。在晚近疑古思潮中，钱玄同上承康有为、崔适，下开顾颉刚。他们的辨伪貌似学术考辨，实际上是一种思想革命。其"汉字革命论"虽轰动一时，至今视之，早已成为过眼烟云。

试论冯友兰的"释古"

廖名春

针对二三十年代学界流行的疑古思潮，冯友兰先生从 1935 年 5 月到 1938 年 9 月，多次撰文阐述了他的"释古"观①。其要点是：一、将中国当时研究古史的观点分为信古、疑古、释古三派。二、以信古、疑古、释古为研究中国古史"态度""进步"的"三个阶段"。三、认为释古"介于信古与疑古之间"，"释古便是"信古与疑古"这两种态度的折衷"②，具体说，"'释古'一派，不如信古一派之尽信古书，亦非如疑古一派之全然推翻古代传说""须知历史旧说，固未可尽信，而其'事出有因'，亦不可一概抹煞"③。四、认为"'信古''疑古''释古'三种趋势，正代表了'正''反''合'之辩证法，即'信古'为'正'，'疑古'为'反'，'释古'为'合'"④。

冯氏之说，在当时学界影响颇大。周予同《五十年来中国之新史学》概述 19 世纪末期至 20 世纪 30 年代末中国史学研究的新进展，就引证了冯友兰信古、疑古、释古的三分说，并对其释古的理论和实践发表了自己的评论⑤。杨宽《中国上古史导论》基本接受了"释古"说，认为"历史家之任务，本在研究具体之历史，既得真实之史料，自当据科学史观或整个历史过程学说以为概括之解释，此释古之说之所以尚也。吾人必先'疑古''考古'而后终之以'释古'，然后史家之能事尽矣"⑥。

90 年代中期以来，史学界和哲学界在反思疑古学说和评价冯友兰对于中国哲学史研究的贡献时，都注意到并较高地评价了冯友兰的释古说⑦。这些评价，第一，认同了冯友

---

① 见冯友兰：《中国近年研究史学之新趋势》，《世界日报》1935 年 5 月 14 日；冯友兰：《近年史学界对于中国古史之看法》，《骨髓》1935 年第 62 期；冯友兰：《〈中国经济史〉序》，《北京晨报·思辨》1936 年第 64 期；冯友兰：《冯序》，《古史辨》第六册，开明书店 1938 年版。

② 冯友兰：《近年史学界对于中国古史之看法》，《骨髓》1935 年第 62 期。

③ 冯友兰：《中国近年研究史学之新趋势》，《世界日报》1935 年 5 月 14 日。

④ 冯友兰：《中国近年研究史学之新趋势》《世界日报》1935 年 5 月 14 日。

⑤ 周予同：《五十年来中国之新史学》，《学林》1942 年第 4 期。

⑥ 杨宽：《中国上古史导论·自序》，《古史辨》第七册上，开明书店 1941 年版；本文所引为上海古籍出版社 1982 年影印本。

⑦ 如李学勤：《谈"信古、疑古、释古"》，《原道》第 1 辑，中国社会科学出版社 1994 年版，第 303~310 页；《走出疑古时代·自序》，辽宁大学出版社 1994 年版，第 3~4 页、第 19 页；《谈王国维先生〈古史新证〉》，纪念王国维学术研讨会论文，清华大学出版社 1997 年版。徐葆耕：《释古与清华学派》，《清华大学学报》哲学社会科学版 1995 年第 2 期；《冯友兰与清华学派》，《冯友兰先生百年诞辰纪念文集》，清华大学出版社 1995 年版，第 274~280 页。陈来：《冯友兰中国哲学史研究的学术贡献》，《北京社会科学》1995 年第 4 期。王鉴平：《冯友兰哲学史方法评析》，《中国哲学史》1995 年第 2 期。程伟礼：《信念的旅程——冯友兰传》，上海文艺出版社 1994 年版，第 120~121 页。

兰的"释古"理论，认为冯友兰提出的"释古"说是对"信古"说和"疑古"说的超越，是"走出疑古时代"的滥觞；第二，肯定了冯友兰的"释古"实践，认为冯友兰对中国哲学史史料的处理，是其"释古"方法运用的典范，代表了"合的阶段"；第三，将冯友兰的"释古"说上溯至王国维和清华国学研究院的其他导师，甚至认定"释古"是清华学派治学的特色和传统。

这些分析大多言之有理，持之有据。但笔者也有另外一些不合时宜的意见，考虑再三，还是发表出来与诸位师友商榷。

一　"释古"的实践

一种理论的正确与否，既可用逻辑分析的方法进行检验，也需从实践运用的效果上进行考察。冯友兰先生的"释古"，从理论到实践都有一些问题值得检讨。

我们先来看冯友兰先生的"释古"实践。

冯友兰先生在《中国近年研究史学之新趋势》《近年史学界对于中国古史之看法》诸文中，一再以分析《汉书·艺文志》的"诸子出于王官"说、孟子"井田"说、《庄子》《管子》《墨子》的真伪为例，说明"释古"方法的运用。客观地说，这是通达之论，以其代表当时学术研究的水平，应不为过。但是，应该指出，这并非是在"释古"理论指导下取得的成果，而是冯先生借用当时学术研究的新成果来阐扬自己的"释古"理论。

如《汉书·艺文志》的"诸子出于王官"说，"自信古者之观点，以为此说出于《汉书》，其为可信，绝无问题。而在疑古者则以为《汉志》所说，纯系揣测之辞。一种学说之起，皆一时聪明才力之士所倡，以应当时社会之需要。战国诸子之兴，亦系如此，与'王官'有何关系？"而"在释古者则以为在春秋战国之时，因贵族政治之崩坏，原来为贵族所用之专家，流入民间。诸子之学，即由此流入民间之专家中出。故《汉志》之说，虽未可尽信，然其大概意思，则有历史根据"①。冯先生以"释古者"所作的解释，实际吕思勉先生就曾说过：

> 诸子之学之起源，旧说有二：（一），出《汉志》，谓其原皆出于王官。（二），出《淮南·要略》，谓皆以救时之弊。予谓二说皆是也。何则？天下无无根之物；使诸子之学，前无所承，周秦之际，时势虽亟，何能发生如此高深之学术？且何解于诸子之学，各明一义，而其根本仍复相同邪？天下亦无无缘之事；使非周秦间之时势有以促成之，则古代浑而未分之哲学，何由推衍之于各方面，而成今诸子之学乎？（《经子解题·论读诸子之法》，商务印书馆 1927 年版。）

> 春秋以降，弑君三十六，亡国五十二，诸侯奔走，不得保其社稷者，不可胜数。向之父子相传，以持王公取禄秩者，至此盖多降为平民，而在官之学，遂一变而为私家之学矣。世变既亟，贤君良相，竞求才智以自辅；仁人君子，思行道术以救世；下焉者，亦思说人主出其金玉锦绣，取卿相之尊。社会之组织既变，平民之能从事于学问者亦日多，而诸子百家，遂如云蒸霞蔚矣。（《先秦学术概论》，世界书局 1933 年版。）

---

① 冯友兰：《中国近年研究史学之新趋势》，《世界日报》1935 年 5 月 14 日。

吕思勉认为《汉书·艺文志》与《淮南子·要略》篇各举一端，本不相背。亦且相得益彰矣。前者言其因，后者言其缘。百家之兴起，远因是学在王官；近缘则是周秦之际的社会变革、世官世禄制度的破坏、王官失守和私人办学的兴起等等。认为胡适《诸子不出于王官论》持《淮南子·要略》篇一端之说，"极诋《汉书·艺文志》之诬，未免一偏矣"①。吕说分别发表于1927年、1933年，可知冯说当从吕说化出。

　　又如关于古书真伪的"释古"。冯先生说："如《庄子》与《墨子》诸书，本来写明为庄周与墨翟所作，故亦无所谓假。古人以为著作之目的，在于表现真理，只求将真理传诸后世，至作者为谁，则认为无关重要（西洋中古时亦如是）。如《庄子》等书，最初皆为零碎之篇章，经汉人整理，始成为'书'。刘向刘歆父子即为从事整理先秦之学术者。逮经整理后，讲庄子一派之学之书，即称为《庄子》，讲墨子一派之学之书，即称为《墨子》，并不以其书为系庄周、墨翟所手著也。乃后来不察当时情形，误认为《庄子》即为庄周所手著，《墨子》即为墨翟所手著，因启疑古者之疑。若此种误会一经解释，则疑古者之说，亦不成立，所谓'妄既不存，真亦不立'也。"② 此说实际出自余嘉锡。余嘉锡先生20年代末至30年代以来，一直在辅仁大学中文系讲授目录学和古籍校读法，又在北京大学兼课。其讲义称为《古书通例》，又名《古籍校读法》。其卷一《案著录第一》有《古书不题撰人》节，说：

　　　　古人著书，不自署姓名，惟师师相传，知其学出于某氏，遂书以题之，其或时代过久，或学未名家，则传者失其姓名矣。即其称为某氏者，或出自其人手著，或门弟子始著竹帛，或后师有所附益，但能不失家法，即为某氏之学。古人以学术为公，初非以此争名；故于撰著之人，不加别白也。
　　　　古书之题某氏某子，皆推本其学之所自出言之。《汉志》本之《七略》，上书某子，下注名某者，以其书有姓无名，明此所谓某氏某子者即某人耳，非谓其书皆所自撰也。今传刘向《叙录》，如《管子录》云："管子者，颍上人也，名夷吾，号仲父。"……此特因其书名《管子》……而加以解释，以下即叙其平生事迹，于其书是否本人所作，或门弟子所记，不置一词。③

可见冯先生的解释，甚至所举《管子》例，皆余嘉锡先生之说。

　　至于冯先生的"井田"之"释"，虽然肯定孟子说"在当时制度上一定有相当的暗示"④，但并不了解其自古代公社所有制发展而来，远未达到1920年胡汉民、廖仲恺、朱执信、吕思勉与胡适论战的水平⑤，更遑论在先秦史的研究上有多大的意义。

　　最能代表冯先生"释古"水平的工作还是冯友兰的中国哲学史研究及其代表作《中

　　①　吕思勉：《经子解题·论读子之法》，商务印书馆1927年版，第92页。
　　②　冯友兰：《中国近年研究史学之新趋势》，《世界日报》1935年5月14日。
　　③　余嘉锡：《古书通例》，上海古籍出版社1985年版，第19~20、23页。
　　④　冯友兰：《中国近年研究史学之新趋势》，《世界日报》1935年5月14日。
　　⑤　关于胡汉民等人井田说的评价，具体可参杨宽说，见杨宽：《重评一九二零年关于井田制的辩论》，《江海学刊》1982年第3期。

国哲学史》。

冯著《中国哲学史》与胡适《中国哲学史大纲》有一明显的区别，就是孔、老先后的不同。胡著采用传统的看法，先写老子，再写孔子，把他们都放到了春秋末期。而冯著却先孔后老，把《老子》当成战国时期的作品。为什么呢？冯先生说得很明白：

> 我认为，就整个形势看，孔丘是当时第一个私人讲学的人，第一个私人立说的人，第一个创立学派的人，所以应该是中国哲学史中第一个出现的人。要说孔丘是第一，就必须证明老聃是晚出。在这一点上，梁启超的证据，对我有用。但如果单独看这些证据，也还是可以辩论的。有些证据好像两刃刀，可以两面割的。我认为像这样的问题，专靠哪一方面所举的理由都是不能完全解决的。必须把各方面的理由综合起来，搭成一个架子互相支援，才可以站得稳。我认为关于老聃晚出这个问题，是可以搭成这样一个架子的。①

为了"要说孔丘是第一，就必须证明老聃是晚出"，所以《老子》一书就成了战国时期的作品。这一观点，冯友兰先生从 1929 年至 1990 年 11 月逝世始终未变。但随着 70 年代马王堆汉墓帛书《老子》甲、乙本的出土，特别是 1993 年 10 月湖北省荆门市郭店一号楚墓楚简本《老子》的出土，事情基本上可以论定：冯友兰先生和胡适的《老子》时代之争，冯友兰先生错了。

胡适《中国哲学史大纲》在孔子与六经的关系上，基本采用了司马迁《孔子世家》的成说，认为孔子曾删《诗》《书》，正《礼》《乐》，赞《易》，作《春秋》②。而冯友兰1927 年作《孔子在中国历史中之地位》一文，认为"孔子未曾制作或删正六经"。他认为孔子不曾修《春秋》，《春秋》"与孔子无干"，"似乎是孔子取'春秋'等书之义而主张正名"。又认为《易传·彖》《象》《系辞》"有一种自然主义的哲学"，天"不过是一种宇宙力量，至多也不过是一个'义理之天'"，而"《论语》中孔子所说的天，完全系一有意志的上帝，一个'主宰'之天"，所以否定孔子与《易传》有关，认定"孔子只以人事为重，此外皆不注意研究也"③。在《中国哲学史》上册第四章《孔子及儒家之初起》中，冯先生又重申了这一看法。

冯先生不承认《孟子》《史记》"孔子作《春秋》"的记载，其实是不懂《春秋》有"不修《春秋》"和"已修《春秋》"之别。《左传》作者早已点出孔子修《春秋》的事实。如《左传·僖公二十八年》：

> 是会也，晋侯召王，以诸侯见，且使王狩。仲尼曰："以臣召君，不可以训。"故书曰："天王狩于河阳。"言非其地也，且明德也。

《史记·晋世家》据此云：

---

① 冯友兰：《三松堂自序》，人民出版社 1998 年版，第 210 页。
② 胡适：《中国哲学史大纲》，商务印书馆 1987 年版，第 69 页。
③ 冯友兰：《孔子在中国历史中之地位》，《燕京学报》1927 年第 2 期。

> 孔子读史记至文公，曰："诸侯无召王。""王狩河阳"者，《春秋》讳之也。

《周本纪》《孔子世家》也有类似的话。互相比勘，足见孔子所"书"即今所传《春秋》，这是孔子修改鲁史的实例。《左传·成公十四年》又记载：

> 君子曰："《春秋》之称微而显，志而晦，婉而成章，尽而不汙，惩恶而劝善，非圣人谁能修之？"

"圣人"当指孔子。《公羊传·庄公七年》记载：

> 不修《春秋》曰："雨星不及地尺而复。"君子修之曰："星霣如雨。"何以书，记异也。

此"君子"，也当指孔子。何休《公羊解诂》说："不修《春秋》，谓史记也。"说明"雨星不及地尺而复"，乃是旧史的原文，是孔子修订为"星霣如雨"[1]。从《孟子》到《左传》《公羊传》《史记》，孔子修过《春秋》，乃是不争的事实。冯先生以"不修《春秋》"（《鲁春秋》）的存在来否定孔子修《春秋》（已修《春秋》），应属败笔。

孔子与《易传》有没有关系？今人已作过很多的讨论。冯先生的论证，包括张荫麟在内的诸多学者都以为是铁证如山[2]，其实都是推论。

1973 年年底，湖南长沙马王堆三号汉墓出土了十二万多字的帛书。其中有六篇《易传》，共一万六千余字。这六篇《帛书易传》的第一篇是帛书《二三子》，记载的是孔子与他的学生"二三子"关于《周易》的问答，较为详尽地讨论了《周易》《乾》《坤》等17 卦卦爻辞的意义。第二篇是《系辞》。第三篇是《衷》，通篇记载"子曰"论《易》，其中有今本《系辞》下篇的许多章节和《说卦》的前三章。第四篇是《要》，虽有残损，但从保存较为完整的最后两章看，一是记"夫子"与"子赣"关于"老而好《易》"的辩论，一是记孔子向他的学生"二三子"讲解《周易》的损益之道。

今本《系辞》的"子曰"，在宋以前，人们都公认为孔子语。但欧阳修则认为系"讲师之言"[3]。从帛书《要》篇看，欧阳修此说是难以成立的。今本《系辞》有"子曰"二字文句者共二十三条，而帛书《要》篇就有三条，只是"子曰"变成了"夫子曰"[4]。在其后的"老而好《易》"节里，"夫子"八见，"子曰"三见。"夫子"显系"子曰"之"子"。孔子著名弟子子赣（贡）在此"子"之前自称"弟子"。司马迁《史记·孔子世

① 说参李学勤：《孔子与〈春秋〉》，《金景芳九五诞辰纪念文集》，吉林文史出版社 1996 年版，第 59～60 页。
② 见张荫麟：《评冯友兰君〈孔子在中国历史中之地位〉》，《大公报·副刊》1928 年 3 月 5 日；又载《张荫麟文集》，教育科学出版社 1993 年版，第 151 页。
③ 《欧阳文忠集》，转引自张心澂《伪书通考》上册，商务印书馆 1957 年版，第 77 页。
④ 其中一条残"夫子曰" 3 字。

家》《田敬仲完世家》皆称"孔子晚而喜《易》"，而《要》此节劈头就说"夫子老而好《易》"。老即晚，好即喜，夫子显然就是孔子。《要》篇的最后一节则直称"孔子緐（籀）《易》"。从《要》篇的"夫子老而好《易》"节和"孔子緐（籀）《易》"节来看，《要》篇的前几节也当为孔子易说的记载。所以，帛书《要》篇所载今本《系辞》的三条"子曰"，当系孔子语无疑。所谓"颜氏之子"，既然为孔子所赞，又有子赣为参照，说是颜渊，理据充分。由帛书《要》篇所载的这三条"子曰"类推，今本《系辞》的其余二十条"子曰"，旧说为孔子语，是难以推翻的。确认这一点，便知冯先生关于孔子与《易传》无关的推论是站不住脚的。

冯先生关于"孔子只以人事为重，此外皆不注意研究也"的观点也是不能成立的。从帛书《要》篇"孔子緐《易》"节来看，孔子告诫门弟子："易又（有）天道焉，而不可以日月生辰尽称也，故为之以阴阳；又（有）地道焉，不可以水火金土木尽称也，故律之柔刚；又（有）人道焉，不可以父子君臣夫妇先后尽称也，故为之以上下；又（有）四时之变焉，不可以万勿（物）尽称也，故为之以八卦。"① 不能说除"人事"以外，其余"皆不注意研究"。上海博物馆藏有楚简《孔子闲居》篇，与今本《礼记·孔子闲居》大致相同。其载子夏问"何如斯可谓参于天地"，孔子答以"奉'三无私'以劳天下"，有"天无私覆，地无私载，日月无私照……天有四时，春夏秋冬，风雨霜露，无非教也。地载神气，神气风霆，风霆流行，庶物露生，无非教也。清明在躬，气志如神。嗜欲将至，有开必先，天时降雨，山川出云"之说，皆是借天道以明人事②。证明冯先生论证的大前提其实并不能成立。

胡适《中国哲学史大纲》卷上《古代哲学史》第五篇《孔门弟子》使用了《礼记·祭义》《内则》《礼运》《坊记》《乐记》《哀公问》《檀弓》和《大戴礼记·礼察》《孝经》的记载，在胡适看来，这些显然是先秦的文献。但冯友兰先生把大小戴《礼记》和《孝经》的时代都往后推了一大段。冯著《中国哲学史》上册第十四章《秦汉之际之儒家》使用的是《礼记·檀弓》《礼运》《坊记》《曲礼》《哀公问》《礼器》《乐记》《郊特牲》《祭义》《祭法》《杂记》《昏义》《曾子问》《中庸》《大学》诸篇和《大戴礼记》《孝经》的材料，又详论《孝经》晚出、《大学》出《荀子》后、《中庸》"似秦汉时孟子一派儒者所作"。在《中国哲学史新编》里，《礼记》各篇，特别是《礼运》《乐记》《中庸》《大学》，都被列入了第三册汉代部分，居董仲舒之后、《淮南子》之前。从郭店楚简和上海博物馆藏楚简的内容来看，冯先生的这种处理显然是有问题的。郭店楚简有出于《坊记》《表记》《檀弓》《曲礼》篇的文字，《性自命出》篇的文字出于《中庸》可以论定，又有较为完整的《缁衣》篇③。上海博物馆藏楚简有《礼记》的《缁衣》和《孔子闲居》篇，又有《大戴礼记》的《武王践阼》和《曾子立孝》篇④。这些楚简的下葬年

---

① 廖名春：《马王堆帛书周易经传释文》，《续修四库全书》经部第一册，上海古籍出版社 1995 年版，第 38、39 页。

② 详见廖名春：《上海博物馆藏〈孔子闲居〉和〈缁衣〉楚简管窥》，张岂之主编：《中国思想史论集》，广西师范大学出版社 2000 年版，第 243 页。

③ 廖名春：《郭店楚简儒家著作考》，《孔子研究》1998 年第 3 期。

④ 张立行：《战国竹简露真容》，《文汇报》1999 年 1 月 5 日。

代是战国中期偏晚，其抄写的年代当在这以前，著作又当在抄写的年代之前。由此看，起码也是战国中期以前的作品。以出土楚简和今本大小戴《礼记》的各篇比较，冯先生无疑是把《大学》《中庸》这样重要的文献的时代拉后了。可以说，由近年来大量简帛文献的出土才逐渐明白先秦秦汉哲学史排队的错误，是由胡适、顾颉刚发起，最后经由冯友兰系统完成的。从中国近代两种最权威的中国哲学史著作看，释古的冯友兰较之疑古的胡适疑古疑得有过之而无不及。

二、"释古"的理论

冯先生将"释古"与"信古""疑古"相提并论，并视"释古"为"信古""疑古"的超越，理论形式上也是有问题的。

所谓"信古"是指对于中国上古史"尽信古书"；所谓"疑古"是指对于中国上古史"全然推翻古代传说"，认为古书的记载基本上不可信。因此"信古"也好，"疑古"也好，都是指对记载中国上古史的古书的认识。这种认识实质就是对作为中国上古史传统史料的古书的可靠性的认定。而"释古"虽然说是"信古"与"疑古""这两种态度的折中"，认为"历史旧说，固未可尽信，而其'事出有因'，亦不可一概抹煞"，但落实到具体问题上，到底是"信"还是"疑"，总得有个说法。因此，"释古"离不开"信"或"疑"，没有对古书的"信"或"疑"，"释古"就无从"释"起。比如《老子》一书的作者问题，"信古"者相信古书的记载，以其为春秋末期的老聃所作；"疑古"者不承认，以为系战国时人甚至秦汉时人的作品。而"释古"者无论怎么释，无论怎么"折衷"，都免不了对"历史旧说"的"信"或"疑"。冯友兰先生为了"要说孔丘是第一，就必须证明老聃是晚出"，他的"释古"事实上就采取了"疑古"的立场，从观点到论证，看不出与疑古派有什么不同。

其次，"信古"或"疑古"的症结也并非在释古。葛兆光说得好：

> 在"信古"立场看来，所有可信之古史均在应释之列，这并不成问题。从"疑古"立场看来，所有古史之可信均在应审之列，解释只能解释那些通过审查的资料，这也不成问题。可是"释古"究竟应该解释哪些"古"，是把流传的神话、传说、历史一起解释，还是只根据那些筛选过的资料解释，实在还是一个问题。①

这是说无论"信古"还是"疑古"，"释古"并不成为问题，成为问题的是"释"哪些"古"，是根据哪些"古"来"释"。不回答这一问题而提出"释古"，实质是虚晃一枪，答非所问。可见冯友兰的"释古"说，并没有切中"信古"与"疑古"之争的要害，更谈不上解决问题。在这种情况下，认为它超越了"信古"与"疑古"，较"信古"与"疑古"为优，是不可思议的。

第三，"释古"与"信古""疑古"并非同一层次上的同类问题，不具可比性。葛兆光认为"信古""疑古"是史料的甄别，"释古"是史料的使用②，颇中肯綮。显然，"释

---

① 葛兆光：《古代中国还有多少奥秘》，《读书》1995 年第 11 期。
② 葛兆光：《古代中国还有多少奥秘》，《读书》1995 年第 11 期。

古"与"信古""疑古"并不是同类，也不是同一个层次上的问题。对此，冯友兰先生也是承认的。他说：

> 疑古一派的人，所作的工作即是审查史料。释古一派的人所作的工作，即是将史料融会贯通。就整个的史学说，一个历史的完成，必须经过审查历史及融会贯通两阶段，而且必须到融会贯通的阶段，历史方能完成。①

"疑古一派的人，所作的工作即是审查史料"，就是说"疑古"是"史料的甄别"。"释古一派的人所作的工作，即是将史料融会贯通"，就是说"释古"是"史料的使用"。冯先生明确指出这是"两阶段"，也就是说"释古"与"疑古"是不同类的问题。不同类的问题，一属"史料的甄别"，一属"史料的使用"，将它们放在一起，相提并论，说它们是"研究史学的三个倾向，或是三个看法及态度"②，这在逻辑分类上是很不妥当的。也就是说，"释古"和"疑古""信古"谈的不是一回事，不具可比性，将它们混为一谈，硬分高下，是没有什么意义的。

　　第四，冯友兰"释古"说的要害是以主观的形式主义的方法来取代客观的具体的鉴别工作。冯先生的"折衷"说、"未可尽信""事出有因"说、"合"说只是冯先生主观的理想方法，以这种形式主义的辩证法来处理客观的具体的史料鉴别工作，好处是有限的。比如"折衷"，在"信古"与"疑古"两说中各打五十大板是不可能的，到底谁接近历史事实呢？"释古"不能没有倾向。其认为古书的记载基本可信，其"折衷"就倒向了信古，"未可尽信"的修正只是局部和枝节的。其认为古书的记载基本不可信，其"折衷"就倒向了疑古，"事出有因"只是从发生学上解释"伪"的来源。所以，在没有解决史料的真伪信疑问题之前，抽象地谈"折衷"说、谈"合"，与事无补。在解决史料的真伪信疑问题之后，再来谈"折衷"说、谈"合"，纯属蛇足。长期以来，我们过分地迷信理论的力量，总以为一掌握抽象的理论就可以解决具体的学术问题。其实，具体的学术问题的解决，起决定作用的并非抽象的理论，而是具有区别性特征的具体工作。我们不敢说掌握了黑格尔正反合的辩证法，数学家就能解决哥德巴赫猜想。但我们却肯定以黑格尔正反合的辩证法，就能超越"信古"和"疑古"，解决中国上古史史料的鉴别问题。从这一角度而言，冯先生以黑格尔正反合辩证法为比的"释古"说，对于解决中国上古史史料真伪信疑问题的价值，就好像黑格尔正反合的辩证法对于数学家解决哥德巴赫猜想问题的价值一样。因此，夸大"释古"说在中国学术史上的价值，只能说是理论上不成熟的表现。

三、"释古"与"证古"

　　一些论作评价冯友兰"释古"说的贡献时，喜欢上溯至王国维先生的"二重证据法"，以"释古"说为"二重证据法"的同调，甚至认为"释古"为清华学派治学的特色和传统。这些认识表面上看似乎不无道理，但深入分析，就会发现事实并非如此。

---

①　冯友兰：《冯序》，《古史辨》第六册，上海古籍出版社 1982 年版。
②　冯友兰：《近年史学界对于中国古史之看法》，《骨髓》1935 年第 62 期。

胡适作为近代疑古学派的导师，1920 年、1921 年时就将疑古精神概括为："宁可疑而过，不可信而过"①，"宁疑古而失之，不可信古而失之"②，"宁可疑而错，不可信而错"③。对于这种唯疑古是从的学风，王国维并不苟同。1923 年 7 月 1 日，王国维为商承祚撰《殷虚文字类编序》说：

> 新出之史料，在在与旧史料相需，故古文字古器物之学与经史之学实相表里，惟能达观二者之际，不屈旧以就新，亦不绌新以从旧，然后能得古人之真，而其言乃可信于后世。④

"屈旧以就新"当指"疑古"说，"绌新以从旧"当指"信古"说。王国维认为这两者都不"能得古人之真"，"其言"都不"可信于后世"。1926 年八九月间复容庚书更明确指出：

> 今人勇于疑古，与昔人之勇于信古，其不合论理正复相同，此弟所不敢赞同者也。⑤

认为"今人勇于疑古，与昔人之勇于信古"是同样的荒谬，可视为对胡适"宁疑古而失之，不可信古而失之"说的直接驳斥。

1925 年 9 月王国维开始给清华研究院学生讲《古史新证》，其第一章《总论》更系统地阐明了他的古史观：

> 研究中国古史，为最纠纷之问题。上古之事，传说与史实混而不分。史实之中，固不免有所缘饰，与传说无异，而传说之中，亦往往有史实为之素地，二者不易区别，此世界各国之所同也。在中国古代已注意此事。……然好事之徒，世多有之。故《尚书》今古文外，在汉有张霸之《百两篇》，在魏晋有伪孔安国之书，《百两》虽斥于汉，而伪孔书则六朝以降，行用迄于今日；又汲冢所出《竹书纪年》，自夏以来皆有年数，亦牒记之流亚，皇甫谧作《帝王世纪》，亦为五帝三王尽加年数，后人乃复取以补《太史公书》，此信古之过也。至于近世，乃知孔安国本《尚书》之伪，《纪年》之不可信，而疑古之过，乃并尧、舜、禹之人物而亦疑之。其于怀疑之态度及批评之精神，不无可取。然惜于古史材料，未尝为充分之处理也。吾辈生于今日，幸于纸上之材料外，更得地下之新材料。由此种材料，我辈固得据以补正纸上之材料，亦得证明古书之某部分全为实录，即百家不雅驯之言，亦不无表示一面之事实，

---

① 胡适：《告拟作〈伪书考〉长序书》，《古史辨》第 1 册，上海古籍出版社 1982 年版，第 15 页。
② 胡适：《自书古史观书》，《古史辨》第 1 册，上海古籍出版社 1982 年版，第 22 页。
③ 胡适：《研究国故的方法》，《民国日报》副刊 1921 年 8 月 4 日。
④ 转引自袁英光、刘寅生：《王国维年谱长编（1877—1927）》，天津人民出版社 1996 年版，第 385 页。
⑤ 刘寅生、袁英光编：《王国维全集·书信》，中华书局 1984 年版，第 437 页。

此二重证据法，惟在今日始得为之。虽古书之未得证明者，不能加以否定，而其已得证明者，不能不加以肯定，可断言也。①

这段话尽管也批评了"信古之过"，但锋芒所指，主要是"近世"的"疑古之过"。如文献所载"上古之事，传说与史实混而不分"，疑古者认为是作伪，王国维则认为"史实之中，固不免有所缘饰，与传说无异，而传说之中，亦往往有史实为之素地，二者不易区别，此世界各国之所同也"。疑古者否定尧舜禹的存在，主张"时代越后，知道的古史越前"的"层累地造成的中国古史"说②，而王国维则认为是"疑古之过"，"惜于古史材料，未尝为充分之处理也"，叹息疑古者对"古史材料"过于武断。为祛"疑古"与"信古"之过，王国维提出了著名的"二重证据法"：以"地下之新材料""补正纸上之材料"，二者互证。这样"虽古书之未得证明者，不能加以否定，而其已得证明者，不能不加以肯定"。在《古史新证》第四章末尾，王国维又进一步补充说："经典所记上古之事，今日虽有未得二重证明者，固未可以完全抹杀也。"③ 这就是说，古书所载上古史事，得到"地下之新材料"证明者，我们应该承认，不能妄疑；没有得到"地下之新材料"证明的，也不能轻易抹杀。这种说法，不但与主张"宁疑古而失之，不可信古而失之"的胡适、顾颉刚有天壤之别，也是主张"释古"的冯友兰所不能言。为什么呢？区别就在于：王国维研究"地下之新材料"不是为了从根本上推翻"历史旧说"，不是专用"地下之新材料"来打"纸上之材料"的屁股，而是"补正"，补充、修正、印证"纸上之材料"记载的"历史旧说"。也就是说，他的"二重证据法"是以基本承认"历史旧说"为前提的，只不过认为"纸上之材料"记载的"历史旧说"还需"地下之新材料"的进一步补充、修正而已。当然"补正"是相互的，"地下之新材料"也离不开"纸上之材料"，没有"纸上之材料"，"地下之新材料"无从得解。这种"互证"关系，也只能证明王国维对"历史旧说"的基本肯定。在王国维看来，"纸上之材料"记载的"历史旧说"虽然有一定的缺陷和问题，需要"地下之新材料"的补充和印证，但基本上是可信的。而"信古"者却是"尽信古书"，对"古书"记载存在的问题视而不见，不敢正视。"疑古"者是"全然推翻古代传说"，从"宁疑古而失之，不可信古而失之""对着干"的精神出发，认为古书的记载大多不可信，是后人的作伪。而冯友兰的"释古"虽然讲"折衷"，讲"合"，但他还是不敢基本承认"历史旧说"，只是说"'事出有因'，亦不可一概抹煞"而已。换言之，"历史旧说"的大部分，是可以"抹煞"的。王国维也说"固未可以完全抹杀也"，但他指的是"经典所记上古之事，今日虽有未得二重证明者"。到冯友兰，对象则变成了整个的"历史旧说"。所以，如果要仔细区分的话，我们会发现，"信古"和"疑古"两说是问题的左右两极，"信古"说是右极，"疑古"说是左极。王国维的"二重证据法"是以基本承认"历史旧说"为前提的，偏向右。冯友兰的"释古"说认为"历史旧说""不可一概抹煞"，实质是偏向左，偏向"疑古"，这一结论和

①　《古史新证——王国维最后的讲义》，清华大学出版社1994年版，第1~3页。

②　顾颉刚：《与钱玄同先生论古史书》，《古史辨》第1册，上海古籍出版社1982年版，第61~65页。

③　《古史新证——王国维最后的讲义》，清华大学出版社1994年版，第53页。

上文所指出的冯友兰"释古"实践的问题是一致的。

从对待"历史旧说"的态度看，有"信古"，有"疑古"，王国维的"二重证据法"则可称为"证古"。冯友兰的"释古"① 貌似中庸，但实质是倾向疑古的。所以我们不能视冯友兰为王国维一流，以"释古"为"证古"的理论发展。至于清华学派，问题就更复杂了。当年的清华研究院，陈寅恪虽不治上古史，但认同"历史旧说"的态度较王国维有过之而无不及；吴宓恐怕与陈寅恪不相上下。梁启超近于疑古。李济致力于考古，以重建上古史。赵元任基本与古史无涉。除梁启超的老子晚出论外，在对待"历史旧说"的问题上，冯友兰与他们并没有太多的共同语言，谈不上学派问题。所以，以冯友兰的"释古"作为清华学派治学的传统和特色，拔高了冯友兰的"释古"说的意义，是有欠妥当的。

结　语

综上所述，从形式逻辑的角度看，冯友兰的"释古"与"信古""疑古"并非同类的问题，不能将冯友兰的"释古"与"信古""疑古"相提并论；从实践看，冯友兰的"释古"较胡适的"疑古"疑得有过之而无不及，现行的中国哲学史排队的错误，主要是由冯友兰系统完成的；从实质看，冯友兰的"释古"与王国维的"证古"对待"历史旧说"的态度基本不同，王国维的"证古"是在基本肯定"历史旧说"的前提下，以"地下之新材料"对"纸上之材料"记载的"历史旧说"进行补充和修正，而冯友兰虽然承认"历史旧说""'事出有因'，亦不可一概抹煞"，但基本倾向还是疑古，所以，不能说冯友兰的"释古"是王国维"证古"说的发展，以冯友兰的"释古"作为清华学派治学的传统和特色，拔高了冯友兰的"释古"说的意义，是有欠妥当的。

本文原稿是笔者 1995 年 10 月参加清华大学纪念冯友兰诞辰 100 周年国际学术讨论会所提交的论文，曾在小组会上发表；1999 年 11 月底又作了较大的修改。

---

① 冯友兰的"释古"从名称上看，看不出其态度，所以上文认为其逻辑有问题。但实质冯友兰是倾向疑古的。从称引方便起见，姑且称为"释古"。

顾颉刚难题

张京华

顾颉刚"不能以一部分之真证全部皆真"的重要命题，推论其寓意当是针对王国维二重证据法而起。此一命题以全部复原上古文字与文献为前提，近80年来学者对于中国古史的重建，无论从考古学、民俗学、人类学、宗教学等何种角度的尝试，在此都难以逾越，此可谓之"顾颉刚难题"。而顾颉刚个人对于中国现代学术的最重要贡献，转亦可由此中寻获。

身后整理出版的顾颉刚读书笔记中披露有一条资料，题为《不能以一部分之真证全部皆真》，全文如下：

> 今人恒谓某书上某点已证明其为事实，以此本书别点纵未得证明，亦可由此一点而推知其为事实，言下好像只要有一点真便可证为全部真。其实，任何谬妄之书亦必有几点是事实。《封神榜》背谬史实之处占百分之九十九，然其中商王纣、微子、比干、周文、武等人物与其结果亦皆与史相合。今本《竹书纪年》伪书也，而其搜辑古本《纪年》亦略备，岂可因一部之真而证实其为全部真耶！[1]

这条资料为顾颉刚《纯熙堂笔记》的最后一条，时间在 1946 年 6 月后、1947 年 10 月前，而其内容则是直接针对王国维的。1925 年王国维在清华大学讲授"古史新证"课程，提出著名的"二重证据法"。王国维《古史新证》第一章《总论》说道："虽古书之未得证明者不能加以否定，而其已得证明者不能不加以肯定，可断言也。"[2]

由于此前王国维已成功地用甲骨文印证了传世文献，所以"二重证据法"甫一问世，即受到学界的广泛认同。就学界所公认的人物而论，民国时期最具代表性的陈寅恪，中华人民共和国成立后最具代表性的郭沫若，都对"二重证据法"推崇不置。顾颉刚对王国维的了解始于 1921 年，当时他在北京大学图书馆任编目员，并兼任北大研究所国学门助教，罗振玉与王国维所编印的价钱昂贵的图谱和丛书，"所中备齐了他们的著述的全分"，使顾颉刚"眼界从此又得一广"。[3] 顾颉刚的文章中往往提及王国维，而字里行间的不平之意也屡屡可见。

关于顾颉刚与王国维的关系，值得注意的评论见于许冠三。许氏认为顾颉刚"一生不走'二重证据'路线"，并称顾颉刚晚年《我是怎样编写〈古史辨〉的?》一文关于王

---

① 顾颉刚：《顾颉刚读书笔记》，联经出版事业公司 1990 年版，第 2340~2341 页。
② 王国维：《古史新证——王国维最后的讲义》，清华大学出版社 1994 年版，第 223 页。
③ 顾颉刚：《古史辨》第 1 册自序，上海古籍出版社 1982 年版，第 50 页。

国维的部分"颇疑此稿原文曾经改窜"（新出《顾颉刚日记》，1980 年 9 月 15 日确有"予对此文遂不负责"等语)[1]。但许冠三又说，顾颉刚"断断续续历时达半个世纪的《尚书》研究，乃是他有志建立真古史的铁证。直至逝世前二三年才得发表的《尚书》考释诸篇，非止富王国维风格，其谨严密实且远在王氏之上"[2]。然而就笔者所见，顾颉刚在治学方向与研究方法上都并不和王国维站在一起。

由方法论方面而言，顾颉刚等人从文献辨伪的治学倾向出发，向王国维等人"二重证据法"提出质疑，可以见于以下三例。

第一，关于"禹"和"黄帝"的论证。

1925 年 12 月 22 日，在《古史新证》正式发表之前，顾颉刚已将其中的第一、二两章收入《古史辨》第一册，并且作了标点整理和附跋。[3] 王国维文中举出两种春秋时期铜器铭文，《秦公敦铭》"鼏宅禹迹"和《齐侯镈钟铭》"虩虩成唐，有严在帝所，博受天命……咸有九州，处禹之堵"，印证"知春秋之世东西二大国无不信禹为古之帝王"。顾颉刚在附跋中表示，王国维的论证恰恰为他《与钱玄同先生论古史书》所说"那时（春秋）并没有黄帝虞舜，那时最古的人王只有禹"的假设提供了"两个有力的证据"[4]。

在顾颉刚看来，春秋时期的铜器铭文也只是能够证明春秋时期社会上有此传说，人们既不能用它来解释在它之前的事情，更不能因之改变禹为神话的性质，更遑论与《史记·夏本纪》相印证了。因此这两种铜器铭文的意义，也只是和《诗经》中"宋鲁二国的颂诗中所举的词意"相同。如果要说到建设古史，也许它们还会起到与"古史新证"用意相反的作用，就是间接证明了顾颉刚"他们都不言尧舜，仿佛不知道有尧舜"的判断。虽然这一判断出于"默证"，但却依旧难以反驳。

关于铜器铭文中"黄帝"的论证情况与此正复相同。1933 年，徐中舒与丁山同时撰文，论证传世战国铜器《陈侯因齐敦铭》有关"黄帝"的记载。徐中舒指出："睹此一证，可见王莽并不能臆造何说，即其《自本》，亦有依据，故经典种种问题，当别寻解决，而不能一概指为莽、歆所伪造或窜乱。"然而古史辨派成员杨宽则反驳说，"战国铜器铭文为之佐证"，只能说明"此等传说大体战国时已有之"，以及"用以证明陈侯自认为黄帝之后裔"，仅此而已。[5]

第二，关于"王亥"的论证。

1917 年，王国维写出著名的《殷卜辞中所见先公先王考》及《续考》，其中最为精彩的部分是关于商契以后第七代先公先王"王亥"的考证。王亥，《史记·殷本纪》作振，《史记·三代世表》也作振，《汉书·古今人表》作垓，《世本》作核，《吕氏春秋·勿躬》作冰，《楚辞·天问》作该，《初学记》引作胲，《太平御览》引作鯀，诸书中惟独《山海经·大荒东经》及《竹书纪年》作王亥。王国维据卜辞中原字，证明《山海

---

[1]　顾颉刚：《顾颉刚日记》第十一卷，联经出版事业公司 2007 年版，第 740 页。

[2]　许冠三：《新史学九十年》上册，香港中文大学出版社 1986 年版，第 182、135 页。

[3]　顾颉刚：《顾颉刚日记选刊》，《中国文化》1996 年第 14 期。

[4]　顾颉刚：《古史辨》第 1 册附跋，上海古籍出版社 1982 年版，第 267 页。

[5]　杨宽：《中国上古史导论》，吕思勉、童书业：《古史辨》第 7 册上编，开明书店 1941 年版，第 191~192 页。

经》及《竹书纪年》所记为是，其余诸书中的该、核、胲、垓系由亥讹变而来，鲧、氷、振又由亥、胲、核讹变而来。王国维说："卜辞作王亥，正与《山海经》同……夫《山海经》一书，其文不雅驯，其中人物，世亦以子虚乌有视之。《纪年》一书，亦非可尽信者。而王亥之名，竟于卜辞见之。其事虽未必尽然，而其人则确非虚构，可知古代传说存于周秦之间者，非绝无根据也。"[①] 卜辞中的证据，证明了《山海经》和《竹书纪年》《史记》等书中的记载虽有讹误，但其内容仍为可信。既然《史记·殷本纪》可信，那么据此上推《夏本纪》也一定是可信的。当时学者支持王国维的，往往都以一种"由此及彼"的上推方法讨论夏代的历史，如钱穆曾说："司马迁为《殷本纪》，序列自契至汤十四世，今安阳出土甲骨颇多为之互证者；司马迁《夏本纪》又载自禹至桀十四世，年世略与自契至汤相当。马迁论殷事可信，何以论夏事不可信？司马迁记殷事有据，何以记夏事独无据？"[②]

　　1926 年 12 月，顾颉刚写出《〈周易卦爻辞〉中的故事》一文，在王国维研究的基础上，列举《周易》大壮六五"丧羊于易"和旅上九"丧牛于易"两段记载，认定有易杀王亥取仆牛的"故事"。在顾颉刚一生著述中，此文具有较为特殊的意义，因为至少在研究的内容上，它是直接衔接了王国维的，所以早在 1933 年王国维的弟子吴其昌就曾表示，王国维的研究因为有顾文"而阐发详尽，可谓无遗憾矣"[③]，同时也多有学者以此作为顾颉刚在建设古史方面的代表作，顾颉刚自己也认为此文"研究了王亥丧牛羊于有易、高宗伐鬼方、帝乙归妹等故事"，具有"积极方面"的意义。[④] 然而此文就写作意图而言，实际上与王国维完全不同。顾颉刚的用意是以分割的方法（顾氏称为"移置法"）将《周易》与《易传》"分开"，一方面将《周易》上推，一方面将《易传》下推，"《易经》（即卦爻辞）的著作时代在西周"[⑤]，而"《易传》的著作年代，最早不能过战国之末，最迟也不能过西汉之末"。[⑥]

　　就研究方法而言，顾颉刚是将王亥故事定位为"从商初起，直到周秦，经过了一千多年的时间"的一个"传说"。[⑦] 即无论有怎样多的证据，其性质仍然也是传说，其意义充其量只是传说的起点较早而已。

　　不但如此，顾颉刚甚至还能纠正和拉长王国维的判断，称王国维"周秦间王亥之传说胥由是起"这句话"却有应商量之处""不能说至周秦间才起来"，上溯得比王国维还远，表明他不担心也不在意将王亥的故事上溯得更远。因为甲骨文是商代后期的实物，王亥在记载中是相当于夏代初期的先公先王，其间仍有数百年的间隔，所以即使上溯得再

　　① 王国维：《观堂集林》，中华书局 1959 年版，第 416~417 页。

　　② 崔述撰著、顾颉刚编订：《崔东壁遗书》，上海古籍出版社 1983 年版，第 1048 页。

　　③ 吴其昌：《卜辞所见殷先公先王三续考》，吕思勉、童书业：《古史辨》第 7 册上编，开明书店 1941 年版，第 354 页。

　　④ 顾颉刚：《当代中国史学》，上海古籍出版社 2002 年版，第 135 页。

　　⑤ 顾颉刚：《〈周易卦爻辞〉中的故事》，顾颉刚：《古史辨》第 3 册，上海古籍出版社 1982 年版，第 25 页。

　　⑥ 顾颉刚：《论易系辞传中观象制器的故事》，顾颉刚：《古史辨》第 3 册，上海古籍出版社 1982 年版，第 50 页。

　　⑦ 顾颉刚：《当代中国史学》，上海古籍出版社 2002 年版，第 8 页。

远，这数百年的间隔也将无法解决，因而也就注定了王亥的记载只是传说。换言之，王亥仍只是神话人物，而非历史人物。甲骨文所能证明的，只是这个传说起源非常古老，早在商代后期已经流传而已。

在写出此文之后，顾颉刚一面表示"足以贡献于静安先生"，一方面又说"欲质正静安先生"，其自信即来于此。

第三，关于"四方风"的论证。

如顾颉刚所说，甲骨文的发现，以"王国维取以证王亥，胡厚宣取以证四方风名"[①]的两项成就最大。如果说关于"王亥"的论证主要改变了人们对《史记》和《山海经》的看法，胡厚宣对于甲骨文"四方风"论证的注重点则是中国最早的传世文献《尚书·尧典》。

1941年，胡厚宣在刘晦之《善斋所藏甲骨文字》中首先发现一片四方风记事刻辞（《甲骨文合集》编号14294），郭沫若以为伪刻，未收入《殷契粹编》。其后在殷墟第十三次发掘中，又出土了一片武丁时期的祈年刻辞（《甲骨文合集》编号14295），其他零星刻辞还有数次发现。这些卜辞上关于四方和四方风名的记载，与《尚书·尧典》及《山海经》中有关记载的名称、句法都十分相近，总计有七处史料互相印证。胡厚宣指出："《山海经》一书，自来学者多视为荒诞不雅训之言。疑古之甚者，且以《大荒经》为东汉时代的作品。王国维氏虽然在《大荒东经》曾发现王亥，以与甲骨文字相印合。但论者或以事出偶然，固不信其中还保存有整套的古代史料。《尧典》者，近人所认为秦汉之书，甚或以为乃出于汉武帝时，亦难以想到其所包含的史料，或早到殷之武丁。今以与甲骨文字相参证，乃知殷武丁时的四方和四方风名，盖整套的全部保存在《山海经》和《尧典》里，三种史料所记，息息相通，几乎完全密合。"[②] 近年仍有学者肯定胡厚宣的研究，如李学勤指出：以甲骨文论证《山海经》，揭示四方风名的意义，胡厚宣先生"其贡献实在很大"[③]。金景芳也指出：《尧典》"文字虽不是尧时写定，事情却必发生在尧时""《尧典》所记的内容要早于甲骨文和《山海经》……都是当时的历史实录，里边根本不见有神和神话的味道。"[④]

《尚书》是顾颉刚较早开始研究的一部古书，早在1923年他已推定《尚书》28篇应分成三组：第一组《盘庚》等十三篇可信；第二组《甘誓》等十二篇或者是后世伪作，或者是史官追记，"决是东周间的作品"；第三组《尧典》等三篇"决是战国至秦汉间的伪作，与那时诸子学说有相连的关系"[⑤]。1931年顾颉刚又写出《〈尧典〉著作时代考》，"羲和四宅"一章恰是文章首先论述的要点。顾颉刚以其研究《禹贡》的方法为参照，从地理上推断羲和四宅之地，南交即汉交趾部，朔方即汉朔方部，"《尧典》所述之地，以汉武帝时之疆域度之，几于不差累黍"，因而断定《尧典》为汉武帝时书，"羲和四宅与

①　顾颉刚：《顾颉刚读书笔记》，联经出版事业公司1990年版，第4085页。

②　胡厚宣：《释殷代求年于四方和四方风的祭祀》，《复旦学报（人文科学）》1956年第1期。

③　李学勤：《走出疑古时代·导论》（修订本），辽宁大学出版社1997年版，第12页。

④　金景芳、吕绍纲：《〈尚书·虞夏书〉新解》，辽宁古籍出版社1996年版，第66~67页。

⑤　顾颉刚：《论〈今文尚书〉著作时代书》，顾颉刚：《古史辨》第1册，上海古籍出版社1982年版，第201~202页。

巡守四岳章皆汉武帝时编入"。① 关于这一意见，顾颉刚后来也偶有重申，并有修正，如曾假定《尧典》有过三种版本，有"羲和四宅"一章的为丙本，作于西汉《史记》以前，又称"《尚书》二十八篇，《尧典》《皋陶谟》为周史补作"②，及"以为《尧典》始作于战国，而今所传本，乃修订于汉武帝之世"③ 等。到 1945 年顾颉刚撰写《当代中国史学》时，仍基本坚持这一观点。

在胡厚宣的研究公布之后，顾颉刚间隔好久未曾表示意见，其较新的论述见于身后出版的《尚书校释译论》一书。但其研究方法依旧是一方面放手认同"四方风"材料之早，另一方面仍只是称之为不可理解的神话而已。书中针对《尚书·尧典》羲和四族一段记载说道："《尧典》作者见到一组至迟自商代传来的古代四方神名和四方风名的一套完整的神话资料，完全不理解其原有神话意义，只因其为远古资料，就生吞活剥地把它作为尧时的民事和物候的历史资料，写成这不可理解的文句。"④

细绎顾颉刚"不能以一部分之真证全部皆真"的寓意，其实包括两个方面。

其一，关于考古学所印证的文献的数量：考古学是否能够提供出全部可印证的文字内容？

在《顾颉刚读书随笔》中，有一则评论郭沫若《两周金文大系》以铜器铭文考订年代的笔记，其中说道："按郭氏欲就彝铭所记历朔以恢复殷、周古历，假使每年每月皆有彝铭，而历代彝器俱能于今日发得，是固不难为；无如鼎彝不尽有铭，即有铭者亦不尽有年、月、日，出土者又不甚多，其文过于零星，无法使成系统何？"⑤ 在全部的殷商、西商两代 800 多年之中，要求每年每月都铸造有彝器，这些彝器又都能在今日出土，这不是"固不难为"，而是很难为。然后还要每件彝器上都有铭文，并且每件铭文中都有年月，能不能做得到？如果做不到，如何"拿证据来"？

其二，关于考古学所印证的文献的年代：考古学是否能够提供出第一时间的原始记录？

在顾颉刚之后，疑古学者曾对《尧典》"羲和"一章的观点有所修正，从地理学的解释回到神话学的解释上来，并且承认这些神话中包含有远古的素材。而论其发展演变的次序，则仍是甲骨文在前，《尧典》在后。换言之，即使这些远古素材确切有据，其最远的年限也仍然不超过商代后期。

对此，致力于重建古史的学者可以说是无言以对的，因为考古学无法添补古文字和古文献上的这片空间，因使疑古学者得以从容周旋，用最新的考古成果维护古史辨派对古代学术传统的批判。即便找到了《陈侯因齐敦》有关"黄帝"的原始记录，那也只是战国时期的材料；找到了《秦公敦》和《齐侯镈钟》有关"禹"的原始记录，那也只是春秋时期的材料；找到了甲骨文中"四方和四方风"名的原始记录，那也只是商代后期的材料。三者都不是"黄帝"或"禹"或"尧"当时的一级材料，如何能证明那时的情况？

---

① 顾颉刚：《〈尧典〉著作时代考》，《文史》1984 年第 24 辑。
② 顾颉刚：《顾颉刚读书笔记》，联经出版事业公司 1990 年版，第 22 页。
③ 顾颉刚：《〈尧典〉"二十有二人"说：文后跋语》，《文史杂志》1948 年第 2 期。
④ 顾颉刚、刘起釪：《尚书校释译论》，中华书局 2005 年版，第 43 页。
⑤ 顾颉刚：《顾颉刚读书笔记》，联经出版事业公司 1990 年版，第 5849 页。

甲骨文的发现已经超过了 100 年，还没有发现更早的成系统的文字，在文字史上，甲骨文迄今仍是一个极限，就像光速一样地不可突破。有没有早于甲骨文的文字并且发现它们？如果不能找到当时的文字来触摸黄帝、尧、禹时期的历史，怎么可能去证明它们？退一步说，即便发现了夏代的文字，也还是不能证明五帝的历史，还要去发现尧时的文字、黄帝时的文字、三皇时的文字、容成氏等上古君王的文字，而最终总有一些时期的文字是没有或者是不能发现的。如果文字的历史晚于文献中所记载的史实，那么如何才能够证明它们？

2002 年北京保利艺术博物馆收购的西周中期豳公盨，刻有铭文"天命禹敷土，堕山，濬川"等 98 字，裘锡圭先生认为"不能成为支持顾氏'禹是西周中期起来的'说法的证据"，因为"在此盨铸造的时代，禹的传说无疑已经是相当古老的"。① 豳公盨是继秦公敦和齐侯镈钟之后的第三个关于禹的实物证据，虽然如许多学者所指出的，其铭文中的记载与《尚书·禹贡》"禹敷土，随山刊木，奠高山大川"、《山海经·海内经》"禹鲧是始布土，均定九州"、《诗经·商颂·长发》"洪水茫茫，禹敷下土方"更为接近，但与夏禹当时的实物证据尚有很远的距离。

面对上古史，顾颉刚经常引用康有为的一句话："上古事茫昧无稽。"② 茫昧无稽不是说那时没有历史，而是说没有文献可查。如此，在上古史的研究中，人们就如同遭遇到了一种"真空"的状态。真空状态是无法描述的，像夏禹其人，无论认为其为信史还是否定其真实存在，要想获得直接的文字证据都是不可能的。那么在废除了传统学术的"心法"以后，新史学如何"拿证据来"？

"真空"状态还不只在甲骨文以前存在，在春秋战国秦汉时期也仍然存在，这就是古文献中字体和书写的变化。春秋战国时期，儒家《五经》以及部分子书无论其来源早晚，大多经过当时学者的重新编订，那么在大规模的编订之后，这些历史文献原本是什么样子，基本不得而知。传世的先秦文献，大多在汉代以"隶古定"的形式写为定本，"其书皆变古而为隶矣"，以至后人"识古文者自渐寥落""如《穆天子传》八骏之名，今亦不能尽识"，③ 那么在大规模的转写之后，这些历史文献原本是什么样子，基本不得而知。流传到汉代的文献经过"挟书令"与"时书不布"，至东汉后期广征天下图书并将中秘全部整理，缮写成为定本，那么在东汉整理中秘图书之后，这些文献的原始面貌如何，也基本不得而知。

上古实物特别是文字与文献的遗失，使得"以全部之真证全部皆真"为不可能，使得古史重建"拿证据来"为不可能，使得疑古"永远有理"，此可称为"顾颉刚难题"。

曾有学者指出，被顾颉刚自称为"轰炸中国古史的一个原子弹"的早年的许多观点，终其一生都没有改变。在他 50 年代所作的学术笔记中，仍有"禹之为虫，又得一证"的思考，表明"顾颉刚对'禹'的怀疑至死也没有放弃"④。笔者还曾注意到，1965 年顾颉

① 裘锡圭：《新出土先秦文献与古史传说》，《中国出土古文献十讲》，复旦大学出版社 2004 年版，第 22 页。

② 顾颉刚：《古史辨》第 1 册自序，上海古籍出版社 1982 年版，第 26 页。

③ 章太炎：《小学略说》，《国学讲演录》，华东师范大学出版社 1995 年版，第 22~23 页。

④ 王学典、孙延杰：《顾颉刚和他的弟子们》，山东画报出版社 2000 年版，第 6 页。

刚尚以《各民族神话中的祖先》为题，认为"总之，可以说，黄帝、尧、舜，用历史科学来考察，肯定是没有的。禹，可能有，可能没有。黄帝、尧、舜、禹，可能将来在甲骨文中，发现文字证据"①。1969 年，日记中仍有"打倒三皇五帝，否定夏以前史，即夏代首数王亦是神话"的记载。②

　　笔者以为，顾颉刚坚持疑古，至晚年而不改其初衷，这正是他弥足珍贵之处。而他一生治学的最大贡献，并不在于他在什么样的观点上持什么样的态度。顾颉刚一生治学，站在"现代科学"的立场上而对中国式的传统人文学术提出疑问。这些疑问是如此的具有代表性，如此的具有压力，吸引着学者努力思考如何打破"真空"，突破"瓶颈"，克服"难题"，从而得以重建古史，以延续历史的方式延续本民族的文化生命，只此方是顾颉刚先生最重要的贡献所在。

　　原刊《中国图书评论》2008 年第 2 期。

---

① 　顾颉刚口述，何启君整理：《中国史学入门》，中国青年出版社 1983 年版，第 26 页。
② 　顾颉刚：《顾颉刚日记》第十一卷，联经出版事业公司 2007 年版，第 170 页。

辨伪学与辨伪史的再评价

——顾颉刚《中国辨伪史略》读后

张京华

　　《中国辨伪史略》原为顾颉刚先生为《崔东壁遗书》所作的长篇序言。顾先生自1921年开始标点、整理《崔东壁遗书》，1936年由上海亚东图书馆印行。1934年春夏间，顾先生为《崔东壁遗书》写了序言，但没有写完。1935年9月，顾先生将这篇序言的战国秦汉部分共十三节发表在燕京大学《史学年报》第二卷第二期上，标题为《战国秦汉间人的造伪与辨伪》，后又收入《古史辨》第七册，文字略有修改。1935年上海亚细亚书局出版顾颉刚先生的《汉代学术史略》，序言又作为附录，仍题原名。1983年，《崔东壁遗书》由上海古籍出版社再版，再版前顾先生续写《序言》，仍未完成。续写工作由王煦华协助进行，自1980年开始，同年12月顾先生逝世，此后至1981年6月，王煦华遵照顾先生的原意续写出了三国、六朝至清代的八节。1955年《汉代学术史略》由上海群联出版社重版，改题为《秦汉的方士与儒生》，1998年该书又由上海古籍出版社重版，因为序言"实际上是一篇'中国辨伪史要略'"，经王煦华向出版社建议，将续写的《崔东壁遗书序言》作为附录，并更名为《中国辨伪史略》。①

　　顾颉刚先生原计划是写一篇"二三千年中造伪和辨伪"②的通论，和"慢慢地去做一部《辨伪学史》"③。写一部辨伪学史可以说是顾颉刚先生毕生的志愿，早在1920年，胡适与顾先生的通信中就已提出编写"订疑学"或"订疑学小史"了，当时胡适曾经说到"略述'订疑学'历史，——起王充，以至于今"④，这件事也是顾先生在考虑的，至1934年他仍然说："我誓言于此：只要我有时间，我决不舍弃这个志愿。"⑤顾先生曾说："我只望做一个中古期的上古史说的专门家。"⑥所说"中古期的上古史说"，指的就是他对于秦汉学术史的研究。关于这篇序言，顾先生曾说："我十年之内起了三回稿。"⑦1961年顾先生又说："通观五十年来积稿，虽所得有浅深，所论有然否，而有一主题思想坚持而不变者，曰对于战国、秦、汉时代学说之批判。"⑧可知顾先生一生治学，此文与《五

---

　　① 顾颉刚：《秦汉的方士与儒生》，上海古籍出版社1998年版，第16页。又见同书附录《中国辨伪史略》前记注文，第133页。关于此篇题目，《秦汉的方士与儒生》一书版权页及目录题为《中国辨伪史略》，王煦华导读及书眉题为《中国辨伪史要略》，本文从版权页均称《中国辨伪史略》。

　　② 顾颉刚：《汉代学术史略》，东方出版社1996年版，第209页。

　　③ 顾颉刚：《崔东壁遗书》，亚东图书馆1936年版，第9页。

　　④ 顾颉刚：《古史辨》第1册，上海古籍出版社1982年版，第15页。

　　⑤ 顾颉刚：《崔东壁遗书》，亚东图书馆1936年版，第5页。

　　⑥ 顾颉刚：《汉代学术史略》，东方出版社1996年版，第211页。

　　⑦ 顾颉刚：《崔东壁遗书》，亚东图书馆1936年版，第4页。

　　⑧ 顾颉刚：《史林杂识初编》，中华书局1963年版，第1页。

德终始说下的政治和历史》（又题《汉代学术史略》《秦汉的方士与儒生》）实为两大重镇。

自 20 世纪 30 年代以来，关于顾颉刚及古史辨派的研究往往而有，但多注重于其结论与倾向，或侧重于回忆与评价。占据今日之学术背景，对于顾颉刚《中国辨伪史略》①及其现代"辨伪学""辨伪史"体系给予专门的、条分缕析的具体剖辨，尚不多见。

一、十二节中均存在明显问题

顾颉刚先生一生治学具有擅长包容不同意见的品质，他甚至可以包容反对他的意见。只是在他包容这些反对意见的同时，他又基本上并不采纳这些意见，即使有些意见看起来非常合理，他也只是将其搁置在《古史辨》各册之中而完全回避发表看法。在对待胡适、傅斯年、钱穆等人的批评意见时，都是如此。所以，《中国辨伪史略》一文虽然是在 1935 年首次发表的，但是其中从方法到结论所存在的若干问题是在古史讨论的初期就已经存在，而为顾先生始终坚持的。同时，从目前的知识水准来看，又有若干问题需要重新指出。两方面合在一起可以看到，除了第十三节为简短的结论以外，在此文的前十二节中几乎全有明显的问题存在②。无可否认疑古思潮的影响至今犹烈，然而当年顾先生由以推翻古史的这些具体推断其实早已不足为论了。

二、继续轻易使用默证

1925 年 4 月，正当古史讨论最为激烈的时候，张荫麟发表了《评近人对中国古史之讨论》一文，刊于《学衡》第四十期，后收入《古史辨》第二册。文中指出顾先生超过限度尽用默证为"根本方法之谬误"，说："凡欲证明某时代无某某历史观念，贵能指出其时代中有与此历史观念相反之证据。若因某书或今存某时代之书无某史事之称述，遂断定某时代无此观念，此种方法谓之'默证'。默证之应用及其适用之限度，西方史家早有定论。吾观顾氏之论证法几尽用默证，而什九皆违反其适用之限度。"③ 时过十年，张荫麟所提示的默证方法顾先生仍在使用着。

顾先生说："《春秋》一书本和孔子没有关系，所以《论语》中一字不提。大约到了战国中期，一部儒家受了时势的鼓荡，要想替将来的天子定下制度，他们在鲁国的史官处找到一堆断烂的记事竹简，就来'笔则笔，削则削'寄托他们的政治理想，骗人道：'这是孔子作的，孔子行的是天子之事。'"④《论语》里没有提到《春秋》，只说明《论语》

---

① 今所见《中国辨伪史略》的汉以前部分经过顾颉刚校订，汉以后部分虽由王煦华执笔续写，"大都沿用了他的原文""后来在其他文章中看法有变动的，就改用后来的文字""只在找不到适当的文字和虽没有题名而必需增加的内容""才作了一些补充"（顾颉刚《秦汉的方士与儒生》王煦华《附记》），所以全篇自然是代表顾颉刚先生的观点。不过，汉以后部分多为排比资料，立论也较平和，所以笔者认为，真正能反映出顾颉刚先生学术特色的还是战国秦汉的十三节，故本文仍以对这十三节的讨论为主。

② 详见以下各节。参见张京华等《二十世纪疑古思潮》中的有关列表，学苑出版社 2003 年版，第 116~118 页。

③ 顾颉刚：《古史辨》第 2 册，上海古籍出版社 1982 年版，第 171~172 页。

④ 顾颉刚：《古史辨》第 7 册上编，开明书店 1941 年版，第 25 页。

里没有提到《春秋》，顾先生用此一点来说明《春秋》一书和孔子没有关系，就是默证。顾先生的结论是《论语》之所以不提《春秋》，是因为《春秋》和孔子没有关系，这就颠倒了因果次序，是循环作证。下文"断烂的记事竹简"一语出自王安石，顾先生曾说："王安石疑《春秋》，视为断烂朝报，说《孝经》为浅近，是极有勇气之语，可惜他的著作却不存在了。"① 对王安石很表赞同。但王安石之语本出于宋人经世的议论，并非严谨考证，不足为据。

三、将史官著作视同民间传说

汉、晋以后将古代典籍区分为九流十家、经史子集，说明学者已能鉴别典籍的性质，包括对典籍可信度的判断。《论语》一书既不在六经之内，又不在正史之列，历来也没有学者将其视为史书的代表。同时对于"小说家言"，也明确有"街谈巷语""道听途说""一言可采""君子弗为"等等定位②，即使在现代，民间传说也专有其范围界定。顾先生早年有观看戏剧的经验，后来用以研究民间故事的演化过程，在民俗学方面有很多开拓。但在此文当中，顾先生说："在《论语》里，可以看出孔子和弟子们说话时称引的人，只是把人类的性质品行分成数类，每类举出几个最有力量的代表。例如做人君的要无为如尧、舜，勤俭如禹、稷，知人如舜、汤；做人臣的要能干如周公、管仲，忠直如史鱼、柳下惠，见识如伯夷、蘧伯玉。他提起古人，不是传授历史知识，乃是教人去效法或警戒。这种观念原是当时人所通有的。因为日久流行在口头的缘故，所以好人会尽量好，坏人会尽量坏。其实岂但当时人，就是现在，除掉研究历史的专家以外，提到古人，谁不只记得几个特别好的和特别坏的。你随便走进一个剧团或评书馆，就可以听得能干的姜太公和诸葛亮，勇敢的薛仁贵和杨继业，奸诈的曹操和秦桧，方正的包龙图和海瑞以及武松、黄天霸等义士，李白、唐伯虎等才子，杨贵妃、崔莺莺等美人，妲己精、潘金莲等淫妇。这些演员和听众，并不要求知道这班古人的年代先后和他们的特殊环境，只觉得古来的人，或善或恶，其翘然特出于人群的不过这几个而已。"③ 顾先生以《论语》为代表讨论古史传统，又举现代戏剧为例，将古史传统与"随便走进一个剧团或评书馆"听义士、才子、美人、淫妇相提并论，从而得出"古时只有代表人物而没有史"④ 的结论，其偏离于史家本色不可谓不远了。

四、"移置法"实际上并不可行

针对自《古史辨》第二册出版以来"只有破坏，没有建设"的议论，顾颉刚先生曾有两种表述。一是承认古史辨派的破坏性质，在 1933 年出版的《古史辨》第四册《顾序》中，顾先生说："我自己的工作虽偏于破坏伪史方面……"⑤ 在中华人民共和国成立

---

① 顾颉刚：《秦汉的方士与儒生》，上海古籍出版社 1998 年版，第 209 页。
② 班固：《汉书·艺文志》，中华书局 1962 年版，第 1745 页。
③ 顾颉刚：《古史辨》第 1 册，上海古籍出版社 1982 年版，第 8 页。
④ 顾颉刚：《古史辨》第 1 册，上海古籍出版社 1982 年版，第 9 页。
⑤ 罗根泽：《古史辨》第 4 册，上海古籍出版社 1982 年版，第 14 页。

后的一则读书笔记中仍然说："《古史辨》的工作确是偏于破坏的。"① 二是不认为古史辨派只是破坏，而是兼有破坏和建设两方面的作用，说："我们所以有破坏，正因求建设。破坏和建设，只是一事的两面，不是根本的歧异。"② 这两种表述的逻辑链接，就是顾先生提出的"移置法"。他说："许多伪材料，置之于所伪的时代固不合，但置之于伪作的时代则仍是绝好的史料；我们得了这些史料，便可了解那个时代的思想和学术。例如《易传》，放在孔子时代自然错误，我们自然称它为伪材料；但放在汉代就可以见出那时人对于《周易》的见解及其对于古史的观念了。……荒谬如谶纬，我们只要善于使用，正是最宝贵的汉代宗教史料。逞口而谈古事如诸子，我们只要善于使用，正是最宝贵的战国社会史料和思想史料。……所以伪史的出现，即是真史的反映。我们破坏它，并不是要把它销毁，只是把它的时代移后，使它脱离了所托的时代而与出现的时代相应而已。实在，这与其说是破坏，不如称为'移置'的适宜。"③ 又说："我们的破坏，并不是一种残酷的行为，只是使它们各各回复其历史上的地位：真的商、周回复其商、周的地位，假的唐、虞、夏、商回复其先秦或汉魏的地位。"④ 其所移置的各时代，虽然顾先生曾有"以周还周，以汉还汉，以唐还唐，以宋还宋"⑤ 的说法，但由其"只望做一个中古期的上古史说的专门家"等语来看，主要是将两汉人编订的先秦典籍移置到两汉。

　　笔者认为顾先生以先秦典籍互证而后将其整体"移置"的做法是全然错误的。实际上顾先生在提出了将《易传》《毛诗》、谶纬等典籍移置到两汉以后，并没有接着正面研究这些典籍的"最宝贵"的价值，而是继续沿着"造伪"和"辨伪"的思路，对两汉学术给予了基本否定。如说："东汉之世，学者们的智慧群趋于训诂一途，论理应当作些客观的研究。但因当时的历史观念不够，所以训诂的方式不是随文敷义，就是附会曲解。……二千年来学术界的所以乌烟瘴气，他们不能不担负着绝大的责任。"⑥ 在顾先生看来，战国时编订的古史即是战国人编写的传说，汉代编订的典籍即是汉代人编写的传说，谁编订的就是谁伪造的，所有的史料也都成为故事长编了。时至今日，并没有学者能将前一时代的"伪书"整体"移置"到后一时代而加以运用，"移置法"只是一种理想化的意念而已，实际上是不可行的。

五、"三重论证"并非严谨治学的保障

　　关于顾颉刚先生的古史研究方法，还有一种学者盛赞的文献学、考古学、民俗学的"三重论证"。顾先生曾说："中国的古史，为了糅杂了许多非历史的成分，弄成了一笔糊涂账。……我们现在受了时势的诱导，知道我们既可用了考古学的成绩作信史的建设，又可用了民俗学的方法作神话和传说的建设，这愈弄愈糊涂的一笔账，自今伊始，有渐渐整理清楚之望了。"⑦ 其后王煦华正式将其概括为"三重证据法"，说："所以顾先生的疑古

---

① 顾洪：《顾颉刚学术文化随笔》，中国青年出版社 1998 年版，第 249 页。
② 顾颉刚：《古史辨》第 3 册，上海古籍出版社 1982 年版，第 19 页。
③ 顾颉刚：《古史辨》第 3 册，上海古籍出版社 1982 年版，第 8 页。
④ 罗根泽：《古史辨》第 4 册，上海古籍出版社 1982 年版，第 22 页。
⑤ 顾洪：《顾颉刚学术文化随笔》，中国青年出版社 1998 年版，第 250 页。
⑥ 顾颉刚：《古史辨》第 1 册，上海古籍出版社 1982 年版，第 51~54 页。
⑦ 顾颉刚：《中国上古史研究讲义》，中华书局 1988 年版，第 1~2 页。

辨伪用的是三重论证：历来相传的古书上的记载，考古发掘的实物材料和民俗学的材料，比王国维又多了一重。因此他的疑古辨伪是既大胆又严谨的。"[1] 但是顾先生在运用考古学等成果进行研究时，并不是以考古学所提供的基本背景及年代断限作为参照，而是援引考古学的成果助成他的疑古辨伪理论，其所得出的论证往往超出常规。

如顾先生在说明"古人缺乏了历史观念，所以最不爱惜史料；因而写不成一部可靠的历史"观点时，举了武王克商一个最早的事例，引用了当时考古学上最著名的殷墟发掘作为论据。认为"安阳的殷墟，在三十年中发现了四五万片的甲骨卜辞""然而地下挖出的遗物只有大量的甲骨和瓦片，而铜器和玉器乃至少"，这可以与《史记·周本纪》及《逸周书·世俘解》所说的武王"命南宫括、史佚展九鼎宝玉""封诸侯，班赐宗彝，作分殷之器物""俘商旧宝玉万四千，佩玉亿有八万"等文献记载相印证，从而证明"铜器和玉器已全被抢光了"以及"周人有致用观念，所以把凡是值钱的东西都带走了"和"他们没有历史观念，所以想不到开办一个'故宫博物院'"。[2] 如此推论在今日的学术研究中是难以立足的。

六、"宗教学""神话学"的诠释方向未必可靠

由《左传》《世本》等典籍来看，先秦以来中国古代对于精神文化的关注，均以先祖及发明人为核心，在思维方式上表现为一种清醒理性，与宗教及神话本相排斥。但在《中国辨伪史略》一文中，顾先生虽然认识到"孔子的思想最为平实，他不愿讲'怪力乱神'，所以我们翻开《论语》来，除了'凤鸟不至，河不出图'二语以外，毫无神话色彩"，仍然认为"其实那时的社会最多神话。试看《左传》，神降于莘，赐虢公土田；太子申生缢死之后，狐突白日见他；河神向楚子玉强索琼弁玉缨；夏后相夺卫康叔之享，真可谓'民神杂糅'。历史传说是社会情状的反映，所以那时的古史可以断定一半是神话"，从而判定说"我们可以说：在战国以前，古史的性质是宗教的，其主要的论题是奇迹说"。[3] 其实孔子拒绝的所谓怪力乱神都只是自然现象概念之内的若干超越了人的感官与日常经验的怪事，孔子拒绝它只说明儒家学派主于人文反对无限制地讨论自然的态度。《左传》是中国古代人文意识极重的典籍，其中不少近乎怪力乱神的记载所表达的不是历史与神话或历史与宗教之间的关系，而是人文与自然之间的关系，"民神杂糅"一语也正是《左传》远天迩人自我反省的表现。

宗教学与神话学的名义，本为古史辨派在"有意造伪"说受阻之后，继而倾向于"无意造伪"的一种依托。早年章太炎诸先生曾力言中国本无宗教与神话，那么现代以来所建立的对于中国古代（或原始）宗教学与神话学及其与古史辨派的互动关系是否可靠，还是需要深入讨论的。

七、对"时代思潮"概念的误用

顾颉刚先生的理论方法是继承胡适实验主义而来。实验主义注重各时代的社会大背景

---

① 顾颉刚：《秦汉的方士与儒生》，上海古籍出版社 1998 年版，第 5~6 页。
② 顾颉刚：《古史辨》第 1 册，上海古籍出版社 1982 年版，第 2~3 页。
③ 顾颉刚：《古史辨》第 1 册，上海古籍出版社 1982 年版，第 9~10 页。

以及历史事件前后的因果关联。顾先生早在 1930 年写成《五德终始说下的政治与历史》一文时，已提出在汉代存在着一个流行造伪的时代思潮的说法①，并分析了这一思潮的"前因"和"渐变"。在《中国辨伪史略》中，顾先生继续断言在战国及汉代，都出现了造伪运动的时代思潮。笔者认为，顾先生所讲述的战国及汉代的文化背景，以及战国诸子从自身的政治蓝图出发对于古史所作的各自不同的阐释和汉代学者从自身的文化背景出发对于古代典籍所作的各种编辑整理，都值得关注。但顾先生认为战国、汉代存在着造伪运动的时代思潮，在逻辑上缺乏论证，是难以成立的。顾先生以清代今文家康有为等人的观点为基础，得出战国汉代学者大量造伪的结论，从而判断当时出现了造伪运动的时代思潮，然后再以这种时代思潮匡范当时学者，从而得出在此思潮下人人都有造伪嫌疑的结论，这是循环论证，同时也是对胡适实验主义方法的误用。

在《中国辨伪史略》中，顾先生认为："战国的时势是从古未有的创局，如何在古代找出相同的事例来呢？这在我们研究历史的人看来，是绝对没有办法的事。但他们有小说家创作的手腕，有外交家说谎的天才，所以容易得很。……一定要先有了墨子的尚贤主义，然后会发生尧、舜的禅让故事。……孟子所说的是儒家的尧、舜，而《尧典》所记的竟是墨家的尧、舜了！"② 其论《尧典》在墨家之后，完全颠倒了"前因与后果"的关系。"容易得很"等语，纯为主观判断且不够严肃。

顾先生又说："现在我们的邻邦要用最刻毒的手段来消灭我们的民族，而嘴里唱的还是'同文同种，共存共荣'一类甜蜜的口号。战国时的帝国主义者何尝不是如此。他们为要消灭许多小部族，就利用了同种的话来打破各方面的种族观念。"③ 援引现代国际背景为依据描述战国时势，而忽略了其中诸多不同因素。至中华人民共和国成立初，有学者称古史辨运动"有其为帝国主义服务的一面"④，立论固然存在问题，但其做法正可谓顾先生先已启之了。

八、将假设直接判定为结论

胡适曾说：实验主义的"方法的两个重要部分，一是假设，一是实验"⑤。其方法的要点是假设与验证相合，二者缺一不可，然后做出结论。相比之下，顾颉刚先生基本上是在验证之前先已提出一个倾向乃至结论，或者说是不经过验证而直接将假设判定为结论，其求证过程大多难以成立。

如顾先生论述孔子对于历史的见解，举《论语·八佾》孔子说"文献不足征"一条，判定孔子"他说夏、殷之礼的'不足征'由于他们后裔杞、宋二国的'文献不足'，似乎很能注意到史料上。但为什么对于夏、殷之礼又两云'吾能言之'呢？既已没有史料，他怎么去讲历史呢？这不觳人疑惑？由我猜想，恐怕那时人对于夏、殷的故事都随便说，

① 顾颉刚：《古史辨》第 5 册，上海古籍出版社 1982 年版，第 483 页。
② 顾颉刚：《古史辨》第 1 册，上海古籍出版社 1982 年版，第 12~14 页。
③ 顾颉刚：《古史辨》第 1 册，上海古籍出版社 1982 年版，第 12~14 页。
④ 顾洪：《顾颉刚学术文化随笔》，中国青年出版社 1998 年版，第 250 页。
⑤ 胡适：《读书与治学》，三联书店 1999 年版。

孔子也不能免"。① 既然"文献不足",又说"吾能言之",那么就是"故事都随便说",那么孔子的历史观念也就是"随便说"。

又如论述《礼记·曲礼上》"毋剿说,毋雷同;必则古昔,称先王"一语也是这样。顾先生说:"这几句话真是说尽了那时人说话的态度。你们想,古昔先王的事情如果都有客观的真实,那么他们的说话正和我们做考据文字一样,应当无一字无来历,任何能不剿说与不雷同呢? 既不雷同而又'必'则古昔,这不是创作是什么?"② 据《礼记》旧注,"毋剿说"是不要"挈取他人之说以为己说", "毋雷同"是不要"闻人之言而附和之"③,意在反对"记问之学"而提倡慎思明辨,顾先生理解为既要"毋剿说,毋雷同",又要"则古昔,称先王",那么就是假借先王创作历史。这就是将"大胆的假设"直接坐实,与胡适先生的主张是完全不一样的。

九、对中国学术传统的过低估计

现代学术体系中一个不同于古代学术传统的特点,就是反对乃至于毁灭学科的人仍然可以成为这个学科的专家,顾先生就是以"对二千年之中国传统史学予以毁灭性的打击"史学家。④

《中国辨伪史略》一文实际上是顾颉刚先生对中国古代从先秦到晚清学术史的专论,但因顾先生治学以版本目录学发端,而对《春秋》《史》《汉》以来正统史学一系缺乏认识,对中国学术传统中世官世畴的王官之学、"良史"和"实录"史学典范、《春秋》义例等编纂体例、"微言大义"与"实事求是"的今古文经学传统等内容均视而不见,判定先秦两汉以来都"缺乏历史观念",完全以"造伪与辨伪"一组概念解释中国古代史学。不仅"汉代史实一切改观"⑤,为要证明刘歆伪造《左传》《周礼》,不得不说刘歆遍伪群经、遍伪群史,先秦史实也一切改观。由于中国古代学术多以"史"的形式保留,因此顾先生对中国古代史学传统的过低估计,实际上也就是对于整个中国古代学术的过低估计。顾先生曾说:"中国的古书全是一篇糊涂账。"⑥ 又说"《左传》是一部很有问题的书,其出现颇不光明"⑦。说刘歆"他借着帝王的权势,收得三十个博士,一万零八百个弟子员,数千个奇材异能之士,漫说十几部书,就是几百部书也未始做不出呢! 刘歆何须亲自动手,只消他发凡起例,便自有人承应工作"⑧。"《左传》是他们的势力范围,可以随意增订的。"⑨ 文中屡屡使用"他们想""我猜想"的行文以及类似"他们的偷天换日的手段又施展了"⑩ 等不规范的学术语言,以自己的疑古辨伪目标逆推学术史的发展

---

① 顾颉刚:《古史辨》第1册,上海古籍出版社1982年版,第7页。
② 顾颉刚:《古史辨》第1册,上海古籍出版社1982年版,第391页。
③ 陈澔:《礼记集说》,中国书店1994年版,第10页。
④ 顾潮、顾洪:《中国现代学术经典:顾颉刚卷》,河北教育出版社1996年版,第2页。
⑤ 顾颉刚:《古史辨》第5册,上海古籍出版社1982年版,第105页。
⑥ 顾颉刚:《古史辨》第1册,上海古籍出版社1982年版,第187页。
⑦ 顾颉刚:《古史辨》第5册,上海古籍出版社1982年版,第506页。
⑧ 顾颉刚:《秦汉的方士与儒生》,上海古籍出版社1998年版,第92页。
⑨ 顾颉刚:《古史辨》第5册,上海古籍出版社1982年版,第579页。
⑩ 顾颉刚:《古史辨》第5册,上海古籍出版社1982年版,第573页。

过程。

　　到《中国辨伪史略》一文，顾先生首次使用了《古人缺乏历史观念》为题，提出："只为古人缺乏了历史观念，所以最不爱惜史料；因而写不成一部可靠的历史。"为了证明这一观点，他列举了"周人"到"汉人"的一系列造伪的例子，而这些例子，显然表明此文在总体上存在着方向性的问题。其厚诬古人的不宽容态度以及缺乏理性的论证方法都是不应该出现的，文章的内容基本上是不可取的。由此而演生的"造伪史"与"辨伪史"的中国学术史、文献学史的诠释体系①也是不能成立的。

　　原载《咸阳师范学院学报》2007 年第 1 期。

---

　　①　据郑良树，最早为"辨伪学"这门学问安上名号的是曹养吾，见郑良树《论古籍辨伪的名称及其意义（代序）》，载郑良树《诸子著作年代考》，北京图书馆出版社 2001 年版，第 2 页。曹养吾《辨伪学史——从过去说到最近的过去》写于 1926 年 10 月，刊 1928 年 5 月东吴大学《水荇》杂志第一卷第一期，后收入《古史辨》第 2 册。其事则在胡适与顾颉刚商讨编写"订疑学"之后。故最早在现代学术体系之中建立"辨伪学"与"辨伪史"且影响最大的仍推顾颉刚。

"层累"说之"默证"问题再讨论

宁镇疆

顾颉刚之"层累"说多赖"默证"以立的问题，自张荫麟之文问世以来①，学界对此认识已基本定案。但不意近年来有学者旧事重提，对张氏之驳提出质疑。彭国良有文《一个流行了八十余年的伪命题——对张荫麟"默证"说的重新审视》②（以下简称"彭文"），宣称张氏所谓"默证"之"限度"系"伪命题"，并为顾颉刚之"默证"法进行辩护。彭氏称张荫麟之说为"流行了八十余年的伪命题"，颇能耸动视听。但"默证"之错误，如张荫麟所言"此乃极浅显之理"，故而八十余年内无人翻案，然则彭文有何理据率尔挑战张说？读罢其文，笔者觉得彭国良不但没有提出什么新的证据，相反，其史料依据和认识甚至还停留在 20 世纪二三十年代的水平，尤其罔顾晚近以来出土材料研究的新进展。既如此，彭文又何以有底气质疑张说？其实无他，无非是更多地借助于现代哲学的玄思，而且很多时候又作绝对化推理。由于严重脱离中国上古史讨论的现实和语境，加之对出土文献研究进展的隔膜，使得彭文的哲理玄思每每流于于事无补的"清议"，根本无力证伪张说。今特就彭文中所凸显之问题，举陈如次，以就正于学界高明。

一、关于"层累"立说的依据

有一点应该说明，那就是彭文与包括张荫麟在内的很多学者的看法是一致的，那就是：顾颉刚的"层累"立说的确用了"默证"，但彭文认为张氏的批评"攻其一点，不及其余"，而且说："即使他（张荫麟，笔者按）的批评是对的，也远远没有涉及问题的根本：古史是层累造成的。"他还引杨宽的说法："（层累）并不是完全依靠默证来建立的……神话演变的现象才是他的主要论据。"③ 杨氏提到的"神话演变"的方法，也就是有学者提到的"故事演进"法④，但学者认为顾氏之"层累"立说，"故事演进"与"默证"法并重，"默证"法并非次要⑤。彭文认为史料处理方面的"默证"并非根本，或者说是次要的，而"故事演进"的解释学理论才是主要依据。我们想知道的是，如果史料处理方面的工作次要，那么后面侧重理论阐释方面的"故事演进"何所依凭？如果理论

---

① 张荫麟：《评近人对于中国古史之讨论》，见《古史辨》第 2 册，上海古籍出版社 1982 年版，第 271 页。以下凡引张说均见该文。

② "彭文"，载《文史哲》2007 年第 1 期。

③ 此处见彭文文末注释。

④ 杨向奎：《论"古史辨"派》，见《中国古代史论》，齐鲁书社 1983 年版。

⑤ 许冠三：《顾颉刚：始于疑，终于信》，见顾潮编《顾颉刚学记》，生活·读书·新知三联书店 2002 年版。

阐释可以独立于史料处理之外而"无待"，顾氏为何毕其一生汲汲于史料整理一途？彭文此论无疑是违背历史认识论常识的。应该说，张荫麟对"默证"法的批评，恰是颠覆了顾氏"层累"立说的史料学基础，而一旦此根基被突破，诚如张氏所说："此外顾氏以此观念为基础而建筑之空中楼阁，自然无劳吾人拆毁矣。"

此外，熟悉顾氏"层累"说的人都知道，其对"默证"的使用并非简单地说现存文献没有记载就说不存在，而是在现存文献中首先就先入为主地自定标准，列出非此即彼的"可信"与"不可信"两类。在这个意义上使用"默证"就不是我们一般意义上说的忽视"佚失"文献，而是对现存的一部分文献进行了有意识的"漠视"。像《尚书》的很多篇章明明与《诗经》属共时性材料，甚至有的还更早，但顾氏的"层累"说却以为《尚书》不足信，而只就《诗经》立论才得出禹起自西周中期的印象。① 应该说，顾氏"层累"说的很多观点之所以迥异前人且甫一出炉即大骇视听，是与他对传世文献有选择地利用密切相关的。"默证"说的这样一个特点，其实衍生出一种特殊的史料选择功能，这一功能实际上是为"层累"说的解释模型解决合格"原材料"的问题：当出现不利于解释模型的材料时，它会主动将其"屏蔽"或者曲解，从而实现解释模型的正常化运行，这说明"默证"说对于"异质"史料是有着自身"免疫力"的。② 因此，这样的"默证"就不尽是基于现实的"默证"，而是缘于"理解""理想"的"默证"。③ 我们不要忘了张荫麟讲"默证"之文的最后一句话：他说顾氏之误在"半由于误用默证，半由于

①　豳公盨铭文发表以来，此说已被证伪。但学者依然指铭文（"天命禹"）证明顾颉刚之禹本为天神非人王的见解有理（裘锡圭：《新出土先秦文献与古史传说》，见《中国出土古文献十讲》，复旦大学出版社 2004 年版。不过，商周时期人王托天命以自显的观念及措辞十分习见，我们于此似不必拘泥。其实，顾氏对古帝从神到人的解释学路数，可能恰恰理解反了：某个古帝不是由神话角色变为世间人王，而是某个世间人王（如禹）由于流传既久，而"愈放愈大"，渐染神性，这才是真正的"层累"（李锐亦有此说，详见《由新出文献重论顾颉刚先生的"层累"说》，载《人文杂志》2008 年第 6 期。关于中国古史神话化的倾向，常金仓已有文明白揭发（常金仓：《中国神话学的基本问题：神话的历史化还是历史的神话化》，见《二十世纪古史研究反思录》，中国社会科学出版社 2005 年版，第 131 页）；李零也认为"中国古代的传说与神话不同，它是以人祖的祭祀为背景，在本质上是一种世系传说，神话只是搀杂其中"（李零：《考古发信与神话传说》，见《李零自选集》，广西师范大学出版社 1998 年版，第 83 页）。

②　顾颉刚为求理论解释模型的"自洽"而对文献作出"削足适履"的理解，只是"免疫力"的第一步；如果无论怎样解释都无法"自洽"，那还有第二步，即率尔指无法解释的文献为后人伪作。如既认唐、虞连称是很晚之事，遂谓《孟子·万章》之"唐虞禅"一处系后人添出，但今郭店简《唐虞之道》证明这个判断是错误的（裘锡圭：《新出土先秦文献与古史传说》，见《中国出土古文献十讲》，复旦大学出版社 2004 年版，第 36 页）；再如对于"五德终始"理论的诠释，当遇到文献挑战时，被顾氏指为经后人伪窜的文献就有《左传》《国语》《论语》《史记》等（常金仓：《五帝名号考辨》，见《二十世纪古史研究反思录》，中国社会科学文献出版社 2005 年版，第 58 页）。我认为，顾氏是中国近代史上屈指可数的于史料学及理论解释模型两方面均有开创性探索的著名史家，但惜乎对于史料学和解释模型两者的"对接"方面重视不够，而这也最终限制了他在这两方面的成绩。

③　徐旭生对此已有尖锐批评，说见《中国古史的传说时代》，文物出版社 1985 年版，第 23 ~ 24 页。

凿空附会"①。这里的"凿空附会",其实就是与"默证"相伴生的,在为"层累"说解释模型提供合格"原材料"的问题上起着举足轻重作用的"免疫"功能。张荫麟之所以要在文中不厌其烦地对《诗》《书》中禹与夏并举是否"必要"进行讨论,原因就在于顾氏在这些问题上对史料进行了有利于自己的理解。两周文献及铜器中比比皆是的"禹迹",本来只是着眼于各族统治疆域的合法性,而顾氏却统统将其视为证成自己有关禹为最早人王的历史②,无疑是"削足适履"式的理解。正是基于顾氏对"默证"说这样一种特殊利用,我们才说它绝不是如彭文所说的什么次要因素,某种意义上甚至是决定性的。

另外,即使是彭文推许的"故事演进"法,也有不尽合理之处:"……以'故事的眼光'看古史传说,如应用过当,则类乎以儿童心理解释成人行为。古史固有神话成分,时代愈古,神话成分愈多,但他所研究的中国古史并非全是神话。"③ 然则"层累"立说的两大依据都存在问题,不知这是否能"动摇""层累"说的根基。

二、"默证"及其"限度"问题

通读彭文我们可以发现,其驳张氏之说,重点并不在"默证"(对于顾颉刚之多用"默证",彭文并不讳言,甚至还从历史认识论上高调表彰,详见下文),而在"默证"之"限度"问题上,其证所谓"限度"是"伪命题"的论述占了几近一半的篇幅,可见着力点之所在。然则,"限度"谓何?就是运用"默证"需具备的条件,而张荫麟对此又是如何理解的呢?

张荫麟对"默证"问题的讨论是引用西方学者色诺波(CH. Seignobos,彭文译"瑟诺博斯")等人《史学原论》的论述。张氏则曰:"默证之应用及其适用之限度,西方史家早有定论。吾观顾氏之论证法几尽用默证,而什九皆违反其适用之限度。"接下来,张氏大段引用《史学原论》的话,今为讨论的方便,不惮烦琐,具引如下:"吾侪于日常生活中,每谓'此事果真,吾侪当已闻之'。默证即根此感觉而生。其中实暗藏一普遍之论据曰,倘若一假定之事实,果真有之,则必当有纪之之文存在。欲使此推论不悖于理,必须所有事实均经见闻,均经记录,而所有记录均保全未失而后可。虽然,古事泰半失载,载矣而多湮灭,在大多数情况下,默证不能有效;必根于其所涵之条件悉具时始可应用之。现存之载籍无某事之称述,此犹未足为证也。更须从来未尝有之。倘若载籍有湮灭,则无结论可得矣。故于载籍湮灭愈多之时代,默证愈当少用。其在古史中之用处,较之在十九世纪之历史不逮甚远。(下略)是以默证之应用,限于少数界限极清楚之情形:(一)未称述某事之载籍,此作者立意将此类之事实为有统系之记述,而于所有此类事皆习知之。(原文下有举例,此处略,笔者按)(二)某事迹足以影响作者之想象甚力,而必当

① 关于顾颉刚"层累"说对《诗》《书》等传世文献的曲解或附会,刘掞藜:《讨论古史再质顾先生》(《古史辨》第 1 册,上海古籍出版社 1982 年版,第 151 页)对此有细致、尖锐的批评,读者可以参看。

② 李锐:《由新出文献重论顾颉刚先生的"层累"说》,《人文杂志》2008 年第 6 期。

③ 许冠三:《顾颉刚:始于疑,终于信》,见顾潮编《顾颉刚学记》,生活·读书·新知三联书店 2002 年版。

入于作者之观念中。"（原文下有举例，此处略，笔者按）在这段引述的末尾，张氏加以自己的评论说："此乃极浅显之理，每明足以察秋毫之末而不见舆薪。"彭文认为张氏所说的"限度"就是上引"是以默证之应用，限于少数界限极清楚之情形"以下两点，我认为这并不准确。曾不见乎，《史学原论》前面即说："欲使此推论不悖于理，必须所有事实均经见闻，均经记录，而所有记录均保全未失而后可。"这何尝不是讲"默证"之"限度"？但是，所谓"均经见闻""均经记录""记录均保全未失"此三种情况完全满足，现实中几乎不可能——实际上，此处已经暗示"限度"很难达到，而彭文大兜圈子甚至驰骋玄思去论证"限度"不可能达到，其实未必可许为自己的发明。正因为"限度"很难具备，所以《史学原论》下文才说"虽然，古事泰半失载，载矣而多湮灭，在大多数情况下，默证不能有效"。彭文也承认在实证主义范围"默证"是个彻底的缪误。而实证主义逻辑上"默证"的荒谬性，原不需彭氏这么费尽心机、大兜圈子去论证的①，如张氏所言"此乃极浅显之理"，因此，《史学原论》中"少数界限极清楚之情形下"，"默证"之可以应用之两点，当系其作者设想之极特殊之理想情况（故而其每于后面举例以说明之）。正因为是"理想"情况，所以《史学原论》才说是"少数"，而且是"界限极清楚"。即使如此，此类"理想"情况也还是有违于上面举出的条件，比如即使"某事迹足以影响作者之想象甚力，而必当入于作者之观念中"，但我们也不能保证作者就一定会记载下来，或者记载下来就一定没有遗失。因此如果说此处对"限度"之极理想化的界定有违其前面论述的话，那也不是张荫麟的错误，而是《史学原论》在表述上的问题，而张荫麟所提"限度"以及顾氏对"限度"之违反的问题依然存在。

　　"默证"之"限度"很难达到说明了什么？这其实就像我们今天通俗理解的"说有易，说无难"。因此，对于"默证"之使用应该慎之又慎。彭文说："在实证主义史学范围内，默证能够成立的大前提就是人们能够把握一切信息，排除所有的偶然性，这当然是不可能的，所以默证只能是逻辑谬误，而所谓的默证的限度问题，也只能是一个伪命题。"其实，正是由于需要满足的条件即"限度"很难具备，"默证"才是"逻辑谬误"，我们怎么能倒果为因地由"默证"是"逻辑谬误"而推出"限度"是"伪命题'？正是有鉴于在实证主义范围内为"默证"辩护的困难，所以，彭文后面才又出高论，认为跳出实证主义，在历史认识论上不以追求历史本体为目标就可以大胆使用"默证"，这同样是荒谬的。这一点下文还有专门讨论。实际上，谈到古史讨论，更关键的不在于驰骋玄思，而在于从中国古史、古文献的现实出发去考虑问题，而从后者的角度说，顾氏对"默证"的使用并非绝对意义上"限度"之违反，而是一些基本或起码的"限度"都不能具备，所以张荫麟对顾氏的批评就并非与彭文一般的"清议"之论，还是有着强烈的现实意义的。比如顾颉刚主要从《诗经》记载出发，认为禹是西周中期起来的，对此张荫麟驳之以《诗经》之类非历史观念之总记录；非有统系之历史；无涉及尧、舜之必要。其实就意在说明，从文献性质上说《诗经》这样的材料不是标准意义上的史籍，因此无涉及相关历史人物之必要。张氏提到的这条，应该说是非常浅近的"限度"，而顾氏曾不

---

　　①　彭文为了否定"文献记录者有意而且能够把某类事件作系统全面之记录"，还专门辟出讨论文献作者是否有"意向"和"能力"作系统记录的可能性，彭文这种流于枝叶的哲理玄思，对上古史领域现实问题的讨论，甚无谓。

顾及，更遑论其他？不过，彭文对此也有不同理解，其文谓："所谓当时历史观念之总记录和'当时记载唐虞事迹之有统系的历史'都是不可能有的……"且为了证成此说，彭文又是大兜圈子从后现代史学甚至哲学角度刻意求深。其实，如果我们非要钻牛角尖的话，所谓"历史观念之总记录"和"有统系的历史"不要说放之上古，即责之现代又如何能做到？而从上古史讨论的语境出发，当时学者对张氏的意思都是明白的，这也是顾氏始终无法回应的真正原因。顾颉刚始终无力回应的批评，八十年后不意竟有人起而翻案，但我们看彭文的论证除了钻牛角尖式的哲理玄思，又能提出什么样有力的证据呢？

　　彭文利用哲理玄思反驳张氏"限度"的另一个极端的例子，是对所谓"无某事"的讨论。其文称："'默证适用之限度'这个伪命题之所以能够产生，其根源在于默证中所论述的'无某事'。'无某事'是一个非常矛盾的观念：……我们知道，默证的逻辑是，由某时代没有关于某事的记录，就断定某时代无此事。那么，我们首先要问这样一个问题：这个'无某事'中提到的'某事'是从哪里来的？既然历史的未知之处对我们来说都是未知的，我们又何以判断某事是否存在于未知的某处呢？……在历史学上，也是首先有关于某事的观念，才有此事有或无的判断。在默证中讨论的'无某事'，其根本上都是已有的一些事情的衍生物，人们的思维根据已有的事物创造了这些'无某事'。"彭文"咬文嚼字"式的哲理玄思无非是想借用克洛齐"一切历史都是当代史"① 的论断说明：文献中的历史记录，只是那个时代思维观念的反映，并不能代表更早历史时期上真的就"如此这般"。所以彭文下文又说："在历史学上应用默证，往往是根据 A 时代关于某事的记载去推想 B 时代是否有此事，根据某时代的某事来揣测另外一个时代是否没有此事，这纯粹是思维本身的游戏。因为要知道，时间是一个不可逆的维度，人的思维虽然可以在不同的时代中穿梭，事件本身却不能。根据默证适用之限度判断某事是否为无，就是把时间维度本身等同于人自身的时序观念，自然是荒谬的。"彭文的论证看上去严谨非常，尤其是所谓"思维"与"时间"拆分更给人以哲学分析的强烈印象，但如果我们细加推敲马上就可看出其庄严之下的不堪一击。第一，彭文关于"无某事"的讨论，根据后代关于某事的记载不能推论前代是否有，这无异于说每个时代的历史观念都是创作而没有因承的，这无论从现实和逻辑上都是通不过的，此论无疑一笔抹杀了历史学领域所有"起源"研究的必要性，实在是流于虚无主义的"清议"之论。彭文后面说："张荫麟的错误在于……用默证适用之限度规范顾颉刚的论证方法，并且先入为主，预设战国秦汉时代的古史传说是从前代继承而非创作的。"其实，把战国秦汉时代的古史传说都讲成是创作的，这又何尝不是彭文作者自己的一个"先入为主"的预设？而至于战国秦汉时代的古史传说到底是继承还是创作，只要平心静气去读读豳公盨铭文及楚简《唐虞之道》《容成氏》《子羔》并将其与《五帝德》之类文献稍加比较就知道了，如果这对彭氏不算苛求的话。

---

　　① 　本来克洛齐的论断只具有历史认识论上反思的意义，但彭文却把它理解为历史认识论的全部。综观彭氏全文，这种绝对化推理是一个典型特征，这也是其"清议"的一大例证，比如该文还提到："在古史研究当中，很多文献都是被历代的研究者一次又一次地解读和再创作，早已面目全非。"彭文提到的这条同样只具有解释学反思的意义，如果真的就此认定古书"早已面目全非"，那何来古书的经传注疏之分？而传统版本目录之学及"我注六经"与"六经注我"之议又因何而起？至少，我们可以说古人早就有解释学的批判自觉，根本不必劳彭文作这样绝对化的推理。

第二，彭文此处有明显的逻辑混乱之嫌。我们不要忘了，连彭文作者自己都不讳言顾氏是多用"默证"的，而顾氏"默证"逻辑的典型特征恰是"无某事"，彭文处心积虑为顾颉刚辩护，但如此论证却恰说明顾说之非，《老子》曰"慎终如始"，可不慎欤？第三，彭文将"默证"仅限于A、B时代之间的"异时"性判断，也是片面之论。彭文大概只想到自己刻意想否定的根据后代的记录断前代为无属于"默证"，而没有认识到后人对顾氏"默证"的批评，其实亦不乏"共时"性的方面：只见《诗经》中禹起自西周中期，遂谓禹起自西周中期，这等于默认与《诗经》时代相近的文献中再也没有提到禹。① 它的荒谬性，如张氏所言，乃"极浅显之理"。对此"共时"性的默证误判，彭文大绕圈子建立在"异时"性基础上的所谓"无某事"讨论有何益？

有意思的是，彭文力证张荫麟之"限度"虚妄，但转而又为"默证"设定了新的"限度"。什么样的"限度"呢？那就是历史认识论上之"限度"："如果脱出实证主义范畴，不去追求无法实现的历史本体，而是把历史学研究停留在史料层面，像顾氏那样'不立一真，惟穷流变'，则可以使用默证。"然则，顾氏真的不关注历史本体了吗？非也，请再尝试论之。

三、"历史本体"是否追求？

主张顾颉刚之"层累"说不关注历史本体的学者，多举其"不立一真，惟穷流变"一语，指其中之"不立一真"即表明不再去追求历史真相。我认为，顾氏之"不立一真"，其实只强调不要有主观的价值预设，这样才能以一个价值中立的态度去辨析史料（所以才有下句的"惟穷流变"）②，去"求真"。但现在很多学者多紧盯这半句话，以为顾氏不在"求真"，或者说已不关注历史本体，而只关注"流变"问题。这其实是只知其一不知其二，也是对顾氏"层累"说的曲解。这种论调，不排除是曲护顾说者在面对当今出土文献研究日益近迫之挑战时的战线转移。首先，我们不要忘记，顾氏的"层累"说最直接的促动就是崔述的学说，然则崔氏思想精髓何在？其一系列的"考信"名文，已经足够说明问题：既言"考信"，其所关注不是昭然若揭吗？此外，顾颉刚自己也说："吾辈研究历史者注重证据，重证据必重然否，其目的在止于至真。"③ 顾颉刚后来还通

---

① 其实，顾颉刚这条"默证"，本不需新出土文献即可证伪的，当时与之论辩的学者即已指出传世文献《尚书》之《立政》《吕刑》都已提到禹，它们的时代都要早于西周中期（陆懋德：《评顾颉刚〈古史辨〉》，见《古史辨》第2册，上海古籍出版社1982年版，第369页）。但顾颉刚偏以先入之成见以为《尚书》不足信——如果相信《立政》《吕刑》，那么《尧典》怎么办？——那可是"尧舜禹结构"的大本营！况且即《吕刑》中还提及比禹更早的蚩尤，如此一来，"连锁反应"的后果是可想而知的。所以学者多以为，顾氏的做法，就是既当运动员，也当裁判员。

② 但从上文我们已指出的"层累"说对不利于己之证据的"屏蔽"或曲解来看，顾颉刚在研究实践中却往往无法做到价值中立。相反，"疑古"的成见却始终左右他对材料的看法。学者曾指出王国维在治学态度上是"不悬目的而自生目的"（刘宗汉：《不悬目的而自生目的——从一封信谈王国维〈殷卜辞中所见先公先王考〉的撰写》，见孙敦恒、钱竞编：《纪念王国维先生诞辰120周年学术论文集》，广东教育出版社1999年版，第50页），而顾氏实际上则恰恰相反；所以，如果说王氏的方法更多表现为归纳的话，顾氏则每每流于演绎。

③ 参见《古史辨》第1册之"自序"，上海古籍出版社1982年版。

过对罗、王的评价，进一步表明了自己的"求真"立场："……从中得益最多的是罗振玉和王国维的著述，他们的求真精神，客观的态度，丰富的材料，博洽的论辩，使我的眼界从此又开阔很多，知道要建设真实的古史，只有从实物上着手……"① 如此之类，如何能说顾氏舍历史本体而不观？

　　谈及顾颉刚对历史本体的追求，还要提到"不立一真"的下半句，即"惟穷流变"，也就是重视传说和古史的演进。"惟穷流变"说明，顾氏不是不关注历史本体，关键是哪个时代的"历史本体"；并非不去"求真"，他所关心的是哪个时代之"真"。关于这一点，学者归纳的"伪史移置"利用法似更为准确："……'伪史'移置利用法，即不以'伪'史之载记为所述先世之供证，而以之为该'伪'史或'伪'籍造作之世的遗物或供证，如移《禹贡》至战国时代。他强调：'许多伪材料，置之于所伪的时代固不合，但置之于伪作的时代则仍是绝对的史料'"②，所以，在顾颉刚那里，历史或者说"实在"还是可以认识的，只不过是"移置"的认识：是史料所在时代的"本体"可以认识。正基于这一点，我们是不是可以这样说，顾氏构建的古史"层累"演进路线，其实一方面是"存在"的路线，由于忽视佚失文献和对现存文献的片面使用实际上陷于"默证"，这样"存在"的路线当然是很不真实的；另一方面，它又只是"史料"的路线，是史料的直观反映，只承认史料所在时代的"本体"可以认识，某种程度上混淆了史料与客观历史的区别。③

　　彭文既否定顾颉刚的"默证"以追求历史本体为目标，因此他的辩护就循这样的逻辑进行："笔者认为，衡量默证可用与否的标准并不是《史学原论》中所谓的'限度'，而是历史认识论：当以认识历史本体为历史学的目的，认为通过对史料的精密考证可以认识历史本体时，默证是个逻辑错误，无从使用；当否定通过对史料的精密考证可以认识历史本体，不以认识历史本体为历史学目的时，默证可用。……因为如果避开对历史本体的追求，把历史学完全建立在史料的基础上，有一分材料说一分话，史料中显示为有的，我们只好认为他有，史料中显示为无的，也只好认为它无（这是不是实证主义的思路呢？笔者按），那么由某时代没有关于某事的记录，自然可以认定此时代没有关于此事的观念。"彭文佶屈聱牙地论证为何不追求历史本体、不走实证主义路线就可使用"默证"，但后面却留下个小尾巴："……这种情况下判断出的有或无，应该具有一种开放性，而不是'定于一尊'式的判断。……因此，任何对过去的判断都应该是可以修改的，都需要随着史料的不断发现而随时订正。"既然追求的又不是"历史本体"，那何劳订正？如果最后还是要订正，我们想知道作者真的挣脱了实证主义或回避了"历史本体"了吗？而且，既然"任何对过去的判断都应该是可以修改时"，那么"实证主义"的判断何咎？作者有必要对张荫麟所谓追求历史本体的考证语带轻蔑吗？最后，彭氏此处已不否认"默证"说也是一种"对过去的判断"，但我想提醒作者的是，你通篇文章可是一直在告诉我

---

　　①　《我是怎样编写〈古史辨〉的？》，见《古史辨》第1册，上海古籍出版社1982年版。

　　②　许冠三：《顾颉刚：始于疑，终于信》，见顾潮编《顾颉刚学记》，生活·读书·新知三联书店2002年版。

　　③　胡绳："在许多地方，史料（记载古代历史的文献）和历史（古代历史）本身是被混淆起来的。"《社会历史的研究怎样成为科学》，见《枣下论丛》增订本，人民出版社1978年版，第145页。

们"默证"说不主张"当下"的材料可证"过去"的有无，或者说无意关注"过去"的本体，认为"当下"的材料只能反映"当下"的现实！彭文以批实证始，最后却又归于实证，这就表明他为"默证"说辩护的整体逻辑已陷于自相矛盾，而所谓"可以修改""随时订正"云云，不过是自圆其说、刻意弥缝的诡辩。

彭文为了证成顾颉刚的不追求历史本体之说，还说教式地对当代历史学家的任务进行了重新设计："……历史学家的任务就是研究不同时代人们的历史观，从历史观的变化中寻求客观历史的痕迹"，彭文之"历史观"的说法其实是"伪史移置"利用的翻版。他的意思无非是说史料只能反映"历史观"，不能说明历史本体："所以，他把研究古史转为研究'古史观'，把对中国上古史的研究转换成对中古思想史的研究。当顾颉刚说要研究战国前、战国和战国后的古史观时，他就不再以研究历史本体、发现历史真相作为研究古史的目的了，因为在他那里，历史真相已经难以认识。"对彭文此论，我有两点疑问：（一）如果套用彭氏的逻辑，通过史料是永远无法获知历史真相的，我想问的是，"古史观"又何尝不是历史真相之一种？为什么偏偏就能通过史料的解读而获知？这前后的逻辑是否矛盾？（二）如果相信史料能证明那个时代的"古史观"，那这显然还是实证主义逻辑，那其中"共时性"的"默证"就是合法的吗？然则，彭文言犹在耳的"实证主义范围内默证是个彻底的谬误"怎么解释呢？

顾颉刚"伪史移置"利用的方法，实质上就是不认为后世记载对前世有证明力。所以我们看到王国维援春秋时期秦、齐二国器铭证禹之为古人王的可信，但顾氏恰用之证明当时"都不言尧舜"，作为"二重证据法"应用的典范，何以王氏的《殷卜辞中所见先公先王考》及《续考》二文名震史界，而于此却不行？关键是卜辞证商史属当时材料证当时史事，而于此却是拿春秋材料证更早的史实①，即彭文所谓的以甲时代证乙时代。顾氏及彭文都不相信后世记载能证前世，无疑忽略了文献之间传承性的一面，这一点既违背"史"实，也违背"书"实。根据包括古史辨派学者在内的今之学者的认识，《尚书》之《洪范》、《逸周书》之《尝麦》等篇②，都可能早至西周初年，其中于古史之记载，禹之前并非空白，由此我们再看《左传》《国语》中对禹之"前史"的记载，以及战国以降的古史传说，增补之处自所不免，而传承之迹亦昭昭而在，然则何以《左传》《国语》这样后世的材料对早期历史就缺乏解释力了呢？正是由于在认识论上割裂了历史之间的联系，坚持"后"不能证"前"，所以顾氏在解释学上也往往一笔抹杀了前人的训诂学成果，提倡直面本经，以体悟经义："我要离开了齐、鲁、韩、毛、郑五家的传统说法自己来找寻《诗》的真正意义。"③ 顾氏此说本意是想规避前人训诂学成果中踵事增华的虚饰成分，动机当然是很好的，但对于《诗经》的理解，主张完全抛弃五家的训说即可达到，实在是过于天真了：没有齐、鲁、韩、毛、郑五家训诂学成果这样一个"知识考古"的桥梁，今人的理解从何谈起？我们有什么理由相信两千年多之后的今人更接近历史的真实？实际上，提倡抛开前人的训诂学成果而直面本经，其后果必然是"六经注我"的泛滥。而顾氏试图舍弃前人解释学成果去参知经义的理想，其实逻辑上也是与其"后"不

---

① 李锐：《由新出文献重评顾颉刚先生的"层累"说》，《人文杂志》2008年第6期。
② 李锐：《由新出文献重评顾颉刚先生的"层累"说》，《人文杂志》2008年第6期。
③ 《我是怎样编写〈古史辨〉的?》，《古史辨》第1册，上海古籍出版社1982年版，第11页。

能证"前"的"层累"说主张恰成矛盾的：既然"后"不能证"前"，晚期的东西对早期缺乏解释力，我们如何又能说两千多年之后的今人可以更准确地解释《诗经》？而且是《诗经》的"真正意义"？

四、是因承还是断裂？

彭文有一点是和顾颉刚的"层累"说是一致的，那就是对于历史演进的动机或方式，他们都是以"突变"的方式来解释的，即各个时代人们的有意作伪或"创作"。这一点，学者早有定论："顾颉刚的'层累造成说'有一个相当突出的特质，这个特质是：他把'层累'看成是有意造伪的结果，而不是自然累积而成的。"① 一言以蔽之，即"强调造作而抹杀传承，强调变形而抹杀积淀"②。顾氏对于不同时代人们主观"作伪"的强调，背后有鲜明的晚清今文家的学说背景，应该说正是这一主张，对于构建"层累"说中"异时"因素的累积和叠加有决定性影响，所以我们看到，虽然由于学者的批评，顾氏有所醒悟，但终其一生他对这一点还是深信不疑的。③ 而彭氏生当21世纪的今天，对于历史的发展却依然强调造作而抹杀传承，很难让人相信仅仅是个认识问题，恐怕只能是论述的方便：只有坚持"造作"，才能消解甲时代"造作"之内容对于乙时代的解释力。④ 正因为这样，所以彭文才罔顾晚近出土文献特别是楚简有关古史传说资料的研究进展，而老调重弹地说战国秦汉时代的古史传说都是创作而非继承的。

彭文为了突出强调"创作"，还以所谓思维和时间的"二重维度"高调解读并表彰了顾颉刚的"历史演进法"："其次，顾颉刚对历史演进法的应用还避免了在时序上的错误联想。此方法的第一步就是把史料按照产生年代的先后顺序排列起来，这样就首先定位了时间的维度，杜绝了人的思维对时间维度的任意穿越。这个方法的主旨是，如果 A 时代中记载道：B 时代有某人或某事，那么只能表明，在 A 时代人们的思想中，B 时代有某人或某事；他不会据此史料去追究 B 时代究竟有没有此人或此事。"对于顾氏依史料先后（事实上，这个"先后"的判断也未必准确）所列的这样一条历史演进序列的缺失，很多学者早已指出，那就是他把史料与历史本体混为一谈。彭文所说："史料按照产生年代的先后顺序排列起来，这样就首先定位了时间的维度。"彭文这种貌似严谨的判断，转换成通俗的话就是：古书什么时候产生的，其中内容就是什么时代的。而经此转换，这个判断马上就显示出它的荒谬性：但凡对先秦、秦汉古书稍有了解的人，恐怕都不能赞同这样的

---

① 参见王汎森：《古史辨运动的兴起——一个思想史的分析》，允晨文化实业股份有限公司 1987 年版，第 293 页。

② 李零：《出土发现与古书年代的再认识》，见《李零自选集》，广西师范大学出版社 1998 年版，第 49 页。

③ 《我是怎样编写〈古史辨〉的？》，见《古史辨》第 1 册，上海古籍出版社 1982 年版，第 25 页。顾氏后来有醒悟："我认为古史的传说固然大半由于时代的发展而产生的自然的演变，但却着实有许多是出于后人政治上的需要而有意伪造的。"

④ 有意思的是，彭文在后面的注释中也提到顾颉刚"过多地割裂了各个时代之间的联系"，强调"更多的是创造而非传承"，这与本文此处所论正合。我不知道彭文此处如何与前述自己为证成顾氏之"层累"说而竭力论证的"后"不能证"前"的解释学向度合辙。这样的前后矛盾再次说明，彭氏为"层累"之"默证"辩护的总体逻辑理路是不成功的。

说法。因为古书固然不乏"新增"（我们不用"造伪"）部分，但古书中的因承性内容恐怕是更为普遍的现象。顾氏及彭文不恰当地把古书之时代与古书内容之时代机械对应，源于他们在"古书辨"上往往以简单化的"真""伪"二元观看问题。由于在价值评判上简单化地流于"真""伪"二元，这导致顾氏在进行"古书辨"时，也往往依此标准划分，而一旦"真""伪"阵营划定，则"伪书"中之记载自然全伪："书籍的著作时代既成了学术界中的重大问题，则书籍里边记载的古代史事自然联带发生了问题。"① 就像学者评价的那样："这个运动最大的盲点之一就是把书的真伪和书中所记载史事的真伪完全等同起来，认为伪书中便不可能有真史料。"② 这种从史料学上对古书内容作"真""伪"二元的简单划分，衡之以晚近出土文献发现所获得的关于古书形成过程的新认识，实在是大谬不然。

　　因为，这一推理实际上暗含了这样一个前提预设：古书都是"一次性"形成的，而且后来再没有"续作"和"增补"，这样书中的具体史实就有可能反映特定的时代特征。且不论这种"前提预设"是成立，仅就单纯"一次性"形成的古书而言，这种推理在方法上同样是不严密的。因为虽然古书是"一次性"形成，但作者（包括著者和编者）却不可避免地要利用较早甚至历史上的材料。也就是说，成书虽然是"当下"的，但素材的使用却可以向前作几乎没有限度的延伸。这样，晚成之书，却可以有早期之内容，如学者所言，这就像考古地层学上的"晚期地层中可以有早期的东西"③。此外，由于语言的保守性和继承性，时人论说总不免要引经据典、援据古语习谚，这同样也会造成"晚"中有"早"的问题。比如当初王国维就注意对《诗》《书》中"成语"进行研究④，现在学者也发现铜器铭文中有不少成语与《诗经》常可互相发明⑤。于省吾当初在《尚书新证》就提到《洪范》的文法特征，固然不免有晚周用语之习惯，但仍可发现有与甲骨、西周金文相合的例子，现在豳公盨的发现更证明《洪范》的用语确有不少"古质"痕迹⑥。《周礼》一书现在虽然学者多认为成书于战国，但其中对"古字"的使用也向来是惹人兴味的问题⑦。再者，像古代筮法对个别辞例的使用自西周到战国晚期始终没变⑧。以上史料内容构成上的这种因承现象对"层累"说有何挑战呢？首先，古书中时序上的

---

　　① 顾颉刚：《中国上古史研究讲义·自序二》，中华书局 1999 年版，第 8 页。

　　② 王汎森：《古史辨运动的兴起——一个思想史的分析》，允晨文化实业股份有限公司 1987 年版，第 295~296 页。

　　③ 李零：《出土发现与古书年代的再认识》，见《李零自选集》，广西师范大学出版社 1998 年版，第 31 页。

　　④ 王国维：《与友人论〈诗〉、〈书〉中成语书》，见《观堂集林》第 1 册，中华书局 1959 年版，第 75 页。

　　⑤ 陈致：《金文与〈诗经〉中的成语》，见《古道照颜色——先秦两汉古籍国际学术研讨会论文集》，香港中文大学 2009 年 1 月。

　　⑥ 裘锡圭：《燹公盨铭文考释》，见《中国出土古文献十讲》，复旦大学出版社 2004 年版，第 70 页。

　　⑦ 关于这一问题最新的研究，可参范常喜《〈周礼〉"古字"新证》，载《国学研究》第 22 卷，北京大学出版社 2008 年版，第 139 页。

　　⑧ 比如筮占命辞中冠"尚"字以表示占问之事的习惯，我们看自西周初年的中方鼎，中经《左传》的时代，一直到战国晚期的楚简中仍在使用（可参李学勤：《周易溯源》，巴蜀书社 2006 年版，第 268~269 页）。

"早""晚"错位并置现象，使传统的"抽样式"地依书中内容断代的方式每每陷于偏颇，具体到顾氏本人则往往只取其"晚"，不取其"早"，再进而以这种"偏晚"的古书年代判断来定书中内容上的"偏晚"，课之以古书中之因承性内容，显然是极端错误的。既然古书之年代及内容上判断有误，那么上举彭文极力推崇的"层累"说依史料时序排列的所谓"时间维度"能不陷于凿空乎？其次，"层累"说实质是一种线性进化逻辑，是单线条的。而上举古书中因承性内容，无异于表明"层累"中还有"层累"，这一方面会造成时序上的"错位"和"叠加"，另一方面，古书中之因承性内容，完全可能是来源多途而最终被融汇于一书，这种来源的复杂性同样彰显出"层累"说之单线进化逻辑明显流于简单化。至少我们现在可以说，《子羔》《容成氏》等篇所述古史系统与《五帝德》《帝系》之类并非同一统系。①

以上"晚"中有"早"的现象，我们可以称之历史发展中的"沉淀"：既有史实的"沉淀"——晚期之书利用了较早的史实；也有语词、俗谚的"沉淀"，晚成之书利用了早期的语言。但实际上，古书中之因承性内容还有一种更为"隐蔽"的表现方式，这种方式也从语言和史实两方面着眼：语言是新的，但史实却是旧的。比如，晚近以来由于出土文献大量发现使我们对过去古书辨伪方法进行纠偏：前人习惯于从古书之文气断古书年代之古与不古，实际上这点并不科学。② 晚近发现的出土文献，使我们认识到汉人整理古书的常用法如"以今文读之""今读"等等，其实多是汉人用较为简明的语言重新整理古书。它们语言组织可能是"新"的，但保存的"史实"则仍是"旧"的。我们如果以语言组织方面的"文气"内容断史实为晚，无疑会造成很多冤假错案。《尉缭子》长期以为是伪书，主要原因就是认为它辞气不古，现在银雀山简本问世之后，我们才发现这其实缘于汉人的整理和润色。③ 这种"新瓶"装"旧酒"的现象，同样是溢出彭文所谓的"层累"说之"时间维度"之外的。

历史发展的继承性，还往往以另外一种方式显现出来，那就是与"晚"中有"早"完全相反的情况——"早"中有"晚"。这听起来似乎迹近未卜先知，断无可能。实际上这种情况也是不能排除的。还以考古地层学为例，李零说："考古地层学上有一条，叫'早期地层中不可以有晚期东西'。这是原则上的讲法。实际上，早期地层中也可以混进晚期的东西，行话叫'打破'。"④ 落实到古书中，这种年代学上的"打破"也是存在的。它主要有两种表现方式：其一，就是古书在流传过程中司空见惯的"续作""增补"现象。较早形成之书，一旦掺入这些后来的"续作""增补"，我们也可以说是"早"中有"晚"，这些后来的"增补"，从年代学上说无疑对原书之时序格局构成"打破"。正因为有这种"打破"，当我们用传统的"抽样式"方法进行断代时才会陷入各执一端，无所适

① 谢维扬最近曾专门指出《子羔》《容成氏》等出土文献对于颠覆"层累"说之单线进化逻辑的意义，说详《徐中舒先生读古史方法的一些启示》，载《四川大学学报》2009年第4期。

② 李零就提到"今本往往把古书中难懂的字换成通俗易懂的字……把古拙的散文改成对句"。李零：《出土发现与古书年代的再认识》，见《李零自选集》，广西师范大学出版社1998年版，第31页。

③ 李学勤：《新出简帛与学术史》，见《简帛佚籍与学术史》，江西教育出版社2001年版，第13页。

④ 李零：《出土发现与古书年代的再认识》，见《李零自选集》，广西师范大学出版社1998年版，第31页。

从。其二，"早"中有"晚"，还包括这样一种现象。那就是我们对某些"晚"的判断，只是相对的，它们可能都有比较早的来源。或者说尽管实质内容上发生了变异，但却始终保持形式上的外壳，从某种意义上说这亦可算"早"中有"晚"——虽然更多是形式意义上的，但它同样昭示历史发展中的因承性，这种情况其实就是我们经常说的"旧瓶"装"新酒"现象。比如从商代卜辞对若干职官的记载，我们可以发现后世侯、甸、男、卫等诸侯，甚至后来"五服"制的某些早期形态。① 再如先秦的"县"，传统上讲商鞅变法，总习惯于对'县'作"突变""断裂"式的诠释，后来由于学者准确释出西周金文中的"县"字，我们发现它也是由来久远;② 而"旧瓶"装"新酒"现象于古代官制方面的呈现更是比比皆是。③ 基于后期某些发达、成熟的历史现象，当早期之书亦有发现时，我们很容易判断是后人"续作"，是"增补"，实际上它可能早就存在，仅仅是内容上有所变异而已。它们内容上虽是"新"的，但却往往依托于一些特定的"旧"的形式。它们形式与内容上的"新""旧"密合无间，无异于说明："新"的东西，它每每不是无源之水，无本之木，它总是有所依托的。而这个"旧"形式的始终存在，不也同样昭示了历史发展的因承吗？这再次说明，"层累"说之"伪史移置"利用一法，无疑人为地割断了历史之间的联系，是有违历史发展之现实逻辑的。顺便说一句，"层累"说作为一种线性进化逻辑，其实也是"因承"的：如果"因承"性得不到保障，怎么能实现"层累"逻辑末端在同一个主题上"愈放愈大"，以及细节的更趋丰富？演进线索上的"因承"与史料学处理上之"断裂"同时并存，这恰从一个侧面昭示"层累"说这一解释模型内部的深刻矛盾。

五、文献佚失与"有一分材料说一分话"

前人早已指出，"层累"说之"默证"法往往是只就现有的文献立论，失却对佚失文献的估量：形象一点说，是只见了现有文献这样的"冰山"一角，而忽略"冰山"一角之下的存在。实际上，在"层累"说提出不久，就有学者指出与"层累"累积相反的"层累"佚失的问题。对于"默证"法对佚失文献的忽略，甚至后来"古史辨"派内部的学者也有醒悟，像刘起釪即指出："我国上古的旧史体系固然是'层累地造成的古史'，然另一方面还有'层累地遗失的古史'与之相辅构成古史的实际情况。因此对一些史料毁失过甚、史实面貌不清的问题只应当存疑，不应当疑定。"④ 晚近以来出土文献的大量发现，其最大的意义就在于让我们看到了文献在流传过程中实实在在的"佚失"。上文中，我曾把历史发展中的"因承"性称为"沉淀"，而历史发展过程中信息的遗失则可称

---

① 裘锡圭：《甲骨卜辞中所见的"田""牧""卫"等职官的研究——兼论"侯""甸""男""卫"等几种诸侯的起源》，见《古代文史研究新探》，江苏古籍出版社 1992 年版，第 343 页。

② 李家浩：《先秦文字中的"县"》，载《文史》第 28 辑，中华书局 1987 年版；周振鹤：《县制起源三阶段说》，载《中国历史地理论丛》1997 年第 3 辑。

③ 这方面的研究可参见张亚初、刘雨：《西周金文官制研究》，中华书局 1986 年版；李零：《西周金文中的职官系统》，见《李零自选集》，广西师范大学出版社 1998 年版；李学勤：《读〈周礼正义·天官〉笔记》，见《文物中的古文明》，商务印书馆 2008 年版。

④ 刘起釪：《顾颉刚先生学述》，中华书局 1986 年版，第 150 页。有意思的是，彭文在后面的注释中也承认顾颉刚忽视文献佚失问题。

为"蒸发"，出土文献的价值就在于让我们重新见到了这些一度"蒸发"掉的历史信息。①

　　文献"佚失"现象的存在，有两方面的影响应该得到充分估计。首先，如果"佚失"掉的材料，与现存的材料属于横向上不同的流传统系，它们的"缺佚"，使得本来在材料完整的情况下可以形成的"多头的流传线条"这样一种认识，最终流于简单化，结果就是过多的线性进化逻辑的滥用。上文提到，前人对顾氏"默证"说的批评，不少是侧重于其对"共时性"材料的忽略，这其中就包括与现存材料横向上属不同流传统系的"异质"内容，而"层累"说也因此多强调单线条的"同质"累积、叠加。其次，如果"佚失"的是纵向上更多的环节，则在认识史事的发展上就丢失了很多链环。这样无疑会模糊了两则史事之间的真正距离：或者不适当地拉近，或者不适当地疏远。这样看来，"默证"说所取用的现存文献的这一点信息，实际上仅仅等于流传线索中的一个截面或剖面。文献"佚失"现象于纵、横两方面的表现，其年代学方面的意义在于：这些"佚失"都使史事发展的轨迹或链条残缺不全，因此呈现给我们的面貌可能相对简单，在此基础上构建的年代学序列难免失之粗疏。如果文献在演变链条中所处之相对位置不能明确，则彭文所艳称的"层累"说依史料时代所构拟的"时间维度"有多大的可信性呢？况且，"层累"说在年代学上的一个突出特征就是一说出现，往往以之作为上限，这就很容易犯以后当先的错误，也是很不科学的。

　　不过，上古史领域史料缺佚现象的普遍存在，又往往给依现存史料作"默证"推理的学者一个掷地有声的借口"有一分材料说一分话"，于此还需着力一辨。"有一分材料说一分话"向来是历史研究者应该恪遵的戒律或操守，我们说历史认识的宿命是总不免据"有限"的"已知"，去推论"未知"，但若就"已知"的局限性而言，这种所谓的"严谨"马上就会显出它的刻板和机械，运用得不好，很容易流于盲人摸象、"冰山"式的直观反映论。因此，"有一分材料说一分话"绝不能仅仅理解为只就当下、眼前的材料立论，而应该触类旁通地对相关文献以及"佚失"文献作合理的考量。②"默证"法的错误往往就在于只见传世文献中的"冰山"一角，仅就当下、眼前的材料立论，这种意义上的"有一分材料说一分话"，其实是实证主义的极端表现。这种意义上的"有一分材料说一分话"也是"伪史移置"利用法"以当时材料证当时事"的另一种表达，两者之间实际上是有着共通性的。而"以当时材料证当时事"，那就只能非掘出禹墓不足以说禹了。所以，这种貌似严谨的推理，其结果必然是把本来可能的工作最终变为不可能。何谓"本来可能"？那就是通过分析与"当时"共时的其他相关资料或者自古传承下来的资料来论证"当时"的面貌；何谓"不可能"？举凡史事必要求"当时"材料以证之，古今中外哪个史家能做到？而古今中外绝大多数史家都在做的工作，恐怕也只能是"本来可

---

　　①　彭文说："那些已经在历史中永远失去的东西，对依靠资料进行研究的历史学家来说，只能是一个永远的虚无。"我说"默证"的问题是"说有易，说无难"，而彭文则干脆说"永远"地"无"，其武断是不待言的。

　　②　提倡"史学即史料学"、号称"中国兰克"的傅斯年虽然主张"一分材料出一分货，十分材料出十分货，没有材料便不出货"，反对"疏通""推论"（傅斯年：《历史语言研究所工作之旨趣》，见《国立中央研究院历史语言研究所集刊》第一本第一分册，1928 年 10 月），但我们看他的《夷夏东西说》，"疏通""推论"的工作也是不能避免的。

能”的工作，而如果因为这“本来可能”多没有“以当时材料证当时事”而要求“不可能”，不同样也是流于“清议”吗？

　　实际上，虽然晚近以来大量出土文献的发现帮我们弥补了文献的很多缺佚，大大丰富了我们对先秦古书的认识，但很多学者的看法仍不脱极端实证主义“有一分材料说一分话”的窠臼，其结果必然是亦步亦趋地跟着材料在走。① 具体到古史领域的新材料研究，我们这种亦步亦趋地跟材料走的倾向也不同程度地存在。比如现在学者见出土战国中晚期材料中已出现“黄帝”，因此认为直到战国中期至晚期，黄帝已经逐渐成为古史传说的重要人物甚至中心人物，这种说法仍守“层累”说以“所见”为上限的年代学逻辑，以“突变”的方式解读这些材料的出现。上博简《子羔》篇即使也提到了尧、舜、禹、契、稷这样的古史系统，学者认为它没提到“五帝”，说明其时“五帝”尚未形成。其实就性质来讲，《子羔》篇与《五帝德》根本就不是一回事，我们为何一定要其中帝的系统也像《五帝德》那样纤毫毕现、终始有序？照此逻辑，我们只有期待地下真的去挖出一部《五帝德》了！同理，郭店简《唐虞之道》篇亦以讲述尧、舜、禅让为主体，且其中简 10 提到“禹治水，益治火，后稷治土”，但其中未见提到“契”②，难道我们就因此认定其时“契”不存在？这种推理不仍然是“默证”吗？再者，以前包山简、望山简中祭祷者所祷祠的楚先祖出现老童、祝融、穴熊，但未见颛顼，学者的评价因此比较“克制”“谨慎”，但现在新蔡楚简中颛顼的名字已经出现，学者才转而稍“放心”。但有意思的是，我们发现这样追着材料走了一圈，其实等于又回到了原点：我们还是得认真看待《离骚》“帝高阳之苗裔兮”的记载。③ 这条微观上的回归，和顾颉刚宏观上“始于疑，终于信”的回归，其中的方法论鉴戒都值得认真记取。

　　颛顼的问题最终又回到《离骚》这样普通得不能再普通的“原点”，说明了什么呢？值得反思的一点就是，我们为什么过去对这样的文献熟视无睹呢？学者已经指出，20 世纪二三十年代史学领域出现的一方面坚持史料的尽量扩充，但另一方面却又“不看二十

---

　　① 廖名春曾针对“先秦无《易经》”之论评论道：“现在虽然还没有春秋时期、战国初年的《周易》本子出土，但从《帛书易传》孔子论《易》和郭店楚简有关的记载看，春秋说和战国初年说也是不可信的。我们不能奢望古书的记载能全部被出土文献证实，但从已经证实的部分里，研究者应该从方法论上反省自己致误的原因。如果基本不相信文献的记载，只是一味地画地为牢，出土了汉代的帛书本，就说《周易》成书于战国末期；出土了战国中期本，就说《周易》成书于战国初年……这种所谓的严谨，总是会受到出土文献的嘲弄的。”廖氏的批评不免辛辣，但对于揭示“冰山”式亦步亦趋地被材料牵着鼻子走，却不啻空谷足音（廖名春：《上海博物馆藏楚简〈周易〉管窥》，见《〈周易〉经传与易学史新论》，齐鲁书社 2001 年版，第 60~61 页）。

　　② 此篇简文有残损。

　　③ 虽然如此，有学者仍认为颛顼系楚人出于政治需要而攀附的宗主神，未必说明楚国之先真出颛顼（郭永秉：《帝系新研》，北京大学出版社 2008 年版，第 200~205 页）。所谓政治、外交的需要，其实仍是走顾氏“社会背景分析法”的路线。此路线上承晚清今文家的思想主张，其实质就是夸大“人为伪造”，而抹杀“自然层累”，且以后来历史比附早期。其实如果真需要攀附宗主神，为什么一定要是颛顼？在先秦社会严分族姓之别（所谓“非我族类，其心必异”“异姓则异德，异德则异类”“神不歆非类，民不祀非族”）的情况下，古人对自己祖先的态度是严肃的，不能以后世动辄攀附名人的观念相比附。实际上，以后世观念比附早期的解释学路数，与前面我们一再提到的“层累”说之“后”不能“证”前的主张不同样也是矛盾的吗？

四史"的诡论现象，背后其实有鲜明的疑古思潮的背景①。既然"有一分材料说一分话"，为了更多的"话"语权，那就只能去寻找更多的材料，这也是顾颉刚越到晚年越注重史料整理一途，甚至把"古史辨"变成"古书辨"的深刻根由。② 与此点相应，我还想指出顾氏史料学方法论上与"有一分材料说一分话"相伴生的另外一点，那就是对史料一味地嗜博求多。关于这一点，连顾氏都承认自己有"好求完备的癖性"③。与"有一分材料说一分话"一样，"全面占有材料"也素来被视为古史研究者铁的律令。但这一原则仅仅是一个前提，在这样的前提下，还要求史家有卓越的明辨、拣择工夫。不能一味求博，从而分不清文献的来源而将它们等量齐观，后果就是失择轻重、不辨源流④。在不明来源、等量齐观中，某些材料的解释力就会被无形稀释，而某些材料的解释力却很容易被无端放大。况且，顾氏在充分占有材料之后，往往是按照古书之年代线索排队，这种单一时间取向的等第划分，就没有给文献的性质和来源以充分的考量，而单纯的时间取向很多时候并不能反映文献之间的性质差异和来源系统，而这恰恰在判断古书之解释力方面往往具有决定性制约，相反，时序上的早、晚并不一定对文献的解释力构成决定性影响。关于这一点，前文已通过对顾氏"伪史移置"利用之"后"不能证"前"的逻辑以及历史发展中的因承性的讨论有所论证。说到辨别传承、考镜源流，前人对清儒礼学研究的批评或许能给我们不少借鉴。王引之云："大抵议礼之家，各记所闻，不能尽合……学者依文解之而阙所疑可矣。必欲合以为一，则治丝而棼也。"⑤ 梁启超也说："清儒治礼，嗜博太过，每揉杂群书，强事会通""根本不能会通的东西，越会通越弄到一塌糊涂。议礼所以纷如聚讼，就是如此"⑥。钱穆亦曾针对把《周礼》《吕览》《月令》及邹衍五德终始之说混同为一的做法评论道："此乃愈求会通，而愈陷于纠纷，不如分别各自为说，转可得古人与古书之真相也。"⑦ 沈文倬亦谓："固执一家之说的专门之学，往往不能理解名异实同的事物是可以疏通的；反之，一些宏通的学者，又会辨别不清有些物制的实质差异，事事附会牵合，强求一致；二者都无法获致符合实际的确解的。"⑧ 这些学者对一味求博、不辨源流的批评，是值得我们认真反思的，即便今天有大量的出土文献发现，这些议论仍不过时。现在由于出土简本《武王践阼》和《容成氏》，学者遂谓《武王践阼》要早于

---

① 罗志田：《史料的尽量扩充与不看二十四史》，载《历史研究》2000年第4期。在此一现象下，史料确实得到了尽量的扩充，但也经常导致轻视常见文献的取向。

② "有人因此说'古史辨'变成'古书辨'了，是一种怯退的表示。我认为这种说法是不对的。古书是古史的史料，研究史料是建筑研究历史的基础。由'古史辨'变为'古书辨'不仅不是怯退的表示，恰恰相反，正是研究向深入发展的表现。"（顾颉刚：《我是怎样编写〈古史辨〉的?》，见《古史辨》第1册，上海古籍出版社1982年版，第22页）。

③ 参见许冠三：《顾颉刚：始于疑，终于信》，见顾潮编《顾颉刚学记》，生活·读书·新知三联书店2002年版。

④ 比如顾颉刚将《五帝德》《帝系》之年代定在西汉，全不察《史记》对它们就曾引用，这无疑模糊了史料学上所谓"一手""二手"的等的界限。

⑤ 王引之：《经义述闻》，江苏古籍出版社2000年版，第378页。

⑥ 梁启超：《中国近三百年学术史》，东方出版社1996年版，第249、237页。

⑦ 钱穆：《周官著作时代考》，见《两汉经学今古文评议》，商务印书馆2001年版，第336~337页。

⑧ 沈文倬：《孙诒让周礼学管窥》，见《菿闇文存》，商务印书馆2006年版，第683页。

《五帝德》《帝系》等五帝系统，而要晚于所谓更原始的《容成氏》系统，这种推论实际上仍然是依时序所作的线性推理：我们需要问的是它们是同类性质的文献吗？如果其时存在《五帝德》那样的五帝系统，就一定要像《五帝德》那样全部列出？如果有遗漏或表述方式有异就谓其时"五帝"系统尚未形成，这不仍然是"默证"逻辑吗？① 这种情况表明，张荫麟对"默证"的批评，非但不能证伪，而且也没有过时，对于指导今天的出土文献研究仍有现实意义。

　　原载《学术月刊》2010 年第 7 期。

---

① 刘家和说，"默证法从来就不是一种安全的论证方法，而运用于论证古史时危险尤巨"（刘家和：《关于殷周的关系》，见《史学、经学与思想》，北京师范大学出版社 2005 年版，第 298～299 页）。但我们恰恰看到，和"古史"讨论始终"如影随形"的，很多时候还都是"默证"。

中日学术交流与古史辨运动：从章太炎的批判说起

陈学然

引　论

　　古史辨运动于"五四运动"爆发后一两年便浸然兴起，延续了"五四运动"中敢于打倒旧历史文化传统的时代精神，成为组成"五四"新文化运动反传统内容的其中一环。对于这场至今已近九十年历史的疑古运动，因其学术价值和影响力之故，学术界至今已有大量相关研究。正如最近一本专书提及，相关课题在可见的将来仍会吸引学界注意力：

> 在 20 世纪 40 年代，国内各大学的古史研究领域"几乎全被疑古派把持"。而古史辨派从一产生开始，其巨大影响并不仅限于史学，而且及于哲学思想史和文学史，举凡古典领域无不与之相关。……古史辨派的研究，在台湾、香港仍为学者所关注，其中不乏赞许性的评价。古史辨派的影响在政治、社会思潮方面也有体现。在新文化"思想启蒙"运动与五四"反封建"运动中，古史辨派起着不可低估的作用，这一层面的影响也持续至今。古史辨派的影响无时不在，无处不在。①

　　基于这场运动在现代中国学术史上有着深远影响，对于其源起或兴起的来龙去脉问题，成为部分学者颇为关注的问题之一。直到目前，仍然存在一些未能解决而亟须处理的问题。近年即有学者认为顾颉刚的疑古辨伪思想抄袭自日本学者。譬如，上海的章培恒在维护鲁迅之余，便曾以此责难古史辨发起人顾颉刚的女公子顾潮，指出顾颉刚在 1920 年代发表的古史辨文章存在抄袭嫌疑。② 随后，北京的廖名春在较多例证的情况下指出古史辨抄袭自白鸟库吉（1865—1942）的"尧舜禹抹杀论"。③ 近年再有王小林直指古史辨的"层累造成的古史观"与京都史学巨子内藤湖南（1866—1934）的"加上说"有"某种相关的可能性"。④ 对于这样一场影响现代中国学术深远的运动，果如这些学者所说的剽窃自日本，则不得不让我们严肃以待。相反，如若纯属子虚乌有之指控，则我们仍然需要还前人清白，遏止"谬论"扩散。故无论如何，为这场运动的来龙去脉正本清源，相关工作在今天看来仍有其必要。

---

　　① 张京华：《古史辨派与中国现代学术走向》，厦门大学出版社 2009 年版，第 2~3 页。

　　② 章培恒：《今天仍在受凌辱的伟大逝者》，《鲁迅研究月刊》2000 年第 12 期。

　　③ 廖名春：《试论古史辨运动兴起的思想来源》，载陈其泰、张京华主编《古史辨学说评价讨论集》，京华出版社 2001 年版，第 263 页。

　　④ 王小林：《日本中国学的启示与课题》，《九州学林》2004 年第 2 卷第 4 期。

　　就目前所见，持"抄袭论"的学者可能仍未有足够证据证明顾氏当年如何抄袭日本学者的观点，故未能让学界主流接受相关看法。相反，"抄袭论"者可能更被控以猜测、假设、以分析取代实证的做法治学，并被反击以"'假设'有余而'求证'不足"的责难①。但是，维护者实际上也未能提出任何有效论点证明古史辨与日本不存在任何关系。钱婉约是少有的能同时了解中、日两国在相近时期分别兴起疑古思潮的大陆学者，但经其论述所得之结果并不存在谁抄谁的问题，对我们进一步了解古史辨的思想来源，实际上帮助不大。她认为：

　　　　这是历史性的巧合，可以视为日中史学在脱离传统、迈向近代的过程中，所必须经历的共同阶段，以及在此相同阶段上所表现出来的共同的文化学术现象。②

　　如果我们真的相信"闭门造车、出门合辙"的"巧合"神话，则尽可能不再枉费精力对之再作追寻。但是，如果我们了解到这场声势浩大的疑古运动，无论是在方法上、内容上，甚至是某些关键词均与明治日本的疑古辨伪思潮存在惊人相似处的话，则我们不能不有必要对两国在一段短时间相继兴起的学术思潮的某些复杂问题化繁为简或化异为同，以求真、求是的态度正视各种悬而未决的问题。

　　事实上，不仅仅是近十数年才有学者对古史辨思想来源产生疑问，自从20世纪20年代开始，便有声音质疑"古史辨"与日本的密切关系——甚至清楚指出顾颉刚发起的这场运动抄袭自东洋史学家的古史辨伪观点，只是这一质疑的声音一直未被主流学界注意和重视。③

　　值得关注的是，最早质疑古史辨运动与日本有因缘的就是章太炎，他以极为严厉的字眼和言论提出各种抄袭或剽窃的指控。但很有趣的是，他的质疑和连番批判，在当时竟然没有引起任何反响，不论是发起古史辨运动的胡适、顾颉刚师徒还是参与古史辨运动的章门大弟子钱玄同，都没有响应章氏这位本受他们推崇的"民国元勋、国学泰斗"（鲁迅语）的言论。无声无息，章氏之言没有引起任何人的注意，而章氏对古史辨的态度，一直以来也就较缺探讨。骤眼观之，这一切都是颇堪玩味的。

　　那么，今天重新探讨古史辨运动是否存在日本因素的问题，一方面固是古史辨思想源起研究不可回避的课题，一方面也是章太炎学术思想研究不可忽略的问题。惟有这样，我们方能对古史辨兴起的来龙去脉有深层的认识，也能对章氏口诛笔伐古史辨运动的背后原因有所了解。当然，不深入梳理古史辨运动可能存在的日本因素问题，我们将无以验证章氏言论的虚实，而对学界关于古史辨的质疑声音也难作判准，更遑论要对目前研究之偏失

---

①　张京华：《古史辨派与中国现代学术走向》，厦门大学出版社2009年版，第165页。

②　钱婉约：《"层累地造成说"与"加上原则"》，载顾潮编《顾颉刚学记》，生活·读书·新知三联书店2002年版，第223页。

③　这种区分学界"主流""非主流"的观点，可以参考王尔敏之说。其中有言谓："史家傅斯年、顾颉刚，教育家蔡元培承此科学主义思潮而倡率科学治史之学派。风从者众，亦具实力。所创历史语言研究所即是此一学派的结集中心。"此乃针对1949年以前之史学领域而言；至1949年后，中国大陆学界则全然成为马列主义史学天下，促成20世纪的中国大陆史学界以"科学主义史学派"与"马列主义史学派"为两大主流。见氏著《20世纪非主流史学与史家》，广西师范大学出版社2007年版，第3页。

有所补白。

　　本文撰述，正是基于上述种种考虑，试图为这个在过去学界悬而未决的问题提供一个解说，或者是尝试提供较为详细的参考，进而了解上世纪中日学术交流反映的一些问题。

一、"古史辨"的日本因缘：章太炎的基本看法

　　章太炎因反清革命缘故，一生曾三渡日本，前两次共住五个多月，第三次共住近五年半（1906 年 6 月 29 日—1911 年 11 月 3 日）。第三次赴日期间，他开始结识日本政学界中人，譬如与宣扬国粹论的日本政教社知识分子集团过从甚密①，与任职日本大学高等师范部讲师馆森鸿把臂同游日本名胜、往来不绝，并结为兄弟。与馆森鸿结交外，太炎也与日人水尾、籽山逸、桥川时雄、重野安绎、羽岳根本等结交②。他同时阅读了大量日文著述和日译西学著作，极大影响了其往后的治学兴趣。在此基础上，太炎一定程度上掌握了日本学术和了解当时日本学界情况，包括在日本兴起的疑古辨伪思潮③。对此，我们可以看看他在 1910 年滞留日本时写给罗振玉的一封信，它说明了太炎对东京大学教授白鸟库吉倡言的"尧舜禹抹杀论"实际上是了然于胸的。他说：

　　　白鸟库吉自言知历史，说尧、舜、禹三号，以为法天、地、人，尤纰缪不中程度。大抵东人治汉学者，觊以尉荐外交，不求其实。宛名况乎域中，更相龛神，日绳其美，甚无谓也！

太炎接着又批评罗振玉等一些推崇日本汉学的国内士大夫说：

　　　今国人虽尊远西之学，废旧籍，慕殊语，部曲相外，未足以为大虞，且其思想诚审，亦信有足自辅者。今以故国之典，甚精之术，不自校练，而取东鄙拟似之言，斯学术之大蟘，国闻之大稗，领学校者，胡可以忽之不忌哉？若乃心知其违，而幸造次债起之华，延缘远人以为声誉，吾诚不敢以疑明哲也！④

　　在这封信里，太炎不客气地点名批评当时在日本国内国外享负盛名的汉学家，同时也不留情面地讥刺那些步踪日本学术的同代中国人。探其心迹，实出自他当时的强烈民族情感和拒日意识，故有"东人治汉学者，觊以尉荐外交，不求其实"之激烈看法，清楚表现他反对尧、舜、禹为虚构人物的立场。罗振玉与日本人商讨古文，在太炎看来已是自降身份、有损国体，对其称誉日人之学术更是不以为然，认为这些会给人一种"道艺废灭、学在四夷"之错觉，自我矮化国学而不知。太炎自"民报案"发生后，转向排拒日本的

---

　　①　后续将论述的内藤湖南曾任该社团刊物《日本人》的编辑，太炎曾接受该刊物访问。
　　②　陈力卫：《在日本新发现的章炳麟致重野成斋的书简》，《原学》1996 年第 5 辑。
　　③　正如后文所说的，抹杀尧、舜、禹的疑古思潮在 1916 年已进入了日本的中学教科书。教科书反映的是国家意识形态、政治行为与社会共识，有关内容被列入教科书前，应在社会引起讨论或流行了一段时间。在此之前，日本学者更于 1910 年便曾就疑古辨伪问题进行连番讨论。
　　④　章太炎：《与罗振玉》，载马勇编《章太炎书信集》，河北人民出版社 2003 年版，第 285 页。

态度可见一斑。

　　值得注意的是，1910 年当白鸟库吉"抹杀尧舜禹"言论高入云霄时，顾氏还在苏州读中学。启发顾氏走上古史辨之路的胡适，这一年也正以"庚子赔款"第二期官费生身份前赴美国康乃尔大学攻读农学。日本的近代疑古辨伪论调其实于 1909 年已由白鸟氏提出。他在一场讲演会里证说尧、舜、禹是虚构的神话人物，其论足以动摇中国上古史系统，大大缩窄中国的信史年份。他后来把演讲稿以《支那古传说の研究》为名刊于《东洋时报》（第 131 号），确切而公开地提出"尧舜禹抹杀论"。他的论调引起林泰辅在1910 年、1911 年及 1912 年连番撰文反驳，白鸟随后也很自然地相继推出回应文章《尚书の高等批判》（《东亚研究》第 2 卷第 4 号）以坚己说，继续其抹杀尧、舜、禹和批判古史伪造的论调。

　　至 1915 年，白鸟还发表《儒教在日本的顺应性》一文，同样是论证尧、舜、禹不是真实历史人物的力作。可以这样说，日本学界从 1910 年开始便陆续有相关讨论文章出炉。据鲁实先 1930 年代后期所注意的，自白鸟之论提出后，分别形成了两派不同意见。为其张说者，有桥本增吉、饭岛忠夫（按：二者均为白鸟学生）；驳难者，有后藤朝太郎、井上哲次朗、林泰辅等①。也有学者指出声称尧、舜、禹为虚构伪造的观念，在这数年间渐盛于日本社会；至 1916 年，否定尧、舜、禹为历史人物的思想，据说已深入日本的高级中学，在社会上成为一个普遍观点②。

　　在白鸟氏提出其颠覆性的言论时，离中国疑古辨伪思潮的兴起最少还有十二年。从1910 年至 1923 年的十多年，仍是中日学术文化交流极为频繁的时段。在这一头一尾的年份里，章太炎和顾颉刚的学术关怀是有天壤之别的。前者在 1910 年时甚为警惕日本疑古辨伪的思想内涵，且充满各种政治性解读；后者在 1923 年时正是疑古思想从酝酿到成熟的阶段。太炎在 1910 年的批判言论随着顾氏疑古史学进驻学术中心位置而——再现，其批判言辞之激烈实是有过之而无不及。

　　1922 年，顾颉刚在胡适的鼓励及帮助下，萌生考辨古史念头，原打算把有关概念整理成《最早的上古史的传说》一文，但由于祖母的离世而作罢。故有关辩论于 1922 年时仍然只限在胡、顾师徒之间，至 1923 年五六月份才引起一二时人注意③。至 1926 年，顾颉刚方把 1923 年以来与外界学者相互切磋的信函及文章集结成书，交由北平朴社印行出版，这就是我们目前所见的第一册《古史辨》，内载顾氏长达六万字的《自序》，详细交代其发起古史辨运动的前因后果、来龙去脉。由是观之"古史辨"作为一场席卷史学界的运动，1923 年是它的酝酿期，至 1924 年才算是它的兴期。就在这两三年里，正倾心于"联省自治运动"的章太炎，同时也担负起治学讲学之学者天职，并十分警惕史学界涌现的疑古辨伪思潮，致使其于 1910 年批判疑古史学的激情再度被燃起。

　　太炎认为 1924 年的史学界弊端丛生，共有五种弊端需予——匡正者，否则，史学功

　　① 　鲁实先：《史记会注考证驳议》，岳麓书社 1986 年版，第 53 页。

　　② 　王小林：《日本中国学的启示与课题》，《九州学林》2004 年第 2 卷第 4 期。

　　③ 　刘掞藜和胡堇人分别在 1923 年 5 月 13 日及 1923 年 6 月 2 日撰文回应顾颉刚的疑古论调。顾氏自言："自从《读书杂志》上发表了我和玄同先生两篇文字之后，刘掞藜、胡堇人二先生就来书痛驳。"顾颉刚《自序》，《古史辨》第 1 册，上海古籍出版社 1982 年版，第 55 页。

用将隐而不见。他要纠正的五点治史弊病是："取文舍事，详上古略近代，详域外略内政，详文化略政治，以及疑古太甚。"① 其中一点就是专门针对古史辨派的疑史思潮，否定时下流行的疑古风气，认为此风将使国人暴弃学术，酿成束书不观之弊，故提出古史不应随便疑弃之观点：

> 古人往矣，不但尧舜之有无不可知，若充其致疑之极，则清光绪帝之有无，亦非吾侪所能定……古事致疑，本为学者态度，然若以一二疏漏而遽认为伪造，欲学者群束书不观，则未免太过耳。②

触发章氏激烈反弹古史辨的根本原因，在于意识到疑史学风乃步尘日本学界刮起，维护国史、国体和不禁严厉批判后学的言论遂一并应时而发，直把疑史看成破坏传统历史文化的行动，斥其遗害甚于秦皇焚书、满洲灭史——"害人更甚，厥祸尤烈。"他认为国内学者在日本学界影响下"信谬作真"，对本国历史"疑所不当疑"。国内疑古人士被他严厉斥责为不加深思的"妄人""浅人"，他们的治史方法也被斥为"数典忘祖"，疑古史学则被他判为"魔道"。其言曰：

> 日本人谓尧、舜、禹皆是儒家理想中人物，优自以其开化之迟，而疑中国三千年前已有文化如此。不知开化本有迟早，譬如草木之华，先后本不一时，但见秋菊之晚开，即不信江梅之早发，天下宁有此理？日本人复疑大禹治水之功，以为世间无此神圣之人。不知治河之功，明、清两代尚有之，本非一人之力所能办。大臣之下，固有官吏兵丁在，譬如汉高祖破灭项羽，又岂一身之力哉？此而可疑，何事不可疑？犹记明人笔乘，有丘为最高、渊为最深之言，然则孔、颜亦在可疑之列矣。当八国联军时，刚毅不信世有英、法诸国，今之不信尧、禹者，无乃刚毅之比乎？夫讲学而入于魔道，不如不讲。昔之讲阴阳五行，今乃有空谈之哲学、疑古之史学，皆魔道也。必须扫除此种魔道，而后可与言学。③

太炎之指责，无疑是针对白鸟库吉以来质疑中国古史传统的东洋史学家而发，继而讥讽国内疑史派之"愚妄"。在这里应省思的是，太炎既然在 1910 年滞日之际便闻得日本人否定尧舜禹的言论，然则，知道日本有此疑史思潮者不应只限于太炎一人。自明治日本维新的成功经验在甲午战争得到印证后，中国知识阶层在清末新政启动期间便争先恐后地前赴日本学习。太炎 1906 年演讲于日本东京，前来听讲的留学生便已逾三千，对顾颉刚疑古工作具启导之功的钱玄同就是其中一人。也许我们会有这样的一个疑问：1920 年代中期在中国兴起的疑史辨伪思想，是否有可能存在域外接触因素？

---

① 章太炎：《劝治史学并论史学利弊》，载马勇编《章太炎讲演集》，河北人民出版社 2004 年版，第 85 页。

② 章太炎：《劝治史学并论史学利弊》，载马勇编《章太炎讲演集》，河北人民出版社 2004 年版，第 88 页。

③ 章太炎：《历史之重要》，载马勇编《章太炎讲演集》，河北人民出版社 2004 年版，第 153 页。

太炎在过去公开评议日人疑史之举似是不多，只是不屑地将其诋为"浅薄幼稚，不值一喙"。究其原因，也许是白鸟库吉只是太炎口中的"东夷"而已，其相关言论只限于日本本土而没有在中国引起讨论。由此反映的是，从章太炎到适时亦留日的王国维、罗振玉等名震当世的知识精英，他们一方面对日本疑史言论不引以为忧，另一方面也不感到其中有多大值得讨论的学术价值。然而，当针对中国的疑古蔑史之风不由外人掀起，而是国内学者亲自引发时，前后的态度便遽然转变。譬如说，章、王二氏均采取了不同程度的抵制措施。王国维以较婉转（背后批评）① 和另辟新径（另写专书《古史新证》）② 的方式匡正之；章氏虽一度有重写中国通史之念，但表现出来的只有对疑史学派厉声严言的当头棒喝。

自毁城墙往往是城堡被毁的根本原因，故俗言有"堡垒最容易从内部攻破"者。疑古史学自弃国史的过程及其采取之法，太炎径视为内引外力以亡史灭国。在一个公开演讲场合中，他重申反对疑古的立场，并对此派大力挞伐：

> 今之考古者，事事疑之，是疑古矣；疑古未尝不可，但须有疑根……今之疑古者，无所根据，遽尔相疑，斯真疑而成疾矣。日本有疑尧、舜非真有其人，亦群而和之，不知日人开化，晏于中国。各国开化之有迟早，犹树木开花之有先后，若以为必待日本开化，方可开化，武断二千年前之事为不可有，望空生疑，抑何其可笑耶？又疑禹治洪水，九州之大，非一人可任，此尤可哂！……古学之不经者，虽动人于一时之风气，终不及于远，今之疑古者，害人更甚，厥祸尤烈！考其弊端，不究于史耳。是故吾辈不可不读史，而今日读史者，尤宜考其盛衰之迹，以见其政，用为国者鉴，盖读史固贵见其大也。③

直至他逝世前一年的讲学，仍对门生弟子耳提面命，着令他们不可无故怀疑经史。其言曰：

> 今有人不加思索，随他人之妄见推波助澜，沿流而不知返者，其愚更可哂也。日本开化隋唐间，至今目睹邻近之国，开化甚早，未免自惭形秽，于是不惜造作谰言，谓尧、舜、禹为中国人伪造。……国人信之，真可哂矣。
>
> 日本人疑禹治水为无其事，彼谓九州洪水，何能以一身治之？以此为口柄，真浅薄幼稚，不值一喙。夫禹之治水，合天下之力而己督率之耳。名山三百，支川三千，岂尽一己手足之力，孜孜而治之哉？自来纪载功绩，但举首领，不及其余。东汉治河，河堤使者王景独尸其功，明则河道总督潘季驯，清则河道总督靳辅，皆以治河著

① 八木幸太郎：《只有遗编照几头》，载陈平原、王枫编《追忆王国维》，中国广播电视出版社1997年版，第409页。

② 王国维欲以"二重证据法"——"地下之新材料"及"纸上之材料"纠正目下学界过分疑弃古书的学风。见氏著《古史新证》，《王国维全集》（11），浙江教育出版社、广东教育出版社2009年版，第241~282页。

③ 章太炎：《关于史学的演讲》，载马勇编《章太炎讲演集》，河北人民出版社2004年版，第174页。

称。此岂三人一手一足之力哉？亦集众人之功而总其成耳。非惟治河为然，其他各事，殆无不然。……日人不思此理，悍然断禹为伪造，其亦不明世务，而难免于大方之笑矣。因其疑禹，遂及尧、舜，吾国妄人，不加深思，震于异说，贸然从之。呜呼！国家未亡，而历史先亡，可哀也已。要知凡后人伪造之书，只能伪造虚文，不能伪造实事。……日人不愿居中国人后，不信尧、禹，尚无足怪。独怪神明之后，史籍昭彰，反弃置不信，自甘与开化落后之异族同侪，迷其本来，数典忘祖，信可哀已。……信谬作真，随日人之后，妄谈尧、禹之伪，不亦大可哀乎？此种疑古，余以为极不学可笑者，深望国人能矫正之也。①

上述之言一方面反映太炎甚为警惕日本疑古史者之深沉机心，另一方面也对国内疑史者依从异说深表遗憾；而对前者愈有戒惧之心，则对后者不辨弊害地"随他人之妄见"愈感愤懑。在他看来，古史材料缺乏，应待以存而不论的态度，而其所发明的学术意义本来不大，然由疑古思想形成的亡史结果，却是遗祸无穷。为扭转疑古态势，他毫不置疑大禹的历史真实性，更要推崇其神圣不可侵侮的地位。他在 1933 年为新筑之大禹庙写碑文时，对大禹之伟大功绩赞誉有加。

首先，他遍观众祀，自言大禹庙与孔林在民国建元以来始终"系在人心，不援国典以为重"，又称述大禹治水之功绩"自百王之功，未有如后者也"，故言其"庙祀当与中国为废兴，非一代创制殊号者所拟"。接下来，他笔锋一转，对时下源于日本的疑古风潮严言指斥：

> 东人以其国晚起，恶诸夏先进，则妄言治水为诬，犹清玄晔欲宰中国，则称岱宗为长白山支峰也。末学肤受，信为故然。然惟实事固不可夺。故营缮之事，复绍于今。②

太炎视复修大禹庙极具象征意义，证明大禹在中国人思想世界有其不可动摇的地位。又极言"苟中夏不灭，德广所及，恍于神州，百世莫得与比"。浙江一带士人有此识见而修缮之，甚得太炎赞赏；他同时劝告"僭拟者，宜视以为戒"。最后，他以铭文表达对大禹的至高崇敬：

> 大邦维崇，继父汩鸿。因败为善，声教远充。神无不之，享在閟宫。九鼎虽没，像设犹隆。后之德不可既，而土木之寿有终。肇域方扰，虽神所恫。缮兹飨堂，声蟹上通。使大江如般带，昆仑如蚁封。灵气覆露，与诸夏无穷。③

---

① 章太炎：《论经史实录不应无故怀疑》，载马勇编《章太炎讲演集》，河北人民出版社 2004 年版，第 225~227 页。

② 章太炎：《禹庙碑》，《章太炎全集》（5）《太炎文录续编》，上海人民出版社 1985 年版，第 201 页。

③ 章太炎：《禹庙碑》，《章太炎全集》（5）《太炎文录续编》，上海人民出版社 1985 年版，第 202 页。

承上，太炎无疑是一面倒地以大禹为无可置疑的历史存在，并肯定古史的真实无伪。他不但坚信，还透过古人手泽考证古之天子居住环境，指出古圣王本是纯朴的，他们乃以山林为居所："综考古之帝都，则颛顼所居曰帝丘，虞舜所居曰蒲阪，夏禹所居曰嵩山。"① 是以见出古今帝王观念、社会观念之转变。如此，透过誉为"国粹"的文字考证，大禹乃至虞舜都有其真实存在的必然性；而从今之器物发展源流角度，也同样可以反证古代史的绵长和古圣王的时代特质。故于其手上，文字遗痕、器物之特性或其出土之先后，均能用作古代历史发展之实证：

> 又诸言社会学者皆云：太古石器，其次骨器，其次铜器，其次铁器。吾常求域中书，肃慎氏则有楛矢石砮矣。《释器》曰：金族剪羽谓之锹，骨族不剪羽谓之志矣。《越绝书》曰"轩辕、神农、赫胥之时，以石为兵；黄帝之时，以玉为兵；禹之时，以铜为兵；当今之时，作铁兵"矣。其言盖几密合，亦诚任信之也。伏枕仰宇察之，而得其谬数事。太古之民，非若匈奴、西羌也。匈奴、西羌虽畜牧，无冶铸，得因商贾，市诸中国、西域，故匈奴有剑，而西羌负铁铠。民之初生，东海、西海侗愚相若也，固无所购矣。百工始作，莫如陶，垆土所在而有，烧治又易，不陶则炉捶不成，无以镕铸，故有陶然后有冶。不冶则耒耜不成，无以发土，神农之时，既有耕稼，必不以白捃朽株划地，则宜有金岐头，故有冶然后有耕。事业可叙者如此。石砮之用，古者主以肃慎，今辽东徼外犹时有得之者。②

然而，太炎还是不愿意在古史考证方面用力过多。在他眼中，古史史料缺乏，今人无须过于研证，对某些地方抱以"存而不论"的态度便已足够。这种信念导致其对当世学风每致不满，故早在1924年便批评时人"详远古而略近代"的治学风气说：

> 夫羲、农以上，事不可知，若言燧人治火，有巢居槽，存而不论可也。《尚书》上起唐虞，下讫周世。然言其世次疏阔，年月较略，或不可以质言。是故孔子序《甘誓》以为启事，墨子说《甘誓》以为禹事，伏生太史公说《金縢》风雷之变为周公薨后事，郑康成说此为周公居东事，如此之类，虽闭门思之十年，犹不能决也。降及春秋，世次年月，始克彰著。而迁固以下因之，虽有异说，必不容绝经如此矣。好其多异说者，而恶其少异说者，是所谓好画鬼魅，恶图犬马也。③

相比于章氏，王国维较偏向于从学术求真、求知角度评论顾氏疑史辨伪工作得失，提

---

① 章太炎：《官制索隐》，《章太炎全集》（4）《太炎文录初编》，上海人民出版社1985年版，第90页。

② 章太炎：《信史下》，《章太炎全集》（4）《太炎文录初编》，上海人民出版社1985年版，第67页。

③ 章太炎：《救学弊论》，《章太炎全集》（5）《太炎文录续编》，上海人民出版社1985年版，第103页。

出"与其打倒甚么，不如建立甚么"的观点①。故其人在看待古史辨问题时纯从学者求是之视角出发，并不涉及民族情感或政治批判。章氏恰与之相反，强烈的民族思想使其从国家政治层面解读古史辨兴起意涵，并把国人打破中国古史体系理解为抹杀古史——抹杀古史就是无异于自灭本国文化。关于章氏此一学思特质，吕思勉在距今半个世纪前论述太炎史学观点时已然注意。不过，他并不接受章氏把抹杀中国古代历史等同于抹杀中国古代文化的论调②。

章太炎此一历史文化观的终极关怀，归根究底还在于"民族"的存在问题或如何延续民族文化的独特性问题，直接反映的就是其民族认同的历史意识。太炎认为：疑史就是抹杀文化，而抹杀文化实质上就是抹杀民族，因为文化之于民族犹如灵魂之于人身；民族无文化就如人身之无灵魂，人无灵魂则如行尸走肉般毫无生命意识，民族的灵魂就在于她的文化，而民族文化之所寄就在于其昔日发展史，此历史是独一无二的，构成民族的独特性——种性，民族丧失种性，势将任由侵略者宰割和长久奴役。他认识到侵略国意欲彻底亡灭别国时，必要亡灭其种性不可，而在灭种性之先，则必先灭其国固有的传统历史文化之学；而国学之核心其实就在于一国之历史，是国粹之所在③，它正是"国于天地，必有与立"的凭借所在④。在他看来，一国之史被灭，则其民不知所由出，民族认同感既失，也就成为没有种性的亡国奴。故有言曰："欲绝其种性，必先废其国学，是乃所危心疾首、瘝瘝反侧以求之者也。"⑤ 于此思想框架下，自然使得章氏在古史辨运动浸然成风时，一再强调不可抹杀古史的观点。

顾颉刚后白鸟库吉十多年提出的众多疑古蔑史观念，如认为禹是伪造的神话人物而非历史实有之论，又如把尧、舜、禹分作天、地、人三材之代表，这种种言论就如前文所说的，章太炎在1910年写给罗振玉的信中就已一一予以否定。然而，此一时，彼一时，他当下批判的对象已不再是明治时期的东洋史学家。疑古运动不再是日本人站在日本的国家立场、时代背景批判中国的古代历史，乃是国中一股新兴学术力量在中国学术场域追随日本学风而自我扬弃民族历史文化。从太炎的角度来看，时人在毫不察觉日人治学动机与政治意图情形下沿袭他们的思想观念，有关工作无疑触发其空前毁史亡国危机感。

然而，让我们感到纳闷的是，为何太炎在1924年开始直至逝世前十数年间，连番批判古史辨运动的激烈言论一直没有受到当时学界的注意和重视？不但是疑古派的胡适、顾颉刚、钱玄同没有任何公开响应，就是太炎的其他门生后学也没有对师说或支持或反对的反响。凡此种种，都给我们留下不少想象空间——可能与时人不易接受日本因素这点指控有关，也可能是时人怯于太炎特立独行的傲世性格而不欲置喙。太炎脾气的古怪或"不

① 顾潮：《顾颉刚年谱》，中国社会科学出版社1993年版，第139页。
② 《从章太炎说到康长素梁任公》，《吕思勉论学丛稿》，上海古籍出版社2006年版，第403页。
③ 章太炎：《东京留学生欢迎会演辞》（1906年7月15日演讲；同年7月25日首刊于《民报》），载汤志钧编《章太炎政论选集》（上），中华书局1977年版，第276页。
④ 章氏国学讲习会发起人《国学讲习会序》，章太炎主编《民报》第7号。
⑤ 章太炎：《清美同盟之利病》，载汤志钧编《章太炎政论选集》（上），中华书局1977年版，第475页。

好"已是时人对他的基本认识①，而他被称为"章疯子"也是时人和后人对他的基本印象。不过，这些都是猜想，都有可能性，我们有必要在后文予以厘清。

进言之，追寻古史辨思想源起的学术研究课题，我们还需有更为严肃的问题亟待解决：如果这场运动缘起果如章太炎所说的抄袭自日本汉学家观点或成说，从而在中国大行其道，则我们有必要超越一切主观情感，以客观的求真求是精神重新检视这场影响极为深远的学术运动的兴起动机与目的，这对将来进一步重估其历史文化意义有一定帮助。毕竟，古史辨运动对中国文化传统、历史观乃至现代学术史的形成都构成巨大影响力，甚至仍然影响着今人的古史观或认知心态。总之，我们有必要在章太炎视角下重新审视这场运动的来龙去脉，进而验证太炎言论之虚实。

二、文本比较：顾颉刚与日本学者的疑古辨伪

（一）顾颉刚的文本

众所周知，1920 年代中期发生于中国学界的"古史辨"思潮，是顾颉刚在胡适的鼓励和帮助下发起的。他们质疑古史的念头萌发于 1920 年 12 月中旬。顾氏在一封给胡适的信中，首次提出改造中国历史的构想：

> 中国号称有四千年（有的说五千年）的历史，大家从《纲鉴》上得来的知识，一闭目就有一个完备的三皇五帝的统系，三皇五帝又各有各的事实，这里边真不知藏垢纳污到怎样！若能仔细的同他考一考，教他们涣然消释这个观念，从四千年的历史跌到二千年的历史，这真是一大改造呢！②

上引信函反映顾氏在当时有了"改造"古史的初步概念，胡适则在获信后鼓励他把中国信史定限在东周以来的三千年内。换言之，此前的古史皆被判为茫昧无稽，甚至夏、商以前之文献皆不足征信。至 1921 年，顾氏在一封致友人王伯祥的信中明确指出中国上古史出于伪造，不可信，并按胡适的建议径把古史缩短至东周始。他这样写道：

> 照我们现在的观察，东周以上只好说无史。现在所谓很灿烂的古史，所谓很有荣誉的四千年的历史，自三皇以至夏、商，整整齐齐的统系和年岁，精密的考来，都是伪书的结晶。③

---

① 戴家祥《致蒋秉南书》记述了关于梁启超建议延聘太炎到清华国学研究院以接王国维任教之事。陈寅恪说："有人不同意。太炎不像静安先生，脾气不好，人家有点怕他。"卞僧慧纂《陈寅恪先生年谱长编》，中华书局 2010 年版，第 103 页。关于太炎性格之刚烈甚至古怪，在很多太炎研究的著述中已有提及，本文不一一赘述。

② 顾颉刚：《告拟作〈伪书考〉跋文书》（1920 年 12 月 15 日），《古史辨》第 1 册上编，上海古籍出版社 1982 年版，第 13~14 页。

③ 顾颉刚：《自述整理中国历史意见书》（1921 年 6 月 9 日），《古史辨》第 1 册上编，上海古籍出版社 1982 年版，第 35 页。

顾氏缩短中国古史的理据,源于中国古史构成基于古书记述的认识,一旦以古书记述事迹为伪造,则伪事不足以作为历史材料说明历史时间之长短或久远。他相信,只要辨清中国史书、文献是伪造,那么"伪书上的事实自是全伪";同时,"只要把书的伪迹考定,便使根据了伪书而成立的历史也全部失其立足之点"①。就这样,顾氏只需要用他所说的"科学"疑古方法证明中国古书多为伪书,则古史问题之结穴便能一一迎刃而解,落实东周以前没信史的历史新见解。

顾颉刚"辨伪书"之余,更要"辨伪事"。这一双管齐下的"科学"考辨方法据其自称得益于钱玄同。顾氏曾致信请教钱氏谓:"我有一个疑问:我们的辨伪,还是专在'伪书'上呢,还是并及于'伪事'呢?"② 钱氏答曰:"我以为二者宜兼及之,而且辨'伪事'比辨'伪书'尤为重要。"③ 从顾氏之自言所见,他在胡适和钱玄同的启导声援下,疑古辨伪思想渐趋成熟。

归纳以言,怀疑古史真伪虽在 1921 年前后的一两个月内徘徊于顾氏(适时正任职北京大学图书馆编目员)的思想世界,但具体学术方法、大概方向等则仍欠交代,十分不明朗。怀疑古史,在中国的学术传统上不乏先例,胡、顾师徒所推崇的清中叶学者崔述便是怀疑古史、考辨伪书的出类拔萃者,而盛清以来之乾嘉考证学家在疑其所当疑的前提下亦抱持怀疑的态度治学。事实上,顾氏便一再着意把自己的古史辨思想看作为承接中国由来已久的疑古传统,他曾在不同场合或文章强调类似一种观念:"以考证方式发现新事实,推倒伪史书,自宋到清不断地在工作,《古史辨》只是承接其流而已。"④ 因此,我们不能否认顾氏疑古思想中确实存在的中国自身传统因素。但是,这不妨碍我们进一步追寻有关思想架构、观念阐明的方法等可能存在的其他域外因素。也许可以这样说,一套思想的形成,往往是由众多观念或其他思想因素相互交错、相互转相启发形成的。退一步言之,顾氏之疑古史学如果只是一元地承继自乾嘉考证学,则其如何向疑所不当疑的轨辙亦是值得我们进而探寻的。

无可否认,崔述的疑古是启发日本东洋史学家重检中国古史真实的重要思想来源之一。从后文所见,他的疑古言论为内藤湖南辨析伪书的工作提供了大量实证。然而,日本学者更在崔述辨伪观念上建构了一套的独特学术方法与思想脉络。这一学术方法犹如胡、顾师徒常言的"科学的古史观",这史观包括崔述在内的疑古者所不曾明言者。要之,日本学者既有崔述的疑古思想,同时也找到了一套新的治史方法。如白鸟库吉等于 1887 年便已接触到兰克学派的"科学史观",在这种新史观新方法的影响下而推出他著名的"尧舜禹抹杀论"。

---

① 顾颉刚:《自述整理中国历史意见书》(1921 年 6 月 9 日),《古史辨》第 1 册上编,上海古籍出版社 1982 年版,第 35 页。

② 顾颉刚:《论〈辨伪丛刊〉分编分集书》(1921 年 1 月 21 日),《古史辨》第 1 册上编,上海古籍出版社 1982 年版,第 23 页。

③ 钱玄同:《论近人辨伪见解书》(1921 年 1 月 27 日),《古史辨》第 1 册上编,上海古籍出版社 1982 年版,第 24 页。

④ 顾颉刚:《我是怎样编写〈古史辨〉的?》,《古史辨》第 1 册上编,上海古籍出版社 1982 年版,第 29 页。

值得一提的是，日本学者如那珂通世（1851—1908）、白鸟库吉、桑原陟藏等接触兰克史学比傅斯年、姚从吾等起码早逾三十多年①，白鸟留学德国柏林（1901 年）比傅斯年（1923 年）早逾二十二年，而白鸟等人运用科学史观批判中国古史真伪也比胡、顾师徒早逾十二年。在这里，我们不可不提到的是，王汎森调查了台湾"中研院历史语言研究所"的傅斯年档案，发现傅氏的藏书中没有任何兰克的书，只有一本他从德国带来的兰克再传弟子伯伦汉（Ernest Bernheim，1850—1942）的《史学方法论》，扉页写有"一九三七年重装"的字样②。此外，王汎森于博士论文改写而成的傅斯年研究英文专著指出，傅氏一生只有一次提及兰克的名字，那就是写于 1943 年而发表于 1945 年的《"史料与史学"发刊辞》。德国汉学家施耐德（AxelSchneider）亦力排众议，认为"称傅斯年的史学乃中国式的兰克史学是错误的"③。汪荣祖则更加指出，兰克的著作"几乎完全没有中译本，故极少人得读他的原书原文"④。至于中国最热切宣扬兰克史学的史家，当数曾留学德国的姚从吾与张致远（贵永），但他们都是在 1934 年才回国讲论兰克史学的。因此，胡适、顾颉刚挂在嘴边的"科学的历史"的治史方法是怎样形成的，有关概念是如何被接收过来的呢？今天，我们都不否认古史辨派是中国史学研究史上率先声称运用科学史观及科学方法治史的学术阵营，但他们的崭新观念的来源与发生史在顾氏的大量自叙文字中是语焉不详的。要之，兰克史学在中国的发生史以及影响史，这些本身就是我们在研究中国现代学术思想史时很值得继续追踪的问题。

按顾氏本人的 1926 年自述，他称自己的古史观其实早在 1922 年便逐渐成型，是时他正准备起草《最早的上古史传说》一文，从禹的身世地位出发，对禹与尧、舜的真实性辨伪，并提出影响深远的疑古辨伪设想：

> 在我的意想中觉得禹是西周时就有的，尧、舜是到春秋末年才起来的。越是起得后，越是排在前面。等到有了伏羲、神农之后，尧、舜又成了晚辈，更不必说禹了。我就建立了一个假设：古史是层累地造成的，发生的次序和排列的系统恰是一个反背。⑤

① 白鸟库吉的科学疑古观正是师承德国兰克学派（Ranke）学者里斯（Ludwig Riess，1861—1928）。里斯在 1887—1902 年执教于东京帝国大学史学科，白鸟氏就是 1887 年入读东京帝大而受业于里斯门下的第一批学生，继承了兰克史学的科学批判方法，重视对历史材料的挖掘和客观研究。参阅李圭之《近代日本的东洋概念——以中国与欧美为经纬》，台湾大学政治学系中国大陆暨两岸关系教学与研究中心 2008 年，第 25 页。
② 王汎森、杜正胜编：《傅斯年文物资料选辑》，傅斯年先生百龄纪念筹备会 1995 年，第 51 页。
③ 认为傅斯年的史学为中国式兰克史学的学者有 Moller、张致远、许冠三、周朝民、孙同勋等，见施耐德（Axel Schneider）著，关山、李貌华译，《真理与历史——傅斯年、陈寅恪的史学思想与民族认同》，社会科学文献出版社 2008 年版，第 169 页。
④ 汪荣祖：《史学九章》，三联书店 2006 年版，第 23 页。有论者则更就兰克史学中译本问题进一步追查，指出兰克五十四部著作中的《历史上的各个时代》一书，其中译本直至 2010 年才由北京大学出版社出版。见王震邦《独立与自由——陈寅恪论学》，联经出版事业股份有限公司 2011 年版，第 70 页。
⑤ 顾颉刚：《自序》，《古史辨》第 1 册，上海古籍出版社 1982 年版，第 52 页。

"层累地造成"一语，后来成为顾氏古史观的重要观点和指导思想，也成为他解构古史的学术方法，更使他凭此观念便如乃师般三十岁便名震当世。这句话成为顾氏最重要的学术创见，也成为往后人所皆知的名言；而"层累地造成的中国古史观"从此便成其史学思想陈述语，深受后人推崇："顾颉刚先生提出的'层累地造成的中国古史'观，是科学地审查中国古代传说的理论武器。"① "层累地造成的中国古史"观不仅具有创造性的学术价值，而且具有反封建的社会意义。"② 我们可以说，无论古史辨运动在后来如何成果丰硕，但其基石、方法、理论等等都建于这句话上，它已成为古史辨运动得以兴起的"思想资源"所自，也是用以发展运动的"概念工具"所在。

不过，上述引文乃顾氏在 1926 年的追忆文字。他实际上并没有在 1922 年把"层累地造成的"构想写下，也没有跟任何人提起这一"发现"。故顾氏的古史辨观念的确立，严格来说不能推前至 1922 年的。至于他未能撰写的原因，按其解释是这样的：

> 我立了这个假设而尚未作文的时候，我的祖母去世了。心中既极悲痛，办理丧事又甚烦忙，逼发了失眠的旧病，把半年的光阴白白地丢掉。③

惟待至 1923 年，才有正式文献让人窥见顾氏的古史辨构想。1923 年 5 月 6 日《读书杂志》刊登了他写给钱玄同商讨古史的信函，名为《与钱玄同先生论古史书》。这篇信函可说是他正式公开陈明辨伪心得与想法的文字，使"古史是层累地造成的"观点得到系统化陈述：

> 我很想做一篇《层累地造成的中国古史》，把传说中的古史的经历详细一说。这有三个意思。第一，可以说明"时代愈后，传说的古史期愈长"。如这封信里说的，周代人心目中最古的人是禹，到孔子时有尧、舜，到战国时有黄帝、神农，到秦有三皇，到汉以后有盘古等。第二，可以说明"时代愈后，传说中的中心人物愈放愈大"。如舜，在孔子时只是一个"无为而治"的圣君，到《尧典》就成了一个"家齐而后国治"的圣人，到孟子时就成了一个孝子的模范了。第三，我们在这上，即不能知道某一件事的真确的状况，但可以知道某一件事在传说中的最早的状况。我们即不能知道东周时的东周史，也至少能知道战国时的东周史；我们即不能知道夏商时的夏商史，也至少能知道东周时的夏商史。④

他与钱氏的往返信函发表于报刊上，引起一些学者的注意，商榷信函随后见于报刊，借顾氏晚年自述就是：

---

① 顾洪：《探求治学方法的心路和历程》，《我与古史辨》，上海文艺出版社 2001 年版，第 1 页。
② 顾洪：《探求治学方法的心路和历程》，《我与古史辨》，上海文艺出版社 2001 年版，第 1 页。
③ 顾颉刚：《自序》，《古史辨》第 1 册，上海古籍出版社 1982 年版，第 52 页。
④ 顾颉刚：《与钱玄同先生论古史书》，《古史辨》第 1 册中编，上海古籍出版社 1982 年版，第 60 页。

　　哪里想到，这半封题为《与钱玄同先生论古史书》的信一发表，竟成了轰炸中国古史的一个原子弹。连我自己也想不到竟收着了这样巨大的战果，各方面读些古书的人都受到了这个问题的刺激。因为在中国人的头脑里向来受着"自从盘古开天地，三皇五帝到于今"的定型的教育，忽然听到没有盘古，也没有三皇五帝，于是大家不禁哗然起来。多数人骂我，少数人赞成我。许多人照着传统的想法，说我着了魔，竟敢把一座圣庙一下子一拳打成一堆泥!①

　　不难想象，顾氏的辨伪工作给中国的知识阶层带来的巨大冲击，他的"发现"与国内部分学者的历史认知产生了巨大的距离，故很难为一般学者所接受。相近之言，顾氏在1926年写《自序》时也有提及，指出过去两年发表的古史考辨文字为自己带来毁誉参半的结果：

　　　　我自在《读书杂志》中发表了推翻相传的古史系统的文字之后，一时奖誉我的人称我"烛照千载之前，发前人之所未发"；反对我的人便骂我"想入非非，任情臆造"，对我怀疑的人也就笑我抨击古人只不过为的趋时成名。也有爱我的前辈胅挚地劝告道："你是一个很谨厚的人，何苦跟随了胡适之、钱玄同们，做这种不值得做的事情!"②

　　不过，这些批评在顾氏看来终究有其意义。自他计划把信件公诸报刊起，便有意等待第二者、第三者的响应，甚至引起广大读者群注意后能够造成风潮。

　　我们也许可以这样说，刊登大量来往信函的计划得以成功实现，是预先早作筹谋之自然结果。又如他的期望或计划所言："很想借此逼上一逼，就把讨论古史的一段文字钞出寄去。"③ 这不禁让人想起钱玄同与刘半农在此数年前为了打破沉闷气氛、引起时人对白话文的讨论，透过"双簧信"的手段向时人"逼上一逼"的手法，两者有异曲同工之妙。顾氏又说：

　　　　我很希望先生（按：指钱玄同）把辨伪的见解多多在《努力》上发表。《努力》销路很好，可以造成风气。

　　　　我们说起了辨伪已有三年了，却没有甚么成绩出来，这大原故由于没有甚么发表，可以引起外界的辨论，和自己的勉励。如能由我这一封信做一个开头，继续的讨论下去，引起读者的注意，则以后的三年比过去的三年成绩好了。④

　　职是之故，当刘锬藜、胡堇人二氏致信商榷时，顾氏兴奋地在报刊上说："我很高兴

————————————

　　①　顾颉刚：《与钱玄同先生论古史书》，《古史辨》第 1 册中编，上海古籍出版社 1982 年版，第 60页。

　　②　顾颉刚：《自序》，《古史辨》第 1 册，上海古籍出版社 1982 年版，第 3~4 页。

　　③　顾颉刚：《自序》，《古史辨》第 1 册，上海古籍出版社 1982 年版，第 45 页。

　　④　顾潮：《顾颉刚年谱》（1923 年 4 月 28 日），中国社会科学出版社 1993 年版，第 86 页。

地收受；我觉得这是给与我修正自己思想和增进自己学问的一个好机会。"①

古史辨思潮随着上述所见的相互来往论辩过程中逐渐形成，在 1926 年开始成为一场具学术影响力的运动。这可谓正好符合了顾氏和他的师辈胡适、钱玄同等人造成风潮的期盼，而我们也可以从这里再认识到顾氏在当时初涉学界而急于立业成名心态的一斑。②

究理顾氏欲彻底推翻中国古史系统的文字，随手拈来者即有下述数例：

> 时代越后，知道的古史越前；文籍越无征，知道的古史越多。③
>
> 中国的古史全是一篇胡涂账，二千余年来随口编造，其中不知有多少罅漏，可以看得出牠是假造的。但经过了二千余年的编造，能殼成立一个系统……④
>
> 上古史方面怎样办呢？三皇五帝的系统当然是推翻的了。⑤
>
> 这是一个大问题，它的事实在二三千年以前，又经了二三千年来的乱说和伪造。⑥

作为新文化运动反传统的旗手和疑古思潮催生者的钱玄同与胡适，他们高度肯定顾氏的古史辨伪工作，纷纷给予极高评价。古史辨运动在 1920 年代中期兴起，在当时的学术文化氛围里有其特别意义，它基本是整理国故运动乃至新文化运动反传统历史文化思想的深化表现和实践所在，彼此内在思想脉络有一脉相承之处。顾氏蔑古轻史，对于胡适、钱玄同二氏掀起的新文化运动或胡适鼓吹的整理国故运动而言，自能在内容方面起到深化和扩展的作用；疑古运动也可以被看作是这两种学术氛围下出现的产物。换言之，新文化圈子的代表人物也乐见这场运动能够普及化和形成风潮，而他们的参与和支持对古史辨运动同样甚有意义，有助于引起时人注意和扩散风气。就在这场运动方兴未艾之际，顾氏强调了胡适、钱玄同二氏在古史辨运动形成过程中所扮演的重要位置，而这一点也正是中晚年的顾颉刚所竭力否认的：

> 我的《古史辨》的指导思想，从远的来说就是起源于郑、姚、崔三人的思想，从近的来说则是受了胡适、钱玄同二人的启发和帮助。⑦

胡钱二氏也不曾让顾氏失望，他们成为古史辨运动得以兴起的重要推手和辩护人。当顾氏与论争者辩驳得难分难解时，二氏乐意加入论战。胡适在《古史讨论的读后感》文

---

① 顾潮：《顾颉刚年谱》（1923 年 4 月 28 日），中国社会科学出版社 1993 年版，第 55 页。

② 关于顾氏急欲成名的期盼，见后文的相关讨论。

③ 顾颉刚：《与钱玄同先生论古史书》，《古史辨》第 1 册中编，上海古籍出版社 1982 年版，第 65 页。

④ 顾颉刚：《启事三则》，《古史辨》第 1 册中编，上海古籍出版社 1982 年版，第 187 页。

⑤ 顾颉刚：《自序》，《古史辨》第 1 册，上海古籍出版社 1982 年版，第 51 页。

⑥ 顾颉刚：《自序》，《古史辨》第 1 册，上海古籍出版社 1982 年版，第 2 页。

⑦ 顾颉刚：《我是怎样编写〈古史辨〉的?》，《古史辨》第 1 册，上海古籍出版社 1982 年版，第 12 页。

末甚至毫不顾忌地指出："内中颇有偏袒顾先生的嫌疑，我也不用讳饰了。"①

要之，胡钱二氏维护古史辨运动的立场都是十分鲜明的。钱玄同如此称赞顾氏的辨伪成绩：

> 先生所说"层累地造成的中国古史"这个意见，真是精当绝伦。举尧、舜、禹、稷及三皇五帝，三代相承的传说为证，我看了之后，惟有欢喜赞叹，希望先生用这方法，常常考查，多多发明，廓清云雾，斩尽葛藤，使后来学子不致再被一切伪史所蒙。②

胡适则说：

> 顾先生的"层累地造成的古史"的见解真是今日史学界的一大贡献，我们应该虚心地仔细研究他，虚心地试验他，不应该叫我们的成见阻碍这个重要观念的承受。③
>
> 颉刚的"层累地造成的中国古史"一个中心学说已替中国史学界开了一个新纪元了。中国的古史是逐渐地层累地堆砌起来的，"譬如积薪，后来居上"这是决无可讳的事实。……颉刚现在拿了一把更大的斧头，胆子更大了，一劈直劈到禹，把禹以前的古帝王（连尧带舜）都送上了封神台上去！连禹和后稷都不免发生问题了。④

可以看出，胡适是处处引之以为傲的。他的热情赞许和欣然为之推波助澜，是有多方面因素的。一方面，除了古史辨运动的源起与他本人密不可分外，更与他在1919年下半年发动的整理国故运动有一脉相承关系。1920年的顾颉刚，他那包括古史辨在内的连串古籍文献考究工作，其实就是在整理国故。1923年，郑振铎主编的《小说月报》开辟"整理国故与新文学运动"专栏，顾氏即以《我们对于国故应取的态度》响应，透过学术演讲场合宣扬整理国故运动的主张，强调为学术研究而研究的求知价值观。⑤反映了古史辨运动与整理国故运动是合流的，前者甚至是后者组成内容之一。

在钱胡二氏一片赞赏和肯定声中，使人觉得像他们这样熟知日本汉学研究的学者，似乎也未曾注意到日本汉学界于1909年展开的中国上古史论争。他们对学生辈发起的这场运动，究竟与日本学界质疑中国古史的做法有哪些异同，竟没有半点提及。如果我们认同明治维新以来日本在各方面对中国构成巨大影响的话，走在思想界前沿和占据学术中心位置的新潮人物，对邻邦学术信息该不会完全陌生的；更何况钱胡二氏与日本学界关系匪浅。譬如钱玄同曾于1906—1910年留学日本早稻田大学师范科，而胡适也与日本汉学家

---

① 胡适：《古史讨论的读后感》，《古史辨》第1册中编，上海古籍出版社1982年版，第198页。

② 钱玄同：《答顾颉刚先生书》（1923年6月10日发表于《读书杂志》第10期），《古史辨》第1册中编，上海古籍出版社1982年版，第67页。

③ 胡适：《古史讨论的读后感》，《古史辨》第1册中编，上海古籍出版社1982年版，第191页。

④ 胡适：《介绍几部新出的史学书》，《古史辨》第2册下编，上海古籍出版社1982年版，第338页。

⑤ 顾潮：《顾颉刚年谱》，中国社会科学出版社1993年版，第75、97页。

交情甚笃。然而，二氏前既无识于日本之疑古思想，后也没注意到中国疑古运动与日本的关系。不只如此，他们对国内的学术信息似乎也不太关注。

譬如章太炎于古史辨初兴之际所发出的连声批判和"抄袭"指控，在当时并没有引起胡、钱、顾诸人的注意，这确让人费解。更有趣的还在于章氏批判古史辨时，顾氏并没有任何回应，反而宣称章氏批判今文经学家的言论成为启发他疑古思想的来源之一①。我们很难相信，处身学术中心的顾氏会信息闭塞得竟然对太炎针对自己的批判懵然不知。准此，这种不正视、不回应的态度再同时加上公开表示太炎影响因素的心态，个中很耐人寻味。

（二）日本汉学家的文本

1. 白鸟库吉

白鸟氏在 1909 年公开其质疑尧、舜、禹历史存在真实性的言论，认为他们只是中国人的理想性哲学构想的观念存在，代表了孔孟祖述和尊崇的完美人格："尧之至公至明、舜之孝顺笃敬、禹之勤勉力行，即古代中国人对王者之所望，实儒教之理想。"② 三王传说一方面渗入了"天""地""人"的思想；在另一方面《舜典》《甘誓》乃至《易经》中的三才之道与理想也因为三王神圣人格典范之树立而有实体反映。在双方面相互配合下，儒教精神生命因此建立，后人也就不再怀疑三王的历史真实问题。

在下面的论述中，可见白鸟"抹杀"尧、舜、禹真实存在的言论、视之为虚有的概念，不少都再现于顾氏的论述中。

顾氏相信尧、舜、禹是战国时期造伪史家刻意构造的，他们本来的虚构身份在中国古代历史场景中被安顿下来，变成真实不虚的历史人物。其言曰：

> 他们觉得尧、舜、禹都是冥漠中独立的个人，非各装在一个着实的地方不足以使得他们的地位巩固，于是这些假人经由伪史家的作合，就招赘到几个真国度里做主人了！这确是很有效力的事。试看蚩尤、共工之类，当时的传说何尝不盛，只是没有经过伪史家的安顿，至今在古史中永是浮沉不定，随人转移，比了尧、舜、禹，相去何啻天渊，这可见没有占到地盘的苦处了！③

还有，顾氏认为尧、舜的事迹是建立在禹的"真实性"构造之上，他们本来与治水毫无关系，但因为禹是他们的臣子而不得不与治水发生关系。理由是尧推举了舜，舜推举了禹，最终成就治水这件事，尧、舜因为知人善任而间接获得治水功勋。故治水之事变成"他们三人合作的成绩"④。顾氏进一步说明的是，如果证明禹是神话中的人物——甚或

---

① 顾颉刚：《自序》，《古史辨》第 1 册，上海古籍出版社 1982 年版，第 80 页。

② 白鸟库吉：《中国古传说之研究》，《日本学者研究中国史论著选译》（1），中华书局 1992 年版，第 7 页。

③ 顾颉刚：《讨论古史答刘胡二先生》，《古史辨》第 1 册中编，上海古籍出版社 1982 年版，第 118 页。

④ 顾颉刚：《讨论古史答刘胡二先生》，《古史辨》第 1 册中编，上海古籍出版社 1982 年版，第 129 页。

只是鼎上的一条虫、蜥蜴①，那么，建立在禹的真实性基础之上的尧、舜，其真伪问题也就不攻自破了。

正如上述提及的，白鸟氏认为尧、舜、禹是儒教虚构的，是"道德理想的人格化"的具体表现，在"天""地""人"三才思想框架下各各成为一方人格典范。他相信，作者本有"三才"观念，故三王乃以"并立"形式出现于历史，三者间实际上并不构成皇位承继的关系。白鸟此论调不但质疑了三王的历史存在，也连带把儒家"禅让"的理想政体和人格美德一并抹杀掉。他是这样说的：

> 加之尧之事业主要关乎天文，舜之事业涉及人事，禹之事业则限于土地……吾人不得不疑尧、舜、禹三王之历史存在。尧主司天事，司人事者为舜，而彼之德为孝，并不为奇。孝乃百行之本，为中国人道德之基本。不难推知，彼等以舜为其道德理想之人格化。禹之事业与土地有关，已如上述。若然，尧、舜、禹三王传说之作者，应是心中先有自太古即存在之天地人三才说，始构成此传说。易言之，尧、舜、禹之三传说，实非一相继（successive）之事，乃一并立（coexistent）之事。因作者眼中存有三才说，故传说整体有不自然及人为之统一。②

白鸟称禹之事业只限于治水一宗，这与土地相关，至于禹治水的详细地域，则主要见于《尚书·禹贡》，其开篇即云："禹敷土，随山刊木，奠高山大川。"③ 顾氏持见与白鸟同，更加总结出大禹具备"地王"之观点：

> 商周间，南方的新民族有平水土的需要，酝酿为禹的神话。这个神话的中心点在越（会稽）；越人奉禹为祖先。自越传至群舒（涂山）；自群舒传至楚；自楚传至中原。流播的地域既广，遂看得禹的平水土是极普遍的；进而至于说土地是禹铺填的，山川是禹陈列的，对于禹有了一个"地王"的观念。④

大禹的事业在于治平水土，此乃为千百年来中国史家之共见，但少有从天、地、人三才之概念分述禹之事业。顾氏倏然提出禹是"地王"之概念，这一历史见解恐怕很难说是无本之木或无源之水。

白鸟氏发现《尚书》有意识地按天、地、人的儒学概念划分尧、舜、禹的事业。但认为这种截然区划三王事迹的做法颇不自然，故而质疑《尚书》史事记述之真伪问题。他进一步要连带说明的是：不但舜之孝道不可信，禹之治水事业同样也是不可信——因为大禹无可能以一人之力治水：

---

① 顾颉刚：《与钱玄同先生论古史书》，《古史辨》第1册中编，上海古籍出版社1982年版，第63页。

② 白鸟库吉：《中国古传说之研究》，《日本学者研究中国史论著选译》（1），中华书局1992年版，第4~5页。

③ 《尚书正义》卷六，十三经注疏本，中华书局1980年影印，第146页上。

④ 顾颉刚：《讨论古史答刘胡二先生》，《古史辨》第1册中编，上海古籍出版社1982年版，第127页。

据法国东洋学者伯希和及荷兰东洋学者等所言，中国之河川，合黄河、长江、汉江，全长一千五百里。加之其他河水，不知又再延几千里。若诸水同时泛滥，禹以十三年之功亦不可能塞之。万里长城延伸四百五十许里，然并非秦始皇一代之经营。从此亦可推知禹单独治水之不可能。①

顾氏也认为大禹治水之不可信，并有很相近于上述的论调：

《广雅》说，"夏禹所治四海内地，东西二万八千里，南北三万六千里"（此本《山海经》）。我们就算他单走这两条直线，八年之中一天已经要走十八里半；何况人类不能走鸟道，他又不是单单定一个四至，一定要盘互萦回，绕山转水，每天岂不要走几百里路！这个样子，除非说他专在路上飞跑，总觉说不过去。但飞跑了，试问"高高下下，疏川导滞，钟水丰物，封崇九山，决汨九川，陂鄣九泽，丰殖九薮，汨越九原，宅居九隩，合通四海"（《周语下》）等大功绩又如何做法呢？就说全国的人民全来工作，他只是监工，试问他一个人到各处查勘一周已经要费多少日子？何况《皋陶谟》明说他"予乘四载，随山刊木……予决九川，距四海，浚畎浍，距川"，而益稷的帮助只在"奏庶鲜食"，试问在我们的理性上能说他是一个"人"吗？若他可说为人，则六天造成世界的上帝也可以拉到人类中来了！②

无可否认，顾氏言出有据，所论出自《山海经》《国语·周语》《尚书·皋陶谟》，但这些不足以说明他在这件事上的看法独具慧眼。概念产生之本身，与用以证成此一概念成立之史料，大家都各有价值，但如果没有前者之产生，自然也就没有后者的出现。思想资源或概念存在，直接决定了往后的材料取舍、思考模式以至论证方式的细部运用。

观点先行尔后扩阔史料研究、曲折求证，大概是治史者之惯常做法。就顾氏而言，他首先有了"古史是层累地造成的"观念，随后再有中国古史是虚构伪造的连串构想。他在《〈古史辨〉·自序》中的自我追忆是首先"立了（古史是层累地造成的）这个假设"，但在尚未作文的时候，因为祖母离世而把计划搁置半年。我们不妨这样想：在观念和构想存在的情况下，待各方面的条件许可时，跟着要做的不过是如何进行连串证明的工作罢了。在顾氏逐步具体求证的过程中，日本因素诸如"思想资源""概念工具"等有否起到一些作用呢？这就是我们要予以厘清的地方。

此外，白鸟不认同大禹能够在十三年内创出成功治水的伟绩，由此而加强否定禹之历史存在的理据。顾颉刚持论与之道同辙合，使大禹在他的诠释下成为虚构神话中的人物。他说：

---

① 顾颉刚：《讨论古史答刘胡二先生》，《古史辨》第 1 册中编，上海古籍出版社 1982 年版，第127 页。

② 顾颉刚：《讨论古史答刘胡二先生》，《古史辨》第 1 册中编，上海古籍出版社 1982 年版，第112 页。

若禹确是人而非神，则我们看了他的事业真不免要骇昏了，人的力量怎能毂铺土陈山。就说敷土是分画九州，甸山是随山刊木，加以疏浚江河，试问这事要做多少年？……现在导一条淮河，尚且费了许多时间无数工力还没有弄好，何况举全国的山川统干一下，而谓在几年之间可以成功，这不是梦话吗!①

很巧合地，白鸟氏早于 1909 年提出的古史质疑观点，在 14 年后不少都重现于顾颉刚的论述之中。如顾颉刚在 1923 年下旬提出的禹是"地王"、禹不是历史实有之人、他不能仅凭一人之力治水等等言论②，这些都是白鸟氏一早就提出的思想概念。

白鸟还有一个很重要的结论：传说所反映的历史人物或其时代越早，所代表的传说形成的时代就越晚，其用以为据者如下：

就吾人所见，尧、舜、禹乃儒教传说，三皇五帝乃《易》及老庄派之传说，而后者以阴阳五行之说为其根据。故尧、舜、禹乃表现统领中国上层社会思想之儒教思想，三皇五帝则主要表现统领民间思想之道教崇拜。据史，三皇五帝早于尧、舜、禹，然传说成立之顺序决非如是，道教在反对儒教后始整备其形态，表现道教派理想之传说发生于儒教之后，当不言自明。③

换言之，白鸟透过区分民间道教崇拜与上层社会儒教思想的对垒情况，指出道教徒为了高举其所信奉的超越对象并凌驾于他们所批判的儒教思想，最后伪造了远古尧、舜、禹的三皇五帝，虚构了中国的古史传说。这种时代愈后而传说之古史愈长的类似观点，同样出现在与白鸟齐名的京都史学代表内藤湖南的著述和讲义中，特别是与内藤的"层累的增加……新组合的传说几经常被置于古远的时代"道同辙合。

2. 内藤湖南

内藤湖南曾逗留台湾一年多，又曾广游中国历史名城，他与中国学术界交往殊深。了解 1920 年代中国古史辨运动的人，对内藤之论总会产生一种似曾相识之感，他与白鸟差不多时期展开中国古史的批判工作。内藤氏于 1907 年以讲师之职讲学京都帝国大学，并于 1909 年升任正教授。由 1907 年开始，他便以讲论中国古史为其授课主要内容。有关讲义在 1921 年结集成书，以《支那上古史》为名出版。④

内藤于书中自称，他的疑古言论乃承袭江户时代的佛教研究家富永仲基的"加上"说。内藤建基于前人理论提出的论调，在否定尧、舜、禹真实性上比白鸟更具理论体

① 顾颉刚：《讨论古史答刘胡二先生》，《古史辨》第 1 册中编，上海古籍出版社 1982 年版，第 111 页。

② 顾颉刚：《讨论古史答刘胡二先生》，《古史辨》第 1 册中编，上海古籍出版社 1982 年版，第 111 页。

③ 白鸟库吉：《中国古传说之研究》，《日本学者研究中国史论者选译》（1），中华书局 1992 年版，第 8 页。

④ 据论，内藤湖南的《支那上古史》完成于 1921 年，是作者于京都大学讲述《东洋史概说》的一部分。原来没有讲稿，是内藤的几位学生整理了听讲笔记，经中国学家小岛佑马校定后，终由内藤长子内藤干吉编纂成书的。见王小林《日本中国学的启示与课题》，《九州学林》2004 年第 4 期。

系，在瓦解中国古史系统上再走前了一步。内藤的"层累增加的古史观"是这样假设的：

> 神话传说和民间传说之类毕竟还有二种。一是来自地方原始信仰的口碑类，也称地方传说；二是开天辟地说或有关人的先祖的传说，这不属于那种只是来自原始信仰，而后来逐步丢掉其中旧事成分之类的传说，而是通过传说的自觉意识产生的，是属于比较进步一些的。此二者即形成了神话传说。后来出现一种风气，开始进行传说的统一，即将种种地方传说或各种类的传说归纳在一起，使之融会贯通，这姑且称之为统一传说。
>
> 这种传说的统一一旦开启，随后就会产生层累的增加。故在被统一的传说里，为了对种种传说进行调和，就会出现在空间方面将地方性的因素，纳入按时间段重加整理的倾向。这样一来，就会产生一种原则，新组合的传说几乎经常被置于古远的时代。
>
> 传说大体上如此形成，在研究古史中应用这种"加上"说的，是一百七八十年前著名的日本的佛教研究家富永仲基。①

内藤交代其古史观脱胎自富永仲基的"加上说"道明持论出处。不过，他紧接着的大量引证，显示借以论证的材料很多都是取材自崔述。他这一运用中国原有疑古辨伪成果的做法，在顾氏的古史辨伪工作也是屡见不鲜的。与内藤不同的是，顾氏并没有交代他那句最精警、最有概括力和最有影响力的关键词和研究方法——"层累地造成的"一语的来源，只指出疑古思想的概念主要得力于崔述以及直承中国本身的疑古传统而有。钱穆的观察也许可以说明顾氏古史辨思想的根本源起："颉刚史学渊源于崔东壁之《考信录》，变而过激，乃有《古史辨》之跃起。"② 可大概了解到，崔述著述之于内藤，有助证、参考之功而不是观念启发或思想渊源；但对于顾氏而言，则意义完全不同。

清楚展现内藤湖南古史观内涵的文章，还可见于他在 1921 年 3 月《支那学》第一卷第七号发表的《尚书编次考》一文。值得注意的是，胡适是可以通过他的日本友人青木正儿（1887—1964）而获取这本刊物的。这点容后再议。在这篇文章里，内藤认为《尚书》与《周礼》等经籍有异。要之，《尚书》是从先秦到汉世渐次加增而成的一部著作，故其版本直至东汉初仍在不断发生变化，显示里面有大量人为附加成分。他相信古人在完善化、合理化《尚书》的人物故事时，是先以刘向、刘歆父子之书为据，然后再往上溯；如有不足，又再以往上溯的形式寻找其他可用材料。换言之，当东汉的书找完，就找西汉的书。那么，不但《史记》可供资取，诸如《淮南子》《吕氏春秋》之类的杂家书籍也率为所用，成为"诠衡其以前的事"的依据。内藤总结这种现象说："诸如此类，我们渐次追寻其次序，去寻找思想的进路，那么之前的事，我们慢慢根据这种方法就能找出它们

---

① 内藤湖南著，夏应元编译：《中国史通论：内藤湖南博士中国史学著作选译》，社会科学文献出版社 2004 年版，第 18 页。

② 钱穆：《北京大学》，《钱宾四先生全集·八十忆双亲师友杂忆合刊》，联经出版事业股份有限公司 1998 年版，第 171 页。

的宗谱。"① 他明言许多古书都有人为"附加"上去或"窜入"的内容，一般的做法多是从开端及结尾两部分同时加增；如《尚书》的开卷《尧典》至《洪范》各篇均有类似情况，分别"混入了许多不同的材料"。他在文末指出《典》《谟》诸篇都是附加上去的，而《甫刑》以下各篇也同样是按顺序附加上去的。② 操作这等事的，恰恰就是熟习编辑事工的儒家。③

好像《尚书》般的古籍被后人不断附加和窜入新内容，内藤认为是与儒家追求的政治理想息息相关。后儒在接续建构政治理想的同时，通过复古为取径，与九流中的其他家派竞争位置。开启这种思想的，可以追溯至要恢复周礼、声称"吾从周"的孔子，而"祖述尧舜"之思想实际上也是后来出现的，目的是要与九流中的其他诸家竞争。孔子及其门下以继承周代道统为文化正统，同时也促成了"推尊孔子为素王和尊殷的思想"④。这种争夺道统传承的做法激起九流的其他派系抗争。站在儒家对立面的墨家，虽然是殷的后裔（即宋人），但为了推举更古久的人物，故"理想的人物还是推尊禹"。在这种情况下，儒家为了与墨家抗争，便推举更古的人物出场。内藤据此进一步确定："祖述尧、舜这种思想是针对墨家的竞争产生出来的。其后，叙述黄帝、神农的学派在六国的时候产生了。"到了编次《尚书》最后的一章《甫刑》时，比尧、舜更早的颛顼、黄帝也就相继出现了；到了六艺中较迟面世的《易经·系辞传》，更可以"追述到伏羲了"⑤。后儒这种一再附加文献以复古的做法，反映的是他们终究离不开"与其他诸子的竞争"的主题，形成致力"将道统变古的必要性"的结果⑥。

内藤在该文结语主张把《尚书》考证的方法应用于其他古籍考证工作上，据此为基点而证说中国古史的人为伪造事实。用他的话说就是"以往上加的方法"去研究《尚书》以外的其他经书，不但可以"看出儒家的发展史"，还可以"完成先秦儒家事业的各种研究"⑦。

要之，内藤借文献实证，发现《尚书》编次疑点处处反映中国古史是以附加方法层累地造成的。《尚书编次考》一文与《支那上古史》一书开篇首两章谈及的《三皇五帝》

---

① 内藤湖南：《尚书编次考》，《支那学》第 1 卷第 7 号，东京弘文堂书房 1921 年（大正十年三月），第 8 页。

② 内藤湖南：《尚书编次考》，《支那学》第 1 卷第 7 号，东京弘文堂书房 1921 年（大正十年三月），第 21 页。

③ 内藤湖南：《尚书编次考》，《支那学》第 1 卷第 7 号，东京弘文堂书房 1921 年（大正十年三月），第 17~18 页。

④ 内藤湖南：《尚书编次考》，《支那学》第 1 卷第 7 号，东京弘文堂书房 1921 年（大正十年三月），第 19 页。这种观点在 1927 年再受到青木正儿的继承和发挥，就是儒家要在九流中其他流派竞争的时候争取正统，故标榜尧、舜等古老历史人物自坚其说。见青木著《尧舜传说的构成に就て》，《支那学》第 4 卷第 2 号，东京弘文堂书房 1927 年，第 1 页。

⑤ 内藤湖南：《尚书编次考》，《支那学》第 1 卷第 7 号，东京弘文堂书房 1921 年（大正十年三月），第 19~20 页。

⑥ 内藤湖南：《尚书编次考》，《支那学》第 1 卷第 7 号，东京弘文堂书房 1921 年（大正十年三月），第 21 页。

⑦ 内藤湖南：《尚书编次考》，《支那学》第 1 卷第 7 号，东京弘文堂书房 1921 年（大正十年三月），第 22 页。

《尧舜》，在观点、内容和主调上基本一致。所不同者，属于专题研究论文的前者反比后者的通论式著述更为深细而详尽。我们借此可见，他把时代问题意识反映在学术研究上，并参考了崔述的辨伪成果和章学诚的版本学方法，然后厘清以儒家思想为中心的古史发展脉络，使中国古史的真实性产生动摇。

比白鸟、内藤二氏后出的顾颉刚，拆毁中国古史原构建的工作同样是围绕着大禹的有无、真假与属性等问题展开。他不但指出禹的虚构伪造，还为禹的来源、本质本性、在古史系统里的构成时间、构成目的等等一一细究，立意打破中国传统古史系统。中国上古史一旦被看成有意伪造，不但否定其固有古史系统，即连其信史年期也被大大缩窄；如此，民族历史之起源就需得重新诠释，而经书与诸子书中的上古史事也将连带被全盘否定掉，儒家政治思想因为圣王的虚构性而变得不可信，它们都被看成一堆未曾实行的不理性空想王政，无异于说明儒家的道德模范全是虚构伪造的，就是现世赖以实践理想政体的凭借——"黄金古代"也不过是虚无的。不但如此，大禹在经其考证下也立即浮现本相——"九鼎上铸的一种动物""大约是蜥蜴之类"的爬虫类动物。①

我们可以看到顾氏的"层累地造成的古史观"与内藤的"层累的增加"无论在内容上或者是表述方法上都难分轩轾。除此，他用以论证的尧、舜、禹非历史实有人物的例子，与白鸟库吉的"尧舜禹抹杀论"所运用的例证极为相似。要之，顾氏自述古史辨思想起源及其展开此一运动时的种种言论，基本上未超出二氏之讨论范畴，但批判的激烈程度和引起的回响则非二氏所能比拟。

三、1921 年以来胡顾师徒的日本接触

（一）中日思想交流频繁与古史辨运动的兴起

王汎森曾于数年前发表《"思想资源"与"概念工具"——戊戌前后的几种日本因素》一文，为我们关于中日两国学界交往的研究提供了不少值得参考的线索。这篇文章以"思想资源"为题，清晰有序地论述清末民初中国学术如何在日本的阴影下构建起来。以下仅转述王氏提出的其中两个因素：

第一，日本的文化影响因素反映在大量的中国留日学生身上。"光是 1906 年就有大约八千六百人前往"，构成了"到那一刻为止世界史上最大规模的留学生运动"，而清末中国思想文化中的日本因素"便与这一波留学运动分不开"②。

第二，日本的文化影响因素反映在大量的日文译书事业上。王氏指出：

> 早在 1939 年，佐藤三郎就已经出版过一份目录，发现有一百五十二本日本历史著作被译成中文，此后，这一份中译日本书的目录越加越长，一部重达数公斤的书中搜集了五千七百六十七种书目，但据调查，尚有将近一千种书未被收入。试想这是何等庞大的一笔新资源！如果分析这些中译日本书出现的年代，我们便可看出一个清楚

---

①　顾颉刚：《与钱玄同先生论古史书》，《古史辨》第 1 册中编，上海古籍出版社 1982 年版，第 63页。

②　王汎森：《"思想资源"与"概念工具"——戊戌前后的几种日本因素》，载《中国近代思想与学术的系谱》，河北教育出版社 2001 年版，第 154~155 页。

的变化：1896—1911 年是译书的高峰，共有九百五十六本书被译成汉文，1912—1937 年则有一千七百五十九种。①

上引说明现代中国初期的知识分子与日本学界之人事交往确是极为频繁的。从日本传入新名词之多也远超我们的想象。日本书籍汉译本大量发行，反映国人对日本知识需求甚殷，紧随日本学术风向。在这种情况下，顾颉刚这位于 1920 年 6 月起便担任北京大学图书馆一年半的编目员、随后又任职商务印书馆（1923 年 1 月到任）的新派知识分子，必然有很多接触日文书籍的机会；收藏在北大图书馆的一系列载有白鸟库吉与林泰辅论争古史之刊物，他甚至是唾手可及的。

廖名春曾亲往北京大学图书馆查检外文部的库藏刊物，发现该部藏有《东洋学报》《汉学》《史学杂志》《东亚研究》《东洋哲学》《东洋时报》等日文刊物。其中，载有林泰辅《关于尧舜禹抹杀论》的《汉学》以及载有青山公亮《白鸟博士的"周代古传说的研究"》的《史学杂志》，它们都是北京大学在 1920 年代前后收藏的刊物。然而，原载白鸟库吉、后藤朝太郎、林泰辅等人古史论争文章的数期却恰巧阙失不见。尽管如此，透过《汉学》《史学杂志》所刊林泰辅等人详尽转述白鸟库吉观点之文，任职编目员的顾氏，还是不难了解到日本人的疑古辨伪观点——即或是间接，也是一种了解。②

如说顾氏当时只注目欧美学界学术信息，对近邻的日本汉学界不闻不问，这是无法让人信服的。退一步言，顾氏的编目员工作更没有理由使其绝缘于各种新进馆刊物或新信息。有趣而值得注意的是，顾氏任职图书馆编目员期间（1920 年 6 月至 1922 年）③，正好是他酝酿疑古思想的时段；而在后续所论，也恰恰说明顾氏其实对日文著述有足够关注，并对日本学界动态了然于心。

正如王汎森所说，"思想资源"与"概念工具"有其巨大的影响力：

> 我们不能小看"思想资源"与"概念工具"。每一个时代所凭借的"思想资源"和"概念工具"都有或多或少的不同，人们靠着这些资源来思考、整理、构筑他们的生活世界，同时也用它们来诠释过去、设计现在、想象未来。人们受益于思想资源，同时也受限于它们。④

思想资源的确影响了人们的生活世界，使人们沿袭当中的概念或在其思想框架下探求进深一步的学说建构与诠释。然而，一旦袭取了他人的思想资源或运用了他人的概念工具，则由此开展的学术研究大概称不上具有独创性和开创性意味。由此观之，我们就更有需要仔

---

① 王汎森：《"思想资源"与"概念工具"——戊戌前后的几种日本因素》，载《中国近代思想与学术的系谱》，河北教育出版社 2001 年版，第 155~156 页。
② 详细论述请见廖名春《试论古史辨运动兴起的思想来源》，载陈其泰、张京华主编《古史辨学说评价讨论集》，京华出版社 2001 年版，第 263~264 页。
③ 顾氏 1922 年 1 月仍任职北大图书馆，按《顾颉刚年谱》："为图书馆设立善本书库事检书、编目。"中国社会科学出版社 1993 年版，第 68 页。
④ 王汎森：《"思想资源"与"概念工具"——戊戌前后的几种日本因素》，载《中国近代思想与学术的系谱》，河北教育出版社 2001 年版，第 150 页。

细反省这场被认为影响中国史学发展深远的古史辨运动的思想来源。毕竟，胡顾师徒在高举科学史观治史大纛时，与以白鸟、内藤为代表的东洋史学以"科学"方法为其治史圭臬的时代近同。

"科学史观"成为 1920 年代整理国故运动的号召，同时也成为这一阵营的学者自我塑造学术身份的凭恃。这些概念化的思想表述工具虽然同是西学东渐以来的产物，但东洋史家鲜明揭扬以科学方法治史的风气比胡顾阵营早逾二十多年[1]。如我们接受明治日本是中国现代知识学术摇篮的论调，则相关的"科学史观"是否也同样被嫁接到 1920 年代的中国学术圈，进而成为 20 世纪中国主流史学思想呢？[2]

在古史辨运动中，深被胡适、顾颉刚推崇且被顾氏目为引发古史辨构想的《崔东壁遗书》，他们的重视态度也是受日本学者的影响的。日本汉学家或东洋史学家在 1903 年左右便重视崔述学术并点校《崔东壁遗书》，这些学术动态曾否对胡顾师徒起到某些启发作用？可以肯定的是，胡适在古史辨未兴起之前便告知顾氏在日本方面有人印行《崔东壁遗书》的消息，无疑说明他确知此书在日本汉学界的流通情况和研究情况。胡适也教导顾颉刚的《伪史考》可以承继崔述《考信录》进而考究中国古史，并告诉他把"古史缩短至二三千年，从《诗三百篇》做起"[3]。毋庸置疑，顾氏的研究方法与路向确是在胡适的启发和鼓励下构成的；而胡适在酝酿这些观点时，恐怕也不是向壁虚构的。

其实，那珂通世、白鸟库吉、狩野直喜与内藤湖南、青木正儿等等，他们多是罗振玉、王国维、胡适等中国学者所认识的汉学家。胡适能够从青本正儿处获寄每期新出版的《支那学》，说明他对日本学界的最新动向有一定程度的认识。对于顾氏而言，北大图书馆与师友影响这两重因素，也足能为他提供接触域外学问的平台。如果说他勤读中外书籍，但惟独无识盛行于日本学界的白鸟史学与内藤史学，恐怕不近情理。后续论述还会一再谈及的是，胡适与内藤湖南及其周边人物都很熟络。我们有理由相信，胡适本人极有机会在 1923 年之前便接触内藤学术思想；根据他与内藤或其门人的频繁交往背景，他对日本汉学界的疑古思想不会一无所知。至于顾氏，他也极有机会和渠道闻知日本汉学动态。从他后来的日记和读书札记中，可以看到他对东洋史学家的著述有一定的探研兴趣和掌握能力。

（二）关于白鸟库吉

顾氏对白鸟库吉其人其学是有一定的了解的。但是，让我们感到奇怪的是，他没有片言只语回应或评述这位早其十多年发表"尧舜禹抹杀论"的同道前辈。如不小心探查，我们很可能会接受一些学者宣称的顾氏本人一生不看日本书、没有接触白鸟著作的言论；如是，也就不构成顾氏沿袭日人余绪的论调。

但是，就顾氏一生从不提及白鸟氏疑古辨伪史观这一点，我们感到饶有追寻其究竟之兴味。从下面述论可见，我们有大量数据显示顾氏其实是知道白鸟氏其人其学的：

---

[1] 以白鸟库吉科学主张为论述主题的论文，可见石之瑜、叶纭麟《东京学派的汉学脉络：白鸟库吉的科学主张及其思想基础》，《问题与研究》2006 年第 45 卷第 5 期。

[2] 王尔敏认为 20 世纪中国的史学有两大主流，1949 年以前以科学史观为主流，1949 年后以马克思史观为主流。见王尔敏《20 世纪非主流史学与史家》，广西师范大学出版社 2007 年版，第 3 页。

[3] 胡适：《致顾颉刚》，《胡适书信集》，北京大学出版社 1996 年版，第 268~269 页。

1. 1930 年 4 月 30 日主编《燕京学报》。

以下一节转录自廖名春之考证：

　　《燕京学报》第 7 期刘朝阳《从天文历法推测尧典之编写年代》就介绍过白鸟库吉和桥本增吉之说，云："其他方面，白鸟库吉以为《尧典》之天文纪事并非由于实地之观测，而实本于占星术之思想。彼从十二宫二十八宿之知识与阴阳之说，主张此等知识系在孔子以前从伽勒底、亚叙利亚方面传入中国。又桥本增吉亦曾计算《尧典》星座在初昏南中之年代，乃得下列之结果……桥本因彼如此算出之年数不能一致，故不相信《尧典》之纪事，并因其中含有阴阳说之思想，断为周代之作品。"《顾颉刚年谱》云："是年（1930 年）任燕京大学国学研究所研究员及学术会议委员，研究《尧典》《皋陶谟》《禹贡》之著作时代问题，《周易》经传之著作时代问题，三皇五帝三王之系统问题，参加国学研究所学术会议。又任《燕京学报》编辑委员会主任，主编此刊第 7 期。""四月三十日主编《燕京学报》，第 7 期已编成，第 8 期亦集稿。"据此可知顾颉刚当见过刘文，应该会知道白鸟库吉和桥本增吉之说。①

　　从上观之，顾氏在 1920 年代以来的不少研究兴趣，均无独有偶地紧贴白鸟步踪。在学术研究内容有所重迭情况下，顾氏也没有理由不理会他人的研究成果而闭门造车的。刘朝阳告诉我们，比顾氏年长二十岁的上一辈学人梁启超，于其《中国历史研究法》（1922 年 1 月由上海商务印书馆出版）一书指出"日本天文学者"已有《尧典》研究成果，认为《尧典》所记中星，仲春日中星昴，仲夏日中星火等合乎西纪前二千四五百年时的天文现象。刘掞藜与顾氏在 1923 年争辩《尧典》真伪时，即援引梁氏这段文字以回驳顾氏的"《尧典》之出世应在《论语》之后"②。换言之，在中日学术文化交流频繁的 1920 年代前后三数十年，顾氏对于日本学界的动态与学术讯息，也许不比梁启超掌握得多，但也不应比同时代人少。

　　进一步言，刘朝阳文章通篇引述日本学者如那珂通世、林泰辅、新城新藏、白鸟库吉、饭岛忠夫、桥本增吉的言论；更重要的是，刘氏还用这些早已出版且流行于汉学界的近人文章与顾氏持论相互比较③，作为学报主编的顾氏、作为相关学术领域学者且文章被评议的顾氏，他理应洞悉刘氏文章之论述，也对这一学术领域有深广认识。故其对白鸟氏主张《尧典》天文纪事为外来"占星术之思想"的论述，在编校刘朝阳文章时绝对不会掩目不看。无论如何，身居学术权力中心位置的优势，使顾氏比其同代人往往更早更快地占据学术资源，他掌握的大量域外学术信息也一定远胜一般学者。凡此种种，清晰显示顾氏至迟在 1930 年便已深知白鸟库吉其人其学。

　　后续论述提及王国维在 1926 年致信给友人批评时下疑古学风，而此友人即是容庚，他与顾氏同为《燕京学报》第七期的编辑。

---

　　① 廖名春：《试论古史辨运动兴起的思想来源》，载陈其泰、张京华主编《古史辨学说评价讨论集》，京华出版社 2001 年版，第 264 页。

　　② 刘朝阳：《从天文历法推测〈尧典〉之编成年代》，载顾颉刚主编《燕京学报》1930 年第 7 期。

　　③ 刘朝阳：《从天文历法推测〈尧典〉之编成年代》，载顾颉刚主编《燕京学报》1930 年第 7 期。

2. 1930 年 11 月 19 日，顾颉刚记下了这样一段话：

> 予作《太一考》，自谓创见，今日润孙持大正十四年出版之《白鸟博士还历纪念
> 东洋史论丛》来，其中有津田左右助（吉）之《太一》一文，则固余之所欲言者也。
> 虽材料不及余所集之多，而早余五年发现此题，殊为可畏。①

《白鸟博士还历纪念东洋史论丛》这部日文论文集出版于大正十四年（1925），在序
文后辑录了白鸟氏 1925 年之前发表著作的书单。可见顾氏其实早于 1930 年便接触《白鸟
博士还历纪念东洋史论丛》，据此足以了解白鸟氏其人其学的大概内容。同时，这部著作
开篇之作就是《白鸟博士著作年表》，年表中即刊载有阐述白鸟氏"尧舜禹抹杀论"的
《支那古传说の研究》编目。②

此外，顾氏的好友王古鲁在日本留学、教学多年，与日本学术界关系密切。他是白鸟
库吉的研究者，并在 1938 年 7 月出版《塞外史地论文译丛》一书，把白鸟氏的六篇长文
译介给中国学者。值得注意的是，王氏同时在此书开篇另撰《白鸟库吉及其著作》一文，
详细转载上述顾氏所见的《白鸟博士还历纪念东洋史论丛》书目，另外再补充上一些白
鸟氏在 1925 年以后发表文章的篇目。

王、顾之间有多年交谊，顾氏有太多机会透过友人了解大量日本学术信息。③

3. 1939 年 6 月 8 日的《日记》记曰：

> 节抄王古鲁《白鸟库吉及其著作》入笔记。④

王古鲁在《白鸟博士还历纪念东洋史论丛》基础上增补而成的白鸟著作年表，由
1889 年出版的《历史と地志との关系》、1894 年出版的《朝鲜古传说考》到 1937 年的
《支那の艺术上に现はれたゐ阴阳思想》，前后共辑录了一百一十九篇白鸟氏文章篇目。
除了大量关于西域、满鲜、蒙古的研究外，也有好多关于中国北方古代民族、中国人种或
汉文化性质、儒教源流的汉学研究。我们只要翻开《顾颉刚读书笔记·篇目分类索引》，
即可见及顾氏所关心的学术方向与白鸟氏的有许多重迭之处，彼此有很多共同的学术兴
趣；白鸟氏与顾氏发起的古史辨运动最为关系密切的文章就有主张"尧舜禹抹杀论"的
《支那古传说の研究》（1909 年）及《尚书の高等批评》（1912 年）。

当顾氏在 1939 年把见于《塞外史地论文译丛》的《白鸟库吉及其著作》一文直接转
抄进私人读书笔记时，除了理应注意到上述二文篇目外，也一定注意到目录年表前这段共
长两页的文字：

---

① 《顾颉刚日记》（2），中华书局 2011 年版，第 461 页。津田左右吉《太一について》，载池内宏
编《白鸟博士还历纪念东洋史论丛》，东京岩波书店 1925 年（大正十四年十二月）版，第 659~690 页。

② 《白鸟博士还历纪念东洋史论丛》卷前，东京岩波书店 1925 年（大正十四年十二月）版，第 7
页。

③ 二氏之交谊可见《顾颉刚日记》（6），中华书局 2011 年版，第 417，431~434，490，510 页。

④ 《顾颉刚日记》（4），中华书局 2011 年版，第 238 页。

东洋史学派以东京帝大教授白鸟库吉氏为中心……而支那史学派，则纯粹以京都帝大教授内藤虎次郎氏、狩野直喜氏等为中心……而二派之争，则始于白鸟库吉氏所发表的《尧舜禹抹杀论》，此系东洋协会评议员会上的演讲词，全文于明治四十二年八月《东洋时报》第一百三十一号上刊载，改名为《支那古传说の研究》。关于尧、舜、禹是否系历史上实有人物，我国顾颉刚氏十年前亦曾有所论及，已引起各方辩难；而白鸟氏此说，尚远在其前，自然要引起传统的学者指摘了。首由后藤朝太郎氏发表《尧舜禹の抹杀に就て》（见《东洋时报》一二九号），继由井上哲次郎氏发表《支那古代の研究》（见《汉学》一编五号六号），林泰辅氏亦陆续在《东洋哲学》第十七编第一号、《汉学》第二编第七号、《东亚研究》（此系《汉学杂志》的改名）第一卷第一号、第二卷第一号，对白鸟之说，加以反驳。……于是白鸟氏弟子桥本增吉氏，即于东洋史谈话会（明治四十五年二月）席上发表《虞书に就て》，根据天文学上的事实，指出《尧典》四中星记事，完全后世伪作，出为其师声援。而白鸟氏本人亦于日本学会例会中，发表《儒教の源流》，汉学会中发表《尚书の高等批评》，驳复林氏。据彼之说，四中星无待天文学上的研究，已可明了其完全伪作，因其记事渊源于阴阳思想之故；《尚书の高等批评》载《东亚研究》二卷四号之后，林氏又于《东亚研究》二卷九号（大正元年即公元一九一二年七月）发表《再び尧舜禹の抹杀论に就て》，加以反驳；《儒教の源流》在《东亚之光》七卷九号（大正元年九月）发表之后，林氏亦即在此志八卷二号（大正二年九月）刊布《儒教の源流を读む》，再加以痛击。因论尧、舜、禹是否为历史上实有人物？于是涉及《尧典》四中星记事，其影响所及，遂有饭岛忠夫所著《汉代の历法より见たる左传の伪作》（明治四十五年即大正元年《东洋学报》第二卷第一号第二号）的发表，引起京都支那史学派新城新藏氏著《支那上代の历法》（见大正二年《艺文》第四卷第五、六、七、九号）大加反驳，轩然大波，从此发生了。案饭岛氏之说，初不过引伸康有为氏所谓"刘歆伪作说"而已，而新城新藏氏则就《尧典》四中星记事，从天文学方面，加以研究，同时论及《诗经》《春秋》《左传》，似未能断为后世伪作。于是桥本增吉氏又发表《书经の研究续篇》（《东洋学报》第三卷第三号，第四卷第一号第三号），反驳新城氏。双方争辩，至今未已……白鸟氏既于昭和四年（公元一九三〇年）十一月十一日史学会例会中，演讲《支那古代史に就て》，复五年五月起，在"东洋文库"中连续演讲《支那古代史の批判》（共七次），重行提出"夏、殷、周三代抹杀论"论据，使历来论辩未已的问题，更形短兵相接。①

上引王古鲁的文字，节录自他发表的《明治维新以来日人研究中国学术的趋势》，随后收入《最近日人研究中国学术之一斑》一书②。在出版《塞外史地论文译丛》时，王古鲁再将上引这大段文字完完整整地辑入《白鸟库吉及其著作》一章，并在引述完毕后

---

① 王古鲁：《白鸟库吉及其著作》，中华教育文化基金董事会编译委员会编辑《塞外史地论文译丛》，商务印书馆 1938 年版，第 10～11 页。

② 王古鲁：《明治维新以来日人研究中国学术的趋势》，《最近日人研究中国学术之一斑》，日本研究会 1936 年版，第 218～219 页。

补充说：

> 他的"尧舜禹抹杀论"引起了疑古、尊古二派的论争。一如上述（……引起过日本二大学派对于先秦天文历法的论战），白鸟氏对于其他方面所创的新说，亦曾引起不少反响。①

但有趣的是，在见到异国学者的研究方向与自己赖以成名的研究专业有极大关系的情况下，一生勤于记述的顾氏竟没有在《日记》和《读书札记》记下任何相关评论和反思，这就很让人大惑不解了。进一步言，王氏在这段文字里更点名指出顾氏对白鸟氏之相关论点"曾有所论及"，这也是顾氏不可能不知道的，但他却没有任何响应文字，这也是让人很纳闷的事。

观顾氏于1923年提出"层累地造成的古史观"后，古史辨运动因此"洞见"和"方法"蔚然成风，使顾氏俨然胡适般因倡白话文而瞬即"暴得大名"，同为当时中国学界领袖之一。顾颉刚自言自己与胡适、傅斯年同成北京学界公认的"三大老板"之一，彼此承担或领衔了大量研究与出版计划。但对于顾氏这样一位学术领袖，前既未注意日本方面早其十多年便成风气的疑古辨伪学术，后又对中国学者的相关译介和具针对性的评述不作任何响应，这确是难以想象的。在这里仍值得注意的是，上述王古鲁刊载"疑古辨伪"论争的日本学术刊物，正如前文所说的是顾氏任职北京大学图书馆编目员期间"唾手可得"的。

4. 1939年1月写成的读书笔记《浪口村随笔》记有一条抄录自《塞外史地论文译丛》的资料，名为《白鸟库吉释梁州名》：

> 白鸟库吉解释《禹贡》"梁州"一名曰："按照木星十二星次，大梁星座在此方角，故取此名。"又释"冀州"云："《说文》解'冀'字云：'北方，从北，异声。'《玉篇》云：'北方州，故从北。'此州在九州之中，位于正北，故得此名。"②

5. 《匈奴属突厥族或蒙古族问题》。

本条资料大量引述《白鸟博士还历纪念东洋史论丛代序》，顾氏阅读的这篇《代序》是转引自《塞外史地论文译丛》。在顾氏引录的这篇文章中，对以白鸟为代表的东洋学者与伯希和等为代表的西洋学者的人种起源论述很不认同：

> 此可见我国边裔之属于某个种族，实出于东、西洋学者之推测，而彼辈实非有确实的依据。如匈奴为突厥则乌孙等为白种，如匈奴为蒙古则乌孙等为突厥，彼辈之定古种族乃如此其自由。然而我国编教科书者袭其绪余，作确定之记载，于是彼辈之想

---

① 王古鲁：《白鸟库吉及其著作》，中华教育文化基金董事会编辑委员会编辑《塞外史地论文译丛》，商务印书馆1938年版，第11页。

② 《顾颉刚读书笔记》卷四（1939年1月），联经出版事业公司1970年版，第2120页。

象乃成为古代之事实。①

　　顾氏不但大力批评白鸟之古史"想象"，转而更批评时下编教科书者承袭白鸟种族论述之余绪而误导莘莘学子。但是，这些批判反让我们愈加困惑：何以他不正面交代阅读王古鲁编译的白鸟著作后，对自己过去在古史辨以至其他学术领域上与白鸟氏相互重迭之处作出任何回应？这又是一个让人感到纳闷的问题。

　　除了一些自己当下正着手进行，而已为白鸟涉足多年——且其成果也受国人关注的学术研究外，顾氏绝少提及白鸟其名其学。

　　譬如说，王古鲁把白鸟之学术结集成中译本（如《塞外史地论文译丛》）出版后两年，是时正埋头于塞外史地、人种学研究的顾氏才在《日记》和《读书札记》陆续出现论及白鸟氏学述的文字。这似乎反映他是在白鸟中译本译述流行后才开始接触其人其学。但是，他与一般学者不同的，还在于特别批评白鸟氏的观点，让人看见彼此学术并非道同辙合。然而，耐人寻味者，他从未如常言所谓"惺惺相惜"地响应白鸟氏那些与自己结论一致、内涵无异且更为著名的"尧舜禹抹杀论"。

　　再换过来说，在古史辨运动期间表现大无畏精神的顾氏，凡遇诸如刘铫藜、胡堇人、柳诒徵诸人驳诘即奋战不懈；但是，对白鸟氏多有诘难的林泰辅的大量信古言论，他似乎不闻不问甚至可说是弃械投降，一生未作任何回应。凡此种种，均可见顾氏不无回避、不无小心权衡取舍之意味，同时更凸显他在十数年间思想转变之急速与彻底。对此，顾氏的好友、民族文化保守主义者钱穆的回忆，就颇能引发我们的一些感想。

　　中晚年趋向否定古史辨和严厉批判五四新文化运动的钱穆②，在回忆文章和杂文中曾不止一次强调友人在1930年代的学术转变问题。他描述顾氏说："对其早负盛誉之《古史辨》书中所提问题，则绝未闻其再一提及。余窥其晨夕劬勤，实有另辟蹊径，重起炉灶之用心。"③钱穆护卫友人、欲为之救赎的用心不难体会，但也说明顾氏当时"重起炉灶"之心意甚明而亟亟为人所知。但是，钱穆始终不能说清顾氏因何事而要"另辟蹊径，重起炉灶"？同样，胡适在1929年便与顾氏分道扬镳，在古史辨上划清界线，当面向顾氏宣称"要信古"而"不疑古"，这些举动或许也有值得深思处。④一般的解释是胡适后来倾向与顾氏闹翻的傅斯年，由是对顾氏有所疏离⑤，恐怕这只是众多原因中的一个罢了。顾氏在1920年代后期的种种复杂内心情感和"重起炉灶"的深层原因，恐怕也是不足为外人道者。

　　到了后来"重起炉灶"的顾氏更着意于使自己与日本方面的"疑古"思潮或疑古方

————————————

　　①　《顾颉刚读书笔记》卷四（1939年1月），联经出版事业公司1970年版，第2122页。

　　②　对于五四新文化运动，钱穆是以全盘否定的态度待之。详论见陈学然《道统赓续与五四批判：钱穆学思管窥》，载黄兆强编《钱穆研究暨当代人文思想国际学术研讨会论文集》，东吴大学2010年，第181~210页。

　　③　《钱宾四全集·八十忆双亲师友杂忆合刊》，联经出版事业公司1998年版，第250页。

　　④　顾颉刚：《我是怎样编写〈古史辨〉的?》，《古史辨》第1册，上海古籍出版社1982年版，第13页。

　　⑤　钱穆：《北京大学》，载《钱宾四先生全集·八十忆双亲师友杂忆合刊》，联经出版事业公司1998年版，第173页。

法自我抽离，亟欲与之保持距离：

> 一九五五年，郭沫若先生访日，尹达同行，归而谓余曰："日本人在封建社会中不敢疑古史，今在美帝卵翼之下乃敢疑古史，可见疑古运动有其科学的一面，亦有其为帝国主义服务之一面。汝之《古史辨》，出于半殖民地之社会，理亦尔也。"予当时闻此颇不服，自念予之疑古思想，首先植根于姚际恒、康有为、夏曾佑之书；其后又受崔述、崔适、朱熹、阎若璩诸人之启发。康、夏、崔适之时代固较后，而朱、阎、姚、崔述则生于纯封建之时代，其时尚未有帝国主义，安得为之服务乎？前年尹达重申此说，予因请曰："我之学术思想悉由宋、清两代学人来，不过将其零碎文章组织成一系统而已。要批判我，是否先须批判宋、清两代人之疑古思想？"此一问，渠未能答也。项闻冰心言，乃知日本学者久欲疑古，而封建势力太强，不敢为之；乃天皇铩羽，乃敢畅所欲言。是其所以敢言，实由于封建势力下降，非由于美帝占领日土，思为之服务也。[①]

承上，我们似乎对顾氏在古史辨的问题上有种藏头露尾或欲盖弥彰的感觉，颇为质疑他极为匮乏的日本学术信息：前既不知日本在明治天皇时期便有疑古辨伪举动，后亦不知日本的疑古不始于日本战败的 1940 年代。当然，战前战后的日本疑古辨伪，二者对象有异，性质与规模也大有分别，顾氏对此竟是懵然不知。然而，最让人搞不懂的还是在于他对日本的了解似乎全是从友侪自日本回国告知后才得悉的。但愈是辩解，愈是让人感到其中必有难以述说的隐衷。果如上论第二点所记，津田左右吉之《太一》一文已使其"殊为可畏"；然则，对津田氏之老师白鸟库吉所写之大量"尧舜禹抹杀论"文章，顾氏又该当作如何想象？同样，顾氏对日本从明治到昭和年间、由白鸟库吉至师承其衣钵的高徒津田左右吉关于《古事记》及《日本书纪》的疑古辨伪传统也不作任何正视的态度，也让人感到颇不自然。在我们看来，顾氏对于津田这样一位在 1930 年便已被自己暗呼"殊为可畏"之同道学者，对其后来发起震动日本朝野的"《记》《纪》"批判、抹杀工作毫不知情，没有任何记述或发表感想，这一点也是让人感到可惜和奇怪的。

（三）关于内藤湖南

相对于白鸟库吉，顾氏的著作更少提及内藤湖南的名字或作品[②]。但是，内藤湖南与古史辨派的紧密交往关系，远非其他东洋史家所能比拟。

胡适与内藤的关系就很值得我们注意。正如顾氏本人早年强调的，胡适是他的古史辨思想先导之一。尽管他在中华人民共和国成立后的"批胡"风潮中否认胡适的影响因素（这无疑是我们应以感同身受的心态体谅的），或者是在中、晚年多番自称在学术上倾向于王国维。但是，从他的《古史辨》第一册所载的来往书信及其《日记》中，胡适之于顾氏疑古思想的影响力是毋庸置疑的，也是无可取代的。对此，胡适本人便自认不讳：

---

① 《顾颉刚读书笔记》卷七（1960 年 1 月），联经出版事业公司 1970 年版，第 5507 页。

② 查阅顾氏的《日记》（9，1962 年 12 月 31 日星期一）见有"内藤虎"一行文字："抄内藤虎《隶古定尚书跋》入笔记，讫。"内藤湖南，本名虎次郎，字炳卿，号湖南。据现阶段有限数据推测，这位"内藤虎"可能就是内藤湖南。《顾颉刚日记》（9），中华书局 2011 年版，第 599~600 页。

　　承顾先生的好意，把我的一封四十八个字的短信作为他的《古史辨》的第一篇。
我这四十八个字居然能引出这三十万字的一部大书，居然把顾先生逼上了古史的终身
事业的大路上去，这是我当日梦想不到的事。①

　　在顾颉刚整理《古史辨》一书时，把这四十八个字的信函位列文章之首，足显胡适
的独特位置及其在整场运动中的实际作用。没有胡适，刚大学毕业的顾颉刚没有机会供职
北京大学图书馆和商务印书馆，他也不会有动机和空间去整理古籍，也不可能接触到
《崔东壁遗书》。进一步说，没有胡适的启发和引导，顾氏的疑古思想根本难成体系；也
因为胡适在当时学界的巨大影响力之故，古史辨运动才得以顺利推展，并引起学界的重
视。胡适作为古史辨运动的精神领袖或实际参与者、推动者的角色无论如何都是不容忽视
的。这也是疑古运动如火如荼进行时的顾颉刚必须乐为称道的。

　　这样，胡适本人的疑古思想的来源就值得我们重视了，而顾氏后来一再消隐胡适的影
响因素也就更耐人寻味了。

　　胡适于 1920 年便与东洋史学家青木正儿屡屡通信，来往书信共计二十七通，彼此频
繁交换中日学术情报。② 胡适从中接触到日本汉学研究的最新状况，特别是了解到有很多
日本汉学家与自己拥有共同的研究方向与兴趣。其中所涉人物就有狩野直喜、内藤湖南。
在胡适致青木正儿的第一封信里，他感谢对方寄赠《支那学》第一卷第一号，尤感谢青
木正儿在《胡适を中心に涡い文てゐる学革命》一文中夸奖自己。信末，他特别交代说：
"并希望先生把以后续出的《支那学》随时赐寄给我。"青木后来应胡适要求，继续为他
邮寄《支那学》。

　　在《支那学》第三号，胡适注意到内藤湖南作品《章实斋年谱》，遂连番致信青木说：

　　　　……《文史通义》之外的遗文，我仅搜得四五十篇。内藤先生说他去年得抄本
　　《章氏遗书》十八册。这一句话引起我的"读书馋涎"不少！内藤先生是否有意刊布
　　此项遗书？若一时不刊布，他能许我借观此书的目录吗？……内藤先生的《年谱》
　　确是极有用的材料。他若能把他所得的遗书刊布出来，岂非支那学上一件大快事！
　　（1920 年 12 月 14 日）
　　　　《章氏遗书》事，我近来有很好的消息可以报告。我得到你的信的时候，我查得
　　浙江图书馆（杭州）有一部抄本的《章氏遗书》。……若内藤先生未见此书，我可以
　　寄一部赠送给他，因为寄刻本比寄抄本更容易些，他也可以用此本校他的抄本，把校
　　对的结果发表出来，给我们公用。……我曾寄了一部《水浒》去赠给狩野先生，不
　　知他收到没有？（1921 年 1 月 24 日）③

---

　　① 胡适：《介绍几部新出的史学书》，《古史辨》第 2 册下编，上海古籍出版社 1982 年版，第 335
页。
　　② 二氏交往信函的详细内容参见耿云志整理的《胡适与青木正儿来往书信二十七通》，《胡适研究
丛刊》（1），北京大学出版社 1995 年版，第 302~329 页。
　　③ 胡适：《致青木正儿》，《胡适全集》（23）《书信》，安徽教育出版社 2003 年版，第 328~329
页，第 346~347 页。

　　上述二函反映胡适与内藤之间有共同学术兴趣，而《支那学》成为胡适与日本汉学界相互交换学术信息的平台，也是彼此相互张扬共同学术领域的中心点。譬如胡适在1922年甫出版《章实斋先生年谱》，《支那学》第二卷第九号即立刻在首篇位置刊登由内藤湖南撰写的长篇书评论文，引发学术讨论风气之意甚明①。

　　据论者所言，胡适在这个平台上实际也影响了日本汉学家。譬如青木正儿在为胡适访求资料时，他的学术兴趣在不知不觉间受到胡适熏陶②。不只如此，连《支那学》的"中心人物"内藤湖南也受到胡适影响。胡适晚年秘书胡颂平在听完胡适自述与日本战前汉学界的关系后写下这么一段文字：

　　　　《支那学》的中心人物内藤湖南，当年受了先生的影响最大；那时年轻一辈的如神田、青木等人，现在也有六十多岁，都是早已成名了。这《支那学》一派完全受了先生的影响。③

　　胡适本人的叙述、胡颂平的记录或观察如果并无夸大的话，我们可以看到胡适与当时研究汉学的日本知识圈交往紧密非常。的确，胡适于1927年曾旅日二十多天，广与日本东京大学、京都大学的学者结缘和交游。在日本方面，狩野直喜、内藤、青木等人参与的《支那学》很关注以胡适为中心的整理国故运动，在短时间内响应文章便已多达十四篇。除了对以胡适为中心的中国知识群体有此种重视外，《支那学》对中国学者的研究成果或著作也十分留意，前后刊登了罗振玉、王国维、吴虞、孙人和、胡玉缙等人的论文④。这些一再说明，以《支那学》为平台的中日学术交流，的确如发起人胡适所说的——"打破国境"。

　　学术交流不可能只是单方面的，频繁幅度必然基于双方有共同的关注点或探研支点。狩野直喜、内藤湖南或他们的友侪那珂通世、白鸟库吉等等，都以研究中国古史为学术兴趣。彼此人事交往同时又相互重迭。内藤疑史思想资源反映不少是来自那珂点校的《崔东壁遗书》，而那珂又是白鸟中学时期的校长。那珂的《崔东壁遗书》原是狩野于光绪二十六年（明治三十二年，1900）因"拳乱"返日携归转赠，那珂很赞服崔述疑古见解，不独于1902年在《史学杂志》上发表《考信录解题》，并于次年交由日本史学会出版亲自校点的《崔东壁遗书》。不过，这本在日本学界引起极大兴趣的疑古著述，其之所以能以较为完整的版本刊刻面世，乃得大力于内藤。曾经在1920年留学日本的王古鲁对此有以下记述：

　　　　那珂氏读此书后，极佩其议论考证之卓越，拟翻刻印行。此种消息，经《史学

---

　　①　内藤湖南：《胡适之君の新著章实斋年谱を读む》，《支那学》第2卷第9号，东京弘文堂书房1922年（大正十一年），第1~15页。

　　②　详论参见徐雁平《近代中日学术交流考论——以胡适与青木正儿为中心》，《汉学研究》2002年第20卷第2期。

　　③　胡颂平：《胡适之先生晚年谈话录》，中国友谊出版公司1993年版，第149页。

　　④　徐雁平：《近代中日学术交流考论——以胡适与青木正儿为中心》，《汉学研究》2002年第2期。

杂志》传布后，大阪《朝日新闻》记者内藤虎次郎氏以本人所藏卷数较多，乃撰文指摘狩野氏携归崔书的缺点，故那珂氏等决定翻刻时，以内藤所藏作底本。①

王氏又谓：

　　此书刊布之后，影响极大。疑古空气，于焉膨胀，研究目光，从此不再甘受传统的学说所囿，自由探讨，同时内藤虎次郎氏等又时时介绍古书珍籍，使学术界对于古版善本，引起极大注意。②

这本书除了在日本引起"极大注意"外，在其刊行后第十八年，终为胡适、顾颉刚的"发现"而渐在中国造成一股阅读热潮，中国学界在此前不曾注意其学术价值。胡适对于中国学者远迟于日本学者发现《遗书》情况大发感叹：

　　明年（一九二四），就是《东壁遗书》刻成的百年纪念了。这一百年中，这部不朽的奇书几乎没有人过问。约二十年前（一九〇三—一九〇四）日本学者那珂通世把陈履和刻本加上标点排印出来，中国人方才渐渐知道有崔述这个人。崔述的学说，在日本史学界颇发生了不小的影响。近来日本的史学早已超过崔述以经证史的方法，而进入完全科学的时代了。然而中国的史学家，似乎还很少赏识崔述的史学方法的。……这样一个伟大的学者，这样一部伟大的著作，竟被时代埋没了一百年，究竟不能不算是中国学术界的奇耻！③

毋庸置疑，内藤比中国学者更能"赏识崔述的史学方法"。基于这种赏识，崔述在内藤古史考证工作上占据重要位置；而《考信录》也成为内藤倚重的论证取资，其重要性不下于富永仲基《出定后语》。事实上，内藤不少论证往往以崔述看法为准则，以下他引为自坚己说的文字足可为证：

　　《考信录》的作者崔述就持这种看法。④
　　但崔述的《考信录》中认为这种说法不可信。⑤
　　崔述的《考信录》提出最有常识的见解。他主张，古代没有固定的帝王，诸侯

---

　　①　王古鲁：《明治维新以来日人研究中国学术的趋势》，《最近日人研究中国学术之一斑》，日本研究会1936年版，第217页。
　　②　王古鲁：《明治维新以来日人研究中国学术的趋势》，《最近日人研究中国学术之一斑》，日本研究会1936年版，第217页。
　　③　胡适：《科学的古史家崔述》，顾颉刚编订《崔东壁遗书》，上海古籍出版社1983年影印，第952下页~953上页。
　　④　古藤湖南著，夏应元编译：《中国史通论：内藤湖南博士中国史学著作选译》，社会科学文献出版社2004年版，第31页。指《论语》《孟子》中关于尧舜的话比《尚书》更难让人相信。
　　⑤　古藤湖南著，夏应元编译：《中国史通论：内藤湖南博士中国史学著作选译》，社会科学文献出版社2004年版，第45页。否定《尔雅》所说的九河范围。

分别选出有德的人并服从于他……《考信录》中说，传给其子是后来的决定。①

　　崔述所言是很符合常识的判断。②

　　值得思考的是，胡适既高度称赞日本学者刊刻《崔东壁遗书》的功绩，但对他们如何运用崔述观点以辅翼疑古史学进深发展则可以不闻不问。这不可不谓是一种"遗憾"，着实叫人感到意外。

（四）崔述著作之于顾氏

　　顾颉刚比胡适更晚接触崔述著作。胡适在1921年1月24日当天写信给顾颉刚，告知他近日获得《崔东壁遗书》，待看完后便可转借给他，因为这"正合"顾手上进行的"'伪史考'之用"。顾氏在1921年1月25日当天接获信件后，随即覆信说："《考信录》这部书，我想看了好久了，到琉璃厂问了两回，书易得而价不能出，所以至今还没有看见。"③ 顾氏女公子顾潮撰述《历劫终教志不灰——我的父亲顾颉刚》一书时，也记述了乃父接触崔述著作的经过：

　　　　胡适买到《东壁遗书》，认为其中的《考信录》对于父亲的辨伪工作很有用，立即送给他读……父亲读后大为痛快，前一时自己在辨伪方面的成绩，在这部书里早已有了，他想不到有这样一部规模弘大、议论精锐的辨伪大作先他而存在，不由得高兴极了，立志将它标点印行。④

　　由上观之，顾氏古史辨伪计划，是从胡适处得到《崔东壁遗书》以及胡氏指引后逐渐有所落实。关于这点，我们还可以1926年9月胡适在《现代评论》发表的《介绍几部新出的史学书》为证，他有以下交代："到民国十年一月，我们才读崔述的《考信录》。我们那时便决定颉刚的'伪史考'即可继《考信录》而起。"⑤

　　不过，到了1979年春天，顾氏在一篇名为《我是怎样编写〈古史辨〉的？》文章中，回忆古史辨兴起来龙去脉时却十分唐突地补述一件幼年往事。他记述自己其实于十二三岁时便在家中一部残缺书籍里认识到崔述学术。虽然是十二三岁小孩，但对崔述学术已是印象深刻，发现其论把古籍"许多失真的记载""一扫而空"。这样，顾氏对崔述学术的认识时段自然就大大提前至1904年（光绪三十年），比部分日本汉学家更早认识了这位古代中国考证大师的学术价值。这种回忆自然是与他在1926年构思《〈古史辨〉自序》时

---

　　① 古藤湖南著，夏应元编译：《中国史通论：内藤湖南博士中国史学著作选译》，社会科学文献出版社2004年版，第50页。

　　② 古藤湖南著，夏应元编译：《中国史通论：内藤湖南博士中国史学著作选译》，社会科学文献出版社2004年版，第62页。指不应把亡国之责任全推给帝王，也不应把所有恶事全都推给纣王，有失公允。

　　③ 顾颉刚：《论伪史及〈辨伪丛刊〉书》，《古史辨》第1册上编，上海古籍出版社1982年版，第20页。

　　④ 顾潮：《历劫终教志不灰——我的父亲顾颉刚》，华东师范大学出版社1997年版，第65~66页。

　　⑤ 胡适：《介绍几部新出的史学书》，《古史辨》第2册下编，上海古籍出版社1982年版，第336页。

所交代者大异其趣。

正如上论陈示，我们可以真确知道，顾氏在未向胡适借书之前，不曾阅读崔述著作，至于其他人则更是无缘观摩。故在胡适未引介之前，此书在中国一直无人问津。用顾颉刚的话说就是："这部伟大的著作，直到我大学毕业时还没有看见，因为它的流行量太小了。"① 但是，晚年顾氏把他对此书作者兴趣和阅读感想推前至十二三岁，这的确是颇让人感到困惑的一种说法。十二三岁时曾接触崔述学术的顾氏，当他在 30 多岁着手考证伪书古史时，是什么样的一些因素勾起他在幼年时的那段阅读记忆呢？颇让人叹惜的是，对于被视为古史辨运动拉开序幕的 1921 年，我们并不能从顾氏的日记里看到多少相关记述的资料。

同样让人感到奇怪的是，不知道是甚么原因逼使顾氏在萌生古史辨构想的初段时期暂停写日记的习惯，使我们很难在此段关键时期找到更多材料。这对于一生勤于撰写日记和读书笔记的顾氏而言，1920 年近乎空白的日记让人感到极为可惜。查其日记是在 1919 年 6 月 4 日停止，在 1921 年的时候再以追述形式后补 1920 年行程。值得关注的是，1920 年这一年原来是他接触极多著作的一年——其中竟然包括了要在 1921 年才在胡适处借到的《考信录》。其 1921 年 1 月 11 日的"补述"云：

> 在北大图书馆任编目工作，兼管国文系参考室、到书库检贵重书，成立善本书库。读《考信录》、抄《诸子辨》等。……编古器物学书目。……四月二日，读胡适《红楼梦考证》稿，即为之到京师图书馆、国子监等处，搜集补充材料。……拟编《伪书辨证集说》。读《郡斋读书志》《直斋书录解题》。②

不知道是何缘故，他关于 1920 年"读《考信录》"的补述与前文多处显示的 1921 年才开始接触崔述著作，在时段上明显矛盾。此处矛盾进一步显示顾氏自述疑古思想形成时的不确定性，这种摇摆态度容易让人对他产生一种企图自圆其说的印象，对以记忆改造史事多了一分警惕。

崔述著作在 1920 年代中期重光于中国学术界，是有时代背景的；而它早在明治年间便受日本东洋史家注意和搜罗，大受推崇，也有其时代意义——以日本为背景和国家立场为出发点的批判中国和"去中国化"的意图。关于这点，我们后文再论。但以《崔东壁遗书》的研究及其在中日两国流播为例，已足以告诉我们，20 世纪初，中日学术交流是很频繁的。借着它如何传进日本，在日本盛行后再如何回流中国而引起注意的结果，对了解中国疑古辨伪思潮将有一定启发作用。

（五）顾氏对日文著作的阅读情况

两国历史学者在疑古辨伪的过程中，从论题、论证方法到论述结果，似乎都存在惊人的相似性，如果说是学术"巧合"，这理由恐怕不足以让人信服。王汎森在 1987 年出版《古史辨运动的兴起》一书前，无疑注意到古史辨的日本因素，而引发其注意的以及他所

---

① 顾颉刚：《我是怎样编写〈古史辨〉的?》，《古史辨》第 1 册，上海古籍出版社 1982 年版，第 6~7 页。

② 顾颉刚：《顾颉刚日记》（1），中华书局 2011 年版，第 85~86 页。

响应的内容该是针对胡秋原批判古史辨的言论而起①。不过，王汎森并没有作出足够回应，只在注释部分指出白鸟库吉的"尧舜禹抹杀论"不可能影响到顾颉刚。他是这样说的：

> 这个说法是否影响到顾颉刚等人的古史观点，是深深令人怀疑的。一方面是因为顾氏本人并不懂日文，而且也没有任何的数据显示他曾接触过白鸟氏的作品。另方面是因为白鸟的说法在当时的中国并没有引起过热烈的讨论。不过白鸟氏的论点与康有为及崔适倒是非常相像。②

我们可以思考这样一个问题，如果日本因素在清末民初中国真的具备巨大影响力的话，那么"顾氏本人并不懂日文"这个"事实"，不足以影响顾氏接受日本的"思想资源"——甚或在治学时运用源自日本的"概念工具"。最重要的还在于，如果我们承认中日两国在明治或戊戌年间的学术文化交流极为频繁的话，又或者是我们承认疑古辨伪思潮曾在日本与中国学界影响广泛的话，则我们很难相信这场先后在两国备受注目的学术运动没有任何关系——甚至是"零"信息流通。

此外，即或顾氏不谙日文，我们也不能以此否定他有不少机会接触到大量白鸟史学与内藤史学。进而言之，不懂日文不足以说明他与日本的思想资源绝缘，他大概能够像一般人从日文汉字中读懂片言只字，从而组合一套有利于发展学说的"思想资源"。况且，顾氏极有可能是懂得日文的，这可从他向陈源透露鲁迅的《中国小说史略》抄袭日本人盐谷温《支那文学概论讲话》一事见出。陈源本与鲁迅在"女师大学潮"中交恶，1926年年初竟把这件事在报刊上公布出去，从此为鲁迅与顾颉刚之间的交恶种下祸根，为彼此间以后共事厦门大学、中山大学种下纠缠不清的宿怨。正如章培恒所注意到的，顾颉刚既然能率先指控鲁迅剽窃日本人著述，则可由此"知道顾颉刚先生当时是熟悉日文学术著作的"③。

退而言之，顾氏还是相当掌握日本学术动态的。据《日记》所载，早在1922年4月3日他便亲自标点了那珂通世的《支那通史》，并记下了这段难得一见的文字：

> 点《支那通史》首章。④

另一段见于前引的顾氏《日记》（1930年11月19日），对于"津田左右助（吉）之《太一》一文"有"殊为可畏"之叹。这即让我们立刻心生这样的疑问：如果顾氏连文本

---

①　1973年，身在台湾的胡秋原把顾氏古史辨运动与日本军国主义者灭亡中国运动扣上关系，其批判言论与章太炎有相似性，且激烈程度有过之而无不及。可惜，两岸三地学术界似乎都无兴趣评议其论。胡秋原之观点见其《一百三十年来中国思想史纲》，学术出版社1973年版，第83~84页。

②　王汎森：《顾颉刚层累造成说的特质与来源》，《古史辨运动的兴起》，允晨文化实业公司1987年版，第53页。

③　章培恒：《〈日本汉学史〉序》，载李庆《日本汉学史》（1），上海外语教育出版社2002年版，第2页。

④　顾颉刚：《顾颉刚日记》（2），中华书局2011年版，第222页。

都看不懂的话，何来"殊为可畏"之叹？需知这篇文章所属的文集《白鸟博士还历纪念东洋史论丛》，是一部由东京岩波书店在 1925 年出版的巨型日文著述（至今尚未译为汉文出版），是由一大批已成名的白鸟氏门生后学为乃师祝寿的论文集。

凭上述仅有之数据，我们可以见出顾氏对日本人的学术——甚至是疑古立场鲜明的白鸟学术有一定的注意，而他"不懂日文"的分说很值得商榷。

不懂得日文，或会使人未能及时得到最新的日本学术信息，但夹杂大量汉字的日文并不使人与日文书籍全然绝缘。正如上论，日本兴起的针对中国古史的疑古学风，比顾氏古史辨运动早出十四年，并一直盛行于日本学界。兴起了最少十年的一股思潮，它可以通过大量渠道流进中国学术界。更何况当时两国学界之间，已有十分紧密的交往，而大量留学生与刊物也不时穿梭两国之间，当时寄身全国学术中心（北京大学）的顾氏在 1920 年前后有不少机会接触或听闻日本的疑古思潮。一些学者以顾氏"一生不怎么看日本书"为由，意欲借此释除顾氏古史辨的日本影响因素。当我们把这些理据置于当时学术交流史语境下，或者是就顾氏本人的学术接触层面来看的时候，恐怕都难以服人。

再退一步来说，即或如是，顾氏在 1930 年开始也绝对避免不了接触大量相关中译日文著作或日本学术研究的论文。正如上文已经详论的，顾氏对相关学术采取不回应或不作评论的态度，本身就是一件很值得玩味的事情。

细读顾颉刚长达六万字的《古史辨·自序》，反映他本人与古史辨运动并没有沾上任何域外思想资源的痕迹。但从上文所论，他的忆述或自拟文字不足以反映真实的思想形成问题。按其自述古史辨思想之形成，只交代崔述的辨伪工作以及康有为、章太炎、胡适、钱玄同等人对他的影响，丝毫没有提及任何与日本有关的文字。无论是在他的日记里，还是读书笔记里，1930 年代以前都极少出现与"日本"有关的记录。那么，顾氏的生活经历让我们碰见这样一个难题：该如何面对近世中日学术交流频繁，或者是日本作为近代中国新知识、新思想诞生的"接生婆"角色？

正如王汎森所说的，我们不能小看日本的"思想资源""概念工具"对晚清民初中国知识分子的影响。就本文看来，1909 年便已在日本兴起的古史辨思潮，它极有可能成为一种启发中国知识分子的思想资源，使他们赖以思考、整理、构筑他们的生活世界，同时也用它们来诠释过去、设计现在、想象未来。生活在"五四"新文化运动时代的趋新学子，他们渴求欧美、日本文化资源的心态绝不比今人逊色。不少论述"五四"青年如何趋新破旧的论著，均说明了这种时代精神内容。如果说作为新时代学术风向指标的人物、作为占据学术权力中心位置的学术领袖如顾颉刚者，则是一个例外，恐怕很难让人相信。

四、顾颉刚的隐衷与治学原则：古史辨运动思想源起
不被正视的各种深层原因

（一）顾氏对章太炎指控的回应

本文一直感兴趣的地方是——为何章太炎在 1920 年代多次公开指责新学之徒拾日人余唾以发起疑古运动时，一直没有引发人们的响应呢？涉事其中的太炎弟子钱玄同乃至主将顾颉刚本人，均未有正面应答和澄清心迹，这使人颇难理解。同样，顾氏之不回应章氏抨击，也足使我们感到奇怪。从顾氏的《日记》所见，他在章太炎去世后便多次拜访章夫人汤国梨，并以"师母"相称，而他对章太炎的著作一直都是颇为留意的，或为闲暇

阅读，或为治学参考但一直没有正式回复太炎对他的批评。

顾颉刚毫无疑问是注意到章太炎对他和古史辨的评议的，一直不作正面响应，只是轻轻地回避过去。关于这一点，我们可以从他撰述的《吕思勉评章炳麟》读书笔记见得。在这篇文章里，他盛赞吕氏的《从章太炎说到康长素梁任公》文章"对清末思想界有极透辟的议论"，又谓"当抄出"云云，但其所抄出者无他，乃是吕氏批评章太炎古史观的文字。由此可知，顾氏颇有援之以自坚阵营之意。顾氏特为抄录的吕氏文字就是以下这段：

> 如近人所说，以禹为古代的一个动物，并无其人，这固然近于怪诞。然其发明《禹贡》不但非禹时书，所述的并非禹时事，乃后人据其时的疆域附会，则不可谓非一大发明。所以狭义的材料（按：史官大夫所记），也是要用种种的新方法去剥落其中不可信的部分的。而广义的材料（按：神话传说），其中也有许多很宝贵的，有待于搜求洗炼。章太炎于此不甚了解，他认为根据神话传说而否认古代史官所记或士大夫之所传，就是把中国古代的历史抹杀了，把中国古代的历史抹杀就是把中国古代的文化抹杀了，所以竭力反对这一派议论。①

顾氏抄毕这段文字后，特别记下以下这句阅读心得："这几句话把章先生和吕先生对我的态度写得很明显。"顾氏颇把吕氏引为学术知音，视其言可作一己古史观之注脚与护符，进而又能借力打力地回敬章氏之各种攻击。

然而，从上引的顾、吕二氏之言中，却让我们了解到以下事实：吕思勉是不了解章太炎何以反对古史辨的关键因素，而顾颉刚却是有意回避章太炎斥责他的根本原因。曾以大无畏姿态与人辩争古史的顾氏，面对章氏一再极为严厉的指斥和批判，既不作正面回应，也不为自己辩驳，当中或有甚么难言之隐，亦未可知。

（二）顾氏摇摆不定的疑古辨伪思想来源言说

从上文所述观之，顾氏自我解说的古史辨运动思想来源，其实是多方面的，他的回忆同时也是颇多游移而不确定的。在 1926 年的《古史辨·自序》里，顾氏称道康有为《孔子改制考》陈明的上古茫昧无稽言论启发了他②，这对研究古史辨运动来龙去脉者而言，自是不可忽略的兴起因素。但让人难以理解的是，顾氏在晚年忆述辨伪思想来源时已没有再提及康有为的影响因素了，他更加强调王国维一人对他的学术思想所产生的深远巨大影响——"我那时真正引为学术上的导师的是王国维，而不是胡适"，胡适的影响因素变得很表面和很次要，其学术思想甚至被贬得一文不值："胡适，仅进化论之一点皮毛耳。"③

在顾氏晚年的时候，章太炎、康有为、胡适等等固然不再是他疑古思想产生的影响人，他花费更多的笔墨描述崔述给他的影响，而这影响更可以推前至十二岁的孩提时代；

---

① 顾颉刚：《吕思勉评章炳麟》，载印永清辑《顾颉刚书话》，浙江人民出版社 1998 年版，第 224 页。

② 顾颉刚：《我是怎样编写〈古史辨〉的?》，《古史辨》第 1 册，上海古籍出版社 1982 年版，第 12 页。

③ 顾颉刚：《顾颉刚日记》（9），中华书局 2011 年版，第 372 页。

除了清中叶的崔述外，他再把疑古传统——以及对他疑古思想直接产生影响力的人物推前至清初的姚际恒，而姚际恒给他的影响亦推前至他十四岁时。其言曰：

> 我为什么特别注意起姚际恒这个人呢？这还得从我少年时代说起。在我十四岁考进地方上刚开办的高等小学时……无意中看到了一部姚际恒著的《古今伪书考》，他竟判定了这些书差不多十有八九就是假的，这就在我的脑筋里起了一回大震荡，才明白自己原来读的其实并不都出于汉、魏、六朝时期人的手笔，其中有不少乃是宋、明时人的赝作。①

果如是，顾氏十四岁便已确知古书真伪形成的原由，则他在二十岁时根本无需得到章太炎的教导后要为今文经学家伪造经籍而"真气极了"②，更不会在 1913 年这个时候才有"引起我对于古史的不信任"的说法③。从这一切观之，顾氏自我解说古史辨运动思想来源时其实是多方面的，他的回忆也是多有转变的。尤以他亟称王国维为导师之言，委实让人感到有太多的矛盾。④

事实上，顾氏在 1955 年及 1961 年《日记》中自白对其产生思想影响的人时，除了崔述、钱玄同外，原来也没有再提及王国维了。1955 年的《日记》这样记述："我跟着钱玄同，走向汉代今古文学的问题上，又整理古文籍，与胡适无干……他对古史实毫无贡献。"⑤ 到了 1961 年年底，胡适的学术贡献只是"仅进化论之一点皮毛耳"；在 1967 年的政治压力下，顾氏坦承与胡适昔日之交往关系也成为自己"一生……的大错"⑥。当然，这些话中因政治原因而有讳饰自保的成分，可予以"理解之同情"，但这一切与他在 1926 年时所说的"适之、玄同两先生固是我最企服的师"的公开论述出入委实太大也是事实⑦。

承上，顾氏自言一生中除了错交胡适、鲁迅等为人生大错外，在"其他时间或其他地方"都"实是一个谨小慎微之人"。但是，综合上述种种古史辨思想来源的自述，我们发现他有所着意掩饰之。

顾氏从 1926 年至晚年口述《我是怎样编写〈古史辨〉的?》，一以贯之的只有南宋郑樵、清初姚际恒二氏的著作对其疑古辨伪如何产生影响，但这些影响在我们看来往往只限于材料上的运用、参考和借鉴而已。对于顾氏的一再强调和申明，当中的用意可以理解为疑古思想乃源于中国自身学术传统的渊源，是直溯南宋、清初疑古学者辨伪思想而自成辨伪学术体系的现代科学学术。总之，疑古运动是中国自古已有的吾家旧物罢了，比白鸟库

---

① 顾颉刚：《我是怎样编写〈古史辨〉的?》，《古史辨》第 1 册，上海古籍出版社 1982 年版，第 4~5 页。

② 顾颉刚：《自序》，《古史辨》第 1 册，上海古籍出版社 1982 年版，第 24 页。

③ 顾颉刚：《自序》，《古史辨》第 1 册，上海古籍出版社 1982 年版，第 80 页。

④ 相关论述可见许冠三《顾颉刚：始于疑终于信》，载《顾颉刚学记》，生活·读书·新知三联书店 2002 年版，第 93~95 页。

⑤ 顾颉刚：《顾颉刚日记》(7)，中华书局 2011 年版，第 663 页。

⑥ 顾颉刚：《顾颉刚日记》(10)，中华书局 2011 年版，第 615 页。

⑦ 顾颉刚：《自序》，《古史辨》第 1 册，上海古籍出版社 1982 年版，第 4 页。

吉科学疑古史观早上千百年。但是，我们不可忽略的是，顾氏的疑古辨伪观念的形成，并不迟于运用这些旧著述以坚其说之后。观念既成，则往后的前人论述只成为论证材料，借以丰富内容和强化论调而已。

更需厘清的是，让顾氏重新注意到姚际恒、崔述著述价值的人正是胡适，这显示胡适对顾氏确有启导之功。同时，这也说明中国固已有之的疑古学术传统并不是顾氏辨伪思想的根本来源和惟一来源。胡适的启导或影响因素是至为关键的。但是，目前之所论除了只知郑樵、姚际恒、崔述、胡适一脉相承的疑古传统思想因素外，并未太多人注意到顾氏其实越是随着时间的发展，越是有意、无意地消除胡适的影响力及淡化其在古史辨运动兴起过程中所扮演的角色。在以下这段记述里，胡适乃至钱玄同均在名单中给剔除去了："自念予之疑古思想，首先植根于姚际恒、康有为、夏曾佑之书；其后又受崔述、崔适、朱熹、阎若璩诸人之启发。"① 这倒有几分像顾氏"古史是层累地造成的"那样，越是往后的忆述，可以相信的程度反而越低了。

（三）顾氏的学与行："政客""公务员"心态下的学人品位

在上一节里，我们了解到顾氏对疑古思想来源问题有摇摆不定及随时更易的特质，对于一位在学界享有大名的学术领袖而言，如果在一场由自己发起的大型学术运动上一直不能确定其辞的话，是很让人感到意外的；更甚者，莫过于因政治理由而把自以为傲的学术事业轻易搁置一边，这将使人对其学术原则、治学理念产生更多的疑问。譬如说，当1940年代重庆国民党政府开展"道统"赓续工程后，孙中山及其接班人蒋介石便被视为尧、舜的承继人，顾氏很敏感地为了人生事业而调整治学方向，一嗅到政府"以疑古为戒"的政治气味后便急不及待地采取明哲保身态度，疑古运动于其手上遂告偃旗息鼓。此举引来与国民党政府关系良好的傅斯年的批评，把顾氏此举斥为学术立场上的"变节"并又劝勉顾氏谓："君在学业上自有千秋，何必屈服！"就好像面对章太炎的斥骂一般，顾氏再一次表现了钱穆称述的其人个性温驯一面，没有正面回应与己关系不睦的事业对手的责难，只在个人《日记》中自辩云："只是一时不说话耳。""仍当继续工作，至能发表时而揭开。"② 这种自辩除了能让人看出顾氏不争朝夕的有远见眼光，此外也就只能见其学术立场乃可以因时而变，并能迎合时代需要而不断调整。

上述所言，显示了顾氏学术宗旨与原则的脆弱性一面。顾氏的这种在学术或人生宗旨上的软疲失态，或许需要从他亟亟于事业的心态上着眼方能了解更为深刻。

顾颉刚的学生牟润孙在1934年时，便在背后骂他"野心太大，想做学阀，是一政客"。③ 当顾颉刚得知自己被人骂为"学阀""政客"后，透过《日记》自辩一番，冀盼明于后人。其文曰：

> 煨莲告我，牟润孙在城内大骂我，谓我"野心太大，想做学阀，是一政客"。噫！看我太浅者谓我是书呆，看我过深者谓我是政客。某盖处于材不材之间，似是而

---

①　顾颉刚：《顾颉刚读书笔记》（7），联经出版事业公司1970年版，第5507页。
②　顾颉刚：《顾颉刚日记》（5），中华书局2011年版，第179页。
③　顾颉刚：《顾颉刚日记》（3），中华书局2011年版，第182页。

非也。①

　　言下之意，他最低限度地承认了自己徘徊于"书呆"与"政客"之间，欲借学术事业以成"学术界之重镇"。有此欲成现代"帝王师"的政客心态，顾氏也就欣然接受重庆中央大学教授胡焕庸公开向学生讽言的"顾颉刚系学阀"——"甚望胡君所言不虚"②。
　　顾氏又自言，自己是不能安于成为"纯粹学者"的"书呆"，因为"事业心之强烈更在求知欲之上"。他的原话是这样说的：

　　　　许多人都称我为纯粹学者，而不知我事业心之强烈更在求知欲之上。我一切所作所为，他人所毁所誉，必用事业心说明之，乃可以见其真相。③

　　1943 年 3 月 31 日《日记》，顾氏自视为史学界领袖，着意于"结集干部"以成一己事业。故当教育部召开中国史学会理事选举时，他总是"得票最多，频作主席"④。又在 1943 年 4 月 30 日的《日记》中以"已立于领导之地位"自诩⑤，时人也纷然向他冠以"顾老板""顾大师"等称呼⑥。在 1969 年 12 月 31 日的《日记》里，活在批斗梦魇中的顾氏，写下一篇很长的自我检讨文章。他在反省自己过去的"错误"时提到"我到处有徒党，虽没有组织，但可以号召"。借着这段忏悔文字，正好让我们看到他早年如何努力及享受于建立自己的学界影响力⑦。在此情况下，他作为"具有广泛影响力的'学术界之重镇'"的形象便在时人、后人的心目中建成。诚如余英时所指出的："为了事业，他辗转奋斗于学界、政界和商界之中。"
　　上述源于顾氏亲撰的《日记》数据，对我们认识他的内心世界与治学宗旨的各种转变有不少裨益。然而，这些数据也告诉我们：学者一旦不安于学术而欲染指于政治、权力或是孜孜于追求世俗名声，则其治学宗旨与人生理念便摆脱不了现实环境的干扰，并处处受时势风尚所支配而失去个人的坚持与信仰。因此，学术立场的易变和脆弱往往反映的是性格方面的软弱，甚或是道德情操的不足。在顾氏如何对待自己两位人生导师的态度上，我们看见了彼此的关联。
　　众所周知，顾颉刚早年日记无不以"先生"称述胡适，他与傅斯年均以"胡适门徒"自诩的事实也是时人共知的。但是，顾氏于中晚年则以洗脱与胡适师徒关系为首务，"人多诋我为'胡适门徒'"反映的是其缺乏承担感的勇气。人生导师一转而只剩下王国维一人，但顾氏实则与这位导师的生前并没有多少交往。大概只是犹如孔子"梦见周公"般只限于"梦"境世界的交流罢了。
　　其实，顾氏的造"梦"有其戏剧性效果，并都在现实世界里思想出现变化的前后所

---

①　顾颉刚：《顾颉刚日记》（3），中华书局 2011 年版，第 182 页。
②　顾颉刚：《顾颉刚日记》（5），中华书局 2011 年版，第 58 页。
③　顾颉刚：《顾颉刚日记》（4），中华书局 2011 年版，第 689 页。
④　顾颉刚：《顾颉刚日记》（5），中华书局 2011 年版，第 50 页。
⑤　顾颉刚：《顾颉刚日记》（5），中华书局 2011 年版，第 64~65 页。
⑥　顾颉刚：《顾颉刚日记》（3），中华书局 2011 年版，第 673 页。
⑦　顾颉刚：《顾颉刚日记》（11），中华书局 2011 年版，第 168 页。

发生。他记述梦见王国维时所言："梦王静安先生与我相好甚，携手而行。"① 但是，在"文革"进行得热火朝天的岁月里，其梦境已没有了王国维踪影，取而代之的已是新的导师了："毛主席来我家，温语良久，同出散步。"②

由上，我们可以把顾氏梦见王国维看作淡化胡适影响力的陈述所预埋的伏笔，有助于摆脱"胡适门徒"的罪名。如果说这样做只为明哲保身的话，还能让人同情和理解，但这往往又显露顾氏在学术洞见上有居功而掠美之嫌。以下一番自表心迹则对曾多方提携自己的胡适有忘恩负义之虞："胡适利用我能为彼搜集数据，以此捧我，又给我以生活费，使我甘心为他使用……"③

至此，我们对顾氏人生的某些片断也就难免有其他联想。他在全民抗战呼声日隆时从疑古重镇走向抗衡白鸟库吉言论的西北史地考证工作，有关办《禹贡》的学术工作果如其言是出于"予不忍民族之覆亡"④，那么，他如何自我评价古史辨运动在时间上缩短中国历史、在空间上缩窄中国地理的做法呢？此外，他于1943年依附蒋介石嫡系向蒋氏上献《九鼎铭》以彰其帝王功德，则又承认"禹作九鼎"的史实，可谓极具讽刺地与"禹是一条虫"的著名疑史论断自相矛盾，招至学者名流齐声讨伐⑤。然而，迨至学界揶揄之声四起后，他即把撰文责任推卸给学生刘起釪，又声称自己是在中央大学的学生邀请下把刘君所撰之文交给当局。言下之意，既要说明鼎文不是他做的，同时更不是响应权贵而作的。果若如是，他没注明学生的名字而径直呈上鼎文，也有掠美、贪名、居功之嫌，同时也更有剽窃之过。当然，再退一步言，我们如接受他的申辩——不是初稿的撰述人，"因

---

① 顾颉刚：《顾颉刚日记》（1），中华书局2011年版，第333页。

② 顾颉刚：《顾颉刚日记》（10），中华书局2011年版，第688页。

③ 此段文字写于1970年代，但顾氏将之补记于1924年3月31日《日记》，以之论证王国维是其"学术上之导师"，反证世人"诋"其为"胡适门徒"之谈率为荒谬。言谈间又十分突兀地提到胡适的收"买"与蒋介石嫡系文人朱家骅对他的金钱利诱同出一辙，强调了以下信息：他们"只能买我一时，决不能买我永久"，更不能动摇他以王国维为"心仪"师表的"不变看法"。这些表白反见出顾氏写《日记》处处流露自我辩白以及着意求明于后世的用心。顾颉刚：《顾颉刚日记》（1），中华书局2011年版，第471页。

④ 顾颉刚：《顾颉刚日记》（3），中华书局2011年版，第518页。

⑤ 顾氏向蒋献《九鼎文》的献媚行为引来朝野侧目。陈寅恪当时便撰述一诗讽刺之，《癸未春日感赋》"沧海生还又见春，岂知春与世俱新。读书渐已师秦吏，钳市终须避楚人。九鼎铭辞争颂德，百年蠹粝总伤贫。周妻何肉尤苦累，大患分明有此身。"见陈美延、陈流求编《陈寅恪诗集》，清华大学出版社1993年版，第32页。顾颉刚为自己呈献《九鼎文》一事后来自辩曰：此文发表后，激起许多方面的批评，使予自惭。《顾颉刚日记》（5），1943年1月28日补记，第18页；同年5月13日又记曰："孟真谓予作九鼎铭，大受朋辈不满。寅恪诗中有'九鼎铭辞争颂德'语，比予于王莽时之献符命。诸君盖忘我之为公务员，使寅恪与我易地而处，能不为是乎。"《顾颉刚日记》（5），中华书局2011年版，第72页。正如余英时所说的，以公务员自解是毫无说服力的，而"陈寅恪即使与他易地而处，也必拒而不为"。顾氏所谓的公务员，按论者所言亦不过是职居边疆处副主任委员的司局级小干部而已，陈寅恪固不对此稀罕；在政治品位上享有更高位置的傅斯年也不齿顾氏此举，相反，傅氏更敢于多次对蒋介石犯颜进谏，先后讨伐孔祥熙与宋子文。有关顾氏向蒋介石献《九鼎文》的前因后果和时人的反应，可参考朱维铮《顾颉刚铭"九鼎"》，《东方早报》2009年2月22日。

就起矵所草，加以改窜"①。但既为鼎文的最后校订者和献呈者，报纸或当局署其大名亦无不当。

已年逾知天命且又从事学术工作逾 30 年的学术领袖如顾氏者，如说不清楚文责问题的话，是让人感到莫名其妙的。无论如何，顾氏均须自负文责。这种在问难之声一起即敷衍塞责以求过关的举止，与他一直回避古史辨源起问题的心态如出一辙。同样，他缺失承担感的道德勇气也延续至晚年。1949 年后批判胡适之风一起，顾氏便为求过关而成为批胡先锋。从他的立身处世原则到为学宗旨，都让我们对其自述古史辨思想的多端源起问题产生各种疑问，同时也难免对其治学操守有所质疑。

在这里，我们大概能把顾氏不断篡改疑古思想源起的努力，一方面看作主要为了不断掩饰抄袭日本疑古思想的因素，另一方面也是对与他关系已经疏远的胡适采取的响应方式；至于晚年重新诠释古史辨运动思想源起时一再极力排除胡适的影响因素，则与 1950 年代以来的批胡风潮直接相关。但是，他的边疆史地考察工作与献《九鼎铭》行止又往往在疑古辨伪学术宗旨上自悖其论。我们固然可以将之看作顾氏响应国民党政府建构尧、舜、禹、孙、蒋的道统事工而有所为之事，同时也明白到他置古史辨运动一边不顾的深层原因。那么，面对章太炎在 1920 年代以来的连番抨击和因袭指控，他惟一可以做的也就只能是沉默应对了，并以反日本汉学家之道而行的史地考察行动表明自己的学术、政治、民族立场，借以淡化和掩饰沿袭日人学说以自毁道统渊源的疑古毁史罪名。

由是，在顾氏身上，我们看不见章太炎、陈寅恪，甚至傅斯年身上那种讲究治学与国家命运相联系的学人气质与不屈的治学精神，他更多的似乎只是关心个人名位而已。他在回应陈寅恪的讥评时赖以辩解的"公务员"身份，正好压倒了他作为"学人"的身份、原则与宗旨。由此观之，时人纷以顾氏治学"为图利禄"的谈资恐怕不是无的放矢。同样，顾氏并未回应时人的种种讥笑，只在个人独处时于《日记》里斥之为"燕雀安知鸿鹄之志……而彼辈乃以为图利禄，一何可笑"②，也未以行动释除时人疑虑。相反，傅斯年满怀激情写下的《东北史纲》，虽然因为一些史料错漏而在细枝末节上遭遇批评，但其撰述动机则未尝被人置喙，直接有力地抨击了日本帝国主义的侵略行径。

五、秘而不宣：民初前后中国学者对东洋学的取态

也许，我们已无须再费笔墨继续追寻古史辨运动的思想资源，值得我们目前或将来继续关注的还有以下几个内容：第一，两国知识分子在 20 世纪初一段时间里感兴趣"疑古辨伪"的学术动机；第二，这个课题对中日两国当时产生了怎样的时代意义和历史意义；第三，五四运动前后的世变格局下，知识分子的学术取态与时局反思；第四，在中日学术交流频繁的时代背景下，"古史辨"涉事者如何看待与自身学术领域重迭的"东洋学"。这一切，都将有助我们发掘民初知识分子的思想世界。

（一）中日关系的转变及趋新学者的对日态度

从东洋史家到顾颉刚否定中国古史的言论，这样一种先后出现在中日两国的近似思

---

① 顾颉刚：《顾颉刚日记》（5），中华书局 2011 年版，第 18 页；又见顾潮《顾颉刚年谱》（增订本），中华书局 2011 年版，第 361 页。

② 顾颉刚：《顾颉刚日记》（3），中华书局 2011 年版，第 518 页。

潮，彼此的相互关系和时代意义，是今天研究东亚学术交流时应注意的问题。章太炎的各种严词批判也是在观察古史辨思想来源时不能忽略的。

　　章太炎那些被忽视的批判言论，在国际局势纷乱而中外学术交流频繁的时代背景下产生，反映了他对时代危机的思考和关注。不过，章氏对日本的情感也是复杂的，并且经历了不同的变化。当东洋史学家质疑中国上古史的时期，特别是作为社会精英阶层的中国知识群体，正是全心在各方面师法日本的时期。他们在甲午一役后对明治维新的成果产生无限向往。至1905年的日俄战争以日胜俄败结束，树起近世黄种人战胜白种人的榜样，引致中国国内知识界更把日本奉为学习对象，从昔日的以欧为师一转以日为师，对侵略者之强盛因惧生敬。章太炎的思想世界也见证着这种思想的转变。《论学会有大益于黄种》《论亚洲宜自为唇齿》，说明他本人对日本抱有好感，希望中日能连手对抗作为共同敌人的西方帝国主义侵略。但他很快就察觉到帝国主义并不限于白种人，他由亲日逐渐走向反日。①

　　于今观之，太炎无论是在《国故论衡·原学》《汉字统一会》对日本学术的批判②，还是他在"古史辨"上对日本学者的讥刺，自有不少时代烙印及限制。然而，在清末民初类似于章太炎那种对东洋史学家采取批判态度者，极为少见。一般对东洋学抱持警戒心的学者，多是在1920年或以后的日子。准确地说，国人对待日本，由"戊戌"前以日为师到"五四"时期充满戒惧的心态迥然不同。这种区别与日本于明治、大正时期中国大陆政策的演进有关。

　　在白鸟鼓吹疑古辨伪思想出台前的甲午战争期间，日本政学知识群体已然酝酿影响中国现当代史极为深远的"大陆政策"③。而在此之前，福泽谕吉的"脱亚入欧"论已甚嚣尘上。福泽于1885年（明治十八年）主张日本应与中国、朝鲜等亚洲野蛮恶邻划清界线，从时空、文化上归向欧西诸国。不但如此，其论更夹带强烈民族主义色彩，并不只表现在自尊本国和极端鄙视亚洲邻邦，而在于相信发动战争是自保本国优势以及改变邻国愚昧、落后和野蛮行为的必要方法，故"甲午战争"后来被视为"文野之战"。

　　从福泽的脱亚论到日本进军满蒙，前者反映日本知识阶层对自我国家民族的重新定

---

　　①　太炎原有中日二国提携合作的愿望，后因认识日本帝国主义的本质而放弃旧见，王汎森对此有精要的论述。见氏著《章太炎的思想（1868—1919）及其对儒学传统的冲击》，时报文化出版事业有限公司1985年版，第93~95页。

　　②　章太炎：《论汉字统一会》，《章太炎全集》（4）《太炎文录初编》，第320~321页；章太炎：《原学》，《国故论衡》，上海古籍出版社2003年版，第102页。

　　③　根据论者之见，关于日本大陆政策开始之时间，各家说法不一。有些认为是始于甲午战争，李永炽：《明治初期日人荒尾精的思想及其在华活动》，《大陆杂志》第39卷第3期；鹿岛守之助《我が大陆政策の史の考察（一）》，《国际法外交杂志》第36卷第4期。有些认为是始于日俄战争后，北冈伸一《日本陆军と大陆政策》，东京大学出版会1978年。但也有的认为其思想应是萌芽于幕末时代，大畑笃四郎《大陆政策の史的考察》，《国际法外交杂志》第68卷第5、6期。如采取折衷之说，则幕末可视为大陆思想之酝酿时期，直至明治以后"始成为朝野热烈议论并谋积极推展的重要课题"。幕末有所酝酿，乃随日本民族或日本国家意识之觉醒而生，如幕末长州藩士吉田松阴于是时即有海外雄飞思想，显明时人已有割取满洲以扩大日本防卫线的战略观点。1887年的小川又次刊行《清国征讨策案》，显示日本染指中国有了具体政策目标，甲午战争则为实践大陆政策的具体军事行动。见陈丰祥《近代日本的大陆政策》，金禾出版有限公司1992年版，第12，335页。

位，塑造其足与欧美比肩但同时优越于亚洲国家的强势话语；后者即彰显了以优于亚洲任何一个国家的前提下西进中国、建立"皇天乐土"的大东亚共荣圈计划。推动日本疑古思潮发展的两位重要人物——白鸟库吉与内藤湖南，分别是东洋史学东西两翼的代表，他们质疑上古史有贬低中国古代文化优越面之意，而审视近世中国文化发展则又意在凸显其停滞不前的衰落面。这些文化观与当时"去中国化"的时代方针若合符节，视圣源所在的尧、舜、禹为后人伪造的神话人物，不但拆除儒家信仰体系、打破一直占汉文化主体位置的儒教道统，也从根子上切断中国文化传统，塑造落后、停滞、野蛮甚至虚浮的文化中国。这一切最后意图突显的是先进的、文明的和强盛的大和帝国形象，致力使之成为亚洲文化中心。

以内藤为例，他在 1894 年 11 月，即甲午战争后，分别发表了《地势臆说》《文化中心移动说》、"宋代近世说"，倡言气息垂暮的古老文化帝国，随着历史文化与政治发展，东北满洲将取代华北燕京而起。内藤把目光放在满洲，有为日本在甲午战后向东北计划施行殖民政策架桥铺路之意，他后来确实参与了建立满洲国的计划。他随后发表的《日本的天职与学者》，宣扬日本学者要担起用学术光耀国威的天职，使日本不但成为东洋文明中心、东方文化之"新极致"，更要取代欧洲兴起，成为"新的坤舆文明之中心"①。内藤诸种论调，与当时日本国内由甲午前后轻视中国到征服中国的政治气氛融合，中国文明被看作停滞的以及处身于边缘的状态与位置。

承上，白鸟及内藤新诠尧、舜、禹，不论是"抹杀论"，还是"加上说"，都不能单纯视为独立或单一的学术研究。他们都站在"日本"的角度、立场或背景研究中国古史，牵涉到的当然不只是学术问题，还有时代意识、国家立场与政治意图等等。事实上，他们在一些侵华机构中或出谋献策，或亲身参与其中。譬如白鸟库吉便与"满铁"（南满洲铁道株式会社）有关。"满铁"是 1906 年成立的日本铁道公司，但实质上是对中国东北进行政治、军事扩张和经济掠夺的庞大情报机构，首任总裁后藤新平曾称"满铁"之建立是要"使之成为帝国殖民政策的急先锋"。白鸟库吉即在 1908 年向后藤倡建"满鲜历史地理调查部"，使中国学研究为"经营满韩的实际需要"服务②。

结合白鸟之思想背景以观，其东洋史研究是与日本的殖民地政策或大陆政策紧相依随的。中国古史研究工作在他手上成为东洋史家实践各种目的的场域，使学术既能在现实政治侵略层面发挥实际作用，同时也能在建立国家身份的过程中发挥"去中国化"以及矮化中国的功效，并特别表现于从历史时段缩窄中国历史传统，又从中国边陲地区研究缩窄中国疆域空间。这些都与当时的帝国主义、殖民主义纠缠不清。要之，东洋史家的学术观点与军政界的扩张主义是齐头并进的，他们在学理上强化了西进中国的合理性。

当相同于东洋史家疑古论调的古史辨运动在 1920 年代中期大兴于中国学界时，极少人会如章太炎般将之斥为内应外力以亡史灭国的学术运动；而在对日态度上好像章太炎那种发生明显转变的人也不多。直到 1919 年"五四运动"爆发后，国人对日本才渐生猜忌与反感心理。然而，尽管"五四"时期以反帝排日为宗旨的抵制日货运动在街头层面进

---

①　内藤湖南：《日本的天职与学者》，《内藤湖南全集》（1）《近世文学史论》，转引自钱婉约《内藤湖南及其"内藤史学"》，《日本学刊》1999 年第 3 期。

②　石晓军：《中日两国相互认识的变迁》，台湾"商务印书馆"1992 年版，第 261 页。

行得轰轰烈烈，但"五四"思想世界追求"启蒙""反传统""趋新求变"的新文化运动却在某些内容上仍然沿袭日本的学术观念。无论是新诗，还是白话文运动，都似乎与日本的言文一致运动关联。本文所探讨的古史辨运动，与东洋史学家的历史研究方法有难以厘清的关系。兰克史学也许早于姚从吾、傅斯年等留学德国前，已为胡适、顾颉刚等人通过日本而熟知。那么，如果说顾颉刚运用了兰克的治史方法，明治日本史家仍然是他赖以接触的媒介。

胡适与日本学者的互动，确实是我们在研究这个课题时要一再注意的。譬如说，他在1917年通过引领白话文运动而"暴得大名"迅速引起京都大学的青木正儿重视。在《支那学》的创刊号上发表研究胡适的论文，把白话文运动与日本言文一致运动相提并论以及为之摇旗呐喊。就在胡适与青木正儿、内藤湖南等人交往后，胡适的高足顾颉刚也通过古史辨运动同在而立之年"暴得大名"。学界主流一翼群趋疑古、浸然成风，纷纷张扬科学精神以批判古史，把抹杀传统文化视为治学的目标与出路，同时兴起的"整理国故运动"，以"捉妖"和"打鬼"为号召，倡导以大刀阔斧的手段对付国故。

旧学湛深的钱玄同在新文化运动中风头紧随胡适之后。正如上文谈及的，他因耐不住寂寞而化名王敬轩，与刘半农合计"双簧信"的手段以求达到文学论争的目的，在其后的反文言文、废汉字以至自弃姓名等等举措中，钱玄同都显示出是一位为求学术目的而无所不用其极之人。就以自弃姓名为例，他在古史辨运动初兴即成激烈反传统文化之要员，无论撰文发表还是致函友人，均喜自署"疑古"。"将东方化连根拔去，将西方化全盘采用"一语足以道尽他在新文化运动中的心态①。他尝向人说：

> 我年来对于"国故"，对于一切"道德、政治、文章"，久已认为博物院中之陈列品，决然反对拿来应用，故雅不愿青年去摩挲……青年学子对于"国故""保存，昌明，宣扬"之固外，"整理"之亦外，即"知道"之亦大可不必也。……觉得实在闲得无聊，要去读古书，还不如到中央公园去吃杯冰淇淋，爬爬假山也。②

在钱氏眼里，时人既趋新求异但又"废标点""提倡国货"的文化氛围，反映了这样一个现象："青年先生们的发昏状态，大大地披露了。"友人筹办之刊物有宣扬提倡国货而排拒日货的栏目，并得到社会热烈的反响："此期来稿较多于出版的三倍有余。"他当即表明态度："我们对于'提倡国货号'实在不赞成——而且很反对。"同样让他很反感的是那些"倭寇、木屐小鬼等字样"。殊为可注意的是钱氏紧接着笔锋一转，自言"废汉文汉语的心又起了……我总想去做"③。他基于民族积弊国运坎坷和民智鲁钝之故，颇有置传统文化于死地而后生的再造文明之念。在他很复杂的心境下，师法日本的热情与他厌

---

①　钱玄同：《致周作人》（1923 年 8 月 19 日），《钱玄同文集》（6），中国人民大学出版社 2000 年版，第 65 页。

②　钱玄同：《致周作人》（1923 年 8 月 19 日），《钱玄同文集》（6），中国人民大学出版社 2000 年版，第 65~66 页。

③　钱玄同：《致周作人》（1923 年 8 月 19 日），《钱玄同文集》（6），中国人民大学出版社 2000 年版，第 63~64 页。

弃国故、国货的态度正好成正比地相互激发。

在排日风潮仍然强盛的 1920 年代①，与日本有渊源的趋新学者毋需干犯群众的政治热情而标示日本的学术发现，更加不会承认古史辨思潮可能沾染的日本因素。一些曾在日本接触疑古思潮的中国留学生，归国后为了实践"五四"新文化运动目标，热烈响应古史辨运动，并好像钱玄同般摇旗呐喊。如特别从钱玄同本人的学术目的及其达至目的之手段着眼，如果域外学术方法将能有效打破文化传统、重组古史，他该是乐见其成的。职是之故，对他一直以来不对古史辨思想源起问题表态，我们也就不该感到困惑了。

新文化阵营虽有改造传统文化想法，却缺少通盘和长远的建设性构想，赖之以实践的学术方法更是少之又少。胡适也罢，顾颉刚也罢，在急于建功立业心态下，很可能选取东洋史家的学术方法而置其治学背景、国家立场与政治动机于一旁。对于东洋史家以及在中国兴起的疑古史观，惟章太炎极警觉，并兴发民族历史危机感，警惕日人研究方法以外的背后用意及其负面影响。但是，章氏大发批判言辞之际，既是后"五四"时期街头层面反日排日运动仍然风起云涌之际②，同时又是学术文化界交流极为频密时期。在这种情况下，我们大致看见了一个在文化层面步迹日本但在政治层面反抗日本的分裂的"五四"。

（二）胡顾影响力与学者的隐衷

趋新学者固然支持这场批判古史的反传统文化运动，一些不见得趋新而国学素养湛深之士因与胡顾诸人共事之故，尽管在 1930 年代以后对古史辨表现反感和诸多批评，但他们也基于各种原因而没有对这场运动当头痛击。这与胡适、顾颉刚等人在 1920 年代中国学术界的影响力不容小觑有关，以至一些已具名气且栖身大学的学者不愿与他们公开对抗或点名批评。

观顾氏于 1923 年提出"层累造成的古史观"后，古史辨运动因此"洞见"和"方法"蔚然成风，使顾氏晋身与胡适齐名的学界领袖。正如前文顾氏之自言，他与胡适、傅斯年是当时北京学界公认的"三大老板"。他们这一师徒集团位据学界要津，且又承担大量研究与出版计划。钱穆如此称述胡适、顾颉刚等人在当时的影响力：

> 三君者，或仰之如日星之悬中天，或畏之如洪水猛兽之泛滥纵横于四野，要之，凡识字人几于无不知三君名。③

前文曾谈及顾颉刚本人早年急于建功立业的心态与行为使其遭受种种评议或嘲讽，而在嘲讽声背后，他果然成就了自己欲为"学术重镇"的目标，于学界取得巨大影响力。如此诸般学界影响力与社会地位，一般学者也许会在背后暗地嘲讽其人格，但绝大多数均不欲于学术问题上与之公然为忤。

---

① 据论者所言"抵制日货是五四时期持续最久的运动，一直持续到 1920 年底"，有些地方更是持续到 1945 年日本投降才告一段落。张鸣：《五四抵制日货运动的是是非非》，《二十一世纪》2009 年第 113 期。

② 直接反映这种情绪的，莫过于国人持续数年的"罢卖日货"行动。关于这一点，详参吕芳上《从学生运动到运动学生》，"中研院近代史研究所"1994 年版，第 41~52 页。

③ 钱穆：《崔东壁遗书序》，载顾颉刚编订《崔东壁遗书》，上海古籍出版社 1983 年影印，第 1046 下页~1047 上页。

作为老师的胡适，其影响力自然丝毫不亚于身为学生的顾颉刚，学界就此点已探讨极详，本文毋须赘言。就在他们师徒交织建构而成的学术关系网里，趋新群体自然以他们马首是瞻，至于旧学中人或以传统学术文化为研治对象的，一般都不愿与之扞格。即使是名闻当时的钱穆，无论如何不满胡适，如何在《八十忆双亲·师友杂忆》一书和大量批判"五四"新文化运动的文章里痛斥胡适，将之贬为傲慢、浅薄、小器专横、心胸狭窄而好立门户的小人，但当《先秦诸子系年》完稿时，他实际上仍然极为盼望胡适能为之作序，并介绍出版社：

> 日昨来城拜谒，未得晤教，深以为怅。……拙著《诸子系年》于诸子生卒出处及晚周先秦史事，自谓颇有董理。有清一代考《史记》、订《纪年》、辨诸子，不下数十百家，自谓此书颇堪以判群纷而定一是。……先生终赐卒读，并世治诸子，精考核，非先生无以定吾书，倘蒙赐以一序，并为介绍于北平学术机关为之刊印，当不啻为穆一人之私幸也。[1]

围绕胡适为中心的新文化运动阵营，他们于当时学界之影响力是让人有所顾忌的。钱穆对胡适行事为人、学养造诣等虽然在 1928 年初相识时已多有不满，但如欲站稳学界亦不得不附其骥尾。就在古史辨方兴未艾的 1928 年，钱穆表现出并不反感古史辨的态度，反称与顾氏在"疑古""考古"的学术事业上，彼此"精神意气，仍同一线，实无大异"[2]。他更有欲"为顾先生助攻那西汉今文学家的一道防线，好让《古史辨》的胜利再展进一程"的心愿[3]，而他一再公开为古史辨运动张扬的文字，是以"相当的赞同"态度，大量直接转载胡适《古史讨论的读后感》一文，阐扬古史辨运动的旨归与兴起经过，凸显胡适扮演的关键角色。[4]

当然，钱穆后来在古史辨自高潮退落后确实发生态度转变，这与其个人民族意识唤发也甚有关系。在目睹日军侵华而国运凌夷之际，他无疑洞察到疑古辨伪对国史国运所造成的负面影响问题。他转而主张"国史之重光""国运之转步"和唤发"民族文化演进之真态"[5]，强调维护古史价值的重要意义。尽管如此，他对这场运动的思想资源并未有进一步关注。也许，这与钱穆限于个人知见有关。否则，处于当时高涨的民族意识下，当会更加痛削古史辨之种种。如果对与胡顾等人有交往，而在学术识见与钱氏相当的其他学者作观察，陈寅恪则是其中值得注意的人物。更重要的是，他在古史辨运动高潮仍未落幕之际的某些公开文字，沉郁意远。在一首送给北京大学学生的诗里，批判时贤治学偏失之意甚明。从古史辨存在日本因素的背景下理解，不但让今人感悟他当天作诗时内心郁积所由来

---

①　钱穆：《致胡适书》，《钱宾四先生全集》（53）《素书楼余瀋》，联经出版事业公司 1998 年版，第 191~192 页。

②　钱穆：《八十忆双亲师友杂忆合刊》，《钱宾四先生全集》（51），联经出版事业公司 1998 年版，第 167~168 页。

③　钱穆：《评顾颉刚〈五德终始说下的政治和历史〉》，《钱宾四先生全集》（20）《中国学术思想史论丛》（三），联经出版事业公司 1998 年版，第 73 页。

④　钱穆：《最近期之学术思想》，《国学概论》，联经出版事业公司 1998 年版，第 149~151 页。

⑤　钱穆：《崔东壁遗书·序》，载《崔东壁遗书》，上海古籍出版社 1983 年影印，第 1052 页上。

之原委，反过来也有助说明时人对古史辨思想因素难以启齿的隐讳。陈寅恪的那首诗是这样说的：

> 群趋东邻受国史，神州士夫羞欲死。田巴鲁仲两无成，要待诸君洗斯耻。
> 天赋迂儒自圣狂，读书不肯为人忙。平生所学宁堪赠，独此区区是秘方。①

"群趋东邻受国史，神州士夫羞欲死"一语深刻批判了1920年代中国史学界群相踵武东洋史家科学史观而行的现状。无疑，陈氏为国内学人以日本学者马首是瞻、自失治学精神主体与学术准则深感忧愤。那么，谁人向日本取道而自弃学术准则和自失信心，谁是当世"田巴"而使国蒙羞等等，均不难让人产生种种联想。

田巴是先秦著名的古史批判者，被看作讥讽古人的口才辩给之士，尝以口才一日屈千人闻名当世。年仅十二岁的鲁连，力批田巴不应在天下危机四起而国家内忧外患之际只管非议古人，卖弄口才而为辩而辩。但是，力屈田巴的年轻小子鲁连，也不见得受陈寅恪称许。他不寄望时人甚或北大学子逞一时口才而诘难疑古长辈，鼓励他们当务之急是要好好地积学储宝、涵养学问，育成不赶潮流的求学为己心态，能以真才实学光复国史，摆脱以东洋史学马首是瞻之弊，一洗耻辱以光显民族文化历史价值。诗末数句陈氏夫子自道之余，表明扶掖后辈、共勉策励之心。将此诗结合他的其他文章，更让人洞察其欲所指陈者乃占当世主流位置的疑古史学阵营，并对他们的学术创获充满怀疑和慨叹：

> 近年中国古代及近代史料发现虽多，而具有统系与不涉傅会之整理，犹待今后之努力。今日全国大学未必有人焉，能授本国通史，或一代专史，而胜任愉快者。东洲邻国以三十年来学术锐进之故，其关于吾国历史之著作，非复国人所能追步。昔元裕之、危太朴、钱受之、万季野诸人，其品格之隆污，学术之歧异，不可以一概论；然其心意中有一共同观念，即国可亡，而史不可灭。今日国虽幸存，而国史已失其正统，若起先民于地下，其感慨如何？②

陈寅恪感时应世之悲切的批评，无异于否定以胡适、顾颉刚、傅斯年师徒为中心的当世史学，视之对外不能与日本学者比肩，对内只有破坏、败坏国史，可谓是对前人后人均有亏负。

陈寅恪的观察是具说服力的，他在少年时期曾留学日本，精通日语，"著作屡引日人论文"。③对于掀起日本疑古思想的东西二京史学大家白鸟库吉与内藤湖南，陈氏与他们

---

① 陈寅恪：《北大学己巳级史学系毕业生赠言》（1929年5月3日），浦江清《清华园日记西行日记》，三联书店1999年版，第36页。

② 陈寅恪：《吾国学术之现状及清华之职责》，《国立清华大学二十周年纪念刊》1931年5月，转引自卞僧慧《陈寅恪先生年谱长编》，中华书局2010年版，第135页。

③ 池田温：《陈寅恪先生和日本》，载《纪念陈寅恪教授国际学术讨论会文集》，中山大学出版社1989年版，第116页。

均有学术思想交流①。更有研究言及白鸟曾向陈氏请益中亚研究之事②；而内藤之学术造诣为陈氏激赞而视为日本学界翘楚③。凡此种种，反映陈氏深识细察东洋史学，更是当时太炎以外少数意识疑古史学与日本有思想渊源的人，且他解读国史发展状况、忧惧国史存亡心境堪与章氏相伴。然而，即或他有所察觉，也未如年长一辈的章氏般毫无顾忌地直言不讳，甚或口诛笔伐。

　　除了陈寅恪有所抑制而不公开点名批评外，我们还可从王国维身上看到时人对顾氏古史辨运动的隐衷。王国维曾在 1900 年留学日本，1911 年再居日五年，他与撰文批判白鸟库吉"尧舜禹抹杀论"的林泰辅交往密切，与其他日本汉学家也交谊不浅④。他在 1911 年撰写《〈国学丛刊〉序》时，即从宏观学术视野批评学界凭恃科学的理由疑古蔑古——其中之评议自有针对当时日本汉学界疑古之风而发，认为"蔑古"或"尚古"均无益于建立学术价值：

　　　　今之君子，非一切蔑古，即一切尚古。蔑古者，出于科学上之见地而不知有史学；尚古者，出于史学上之见地而不知有科学。即为调停之说者，亦未能知取舍之所以然。⑤

　　这段评议反映王氏对当时代的疑古思潮了解殊深，对争辩双方的偏颇、缺失所在有所感悟。不过，这种寥寥数句的评语与他日后排拒国内疑古学风的反应自是不能同日而语。1926 年 6 月顾氏《古史辨》第一册出版后的两个月，也就是疑古之风正盛之际，王国维在一封给友人容庚（1930 年时与顾氏同任第七期《燕京学报》之编辑）的信里，明确批评钱玄同和顾颉刚的疑古工作。他说："今人勇于疑古，与昔人之勇于信古，其不合论理正复相同，此弟所不敢赞同者也。"⑥ 除了私下向友人表达真实想法外，他更以实际行动推出《古史新证》抗衡。在该书第一章的"总论"中，他欲以"二重证据法"——"地下之新材料"及"纸上之材料"纠正目下学界过分疑弃古书的学风。其言曰：

---

　　① 如陈寅恪的《须达起精舍因缘曲跋》一文即载于狩野直喜、内藤湖南等人筹办的《东洋学丛编》（一）。见蒋天枢《陈寅恪先生编年事辑》（增订本），上海古籍出版社 1997 年版，第 67 页。

　　② 陈哲三：《陈寅恪先生轶事及其著作》，《陈寅恪印象》，学林出版社 1997 年版，第 45~46 页。

　　③ 陈寅恪在《王观堂先生挽词并序》的诗文注释中很清楚地指出，东国纭纭学者中，他对内藤湖南评价最高，视其学优于狩野直喜和藤田丰八。见池田温《陈寅恪先生和日本》，载《纪念陈寅恪教授国际学术讨论会文集》，中山大学出版社 1989 年版，第 125~126 页。

　　④ 1927 年 6 月 2 日，王国维自沉昆明湖，日本汉学界得悉后无不深表哀痛。以狩野直喜、内藤湖南、铃木虎雄、神田喜一郎等人为首的汉学家发函日本学界召开王国维追悼会。地点是王国维 1911 年居日时所住地，赴会者共五十一人。狩野氏称王国维为"忠臣义士乃天下公同至宝，人人得而贵重之，未可限以国内外也"。见陈平原等编《追忆王国维》，生活·读书·新知三联书店 2009 年版，第 332~333 页。

　　⑤ 王国维：《国学丛刊序》，《王国维全集》（14），浙江教育出版社、广东教育出版社 2010 年版，第 131 页。本文曾收入《观堂别集》卷四。

　　⑥ 王国维：《致容庚》，《王国维全集》（15），浙江教育出版社、广东教育出版社 2010 年版，第 886 页。

疑古之过，乃并尧、舜、禹之人物而亦疑之。其于怀疑之态度及批评之精神，不无可取；然惜于古史材料，未尝为充分之处理也。吾辈生于今日，幸于纸上之材料外，更得地下之新材料。由此种材料，我辈固得据以补正纸上之材料，亦得证明古书之某部分全为实录，即百家不雅驯之言亦不无表示一面之事实。此二重证据法，惟在今日始得为之。虽古书之未得证明者，不能加以否定，而其已得证明者，不能不加以肯定；可断言也。①

紧接着的第二章《禹》，透过钟铭二器上的文字和古籍史料，证实禹是真实不疑的历史存在人物②，并又于第四章《商诸臣》文末呼应首三章考证，肯定古史论述，借以破解目下观念③。

值得本文关注的还有王氏与顾氏交往后的印象问题。他在 1922 年 8 月 8 日写给罗振玉的信指顾氏"亦能用功，然其风气颇与日本之文学士略同，此亦自然之结果也"。④ 顾氏未发起古史辨运动前，便给予王国维这种特别印象，是否顾氏受日本汉学家影响而为王氏所知，遂有养成日本学者形象的"自然之结果"呢？王氏对发生于中国本土的疑古运动态度问题也是可注意的。他在接见日本友人时谈及顾氏的《古史辨》印象，显示他有难言之隐痛：

又对顾氏《古史辨》，及中国有史时代之起点、禹之字义、姚际恒著书之价值等等，逐次叙及。而后告辞，先生送至清华学校正门，途中示谈不绝，先生似有鞅鞅不乐之态矣。⑤

王国维不认同顾氏疑古辨伪工作的态度是肯定的，但其观感或评议比章太炎的显得温和和婉转，少了点民族情绪和政治激情。然而，王国维之观察和言谈难掩古史辨存在的日本因素。

要之，新文化运动阵营中的趋新学者乃至强调文化本位的学者，对古史辨运动或其发起人似乎都有各种复杂而难以言喻的情感。如留学日本且熟习日本学术趋势的钱玄同，颇有置民族文化于死地而后生的情志，欲借疑古破古达至重造文明梦想。不了解日本学术及其发展史的钱穆，自然无质疑古史辨日本因素的问题意识，其批判主要由后见之时代危机所触发。至于陈寅恪，虽有所见，但难如份属前辈的章太炎般以责骂后学的口吻批判同辈学人。进一步言，了解现代中国学术风向的东洋史家或日本学者，大概也喜见别有政治意

---

① 王国维：《古史新证》第一章《总论》，《王国维全集》(11)，浙江教育出版社、广东教育出版社 2010 年版，第 241～242 页。

② 王国维：《古史新证》第一章《总论》，《王国维全集》(11)，浙江教育出版社、广东教育出版社 2010 年版，第 244～245 页。

③ 王国维：《古史新证》第一章《总论》，《王国维全集》(11)，浙江教育出版社、广东教育出版社 2010 年版，第 278 页。

④ 王国维：《王国维全集》(15)，浙江教育出版社、广东教育出版社 2010 年版，第 529 页。

⑤ 八木幸太朗：《只有遗编照几头》，陈平原等编《追忆王国维》，生活·读书·新知三联书店 2009 年版，第 409 页。

图的学术思想观点得以在中国扩散和发展，这样就更不需质疑作为沿袭者、代言人的胡顾师徒。那么，无论是哪个阵营、抱持哪类学术思想的人，对太炎抨击待以沉默的态度，也就显得自然而然了。

（三）太炎言论被冷待的其他原因：太炎的被边缘化及疑古者的隐衷

承上，在中日学者交流频繁的时代背景下，太炎声称的东洋史家抹杀尧、舜、禹的目的基于外交、政治和文化侵略，则这些批判自难在学界找到发展空间——尤其是太炎在当时已被左、右政界所摒弃的现实状况下。从太炎重弹再三之"拾日人余唾"论调被时人冷待的现象观之，反映了他在政治、学术乃至社会位置被边缘化的事实。早于民元肇始，他便因"革命军兴、革命党消"言论不容于国民党，接着又因为种种辱骂袁世凯言论而遭囚禁，1920 年代再因主张联省自治而不被主流社会接纳。晚年期间，他讥评孙中山和蒋介石政府的言论不绝于耳，同时又对新兴左翼思潮或社会主义、马克思思想等批判甚力，遂成为左右不逢源、处处受排挤和被痛恨的时代"旧"人。鲁迅以下这段话颇能说明太炎在当时的位置：

> 前一些时，上海的官绅为太炎先生开追悼会，赴会者不满百人，遂在寂寞中闭幕，于是有人慨叹，以为青年们对于本国的学者竟不如对于外国的高尔基的热诚。这慨叹其实是不得当的。官绅集会，一向为小民所不敢到；况且高尔基是战斗的作家，太炎先生虽先前也以革命家现身，后来却退居于宁静的学者，用自己所手造的和别人所帮造的墙，和时代隔绝了。纪念者自然有人，但也许将为大多数所忘却。①

不过，鲁迅这段话有值得商榷之处，盖晚年太炎纵然受到蒋介石政府的贬抑，但从太炎北上与政要会商国是、公开讲学、创办学校、亲赴大学与学会演讲八十余次等经历所见，太炎于其可能活动的范围内明显不是一位"退居于宁静的学者"。鲁迅的偏见源于与乃师在白话文运动和政见上的严重分歧所致②，太炎在 1920 年以来的政说已不能再使鲁迅或同时代人感到"神旺"。相反，太炎此时论学论政都往往显得与主流格格不入，在不少人口中只成为"章疯子大发其疯"的笑柄。在这种情境下，太炎那些批判古史辨的史论也就被一再忽视而未获响应。

同理，上文一再提及的胡适、钱玄同等人冷待太炎批判古史辨的言论，盖亦同出自相同氛围，并且还涉及彼此在学术思想脉络转变的深层因素。其实，早年诋孔甚力的太炎，其实也是疑古的。但是，他反对疑所不当疑的学术立场是始终不变的。他批孔的目的"不是要人尊信孔教"，只是要人"爱惜我们汉种的历史""晓得中国的长处""增进爱国的热肠"③。可见太炎本人也是疑古的，但其原则是疑其所当疑而已，最终的目的是要显

---

① 鲁迅：《关于太炎先生二三事》，《鲁迅全集》（6）《且介亭杂文末编》，人民文学出版社 1958 年版，第 442 页。

② 有关论述可见陈学然《章太炎与鲁迅的师徒交谊：兼论二氏的学思关系》，《台大中文学报》2007 年第 26 期。

③ 章太炎：《东京留学生欢迎会演辞》，载汤志钧编《章太炎政论选集》（上），中华书局 1977 年版，第 276，272 页。

明历史的意义，发挥传统文化的价值，在当世有效弘扬"国粹"以激发国人的种性，进而保护中国历史文化的独特性（identity）和延续性（continuity）。他曾于国学保存会的机关报《国粹学报》上前后发表了超过 46 篇文章。透过"研究国学""保存国粹"来实践"卫国性"和"类种族"的目的①。太炎曾经这样陈述自己在情感和理智上服膺传统固有之学，并恒以护卫者自居，其言曰：

> 上天以国粹付余……至于支那闳硕壮美之学，而遂斩其统绪，国故民纪，绝于余手，是则余之罪也！②

上述种种说明了，本来疑古的太炎就好像一众乾嘉考证学者那样，以恢复经典及其篇章真相为治学之目的，同时也就继承了乾嘉考证学反对疑所不当疑的遗风。太炎对于古史既可疑又不可疑的见解至此已甚明。但是，一众师法太炎经史之学的门生后学，或是不明于太炎的学思关怀，或是有意在新时代与师辈立异以开新，故把太炎怀疑孔教传统的学说一面倒地推向极端。当太炎出乎意料地采取严辞批判的行动，让他们不敢一一响应或有所辩驳。

事实上，身为疑古运动中坚力量的一众趋新之士，他们都曾经是太炎经史学说的忠实信徒，甚或是门生后学。譬如，钱玄同在太炎亲订的"弟子录"里不但榜上有名，并且被太炎封为五大弟子中的"翼王"，一生对太炎执弟子礼甚恭。除钱玄同早年深受师说影响外，胡适、顾颉刚、傅斯年、毛子水等人也从太炎学说感受到"启蒙的恩德"，立下成为章氏"忠实的信徒"的志愿③。其中，胡适可谓受太炎影响尤深，其经史思想表述、整理国故运动的名称设定等均取资自太炎，就连其批孔取径亦师法自太炎。只是，对孔子早已改观的太炎在 1922 年一封回复柳诒徵的信中，对胡适执拾其早年的批孔言论甚为反感，直斥其为"浅人"。④ 由此推想，当太炎一再大量厉声辱骂疑古者抄袭日本成说时，

---

① 章太炎：《重刊〈古韵标准〉序》（1915 年仲春），《章太炎全集》（4）《太炎文录初编》，上海人民出版社 2014 年版，第 203 页。

② 章太炎：《癸卯狱中自记》，载周弘然编选《章太炎选集》，帕米尔书店 1979 年版，第 2 页。

③ 胡适的《中国哲学史》一书深受章太炎的影响，这几乎已是学术界的共识，而这也是胡适亲自承认的。他把章太炎的《国故论衡》推崇为中国两千年来七八部最精心构造的好书中的一部，也是五十年来最好的一部。胡适《五十年来中国之文学》，《胡适古典文学研究论集》，上海古籍出版社 1988 年版，第 123 页。不只如此，胡适所领军的整理国故运动，其名称与章太炎也不无关系。他曾指出："自从章太炎著了一本《国故论衡》之后，这'国故'的名词，于是成立。"胡适《研究国故的方法》，《史学探源——中国近代史学理论论文编》，第 683 页。相同之见，又可见诸毛子水之说"章君虽然有许多地方，不免有些'好古'的毛病，却是我们一大部分的'国故学'经过他的手里，才有现代科学的形式。"毛子水《国故和科学的精神》，北京大学新潮社编《新潮》1919 年第 1 卷 5 号。顾颉刚则说"整理国故的呼声始于太炎先生，而上轨道的进行则发轫于适之先生的具体的计划。"胡、毛、顾之说，均道出了整理国故运动与章太炎实有渊源。顾氏还自称章氏针对康有为而发的反孔教言论，使其深受影响，更曾一度发愿要成为章太炎的"忠实的信徒"。顾颉刚《自序》，《古史辨》（1），上海古籍出版社1982 年版，第 78 页。

④ 章太炎：《与柳翼谋》（写于 1922 年 6 月 15 日，同年 8 月刊于《史地学报》第 1 卷第 4 期），《章太炎书信集》，河北人民出版社 2003 年版，第 740~741 页。

胡顾师徒也就只能默不作声，不敢有所辩驳。

不可忽略的是，胡适在 1929 年开始便因与傅斯年朝夕商讨上古史事而接受其史学观点影响，他折服于这位欧西留学归来学生的田野考古成果，遂对古史"由疑而信"①。这个时候，在一些事情上仍需依仗胡适的顾颉刚，对乃师当面告知不再疑古之言深表震惊。胡适这样说：

> 现在我的思想变了，我不疑古了，要信古了！②

顾氏于 1980 年 9 月逝世前忆述五十多年前这件事时，印象殊为深刻。他指出自己当时的反应是这样的："我听了这话，出了一身冷汗，想不出他的思想为甚么会突然改变的原因。"由此观之，顾氏当时失望和震惊的表情大概是可以想象的，半个世纪后对此仍耿耿于怀，认为胡适那篇《说儒》长文其实就是"为了'信古'而造出来的一篇大谎话"③。虽然顾氏前后没有指出胡适那篇文章是受到竞争者傅斯年的文史观点影响下撰成，但他已很清楚知道胡适打从那时起已经弃他而去，转向支持傅斯年的古史重建工作。故 1929 年就是顾氏与胡适在学术道路和思想发展上各自分道扬镳的年份，是胡适告别疑古阵营而走向信古乃至重建古史之道的开始。

胡适作为古史辨运动的启导人和守护者，其改弦易辙不只对顾氏个人精神构成重大打击，对正在火热进行的古史辨运动也是当头浇上大盘冷水。然而，胡适虽离去，顾氏的古史辨事业仍在继续，更因为有了郭沫若的支持而与"进步史观"挂上钩。那么，在标志着趋新阵营学术转型的殷墟考古事业取得巨大成绩时，又或者是在疑古阵营自我分裂而进入新阶段时，响应章氏的攻击固无迫切需要，同时也已无辩护的理据了，再加上此时国民党政府所启动的道统建构工程缘故，顾氏与身边不管是源自哪一种立场的人，也自觉到不应在此问题上有所辩驳或妄发言论；顾氏到了边疆考察，剩下的只有太炎在继续特立独行地大发其"疯"。

要言之，上述种种原因，都导致太炎批判古史辨的言论被冷待、被忽视。一些学者尽管与太炎同样有洞察力，但碍于时代与文化取态、政治因素、学术转型甚至人事复杂关系等秘而不宣于口，最后成为一场发生于中日学术文化交流频密但又"绝缘"于日本疑古思潮的学术运动。但是，否认顾氏与日本东洋史家疑古思想的关联，回避古史辨运动挥之不去的日本思想因素，将成为一个不易解决的难题，特别是难经近世中日学术文化交流紧密、中国处处受日本影响共识的检验。

---

① 关于胡适如何受傅斯年史学思想影响而从疑古走向信古以至响应后者的古史重建事业，可见王汎森的详细研究《傅斯年对胡适文史观点的影响》，《中国近代思想与学术的系谱》，河北教育出版社 2001 年版，第 283~306 页。

② 顾潮：《顾颉刚年谱》（增订本），中华书局 2011 年版，第 193 页。另参顾颉刚《我是怎样编写〈古史辨〉?》，《古史辨》（1），上海古籍出版社 1982 年版，第 13 页。

③ 顾颉刚：《我是怎样编写〈古史辨〉?》，《古史辨》第 1 册，上海古籍出版社 1982 年版，第 13 页。

六、结　语

　　胡适、顾颉刚师徒是"五四"新文化运动领军人物，他们批判传统文化，追求科学方法治学，是引领 1920 年代学风转向的中心人物。从以科学的疑古史学为方法，借历史考证为名而一旦证实史料的虚构和经典文献的伪造，则所有记载或一切依附经典文献而成的文化基石即轰然坍塌。这种解体儒教道统、拆毁中国传统文化大厦的系统做法，与白鸟、内藤等人宣扬的有惊人相似性和难以洗刷的关系。这些正是章太炎亟亟于批判古史辨的要因所在，径视之为接引外敌亡史灭国。如果我们抽离其历史背景而阅读其言论，很可能会因为他的民族情绪或其憎恨新文化运动的思想而一概抹杀之，最后以"章疯子"疯言疯语而一笑置之，使其论调隐没不彰。

　　自白鸟至内藤，他们质疑中国古史的行动前后持续十多年，而这十多年正是中日两国频繁交往时段。如果认为两国疑古思潮互不相涉，那就必须解答这样的一个问题：在学术思想领域深受日本因素引导的中国学界，古史辨运动是如何做到不被日本因素波及？反之，当承认日本因素在明治维新以来对现代中国构成巨大影响力时，或者说明治日本是近代中国"思想资源"所自和外来思想文化的"接生婆"时，我们均难以圆满解答这样一个问题——何以惟独 1920 年代的疑古运动摆脱了日本的影响力？古史辨与日本因素绝缘，不但日本的"思想资源"和"概念工具"论述失其意义，古史辨的"独创性"及其一众发起人、支持者与日本学界的严重隔阂反将成为检验日本影响论的标准。更值得反思的是，曾被时人誉为"国学泰斗"的章太炎，不论个性如何刚烈，脾气如何不好，或者是在学术观点上如何排斥新文化运动，但他在古史辨问题上如不是有所见有所悟，也不会无故诬蔑后学接引外力亡史灭国。

　　总结而言，熟知日本疑史思潮的章太炎对国内疑史运动强烈反弹，其反应非民族主义情绪作祟；而维护中国固有历史文化传统，亦非保守落伍。相反，其见解有一定前瞻性，而他处处把治学与国运发展紧相联系也有值得我们重视的地方。太炎之所以值得敬仰，也正在于其特立独行的个性以及极具社会批判性的思想无时不与国家命运发生联系。

　　过去有不少学者称颂顾颉刚在"九一八事变"后比任何一位学者更着意发展经世学术的努力与贡献。譬如说他亲率"禹贡学会"门生后学远赴边疆考察民族史、地理、方志、文物，"力求从学术研究中为振兴中华民族尽些力量"等等[1]，似乎表现了与白鸟库吉领导的"满铁"辖属"满鲜历史地理调查部"对垒、抗衡之意。也许，我们无须过于质疑顾氏维护民族历史地理完整的真诚爱国心，但其幡然易帜的举措多少表现了一种反对疑所不当疑之学术立场。还有，有关工作果真出自真诚爱国心的话，则其中国史地意识及由相关研究所建立的民族认同多多少少反映了他具备一般史家所拥有的民族历史认同感；然则，他理应在往后日子显明其于维护民族立场的自我历史意识上有其一贯而完整的史观或学术系统。可惜，从其边疆史地考证直到贯串其一生数十年的古史辨思想源起的诠释和有所闪躲的自辩等各种现象观之，他的历史意识是矛盾而不统一的，其史观是断裂而不完整的。

---

　　① 韩儒林：《华夏不可侮，国土不可裂》，《走在历史的路上：顾颉刚自述》，远流出版事业股份有限公司 1989 年版，第 200 页。

　　承上，顾氏在生命最后阶段曾否为自己疑所不当疑的治史态度有所反省？他又当如何回应傅斯年对其诸如"'作法自毙''不暇自哀而使后人哀之也'"的连番讥骂？① 又或者是，于其掩饰沿袭白鸟、内藤治史手法摧毁中国古史传统时所引发的各种自我辩解和淡化与胡适的关系，他如何面对隐藏深处的自己？相较之下，与顾氏同时代的傅斯年、陈寅恪所流露的人格精神更能感染人心。二者或狂或狷，或能一往直前地冲击政局和时弊，尽现绝不妥协的批判个性，或能一生固守"独立之精神、自由之思想"以自适于学术天地，各各为心目中的真理有所为有所不为地抗衡现实，显露鲜明的人格个性和挺拔不屈的学术生命。

　　诚然，从抹杀尧、舜、禹的真实性"大禹是一条虫"的古史辨运动到所谓采用《尚书》的《禹贡》为名展开"华夏不可侮，国土不可裂"的学术经世工作②，我们看到的当然不只是世纪之交中日两国在学术、思想、文化交流的紧密而复杂情况，也不只是动乱时代知识分子在历史与价值间的张力问题，同时更看到了这一切后面知识分子在建立学术事业过程中如何看待个人名位与民族家国命运问题。当然，这一切最终让我们还原到个人身上，看到那隐藏在灵魂深处的那个渺小的自我。

　　原载《中华文史论丛》2012 年第 3 期。

---

① 傅斯年：《戏论一》，载欧阳哲生编《傅斯年全集》（3），湖南教育出版社 2003 年版，第 160 页。据杜正胜之言，此文该完成于 1930 年左右。

② 韩儒林：《华夏不可侮，国土不可裂》，《走在历史的路上：顾颉刚自述》，远流出版事业股份有限公司 1989 年版，第 199~206 页。